EL DERECHO PÚBLICO
Y SUS RETOS ACTUALES

ALLAN R. BREWER-CARÍAS
LUCIANO PAREJO ALFONSO
VÍCTOR HERNÁNDEZ-MENDIBLE
(Coordinadores)

EL DERECHO PÚBLICO Y SUS RETOS ACTUALES

LIBRO HOMENAJE AL PROFESOR
LIBARDO RODRÍGUEZ R.

REUS
EDITORIAL

TEMIS

EJV

Bogotá - Colombia
2023

Calle 17, núm. 68D-46, Bogotá.
www.editorialtemis.com
correo elec.: gerencia@editorialtemis.com

Hecho el depósito que exige la ley.
Impreso en Editorial Nomos S. A.
Diagonal 18 Bis núm. 41-17, Bogotá.

ISBN 978-958-35-2031-0
3193 2023009460

ISBN e-book: 978-958-35-2032-7

PRESENTACIÓN

Esta publicación es el producto del compromiso que asumimos para honrar la deuda que la comunidad académica tenía con el destacado profesor colombiano LIBARDO RODRÍGUEZ RODRÍGUEZ, quien ha desarrollado una labor infatigable como académico, en la cátedra y la investigación, a lo que se suma que al no reservarse para su provecho personal sus pensamientos y los conocimientos desarrollados durante su trayectoria vital, profesional y fundamentalmente académica, ha tenido la gran generosidad de compartirlos a través de libros, estudios, artículos, ensayos, clases, conferencias presenciales y teleconferencias, siempre de manera innovadora y renovada, durante tantos años.

El prestigio forjado por el profesor RODRÍGUEZ RODRÍGUEZ, le ha permitido tejer importantes vínculos académicos, inicialmente con la comunidad jurídica colombiana, que seguidamente amplió a la iberoamericana y posteriormente la extendió a la internacional.

El producto de este relacionamiento entre juristas de distintas latitudes y de diferentes generaciones nos ha brindado la posibilidad de convocar a catedráticos y profesores dedicados al derecho público en América y Europa, que se concitan en esta obra para manifestar tanto un testimonio de reconocimiento y respeto intelectual como de camaradería cultivada durante medio siglo.

Todo ello lleva a efectuar una reseña biobibliográfica del homenajeado, para luego destacar las grandes líneas en que ha quedado conformada esta obra.

I

SEMBLANZA DEL MAESTRO BUMANGUÉS. EL DESEMPEÑO ACADÉMICO NACIONAL E INTERNACIONAL

En Bucaramanga, capital del Departamento de Santander, nació LIBARDO RODRÍGUEZ RODRÍGUEZ, el 5 de abril de 1949, escasamente un año después del estallido social que conmocionó a Colombia, conocido como "el bogotazo". En aquel año tan convulso se produjo el cierre del Congreso y se realizaron elecciones presidenciales.

Los primeros años de vida transcurrieron en el seno de su familia, en la natal Bucaramanga, donde cursó los estudios de primaria y secundaria. A la edad de 18 años ingresó a la Facultad de Derecho de la Universidad Nacional de Colombia en Bogotá. Distanciado de su ciudad natal, cursó el grado universitario entre 1968 y 1972, obteniendo el título de Doctor en Derecho y Ciencias Políticas, con la defensa de la tesis de grado titulada "La supremacía constitucional", que obtuvo la calificación con mención meritoria en 1973. Este trabajo marcó el inicio del tránsito del abogado LIBARDO RODRÍGUEZ RODRÍGUEZ por el mundo profesional y académico, del cual a través de esta obra conmemoramos su cincuentenario.

Posteriormente, como consecuencia de haberlo reconocido como el mejor alumno de su promoción, la Universidad Nacional de Colombia le otorgó una beca para realizar estudios en la Universidad de París II, en Francia, entre 1974-1976. Producto de esos estudios elaboró la tesis de doctorado, titulada: "*Les actes de l'exécutif en droit colombien*", bajo la dirección del distinguido profesor francés JEAN RIVERO, que fue calificada con mención "*Très bien*" y obtuvo el título de Doctor de la Universidad de París II, en Francia.

A su regreso de París a Bogotá se incorporó a la docencia universitaria, como profesor de la Facultad de Derecho de la Universidad Nacional de Colombia y en la Facultad de Derecho de la Universidad Santo Tomás. En esta universidad fue creador, director y asesor del curso de Especialización en Derecho Administrativo. Igualmente fue profesor de la Escuela Superior de Administración Pública —ESAP—, del curso de Especialización en Derecho Administrativo de la Universidad Externado de Colombia y de un curso similar en la Universidad del Rosario.

En el escenario internacional ha sido profesor invitado en la Facultad de Derecho de la Universidad de Nantes, en Francia, en abril de 1992 y en octubre de 1997; en la Universidad Nacional Autónoma de México, en marzo de 2001; en la Universidad Latina de México (Celaya), en marzo de 2001, y en la Universidad Católica de Santiago de Guayaquil, en Ecuador, en abril de 2007 y julio de 2008.

En España ha sido designado por el Rector de la Universidad Complutense de Madrid, como profesor honorífico del Departamento de Derecho Administrativo de la Facultad de Derecho, durante los sucesivos cursos académicos 2018-2019, 2019-2020, 2020-2021 y 2021-2022.

También ha sido conferencista en temas de derecho administrativo y constitucional en diversos seminarios y coloquios nacionales e internacionales.

EL DESARROLLO EN LA ACTIVIDAD PROFESIONAL Y LA FUNCIÓN JUDICIAL

En el plano profesional a partir de 1973 comenzó su carrera de abogado, en la División de Crédito Público Externo del Ministerio de Hacienda y Crédito Público. Luego fue designado en la oficina jurídica del Instituto Colombiano de Energía Eléctrica —ICEL—. Continuó como jefe del grupo de consulta de la oficina jurídica de la Contraloría General de la República. Siguió como jefe de la división de Negocios Generales, Contratos, Personería Jurídica y Diplomas del Ministerio de Educación Nacional y pasó a ser secretario general del Instituto Colombiano de la Juventud y el Deporte —COLDEPORTES—, organización de la que fue encargado en dos ocasiones como director general. Igualmente fue miembro del consejo directivo de la Junta Administradora de Deportes de Bogotá.

Al inicio de la década de los años ochenta del siglo XX fue designado secretario general de la Escuela Superior de Administración Pública —ESAP— e incluso llegó a ser director encargado. Luego fue secretario general del Concejo Distrital de Bogotá, seguido por el cargo de secretario general del Ministerio de Justicia y Viceministro de Justicia encargado, en varias ocasiones.

Finalizando la década de los ochenta estuvo como consultor en Derecho Administrativo del Programa de las Naciones Unidas para el Desarrollo —PNUD—.

En el ámbito judicial se desempeñó como magistrado en el Consejo de Estado de Colombia y presidente de la Sección Primera durante dos períodos, entre 1990 y 1999. Luego entre 2000 y 2007 fue conjuez del Consejo de Estado. También fue conjuez de la Corte Constitucional en el año 2000 y entre 2009 y 2011.

Ha sido miembro de la lista oficial de árbitros de la Cámara de Comercio de Bogotá desde noviembre de 2000 y de la Corte de Arbitraje de la Cámara de Comercio de Bogotá, donde desempeñó la presidencia entre 2005 y 2008.

Ejerce actualmente la profesión de abogado en asuntos de Derecho Administrativo y Constitucional.

Los aportes académicos

La proyección intelectual del profesor Líbardo Rodríguez en este medio siglo de vida académica tiene su expresión más tangible en su obra escrita.

En este tiempo nuestro homenajeado ha elaborado más de un centenar de trabajos escritos, debiendo efectuarse especial referencia a su tesis para obtener el grado de abogado —ya mencionada y de la que estamos conmemorando su cincuentenario— e igualmente se destacan los libros publicados, algunos de los cuales cuentan con varias ediciones. De manera enunciativa se pueden mencionar:

El primero fue su tesis de doctorado en la Universidad de París, titulada en castellano *Los actos del ejecutivo en el derecho colombiano*, que se dio a conocer bajo la impresión de la Editorial Temis, en 1977.

La segunda es la obra *Elementos de derecho administrativo*, para el módulo de enseñanza para educación a distancia, que fue publicado por la Escuela Superior de Administración Pública-ESAP (1ª edición, 1984 y 2ª edición, 1987).

El tercero es el trabajo sobre *Organización del Estado colombiano*, escrito para el módulo de enseñanza para educación a distancia, que fue publicado por la Escuela Superior de Administración Pública-ESAP (1ª edición, 1984 y en 2ª edición, 1988).

La cuarta publicación lleva por título *La estructura del poder público en Colombia*, también impreso por la Editorial Temis, cuya 1ª edición fue en 1983 y la 16ª edición es de 2020.

El quinto es el libro *Derecho administrativo colombiano*, que fue publicado por la Editorial Porrúa y la Universidad Nacional Autónoma de México, en 2004, dando inicio a la colección internacional de Derecho Administrativo.

La sexta obra lleva por título *El equilibrio económico en los contratos administrativos*, impreso por la Editorial Temis (1ª edición, 2009 y 4ª edición, 2021). Además existe una edición de la Editorial Jurídica Venezolana en 2015.

La séptima publicación se trata del libro *Un siglo de jurisdicción administrativa y de derecho administrativo en Colombia*, impreso por la Editorial Temis, en 2013.

Finalmente, quizás uno de los más importantes por los años que lleva publicándose y el número de ediciones actualizadas es la obra *Derecho administrativo. General y colombiano*, que imprime la Editorial Temis. Esta publicación vio la luz en un monovolumen en 1981, estando destinada a constituir un parteaguas en el estudio del Derecho Administrativo en Colombia, como lo corrobora el hecho que 40 años después se haya publicado la vigésima edición en dos tomos y luego de 42 años tengamos acceso a la 21ª edición.

Es oportuno destacar que desde hace varios años, en todas las más recientes ediciones de sus distintas publicaciones, el profesor RODRÍGUEZ RODRÍGUEZ ha contado con la invaluable colaboración del profesor JORGE ENRIQUE SANTOS RODRÍGUEZ.

También tiene publicados cerca de 100 artículos y estudios en libros y revistas académicas en Argentina, Brasil, Chile, Colombia, Cuba, Ecuador, El Salvador, España, Francia, México, Panamá, Perú, Puerto Rico, República Dominicana, Uruguay y Venezuela.

LA COORDINACIÓN Y LA DIRECCIÓN DE PUBLICACIONES COLECTIVAS

Fue coordinador de la obra *Jurisprudencia y doctrina sobre derecho administrativo. Memorias*, del Consejo de Estado colombiano en 1996; de la *Historia y perspectivas de la jurisdicción administrativa en Francia y en América Latina*, correspondiente a las memorias del coloquio conmemorativo del bicentenario del Consejo de Estado francés en 1999; director y coordinador de la publicación homenaje a Jean Rivero. *Páginas de derecho administrativo*, en 2002; de los *Estudios sobre la responsabilidad del Estado en Argentina, Colombia y México*, en 2007; co-coordinador con Carlos Mario Molina, de *El derecho público en Iberoamérica. Libro homenaje al profesor Jaime Vidal Perdomo*, en 2010; coordinador junto con Allan R. Brewer-Carías y Luciano Parejo Alfonso, de *La protección de los derechos frente al poder de la administración. Libro homenaje al profesor Eduardo García de Enterría*, en 2014. También ha dirigido conjuntamente con Jaime Rodríguez-Arana, el *Curso de derecho administrativo iberoamericano*, en 2015.

Actualmente es el director de la *Colección de Derecho Administrativo Comparado*, del Instituto Internacional de Derecho Administrativo, que hasta la fecha tiene publicados seis volúmenes y el séptimo se encuentra en imprenta. También dirige la *Biblioteca Internacional de Derecho Público*, que ha publicado tres volúmenes, todos por la Editorial Temis.

LOS PRÓLOGOS Y LAS PRESENTACIONES DE LIBROS

El profesor RODRÍGUEZ RODRÍGUEZ ha elaborado los prólogos a obras de los autores JORGE ENRIQUE AYALA CALDAS de Colombia; JAVIER ERNESTO SHEFFER TUÑÓN de Panamá; JUAN CARLOS CASSAGNE de Argentina; HUGO ANDRÉS ARENAS MENDOZA de Colombia, y JOSÉ ARAUJO-JUÁREZ de Venezuela.

Asimismo efectuó la presentación de la obra de MANUEL ATANASIO FUENTES de Perú y de la obra colectiva *El derecho público en Iberoamérica. Libro homenaje al profesor Jaime Vidal Perdomo*.

LAS MEMBRESÍAS EN CONSEJOS ACADÉMICOS

Ha sido miembro de los consejos científicos, consultivos, académicos y de redacción de revistas jurídicas que se editan en Buenos Aires, Caracas, Madrid, México, San José de Costa Rica y Sevilla.

LAS ASOCIACIONES Y LAS ACADEMIAS EN LAS QUE HA PARTICIPADO

Se desempeñó como miembro y vicepresidente de la Asociación Internacional de Altas Jurisdicciones Administrativas, en París, Francia; así como miembro y fundador de la Asociación Internacional de Derecho Administrativo "AIDA", de la que también fue presidente.

Ha sido miembro del consejo directivo de la Asociación Colombiana de Derecho Constitucional y Ciencia Política; miembro de la Asociación de Abogados de la Universidad Nacional de Colombia "ASDAUN"; miembro fundador y del consejo directivo de la Asociación Iberoamericana de Derecho Administrativo e Instituto Iberoamericano de Derecho Administrativo "Profesor JESÚS GONZÁLEZ PÉREZ"; miembro del Foro Iberoamericano de Derecho Administrativo —FIDA—; integrante de la *Association Andrés Bello des Juristes Franco-Latinoaméricains* y de la *Association Henry Capitant des amis de la culture francaise* y de la Asociación de Exmagistrados de las Altas Cortes - Asomagister.

Fue electo miembro asociado de la Academia Internacional de Derecho Comparado; miembro correspondiente de la Academia de Historia de Santander en Colombia; académico honorario de la Real Academia de Jurisprudencia y Legislación de España y miembro correspondiente de la Academia Nacional de Derecho y Ciencias Sociales de Buenos Aires.

Actualmente es miembro fundador y presidente del Instituto Internacional de Derecho Administrativo —IIDA—, inicialmente electo durante el período 2016 hasta 2020 y reelecto de 2021 a 2024.

LOS RECONOCIMIENTOS Y LAS CONDECORACIONES

El profesor RODRÍGUEZ RODRÍGUEZ ha sido merecedor de múltiples reconocimientos, por su trayectoria como estudiante, ciudadano, funcionario, profesor y académico.

En su condición de estudiante fue enaltecido por haberse destacado como el mejor alumno de la promoción de 1972, en la carrera de Derecho, por el Rector de la Universidad Nacional de Colombia mediante el otorgamiento de una beca. Luego fue reconocido por el Rector como Antiguo alumno distinguido de la Universidad

Nacional de Colombia y posteriormente por la Asociación de Exalumnos de la Universidad Nacional de Colombia (ADEXUN).

Como ciudadano y funcionario ha recibido la condecoración Cruz del Mérito Deportivo, Categoría de Bronce; Ciudadano Ilustre de la Ciudad de Bucaramanga; Orden al Mérito José Antonio Galán, del Departamento de Santander; Orden de la Democracia, de la Honorable Cámara de Representantes del Congreso de Colombia, y la Orden de San Carlos, del presidente de la República de Colombia.

También fue designado profesor emérito de la Universidad Santo Tomás; profesor magnífico de Derecho Administrativo, por el Foro Iberoamericano de Derecho Administrativo, en Santo Domingo. Posteriormente se organizaron las Jornadas Anuales de Derecho Administrativo, en Homenaje al Profesor Libardo Rodríguez, por la Asociación Dominicana de Derecho Administrativo; y como se había indicado anteriormente es profesor honorífico del Departamento de Derecho Administrativo de la Facultad de Derecho, de la Universidad Complutense de Madrid.

Finalmente, como académico que ha llevado sus conocimientos a distintos lugares del continente fue declarado como Huésped Distinguido del Ayuntamiento Constitucional de Puebla (México), de la Ciudad de San Salvador (El Salvador), Huésped de Honor de la Ciudad Autónoma de Buenos Aires (Argentina), del Ayuntamiento Constitucional de Xalapa (México) y Visitante Distinguido de la Municipalidad de Arequipa (Perú).

La dimensión familiar

Para finalizar esta breve semblanza, cabe mencionar que el maestro bumangués actualmente vive entre Bogotá, donde atiende sus asuntos profesionales y Madrid, donde además de acompañar a su esposa doña Gina Magnolia Riaño Barón —quien es la secretaria general de la Organización Iberoamericana de Seguridad Social (OISS)—, atiende sus compromisos académicos y preside el Instituto Internacional de Derecho Administrativo (IIDA). En tanto, su hijo Santiago Eduardo estudia en la Universidad de París y su hija Ana María, cursa estudios de doble maestría entre el *Institut d'études politiques de París* (*Sciences Po de París*) y *Georgetown University* de Washington. Sus dos hijos mayores, Manuel Jacobo y Camilo Andrés son abogados y ejercen sus actividades profesionales en Bogotá.

II

El contenido de esta obra homenaje

Tal como ha quedado expuesto anteriormente, la actividad desplegada durante cincuenta años pone de manifiesto los sobresalientes méritos del profesor Libardo Rodríguez Rodríguez, que justifican ampliamente la reunión de sus amigos y colegas, para contribuir a esta celebración académica.

Este libro colectivo titulado *El derecho público y sus retos actuales. Libro homenaje al profesor Libardo Rodríguez R.*, ha sido estructurado en nueve grandes ejes temáticos, a saber: I. Teoría general, II. Derecho administrativo general, III. Derecho administrativo y emergencia institucional, IV. Derecho administrativo y derechos fundamentales, V. Derecho administrativo del ambiente, VI. Contratación pública, VII. Derecho administrativo de los servicios públicos y actividades de interés general, VIII. Responsabilidad del Estado, y IX. Justicia administrativa tradicional y alternativa.

En esta publicación han participado un total de 44 autores en representación de algunas de las instituciones universitarias más prestigiosas de Argentina, Colombia, Costa Rica, Cuba, Ecuador, España, Francia, Italia, Perú, Puerto Rico, República Dominicana, Uruguay y Venezuela.

Los autores en el orden de aparición en la publicación son ALLAN R. BREWER-CARÍAS, GIUSEPPE FRANCO FERRARI, JUAN CARLOS CASSAGNE, PEDRO JOSÉ JORGE COVIELLO, RICARDO RIVERO ORTEGA, ALDO TRAVI, AUGUSTO DURÁN MARTÍNEZ, DANILO ROJAS BETANCOURT, JAIME RODRÍGUEZ-ARANA, MARÍA JOSÉ RODRÍGUEZ, PIERRE SUBRA DE BIEUSSES, RODOLFO C. BARRA, TOMÁS-RAMÓN FERNÁNDEZ, SANTIAGO MUÑOZ MACHADO, RENÉ HOSTIOU, TOMÁS CANO CAMPOS, JOSÉ LUIS PIÑAR MAÑAS, VÍCTOR RAFAEL HERNÁNDEZ-MENDIBLE, FABRIZIO FRACCHIA, FERNANDO LÓPEZ RAMÓN, JACQUELINE MORAND-DEVILLER, JOSÉ LUIS VILLEGAS MORENO, ALEJANDRO CANÓNICO SARABIA, ANDRY MATILLA CORREA, AUGUSTO RAMÓN CHÁVEZ MARÍN, CARLOS E. DELPIAZZO, CIRO NOLBERTO GÜECHÁ MEDINA, CRISTINA VÁZQUEZ, ERNESTO JINESTA LOBO, GERMÁN FERNÁNDEZ FARRERES, JORGE ENRIQUE SANTOS RODRÍGUEZ, JUAN CARLOS MORÓN URBINA, JUAN CARLOS MEDINA FLORES, GUILLERMO SÁNCHEZ LUQUE, JOSÉ ARAUJO-JUÁREZ, LUCIANO PAREJO ALFONSO, PABLO ESTEBAN PERRINO, RAMIRO SAAVEDRA BECERRA, EFRAÍN PÉREZ, GUSTAVO QUINTERO NAVAS, JAVIER A. ECHEVARRÍA VARGAS, JORGE DANÓS ORDOÑEZ, MANUEL FERMÍN CABRAL y MIGUEL ÁNGEL TORREALBA SÁNCHEZ.

Con la ilusión de que esta obra además de constituir un reconocimiento al medio siglo de vida académico de nuestro homenajeado, resulte de interés para la comunidad académica, invitamos a quienes logren tenerla en sus manos, a que la lean con avidez para que saquen el mayor provecho posible de la misma.

III

LOS AGRADECIMIENTOS

No queremos finalizar esta presentación sin agradecer a todos los colaboradores de esta obra, que han hecho posible que tengamos este estupendo homenaje al profesor LIBARDO RODRÍGUEZ RODRÍGUEZ.

Igualmente, un especial agradecimiento tanto al gerente de la Editorial Temis, Erwin Guerrero, como a todo el equipo de la misma que ha estado involucrado en la edición de esta obra; y a los responsables de la Editorial Reus, que han conjugado sus esfuerzos para la concreción de la publicación y su distribución en ambos continentes.

Finalmente, un testimonio de sincero agradecimiento al profesor Rodríguez Rodríguez, tanto por los conocimientos que nos ha compartido en estas cinco décadas, así como para manifestarle el deseo que continúe disfrutando de una larga y productiva vida, que nos permita seguir gozando de su amistad y enriqueciéndonos de sus reflexiones en el mundo académico colombiano e internacional.

Nueva York, Madrid y Caracas, enero de 2023

Allan R. Brewer-Carías
Universidad Central de Venezuela

Luciano Parejo Alfonso
Universidad Carlos III de Madrid

Víctor Rafael Hernández-Mendible
Universidad Monteávila de Caracas

LIBARDO RODRÍGUEZ R.: EL HOMBRE, EL JURISTA

Nació en Bucaramanga (departamento de Santander, Colombia) el 5 de abril de 1949. Se graduó como Bachiller en el Colegio Santander de su ciudad natal (1967). Estudió derecho en la Facultad de la Universidad Nacional de Colombia (1968-1972), y obtuvo el título de Doctor en Derecho y Ciencias Políticas. Luego viajó a París, becado por la Universidad Nacional de Colombia, donde adelantó estudios de posgrado (1974-1976) y obtuvo el título de Docteur de la Université de Droit, d'Économie et de Sciences Sociales, de París —Paris II—, Section Droit Administratif.

Experiencia profesional

- Abogado de la División de Crédito Público Externo del Ministerio de Hacienda y Crédito Público - abril a septiembre de 1973.
- Abogado de la Oficina Jurídica del Instituto Colombiano de Energía Eléctrica -ICEL- septiembre de 1973 a septiembre de 1974.
- Jefe del Grupo de Consulta de la Oficina Jurídica de la Contraloría General de la República - agosto de 1976 a enero de 1977.
- Jefe de la División de Negocios Generales, Contratos, Personería Jurídica y Diplomas del Ministerio de Educación Nacional - enero a julio de 1977.
- Secretario General del Instituto Colombiano de la Juventud y el Deporte -COLDEPORTES- julio de 1977 a septiembre de 1978.
- Director General (Encargado) del mismo Instituto en dos ocasiones.
- Miembro del Consejo Directivo de la Junta Administradora de Deportes de Bogotá 1977 - 1978.
- Secretario General de la Escuela Superior de Administración Pública -ESAP- julio de 1981 a agosto de 1982.
- Director General (Encargado) de la ESAP - 1982.
- Secretario General del Concejo Distrital de Bogotá - septiembre de 1982 a agosto de 1983.
- Secretario General del Ministerio de Justicia - junio de 1984 a agosto de 1986.
- Viceministro de Justicia (Encargado), en varias ocasiones.
- Consultor en derecho administrativo del Programa de las Naciones Unidas para el Desarrollo -PNUD- noviembre de 1986 a febrero de 1990.

- Consejero de Estado - febrero de 1990 a julio de 1999 - Presidente de la Sección Primera durante dos períodos.
- Ejercicio de la profesión de abogado durante varios períodos, fundamentalmente en Derecho Administrativo y Constitucional.
- Conjuez del Consejo de Estado – años 2000 a 2007.
- Conjuez de la Corte Constitucional – años 2000 y 2009 a 2011.
- Miembro de la Lista Oficial de Árbitros de la Cámara de Comercio de Bogotá desde noviembre de 2000.
- Miembro de la Corte de Arbitraje de la Cámara de Comercio de Bogotá – marzo de 2003 a octubre de 2008, y Presidente de la misma Corte – febrero de 2005 a octubre de 2008.

Experiencia docente

- Profesor de la Facultad de Derecho de la Universidad Nacional de Colombia - julio de 1976 a febrero de 1978.
- Profesor de la Facultad de Derecho de la Universidad Santo Tomás - agosto de 1976 a marzo de 1994.
- Profesor de la Escuela Superior de Administración Pública –ESAP- Varios períodos.
- Profesor del Curso de Especialización en Derecho Administrativo de la Universidad Externado de Colombia - agosto de 1983 a diciembre de 1988.
- Director del Curso de Especialización en Derecho Administrativo de la Universidad Santo Tomás - enero de 1987 a febrero de 1990.
- Asesor Docente del Curso de Especialización en Derecho Administrativo de la Universidad Santo Tomás - febrero de 1990 a marzo de 1994.
- Profesor Invitado en la Facultad de Derecho de la Universidad de Nantes - Francia - abril de 1992 y octubre de 1997; Universidad Autónoma de México – marzo de 2001; Universidad Latina de México (Celaya) – marzo de 2001; y Universidad Católica de Santiago de Guayaquil - Ecuador – abril de 2007 y julio de 2008.
- Profesor Honorífico del Departamento de Derecho Administrativo de la Facultad de Derecho de la Universidad Complutense de Madrid, durante los cursos académicos 2018/2019, 2019/2020, 2020/2021 y 2021/2022. Nombramientos del Rectorado de la Universidad de fechas 1° de septiembre de 2018, 1° de septiembre de 2019, 1° de septiembre de 2020 y 7 de abril de 2022.
- Profesor de Cursos de Especialización y Maestría en Derecho Administrativo y Constitucional en varias Universidades desde 1994.
- Conferencista en temas de Derecho Administrativo y Constitucional en diversos seminarios y coloquios nacionales e internacionales.

Escritos y publicaciones

Libros

- Tesis de Grado (Universidad Nacional de Colombia), *La supremacía Constitucional*, calificada con Mención Meritoria, 1973.
- Tesis de Doctorado (Université de Droit, d'Economie et de Sciences Sociales, de París —París II—, Section Droit Administratif), *Les actes de l'exécutif en droit colombien*, calificada con mención "Très bien". *Los actos del ejecutivo en el derecho colombiano*, Bogotá, Editorial Temis, 1977.
- *Elementos de derecho administrativo*, Módulo de enseñanza para educación a distancia, Bogotá, Escuela Superior de Administración Pública-ESAP, 1ª ed. 1984; 2ª ed. 1987.
- *Organización del Estado colombiano*, Módulo de enseñanza para ed. a distancia, Bogotá, Escuela Superior de Administración Pública-ESAP, 1ª ed. 1984; 2ª ed. 1988.
- *La estructura del poder público en Colombia*, Bogotá, Editorial Temis, 1ª ed. 1983; 16ª ed., 2020.
- *Derecho administrativo - General y colombiano*, Bogotá, Editorial Temis, 1ª ed. 1981; 21ª ed., 2020.
- *Derecho administrativo colombiano*, México, Editorial Porrúa – Universidad Nacional Autónoma de México, 2004.
- *El equilibrio económico en los contratos administrativos*, Bogotá, Editorial Temis, 2009; 4ª ed., 2021.
- *Un siglo de jurisdicción administrativa y de derecho administrativo en Colombia*, Bogotá, Editorial Temis, 2013.

Coordinación o dirección de publicaciones

- Coordinador de *Jurisprudencia y doctrina sobre derecho administrativo, Memorias*, Bogotá, Consejo de Estado - Consejo Superior de la Judicatura, 1996.
- Coordinador de *Historia y perspectivas de la jurisdicción administrativa en Francia y en América Latina*, Memorias del coloquio conmemorativo del bicentenario del Consejo de Estado francés, Editorial Temis, Bogotá, 1999.
- Director y Coordinador de Jean Rivero, *Páginas de derecho administrativo*, Libro Homenaje, Bogotá, Editorial Temis - Universidad del Rosario, 2002.
- Coordinador de *Estudios sobre la responsabilidad del Estado en Argentina, Colombia y México*, México, Universidad Nacional Autónoma de México, 2007.
- Coordinador, junto con Carlos Mario Molina, de *El derecho público en Iberoamérica Libro homenaje al profesor Jaime Vidal Perdomo*, Bogotá, Universidad de Medellín y Editorial Temis, 2010.

- Coordinador, junto con Allan R. Brewer-Carías y Luciano Parejo Alfonso, de *La protección de los derechos frente al poder de la administración. Libro homenaje al profesor Eduardo García de Enterría*, Bogotá, Madrid, Caracas, Editorial Temis, Tirant lo Blanch, Editorial Jurídica Venezolana, Asociación Internacional de Derecho Administrativo –AIDA, 2014.
- Dirección, junto con Jaime Rodríguez-Arana, del *Curso de derecho administrativo iberoamericano*, Granada, Editorial Comares, Instituto Nacional de Administración Pública -INAP, 2015.
- Director de la *Colección de Derecho de Administrativo Comparado*, Bogotá, Editorial Temis, Instituto Internacional de Derecho Administrativo -IIDA y Editorial Jurídica Venezolana, vol. I, 2018; vol. II, 2018; vol. III, 2019; vol. IV, 2021; vol. V, 2022; vol. VI, 2022.
- Director de la *Biblioteca Internacional de Derecho Público*, Bogotá, Editorial Temis, Instituto Internacional de Derecho Administrativo IIDA y Editorial Jurídica Venezolana, vol. I, 2018; vol. II, 2019; vol. III, 2019.

Prólogos y presentaciones de libros

- Prólogo, en Jorge Enrique Ayala Caldas, *Elementos de derecho administrativo colombiano*, Santafé de Bogotá, Ediciones Doctrina y Ley, 1994.
- Presentación, en Manuel Atanasio Fuentes, *Compendio de derecho administrativo*, en Revista Peruana de Derecho Público, núms. 14 y 15, Lima, Editorial Grijley, 2007.
- Prólogo, en Javier Ernesto Sheffer Tuñón, *Derecho administrativo y derecho constitucional*, 2ª ed., Panamá, Cultural Portobello, 2010.
- Presentación, en *El derecho público en Iberoamérica Libro homenaje al profesor Jaime Vidal Perdomo*, Bogotá, Universidad de Medellín y Editorial Temis, 2010.
- Prólogo, en Juan Carlos Cassagne, *El acto administrativo*, Bogotá, Editorial Temis, 2013.
- Prólogo, en Hugo Andrés Arenas Mendoza (ed.), *Instituciones de derecho administrativo*, t. I, Bogotá, Universidad del Rosario y Grupo Editorial Ibáñez, 2016.
- Prólogo, en José Araujo-Juárez, *La justicia administrativa y el contencioso de anulación*, Caracas, Centro para la Integración y el Derecho Público (CIDEP) y Fundación de Estudios de Derecho Administrativo (FUNEDA), 2019.

Artículos

- "El acto administrativo contractual", en *Contratos administrativos Nuevo régimen legal*, Biblioteca de la Cámara de Comercio de Bogotá, núm. 6, 1983; y en *Contratos Administrativos - Revista de la Cámara de Comercio de Bogotá*, año XIV, núm. 50, septiembre de 1983.

- "La responsabilidad de los funcionarios", en *Comentarios al Código Contencioso Administrativo*, Colegio Antioqueño de Abogados - Colegas, Medellín, 1985.
- "Nuevos códigos de régimen departamental y municipal", en *Politeía - Revista de la Facultad de Derecho, Ciencias Políticas y Sociales - Universidad Nacional de Colombia*, vol.1, núm. 3, febrero de 1988.
- "Relación de los consorciados entre sí, frente a la Administración y terceros", en *Los Consorcios - Responsabilidad de los Administradores de Sociedades*, Biblioteca de la Cámara de Comercio de Bogotá, núm. 26, 1988.
- "La vía gubernativa", en *El derecho administrativo y su aplicación al registro mercantil*, Biblioteca de la Cámara de Comercio de Bogotá, núm. 28, 1988.
- "Los actos separables en la contratación administrativa", en *El nuevo procedimiento administrativo*, Cámara de Comercio de Bogotá – Facultad de Derecho Universidad de los Andes, núm. 30.
- "Situación actual e implicaciones de la descentralización administrativa", en *Memorias VIII Congreso Nacional de Administración de Fondos y Bienes del Sector Público*, Acolfuman, Banco Popular, Bucaramanga, 1990.
- "Controles del Estado en la Constitución - ¿Control o Coadministración?", en *Nuevas corrientes del derecho constitucional colombiano*, Biblioteca Jurídica Diké, Asociación Colombiana de Derecho Constitucional y Ciencia Política, 1994.
- "La justicia en la nueva Constitución", en *Galán y la Constitución de 1991*, Fundación Luis Carlos Galán e Instituto para el Desarrollo de la Democracia Luis Carlos Galán, 1995.
- "Nociones generales y jurisprudencia sobre el acto administrativo", en *Jurisprudencia y doctrina sobre derecho administrativo, Memorias*, Consejo de Estado - Consejo Superior de la Judicatura, 1996.
- "El principio constitucional de la prevalencia del derecho sustancial", en *Derecho constitucional y administrativo en la Constitución Política de Colombia*, Biblioteca Jurídica Diké, Ediciones Rosaristas, 1997.
- "Origen y evolución de la jurisdicción administrativa en Colombia", en *Historia y perspectivas de la jurisdicción administrativa en Francia y en América Latina*, Memorias del coloquio conmemorativo del bicentenario del Consejo de Estado francés, Editorial Temis, 1999 y en *La revue administrative*, Presses Universitaires de France, numéro spécial 9, Paris, 1999. Versión actualizada en *Vniversitas – Revista de la Pontificia Universidad Javeriana*, núm. 101, Bogotá, junio de 2001; en *Revista Peruana de Derecho Público*, año 1, núm. 2, Lima (Perú), enero – junio de 2001 y en *Ius Publicum*, Escuela de Derecho de la Universidad Santo Tomás, núm. 8, Santiago de Chile, 2002.
- "El Consejo de Estado de Colombia: una institución bolivariana", en *Estudio – Órgano de la Academia de Historia de Santander*, año LXVI, núm. 327, Bucaramanga, enero de 2002.

- "Las vicisitudes del derecho administrativo y sus desafíos en el siglo XXI", en *Perspectivas del derecho administrativo en el siglo XXI*, Seminario Iberoamericano de Derecho Administrativo, Homenaje a Jesús González Pérez, Universidad Nacional Autónoma de México, México, 2002.
- "El profesor Jean Rivero", en Jean Rivero, *Páginas de derecho administrativo*, Libro Homenaje, Editorial Temis – Universidad del Rosario, Bogotá, 2002.
- "Un siglo de derecho administrativo en Colombia", en *El derecho público a comienzos del siglo XXI, Estudios en homenaje al profesor Allan R. Brewer Carías*, t. II, Editorial Civitas, Madrid, 2003 y en *Revista Jurídica*, tercera época, año 1, núm. 2. La Habana (Cuba), Ministerio de Justicia, julio – diciembre 2005.
- "La revocación de los actos administrativos ilícitos", en *Derecho administrativo, Memorias del Congreso Internacional de Culturas y Sistemas Jurídicos Comparados*, México, Universidad Nacional Autónoma de México, 2005.
- "La explicación histórica del derecho administrativo", en *Estudios en homenaje a don Jorge Fernández Ruiz. Derecho administrativo*, México, Universidad Nacional Autónoma de México, 2005.
- "Disminución o extensión del Estado en 30 años de reforma administrativa en Colombia", en Carlos Mario Molina Betancur (coord.), *El Estado: reflexiones acerca de sus retos en el siglo XXI*, Bogotá, Universidad del Rosario, 2005.
- "La responsabilidad del Estado por actividad: formal – material", en *La responsabilidad del Estado frente a terceros, Ponencias continentales del II Congreso Iberoamericano de derecho administrativo y público*, Guayaquil, Asociación Iberoamericana de Derecho Público y Administrativo "Jesús González Pérez", Capítulo Ecuador, 2005.
- "El equilibrio económico en los contratos administrativos", en *Revista Res Pública Revista de la Asociación Iberoamericana de Derecho Administrativo*, núm. 4, México, Asociación Iberoamericana de Derecho Administrativo, enero – abril de 2006. Versión actualizada en *Derecho PUCP. Revista de la Facultad de Derecho de la Pontificia Universidad Católica del Perú*, núm. 66, Lima, Fondo Editorial de la Pontificia Universidad Católica del Perú, 2011.
- "El marco constitucional del derecho administrativo en Colombia", en *El marco constitucional del derecho administrativo en Iberoamérica*, Quito, Universidad San Francisco de Quito, Foro Iberoamericano de derecho administrativo y Asociación Española de Ciencias Administrativas, 2006.
- "La justicia administrativa en el derecho comparado y en Colombia", en *Justicia administrativa Segundo Congreso Iberoamericano de Derecho Administrativo*, México, Universidad Nacional Autónoma de México, 2007. Versión actualizada en *I Congreso Internacional de Derecho Público. 190 años del Consejo de Estado colombiano*, Tunja, Universidad Santo Tomás, 2008.
- "Los reglamentos autónomos", en *Memorias del VI Foro Iberoamericano de Derecho Administrativo*, Bogotá, Universidad Externado de Colombia, 2007.

- "La teoría de la imprevisión en los contratos administrativos", en Víctor Hernández Mendible (ed.), *Derecho administrativo iberoamericano. 100 autores en homenaje a los veinte años del posgrado en derecho administrativo de la Universidad Católica Andrés Bello*, Caracas, Ediciones Paredes, 2007.
- "La reforma administrativa de 1998", en *El derecho administrativo en los albores del siglo XXI*, Bogotá, Universidad del Rosario, 2007.
- "Corte Constitucional y gobierno social", en *Corte Constitucional y Estado social de derecho*, Medellín, Universidad de Medellín, 2007.
- "El hecho del príncipe en los contratos administrativos", en *Memorias del III Congreso Internacional de Culturas y Sistemas Jurídicos Comparados*, México, Universidad Nacional Autónoma de México, 2007 / en *La Contratación Administrativa en España e Iberoamérica"*, Valladolid, Junta de Castilla y León, 2008.
- "La justificación de las jurisdicciones administrativas especializadas", en *Estudios jurídicos en homenaje al profesor Mariano R. Brito*, Montevideo, Fundación de Cultura Universitaria, 2008.
- "Fundamentos de los principios generales y el derecho administrativo en Colombia", en *Los principios en el derecho administrativo iberoamericano. Actas del VII Foro Iberoamericano de Derecho Administrativo,* Valladolid, Junta de Castilla y León, 2008.
- "La *potestas variandi* dans les contrats administratifs", en Études offertes au professeur René *Hostiou*, Paris, LexisNexis – Litec, 2008.
- "Estudio sobre la naturaleza jurídica de la Academia de Historia de Santander", en *Estudio* – Órgano *de la Academia de Historia de Santander*, año LXXXV, núm. 337, Bucaramanga, septiembre de 2008.
- "El derecho administrativo frente a la internacionalización del derecho y en particular frente al derecho comunitario", en *Retos y perspectivas del derecho administrativo*, Bogotá, Universidad del Rosario, 2009.
- "El incumplimiento de los contratos administrativos", en *Revista Iberoamericana de Derecho Público y Administrativo*, año 9, núm. 9 San José, Asociación de Derecho Público y Administrativo, Asociación e Instituto Iberoamericano de Derecho Administrativo "Prof. Jesús González Pérez", 2009.
- "Los efectos del incumplimiento de los contratos administrativos", en *Revista Aída Ópera Prima de Derecho Administrativo. Revista de la Asociación Internacional de Derecho Administrativo*, núm. 5, México, Universidad Nacional Autónoma de México y Asociación Iberoamericana de Derecho Administrativo, enero – junio de 2009.
- "Mecanismos contractuales para la garantía del equilibrio económico de los contratos administrativos", en *Revista Derecho Administrativo*, núm. 68, Buenos Aires, AbeledoPerrot, abril – junio 2009.
- "Las decisiones de los organismos de regulación en Colombia", en *El acto administrativo como fuente del derecho administrativo en Iberoamérica Actas del VIII Foro Iberoamericano de Derecho Administrativo*, Panamá, Congrex S. A, 2009.

- "Posiciones de la jurisprudencia colombiana sobre la independencia o autonomía de las agencias reguladoras", en *Derecho administrativo iberoamericano (discrecionalidad, justicia administrativa y entes reguladores)*, Panamá, Congrex S. A, 2009.
- "El poder ejecutivo en Colombia", en *Revista Aída Ópera Prima de Derecho Administrativo. Revista de la Asociación Internacional de Derecho Administrativo*, núm. 6, México, Universidad Nacional Autónoma de México y Asociación Iberoamericana de Derecho Administrativo, julio – diciembre de 2009.
- "El Consejo de Estado de Colombia: una institución bicentenaria", en *Revista de la Academia Colombiana de Jurisprudencia*, núm. 343-344, Bogotá, julio de 2010.
- "Los tratados internacionales como fuente del derecho administrativo en Colombia", en *Fuentes del derecho administrativo (Tratados internacionales, contratos como regla de derecho, jurisprudencia, doctrina y precedente administrativo). IX Foro Iberoamericano de Derecho Administrativo*, Buenos Aires, Ediciones RAP, 2010.
- "Aspectos novedosos del proyecto de Código de Procedimiento Administrativo colombiano", en *Derecho administrativo iberoamericano (Contratos administrativos, servicios públicos, acto administrativo y procedimiento, derecho administrativo ambiental y limitaciones a la libertad). IV Congreso Internacional de Derecho Administrativo*, Buenos Aires, Ediciones RAP, 2010.
- "Panorama de las transformaciones del derecho público colombiano con ocasión de la Constitución de 1991", en *El derecho público en Iberoamérica Libro homenaje al profesor Jaime Vidal Perdomo*, Bogotá, Universidad de Medellín y Editorial Temis, 2010.
- "Bases de la organización administrativa: el principio de separación de poderes", en *Retos de la organización administrativa contemporánea X Foro Iberoamericano de Derecho Administrativo*, San Salvador, Corte Suprema de Justicia – Sección de Publicaciones, 2011.
- "El principio de legalidad en el derecho administrativo", en *Estudios jurídicos en homenaje al profesor Juan Pablo Cajarville Peluffo*, Montevideo, Fundación de Cultura Universitaria, 2011.
- "La revocación de los actos en la ley de procedimientos administrativos", en *Congreso Internacional de Derecho Administrativo*, San Salvador, Corte Suprema de Justicia – Sección de Publicaciones, 2011.
- "Panorama del derecho urbanístico colombiano", en Jorge Fernández Ruiz (coord.), *Derecho urbanístico*, México, Universidad Nacional Autónoma de México, 2011.
- "Los sistemas de control jurisdiccional de la administración en el derecho comparado", en Alejandro Canónico Sarabia (coord.), *El control y la responsabilidad de la administración pública Memorias del IV Congreso Interna-*

cional de Derecho Administrativo Margarita 2012, Caracas, Editorial Jurídica Venezolana, 2012.

- "Los vicios del acto administrativo en el derecho colombiano", en *Visión actual del acto administrativo. Actas del XI Foro Iberoamericano de Derecho Administrativo*, Santo Domingo, Asociación Dominicana de Derecho Administrativo, 2012.
- "Organización y competencias de la jurisdicción administrativa en Colombia", en JORGE FERNÁNDEZ RUIZ (coord.), *Justicia contenciosa administrativa Congreso Internacional*, México, Universidad Nacional Autónoma de México, 2013.
- "Derecho administrativo transnacional o global: un nuevo capítulo del derecho administrativo", en JOSÉ RENÉ OLIVOS CAMPOS (coord.), *Derecho administrativo en homenaje a Jorge Fernández Ruiz*, México, Universidad Nacional Autónoma de México y Asociación Mexicana de Derecho Administrativo, 2013.
- "La noción de contrato estatal en Colombia", en *Contratación pública, Doctrina nacional e internacional. Actas del XII Foro Iberoamericano de Derecho Administrativo*, Lima, Adrus Editores, 2013.
- "El equilibrio económico-financiero en la jurisprudencia", en *Derecho administrativo en el siglo XXI, Memorias del Congreso Internacional de Derecho Administrativo*, Lima, Adrus Editores, 2013.
- "El contrato administrativo en Colombia", en JUAN CARLOS CASSAGNE (director), *Tratado general de los contratos públicos*, Buenos Aires, La Ley, 2013.
- "La ampliación del sistema tradicional de fuentes de los derechos administrativos nacionales en virtud del derecho comunitario andino", en MARCO MORALES TOBAR (coord.), *Análisis y actualidad del derecho administrativo*, Quito, Universidad Andina Simón Bolívar, Instituto de Estudios de Derecho Administrativo y Social y Asociación Internacional de Derecho Administrativo, 2014, y en *Revista de la Secretaría del Tribunal Permanente de Revisión*, núm. 12, Asunción, Tribunal Permanente de Revisión de Mercosur, 2018.
- "Visión analítica de las reformas administrativas en Colombia", en *100 años de administración pública – Retos y perspectivas. Memorias Congreso Internacional Conmemorativo de la ley 4ª de 1913*, Bogotá, Consejo de Estado, Presidencia de la República, la Escuela Superior de Administración Pública – ESAP, Embajada de Francia y Asociación Internacional de Derecho Administrativo – AIDA, 2014.
- "El derecho administrativo transnacional o global: un nuevo capítulo del derecho administrativo", en *Derecho administrativo*, México, Porrúa, 2014 y en JAIME RODRÍGUEZ-ARANA MUÑOZ y JOSÉ IGNACIO HERNÁNDEZ G. (coords.), *El derecho administrativo global y el arbitraje internacional de inversiones*, Madrid, Instituto Nacional de Administración Pública –INAP, 2016.
- "La situación de la persona ante la jurisdicción administrativa", en JUAN ALBERTO POLO FIGUEROA y LIBARDO RODRÍGUEZ RODRÍGUEZ (coord.), *Memorias*

de Congresos de Derecho Administrativo. II Congreso 2013, Santa Marta, Universidad Sergio Arboleda, 2014.

- "El ejercicio de funciones administrativas por particulares", en *Sociedad, Estado y derecho. Homenaje a Álvaro Tafur Galvis*, t. IV, Bogotá. Universidad del Rosario, 2014.
- "Los principios generales del derecho en el derecho administrativo. Reflexiones sobre el pensamiento de García de Enterría", en Allan Brewer-Carías, Luciano Parejo Alfonso y Libardo Rodríguez Rodríguez (coord.), *La protección de los derechos frente al poder de la administración. Libro homenaje al profesor Eduardo García de Enterría*, Bogotá-Caracas, Temis, Tirant lo Blanch, Editorial Jurídica Venezolana y Asociación Internacional de Derecho Administrativo, 2014.
- "La responsabilidad del Estado por actos terroristas en Colombia", en Jaime Rodríguez-Arana, Jorge Fernández Ruiz, Luis José Béjar Rivera y María del Carmen Rodríguez Martín-Retortillo (coord.), *La responsabilidad patrimonial de la administración pública XIII Foro Iberoamericano de Derecho Administrativo*, México, Universidad Panamericana y Especialistas en Responsabilidades, 2014.
- "Visión panorámica y crítica de la organización territorial en Colombia", en *Revista Argentina del Régimen de la Administración Pública*, núm. 443, Buenos Aires, Ediciones RAP, agosto de 2015.
- La teoría de la imprevisión en los contratos administrativos, en *Memorias del Congreso de Derecho Administrativo "Dr. Raymundo Amaro Guzmán"* (Dir. Jaime Rodríguez-Arana Muñoz, Olivo Rodríguez Huertas, Miguel Ángel Sendín García y Servio Tulio Castaños Guzmán), Santo Domingo, Asociación Dominicana de Derecho Administrativo, Fundación Institucionalidad y Justicia y Editorial Jurídica Venezolana International, 2015.
- "Acciones, pretensiones y recursos contencioso-administrativos: precisiones conceptuales y su relación con la tutela judicial efectiva", en Germán Bula Escobar, Álvaro Namén Vargas y William Zambrano Cetina (eds.), *Derecho procesal administrativo, modernización del Estado y territorio*. Estudios en homenaje a Augusto Hernández Becerra, Bogotá, Grupo Editorial Ibáñez, Consejo de Estado y Asociación Internacional de Derecho Administrativo – AIDA, 2015.
- "Las características fundamentales de la jurisdicción de lo contencioso administrativo en Colombia", en Jaime Rodríguez-Arana, William Vásquez Irizarry y María del Carmen Rodríguez Martín-Retortillo (coord.), *Contenciosos administrativos en Iberoamérica XIV Foro Iberoamericano de Derecho Administrativo*, San Juan, Universidad de Puerto Rico, 2015.
- "La actividad administrativa de fomento", en Jaime Rodríguez-Arana y Libardo Rodríguez Rodríguez (dirs.), *Curso de derecho administrativo iberoamericano*, Granada, Comares e Instituto Nacional de Administración Pública –INAP, 2015.

- "Antecedentes de la formación del derecho administrativo en Colombia", en Alberto Montaña Plata y Andry Matilla Correa (coord.), *Ensayos de derecho administrativo. Libro homenaje a Jorge Fernández Ruiz*, Bogotá – Universidad Externado de Colombia, 2016.
- "The Incorporation of the Acts of the Andean Community of Nations Organs in the Internal Legal Systems", en Jaime Rodríguez-Arana (ed.), *Recognition of Foreign Administrative Acts*, Springer, 2016.
- "Régimen del equilibrio económico-financiero en los contratos estatales", en *Derecho administrativo: hacia un Estado más confiable. Libro de ponencias del VII Congreso Nacional de Derecho Administrativo*, Lima, Thomson Reuters y Asociación Peruana de Derecho Administrativo, 2016.
- "Marco conceptual de las actividades administrativas con dimensión social", en Jaime Rodríguez-Arana, Carlos Delpiazzo, William Zambrano Cetina y María del Carmen Rodríguez Martín-Retortillo (dirs.), *Función social de la administración*, Bogotá, Universidad del Rosario y Grupo Editorial Ibañez, 2016.
- "Reflexiones sobre el neoconstitucionalismo, en particular frente al derecho administrativo", en *Real Academia de Jurisprudencia y Legislación. Estudios*, Cizur Menor (Navarra), Thomson Reuters Aranzadi, 2017.
- "El equilibrio económico-financiero en la jurisprudencia", en *Derecho administrativo. Revista de doctrina, jurisprudencia, legislación y práctica*, núm. 113, Buenos Aires, Abeledo-Perrot, septiembre – octubre, 2017.
- "La contratación pública desde la perspectiva de los principios", en Jaime Rodríguez Arana y otros (eds.), *Bases y retos de la contratación pública en el escenario global. Actas del XVI Foro Iberoamericano de Derecho Administrativo*, Panamá, Editorial Jurídica Venezolana International, 2017.
- "Los procedimientos administrativos en Colombia", en Luciano Parejo Alfonso y Marcos Vaquer Caballería (dir.), *Estudios sobre el procedimiento administrativo*, t. I, Derecho comparado, Valencia, Tirant lo Blanch, 2018.
- "Los instrumentos de distribución del poder público al interior de los Estados", en *Estudios de derecho público en homenaje a Luciano Parejo Alfonso*, t. III, Valencia, Tirant Lo Blanch, 2018.
- "El principio de legalidad: premisa fundamental de la democracia", en Víctor Hernández- Mendible y José Luis Villegas Moreno, (eds) *Hacia un derecho administrativo para retornar a la democracia Liber Amicorum* al profesor José R. Araujo-Juárez, Caracas, Centro para la Integración y el Derecho Público (CIDEP) y CERECO, 2018.
- "Análisis comparativo de las jurisdicciones administrativas de Francia y Colombia: visión a partir de Franck Moderne", en Hubert Alcaraz y Alejandro Vergara Blanco (dirs.), *Itinerario latinoamericano del derecho público francés. Homenaje al profesor Franck Moderne*, Valencia, Tirant lo Blanch, 2019.

- "El procedimiento administrativo sancionador en Colombia", en Jaime Rodríguez Arana y otros (eds.), *Régimen administrativo sancionatorio. En homenaje a José Luis Mielán Gil. Actas del XVII Foro Iberoamericano de Derecho Administrativo*, Guayaquil, Foro Iberoamericano de Derecho Administrativo, 2018, y *Revista Tachirense de Derecho*, n° 5, San Antonio (Táchira–Venezuela), Universidad Católica del Táchira, 2019.
- "Los límites de la discrecionalidad administrativa: conceptos generales y evolución", en *Derecho administrativo. Revista de doctrina, jurisprudencia, legislación y práctica*, No. 121, Buenos Aires, Abeledo-Perrot, ene-feb, 2019.
- "Lenguaje jurídico claro: la disyuntiva entre idioma común o corriente e idioma técnico o especializado", en *Revista El Derecho*, n° 14.720, Buenos Aires, Universidad Católica Argentina, 25 de septiembre de 2019.
- "Panorama del control de la actividad contractual pública en el derecho colombiano", en Jaime Rodríguez Arana y otros (eds.), *Control administrativo de la actividad de la administración.* Actas del XVIII Foro Iberoamericano de Derecho Administrativo, Sao Paulo, Foro Iberoamericano de Derecho Administrativo, 2019.
- "La proyección internacional de Allan Randolph Brewer-Carías", en Luciano Parejo Alfonso y León Henrique Cottin, *Allan R. Brewer-Carías. Proyección de su obra en Iberoamérica*, Caracas-Nueva York-Madrid, Editorial Jurídica Venezolana International, 2020.
- "Homenaje al profesor José Luis Meilán Gil en la Universidad de La Coruña", en Jaime Rodríguez Arana (dir.), *José Luis Meilán Gil en el recuerdo (1933-2018)*, La Coruña, Deputación provincial da Coruña, 2020.
- "La contratación pública en el marco del derecho administrativo transnacional o global", en Cristina Vásquez y Graciela Ruocco (coord.), *Estudios de derecho administrativo en homenaje al profesor emérito Dr. Carlos Delpiazzo*, Montevideo, Fundación de Cultura Universitaria, 2021.
- "El retiro de los actos por voluntad de la administración en la ley de procedimientos administrativos de El Salvador", en Procedimientos administrativos. Libro de ponencias del XIX Foro Iberoamericano de Derecho Administrativo, San Salvador, Departamento de Publicaciones de la Corte Suprema de Justicia, 2021.
- "La influencia del derecho transnacional o global en tres grandes temas del derecho administrativo", en José Araujo Juárez y Víctor Hernández-Mendible (eds), *Retos del derecho público en la tercera década del siglo XXI. Libro homenaje al profesor José Luis Villegas Moreno*, Caracas, Editorial Jurídica Venezolana, 2021.
- "Los sistemas de control jurisdiccional en el derecho comparado", en *Revista Venezolana de Legislación y Jurisprudencia*, núm. 16, Editorial Revista Venezolana de Legislación y Jurisprudencia, Caracas, 2021.

- "Impactos de la globalización en las fuentes del derecho administrativo", en Jaime Rodríguez Arana y otros (eds.), *Exigencias del derecho administrativo del siglo XXI.* Actas del XX Foro Iberoamericano de Derecho Administrativo, Montevideo, La Ley, 2021.
- "La transformación del principio de legalidad en virtud de algunos temas fundamentales de Derecho Público", en La Administración Pública en el Estado social y democrático de Derecho. Libro IX Jornadas Allan Brewer-Carías, Santo Domingo, Editorial Jurídica Venezolana-FUNEDA, 2021.
- "El concepto de infraestructura pública en el derecho colombiano", en Jaime Rodríguez Arana y otros, *El derecho administrativo de las infraestructuras*, México, Tirant lo Blanch, 2022.
- "Los actos administrativos de los particulares", en Graciela Ruocco y Cristina Vázquez (coords.), *Estudios jurídicos en homenaje al profesor Augusto Durán Martínez*, Montevideo, Fundación de Cultura Universitaria, 2023.

Consejos y comités de revistas y editoriales

- Consejo Editorial, *Revista Aída Ópera Prima de Derecho Administrativo. Revista de la Asociación Internacional de Derecho Administrativo AIDA*, México, Universidad Nacional Autónoma de México y Asociación Iberoamericana de Derecho Administrativo.
- Consejo Editorial, *Revista Iberoamericana de Derecho Público y Administrativo*, San José, Asociación Costarricense de Derecho Público y Administrativo y Asociación e Instituto Iberoamericano de Derecho Administrativo "Prof. Jesús González Pérez".
- Consejo Consultivo, *Revista de Derecho Público*, Buenos Aires, Rubinzal-Culzoni Editores.
- Consejo Académico, *Revista Iberoamericana de Derecho Administrativo y Regulación Económica*, Buenos Aires, IJ Editores.
- Comité Científico, Colección de Derecho Administrativo, Madrid, Editorial Reus.
- Consejo Asesor, Global Law Press, Sevilla, Editorial de Derecho Global.
- Consejo de Redacción, *Anuario Iberoamericano de Derecho Administrativo*, Madrid, Agencia Estatal Boletín Oficial del Estado.
- Consejo Consultivo, *Revista de Derecho Público*, Caracas, Editorial Jurídica Venezolana

Asociaciones a que pertenece o ha pertenecido

- Asociación Internacional de Altas Jurisdicciones Administrativas, con sede en París, Francia – Vicepresidente de abril de 1995 a abril de 1998.
- Asociación Colombiana de Derecho Constitucional y Ciencia Política – Miembro del Consejo Directivo.

- Asociación de Abogados de la Universidad Nacional de Colombia "ASDAUN".
- Asociación Iberoamericana de Derecho Administrativo e Instituto Iberoamericano de Derecho Administrativo "Profesor Jesús González Pérez" - Miembro Fundador y del Consejo Directivo.
- Foro Iberoamericano de Derecho Administrativo -FIDA, a partir de 2006.
- Asociación Internacional de Derecho Administrativo "AIDA" – Presidente período 2011-2016.
- Academia Internacional de Derecho Comparado, Miembro asociado.
- Association Andrés Bello des Juristes Franco-Latinoamericains.
- Association Henry Capitant des Amis de la Culture Française.
- Academia de Historia de Santander, Miembro Correspondiente, a partir de 2002.
- Asociación de Exmagistrados de las Altas Cortes – Asomagister.
- Real Academia de Jurisprudencia y Legislación de España – Académico Honorario, a partir de 15 de marzo de 2016.
- Instituto Internacional de Derecho Administrativo –IIDA– Miembro Fundador y Presidente período 2016-2020 y 2021-2024.
- Academia Nacional de Derecho y Ciencias Sociales de Buenos Aires – Miembro Correspondiente, a partir de 24 de septiembre de 2019.

Reconocimientos honoríficos

- Beca como mejor alumno de la promoción de 1972 de la Carrera de Derecho de la Universidad Nacional de Colombia (Resolución núm. 00259 del 3 de abril de 1974, del Rector de la Universidad).
- Condecoración Cruz del Mérito Deportivo, Categoría de Bronce (Acuerdo núm. 093 del 14 de septiembre de 1978, de la Junta Directiva del Instituto Colombiano de la Juventud y el Deporte -COLDEPORTES).
- Ciudadano Ilustre de la Ciudad de Bucaramanga (Decreto núm. 177 del 31 de julio de 1985, del Alcalde de Bucaramanga).
- Profesor Emérito de la Universidad Santo Tomás (Acuerdo núm. 10 del 25 de julio de 1994, del Consejo Superior de la Universidad).
- Ex-alumno Distinguido de la Universidad Nacional de Colombia (Resolución núm. 1398 del 21 de octubre de 1994, del Rector de la Universidad).
- Condecoración Orden al Mérito José Antonio Galán, condecoración oficial del Departamento de Santander (Decreto núm. 0119 del 1° de abril de 1996, del Gobernador del Departamento).
- Exalumno Distinguido de la Asociación de Exalumnos de la Universidad Nacional de Colombia- ADEXUN (Resolución núm. 002, Acta núm. 004 del 19 de agosto de 1997, de la Junta Directiva y el Consejo de Presidentes de la ADEXUN).

- Orden de la Democracia (Resolución núm. 424 del 1 de julio de 1999, del Consejo de la "Orden de la Democracia" de la Honorable Cámara de Representantes de Colombia).
- Orden de San Carlos (Decreto núm. 1226 del 6 de julio de 1999, del Presidente de la República de Colombia).
- Huésped Distinguido del Ayuntamiento Constitucional de Puebla (México) (Nombramiento de 13 de mayo de 2008 del Presidente Municipal de Puebla).
- Huésped Distinguido de la Ciudad de San Salvador (El Salvador) (Nombramiento de 28 de septiembre de 2011 del Alcalde de San Salvador).
- Huésped de Honor de la Ciudad Autónoma de Buenos Aires (Nombramiento de 3 de mayo de 2012 de la Legislatura de la Ciudad Autónoma de Buenos Aires).
- Profesor Magnífico de Derecho Administrativo (Reconocimiento del Foro Iberoamericano de Derecho Administrativo, Santo Domingo -República Dominicana-, septiembre de 2012).
- Huésped Distinguido del Ayuntamiento Constitucional de Xalapa (México) (Nombramiento de 29 de octubre de 2012 del Presidente Constitucional de Xalapa).
- Visitante Distinguido de la Municipalidad de Arequipa (Perú) (Nombramiento de 31 de octubre de 2013 del Alcalde de la Municipalidad de Arequipa).
- Académico Honorario de la Real Academia de Jurisprudencia y Legislación de España (Posesión el 15 de marzo de 2016).
- Homenaje al Profesor Libardo Rodríguez, Jornadas Anuales de Derecho Administrativo, (FINJUS-Asociación Dominicana de Derecho Administrativo, Santo Domingo, 1-2 de agosto de 2018).
- Miembro Correspondiente de la Academia Nacional de Derecho y Ciencias Sociales de Buenos Aires (Posesión el 24 de septiembre de 2019).
- Profesor Honorífico del Departamento de Derecho Administrativo de la Facultad de Derecho de la Universidad Complutense de Madrid (Nombramientos del Rectorado de la Universidad de fechas 1º de septiembre de 2018, 1º de septiembre de 2019, 1º de septiembre de 2020 y 7 de abril de 2022).

IDIOMAS

Español y francés.

Bogotá, D. C., noviembre de 2022

ÍNDICE GENERAL

PÁG.

Presentación (Allan R. Brewer-Carías, Luciano Parejo Alfonso, Víctor Rafael Hernández Mendible) VII
Libardo Rodríguez R.: El hombre, el jurista XV

TEORÍA GENERAL

LECTURAS SOBRE "EL PRÍNCIPE" Y ALGUNOS CONSEJOS DE MAQUIAVELO A LOS GOBERNANTES
ALLAN R. BREWER-CARÍAS
Venezuela

1. El libro y la vida en el entorno de Maquiavelo 4
2. La vida de Maquiavelo en los tiempos de los Medici y los Borgia 7
3. La experiencia diplomática de Maquiavelo como fuente de observación 9
4. El fin de la república, la persecución contra Maquiavelo y "El príncipe" 9
5. Los consejos generales de Maquiavelo 10
6. Consejos generales a los gobernantes: la razón de estado 12
7. Consejos para acceder al poder y sobre el gobierno 14
8. Consejos sobre las relaciones de poder 16
9. Consejos sobre la toma de decisiones 18
10. Consejos sobre las políticas públicas 20
11. Consejos sobre el trato a los gobernados 21
12. Consejos sobre las conspiraciones 24
13. Los príncipes y gobernantes cuyas ejecutorias, observadas por Maquiavelo, fueron las que dieron origen a sus consejos 24

EL INSTRUMENTO DE LOS CONTRALÍMITES: ELEMENTOS DE REFLEXIÓN
GIUSEPPE FRANCO FERRARI
Italia 29

ALGUNAS REFLEXIONES SOBRE EL PRINCIPIALISMO Y EL NEOCONSTITUCIONALISMO
JUAN CARLOS CASSAGNE
Argentina

1. El principialismo 39

PÁG.

2. El Estado de derecho constitucional y los distintos neoconstitucionalismos 45
3. La llamada constitucionalización del ordenamiento 49
4. Hacia el Estado subsidiario 50
5. Conclusiones.. 52

DERECHO ADMINISTRATIVO Y ÉTICA

PEDRO JOSÉ JORGE COVIELLO

Argentina 55

LAS RAÍCES HISPANAS DEL DERECHO ADMINISTRATIVO
Y LA DEFENSA DEL ESTADO DE DERECHO

RICARDO RIVERO ORTEGA

España

1. Raíces hispanas de la democracia y el Estado de derecho 71
2. La independencia y las primeras constituciones 72
3. El desarrollo del derecho público y el origen del Estado de derecho en América 73
4. Los autoritarismos y su efecto devastador sobre el derecho administrativo... 75
5. El papel de la doctrina, los tribunales y las normas internacionales 76

Bibliografía 76

**DERECHO ADMINISTRATIVO
GENERAL**

RECENTI SVILUPPI E NUOVI PROBLEMI NELLA DISCIPLINA
DEGLI ACCORDI FRA L'AMMINISTRAZIONE E I CITTADINI
NEL DIRITTO AMMINISTRATIVO

ALDO TRAVI

Italia 81

RAZONABILIDAD Y PROPORCIONALIDAD
EN LA ACTIVIDAD ADMINISTRATIVA

AUGUSTO DURÁN MARTÍNEZ

Uruguay

1. Introducción... 93
2. Raíces de los principios de razonabilidad y de proporcionalidad 94
3. Contenido del principio de razonabilidad.. 102
4. Razonabilidad e interdicción de la arbitrariedad 102
5. Razonabilidad y principio de legalidad 103
6. Razonabilidad y principio de igualdad 106

PÁG.

7. Razonabilidad y subprincipio de proporcionalidad 111
8. Proyecciones de los principios de razonabilidad y de proporcionalidad en la actividad administrativa 113

Bibliografía 117

DERECHO ADMINISTRATIVO TRANSICIONAL. NOTAS PARA UNA INVESTIGACIÓN A PROPÓSITO DEL CASO COLOMBIANO

DANILO ROJAS BETANCOURTH
Colombia

1. Las sanciones propias que impondrá la Jurisdicción Especial para la Paz ... 124
2. Formulación y ejecución de las sanciones propias: los trabajos, obras y acciones reparadoras y restauradoras 129
3. Sanciones restaurativas, trabajos, obras y acciones reparadoras y restauradoras y planes de desarrollo con enfoque territorial 131
4. Víctimas y sanciones propias 134
5. El derecho administrativo transicional en escena 135
   A) Derecho administrativo transicional y los estudios del derecho administrativo global o transnacional 136
   B) Derecho administrativo transicional y constitucionalismo transicional... 137
   C) Derecho administrativo transicional, derecho penal y criminología crítica 139
   D) Derecho administrativo transicional, políticas públicas, desarrollo y reconciliación 141
6. A modo de conclusión 141

Bibliografía 142

EL INTERÉS GENERAL Y EL DERECHO ADMINISTRATIVO

JAIME RODRÍGUEZ-ARANA
España

1. Introducción 143
2. El "Rapport" del Consejo de Estado francés de 1999 144
3. La centralidad del interés general en el derecho administrativo 147
4. Pertinencia del interés general 151
5. Significado del interés general 154
6. Dimensiones del interés general 157
7. Caracterización del interés general 160
8. Reflexión final: la motivación de las actuaciones administrativas 163

Bibliografía 164

LA PROFUNDA DIMENSIÓN SOCIAL Y AXIOLÓGICA DEL PRINCIPIO DE JURIDICIDAD. LA TEORÍA DEL ACTO ADMINISTRATIVO Y EL RÉGIMEN EXORBITANTE COMO INSTRUMENTAL AL SERVICIO DEL ALUDIDO PRINCIPIO

María José Rodríguez
Argentina

PÁG.

1. La profunda dimensión social y axiológica del principio de juridicidad 167
A) El orden jurídico como causa formal de la sociedad política.................. 169
B) La integración del orden jurídico por principios y reglas 170
C) La integración del principio de juridicidad y su dimensión social en la dogmática del derecho administrativo... 170
D) El principio de juridicidad en la jurisprudencia administrativa de la Procuración del Tesoro de la Nación (PTN), máximo órgano asesor en derecho del Poder Ejecutivo Nacional 171
E) Nuestra opinión 173
2. La articulación del principio de juridicidad con la dogmática del acto administrativo 174
A) El principio de juridicidad y su relación con la estabilidad del acto administrativo en la Ley Nacional de Procedimientos Administrativos 19.549 176
B) El acto administrativo "contractual" en relación con el principio de juridicidad. Exportación de las consideraciones precedentes a los contratos administrativos nulos, es decir contrarios a la juridicidad 182
C) Perplejidades en materia tributaria: la inalterabilidad superlativa (tanto en sede administrativa como judicial) del acto administrativo de determinación de oficio, consagrada pretorianamente 190
3. Conclusión.. 191

SOBRE LA DIFICULTAD DE UNA GRAN REFORMA DEL RÉGIMEN FRANCÉS DE LAS COLECTIVIDADES TERRITORIALES

Pierre Subra de Bieusses
Francia

1. El problema de las estructuras administrativas territoriales 196
A) La estructura municipal.. 196
B) La estructura departamental 198
C) La estructura regional.. 199
2. El problema de las competencias territoriales 202
A) La cuestión de la cláusula general de competencia................................. 202

PÁG.

B) La utilización de fórmulas de competencias exclusivas 203
C) El caso particular de las metrópolis 205

LA RELACIÓN JURÍDICA ADMINISTRATIVA

RODOLFO C. BARRA
Argentina

1. El ordenamiento jurídico 209
2. Ordenamiento mayor (nacional): sector público y sector privado 210
3. La riqueza social y su adjudicación 211
4. Las relaciones de adjudicación y el sector de origen de los bienes en el ordenamiento jurídico 214
5. Situación y relación jurídica 215
6. La relación jurídica y la virtud de la justicia 218
7. La substantividad de derecho público de toda relación jurídica en la que un sujeto público es parte 219
8. La relación jurídica sustancial de derecho público en la doctrina de la Corte Suprema de Justicia argentina 221
9. El régimen administrativo como modelo o sistema 224
10. Régimen exorbitante, derecho público y justicia distributiva 227
11. La justicia distributiva como patrón de la actuación de la administración pública 228

LA TRANSFORMACIÓN DEL DERECHO ADMINISTRATIVO ESPAÑOL Y LOS RETOS ANTE UN FUTURO INCIERTO

JOSÉ-LUIS PIÑAR MAÑAS
España

1. Los orígenes del moderno derecho administrativo español. La generación de la "Revista de Administración Pública" y las leyes de mediados del siglo XX 233
2. El impacto de la Constitución de 1978. Las bases constitucionales del derecho administrativo 236
3. Organización territorial. Entidades locales y comunidades autónomas 240
4. La reforma del empleo público 243
5. La reforma del procedimiento administrativo. Innovación tecnológica. Procedimientos transfronterizos 244
6. Transparencia y acceso a la información 247
7. La consolidación del pleno control jurisdiccional de la actividad de la Administración y la necesaria reforma de la Ley de la Jurisdicción 248
8. Sociedad digital y nuevos derechos 250
9. Retos de futuro para un derecho administrativo social pospandemia 253

Bibliografía 256

DERECHO ADMINISTRATIVO Y EMERGENCIA INSTITUCIONAL

EL DERECHO DE EXCEPCIÓN: CARENCIAS Y CONTRADICCIONES

Tomás-Ramón Fernández
España

PÁG.

1. Introducción ... 263
2. El derecho de excepción y las situaciones de necesidad ... 266
3. Una breve referencia a la gestación del artículo 116 de la Constitución ... 271
4. El estado de alarma y la sentencia constitucional de 14 de julio de 2021 ... 274
5. A modo de conclusiones ... 277

CRISIS EPIDÉMICA Y CRISIS CONSTITUCIONAL

Santiago Muñoz Machado
España

1. Epidemia y crisis institucional: una constatación ... 281
2. Las tradiciones de la gobernación sanitaria en España y su marginación ... 285
3. Las consecuencias jurídico constitucionales de la pandemia ... 291
A) El desconcierto de los juristas ... 291
B) La posición del Tribunal Constitucional ... 294
C) La doctrina del Tribunal Supremo ... 298
4. Juzgar a la Administración es también administrar ... 301
5. La ruptura de los principios en materia de competencias territoriales ... 306

DERECHO ADMINISTRATIVO Y DERECHOS FUNDAMENTALES

EL DERECHO DE EXPROPIACIÓN EN FRANCIA: ENTRE PERMANENCIA Y NUEVAS PERSPECTIVAS

René Hostiou
Francia

1. La protección de los bienes inmuebles: consideraciones tradicionales ... 314
A) La protección de la propiedad inmobiliaria por jurisdicción administrativa ... 315
B) La protección de los bienes inmuebles por la jurisdicción judicial ... 321
2. La protección de los bienes inmuebles: nuevas consideraciones ... 322
A) Protección por la Corte Europea de Derechos Humanos ... 322
B) Protección por el Consejo Constitucional ... 327

EL "NON BIS IN IDEM" EN EL SISTEMA EUROPEO E INTERAMERICANO Y SU RELATIVIZACIÓN EN LA JURISPRUDENCIA DE ESTRASBURGO

TOMÁS CANO CAMPOS
España

PÁG.

1. Introducción ... 331
2. Los textos normativos y el diferente estándar de protección ... 333
A) El "non bis in idem" en la Convención Americana de Derechos Humanos 333
B) El Protocolo 7 al Convenio Europeo de Derechos Humanos y el concepto autónomo de enjuiciamiento y sanción penal ... 336
C) El "non bis in idem" en el derecho español ... 339
D) Los diferentes estándares de protección ... 341
3. La relativización del "non bis in idem", en particular en la jurisprudencia de Estrasburgo ... 343
A) El derecho interno español ... 344
B) La jurisprudencia de la Corte Interamericana ... 345
C) Los vaivenes en la jurisprudencia de Estrasburgo ... 346
4. La necesidad de considerar los intereses jurídicos protegidos por la norma punitiva ... 351
A) Los problemas de la ampliación del "idem" y la relativización del "bis" 351
B) Los intereses jurídicos protegidos por la norma punitiva ... 353
5. El fundamento del "non bis in idem" ... 356
A) El principio de proporcionalidad: ¿fundamento o consecuencia de la prohibición? ... 356
B) El principio de legalidad y la funcionalidad excluyente de las normas sancionadoras ... 358
Bibliografía ... 359

EL DERECHO FUNDAMENTAL A LA PARTICIPACIÓN CIUDADANA EN LA ÓPTICA DE LA CORTE CONSTITUCIONAL DE COLOMBIA

VÍCTOR RAFAEL HERNÁNDEZ-MENDIBLE
Venezuela

1. Introducción ... 363
2. El planteamiento del problema ... 365
A) Los fundamentos constitucionales de la participación ciudadana ... 366
B) La inexistencia de los procedimientos de participación y coordinación en materia de hidrocarburos ... 368
C) La incipiente existencia de los procedimientos de participación y coordinación en materia minera ... 368
D) Los mecanismos de participación en los asuntos ambientales ... 369

PÁG.

3. Los fundamentos jurídicos ... 370
 A) El déficit de protección constitucional en materia de mecanismos de participación ciudadana e instrumentos de coordinación y concurrencia ... 370
 B) Los mecanismos de participación ciudadana en materia ambiental ... 371
 C) Las conclusiones generales respecto a las consultas populares con relación al aprovechamiento del subsuelo o de recursos naturales no renovables ... 373
 D) La propuesta de criterios para la definición de mecanismos de participación ciudadana e instrumentos de coordinación y concurrencia de la nación y las entidades territoriales ... 375
4. La sentencia ... 379
 A) Una medida de otro carácter: recurso judicial efectivo ... 380
 B) Una medida de carácter legislativo: legislar sobre mecanismos de participación ciudadana ... 380
 C) Las medidas de otro carácter: actuaciones de autoridades administrativas nacionales en las relaciones interadministrativas ... 381
 D) Las medidas de otro carácter: actuaciones de autoridades administrativas nacionales en relación con los operadores económicos ... 381
 E) Las medidas de otro carácter: actuaciones de autoridades administrativas territoriales ... 381
5. Reflexiones finales ... 382
 A) El restablecimiento de las garantías del Estado de derecho ... 382
 B) El principio de unidad de mercado ... 383
 C) La sujeción de la sentencia a los principios convencionales ... 384
Bibliografía ... 385

DERECHO ADMINISTRATIVO DEL AMBIENTE

L'AMBIENTE NEL DIBATTITO GIURIDICO ITALIANO: UNA PROPOSTA FONDATA SULLA PROSPETTIVA DEL DOVERE

FABRIZIO FRACCHIA
Italia

1. Il problema della definizione giuridica dell'ambiente ... 389
2. Cenni al dibattito teorico e alla elaborazione giurisprudenziale in Italia sulla nozione di ambiente ... 391
3. Considerazioni critiche in ordine alla negazione della sussistenza di una concezione autonoma dell'ambiente ... 394
4. L'insufficienza del riferimento al diritto soggettivo all'ambiente ... 395
5. Uno scarto metodologico e una proposta differente ... 399
6. L'allargamento del dovere morale: la prospettiva giuridica. Dall'antropocentrismo del diritto all'antropocentrismo del dovere ... 402

PÁG.

7. Il fondamento e l'estensione del diritto ambientale; l'interpositio legislatoris 405
8. I principi e la finalità ultima della disciplina ... 407
9. Considerazioni conclusive: tre paradossi ... 408

EL LOBO: PERCEPCIÓN SOCIAL Y RÉGIMEN JURÍDICO

FERNANDO LÓPEZ RAMÓN

España

1. Sobre la historia cultural del animal ... 411
2. Las vigentes y contrapuestas visiones rural y urbana ... 414
3. El régimen histórico del exterminio ... 416
4. Las pautas de la conservación ... 419
5. La difícil valoración de los datos y la necesidad de concordia ... 425
6. Inclusión del lobo en el Listado de Especies de Protección Especial ... 428

LE JUSTE ET L'UTILE. LE DROIT DE L'ENVIRONNEMENT IMPULSION POUR LE DROIT ADMINISTRATIF

JACQUELINE MORAND-DEVILLER

Francia

1. Le Juste ... 435
 A) Le Beau. Droit administratif, esthétique, Bien commun ... 436
 B) L'équité. Droit administratif, équilibre et proportionnalité ... 441
2. L'utile ... 444
 A) Le Bonheur. Droit administratif et qualité de la vie ... 444
 B) Le pragmatisme. Droit administratif et efficacité ... 447

NUEVOS DESAFÍOS DEL DERECHO AMBIENTAL: PRINCIPIO DE RESPONSABILIDADES COMUNES PERO DIFERENCIADAS

JOSÉ LUIS VILLEGAS MORENO

España

1. Contextualización ... 452
2 Configuración y perfil del principio ... 455
3. Escenario de convencionalidad del principio ... 458
4. Conexión con otros principios del derecho ambiental internacional ... 461
5. Impacto de su inclusión en el PMMA ... 462
6. Conexión del principio con los ODS-Agenda 2030 ... 464

CONTRATACIÓN PÚBLICA

EL PRESUPUESTO Y LAS CONTRATACIONES PÚBLICAS

Alejandro Canónico Sarabia
Venezuela

PÁG.

1. Los derechos sociales fundamentales y el presupuesto público 471
2. La administración financiera del sector público y el sistema presupuestario 473
   A) Fases o etapas presupuestarias 475
3. Principios jurídicos vinculados al sistema presupuestario 481
   A) El principio de legalidad presupuestaria 482
   B) Otros principios jurídicos vinculados al sistema presupuestario 485
4. Aplicación de las reglas presupuestarias en la contratación pública 489
   A) Planificación y presupuesto 489
   B) Actividades previas o preparatorias en la contratación pública 492
   C) Disponibilidad presupuestaria para contratar 496
   D) Adjudicación del contrato sin la disponibilidad presupuestaria 499
   E) Las modificaciones de las condiciones contractuales y la disponibilidad presupuestaria 504
   F) Contrataciones con ejecución superior a un año 507
   G) El contrato marco y el presupuesto 512
5. El control de la ejecución presupuestaria en las compras públicas 514
6. Reflexiones finales 516

SOBRE LA TEORÍA DEL ACTO ADMINISTRATIVO PARA EXPLICAR LA NATURALEZA JURÍDICA DE LA CONCESIÓN ADMINISTRATIVA: UN ANÁLISIS CRÍTICO

Andry Matilla Correa
Cuba

1. Ideas iniciales 517
2. Teoría de la concesión administrativa como acto administrativo 524
   A) Sobre algunos exponentes de la teoría de la concesión administrativa como acto administrativo 524
   B) Sobre los principales postulados que se han planteado para sostener la teoría de la concesión administrativa como acto administrativo 532
   C) Sobre las principales objeciones a la teoría de la concesión administrativa como acto administrativo 544
3. A modo de epílogo 560

LOS CONVENIOS CELEBRADOS POR LA ADMINISTRACIÓN CON LOS PARTICULARES: FUNDAMENTOS, APROXIMACIÓN CONCEPTUAL Y RASGOS CARACTERÍSTICOS

Augusto Ramón Chávez Marín

Colombia

PÁG.

Introducción 563
1. Fundamentos conceptuales y contexto histórico en el caso de Colombia.... 564
A) La participación en la función administrativa 566
B) La concertación económica 574
C) El fomento 577
D) La colaboración convencional de los particulares 580
2. Concepto del convenio administrativo, celebrado por la Administración con los particulares 584
3. Aspectos relevantes para la identificación del convenio administrativo 592
A) Intereses de los sujetos contratantes 592
B) Régimen general de los convenios administrativos 594
4. Conclusiones 596

SITUACIONES JURÍDICAS DE LOS PARTICIPANTES EN PROCEDIMIENTOS COMPETITIVOS DE CONTRATACIÓN PÚBLICA

Carlos E. Delpiazzo

Uruguay

1. Objeto 599
2. Enfoque propuesto 600
3. Situación del interesado en la etapa preparatoria 602
A) Preparación 602
B) Presentación 603
4. Situación del oferente en la etapa esencial 604
A) Recepción 604
B) Apertura 605
C) Admisión 606
D) Evaluación 609
4. Situación del adjudicatario en la etapa integrativa 611
A) Alcance de la adjudicación 611
B) Efectos de la adjudicación 614
6. Conclusión 615

EL CONTROL DE LEGALIDAD EN LOS CONTRATOS DEL ESTADO: EXPRESIÓN DE LA SUPREMACÍA DEL PRINCIPIO DE LEGALIDAD

CIRO NOLBERTO GÜECHÁ MEDINA
Colombia

PÁG.

Introducción 617
1. El principio de legalidad en la contratación pública 618
2. Las acciones contencioso administrativas son la expresión material del control de legalidad en la contratación del Estado 625
A) Una acción de legalidad e indemnizatoria, el mecanismo adecuado para el control de legalidad de la contratación pública 630
3. El arbitramento como mecanismo de control de legalidad de los actos en la contratación estatal 632
4. Conclusiones 637
Bibliografía 638

MOTIVACIÓN DE LA ADJUDICACIÓN CONTRACTUAL

CRISTINA VÁZQUEZ
Uruguay

Introducción: nuestro homenaje al profesor Libardo Rodríguez Rodríguez 639
1. Motivo y motivación 641
2. La motivación como principio general del derecho administrativo 643
3. La motivación en el derecho positivo uruguayo 646
4. La motivación en la doctrina 649
A) Sobre el fundamento de la motivación 649
B) Sobre la motivación “in aliunde” y ulterior o póstuma 650
C) La motivación y el principio de interdicción de la arbitrariedad 651
D) Sobre el carácter esencial de la motivación 652
E) Sobre las características exigidas a la motivación 652
F) En particular, sobre actos ilógicamente motivados 656
5. La motivación de la adjudicación en la jurisprudencia uruguaya reciente 658
6. Conclusiones 661

CLÁUSULA PENAL Y MULTAS EN LA CONTRATACIÓN ADMINISTRATIVA COSTARRICENSE

ERNESTO JINESTA LOBO
Costa Rica

1. Régimen jurídico positivo 665
A) Ley de Contratación Administrativa (en adelante LCA) 665

PÁG.

B) Reglamento LCA (en adelante RLCA) 666
C) Reglamento al Título II Ley de Fortalecimiento y Modernización de las Entidades Públicas del Sector de Telecomunicaciones (en adelante RLF MEPST).... 668
2. Jurisprudencia de la Sala Primera de la Corte Suprema de Justicia 669
A) General: carácter de fuente jurídica, rango y jerarquía de la jurisprudencia de la Sala Primera de Casación.... 669
B) Aproximación conceptual a la cláusula penal y las multas en la jurisprudencia de la Sala Primera 670
C) Previsión expresa en el cartel y en el contrato administrativo que se formaliza 671
D) Los límites de la discrecionalidad administrativa en la redacción de la cláusula penal o de las multas 672
E) El límite infranqueable de los principios de proporcionalidad y razonabilidad al fijar el contenido y monto de la cláusula penal o de la multta 676
3. Jurisprudencia de la Sala Constitucional de la Corte Suprema de Justicia ... 678
A) Valor y jerarquía de la jurisprudencia constitucional en el derecho costarricense 678
B) Aproximación conceptual y distinción de figuras.... 678
C) Proporcionalidad en la determinación del quantum de la cláusula penal 679
D) Necesidad de debido proceso para imponer la cláusula penal o la multa 681
4. Pronunciamientos de la Contraloría General de la República.... 682
A) Competencia en materia de contratación administrativa.... 682
B) Aproximación conceptual y deslinde de las categorías jurídicas de cláusula penal y de multas 683
C) Proporcionalidad en la determinación del quantum de la cláusula penal y límite máximo del mismo.... 684

LA REGULACIÓN DE LA DISTRIBUCIÓN DE RIESGOS EN LA EJECUCIÓN DE LOS CONTRATOS ADMINISTRATIVOS EN EL ORDENAMIENTO JURÍDICO ESPAÑOL

GERMÁN FERNÁNDEZ FARRERES

España

1. Consideraciones previas 687
2. La regla del riesgo y ventura del contratista y sus excepciones.... 688
A) Fuerza mayor 689
B) "Factum principis" 690
C) Cláusula de progreso 695
D) Riesgo imprevisible.... 695
E) "Ius variandi" y poder de dirección de la Administración en la ejecución del contrato.... 700
3. Conclusiones.... 702

EL CONCEPTO DE ASOCIACIÓN PÚBLICO-PRIVADA EN EL DERECHO COLOMBIANO

Jorge Enrique Santos Rodríguez
Colombia

PÁG.

Introducción 705
1. El origen de las asociaciones público-privadas y su incorporación al derecho colombiano 706
A) El origen la figura de las asociaciones público-privadas como elemento esencial para comprender su concepto 706
B) La introducción de la noción de asociación público-privada en el derecho colombiano 709
2. Elementos de la noción de asociación público-privada en el derecho colombiano 711
A) La inversión de capital privado y la presencia de un inversionista privado 711
B) La celebración de un contrato estatal como mecanismo de instrumentación jurídica 714
C) El desarrollo de un proyecto de infraestructura pública 721
D) La adecuada distribución de los riesgos previsibles 728
E) La disponibilidad de la infraestructura y los niveles de servicio como condicionamiento de la retribución 732

A PROPÓSITO DE LA RECEPCIÓN DE OBRAS PÚBLICAS EN EL PERÚ: APORTES PARA SUPERAR LA CULTURA ADVERSARIAL

Juan Carlos Morón Urbina
Juan Carlos Medina Flores
Perú

1. Presentación del tema 737
2. Delimitando algunos términos asociados: entrega, recepción, verificación, aprobación 739
3. Los caracteres jurídicos de la recepción de obra 741
A) La entrega es un derecho del contratista y la recepción un deber de la entidad pública. Necesidad de colaboración 742
B) La recepción de las obras demanda una comprobación objetiva de lo construido 743
C) La comprobación se diseña como una operación contradictoria entre el constructor y la entidad 744
4. Las diversas modalidades de recepción de obra en el derecho de la construcción 744
A) El modelo de la doble recepción (recepción provisional y definitiva) y el de la recepción única de lo construido 744

PÁG.

B) La recepción expresa, la recepción tácita o presunta y la de pleno derecho de lo construido 747
C) La recepción total y las recepciones parciales de la construcción 749
D) La recepción plena o pura y simple, y la recepción con reservas 752
5. Los efectos de la recepción de la obra. Diferentes efectos según la clase de recepción 754
A) La transferencia de la posesión a la entidad 755
B) Se inicia período de garantía 756
C) Derecho a que la entidad pueda destinar la obra a la finalidad pública para que se contrató 757
D) Verificación de vicios aparentes 758
E) Certificado de recepción 758
F) Entrega del cuaderno de obra 759
G) Cesan labores de la Junta de Resolución de Disputas 759
H) Cierre financiero del contrato: liquidación 760
6. El procedimiento de recepción de obra: un procedimiento interactivo y no solo un trámite administrativo 760
A) Competencia para entregar y recibir la obra 761
B) Etapas y plazos para la recepción 762
C) Observaciones y su solución 763
D) El procedimiento de recepción en la normativa comparada 765
7. Conclusiones y recomendaciones 769

DERECHO ADMINISTRATIVO DE LOS SERVICIOS PÚBLICOS Y ACTIVIDADES DE INTERÉS GENERAL

DERECHO ADMINISTRATIVO DE LA LIBERTAD: TRANSFORMACIONES DEL "DERECHO DE LOS SERVICIOS PÚBLICOS" Y SUBSIDIARIEDAD DE LAS "PRERROGATIVAS DE PODER PÚBLICO"

GUILLERMO SÁNCHEZ LUQUE
Colombia

Introducción 773
1. El derecho administrativo de la libertad: las transformaciones del ordenamiento legal del derecho administrativo 779
A) El régimen legal de los servicios públicos domiciliarios: desmonopolización y libertad económica 779
B) Régimen legal de los contratos estatales: menos unilateralidad y más autonomía de la voluntad 794
2. El derecho administrativo de la libertad: las reformas pendientes al ordenamiento legal del derecho administrativo 808

PÁG.

A) Hacia un régimen de la organización administrativa y de la actuación administrativa de la libertad ... 809
B) Hacia un control jurisdiccional de la Administración basado en la libertad 820
Conclusiones ... 833
Bibliografía ... 840

LA CONSTITUCIÓN Y LA NOCIÓN DE SERVICIO PÚBLICO: PROPUESTA DE REVISIÓN

JOSÉ ARAUJO-JUÁREZ
Venezuela

Introducción ... 847
§ 1. Presentación del tema ... 847

SECCIÓN I. DEL ESTADO DEL BIENESTAR AL ESTADO SOCIAL DE DERECHO

1. Intervención del Estado constitucional ... 850
§ 2. Planteamiento de la cuestión ... 850
§ 3. Estado social de derecho ... 852
2. Deberes del Estado social de derecho ... 854
§ 4. Plan ... 854
§ 4 a) Deber y garantía de prestación ... 854
§ 4 b) Deber de buen funcionamiento ... 855
§ 4 c) Principio de prohibición de no regresividad ... 856
3. Servicio público y revisión crítica ... 856
§ 5. Planteamiento de la cuestión ... 856
§ 6. Revisión crítica ... 858
§ 7. Conclusión ... 859

SECCIÓN II. SERVICIO PÚBLICO Y FINES DEL ESTADO CONSTITUCIONAL

4. Fundamento constitucional ... 861
§ 8. Enunciado ... 861
5. Intervención administrativa ... 862
§ 9. Idea general ... 862
§ 10. Prestación de servicios públicos ... 863
§ 10 a) Deber estatal de prestación de servicios públicos ... 863
§ 10 b) Servicio público industrial y comercial ... 864
§ 10 b) 1. Garantía de la libertad de empresa o económica privada ... 864
§ 10 b) 2. Actividad administrativa de intervención ... 865
§ 10 b) 3. Actividad de control administrativo ... 865
6. Evolución ... 866
§ 11. Plan ... 866

PÁG.

§ 11 a). La actividad de control en el Estado de derecho 866
§ 11 b) Intervencionismo administrativo en el Estado social de derecho 867

SECCIÓN III. SERVICIO PÚBLICO

7. Génesis 867
§ 12. Idea general 867
§ 13. Características 867
§ 14. Funciones 868
8. Propuesta de revisión 868
§ 15. Enunciado y plan 868
§ 15 a) Elemento orgánico: la titularidad pública 869
§ 15 b) Elemento material: el interés público 870
§ 15 c) Elemento formal: el régimen jurídico exorbitante 874

SECCIÓN IV. PERSPECTIVA CONTEMPORÁNEA

9. Privatización 875
§ 16. Planteamiento de la cuestión 875
§ 17. Concepto 876
§ 18. Desregulación y neoregulación 877
10. Servicio de interés general 878
§ 19. Presentación del tema 878
§ 20. Concepto 879
§ 21. Caracteres jurídicos 880
§ 22. Obligaciones o cargas jurídicas, por razones de servicio público 882
§ 22 a) Servicio universal 882
§ 22 b) Otras obligaciones o cargas jurídicas 884
11. Reflexión final 884
§ 23. "Le service public est mort ¡Vive le service public!" 884

EL SECTOR Y EL SISTEMA ELÉCTRICO ESPAÑOLES

LUCIANO PAREJO ALFONSO
España

1. Introducción: los condicionantes de la construcción del sector sobre la técnica del mercado competitivo impuestos por las características de la electricidad 889
2. La evolución de la regulación administrativa, nacional y europea en la materia 891
A) En España 891
B) En la Unión Europea 892

PÁG.

3. El sector energético y la organización y el funcionamiento del sistema eléctrico 904
A) La distribución territorial de competencias en el sector 904
B) El régimen legal del sector y el mercado eléctricos 905
4. La última evolución: la lucha contra el cambio climático 914
Bibliografía 917

RESPONSABILIDAD DEL ESTADO

LA RESPONSABILIDAD DEL ESTADO POR ERROR JUDICIAL Y ANORMAL FUNCIONAMIENTO DE LA JUSTICIA EN LA LEY 26.944 DE RESPONSABILIDAD DEL ESTADO Y DE LOS FUNCIONARIOS PÚBLICOS

PABLO ESTEBAN PERRINO

Argentina

1. La ley 26.944 de responsabilidad del Estado 921
2. La responsabilidad del Estado por anormal funcionamiento de la justicia y por error judicial en la jurisprudencia de la Corte Suprema 922
A) Notas que caracterizan la responsabilidad por el anormal funcionamiento de la Administración de Justicia y el error judicial 924
B) Recaudos para la procedencia de la responsabilidad del Estado por error judicial 927
3. La responsabilidad del Estado por anormal funcionamiento de la justicia y por error judicial en la ley 26.944. La aplicación del factor de atribución falta de servicio 930

CONFIANZA LEGÍTIMA Y RESPONSABILIDAD DEL LEGISLADOR EN COLOMBIA

RAMIRO SAAVEDRA BECERRA

Colombia

1. La jurisprudencia sobre responsabilidad del legislador 936
2. Las dificultades del sistema propuesto 938
A) El principio de confianza legítima 938
B) Excepcionalidad y subsidiariedad del principio 939
3. El derecho alemán 940
A) El sistema de responsabilidad del Estado en el derecho alemán 941
4. El sistema colombiano de responsabilidad 944
A) La interpretación de la Corte Constitucional 945
B) Los fundamentos de la responsabilidad del Estado 946

PÁG.

C) Un sistema híbrido 947
D) La confianza legítima como fundamento de responsabilidad por la actividad legislativa.... 950

JUSTICIA ADMINISTRATIVA TRADICIONAL Y ALTERNATIVA

EL ARBITRAJE EN EL DERECHO PÚBLICO ECUATORIANO

EFRAÍN PÉREZ
Ecuador

1. Normativa ecuatoriana sobre arbitraje en derecho público 957
2. Contratos de inversión.... 959
3. Aspectos de la competencia para someterse al arbitraje 960
4. Objeto del arbitraje en las instituciones públicas 962
5. Cuestiones que el Estado y las entidades públicas pueden someter al arbitraje 964
6. El valor de los documentos exhibidos y producidos por las instituciones públicas.... 973
7. Legislación aplicable en el arbitraje y la "Lex Mercatoria".... 974
8. Arbitraje internacional.... 976
9. Acciones contra el laudo arbitral 977

LA ILUSIÓN DE LOS ADMINISTRADOS EN LA EFECTIVA PROTECCIÓN DE SUS DERECHOS: ¿EL JUEZ ADMINISTRATIVO, GUARDIÁN DE LAS LIBERTADES ANTE LA TENTACIÓN DE ARBITRARIEDAD DE LA ADMINISTRACIÓN?

GUSTAVO QUINTERO NAVAS
Colombia

Introducción 979
1. El control de la legalidad de las decisiones administrativas: ¿es el juez administrativo una extensión de la administración contra la ilusión del administrado? 984
2. Las medidas cautelares: ¿una muralla contra la arbitrariedad de la administración? 991
3. La acción de tutela frente a decisiones judiciales: de la gran ilusión a la desilusión.... 995
4. Conclusión.... 999

LA REVISIÓN JUDICIAL EN EL SISTEMA JURÍDICO NORTEAMERICANO

Javier A. Echevarría Vargas
Puerto Rico

PÁG.

Introducción 1001
1. El derecho administrativo dentro del ordenamiento constitucional 1002
2. Legitimación del poder administrativo 1004
3. Misión de legitimación del derecho administrativo 1006
4. Intervención judicial con las acciones administrativas 1007
5. Orígenes de la revisión judicial 1009
6. Autoridad de las agencias administrativas frente al señorío de los tribunales 1010
7. Presunción de revisión judicial 1012
8. Estándar para la revisión judicial 1013
9. Deferencia judicial 1016
10. Dos fases de evaluación 1021
11. Agotamiento de remedios administrativos y jurisdicción primaria 1023
12. Conclusión 1024

EL IMPACTO DE LA ENTRADA EN VIGENCIA DE LAS LEYES DE PROCEDIMIENTO ADMINISTRATIVO GENERAL Y DEL PROCESO CONTENCIOSO ADMINISTRATIVO EN PERÚ, VEINTE AÑOS DESPUÉS

Jorge Danós Ordóñez
Perú

1. La Ley de Procedimiento Administrativo General 1026
A) La constitucionalización del procedimiento administrativo 1028
B) El establecimiento de un régimen general de simplificación administrativa 1031
C) La disciplina de la potestad sancionadora de la Administración 1033
D) La digitalización del procedimiento administrativo 1035
2. La Ley Reguladora del Proceso Contencioso Administrativo 1037
A) Proceso de plena jurisdicción 1038
B) Particularidades y contexto 1039
C) Rol de los jueces 1044

DE LA DECLARATORIA DE LESIVIDAD EN EL ORDENAMIENTO JURÍDICO DOMINICANO

Manuel Fermín Cabral
República Dominicana

1. El proceso de lesividad: delimitación conceptual 1049

PÁG.

2. El procedimiento en sede administrativa: la declaratoria de lesividad.......... 1052
A) La declaración de lesividad como acto administrativo 1052
B) Iniciación del procedimiento.. 1054
C) Desarrollo del procedimiento... 1054
D) La doble exigencia: infracción jurídica y lesión al interés público.......... 1057
E) Objeto: actos administrativos en sentido estricto.................................. 1061
F) Impugnabilidad.. 1064
G) Medidas provisionales: el caso de la suspensión como medida cautelar 1065

HACIA UN MODELO ABIERTO DE PRETENSIONES PROCESALES CON DIVERSIDAD DE OBJETOS EN LA JUSTICIA ADMINISTRATIVA IBEROAMERICANA: AFIANZANDO EL CONTROL Y LA TUTELA JURISDICCIONAL

MIGUEL ÁNGEL TORREALBA SÁNCHEZ
Venezuela

Introducción.. 1069
1. La adopción parcial del esquema original francés: la dicotomía nulidad (exceso de poder)-condena pecuniaria (plena jurisdicción) como paradigma del contencioso-administrativo iberoamericano... 1071
2. Las nuevas tendencias. El establecimiento de un modelo abierto de pretensiones procesales administrativas con múltiples objetos.............................. 1080
A) El remozamiento de las formas clásicas.. 1080
B) Las novedades, algunas no tan novedosas 1088
3. Algunas consecuencias del establecimiento de un modelo abierto de pretensiones procesales administrativas con diversos objetos. Otro capítulo en "la lucha contra las inmunidades del poder" mediante la aplicación del principio de universalidad o globalidad de la justicia administrativa.................... 1092

TEORÍA GENERAL

LECTURAS SOBRE "EL PRÍNCIPE" Y ALGUNOS CONSEJOS DE MAQUIAVELO A LOS GOBERNANTES

ALLAN R. BREWER-CARÍAS*
Venezuela

NICCOLÒ DI BERNARDO DI MACHIAVELLI (NICOLÁS MAQUIAVELO), terminó de escribir *El Príncipe* (*De Principatibus*) en Florencia en 1513, una obra que si bien es considerada como el primer libro de ciencia política de la Edad Moderna, en realidad, su texto es un conjunto de reflexiones redactadas como producto de su observación directa sobre lo que hacían los hombres de gobierno de su época (los príncipes), basadas además en su conocimiento de la historia y, en todo caso, en general, sin formular juicios de valor alguno sobre lo que debían hacer.

El Príncipe —que no fue el primer de MAQUIAVELO, ni su único libro— se lo dedicó, como regalo, "al Magnifico Lorenzo di Piero de Médicis", quien siendo hijo de Pedro de Médicis y nieto de Lorenzo *el Magnífico*, comenzó a gobernar Florencia el mismo año cuando circuló el libro (1513), conformando su contenido, un conjunto de consejos para los gobernantes, fruto de su "conocimiento de los mayores y mejores gobernantes que han existido", y que —como dijo en la dedicatoria a Lorenzo II— había:

"adquirido gracias a una dilatada experiencia de las horrendas vicisitudes políticas de nuestra edad, y merced a una continuada lectura de las antiguas historias. Y luego de haber examinado durante mucho tiempo las acciones de aquellos hombres, y meditándolas con seria atención, encerré el resultado de tan profusa y penosa tarea en un reducido volumen, que os remito".

En esta forma, en la propia dedicatoria, MAQUIAVELO precisó el alcance y razón del libro, cuyo objeto no fue otro sino "discurrir sobre la gobernación de los príncipes y aspirar a darles reglas". En política, decía, sucede algo semejante a lo que ocurre a los pintores:

"Los pintores que van a dibujar un paisaje deben estar en las montañas, para que los valles se descubran a sus miradas de un modo calor, distinto, completo y perfecto. Pero también ocurre que únicamente desde el fondo de los valles pueden ver las montañas bien y en toda su extensión".

* Profesor emérito, Universidad Central de Venezuela.

Por ello, decía que si bien "para conocer la naturaleza de las naciones, se requiere ser príncipe; para conocer la de los principados conviene vivir entre el pueblo".

Esta última perspectiva fue la que escogió MAQUIAVELO: conocer la naturaleza del gobierno y de los gobernantes de su época desde la posición de observador, deduciendo, de su observación, reglas de conducta o consejos, en un todo como un "proyecto de reconstrucción nacional".

La parte más conocida y comentada de *El Príncipe* es la que contiene el Capítulo XVIII, que refuerza la teoría de *la razón de Estado* como justificadora del Poder y su mantenimiento, y que se resume en la famosa regla o proposición de que el príncipe debe dedicarse:

"A superar siempre las dificultades y a conservar su Estado. Si logra con acierto su fin se tendrán por honrosos los medios conducentes al mismo".

De allí la famosa frase de que a los efectos de conservar el poder "el fin justifica los medios", la cual, por lo demás, no se encuentra en esa forma literal en el libro de MAQUIAVELO. Sin embargo, la expresión "maquiavelismo" quedó inscrita en el léxico político para explicar esa política.

1. EL LIBRO Y LA VIDA EN EL ENTORNO DE MAQUIAVELO

La idea central de la conservación del poder como motivación que debe guiar a todo gobernante es una de tantos consejos derivados de la praxis política que contiene el libro de MAQUIAVELO, el cual, por supuesto, se refería a la vida política de finales del siglo XV y comienzos del XVI, en una de las tantas ciudades-Estados o imperios europeos que estaban signados por una rígida estratificación y desigualdad social.

Recuérdese, por ejemplo, que en Florencia se podían distinguir tres grupos sociales importantes: en el *lugar superior* estaban, por una parte, la aristocracia, compuesta por los *nobili;* los *ricchi*, que eran los hombres más ricos de la ciudad, y los *principali* o los *grandi*, que eran los primeros ciudadanos que controlaban el poder; y por la otra, los *uomini savi*, los hombres de experiencia, acostumbrados a ejercer el poder.

En el *lugar intermedio* estaban los *mezzani* o *popular*i, es decir, el común, compuesto por hombres de medios moderados, trabajadores, artistas e, incluso, los servidores públicos asalariados, como lo fue el propio NICCOLÒ MACHIAVELLI.

Y por debajo de los *grandi* y de los *mezzani* estaban las masas, *la población más grande de las ciudades*, denominada los *poveri*, *plebe* o *infima plebe*, es decir, los servidores domésticos que incluía un número sustancial de esclavos importados del Este por los venecianos y genoveses, y los aprendices y trabajadores diversos. Esta clase estaba excluida de toda participación en la vida política de las ciudades, y estaba totalmente sometida, oprimida y explotada; en definitiva, ignorada.

MAQUIAVELO, por supuesto, escribió refiriéndose solo a los *grandi* y a los *mezzani*, como si fueran la totalidad de la población de la ciudad.

Pero en relación con ellos, sin embargo, advirtió que era "necesario saber que hay entre los príncipes como entre los demás hombres, tres especies de cerebros": En *primer lugar*, los que calificó como "ingenios superiores" que "piensan y obran por sí y ante sí"; en *segundo lugar*, los que llamó "talentos estimables" que son "poco aptos para inventar, poseen sagacidad selectiva en el atenerse a lo que les proponen otros"; y en *tercer lugar*, los que consideró que eran "como si no existieran", que "no conciben nada por sí mismos, ni nada tampoco sacan en limpio de ajenos discursos" (XXII, 140).

En todo caso, lo que explica la riqueza del libro sobre la política de la época, como producto de la observación y del conocimiento, es ante todo el hecho de que la vida de MAQUIAVELO coincidió con una de las épocas de transición más espectaculares de la historia de la humanidad, aquella que marcó el paso entre la Edad Media y la Edad Moderna, coincidente con el Renacimiento y el Descubrimiento, es decir, con el inicio de la conquista de América.

MAQUIAVELO, en efecto, nació en Florencia en 1469, y falleció en la misma ciudad a los 58 años, en 1527. El *Príncipe* se divulgó en 1513 y se publicó en 1532, después de su muerte. El año de su nacimiento coincidió con el ascenso al poder de la ciudad-Estado de Florencia, de Lorenzo *el Magnífico* (1449-1492), hijo de Pedro I *el Gotoso* (Piero, 1414-1469), de la familia Medici, la cual venía gobernando la ciudad desde 1434. El gobierno de la familia se extendió hasta 1737, con la sola interrupción de dos períodos republicanos: el primero entre 1494 y 1512, durante el cual se desarrolló buena parte de la vida activa de MAQUIAVELO trabajando en la cancillería de Florencia, y el segundo, que comenzó el mismo año de su muerte, en 1527 y que duró hasta 1530.

En el mismo año de su nacimiento, en 1469, se casaron Isabel de Castilla y Fernando de Aragón, los reyes católicos, con lo que puede decirse que se había iniciado el lento proceso de estructuración de un Estado nacional, precisamente a partir de la Unión de los Reinos de Castilla y Aragón. El rey Fernando, incluso, sería uno de los príncipes modelo de MAQUIAVELO, cuyas ejecutorias fueron ampliamente tratadas en su libro.

El tiempo de MAQUIAVELO, por tanto, fue el de las conquistas portuguesas por las costas de África, quienes para 1471 ya habían llegado a Guinea, hasta que en 1512 descubrieron las Islas Molucas en el Océano Pacífico y en 1514 llegaron a China. Fue además el tiempo en el cual los españoles no solo concluyeron la reconquista del territorio de la Península con la toma de Granada en 1492, el mismo año de la muerte de Lorenzo de Médicis, sino que después de conquistar las Islas Canarias, emprendieron la conquista del Nuevo Mundo con los viajes de Cristóbal Colón. En 1513, cuando MAQUIAVELO concluyó *El Príncipe*, la Corona española reinició el proceso de conquista de América con la expedición de Pedro Arias de Ávila como adelantado y gobernador de la provincia de Castilla de Oro, habiendo concluido para cuando falleció, en 1527, la ocupación de toda el área del mar Caribe, es decir, de las Islas de las Antillas y de toda la tierra firme circundante, del norte de Sur América, de Centro América y de México y Norte América. En ese mismo año de 1513, Núñez de Balboa descubrió el Mar del Sur, al cual en 1520 los hombres de Magallanes nombraron como Océano Pacífico cuando se circunnavegó el mundo por primera vez; y para 1526, ya se habían iniciado los viajes de conquista hacia el Perú.

La época de MAQUIAVELO fue, además, la misma de COPÉRNICO, de LEONARDO DA VINCI, de TOMÁS MORO, de ERASMO DE ROTHEDAM y de PEDRO MÁRTIR; época, además, durante la cual se introdujo el chocolate y el café en Europa. Es la época, además, de JUAN BATTISTA ALBERTI, cuya *Da re aedificatoria* se publicó en 1485; de ANTONIO DE NEBRIJA, quien publicó en 1492 su *Gramatica castellana*; de MIGUEL ÁNGEL, quien esculpió su *Piedad* en 1498; de BOTICELLI cuya *Natividad* la pintó en 1500; de Rafael, quien pintó su *San Jorge y el Drag*ón en 1505; en fin, de TIZIANO, de BELLINI y de CORREGIO.

Gran parte de ese desarrollo se debe al régimen político que se fue gestando en la península italiana desde finales del siglo XV, con la consolidación de diversos Estados, principalmente, el Reino de las dos Sicilias, que abarcaba el sur de la Península, incluyendo Nápoles, en cuyos territorios, siglos atrás, campeó Federico II de Suabia, el creador según MANUEL GARCÍA PELAYO, del Estado Moderno; los Estados papales o de la Iglesia, que comprendían el centro de la península, con Roma y Bologna; la República de Siena; la República de Florencia; la República de Génova; la República de Venecia y los Ducados de Modena, Milán, Ferrara y Saboya. Entre estos Estados, el más poderoso era los Estados papales, en los cuales el papa no solo era el jefe de la Iglesia, sino era un poderoso gobernante temporal.

En todos esos Estados, cuyos gobiernos se configuraban con una base mezcla de principios de monarquía y aristocracia, se había desarrollado una intensa vida política, de lucha por el poder. En todos ellos, además, se sucedieron grandes cambios políticos, precisamente, en particular, en ese período de transición entre el mundo medieval y el mundo moderno del Renacimiento, que coincidió con la vida de MAQUIAVELO.

2. La vida de Maquiavelo en los tiempos de los Medici y los Borgia

Cuando Maquiavelo tenía veintitrés años, en 1492, el mismo año del descubrimiento de América, como antes mencionamos, falleció Lorenzo de Medici, *El Magnífico*, gobernante de Florencia, a quien puede considerarse como el prototipo del príncipe renacentista, quien ejerciendo un poder absoluto era, además, protector de escritores, sabios y artistas, impulsor de las primeras imprentas italianas y organizador de fiestas citadinas. Entre sus siete hijos estuvieron Giovanni di Lorenzo di Medici (papa Leo X), Piero de Lorenzo de Medici (llamado *el Desafortunado*), Giuliano de Medici, duque de Nemours (gobernante de Forencia), Lucrezia de Medici, Maddalena de Medici (casada con Francheschetto Cybo, hijo del papa Inocencio VIII), Contessina de Medici y Luisa de Medici.

Maquiavelo, por tanto, desde joven, comenzaría a ser testigo del extraordinario laboratorio político que se desarrollaría en los lustros subsiguientes en Florencia.

A Lorenzo lo sucedió en el gobernó de Florencia uno de sus hijos, Pedro II (Piero de Medici, 1471-1503), quien gobernó solo por dos años (1492-1494). Tuvo como aliado a Carlos VIII de Francia, hasta que, en 1494, este ejecutó la primera invasión francesa a Italia para hacer valer sus derechos sobre el reino de Nápoles, hecho con el cual se iniciaron las guerras de Italia. Ello provocó la caída de los Médicis, y la expulsión de Pedro II, restableciéndose la República florentina.

A ello contribuyeron, además, las críticas de Girolamo Savonarola, religioso dominico que incluso había sido confesor de Lorenzo de Medici, quien tomó el poder en 1494, aun cuando también por poco tiempo, pues por sus ataques contra el recién electo papa Alejandro VI, el valenciano Roderic Borja, fue sancionado con la excomunión, puesto en prisión, y condenado a la hoguera por un tribunal de la Inquisición, lo que ocurrió en la plaza de Florencia, en 1498.

Después de la experiencia republicana, el hijo mayor de Lorenzo *el Magnífico*, Giovanni di Lorenzo di Medici (1475-1521), hermano de Piero II, en 1512 recuperó el poder para la familia Medici con apoyo del papa Julius II (el papa guerrero) y de las tropas españolas, dirigiendo el gobierno hasta 1516.

Con ello, Florencia quedó subordinada a Roma, es decir, a los Estados papales, no solo por estar entonces gobernada por un Cardenal (Giovanni de Medici) quien había recibido el capelo cardenalicio desde la edad de trece años, sino porque al año siguiente de la recuperación del poder en Florencia, Giovanni mismo fue nombrado papa con el nombre de Leo X (1513 a 1521), ejerciendo el poder junto con su hermano menor, Giuliano (1478-1516). Giovanni, además, nombró a Lorenzo, su sobrino, hijo de Piero II, capitán general de la Iglesia y le entregó el ducado de Urbino (1515).

A la muerte de Giuliano en 1516, Lorenzo, como Lorenzo II de Medici (1492-1519), tomó el poder hasta que en 1519 lo sustituyó Giulio de Médici (1478-1534), hijo bastardo de Giuliano (hermano de Lorenzo *el Magnífico*), quien como arzobispo de Florencia que era, ejerció el poder civil en la ciudad hasta 1523, cuando a su vez fue nombrado papa, como Clemente VII.

La vida de MAQUIAVELO, por tanto, estuvo estrechamente ligada a la turbulencia política que vivió Florencia gobernada por esa familia Medici, habiendo comenzado su actividad como funcionario, precisamente en los tiempos de la primera República, cuando comenzó a trabajar en la cancillería florentina en el mismo año 1498. Ese fue, además, el mismo año en el cual Cristóbal Colón descubrió la Tierra Firme en América, al tocar en su Tercer Viaje, cerca de la desembocadura del río Orinoco, la Península de Paria en las costas de Venezuela, donde según lo escribió a los Monarcas católicos, había encontrado "el paraíso terrenal".

El plano del matemático, astrónomo y cosmógrafo florentino, Paolo dal Pozzo Toscanelli, había sido uno de los instrumentos que precisamente habían ayudado a Cristóbal Colón a materializar la teoría de que el camino más corto para llegar a las Indias (Cipango), era por el oeste (por el Atlántico), y no siguiendo la ruta hacia el este que buscaban los portugueses.

Para 1498, por otra parte, como se dijo, el papa Alejandro IV (Rodric de Borja, 1431-1503) reinaba en los Estados papales. Conocido como el papa Borgia, nacido en Valencia, que formaba parte de la Corte de Aragón, fue quien resolvió el tema del reparto de las tierras del Nuevo Mundo entre las Coronas que habían conducido la empresa del descubrimiento, colonización y dominio de América, Castilla y Portugal. En las llamadas Bulas Alejandrinas de 1493, las *Inter cœtera*, la *Eximice devotionis* y la *Dudum siquidem*, otorgadas antes del Tratado de Tordesillas de 1494, se fijó el meridiano divisorio de las zonas de influencia castellana y portuguesa a cien leguas de las islas Azores y Cabo Verde.

Tras la muerte de Alejandro IV, en 1503, lo sucedió el anciano papa Pío III, pero por solo por unos días, siendo sustituido por Julio II, enemigo, precisamente, de los Borgia. Fue en esos tiempos cuando MAQUIAVELO fue enviado a la Corte Pontificia, donde pudo constatar las luchas entre las poderosas familias feudales y, en particular, contra los Borgia. César (Cesare) Borgia, hijo del papa y quien dominaba la *Romagna*, había sido, precisamente, uno de los príncipes admirados por MAQUIAVELO. Murió en 1507. Sus otros hijos fueron Pier Luigi, Giovanni, Lucrezia y Gioffre.

Durante los años finales de MAQUIAVELO, además, se había iniciado la Reforma Protestante en Europa, y pocos años después de su muerte, en 1534 se fundaría la Compañía de Jesús; había comenzado la consolidación de la "Monarquía Universal" del Emperador Carlos V, quien en la batalla de Pavía de 1525 había hecho prisionero al rey Francisco I de Francia; y Solimán *el Magnífico* había comenzado su Sultanato en el Imperio Otomano, habiendo llegado a ocupar Belgrado en 1521 y Viena en 1529.

3. La experiencia diplomática de Maquiavelo como fuente de observación

Por otra parte, cuando Maquiavelo comenzó a trabajar en la Chancillería de Florencia en 1498, ello coincidió con el inicio de la práctica de los Estados de designar representantes (diplomáticos) ante otros gobierno y Estados. Maquiavelo, así, a partir de ese año, representó a la República florentina ante la Corte Pontificia, conociendo al papado y todas sus intrigas.

Estuvo también de representante ante la Corte de Luis XII de Francia, en un momento en el cual las relaciones de los Estados italianos con Francia eran turbulentas: Francia había invadido el norte de Italia en 1494 y, en 1512, los ejércitos franceses habían vencido a los venecianos en Ravena. El papa Julio II había declarado su abierta enemistad a Francia y esta intentaba reunir un Concilio en Pisa, en el cual se confrontaría al papa. Maquiavelo visitó a ambos bandos, y de su estada en Francia dejó el libro, *Retrato de los asuntos de Francia* (1508). También Maquiavelo fue representante ante la Corte del Emperador Maximiliano I, del Sagrado Imperio Romano, en Alemania, a quien en 1519 sucedería su nieto, Carlos V. De ello resultó su obra, *Retrato de los asuntos de la Magna* (1508).

Antes, sin embargo, debe mencionarse, que en 1502, los españoles bajo el mando del mismo rey católico, Fernando y del gran capitán, González Fernández de Córdoba, habían ocupado Nápoles, consolidando el dominio español del Reino de las dos Sicilias en el Sur de la Península, que poseían desde 1442, cuando Alfonso V, rey de Aragón, se había hecho proclamar rey de Nápoles.

En todo caso, la representación de la República de Florencia ante las Cortes europeas por Maquiavelo concluiría en 1512, precisamente cuando se produjo la restauración de los Medici, a partir de lo cual Maquiavelo ya nunca más volvería a ocupar cargos en el gobierno de la ciudad.

4. El fin de la república, la persecución contra Maquiavelo y "El príncipe"

Estando fuera de la burocracia, Maquiavelo trató de acercarse a los Médici a través de la escritura, que era su oficio, habiendo precisamente escrito *El Príncipe*, no solo para expresar lo que había observado y aprendido en su experiencia política, sino para que pudiera servir a los Medici, para su gobierno. Por ello, precisamente, le dedicó el libro a Lorenzo di Piero de Medici (Lorenzo II de Médici).

Sin embargo, con la caída de la República, a la cual había servido y de la reinstauración de los Médici en 1513, lo cierto fue que MAQUIAVELO fue perseguido y exiliado, acusado de participar en una conjura, acusación de la cual luego sería exonerado. En la villa de Sant'Andrea in Percussina, cerca de San Casciano Val di Pesa, situada a unas doce millas de Florencia, en la casa que allí tenía, el Albergaccio, ocupó su tiempo escribiendo, entre otros *El Príncipe*.

Para ese mismo año, por otra parte, como se dijo, Giovanni de Médici fue elegido papa, como Leo X, a quien sucedió, en 1522, Adriano de Utrech (Adrian VI), quien había sido preceptor del emperador Carlos V antes de que este tomara posesión de los Reinos de Castilla y Aragón.

En 1523, Giulio de Médici, quien gobernaba Florencia, también, como se dijo, sería elegido papa con el nombre de Clemente VII. Antes, sin embargo, cuando era cardenal arzobispo de Florencia, en 1520, le había encomendado a MAQUIAVELO la tarea de escribir la historia de Florencia, la cual concluida, en ocho tomos, con el título de *Istorie Fiorentine o Historia de Florencia*, se la dedicó al mismo Giulio, siendo ya papa Clemente VI.

Cuando MAQUIAVELO vio el final sus días, el 22 de junio de 1527, solo había transcurrido un mes desde la nueva caída de los Médici, quienes habían abandonado Florencia el 16 de mayo de 1527, habiéndose reinstaurado de nuevo la República, pero solo por tres años, pues en 1530, de nuevo, los Médici retornarían al poder en Florencia.

A la muerte de MAQUIAVELO quedó *El Príncipe*, el cual se publicó en 1523, reuniendo un conjunto de consejos a los gobernantes, producto de su observación de la política, y basado en la historia de las ejecutorias de los príncipes, tanto antiguos como de su época, a quienes había observado; es decir, reunía las enseñanzas de la historia.

5. LOS CONSEJOS GENERALES DE MAQUIAVELO

El Príncipe es una obra corta dividida en 26 capítulos, en los cuales MAQUIAVELO formuló sus consejos a los gobernantes (príncipes), derivados de todo lo que vivió y sufrió la política de su época, y basados en su experiencia y conocimientos históricos,[1] teniendo en cuenta para ello, como lo expresó que:

[1] Hemos utilizado para las referencias, la edición popular *Nicolás Maquiavelo, El Príncipe (anotado por Napoleón Bonaparte)*, traducción por Octavio Mazzini Ruíz, Colección Fontana, Edicomunicación S. A., Barcelona, 1994.

"Los hombres caminan casi siempre por caminos trillados ya por otros, y apenas hacen más que imitar a sus predecesores en las empresas que llevan a cabo" (VI, 47).

Sobre la obra de MAQUIAVELO y en particular de su libro *El Príncipe* se han escrito infinidad de trabajos, estudios e interpretaciones, en los cuales, sin embargo, no siempre es posible extraer literalmente lo que propuso en su obra, como consejos. Por ello, en estas notas he querido recordar sus consejos, particularmente en su formulación original, sin distorsión alguna basada en la filosofía política. Para ello, y para no repetir interpretaciones mejor hechas por tantos autores, aquí he tratado de identificar en las propias palabras de MAQUIAVELO, sus propios consejos, en la forma como los formuló, sin deducciones ni interpretaciones, de manera que sirva como una especie de guía de lectura de la obra, la cual, aun cuando corta, y citada infinidad de veces, no siempre quienes la citan la han leído detenidamente.

Así, podemos comenzar por destacar algunos de sus pensamientos generales sobre la calidad y conducta humana, como fueron los siguientes:

Sobre el valor del aprecio por la vida, dijo: "El que tiene en poco la vida no le asusta dar a otro la muerte" (XIX, 122).

Sobre la naturaleza del hombre, dijo: "Porque los hombres son siempre malos, a no ser que se les obligue por la fuerza a ser buenos" (XXIII, 144).

Sobre actuar con prudencia y cautela, expresó: "Los hombres miran siempre con cautela suma las empresas que les ofrecen dificultades" (X, 75); "La prudencia estriba en conocer su respectiva calidad, y en tomar el partido menos malo" (XXI, 137); "Los hombres, cuando el tiempo está en calma, pueden tomar precauciones" (XXV, 148).

Sobre la motivación de quienes ofenden, dijo: "Los hombres ofenden por miedo o por odio" (VII, 61).

Sobre el paso del tiempo, señaló: "El tiempo que echa abajo cuanto subsiste, puede acarrear tanto bien como mal, pero igualmente tanto mal como bien" (III, 36).

Por otra parte, sobre el patrimonio y la riqueza de los hombres, MAQUIAVELO dijo:

Sobre adquirir solo cuando se puede: "En verdad, el deseo de adquirir es cosa ordinaria y lógica. Los hombres que adquieren cuando pueden hacerlo serán alabados y nadie los censurará. Pero cuando no pueden, ni quieren hacerlo como conviene, serán tachados de error y todos los vituperarán" (III, 38).

Sobre la importancia del patrimonio para los hombres, dijo: "Los hombres olvidan más pronto la muerte de su padre que la pérdida de su patrimonio" (XVII, 106).

Sobre hacer uso de lo que se posee, expresó: "Llamamos miserable únicamente a aquel que se abstiene de hacer uso de lo que posee" (XV, 98).

Sobre que la amistad que deriva del interés no es beneficiosa, dijo: "Las amistades que se adquieren, no con la nobleza y la grandeza de alma, sino con el dinero, no son de provecho alguno en los tiempos difíciles y penosos, por mucho que se les haya merecido" (XVII, 106).

6. Consejos generales a los gobernantes: la razón de Estado

En torno al tema de la razón de Estado, o de los consejos al príncipe para conservar el poder, Maquiavelo expresó los siguientes consejos:

Sobre que el fin del príncipe es mantenerse en el poder, por cualquier medio, expresó: "Dedíquese pues, el príncipe a superar siempre sus dificultades y a conservar su Estado. Si logra con acierto su fin se tendrán por honrosos los medios conducentes al mismo, pues el vulgo se paga únicamente de exterioridades y se deja seducir por el éxito" (XVIII, 112).

Sobre las reglas generales para gobernar, dijo: "Asegurarse de sus enemigos, ganarse amigos repetidamente, vencer por fuerza o por fraude, hacerse amar y temer de los pueblos, obtener el respeto y la fidelidad de los soldados, sustituir los antiguos estatutos por otros recientes, desembarazarse de los hombres que pueden perjudicarle, ser a la vez severo, agradable, magnánimo y liberal, y conservar la amistad de los monarcas de suerte que estos le sirvan de buen agrado o no lo ofendan más que con mucho miramiento" (VII, 61).

Sobre las reglas para el ejercicio del poder señaló: que es necesario que el príncipe sepa que dispone, para defenderse, de dos recursos: la ley y la fuerza, y agrega: "El primero es propio de hombres, y el segundo corresponde esencialmente a los animales. Pero como a menudo no basta el primero, es preciso recurrir al segundo" (XVIII, 109). "Porque los principios fundamentales de todos los Estados, ya antiguos, ya nuevos, ya mixtos, están en las armas y en las leyes, y, cómo no se conciben leyes malas a base de armas buenas [...]" (XII, 81).

Sobre el valor de las armas, argumentó, primero, sobre la necesidad de las armas, indicando: "Todos los profetas armados han sido vencedores, y los desarmados abatidos" (VI, 50); "La razón y la experiencia nos enseñan que el hombre que se halla armado no obedece con gusto al que está desarmado y que el amo desarmado no se encuentra seguro entre sirvientes armados" (XIV, 94). *Y segundo sobre el respaldo de armas propias o armas ajenas, indicó:* "Opinión y máxima de los políticos sabios fue siempre que nada es tan débil ni tan vacilante como la reputación de una potencia que no esté fundada en las fuerzas propias" (XIII, 92); "Un príncipe sabio [...] recurrirá a sus propias armas, prefiriendo perder con ellas a ganar con las ajenas" (XIII. 89); [Las armas ajenas] Resultan infaustas siempre para el que las pide, porque, si pierde la batalla, queda derrotado, y, si gana, se constituye en algún modo prisionero de quien le auxilió" (XII, 81).

Sobre los principios para mantenerse en el gobierno, formuló los siguientes consejos:

Primero, sobre el uso de la fuerza y la astucia, señalando: "Ejercer de león y de zorra, lo cual es indispensable a un soberano" (XIX, 120); "A la vez un león ferocísimo y una zorra muy astuta" (XIX, 122).

Segundo, sobre que no siempre debían ser virtuosos, indica: "Un príncipe, y especialmente uno nuevo, que quiera mantenerse en el trono, ha de comprender que no le es posible observar con perfecta integridad lo que hace mirar a los hombres como virtuosos, puesto que, con frecuencia, para mantener el orden en su Estado, ser ve forzado a obrar contra su palabra, contra las virtudes humanitarias o caritativas y hasta contra su religión" (XVIII, 111); "Su espíritu ha de estar dispuesto a tomar el giro que los vientos y las variaciones de la fortuna exijan de él, y a no apartarse del bien, mientras pueda, pero también a saber obrar en el mal, cuando no queda otro recurso" (XVIII, 111).

Tercero, sobre que no siempre tenían que ser buenos, indicando que: "[El príncipe] Si quiere conservar sus dominios, se halla con frecuencia obligado a no ser bueno" (XIX, 119): "Es necesario que un príncipe que desee mantenerse en su reino, aprenda a no ser bueno en ciertos casos, y a servirse o no servirse de su bondad, según que las circunstancias lo exijan" (XV, 98); "No tema incurrir en la infamia ajena a ciertos vicios si no le es dable sin ellos conservar su Estado, ya que, si piensa bien todo, hay cosas que parecen virtudes, como la benignidad y la clemencia, y, si las observa, crearán su ruina; mientras que otras que parecen vicios, si las práctica, *acrecerán su seguridad y su bienestar"* (XV, 99).

Cuarto, que no siempre el príncipe tiene que cumplir las promesa, señalando: "Cuando un príncipe dotado de prudencia advierte que su fidelidad a las promesas redunda en su perjuicio, y que los motivos que le determinaron a hacerlas, no existen ya, ni puede ni siquiera debe guardarlas, a no ser que consienta en perderse. Y obsérvese que si todos los hombres fuesen buenos, este precepto sería detestable [...] Pero, como son malos, y no observarían su fe respecto del príncipe, si de incumplirla se presentara la ocasión, tampoco el príncipe será obligado a cumplir la suya, si a ello se viese forzado. Nunca faltan razones legítimas a un príncipe para cohonestar la inobservancia de sus promesas" (XVIII, 110).

Quinto, que debía ser temido y cruel: "[...] El partido más seguro es ser temido antes que amado" (XVII, 105); "Cuando el príncipe esté con sus tropas y tenga que gobernar a miles de soldados, no debe preocuparle adquirir fama de cruel, ya que, sin esta fama, no logrará conservar un ejército unido, ni dispuesto para cosa alguna" (XVII, 107); "[...] que al príncipe no le conviene dejarse llevar por el temor de la infamia inherente a la crueldad, si necesita de ella para conservar unidos a sus gobernados e impedirles faltas a la fe que le deben, porque con poquísimos ejemplos de severidad, será mucho más clemente que los que por lenidad excesiva toleran la producción de desordenes, acompañados de robos y de crímenes, dado que estos hombres ofenden a todos los ciudadanos, mientras que los castigos que dimanan del jefe de la nación no ofenden más que a un particular" (XVII, 104).

Sexto, que el príncipe siempre debía cuidar las apariencias: "No hace falta que un príncipe posea todas las virtudes [...] pero conviene que aparente poseerlas" (XVIII, 111); "Debe cuidar mucho de ser circunspecto, para que cuantas palabras salgan de su boca lleven impreso el sello de las virtudes mencionadas y para que, tanto viéndole, como oyéndole, le crean enteramente lleno de buena fe, entereza, humanidad, caridad y religión" (XVIII, 112); "En general, los hombres juzgan más por los ojos que por las manos, y, si es propio a todos ver, tocar solo está al alcance de un corto número de privilegiados. Cada cual ve lo que el príncipe parece ser, pero pocos comprenden lo que es realmente" (XVIII, 112).

7. Consejos para acceder al poder y sobre el gobierno

Sobre el tema de las formas de acceder al poder y sobre el gobierno, Maquiavelo formuló los siguientes consejos generales:

Sobre los peligros de la falta de experiencia política, indicó: "No es verosímil que acierte a reinar bien quien ha vivido mucho tiempo en una condición privada" (VII, 52).

Sobre los peligros del acceso fácil al poder, indicó: "Los que de particulares que eran se vieron elevados al principado por la sola fortuna, llegan a él sin mucho trabajo pero lo encuentran máximo para conservarlo en su poder. Elevados a él como en alas y sin dificultad alguna, no bien lo han adquirido, los obstáculos los cercan por todas partes" (VII, 52).

El acceso al poder por medio de maldades no asegura la gloria: "La traición de sus amigos, la matanza de sus conciudadanos, su absoluta falta de humanidad y de religión, son, en verdad, recursos con la que se llega a adquirir el dominio, más nunca la gloria" (VIII, 65).

Sobre el trato a los ministros y colaboradores del gobierno, formuló estos consejos:

Primero, respecto de la elección de los colaboradores: "Un príncipe que a toda costa quiere ser bueno, cuando de hecho está rodeado de gentes que no lo son, no puede menos que caminar hacia un desastre" (XV, 97); "No es cosa de poca importancia para los príncipes la buena elección de sus ministros, los cuales son buenos o malos, según la prudencia usada en dicha elección" (XXII, 139); "Si manifiestan suficiente capacidad y se muestran fieles al príncipe tendremos a este por prudente puesto que supo conocerlos bien, y mantenerlos adictos a su persona. Si por el contrario, reúnen condiciones opuestas, formaremos sobre él un juicio poco favorable, por haber comenzado su reinado con una grave falta, escogiéndolos así" (XXII, 139).

Segundo, respecto al trato a sus empleados: "[El príncipe] únicamente ha de cuidar de no ofender gravemente a ninguno de los que emplea, y en especial, a los que tiene a su lado y a su servicio" (XIX, 123).

Tercero, respecto a la relación del gobernante con sus colaboradores (ministros), al analizar sus clases, MAQUIAVELO distinguió dos modos como son gobernados los principados conocidos:

"El primero consiste en serlo por su príncipe asistido de otros individuos que, permaneciendo siempre como súbditos humildes, al lado suyo, son admitidos, por gracia o por concesión, en clase de servidores solamente para ayudarle a gobernar. El segundo modo como se gobierna se compone de un príncipe, asistido de barones, que encuentran su puesto en el Estado, no por la gracia o por la concesión del soberano, sino por la antigüedad de su familia" (IV, 41).

"En los primeros de estos Estados en que gobierna el mismo príncipe con algunos ministros esclavos, tiene más autoridad porque en su provincia no hay nadie que reconozca a otro más que a él por superior y si se obedece a otro, no es por un particular afecto a su persona, sino solamente por ser ministro y empleado del monarca" (IV, 41).

Cuarto, respecto al trato a los colaboradores: "Los honoríficos grados y las pingües riquezas que les conceda, colman los deseos de su ambición, y los importantes puestos de que les haya provisto les hacen temer que el príncipe caiga, o sea suplantado, porque saben perfectamente que solo con él los conservarán. Si príncipe y ministro se conducen así recíprocamente, la confianza será no menos mutua. Pero, si no se portan de tal modo, uno y otro acabarán mal" (XXII, 141).

Quinto, respecto de la conducta de los ministros: "Cuando el príncipe vea a sus ministros pensar en ellos más que en él, y regirse en todas sus acciones por afán de provecho personal, quede persuadido de que tales hombres jamás le servirán bien" (XXII, 140); "[...] los que manejan los negocios de un Estado no deben nunca pensar en sí mismos, sino en el príncipe, ni recordarle nunca nada que no se refiera a los intereses de su reinado" (XXII, 140).

Sobre los consejos al gobernante en relación con los colaboradores, indicó:

Primero, respecto de los ministros, la adulación y la verdad que debe decirse al gobernante: "[Para evitar caer en el menosprecio a causa de los aduladores] bástale al príncipe dar a comprender a los que le rodean que no lo ofenden por decirle la verdad. Pero si todos pueden decírsela, se expone a que le falten al respeto. Así un príncipe advertido y juicioso debe seguir un curso medio, escogiendo en su Estado a algunos sujetos sabios, a los cuales únicamente otorgue licencia para decirle la verdad, y esto exclusivamente sobre la cosa cuyo motivo les pregunte, y no sobre ninguna otra" (XXIII, 142). "Es necesario que su conducta con sus consejeros reunidos y con cada uno de ellos en particular se desarrolle en tal forma que todos conozcan que cuanto más sinceramente le hablen tanto más le agradarán. Pero excepto estos, ha de negarse a oír los concejos de cualquier otro, poner inmediatamente en práctica lo que por si mismo haya resuelto y mostrarse tenaz en sus determinaciones. Si obra de diferente manera, la diversidad de pareceres le obligará a variar muy a menudo, de lo cual resultará que harán muy corto aprecio de su persona" (XXIII, 142-143).

Segundo, respecto a los ministros y la conveniencia de consultar y oír opiniones: "Sin embargo, le conviene [al príncipe] preguntarles sobre todas [las cosas], oír sus opiniones, deliberar después por sí mismo y obrar últimamente como lo tenga por conveniente a sus fines personales" (XXII, 142).

Tercero, respecto de los ministros, el gobernante incompetente y el consejero competente: "Un príncipe que no es prudente de suyo no puede aconsejarse bien, a menos que por casualidad dispusiera de un hombre excepcional y habilísimo que le gobernara en todo. Pero en tal caso, la buena gobernación del príncipe no duraría mucho, porque su conductor se encargaría de quitarle en breve tiempo el Estado" (XXIII, 144); "Sin embargo, le conviene [al príncipe] preguntarles sobre todas [las cosas], oír sus opiniones, deliberar después por sí mismo y obrar últimamente como lo tenga por conveniente a sus fines personales" (XXII, 142).

Sobre la forma de actuar del gobernante a través de sus colaboradores, indicó: "No cabe imaginar disposición alguna más prudente, ni mejor medio de seguridad para el príncipe y para la nación [...] que los príncipes deben dejar a otros la disposición de las cosas odiosas, y reservarse a sí mismos las de gracia, estimando siempre a los nobles, pero sin hacerse nunca odiar del pueblo" (XIX, 117).

8. Consejos sobre las relaciones de poder

Sobre el tema de las relaciones con el poder y entre poderes, Maquiavelo formuló los siguientes consejos generales:

Sobre la legitimidad de la guerra: "Porque una guerra es legítima por el mero hecho de ser necesaria, y es un acto de humanidad cuando no queda esperanza más que en ella" (XXVI, 155). Y sobre ello, formuló los siguientes consejos:

Primero, respecto del trato con los enemigos, MAQUIAVELO aconsejó que debía procurase a su destrucción, que "La ofensa que se infiera a de ser tal que los inhabilite para vengarse" (III, 34).

Segundo, respecto del vencedor y del vencido, consideró que "El vencedor no quiere amigos sospechosos, que no le auxilien en la adversidad, y el vencido no acogerá al neutral, puesto que se negó a tomar las armas, para correr las contingencias de su fortuna" (XXI, 135). Y agregó: "Note bien el príncipe que quien le pide la neutralidad no es amigo, y que lo es, por el contrario, quien solicita que se declare a su favor, y que tome las armas en defensa de su causa" (XXI, 136).

Tercero, respecto del control sobre el país conquistado, explicó que para asegurar el gobierno en un pueblo libre hay que destruir su régimen político: "El que se hace señor de una ciudad acostumbrada a vivir libremente y no descompone su régimen político, debe contar con ser derrocado por ella, a la postre. Para justificar tal ciudad su rebelión invocará su libertad y sus antiguas leyes" (V, 46).

Cuarto, respecto del trato a los vencidos advirtió que los líderes no olvidan las ofensas de los gobernantes: "Cualquier que crea que los nuevos beneficios hacen olvidar a los eminentes personajes las antiguas injurias, camina errado" (VII, 62).

Quinto, respecto al trato de los enemigos del gobierno anterior, señaló que: "Es más hacedero conseguir la amistad de los hombres que se conformaban con el gobierno anterior, aunque no gustasen de él, que la de aquellos otros que, siéndole contrarios, se declararon por este solo motivo, adictos al príncipe nuevo, y le ayudaron a apoderarse del Estado" (XX, 130).

Sexto, respecto del trato con los poderosos, recomendó, por una parte, la política de debilitamiento de los poderosos, indicando que "El príncipe debe [...] ingeniarse para debilitar a los de mayor poderío" (III, 34); "La única precaución que ha de tomar es la de impedir que adquieran fuerza y autoridad en demasía" (III, 35); y "Una regla general que no engaña nunca o al menos no extravía sino raras veces, es que el que ayuda a otro a hacerse poderoso provoca su propia ruina" (III, 40). Y por la otra, la necesaria consolidación del respaldo del pueblo a un gobernante, indicando que "El que consigue la soberanía con el auxilio de los grandes, se mantiene en ella con más dificultad que el que la consigue con el del pueblo" (IX, 71).

Séptimo, respecto de las consecuencias de la alianza con los poderosos, indicó que "[...] Cuando un príncipe quiere atacar a otros, ha de cuidar siempre de no asociarse a un príncipe más poderoso que él, a menos que la necesidad le obligue a hacerlo [...] puesto que si dicho príncipe triunfa se convertirá en esclavo suyo de algún modo" (XXI, 137).

Octavo, respecto de la política del gobernante, aconsejó que "Los príncipes sabios y los Estados bien ordenados cuidaron siempre tanto de contentar al pueblo como de no descontentar a los nobles hasta el punto de reducirlos a la desesperación. Es esta una de las cosas más importantes a que debe atender el príncipe" (XIX, 116).

Sobre el trato a los militares, MAQUIAVELO formuló los siguientes consejos:

Primero, respecto de la indispensable atención a la disciplina y orden de los militares, consideró que "El príncipe no ha de tener otro objeto, ni abrigar otro propósito, ni cultivar otro arte, que el que enseña el orden y la disciplina de los ejércitos, porque es el único que se espera ver ejercido por el que manda" (XIV, 93); que "Los príncipes que se ocuparon más en las delicias de la vida que en las cosas militares, perdieron sus Estados" (XIV, 93). Y agrega: "Amén de las demás calamidades que se trae un príncipe que no entiende nada de la guerra, existe la de no ser estimado de sus soldados, ni poder fiarse de ellos" (XIV, 94).

Segundo, respecto del mantenimiento de la disciplina militar, recordó que "[Los ejércitos se sublevan] únicamente a causa de la mucha clemencia [del príncipe], que dejan a sus guerreros más libertad que la que la disciplina militar podía permitir" (XVII, 107).

Tercero, respecto de las exigencias del Ejército y del pueblo al gobernante, recordó "No es, en efecto, fácil contentar a la vez a los soldados y al pueblo porque el pueblo es amigo del descanso y lo es asimismo el príncipe de moderada condición, al paso que los soldados quieren un príncipe que tenga espíritu marcial, y que sea rapaz, cruel e insolente" (XIX, 118); y que "Conviene contentar más al pueblo que a los soldados, porque aquel posee más poder que este" (XIX, 124).

9. CONSEJOS SOBRE LA TOMA DE DECISIONES

Sobre la toma de decisiones por parte de los gobernantes, MAQUIAVELO formuló los siguientes consejos generales:

Sobre la necesaria definición de la meta que se debe alcanzar, aconsejó "Seguir el ejemplo de los ballesteros advertidos, que apuntan mucho más arriba que el objeto que tienen en la mira, no para que su vigor y sus flechas alcancen a un punto dado en tal altura, sino a fin de acertando así, llegar en línea parabólica a su verdadera meta" (VI, 47).

Sobre la toma de decisiones y la necesaria política de previsión de los cambios futuros, recordó que "Como en épocas de paz no habían imaginado nunca que pudieran cambiar las cosas, porque es un defecto común a todos los hombres no inquietarse de las borrascas mientras disfrutan de bonanza, sucedió que al llegar los tiempos adversos no pensaron más que en huir, en vez de defenderse, esperando que, fatigados sus pueblos por la insolencia del vencedor, no dejarían de llamarlos otra vez" (XXIV).

Y agregó: "La fortuna me parece comparable a un río fatal que cuando se embravece inunda llanuras, echa a tierra árboles y edificios, arranca terreno de un pasaje para llevarlo a otro. Todos huyen a la vista de él y todos ceden a su furia, sin poder resistirle. Y, no obstante, por muy formidable que su pujanza sea, los hombres, cuando el tiempo está en calma, pueden tomar precauciones contra semejante río construyendo diques y esclusas, para que al crecer de nuevo se vea forzado a correr por un canal, o por lo menos, para que no resulte su fogosidad tan anárquica y tan dañosa" (XXV, 149); y que "El príncipe que no se apoya más que en la fortuna cae según que ella varía" (XXV. 149).

Por ello aconsejó que "Lo que todos los príncipes cuerdos deben hacer: tomar en consideración no solo los perjuicios presentes, sino más bien los futuros. Cuando quieren remediarlos con destreza, solo precaviéndolos de antemano es posible conseguirlo. Si se espera a que sobrevengan, ya no es tiempo de remediarlo, porque la enfermedad se ha vuelto incurable" (III, 36).

Sobre la necesidad de conocer las causas de los problemas, recordó: "Con las cosas del Estado sucede lo mismo [que le ocurre a los médicos con al tisis]. Si se conocen anticipadamente los males que pueden después manifestarse, lo que no concede el cielo más que a un hombre sabio y bien prevenido, quedan curados muy pronto. Pero cuando, por no haberlos conocido, se les deja tomar un incremento tal que llega a noticia de todo el mundo, no hay ya arbitrio que los remedie" (III); y "El que, estando al frente de un principado, no descubre el mal en su raíz, ni lo advierte hasta que se manifiesta, no es verdaderamente sabio" (XIII, 91-92).

Sobre el valor de la experiencia, MAQUIAVELO formuló los siguientes consejos:

Primero, respecto de la resistencia al cambio y la necesidad de la consolidación de lo nuevo en el tiempo, recordó: "La escasa confianza que los hombres ponen en las innovaciones, por buenas que parezcan, hasta que no hayan pasado por el tamiz de una experiencia sólida" (VI, 49).

Segundo, respecto del valor de la experiencia y las enseñanzas de la historia, aconsejó: "El príncipe, para ejercitar su espíritu, debe leer las historias y, al contemplar las acciones de los varones insignes, debe notar particularmente cómo se condujeron en las guerras, examinando las causas de sus victorias, a fin de conseguirlas él mismo, y las de las derrotas, a fin de no experimentarlas" (XIV, 95).

Sobre la necesidad de la toma de decisiones en forma inmediata, MAQUIAVELO formuló los siguientes consejos:

Primero, respecto de las decisiones de autoridad, que las mismas deben adoptarse todas de una vez, indicando que "[Es un] buen uso de los actos de rigor el que se ejerce con brusquedad, de una vez, y únicamente por la necesidad de proveer a la seguridad propia, sin continuarlos luego y tratando a la vez de encaminarlos cuanto sea posible a la mayor utilidad de los gobernados" (VIII, 68); que "Deben ejercerse todos de una vez e inmediatamente a fin de no verse obligado a volver a ellos todos los días" (VIII, 68); que "Semejantes actos han de ejecutarse todos juntos y ofenden menos si es menor el tiempo que se tarda en pensarlos" (VIII, 68); y que "El que obra de otro modo, por timidez o guiado por malos consejos, se ve forzado de continuo a tener la cuchilla en la mano y no puede contar nunca con sus súbditos porque estos mismos, que lo saben obligado a proseguir y a reanudar los actos de severidad, tampoco pueden estar jamás seguros con él" (VIII, 68).

Segundo, respecto de la necesaria toma de decisiones inmediatas, recordó: "Los príncipes irresolutos que quieren evitar los peligros del momento retrasan a menudo el rompimiento de su neutralidad, pero también a menudo caminan hacia su ruina" (XX, 136); "La guerra no se evita, y diferirla redunda en provecho ajeno" (III, 36); y "No debemos dejar nacer un desorden para evitar una guerra, pues acabamos no evitándola, y solo la diferirnos, lo que redunda a la postre en perjuicio vuestro" (III, 39).

Sobre la táctica del gobernante de inventar enemigos, MAQUIAVELO escribió: "Piensan muchos que un príncipe sabio debe, siempre que le sea posible, procurarse con arte algún enemigo, para que, atacándole y reprimiéndole, provoque un aumento de su propia grandeza" (XX, 129).

10. CONSEJOS SOBRE LAS POLÍTICAS PÚBLICAS

Sobre la adopción de políticas públicas por los gobernantes, MAQUIAVELO formuló estos consejos generales:

Sobre la idea de adoptar grandes políticas públicas MAQUIAVELO recordó: "Nada granjea más estimación a un príncipe que las grandes empresas y las acciones raras y maravillosas" (XXI, 133); y "[El príncipe debe hacer] seguir unas empresas de otras de gran tamaño, que no dejaron tiempo a sus gobernados ni siquiera para respirar, cuanto menos para urdir trama alguna contra él" (XXI, 134).

Sobre el proceso de adoptar nuevas leyes, MAQUIAVELO recordó, por una parte, sobre las reacciones que se pueden provocar ante la sanción de nuevas leyes: "Nótese bien que no hay cosa más ardua de manejar, ni que se lleve a cabo con más peligro, ni cuyo acierto sea más dudoso que obrar como jefe para dictar estatutos nuevos, pues tiene por enemigos activísimos a cuantos sacaron provecho de los estatutos antiguos y aún los que puedan sacarlo de los recién establecidos, suelen defenderlos con tibieza suma" (VI, 49); y por otra, sobre la política del gobernante en establecer nuevas instituciones: "Nada honra tanto a un hombre recién elevado al dominio público como las nuevas instituciones por él ideadas, las cuales, si se basan en buenos fundamentos y llevan algo grande en sí mismas, le hacen digno de respeto y de admiración" (XXVI, 155- 156).

Sobre las consecuencias de la prodigalidad en el gobierno (en términos contemporáneos, el populismo), MAQUIAVELO recordó que "[El gobernante pródigo, que quiera conservar su populismo] consumirá todas sus riquezas en prodigalidades, y al cabo, si pretende continuar pasando por liberal, se verá obligado a gravar extraordinariamente a sus súbditos, a ser extremadamente fiscal, a hacer cuanto sea imaginable para obtener dinero. Ahora bien: esta conducta comenzará a tornarlo odioso a sus gobernados, y, empobreciéndose así más y más, perderá la estimación de cada uno de ellos, de suerte que después de haber perjudicado a muchas personas para ejercitar una liberalidad que no ha favorecido más que a un cortísimo número de ellas, seguirá vivamente la primera necesidad y peligrará al menor riesgo" (XVI, 100).

Sobre la necesidad de atender al equilibrio fiscal en el gobierno, MAQUIAVELO advirtió: "Un príncipe que no quiera verse obligado a despojar a sus gobernados, ni que le falte nunca con qué defenderse, ni sufrir pobreza y miseria, ni necesitar ser rapaz, debe temer poco incurrir en la reputación avaro, puesto que su avaricia es uno de los vicios que aseguran su reinado" (XVI, 101).

11. CONSEJOS SOBRE EL TRATO A LOS GOBERNADOS

Sobre el trato con los gobernados, MAQUIAVELO formuló estos consejos generales:

Sobre la lucha por el poder, entre la búsqueda del dominio y su rechazo por el pueblo, MAQUIAVELO recordó que "En toda ciudad existen dos inclinaciones diversas, una de las cuales proviene de que el pueblo desea no ser dominado y oprimido por los grandes, y la otra de que los grandes desean dominar y oprimir al pueblo" (IX, 70). Y que "Los grandes quieren oprimir, y el pueblo solo quiere no ser oprimido" (IX, 71).

Sobre los gobernados, MAQUIAVELO recomendó no ofenderlos indicando que "Los príncipes sabios y los Estados bien ordenados cuidaron siempre tanto de contentar al pueblo como de no descontentar a los nobles hasta el punto de reducirlos a la desesperación. Es esta una de las cosas más importantes a que debe atender el príncipe" (XIX, 116). Y que "El príncipe, por no tener causas ni necesidades de ofender a sus gobernados, es amado natural y razonablemente por estos, a menos de poseer vicios irritantes que lo tornen aborrecible" (II, 29).

Sobre la política del gobernante de hacerse amar por los gobernados MAQUIAVELO formuló los siguientes consejos:

Primero, respecto de la necesaria consolidación del respaldo del pueblo a un gobernante, indicó: "Lo peor que el príncipe puede temer de un pueblo que no lo ama, es ser abandonado por él" (IX, 71); "Un ciudadano llegado a príncipe por el favor del pueblo ha de tender a conservar su afecto, lo cual es fácil, ya que el pueblo pide únicamente no ser oprimido" (IX, 72); "Cuando los hombres reciben bien de quien no esperan más que mal, se apoyan más y más en él" (IX, 73); "Es necesario que el príncipe posea el afecto del pueblo, sin lo cual carecerá de apoyo en la adversidad" (IX, 73); "Un soberano prudente debe imaginar un método por el que sus gobernados tengan de continuo, en todo evento y en circunstancia de cualquier índole, una necesidad grandísima de su principado. Es el medio más seguro de hacérselos fieles para siempre" (IX, 74): "Los extranjeros, por otra parte, no le atacan con gusto, con tal, empero, que sea un excelente príncipe, y que le veneren sus gobernados" (XIX, 114).

Segundo, respecto de la necesidad de conservar el apoyo del pueblo y el peligro de ser aborrecido, recordó que "Uno de los inconvenientes mayores de que un príncipe ha de precaverse, es el de ser menospreciado y aborrecido" (XVI, 103).

Tercero, respecto de la conservación del respaldo popular al gobernante, indicó: "Mientras les hacemos bien y necesitan de nosotros, nos ofrecen sangre, caudal, vida e hijos, pero se rebelan cuando ya no les somos útiles" (XVII, 105).

Cuarto, respecto de la necesidad de la participación ciudadana en un pueblo libre, indicó: "Una ciudad acostumbrada a vivir libremente y que el príncipe quiere conservar, se contiene mucho más fácilmente por medio del influjo directo de sus propios ciudadanos que por cualquier otro medio" (V, 45).

Quinto, respecto del respaldo popular al gobernante, MAQUIAVELO señaló que "No le es difícil a un príncipe prudente, desde el comienzo hasta el final de un sitio, conservar inclinados a su persona los ánimos de sus conciudadanos, si no les falta con qué vivir, ni con qué defenderse" (X, 77).

Sobre la idea de hacerse temer por los gobernados, expresó: "Los hombres se atreven más a ofender al que se hace amar que al que se hace temer" (XVII, 106).

Sobre la actitud de evitar ser menospreciado, Maquiaelo formuló los siguientes consejos: "Un príncipe cae en el menosprecio cuando pasa por variable, ligero, afeminado, pusilánime e irresoluto" (XIX, 113); "Los soldados empezaron a menospreciarle en su prez, cuando lo vieron rebajarse hasta el extremo de ir a luchar con los gladiadores en los circos y de hacer cosas vilísimas y poco dignas de su majestad imperial" (XIX, 123) y "El príncipe debe evitar lo que pueda hacerle odioso y menospreciable. Cuantas veces lo evite, habrá cumplido con su obligación, y no hallará peligro alguno en cualquiera otra falta que llegue a incurrir".

Sobre el estímulo a las personas, MAQUIAVELO formuló los siguientes consejos:

Primero, respecto de la necesidad de honrar a los gobernados, indicó que el príncipe "Debe estimular a los ciudadanos a ejercer pacíficamente su profesión y oficio, agrícola, mercantil o de cualquier género, y hacer de modo que, por el temor de verse quitar el fruto de sus tareas, no se abstengan de enriquecer al Estado, y que, por el miedo a los tributos, no se persuadan a dedicarse a negocios diferentes. Debe, otro si, preparar algunos previos para quien funde establecimientos útiles, y para quien trate, en la forma que quiera, de multiplicar los recursos de su ciudad" (XXI, 137).

Segundo, respecto de las fiestas y espectáculos, indicó que el príncipe "Finalmente, está obligado a proporcionar fiestas y espectáculos a sus pueblos, en las ferias anuales que estime oportunas" (XXI, 138).

Sobre el trato a las corporaciones y gremios y a la majestad del gobernante, MAQUIAVELO *formuló esta reflexión*: "Como toda ciudad se halla repartida en tribus municipales o en gremios de oficios, conviénele guardar miramientos con estas corporaciones, reunirse a veces con ellas en sus juntas, y dar a estas ejemplo de humildad y de munificencia, conservando empero, inalterablemente la majestad de su clase, y cuidando que, en tales casos de popularidad, no se humille su dignidad regia en manera alguna" (XXI, 138).

Sobre la necesidad de no afectar el patrimonio de los gobernados, indicó que "Lo que más que nada le haría odioso sería mostrarse rapaz, usurpando las propiedades de sus súbditos, o apoderándose de sus mujeres, de lo cual ha de abstenerse en absoluto. Mientras no se quite a la generalidad de los hombres sus bienes o su honra, vivirán como si estuvieran contentos" (XIX, 113).

12. Consejos sobre las conspiraciones

Sobre cómo evitar la conspiración contra el gobernante, indicó que "Es preciso que [el príncipe] los mantenga en una tal opinión de su perspicacia, que ninguno de ellos abrigue el pensamiento de engañarle o de envolverle en intrigas. El príncipe logrará esto, si es muy estimado, pues difícilmente se conspira contra el que goza de mucha estimación" (XIX, 114).

Sobre determinar cuándo hay conspiración contra el gobernante, Maquiavelo *recordó*: "En relación con los gobernados podrá temer que se conspire ocultamente:" "Pero esté seguro de que ello no acaecerá, si evita ser aborrecido y despreciado, y si [...] logra la ventaja esencial de que el pueblo se muestre contento de gobernación". "Por consiguiente, uno de los más poderosos preservativos de que contra las conspiraciones puede disponer el soberano, es no ser aborrecido y despreciado de sus súbditos, porque al conspirador no le alienta más que la esperanza de contentar al pueblo, haciendo perecer al príncipe" (XIX, 114): "[Si goza de] la benevolencia del pueblo, es casi imposible que nadie sea lo bastante temerario para conspirar" (XIX, 115); "De donde se deduce que un príncipe debe inquietarse poco de las conspiraciones, cuando le manifiesta buena voluntad el pueblo, al paso que si este le es contrario, y le odia, sóbranle motivos para temerlas en cualquier ocasión y de parte de cualquier individuo (XIX, 116).

Sobre los conspiradores, Maquiavelo *observó*: "La experiencia enseña que hubo muchas conspiraciones, y que pocas obtuvieron éxito, porque, no pudiendo obrar solo y por cuenta propia el que conspira, ha de asociarse únicamente a los que juzga descontentos" (XIX, 115); y "[Para que el conspirador] mantenga la palabra que dio a quien le inició en la conspiración será menester, o que sea un amigo suyo como hay pocos, o un enemigo irreconciliable del príncipe" (XIX, 115).

Sobre el arte de engañar con arte y sobre los que se dejan engañar, indicó: "Los hombres son tan simples, y se sujetan a la necesidad en tanto grado, que el que engaña con arte, halla siempre gente que se deje engañar" (XVIII, 110); y que "Fácil es hacerles creer una cosa, pero difícil hacerles persistir en su creencia" (VI, 50).

13. Los príncipes y gobernantes cuyas ejecutorias, observadas por Maquiavelo, fueron las que dieron origen a sus consejos

La obra de Maquiavelo, en su formulación de consejos a los gobernantes, como se dijo, se basó en su observación de la conducta y acciones de los príncipes, contemporáneos con él o antiguos a través de la historia. Por ello, constantemente, en todos los capítulos de su obra, Maquiavelo hizo referencia específica a los príncipes de cuyas acciones y conductas dedujo los consejos que formuló.

Así, en el *Capítulo I* relativo a "De las varias clases de principados y del modo de adquirirlos" hizo referencia a Francisco Sforcia, respecto del ducado de Milán; y al rey Alfonso V de Aragón, respecto del reino de Nápoles (1442).

En el *Capítulo II* en el que trató "De los principados hereditarios", hizo referencia al duque de Ferrara y su resistencia contra los venecianos (1484), y al papa Julio II (1510).

En el *Capítulo III* sobre "De los principados mixtos", hizo referencia al rey Luis XII de Francia, y a la ocupación de Milán por los franceses; a Ludovico, quien rescató Milán; al sultán de Turquía, respecto de Grecia; a Grecia respecto del reino de Macedonia; a los romanos, en guerra contra Filipo y a Antíoco de Grecia; al marqués de Mantua; al duque de Ferrara; al príncipe de Bolonia; los señores de Forli, Pésaro, Réminis, Camerino y Piombino; a los habitantes de Luca, de Pisa y de Siena, en relación con el rey Luis XII de Francia; y al papa Alejandro VI y a su hijo César Borgia, duque de Valentinois en relación con la Lombardía, la Romagna y el reino de Nápoles.

En el *Capítulo IV*, donde trata sobre el "Porqué, ocupado el reino de Darío por Alejandro, no se rebeló contra sus sucesores después de su muerte", hizo referencia a Darío y a Alejandro Magno y a la ocupación de Egipto y Asia Menor; al Sultán de Turquía y al rey de Francia; y a las luchas de los romanos en Grecia.

En el *Capítulo V*, relativo a "De que manera deben gobernarse los Estados que, antes de ocupados por un nuevo príncipe, se regían por leyes propias", hizo referencia a los espartanos, al poseer Atenas y a Tebas; a los romanos, al poseer Capua, a Cartago y a Numancia; y a Pisa y su dominación por los florentinos.

En el *Capítulo VI*, sobre "De los principados que se adquieren por el valor personal y con las armas propias", hizo referencia a Moisés, y su conversación con Dios, y a la liberación del pueblo de Israel oprimido por Egipto; a Ciro y a Rómulo, rey de Roma; y a Hierón, príncipe de Siracusa.

En el *Capítulo VII*, relativo a "De los principados nuevos que se adquieren, por la fortuna y con las armas ajenas", hizo referencia a Darío, en relación con las ciudades de Iona y Helesponto; a Francisco Sforcia, duque de Milán; de nuevo a César Borgia, duque de Valentinois, hijo del papa Alejandro VI; a Luis XII, rey de Francia; al ducado de Urbino; a Ramiro d'Orco en la Romagna; a las ciudades de Pisa, Perusa, Biombino, Luca y Siena, y al papa Julio II.

En el *Capítulo VIII*, donde trata "De los que llegaron a príncipes por medio de maldades", hizo referencia a Agatocles, en Siracusa, de Sicilia y al general cartaginés, Amilcar; a Oliverot de Fermo, su tío Juan Fogliani y al capitán Pablo Viteli y su sucesor Viterolo, en relación con la ciudad de Fermo; y de nuevo al papa Alejandro VI y a su hijo César Borgia.

En el *Capítulo IX*, sobre "Del principado civil", hizo referencia a los Graco, en Roma, y a Jorge Scali en Florencia.

En el *Capítulo X*, donde analizó "Cómo deben medirse las fuerzas de los principados", hizo referencia a las ciudades alemanas y su libertad.

En el *Capítulo XI*, sobre "De los principados eclesiásticos", hizo referencia los papas Alejandro VI, Julio II y León X, Sixto IV; de nuevo a César Borgia; a las cinco nacionalidades o Estados en que se hallaba políticamente distribuida Italia antes de la invasión de Carlos VIII, rey de Francia; los Estados Pontificios, Venecia, al Reino de Nápoles, al ducado de Milán y Florencia.

En el *Capítulo XII*, que trata "De las diferentes clases de milicia y de los soldados mercenarios", hizo referencia al rey Carlos VIII de Francia; a Filipo de Macedonia, capitán de los tebanos a la muerte de Epaminondas; a la República de Milán; a la muerte del duque Felipe Visconti; a Jacobo y Francisco Sforcia de Milán; al rey de Aragón; a la reina Juana II de Nápoles; a Pablo Vitelli, capitán de Florencia; al capitán Carmagnola y al duque de Milán; a los capitanes Bartolomé Coleoni de Bérgamo y a Roberto de San Severino; a Alberico de Como; a Carlos VIII y Luis XII de Francia y Fernando *el Católico*.

En el *Capítulo XIII*, relativo a "De los soldados auxiliares, mixtos y mercenarios", hizo referencia al Rey Fernando de Aragón; al papa Julio II; al emperador de Constantinopla; nuevamente a César Borgia; a Hieron, de Siracusa; a Saúl, David y Goliat; a Carlos VII, padre de Luis XI; y a Filipo, padre de Alejandro.

En el *Capítulo XIV*, sobre "De las obligaciones del príncipe en lo concerniente al arte de la guerra", hizo referencia nuevamente a Francisco Sforcia, duque de Milán, a Alejandro Magno y a César; a Escipión y a Ciro.

En el *Capítulo XVI*, donde trató "De la liberalidad y de la miseria", hizo referencia al papa Julio II; a Fernando, rey de Aragón y de Castilla; a César, a Ciro y a Alejandro.

En el *Capítulo XVII*, relativo a "De la clemencia y de la severidad y si vale más ser amado que temido", también hizo referencia a César Borgia en la Romaña y a Favio y Escipión en Roma.

En el *Capítulo XVIII*, sobre "De qué modo deben guardar los príncipes la fe prometida", hizo referencia a Aquiles, al Centauro Quirón y al papa Alejandro VI.

En el *Capítulo XIX*, donde trató de "El príncipe debe evitar ser aborrecido y despreciado", hizo referencia a Nabis el rey lacedemonio; a Aníbal Bentivoglio, príncipe de Bolonia y a su hijo Juan; a los césares que se sucedieron en el imperio romano: Marco Aurelio, Cómodo, Pertinax, Juliano, Séptimo Severo, Caracalla, Máximo, Heliogábalo, Alejandro Severo y Maximiliano, al Sultán de Turquía y al Sultán de Egipto.

En el *Capítulo XX*, relativo a "Si las fortalezas y otras muchas cosas que los príncipes hacen, son útiles o perjudiciales", hizo referencia a las ciudades de Florencia, Pisa y Pistoya; a Pandolfo Petruci, príncipe de Siena; a Nicolás Viteli, en la ciudad de Castelo; a Guido Ubaldo, duque de Urbino; nuevamente a César Borgia; a los Bentivoglio en Bolonia, y a Francisco Sforcia en Milán.

En el *Capítulo XXI*, sobre de "Cómo debe conducirse un príncipe para adquirir consideración", hizo referencia, extensa, por cierto, a Fernando V, rey de Aragón y de España; a Bernabò Visconti de Milán; y a Antíco en Grecia.

En el *Capítulo XXII*, relativo a "De los ministros o secretarios de los príncipes", hizo referencia a Venafio, consejero de Petruci, príncipe de Siena.

En el *Capítulo XXIII*, sobre "Cuando debe huirse de los aduladores", hizo referencia al emperador Maximiliano, en cuya corte había estado.

En el *Capítulo XXIV*, relativo a "Porque muchos príncipes de Italia perdieron sus Estados", hizo referencia a Filipo de Macedonia y al rey de Nápoles.

En el *Capítulo XXV*, sobre el "Dominio que ejerce la fortuna en las cosas humanas, y cómo resistirla cuando es adversa", hizo referencia al papa Julio II y sus acciones contra Bolonia.

En el *Capítulo XXVI*, donde trató de la "Exhortación para librar a Italia de los bárbaros", que es el capítulo final, hizo referencia a Moisés y la liberación del pueblo de Israel, y al papa León X.

* * *

El lector interesado, por supuesto, puede tener acceso a la famosa obra de MAQUIAVELO, de la cual se han impreso numerosísimas ediciones. Es una obra corta que hay que leer directamente y también, entre líneas. He procurado sacar del texto todos los consejos que he encontrado, los que he sistematizado en la forma que mejor he pensado en provecho del lector. Pero estoy seguro que cada quién al leerla deducirá otros.

New York, diciembre 2021

EL INSTRUMENTO DE LOS CONTRALÍMITES: ELEMENTOS DE REFLEXIÓN*

GIUSEPPE FRANCO FERRARI**
Italia

1. La teoría italiana de los contralímites, que encuentra formulaciones similares —aunque no equivalentes— en otros sistemas nacionales, ya tiene algunas décadas de historia en su elaboración en la doctrina y en la jurisprudencia. En 1973, de hecho, PAOLO BARILE[1] utilizó por primera vez la expresión "contralimitaciones" para referirse a los instrumentos con los cuales el orden constitucional italiano habría protegido sus principios fundamentales. En ese momento, y aún hoy, parte de una lista que no se puede definir *a priori*, desde "las limitaciones de soberanía necesarias para un ordenamiento que asegure la paz y la justicia entre las Naciones", incluso permitidas por el artículo 11 de la Constitución en la perspectiva de una apertura del ordenamiento jurídico italiano al renovado sistema de relaciones entre los Estados después de la segunda guerra mundial.

Definir la naturaleza de los contralímites, en general, es bastante simple. En cambio, no es tan fácil identificarlos. Los contralímites operan en cierto sentido como los límites intrínsecos a las revisiones y reformas constitucionales[2], también reconocidos por la jurisprudencia y la doctrina (así como, en algunos casos, por las mismas disposiciones constitucionales, como el art. 139 de la Constitución italiana o la lista más detallada a la que se hace referencia en el art. 79, pár. 3 de la Ley Básica alemana): representan la condición esencial para que las limitaciones de soberanía admitidas por la República Italiana no terminen abrumando —expresión utilizada por la Corte

* Esta relación fue preparada sobre la base de mi ponencia en el XIV Congreso Iberoamericano de Derecho Constitucional que se llevó a cabo en Buenos Aires en mayo de 2019.

** Profesor en la Universidad Bocconi de Milán.

[1] P. BARILE, "Il cammino comunitario della Corte", en *Giur. Cost.*, 1973, pág. 2416 y ss. Sobre el tema, un reciente estudio monográfico se puede encontrar en S. POLIMENI, *Controlimiti e identità costituzionale nazionale. Contributo per una ricostruzione del "Dialogo" tra le Corti*, Nápoles, Editoriale Scientifica, 2018.

[2] Como se demuestra, por ejemplo, en R. CALVANO, "Il ruolo dei principi fondamentali della Costituzione nella giurisprudenza costituzionale", en S. STAIANO (ed.), *Giurisprudenza costituzionale e principi fondamentali. Alla ricerca del nucleo duro delle Costituzione*, Turín, Giappichelli, 2006, pág. 361 y ss.

Constitucional— "principios supremos" y "derechos fundamentales" garantizados por la legislación nacional. Pero ¿cuáles son estos principios supremos y derechos fundamentales? Además, ¿cuáles son las limitaciones a la soberanía tenidas en cuenta?

En términos generales, existen tres limitaciones de la soberanía (incluso si una es decididamente peculiar) objeto de la teoría de los contralímites: las derivadas de las relaciones concordatarias con la Iglesia católica (objeto de una disciplina constitucional específica, sobre la cual ahora es imposible detenerse), las que descienden del sistema legal internacional (generalmente reconocido o contractual) y las que surgen del ordenamiento legal de la Unión Europea (hoy llamado derecho *eurounitario*, para utilizar la terminología más popular en Italia). La jurisprudencia constitucional, junto con la doctrina, ha acompañado la evolución de esta teoría, definiendo sus características y márgenes concretos de aplicación.

2. Una primera formulación orgánica y consciente está contenida en la sentencia número 183 de 1973 (*caso Frontini*[3]), relativa a la potestad reglamentaria de la Comunidad Económica Europea (donde se reconoció la primacía del derecho comunitario). En esta decisión, en realidad, se afirmó no solo que era admisible denunciar la ilegitimidad constitucional de la ley ordinaria que ratifica y ejecuta un tratado internacional con respecto a ciertas disposiciones del propio tratado (en este caso, Ley n.º 1203 de 1957), sino que debía excluirse que las limitaciones a la soberanía que se derivan del Tratado de Roma de 1957 "todavía podrían conllevar a los órganos de la CEE un poder inadmisible para violar los principios fundamentales de nuestro orden constitucional, o los derechos inalienables de la persona humana".

Este razonamiento terminó de manera sorprendente, especificando que, en caso de que se verifique una hipótesis de este tipo (incluso si en el *caso Frontini* continuara siendo solo un evento no materializado), "siempre estará garantizada la revisión judicial de esta Corte sobre la compatibilidad en el tiempo del Tratado con los principios fundamentales antes mencionados". En esencia, la Consulta advirtió a las instituciones nacionales y comunitarias sobre la posibilidad de ejercer un control jurisdiccional con efectos abrumadores porque tenía como objeto todo el Tratado de Roma (y, de hecho,

[3] Sentencia de la Corte Constitucional n.º 183 del 27 diciembre 1973, en *Giur. Cost.*, 1973, pág. 2401 y ss. Sobre esta sentencia ver, además de la citada nota de Paolo Barile, P. Mengozzi, "Un orientamento radicalmente nuovo in tema di rapporti tra Diritto Italiano e Diritto Comunitario", en *Rivista di diritto internazionale*, 1974, pág. 708 y ss.; G. Gemma, "Giurisprudenza costituzionale in materia comunitaria (1964-1976) e superamento della sovranità nazionale", en *Rivista Trimestrale di Diritto Pubblico*, 1977, pág. 1175 y ss.; A. Bernardini, *Comunità Europea e popolo italiano*, en *Democrazia e Diritto*, n.º 4, 1973, pág. 269 y ss.

con la posibilidad de determinar la renuncia de la República al Tratado, de acuerdo con modalidades que no estaban definidas[4]) si la hipótesis de un contraste entre las fuentes comunitarias, por un lado, y los "principios fundamentales" del orden constitucional —en este caso era el principio de la reserva de la ley— se hubiera producido.

Una década más tarde, la Corte, en el contexto de una sentencia que constituyó una piedra angular en el campo del derecho comunitario (sentencia n.° 170/1984, *caso Granital*[5]), corrigió parcialmente el enfoque abrumador establecido en los años setenta. Ante la cuestión del efecto inmediato de los reglamentos comunitarios aplicables por los jueces ordinarios, los jueces constitucionales reiteraron que "la ley de ejecución del Tratado puede estar sujeta a su control, con referencia a los principios fundamentales de nuestro orden constitucional y los derechos inalienables de persona humana", sin especificar, sin embargo, si el control de la Corte podría tener como objeto o no toda la ley que implementa el Tratado.

Aún en 1989, con la sentencia número 232[6] (*caso Fragd*, sobre el derecho fundamental a la protección judicial), la Corte volvió a la cuestión, reiterando su competencia para verificar a través de su propio control constitucional referido a la ley de ejecución, "si alguna norma del Tratado, como está interpretada y aplicada por las instituciones y por los órganos de la comunidad, no es en contraste con los principios fundamentales de nuestro orden constitucional o no pone en riesgo los derechos inalienables de la persona humana". No obstante, se agregó una importante aclaración: este tipo de control encontraba su razón de ser en el hecho de que no era posible "afirmar con certeza que todos los principios fundamentales de nuestro orden constitucional se encuentran entre los principios comunes a los sistemas legales de los Estados miembros y por lo tanto están incluidos en el sistema de la UE". En este caso, cabe señalar, la cuestión se había planteado ante la Corte Constitucional contra la ley de aplicación del Tratado de Roma "en la parte en la que" daba cumplimiento a una de sus disposiciones específicas. Sin embargo, incluso en esta ocasión, la aplicación concreta

[4] G. P. Dolso, "I Controlimiti 'Comunitari' tra passato e presente", en *Nomos*, n.° 2, 2017, pág. 16.

[5] Sentencia de la Corte Constitucional n.° 170 de 8 de junio 1984, en *Giur. Cost.*, 1984, pág. 1098 y ss., anotata por G. Gemma, *Un'opportuna composizione di un dissidio*, en *Giur. Cost.*, 1984, pág. 1222 y ss.

[6] Sentencia de la Corte Constitucional n.° 232 de 21 de abril 1989, en *Giur. Cost.*, 1989, pág. 1001 y ss., anotada por L. Daniele, "Costituzione Italiana ed Efficacia nel Tempo delle Sentenze della Corte di Giustizia Comunitaria", en *Il Foro Italiano*, 1990, pág. 1855 y ss.

de los contralímites se mantuvo solo como una amenaza persistente sin encontrar una aplicación concreta.

Después de otros quince años, la Corte Constitucional finalmente pasó, por así decirlo, de simples amenazas a la activación concreta de los contralímites. El caso, objeto de la sentencia número 238 de 2014[7], merece mencionarse brevemente por su importancia: fue un episodio de un asunto complejo que involucró a algunos ciudadanos italianos, quienes reclamaron una compensación por los daños sufridos durante la segunda guerra mundial (como deportados y obligados a los trabajos forzados) por el Tercer Reich, y el Estado alemán, en calidad de continuador formal del primero. En 2012, una sentencia de la Corte Internacional de Justicia[8] relativa a este caso consideró que el principio de inmunidad de la jurisdicción civil de los Estados era aplicable a sus propios actos *iure imperii*, privando así al juez italiano de la facultad de decidir de la controversia, debido a la efectividad interna prevista para este tipo de sentencia. Sin embargo, llamada a juzgar el asunto, la consulta aceptó dos de las tres excepciones de constitucionalidad opuestas por el juez ordinario.

Recordando, una vez más, la teoría de que los principios fundamentales del orden constitucional y los derechos inalienables de la persona actúan como un límite a la entrada de las normas de otros sistemas, ya que representan "los elementos identificables e inalienables del orden constitucional", los jueces constitucionales han declarado la ilegitimidad constitucional: del artículo 3 de la Ley 5 del 2013 (adhesión de la República a la Convención de las Naciones Unidas sobre las inmunidades jurisdiccionales de los Estados

[7] Sentencia de la Corte Constitucional n.º 238 de 22 de octubre 2014, en *Giur. Cost.*, 2014, pág. 3853 y ss. El caso ha creado un gran debate, no solo en el contexto legal, debido a la importancia histórica de la deportación. El tema es tratado en P. Veronesi, *Colpe di Stato. I crimini di guerra e contro l'umanità davanti alla Corte Costituzionale*, Milán, Franco Angeli, 2017. Entre las notas más significativas, se pueden recordar: R. Bin, "L'adattamento dell'ordinamento italiano al diritto internazionale non scritto dopo la sentenza 38/2014", en *Forum di Quaderni Costituzionali*, 2016; R. Caponi, "Immunità dello Stato dalla Giurisdizione. Negoziato diplomatico e diritto di azione nella vicenda delle pretese risarcitorie per i crimini nazisti", en *Giur. Cost.*, 2014, pág. 3908 y ss.; B. Conforti, "La Corte Costituzionale e i diritti umani misconosciuti sul piano internazionale, en *Giur. Cost.*, 2014, pág. 3885 y ss.; T. Groppi, "La Corte Costituzionale e la storia profetica. Considerazioni a margine della sentenza N. 238/2014 della Corte Costituzionale Italiana", en *giurcost.org*, 2015; A. Ruggeri, La Corte aziona l'arma dei "Controlimiti" e, facendo un uso alquanto singolare delle categorie processuali, sbarra le porte all'ingresso in ambito interno di norma internazionale consuetudinaria, en *giurcost.org*, 2014.

[8] Sentencia de la Corte Internacional de Justicia, *Jurisdictional Immunities of the State* (*Germany v. Italy: Greece Intervening*), 3 de febrero de 2012. V. L. Cosenza, "Immunità dello Stato e *ius cogens* nella sentenza del 3 febbraio 2012 della Corte Internazionale di Giustizia", en *Diritti Umani e Diritto Internazionale*, n.º 2/2012, pág. 327 y ss.

de 2004) y del artículo 1 de la Ley 848 de 1957 (Ejecución del Estatuto de la ONU de 1945) con referencia al artículo 94 de la Carta de las Naciones Unidas "en la parte en la que obliga al juez italiano a cumplir con la decisión de la Corte Internacional de Justicia (CIJ) de 3 de febrero de 2012, denegando su jurisdicción con respecto a los actos de un Estado extranjero que consisten en delitos de guerra y contra la humanidad, dañando los derechos inviolables de la persona". En este caso, el principio utilizado como contralímite fue el de la protección judicial de los derechos inviolables, garantizada por la Constitución y violada por la prohibición —impuesta por la decisión de la Corte Internacional de Justicia y su transposición en el ordenamiento italiano— de llevar a cabo una evaluación jurisdiccional de las responsabilidades del Estado alemán.

Con esta decisión, por lo tanto, finalmente la Corte Constitucional ha pasado, por así decirlo, de las palabras a los hechos, una vez más; sin embargo, alineándose con la tendencia ya en marcha: también los otros casos en los que se han identificado en la jurisprudencia hipótesis concretas de funcionamiento concreto o virtual de los contralímites (por ejemplo, con respecto a las fuentes del Concordato), en realidad, tenían como objeto el derecho a la protección judicial, calificado como principio supremo del sistema legal italiano[9].

3. La última fase de la aplicación práctica de la teoría de los contralímites se caracteriza por la intrincada historia, también procesal, relacionada con el *caso Taricco*. El problema —que, como se había anticipado, ha ocupado la doctrina italiana durante algún tiempo— nació de una decisión del Tribunal de Justicia (sentencia 8.9.2015, caso C-105/14[10]), solicitada por un tribunal ordinario italiano, en el momento en que los jueces luxemburgueses ordenaron a los jueces nacionales, bajo ciertas condiciones, de no aplicar, con efectos *in malam partem*, los artículos 160 y 161 del Código de Procedimiento Penal italiano relativos a la prescripción de la acción penal por ser evaluados contrarios a la legislación de la Unión Europea (específicamente, al art. 325.2 del Tratado de Funcionamiento de la Unión Europea).

Este no es el lugar para entrar en los méritos de las cuestiones estrictamente penales. Sin embargo, será suficiente recordar que, esencialmente, los jueces del Tribunal de Justicia han impuesto la no aplicación de la disciplina italiana en relación con la prescripción en la medida en que fue identificada, de forma cuestionable en opinión de muchos comentaristas, como causa de

[9] G.P. Dolso, "I controlimiti 'Comunitari' tra passato e presente, en *Nomos*, n.º 2, 2017, pág. 8.

[10] Sentencia del Tribunal de Justicia (Gran Sala) de la Unión Europea, de 8 de septiembre 2015, C-105/14, *Caso Taricco*.

la ineficacia del sistema italiano en la lucha contra los fraudes del impuesto sobre el valor añadido (IVA) en la Unión (a este respecto, debe recordarse que un porcentaje de los ingresos del IVA de los diversos Estados constituye una fuente importante e indispensable de financiación de la UE).

Tras este fallo, el juez italiano debería haber soslayado las reglas sobre la interrupción del plazo de prescripción, terminando por alargar, retroactivamente, los plazos de prescripción previstos en el momento de la comisión del hecho evaluado por el juez penal. Este efecto, sin embargo, habría chocado con la naturaleza sustantiva, según el enfoque tradicional del derecho penal italiano, de las normas sobre prescripción, creando así las condiciones para una grave violación del principio constitucional de legalidad en asuntos penales, así como requerido por el artículo 25 de la Constitución.

Llamada a intervenir por algunos jueces nacionales, por medio del instrumento de la cuestión de constitucionalidad planteada en vía incidental, la Corte Constitucional definió la cuestión en dos etapas: en primera instancia, propuso a través de un auto una cuestión preliminar, de interpretación del derecho de la Unión Europea, al Tribunal de Justicia; posteriormente, una vez obtenida la sentencia de los jueces luxemburgueses, intervino con una sentencia (rechazando la cuestión planteada inicialmente).

Además, hay que destacar otro aspecto de la historia, típico de una fase en la que las características rígidas de un sistema de *civil law* se desvanecen: el tema del primer auto de la Corte fue una decisión del Tribunal de Justicia, de hecho considerada como una fuente de ley[11], potencialmente capaz de determinar para los jueces ordinarios nacionales la obligación de no aplicar la legislación estatal vigente.

El fallo del Tribunal de Justicia ha despertado lo que la mayor parte de la doctrina ha definido como una respuesta debida por la Corte Constitucional, también como resultado de una marcada atención a los asuntos penales, respecto de los cuales los Estados nacionales creen que deben reclamar una especie de soberanía fortalecida.

A partir de una cuestión de derecho penal, entonces, el auto número 24 del 2017[12], que permite a la Corte Constitucional utilizar el instrumento de

[11] S. Romboli, "'Los contralímites en serio' y el caso Taricco: el largo recorrido de la teoría hasta la respuesta contundente pero abierta al diálogo de la Corte Constitucional italiana, en *ReDCE*, n.º 28, 2017.

[12] Auto de la Corte Constitucional n.º 24 de 26 de enero 2017, en *Giur. Cost.*, 2017, pág. 171 y ss. V. B. Gustaferro, "Derubricare i conflitti costituzionali per risolverli: sezionando il Caso Taricco", en *Quaderni Costituzionali*, n.º 2, 2018, pág. 441 y ss.; R. Mastroianni, "La Corte Costituzionale si rivolge alla Corte di Giustizia in Tema di "Controlimiti" Costituzionali: è un vero dialogo?", en *federalismi.it*, n.º 7, 2017; F. Palazzo, "La consulta risponde alla 'Taricco': punti fermi, anzi fermissimi, e dialogo aperto", en *Diritto*

la cuestión prejudicial por segunda vez en su historia —útil para dialogar con el Tribunal de Luxemburgo—, ha sistematizado en tres pasos la teoría de los contralímites y su aplicación en el contexto de la aplicación de la legislación de la Unión Europea.

Primero: se reconoce la primacía del derecho de la Unión Europea, pero a condición de que se observen "los principios supremos del orden constitucional italiano y los derechos inalienables de la persona". Si no es así, de hecho, "sería necesario declarar la ilegitimidad constitucional de la ley nacional que autorizó la ratificación e hizo que los Tratados fueran ejecutivos, por la única parte en la que permite realizar esa hipótesis normativa".

Segundo: el principio de legalidad en el derecho penal se identifica como un "principio supremo del ordenamiento, puesto en defensa de los derechos inviolables del individuo", incluida la prohibición de la efectividad retroactiva de las leyes penales (como las relacionadas con la prescripción).

Tercero: hipotéticamente, si por la aplicación del artículo 325 del Tratado de Funcionamiento de la Unión Europea (TFUE) pudiese derivar una violación del principio anterior, sería un deber para la Corte Constitucional intervenir para que esto no suceda. En efecto, —y aquí el énfasis es claro sobre lo que casi podría llamarse "celos" de la Corte Constitucional con el fin de preservar las características y peculiaridades del sistema nacional— "el derecho de la Unión y las sentencias del Tribunal de Justicia que especifican su significado, a los efectos de una aplicación uniforme, no pueden interpretarse en el sentido de imponer al Estado miembro la renuncia a los principios supremos de su orden constitucional".

En conclusión, el auto de la Consulta pidió al Tribunal de Justicia que volviera a la interpretación del Tratado, con el fin de verificar si este realmente impone o no, no aplicar *in malam partem* las reglas sobre la prescripción con referencia a los fraudes que afectan los intereses financieros de la Unión.

Continuando con lo anterior, a finales de 2017, con la sentencia del 5 de diciembre (caso C-42/17), la Gran Sala del Tribunal de Justicia, especificando o quizás —si observamos bien— revisando su posición anterior, por un lado, reiteró la obligación del juez nacional de no aplicar su propia

Penale e Processo, n.º 3, 2017, pág. 285 y ss.; A. RUGGERI, "Ultimatum della Consulta alla Corte di Giustizia su Taricco, in una pronuncia che espone, ma non ancora oppone, i controlimiti (A Margine di Corte Cost. N. 24 del 2017)", en *giurcost.org*, n.º 1, 2017; A. MARTUFI, "La minaccia dei controlimiti e la promessa del dialogo: note all'ordinanza N. 24 del 2017 della Corte Costituzionale", en *Diritto Penale Contemporaneo*, 2017. Parte de la doctrina de derecho penal ha evaluado positivamente el *caso Taricco* por el "despertar de las conciencias" que ha levantado. P. FERRUA, "Le sentenze "Taricco": brevi riflessioni sui giudici-legislatori", en *Cassazione Penale*, 2018, pág. 1844 y ss.

legislación nacional donde esta dificulta la imposición de sanciones penales efectivas por los fraudes que afectan a la Unión Europea, pero, por otro lado —y aquí está la aclaración importante— ha limitado esta no aplicación a la hipótesis en la que esto no "implique una violación del principio de legalidad de los delitos y las penas, debido a la falta de precisión de la ley aplicable o debido a la aplicación retroactiva de una legislación que impone condiciones de exigencia de responsabilidad penal más severas que las vigentes en el momento de la comisión de la infracción".

Tal resultado solo pudo encontrar la apreciación de la Corte Constitucional (en sentencia n.º 115/2018[13]), que, sin embargo, ha ido aún más lejos, reclamando su propio papel exclusivo al definirse como el único órgano jurisdiccional competente para llevar a cabo el control exigido por el Tribunal de Justicia. El resultado de la verificación en cuestión fue la no aplicabilidad de la *regla Taricco* en todos los casos nacionales: la vaguedad de la disposición del Tratado, en efecto, choca con el imperativo, típico de los "países de tradición continental", según el cual las opciones de derecho penal "están incorporadas en textos legislativos que se ofrecen a los asociados". El *caso Taricco*, por tanto, ha finalizado —al menos por ahora— con una clara reafirmación del valor de las fuentes legislativas escritas, no jurisprudenciales.

4. El panorama de derecho comparado, en el ámbito europeo, no ve a Italia aislada en la aplicación de restricciones a la entrada de normas externas. Alemania, en particular, ha refinado en primer lugar a través de la llamada doctrina Solange el instrumento de contralímites[14], que se presenta hoy con una fuerza que dista mucho de ser limitada mediante una ampliación del perímetro nacional protegido por la legislación de la Unión Europea[15]. Es claro, por lo tanto, que en el futuro no faltarán nuevas intervenciones sobre el tema y, en consecuencia, la necesidad de enfrentar los problemas relacionados una vez más.

Un tema que sin duda sigue abierto hoy es el del catálogo de los contralímites. Aunque hemos visto que, principalmente, la jurisprudencia italiana

[13] Sentencia de la Corte Constitucional n.º 115 de 31 de mayo 2018, en *Giur. Cost.*, 2018, pág. 1296 y ss. Con relación a esta última etapa del *caso Taricco*, ver: S. Bissaro, "La sentenza n. 115 del 2018: la Corte Costituzionale e l'ultima tappa (?) della Saga Taricco", en *Rivista Italiana di Diritto e Procedura Penale*, n.º 3, 2018, pág. 1767 y ss.; A. Celotto, "Ritorno al passato sui controlimiti", en *Giur. Cost.*, 2018, pág. 1318 y ss.; A. Ruggeri, "Taricco, amaro finale di partita", en *giurcost.org*, n.º 3, 2018.

[14] P. Faraguna, "Il Bundesverfassungsgericht e l'Unione Europea, tra principio di apertura e controlimiti", en *DPCE*, n.º 2, 2016, pág. 431 y ss.

[15] A. Bernardi, "I controlimiti al diritto dell'Unione Europea e il loro discusso ruolo in ambito penale", en A. Bernardi (ed.), *I controlimiti. Primato delle norme europee e difesa dei principi costituzionali*, Nápoles, Jovene, 2017, pág. XXXVI.

se ha ocupado de cuestiones relacionadas con el derecho fundamental a la protección judicial o la aplicación del derecho penal, la posibilidad teórica de considerar otros derechos y principios fundamentales no puede ser excluida. Por lo tanto, se debe tener en cuenta que existe un espacio de considerable discreción para los tribunales según la amplitud de los contralímites. El uso que la Corte Constitucional hará de este espacio será imprescindible para verificar en el futuro una posible ampliación en el empleo de esta técnica.

Otro punto emergente es el relacionado con la institución encargada de activar los contralímites en la práctica. Esta prerrogativa es fuertemente reclamada por la Corte Constitucional, pero los intentos de otros jueces por abordar el problema directamente, no faltan. En 2005, por ejemplo, el Consejo de Estado en sentencia número 4207, esta vez con referencia a la protección del derecho fundamental a la salud, definiendo la teoría de los contralímites como "desarrollo natural de la forma de entender el derecho comunitario en su relación con el sistema interno", consideró posible identificar de forma independiente, sin pasar por el juez constitucional, "un espacio legal del Estado completamente alejado de la influencia del derecho comunitario, un espacio en el que el Estado sigue siendo totalmente soberano, es decir, independiente, y, por tanto, libre de disponer de sus propias fuentes normativas"[16].

Otro problema, más general, es lo relacionado con el "peligro" de un uso incontrolado de este instrumento, sobre el que parte de la doctrina tiene fuertes preocupaciones[17]: los efectos, de hecho, podrían ser cada vez más disruptivos si un número creciente de disposiciones de origen externo encuentran una barrera efectiva en las fronteras de los tribunales constitucionales (especialmente si prevalece la tesis según la cual toda la parte sustancial de la Constitución debe ser utilizada por la Corte Constitucional como un contralímite[18]).

En definitiva, la actualidad de esta teoría —también en sus efectos prácticos, que distan mucho de presentarse como remotos— está lejos de ser superada, a la luz de las diversas referencias que han hecho a esta construcción varios tribunales constitucionales europeos, precisamente en una fase en la que, paradójicamente, la protección de los derechos y principios fundamentales dentro de la Unión encuentra una base muy diferente en com-

[16] La sentencia del Consejo de Estado fue comentada críticamente por la doctrina; véase: G. MORBIDELLI, "Controlimiti o contro la pregiudiziale comunitaria?", en *Giur. Cost.*, 2005, pág. 3404 y ss.

[17] R. BIN, "Taricco, una sentenza sbagliata: come venirne fuori?", en A. BERNARDI, *I controlimiti*, ob. cit., pág. 291 y ss.

[18] O. CHESSA, "Meglio tardi che mai. La dogmatica dei controlimiti e il Caso Taricco", en A. BERNARDI, *I controlimiti*, ob. cit., pág. 301 y ss.

paración con el período inicial de integración comunitaria. Probablemente, se debe encontrar una posible explicación para esta persistente actualidad en las características de la época histórica actual, marcada por los temores generalizados de las formas más intensas de integración supranacional y por la respuesta de los más altos órganos jurisdiccionales en la que se reafirma la identidad constitucional no negociable de los distintos países. Sin embargo, no podemos olvidar que, al mismo tiempo, otro elemento que desencadena la reacción de los tribunales nacionales, apreciada por parte de la doctrina[19], podría identificarse en el creciente papel de los órganos jurisdiccionales supranacionales con respecto a los derechos fundamentales.

[19] M. Luciani, "Il Brusco Risveglio. I Controlimiti e la Fine Mancata della Storia Costituzionale", en A. Bernardi, *I Controlimiti*, ob. cit., pág. 63 y ss.

ALGUNAS REFLEXIONES SOBRE EL PRINCIPIALISMO Y EL NEOCONSTITUCIONALISMO*

JUAN CARLOS CASSAGNE**
Argentina

1. EL PRINCIPIALISMO

El campo de la dogmática del derecho público, así como el de la filosofía del derecho, exhibe cuestiones en las que los juristas y los iusfilósofos no terminan de ponerse de acuerdo. Muchas de esas cuestiones subyacen también, en forma implícita, en las capas más recónditas del pensamiento jurídico.

En esta ocasión, abordaremos dos tendencias. La primera, referida al llamado principialismo, una orientación moderna que congrega un arco bastante amplio de concepciones que van desde el positivismo incluyente o iusmoralista hasta las diversas facetas que representa el iusnaturalismo.

Los puntos de unión de las concepciones principialistas pasan por tres ejes fundamentales, a saber: a) el reconocimiento de que el derecho constituye una práctica que se dirige a lo que "es bueno hacer, tener, obtener y ser"[1]; b) consecuentemente, la consideración de la moral como la razón práctica del derecho[2]; y e) la prevalencia de los principios generales sobre las normas.

* Con este trabajo, cumplimos en adherirnos al merecido homenaje que se tributa a nuestro querido amigo LIBARDO RODRÍGUEZ RODRÍGUEZ, jurista de raza y activo promotor del Instituto Internacional de Derecho Administrativo (IIDA) que preside, desde su creación, con invariable eficacia y equilibrio.

** Miembro de Número de la Academia Nacional de Derecho y Ciencias Sociales de Buenos Aires. Académico Honorario de la Real Academia de Jurisprudencia y Legislación y Académico Correspondiente de la Real Academia de Ciencias Morales y Políticas de Madrid.

[1] JOHN FINNIS, *Aquinas: Moral, Political and Legue Theory*, Oxford, Oxford University Press, 1993, pág. 41, citado por CARLOS IGNACIO MASSINI CORREAS, en *Jurisprudencia analítica y derecho natural. Análisis del pensamiento filosófico jurídico de John Finnis*, Buenos Aires, Marcial Pons, 2018, pág. 31; vid, asimismo, SANTIAGO LEGARRE, *Ensayos de derecho natural*, Buenos Aires, Ábaco, 2014, pág. 509 y ss.

[2] RODOLFO LUIS VIGO, "Derecho y moral (razón práctica): conexiones en tiempos del Estado de derecho constitucional", en *El Derecho*, 21 de julio de 2021, pág. 1 y ss.

Existe la creencia de que el movimiento principialista tiene origen en las cartas constitucionales que se sancionaron en Europa tras la finalización de la segunda guerra mundial.

Aunque el hecho no se encuentra suficientemente reconocido por otras disciplinas, lo cierto es que el derecho administrativo tiene otro origen. En efecto, este derecho, afirma LAFERRIÈRE, se construyó sobre la base de la prevalencia de los principios generales del derecho sobre las normas desde sus mismos orígenes y es sabido que, finalmente, el Consejo de Estado francés reconoció su primacía[3], con lo cual provocó uno de los cambios más grandes en la comprensión y operatividad de los principios generales del derecho público, considerados como mandatos vinculantes carentes de supuestos de hecho[4].

Su significación fue advertida en Francia por JEAN RIVERO, en uno de los trabajos pioneros sobre la materia[5], donde puso de relieve una jurisprudencia que terminó proyectándose al derecho administrativo público europeo. Se produjo de ese modo un cambio radical en las fuentes del derecho con base en las teorías fundamentales formuladas en el derecho francés[6] y la jurisprudencia de su Consejo de Estado. Buena parte de los publicistas y filósofos del derecho de su época se hallaban enrolados en el iusnaturalismo, al igual que algunos autores alemanes del siglo anterior, como OTTO MAYER, en los que se advierte la adhesión a las verdades del derecho natural[7].

Una resuelta postura acerca de la trascendencia que revisten los principios generales del derecho en la configuración del derecho administrativo moderno se advierte en toda la obra del maestro GARCÍA DE ENTERRÍA, quien, al culminar sus primeras investigaciones sobre el tema, no pudo reprimir su asombro de que en Francia, patria del legalismo, se hubiera construido un derecho administrativo en el que los principios prevalecían sobre las leyes escritas[8].

[3] Véase: Pedro J. J. COVIELLO, "Raíces históricas del derecho administrativo y su actualidad. Apuntes para su estudio", en *El Derecho, Revista de Derecho Administrativo*, n.º 8, Buenos Aires, 2020, Cita Digital ED-CMXXV-521, pág. 7 y ss.

[4] Ampliar en nuestro libro JUAN CARLOS CASSAGNE, *Los grandes principios del derecho público (constitucional y administrativo)*, 2.ª edición actualizada, Santa Fe, Rubinzal-Culzoni Editores, 2021, pág. 71 y ss.

[5] JEAN RIVERO, "Los principios generales del derecho administrativo en el derecho francés contemporáneo", en *RAP*, n.º 6, Madrid, 1951, pág. 289 y ss.; y BENOIT JEANNEAU, *Les príncipes généraux du droit dans la jurisprudence administrative*, Paris, Sirey, 1954.

[6] MAURICE HAURIOU, *Derecho público constitucional*, trad. del francés de Carlos Ruiz del Castillo, supervisada por el propio autor que lo prologa, Madrid, Reus, 1927, pág. 290 y ss.

[7] Vid, en tal sentido: EDUARDO GARCÍA de ENTERRÍA, *Reflexiones sobre la ley y los principios generales del derecho*, Madrid, Civitas, 1984, págs. 43-44.

[8] EDUARDO GARCÍA de ENTERRÍA, *Reflexiones sobre la...*, ob. cit., págs. 44-45, apunta que en el derecho francés "la idea de los principios no ha hecho más que dañar terreno".

A la inversa de lo que piensa el positivismo excluyente de la moral, el principialismo no ha venido a suplantar la legalidad positiva, sino a reforzar su validez a través de una dimensión racional-moral de justicia, que convive con la dimensión formal, proveniente de la autoridad de las fuentes sociales del derecho[9].

En esta dimensión de validez racional-normativa es donde, precisamente, se alojan los principios generales del derecho que resultan "descubiertos y funcionalizados por los juristas" y "recogidos y desenvueltos por la jurisprudencia o por la legislación"[10].

En tal contexto veamos, a grandes rasgos, lo que ha ocurrido en el campo de algunos sectores del positivismo (el llamado incluyente) y en el de la jurisprudencia analítica.

Así, es fácil comprobar que, mientras la cantidad de concepciones filosóficas aumentó de un modo exponencial, lo que dificultó la comprensión de la ciencia jurídica y de sus métodos interpretativos, se produjo el abandono de algunas de las premisas centrales del positivismo legalista por parte de destacados filósofos del derecho que fueron calificados como positivistas incluyentes (iusmoralistas) o iusnaturalistas (Dworkin, Alexy y Nino).

El hecho de ser bendecidos con la calificación de iusnaturalistas (una paradoja retórica desarrollada por una brillante pluma filosófica[11]), supone que todos aquellos que sustentan una visión moral del derecho y no admitan una tajante separación conceptual entre ambos conceptos son iusnaturalistas. Más aun, para desdicha de los positivistas puros, irrumpió en la escena filosófica un profesor de la Universidad de Oxford (John Finnis), formado en la escuela analítica de Hart, quien se adhirió al iusnaturalismo de raíz aristotélica-tomista, dentro del modelo analítico[12], logrando que esta concepción fuera más comprensible por los pensadores anglosajones[13]. Es la llamada nueva escuela del derecho natural (NEDN).

[9] Aspecto muy bien explicado en Carlos Ignacio Massini Correas, *Jurisprudencia analítica...*, ob. cit. pág. 40.

[10] Eduardo García de Enterría, *Reflexiones...*, ob. cit., pág. 43.

[11] Juan Antonio García Amado, "El iusmoralismo de Carlos Santiago Nino. Una crítica", en *Iusmoralismo (s) Dworkin/Alexy/Nino*, Quito, Cevallos Editora Jurídica, 2015.

[12] También se ha calificado la concepción de Finnis como un iusnaturalismo positivista. Cfr. Santiago Legarre, *Ensayos...*, ob. cit., pág. 529; con lo que no estamos de acuerdo, dado que, si bien existe una revalorización del derecho positivo, hay aspectos de la teoría que se oponen a la concepción positivista, incluso la del llamado positivismo incluyente (v. gr. el sentido y la fuerza de la razonabilidad práctica y especialmente la armonía con Dios como bien humano básico; véase: John Finnis, *Ley natural y derechos naturales*, trad. del inglés de Cristóbal Orrego S., Buenos Aires, Abeledo-Perrot, 2000, pág. 427 y ss.

[13] Véase: Carlos Ignacio Massini Correas, *Jurisprudencia analítica...*, ob. cit., pág. 21 y ss.

El enfoque iusnaturalista de FINNIS, si bien rompe la separación conceptual entre moral y derecho, no deja de atribuirle al derecho positivo, emanado de las fuentes fácticas y sociales, una jerarquía relevante en la medida en que no se produzcan situaciones susceptibles de afectar en forma grave y extrema la justicia[14], conformada por los principios generales del derecho y bienes básicos, concebidos conforme a una visión que atribuye un papel central al derecho producido por la autoridad de las fuentes formales.

Debe advertirse que estas fuentes no se limitan a la ley, sino que comprenden también la jurisprudencia, los principios generales y la costumbre, lo que hace posible que los jueces cumplan una función creativa para completar las lagunas jurídicas o tener que interpretar los conceptos ambiguos que caracterizan el lenguaje natural (que carece de la precisión característica del que es propio de las ciencias exactas).

En resumidas cuentas, el principialismo constituye la tendencia especulativa que asigna predominio a los principios sobre las normas, en la inteligencia de que ambas categorías constituyen reglas jurídicas vinculantes y fuentes del derecho.

Se discute si el carácter autoritativo constituye uno de los rasgos característicos del Estado de derecho constitucional[15], pero, en cualquier caso, debe ser siempre un Estado de poderes tasados y limitados, en el que sus órganos (llamados también poderes) actúan con independencia recíproca y armonía, sometidos al principio de legalidad —cuya máxima expresión es el bloque de constitucionalidad—, a los principios de la justicia —la fórmula constitucional alemana y española se refiere a la ley y al derecho— y, por último, al control judicial de constitucionalidad.

En cambio, la tesis básica del positivismo legalista considera que la norma positiva constituye el centro del derecho y del sistema jurídico, y postula que toda norma emanada conforme al procedimiento estatal predeterminado es válida con independencia de que sea justa o injusta, moral o inmoral. La matriz de esta concepción sostiene que los valores de la justicia son subjetivos e irracionales y hasta metafísicos, que una teoría del derecho debe ser pura y limitarse al material positivizado y, consecuentemente, que la moral debe

[14] RODOLFO LUIS VIGO, *El iusnaturalismo actual. De M. Villey a J. Finnis*, México, Distribuciones Fontamara, 2003, pág. 131, nota 177.

[15] RAÚL GUSTAVO FERREYRA, *Fundamentos constitucionales*, Buenos Aires, Ediar, 2019, pág. 344, sostiene que el Estado constitucional, a más de los elementos naturales que congrega (territorio y población), alberga dos elementos constituyentes no naturales (poder y Constitución), y pone énfasis en que la Constitución configura el artificio fundamental, la suma regla del orden estatal, y añade que "en el Estado Constitucional todo derecho del Estado debe ser genuinamente autorizado por la norma positiva fundamental de su orden coactivo".

separarse del derecho. Como lo ha expresado BOBBIO, con sinceridad, el positivismo jurídico es una doctrina "que reduce la justicia a la validez"[16], a lo que cabe agregar, además, una separación estricta entre moral y derecho.

Así, mientras las concepciones del iusnaturalismo giran en torno de lo que es justo y moralmente bueno para las personas y el bien común, y conciben al derecho como el objeto de la justicia, el positivismo legalista o puro sostiene exactamente lo inverso: que la justicia consiste en la validez del derecho o, en otros términos, que el objeto de la justicia no es el derecho real (lo justo) sino su validez formal, y acusa al iusnaturalismo de introducir elementos metafísicos en la teoría del derecho, cuya pureza pretendía que fuera un dogma irrefutable. En ese contexto, apoyados en la falacia naturalista de HUME, los positivistas llegaron a decir que, si la naturaleza era el orden del ser, resultaba falso sostener que de la naturaleza humana pudieran derivarse prescripciones normativas (el orden moral o el deber ser).

Lo cierto es que, como lo ha demostrado FINNIS, la falacia naturalista no existió en el pensamiento aristotélico-tomista, que nunca llegó a sostener que las prescripciones normativas derivaran directamente del ser (la naturaleza humana) sino que el conocimiento normativo de la ley natural, lejos de derivar del conocimiento previo de la naturaleza humana, "parte de unos principios primeros conocidos por evidencia y que se desenvuelven racionalmente —con razón práctica— ya sea a través de inferencias conclusivas o a través de la determinación circunstanciada de lo que en los principios se encuentra indeterminado"[17].

En ese escenario, en el que disputan su supremacía las más variadas corrientes del positivismo (tanto el incluyente como el excluyente) y del iusnaturalismo clásico, sin analizar otras concepciones inaplicables en los sistemas continentales europeos o de Iberoamérica, como el realismo norteamericano o algunas que han perdido actualidad doctrinaria (v. gr. el estructuralismo)[18] se ha desarrollado la tendencia principialista, sin llegar a configurar una concepción integral de la filosofía jurídica.

En la nueva versión de la obra del profesor YACOBUCCI sobre el sentido de los principios penales[19], se expone una construcción susceptible de ser

[16] NORBERTO BOBBIO, *Teoría general del derecho*, 2ª ed., trad. del título original italiano *Teoria della norma giuridica y Teoria dell'ordenamento giuridico* (Torino), 1958 y 1960, respectivamente, Bogotá, Editorial Temis, págs. 30 y ss.

[17] Cfr. CARLOS IGNACIO MASSINI CORREAS, *Jurisprudencia analítica...*, ob. cit., pág. 74 y ss., especialmente pág. 79.

[18] Vid. EMILIO SUÑÉ LINAS, *Teoría estructuralista del derecho*, Madrid, Universidad Complutense de Madrid, Servicio de Publicaciones de la Facultad de Derecho, 2006, pág. 23 y ss., con prólogo de JOSÉ LUIS VILLAR PALASÍ.

[19] GUILLERMO YACOBUCCI, *El sentido del derecho*, Buenos Aires, Editorial BdeF, 2014, pág. 94 y ss.

proyectada a todo el derecho y de adaptarse, particularmente, a los derechos constitucional y administrativo. En pocas palabras, se trata de la jerarquía y dimensión de peso conforme a una bien decantada visión filosófica personalista, especulativa y práctica.

Allí, distingue cuatro categorías:

a) Principios configuradores o materiales que constituyen presupuestos ontológicos del ordenamiento. Los considera principios nucleares y son dos: 1. El bien común político y 2. La dignidad humana.

b) Principios fundamentales. A nuestro juicio son los que hacen la esencia del Estado de derecho (v. gr. separación de poderes, legalidad, independencia e inamovilidad de los jueces, interdicción de arbitrariedad, inalterabilidad del contenido sustancial de los derechos por leyes o reglamentos, tutela judicial efectiva, razonabilidad[20], seguridad jurídica y subsidiariedad).

c) Principios derivados: proporcionalidad, buena fe, confianza legítima y buena administración.

d) Estándares y directivas no vinculantes que cumplen la función de orientar la actividad de la Administración pública y de los particulares.

Quedan desde luego otras cuestiones en las que se advierten significativas discrepancias entre determinados sectores del positivismo incluyente y del iusnaturalismo, tales como 1) el dogma de la plenitud del ordenamiento jurídico positivo y el de que el derecho positivo regula su propia creación; 2) el significado conceptual de derecho y justicia; 3) la función de la analogía; 4) la distinción entre normas y principios y su condición, en ambos casos, de reglas vinculantes; 5) si la fuente de un principio puede ser extralegal o constitucional y no hallarse, en consecuencia, necesariamente positivizado; 6) la cuestión del *deber ser* en el sistema jurídico; 7) el carácter vinculante o meramente óptimo de un principio; y 8) los métodos de interpretación, la teoría de la argumentación y justificación racional de las decisiones judiciales y administrativas[21].

De algunas de esas cuestiones nos hemos ocupado en ensayos anteriores[22], pero su análisis requiere una obra de mayor alcance que nos resulta

[20] La razonabilidad es un metaprincipio que incluye al principio de proporcionalidad en sentido amplio (adecuación o idoneidad, necesidad y proporcionalidad en sentido estricto), según la conocida teoría de ALEXY. La aplicación de este principio reconocido en forma expresa en la Acordada 17/2019 de la Corte Suprema de Justicia de la Nación (Considerando VI), aparece también en fallos del Alto Tribunal; véase: "Gobierno de la Ciudad de Buenos Aires c/ Estado Nacional (Poder Ejecutivo Nacional) s/ acción declarativa de inconstitucionalidad" de fecha 4 de mayo de 2021, considerando 27 *in fine*.

[21] Véase RODOLFO LUIS VIGO, *Interpretación (argumentación) jurídica en el Estado de derecho constitucional*, Santa Fe, Rubinzal-Culzoni, 2015, pág. 245 y ss.

[22] JUAN CARLOS CASSAGNE, *Los grandes principios del derecho público...*, ob. cit., especialmente pág. 18 y ss.

imposible abordar en esta ocasión en la que, no obstante, nos ha parecido necesario reseñar las líneas generales que exhibe el escenario especulativo.

En definitiva, tal como ha apuntado Aragón Reyes, aun en el sistema europeo, resulta difícil negar en la actualidad, que "el Derecho de la Constitución es un derecho por principios" (según la terminología que emplea Zagrebelsky), así como no se puede desconocer, en el caso de España, la clara configuración de una Constitución principialista[23].

2. El Estado de derecho constitucional y los distintos neoconstitucionalismos

La segunda de las grandes tendencias está conformada por el fenómeno del neoconstitucionalismo o nuevo constitucionalismo, donde las cosas se complican por una serie de razones que exponemos a continuación.

Se habla de la inercia que supone la admisión de los cambios, máxime cuando ellos se gestan tras el extraordinario desarrollo dogmático efectuado por los grandes constitucionalistas que construyeron el edificio del Estado de derecho, sobre todo cuando los cambios están en proceso de realización[24]. Los criterios focales que se utilizan varían en función de la orientación que les marca la filosofía del derecho[25], por un lado, y la dogmática constitucional, por el otro, y dentro de cada postura se han desarrollado distintas concepciones.

A su vez, resulta evidente que el paso de la concepción histórica del Estado de derecho legal hacia el Estado de derecho constitucional ha sido un proceso evolutivo en el que se fueron superponiendo, como lo ha advertido la doctrina alemana, una serie de capas geológicas que no llegan a suplantar los principios clásicos del Estado de derecho[26]. En realidad, hay un contenido

[23] Cfr. Manuel Aragón Reyes, "El juez ordinario entre legalidad y constitucionalidad", en *Anuario de la Facultad de Derecho de la Universidad Autónoma de Madrid (AFDUAM)*, Madrid, 1997, pág. 189, con cita de Ronald Dworkin, *Life's Dominium*, New York, 1993, pág. 119 y ss.

[24] Aspecto destacado por Santiago Muñoz Machado, *Tratado de derecho administrativo y público general*, tomo I, 2ª ed., Madrid, Iustel, 2006, pág. 322 y ss., señalando como fuente de esa opinión a Zagrebelsky.

[25] Ampliar en Rodolfo Luis Vigo, *Iusnaturalismo y neoconstitucionalismo. Coincidencias y diferencias*, Buenos Aires, Editorial de la Universidad Católica Argentina, 2015, pág. 13 y ss.

[26] Jorge Reinaldo Vanossi, *Estado de derecho*, 4ª edición actualizada y ampliada, Buenos Aires, Astrea, 2008, pág. VII y ss., quien formula desde su prólogo una crítica certera al llamado Estado benefactor, una deformación del Estado de derecho que termina siendo "un catálogo de ilusiones".

básico y común que se adapta a las nuevas realidades políticas, económicas y sociales, pero su configuración mantiene siempre como objetivos la defensa de las libertades[27], la seguridad[28] individual y colectiva, la paz interior y exterior[29], y la protección de la propiedad, junto al reconocimiento de los demás derechos fundamentales o humanos, como fines del ordenamiento constitucional.

A continuación, abordaremos uno de los caminos abiertos por la dogmática constitucional, en el que aparecen dos modalidades principales que se nutren de diferentes fundamentos.

El primero configura el llamado Estado de derecho constitucional y no es otra cosa que la regulación de la democracia por la Constitución, cuyas "[...] líneas maestras se mantienen inconmovibles: la Constitución como forma de limitación del poder en beneficio de la libertad de los ciudadanos, de la igualdad de todos en esa libertad", la separación de poderes, la supremacía constitucional, el reconocimiento de los derechos fundamentales o humanos, la periodicidad en el ejercicio de los poderes ejecutivo y legislativo, la independencia del poder judicial y el control de constitucionalidad por parte de los jueces[30].

Aun cuando esta clase de nuevo constitucionalismo potencia el poder de los jueces en el control de constitucionalidad, esa circunstancia no los autoriza a salirse de la Constitución ni a convertirse en legisladores o administradores de la cosa pública, pues el principio de separación de poderes, rectamente interpretado, no admite tales excesos o desviaciones de poder[31], susceptibles de corregirse siempre a través del control judicial.

El segundo de los neoconstitucionalismos implica la deformación del Estado de derecho y de la Constitución, en un sentido tanto formal como

[27] MANUEL ARAGÓN REYES, "Dos problemas falsos y uno verdadero: 'neoconstitucionalismo', 'garantismo' y aplicación judicial de la Constitución", en *Cuestiones Constitucionales, Revista Mexicana de Derecho Constitucional*, n.º 29, julio-diciembre, 2013, pág. 5 y ss.

[28] JOSEF ISENSEE, *Justicia, libertad y seguridad*, trad. de Juan Carlos Gemignani de la edición alemana, Buenos Aires, Marcial Pons, 2020, pág. 21 y ss.

[29] Últimamente se propugna una teoría universal sobre el constitucionalismo basado en la cultura de la paz, véase: PETER HÄBERLE, *Sobre el principio de la paz. La "cultura de la paz". El tópico de la teoría constitucional universal*, trad. del alemán, presentación de Raúl Gustavo Ferreyra, Buenos Aires, UNAM-EDIAR, 2021, pág. 5 y ss.

[30] En una orientación similar, véase: AUGUSTO DURÁN MARTÍNEZ, *Neoconstitucionalismo y derecho administrativo*, Montevideo, La Ley, 2012, especialmente pág. 30 y ss.

[31] Vid y ampliar en el excelente ensayo de ALBERTO B. BIANCHI, *La separación de poderes. Un estudio desde el derecho comparado*, Buenos Aires, Cátedra Jurídica, 2019, pág. 23 y ss. Para este autor, más que de una teoría, se trata de una doctrina que, en sus distintos modelos, presenta la nota común de articular un sistema de gobierno de poderes limitados (pág., 399).

material, en cuanto "[...] hace prevalecer el poder sobre el control, la unidad de acción estatal sobre la división de poderes, el entendimiento 'político' de la democracia sobre su entendimiento 'jurídico', la democracia directa 'plebiscitaria', sobre la indirecta representativa, la voluntad política sobre las leyes, y en fin, el Estado decisionista sobre el Estado de derecho"[32]. Es, por tanto, un falso constitucionalismo[33] o "anticonstitucionalismo", que poco tiene que ver con el verdadero y auténtico constitucionalismo[34], cuyos riesgos para la democracia han sido denunciados por autorizada doctrina[35].

Por cierto, con abstracción del origen europeo o americano, en el campo de los partidarios de la distinción, que adhieren a la verdadera concepción del Estado de derecho constitucional[36], se ubican tanto algunos positivistas incluyentes (que admiten la moral como ingrediente del derecho) como los iusnaturalistas (ya sean los clásicos o los modernos de la nueva escuela del derecho natural)[37].

Desde esta visión, el aspecto relevante que corresponde remarcar como condición central del Estado de derecho constitucional, es el principio de supremacía proveniente del modelo de Estado de derecho adoptado por la Constitución de los Estados Unidos de América. Este principio, acogido en todo el continente americano[38] y trasladado más tarde al derecho continental europeo, contribuyó de un modo decisivo al abandono del legiscentrismo, es decir, de la concepción histórica de la ley fundada, entre otras cosas, en la omnipotencia y supremacía del legislador. Por ese motivo, cuando se habla del paso del Estado de derecho legal al Estado de derecho constitucional hay

[32] MANUEL ARAGÓN REYES, *Dos problemas falsos y uno verdadero...*, ob. cit., pág. 6.

[33] *Ibid.*

[34] Con distinta fundamentación, puede verse la crítica al falso neoconstitucionalismo desde la óptica de un administrativista: LIBARDO RODRÍGUEZ RODRÍGUEZ, "Reflexiones sobre el neoconstitucionalismo, en particular frente al derecho administrativo", en *RDA*, 2017-111.

[35] Ver RODOLFO LUIS VIGO, "Constitucionalizaciones y neoconstitucionalismo: algunos riesgos y algunas prevenciones", en *Infojus*, 2015, punto 5, pág. 503 y ss.

[36] Es la tendencia predominante en el ámbito de la dogmática comparada del derecho público, aunque sin apoyo en las raíces y concepciones de la filosofía del derecho. Una excepción a esta falencia se advierte en el artículo publicado por nuestro colega JORGE A. SÁENZ, "Principios generales del procedimiento administrativo", en la obra colectiva *Procedimiento administrativo*, tomo I, 1ª ed., La Ley, 2012, pág. 325, en sentido similar a las posturas que sostenemos desde hace años sobre el principialismo.

[37] Denominación que ha recibido el movimiento iusfilosófico del iusnaturalismo moderno, encabezado por JOHN FINNIS.

[38] Art. 31 Constitución de la Nación Argentina; art. 4° Constitución de Colombia; art. 133 Constitución de los Estados Unidos Mexicanos; art. 51 Constitución peruana; todas las cuales abrevan en la Constitución de los Estados Unidos (art. VI).

que tener presente que, en los comienzos del desarrollo del derecho público comparado, coexistían dos concepciones distintas y que en el continente americano nunca dejó de regir la supremacía constitucional, no obstante la tendencia que consideraba que ciertos preceptos constitucionales y los derechos y principios declarados en los preámbulos constitucionales poseían naturaleza programática y no operativa.

Entre las concepciones modernas acerca del Estado de derecho constitucional se ha sostenido que, mientras su dimensión objetiva apunta a mantener un modelo estatal vinculado principalmente a la observancia de los principios de seguridad jurídica y confianza legítima, su dimensión subjetiva impregna por entero al derecho administrativo en cuanto predica que todos los poderes públicos se hallan vinculados a los derechos fundamentales reconocidos por la Constitución[39].

Se ha dicho que "esta es la característica más destacada de la evolución del Estado de derecho bajo la vigencia de la Constitución" en cuanto "[...] responde a las exigencias más elementales del ser humano, como son las necesidades de nacionalidad, respecto y certidumbre", y que "[...] lo hace de la mano de los principios derivados de los derechos fundamentales de proporcionalidad, igualdad y seguridad jurídica"[40]. Se opera, de ese modo, una conjugación entre el principialismo y los derechos fundamentales en la realidad del Estado de derecho constitucional. Tal es el sentido auténtico que debe orientar al nuevo constitucionalismo basado siempre en la legalidad democrática.

Como consecuencia de ese proceso histórico-político, las constituciones sancionadas en Europa a partir de la finalización de la Segunda Guerra Mundial, así como su doctrina y jurisprudencia, reconocieron, en forma expresa o implícita, el carácter de norma suprema que revestía la Constitución y, consecuentemente, el carácter operativo (en ocasiones con operatividad derivada y limitada a las posibilidades financieras de los Estados) de sus prescripciones, lo que terminó unificando los sistemas comparados de los países de América y Europa, pasando la Constitución a ser la "suma regla"[41], en forma generalizada.

[39] Eberhard Schmidt-Assmann, "Cuestiones fundamentales sobre la reforma de la teoría del derecho administrativo", en Javier Barnes (editor), *Innovación y reforma en el derecho administrativo*, 2ª ed., Sevilla, Global Press-INAP, 2012, págs. 59-64.

[40] Eberhard Schmidt-Assmann, "Cuestiones fundamentales sobre la reforma de la teoría del derecho administrativo", ob. cit., págs. 60-61.

[41] Expresión empleada en la doctrina argentina, cfr. Raúl Gustavo Ferreyra, *Fundamentos...*, ob. cit., pág. 396; vid, especialmente, Eduardo García de Enterría, *La Constitución como norma y el Tribunal Constitucional*, 2ª ed., Madrid, Civitas, 1982, pág. 55 y ss.

3. La llamada constitucionalización del ordenamiento

Con la expresión constitucionalización del ordenamiento no parece aludirse a nada realmente nuevo. En tal sentido, siempre se sostuvo, en el plano de la dogmática constitucional, la supremacía de la Constitución sobre el resto del ordenamiento público o privado. Pero, nada se opone tampoco a su moderna utilización. En realidad, al menos en el derecho administrativo argentino clásico[42], la mayoría de la doctrina comenzó remarcando la tesis de que el encabezamiento de los capítulos del derecho administrativo se encontraba en la Constitución, de conformidad con el pensamiento expuesto por Alberdi, al difundir la conocida frase de Pellegrino Rossi.

De esa manera, la consagración del Estado de derecho constitucional ha generado una serie de efectos que se proyectan al control judicial de constitucionalidad, entre los que se destacan:

1. La efectividad que asume la supremacía de la Constitución como técnica jurídica ideada para asegurar que las autoridades cumplan la ley fundamental y no excedan sus límites[43], cuyas normas, principios y derechos dejan de considerarse programáticos para ser operativos o con operatividad derivada en algunos casos.

2. El surgimiento de los principios generales que, según buena parte de la doctrina, tienen prevalencia sobre las leyes, informando, al menos, al ordenamiento jurídico.

3. La potenciación del papel del juez en la aplicación de esos principios generales, a raíz de que debe aplicar mandatos vinculantes carentes de supuestos de hecho y de consecuencias jurídicas. En este plano, si bien, los jueces no se hallan habilitados a sustituir la ley ni tampoco a transformarse en legisladores, se encuentran obligados a fallar en los supuestos de carencias o lagunas regulatorias. A tal fin, se impone la técnica de la analogía junto al juicio de proporcionalidad impuesto por la necesidad de justificar racionalmente la decisión.

Esto no implica una objeción hacia el legislador civil cuando, por ejemplo, acrecienta la inserción en el Código Civil y Comercial de la Nación

[42] Miguel S. Marienhoff, *Tratado de derecho administrativo*, tomo I, 4ª ed. actualizada, Buenos Aires, Abeledo-Perrot, 1990, pág. 162.

[43] Cfr. Carlos José Laplacette, *Tutela judicial de la supremacía constitucional. Anatomía del control de constitucionalidad difuso*, Buenos Aires, Editorial BdeF, 2016, pág. 15 y ss., quien considera que las formas de supremacía o jerarquía pueden reducirse a dos: a) la lógica o formal, en cuanto a toda norma que regula la creación de otras ha de considerarse superior y, b) material, en cuanto prevalece por su contenido sobre otra en caso de conflicto, ya sea por la propia materialidad del precepto o por el valor axiológico que le asigne el intérprete (págs. 16-17).

(CCCN) del principio general de la buena fe[44], en la medida que la tarea interpretativa de los jueces se lleve a cabo con arreglo al metaprincipio constitucional de razonabilidad —comprensivo de la proporcionalidad— que excluye toda arbitrariedad o abuso interpretativo. En muchos casos, los jueces, al aplicar los principios generales para resolver las carencias regulatorias, acuden a la técnica de la ponderación, en lugar de la subsunción que, ante la ausencia o ambigüedad de la norma, se convierte en un callejón sin salida. Esto ocurre porque aun siendo los principios reglas del derecho —al igual que las normas— los principios "requieren de la técnica racional de la ponderación"[45].

Esa práctica es precisamente la que acontece en el escenario jurisdiccional, producto de la pandemia de la Covid-19 que padecemos, en el que se torna imperioso armonizar las restricciones justificadas por el estado de necesidad con el principio de proporcionalidad, que exige ponderar la adecuación o idoneidad[46], necesidad y proporcionalidad en sentido estricto[47], conforme a la conocida concepción de Alexy aplicable, tanto por tribunales europeos como argentinos[48], a través del control judicial de constitucionalidad.

4. Hacia el Estado subsidiario

En el plano de la teoría política, con sus avances y retrocesos, el contenido del Estado de derecho se ha ensanchado con los aportes provenientes de sucesivas tipologías: Estado social y democrático, Estado de bienestar y, actualmente, Estado regulador y garante[49], que representa la recepción

[44] Véase la crítica de Julio César Rivera, "Balance de la aplicación del Código Civil y Comercial a cinco años de su entrada en vigencia", en *La Ley*, 11 de noviembre de 2020, pág. 4, que, por las razones que damos en el texto, no compartimos.

[45] Cfr. Rodolfo Luis Vigo, *Derecho y moral (razón práctica): conexiones...*, ob. cit., pág. 3.

[46] En la última parte del Considerando 6.º de la disidencia del juez Lorenzetti en el fallo "Gobierno de la Ciudad de Buenos Aires c/ Estado Nacional (Poder Ejecutivo Nacional) s/ acción declarativa de inconstitucionalidad" de fecha 4/5/2021, se reflejan claramente los subprincipios de necesidad y de idoneidad al señalar que "[...] quien pretenda restringir el derecho tiene la obligación de buscar primero los medios alternativos que puedan existir para evitar esa restricción pues, constituye una regla esencial del sistema, que cualquier limitación a los derechos fundamentales debe ponderar el criterio disponible para asegurar la eficacia en la obtención de la finalidad perseguida (v. gr. art. 1713 Código Civil y Comercial de la Nación)".

[47] Cfr. Juan Carlos Cassagne, "El principio de razonabilidad y la interdicción de arbitrariedad", en *La Ley*, 25 de septiembre de 2020, 1 AR/DOC/2959/2020.

[48] Acordada 17/2019 de la Corte Suprema de Justicia de la Nación (Considerando V).

[49] Ampliar en Juan Carlos Cassagne, *Derecho administrativo y derecho público general*, Buenos Aires, Editorial BdeF, 2020, pág. 121 y ss.

del principio de subsidiariedad[50] en este modelo de Estado que propicia la doctrina europea actual.

Desde hace tiempo venimos sustentando esta última concepción bajo el nombre de Estado subsidiario, cuyas raíces se encuentran en la Doctrina Social de la Iglesia[51], sin perjuicio de la interpretación que se apoya en textos de nuestra carta magna, como los artículos 14, 19 y 28 de la Constitución Nacional[52].

En esta concepción, el principio de subsidiariedad se erige como regla central de la actuación del Estado, en cuanto permite la plena concreción de los esfuerzos y las capacidades de las personas y grupos intermedios de la sociedad, cuyas iniciativas resultan ser las más adecuadas y eficientes para la satisfacción de las necesidades humanas, tanto individuales como colectivas[53].

Este principio ha sido recogido recientemente en el Protocolo 15 del Convenio Europeo, si bien con una regulación que circunscribe la subsidiariedad a las relaciones con los Estados integrantes de la Unión Europea, es decir, a la llamada subsidiariedad territorial y no horizontal[54].

Como es sabido, la subsidiariedad tiene dos perfiles. Uno fundamental (la faz pasiva) que veda la injerencia del Estado en todas aquellas actividades que puedan llevar a cabo las personas privadas o las comunidades menores (privadas o públicas), y otro, que hace la función de suplencia que debe cumplir el Estado ante la insuficiencia de la actividad privada o de las comunidades públicas menores al Estado, especialmente en el ámbito territorial, porque, como indica la razón de ser de la descentralización, se administra mejor cerca de los ciudadanos y empresas.

[50] Pedro J. J. Coviello, "Una introducción iusnaturalista al derecho administrativo", en *Estudios de derecho administrativo en homenaje al Profesor Julio Rodolfo Comadira*, Buenos Aires, Biblioteca de la Academia Nacional de Derecho y Ciencias Sociales de Buenos Aires, 2009, págs. 22-24.

[51] Principio especialmente desarrollado a partir de la Encíclica *Quadragesimo Anno*.

[52] Así lo sostenemos en Juan Carlos Cassagne, *Curso de derecho administrativo*, tomo I, 12ª ed. actualizada, Buenos Aires, La Ley, 2018, pág. 48, nota 147 y sus citas. Ver también, Rodolfo Carlos Barra, *Principios de derechos administrativo*, Buenos Aires, Ábaco, 1980, pág. 35 y ss.

[53] En este sentido concordante se ha dicho en un fallo de la Corte que el "Estado no puede sustituir a las personas en las decisiones correspondientes a su esfera individual (disidencia del juez Ricardo Luis Lorenzetti en el fallo "Gobierno de la Ciudad de Buenos Aires c/ Estado Nacional (Poder Ejecutivo Nacional) s/ acción declarativa de inconstitucionalidad" de 4/5/2021, Considerando 2.º, párrafo segundo.

[54] Ver, al respecto: Orlando Vignolo Cueva, *La dogmática del principio de subsidiariedad horizontal*, Lima, Palestra, pág. 43 y ss.

La vigencia y la aplicación de la regla de la subsidiariedad revisten una condición fundamental en el combate contra la pandemia (tal como ha ocurrido y está ocurriendo en los Estados Unidos de Norteamérica). De lo contrario, si todas las acciones de protección de la salud se dejan en manos exclusivas del Estado, crecerá seguramente la ineficiencia, que generará un ambiente propicio a la politización y, en algunos casos, a corruptelas entre gobernantes y empresarios.

En síntesis, el axioma que representa el principio de subsidiariedad puede expresarse de este modo: tanta libertad como sea posible y tanto Estado como sea necesario[55]. Hay pues, una equivalencia de fines entre el Estado regulador y garante, y el Estado subsidiario.

5. Conclusiones

El derecho no constituye una realidad estática, sino dinámica y adaptable a las circunstancias históricas, sociales y económicas, pero ello no justifica alterar la esencia ni los fines, normas y principios de la Constitución. En ese escenario, el Estado de derecho constitucional es un freno legítimo y opuesto al denominado falso neoconstitucionalismo, que sustituye la voluntad del constituyente por las convicciones ideológicas de los jueces y el decisionismo de los legisladores.

El fenómeno jurídico no es como lo quisiéramos ver, sino como realmente es, y no se puede ignorar que la evolución ha terminado por reconocer que los principios generales del derecho y, sobre todo, los principios incorporados positivamente a la Constitución prevalecen en los ordenamientos público y privado[56].

La supremacía constitucional[57], la separación e independencia de los poderes y los principios que integran el bloque de legitimidad del Estado

[55] Cfr. Johannes Messner, *La cuestión social*, 2ª ed., trad. del alemán, Madrid, Editorial Rialp, 1976, pág. 543 y ss.

[56] Véase: Alberto R. Dalla Vía, *La Constitución y el Código Civil: reflexiones sobre el derecho público y el derecho privado*, SJA 17-06-2015, AR/DOC/4878/2015, punto III, expresa sus reservas en punto al término y la necesidad de evitar mal entendidos, teniendo en cuenta que la expresión nace en el llamado neoconstitucionalismo. Aunque, sin hacer la disección entre el verdadero y el falso, su posición resulta similar a la de Aragón Reyes.

[57] El retraso del derecho europeo en reconocer la supremacía constitucional obedeció, entre otras causas, a la influencia doctrinaria de la obra de Lasalle, a través de la difusión de la conocida conferencia que pronunció en Berlín en 1862 "Sobre la esencia de la Constitución", en la que definía a la Constitución como una "mera hoja de papel", y sostuvo que en realidad impone reconocer el sustrato efectivo de poder que subyace en

de derecho y, especialmente, el principio de subsidiariedad, que anida en el Estado regulador y garante, son principios que representan algo así como la clave de bóveda del edificio de la democracia representativa (arts. 1 y 22 C. N.)[58], que resulta imprescindible preservar para mantener la dignidad de todos los integrantes de la comunidad, cualquiera sea su condición política, económica o social.

Ese Estado subsidiario tiene por finalidad perseguir el bien común mediante los mecanismos que ponen en funcionamiento la asignación de las competencias establecidas en la Constitución. No está de más reiterar que este modelo de Estado debe orientarse a procurar la realización de sus fines, preservando incólumes la libertad, la igualdad y la propiedad de las personas, verdaderos objetivos centrales del derecho, principalmente de los derechos constitucional y administrativo, pero también aplicables al derecho privado, junto a la realización armónica de los nuevos derechos sociales y colectivos en el marco de una justicia social sustentable y regida por el principio de subsidiariedad.

---

las declaraciones formales. Como se ha señalado, se trata de un reduccionismo "[...] que la izquierda va a mantener a través de las formulaciones marxistas [...]". Cfr. EDUARDO GARCÍA DE ENTERRÍA, *La Constitución como norma...*, ob. cit., pág. 130.

[58] Sin embargo, la jurisprudencia de la Corte ha reconocido su compatibilidad con la llamada democracia deliberativa, al menos en materia de participación de los usuarios en los organismos de control de los servicios públicos; al respecto puede verse NÉSTOR PEDRO SAGÜES, "Alternativas de encuentro en el escenario de la democracia deliberativa", *en Academias. Conocimiento y sociedad*, Buenos Aires, Academia Nacional de Ciencias Morales y Políticas, pág. 141 y ss.

DERECHO ADMINISTRATIVO Y ÉTICA

PEDRO JOSÉ JORGE COVIELLO*
Argentina

La gentil y honrosa invitación que se me hizo para participar en el libro en homenaje al profesor LIBARDO RODRÍGUEZ RODRÍGUEZ me permite realizar mi aporte en los campos de la ética y sus relaciones y aplicaciones a las distintas ramas del derecho, y en especial al derecho administrativo. Ciertamente, mi aporte parte de una visión sustentada en el iusnaturalismo, visión que me fue enseñada primeramente en mi *alma mater*, la Pontificia Universidad Católica Argentina, y, luego, por mis maestros dilectos JUAN CARLOS CASSAGNE y JULIO RODOLFO COMADIRA.

Las sencillas líneas que volcaré, donde tengo en cuenta aportes realizados en otras oportunidades[1] a lo largo de mi labor como magistrado y docente, son mi muy afectuosa colaboración para el homenaje a un dignísimo profesor y gran amigo y hermano, como el profesor LIBARDO RODRÍGUEZ, a quien hago mi público agradecimiento por esos gestos que hacia mi persona ha tenido, y que muestran la calidad humana y moral de un gran jurista y maestro.

I

Muchas veces se ha visto a dicha disciplina como una estructura jurídica destinada a justificar la "arbitrariedad" estatal. Entendida como resultado de considerar que el Estado podía hacer lo que quería, según lo que las situaciones y sus circunstancias exigieran. Se negaba de tal forma que los jueces pudieran juzgar las "razones de oportunidad, mérito o conveniencia" que determinaban el dictado de los distintos actos de los órganos estatales, salvo la muy restringida "legalidad formal" de ellos.

* Profesor emérito de la Pontificia Universidad Católica Argentina Santa María de los Buenos Aires.

[1] "Una introducción iusnaturalista al derecho administrativo", El derecho administrativo (EDA), t. 2011-553. "Reflexiones sobre la ética pública", en Revista *Ius et veritas*, núm. 48, Lima Perú, 2014, págs. 48 y ss. "Derecho administrativo y ética: una visión luego de treinta y cinco años", *Prudentia Iuris*, revista de la Pontificia Universidad Católica Argentina, núm. 80-2015, número aniversario.

Esa visión era, a mi juicio, producto de que parte de la dogmática de nuestra disciplina la estudiaba desde el complejo de la Administración pública en sus relaciones con los administrados, pero con la visión defectuosa de los autores de limitarse muchas veces a un estudio "estructural", más que una indagación profunda de la razón de las instituciones iusadministrativas, ¡como si no hubiera un contenido ético en la savia que las alimenta!

Pero la persona del administrado era vista más desde el aspecto formal de su relación con el Estado y, en muchos casos, como alguien "sometido" a la decisión estatal, entendida como aquella que involucraba siempre al interés general sobre el interés particular de los "súbditos". Tal visión era común tanto en el derecho comparado como en el nacional. A veces se apreciaba el complejo de que lo ético o hasta religioso era algo ajeno al estudio de dicha rama jurídica.

A lo largo de los años, voces críticas se elevaron para postular una distinta formulación expositiva del derecho administrativo, pero a partir de la persona, no de la mera y fría descripción de la estructura relacional del Estado[2]. Nuestros autores fueron un ejemplo de ello. Para no abundar en detalles y citas, basta mencionar a RAFAEL BIELSA, al bastante olvidado cordobés FÉLIX SARRÍA, a BARTOLOMÉ FIORINI, a MIGUEL S. MARIENHOFF, a Juan Carlos CASSAGNE, o el siempre recordado JULIO RODOLFO COMADIRA, entre otros clásicos autores de generaciones anteriores, que, cada uno con su impronta ética o religiosa, renegaron de tan estrecha visión.

Una frase que considero resume el sentido del derecho administrativo en la actualidad es la de un distinguido autor español, pleno de humanidad y espíritu indagador, como FRANCISCO GONZÁLEZ NAVARRO: "creo que el derecho es para la libertad. Sobre todo el derecho administrativo que es el derecho del poder y que precisamente en esa finalidad encuentra su justificación"[3].

Y allí aparece un componente muchas veces olvidado por los autores del derecho administrativo: *la libertad.* Parecía que ella estaba más situada en la provincia de los constitucionalistas que de los administrativistas. Por suerte hoy en día ello no ocurre[4].

No se trata de priorizar la libertad sobre cualquier otro valor, al punto de llegar a su exacerbamiento. La libertad es un instrumento ético para que pueda

[2] Por ello se ha configurado una visión "personalista" del derecho administrativo, como lo expuse en mi trabajo "El principio de solidaridad en el derecho administrativo. Una visión personalista", en *El Derecho-Revista de Derecho Administrativo* (EDA) del 2/6/2017.

[3] FRANCISCO GONZÁLEZ NAVARRO, *Derecho administrativo español*, t. I, Pamplona, EUNSA, 1987, pág. 40.

[4] Basta citar la muy reciente obra del profesor JUAN CARLOS CASSAGNE, *Los grandes principios del derecho público. Constitucional y administrativo*, Buenos Aires, La Ley, 2015, esp. cap. VI, "El principio de libertad", págs. 231 y ss.

la persona cumplir sus fines existenciales, más allá de otros enfoques filosóficos o iusfilosóficos que se le asignen. Pero tiene los límites que le fija el derecho.

De ello se tratará en este trabajo, que más que nada constituye una reflexión personal en base a aportes realizados en otras oportunidades, que la exposición erudita de tópicos académicos.

II

Como he dicho, muchas veces se negó la consideración de aspectos iusfilosóficos y éticos —hasta religiosos— en el estudio del derecho administrativo. Se invocaba que toda elaboración en esta disciplina debía estar sustentada en rigurosas bases científicas. Como si ciencia y religión fueran dos compartimentos estancos. Sabemos bien que no lo son (no sé si los negadores lo hacen para no tener peso de conciencia).

Para comprender la visión ética del derecho administrativo, podemos detenernos en puntos clave que son mojones que señalan el camino que se debe recorrer en torno a su vínculo con la moral.

1. *La persona.* En otro momento[5], tanto en el derecho administrativo como en cualquier otra rama del derecho, debe partir de la raíz primaria de quien es su destinatario último: *la persona humana.* Es a partir de ella como debe erigirse cualquier disciplina jurídica —aunque tratare de aparentes cuestiones técnicas—. Caso contrario, se construiría sin contar con los cimientos últimos que dan razón a las instituciones iusadministrativas. Olvidar esto es, en definitiva, olvidar al hombre, puesto que *una cultura no se forja sin una visión ética de la persona humana*, enraizada en valores comunes[6]. Estos dos últimos siglos han sido testigo elocuente de ello: la cuestión social, las dos trágicas guerras, el comunismo y sus distintas variantes, el

[5] "Una introducción ...", cit.

[6] "El valor del derecho no es solamente una teoría. Por debajo de todos sus temas está implicado el destino mismo del hombre. La concepción que defendemos, además de testigos, tiene mártires". SEBASTIÁN SOLER, *Los valores jurídicos*, Buenos Aires, 1948; separata de la Revista Jurídica de Córdoba, Año 1, núm. 2. Como escribió GIORGIO DEL VECCHIO: "El hombre es la *sustancia de* todo derecho, y el individuo y sus connaturales exigencias son la originaria e intrínseca razón de los órdenes sociales. La cualidad de persona jurídica no llega al hombre por una concesión de los órganos del Estado, sino, por el contrario, el Estado tiene por supuesto suyo el derecho del individuo. El derecho positivo que se revela mediante formas y datos exteriores, se halla, por lo tanto, subordinado a otro derecho cuyo fundamento está en la naturaleza humana y es directamente conocido por la razón". *Persona, Estado y derecho*, trad. esp. de MANUEL FRAGA IRIBARNE, Madrid, Instituto de Estudios Políticos, 1957, págs 26 y 27.

nacionalsocialismo, el fascismo, el holocausto, los *gulags*, los fanatismos religiosos, el terrorismo —en cualquiera de sus facetas— y sus víctimas, etc., son en definitiva, consecuencias de esa visión que se tiene del hombre, esto es, si es un *individuo*, un engranaje de la gran máquina estatal, un absurdo, una realidad inmanente o un ser fatalmente destinado por un dios antojadizo y voluble.

Si se parte, entonces, de la persona, es lógico que deba existir un sustento filosófico de la visión que se tenga de la persona, en su dimensión individual y social, para no caer ni en un absolutismo socialista de confundirla o mezclarla con el mismo Estado —aunque forme parte de él, mas no en forma indivisa— ni en un absolutismo individualista[7].

Como ha sostenido nuestra Corte Suprema "el hombre es el eje y centro de todo el sistema jurídico y, en tanto fin en sí mismo, la inviolabilidad de la persona constituye un valor fundamental con respecto al cual los restantes valores tienen siempre carácter instrumental"[8].

2. *Servicialidad.* "El verdadero poder es el servicio", dice el papa Francisco en forma reiterada. Ciertamente, tal expresión la repetía desde que él era nuestro arzobispo ante los presidentes argentinos. Así, en el *Te Deum* del 25 de mayo de 2001, dijo ante el presidente De La Rúa: "El poder es servicio. El poder solo tiene sentido si está al servicio del bien común". Tal concepto no tiene valor solo moral, sino político-jurídico.

El Estado no es, en este marco de apreciación, solo una organización en torno a la cual se estructura el derecho administrativo y se formulan las instituciones iusadministrativas. Tal visión solo en parte es correcta. En sentido profundo, el Estado tiene un carácter *medial* y servicial respecto a la persona y su fin está intrínsecamente vinculado a ella.

El Estado no tiene un fin para sí, *sino que su fin es el de las personas*. De esta manera la persona no aparece, en esta visión, como un "instrumento" al servicio del Estado, o un *súbdito* (en el sentido de "sometido" al nudo poder estatal) o alguien que está en una mal entendida "relación de especial sujeción". Antes bien, en una correcta visión, el Estado se presenta ante la sociedad como una organización *a su servicio*, lo que permite que en vez de sostener el dualismo (de raíz liberal) y hasta la confusión (de los autoritarismos o populismos) sociedad-Estado, se pueda hablar de *comunidad* en el marco de una relación servicial. (No sé quién dijo que "si el Estado no sirve, no sirve").

[7] Aunque en la actualidad los cristianos estamos viendo que estados aparentemente respetuosos de los derechos humanos, como Alemania o Noruega, les quitan los hijos a los padres o a estos los encarcelan porque se oponen a determinadas enseñanzas desviadas sobre la educación sexual o no comulgan con la política social del Estado.

[8] Fallos: 325:292; 2002; CCF 012922/2006/CS001; 20217; 343:264; 2020.

Tal *servicialidad* es la que, al mismo tiempo, determina que el Estado, como uno de los gerentes del bien común, deba velar por su logro, dirima los conflictos que la confrontación entre los distintos intereses comunitarios puedan existir (característica típica de la función judicial, si bien existen notas similares, aunque no sustanciales, en las actividades de los otros dos poderes), distribuya las cargas sociales conforme principios de justicia y adopte las decisiones políticas (de índole legislativa o administrativa) ordenadas al *bien común*.

3. *Bien común.* La idea de bien común es de raíz cristiana, toda vez que fue santo TOMÁS DE AQUINO quien la acuñó[9]. Hoy en día la locución ha tenido un efecto expansivo que permitió que se la utilice aun bajo ideas ajenas al catolicismo o al cristianismo, a tal punto que términos aparentemente irreductibles por su raíz individualista como *utilidad general* o *interés general* se los ha considerado equiparables al bien común[10]. Con ello dichos términos han tomado un giro diferente —más solidario, ético y sustancial— que permite su utilización en forma intercambiable con el de bien común.

La doctrina del bien común tiene una dimensión estrictamente *personal*, pero a través de una visión *situada* de la persona; es decir, fuera de la cosmovisión individualista, moralmente comprometida con la realidad social. Y si se habla de la persona, se hace referencia de su vida, su dignidad y su libertad. Como lo describió MESSNER, "el orden del bien común es, ante todo y fundamentalmente, un orden de libertad, según el criterio de las esferas de responsabilidad del hombre individual y de las sociedades miembros, que se funda en los fines existenciales y en el orden de estos fines"[11].

El bien común no constituye un fin en sí mismo. Es un *concepto instrumental* orientado al logro de los fines existenciales del hombre. Conforma un *orden* para que la persona logre esos fines. Como se aprecia, el bien común afirma y favorece la libertad auténtica de la persona, por lo que se encuentra bien distante de las concepciones que subordinaron la persona al Estado o solo la vieron como instrumento de él (propia, entre otros, de los colectivismos) y de las que negaron la raíz social de la persona, acentuando, en algunos casos, la libertad a extremos radicales. Esto se desarrollará más adelante cuando se exponga el principio de subsidiaridad.

[9] LUIS SÁNCHEZ AGESTA, *Los principios cristianos del orden político*, Madrid, Instituto de Estudios Políticos, 1962, pág. 167.

[10] JEAN RIVERO, quien fue uno de los grandes administrativistas franceses, e inspirado en el pensamiento católico, sostuvo que la Administración Pública es en su actuación desinteresada porque está al servicio del interés general o bien común: *Droit administratif*, 8ème éd., Paris, Dalloz, 1977, pág. 10. Ver también la 18ème éd.. (París, Dalloz, 2000) escrita con la colaboración de Jean Waline, pág. 10.

[11] JOHANNES MESSNER, *Ética social, política y económica a la luz del derecho natural*, Madrid, Edit. Rialp, 1967, pág. 208.

4. *El Estado de derecho y el principio de legalidad.* Para el iusnaturalismo no constituyó una materia novedosa la idea de la sumisión del Estado al derecho —de ello se trata—, puesto que desde la Biblia se reconoció dicha limitación, y no solo los pensadores medievales lo afirmaron, sino que también encontramos la misma idea en la escolástica española[12]. No obstante, el mérito de la formulación del Estado de derecho, resultado de los doctrinarios alemanes de mediados del siglo XIX, está dado porque a partir de ella se estructura toda una dogmática occidental acerca de los alcances y límites del poder estatal.

La primacía del derecho sobre el Estado, consecuencia de su anterioridad y heteronomía respecto a él, se manifiesta no solo en las cartas constitucionales como las de nuestro país y Estados Unidos de Norteamérica, que reconocieron en sus preámbulos a Dios como fuente de toda razón y justicia, sino en las más modernas como la Carta Fundamental de Bonn y la Constitución española que declararan la limitación de los poderes públicos no solo por la ley, sino también por el derecho (arts. 20.3 y 9.1 y 3, y 103.1, respectivamente). La misma idea campea en los autores del derecho público y iusfilósofos, aunque el punto de discusión se configura a partir del basamento derecho (entendido como anterior al Estado), es decir si puede cimentarse en la moral, y, de ser afirmativa la respuesta, cuál es a su vez el sustento de ella (como se dice, esto merece un capítulo aparte, de otro trabajo).

SÁNCHEZ AGESTA escribió que el Estado de derecho es "aquel que sirve a los *valores éticos del derecho* mediante técnicas que están íntimamente vinculadas a los valores de justicia y seguridad que el derecho debe realizar como instrumento de la vida humana en el orden social, o como definidor del orden de la convivencia humana en una comunidad política. Supone, pues, la respuesta al problema del equilibrio de los impulsos del poder y la libertad dentro del orden" (el énfasis me pertenece)[13].

Si la actividad estatal está enmarcada por el derecho, puesto que no otra cosa es el Estado de derecho, de lo que se está hablando es de un *orden ético*, que se exige a quienes actúan y expresan la voluntad estatal. Por lo tanto *el comportamiento ético estatal será el de las personas que forman parte de la organización de sus poderes y entidades.*

[12] PEDRO JOSÉ JORGE COVIELLO, *Concepción cristiana del Estado de derecho*, ED, 129-923. Id.: "La denominada «zona de reserva de la Administración» y el principio de la legalidad administrativa", en AA.VV., *Derecho administrativo. Homenaje al profesor Miguel S. Marienhoff*, Buenos Aires, Abeledo-Perrot, 1998, págs. 193-222.

[13] LUIS SÁNCHEZ AGESTA, *Principios de teoría política*, 6ª ed., Madrid, Editora Nacional, 1979, pág. 151.

Al lado del valor que representa la concepción del Estado de derecho, aparece el *principio de legalidad administrativa*, tan caro a nuestra disciplina y, puede decirse, liminar en el ingreso a su estudio. Ese principio de legalidad no es solo el apego a la norma positiva estricta, sino a un conjunto de componentes de esa legalidad o juridicidad —como gustaba decir JULIO COMADIRA—, que, partiendo de la norma suprema, la Constitución, pasa por las leyes, los tratados, los reglamentos, los actos administrativos, los principios generales del derecho y la equidad[14].

5. *Subsidiaridad y solidaridad.* El principio de subsidiaridad importa el reconocimiento de los distintos roles que corresponden a la comunidad política, los cuerpos o grupos intermedios y las personas. Significa admitir que existen actividades que deben ser llevadas a cabo libremente o bajo regulación por las personas o grupos intermedios y con el adecuado marco de autonomía, y por otro lado, la comunidad política, al lado del cumplimiento de sus fines específicos, debe intervenir en el medio social —a través de las distintas técnicas de intervención— para favorecer su desarrollo[15].

Si volcamos la idea al papel que el Estado debe cumplir se destaca que no importa una postura negativa o abstencionista, sino *atenta y vigilante* a lo que ocurre en la sociedad. Es, por lo tanto, una actitud positiva; importa un rol comprometido con el orden social. En ese contexto, el Estado promueve, ayuda, coordina, controla, vigila y cuando determinadas situaciones así lo exigen por razones de bien común o de justicia distributiva, "suple", es decir reemplaza o sustituye.

No existen fórmulas determinadas para establecer cuándo debe intervenir el Estado. Sin embargo, aunque es una cuestión de hecho, puede decirse, con fundamento en dicha doctrina, que en la medida que los individuos y el grupo social puedan cumplir eficazmente sus fines y actividades, la intervención estatal en estos campos constituirá un hecho grave e ilegítimo. Sería prácticamente un despojo hacia la sociedad[16].

[14] Cfr. mi trabajo "La denominada «zona de reserva de la Administración» y el principio de la legalidad administrativa", cit.

[15] En la versión española se tradujo la expresión *"subsidiarii officii principio"* por principio de función subsidiaria. El origen de la palabra subsidiario es militar, *"subsidiarii cohortes"*, cuya traducción es cohortes de reserva, que intervenían cuando las formaciones principales no podían cumplir acabadamente su misión. Con ello se señala que subsidiario no significa "ayuda", sino servir como reserva cuando no se pueda cumplir con el cometido principal. MESSNER, ob. cit., pág. 336.

[16] Sobre el papel del Estado en la realidad de los siglos XIX y XX, ver: JUAN CARLOS CASSAGNE, *La intervención administrativa*, 2ª ed., Abeledo-Perrot, 1994. GASPAR ARIÑO ORTIZ, *Economía y Estado*, Madrid, Marcial Pons, 1993.

Subsidiaridad y solidaridad son hoy en día bases del actual cometido del Estado, puesto que entre todos los componentes sociales hay una interrelación que no admite un desentendimiento ni de los componentes de la comunidad ni del aparato estatal. Ambas son pautas claves del actual papel del Estado en el medio social, del que no están excluidos los individuos[17]. Un país sin solidaridad del lado de los habitantes, no es realmente una comunidad humana, sino una fría máquina indiferente al sufrimiento del prójimo. *No es que el Estado deba forzar la solidaridad*[18]. Es una cuestión moral, que, sí, debe *fomentar* a través de, entre otros medios, la educación. En otra ocasión sostuve —así pueda parecer antipático— que la solidaridad no es un principio del derecho administrativo, pues la solidaridad es propia de las relaciones entre las personas, y no en la relación Estado-persona. El Estado tiene deberes que cumplir respecto a sus habitantes y si actúa, no lo hace por solidaridad, sino porque *debe* intervenir.

De otra parte, no existe ni puede existir un modelo fijo y definido que nos señale el grado de intervención del Estado en dicho medio. Solo pueden darse pautas a partir de los principios señalados. La vuelta a supuestos abstencionismos propugnados por el liberalismo en su sentido más recalcitrante no es tal. No se vive la realidad del siglo XIX, con las nefastas consecuencias a que dicha ideología llevó. La cuestión social no surgió por obra y gracia de la espontaneidad. Por ello, como bien lo dijo COMADIRA, "el Estado no puede abandonar el papel de gestor del bien común, y volver al interesado postulado del indiferentismo global"[19].

De ahí que si bien la solidaridad es propia de los componentes de la comunidad, es propio del Estado configurar las condiciones para que ella se dé y fructifique[20]. Hoy en día, no es solo el mercado el que marca el natural desenvolvimiento de la sociedad y favorece el desarrollo personal y social. Las meras fuerzas naturales no son suficientes para impedir que los fuertes puedan predominar sobre los más débiles o indefensos. El Estado, entonces, con sustento en el principio de subsidiariedad, debe necesariamente intervenir *mediante su función reguladora* para que no ocurran dichas situaciones u otras de injusticia social que el propio medio natural de las relaciones inte-

[17] "[E]s preciso decir que siendo el bien común temporal un bien común de *personas humanas*, por ello mismo, cada una, subordinándose a la obra común, se subordina la realización de la vida personal *de las otras*, de las otras *personas*." JACQUES MARITAIN, *Humanismo integral*, trad. esp., Santiago de Chile, Ediciones Ercilla, 1955, págs. 200-201.

[18] El tema lo traté en "El principio de solidaridad en el derecho administrativo. Una visión personalista", antes citado.

[19] JULIO RODOLFO COMADIRA, *Los sujetos reguladores en la posprivatización*, Régimen de la Administración Pública, núm 183-26.

[20] Ver al respecto: ARIÑO ORTIZ, ob. cit., págs. 91-93.

rindividuales no pueda resolver[21]. Las normas de defensa del consumidor y de la competencia, entre otras, son manifestaciones de tal realidad. Mas, a la inversa, tampoco debe intervenir de manera de ahogar u obstruir la acción legítima de los particulares buscando subterfugios absurdos o carentes de contenido jurídico en aras de supuestos intereses comunitarios.

En fin, se trata de tópicos (solidaridad y subsidiaridad) que tienen íntima vinculación con el derecho administrativo, puesto que a través de sus cauces jurídicos discurre su puesta en práctica. No es una cuestión meramente técnica o política, sino jurídica, y, por ende, moral.

Puedo traer aquí lo dicho por el papa Francisco en su mensaje a la Rota Romana en la inauguración del año judicial: "La función del derecho se orienta a la *salus animarum*"[22], es decir a la salvación de las almas. Bajo tal idea, cobra sentido concebir al derecho administrativo a la luz de su base servicial hacia las personas.

6. *¿Se caracteriza el derecho administrativo por ser un "régimen exorbitante"?* Esta pregunta cobra actualidad frente a ataques formulados contra dicha expresión, otrora bastante común en una parte muy importante de la doctrina argentina, bajo la denominación completa de "régimen exorbitante del derecho privado". Pero que hoy muestra una faceta crítica.

Uno de los autores que más expuso en su momento sobre ella fue el profesor Juan Carlos Cassagne, quien le dio un perfil muy particular, y jurídico. Esta locución tiene su origen, tal como se desarrolló en nuestro país, a partir de la utilización del término "cláusula exorbitante", expuesta por el profesor Miguel Santiago Marienhoff, al tratar los contratos administrativos, término acuñado por el derecho administrativo francés[23]. Entre otros autores que han seguido utilizando la expresión se encuentran los profesores Rodolfo Carlos Barra y Julio Rodolfo Comadira.

[21] Como dijo el papa Benedicto XVI en la encíclica *Deus caritas est*: "Lo que hace falta no es un Estado que regule y domine todo, sino que generosamente reconozca y apoye, de acuerdo con el principio de subsidiaridad, las iniciativas que surgen de las diversas fuerzas sociales y que unen la espontaneidad con la cercanía a los hombres necesitados de auxilio".

[22] OR del 30/1/2015.

[23] Según esa doctrina, había contrato administrativo cuando una de las partes era el Estado, tenía un fin público y contenía explícita o implícitamente cláusulas exorbitantes del derecho privado. Este modelo fue seguido en nuestra doctrina y en la jurisprudencia de la Corte Suprema de Justicia de la Nación. El tema lo traté en su momento, entre otros trabajos en "El criterio de contrato administrativo en la jurisprudencia de la Corte Suprema de Justicia de la Nación", publicado en *El Derecho*, T° 111-845 (1984) "La teoría general del contrato administrativo en la jurisprudencia de la Corte Suprema de Justicia de la Nación", publicado en el número aniversario *130 años de la Procuración del Tesoro de la Nación. 1863-1993*, Procuración del Tesoro de la Nación, Buenos Aires, 1994.

En nuestro país la sola mención de dicha locución —o de la denominada "zona de reserva de la administración", formulada por el profesor MARIENHOFF y seguida por otros autores y aún por la Corte Suprema de Justicia de la Nación[24]— dio lugar a críticas en la doctrina, alguna de ellas desmedidas, como si se pretendiera justificar el ejercicio de la arbitrariedad o de la prepotencia estatal. Las palabras asustaron más que su contenido.

Nada de ello merece las letras de calamidad de los críticos. Dicha locución ha sido seguida en nuestro país tanto por la doctrina, como, aun, por la propia Corte Suprema de Justicia de la Nación. Y esa crítica se desvanece en su entidad, a poco que se adviertan los límites que desde el principio se le dio a dicha fórmula dogmática.

En efecto, la idea que siempre ha campeado en sus postuladores es que la fórmula describe la existencia de *prerrogativas* del poder público y del otro lado un *sistema de garantías* para los administrados. Algo así como lo que se describió como la "tensión" que existe en la relación jurídico-administrativa entre *autoridad y libertad.*

En un trabajo titulado "El régimen exorbitante y las garantías del administrado"[25], el profesor CASSAGNE expuso que el contenido del régimen exorbitante, "restringido por la doctrina clásica de la prerrogativa de poder público, debe incluir no solo las potestades que reflejan el *imperium* estatal sino aquellos otros poderes que configuran las garantías que el derecho público consagra a los particulares. Y de esa ecuación o equilibrio entre las prerrogativas de la Administración y las garantías de los administrados es la base fundamental de la armonía y justicia del sistema administrativo".

En la fundamentación de dicho régimen, CASSAGNE se remontó en dicho artículo al iusnaturalismo clásico, al sostener que aquél constituye el aspecto normológico que se funda en los requerimientos de las dos especies de justicia: legal o general y distributiva (particular), conforme las exigencias del bien común, fin del Estado, por lo que, concluía, "el régimen exorbitante solo se concibe, en definitiva, al servicio de ese fin de bien común, a través del cual se alcanza el bien individual".

Precisamente, cuando enfocó el autor citado el estudio de las garantías del particular o administrado, dedicó un espacio mucho mayor que la cita de las prerrogativas (menciona: *A) garantías sustantivas*: garantía de la igualdad, el principio de legalidad, la garantía de razonabilidad o justicia, la garantía de la propiedad frente a los actos de los poderes públicos; *B) garantías adjetivas*: el informalismo a favor del administrado, el debido proceso

[24] Desarrollada en mi trabajo citado, "La denominada «zona de reserva de la Administración» y el principio de la legalidad administrativa"

[25] *El Derecho*, t. 82, 1979, págs. 929 y ss.

adjetivo, integrado, este, por el derecho a ser oído, el derecho a ofrecer y producir pruebas, el derecho a una decisión fundada).

Debo reiterar que en la exposición de nuestros autores sobre la teoría del régimen exorbitante estaba excluida toda visión que pudiera concebirse favorecedora de la arbitrariedad o prepotencia estatal. En algunos casos hubo hasta ataques injustos contra el profesor COMADIRA —que es mejor no mencionar la autoría—, bajo los citados argumentos.

No obstante, en tiempos más recientes se observa un cambio en la utilización del término. En este sentido, el profesor CASSAGNE en las últimas ediciones de su obra basilar, *Derecho administrativo* —que a partir de la 10ª edición se titula *Curso de derecho administrativo*[26]— ha preferido sustituirla por *régimen administrativo*. Cito al efecto, en una de las ediciones de su obra[27], donde precisa, concluyendo el capítulo III, del título primero, que "el régimen exorbitante se configura como el sistema propio y típico del derecho administrativo. Por ello resulta, quizás, preferible que reciba la denominación de «régimen administrativo» con las connotaciones que se han indicado [prerrogativas y garantías]".

Es más, últimamente también ha variado la noción dada sobre el acto administrativo, al que caracterizaba por su *régimen exorbitante*, para asignarle la de ostentar un *régimen administrativo* [28].

Quizás, en opinión personal, en punto a evitar erróneas o distorsionadas interpretaciones, sea mejor el camino de citar como "régimen administrativo" la fórmula para describir el "modelo" de la relación jurídica iusadministrativa y sus instituciones. Aunque sigo creyendo que el cambio —motivado, quizás, para no afectar inteligencias bienintencionadas—, en realidad no varía el *contenido esencial* de dicho modelo, centrado, fundamentalmente, en la persona humana, su dignidad y su amparo ante la arbitrariedad de cualquier poder público[29].

III

Tema crucial en el moderno derecho administrativo es el del *control*. COMADIRA había escrito, en la obra en coautoría con ESCOLA, al referirse al control público, que "*la juridicidad y la ética son la savia que corre por*

[26] Buenos Aires, La Ley, 2011, t. I, pág. 122. En la 10ª, pág. 77.

[27] La 8ª, Buenos Aires, Lexis Nexis, 2006.

[28] *Derecho administrativo*, cit., t, II, 8ª ed., pág. 110. *Curso*, cit., t. I, pág. 543.

[29] Baste citar que, por ejemplo, en Francia el funcionario del Consejo de Estado conocido como "*commisaire du gouvernement*", pasó a denominarse a partir de 2009 como "*rapporteur public*", por el simple hecho de que la primera denominación "no caía bien".

las arterias del control, y, sin ellas, este, en un Estado de derecho, no solo se vacía de contenido, sino que, además, envenena la República; y que la eficacia y eficiencia sin aquellas es puro empirismo utilitario, mal consejero a la hora de rescatar los valores perdidos por el país" (el resaltado me pertenece) [30].

1. Y en este debate *moral* del control estatal, vale preguntarse: ¿puede existir un derecho administrativo sin control, administrativo o judicial? Un viejo caudillo político argentino decía, como producto, sobre todo, de su experiencia militar que los hombres son buenos, pero si se los controla son mejores (téngase presente que en la vida militar el control es fundamental para verificar el cumplimiento de las órdenes y la eficacia de la actuación de la organización militar).

Entonces, ¿para qué existe el control, en cualquiera de sus facetas? Pura y simplemente para que las cosas se hagan bien, para que la obra realizada sea buena. No se trata exclusivamente de eficacia o de juridicidad, *sino de mejor servicio.* Y esto es un imperativo moral, no meramente burocrático para complicar la acción del dispositivo estatal.

Y las acciones se llevan a cabo para prestar un mejor servicio al público, con eficiencia y economía de medios y personal, para evitar dispendios innecesarios.

2. Pero debemos distinguir, en lo que realmente importa para este trabajo, el control técnico orientado a la eficacia en el cumplimiento de las tareas del control jurídico, especialmente el judicial. Me refiero al judicial porque es en él donde, en definitiva, concluye el control. Insisto que si no hay control judicial no es concebible el derecho administrativo.

En este punto debo resaltar, cuanto menos en nuestro país, que el avance en materia de control judicial de la administración pública se ha incrementado en forma notable y positiva y también en la admisión de remedios que permitan el acceso a la justicia de los ciudadanos.

Dentro del control judicial ha sido habitual distinguir en primer término, las denominadas cuestiones de legalidad, en las que bastaba simplemente confrontar la decisión estatal con lo dispuesto normativamente; aquí no se presentaban conflictos. En segundo término, estaban las cuestiones de oportunidad, mérito o conveniencia, donde campeaban principalmente las denominadas cuestiones de discrecionalidad. Era habitual que hasta en los ordenamientos positivos se vedaran las últimas del control judicial. Valga

[30] Julio Rodolfo Comadira y Héctor Jorge Escola, *Derecho administrativo argentino*, México, Porrúa y Universidad Nacional Autónoma de México, 2006, pág. 225 (el texto corresponde al capítulo séptimo, punto VII, que fue íntegramente redactado por el primero).

como ejemplo, lo dispuesto en el viejo "Código de Procedimiento en lo Contencioso-Administrativo" de la provincia de Buenos Aires, del año 1906 (comúnmente conocido con el nombre de su autor, como "Código Varela"), donde en el artículo 29 se consideraban demandas improcedentes las que versaren "Sobre cuestiones en que la autoridad administrativa haya procedido en ejercicio de sus facultades discrecionales". Debe quedar claro que ello no era solo propio de nuestro país, sino tanto en el ámbito del derecho administrativo europeo como en el propio derecho norteamericano.

3. Hay que entender que para los defensores de la división de poderes se entendía que dicha interferencia judicial en lo que está en lo interno, en el riñón de la administración pública y también de los poderes políticos, llevaba a hollar el umbral de su intimidad. Valgan ejemplos como los de la aplicación de sanciones administrativas, las decisiones en los concursos universitarios, el proceso de formación de las leyes, los acuerdos para el ascenso a oficiales, el veto a las leyes sancionadas por el Congreso de la Nación, las mismas sanciones aplicadas por la Corte Suprema de Justicia de la Nación (que se consideraba que no podían ser controladas por los jueces), y otros supuestos más, constituyen cuestiones hoy en día superadas y los jueces, sobre todo los del fuero contencioso administrativo federal, no han hecho la otrora común "*self restraint*" ante estos casos que —por experiencia lo digo— son críticos para los jueces[31].

Precisamente, y de acuerdo con las tendencias marcadas en los últimos años, la motivación de los actos dictados en ejercicio de las potestades discrecionales ha sido el instrumento más idóneo para ello[32].

[31] Estos temas los traté, entre otros, en los siguientes trabajos: "El control judicial de la discrecionalidad administrativa", en AA.VV., *Control de la Administración Pública*, Buenos Aires, Ediciones Rap, 2003. "Las pautas jurisprudenciales para el control de las potestades discrecionales: el caso «Consejo de Presidencia de la Delegación Bahía Blanca de la Asamblea Permanente por los Derechos Humanos» (Fallos: 315:1361), en *El Derecho*. Derecho administrativo, 2006, págs. 299-301. "Alcance del control judicial de los entes reguladores", en Juan Carlos Cassagne (Director): *Servicios público y poder de policía*, Buenos Aires, El Derecho, 2006, págs. 353-368. "La zona de reserva de la administración: su actualidad y control judicial en el marco de un estado de derecho", en AA.VV., *Desafíos del derecho administrativo contemporáneo. Conmemoración Internacional del Centenario de la Cátedra de Derecho Administrativo en Venezuela*, Caracas, Ediciones Paredes, 2009, t. I. "El poder de sustitución del juez", Cuestiones de Control de la Administración Pública. Administrativo, Legislativo y Judicial, correspondiente a las jornadas organizadas por la Universidad Austral, los días 13-15 de mayo de 2009. Buenos Aires, 2010.

[32] Sobre la motivación de los actos de los poderes públicos, entre otros trabajos los traté en: "La motivación de las decisiones de los órganos colegiados", en *XXXVIII Jornadas Nacionales de Derecho Administrativos "Persona, procedimiento, proceso y contratos administrativos*", Buenos Aires, Ediciones Rap, 2013, pág. 41 y ss., y "Un precedente

4. Me detendré en la motivación de los actos de los poderes públicos, vista desde el prisma de la ética.

La motivación obedece a un principio superior: la forma republicana de gobierno, donde de lo que se trata es de que no exista arbitrariedad, secreto o capricho, sino que se den las razones por las que se actúa de determinada manera. El acceso a los documentos públicos —salvo aquellos que lógicamente se vinculen, realmente, a la seguridad nacional—, que permiten, justamente, conocer las causas por las que se decide, son en la actualidad moneda corriente en los pasillos tribunalicios y los leemos en los diarios.

La motivación es quizás algo más pequeño que el simple acceso a documentos públicos. Exige que cuando se dicta un acto se den las razones del *porqué* de ello. Obsérvese que una de las materias que son el culmen son los decretos de necesidad y urgencia, peligrosas armas jurídicas de la que gustan los gobiernos poco apegados al cuidado de las formas exigidas por la Constitución. Son típicos instrumentos *decisionistas*, íntimamente vinculados con la denominada "razón de Estado". Esta doctrina —de larga (y nefasta) prosapia, que se remonta a MAQUIAVELO— pretende escindir la política de la moral, que, en otros términos más precisos, es la escisión de aquella con el derecho[33]. Puede ser que espíritus bienintencionados —y a menudo se ve— busquen cubrir con fundamentos rodeados de elocuencia y elevación a pensamientos morales, teológicos y hasta jurídicos, lo que no es otra cosa que una tergiversación de lo que es lo jurídicamente correcto y ético a la luz del ordenamiento estatal.

Como escribió un autor al respecto, "Surge así, como contrapunto a la razón de Estado, otra figura no menos heredera de la Modernidad: la del Estado de Derecho", el cual, implica entre otras cosas reconocer que "lejos de concebirse a los derechos como mero resultado de lo establecido por la ley, se entiende que la validez de cualquier ley estará subordinada a que respete aquellos derechos previos. Todo ello invita a asumir con mayor moderación cualquier alusión a presuntas «razones» peculiares. A estas

---

poco recomendable como doctrina para la motivación de los actos de los órganos colegiados: el caso «Caiella»", en Juan Carlos Cassagne [dir.]: *Corte Suprema de Justicia de la Nación. Máximos precedentes. Derecho administrativo*, Buenos Aires, La Ley, 2013, t. I, págs. 649 y ss.)

[33] ARTURO ENRIQUE SAMPAY, *Introducción a la teoría del Estado*, Buenos Aires, Politéia, 1951, págs. 225 y 466, núm 1; FAUSTINO J. LEGÓN, *Tratado de derecho político general*, t. II, Buenos Aires, Ediar, 1961, págs. 381 y ss.; CARL J. FRIEDRICH, *Teoría y realidad de la organización constitucional democrática*, trad. esp., México, Fondo de Cultura Económica,1946, págs. 385 y ss.

alturas, resultaría suicida descuidar el esfuerzo por hacer entrar en razón a un Estado que, falto de controles, degenera en bárbaro Leviatán"[34].

Las tendencias modernas hacia la trasparencia y la ética pública se oponen a ello. Como ejemplo en nuestro país está —aunque aún es ignorada por muchos— la ley 25.188, de ética pública, del año 1999, que en su artículo 2° dispone: "Los sujetos comprendidos en esta ley se encuentran obligados a cumplir con los siguientes deberes y pautas de comportamiento ético: [...] e) *Fundar* sus actos y *mostrar la mayor transparencia* en las decisiones adoptadas sin restringir información, a menos que una norma o el interés público claramente lo exijan" (el énfasis me pertenece)[35].

IV

En fin, para sintetizar estas breves líneas, diría que, al igual que en el resto de las ramas jurídicas, la relación entre el derecho y la moral es inescindible, cualquiera que ellas fueren. En el derecho administrativo cobra particular relevancia en la medida que nos encontramos ante una relación jurídica entre el Estado y los particulares o administrados. Y muchas veces, o en la mayoría de los casos, las decisiones estatales recaen, de diversa forma, sobre el resto de la comunidad.

La ética o moral está ínsita en todas las manifestaciones de las relaciones jurídico administrativas —como en todo nuestro acontecer diario—. Y para ello, nada mejor que reproducir las partes pertinentes de un muy interesante dictamen de la Procuración del Tesoro de la Nación, firmado por el entonces procurador ROSATTI, hoy juez de la Corte Suprema de Justicia de la Nación, que ostenta un valor moral que es mi deber resaltar:

"[...] no está de más recordar que la consideración del *Estado como primer obligado ético* que siempre ha sustentado la jurisprudencia administrativa vertida por mis antecesores, inhibe cualquier elucubración jurídica que no tenga en cuenta dónde está la necesidad y la disminución de los derechos en estos actuados. Porque, como ha tenido oportunidad de destacar este organismo asesor [...]: *el Estado Nacional, persona ética por excelencia, debe actuar no solo dentro del orden jurídico sino también en consideración a la equidad y a los principios que la informan* [...]

[34] ANDRÉS OLLERO, *Responsabilidades políticas y razón de Estado*, Madrid, Fundación para el análisis y los estudios sociales, 1996, pág. 15. Es importante para estos temas la lectura del trabajo de GIORGIO AGAMDEN, *Estado de excepción*, 3ª ed. de la traducción esp., Adriana Hidalgo Editora, Buenos Aires, 2007, *passim*, esp. cap. 1.

[35] El tema de la ética pública lo traté en "Reflexiones sobre la ética pública", en la revista *Ius et Veritas*, de la Pontificia Universidad Católica del Perú, núm. 48, julio 2014.

"Ese carácter ético que reviste el Estado ha sido constantemente predicado no solo desde el derecho, sino también, por cierto, desde la filosofía.

"Se ha expresado en tal sentido: como comunidad que tiene su fundamento en los fines existenciales del hombre el Estado forma parte del orden ético y es un valor de ese tipo. Forma parte de la realidad de la plenitud de la naturaleza humana, su función del bien común forma parte de la responsabilidad moral de la persona humana. El Estado como comunidad lleva pues consigo la dignidad de los seres morales. Y puesto que sus funciones son fundamentales para la satisfacción de las funciones humanas, culturales y vitales, su valor en relación con los valores particulares dentro esta esfera es el más amplio; por consiguiente, un valor moral del más alto rango. SANTO TOMÁS DE AQUINO no vacila en designar al Estado, lo mismo que ARISTÓTELES, como la creación más destacada de la razón humana, y en asignar, por consiguiente, a la política el lugar más elevado entre todas las artes (v. JOHANNES MESSNER, *Etica social, política y económica a la luz del Derecho Natural*, Madrid, Rialp, 1967, págs. 857 y ss., [...]).

"De otra parte, no cabe albergar dudas que la directiva constitucional de promover medidas positivas en materia de derechos humanos (v. art. 75, inc. 23, C. N.), a las que asigno no solo un sentido compensatorio sino proactivo y amplio, y predicable respecto de todos los órganos que titularizan las funciones del poder, se erige en una pauta útil de interpretación de toda disposición normativa"[36].

V

Sirvan, en fin, estas breves líneas como una humilde contribución en homenaje al maestro LIBARDO RODRÍGUEZ, y como un aporte para sentar las bases morales que siempre he considerado liminares del derecho administrativo.

[36] Dictamen Nº 549, del 11/11/2003.

LAS RAÍCES HISPANAS DEL DERECHO ADMINISTRATIVO Y LA DEFENSA DEL ESTADO DE DERECHO

Ricardo Rivero Ortega*
España

Para Libardo Rodríguez,
desde el agradecimiento intelectual

1. Raíces hispanas de la democracia y el Estado de derecho

Quizás cierta grave sobriedad propicie en ocasiones discretos silencios, omisiones modestas sobre lo trascendente de nuestra historia común. Otros países cuya contribución en nada es comparable presumen de sus aportes al progreso humano. Por eso, para espantar cierta tendencia a sobrevalorar lo foráneo, digámoslo de una vez alto y claro: los fundamentos de la democracia y el Estado de derecho tienen sus raíces en el mundo hispano, escritos en textos como la Ley Perpetua (*Capítulos de Tordesillas*), cuyo quinto centenario acabamos de conmemorar.

El principio de probidad (con incompatibilidades) en los cargos públicos, la vinculación del rey a la ley, la limitación del poder, el papel de las cortes, la independencia judicial, el comedimiento tributario, la racionalización del gasto y la protección de la economía nacional son elementos destacables de la también conocida como *Constitución de Ávila*, cuyo programa político merecería ser considerado referente hoy en la acción institucional, lógicamente con las necesarias adaptaciones. Y esto, porque la sabiduría de la antigüedad no debería servir solo para la erudición, habría de ser aprovechada y útil, si se quiere ser realista[1].

La Ley Perpetua fue citada en los debates constituyentes de los Estados Unidos, nada menos. Su espíritu puede considerarse el fruto moderno de una libertad arraigada. Mil años antes de la *Democracia en América*, Castilla vio nacer los fueros municipales (en el 824, por mor de Brañosera), concesiones que permitieron repoblar al reconocer derechos y autogobierno a quienes defendían el territorio.

* Universidad de Salamanca.

[1] Salvador Rus, *La Ley Perpetua de Ávila y la revuelta comunera*, Salamanca, 2022.

¿Dónde se desarrolla la teoría y la práctica de la actuación en nombre de una *persona ficta* que aglutina intereses colectivos, la atribución de las facultades de defensa de una corporación? Un erróneo énfasis en la Revolución francesa ignora el devenir de las constituciones de comunidades religiosas extraordinarias, donde se anclan los principios de decisión colegiada, en capítulo. Los dominicos de San Esteban ya en el siglo XIII deciden en Asamblea, inspirados por reglas canónicas que emulan en su función representativa a las cortes, convocadas en León hace casi nueve siglos. No es extraño que los escritos comuneros editados en Salamanca anticiparan en siglos debates propios de las revoluciones liberales anglosajonas, cuyas fuentes intelectuales se remontan a FRANCISCO SUÁREZ o DOMINGO DE SOTO.

Estas aportaciones de las órdenes religiosas no han sido resaltadas por los politólogos españoles. La Orden de Predicadores ofrece manifestaciones prístinas de la práctica de la representación; por supuesto, los jesuitas construyeron un imperio gracias a que sus fundadores eran hombres de Estado, según relató LEOPOLDO LUGONES. Qué decir hasta hoy de la expansión en América —y en el orbe completo— de estas multinacionales con tantos siglos de permanencia[2].

Desde Santo Domingo hasta Michoacán, el discurso de los frailes de Salamanca defiende los derechos humanos de los pobladores americanos. El sermón de adviento de ANTONIO DE MONTESINOS y la *Información* de VASCO DE QUIROGA son antecedentes ejemplares de la versión utópica del Estado de derecho, la de la ley natural de CICERÓN, la doctrina de FRANCISCO DE VITORIA sobre el derecho de gentes y las tesis sobre lo justo en LUIS DE LEÓN. ¿Acaso no bebían de las mismas fuentes los comuneros de Castilla al escribir la Ley Perpetua, asaz imbuidos por un sentido de equidad?

Las universidades hispanas propiciarían la divulgación de estas ideas, facilitando un clima intelectual que siglos después daría pie a los discursos de la Independencia, cuyos bicentenarios conmemoramos por estas fechas. ¿Dónde se formaron los próceres de la patria, sino en la Nacional Mayor de San Marcos de Lima, en la de Santo Domingo, la Real y Pontificia de México (después UNAM), la de San Carlos en Guatemala, el Colegio Mayor del Rosario en Bogotá o la de Córdoba en Argentina?

2. LA INDEPENDENCIA Y LAS PRIMERAS CONSTITUCIONES

El Siglo de las Luces llega a América de la mano de estudiosos como JOSÉ CELESTINO MUTIS, siendo destacable también la contribución al pensa-

[2] LEOPOLDO LUGONES, *El imperio jesuítico. Ensayo histórico*, Valladolid, Maxtor, 2020.

miento de ALEXANDER VON HUMBOLDT. Francia no fue en ningún caso la principal inspiradora de las nuevas ideas en América. Si nos acercamos a la historia del pensamiento y las lecturas de las élites en aquel momento, la mayoría de los libros están escritos y se leían en español, incluyendo las obras jurídicas de las bibliotecas universitarias. La división de poderes se concibe en América por las doctrinas de los comuneros y las obras clásicas que defendían los frenos y contrapesos al poder real; no es MONTESQUIEU la primera fuente.

La Revolución francesa no influyó tanto en el constitucionalismo americano como pudieron hacerlo la Constitución de Cádiz y los comentarios de RAMÓN DE SALAS Y CORTÉS (sus lecciones de derecho público constitucional). Este profesor de Salamanca siguió la estela del presidente de las Cortes de Cádiz, DON DIEGO MUÑOZ TORRERO, rector salamantino que sufrió las iras y venganzas absolutistas de Fernando VII, así como los libertadores americanos expusieron sus vidas y sus haciendas contra las tropas realistas comandadas por Pablo Morillo, la antítesis de Simón Bolívar[3].

Hace doscientos años, pues, América alcanza su independencia con discursos elaborados en la propia España, gracias a la audacia de hombres formados en la Madre Patria, en las universidades castellanas donde se daba el clima espiritual del liberalismo plasmado en la Constitución de 1812. El modelo francés no es el principal en la impronta gaditana, tal y como demostró JUAN CARLOS CASSAGNE hace años. La influencia visigótica sobre el judicialismo explica las diferencias entre nuestra evolución constitucional y la francesa. También la opción federal es característica de una forma de comprender el Estado cuyo primer arquetipo no son los Estados Unidos, cuya constitución en este punto tiene como antecedente la monarquía hispánica[4].

El derecho administrativo, pues, tiene raíces más ricas que las tópicas que resumen algunos incompletos manuales.

3. EL DESARROLLO DEL DERECHO PÚBLICO Y EL ORIGEN DEL ESTADO DE DERECHO EN AMÉRICA

La explicación histórica del derecho administrativo, según LIBARDO RODRÍGUEZ, incluye remotos antecedentes en Roma y la colonización española de América. Aunque nuestro Maestro afirma que "no existía la más mínima intención de conformar un cuerpo sistemático de normas que regularan esa actuación y que, además, fueran de obligatorio y efectivo cumplimiento

[3] RAMÓN SALAS Y CORTÉS, *Lecciones de derecho público constitucional*, Madrid, Imprenta del Censor, Carrera de S. Francisco, 1821.

[4] DANIEL J. ELAZAR, *Exploración del federalismo*, Barcelona, Editorial Hacer, 1991.

para las mismas autoridades", lo cierto es que el incumplimiento de esas normas conllevaba exigencia de responsabilidades (a través del juicio de residencia) y la robustez institucional de los tribunales, audiencia y chancillerías sorprende por lo avanzado para su tiempo.

El derecho administrativo es, en su versión actual, una creación moderna[5], pero tantas instituciones provenían de desarrollos estatales previos de notoria complejidad. La posibilidad de judicializar conflictos contra el poder, la exigencia de formalidades en la toma de decisiones de gobierno, la documentación de los procedimientos, el estatuto de los titulares de los oficios públicos y sus responsabilidades se conocían en la América hispana desde el siglo XVI.

¿Nace la idea de Estado de derecho en la Revolución francesa? Difícilmente podríamos aceptar tal correlación, toda vez que los revolucionarios menospreciaron muchos de los derechos del hombre y del ciudadano tras las derivas radicales que siguieron a 1789. La versión de derecho público francesa, además, vedaba el control judicial de las decisiones de las autoridades administrativas, una disidencia que se intentó compensar con la creación del derecho administrativo[6].

Los filósofos y juristas anglosajones aborrecían esta versión del derecho público, y también en España se opta primero por soluciones judicializadas frente a la creación de órganos especializados en el contencioso. ¿Cuál fue la opción predominante en América? Sin duda la judicialista, separándose de la exclusión del papel jurisdiccional en el control de los actos administrativos[7].

Siendo esto así, en muchos países de Iberoamérica el primer derecho administrativo no sería exactamente tal, según la versión francesa de un ordenamiento que diferencia la posición jurídica de la Administración de la de los particulares. Los órganos o tribunales especializados no aparecen en tantos regímenes comparados hasta bien entrado el siglo XX, y por supuesto no sobre la base de una exclusión del control.

Tampoco incorporan normas propias y diferenciadas sobre las principales instituciones administrativas en sus primeras décadas de existencia la mayoría de las repúblicas americanas, cuyas constituciones sí se preocupan por reconocer y afianzar los derechos con cláusulas de sujeción del poder a

[5] LIBARDO RODRÍGUEZ RODRÍGUEZ, "La explicación histórica del derecho administrativo", en *Estudios en homenaje a don Jorge Fernández Ruiz. Derecho administrativo*, México D.F.: Universidad Nacional Autónoma de México, 2005.

[6] EDUARDO GARCÍA DE ENTERRÍA, *Revolución francesa y administración contemporánea*, Madrid, Taurus, 1972.

[7] JUAN CARLOS CASSAGNE, "El sistema judicialista y la llamada judicialización de la actividad de la Administración pública", en *Revista Española de Derecho Administrativo*, 2007.

la ley. El imperio de las normas sería asumido como elemento constitucional clave, al menos en las tradiciones de signo liberal[8].

4. Los autoritarismos y su efecto devastador sobre el derecho administrativo

Esta genética constitucional, tan vinculada a una idea memorable del Estado de derecho, no se corresponde con todo el devenir histórico iberoamericano, marcado por la inestabilidad política, los giros autoritarios y la excepción de las libertades con grave lesión de los derechos. Una característica común a todo el mundo hispano (España incluida) que evidencia la incapacidad de sostener los propios principios reconocidos en los momentos de mayor brillantez.

Así, cualquier perspectiva evolutiva del derecho público y del derecho administrativo en América que ignore las fracturas del imperio de la ley, las agresiones a los derechos humanos o la vulneración de los principios más básicos de respeto a la persona debe considerarse incompleta. El derecho administrativo iberoamericano no es el francés ni el británico, entre otras razones porque durante períodos completos incumplió sus cometidos fundamentales.

El necesario control del ejercicio del poder, la sujeción a los procedimientos y la posibilidad de exigir responsabilidades a las autoridades y empleados públicos son presupuestos imprescindibles del Estado de derecho y de un concepto jurídico-administrativo que hemos de reivindicar y proteger. Un énfasis sostenido en la historia de Francia que reproduce viejos tratados obvia la épica iberoamericana de la defensa de las libertades, los derechos y la sujeción al principio de legalidad, nuestro cometido principal.

Tal planteamiento produce consecuencias concretas sobre el papel de los cultivadores de nuestra ciencia, que debe plantearse cuestiones de gran alcance: ¿puede considerarse que hoy existe Estado de derecho y derecho administrativo respetable en Venezuela o Nicaragua? ¿Cabe darle la misma carta de naturaleza a las instituciones administrativas de las dictaduras del siglo pasado que a las propias de democracias avanzadas en el presente?

No, en mi opinión, el derecho administrativo iberoamericano ha de ser una disciplina diferenciadora de los distintos modelos de cumplimiento de principios irrenunciables, evitando la dictadura de cualquiera de los poderes públicos[9].

[8] Roberto Gargarella, *Los fundamentos legales de la desigualdad*, Madrid, Siglo XXI, 2005.

[9] Allan R. Brewer-Carias, *Dictadura judicial y perversión del Estado de derecho*, Caracas, Editorial Jurídica Venezolana Internacional, 2016.

5. El papel de la doctrina, los tribunales y las normas internacionales

¿Cómo se logra esto? A mi juicio, son claves los tribunales y la doctrina para lograrlo. Práctica y teoría de un derecho basado en principios, una buena construcción dogmática y operadores cualificados en las instancias de resolución de los conflictos y las reclamaciones. La doctrina científica sin tribunales lectores de sus obras no alcanzaría sus objetivos, y los tribunales sin el producto intelectual de las cátedras de derecho administrativo no podría avanzar en su interpretación del ordenamiento.

Las normas internacionales también contribuyen a proyectar principios comunes en el entorno europeo e iberoamericano. La globalización jurídica influye positivamente sobre el derecho administrativo porque cada vez son más los acuerdos y documentos trasnacionales que sientan reglas básicas sobre el marco legal que ha de ser respetado. Los tratados de la Unión Europea son emblemáticos en su reconocimiento del Estado de derecho, como también lo es la Carta Democrática Interamericana.

Ahora bien, la declaración de los principios del Estado de derecho y sus proyecciones administrativas no es suficiente. El valor y coraje de los administrativistas es preciso para realizar en cada momento histórico el verdadero significado de nuestra disciplina. Ni la idealización de la Revolución francesa —que cometió tantos desmanes— ni el olvido de la propia tradición histórica (de inspiración más garantista) contribuye a este propósito, así que es tarea del administrativista reivindicar sus raíces —las nuestras, hispanas— y siempre agradecer a quienes nos han precedido (aquí a Libardo Rodríguez) su espléndido magisterio.

BIBLIOGRAFÍA

Brewer-Carias, Allan R.: *Dictadura judicial y perversión del Estado de Derecho*, 2016.

Cassagne, Juan Carlos: "El sistema judicialista y la llamada judicialización de la actividad de la Administración pública", en *Revista española de Derecho administrativo*, 2007.

Elazar, Daniel J.: *Exploración del Federalismo*, 1991.

García de Enterría, Eduardo: *Revolución francesa y administración contemporánea*, Taurus, 1972.

Gargarella, Roberto: *Los fundamentos legales de la desigualdad*, Siglo XXI, 2005.

Lugones, Leopoldo: *El imperio jesuítico. Ensayo histórico*, Maxtor, 2020.

Rivero Ortega, Ricardo: *Derecho administrativo*, Valencia, Tirant lo Blanch, 2020.

—: "La codificación del procedimiento administrativo en América Latina. Un hito más (Paraguay)", en *Revista de Administración Pública*, 2021.

RODRÍGUEZ, LIBARDO: *La explicación histórica del derecho administrativo*, Instituto de investigaciones jurídicas de la UNAM, 2005.

—: *Derecho administrativo*, Bogotá, Edit. Temis, 2021.

RUS, SALVADOR: *La ley perpetua de Ávila y la revuelta comuner*a, Salamanca, 2022.

SALAS Y CORTÉS, RAMÓN: *Lecciones de derecho público constitucional*, Madrid, 1821.

DERECHO ADMINISTRATIVO GENERAL

RECENTI SVILUPPI E NUOVI PROBLEMI NELLA DISCIPLINA DEGLI ACCORDI FRA L'AMMINISTRAZIONE E I CITTADINI NEL DIRITTO AMMINISTRATIVO

ALDO TRAVI*
Italia

1. Nel diritto amministrativo italiano, tradizionalmente, fino agli ultimi decenni del Novecento, era radicata la convinzione che l'amministrazione esercitasse il suo potere con provvedimenti amministrativi, intesi come atti unilaterali attraverso i quali l'amministrazione poteva costituire, disciplinare ed estinguere le posizioni giuridiche degli altri soggetti. Questa convinzione aveva assunto un'importanza strutturale fino a identificare un carattere che segnava la distinzione fra ambiti generali dell'attività amministrativa. In primo luogo comportava la riconduzione dell'ambito del potere amministrativo all'ambito regolato da provvedimenti, fino ad istituire una sostanziale identità fra l'espressione del potere amministrativo e il provvedimento. In secondo luogo segnava il criterio generale per distinguere l'attività amministrativa 'in senso stretto' (caratterizzata cioè dall'assoggettamento al diritto amministrativo) rispetto all'attività di diritto privato dell'amministrazione: la prima si realizzava con i provvedimenti, e cioè con atti unilaterali, la seconda con i contratti, e cioè con atti consensuali. In questo modo sembrava emergere anche una ragione generale che induceva ad assegnare all'attività amministrativa in senso stretto tutto ciò che esprimeva il carattere di 'autorità' riconosciuto all'amministrazione: l'autorità dal punto di vista giuridico è tale perché si esprime con atti nei quali è decisiva la volontà di un solo soggetto, mentre in presenza di atti consensuali la volontà di un solo soggetto è insufficiente a costituire il rapporto giuridico.

Se si analizza la cultura del diritto amministrativo italiano, questa relazione del potere amministrativo con gli atti amministrativi unilaterali, e soltanto con essi, è stata riconosciuta con ampiezza ed è stata assolutamente prevalente per oltre un secolo. Per la dottrina viene dato particolare rilievo, in proposito, ad alcuni studi di Ranelletti, pubblicati alla fine dell'Ottocento, sulle principali tipologie di atti amministrativi[1], ma si può risalire anche

* Professore ordinario di Diritto amministrativo. Università Cattolica, sede di Milano

[1] Si tratta di alcuni scritti di O. Ranelletti sulle autorizzazioni e sulle concessioni amministrative, pubblicati tra il 1894 e il 1895, che hanno influenzato profondamente la cultura

ad alcuni decenni precedenti, per lo meno alla legge del 1865, emanata per l'unificazione amministrativa del Regno d'Italia, che attribuiva una speciale rilevanza agli atti amministrativi ai fini della tutela giurisdizionale del cittadino davanti al giudice civile[2]. Nell'interpretazione di questa legge accolta dalla giurisprudenza l'atto amministrativo era necessariamente unilaterale e rispetto ad esso l'esercizio del potere era così evidente che, come è noto, si escludeva la possibilità di configurare diritti soggettivi del cittadino leso da un provvedimento e fu necessario elaborare la controversa figura dell'"interesse legittimo"[3].

La contrapposizione fra potere amministrativo e consensualità non era in realtà sempre convincente e questo fu posto in evidenza da alcuni autori, nel corso del Novecento, con interventi critici molto interessanti, ma rimasti piuttosto isolati. In alcuni settori, come in particolare per il diritto urbanistico, si notava che sempre più spesso le operazioni più importanti per l'urbanizzazione di nuove aree si svolgevano sulla base di atti consensuali, anche se avevano ad oggetto il potere del Comune di pianificare l'uso del territorio[4]. In altri settori, come in particolare nell'ambito dei servizi pubblici e dei beni pubblici, si notava che le concessioni rilasciate dall'amministrazioni per affidare la gestione del servizio pubblico o del bene pubblico erano integrate da atti consensuali ('disciplinari', 'convenzioni', ecc.), che regolavano puntualmente il rapporto fra le parti[5]. Questi esempi inducevano a ritenere che anche atti consensuali potessero risultare compatibili con posizioni tipicamente di potere dell'amministrazione; anzi, che potessero rivestire un'utilità particolare. Fra l'altro, dopo la legge tedesca sul procedimento amministrativo (VwVfG), entrata in vigore il 1 gennaio 1977, la dottrina italiana (che è tradizionalmente molto attenta agli sviluppi del diritto amministrativo in Germania) cominciò a interrogarsi criticamente sulla fondatezza della omologazione tradizionale del potere amministrativo

giuridica italiana successiva. Questi scritti sono stati ripubblicati a cura di E. Ferrari e di B. Sordi in O. Ranelletti, Scritti giuridici scelti, vol. III, p. 1-653, ediz. Jovene, Napoli 1992.

[2] Legge 20 marzo 1865, n. 2248, Legge per l'unificazione amministrativa del Regno d'Italia, all.to E, Legge sul contenzioso amministrativo, artt. 4 e 5 (il Regno d'Italia con legge del 17 marzo 1861).

[3] Su questa tematica cfr., per tutti, M. Nigro, Giustizia amministrativa, III ediz., ediz. Il Mulino, Bologna, 1983, p. 67 ss.

[4] Cfr. V. Mazzarelli, Le convenzioni urbanistiche, ediz. Il Mulino, Bologna 1979. Il volume è preceduto da una prefazione di M. S. Giannini che poneva in evidenza l'importanza del tema e la difficoltà di ricondurlo a classificazioni soddisfacenti.

[5] L'importanza di questi atti convenzionali era stata sottolineata da quanti ritenevano di configurare nelle concessioni amministrative (o per lo meno in molte concessioni amministrative) la prevalenza del carattere consensuale su quello unilaterale, sulle orme di U. Forti, Natura giuridica delle concessioni amministrative, in Giurisprudenza italiana 1900, ristampato in Studi di diritto pubblico, vol. I, ediz. Il Foro it., Roma 1935, p. 359 ss.

—e quindi del diritto amministrativo in senso stretto— con l'attività amministrativa che si esprimeva attraverso provvedimenti.

2. Un mutamento importante di prospettiva si realizzò all'inizio degli anni '80 del Novecento soprattutto grazie ad uno scritto che ricevette subito in Italia una meritata attenzione: si trattava del volume di G. D. Falcon sulle 'convenzioni pubblicistiche' del 1984[6]. Falcon poneva in evidenza come fosse del tutto compatibile con i principi del diritto amministrativo che l'amministrazione, nel corso di un procedimento, giungesse ad un accordo con il cittadino, con la conseguenza che il rapporto fra le parti – pur inerendo tipicamente al diritto amministrativo – finiva con l'avere un titolo consensuale, e non più unilaterale. Il volume, dopo un'analisi approfondita delle ragioni della consensualità, rilevava come un accordo fra l'amministrazione e il cittadino interessato potesse realizzare in misura più intensa anche l'interesse della stessa amministrazione. Innanzi tutto evitava quel contrasto che sorge così frequentemente in presenza di un provvedimento il cui contenuto venga deciso unilateralmente dall'amministrazione; inoltre l'accordo prendeva le mosse dalla considerazione che il cittadino in genere ha 'la disponibilità del fatto', e quindi può offrire all'amministrazione sul piano delle utilità materiali opportunità che altrimenti l'amministrazione non potrebbe conseguire (si pensi, per esempio, all'offerta di un'area alternativa, utile per l'amministrazione, ma meno importante per il cittadino, ai fini dell'esproprio per la realizzazione di un'opera pubblica). Naturalmente l'ambito rispetto al quale le tesi di Falcon assumevano maggior rilievo era rappresentato dall'attività discrezionale dell'amministrazione, ma era evidente a tutti che proprio l'attività discrezionale era l'ambito rispetto al quale emergevano in genere, anche sul piano pratico, le problematiche più gravi per l'attività amministrativa.

Lo scritto di Falcon suscitò, come ho accennato, un notevole interesse. Oltre ad essere argomentato con rigore, introduceva argomenti di interesse per la stessa amministrazione, alla quale venivano offerti strumenti meno traumatici e non più conflittuali per realizzare l'interesse pubblico. Trovava inoltre un riscontro in un orientamento più ampio, sostenuto in quei decenni da uno dei più autorevoli maestri del diritto amministrativo, F. Benvenuti, a favore di un 'diritto amministrativo paritario', ossia di un diritto amministrativo in forza del quale l'amministrazione intervenisse unilateralmente, ossia come 'autorità', solo nei limiti assolutamente indispensabili[7]. Il diritto

[6] G.D. Falcon. Le convenzioni pubblicistiche. Ammissibilità e caratteri, ediz. Giuffré, Milano, 1984.

[7] F. Benvenuti, Per un diritto amministrativo paritario, in Studi in memoria di Enrico Guicciardi, Padova, Cedam, 1975, p. 807 ss. Lo scritto assumeva un valore simbolico anche per la sede in cui fu pubblicato: Enrico Guicciardi era stato il maestro di Benvenuti.

amministrativo 'paritario' sembrava la nuova frontiera del diritto amministrativo, in un quadro di rapporti nuovi fra amministrazione e cittadino, più consono ai principi democratici.

Pochi anni dopo la pubblicazione del volume di Falcon, la Commissione istituita dal Governo per elaborare una legge generale sul procedimento amministrativo, presieduta da M. Nigro, propose di introdurre in via generale la possibilità per l'amministrazione di concludere i procedimenti amministrativi con 'accordi' con i privati, tutte le volte in cui la legge avesse conferito all'amministrazione un potere discrezionale. La novità sembrò troppo forte e nella legge 7 agosto 1990, n. 241 (art.11[8]), questa proposta fu fortemente ridimensionata: fu stabilito infatti che di regola l'accordo avrebbe dovuto essere recepito da un provvedimento amministrativo[9], con la conseguenza [10]che gli effetti giuridici sarebbero risultati prodotti ancora dal provvedimento. Solo in casi eccezionali, espressamente previsti dalla legge, sarebbe stato possibile un accordo fra l'amministrazione e il privato in grado di 'sostituire' il provvedimento amministrativo[11]: di conseguenza

[8] Si riproduce il testo dell'art. 11 della l. 7 agosto 1990, n. 241, prescindendo dalle modifiche poi più volte intervenute: "*Art. 11. - 1. In accoglimento di osservazioni e proposte presentate a norma dell'articolo 10, l'amministrazione procedente può concludere, senza pregiudizio dei diritti dei terzi, e in ogni caso nel perseguimento del pubblico interesse, accordi con gli interessati al fine di determinare il contenuto discrezionale del provvedimento finale ovvero, nei casi previsti dalla legge, in sostituzione di questo.*

2. Gli accordi di cui al presente articolo debbono essere stipulati, a pena di nullità per atto scritto, salvo che la legge disponga altrimenti. Ad essi si applicano, ove non diversamente previsto, i principi del codice civile in materia di obbligazioni e contratti in quanto compatibili.

3. Gli accordi sostitutivi di provvedimenti sono soggetti ai medesimi controlli previsti per questi ultimi.

4. Per sopravvenuti motivi di pubblico interesse l'amministrazione recede unilateralmente dall'accordo, salvo l'obbligo di provvedere alla liquidazione di un indennizzo in relazione agli eventuali pregiudizi verificatisi in danno del privato.

5. Le controversie in materia di formazione, conclusione ed esecuzione degli accordi di cui al presente articolo sono riservate alla giurisdizione esclusiva del giudice amministrativo."

[9] L'accordo sarebbe stato, pertanto, solo 'preparatorio' rispetto ad un provvedimento amministrativo.

[10] Per il testo della proposta elaborata dalla Commissione presieduta da M. Nigro e per l'illustrazione dei suoi contenuti principali, cfr. AA.VV., Il procedimento amministrativo fra riforme legislative e trasformazioni dell'amministrazione, Atti del Convegno di Messina-Taormina 25-26 febbraio 1988, a cura di F. Trimarchi, ediz. Giuffré, Milano 1990. Nel volume sono riprodotti anche il disegno di legge del Governo e il relativo parere del Consiglio di Stato.

[11] L'accordo, in questi casi, era pertanto 'sostitutivo' del provvedimento amministrativo.

esclusivamente in questi casi il procedimento si sarebbe potuto concludere con l'accordo consensuale e non con un provvedimento.

Il ricorso delle amministrazioni agli accordi parve però troppo limitato sul piano pratico e a parere di molti la limitazione contenuta nella legge del 1990 avrebbe contribuito all'insuccesso. Dopo quindici anni, con una legge di riforma del 2005, fu stabilito che le amministrazioni avrebbero potuto definire con un accordo in via generale il procedimento amministrativo, naturalmente purché l'amministrazione fosse stata titolare di un potere discrezionale[12]. In questo modo l'accordo 'sostitutivo' del provvedimento non fu più limitato, nel diritto amministrativo italiano, a casi particolari.

3. L'affermazione sul piano legislativo di una definizione 'consensuale' del procedimento amministrativo aveva sollevato fin dal 1990 un'attenzione particolare in Italia. Fermo restando che un accordo col cittadino poteva ammettersi solo se la legge conferiva all'amministrazione un potere discrezionale, l'attenzione si era concentrata soprattutto sulla relazione fra il modello consensuale e il potere amministrativo. Si trattava, in effetti, del profilo centrale della riforma.

Furono analizzati vari aspetti che riguardavano questo profilo centrale. In particolare meritano di essere segnalati quattro aspetti.

Il primo aspetto riguardava la disciplina sostanziale dell'accordo. La legge del 1990 richiamava infatti "*i principi del codice civile in materia di obbligazioni e contratti*", ma in termini del tutto generali e con alcune formule ambigue ("... *in quanto compatibili*")[13]. Si aprì un dibattito sull'individuazione di quali istituti del codice civile fossero "*compatibili*" con un accordo intervenuto in un procedimento amministrativo: in particolare l'attenzione critica si concentrò su quegli istituti del codice civile che rispecchiano più direttamente il carattere 'sinallagmatico' di un contratto[14].

Il secondo aspetto riguardava i limiti generali alla possibilità per l'amministrazione di stipulare un accordo. La legge del 1990 stabiliva che l'accordo non avrebbe potuto pregiudicare "*i diritti dei terzi*". Questa espressione suscitò subito notevoli incertezze, perché molto spesso l'attività amministrativa produce effetti anche nei confronti di terzi, diversi dai destinatari diretti di un provvedimento. Inoltre la legge utilizzava un termine ("*diritti*

[12] Se l'amministrazione esercita un potere vincolato, secondo l'opinione prevalente in Italia, non vi è neppure lo spazio per una trattativa fra l'amministrazione e il cittadino, perché l'amministrazione è obbligata ad adottare un atto col contenuto stabilito dalla legge.

[13] Richiamava infatti "*i principi del codice civile in materia di obbligazioni e contratti in quanto compatibili*".

[14] Cfr. per tutti V. Cerulli Irelli, Lineamenti di diritto amministrativo, IV ediz., ediz. Giappichelli, Torino 2014, p. 399 ss.

dei terzi") che nel linguaggio giuridico italiano poteva essere letta come se invece gli accordi potessero pregiudicare 'gli interessi legittimi' dei terzi.

Il terzo aspetto, legato anche a quello appena richiamato, riguardava l'individuazione degli strumenti a tutela dei terzi, che fossero stati pregiudicati illegittimamente da un accordo. La legge del 1990 stabiliva che le controversie concernenti gli accordi sarebbero state trattate dal giudice amministrativo, e non dal giudice civile. Non era chiaro, però, come i terzi avrebbero potuto contestare un accordo davanti al giudice amministrativo, dato che allora il ricorso al giudice amministrativo era modellato sull'azione di annullamento di un provvedimento, da proporre, fra l'altro, entro un termine di decadenza.

Il quarto aspetto riguardava più direttamente la relazione fra l'accordo e il potere dell'amministrazione. La legge del 1990 stabiliva che l'amministrazione, per ragioni sopravvenute di interesse pubblico, avrebbe sempre potuto svincolarsi dall'accordo con un recesso unilaterale, fatto salvo l'obbligo di indennizzare il cittadino che avesse subito un danno dal recesso. La dottrina ritenne, in prevalenza, che il termine 'recesso' utilizzato dal legislatore, e che sembrava alludere ai casi di recesso di un contraente da un contratto previsti dal codice civile, fosse improprio e che si dovesse identificare in realtà l'esercizio di un potere amministrativo di revoca[15]. Ciò comportava che, anche dopo la sottoscrizione dell'accordo, l'amministrazione conservasse uno spazio di potere 'unilaterale'.

Nel dibattito rimase invece sostanzialmente inesplorato il tema dei possibili contenuti dell'accordo, in confronto con i contenuti di un provvedimento amministrativo discrezionale. Questo tema non fu affrontato con l'impegno che avrebbe dovuto richiedere, ma emerse comunque una posizione favorevole ad ammettere che un accordo avrebbe potuto avere legittimamente contenuti non consentiti a un provvedimento amministrativo. Si tratta di un aspetto importante, che sarà richiamato più avanti per alcuni sviluppi significativi anche dal punto di vista pratico.

4. Il contributo della giurisprudenza italiana sul tema degli accordi fra l'amministrazione e il cittadino fu non meno rilevante. La giurisprudenza merita di essere richiamata soprattutto per due affermazioni che hanno ampiamente orientato gli sviluppi del tema degli accordi nel diritto amministrativo.

La Corte costituzionale, nel 2004, fu chiamata a decidere una questione di legittimità costituzionale sollevata da alcuni giudici in merito all'eccessiva ampiezza assegnata dal legislatore alla giurisdizione del giudice amministra-

[15] Cfr. V. Cerulli Irelli, Lineamenti di diritto amministrativo, IV ediz., cit., p. 402 ss.

tivo[16]. In questa sentenza, che ha stabilito alcuni punti fermi per il riparto della giurisdizione fra giudice amministrativo e giudice civile, la Corte sostenne che in base alla Costituzione italiana[17] il giudice amministrativo in Italia esercita una giurisdizione speciale nei confronti dell'amministrazione, caratterizzata dal riferimento al 'potere amministrativo': i casi in cui il legislatore può attribuire controversie al giudice amministrativo devono perciò avere una relazione con le vicende del potere amministrativo. La Corte costituzionale, nella stessa sentenza, si affrettò subito a precisare che questa conclusione non poneva in discussione l'attribuzione al giudice amministrativo delle controversie in tema di accordi pubblici, perché gli accori pubblici rappresentavano, come i provvedimenti amministrativi, l'esito di un procedimento amministrativo. Di conseguenza dovevano essere ricondotti a vicende di esercizio del potere amministrativo.

Da parte sua negli stessi anni la Corte di cassazione, alla quale in Italia è assegnato anche il compito di decidere in ultimo grado se una controversia sia devoluta al giudice amministrativo o al giudice civile, cominciò ad estendere la portata degli accordi previsti dalla legge del 1990. Sostenne infatti che, ogni qual volta una legge avesse previsto una convenzione, un'intesa, un qualsiasi accordo fra l'amministrazione e il cittadino, per regolare situazioni di diritto amministrativo, il modello da considerare sarebbe stato quello dell'accordo previsto dalla legge del 1990[18]. La Cassazione sosteneva questa tesi per risolvere un problema particolare, quello sulla individuazione del giudice competente per la controversia e per giustificare la soluzione favorevole al giudice amministrativo. In realtà, però, la portata della sua affermazione risultò molto più ampia[19].

Infatti la Cassazione, in questo modo, finiva col ricondurre alla figura dell'accordo previsto dalla legge del 1990 anche forme consensuali che non erano in alcun modo 'sostitutive' di un provvedimento, perché in quei casi la legge non contemplava la possibilità che intervenissero provvedimenti amministrativi. La legge stabiliva semplicemente che la disciplina avrebbe dovuto essere stabilita con accordi fra l'amministrazione e i cittadini interessati. Queste previsioni sono frequenti nel diritto italiano soprattutto in

[16] Corte costituzionale 6 luglio 2004, n. 204, in Foro italiano 2004, I, 2594.

[17] Art. 103.

[18] Cassazione, sezioni unite, 17 novembre 1994, n. 9747 (in tema di convenzioni sanitarie); 18 novembre 2008, n. 27346 (in tema di convenzione per la gestione di un servizio pubblico); 9 marzo 2012, n. 3689 (tutte in tema di convenzioni urbanistiche); più recentemente Cassazione, sezioni unite, 5 ottobre 2016, n. 19914; 11 aprile 2017, n. 9284.

[19] Cfr. M. C. Romano, Accordi integrativi o sostitutivi del provvedimento, in AA.VV., L'azione amministrativa, a cura di A. Romano, ediz. Giappichelli, Torino 2016, p. 419 ss.

materia di tutela ambientale, in materia urbanistica, in materia di protezione sociale, in materia di incentivi alle attività economiche.

5. In questo modo è emerso in tutta la sua ampiezza un profilo realmente critico, che dal punto di vista pratico condiziona l'assetto sostanziale delle relazioni fra le parti in un accordo pubblico, ma che rispecchia alternative di fondo che riguardano i principi dell'istituto stesso.

Sul piano pratico, con riferimento ai casi in cui la legge stabiliva che il rapporto con l'amministrazione avrebbe dovuto essere definito consensualmente senza però ammettere provvedimenti amministrativi, si era posto il problema rappresentato da pretese esagerate dell'amministrazione al cittadino. In casi del genere, infatti, la legge non ammetteva un provvedimento e perciò il cittadino non poteva scegliere di sottostare, invece che a un accordo, ad un provvedimento amministrativo. Un provvedimento amministrativo, in base al principio di tipicità che rappresenta un corollario del principio di legalità, avrebbe dovuto avere contenuti piuttosto precisi: invece, non essendo previsto un provvedimento, il cittadino per svolgere quell'attività od ottenere quel risultato, avrebbe dovuto necessariamente stipulare l'accordo con l'amministrazione.

La giurisprudenza amministrativa ha affrontato questo problema in termini molto schematici e piuttosto semplicistici. Ha sostenuto, infatti, che la portata del principio di tipicità è circoscritta ai provvedimenti amministrativi, perché la tipicità dei provvedimenti ha un valore di garanzia per il cittadino rispetto al potere unilaterale dell'amministrazione; se invece l'effetto giuridico è il risultato del consenso delle parti, non vi è ragione di invocare i limiti imposti all'amministrazione dal principio di tipicità, perché il contenuto dell'accordo ha come titolo il consenso[20]. Se la legge

[20] Cfr. per esempio Consiglio di Stato, sez. III, 28 marzo 2019, n. 2075; 25 settembre 2018, n. 5511; 23 agosto 2018, n. 5039; 13 agosto 2018, n. 4936; III, 18 gennaio 2018, n. 321; 11 gennaio 2018, nn. 137 e 138, 1 febbraio 2017 n. 430 (con riferimento ad una convenzione sanitaria deliberata da una Regione che subordinava l'adesione dei privati alla loro rinuncia alle azioni proposte per conseguire corrispettivi maturati in un periodo pregresso – la Regione in questi casi aveva segnalato che non avrebbe provveduto alla sottoscrizione della convenzione, in presenza di riserve espresse dai privati); Consiglio di Stato, sez. IV, 1 ottobre 2019, n. 6561; 10 settembre 2018, n. 5300; 22 gennaio 2013, n. 351 (con riferimento alla convenzione urbanistica che imponeva al privato la corresponsione di importi addizionali rispetto a quelli previsti dalla legge).

A questa posizione ha aderito anche la giurisprudenza civile: cfr. Cassazione, sezioni unite, 13 novembre 2000, n. 1174 (con riferimento a una convenzione che impone a un imprenditore di osservare limiti negli scarichi industriali più restrittivi di quelli vigenti); e Cassazione, sezione prima, 10 novembre 2008, n. 26915 (con riferimento a una convenzione per interventi di edilizia economica e popolare, che prolungava la durata stabilita dalla legge del divieto di l'alienazione degli alloggi).

rinvia al consenso delle parti, opera l'autonomia negoziale: non vigono le regole proprie del potere amministrativo. Di conseguenza, per esempio, la giurisprudenza amministrativa non ha riconosciuto alcuna tutela al cittadino che per svolgere un'attività non avesse potuto stipulare un accordo con l'amministrazione perché l'amministrazione gli aveva richiesto prestazioni troppo gravose o al cittadino che per svolgere quella certa attività aveva dovuto assumere a proprio carico con un accordo obblighi assolutamente esagerati. In particolare in questo secondo caso la giurisprudenza amministrativa prevalente ha ritenuto che il cittadino non avrebbe potuto lamentarsi, perché in definitiva a quell'accordo aveva aderito lui stesso.

E' del tutto evidente che, in questo modo, riemerge una distinzione netta fra l'esercizio del potere amministrativo e la figura dell'accordo fra l'amministrazione e il cittadino. La distinzione è segnata dal fatto che il ruolo e l'incidenza della legge, nei due casi, risultano sostanzialmente diversi.

Emerge così una conseguenza negativa, certamente non voluta dal legislatore, della introduzione della figura degli accordi fra l'amministrazione e il cittadino. L'accordo in certi casi, secondo l'assetto appena descritto, non rappresenta una garanzia per il cittadino, ma indebolisce la sua posizione. Una soluzione diversa è accolta dalla legge tedesca del procedimento amministrativo, che al § 56 precisa come gli accordi fra l'amministrazione e il cittadino non possano avere contenuti indiscriminati e introduce limiti che ancorano anche gli accordi alle logiche di un principio di tipicità[21]. In Italia, però, anche se la legge tedesca era stata attentamente considerata prima della legge del 1990 e lo stesso Falcon aveva posto in evidenza l'importanza della disciplina in essa contenuta, il legislatore non aveva dato peso a queste esigenze. D'altra parte, come ho già ricordato, il legislatore del 1990 aveva previsto gli accordi solo in preparazione o in sostituzione di provvedimenti amministrativi: in questi casi per il cittadino l'accordo rappresenta un'opzione 'in più' rispetto a un provvedimento unilaterale che sarebbe stato a sua volta soggetto integralmente alla disciplina stabilita dalla legge. Al cittadino che non accetti le condizioni poste dall'amministrazione per un accordo, rimane aperta la soluzione del provvedimento. Se però non è previsto un provvedimento, il confronto fra le parti assume caratteristiche profondamente diverse.

6. A me pare che per molti aspetti la vicenda che ho richiamato sia significativa su un piano generale.

In primo luogo mi sembra significativa la posizione della giurisprudenza maggioritaria, che esclude la portata del principio di tipicità —che è vigente

[21] Cfr. H.J. Bonk, in AA.VV., Verwalungsverfahrensgesetz. Kommentar, a cura di P. Stelkens, H. J. Bonk e M. Sachs, VI ediz., Verlag Beck, München 2001, sub § 56, p. 1979 ss.

per i provvedimenti amministrativi— rispetto agli accordi fra l'amministrazione e i cittadini regolati dal diritto amministrativo. La giurisprudenza si basa su una concezione formalistica del consenso delle parti che rispecchia la convinzione che là dove operi il consenso vi sia una posizione sostanzialmente paritaria. In realtà nei rapporti con l'amministrazione non è assolutamente così. Non vi è alcuna paritarietà: l'amministrazione tratta col privato in condizioni di forza: la sua posizione può essere descritta, per i profili di ordine materiale, come quella di un operatore 'monopolista'. Di conseguenza le stesse esigenze che valgono rispetto al provvedimento amministrativo – e che trovano riscontro per esempio nel principio di tipicità che ne regola i possibili contenuti – devono valere anche rispetto agli accordi. La necessità del consenso non implica in alcun modo una parità sostanziale fra le parti.

In secondo luogo mi sembra significativa una ambiguità di fondo: da una parte nelle riflessioni maturate di recente nel diritto amministrativo italiano si invoca la logica civilistica degli atti consensuali, dall'altra parte, però, si ignora tutta l'evoluzione che il diritto civile ha avuto nel corso del Novecento. In tutti i Paesi occidentali il diritto civile nel Novecento ha scoperto e sottolineato l'importanza del profilo sostanziale: il consenso delle parti non presuppone sempre un equilibrio tollerabile sul piano sostanziale. Il diritto civile attuale ne è pienamente consapevole: basti pensare alla disciplina dei rapporti di lavoro; alla legislazione a tutela dei consumatori; ecc. La legislazione in materia civilistica ha cercato in varie occasioni di porre rimedio al rischio di prevaricazioni della parte 'forte' del rapporto e la stessa posizione è stata ampiamente condivisa e valorizzata dalla dottrina e dalla giurisprudenza civile. Questi valori, però, nel diritto amministrativo italiano non vengono ancora estesi rispetto all'amministrazione: per tradizione l'amministrazione non è assimilata a una parte 'forte', dato che i suoi interventi sono sempre letti alla luce della tutela dell'interesse pubblico. Ancora una volta il diritto privato che si applica all'amministrazione è realmente 'diverso' dal diritto privato. Bisogna allora essere consapevoli che sviluppare i modelli consensuali rispetto all'attività amministrativa può proporre nuovi problemi che invece nel diritto privato sono già emersi e vengono affrontati in esito a un dibattito molto intenso: solo considerando l'esperienza maturata nel diritto privato è possibile determinare un assetto dell'attività consensuale dell'amministrazione che sia realmente al passo dell'evoluzione complessiva del diritto.

In terzo luogo mi sembra che emerga una contraddizione rispetto al punto di partenza riscontrabile nell'introduzione degli 'accordi' nel diritto amministrativo italiano. Il punto di partenza è rappresentato dal riconoscimento che gli accordi fra l'amministrazione e i cittadini nel diritto amministrativo vanno inquadrati nelle vicende del 'potere amministrativo'. Le ragioni che regolano le vicende del potere amministrativo non possono perciò scomparire, quando si adotta la soluzione consensuale dell'accordo: i principi sul potere amministrativo, per definizione, si devono applicare anche agli accordi[22]. Alle parti va riconosciuta certamente un'autonomia nella determinazione dei contenuti dell'accordo, ma la loro autonomia non è incondizionata e deve rispondere sempre a limiti identificabili nella legge.

[22] Il richiamo ai "principi" del codice civile in materia di obbligazioni e contratti —cfr. nota n. 8— non vale dunque ad escludere il richiamo anche ad alcuni principi sul potere amministrativo.

RAZONABILIDAD Y PROPORCIONALIDAD EN LA ACTIVIDAD ADMINISTRATIVA

AUGUSTO DURÁN MARTÍNEZ*
Uruguay

1. INTRODUCCIÓN

A) Es común que en doctrina se usen indistintamente los términos *razonabilidad* y *proporcionalidad* y, por ende, se identifiquen los principios de razonabilidad y de proporcionalidad.

No obstante, desde hace mucho he distinguido esos conceptos[1], lo que también ha hecho una destacada doctrina[2]. El concepto de razonabilidad es más amplio que el de proporcionalidad. El concepto de proporcionalidad es ínsito al de razonabilidad, pero no todo lo que comprende la razonabilidad coincide con la proporcionalidad. La razonabilidad es un principio general[3] o un metaprincipio, como dice CASSAGNE[4], que alberga diferentes principios subordinados; la proporcionalidad es un subprincipio derivado del de razonabilidad[5].

* Catedrático de Procesos Constitucionales en la Facultad de Derecho de la Universidad CLAEH. Excatedrático de Derecho Administrativo en la Facultad de Derecho de la Universidad de la República y en la Facultad de Derecho de la Universidad Católica del Uruguay. Decano emérito de la Facultad de Derecho de la Universidad Católica del Uruguay. Académico de número fundador de la Academia Nacional de Derecho del Uruguay.

[1] AUGUSTO DURÁN MARTÍNEZ, "¿Se puede limitar derechos humanos por actos administrativos dictados por órganos reguladores de la actividad privada? Especial referencia a las unidades de regulación creadas en Uruguay", en AUGUSTO DURÁN MARTÍNEZ, *Estudios de derecho público*, vol. I, Montevideo, 2004, págs. 363 y ss.

[2] JUAN CARLOS CASSAGNE, *Los grandes principios del derecho público (constitucional y administrativo)*, 2ª edición actualizada, Buenos Aires, Rubinzal-Culzoni Editorial, 2021, págs. 272 y ss.; CARLOS, E. GUARIGLIA, "Proporcionalidad y discrecionalidad en el derecho administrativo", en *Estudios de Derecho Administrativo*, n.º 1, Montevideo, La Ley, 2010, págs. 265 y 267; MARTÍN RISSO FERRAND, "Prólogo" del libro de MARÍA PAULA GARAT DELGADO, *El principio de proporcionalidad y su constatación empírica*, Montevideo, Universidad Católica del Uruguay, Facultad de Derecho, 2015, pág. 13.

[3] CARLOS, E. GUARIGLIA,"Proporcionalidad y discrecionalidad...", *loc. cit.*, pág. 267.

[4] JUAN CARLOS CASSAGNE, *Los grandes principios...*, *loc. cit.*, págs. 278 y ss.

[5] CARLOS, E. GUARIGLIA, "Proporcionalidad y discrecionalidad...", ob. cit., pág. 267; JUAN CARLOS CASSAGNE, *Los grandes principios...*, *loc. cit.*, págs. 273 y ss.

B) Es frecuente que se sostenga que el principio o subprincipio de proporcionalidad tiene sus raíces en la jurisprudencia y doctrina alemanas, y que se encuentre el origen del principio de razonabilidad en la jurisprudencia de los Estados Unidos[6].

No cabe duda de la importancia que han tenido la jurisprudencia y la doctrina alemana en el desarrollo del subprincipio de proporcionalidad[7], así como la importancia de la jurisprudencia de los Estados Unidos, con clara influencia británica, en el desarrollo del principio de razonabilidad[8]. Ambas cosas son ciertas. Pero el origen del principio de razonabilidad y del subprincipio de proporcionalidad no se encuentra allí, sino en la naturaleza misma del ser humano, de la comunidad política y del derecho, por lo que sus raíces se remontan a ARISTÓTELES y TOMÁS DE AQUINO; por eso, su estudio tiene que partir necesariamente de estos autores.

2. RAÍCES DE LOS PRINCIPIOS DE RAZONABILIDAD Y DE PROPORCIONALIDAD

A) De ARISTÓTELES aprendimos que el ser humano es un animal racional, lo que es tomado y desarrollado por TOMÁS DE AQUINO[9]. Decir que el hombre es un animal racional es decir que está dotado de inteligencia y voluntad. La inteligencia le permite conocer, la voluntad, actuar. Y como el bien es el fin de todas las acciones humanas, se percibe que la voluntad presupone la inteligencia. De aquí deriva la razonabilidad natural del hombre. De ahí proviene el primer precepto de la ley natural, "[...] debe hacerse el bien y evitarse el mal"[10].

[6] MARTÍN RISSO FERRAND, "Prólogo"..., *loc. cit.*, pág. 13.

[7] ROBERT ALEXY, *Teoría de los derechos fundamentales*, 2ª ed., Madrid, Centro de Estudios Políticos y Constitucionales, 2007, págs. 91 y ss. y Epílogo, págs. 523 y ss.; RAINER GROTE, "Limitaciones para la ley en la regulación de los derechos humanos en el derecho europeo, con especial referencia al derecho alemán", en *Revista de Derecho de la Universidad Católica del Uruguay*, n.º III, Montevideo, Konrad Adenauer Stiftung y Amalio M. Fernández, 2002, págs. 34 y ss.; HERMANN-JOSEF BLANKE, "El principio de proporcionalidad en el derecho alemán, europeo y latinoamericano", en PEDRO ABERASTURY (coord.), "La tutela judicial efectiva en la justicia administrativa", en *Revista Jurídica de Buenos Aires*, Buenos Aires, Facultad de Derecho, Universidad de Buenos Aires, 2008, págs. 57 y ss.

[8] JUAN CIANCIARDO, *El principio de razonabilidad. Del debido proceso sustantivo al moderno juicio de proporcionalidad*, 2ª ed. actualizada y ampliada, Buenos Aires, Editorial Ábaco de Rodolfo Depalma, 2009, págs. 34 y ss.

[9] ARISTÓTELES, *Moral, a Nicómaco*, Libro primero, cap. I, Colección Austral, Madrid, Espasa-Calpe, 1972, pág. 33; ARISTÓTELES, *La Política*, Buenos Aires, Editorial Tor, 1965, págs. 7 y ss.; TOMÁS DE AQUINO, "Opúsculo sobre el gobierno de los príncipes", en TOMÁS DE AQUINO, *Tratado de la ley. Tratado de la justicia. Opúsculo sobre el gobierno de los príncipes*, Libro primero, cap. I, México, Editorial Porrúa, 1975, págs. 257 y ss.

[10] TOMÁS DE AQUINO, *Suma teológica. Tratado de la ley*, cap. V (I, II, cuestión 94), en TOMÁS DE AQUINO, *Tratado de la ley. Tratado de*..., págs. 27 y ss.

Como ser racional que es, el hombre tiende naturalmente a vivir en sociedad y, como ser social, tiende naturalmente a vivir en comunidad política[11]. De esto se deriva que el poder político deriva de la naturaleza humana. Como decía TOMÁS DE AQUINO, la multitud se dispersaría en sus fines si cada uno persigue su bien individual y no hubiese alguien que procurase que todo se dirija al bien común. Y de esto se deriva que, así como el bien es el fin de la actividad del ser humano, el fin del poder político es el bien común. Así como la razón guía al ser humano al bien, la razón guía al poder político a la consecución del bien común.

De ahí el principio de razonabilidad y su raíz natural. De ahí que sea ajustado al principio de razonabilidad lo que se dirija al fin debido y no lo sea lo que se aparta de él.

FINNIS, desarrollando y completando el pensamiento de ARISTÓTELES y TOMÁS DE AQUINO, señala que el hombre persigue determinados bienes humanos básicos o valores básicos. Estos valores básicos se aprehenden por ser obvios, son "autoevidentes"[12]. Esos valores básicos lo son no porque sean objeto de nuestro deseo, que pueden serlo, sino que son objeto de nuestro deseo porque son buenos en sí[13]. La inteligibilidad y la fuerza de lo bueno en sí no se fundan en un principio ulterior, sino que configuran un principio inderivado[14].

Para FINNIS, los valores básicos son: a) la vida, b) el conocimiento, c) el juego, d) la experiencia estética, e) la sociabilidad (la amistad), f) la razonabilidad práctica, g) la religión[15].

Aclara FINNIS que: a) cada uno de estos valores es una forma de bien igualmente evidente; b) ninguno puede ser reducido analíticamente a ser solo un aspecto de alguno de los otros o a ser meramente instrumental en la búsqueda de cualquiera de ellos; c) cada uno, cuando nos concentramos en él, puede razonablemente ser considerado como el más importante.

Pero no hay jerarquía objetiva entre ellos[16]. "Cada uno es fundamental. Ninguno es más fundamental que cualquiera de los otros, porque en cada uno de ellos cabe razonablemente centrar la atención y cada uno, cuando se

[11] ARISTÓTELES, *La política...*, págs. 78 y ss.; TOMÁS DE AQUINO, *Opúsculo sobre..., loc. cit.*, págs. 257 y ss.; FRANCISCO SUÁREZ, *Selección de Defensio Fidei y otras obras*, Buenos Aires, Depalma, 1966, págs. 31 y ss.

[12] JOHN FINNIS, *Ley natural y derechos naturales*, Buenos Aires, Abeledo-Perrot, 2000, pág. 91.

[13] JOHN FINNIS, *Ley natural y..., loc. cit.*, págs. 92 y ss.

[14] JOHN FINNIS, *Ley natural y..., loc. cit.*, págs. 100 y ss.

[15] JOHN FINNIS, *Ley natural y..., loc. cit.*, págs. 117 y ss.

[16] JOHN FINNIS, *Ley natural y..., loc. cit.*, pág. 123.

centra en él la atención, reclama un valor prioritario. De ahí que no haya una prioridad objetiva de valor entre ellos"[17].

Es posible que nos concentremos en algún valor básico, pero un plan de vida coherente no puede descartar arbitrariamente ninguno de los otros valores básicos ni basarse en una sobrevaloración de bienes derivados o complementarios o instrumentales[18].

La razonabilidad práctica, uno de los bienes básicos, se relaciona con los otros y participa de ellos, puesto que orienta nuestros compromisos, la propia selección de los proyectos y lo que hacemos al llevarlos a cabo[19]. Así, la primera exigencia de la razonabilidad práctica es llevar un plan de vida coherente, no construir "castillos en el aire"[20].

Los derechos humanos o fundamentales se relacionan con esos valores básicos[21].

La comunidad política, al procurar el bien común, procura la salvaguarda de esos derechos fundamentales porque el cerno del bien común está en la realización de los derechos fundamentales. A eso está finalizada la Administración como parte del Estado que es.

Bien decía CASSAGNE que la causa final del Estado "no es otra que la de realizar el bien general de todos los integrantes de la comunidad a través de la justicia. Así, lo razonable de la acción estatal se encuentra subordinado a la justicia y son precisamente esos criterios de justicia, y aun de equidad, los que tienden a mantener el equilibrio, la igualdad y la consecuente proporción en las prestaciones a cargo del Estado, además de otros valores significativos como el orden, la paz y la solidaridad social"[22].

Por eso la actividad administrativa, como toda la actividad del Estado, debe ser conducida por la razonabilidad práctica para lograr la plena satisfacción de los derechos fundamentales. Esa razonabilidad práctica es la que guía al poder político a la determinación de los fines intermedios para la concreción del bien común. Digo de los fines intermedios, porque el fin último está predeterminado. No se delibera acerca del logro del bien común que es el fin último, se delibera acerca de los fines intermedios; dicho de otro modo, acerca de los medios, acerca de cómo se logra el fin último[23].

[17] JOHN FINNIS, *Ley natural y...*, *loc. cit.*, pág. 124.

[18] JOHN FINNIS, *Ley natural y...*, *loc. cit.*, pág. 136.

[19] JOHN FINNIS, *Ley natural y...*, *loc. cit.*, pág. 132.

[20] JOHN FINNIS, *Ley natural y...*, *loc. cit.*, págs. 133 y ss.

[21] JOHN FINNIS, *Ley natural y...*, *loc. cit.*, págs. 227 y ss.

[22] JUAN CARLOS CASSAGNE, *Los grandes principios...*, *loc. cit.*, págs. 261 y ss.

[23] ARISTÓTELES, *Moral, a Nicómaco...*, Libro Tercero, cap. IV, p. 85.

De ahí que la aplicación más inmediata del principio de razonabilidad refiere a la determinación de los medios adecuados para la consecución del fin debido. Si los medios elegidos no sirven para la consecución del fin debido son irracionales y, por ende, ilegítimos.

B) Al tratar este tema es imprescindible aludir al concepto de justicia. Para un concepto de justicia y sus tipos, debemos partir de ARISTÓTELES[24], seguido —y en parte rectificado— por TOMÁS DE AQUINO[25], también seguido y también en parte rectificado por FINNIS[26], sin abandonar los aspectos esenciales de la concepción aristotélico-tomista así como de los aportes de la Doctrina Social de la Iglesia. Precisamente, a la Doctrina Social de la Iglesia se debe el desarrollo del concepto de la justicia social[27], del de bien común[28], del principio de subsidiariedad[29] y del de solidaridad[30], necesario para la cohesión social. La vida en sociedad deriva de la racionalidad natural del ser humano, pero se mantiene por la solidaridad[31].

ARISTÓTELES comienza por aludir a lo que llama *justicia legal* y la define como la "cualidad moral que obliga a los hombres a practicar cosas justas, y que es causa de que se hagan y de que se quieran hacer"[32]. Santo TOMÁS DE AQUINO, para referirse a la *justicia legal*, utiliza tanto ese término[33] como el de *justicia general*[34].

Posteriormente, se ha cuestionado la propiedad del término *justicia legal* y ha predominado el término *justicia general* o justicia en general[35]. Santo TOMÁS, con relación a la justicia general, parte de la definición del derecho romano de justicia que la concibe como "la constante y perpetua

[24] ARISTÓTELES *Moral, a Nicómaco...*, Libro Quinto, págs. 129 y ss.

[25] TOMÁS DE AQUINO, *Tratado de la justicia*, en TOMÁS DE AQUINO, *Tratado de la ley. Tratado de la justicia. Opúsculo sobre el gobierno de los príncipes*, México, Editorial Porrúa, 1975, págs. 122 y ss.

[26] JOHN FINNIS, *Ley natural y..., loc. cit.*, págs. 191 y ss.

[27] PONTIFICIO CONSEJO "JUSTICIA Y PAZ", *Compendio de la Doctrina Social de la Iglesia*, Montevideo, Librería Editorial Arquidiocesana, 2005, pág. 98.

[28] PONTIFICIO CONSEJO "JUSTICIA Y PAZ", *Compendio...*, págs. 78 y ss.

[29] PONTIFICIO CONSEJO "JUSTICIA Y PAZ", *Compendio...*, págs. 88 y ss.

[30] PONTIFICIO CONSEJO "JUSTICIA Y PAZ", *Compendio...*, págs. 92 y ss.

[31] AUGUSTO DURÁN MARTÍNEZ, "Justicia transicional", en AUGUSTO DURÁN MARTÍNEZ, *Derecho administrativo. Dimensión social*, Montevideo, La Ley, 2020, pág. 119.

[32] ARISTÓTELES, *Moral, a Nicómaco...*, Libro Quinto..., pág. 129.

[33] TOMÁS DE AQUINO, *Tratado de la justicia* (II, II, cuest. 58, art. 5), pág. 127.

[34] TOMÁS DE AQUINO, *Tratado de la justicia* (II, II, cuest. 58, art. 7), *loc. cit.*, pág. 129.

[35] CARLOS IGNACIO GONZÁLEZ, S. J., "Estudio introductorio" al libro de TOMÁS DE AQUINO, *Tratado de la ley. Tratado de...*, pág. LVII; JOHN FINNIS, *Ley natural y...*, pág. 194.

voluntad de respetar el derecho de cada uno"[36], considera que tal definición es correcta y procura mejorarla diciendo que "justicia es un hábito según el cual uno da al otro lo que es suyo según el derecho, permaneciendo en ello con una voluntad constante y perpetua", y afirma que esta definición es equivalente a la dada por Aristóteles[37].

Precisa Santo Tomás que la justicia siempre refiere al otro. Indica una cierta igualdad. Como lo propio de la justicia es rectificar actos humanos en función de la igualdad, requiere alteridad[38]. Ordena al hombre en sus actos hacia el otro, lo que puede hacerlo de dos maneras: considerándolo individualmente o en comunidad, en cuanto quien sirve a una comunidad sirve a todos aquellos que viven en dicha comunidad[39]. La justicia es una virtud, ya que la acción humana se hace buena al seguir la regla de la razón[40]; no alude a las pasiones, puesto que estas atañen al apetito sensitivo[41].

Quienes viven en comunidad son como las partes de un todo por lo que, cuanto se hace en favor de una parte, es ordenable al bien del conjunto. Todos los actos de las demás virtudes pueden pertenecer al orden de la justicia, puesto que ordenan al hombre al bien común. "Y en este sentido podemos decir que la justicia es una virtud general. Y ya que es propio de la ley el ordenar al bien común [...] por eso tal justicia, tomada en sentido general, puede llamarse 'justicia legal', porque mediante ella el hombre concuerda con la ley que le ordena los actos de todas las virtudes al bien común"[42].

Finnis, con gran claridad y precisión, desarrolla el pensamiento tomista. En tal sentido, destaca tres elementos de la justicia.

a) Al primer elemento lo llama *orientación-hacia-otro*. La justicia tiene que ver con las relaciones y trato de cada uno con otras personas. Es intersubjetiva.

b) El segundo elemento es el *deber*. Lo que es adeudado o debido a otro y, consecuentemente, a lo que ese otro tiene derecho. Pero la justicia no refiere a toda relación o trato razonable entre una persona y otra, sino solo a aquellas relaciones y tratos que son necesarios o adecuados para evitar un mal.

c) El tercer elemento es la igualdad. Pero este término debe entenderse en sentido analógico. Existe una igualdad aritmética y una igualdad geométrica.

[36] Tomás de Aquino, *Tratado de la justicia* (II, II, cuest. 58, art. 1), *loc. cit.*, págs. 122 y ss.
[37] Tomás de Aquino, *Tratado de la justicia* (II, II, cuest. 58, art. 1), *loc. cit.*, pág. 123.
[38] Tomás de Aquino, *Tratado de la justicia* (II, II, cuest. 58, art. 2), *loc. cit.*, pág. 124.
[39] Tomás de Aquino, *Tratado de la justicia* (II, II, cuest. 58, art. 5), *loc. cit.*, pág. 127.
[40] Tomás de Aquino, *Tratado de la justicia* (II, II, cuest. 58, art. 3), *loc. cit.*, pág. 124.
[41] Tomás de Aquino, *Tratado de la justicia* (II, II, cuest. 58, art. 9), *loc. cit.*, pág. 131.
[42] Tomás de Aquino, *Tratado de la justicia* (II, II, cuest. 58, art. 5), *loc. cit.*, pág. 127.

Para evitar equívocos, FINNIS sugiere mejor pensar en una *proporcionalidad* o en un *equilibrio* o *contrapeso*[43].

Según FINNIS, las exigencias de justicia son las implicaciones concretas de la experiencia básica de la razonabilidad práctica, según la cual uno ha de favorecer y promover el bien común de sus propias comunidades. Se relaciona estrechamente con el valor básico de la amistad y con el principio de razonabilidad práctica que excluye la autopreferencia arbitraria en la búsqueda del bien, aunque no puede reducirse por completo a ninguna de ellas ni a las dos[44].

La justicia general, dice, es "siempre una voluntad práctica de favorecer y promover el bien común de las propias comunidades, y la teoría de la justicia es, en todas sus partes, la teoría de la que en líneas generales se requiere para ese bien común"[45].

Luego de referirse a la justicia legal, ARISTÓTELES estudia la *justicia parcial* o *particular*[46]. Mientras que la *justicia general* o legal ordena al hombre inmediatamente al bien común aunque mediatamente lo haga al bien particular, la *justicia particular* lo ordena inmediatamente al bien propio o al bien de otro considerado como particular y solo mediatamente al bien común[47].

Dentro de la *justicia particular*, ARISTÓTELES distingue, a su vez, dos especies de justicia. La primera es "la distributiva de los honores, de la fortuna y de todas las demás ventajas que pueden alcanzar todos los miembros de la ciudad"[48]. La segunda la divide, al mismo tiempo, en reparadora y represiva, "que regula las relaciones de unos ciudadanos con otros, lo mismo las voluntarias que las involuntarias"[49].

TOMÁS DE AQUINO continuó, rectificó en parte sin descaracterizarlo y profundizó el pensamiento aristotélico. Tomó así la distinción entre *justicia legal* o *general* y *justicia particular*[50], así como en la *justicia particular* distinguió dos tipos de justicia: la distributiva y la conmutativa[51].

Es Santo TOMÁS quien introduce el término de *justicia conmutativa* para referirse a la otra especie de justicia particular, que no es distributiva y que ARISTÓTELES llamaba reparadora y represiva.

[43] JOHN FINNIS, *Ley natural y...*, págs. 191 y ss.

[44] JOHN FINNIS, *Ley natural y...*, pág. 194.

[45] JOHN FINNIS, *Ley natural y...*, pág. 195.

[46] ARISTÓTELES, *Moral, a Nicómaco...*, Libro quinto, caps. II a IV, pág. 132 a 138.

[47] AUGUSTO DURÁN MARTÍNEZ, *Contencioso administrativo*, 2ª ed. actualizada y ampliada, Montevideo, F. C. U., 2015, pág. 9.

[48] ARISTÓTELES, *Moral, a Nicómaco...*, Libro quinto, caps. II y III, pág. 134.

[49] ARISTÓTELES, *Moral, a Nicómaco...*, Libro quinto, cap. IV, pág. 134.

[50] TOMÁS DE AQUINO, *Tratado de la justicia* (II, II, cuest. 58, art. 7), *loc. cit.*, págs. 129 y ss.

[51] TOMÁS DE AQUINO, *Tratado de la justicia* (II, II, cuest. 61), *loc. cit.*, págs. 146 y ss.

La justicia distributiva alude a la relación del todo con sus partes, de lo comunitario con cada uno de los individuos. Es la justicia distributiva la que ordena tal relación y consiste en la distribución proporcional de los bienes comunes[52].

La justicia conmutativa trata de cómo una parte del todo se relaciona con otra parte, refiere a la relación de una persona privada con otra. La justicia conmutativa, para Santo TOMÁS, regula las relaciones mutuas entre las personas privadas[53]. "En la justicia distributiva no se mide según el valor objetivo de las cosas, sino según la proporción que guardan dichas cosas con las personas; o sea, mientras más participa una persona en el gobierno, más participa también de las cosas". Por eso se habla de una proporción geométrica[54]. "En cambio en la conmutativa se da algo al otro individuo particular en proporción a la cosa de que se trata". La igualdad se da entre objeto y objeto. Se da en tal caso una igualdad en proporción aritmética[55].

Derecho como analogado principal es lo justo, es el objeto de la justicia[56]. VILLEY, desarrollando esta idea, lo define como la justa distribución proporcional de los bienes y de las cargas en un grupo social[57]. Dicho en otras palabras, el derecho, en su analogado principal, es proporción. Siendo el derecho connatural al hombre, también lo es el principio, o subprincipio, de proporcionalidad.

C) De lo expuesto se desprende que, como decía RECASÉNS SICHES, "la lógica tradicional o físico-matemática no es adecuada para tratar la vida humana ni sus problemas prácticos, por consiguiente, tampoco para los menesteres jurídicos, entre los cuales figura la interpretación del derecho"[58].

Ese fue precisamente el error del positivismo jurídico que, a partir de DESCARTES, como bien observa MASSINI CORREAS, se pretende aplicar al campo del derecho los métodos matemáticos; se intenta elaborar los conceptos y categorías jurídicas mediante procedimiento deductivo y de pura abstracción; se pretende fundar todo el derecho sobre la sola base de la razón, con independencia del saber teológico y de los datos de la experiencia[59].

[52] TOMÁS DE AQUINO, *Tratado de la justicia* (II, II, cuest. 61, art. 1), *loc. cit.*, pág. 147.

[53] TOMÁS DE AQUINO, *Tratado de la justicia* (II, II, cuest. 61, art. 1), *loc. cit.*, pág. 147.

[54] TOMÁS DE AQUINO, *Tratado de la justicia* (II, II, cuest. 61, art. 2), *loc. cit.*, pág. 148.

[55] TOMÁS DE AQUINO, *Tratado de la justicia* (II, II, cuest. 61, art. 2), *loc. cit.*, pág. 149.

[56] TOMÁS DE AQUINO, *Tratado de la justicia* (II, II, cuest. 57, art. 1), *loc. cit.*, págs. 117 y ss.

[57] MICHEL VILLEY, *Método, fuentes y lenguaje jurídico*, Buenos Aires, Ghersi Editor, 1978, págs. 168 y ss.; MICHEL VILLEY, *El derecho. Perspectiva griega, judía y cristiana*, Buenos Aires, Ghersi Editor, 1978, págs. 64, 94 y 102.

[58] LUIS RECASÉNS SICHES, *Tratado general de filosofía del derecho*, México, Editorial Porrúa, 1970, pág. 642.

[59] CARLOS IGNACIO MASSINI CORREAS, *La desintegración del pensar jurídico en la Edad Moderna*, Buenos Aires, Abeledo-Perrot, 1980, pág. 20.

En el ámbito de las ciencias sociales y en particular del derecho, corresponde lo que Recaséns Siches llama *la lógica de lo humano* o *la lógica de lo razonable*. "La lógica de lo humano o de lo razonable es una razón impregnada de puntos de vista estimativos, de criterios de valoración, de pautas axiológicas, que además lleva a sus espaldas como aleccionamiento las enseñanzas recibidas de la experiencia, de la experiencia propia y de la experiencia del prójimo a través de la historia"[60].

Eso ya lo tuvo muy claro Aristóteles cuando al respecto acudió a la tópica o la dialéctica[61]. El razonamiento del jurista es prudencial. Señala Aristóteles que "la prudencia es esta cualidad que, guiada por la verdad y por la razón, determina nuestra conducta con respecto a las cosas que pueden ser buenas para el hombre"[62]. Es esencialmente práctica, une el conocimiento teorético con la situación concreta. "La prudencia es la virtud más necesaria para la vida humana, porque vivir bien consiste en obrar bien"[63].

El razonamiento prudencial no se limita entonces al conocimiento de la verdad, sino que tiende a guiar la conducta humana respecto de lo que es mejor y más adecuado para el hombre. No es un razonamiento propio de las ciencias exactas, sino que pertenece al mundo de lo probable.

En la estructura del razonamiento prudencial se distinguen tres aspectos: la deliberación, el juicio y el mandato[64].

Por medio de la deliberación se toma conocimiento de las realidades que se deben ponderar. Esto supone tomar en cuenta las posibles normas aplicables al caso, las múltiples opiniones verosímiles, contradictorias o coadyuvantes, los hechos, las pruebas, las circunstancias del caso, estudiar las distintas posibles soluciones y confrontar todo esto mediante un verdadero procedimiento dialéctico. Supone un diálogo entre múltiples interlocutores. La dialéctica, pues, está en el corazón del método del jurista[65].

[60] Luis Recaséns Siches, *Tratado general de...*, pág. 642.

[61] Aristóteles, "Tópicos (de la dialéctica)", en *Tratados de lógica (El órganon)*, México, Editorial Porrúa, 1993, págs. 223 y ss.; Aristóteles, *El arte de la retórica*, 2ª ed., 2ª reimpr., Buenos Aires, Eudeba, 2010, págs. 44 y ss.

[62] Aristóteles, *Moral, a Nicómaco...*, Libro Sexto, cap. IV, pág. 162.

[63] Carlos E. Guariglia, *Fundamento filosófico del derecho administrativo*, Buenos Aires, Universidad Católica Argentina, Universidad Católica del Uruguay, 2016, pág. 169.

[64] Carlos Ignacio Massini Correas, *Sobre el realismo jurídico*, Buenos Aires, Abeledo-Perrot, 1978, págs. 133 y ss.

[65] Michel Villey, *Método, fuentes y lenguaje jurídicos*, Buenos Aires, Ghersi Editor, 1978, pág. 92; Eduardo Soto Kloss, "La responsabilidad pública. Un retorno a la idea clásica de restitución", en *Revista de Derecho Público*, n.° 27, Santiago de Chile, enero-junio 1980, pág. 156.

Luego de efectuada la deliberación en forma dialéctica, valorativa y teleológica a fin de descubrir la verdad y determinar lo justo, lo más adecuado al caso concreto, se emite el juicio. Por el juicio se da la solución al caso, que será la mejor dentro de todas las posibles.

Pero como la prudencia es imperativa, su fin es prescribir lo que es necesario hacer o no hacer[66], culmina con un mandato. Se ordena que la solución justa del caso sea concretada en los hechos[67].

Así operó el derecho romano, la *Suma Teológica* de TOMÁS DE AQUINO es absolutamente dialéctica; ese fue el razonamiento jurídico del mundo medieval y que predominó hasta el corto paréntesis del positivismo jurídico. Y ese es el razonamiento que reaparece con el neoconstitucionalismo, que nos hace ver que el ordenamiento jurídico está formado no solo de normas sino también de principios.

3. CONTENIDO DEL PRINCIPIO DE RAZONABILIDAD

A) Con acierto señala CASSAGNE que el principio de razonabilidad es un megaprincipio abarcativo de otros principios como la igualdad, la protección del contenido sustancial de los derechos, la interdicción de la arbitrariedad y el principio de proporcionalidad[68].

B) Analizaré a continuación por separado el contenido del principio de razonabilidad, aunque no en el orden indicado.

4. RAZONABILIDAD E INTERDICCIÓN DE LA ARBITRARIEDAD

A) La interdicción de la arbitrariedad está en la base de todo.

B) Arbitrariedad, conforme al *Diccionario de la Real Academia Española*, es "acto o proceder contrario a la justicia, la razón o las leyes, dictado solo por la voluntad o capricho"[69].

C) Si, como se ha dicho, la finalidad de la actividad humana es el bien, de ahí deriva su racionalidad, y si la finalidad de la comunidad política es el bien común, todo acto que no se ajuste al fin debido es un acto contrario a la razón, es arbitrario y, por ende, ilegítimo.

[66] ARISTÓTELES, *Moral, a Nicómaco...*, Libro sexto, cap. VIII, pág. 169.

[67] AUGUSTO DURÁN MARTÍNEZ, "La prueba en el procedimiento administrativo", en AUGUSTO DURÁN MARTÍNEZ, *Estudios de derecho administrativo. Parte general*, Montevideo, 1999, pág. 141.

[68] JUAN CARLOS CASSAGNE, *Los grandes principios...*, págs. 265 y ss. y 272 y ss.

[69] REAL ACADEMIA ESPAÑOLA, *Diccionario de la lengua española*, t. I, 22ª ed., Buenos Aires, Espasa Calpe, 2012, pág. 194.

De ahí la interdicción de la arbitrariedad, precepto que no es nuevo sino de larga data, que en la Edad Media se conocía con el nombre de "ley del encaje".

Uno de los consejos que Don Quijote dio a Sancho previo a partir a gobernar la Ínsula de Barataria fue el siguiente: "Nunca te guíes por la ley del encaje que suele tener mucha cabida con los ignorantes que presumen de agudos"[70].

CASSAGNE explicó que se decía que un magistrado actuaba en función de la ley del encaje cuando el único fundamento de la acción era una idea que se le había encajado en la cabeza[71].

Es esta una forma gráfica de expresar una acción realizada por una voluntad que no está guiada por la inteligencia. Ya se ha visto que la voluntad presupone la inteligencia; la razón debe guiar la voluntad para lograr el fin debido. Cuando esto no ocurre, la acción es ilegítima por irracional.

5. Razonabilidad y principio de legalidad

A) El *Diccionario de la Real Academia Española* define también como arbitrario el acto contrario a la justicia o a las leyes, efectuado solo por la voluntad o capricho.

CASSAGNE también incluía, como se ha visto, como uno de los contenidos del principio de razonabilidad, la protección del contenido sustancial de los derechos. Esto vincula el principio de razonabilidad con el principio de legalidad[72].

B) El segundo inciso del artículo 10 de la Constitución, fuente del principio de legalidad, establece: "Ningún habitante de la república será obligado a hacer lo que no manda la ley ni privado de lo que ella no prohíbe".

C) Este segundo inciso del artículo 10 de nuestra Constitución tiene su origen en MONTESQUIEU. En efecto, en *El espíritu de las leyes* escribió: "Que nadie sea obligado a hacer lo que la ley no manda expresamente, ni a no hacer lo que expresamente no prohíbe"[73].

Esta fórmula inspirará el artículo 5 de la Declaración de los Derechos del Hombre y del Ciudadano de 1789: "La ley solo tiene el derecho de

[70] MIGUEL DE CERVANTES SAAVEDRA, *El ingenioso hidalgo Don Quixote de La Mancha*, Buenos Aires, Emecé, 1958, Segunda parte, cap. XLII, pág. 270.

[71] JUAN CARLOS CASSAGNE, *Los grandes principios...*, pág. 245.

[72] JUAN CARLOS CASSAGNE, *Los grandes principios...*, págs. 237 y ss.

[73] MONTESQUIEU, *El espíritu de las leyes*, Buenos Aires, Editorial Heliastra, 1984, pág. 186.

prohibir las acciones perjudiciales a la sociedad. Todo aquello que no esté prohibido por la ley no puede ser impedido y nadie está obligado a hacer lo que la ley no ordene".

Esto pasará al constitucionalismo iberoamericano. Se recogerá en el artículo 163 de la Constitución argentina de 1826, fuente del texto actualmente vigente que, además, será fuente y precedente de la Constitución uruguaya de 1830, la que recogerá ese texto normativo que se reiterará en las constituciones posteriores hasta la presente.

Importa recordar el origen de esta disposición porque, como bien observa CASSAGNE, MONTESQUIEU no tendrá la visión positivista y hasta totalitaria de ROUSSEAU, sino que la referencia a la ley, conforme a su pensamiento, es a los fines de salvaguardar la libertad[74].

MONTESQUIEU, para precisar su concepto de libertad, decía que ella no consiste en hacer lo que se quiere. "En un Estado, es decir, en una sociedad que tiene leyes, la libertad no puede consistir en otra cosa que en poder hacer lo que se debe querer y en no ser obligado a hacer lo que no debe quererse". A mayor abundamiento agregaba: "La libertad es el derecho de hacer lo que las leyes permitan". Y, en nota al pie, transcribe un pasaje de CICERÓN: "*Omnes legum servirumus ut liberi esse ponimus*", y acotaba: "Sí; cuanto más sometidos a las leyes más libres somos; pero eso será cuando las leyes sean iguales para todos, cuando se apliquen a todos igualmente, lo que jamás se ha visto desde que existen leyes en el mundo. Sí; la sentencia ciceroniana es cierta cuando las leyes son justas; pero hay leyes que son trabas, que fundan privilegios, que amparan injusticias"[75].

Esta referencia a la justicia es clave para comprender el pensamiento de MONTESQUIEU; no se queda en el mero aspecto formal de la ley.

Este segundo inciso del artículo 10, fuente constitucional del principio de legalidad, tiene una finalidad y función garantística. La acción u omisión, presupuesto de la potestad sancionatoria, además de ser lesiva debe ser antijurídica; más concretamente, debe ser ilegal.

Pacíficamente, se entiende en nuestro país que cada vez que la Constitución emplea el término *ley* lo hace en su sentido orgánico formal[76]. Esto

[74] MONTESQUIEU, *El espíritu de...*, págs. 186 y ss.; JUAN CARLOS CASSAGNE, *Los grandes principios del...*, págs. 249 y ss.

[75] MONTESQUIEU, *El espíritu de...*, pág. 186.

[76] JUSTINO JIMÉNEZ DE ARÉCHAGA, *La Constitución nacional*, Montevideo, Cámara de Senadores, 1992, t. I, págs. 225 y ss.; HÉCTOR GIORGI, "El referéndum municipal", en *Anales del Foro*, núms. 92-93, 1990, págs. 19 y ss.; EDUARDO ESTEVA GALLICCHIO, "Declaración de inconstitucionalidad de actos legislativos", en AUGUSTO DURÁN MARTÍNEZ (coordinador general), "El poder y su control", en *Revista Uruguaya de Derecho Constitucional*

es acorde al espíritu garantista de MONTESQUIEU y así debe ser aplicado el principio de legalidad. Hago esta advertencia porque cuando el partido político que ejerce el Poder Ejecutivo dispone de la mayoría absoluta del Poder Legislativo, puede incurrir en una tentación *rousseauniana* y en lugar de salvaguardar la libertad, avasallarla. Precisamente contra esto nos alertó BASTIAT, en consonancia con MONTESQUIEU, hace aproximadamente ciento cincuenta años: "*La loi pervertie! La loi —et à sa suite toutes les forces collectives de la nation—, la Loi, dis-je, non-seulement détournée de son but, mais appliquée à poursuivre un but directement contraire! La Loi devenue l'instrument de toutes les cupidités au lieu d'en être le frein! La Loi accomplissant elle-même l'iniquité qu'elle avait pour mission de punir!*"[77].

Por eso es por lo que la ley formal debe ser una garantía y no un instrumento de iniquidad, por eso debe estar sujeta al bloque de constitucionalidad y este aspecto debe ser especialmente controlado jurisdiccionalmente, teniendo en cuenta, entre otras cosas, el llamado *control de convencionalidad*[78].

D) Si, como se ha visto, la finalidad del poder político es el bien común, y este es el estado de hecho necesario para la plena realización de los derechos fundamentales, la ley debe tener un contenido sustantivo acorde a esa finalidad. De lo contrario, desconoce el principio de razonabilidad y, por ende, es ilegítimo.

Esto es lo que ha posibilitado la aparición del concepto del debido proceso sustantivo, además del debido proceso adjetivo[79]. Es que el debido proceso sustantivo, como bien expresa CIANCIARDO, "consiste básicamente

y Político, Serie Congresos y Conferencias, n.º 1, Montevideo, Ucudal, 1990, págs. 99 y ss.; GONZALO AGUIRRE RAMÍREZ, *Derecho legislativo*, Montevideo, F. C. U., 1997, t. I, págs. 56 y ss.; AUGUSTO DURÁN MARTÍNEZ, *Casos de derecho administrativo*, Montevideo, Ucudal-Igranusi, 1999, vol. II, págs. 58 y ss.; HÉCTOR GROS ESPIELL, "Los derechos humanos en la Constitución uruguaya y su protección internacional", en HÉCTOR GROS ESPIELL, *Temas internacionales*, Montevideo, Melibea Ediciones, 2001, pág. 451; MARTÍN J. RISSO FERRAND, *Derecho constitucional*, t. III, Montevideo, Ingranusi, 1998, págs. 73 y ss.; AUGUSTO DURÁN MARTÍNEZ, "¿Se puede limitar derechos humanos por actos administrativos dictados por órganos reguladores de la actividad privada? Especial referencia a las Unidades de regulación creadas en Uruguay", en AUGUSTO DURÁN MARTÍNEZ, *Estudios de derecho público*, vol. I, Montevideo, 2004, pág. 361; AUGUSTO DURÁN MARTÍNEZ, "Principios de legalidad, tipicidad y culpabilidad en el derecho administrativo sancionador", en AUGUSTO DURÁN MARTÍNEZ, *Derecho administrativo. Otra forma de verlo*, Montevideo, La Ley, 2017, pág. 525.

[77] FRÉDÉRIC BASTIAT, "La loi", en FRÉDÉRIC BASTIAT, *Œuvres complètes*, 3.ª édition, tome quatrième, Paris, Guillaumin et Cíe. Éditeurs, 1873, pág. 342.

[78] AUGUSTO DURÁN MARTÍNEZ, "Principios de legalidad, tipicidad y...", *loc. cit.*, pág. 530.

[79] JUAN CIANCIARDO, *El principio de razonabilidad...*, págs. 36 y ss.; JUAN CARLOS CASSAGNE, *Los grandes principios...*, págs. 258 y ss.

en una garantía de la razonabilidad de las decisiones de cualquiera de los órganos del Estado, y que es irrazonable toda decisión que afecte los derechos fundamentales protegidos por la Constitución"[80].

De esto deriva que la alteración de la Constitución por un acto infravalente, implica, en principio, una irrazonabilidad de esencia por cuanto el acto que la contradice no guarda proporción con el texto o los fines que persigue o los principios y garantías constitucionales[81]. Lo mismo cabe decir, a esta altura de nuestro desarrollo cultural, respecto del bloque de constitucionalidad.

6. Razonabilidad y principio de igualdad

A) No es nada fácil definir la igualdad.

B) Bien conocido es el concepto aristotélico de la igualdad. Para el Estagirita, la igualdad consiste en tratar igualmente a los iguales y desigualmente a los desiguales en la medida en que se desigualan. "Si las personas no son iguales no deberán [...] tener partes iguales. Y de aquí las disputas y reclamaciones cuando aspirantes iguales no tienen partes iguales; o cuando no siendo iguales reciben, sin embargo, porciones iguales"[82].

C) Este concepto es compartible, por cierto. Pero, como bien advierte Bandeira de Mello, esta fórmula es válida como punto de partida, pero no tanto como punto de llegada[83]. En efecto, no es fácil determinar qué diferencias accidentales pueden tomarse en cuenta para justificar tratamientos diferenciales.

D) También se ha discutido acerca de la posición de la igualdad en el universo jurídico.

E) La igualdad es un valor[84]. La igualdad como valor remite a la noción de justicia[85], que también es un valor.

80 Juan Cianciardo, *El principio de razonabilidad...*, págs. 37 y ss.

81 Juan Carlos Cassagne, *Los grandes principios...*, pág. 254.

82 Aristóteles, *Moral, a Nicómaco*, Libro quinto, cap. III, 6ª ed., Madrid, Espasa-Calpe, Colección Austral, 1972, págs. 134 y ss.

83 Celso Antônio Bandeira de Mello, *O conteúdo jurídico do princípio da igualdade*, 3ª edição, 21° tiragem, São Paulo, Malheiros Editores, 2012, págs. 10 y ss.; José Korzeniak, *Primer curso de derecho público. Derecho constitucional*, Montevideo, F. C. U., 2001, págs. 327 y ss.

84 Luigi Ferrajoli, "La igualdad y sus garantías", en Oscar Sarlo y Andrés Blanco (coords), *El principio de igualdad en la teoría del derecho y la dogmática jurídica*, Montevideo, F. C. U., 2008, pág. 12.

85 Oscar Sarlo, "Sobre la noción de igualdad. Algunas cuestiones filosóficas y lingüísticas relativas a la misma", en Oscar Sarlo y Andrés Blanco, (coords.), *El principio de igualdad en...*, pág. 33.

Los valores se elevan a dimensiones superiores éticas y filosóficas, pero no todos pueden traerse al mundo jurídico[86].

CASSAGNE, refiriéndose concretamente a los grandes principios de derecho ónticos, decía que "todo principio contiene un valor, pero no todo valor configura un principio jurídico exigible como tal"[87].

La igualdad es un valor, como se ha dicho, pero también un principio jurídico.

F) Al estudiar el principio de igualdad, recordó CASSAGNE que CONDORCET fue el primero en elaborar un proyecto de Constitución en el que la igualdad era la base de los demás derechos, en el marco de un modelo constitucional republicano[88].

Sin embargo, "las constituciones decimonónicas tomaron, como es sabido, otro camino, inclinándose por la fórmula de la 'igualdad ante la ley' sin atribuirle la condición de base y fundamento del sistema republicano ni preferencia alguna sobre la libertad y demás derechos fundamentales"[89].

Por eso bien pudo decir RUOCCO que la igualdad es uno de esos valores superiores, y como ya se vio también, un principio jurídico "junto a la libertad, que todo ordenamiento jurídico debe reconocer para posibilitar el desarrollo integral del ser humano, exigido por su misma desigualdad"[90].

O sea, la igualdad ocupa una posición prominente en el mundo jurídico, pero no sola, sino junto con la libertad y otros principios fundamentales, por lo que para su aplicación en cada caso exige una delicada y adecuada ponderación.

G) La igualdad también es un derecho. Precisamente, JIMÉNEZ DE ARÉCHAGA así la considera[91].

La igualdad es, así, un valor, un principio y un derecho. Un derecho de máxima importancia junto con otros derechos fundamentales, lo que exige una adecuada coordinación con esos otros derechos y ponderación en su aplicación.

[86] PEDRO J. J. COVIELLO, "El principio de solidaridad en el derecho administrativo. Una visión personalista", en JAIME RODRÍGUEZ-ARANA, CARLOS DELPIAZZO RODRÍGUEZ, WILLIAM ZAMBRANO CETINA, MARÍA DEL CARMEN RODRÍGUEZ MARTÍN-RETORTILLO (editores), Función social de la Administración, Bogotá, Ibáñez, Universidad del Rosario Editorial y Fida, 2016, t. I, págs. 72 y ss.

[87] JUAN CARLOS CASSAGNE, *Los grandes principios...*, págs. 71 y ss.

[88] JUAN CARLOS CASSAGNE, *Los grandes principios...*, págs. 289 y ss.

[89] JUAN CARLOS CASSAGNE, *Los grandes principios...*, pág. 290.

[90] GRACIELA RUOCCO, "La igualdad en la contratación administrativa", en *Estudios de derecho administrativo*, Montevideo, La Ley, 2013, n.º 8, pág. 425.

[91] JUSTINO JIMÉNEZ DE ARÉCHAGA, *La Constitución nacional*, t. I, Montevideo, Cámara de Senadores, 1992, págs. 364 y ss.

H) Como se ha dicho, el constitucionalismo del siglo XIX no adoptó la visión de CONDORCET de igualdad material que le asignaba primacía absoluta sobre los demás derechos fundamentales, sino que adoptó el principio de "igualdad ante la ley" sin asignarle preferencia sobre la libertad y otros derechos fundamentales[92].

Precisamente, esta concepción fue la recogida por nuestra Constitución en su artículo 8, en cuanto establece: "Todas las personas son iguales ante la ley no reconociéndose otra distinción entre ellas sino la de sus talentos o las virtudes". Fórmula parecida es la que adoptó el artículo 24 de la Convención Americana de Derechos Humanos: "Todas las personas son iguales ante la ley. En consecuencia, tienen derecho, sin discriminación, a igual protección de la ley".

I) La igualdad ante la ley con el tiempo ha ampliado su contenido, ya que se entendió que este concepto incluye también el de igualdad en la ley y el de la igualdad por la ley[93].

La igualdad ante la ley implica que ella debe ser aplicada de la misma manera para todos[94]. Es decir, se debe tratar igualmente las situaciones iguales, pero desigualmente las desiguales con justicia, como acotaba CAGNONI[95].

La igualdad en la ley implica que ella misma no puede ser dictada en disconformidad con la isonomía[96]. No solo ante la norma puesta se nivelan los individuos, sino la propia ley, al dictarse, queda sujeta al deber de dispensar un trato ecuánime a las personas[97]. Este es el sentido de la parte final del artículo 24 del Pacto de San José de Costa Rica, que no figura en nuestro artículo 8 de la Constitución vigente que proviene del siglo XIX, pero se entiende que queda implícito en él.

La igualdad por la ley procura lograr la igualdad material corrigiendo las desigualdades existentes[98]. Es un instrumento de justicia distributiva[99]. Esto poco tiene que ver con el "igualitarismo social", cuyos excesos todos conocemos, sino con la solidaridad, base de la justicia social cuyo instrumento es la justicia distributiva[100].

[92] JUAN CARLOS CASSAGNE, *Los grandes principios...*, pág. 290.

[93] JOSÉ ANÍBAL CAGNONI, *El derecho constitucional uruguayo*, 2ª ed. actualizada y ampliada, Montevideo, 2006, pág. 429; GRACIELA RUOCCO, "La igualdad...", *loc. cit.*, págs. 428 y ss.

[94] GRACIELA RUOCCO, "La igualdad...", *loc. cit.*, pág. 428.

[95] JOSÉ ANÍBAL CAGNONI, *El derecho constitucional...*, pág. 429.

[96] CELSO ANTÔNIO BANDEIRA DE MELLO, *O conteúdo...*, pág. 9.

[97] CELSO ANTÔNIO BANDEIRA DE MELLO, *O conteúdo...*, pág. 9; JOSÉ ANÍBAL CAGNONI, *El derecho constitucional...*, pág. 429.

[98] JOSÉ ANÍBAL CAGNONI, *El derecho constitucional...*, pág. 429.

[99] GRACIELA RUOCCO, "La igualdad...", *loc. cit.*, pág. 429.

[100] JUAN CARLOS CASSAGNE, *Los grandes principios...*, págs. 224 y ss.

Esto explica las llamadas "discriminaciones favorables", que permiten dar un trato diferencial a situaciones efectivamente distintas. Esto faculta para buscar el logro de la igualdad mediante la creación de ciertas desigualdades contrarias, mediante las llamadas "acciones afirmativas"[101].

Como ejemplo de esto se señala la reserva de determinados números de lugares para ciertas minorías étnicas en ciertas Universidades de los Estados Unidos, cuya constitucionalidad fue admitida por la Suprema Corte de Justicia de ese país[102], o las cuotas que la ley, a veces, adjudica a las mujeres para determinados cargos.

Incluso se ha cuestionado la constitucionalidad de una ley si trata de manera igual a situaciones desiguales[103].

J) La igualdad no es identidad.

Decimos que los hombres somos iguales porque tenemos una esencia común, pero presentamos diferencias accidentales[104]. La igualdad está en la esencia, no en los accidentes[105].

Por eso, FERRAJOLI acotaba que no existe contradicción entre igualdad y diferencia; la contradicción existe entre igualdad y desigualdad[106].

De ahí que el derecho a veces tutele esas diferencias y a veces imponga diferencias para combatir las desigualdades que existen en la sociedad y lograr la igualdad. Por tanto, la igualdad de trato que impone el principio en estudio debe tener en cuenta estos aspectos para su cabal comprensión y adecuada aplicación.

K) Por supuesto que se puede legislar para una categoría o grupo. En ese caso, todos los sujetos que se encuentran en la misma categoría deben recibir el mismo trato. Pero eso no basta para considerar que se ha respetado el principio de igualdad. Es preciso, además, justificar la propia categoría[107].

[101] MARTÍN RISSO FERRAND, *Derecho constitucional*, t. 1, 2.ª edición actualizada y ampliada, Montevideo, F. C. U., pág. 511.

[102] MARTÍN RISSO FERRAND, *Derecho constitucional...*, t. 1, pág. 515.

[103] MARTÍN RISSO FERRAND, *Derecho constitucional...*, t. 1, pág. 509.

[104] AUGUSTO DURÁN MARTÍNEZ, "La prueba en el procedimiento administrativo", en AUGUSTO DURÁN MARTÍNEZ, *Estudios de derecho administrativo.* Parte general, Montevideo, 1999, pág. 139.

[105] AUGUSTO DURÁN MARTÍNEZ, "Filosofía de la constitución oriental", en AUGUSTO DURÁN MARTÍNEZ, *Estudios de derecho público*, Montevideo, 2004, vol. I, págs. 55 y ss.

[106] LUIGI FERRAJOLI, "La igualdad y sus...", *loc. cit.*, págs. 10 y ss.

[107] JUSTINO JIMÉNEZ DE ARÉCHAGA, *La Constitución...*, t. I, págs. 367 y ss.; MARTÍN RISSO FERRAND, *Derecho constitucional*, t. 1, 2.ª edición actualizada y ampliada, Montevideo, F. C. U., pág. 504; CARLOS LÓPEZ RODRÍGUEZ, "La igualdad como principio del modelo económico uruguayo", en OSCAR SARLO y ANDRÉS BLANCO, (coords.), *El principio de igualdad en...*, págs. 81 y ss.

Esa justificación se efectúa en función del fin y de la razonabilidad. Es decir, la distinción debe responder a un determinado fin, ese fin debe ser legítimo y debe existir una adecuación razonable entre medio y fin[108].

Ese es el llamado *test de igualdad*, que sirve para determinar el carácter arbitrario de una distinción. La Corte Interamericana ha considerado invariablemente que la discriminación se efectúa cuando existe una distinción arbitraria, esto es, una distinción carente de justificación objetiva y razonable[109]. Eso es lo que se determina con ese test de igualdad.

Esta concepción, en su esencia, es generalizada. A modo de ejemplo cito un reciente pronunciamiento del Consejo Constitucional de Francia que, luego de evocar el artículo 6° de la Declaración de los Derechos del Hombre y del Ciudadano de 1789[110] que, como se sabe, integra el bloque de constitucionalidad en ese país[111], expresó: "El principio de igualdad no impide que el legislador regule distintas situaciones de distinta forma, ni afecta la igualdad por motivos de interés general, siempre que, en uno y otro caso, la diferencia de trato que de ella resulte esté directamente relacionada con el objeto de la ley que la establece"[112].

L) Lo expuesto revela que la razonabilidad es decisiva para la determinación de la igualdad.

[108] MARTÍN RISSO FERRAND, *Derecho...*, t. 1, págs. 505 y ss.; RODRIGO UPRIMNY YEPES y LUZ MARÍA SÁNCHEZ DUQUE, "Igualdad ante la ley", en CHRISTIAN STEINER y PATRICIA URIBE (editores), *Convención Americana sobre Derechos Humanos. Comentario*, Bogotá, Konrad Adenauer Stiftung-Suprema Corte de Justicia de Uruguay, 2014, págs. 593 y ss.

[109] RODRIGO UPRIMNY YEPES y LUZ MARÍA SÁNCHEZ DUQUE, "Igualdad ante la...", *loc. cit.*, pág. 587.

[110] "La ley es la expresión de la voluntad general. Todos los ciudadanos tienen derecho a participar personalmente o por sus representantes en su formación. Ella debe ser la misma para todos, sea en lo que protege, sea en lo que castiga. Todos los ciudadanos siendo iguales ante sus ojos, son igualmente admisibles a todas las dignidades, lugares y empleos públicos, según su capacidad, y sin otra distinción que la de sus virtudes y sus talentos" (trad. del autor). El texto en francés que he traducido proviene del libro de GEORGE JELLINEK, *La Declaración de los Derechos del Hombre y del Ciudadano*, México, Universidad Nacional Autónoma de México, 2003, pág. 99).

[111] LOUIS FAVOREU y LOÏC PHILIP, *Les Grandes Décisions Du Conseil Constitutionnel*, 8ème ed., Paris, Dalloz, 1995, págs. 43, 252 y ss., 258 y ss., 291, 319, 464 y ss.; CARLOS E. GUARIGLIA, *Presunción de constitucionalidad de las leyes*, Montevideo, La Ley, 2009, pág. 196; AUGUSTO DURÁN MARTÍNEZ, "El control de convencionalidad y el derecho público interno", en AUGUSTO DURÁN MARTÍNEZ, *Derecho administrativo. Otra forma de verlo*, Montevideo, La Ley, 2017, págs. 65 y 66.

[112] Decisión 2020-856, de 18 de setiembre de 2020. Cuest. Prioritaria de Constitucionalidad promovida por la Corte de Casación. Mme Suzanne A. et autres [Allocation pour les enfants de mineurs licenciés pour faits de grèves en 1948 et 1952]. Disponible en https://www.conseil-constitutionnel.fr/decision/2020/202856QPC.htm

7. Razonabilidad y subprincipio de proporcionalidad

A) Ya se ha dicho que el derecho en su analogado principal, objeto de la justicia particular, es lo justo, es algo proporcional.

También se ha reconocido el desarrollo que ha tenido en la jurisprudencia y doctrina alemana el principio de proporcionalidad. Precisamente fueron los germanos los que, para la aplicación de este principio, propiciaron una ponderación con base en tres planos o subgrupos: de idoneidad, de necesidad (mandato del medio más benigno) y de proporcionalidad en sentido estricto[113].

B) El subprincipio de idoneidad es también conocido como subprincipio de adecuación[114].

La idoneidad refiere a la adecuación de la medida para lograr el fin propuesto.

Bernal Pulido[115] y Garat Delgado[116] han sostenido que este subprincipio presupone la determinación de la legitimidad del fin propuesto. Esto es correcto, pero la determinación de la legitimidad del fin no entra dentro del principio de proporcionalidad. Entra sí, dentro del principio de razonabilidad en sentido amplio, tanto en lo atinente a la interdicción de la arbitrariedad o al principio de legalidad o al principio de igualdad, pero no integra el principio de proporcionalidad. Es pues un presupuesto previo.

Determinada la legitimidad del fin en función de su consonancia con el bloque de constitucionalidad, procede la aplicación del principio de proporcionalidad, y aquí corresponde en primer término acudir al subprincipio de idoneidad o adecuación. Es así como, si la medida no es apta para lograr el fin propuesto, se descarta por su ilegitimidad. Si es apta, corresponde acudir al segundo paso o subprincipio, el de necesidad.

C) Determinado que la medida es apta para lograr el fin propuesto, es preciso definir si ella es necesaria, o sea, si es la menos gravosa. Si se encuentra que hay otra medida que causa menor perjuicio para lograr el fin

[113] Robert Alexy, *Teoría de los...*, págs. 91 y ss.; Carlos E. Guariglia, *El conflicto entre los derechos fundamentales*, Montevideo, Amalio M. Fernández, 2007, págs. 272 y ss.; Augusto Durán Martínez, *Derecho a la protección de datos personales y al acceso a la información pública. Hábeas data*, 2ª ed. actualizada y ampliada, Montevideo, Amalio M. Fernández, 2012, pág. 95.

[114] Carlos Bernal Pulido, *El principio de proporcionalidad y los derechos fundamentales*, Madrid, Centro de Estudios Políticos y Constitucionales, 2005, pág. 689.

[115] Carlos Bernal Pulido, *El principio de proporcionalidad y...*, págs. 689 y ss.

[116] María Paula Garat Delgado, *El principio de proporcionalidad y su contrastación empírica*, Montevideo, Facultad de Derecho, Universidad Católica del Uruguay, 2015, págs. 28 y ss.

propuesto, se debe adoptar esa y no la adoptada, la que por ser innecesaria resulta ilegítima. Solo en caso de que no haya otra menos gravosa se puede admitir la necesidad de la medida.

D) Establecida la necesidad de la medida, corresponde el tercer paso o subprincipio, el de proporcionalidad en sentido estricto, que ALEXY llama también "el mandato de la ponderación propiamente dicho"[117].

Esta ponderación propiamente dicha equivale, a juicio de ALEXY, a la ley de ponderación que se expresa así: "cuanto mayor sea el grado de la no satisfacción o de afectación con los principios, tanto mayor debe ser la importancia de la satisfacción del otro"[118].

Para este subprincipio de proporcionalidad, ALEXY aplica lo que llama la fórmula del peso[119], para lo cual propone una escala triádica con niveles de "leve", "moderado" y "grave", que se asignan a los principios en juego. Así, "si se considera que la intensidad de la interferencia es mínima, y si el grado de importancia de las razones para la interferencia es alto, entonces el resultado de las razones para la interferencia es alto, entonces el resultado de la proporcionalidad en sentido estricto puede describirse como 'obvio'- como, de hecho, lo hace el Tribunal Constitucional Federal"[120].

GUARIGLIA, al explicar con gran claridad estos tres pasos del subprincipio de proporcionalidad en sentido estricto, los enuncia de la siguiente manera: "a) identificación de los principios (bienes, valores, intereses) en conflicto; b) atribución de un peso específico a cada uno de los derechos fundamentales o bienes constitucionales en conflicto, atendiendo las circunstancias de cada caso; y c) decisión de la prevalencia conforme al criterio de que cuanto mayor sea el grado del perjuicio a uno de los principios, mayor ha de ser la importancia del cumplimiento de su contrario"[121].

ALEXY, en reiteradas oportunidades, ejemplificó este tercer paso, el de proporcionalidad en sentido estricto, con el conocido caso de *Titanic*[122]. *Titanic* era una revista humorística alemana. En cierta oportunidad escribió sobre un concurso para proveer un cargo en el Ejército alemán y trató a uno de los postulantes que era minusválido de "asesino nato" y de "tullido". El postulante se sintió agraviado y demandó al medio de prensa.

[117] ROBERT ALEXY, *Teoría de los...*, pág. 92.

[118] ROBERT ALEXY, *Teoría de los...*, pág. 529.

[119] ROBERT ALEXY, *Teoría del discurso y derechos constitucionales*, México, Distribuciones Fontamara, 2005, págs. 94 y ss.; *Teoría de los...*, pág. 539.

[120] ROBERT ALEXY, *Teoría del discurso...*, págs. 64 y ss. y 83 y ss.

[121] CARLOS E. GUARIGLIA, *El conflicto...*, págs. 283 y ss.

[122] ROBERT ALEXY, *Teoría del discurso...*, págs. 65 y ss. y 80 y ss.; ROBERT ALEXY, *Teoría de los...*, págs. 532 y ss.

El tribunal actuante determinó los derechos que se encontraban en tensión en el caso: por un lado, el de la dignidad de la persona del postulante, y por otro, el de la libertad de prensa. El tribunal rechazó el agravio de "asesino nato", pues consideró que el militar estaba formado para matar. Por tanto, le dio mayor valor a la libertad de prensa en ese balance. Entendió que la afección del postulante era moderada o incluso leve, en comparación con la libertad de expresión en juego. En cambio, accedió a la demanda por el segundo agravio, por entender que el tratamiento de "tullido" implicaba una discriminación por una cuestión física que en un militar era especialmente sensible y que por tanto la afección era grave, por lo que su protección debía primar ante la libertad de prensa.

Por supuesto que la aplicación de esta *fórmula del peso*, como la llama ALEXY, no se puede aplicar con criterio matemático ni con espíritu lúdico como si se tratase de un juego de ajedrez ni, por tomar términos que le he escuchado a SOTO KLOSS, con la frialdad con que actúa un veterinario cuando efectúa la disección de un gato.

Cuando tratamos cuestiones de derechos humanos, los métodos matemáticos no proceden; no estamos ante un juego y, si bien debemos partir con la frialdad de la razón, ella debe ser acompañada con el calor de la solidaridad para encontrar la solución que mejor se adecúe a los derechos humanos. Me refiero a la solidaridad bien entendida, por cierto, teniendo en cuenta aquel sabio consejo de Don Quijote: "Si acaso doblares la vara de la justicia, que no sea con el peso de la dádiva, sino con el de la misericordia"[123].

8. PROYECCIONES DE LOS PRINCIPIOS DE RAZONABILIDAD Y DE PROPORCIONALIDAD EN LA ACTIVIDAD ADMINISTRATIVA

A) Los principios de razonabilidad y de proporcionalidad se aplican en todas las funciones del Estado, como actividades humanas que son. Se aplican, así, tanto en la función legislativa como en la administrativa y la jurisdiccional. Pero también se emplean en la función constituyente, puesto que esto no puede afectar el núcleo duro de los derechos humanos. Ni el constituyente puede actuar desconociendo los principios de razonabilidad ni de proporcionalidad.

B) En la función jurisdiccional estos principios son utilizados por el juez *a posteriori*, una vez producida la acción que tiene que juzgar. La aplicación de estos principios sirve para su función de contralor, para determinar la legitimidad de la actuación que está a consideración de la Justicia.

[123] MIGUEL DE CERVANTES SAAVEDRA, *El ingenioso hidalgo...*, Segunda parte, pág. 270.

C) En la función constituyente y en la legislativa estos principios se aplican *a priori*, para asegurar que la regla de derecho que se va a elaborar sea legítima.

D) En la función administrativa, estos principios se emplean *a priori* y *a posteriori*.

Se emplean *a priori* para la determinación de la medida correcta. Pero además se emplean *a posteriori* porque la Administración también ejerce una función de control de sus propios actos.

Esa actuación *a priori* de la Administración es especialmente delicada, pues es la que puede causar daño. El constituyente y el legislador crean la norma abstracta, pero quien la aplica y, por ende, puede ocasionar un perjuicio, es el administrador. Este ejerce, sí, una actividad subordinada a la Constitución y a la ley, pero a menudo lo hace con un amplio margen de discrecionalidad, con lo que la legitimidad de sus resoluciones depende en buena medida de la correcta aplicación de los principios de razonabilidad y de proporcionalidad.

Un ejemplo muy claro de estos lo vemos en el derecho administrativo sancionador. Es un lugar común decir que la sanción debe ser proporcionada a la falta. Ante esto es frecuente pretender aplicar esta fórmula con espíritu absolutamente riguroso. Yo mismo sucumbí a esa tentación en mis años juveniles cuando sostuve la aplicación de una estricta proporcionalidad sosteniendo que debe aplicarse la sanción que corresponde en función de la falta, ni más, ni menos[124]. Años después volví sobre el tema y con mayor madurez flexibilicé mi afirmación. En efecto, sostuve que el principio de proporcionalidad impide sancionar en demasía, pero no impide la aplicación de una sanción menor o, incluso, no impide no sancionar, si razones de buena administración así lo imponen o si eso es lo que más conviene a los efectos del mejor cumplimiento de la actividad administrativa del caso[125].

Esto es muy claro en la moderna actividad regulatoria, en que las potestades sancionatorias más que con espíritu represivo se ejercen con una finalidad educativa, pero que puede extenderse al derecho administrativo sancionatorio en general.

En un principio primó una concepción, llamada gráficamente "derecho administrativo de la luz roja"[126], caracterizado por ser garantista, con un

[124] Augusto Durán Martínez, "Proporcionalidad entre la falta y la sanción", en Augusto Durán Martínez, *Estudios de derecho público*. Parte general. Montevideo, 1999, pág. 89.

[125] Augusto Durán Martínez, "Control jurisdiccional de la actividad administrativa", en *Estudios de derecho administrativo*, Montevideo, La Ley, 2012, n.º 5, pág. 62; Augusto Durán Martínez, "Principios del derecho administrativo disciplinario. Especial referencia a la ley n.º 19.121", en Augusto Durán Martínez, *Derecho administrativo. Otra forma de...*, págs. 474 y ss.

[126] Santiago Montt Oyarzún, "Autonomía y responsabilidad: dos expresiones de la vocación purificadora del derecho administrativo y sus principios fundamentales", en

riguroso apego a la legalidad. Con el tiempo apareció el llamado "derecho administrativo de la luz verde". "El derecho no se concibe como una dogmática cerrada a las consecuencias de las normas, sino que, por el contrario, exige al ordenamiento 'una completa e inteligente consideración de los hechos sociales sobre los cuales debe proceder y a los cuales debe aplicarse'"[127]. El ideal de la teoría de la luz verde es la buena administración[128].

MONTT OYARZÚN expresa que en el sistema de la luz verde, "en su versión más sofisticada y completa, los organismos deben conducir un exhaustivo análisis costo-beneficio, conforme al cual debe quedar demostrado que el curso de acción escogido es el más efectivo y eficiente entre todas las alternativas posibles"[129].

La dimensión garantista del derecho de la luz roja no desaparece con el sistema de la luz verde[130], pero en este sistema hay, además, otros aspectos por considerar. "Bajo una perspectiva de luz verde, la responsabilidad de los entes administrativos de hacer cumplir la ley no se limita al ejercicio de potestades sancionatorias. Los reguladores deben proceder conforme a estrategias complejas, que incluyan, además de la sanción, el uso de la persuasión, la negociación y lo que Black denomina 'conversación regulatoria'. La utilización exclusiva de la sanción es frecuentemente contraproducente, según explica Black, la aproximación autoritaria tipo *bulling* consistente en sancionar cualquier incumplimiento, 'puede estimular la oposición a la regulación por parte de los regulados, dando lugar a no-cooperación en las investigaciones y en el proceso de compliance'"[131].

En esta concepción "la clave de una regulación exitosa radica en 'establecer sinergias entre el castigo y la prevención'. A este respecto, conforme a las teorías de las 'pistolas benignas' (*benign guns*), los entes administrativos usualmente estarán mejor capacitados para asegurar el cumplimiento persuasivo de las normas cuando cuenten con facultades para aplicar sanciones administrativas"[132].

En ese sentido, ALEJANDRO NIETO decía: "El objetivo de una buena política represiva no es sancionar sino cabalmente lo contrario, no sancionar, porque

JUAN MIGUEL DE LA CUÉTARA MARTÍNEZ, JOSÉ LUIS MARTÍNEZ LÓPEZ-MUÑIZ y FRANCISCO J. VILLAR ROJAS (coords.), *Derecho administrativo y regulación económica*, Madrid, Liber Amicorum Gaspar Ariño Ortiz, La Ley, Grupo Walter Kluwer, 2011, pág. 58 y ss.

[127] SANTIAGO MONTT OYARZÚN, "Autonomía y responsabilidad:...", *loc. cit.*, págs. 65 y ss.

[128] SANTIAGO MONTT OYARZÚN, "Autonomía y responsabilidad:...", *loc. cit.*, pág. 70.

[129] SANTIAGO MONTT OYARZÚN, "Autonomía y responsabilidad:...", *loc. cit.*, pág. 72.

[130] SANTIAGO MONTT OYARZÚN, "Autonomía y responsabilidad:...", *loc. cit.*, pág. 75.

[131] SANTIAGO MONTT OYARZÚN, "Autonomía y responsabilidad:...", *loc. cit.*, pág. 77.

[132] SANTIAGO MONTT OYARZÚN, "Autonomía y responsabilidad:...", *loc. cit.*, pág. 78.

con la simple amenaza se logra el cumplimiento efectivo de las órdenes y prohibiciones cuando el aparato oficial es activo y honesto. Como dice el refrán popular, 'el miedo guarda la viña'"[133].

En esa línea, BRAITHWAITE y AYRES señalan: "Nuestro argumento es que las agencias regulatorias están normalmente mejor posicionadas para asegurar el cumplimiento de las normas cuando ellas son 'pistolas grandes y benignas'. Esto es, los reguladores podrán habitualmente hablar con suavidad cuando tengan a su disposición la posibilidad de pegar 'palos fuertes' (y, crucialmente, una jerarquía de sanciones menores [disponibles]). Paradójicamente, mientras más grandes y variados son estos 'palos', más grande será el éxito que tendrán los reguladores hablando suavemente"[134].

MONTT OYARZÚN comienza su artículo multicitado en este estudio con la transcripción del siguiente pensamiento de HAURIOU: "*L'Administration ne doit pas se borner à être correcte et respectueuse de la légalité; elle doit s'efforcer d'être habile*"[135]. Y lo concluye así: "En definitiva, el Derecho Administrativo debe orientar sus esfuerzos a apoyar una labor pública respetuosa de la legalidad, pero también, como indica HAURIOU en la cita inicial de este trabajo, una labor que sea inteligente"[136].

Por eso es por lo que existe en este tipo de actividades lo que se ha llamado una "discrecionalidad táctica"[137]. Esta "consiste en un espacio de decisión propio para que la Administración pueda realizar flexiblemente y de la manera más efectiva posible una finalidad legal 'estratégica' adaptándose a las cambiantes circunstancias reales del caso individual"[138].

Lo expuesto demuestra que en el marco de lo que se ha llamado *regulación responsiva*[139], "el principio de proporcionalidad ya no queda limitado a determinar el grado o tipo de sanción, sino alcanza al ejercicio mismo de la potestad sancionatoria, es decir, a determinar cuándo corresponde sancionar o cuando corresponde recurrir a otros instrumentos regulatorios"[140].

[133] SANTIAGO MONTT OYARZÚN, "Autonomía y responsabilidad:...", *loc. cit.*, pág. 78.

[134] SANTIAGO MONTT OYARZÚN, "Autonomía y responsabilidad:...", *loc. cit.*, pág. 78.

[135] SANTIAGO MONTT OYARZÚN, "Autonomía y responsabilidad:...", *loc. cit.*, pág. 55.

[136] SANTIAGO MONTT OYARZÚN, "Autonomía y responsabilidad:...", *loc. cit.*, pág. 80.

[137] ÓSCAR AGUILAR VALDEZ, "Técnicas del control judicial de las decisiones de la administración económica", en JUAN MIGUEL DE LA CUÉTARA MARTÍNEZ, JOSÉ LUIS MARTÍNEZ LÓPEZ-MUÑIZ y FRANCISCO J. VILLAR ROJAS (coords.), *Derecho administrativo y...*, pág. 589.

[138] ÓSCAR AGUILAR VALDEZ, "Técnicas del control judicial...", *loc. cit.*, pág. 589.

[139] ÓSCAR AGUILAR VALDEZ, "Regulación económica y sanciones administrativas", en *Estudios de derecho administrativo*, n.º 22, Montevideo, La Ley, 2020, págs. 556 y ss.

[140] AGUILAR VALDEZ, ÓSCAR, "Regulación económica y sanciones...", *loc. cit.*, pág. 565.

Claro está que esta ponderación que exige esta nueva visión es delicada, puesto que no se puede incurrir en desviación de poder ni distorsionar el derecho de la competencia. Pero, tomando las debidas precauciones, procede actuar conforme al derecho administrativo de la luz verde para poder aplicar adecuadamente los principios de razonabilidad y de proporcionalidad.

BIBLIOGRAFÍA

Aguilar Valdez, Óscar: "Técnicas del control judicial de las decisiones de la administración económica", en Juan Miguel de la Cuétara Martínez, José Luis Martínez López-Muñiz y Francisco J. Villar Rojas (coords.), *Derecho administrativo y regulación económica*, Madrid, Liber Amicorum Gaspar Ariño Ortiz, La Ley, Grupo Walter Kluwer, 2011.

—: "Regulación económica y sanciones administrativas", en *Estudios de derecho administrativo*, n.º 22, Montevideo, La Ley, 2020.

Aguirre Ramírez, Gonzalo, *Derecho legislativo*, t. I, Montevideo, F. C. U., 1997.

Alexy, Robert, *Teoría del discurso y derechos constitucionales*, México, Distribuciones Fontamara, 2005.

—: *Teoría de los derechos fundamentales*, 2ª ed., Madrid, Centro de Estudios Políticos y Constitucionales, 2007.

Aristóteles: *La política*, Buenos Aires, Editorial Tor, 1965.

—: *Moral, a Nicómaco*, 6.ª ed., Madrid, Colección Austral, 1972.

—: *Tópicos (de la dialéctica) en Tratados de lógica (El órganon)*, México, Editorial Porrúa, 1993.

—: *El arte de la retórica*, 2ª ed., 2ª reimpr., Buenos Aires, Eudeba, 2010.

Bandeira de Mello, Celso Antônio: *O contenido jurídico do princípio da igualdade*, 3ª edição, 21° tiragem, São Paulo, Malheiros Editores, 2012.

Bastiat, Frédéric: "La loi", en Bastiat, Frédéric, *Œuvres complètes*, 3ª édition, tome quatrième, Paris, Guillaumin et Cíe. Éditeurs, 1873.

Bernal Pulido, Carlos: *El principio de proporcionalidad y los derechos fundamentales*, Madrid, Centro de Estudios Políticos y Constitucionales, 2005.

Blanke, Hermann-Josef: "El principio de proporcionalidad en el derecho alemán, europeo y latinoamericano", en Aberastury, Pedro (coordinador), "La tutela judicial efectiva en la justicia administrativa", en *Revista Jurídica de Buenos Aires*, Buenos Aires, Facultad de Derecho, Universidad de Buenos Aires, 2008.

Cagnoni, José Aníbal: *El derecho constitucional uruguayo*, 2ª ed. actualizada y ampliada, Montevideo, 2006.

Cassagne, Juan Carlos: *Los grandes principios del derecho público (constitucional y administrativo)*, 2ª ed. actualizada, Buenos Aires, Rubinzon-Culzoni Editorial, 2021.

Cervantes Saavedra, Miguel de: *El ingenioso hidalgo Don Quixote de La Mancha*, Segunda parte, Buenos Aires, Emecé, 1958.

CIANCIARDO, JUAN: *El principio de razonabilidad. Del debido proceso sustantivo al moderno juicio de proporcionalidad*, 2ª ed. actualizada y ampliada, Buenos Aires, Editorial Ábaco de Rodolfo Depalma, 2009.

COVIELLO, PEDRO, J. J.: "El principio de solidaridad en el derecho administrativo. Una visión personalista", en JAIME RODRÍGUEZ-ARANA, CARLOS DELPIAZZO RODRÍGUEZ, WILLIAM ZAMBRANO CETINA, MARÍA DEL CARMEN RODRÍGUEZ MARTÍN-RETORTILLO (editores), *Función social de la Administración*, t. I., Bogotá, Ibáñez, Universidad del Rosario Editorial y FIDA, 2016.

DE AQUINO, TOMÁS: *Tratado de la ley. Tratado de la justicia. Opúsculo sobre el gobierno de los príncipes*, México, Editorial Porrúa, 1975.

DURÁN MARTÍNEZ, AUGUSTO: *Casos de derecho administrativo*, vol. II, Montevideo, Ucudal-Igranusi, 1999.

—: "Control jurisdiccional de la actividad administrativa", en *Estudios de derecho administrativo*, n.º 5, Montevideo, La Ley, 2012.

—: *Contencioso administrativo*, 2.ª ed. actualizada y ampliada, Montevideo, F. C. U., 2015.

—: *Derecho a la protección de datos personales y al acceso a la información pública. Hábeas data*, 2ª ed. actualizada y ampliada, Montevideo, Amalio M. Fernández, 2012.

—: "El control de convencionalidad y el derecho público interno", en DURÁN MARTÍNEZ, AUGUSTO, *Derecho administrativo. Otra forma de verlo*, Montevideo, La Ley, 2017.

—: "Filosofía de la Constitución oriental", en DURÁN MARTÍNEZ, AUGUSTO, *Estudios de derecho público*, vol. I, Montevideo, 2004.

—: "Justicia transicional", en DURÁN MARTÍNEZ, AUGUSTO, *Derecho administrativo. Dimensión social*, Montevideo, La Ley, 2020.

—: "La prueba en el procedimiento administrativo", en DURÁN MARTÍNEZ, AUGUSTO, *Estudios de derecho administrativo.* Parte general, Montevideo, 1999.

—: "Principios de legalidad, tipicidad y culpabilidad en el derecho administrativo sancionador", en DURÁN MARTÍNEZ, AUGUSTO, *Derecho administrativo. Otra forma de verlo*, Montevideo, La Ley, 2017.

—: "Principios del derecho administrativo disciplinario. Especial referencia a la ley n.º 19.121", en DURÁN MARTÍNEZ, AUGUSTO, *Derecho administrativo. Otra forma de verlo*, Montevideo, La Ley, 2017.

—: "Proporcionalidad entre la falta y la sanción", en DURÁN MARTÍNEZ, AUGUSTO, *Estudios de derecho público.* Parte general, Montevideo, 1999.

—: "¿Se puede limitar derechos humanos por actos administrativos dictados por órganos reguladores de la actividad privada? Especial referencia a las unidades de regulación creadas en Uruguay", en DURÁN MARTÍNEZ, AUGUSTO, *Estudios de derecho público*, vol. I, Montevideo, 2004.

ESTEVA GALLICCHIO, EDUARDO: "Declaración de inconstitucionalidad de actos legislativos", en DURÁN MARTÍNEZ, AUGUSTO (coord. general), "El poder y su control", en *Revista Uruguaya de Derecho Constitucional y Político*, Serie Congresos y Conferencias, n.º 1, Montevideo, Ucudal, 1990.

Favoreu, Louis y Philip, Loïc: *Les Grandes Décisions du Conseil Constitutionnel*, 8ème ed., Paris, Dalloz, 1995.

Ferrajoli, Luigi: "La igualdad y sus garantías", en Sarlo, Oscar y Blanco, Andrés (coordinadores), *El principio de igualdad en la teoría del derecho y la dogmática jurídica*, Montevideo, F. C. U., 2008.

Finnis, John: *Ley natural y derechos naturales*, Buenos Aires, Abeledo-Perrot, 2000.

Garat Delgado, María Paula: *El principio de proporcionalidad y su contrastación empírica*, Montevideo, Facultad de Derecho Universidad Católica del Uruguay, 2015.

Giorgi, Héctor: "El referéndum municipal", en *Anales del Foro*, núms. 92-93. Montevideo, 1990.

González, Carlos Ignacio, S. J.: "Estudio introductorio" al libro De Aquino, Tomás, *Tratado de la ley. Tratado de la justicia. Opúsculo sobre el gobierno de los príncipes*, México, Editorial Porrúa, 1975.

Gros Espiell, Héctor: "Los derechos humanos en la Constitución uruguaya y su protección internacional", en Gros Espiell, Héctor, *Temas Internacionales*, Montevideo, Melibea Ediciones, 2001.

Grote, Rainer: "Limitaciones para la ley en la regulación de los derechos humanos en el derecho europeo, con especial referencia al derecho alemán", en *Revista de Derecho de la Universidad Católica del Uruguay*, n.º III, Montevideo, Konrad Adenauer Stiftung, Amalio M. Fernández, 2002.

Guariglia, Carlos, E.: *El conflicto entre los derechos fundamentales*, Montevideo, Amalio M. Fernández, 2007.

—: *Fundamento filosófico del derecho administrativo*, Buenos Aires, Universidad Católica Argentina, Universidad Católica del Uruguay, 2016.

—: *Presunción de constitucionalidad de las leyes*, Montevideo, La Ley, 2009.

—: "Proporcionalidad y discrecionalidad en el derecho administrativo", en *Estudios de derecho administrativo*, n.º 1, Montevideo, La Ley, 2010.

Jellinek, George: *La Declaración de los Derechos del Hombre y del Ciudadano*, México, Universidad Nacional Autónoma de México, 2003.

Jiménez de Aréchaga, Justino: *La Constitución Nacional*, t. I, Montevideo, Cámara de Senadores, 1992.

Korzeniak, José: *Primer curso de derecho público. Derecho constitucional*, Montevideo, F. C. U., 2001.

López Rodríguez, Carlos: "La igualdad como principio del modelo económico uruguayo", en Sarlo, Oscar y Blanco, Andrés (coords.), *El principio de igualdad en la teoría del derecho y la dogmática jurídica*, Montevideo, F. C. U., 2008.

Massini Correas, Carlos Ignacio: *La desintegración del pensar jurídico en la Edad Moderna*, Buenos Aires, Abeledo-Perrot, 1980.

—: *Sobre el realismo jurídico*, Buenos Aires, Abeledo-Perrot, 1978.

Montesquieu, *El espíritu de las leyes*, Buenos Aires, Editorial Heliastra, 1984.

Montt Oyarzún, Santiago: "Autonomía y responsabilidad: dos expresiones de la vocación purificadora del derecho administrativo y sus principios fundamentales", en Juan Miguel de la Cuétara Martínez, José Luis Martínez López-Muñiz y Francisco J. Villar Rojas (coords.), *Derecho administrativo y regulación económica*, Madrid, Liber Amicorum Gaspar Ariño Ortiz, La Ley, Grupo Walter Kluwer, 2011.

Pontificio Consejo: "Justicia y Paz", *Compendio de la Doctrina Social de la Iglesia*, Montevideo, Librería Editorial Arquidiocesana, 2005.

Real Academia Española: *Diccionario de la lengua española*, t. I, 22ª ed., Buenos Aires, Espasa Calpe, 2012.

Recasens Siches, Luis: *Tratado general de filosofía del derecho*, México, Editorial Porrúa, 1970.

Risso Ferrand, Martín J.: *Derecho constitucional*, t. III, Montevideo, Ingranusi, 1998.

—: *Derecho constitucional*, t. I, 2ª edición actualizada y ampliada, Montevideo, F. C. U., 2006.

—: "Prólogo" del libro de Garat Delgado, María Paula, *El principio de proporcionalidad y su constatación empírica*, Montevideo, Universidad Católica del Uruguay, Facultad de Derecho, 2015.

Ruocco, Graciela: "La igualdad en la contratación administrativa", en *Estudios de derecho administrativo*, n.° 8, Montevideo, La Ley, 2013.

Sarlo, Oscar: "Sobre la noción de igualdad. Algunas cuestiones filosóficas y lingüísticas relativas a la misma", en Sarlo, Oscar y Blanco, Andrés (coords.), *El principio de igualdad en la teoría del derecho y la dogmática jurídica*, Montevideo, F. C. U., 2008.

Soto Kloss, Eduardo: "La responsabilidad pública. Un retorno a la idea clásica de restitución", en *Revista de Derecho Público*, n.° 27, Chile, enero-junio 1980.

Suárez, Francisco: *Selección de Defensio Fidei y otras obras*, Buenos Aires, Depalma, 1966.

Uprimny Yepes, Rodrigo y Sánchez Duque, Luz María: "Igualdad ante la ley", en Steiner, Christian y Uribe, Patricia (editores), *Convención Americana sobre Derechos Humanos. Comentario*, Bogotá, Konrad Adenauer Stiftung-Suprema Corte de Justicia de Uruguay, 2014.

Villey, Michel: *El derecho. Perspectiva griega, judía y cristiana*, Buenos Aires, Ghersi Editor, 1978.

—: *Método, fuentes y lenguaje jurídico*, Buenos Aires, Ghersi Editor, 1978.

DERECHO ADMINISTRATIVO TRANSICIONAL. NOTAS PARA UNA INVESTIGACIÓN A PROPÓSITO DEL CASO COLOMBIANO

DANILO ROJAS BETANCOURTH*
Colombia

Los remedios institucionales articulados alrededor de lo que suele denominarse justicia transicional enfatizan el suceso político y el ajuste judicial orientado a buscar un equilibrio entre paz y justicia para las víctimas que aparecen concernidas. Esto es así, porque el propósito central de la justicia transicional es contribuir de la mejor manera posible al reencauzamiento social, institucional y cultural, luego de una ruptura radical del régimen político vigente o la amenaza de este, que suele generar traumas individuales y colectivos a gran escala.

Es de la esencia de la justicia transicional el suceso político, pues en sí misma no es otra cosa que un arreglo más o menos disruptivo en el que participan las partes contendientes o, como ha sucedido en la mayoría de los casos, en el que la comunidad internacional interviene autoritativamente conforme a reglas establecidas y, en todo caso, en el marco de las reglas implícitas que marcan la geopolítica. El resultado más notorio y mediático de ese suceso político lo constituye la fórmula de justicia que se acuerde o se imponga. Si lo político es un *factum* al que se llega para salirle al paso a una situación social e institucional amenazada o ya resquebrajada, lo judicial es una consecuencia necesaria y sucedánea de la responsabilidad política, social y ética para atender la causación de daños graves e injustos.

A los extremos representados por lo político y lo judicial que definen la justicia transicional los une una suerte de elongación pendular caracterizada por las distintas fases en las que se va desarrollando. A esto corresponde el momento normativo jurídico, el de control judicial y el de puesta en ejecución. En otros términos: una vez se canaliza políticamente el quebranto social e institucional ocurrido a través de lo que constituirá un remedio transicional —que típicamente incluye un arreglo judicial—, el principio de

* Presidente de la Sección de Apelación del Tribunal para la Paz (JEP) de Colombia, expresidente del Consejo de Estado de Colombia, profesor asociado de la Universidad Nacional de Colombia.

Estado de derecho impone el paso de lo estrictamente político a la forma jurídica que va a constituir el mandato de deber que facilitará la efectiva puesta en marcha de la política trazada, con la ayuda de la estructura burocrática estatal pertinente. La forma jurídica, por cierto, asegurará la transparencia de lo político y, especialmente, el control del poder.

El momento jurídico se expresa a través de reformas constitucionales, leyes y actos administrativos en general —decretos, resoluciones, ordenanzas, acuerdos, circulares, directivas, etc.—, que, convertidos en estructuras, competencias, atribuciones y deberes, activan la organización institucional prevista para su materialización. Como se sabe, este es particularmente el campo en donde opera el derecho administrativo. No es entonces una novedad afirmar en este escenario: i) que el indicador último del desarrollo de una política pública es la positiva transformación del sector al cual esté dirigida, ii) que el principio facilitador de ese resultado es la eficacia y iii) que el instrumento jurídico más apropiado para ello es un conjunto de normas de derecho administrativo. El detalle que caracteriza esta área del derecho facilita la tarea de la función pública y, en consecuencia, asegura la materialización de la política ideada.

La evaluación de las políticas públicas, como las correspondientes a procesos transicionales, por lo general deja a salvo los grandes titulares de esta y muchas veces muestra cómo una gran idea se malogró en el camino de su desarrollo normativo y su ejecución; esto es, en la ruta del derecho administrativo. La crítica de la eficacia en estos casos comienza por (y suele quedarse en) observaciones y cuestionamientos a la forma de ejecución de lo dicho en las normas legales y especialmente en las directivas administrativas o en lo hecho u omitido en los aparatos burocráticos creados a tal efecto.

Buena parte de la evaluación de lo ocurrido con el paso de los años en los más importantes procesos transicionales del mundo —éxitos, fracasos o retos—, sobrepasa el momento político y se detiene en la formulación normativa de la política o en su ejecución. Un ejemplo ilustra este aserto: luego de concluir oficialmente con sus respectivos mandatos judiciales en 2015 y 2017, los tribunales penales para Ruanda y para la ex Yugoslavia mutaron en un organismo conocido como *Mecanismo de las Naciones Unidas para los Tribunales Penales Internacionales* que, de acuerdo con su misión principal, retoma algunas funciones importantes de los referidos tribunales *ad hoc* y se encarga de otros nuevos, como ubicar y perseguir judicialmente a personas acusadas ante el Tribunal de Ruanda que no alcanzaron a ser debidamente juzgadas por los crímenes de sistema que se les imputan, conocer de las apelaciones pendientes que no fueron falladas, revisar algunos procedimientos formalmente concluidos ante los tribunales, retomar y garantizar la protección de víctimas y testigos que acudieron a los diferentes casos manejados por estas cortes *ad hoc*, supervisar la ejecución de las sentencias y fallos proferidos y preservar-administrar la totalidad de los archivos oficiales[1]. Este mecanismo, desde luego, cuenta con una estructura orgánica y presupuestal determinada, y como persona jurídica que es, en este caso de derecho internacional público, responde a los requerimientos y necesidades administrativas de funcionamiento con base en lo que se llamaría derecho administrativo internacional, transnacional o global. La evaluación y el análisis de los resultados obtenidos en cada una de estas actividades judiciales y administrativas equivalen en gran medida a la evaluación de todo el proceso transicional concernido.

El caso colombiano de justicia transicional constituye un ejemplo cercano del derecho administrativo transicional en plena operación. No me refiero al proceso de justicia especial aplicado a los combatientes paramilitares (Ley de Justicia y Paz de 2005), aún en curso, pues allí hay un ejercicio de justicia penal estándar con aplicación de penas alternativas, en donde el derecho administrativo no se ve particularmente reflejado; sino al pactado en La Habana con la exguerrilla de las Fuerzas Armadas Revolucionarias de Colombia (FARC) en 2016, pues además de sanciones alternativas y sanciones ordinarias de prisión, la nueva Jurisdicción Especial para la Paz (JEP) debe imponer unas medidas de carácter restaurativo, llamadas *sanciones propias*, más fáciles de aprehender analíticamente desde la ciencia del derecho administrativo, sin perjuicio de su entendimiento desde la ciencia del penal y aún desde la criminología crítica. En cualquier caso, este es el aspecto que quisiera brevemente destacar aquí como un particular e importante objeto de estudio para los administrativistas.

Antes, es pertinente señalar que al instituirse la Jurisdicción Especial para la Paz como un juez de justicia especial, por fuera de la estructura de la rama judicial, se creó una organización encargada de realizar todas las funciones propias del Consejo Superior de la Judicatura colombiano, de forma de asegurar lo necesario para el cumplimiento de la misión judicial de la Jurisdicción Especial para la Paz: administración de personal, incluido el pago de nómina y demás prestaciones sociales, salud y bienestar de alrededor de mil funcionarios y empleados públicos, infraestructura tecnológica —que comporta complejos procesos de contratación pública—, la administración de un sistema de defensa pública para los comparecientes de la Jurisdicción Especial para la Paz —guerrilla, fuerza pública, agentes del Estado, terceros—, así como la de un sistema de apoyo jurídico y sicosocial a las víctimas que acuden a la Jurisdicción Especial para la Paz a hacer valer sus derechos, todo lo cual comporta la ejecución directa del presupuesto asignado, entre

[1] Para más información se puede consultar: https://www.irmct.org/en/about/functions

otras responsabilidades. La Secretaría Ejecutiva de la Jurisdicción Especial para la Paz, a cuyo cargo se encuentran estas tareas, en consecuencia, es un claro y permanente escenario de aplicación del derecho administrativo en asuntos laborales, prestacionales, contractuales y presupuestales, orientado todo a facilitar el cumplimiento de la administración de justicia transicional a cargo de sus 38 jueces.

Pero, como ya dije, mi foco en este momento serán las sanciones propias o restaurativas que impondrá la Jurisdicción Especial para la Paz (JEP) a los máximos responsables de los más graves crímenes cometidos durante la guerra que se produjo en Colombia antes del 1 de diciembre de 2016. Mi hipótesis es que este tipo de sanciones especiales deben ser examinadas no solo en clave de derecho penal, sino especialmente desde la perspectiva del derecho administrativo y por esa vía motivar una línea de estudio que bien podría llamarse derecho administrativo transicional (DAT). Para ilustrar la hipótesis esbozada (I) describiré brevemente las características de las sanciones propias del Sistema Integral de Verdad, Justicia, Reparación y No Repetición (SIVJRNR), luego (II) indicaré la forma como está prevista su formulación y ejecución (especialmente a través de trabajos, obras y acciones reparadoras y restauradoras (TOAR), al igual que (III) su articulación con el desarrollo social regional a través de los planes de desarrollo con enfoque territorial (PDET) y (IV) resaltaré el papel de las víctimas tanto en la imposición de la sanción como en su ejecución. El conjunto de descripciones y reflexiones que este breve recuento genera, (V) constituye el más importante material de estudio cuyo resultado, repito, bien puede formar parte del derecho administrativo transicional.

Una conclusión que adelanto y que quiero hacer notar a lo largo del escrito, es la pertinencia de reivindicar el derecho administrativo en un área descuidada por los especialistas. Si el objeto de estudio de la ciencia del derecho administrativo es, en general, la acción y omisión de la Administración pública, arreglos políticos e institucionales que tocan la columna vertebral del Estado social y democrático de derecho, como lo ocurrido en el caso colombiano con ocasión del Acuerdo Final de Paz de La Habana (AFP), deben ser parte integrante de los análisis orientados a mirar los efectos de las transformaciones que temporal o definitivamente se puedan presentar en toda la institucionalidad, y sus consecuencias sociales.

1. Las sanciones propias que impondrá la Jurisdicción Especial para la Paz

Luego de más de cuatro años de conversaciones con la guerrilla de las Fuerzas Armadas Revolucionarias de Colombia (FARC), el gobierno colombiano firmó un Acuerdo de Paz que, sometido a plebiscito, fue rechazado por la mayoría de votantes, lo que obligó su ajuste y nueva refrendación por el Congreso, todo ello avalado por la Corte Constitucional. El punto 5 del Acuerdo —sobre víctimas del conflicto armado— creó el Sistema Integral de Verdad, Justicia, Reparación y No Repetición (SIVJRNR), cuyo objetivo principal es proporcionar el más amplio reconocimiento, verdad, justicia, reparación y garantías de no repetición a las víctimas del conflicto armado, a través de cuatro institutos:

• La Comisión para el Esclarecimiento de la Verdad, la Convivencia y la No Repetición, formalizado mediante decreto legislativo 588 de 2017 (5 de abril).

• La Unidad para la Búsqueda de Personas dadas por Desaparecidas en el contexto y en razón del conflicto armado, formalizada mediante decreto legislativo 589 de 2017 (5 de abril).

• Las medidas de reparación integral para la construcción de paz y las garantías de no repetición[2].

• La Jurisdicción Especial para la Paz (JEP).

La Jurisdicción Especial para la Paz es la institución judicial del Sistema Integral de Verdad, Justicia, Reparación y No Repetición (SIVJRNR), incluido en el Acuerdo Final de Paz como mecanismo para el reconocimiento y atención de las víctimas del conflicto armado, en el marco del juzgamiento de los mayores responsables y partícipes determinantes de los más graves crímenes ocurridos en la guerra en Colombia. Su estructura y funciones previstas en el Acuerdo Final de Paz de La Habana, fueron establecidas mediante reforma constitucional (act. leg. 1 del 4 de abril de 2017) y, especialmente, en la Ley Estatutaria de la Jurisdicción Especial para la Paz (ley 1957 de 6 de junio de 2019).

La Jurisdicción Especial para la Paz (JEP) es una institución que administra justicia en forma transitoria[3], autónoma, prevalente y exclusiva respecto de las conductas cometidas antes del 1 de diciembre de 2016, "por causa, con ocasión o en relación directa o indirecta con el conflicto armado" (art. 5 del act. leg. 1 de 2017), en especial por graves infracciones al derecho internacional humanitario y graves violaciones a los derechos humanos. En general, están llamados a comparecer ante la Jurisdicción Especial para la

[2] Cuya garantía se encuentra a cargo del Estado (art. 18 del act. leg. 1 de 2017). Aquí pueden incluirse las medidas de reparación administrativa dispuestas en la llamada Ley de Víctimas (ley 1448 de 2011), y las medidas judiciales restauradoras que imponga la JEP.

[3] En general, está previsto que la JEP funcione 15 años, sin perjuicio de establecer tiempos más precisos para ciertas etapas y eventos (arts. transitorios 12 y 27 del Acto Legislativo 1 de 2017).

Paz, (i) los combatientes que firmaron el acuerdo de paz, conforme a un listado previamente establecido —también quienes hayan sido investigados, procesados o condenados por pertenecer a las Fuerzas Armadas Revolucionarias de Colombia (FARC), antes de la fecha indicada, aún por fuera de ese listado—, (ii) los miembros de la fuerza pública, (iii) los agentes del Estado no integrantes de la fuerza pública[4], (iv), los terceros civiles[5] y (v) los involucrados penalmente por conductas desplegadas en contextos relacionados con la protesta social.

En la definición de competencias de la Jurisdicción Especial para la Paz (JEP) sobresale la exclusión de quien haya ejercido la Presidencia de la República (par. 1 del art. 5 del act. leg. 1 de 2017), cuya eventual investigación, juzgamiento y sanción seguirá rigiéndose por normas constitucionales especiales de aforados.

El Tribunal para la Paz es el "órgano de cierre y la máxima instancia" de la Jurisdicción Especial para la Paz (inc. 2° del art. transitorio 7 del act. leg. 1 de 2017) y lo integran cuatro secciones encargadas de juzgar los casos que provengan de las Salas de Justicia —tres en total— o de la Unidad de Investigación y Acusación (UIA), según que los comparecientes ante la Jurisdicción Especial para la Paz estén o no dispuestos a contribuir con los fines del Sistema Integral de Verdad, Justicia, Reparación y No Repetición (SIVJRNR).

En general, están previstos dos procedimientos: uno en caso de reconocimiento de verdad y de responsabilidad, y otro si no existe este reconocimiento. Ambos, también en general, inician en la Sala de Reconocimiento de Verdad y Responsabilidad y de Determinación de los Hechos y Conductas, y allí se define su admisibilidad, así como el trámite subsiguiente.

Además de las sanciones típicamente retributivas que conllevan prisión hasta de veinte años —sanciones alternativas y ordinarias—, la Jurisdicción Especial para la Paz puede imponer sanciones propias que tienen un

[4] Los agentes del Estado "que hubieren cometido delitos relacionados con el conflicto armado y con ocasión de este" serán juzgados por la JEP a través de un "tratamiento diferenciado", esto es, "equitativo, equilibrado, simultáneo y simétrico" y teniendo en cuenta "la calidad de garantes del derecho por parte del Estado" (art. transitorio 17 del act. leg. 1 de 2017). Este tratamiento diferenciado está igualmente previsto para la llamada constitucionalmente fuerza pública, que en Colombia comprende el Ejército, la Armada, la Fuerza Aérea y la Policía —como se ve, concebidos por separado de los demás agentes del Estado— (arts. transitorios 21 a 25 del act. leg. 1 de 2017).

[5] Esto es, "las personas que sin formar parte de las organizaciones o grupos armados, hubieren contribuido de manera directa o indirecta en el marco del conflicto" (art. transitorio 16 del act. leg. 1 de 2017).

enfoque restaurativo[6] —las llamaré también sanciones restaurativas—, lo que supone atender prioritariamente las necesidades y la dignidad de las víctimas[7]. La función restaurativa y reparadora del daño causado —su aplicación preferente sobre la retributiva— depende del grado de reconocimiento de verdad y de responsabilidad que concrete el compareciente en la Jurisdicción Especial para la Paz.

La imposición de cualquier sanción en la Jurisdicción Especial para la Paz debe estar precedida de un análisis detallado de las particulares condiciones que hayan podido afectar a su destinatario: marginalidad social, económica, territorial y circunstancias similares; o, en contraste, posición privilegiada en la sociedad por su cargo, capacidad económica, poder o ilustración. Las

[6] "El Sistema Integral hace especial énfasis en medidas restaurativas y reparadoras, y pretende alcanzar justicia no solo con sanciones retributivas". AFP, pág. 128. "Estamos entonces ante un tipo de justicia completamente novedoso en el que, bajo las condiciones de la Jurisdicción Especial para la Paz, los perpetradores asumen su responsabilidad ante el SIVJRNR, las víctimas y la sociedad. [...] La multiplicidad de aproximaciones que existen frente a la justicia restaurativa dificulta su definición. A pesar de esta dificultad, es posible afirmar que la justicia restaurativa es un modelo de justicia que se aparta de la noción retribucionista de los sistemas penales, centrándose en la víctima y en su reparación, al igual que en la reconstrucción del tejido social. Así, se aboga por un proceso en el que la víctima y el victimario, y cuando lo amerite, la comunidad o los terceros afectados por el delito, participen de manera conjunta y activa en la resolución de los conflictos derivados de la comisión de dicho delito". CORTE CONSTITUCIONAL, sent. C-080 de 2018. "[E]l Acto Legislativo establece un régimen especial y diferenciado para la investigación, juzgamiento y sanción de las infracciones cometidas en el marco del conflicto armado, régimen que, en principio, no responde al paradigma de la justicia retributiva, en distintos sentidos: (i) primero, se habilita al Estado para renunciar a la función persecutoria en función de criterios objetivos y subjetivos, pues el Estado se encuentra habilitado para no criminalizar a las personas que no tienen la calidad de máximos responsables (criterio subjetivo), y para no criminalizar aquellos delitos que no constituyen un delito de lesa humanidad, genocidio o un crimen de guerra (criterio objetivo), universo éste frente al cual, según el artículo 3° del Acto Legislativo 01 de 2017 es procedente la renuncia condicionada a la persecución judicial penal, mediante dispositivos como la amnistía, el indulto o la suspensión total de la ejecución de la pena; (ii) y segundo, mediante la aplicación de un régimen sancionatorio alternativo que contempla, entre otras cosas, sanciones penales reducidas, la suspensión parcial o total de la ejecución de la pena, la aplicación de penas alternativas, las modalidades especiales de cumplimiento de la pena, entre otras". CORTE CONSTITUCIONAL, sent. C-674 de 2017.

[7] "La justicia restaurativa es una dimensión de la justicia, que tiene sus orígenes en concepciones más tradicionales y ancestrales de la forma como se debe lidiar con el daño que causan a las víctimas los ofensores en una comunidad, en las que las necesidades de las víctimas que el daño ocasiona, el reconocimiento de la responsabilidad por parte de quienes cometieron las ofensas, así como su rehabilitación, y la participación de la comunidad son esenciales". CAMILA DE GAMBOA TAPIAS, *El papel de la justicia restaurativa en el Sistema Integral de Verdad, Justicia, Reparación y No Repetición*, Bogotá D.C., CAPAZ, Instituto Colombo-Alemán para la Paz, Policy Brief 6-2020, julio de 2020.

sanciones también deben tener en cuenta las características del aporte a la verdad, las manifestaciones de reparación y las garantías de no repetición.

Las resoluciones y sentencias que impongan penalidades deben enunciar de manera precisa su contenido y el lugar de ejecución, así como las condiciones y efectos de las sanciones por los delitos no amnistiables[8]. La sentencia producida, bien en el procedimiento dialógico —cuando se reconoce verdad, validado el contenido de la resolución de conclusiones por parte de la Sección del Tribunal para casos de Reconocimiento de Verdad y Responsabilidad—, o adversarial —cuando no se reconoce verdad y hay necesidad de enjuiciamiento ante la Sección del Tribunal para casos de Ausencia de Reconocimiento de Verdad y Responsabilidad—, también debe definir de manera precisa la sanción, sus condiciones y modalidades[9], y puede ser leída en audiencia pública por solicitud de las víctimas y del Ministerio Público, lo que constituye un acto o medida específica de reparación en sí[10].

Las medidas restaurativas de reparación que se decreten en la Jurisdicción Especial para la Paz —derivadas de las sanciones correspondientes—, por lo mismo, deben tener enfoque de género y diferencial, ser idealmente concertadas proporcional y razonadamente, y encaminarse a la armonización y sanación individual, colectiva y territorial; así como a la permanencia cultural y supervivencia, en el caso de los pueblos étnicos. Para acometer ese objetivo, se debe prestar especial atención a la situación de vulnerabilidad previa, coetánea o posterior a las infracciones y crímenes cometidos que guarden relación con la conducta[11].

Las sanciones propias comprenden las restricciones efectivas de libertades y derechos que sean necesarias para su ejecución, tales como la libertad de residencia y movimiento. Además, deben garantizar la no repetición. La sanción propia tiene un mínimo de duración de cumplimiento de las funciones reparadoras y restauradoras de cinco (5) y un máximo de ocho (8) años, y se aplica a quienes reconozcan responsabilidad y verdad exhaustiva, detallada

[8] Ley 1957 de 2019, art. 134. "El establecimiento de sanciones propias, alternativas y ordinarias, y la exigencia de que las sentencias y resoluciones enuncien de manera precisa la sanción, el lugar de la ejecución y los efectos de la misma por delitos no susceptibles de amnistías, indultos o tratamientos penales equivalentes, es concordante con la obligación del Estado de sancionar de manera efectiva, cuando a ello hubiere lugar, las graves violaciones a los derechos humanos e infracciones al Derecho Internacional Humanitario". Corte Constitucional, sent. C-080 de 2018.

[9] Ley 1957 de 2019, arts. 92, 93 y 125.

[10] Ley 1922 de 2018, arts. 42, 64.

[11] Ley 1922 de 2018, arts. 1 (a), 27, 65, 70. Act. leg. 1 de 2017, art. transitorio 1. Ley 1957 de 2019, arts. 7, 13, 18. Ley 1957 de 2019, arts. 39, 41, 125 y 141.

y plena ante la Sección de Reconocimiento de Verdad y Responsabilidad del Tribunal para la Paz, respecto a determinadas infracciones muy graves.

La Sección de Reconocimiento de Verdad y Responsabilidad del Tribunal para la Paz elaboró un documento que puede orientar la forma práctica de materialización de la sanción propia y de los trabajos, obras y acciones reparadoras y restauradoras (TOAR)[12]. En general, la restricción a la libertad en el marco de las sanciones propias debe caracterizarse por: (i) la determinación precisa de los lugares de ubicación de los sancionados durante los horarios o periodos en que ejecuten la sanción, (ii) la fijación de los horarios de cumplimiento de las actividades restaurativas, (iii) la designación del lugar digno y habitable de residencia de los penados durante la ejecución de la sanción y (iv) la asignación de un órgano encargado de verificar el cumplimiento de las sanciones, así como la determinación de la periodicidad en la que este debe rendir informes sobre la ejecución de las sanciones por parte de los comparecientes.

El componente de restricción efectiva para los miembros de la fuerza pública, en particular, debe incluir la fijación de su residencia en unidades militares o policiales cercanas al lugar de cumplimiento de la sanción restaurativa durante los días en que esta se cumpla; y el de los integrantes de comunidades indígenas, a su turno, puede ordenarse en los territorios ancestrales correspondientes, siempre y cuando se garantice el cumplimiento del contenido restaurador y reparador de la sanción propia impuesta.

2. Formulación y ejecución de las sanciones propias: los trabajos, obras y acciones reparadoras y restauradoras

Las sanciones restaurativas se cumplen, por lo general, mediante trabajos, obras y acciones reparadoras y restauradoras (TOAR), que pueden realizarse durante un período determinado o bien atendiendo cierto resultado, como la culminación de una obra de infraestructura, sin perjuicio de la duración de la sanción impuesta. Los mismos comparecientes pueden presentar ante la Jurisdicción Especial para la Paz un proyecto detallado, individual o colectivo, de ejecución de la restricción efectiva que supone la sanción propia y de los trabajos, obras y acciones reparadoras y restauradoras por realizar. La Jurisdicción Especial para la Paz, en cualquier caso, tiene plena autonomía para decidir sobre la propuesta formulada[13].

Los proyectos de los trabajos, obras y acciones reparadoras y restauradoras deben ir de conformidad con las políticas públicas del Estado en la materia

[12] Escrito del 14 de abril de 2020, disponible en la página web institucional de la JEP.

[13] Ley 1957 de 2019, art. 141.

y de las tradiciones y costumbres étnicas y culturales de las comunidades. Es preciso que comprendan, en zonas rurales, por ejemplo, la participación de los sancionados en la ejecución de programas de (i) reparación efectiva para los campesinos desplazados, (ii) protección medio ambiental de zonas de reserva, (iii) construcción y reparación de infraestructuras, como escuelas, carreteras, centros de salud, viviendas, centros comunitarios, etc.; (iv) desarrollo rural, (v) eliminación de residuos, (vi) mejora de la electrificación y conectividad en comunicaciones de las zonas agrícolas, (vii) sustitución de cultivos de uso ilícito, (viii) recuperación ambiental de áreas afectadas por cultivos de uso ilícito, (ix) construcción y mejora de infraestructuras viales necesarias para la comercialización de productos agrícolas de zonas de sustitución de cultivos de uso ilícito, (x) alfabetización y capacitación en diferentes temas escolares. En las zonas urbanas, los proyectos de trabajos, obras y acciones reparadoras y restauradoras deben implicar, al menos, la participación de los comparecientes en la ejecución de programas de (i) construcción y reparación de infraestructuras, como escuelas, vías públicas, centros de salud, viviendas, centros comunitarios, etc.; (ii) desarrollo urbano, (ii*i*) acceso a agua potable y construcción de redes y sistemas de saneamiento y (iv) capacitación en temas escolares y alfabetización. Además, ciertos tipos de trabajos, obras y acciones reparadoras y restauradoras pueden significar, también a modo de ejemplo, la participación de los responsables en la ejecución de programas de limpieza y erradicación de (*i*) restos explosivos de guerra y municiones sin explotar, y (ii) de minas antipersonales y artefactos explosivos improvisados[14].

Los trabajos, obras y acciones reparadoras y restauradoras no necesariamente deben suceder a la imposición de una sanción. Existen posibilidades de anticipar o de descontar el término de esa penalidad especial y, de hecho, esa acción puede ser vista en la Jurisdicción Especial para la Paz como un cumplimiento temprano, debido y satisfactorio del régimen de condicionalidad. Efectivamente, los comparecientes que de manera directa y personal hayan intervenido en la materialización del acuerdo sobre "Limpieza y descontaminación de municiones sin explotar, restos explosivos de guerra y limpieza de minas antipersona", pueden solicitar a la Jurisdicción Especial para la Paz que ello sea tenido en cuenta como trabajos, obras y acciones reparadoras y restauradoras que, a su turno, sea validado como cumplimiento anticipado de una sanción, siempre que (i) la actividad haya reparado a las víctimas o haya tenido un impacto restaurador, (ii) se acredite con prueba válida y suficiente su realización, y (iii) sea compatible con los fines u objetivos de las sanciones aplicables[15].

[14] Ley 1957 de 2019, art. 141.

[15] Ley 1957 de 2019, art. 139.

A la misma posibilidad pueden optar los integrantes de la fuerza pública que, desde la adopción del Acuerdo Final de Paz de La Habana, hayan realizado trabajos, obras y acciones reparadoras y restauradoras con las características anunciadas[16]. Asimismo, el Tribunal para la Paz puede descontar del término de la sanción propia el tiempo que el exintegrante de las Fuerzas Armadas Revolucionarias de Colombia - Ejército del Pueblo (FARC-EP) acreditado por la Oficina del Alto Comisionado para la Paz (OACP) haya permanecido en Zonas Veredales Transitorias de Normalización (ZVTN) o en una ubicación territorial definida y verificable, siempre que durante dicha estancia haya realizado trabajos, obras y acciones reparadoras y restauradoras[17]; así como también puede tener en cuenta para el efecto el período que el miembro de la fuerza pública permaneció cobijado por el beneficio transicional de privación de la libertad en unidad militar o policial —efectivamente detenido—, únicamente cuando el agente estatal efectuara trabajos, obras y acciones reparadoras y restauradoras en ese interregno[18].

3. Sanciones restaurativas, trabajos, obras y acciones reparadoras y restauradoras y planes de desarrollo con enfoque territorial

Existen 170 planes de desarrollo con enfoque territorial (PDET) elaborados en los municipios más afectados por la violencia, que cobijan los Espacios Territoriales de Capacitación y Reincorporación (ETCR), correspondientes a las iniciales Zonas Transitorias Veredales de Normalización en donde se concentró la guerrilla desmovilizada. Tales municipios se encuentran organizados en 16 regiones de planes de desarrollo con enfoque territorial (PDET) y la coordinación general corresponde a la Agencia de Renovación del Territorio y a la Consejería para Estabilización y la Normalización. Estas regiones son el escenario principal, no el único, en donde se prevé la ejecución de las sanciones restaurativas o los trabajos, obras y acciones reparadoras y restauradoras anticipados. Es entonces fácil imaginar la necesidad imperiosa de articular el trabajo judicial de la Jurisdicción Especial para la Paz con las políticas de desarrollo regional, social y cultural. Esto implica el análisis del particular y novedoso reto institucional que integra una sanción judicial que dispone la realización de trabajos, obras y acciones reparadoras y restauradoras, con la ejecución de programas locales

[16] Ley 1957 de 2019, art. 140.

[17] Ley 1957 de 2019, art. 132.

[18] Ley 1957 de 2019, art. 133.

previstos en los planes de desarrollo, en particular en los planes de desarrollo con enfoque territorial, caracterizados por una gran participación ciudadana.

Se abre allí un espacio analítico interesante que permitirá probar algunas especificidades que darían paso a caracterizar parte del contenido del derecho administrativo transicional, pues es de imaginar en ese escenario de ejecución de sanción restaurativa a cargo de un excombatiente condenado en una zona de planes de desarrollo con enfoque territorial, la firma de contratos de obra que deberían incluir en su ejecución al sancionado, por ejemplo. Algo semejante debería ocurrir con programas como "obras por impuestos" o con proyectos que incluyan el fortalecimiento social y cultural de colectivos afectados por la violencia, en donde sea eventualmente necesario realizar contratos de prestación de servicios. Por cierto, en tal espacio de ejecución de decisiones de la Jurisdicción Especial para la Paz cabe la pregunta sobre el doliente final de una eventual responsabilidad contractual o extracontractual por daños causados precisamente por los condenados a sanciones restaurativas. Acciones de nulidad simple, de cumplimiento y acciones populares igualmente estarían disponibles con ocasión de las falencias advertidas en relación con los planes de desarrollo con enfoque territorial.

El origen de la sanción restaurativa, su propósito de reparación y dignificación de las víctimas del conflicto armado —y por extensión de reconciliación nacional—, las limitaciones y obligaciones a las que están sometidos los mandatarios locales y el gobierno central en virtud del Acuerdo Final de Paz de La Habana en cuanto parámetro de interpretación y de validez de normas jurídicas que lo desarrollen, como lo establece la reforma constitucional establecida en el acto legislativo 2 de 2017 avalado por la Corte Constitucional, entre otras razones, permite barruntar actos y contratos de la Administración con un contenido especial, que invitan igualmente a una hermenéutica judicial particular, en caso de llegar al juez la controversia sobre causación de daños generados por esa especial dinámica de ejecución de las sanciones restauradoras por la vía de los trabajos, obras y acciones reparadoras y restauradoras, y en la plataforma de los planes de desarrollo con enfoque territorial. Y esto no es otra cosa que el material que el derecho administrativo transicional debe conocer, organizar, criticar y mejorar a partir de sus propuestas doctrinarias y jurisprudenciales.

Un ejercicio en esa dirección es el realizado por la Secretaría Ejecutiva de la Jurisdicción Especial para la Paz, con ocasión de los 149 proyectos de planes de desarrollo con enfoque territorial entregados por la Consejería Presidencial para la Estabilización y la Normalización y, según ella, con posibilidad de articularse con trabajos, obras y acciones reparadoras y restauradoras, y sanciones propias. La información enviada incluye datos sobre la ubicación de cada proyecto, el pilar de planes de desarrollo con enfoque territorial al que corresponde, el nombre y una mínima descripción, la línea de inversión, la coincidencia con municipios priorizados en los macrocasos adelantados por la Jurisdicción Especial para la Paz, el estado de avance del proyecto y la fuente de financiación, entre otras. De acuerdo con lo dicho por la Consejería, 76 de estos proyectos se encuentran en la fase 5 de la ruta de gestión de planes de desarrollo con enfoque territorial, es decir, son proyectos que ya tienen fuente de financiación cierta y ya están aprobados, por lo que su implementación se iniciaría en noviembre de 2021. Los 73 proyectos restantes se encuentran en fase 3 y 4, es decir, ya están estructurados y fueron presentados a la fuente de financiación o están en trámite de aprobación.

Del conjunto de recomendaciones que hace la Jurisdicción Especial para la Paz a partir de este insumo, transcribo dos, a manera de ejemplo de lo que he querido resaltar desde el comienzo: que el análisis de las sanciones restaurativas a cargo de la Jurisdicción Especial para la Paz se puede aprehender mejor desde la lente de las políticas públicas y del derecho administrativo, sin perjuicio de otros planteamientos propios del derecho penal y la criminología crítica:

1) La propuesta gubernamental de articulación de los planes de desarrollo con enfoque territorial con las sanciones propias y los trabajos, obras y acciones reparadoras y restauradoras anticipados debe integrar de manera completa y adecuada un claro contenido, sentido y alcance poblacional, temático y territorial (regional o subregional) que incluyan objetivos, metas e indicadores básicos del impacto reparador y restaurativo esperado, así como rubros de destinación específica referidos a las condiciones y garantías de seguridad, protección, habitabilidad y sostenimiento en condiciones dignas y adecuadas de los comparecientes sancionados o que adelanten trabajos, obras y acciones reparadoras y restauradoras anticipados. Es necesario superar la comprensión e implementación dispersa y fragmentada de proyectos aislados, de muy corta duración y carentes de contenido reparador y restaurativo en clave de justicia transicional.

2) Es necesario establecer un mecanismo expedito y efectivo de seguimiento y monitoreo en terreno a la implementación de los proyectos restaurativos en el marco de los planes de desarrollo con enfoque territorial que desde su aprontamiento hasta su evaluación final incluya a la Jurisdicción Especial para la Paz (SEJEP-SeRVR), integrado igualmente por delegados de instancias del Gobierno nacional (ART, ARN, Ministerio de Defensa, UARIV, entre otros), instancias y autoridades territoriales, así como por representantes de víctimas y comunidades afectadas/destinatarias de dichos proyectos. La validez y legitimidad de los proyectos restaurativos requiere

de articulación, coordinación, participación y veeduría. Cada proyecto puede convertirse en una oportunidad para que los actores locales relevantes se involucren en su implementación, seguimiento o veeduría reconstruyendo lazos sociales y comunitarios, confianza cívica y condiciones para la reconciliación[19].

4. Víctimas y sanciones propias

Las víctimas fueron, son y serán el centro del Acuerdo Final de Paz de La Habana, por razones obvias. Además de su participación en la presentación de informes relativos a los macrocasos que adelanta la Jurisdicción Especial para la Paz[20], en los procesos mismos a través de escritos y audiencias para hacer valer sus perspectivas sobre la tragedia que vivieron y que sirven a los jueces para contrastar las versiones de los victimarios, las víctimas tienen un papel protagónico en la imposición de las sanciones restaurativas. Por ejemplo, cuando se presenten propuestas de trabajos, obras y acciones reparadoras y restauradoras para el cumplimiento de la sanción propia, la evaluación a cargo de la Jurisdicción Especial para la Paz debe tener en cuenta las observaciones que presenten las víctimas a tal evaluación. Si estas son residentes en el lugar de ejecución de los trabajos, obras y acciones reparadoras y restauradoras, así como las autoridades indígenas asentadas en el lugar de materialización del proyecto, deben tener garantizado un mecanismo de consulta y participación.

De ser el caso, realizadas las debidas consultas, los trabajos, las obras y acciones reparadoras y restauradoras también deben incluir compromisos y actividades que redignifiquen las actividades socialmente asignadas a las mujeres, y en las que se destruyan los prejuicios y estereotipos machistas. Con ese fin, para garantizar el contenido reparador y restaurativo del proyecto, los destinatarios de las sanciones del Sistema pueden comprometerse o ser vinculados para realizar labores como limpieza y mantenimiento del

[19] JEP, Secretaría Ejecutiva, Equipo de Seguimiento a Medidas Reparadoras y Restaurativas. Análisis de viabilidad a los proyectos PDET entregados a la JEP por el Gobierno nacional. Documento interno de trabajo, 7 de diciembre de 2021.

[20] Actualmente trabaja la JEP en siete macrocasos. Caso 1: toma de rehenes y otras graves privaciones de la libertad cometidas por las FARC, más conocido como el caso de secuestros; caso 2: situación de municipios de Ricaurte, Tumaco y Barbacoas en el departamento de Nariño, caso 3: muertes ilegítimamente presentadas como bajas en combate por agentes del Estado, conocido también como caso de falsos positivos; caso 4: situación territorial en la región de Urabá, caso 5: situación territorial norte del Cauca y sur del Valle del Cauca, caso 6: victimización de miembros de la Unión Patriótica (UP), y caso 7: reclutamiento de niños y niñas en el conflicto armado.

espacio público y la participación en procesos de capacitación y formación sobre derechos de las mujeres, violencias y discriminaciones basadas en género[21].

El aporte de las víctimas en la conformación de los trabajos, obras y acciones reparadoras y restauradoras y, entonces, en el tipo de sanción restaurativa, debe igualmente verse reflejado al momento de la ejecución de esta, lo que lleva a su involucramiento en la implementación de los planes de desarrollo con enfoque territorial, en virtud del entrelazamiento ya explicado. Allí surge un nuevo reto relacionado con la vigilancia del cumplimiento tanto de la sanción como del propio plan de desarrollo con enfoque territorial, escenario en donde los organismos de control —Procuraduría General de la Nación y Contraloría General de la República— tienen una particular responsabilidad. Así, la hermenéutica administrativa y judicial especial antes indicada, vuelve a tener aquí, respecto de los organismos de control de la actividad administrativa del Estado, un escenario adicional para ser objeto de análisis por el derecho administrativo transicional.

5. El derecho administrativo transicional en escena

Valga el breve recuento de lo hecho y lo que enfrenta la Jurisdicción Especial para la Paz como parte del Sistema Integral de Verdad, Justicia, Reparación y No Repetición (SIVJRNR), para llamar la atención de los analistas del derecho administrativo a fin de incluir en sus reflexiones este novedoso acontecimiento institucional y social. Los procesos transicionales tienen entonces un evidente componente político, un desarrollo jurídico también más o menos visible y una ejecución ya no tan ostentosa, pues este es el escenario propio de las dificultades, pero también el de los retos para consolidar una idea primero, una política después y una transformación social y cultural finalmente. A pesar del nombre del acontecimiento —proceso transicional—, mucho de ello se quedará de modo permanente o al menos tendrá consecuencias duraderas, lo que necesariamente transformará la institucionalidad estándar que actualmente tenemos en Colombia. Las modificaciones que ya son una realidad y sus impactos a medio y largo plazo, como parte del ejercicio del poder del Estado, deben ser objeto de los estudiosos del derecho administrativo; y las particularidades de este acontecer merecen organizar su análisis en un área específica que puede denominarse derecho administrativo transicional (DAT), que tendría entre otras las siguientes características generales:

[21] Ley 1922 de 2018, art. 65. Ley 1957 de 2019, arts. 18, 39.

• Se enmarca en los estudios del derecho administrativo global o transnacional.

• Necesariamente se articula con el llamado constitucionalismo transicional.

• Igualmente encuentra nexos, poco explorados, con el derecho penal y la criminología crítica.

• Pero su enlace más fructífero es con las políticas públicas, en particular aquellas que promueven la democracia en general, el desarrollo social local y, finalmente, como gran aspiración e idea regulativa, la reconciliación entre quienes padecieron más fuerte y directamente las consecuencias de una guerra prolongada, despiadada y degradada, y sus más variados causantes: guerrilla, fuerza pública, agentes estatales no integrantes de esta institución y terceros civiles.

Por ahora solo anotaré algo breve sobre cada una de estas características:

A) *Derecho administrativo transicional y los estudios del derecho administrativo global o transnacional*

En los últimos veinte años se viene discutiendo ampliamente la irrupción de un nuevo campo de investigación llamado derecho administrativo global[22]. Su objeto y método sigue siendo objeto de controversia, al igual que su propósito y aporte diferenciador respecto de disciplinas afines como el derecho constitucional —también global— y el derecho internacional público. A pesar de la disputa académica, se trata de un campo de investigación que seguirá abriéndose paso ante la realidad de los escenarios transnacionales por los que transitan nuevas formas de regulación (poder) que afectan no solo a los Estados nacionales.

Uno de esos forcejeos tiene que ver con la puesta en cuestión de lo que sería el principal objeto del derecho administrativo global, a saber, una Administración global. Su inexistencia pone en entredicho la existencia de reglas autoritativas igualmente globales. Típicamente es lo que ocurre con los tratados de derechos humanos, en particular los provenientes del Sistema Universal de los Derechos Humanos. Su prédica de universalización de los derechos no equivale a la universalización, sino a su pretensión de universalización, pues su materialización depende de factores económicos, sociales, políticos, culturales y geográficos, entre otros. Por eso comparto

[22] Una buena síntesis del debate y los retos que impone la nueva noción, puede verse en M. Mercé Darnaculleta Gardella, "Derecho administrativo global", en *Revista de Administración Pública*, n.° 199, Madrid, enero-abril 2016, págs. 11-50. Disponible en http://dx.doi.org/10.18042/cepc/rap.199.01

la tesis de la universalización de los derechos por agregación, que toma en consideración estos factores para avanzar con realismo y responsabilidad[23].

El derecho administrativo transicional puede presentarse en un escenario semejante. En cada uno de los procesos transicionales que actualmente existen, hay espacios propios del derecho administrativo, paralelos o integrados con los relativos al derecho internacional público y en particular el derecho penal internacional. De cada proceso transicional se pueden tomar las mejores prácticas que hayan efectivamente fructificado, con indicadores de fortalecimiento institucional (Estado de derecho y democracia) y de reconciliación social. Dichas prácticas estarían asociadas a nociones de buena administración y de justicia. La incorporación de esas experiencias, por vía normativa o por el reacomodo adecuado de la práctica según el contexto, puede leerse como una transnacionalización del derecho administrativo transicional o, si se prefiere, como un derecho administrativo transicional global por agregación, en el sentido ya indicado de este término para la práctica de la universalización de los derechos humanos.

B) *Derecho administrativo transicional y constitucionalismo transicional*

En Colombia existe un sistema normativo transicional y transitorio, encabezado por el Acuerdo Final de Paz de La Habana —parámetro de interpretación y de validez normativa[24]—, un conjunto de normas constitucionales que facilitaron primero y desarrollaron después este Acuerdo, que llamaré *Constitución transicional*, y un conjunto de normas de inferior jerarquía, incluidas leyes, decretos y actos administrativos en general, que han desarrollado tanto el Acuerdo Final de Paz de La Habana como la Constitución transicional. Su rasgo más saliente es que convive con el sistema normativo estándar y permanente. El proceso transicional colombiano no representó entonces un cambio del régimen constitucional sino una cohabitación con el mismo, construido a partir de pautas constitucionales propias de un Estado social y democrático de derecho, especialmente el derecho a la paz.

Al conocer por vía de control previo, automático o por vía de acción, la Corte Constitucional colombiana ha ido decantando una serie de reglas que dan forma y contenido al sistema normativo transicional en su conjunto y, de paso, han venido consolidando el constitucionalismo transicional local. Estas reglas jurisprudenciales, en lo esencial, se han establecido en tres

[23] Ver Christoph Menke y Arnd Pollmann, *Filosofía de los derechos humanos*, trad. del alemán de Remei Capdevila Werning, Barcelona, Herder, 2010, en especial el cap. II, "Alcance 3: Una cultura de la universalización", págs. 77 a 105.

[24] Act. leg. 2 de 2017.

momentos decisivos de la transición en Colombia: 1) con ocasión de la primera ley que planteó el debate sobre la flexibilización del derecho a la justicia con miras a lograr la paz, que fue la Ley 975 de 2005 (sent. C-370 de 2006); 2) con ocasión del examen de la reforma constitucional conocida como Marco Jurídico para la Paz (act. leg. 1 de 2012), que abrió el camino jurídico para facilitar el diálogo que culminó con el Acuerdo Final de Paz de noviembre 26 de 2016 (sents. C-573 de 2013 y C-577 de 2014), y 3) con motivo del control realizado a las normas constitucionales, legales y reglamentarias que desarrollaron el Acuerdo Final de Paz de La Habana, con lo que por cierto se diluyó dilema que en su oportunidad se planteó como "la tarea más apremiante de nuestro Derecho Constitucional"[25] (entre muchas, ver sents. C-630 de 2017 y C-080 de 2018).

Las reglas establecidas por la Corte apuntan a justificar y fortalecer la justicia transicional colombiana, en cuanto comporta: i) un sistema que atiende a la necesidad de una sociedad en conflicto de alcanzar la efectividad del derecho a la paz; ii) que opera dentro del tránsito de un período de violencia a otro de consolidación de la paz, sin dejar de responder al imperativo ineludible de esclarecer la verdad, de judicializar a los responsables y de reparar las graves violaciones a los derechos humanos y al derecho internacional humanitario; iii) un tipo de justicia de carácter especial, excepcional y transitorio que conjuga diversas características de la justicia retributiva y restaurativa, y pretende garantizar los derechos de las víctimas mediante la conciliación de la demanda de justicia, verdad, reparación, la transformación institucional y las garantías de no repetición, con la necesidad de lograr acuerdos que permitan alcanzar la paz y restablecer el Estado social de derecho y la democracia.

Como puede verse fácilmente, el derecho administrativo transicional puede servirse permanentemente de los dictados del constitucionalismo transicional, para fortalecer su propia y específica dogmática, del mismo modo en que lo ha hecho el derecho administrativo respecto del derecho constitucional estándar.

[25] Carlos Bernal Pulido, "Constitucionalismo y justicia transicional", en *Ámbito Jurídico*, 5 de sep. de 2014. Consultado en la página web el 24 de enero de 2022. El dilema fue planteado así: "La complejidad jurídica de nuestro proceso de paz proviene de la vocación de permanencia de su marco: la Constitución Política de 1991. Esta complejidad da lugar a un dilema: si la transición es exitosa, la Constitución pierde su permanencia; pero si la Constitución mantiene su permanencia, hace imposible la transición. Si ocurre lo primero, la transición implicará cambios políticos mayores, que equivaldrán a una sustitución de la Constitución. Si ocurre lo segundo, la estabilidad del marco constitucional durante el proceso de paz dificultará o impedirá la eficacia de los instrumentos de justicia transicional. Resolver este dilema es la tarea más apremiante de nuestro Derecho Constitucional".

C) *Derecho administrativo transicional, derecho penal y criminología crítica*

Desde que las sanciones propias son caracterizadas primero como medidas restaurativas y orientadas a la reconciliación, y luego como ejecutables a partir de una articulación con los programas de desarrollo nacionales y locales, su mejor discurrir analítico corre por cuenta del derecho administrativo transicional, como se vio. Al ser así, el derecho administrativo transicional se une a la prédica proveniente de la criminología crítica que cuestiona el fundamento de la pena de prisión, aportando al debate elementos no considerados hasta ahora, relacionados con las políticas públicas de desarrollo social y la reconciliación, nociones muy cercanas a las aspiraciones clásicas de los fines resocializadores de estas penas.

Como es sabido, son al menos tres las teorías que pretenden explicar el fundamento y fin de la sanción penal: (i) las retributivas, de estirpe kantiana y hegeliana, que resaltan el tratamiento criminal, la proporcionalidad y la poca o nula importancia que le dan a las consecuencias del castigo; (ii) las preventivas —especial y general—, de corte hobbesiano basadas, en cambio, en las consecuencias, que suponen que el efecto traumático de la pena inhibirá la repetición de la conducta no solo por quien la cometió, sino por quienes como observadores de la retribución penal atribuida judicialmente merced al daño infligido, temerían una consecuencia semejante; y (iii) las expresivas del castigo (GÜNTHER), que subrayan "la función comunicativa de la sentencia penal", el respeto por la víctima, y en donde "el uso del castigo debe orientarse a que el delincuente, por medio de la comunicación, adopte una actitud reflexiva sobre sus acciones indebidas, las reconozca como actos contrarios a la ley y al derecho de los demás, y se comprometa con acciones de reparación"[26].

También es sabido que la criminología crítica descree de todas estas teorías y se radicaliza con propuestas abolicionistas. Me parece que la flexibilización punitiva que caracteriza la justicia transicional se puede ver como un *intermezzo* de las explicaciones y pretensiones de ambas disciplinas —el derecho penal y la criminología crítica—. La propuesta punitiva establecida en Colombia en el escenario de justicia transicional se muestra como un buen ejemplo del señalado camino intermedio. La adjudicación de una sanción propia para quien diga toda la verdad y contribuya a la reparación integral y la no repetición, suple con creces la crítica retribucionista de la pena. No alcanza el abolicionismo a secas, que por ahora suena más ange-

[26] FRANCISCO CORTÉS RODAS, *El arte de la paz. Reflexiones filosóficas sobre justicia transicional*, Bogotá, Siglo del Hombre Editores, 2020, pág. 64.

lical que utópico, pero se acerca a lo que podría llamarse la utopía realista de la sanción penal, en la ruta indicada por el expresivismo penal.

Y es que la sanción propia del Sistema Integral de Verdad, Justicia, Reparación y No Repetición (SIVJRNR) tiene toda la traza para mostrarse como el ideal de lo que podría llamarse también un abolicionismo responsable: es restrictiva, pero no privativa de la libertad, y lo que es más importante, le apuesta a la transformación, modesta quizá, pero efectiva, no solo de quienes están directamente enlazados por la tragedia ocurrida —la víctima y el victimario— sino también del hábitat de ambos. Como se vio, la sanción propia permitirá que la víctima realice trabajos y obras con vocación reparadora y especialmente restauradora del daño; tiene un componente dialógico que permite la participación de la víctima en el tipo de sanción más adecuada, en función del daño causado y reconocido. Es entonces una sanción autoritativa sí, pero que mira el entorno para buscar la solución más adecuada y eficaz, según el acontecimiento y el daño producido.

La pregunta que desde esta realidad —normativa por ahora—, le formula la justicia transicional, y con ella el derecho administrativo transicional, a la ciencia del derecho penal es si no es hora de repensar el sistema punitivo a la luz de las experiencias de justicia que se formulan precisamente en escenarios de graves y masivas violaciones a los derechos humanos. Temas como la proporcionalidad y finalidad constatable de las penas, parece clave revisitarlos a partir no solo de las realidades carcelarias existentes en todo el mundo, sino también de los indicadores de transformación personal, institucional, social y cultural que están proporcionando tanto el sistema de justicia penal nacional e internacional como el sistema de justicia transicional.

Este es el camino por el que sugieren transitar penalistas como APONTE, para quien es necesario "replantear la función de la pena y del mismo derecho penal, en lógica transicional, pero que puede y debe ser pensada en una perspectiva incluso más amplia, de tal suerte que el derecho penal y la pena que se imponga en su ejercicio y desarrollo deben ser concebidos más en función de la construcción de relatos para generar auténticos espacios de no repetición, es decir, se trata de fundamentar una nueva función de la pena y del derecho penal, no restringida al punitivismo retribucionista o a un ideal instrumental de prevención general; se trata de impulsar un modelo que, a partir de un cambio en la comprensión de sus propios límites, sirva para construir o elaborar relatos sobre los crímenes ocurridos, los responsables, las víctimas, los territorios, los tiempos, los terceros que los apoyaron, entre otros; todo ello en función de la creación de auténticos espacios de no repetición. Este hecho, además, en relación concreta con las víctimas, quienes son los sujetos por excelencia de las garantías de no repetición"[27].

[27] ALEJANDRO APONTE, "Macrocriminalidad y función penal en lógica transicional. Aportes posibles del derecho penal a las garantías de no repetición", en KAI AMBOS, FRANCISCO

Por ello, "los logros en la lógica transicional deben ser también logros en la justicia ordinaria. Se debe pensar en un cambio de paradigma, en general, de la función penal y de la política criminal"[28].

D) *Derecho administrativo transicional, políticas públicas, desarrollo y reconciliación*

Aquí solo remarcaré parte de lo ya señalado antes sobre la relación derecho administrativo transicional y políticas de desarrollo asociadas, para casos como el colombiano con la reconciliación social. Si las principales sanciones que impondrá la Jurisdicción Especial para la Paz —las sanciones propias— tienen esencialmente un componente restaurativo que apunta a recomponer la relación social rota a causa de la guerra, y su ejecución debe articularse con la oferta y responsabilidad del Estado, su estudio puede ser mejor aprehendido si se es consciente del entrelazamiento que por primera vez en Colombia se registrará entre la decisión de un juez penal especial —la Jurisdicción Especial para la Paz— y la concreción de políticas de desarrollo social a través de programas y proyectos concretos. Como los mecanismos jurídicos a través de los cuales estos se hacen realidad, son los desarrollados por el derecho administrativo, no a la manera tradicional —esto es, tomando en cuenta las necesidades sociales a secas: salud, educación, trabajo, vivienda, etc.—, sino ahora con ocasión de parámetros judiciales establecidos por la Jurisdicción Especial para la Paz para un grupo poblacional cuya reconciliación debe propiciar el Estado, en el marco y bajo las condiciones establecidas en el Acuerdo Final de Paz de La Habana y las normas jurídicas que lo desarrollaron, el escenario se ve irradiado por el proceso transicional, dando origen a la muy estrecha relación que aquí se quiere advertir.

6. A modo de conclusión

Buena parte del éxito del proceso de justicia transicional que se lleva a cabo en Colombia depende, en gran medida, del correcto desarrollo administrativo de las 578 medidas acordadas en el Acuerdo Final de Paz (AFP) de La Habana, firmado entre el Gobierno nacional y las Fuerzas Armadas Revolucionarias de Colombia-Ejército del Pueblo (FARC-EP) el 26 de noviembre de 2016 en Bogotá. Como he tratado de mostrar sintéticamente,

---

Cortés Rodas, John Zuluaga (coords.), *Justicia transicional y derecho penal internacional*, Bogotá, Siglo del Hombre Editores, CEDPAL, Instituto de Filosofía de la Universidad de Antioquia, Fundación Konrad Adenauer-Programa Estado de Derecho para Latinoamérica y Alexander von Humboldt-Stiftung/Foundation, 2018, pág. 169.

[28] Alejandro Aponte, "Macrocriminalidad..., ob. cit., pág. 196.

las sanciones más importantes que impondrá el componente judicial del Acuerdo Final de Paz de La Habana, que son las sanciones restaurativas a los mayores responsables de los más graves crímenes, tanto en la formulación como en su ejecución, se encuentran en un escenario institucional cuya descripción, organización y crítica se perciben mejor con las herramientas de lo que es posible llamar derecho administrativo transicional, una especialidad con gran potencial de desarrollo, de la mano de nuevas formas de análisis y control del poder —público y privado—, como las adelantadas recientemente por el derecho administrativo global o transnacional y el derecho constitucional transicional.

BIBLIOGRAFÍA

APONTE, ALEJANDRO: "Macrocriminalidad y función penal en lógica transicional. Aportes posibles del derecho penal a las garantías de no repetición", en KAI AMBOS, FRANCISCO CORTÉS RODAS, JOHN ZULUAGA (coords.), *Justicia transicional y derecho penal internacional*, Bogotá, Siglo del Hombre Editores, CEDPAL, Instituto de Filosofía de la Universidad de Antioquia, Fundación Konrad Adenauer-Programa Estado de Derecho para Latinoamérica y Alexander von Humboldt-Stiftung/Foundation, 2018.

BERNAL PULIDO, CARLOS: "Constitucionalismo y justicia transicional", en *Ámbito Jurídico*, 5 de sep. de 2014. Consultado en la página web el 24 de enero de 2022.

CONGRESO DE LA REPÚBLICA DE COLOMBIA: *Acto legislativo 1 de 2017.*

—: *Acto legislativo 2 de 2017.*

—: *Ley 1922 de 2018.*

—: *Ley 1957 de 2019.*

CORTE CONSTITUCIONAL DE COLOMBIA, Sala Plena, *sentencia C-674 de 2017.*

—: Sala Plena, *sentencia C-080 de 2018.*

CORTÉS RODAS, FRANCISCO: *El arte de la paz. Reflexiones filosóficas sobre justicia transicional*, Bogotá, Siglo del Hombre Editores, 2020.

DARNACULLETA GARDELLA, M. MERCÉ: "Derecho administrativo global", en *Revista de Administración Pública*, n.° 199, Madrid, enero-abril 2016, pág. 11-50. Disponible en http://dx.doi.org/10.18042/cepc/rap.199.01.

DE GAMBOA TAPIAS, CAMILA: *El papel de la justicia restaurativa en el Sistema Integral de Verdad, Justicia, Reparación y No Repetición*, Bogotá, CAPAZ, Instituto Colombo-Alemán para la Paz, Policy Brief 6-2020, julio de 2020.

JURISDICCIÓN ESPECIAL PARA LA PAZ: "Análisis de viabilidad a los proyectos PDET entregados a la JEP por el Gobierno nacional", en *Documento interno de trabajo*, Secretaría Ejecutiva, Equipo de Seguimiento a Medidas Reparadoras y Restaurativas, 7 de diciembre de 2021.

MENKE, CHRISTOPH y POLLMANN, ARND: *Filosofía de los derechos humanos*, trad. del alemán de Remei Capdevila Werning, Barcelona, Herder, 2010.

EL INTERÉS GENERAL Y EL DERECHO ADMINISTRATIVO

Jaime Rodríguez-Arana*
España

1. Introducción

Participo con mucho gusto en el libro homenaje a Libardo Rodríguez titulado *El derecho público* y *los retos actuales* con una colaboración sobre el principal desafío que hoy tiene planteado el derecho administrativo: el entendimiento y conceptualización de lo que es el interés general. Mi agradecimiento a los Profesores Allan-Brewer Carías, Luciano Parejo y Víctor Hernández Mendible por la invitación a participar en este justo y merecido homenaje que ahora ve la luz.

Como sabe Libardo, se trata de una materia deliquescente, difícil de aprehender, quizás por ser inabarcable, pero bien vale la pena intentarlo porque hoy el derecho administrativo se debate en una encrucijada compleja. Por una parte, están los embates del poder público por saltarse el derecho y, por otro, nos encontramos en no pocas ocasiones con la pretensión de asalto y captura de lo público por las tenoestructuras privadas. Por tanto, brindo al profesor Libardo estas líneas sobre el interés general manifestando mi admiración y respeto intelectual al amigo, al profesor, al pensador colombiano que tanto ha hecho, y seguirá haciendo por colocar al derecho administrativo siempre en la éjida del Estado de derecho.

El tema del interés general es, desde luego, una cuestión crucial del derecho administrativo. En la medida en que esta rama del derecho público disciplina jurídicamente asuntos supraindividuales, colectivos, comunitarios o públicos, estamos trabajando en el campo, de alguna manera, de los intereses generales. Concepto que, en nuestra opinión, es más amplio que los anteriormente citados por cuanto se refiere al interés social, al interés de todos y cada uno de los ciudadanos como miembros de la comunidad, por ejemplo, por situarnos en nuestra realidad territorial, al bien de todos

* Presidente del Foro Iberoamericano de Derecho Administrativo, Catedrático-Director del Grupo de Investigación de Derecho Público Global de la Universidad de La Coruña, Presidente de la Spin Off Ius Publicum Innovatio.

cuantos integran el pueblo español al que se refiere el preámbulo de la Constitución española de 1978. En cualquier caso, doctrina y jurisprudencia no siempre distinguen, por ejemplo, interés público e interés general, lo que en ocasiones conduce a confusiones que afectan al corazón y al alma de lo que es el derecho administrativo en el Estado social y democrático de derecho. En Brasil, por ejemplo, la mejor doctrina ha podido diferenciar juiciosamente la diferencia entre interés público primario (Bandeira de Mello), que sería el interés general a que acabamos de aludir, e intereses públicos secundarios, entre los que podemos encontrar los intereses de colectivos determinados, de instituciones públicas o, también, aunque en menor medida, de los agentes públicos.

2. El "Rapport" del Consejo de Estado francés de 1999

El propio Consejo de Estado de Francia, la casa madre del derecho administrativo continental europeo, dedicó el *Rapport* del año de 1999 precisamente a reflexionar acerca del concepto del interés general. Un concepto, como reconoce el *Conseil d'Etat*, que doscientos años después, sigue ocupando un lugar central en el pensamiento jurídico francés, especialmente en el derecho público. Es más, para el Consejo de Estado galo, el interés general es la finalidad última de la acción pública. Lo que significa, ni más ni menos, que el sentido y la esencia de la acción del Estado está enraizada indisolublemente con este místico y complejo concepto que siempre está en la base y en la finalidad del entero quehacer del Estado y de la Administración pública. Un concepto, ya lo adelantamos, que aunque difícil de definir en términos cartesianos, no por ello deja de tener una relevancia cardinal para comprender mejor el alcance y sentido que tiene, en este tiempo de tantos cambios y transformaciones, el moderno derecho administrativo.

El bicentenario del Consejo de Estado francés, no por casualidad, sirvió a la alta institución gala para preguntarse acerca de la actualidad de un concepto que sigue utilizándose en todos los ordenamientos jurídico-administrativos del mundo y que, en nuestra opinión, debe ser replanteado a la luz del nuevo derecho administrativo de este tiempo, especialmente como consecuencia de su inserción en el marco del Estado social y democrático de derecho, justamente en un momento de declive y crisis del esquema estático del Estado de bienestar. Probablemente, el sentido y la funcionalidad del interés general, tal y como se alumbró en el ambiente revolucionario de 1789 hoy estén superados. En cualquier caso, el intento del *Conseil d'Etat* por mantener, a partir de una razonable línea evolutiva, la centralidad del interés general en el moderno derecho administrativo demuestra los reflejos de un conjunto de grandes juristas que son conscientes de la trascendencia de la cuestión en un tiempo de la historia de la Humanidad en el que el derecho administrativo, el derecho público en general, está siendo atacado desde el poder político para convertirlo en la "justificación" de la arbitrariedad y el arbitrismo, y desde el poder financiero, para evitar que el derecho detenga la fuerza de un mercado dirigido, dominado, por su lógica interna: el lucro, que como reza el Diccionario de la Real Academia de la Lengua, es todo beneficio obtenido sin contraprestación.

El interés general, señala el *Conseil d'Etat* en la introducción del *Rapport* de 1999, es la piedra angular de la acción pública y admite, fundamentalmente, dos aproximaciones distintas. La versión utilitaria, del Estado liberal, y la versión republicana, surgida de la Revolución francesa. En el primer caso, el interés general se concibe como el interés común en el sentido de suma de los intereses individuales y surge espontáneamente del juego de los agentes económicos. El Estado, en este supuesto, no es más que un árbitro que debe poner orden en un entramado de iniciativas e intereses de signo particular como si su función residiera en preservar sin más un interés superior, común a los ciudadanos. En esta perspectiva, el interés general no es más que la articulación de medidas regulatorias dirigidas a paliar o corregir los fallos del mercado, que se erige en la referencia y paradigma del sistema social

En el caso del interés general de filiación francesa, de esencia voluntarista, su alumbramiento no deriva, dice el Consejo de Estado galo, de una determinada conjunción y alianza de intereses económicos incapaces de fundar establemente la vida social. El interés como expresión de esa voluntad general es la idea central. Una construcción intelectual que ya muy pronto DUGUIT se encargaría de desmitificar puesto que lo que existe en la realidad son intereses generales concretos aunque partan de un aspecto amplio que conecta con los grandes principios y lineamientos del Estado social y democrático de derecho. Desde esta perspectiva, el interés general es la expresión de la voluntad general, que confiere al Estado la suprema tarea de atender el bien de todos y cada uno de los ciudadanos. Bien de todos y cada uno de los ciudadanos, miembros de la comunidad, que se refiere a aspectos tan materiales y concretos como la educación, la sanidad, la seguridad.

Desde una perspectiva equilibrada de lo que es la regulación económica, el interés general no es la *ultima ratio* para que el mercado camine adecuadamente. No tiene una connotación negativa. Es, como señala LARRAÑAGA en un interesante estudio sobre interés general y regulación económica, una noción sólida e incluyente que sobrepasa esa aproximación negativa y reactiva del interés general ante los fallos del mercado. Entendido positivamente, como base y fundamento de la actividad regulatoria, nos permite comprender mejor que por su intermedio se puede fomentar el desarrollo económico de forma complementaria con la protección de los derechos de los ciudadanos.

El problema de la visión utilitaria del interés general está en que no resuelve los agudos desafíos de la sociedad moderna. Es más, a juicio de no pocos analistas y académicos, precisamente esta dimensión individualista del espacio general está detrás de la profunda crisis económica y financiera que asola el mundo en este tiempo. Por otra parte, la identificación del interés general con la voluntad general es una operación intelectual tan perfecta como imposible de practicar. DUGUIT ya lo advirtió brillantemente en su libro *Las transformaciones del derecho público* al reconocer que en realidad la voluntad general no existe pues, como irónicamente reconoce, la suma de las voluntades de los parlamentarios es, al final, el precipitado de la ley. En efecto, la ley como expresión de la voluntad general es un mito. Otra cosa, desde un punto de vista voluntarista, es el entendimiento del interés general como la expresión del interés de la sociedad, de todos y cada uno de sus componentes.

El debate acerca del interés general, con una perspectiva utilitaria y otra voluntarista, es trasunto también de la diferente forma de entender la libertad. En el mundo anglosajón la libertad es más individual. En la tradición grecolatina, en la matriz romano-germánica prevalece una idea más solidaria de la libertad. Ambas dimensiones fundan ordenamientos jurídicos con valores y elementos distintos. Por lo que se refiere al derecho administrativo, el sistema del *rule of law* o el sistema del *droit administratif*, dan lugar, como bien sabemos, a diferentes aproximaciones que están presentes en todas y cada una de las categorías, instituciones y conceptos que componen esta rama del derecho público que se llama derecho administrativo.

El propio Consejo de Estado, en la introducción de su citado *Rapport* de 1999, reconoce que ambas concepciones del interés general están en la base de dos distintas concepciones de la democracia: individualista o voluntarista. Para la primera el espacio público se erige en la garantía de la coexistencia y convivencia de diferentes intereses que representan las varias dimensiones presentes en la vida social. Para la segunda, vinculada según el Consejo de Estado a la tradición republicana francesa, el espacio público es el ámbito idóneo para trascender los puros intereses particulares y situarse en el ejercicio de la suprema libertad de conformar y construir una verdadera sociedad política en su más noble expresión. En este sentido, el *Conseil d'Etat* se confiesa partidario de entender el interés general más allá del arbitraje entre diferentes, y a veces contrapuestos, intereses particulares, inscribiéndose en la tradición voluntarista del interés general. Probablemente, entre la concepción individualista y la voluntarista, sea posible encontrar una tercera vía, con sustantividad propia, con características autónomas, que explique el interés general desde los valores del Estado social y democrático de derecho proyectados en la realidad concreta, en la cotidianeidad. Es decir, una visión del interés general que, sin huir de los fundamentos, sea reconocible por los ciudadanos como expresión y compromiso de la mejora permanente de las condiciones de vida de las personas.

3. La centralidad del interés general en el derecho administrativo

Es tal la relevancia que el Consejo de Estado de Francia atribuye al interés general que rotula el segundo epígrafe de su *Rapport* "El interés general clave de bóveda del derecho público francés". Desde esta perspectiva, el juez administrativo tiene la relevante tarea de garantizar el interés general. Interés general que el supremo juez administrativo francés ubica en las grandes decisiones de la jurisprudencia, en las leyes y en el ejercicio por la Administración de las prerrogativas del poder y de la potestad pública.

Esta construcción voluntarista e inmanente del interés general es la razón de ser, según el *Conseil d'Etat*, del derecho público. Los grandes conceptos y categorías: servicio público, dominio público, obra pública, empleo público, entre otras, tienen una característica común: deben ser definidos en relación con la noción primaria de interés público, que se convierte en su razón de ser. En el fundamento del régimen especial del derecho público, explicitado en el estatuto del acto administrativo unilateral o en el sistema de responsabilidad del Estado encontramos, de una u otra forma, el elemento central.

En materia de expropiación forzosa, bajo la forma de utilidad pública, se nos presenta como la base de la intervención pública, como el presupuesto de la operatividad de las potestades administrativas. El problema, como veremos, está en que el interés general no es un cheque en blanco, una fórmula abierta que permita el desencadenamiento de las potestades administrativas sin más. Necesita ser demostrado en lo concreto, precisa ser puntualizado con detalle, debe ser específico y fácil de aprehender por la ciudadanía. De lo contrario, el concepto se convierte en un peligroso expediente para el autoritarismo y el ejercicio unilateral del poder. Si el interés general es, en forma de utilidad pública, como afirma el *Conseil d'Etat* en su *Rapport*, la condición de la legalidad de la intervención de los poderes públicos, la relevancia del concepto es tal que incluso podríamos considerarla como la piedra de toque del derecho administrativo, el concepto central sobre el que se monta el mismo derecho administrativo.

El principio de supremacía del interés general sobre el interés particular ha sido censurado en algunas ocasiones recurriendo al peligro que se cierne sobre tal aserto si tal supremacía no se concreta adecuadamente, sino se apoya en el ordenamiento jurídico, si simplemente se usa, con ocasión y sin ella, para la dominación política y social. Algo que lamentablemente, en Europa también, ha acontecido en el pasado y también, aunque de forma más sutil y sibilina encontramos en el presente. Sin embargo, si el interés general se argumenta convenientemente y se ampara en el ordenamiento jurídico, ningún problema tendría que existir en orden a afirmar la superioridad moral del interés general así considerado sobre el o los intereses particulares o individuales. Esta pretendida supremacía en manera alguna impide, como reconoce la profesora Cassía Costadello, que ambos intereses público o general, y particular, no puedan entenderse complementariamente, incluso armónicamente. Cuándo así acontece podemos afirmar que el interés general es más legítimo pues es capaz de abrazar de forma abierta, dinámica y compatible los intereses particulares o individuales que, de esta forma, alcanzan su plena realización en un Estado social y democrático de derecho.

Siendo, por tanto, el interés general, el concepto central del derecho administrativo, no debería sorprender, como apunta el *Conseil d'Etat* en su *Rapport* de 1999, que el juez administrativo también tenga una relevante función como garante del interés general. Un concepto que, siendo esencialmente cambiante, tiene, sin embargo, una inextrincable e indisoluble conexión con los derechos fundamentales, con la misma dignidad del ser humano pues, en última instancia, el principal y primordial interés general de cualquier Estado que se defina como social y democrático de derecho es la garantía, protección y promoción de los derechos fundamentales de la persona. Por eso, el denominado derecho a una buena Administración reconocido hoy en la Carta Europea de los Derechos Fundamentales y en la Carta Iberoamericana de los Derechos y Deberes de los Ciudadanos ante la Administración Pública es, consecuentemente, un auténtico y genuino derecho fundamental de la persona.

Si admitimos, como es el caso, que el interés general sea el concepto clave para comprender el sentido y funcionalidad del derecho administrativo, entonces podremos comprender el alcance real de los poderes y potestades de la Administración. En efecto, la expresión poderes y potestades expone mejor el sentido que tiene la posición jurídica de la Administración pública en el Estado de derecho que si usamos los términos privilegios y prerrogativas, pues estos parecen indicar *a priori* la existencia de una posición de supremacía o de especialidad. Por eso, el interés general está en la base, en la justificación última de la posición jurídica de la Administración, manifestada en una serie de poderes y potestades atribuidos por el ordenamiento jurídico. Entonces, cada vez que el aparato público use alguna potestad o poder, habrá de argumentar su ejercicio en motivos concretos de interés general. Acostumbrar a la Administración pública a esta forma de proceder significa, ni más ni menos, que el criterio del servicio objetivo al interés general sea realmente el principal patrón de conducta que presida el entero quehacer de las administraciones públicas.

La concepción voluntarista del interés general, inspirada en las teorías de ROUSSEAU, a pesar de los pesares y de los intentos de la doctrina y jurisprudencia francesas por mantener su predicamento, al día de hoy se nos presenta con puntos oscuros. En primer lugar, porque el interés general no es, no puede ser competencia exclusiva del poder legislativo puesto que este ya no goza del monopolio de la representación. Y, en segundo lugar, porque como ha señalado atinadamente una sentencia del Tribunal Constitucional español de 7 de febrero de 1984 que glosaremos extensamente en este trabajo, el interés general en el Estado social y democrático de derecho ya no se define unilateralmente por la Administración pública, sino que ahora, de acuerdo con el criterio de la participación, se determinará de forma integrada, contando con la colaboración entre los poderes públicos y los agentes sociales.

El propio Consejo de Estado francés, en el *Rapport* que estamos comentando, insiste en varias ocasiones, quizás con una terminología un poco antigua, en que es el concepto del interés general el que explica la existencia de las prerrogativas exorbitantes de derecho común de que dispone la Administración pública. Por supuesto, pero con una matización esencial. Los poderes y potestades son atribuidos por el ordenamiento jurídico a la Administración. Es verdad que el interés general que debe servir objetivamente la Administración está incardinado en su propia naturaleza, pero el procedimiento y la forma en que ese interés general será administrado o gestionado necesita, por la inserción de la Administración pública en el Estado de derecho, de una habilitación de la ley.

Una de las funciones más importantes de la noción del interés general en la jurisprudencia administrativa, tal y como la entiende el Consejo de Estado francés, reside precisamente en limitar la realización de determinadas actividades en nombre de los valores superiores que representa, que siempre habrán de concretarse al caso concreto, las libertades individuales, cuando sea necesario, para mantener precisamente el interés general. Claro, tales limitaciones han de respetar la seguridad jurídica y la igualdad dice el *Conseil d'Etat*. Por eso, el contraste jurídico entre estos principios y conceptos, lejos de conducir a enfrentamientos estáticos y estériles, abre las puertas a nuevas maneras de comprender el sentido de las instituciones, categorías y conceptos del derecho público de manera más acorde y congruente con el modelo del Estado social y democrático de derecho.

En una situación como la actual, de profunda desafección de la ciudadanía en relación con los asuntos públicos, la revalorización del interés general, entendido como el interés de todos y cada uno de los ciudadanos en cuanto integrantes de la comunidad, de todo el cuerpo social; si se quiere, como el bien de todos y cada uno de los ciudadanos, adquiere una singular relevancia. El Estado, pues, no se puede desentender de esta tarea y debe reflejar en su quehacer y en su actuación esa dimensión abierta, plural, dinámica y complementaria hoy imprescindible para recuperar un concepto, el de interés general, que desde la perspectiva ciudadana ha perdido muchos enteros. En parte, debe reconocerse, por la incapacidad de las políticas públicas, especialmente en Europa, la necesidad de poner en práctica proyectos de libertad solidaria que efectivamente supongan mejoras reales y tangibles en las condiciones de vida de los ciudadanos.

La crisis de la concepción revolucionaria del interés general roussioniano, en cuya virtud el Estado asume la representación total y absoluta del interés general, es a día de hoy, obvia. El interés general, tal y como se plantea en las modernas democracias fundadas sobre el modelo del Estado social y democrático de derecho, no puede definirse de espaldas a la realidad. Una realidad que nos demuestra que el Estado debe garantizar, promover y defender la pluralidad de aproximaciones legítimas que conviven en la sociedad. Es decir, armonizar e integrar coherentemente ese conjunto de intereses, de diversa naturaleza, comunitaria, colectiva. En este sentido, como recuerda el *Rapport*, compete al Estado, de forma indeclinable e irrenunciable, la prevalencia del interés común, del interés de todos, sobre los intereses individuales. No como dogma o *a priori* sino como expresión concreta y argumentada en la realidad. Por una parte, porque moralmente el interés común es superior al interés de una parte, y, por otra, porque no hacerlo así equivaldría, más pronto que tarde, a reducir al Estado, en parte así está aconteciendo, a un mero resorte del poder de las grandes multinacionales e inversores que se permiten, desde anular de hecho los poderes de los entes reguladores, hasta ejercer un dominio real sobre las decisiones de la política económica, incluso de política general. ¿Por qué, por ejemplo, no se impide, a través de una razonable y adecuada regulación, que determinados inversores internacionales puedan especular con las deudas soberanas estatales hasta poner a todo un Estado-nación a los pies de los caballos? ¿Por qué, por ejemplo, se rescata masivamente a las instituciones financieras con fondos públicos sin contar con los contribuyentes?

El interés general, que ha dejado de ser monopolio natural del Estado, tampoco puede ser objeto de apropiación por parte de grupos económicos, nacionales o internacionales. La idea de la fragmentación, de pluralismo, es, en un Estado social y democrático de derecho que se precie, uno de sus rasgos esenciales, una de sus características más importantes. Por ello, se debe tomar conciencia de los peligros que encierra la llamada soberanía económica o financiera, una nueva soberanía que ha desplazado realmente al ciudadano de su condición de dueño y señor del poder público. Efectivamente, cuándo la economía domina al derecho, cuando el derecho público discurre varios cuerpos detrás de la economía, cuando el derecho, expresión de la justicia, es desterrado de las decisiones económicas y financieras, entonces los principales poderes económicos y financieros se enseñorean del interés general y las notas de la racionalidad, pluralismo y justicia desaparecen al servicio del enriquecimiento sin cuento de los principales dirigentes y propietarios de estas corporaciones.

Tal y como recuerda el Consejo de Estado francés, cuando domina el análisis económico, cuando es unilateral y reacio a otras dimensiones, entonces el interés general acaba convertido en la suma de los intereses o utilidades particulares o, por mejor decir, en el depósito por excelencia de los intereses individuales. En alguna medida, esa visión antediluviana del liberalismo, resumida en el famoso *laissez faire*, en la pura abstención estatal para que las fuerzas creadoras conformen, sin límites, la actividad económica, sigue presente. Por eso, en el seno de la Unión Europea, en el alumbramiento de las principales categorías, conceptos e instituciones del derecho comunitario, junto a la razonable liberalización emprendida, para garantizar el libre acceso de los ciudadanos a los servicios de su preferencia, aparecen coherentes medidas para garantizar el interés general. Son los casos de la universalidad, asequibilidad y calidad que deben caracterizar el funcionamiento de los denominados servicios económicos de interés general.

4. Pertinencia del interés general

El concepto mismo de interés general, así entendido, sigue siendo pertinente. La crisis económica y financiera que ha asolado el mundo en este tiempo así lo atestigua. El interés general en este tiempo de turbulencias, o bien ha sido secuestrado, o bien ha mudado su rostro para comparecer ante todos nosotros travestido de la suma de determinados intereses particulares. No es que los intereses particulares sean indignos o incompatibles con el interés general. De ninguna de las maneras. La cuestión, como apuntó el Consejo de Estado en las reflexiones sobre el interés general en su *Rapport* de 1999, adelantándose en el tiempo, reside en mantener un concepto de interés general en que se puedan integrar los diferentes intereses en juego bajo el supremo criterio del bien general de los ciudadanos.

Si partimos de los postulados del pensamiento abierto, plural, dinámico y complementario, los conceptos de interés general y de interés particular debieran entenderse en un contexto de complementariedad, en un marco de integración y armonización. Así, de esta manera, si el interés particular se integra en el interés general, la resolución de los problemas es más sencilla, En cambio, cuando operamos con esquemas de enfrentamiento y confrontación, desde el pensamiento bipolar, entonces se ideologizan las cuestiones y su solución, humana y real, es una quimera.

La crisis de la concepción voluntarista del interés general y los problemas de la versión individualista nos acercan a un planteamiento más abierto, más plural, más dinámico, más complementario. Y también, por supuesto, más realista, más pegado a la realidad. Así lo entiende también el Consejo de Estado francés cuando reclama un debate intelectual sobre el concepto del interés general más pragmático. Un debate más pragmático, que lo es también, sobre las misiones, sobre las funciones del Estado, y, sobre todo, sobre cómo encontrar un espacio de equilibrio entre la denominada eficacia del mercado y los imperativos del interés general. Desde un punto de vista más amplio, me parece que el concepto de libertad solidaria responde a este desafío.

Esta tarea de integración equilibrada y armónica entre mercado e interés general, a pesar de que no haya convencido a la tradición francesa del servicio público, va dando pasos firmes, no sin luces y sombras, poco a poco.

Es conocida la tesis gala de incompatibilidad esencial entre la misión de servicio y el respeto al derecho de concurrencia. Sin embargo, la realidad demuestra que es posible la compatibilidad entre ambos criterios y, lo que es más importante, que la cohesión social no es incompatible, en sede de principios, con la libertad económica. En estos casos, la emergencia del concepto servicio económico de interés general, en el que coexisten los principios de publicidad y concurrencia junto a las obligaciones de servicio público, constituye una muestra de pensamiento complementario.

Mantener en el tiempo en que vivimos que el mercado es sinónimo de eficacia, de eficiencia y de libertad no es de recibo. Igual que defender, a capa y espada, que el Estado es la encarnación del ideal ético. Más bien, como parece colegir el Consejo de Estado de Francia, se trata de reinterpretar la idea de DUGUIT de interdependencia social, no de forma unilateral sino plural. De esa manera podría entenderse que el mismo concepto del interés general, concebido desde los postulados del pensamiento abierto, plural, dinámico y complementario, es garante de los valores de solidaridad, cohesión social, equilibrio territorial y protección del medio ambiente. En otras palabras: el *Rapport* del *Conseil d'Etat* de 1999 sobre el interés general confirma la convergencia entre las aproximaciones nacional y comunitaria dirigida a un mejor entendimiento y conciliación entre el principio del mercado y el objetivo de interés general.

Esta reformulación del concepto de interés general, que parte de los postulados expuestos, es, desde el punto de vista del Consejo de Estado francés, una necesidad. Una necesidad que nos conduce al mantenimiento de una concepción evolutiva del interés general. Una concepción que debe escapar de rígidos moldes y posiciones preestablecidas, de clichés y prejuicios. Una concepción, sigue diciendo el Consejo de Estado galo, caracterizada por la plasticidad y la necesidad de responder a la demanda de mejores condiciones de vida por parte de la ciudadanía. Especialmente, en materia de servicios públicos en sentido amplio nos encontramos con la regularidad y continuidad de su prestación, con exigentes patrones de calidad o con razonables exigencias de universalidad en su acceso. Por tanto, según el Consejo de Estado, el carácter evolutivo del concepto de interés general garantiza la permanencia y vitalidad de los grandes principios del derecho administrativo que se deducen de los valores constitucionales, de los valores inherentes al interés general.

Es verdad que una formulación del interés general desde una perspectiva abierta y plural, desde el pensamiento complementario, resulta extraordinariamente difícil. Sin embargo, si operamos desde el ángulo del conflicto o la contraposición, desde los esquemas de la confrontación, entonces el producto resultante adolecerá de la marca de esta metodología. En cambio, buscar un concepto sintético, integrador y abierto, aunque sea más complejo y más lento garantiza que las autoridades públicas, desde la objetividad y la racionalidad, podrán construir espacios e instituciones que permitan la libre y la solidaria actuación de las personas en la sociedad. Esta perspectiva, transaccional la denomina en su *Rapport* el *Conseil d'Etat*, abre las puertas a una nueva legitimidad que ahora está en las antípodas de la unilateralidad dominante, ubicándose en un mayor protagonismo ciudadano a la hora de definir ese interés general del Estado social y democrático de derecho.

En el derecho constitucional español, el juez o tribunal controla la legalidad de la actuación administrativa y la potestad reglamentaria así como los fines que justifican el entero quehacer de la Administración pública. Tal es la dicción del artículo 106 de la Constitución española, que refleja la preocupación del constituyente por controlar jurídicamente el sometimiento al interés general por parte de la Administración. Así es porque nos encontramos en presencia del concepto que mejor explica el sentido y funcionalidad de la Administración pública. Es más, el juez administrativo debe velar por la prevalencia del interés general, por la supremacía del interés general, por la primacía de lo general, de lo de todos, sobre lo particular, sobre lo individual, por importante o relevante que este sea. Que esto es así significa que, en efecto, el sentido y la funcionalidad del interés general, unido a la justicia, es el alma del derecho administrativo.

El Consejo de Estado del país galo entiende, acertadamente, que el juez administrativo desempeña un cometido esencial en el proceso de defensa del interés general. Pareciera, pienso, que el *Conseil d'Etat* hubiera entendido el alcance del artículo 106 de la Constitución española. Precepto que supone, ni más ni menos, que atribuir al juez administrativo una suerte de posición especial en orden a mantener, en los conflictos en los que una parte es la Administración pública al menos, el interés general. El poder judicial, pues, asume en esta materia una posición central, por lo que para conocer mejor el alcance del interés general habrá que estudiar pormenorizadamente la jurisprudencia acerca del sometimiento de la Administración pública, en cada caso, a los fines de interés general.

Unos fines, que por su propia naturaleza, se enraízan en la esencia de la misma Administración pública, que se define, v. gr. en la Constitución española de 1978, como una institución u organización de servicio objetivo, valga la redundancia, al interés general. Por tanto, ese servicio objetivo al interés general significa transparencia, publicidad, concurrencia en las licitaciones, mérito o capacidad en el acceso y promoción en la función pública.

El derecho administrativo es el derecho del poder público para las libertades ciudadanas en feliz expresión del profesor GONZÁLEZ NAVARRO. El derecho administrativo del siglo XXI tiene al ciudadano en su epicentro. Las construcciones dogmáticas que situaban al poder en el frontispicio de este sector del derecho público han pasado a la historia. Hoy el derecho administrativo es un derecho que garantiza derechos e intereses legítimos de los ciudadanos porque el interés general está cada vez más vinculado a la promoción de los derechos de los ciudadanos, especialmente de los más indefensos.

El papel fundamental de los ciudadanos, que ya no son sujetos inertes, meros recipiendarios de bienes y servicios públicos, alumbra una nueva versión del interés general que es inherente a la democracia y, por tanto, a los valores del Estado social que en ella habitan: libertad, solidaridad, participación y justicia fundamentalmente.

5. SIGNIFICADO DEL INTERÉS GENERAL

Un estudio sobre el concepto del interés general en el derecho administrativo merece un somero análisis acerca de su significado. No es infrecuente que el término que se asocie al derecho administrativo como concepto clave sea el de interés público. Sin embargo, hemos preferido referirnos en este trabajo al concepto de interés general porque si bien en el pasado fue el interés público el término elegido para fundar el sentido de la actuación de la Administración pública, en el marco del Estado social y democrático de derecho, el interés a que debe someterse la Administración es el de la comunidad, el de la sociedad, el del conjunto, no el de la propia institución Administración pública o el de sus agentes, sino el de todos los ciudadanos. El principio de participación y el principio de centralidad del ser humano me parece que reclaman un entendimiento más amplio y abierto que el estricto y riguroso de interés público.

En realidad, no solo en el lenguaje coloquial, también en el académico, ambos conceptos se identifican. Sin embargo, debemos matizar porque existe un concepto amplio de interés público, que sería el interés general, y un concepto estricto, reducido a los estrechos límites de lo organizacional. La perspectiva amplia de interés público ha sido calificada de distintas formas y maneras con el fin de llamar la atención acerca de su centralidad en orden a definir el derecho administrativo mismo. El profesor HACHEM las ha resumido así: noción-madre, clave de bóveda, alma, corazón, piedra angular o alfa y omega del derecho administrativo.

El profesor DURÁN ha señalado acertadamente que siendo el interés privado y el interés públicos conceptos distintos, en modo alguno se contradicen u oponen. Más bien, cada uno desde su ámbito cumple cabalmente su finalidad propia y en la medida en que se concilien o complementen la convivencia es más armoniosa. El interés general sería para DURÁN, el conjunto del interés privado y del interés público, y equivaldría a la noción de bien común que no es, ni más ni menos, entonces, que el correlato metafísico del concepto de interés general, que es la noción propia con la que trabaja el jurista del derecho administrativo en el Estado social y democrático de derecho.

El profesor MUÑOZ nos ha enseñado que este concepto, a pesar de su difícil definición, tiene proyección concreta. Unas veces, porque está previsto en la ley. Por ejemplo cuando se permite rescatar una concesión administrativa por razones de interés público o cuando la norma prevé que un contrato público pueda ser resuelto unilateralmente por la Administración pública cuando concurra causa suficiente de interés público. Pero también, aunque no esté previsto en el ordenamiento jurídico, si admitimos que el juez administrativo puede controlar los fines de la actuación administrativa, podrá, en efecto, analizar en derecho, en el caso concreto, si la potestad administrativa es adecuada al interés general que debe fundar la misma actuación administrativa, una actuación que no puede estar amparada en una pretendida intangibilidad absoluta del mérito del acto administrativo.

Como razona BEBENDI, en el Estado de derecho no es posible excluir de control jurídico los actos administrativos amparados en esta categoría jurídica en abstracto. Más bien, lo que hace el juez es controlar, por los medios que le proporciona el derecho, si la actuación administrativa en concreto es razonable, es adecuada, es proporcional, y se enmarca en el interés general específico en el que opera la potestad administrativa. Si estamos en el marco de la educación, de la sanidad, de la industria, de la cultura o de cualquier otro sector supraindividual atribuido a la Administración pública, la racionalidad de la actuación, de acuerdo con los criterios de la lógica y de la motivación, permitirá conocer en concreto la expresión del interés general que justifica la actuación puntual de la propia Administración en un caso concreto.

El interés general, ínsito en toda actuación administrativa, no es una ideología. No puede serlo en el Estado de derecho en el que la Administración obra en virtud de normas, de disposiciones generales que traducen, que deben proyectar, cada vez con mayor grado de concreción, a través de poderes, intereses generales a la realidad. En el derecho administrativo constitucional, en el derecho administrativo del Estado social y democrático de derecho, el interés general no puede ser, de ninguna manera, un concepto abstracto, intelectual, desde el que se justifique cualquier tipo de actuación administrativa. En otras palabras, la simple apelación genérica al interés general no legitima la actuación administrativa. Esta precisa, para actuar en el marco del Estado social y democrático de derecho, de una razonable proyección concreta sobre la realidad en virtud de normas que permiten laborar a la Administración pública.

Tal y como afirma Nieto, la ideología del interés público, en sentido amplio apuntamos nosotros, cuando asume la funcionalidad democrática, da contenido y misión inequívocamente de esta naturaleza a la actuación administrativa. De esta manera, el quehacer administrativo encuentra su límite y su fundamento precisamente en el interés general, que se convierte, bien por expresa atribución normativa, bien por su incardinación en los principios generales del derecho administrativo, en la clave de bóveda de esta rama del derecho público.

Sin embargo, cuando el interés general, el interés público en sentido amplio, no se ajusta a la esencia democrática, desconociendo los derechos fundamentales, y entre ellos el derecho a la tutela judicial efectiva sobre todo, entonces algunos de los dogmas que acompañan al acto administrativo, ejecutividad y ejecutoriedad por ejemplo, asumen un valor absoluto que lamina la posición jurídica del ciudadano, convirtiéndolo en mero receptor de bienes y servicios públicos sin más. Por el contrario, cuando la dignidad del ser humano ocupa el centro del derecho administrativo, entonces el acto administrativo pierde ese carácter mítico, y el esquema originario de exorbitancia se torna, es lógico, como un régimen de servicio objetivo a un interés general que reside precisamente en la promoción de los derechos e intereses legítimos de los ciudadanos.

6. Dimensiones del interés general

Uno de los profesores que mejor ha tratado esta cuestión es, sin duda alguna, Bandeira de Mello, maestro brasileño de derecho administrativo que viene defendiendo, décadas atrás, desde los años sesenta del siglo pasado, el principio de supremacía del interés público a partir de los datos del ordenamiento jurídico brasileño. Este jurista iberoamericano, de gran renombre internacional, entiende, con toda razón, que el interés público no es un concepto autónomo, que tenga existencia aislada e independiente de las personas. No es, no puede ser de ninguna de las maneras un concepto inmanente, subsistente por sí mismo. Nace y se desarrolla en el marco de un derecho administrativo de inequívoco sabor democrático en el que, por supuesto, el titular del poder público, sea legislativo, ejecutivo o judicial, es el pueblo, la ciudadanía en conjunto e individualmente considerada. Por ello, el concepto del interés público, en sentido amplio, está relacionado con los derechos de los ciudadanos, con los intereses supraindividuales de los individuos, dice Bandeira de Mello. Ahora bien, el interés público así considerado constituye una de las posibles formas de manifestación de estos intereses. Más en concreto, si reconocemos que existe una dimensión personal de estos intereses expresada a través de las conveniencias exclusivamente personales del individuo, es obvio que esta no responde al concepto del que aquí tratamos de interés público en sentido amplio o interés general. Más bien, como señala el profesor Bandeira de Mello, se trata de la dimensión pública de esos intereses ciudadanos. Es decir, desde esta perspectiva, el interés de los ciudadanos como miembros de la colectividad, como integrantes del cuerpo social integran el concepto del interés general, que por tanto se refiere a la cobertura de las necesidades colectivas de los ciudadanos, entre las que más relevantes son, sin duda, la educación o la sanidad.

El interés público en sentido amplio tiene una obvia vinculación a las personas consideradas, eso sí, como integrantes de la sociedad. Desde este punto de vista el interés general puede considerarse como el interés social en la medida en que descansa sobre los intereses de las personas como componentes básicos de la sociedad. No es un concepto abstracto, genérico el que aquí se plantea sino un concepto que referido a la comunidad está incardinado en los intereses de las personas que componen el cuerpo social precisamente como integrantes de la sociedad. Como dice Bandeira de Mello, refiriéndose al interés público en sentido amplio, este surge como algo en que cada componente de la sociedad reconoce e identifica su propio querer y su propia valoración positiva.

Desde esta perspectiva, el maestro brasileño define el interés público como el interés resultante del conjunto de intereses que los individuos personalmente poseen cuando son considerados como miembros de la sociedad. Es decir, el interés general, el interés público en sentido amplio, el interés de los ciudadanos en su dimensión pública, está incardinado en la propia existencia de las personas, eso sí, como integrantes de la sociedad. Por eso, la Administración pública cuando sirve objetivamente el interés general debe tener presente los intereses de las personas en su dimensión social, debe atender a las necesidades colectivas de las personas, debe, en una palabra, evitar esas abstracciones a que nos tiene tan acostumbrados cuando se pretende usar unilateralmente lo que solo se pueda utilizar multilateralmente.

Partiendo de la doctrina italiana, Bandeira de Mello distingue también, en el marco del interés del aparato estatal, en el ámbito del interés del Estado, una dimensión particular y una dimensión pública que conviene tener en cuenta para mejor entender el concepto de interés general del que partimos en este estudio. Así, desde las posiciones mantenidas por Alessi, Carnelutti y Picardi, la Administración ordinariamente hace prevalecer su voluntad, que es la voluntad del conjunto, de todos y cada uno de los ciudadanos, sobre la de los individuos particularmente considerados. Es decir, la voluntad de la persona jurídica Administración es preferente sobre la de los ciudadanos y puede imponerse de acuerdo con las reglas de la autotutela declarativa y ejecutiva, pero solo en el caso de que esa voluntad administrativa esté perfectamente motivada, asentada sobre la realidad y goce del respaldo del ordenamiento jurídico.

La prevalencia del interés general sobre el individual solo se produce cuando traiga causa del ordenamiento jurídico, del derecho objetivo dice Bandeira de Mello. Es decir, cuando media una atribución explícita o implícita del ordenamiento jurídico. Escribo ordenamiento jurídico y no norma jurídica legislativa porque la Administración, a mi juicio, está vinculada por la ley y por el derecho, esto es, por el ordenamiento jurídico en su conjunto. Así, de esta manera, se evita la tiranía de la norma escrita y se da entrada a los principios generales del derecho que, en materia de derecho administrativo son tan importantes que, por su concurso y colaboración, es posible devolver al interés general defectuosamente concretado, por ejemplo por su ausencia de relación con los derechos de las personas, esa dimensión humana que tanto precisa para ser lo que debe ser: el derecho que regula racionalmente los asuntos generales con arreglo a la justicia.

El interés general, pues, ha de estar definido en el ordenamiento jurídico. No es una abstracción, una especulación, una filigrana intelectual. Es también, sobre la base de los valores del Estado social y democrático de derecho, algo concreto, materializado, puntualizado, encarnado en la realidad que, además, debe ser racional, objetivo, susceptible de motivación o argumentación a partir de los criterios de la lógica.

La doctrina italiana también distingue entre interés colectivo primario e intereses secundarios (ALESSI). En el primer caso, el interés así referido se extiende al complejo de intereses individuales prevalentes en una determinada organización jurídica de la colectividad, constituyendo la expresión unitaria de una multiplicidad de intereses coincidentes. En palabras de BASSI, ese interés primario es el criterio fundamental al que la Administración está obligada a referir sus decisiones y poderes. Es el interés público en sentido amplio, el interés general del que tratamos en este estudio. En cambio el interés de un individuo de la colectividad o el del aparato administrativo en sí mismo son secundarios. En otras palabras: el interés particular de una persona física o el interés de la Administración como persona jurídica, que son intereses secundarios, pueden coincidir, o no, con el interés colectivo primario, con el interés general, con el interés público en sentido amplio.

El interés general, desde una aproximación democrática, es el interés de las personas como miembros de la sociedad en que el funcionamiento de la Administración pública repercuta en la mejora de las condiciones de vida de los ciudadanos fortaleciendo los valores superiores del Estado social y democrático de derecho. Por eso, nada más alejado al interés general que esas versiones unilaterales, estáticas, profundamente ideológicas, que confunden el aparato público con una organización al servicio en cada momento de los que mandan, del gobierno de turno.

Por ejemplo, ahora que estamos en una aguda y dolorosa crisis económica y financiera que afecta a Europa especialmente y a los Estados Unidos de América, los gobiernos ponen en marcha, a través de la Administración pública, diferentes medidas para intentar sanear unas cuentas públicas maltrechas, al borde de la bancarrota. En este sentido, algunas decisiones para aliviar el elevado déficit público que aqueja a no pocos países consistentes en elevar los impuestos son, sin duda, eficaces, pero profundamente desvinculadas del interés general. En estos casos, es posible que el interés público secundario se alcance pues el Ministerio de Hacienda cumple los objetivos de reducción del déficit, pero no cabe duda alguna, al menos para quienes escribimos, que subir los impuestos a la población cuando se reducen los salarios del sector público y se congelan, con tendencia a la baja, las pensiones públicas, empeora sustancialmente las condiciones de vida de los ciudadanos lesionando, y no poco, el interés público primario o interés público amplio que denominamos en este trabajo interés general.

El profesor BANDEIRA DE MELLO subraya, y esto es relevante, que el interés público no es algo etéreo, intangible o abstracto. A mi juicio debe estar concretado en la norma y en el derecho, en la ley y en el resto del ordenamiento jurídico. Si admitiéramos una concepción abstracta y genérica de interés general estaríamos amparando actuaciones administrativas irracionales y arbitrarias, profundamente ilegales. Por una poderosa razón: porque cuando no es menester concretar el interés general al que ha de servir objetivamente la Administración, esta vuelve sobre sus fueros perdidos y recupera el halo de abstracción e infinitud, de ilimitación y opacidad, que tenía en el Antiguo Régimen.

7. Caracterización del interés general

Es decir, el interés general debe estar concretado, detallado, puntualizado en el ordenamiento jurídico, en la mayoría de los casos en una norma jurídica con fuerza de ley. La idea, básica y central, de que el interés general en un Estado social y democrático de derecho se proyecta sobre la mejora de las condiciones de vida de los ciudadanos en lo que se refiere a las necesidades colectivas, exige que en cada caso la actuación administrativa explicite, en concreto, cómo a través de actos y normas, de poderes, es posible proceder a esa esencial tarea de desarrollo y facilitación de la libertad solidaria de los ciudadanos.

Es la Constitución, como fuente de las fuentes, y como norma de las normas, el lugar en el que encontramos los valores y principios que han de presidir el desarrollo del interés general en el Estado social y democrático de Derecho. Los valores superiores del ordenamiento, los principios del preámbulo de la Carta Magna y, muy especialmente, los derechos fundamentales de la persona y los principios rectores de la política social y económica, integran, para el caso español, las partes de la Constitución directamente vinculadas a la promoción y realización del interés general. De manera especial, el artículo 9.2 manda a los poderes públicos la creación de las condiciones para que la libertad y la igualdad de los individuos y grupos sean reales y efectivas removiendo los obstáculos que impidan su efectividad. La Administración pública, pues, debe promover, facilitar, hacer posible que cada persona se desarrolle libre y solidariamente removiendo los obstáculos que lo impidan.

La Administración pública, bien lo sabemos, no dispone de libertad. Son las normas jurídicas las que le atribuyen los poderes y, en su virtud, dictan actos y realizan funciones de interés general. En este marco, el principio de juridicidad nos ayuda a comprender mejor la forma en la que la norma de atribución ha de perfilar, con el mayor detalle posible, el interés general que debe servir objetivamente la Administración pública en cada caso. Si la norma es parca o confusa, los principios de racionalidad, objetividad, proscripción de la arbitrariedad, seguridad jurídica o confianza legítima, entre otros, permitirán a la propia Administración pública cumplir su tarea o, corresponde, ser controlada jurídicamente por los tribunales de justicia. En todo caso, cuando la Administración opera en virtud de poderes discrecionales, el grado en que se debe concretar y justificar el interés general está en proporción a la intensidad de la discrecionalidad atribuida por la norma a la Administración pública.

El interés general, por tanto, está previsto en la Constitución y contemplado, para el derecho administrativo, de otra manera no podría ser, en los principios del Estado de derecho. Procedimentalmente, el interés general ha de ser satisfecho por la Administración por medio de normas, poderes y actuaciones que operan en el marco del principio de juridicidad, de la separación de los poderes y del reconocimiento de los derechos fundamentales de la persona. Es este el campo de juego en el que debe moverse la Administración para que en todo su quehacer brille con luz propia el interés general que en cada caso haya de satisfacer.

El profesor Bandeira de Mello entiende que existe una noción categórica general de lo que se debe entender por interés público aplicable a cualquier sistema jurídico-político al margen de consideraciones contingentes o variables. Opina este profesor que es posible encontrar un núcleo objetivo, universal, de lo que es el interés público, de lo que es el interés general tal y como aquí lo denominamos. A partir de ese núcleo esencial, el interés general se encarna, por así decir, en la realidad por medio del ordenamiento jurídico: leyes, normas y actos fundamentalmente.

No es que existan dos aproximaciones paralelas al interés general, una genérica, con pretensión de validez universal, derivada del Estado de derecho e integrada esencialmente en la Constitución, y otra concreta, puntual, expresada en normas y actos. Ambas aproximaciones han de ser entendidas desde el pensamiento compatible y complementario. Así, de esta manera, para considerar jurídicamente si el interés general concreto está enmarcado en el Estado de derecho, en la Constitución, habrá que echar mano de la concepción genérica, que no es un cheque en blanco. Consiste, como antes comentamos, en una noción enraizada sustancialmente en el conjunto de valores superiores del ordenamiento, en las bases del Estado social y democrático de derecho, muy especialmente en lo que se refiere a la centralidad de los derechos fundamentales de la persona y a los principios de la política social y económica, al menos en lo que se refiere a esta Constitución analizada desde el derecho español.

En realidad, si analizamos esta cuestión, como apunta el profesor Hachem, desde la perspectiva, por ejemplo, de la anulación de un acto administrativo por haberse dictado de acuerdo con una finalidad diversa a la prevista en la norma (al interés público en sentido amplio inherente a la norma) y de la legitimidad jurídica para la revocación de una licitación por existir razones concretas de interés público que justifican dicha anulación, nos encontramos ante un dilema de no difícil solución. No estamos ante dos expresiones distintas de comprender el derecho administrativo, sino ante una forma de entender el derecho administrativo que bascula sobre el concepto del interés general, un interés general que tiene dos diferentes representaciones, indisolublemente unidas: la general, en cuanto que el acto ha de expresar los valores del ordenamiento jurídico, y la concreta que, de forma inescindible con la general, proyecta esa dimensión genérica sobre la realidad, sobre un supuesto concreto de la realidad administrativa.

Esta explicación sale al paso de la perspectiva esquizofrénica de entender el interés público en sentido amplio y en sentido estricto como dos realidades distintas y separables. Desde el pensamiento compatible y complementario es posible encontrar una argumentación que salve la aparente contradicción que en muchas ocasiones la doctrina ha encontrado entre estas dos manifestaciones del interés público, del interés general como aquí lo entendemos. Podría hasta afirmarse que son las dos caras de la misma moneda: una en abstracto que, precisamente para ser válida en el Estado de derecho, debe materializarse en la realidad, en el caso concreto, en el que, obviamente, habrá de orientarse hacia la mejora de las condiciones de vida de los ciudadanos. La otra, la perspectiva concreta, insisto, es la forma que adopta la dimensión abstracta, principal, del interés general.

La institución de la desviación de poder, que se aplica cuando las potestades administrativas se ejercen para fines distintos de los previstos en el ordenamiento jurídico, aunque se refiere al interés general abstracto, al que habita en la norma jurídica, que trae causa de la misma Constitución o de una ley, es obvio que debe proyectarse sobre intereses públicos concretos, específicos, materializables, que, de una u otra forma afecten favorablemente a la mejora de las condiciones vitales de los ciudadanos. Pregunta, ¿es qué la potestad administrativa, establecida en una norma de la que procede un acto administrativo, puede operar legítimamente al margen del interés general concreto si este no es más, ni menos, que la proyección de los valores superiores del ordenamiento, de los postulados del Estado social y democrático de derecho a la realidad?

TRUCHET, en su trabajo sobre las funciones de la noción del interés general en la jurisprudencia del Consejo de Estado de Francia tercia en esta cuestión y afirma que el interés general concreto, el interés público cualificado que dirá la doctrina italiana, es una condición para el ejercicio de una potestad administrativa. Es decir, el interés general opera cómo límite jurídico al ejercicio de las funciones administrativas. Para ello, para que el interés general abstracto proyectado en el caso concreto (interés general concreto) sea efectivamente límite de la actuación administrativa es menester que en el acto en que se materializa la potestad la motivación sea adecuada. De lo contrario, hasta podrá ser un acto ilegal, graduándose su gravedad en función de la indefensión en que pueda quedar el destinatario de dicho acto. Por tanto, el interés general, en su doble condición, habilita al quehacer administrativo y, en sentido contrario, prohíbe ciertas actuaciones contrarias a los valores superiores del ordenamiento y a los postulados del Estado social y democrático de derecho.

La distinción entre las dos dimensiones del interés general es útil a efectos pedagógicos y sistemáticos, pues permite comprender mejor el alcance, sentido y funcionalidad de este concepto capital para la misma definición y entendimiento del derecho administrativo. Sin embargo, si es que pretendemos determinar el concepto capital de nuestra disciplina, mejor sería, me parece, hablar de un interés general con dos dimensiones, inescindibles e inseparables, una teórica, abstracta, genérica, en cuanto presupuesto de validez de cualquier norma o principio de derecho público, y otra concreta, en cuanto que toda materialización y pura ejecución de las normas jurídicas administrativas debe orientarse a satisfacer necesidades colectivas que mejoren las condiciones de vida de los ciudadanos, tanto en lo que se refiere al fomento, a la policía o al servicio público.

8. Reflexión final: la motivación de las actuaciones administrativas

La cuestión de la motivación del acto administrativo es consecuencia de la obligación de rendición de cuentas que pesa sobre una Administración democrática. Hasta tal punto esto es así que se puede afirmar, sin empacho alguno, que una Administración pública será tanto más democrática cuanto más y mejor motive los actos administrativos dictados en el marco de potestades discrecionales.

Ciertamente, esta consideración acerca de la obligación de motivar en cada caso la existencia del interés general legitimador de su actividad es trasunto de la titularidad de la soberanía que al pueblo, en su conjunto e individualmente considerado, corresponde. El pueblo es el titular de la soberanía, del poder público. Los funcionarios y autoridades lo que hacen, y no es poco, es administrar y gestionar asuntos que son de titularidad ciudadana en nombre del pueblo de forma temporal explicando periódicamente a los ciudadanos la forma en que se ejercen dichas potestades.

Este es un tema de palpitante y rabiosa actualidad que explica hasta qué punto la crisis por la que atravesamos trae también causa, y de qué manera, del proceso de apropiación del poder en que han incurrido deliberadamente los políticos y altos funcionarios en términos generales. Con una sagacidad e inteligencia digno de encomio, y gracias al consumismo insolidario imperante, se ha convencido a no pocos sectores de la población de que para los asuntos del interés general debían confiar en los dirigentes públicos, que saben muy bien lo que deben hacer. Incluso se ha intentado, a veces con notable éxito, presentar a la ciudadanía desde la tecnoestructura argumentos y razones para justificar tal posición tiñéndola a veces de caracteres pseudocientíficos. Las consecuencias de este modo de proceder a la vista de todos están: politización de la Administración pública, conversión del interés general en interés o intereses particulares o individuales. Y, lo más grave, desnaturalización de la democracia que está dejando de ser el gobierno del pueblo, por y para el pueblo

Por eso el tema del interés general es de crucial importancia para el derecho administrativo y, sobre todo, para la revitalización de los postulados del Estado social y democrático de derecho. Porque está en juego nada y nada menos que la vuelta al Estado absoluto, al autoritarismo, a la consideración unilateral del interés general al margen de la razón humana.

El interés general, ya lo hemos explicado, tiene dos dimensiones, una amplia y otra concreta. En la dimensión amplia dispone de un protagonismo especial uno de los principales postulados del Estado social y democrático de derecho: los derechos fundamentales. En efecto, MEILÁN GIL afirma que en la delimitación conceptual del interés general existe un núcleo irreductible que tiene en los derechos fundamentales de la persona su sustancia permanente. Esto es así, me parece, porque la dimensión amplia del interés general asegura en todo momento que la dimensión concreta, que puede variar como consecuencia del dinamismo social y de los legítimos cambios en el poder político, en ningún momento pueden desconocer la esencia y el alma del interés general, que es la centralidad que tiene para todo el derecho la dignidad del ser humano y los derechos que le son inherentes.

BIBLIOGRAFÍA

BACELLAR FILHO, ROMEU FELIPE: "A noção jurídica de interesse público no Direito Administrativo brasileiro" en: Daniel Wunder Hachem (Coords.), *Direito Administrativo e Interesse Público:* Estudos em homenagem ao Professor Celso Antônio Bandeira de Mello. Belo Horizonte, Fórum, 2010, págs. 89-116.

—, Dignidade da pessoa humana, garantia dos direitos fundamentais, direito civil, direitos humanos e tratados internacionais, en: Fabrício Motta. (Org.). *Direito público atual:* estudos em homenagem ao Professor Nélson Figueiredo, Belo Horizonte: Fórum, 2008, págs. 317-323.

Consejo de Estado de Francia. *Rapport* de 1999 sobre El interés general.

DAHRENDORF, RALF: *Sociedad y libertad*, Madrid, Tecnos. 1971

DOEHRING, KARL: "*Socialzstaat Rechtsstaat und Freinheitlich-Demokratische Grundorduung*", en: *El Estado social*, Madrid, Centro de Estudios Constitucionales, 1987, págs. 157 y ss.

DUGUIT, LÉON: *Les transformations du droit public*, Paris, Librairie Armand Colin, 1913.

ESCOLA, HÉCTOR JORGE: *El interés público como fundamento del derecho administrativo*. Buenos Aires; Depalma, 1989.

FRIEDRICH, CARL J. (Org.): *O interesse* público, trad. Edilson Alkmin Cunha, Rio de Janeiro, O Cruzeiro, 1967.

GABRADO, EMERSON: *Interesse público e subsidiariedade:* o Estado e a sociedade civil para além do bem e do mal. Belo Horizonte, Fórum, 2009.

GARCÍA DE ENTERRÍA, EDUARDO: *Democracia, jueces y control de la Administración*, 5ª ed., reimp., Madrid, Thomson-Civitas, 2005.

—, "La significación de las libertades para el Derecho Público", en *Anuario de Derechos Humanos de la Universidad Complutense de Madrid*, Madrid, 1981, págs 116 y ss.

—, Una nota sobre el interés general como concepto jurídico indeterminado, en *Revista Española de Derecho Administrativo*, núm. 89, Madrid, Civitas, págs. 69-89, ene./mar. 1996.

GARRIDO FALLA, FERNANDO: "Sobre el derecho administrativo y sus ideas cardinales", en *Revista de Administración Pública*, núm. 7, Madrid, Centro de Estudios Constitucionales, págs. 11-50, ene./abr. 1952.

GIANNINI, MASSIMO SEVERO: *Derecho administrativo*, vol. 1, trad. Luis Ortega, Madrid, Instituto Nacional de Administración Pública, 1991.

GONZÁLEZ PÉREZ, JESÚS: *La dignidad de la persona*, Madrid, Civitas, 1986.

GORDILLO, AGUSTÍN: *Tratado de derecho administrativo*, t. 1, Parte general, 7ª ed., Belo Horizonte, Del Rey e Fundación de Derecho Administrativo, 2003.

GUIDDENS, ANTHONY: *Un mundo desbocado*, México, Taurus, 2000.

HACHEM, DANIEL WUNDER: "A dupla nocão juridical de interesse public em Direito Administrativo", en *Revista de Direito Administrativo & Constitucional*, núm. 11, Belo Horizonte, *págs.* 19-110, ab/jun 2011.

MEILÁN GIL, JOSÉ LUIS: *El proceso de la definición del derecho administrativo*, Madrid, Escuela Nacional de Administración Pública, 1967.

—, "Intereses generales e interés público desde la perspectiva del derecho público español", en *A&C - Revista de Direito Administrativo & Constitucional*, núm. 40, Belo Horizonte, Fórum, págs. 171-198, abr./jun. 2010.

—, "O interesse público e o Direito Administrativo global", en: Romeu Felipe Bacellar Filho; Guilherme Amintas Pazinato da Silva (Coords.). *Direito Administrativo e Integração Regional:* Anais do V Congresso de Direito Público do Mercosul e do X Congresso Paranaense de Direito Administrativo, Belo Horizonte, Fórum, 2010, págs. 101-104.

MELLO, CELSO ANTÔNIO BANDEIRA DE: "A noção jurídica de interesse público", en *Grandes Temas de Direito Administrativo*, São Paulo, Malheiros, 2009, págs. 181-191.

— "A supremacia do interesse público", en *XI Congresso Paranaense de Direito Administrativo*, Conferência de encerramento proferida em 27.08.2010, Curitiba, Instituto Paranaense de Direito Administrativo, 2010.

MUÑOZ, GUILLERMO ANDRÉS: "El interés público es como el amor", en Romeu Felipe Bacellar Filho; Daniel Wunder Hachem (Coords.), *Direito Administrativo e Interesse Público:* Estudos em homenagem ao Professor Celso Antônio Bandeira de Mello, Belo Horizonte, Fórum, 2010, págs. 21-31.

NIETO, ALEJANDRO: "La Administración sirve con objetividad los intereses generales", en Sebastián Martín-Retortillo Baquer (Coord.), *Estudios sobre la Constitución española*: Homenaje al profesor Eduardo García de Enterría. vol. 3. Madrid, Civitas, 1991, págs. 2185-2253.

RODRIGUEZ-ARANA MUÑOZ, JAIME: "El interés general como categoría central de la actuación de las Administraciones Públicas", en Romeu Felipe Bacellar Filho; Guilherme Amintas Pazinato da Silva (Coords.), *Direito Administrativo e Integração Regional*, Anais do V Congresso de Direito Público do Mercosul e do X Congresso Paranaense de Direito Administrativo, Belo Horizonte, Fórum, 2010, págs. 105-130.

SÁINZ MORENO, FERNANDO: "Sobre el interés público y la legalidad administrativa", en *Revista de Administración Pública*, núm. 82, Madrid, Centro de Estudios Constitucionales, págs. 439-454, ene./abr. 1977.

TRUCHET, DIDIER: *Les fonctions de la notion d'intérêt général dans la jurisprudence du Conseil d'État*, Paris, LGDJ, 1977.

LA PROFUNDA DIMENSIÓN SOCIAL Y AXIOLÓGICA DEL PRINCIPIO DE JURIDICIDAD. LA TEORÍA DEL ACTO ADMINISTRATIVO Y EL RÉGIMEN EXORBITANTE COMO INSTRUMENTAL AL SERVICIO DEL ALUDIDO PRINCIPIO

María José Rodríguez*
Argentina

1. La profunda dimensión social y axiológica del principio de juridicidad

Un corolario fundamental del Estado del derecho, constitucional y social es el principio de juridicidad, la vigencia irrestricta del orden jurídico. Ciertamente, este es un componente indubitable del bien común. Este principio exhibe una importancia esencial pues, tal como observaba Tomás de Aquino[1], una de las finalidades más importantes del Estado es la de garantizar un mínimo ético de coexistencia humana.

De ahí que el principio de juridicidad —inteligido como la vigencia irrestricta del ordenamiento jurídico— reviste una virtualidad eminentemente social[2]; hace a lo más profundo de la naturaleza social del hombre destacada

* Directora Académica de la maestría en Derecho Administrativo en la Universidad Nacional de la Matanza (Argentina).

[1] Según expresa Messner, como comunidad que tiene su fundamento en los fines existenciales del hombre, el Estado forma parte del orden ético. Tomás de Aquino no vacila en designar al Estado, lo mismo que Aristóteles, como "la creación más destacada de la razón humana", y asigna a la política el lugar más elevado de todas las artes. Esta incorporación del Estado dentro de la escala de valores supera la idea, derivada del utilitarismo político, de que el Estado es solo una institución de organización técnica al servicio de los diversos intereses.

Según Messner, nada caracteriza tan claramente la esencia ética del Estado como *su función de realizar el mínimo ético de la convivencia humana.* El Estado atiende a esta tarea, mediante la institución del orden jurídico. El poder con el que cuenta para ello recibe una justificación axiológica y su uso, un carácter moral y que suscita consenso pues pone un dique al predominio de los elementos menos racionales de la naturaleza del hombre en beneficio de la verdadera humanidad (Johannes Messner, *Ética social, política y económica a la luz del derecho natural*, Madrid, Ediciones Rialp, 1967, págs. 857 y ss.).

[2] Messner explica que todo derecho es de naturaleza social. Porque es la naturaleza del hombre la que liga el desarrollo hasta llegar al ser plenamente humano como personalidad

por ARISTÓTELES. Es el imperio de la juridicidad el que permite la realización de la justicia; ese dar a cada uno lo que le corresponde, que, en definitiva, asegura la paz social.

En efecto, la utilidad social, el establecimiento del orden, de la paz y de la libertad constituyen el fin y la función fundamental del derecho; de ello se sigue, que todo derecho es de naturaleza social. Por esta razón solo puede hallarse el fundamento ontológico del derecho en la naturaleza de la sociedad y no exclusivamente en la naturaleza personal y en los valores personales del hombre individual y del bien individual[3].

Es por ello por lo que la vigencia irrestricta de la juridicidad supone una mirada absolutamente social de los derechos de las personas; porque tiene en cuenta, de modo primordial, esa alteridad que caracteriza la relación de las personas, socialmente consideradas.

Esta impronta social es muchas veces desconocida por abordajes que exaltan las notas de la individualidad[4] y prescinden de la mirada del contexto, de correlacionar el ejercicio de los derechos con los deberes que la persona tiene "para con la familia, la comunidad y la humanidad"; en definitiva, de compatibilizar los derechos con las "justas exigencias del bien común en una sociedad democrática"[5].

con la cooperación social, y de este modo con el bien común y el derecho. Señala que solo puede hallarse el fundamento ontológico del derecho en la naturaleza de la sociedad y no exclusivamente en la naturaleza personal y en los valores personales del hombre y el bien individual; ello, sin perjuicio de que el orden del bien común está a su vez determinado por los valores sociales. Destaca que no solo la persona individual posee ser, valor, responsabilidad y derechos propios sino también la persona colectiva en las diversas formas de comunidades. Remarca que la personalidad individual no puede ser realidad plena sin la última; y aún más, que la realización de los valores individuales personales depende de los valores del bien común (MESSNER, ob. cit., págs. 274 a 280).

[3] Ibídem, pág. 273.

[4] Así, el individualismo que surge a partir del nominalismo de GUILLERMO DE OCKHAM (1285-1347), las proyecciones del individualismo sobre el voluntarismo en general, y sobre el *dezisionismus* de CARL SCHMITT (1888-1985). En efecto, como lo hace notar ARTURO E. SAMPAY en su simpar obra *Introducción a la teoría del Estado* (Buenos Aires, Ediciones Politeia, 1951, págs. 16 y ss.), el voluntarismo, que es consecuencia de negar la posibilidad de conocimiento de la realidad objetiva y metafísica y aun de rechazar la propia existencia de esta y de su *deber ser* inherente, deriva, en materia de organización política, tanto en el liberalismo como en el totalitarismo. De ahí, la influencia, solo en apariencia paradojal, que tuvo un pensador como HOBBES (1588-1679), en estos dos sistemas y sus derivados.

[5] Art. 32, CADH: "Correlación entre deberes y derechos.1. Toda persona tiene deberes para con la familia, la comunidad y la humanidad. 2. Los derechos de cada persona

La trascendencia de este enfoque social ha dado lugar a nuevos y valiosos desarrollos del derecho administrativo que pueden ser considerados como una verdadera subrama de este: *el derecho administrativo de las actividades administrativas con dimensión social*[6].

A) *El orden jurídico como causa formal de la sociedad política*

La autoridad política debe introducir un orden en el conjunto del ordenamiento; este tiene su expresión ejemplar en el *orden jurídico.* En efecto, las normas jurídicas son el instrumental que el legislador adopta para la realización del bien común desde el ámbito de sus incumbencias constitucionales[7].

Dentro del marco legal, los ciudadanos ejercen sus respectivas funciones, de modo tal que el respeto efectivo de las leyes vigentes asegura la obtención del bien común. Ello supone, claro está, que el orden normativo de una sociedad sea intrínsecamente justo, es decir, respetuoso de los valores humanos fundamentales. De consiguiente, cabe concluir que la causa formal de la sociedad política es el orden que la autoridad introduce en la vida del cuerpo social, con el fin de ajustar todas las actividades para la obtención efectiva del bien común. Esa coordinación general de las actividades encuentra su expresión y modelo en el orden jurídico[8].

El orden jurídico es entonces el orden del bien común, es el orden de la sociedad requerido por la ayuda que necesitan todos sus miembros y que se hace posible por su cooperación social en el cumplimiento de las tareas vitales que les son impuestas por los fines existenciales y bajo el principio de la propia responsabilidad[9].

La esencia del bien común es constituir esa ayuda. Por ello, el hacer posible esta ayuda por medio de la cooperación social es por sí mismo un fin existencial que determina todo el orden de la sociedad e influye también en todo el derecho considerado como fundamento del orden de la sociedad[10].

están limitados por los derechos de los demás, por la seguridad de todos y por las justas exigencias del bien común, en una sociedad democrática".

[6] Sobre estos desarrollos, resulta insoslayable el valioso aporte del jurista colombiano Libardo Rodríguez Rodríguez al que remitimos (v. Libardo Rodríguez Rodríguez, "Marco conceptual de las actividades administrativas con dimensión social", publicado en CIJur, 30-9-2019, https://cijur.mpba.gov.ar/doctrina/14864).

[7] Carlos A. Sacheri, *El orden natural*, Buenos Aires, Editorial Vórtice, 2008, pág. 156.

[8] Ídem.

[9] Messner, ob. cit., págs. 325 a 326.

[10] Ídem nota anterior.

B) *La integración del orden jurídico por principios y reglas*

El ordenamiento jurídico se compone de normas y principios[11]. Según explica la moderna doctrina de la argumentación jurídica[12], las reglas son normas que requieren algo definitivamente. Son mandatos. Su forma de aplicación es la subsunción. A diferencia de ello, los principios serían mandatos de optimización[13].

Con referencia a las normas (reglas), CASSAGNE expresa que responden a una cierta estructura lógica donde tanto la proposición jurídica constituida por el supuesto de hecho que ella determina como su consecuencia (mandato) se encuentran formulados con similar propósito de precisión. En cambio, los principios aparecen con un margen de indeterminación y abstracción que los lleva a requerir siempre de un acto posterior que los precise en una formulación más detallada, ya sea en su incorporación al derecho positivo o en su aplicación al caso concreto. Los principios carecen de supuestos de hecho, estos deben ser cubiertos por los operadores jurídicos[14].

C) *La integración del principio de juridicidad y su dimensión social en la dogmática del derecho administrativo*

Desde esta perspectiva, el principio de juridicidad se integra en la dogmática jurídica del derecho administrativo como un verdadero pilar de las restantes nociones, como un verdadero imperativo del principio de la dignidad de la persona humana, que atiende a su dimensión social. Esta última es —de otra parte— de recibo en la Convención Americana de Derechos Humanos (CADH) que luego de pasar revista al catálogo de derechos de la primera parte, en el artículo 32 manda interpretar los derechos que enuncia "conforme con las justas exigencias del bien común, en una sociedad democrática"[15].

El principio de juridicidad implica que las autoridades administrativas deben actuar con sujeción a los principios generales del derecho, aquellos

[11] JUAN CARLOS CASSAGNE, *Los grandes principios del derecho público (constitucional y administrativo)*, Colección de Derecho Administrativo, Madrid, 2016, pág. 48.

[12] ROBERT ALEXY, "¿Cómo proteger los derechos humanos? Proporcionalidad y racionalidad", en *Argumentación, derechos humanos y justicia* (Coords. Juan Pablo Alonso -Renato Rabbi Cabanillas), Buenos Aires, Astrea, 2017, págs. 27 a 28.

[13] Sobre la categorización de los principios como mandatos de optimización, CASSAGNE sostiene que no todos los principios encuadran en esa definición pues que en ciertos principios "[...] no hay optimización posible porque lo óptimo es la realización plena del principio" (v. JUAN CARLOS CASSAGNE, *Los grandes principios...*, pág. 55).

[14] CASSAGNE, ob. cit., nota anterior, págs. 49 a 50.

[15] Art. 32, CADH.

que se derivan de la dignidad de la persona y de la naturaleza objetiva de las cosas, a la Constitución Nacional, a los principios que surgen de ella, a los tratados internacionales —que gozan de jerarquía normativa superior a las leyes desde la reforma constitucional de 1994, e incluso antes de ella—, a la ley formal, a los reglamentos, a los precedentes administrativos en la medida en que en su seguimiento esté comprometida la garantía de la igualdad[16]. Esta postura prefiere la locución "juridicidad" a la de legalidad[17] (comprensiva de la ley positiva en sentido formal y material) y que adiciona a la legalidad así descrita, la razonabilidad o justicia (en términos de CASSAGNE, "principio de legitimidad"[18]).

La vinculación de la Administración con la norma debe ser además positiva en el sentido de que el derecho es un presupuesto mismo del actuar administrativo sin el que este carece de legitimidad, sin perjuicio de que la ilegitimidad puede derivar de la propia inacción administrativa, en tanto la omisión se configura como un incumplimiento de la legalidad concebida como encargo. La juridicidad no es pues solo un límite del accionar administrativo sino también un presupuesto[19].

D) *El principio de juridicidad en la jurisprudencia administrativa de la Procuración del Tesoro de la Nación (PTN), máximo órgano asesor en derecho del Poder Ejecutivo Nacional*

La Procuración del Tesoro de la Nación, máximo órgano asesor en derecho del Poder Ejecutivo Nacional ha resaltado con particular énfasis la importancia del sometimiento de la actuación administrativa al principio de juridicidad[20].

[16] JULIO R. COMADIRA, cap. III, en *Curso de derecho administrativo*, tomo I, Julio R. Comadira, Héctor Jorge Escola. Julio Pablo Comadira (coord., colaborador y actualizador), Buenos Aires, Abeledo Perrot, 2012, págs. 99 y ss.

[17] Sobre el principio de legalidad y sus derivados específicos, v. VÍCTOR RAFAEL HERNÁNDEZ MENDIBLE, "Los principios jurídicos que justifican el control por la justicia constitucional y ordinaria", en la obra colectiva *Principios fundamentales del derecho público. Desafíos actuales*, libro conmemorativo de los 20 años de la publicación de la Constitución venezolana de 1999, coords., Alan R. Brewer Carias y José Araujo Juárez https://cijur.mpba.gov.ar/files/bulletins/Dr._V%C3%ADctor_Rafael_Hern%C3%A1ndez-Mendible_25-11_version_2.pdf

[18] JUAN CARLOS CASSAGNE, *Los grandes principios del derecho público (constitucional y administrativo)*, Madrid, Reus Editorial, 2016, pág. 167.

[19] Ídem nota anterior, pág. 100.

[20] V. en part., Dictamen PTN, N. ° IF 2020-28204159- APN-PTN, del 27-4-2020, que colacionamos en este punto https://www.ptn.gob.ar/buscarDictamenes/app/webroot/images/dictamenes/abril2020/IF-2020-28204159-APN-PTN.pdf

En tal sentido ha expresado que "El principio de legalidad es una de las conquistas fundamentales del constitucionalismo contemporáneo, pues exige que medie una norma para que el Estado pueda expresar válidamente su voluntad, en especial, aunque no exclusivamente, a través del Poder Administrador".

Ha remarcado que el aludido principio resulta una emanación evidente del concepto de "Estado de derecho", acuñado por juristas alemanes de la primera mitad del siglo XIX, especialmente por ROBERT VON MOHL en *Die Polizei-Wissenschaft* de 1832.

Ha diferenciado el máximo órgano asesor del poder ejecutivo, con cita de ADOLF MERKL, el "Estado-Policía" que se presenta como aquel cuya Administración se halla legalmente incondicionada del Estado de Derecho que ofrece una Administración condicionada legalmente.

También ha subrayado la PTN que el principio de legalidad se erige como un postulado derivado del principio de separación de poderes y división de funciones, que formulara MONTESQUIEU.

En lo atingente al ordenamiento vernáculo, ha considerado que el principio de legalidad del obrar estatal puede extraerse razonadamente de varias disposiciones de la Constitución Nacional, como los artículos 14, 16, 17, 18 y 19.

Ha puntualizado con cita de GERMÁN BIDART CAMPOS que el principio en examen responde al concepto de despersonalización del poder o impersonalidad del poder y al de legitimidad racional. No se trata de que el poder no sea ejercido por personas humanas, que tal como ha remarcado el organismo, es inevitable, sino de que quienes ejercen el poder lo hagan ajustándose al orden jurídico establecido en las normas legales. De tal suerte, ha enfatizado que el mando no se basa en la voluntad arbitraria o caprichosa de los que gobiernan, sino en lo que la ley predetermina como debido o prohibido.

Ha manifestado que la ley predetermina las conductas debidas o prohibidas, de forma que todos pueden conocer de antemano lo que tienen que hacer u omitir, y quedar exentos de decisiones sorpresivas que dependan solamente de la voluntad ocasional de quien manda.

Así, el principio de legalidad permite configurar el sistema jurídico de un modo tal que posibilita que no solo la actividad administrativa, sino también que la legislativa y judicial sean llevadas a cabo conforme al derecho vigente, limitando formalmente el accionar del Estado. Ha recalcado que en lo que respecta a la Administración, las manifestaciones de su accionar (fundamentalmente a través de reglamentos y actos administrativos de alcance particular) deben hallar fundamento y confines en la ley. De modo tal que, el principio de legalidad, por un lado, habilita a la Administración a actuar en determinadas esferas según la competencia asignada y, por el otro, le impone límites a ese accionar; los que, de ser traspasados, darán lugar a la invalidación de lo actuado.

En suma, según la doctrina del organismo, la ley habilita para obrar al poder ejecutivo y a los órganos y entes administrativos que lo secundan en el ejercicio de la función administrativa. Pero estas habilitaciones por sí solas no bastan; la Administración debe, además, respetar el resto del ordenamiento jurídico, es decir, no solo la ley habilitante de su competencia, sino todas aquellas leyes que integran el ordenamiento jurídico, a partir de una vinculación positiva con este último.

E) *Nuestra opinión*

El principio de juridicidad en derecho administrativo suele indicarse para sujetar la actividad de la Administración a la norma, para predeterminar su contenido, con *un claro sesgo de limitación del poder.* De nuestra parte, entendemos que en línea y de modo correlativo con la evolución del principio de competencia hacia su determinación por la especialidad del órgano, el principio de juridicidad debe ser aprehendido como presupuesto de habilitación de la actuación, con los límites marcados por el interés público y el bien común y, singularmente, por el principio de subsidiariedad. En tal sentido, reivindicamos una concepción servicial de la prerrogativa y solidaria de la garantía[21] que no visualiza al poder desde un pesimismo antropológico hobbesiano, como un mal que debe ser limitado, sino como capacidad de acción ordenada al bien común en la línea trazada por ARISTÓTELES y TOMÁS DE AQUINO. Por otra parte, si bien en el ámbito del derecho administrativo suele vincularse al principio con la sujeción de la Administración al derecho[22], entendemos que el principio de juridicidad extiende su virtualidad por cierto también respecto de los particulares administrados en su relación con la Administración (sin perjuicio de la general sujeción al ordenamiento jurídico de todas las personas), nota que a veces no es destacada suficientemente, y que, en cierta medida soslaya la presencia de importantes grupos de interés y presión, tanto económico como de otro orden, en el ejercicio del poder, que pueden afectar al logro del bien común.

Porque la gestión del bien común está a cargo, de modo directo, de la Administración, pero también de los particulares, que contribuyen y resultan

[21] Tal como lo preconizara JULIO RODOLFO COMADIRA como un leitmotiv en sus diversas obras.

[22] Así, por ejemplo, en el caso "Serra", en el cual la Corte Suprema federal remarcó que la Administración está especialmente sometida al ordenamiento jurídico como consecuencia del principio de legalidad objetiva (v. CSJN, 26 -10-1993, "*Serra Fernando H y otro v. Municipalidad de la Ciudad de Buenos Aires*". Fallos 316:2454, considerando 14.

sujetos a las exigencias del bien común[23], tanto en la justicia distributiva como en la conmutativa y en la social. En definitiva, y aunque la aclaración aparezca como redundante, el principio de juridicidad impera que la fuente jurídica superior desplaza no solo a la inferior que lo viola sino también a la autonomía de voluntad de las partes que a ella se contrapone, es decir tiene virtualidad no solo respecto de la Administración sino también respecto de los particulares en el marco de la actividad contractual del Estado[24].

2. La articulación del principio de juridicidad con la dogmática del acto administrativo

Sabido es que el modo de expresión ordinario de la Administración, es el acto administrativo[25]. De consiguiente, este instituto fundamental del derecho administrativo, que sirve de apoyatura a otras subramas del derecho administrativo, deviene una pieza clave para el aseguramiento de la juridicidad[26]. A continuación, examinaremos cómo se articula entonces este principio de juridicidad con la dogmática del acto administrativo en el marco de la tarea de aseguramiento irrestricto de la juridicidad que tiene a cargo la Administración como gestora del bien común.

[23] Como enseña Messner, el fin de la sociedad, esto es, el bien común, es la ayuda que todos necesitan para el cumplimiento responsable de las tareas vitales fundadas en los fines existenciales. Esta ayuda se hace posible por la unión de todos los miembros de la sociedad, y es al mismo tiempo necesitada por todos (Messner, ob. cit., pág. 199).

[24] V. en tal sentido, Julio R. Comadira, en *Curso de derecho administrativo*, tomo II, Julio R. Comadira, Héctor Jorge Escola, Julio Pablo Comadira (coord., colaborador y actualizador), Buenos Aires, Abeledo Perrot, 2012, pág. 1147.

[25] Ello, si bien todavía no ha sido debidamente justipreciado el impacto del *droit souple* o *soft law*, consistente básicamente en actos jurídicos flexibles, directrices de las autoridades reguladoras, recomendaciones, notas, circulares, orientaciones que hasta podrían expresarse en un tweet, cuyo campo ha sido enriquecido y aumentado por la virtualidad de las nuevas tecnologías, que no crean un derecho o una obligación legal para nadie, carecen de coactividad, pero influyen en las prácticas de los operadores económicos en los hechos; este *droit souple* hoy es pasible de control en Francia por el Consejo de Estado a los efectos de que el Estado de Derecho no quede a la zaga frente a nuevas manifestaciones de la actividad administrativa (v. bilan annuel 2020 du Conseil d´État, pág. 76 y decisiones N.° 418142 y N.° 440258 del Consejo de Estado citadas en el apuntado Balance 2020 (https://www.conseil-etat.fr/ressources/etudes-publications/bilan-d-activite).

[26] El acto administrativo es, metafóricamente, como el "*Aleph*" que según el relato del escritor argentino Jorge Luis Borges, consistía en un punto de dos o tres centímetros de diámetro que posibilitaba observar "todos los lugares del orbe"; en línea con la metáfora, consideramos que el acto administrativo permite visualizar la dinámica del ejercicio del poder en el discurrir de la función administrativa que plasma (v. "*El Aleph*", publicado por primera vez en 1949, en Argentina).

Concretamente, nos proponemos abordar en apretada síntesis, las proyecciones del principio de juridicidad en el campo del derecho administrativo y en sus institutos específicos, con particular referencia al modo en que discurre la función administrativa expresada a través de su medio más conspicuo de manifestación: el acto administrativo. En este contexto, examinaremos cómo la noción de acto —y su dogmática— deviene una técnica de protección y control de la juridicidad. Con tal objeto, focalizaremos nuestro análisis en las diferentes situaciones que su violación implica, así como los remedios tendentes a la preservación de su vigencia irrestricta.

En definitiva, para examinar esta cuestión desde la teoría del acto administrativo y del procedimiento administrativo propedéutico a este, nos preguntaremos ¿cómo juega la estabilidad del acto administrativo, el derecho de propiedad de los particulares administrados, la seguridad jurídica, la confianza legítima en el actuar previo de la Administración, cuando este principio de juridicidad sufre agravio...?

Estos interrogantes impactan ciertamente en el campo del acto administrativo particular, pero, dado el carácter basilar de este concepto[27], también por cierto se proyectan en el marco de las contrataciones administrativas perfiladas por el decreto delegado N.° 1023/01, en los contratos incluidos en el régimen de participación público privada regulado por la ley 27.328, en los actos administrativos que conceden beneficios de la seguridad social como jubilaciones y pensiones, entre otras áreas del derecho administrativo; también alumbraremos algunas perplejidades que suscita la interpretación jurisprudencial del principio de inalterabilidad del acto administrativo de determinación de oficio, consagrado tempranamente por la Ley de Procedimientos Tributarios N.° 11.683, en su artículo 19, apartado b, introducido en 1962[28].

[27] Sobre el carácter axial de la noción de acto administrativo, hace algunos años, en el epílogo de una obra de nuestra autoría titulada *El acto administrativo tributario* destacamos que "la noción de acto administrativo es al derecho administrativo como la metafísica a las demás ramas de la filosofía" (v. María José Rodríguez, *El acto administrativo tributario*, Buenos Aires, Editorial Abaco de Rodolfo Depalma, 2004, pág. 227). En efecto, la metafísica, también denominada "filosofía primera" aparece como una ciencia generalísima y previa, que establece las bases firmes sobre las cuales se asientan todas las ciencias particulares y de la cual toman sus nociones particulares, las que son utilizadas de un modo analógico en sus campos respectivos, sin que necesiten entretenerse en explicarlas pues las suponen ya justificadas anteriormente por esa ciencia general (v. Guillermo Fraile, *Historia de la filosofía*, tomo I, Madrid, Biblioteca de Autores Cristianos, MCMLXXXII, págs. 453 a 454).

[28] V. ley 16.450 (1962), art. 1, punto 5, que dio al entonces art. 26 de la ley 11.683, la fisonomía actual que hoy exhibe el art. 19 de la ley 11.683.

A) *El principio de juridicidad y su relación con la estabilidad del acto administrativo en la Ley Nacional de Procedimientos Administrativos 19.549*

Sabido es que el principio de estabilidad del acto administrativo[29] es perfilado por la Corte Suprema de Justicia de la Nación en el caso "Carman de Cantón", en 1936[30], respecto del acto administrativo regular.

Este principio fue de recibo por la Ley Nacional de Procedimientos Administrativos 19.549 en 1972 (B. O., 27 de abril de 1972), en la economía general de los artículos 17 y 18[31].

Según el artículo 18, "El acto administrativo regular del que hubieren nacido derechos subjetivos a favor de los administrados, no puede ser revocado, modificado o sustituido en sede administrativa, una vez notificado". A renglón sentido, la norma afirma como excepción a la aludida estabilidad del acto en sede administrativa, la circunstancia de que el interesado hubiera conocido el vicio[32].

En la redacción original del artículo 17 LNPA, este principio no regía respecto del acto irregular (el afectado por una nulidad absoluta); este debía ser revocado o sustituido por razones de ilegitimidad aun en sede administrativa[33], salvo que el acto hubiera generado prestaciones que estuvieren en vías de cumplimiento. En tal supuesto, solo se podía impedir su subsistencia y la de los efectos aún pendientes, mediante declaración judicial de nulidad.

[29] La estabilidad o cosa juzgada administrativa que se predica del acto administrativo regular solo actúa en favor de los particulares administrados (v. Fallos 228:186; 308:601).

[30] CSJN, 14-8-1936, "*Carman de Cantón, Elena c/Nación Argentina s/ pensión*", Fallos 175:368; v. también "*Kek*", Fallos 338:212.

[31] Para Sammartino la estabilidad es una garantía, que conviene únicamente a favor del destinatario del acto. No es predicable con relación a los actos de gravamen ni sancionatorios. Tampoco se la puede invocar en provecho de la autoridad administrativa emisora del acto. Según este autor, es una técnica propia del derecho administrativo que está llamada a consolidar —en sede administrativa— los efectos jurídicos vinculantes que emanan del acto administrativo (favorable); Patricio Sammartino, "La estabilidad del acto administrativo", RDA-2019-125, 7-10-2019, 883; AR/DOC/2804/2019.

[32] Reza el art. 18: "El acto administrativo regular del que hubieren nacido derechos subjetivos a favor de los administrados, no puede ser revocado, modificado o sustituido en sede administrativa, una vez notificado. Sin embargo, podrá ser revocado, modificado o sustituido de oficio en sede administrativa, si el interesado hubiere conocido el vicio, si la revocación, modificación o sustitución del acto lo favorece sin causar perjuicios a terceros y si el derecho se hubiere otorgado expresa y válidamente a título precario. También podrá ser revocado, modificado o sustituido por razones de oportunidad, mérito o conveniencia indemnizando los prejuicios que causare a los administrados".

[33] V. CSJN, 23-4-91, "Furlotti Setien Hermanos S.A.", L.L., 1991-E-238.

La apuntada redacción original del artículo 17 plausiblemente aludía a los contratos administrativos y en tanto la ejecutoriedad propia del acto administrativo cede cuando hay que ejercer fuerza en el patrimonio o persona del administrado, parecía razonable esta limitación prevista para la materia contractual; en efecto, nótese que en materia previsional en la cual la revocación o decaimiento de un beneficio no importaba, a la sazón, la necesidad de ejercer fuerza en el patrimonio, el régimen entonces vigente permitía la revocación en sede administrativa (v. ley 18.037, art. 48, T.O. 1976)[34].

Ahora bien, la reforma del artículo 17, LNPA, acaecida en 1977, mediante la ley 21.686 (B. O., 25-11-77), sustituyó el texto del artículo 17 y reemplazó la locución "prestaciones en vías de cumplimiento" por "derechos subjetivos que se estén cumpliendo".

En tal sentido, el actual texto expresa: "[...] si el acto estuviera firme y consentido y hubiere generado derechos subjetivos que se estén cumpliendo, solo se podrá impedir su subsistencia y la de los efectos aún pendientes, mediante declaración judicial de nulidad".

El nuevo texto generó un verdadero dilema en tanto no parece concebible que un acto nulo genere derechos. En efecto, un acto nulo solo puede suscitar derechos aparentes, putativos, tal como ha sostenido la Procuración del Tesoro de la Nación en Dictámenes 146:364[35].

De consiguiente, del juego de los artículos 14, 17 y 18, cabe colegir que el acto irregular que adolece de una nulidad absoluta al que la LNPA categoriza como "nulo", por vía de principio, debe ser revocado en sede administrativa. Ello porque hace justamente a la función administrativa, la restauración de todas las transgresiones al ordenamiento que resulten menester para la preservación del interés público, lo cual incluye a la vulneración de la juridicidad. Se ha sostenido, en opinión que compartimos, que esta es una potestad inherente del poder administrador[36].

[34] La Corte Suprema había avalado esta posibilidad de revocar beneficios previsionales en sede administrativa sin acudir a la acción de lesividad *in re "Croci, Mario"*, del 10-11-1981, Fallos 303:1684. En esta sentencia, el máximo tribunal consideró que el entonces art. 48 de la ley 18.037 (T.O. 1976), no se encontraba en pugna con la Constitución, sino que establecía que la estabilidad del acto administrativo debía ceder frente a vicios formales o sustanciales, o presupuestos fácticos manifiestamente improcedentes.

[35] V. también, art. 18 del derogado Código Civil, a cuyo tenor "Los actos prohibidos por las leyes son de ningún valor si la ley no designa otro efecto para el caso de contravención".

[36] V. Julio R. Comadira, *La anulación de oficio del acto administrativo, la denominada cosa juzgada administrativa*, pág. 67, cit. por Fernando G. Comadira, en *La acción de lesividad*, pág. 21; v. también Dictamen de la PTN N.° IF 2020-28204159-APN-PTN, del 27-4-2020, *supra* citado y Dictámenes PTN 233:278; 236:91 y 239:109.

La jurisprudencia de la Corte Suprema de Justicia de la Nación *in re* "*Furlotti*"[37], ha afirmado el principio de la revocabilidad del acto irregular; y cuando ha afirmado la estabilidad del acto, lo ha hecho con referencia al acto regular (v. "*Kek*")[38].

Por su parte, la Procuración del Tesoro de la Nación reedita prácticamente en todos los supuestos en que examina un acto irregular, el principio sentado *in re* "*Furlotti*", configurando una línea de jurisprudencia administrativa del organismo citado.

Ahora bien, este principio de revocabilidad admite según el texto actual de la LNPA, una excepción al ejercicio de la potestad revocatoria cuando el acto notificado, firme y consentido ha generado derechos subjetivos que se estén cumpliendo.

Esta fórmula, introducida como se dijo más arriba, por la reforma de 1977 en la LNPA, ha traído dificultades hermenéuticas.

La justifican autores que consideran que el reconocimiento de un derecho emitido por un acto irregular se incorpora al patrimonio con lo cual para privarlo de efectos, solo puede acudirse al poder judicial; a ello se agrega que la intervención del poder judicial garantizaría el respeto del debido proceso legal adjetivo de un modo más pleno[39].

En una postura contrapuesta, para otros autores con los cuales nos enrolamos, un acto nulo carece de aptitud para generar derechos[40]. Solo los límites a la ejecutoriedad propia del acto administrativo, es decir la prohibición de ejercer fuerza sobre el patrimonio y la persona del particular administrado, esto es, la incursión forzada o coactiva de la Administración sobre la persona o los bienes del administrado[41], aunada a la división de funciones del poder, impide que la administración pueda ejercer su potestad revocatoria y deba ocurrir, en la hipótesis, al poder judicial.

Ahora bien, los actos irregulares no pueden generar derechos; pero en puridad, producen situaciones jurídicas de las que dimana un "beneficio"

[37] V. CSJN, 23-4-91, "*Furlotti Setien Hermanos S.A.*", L.L., 1991-E-238; sobre el deber de la Administración de revocar en sede administrativa el acto nulo, v. también Dictámenes PTN 233:278 y 243:154, entre muchos otros.

[38] CSJN, "*Kek*", Fallos 338:212.

[39] V. Bianchi, Gordillo y Diez, citados por Fernando G. Comadira en *La acción de lesividad*, Buenos Aires, Editorial Astrea-Rap, 2019, pág. 17.

[40] V. Julio R. Comadira, Fiorini, de Estrada, entre otros, citados por Fernando G. Comadira en ob. cit., pág. 17.

[41] V. Fernando G. Comadira, ob. cit., págs. 21 a 24. Estos límites a la ejecutoriedad del acto administrativo no rigen cuando se trata de la autotutela de los bienes del dominio público.

para el particular. Si esta situación tiene origen en un acto de mala fe del particular, ninguna duda cabe que no correspondería que el derecho amparara estas situaciones.

Pero, ¿qué ocurre cuando no se verifica esa mala fe? ¿Puede cortarse el goce de esa situación favorable por un acto de la administración garantizando el derecho de defensa en sede administrativa? ¿Este restablecimiento de la juridicidad en sede administrativa procedería en supuestos en que no se presentan los límites a la ejecutoriedad propia del acto administrativo, es decir, en aquellos casos en que no es necesario ejercer fuerza en la persona ni en los bienes del particular?

¿Resultaría aplicable, por ejemplo, en lo relativo al pago de un adicional remuneratorio que exhibe un vicio, el goce de una pensión o de un beneficio social por incapacidad, en similar caso?

Si partimos de la base de que existe un derecho subjetivo incorporado al patrimonio del particular administrado, ciertamente la respuesta es negativa; tal es, sin duda, la opinión prevalente en la actualidad de conformidad con la reforma introducida al texto del artículo 17 LNPA, en 1977.

Si, en cambio, asumimos que el límite al deber de revocar en sede administrativa que sustenta a la aludida excepción, proviene de la prohibición de ejercer fuerza en la persona o bienes de los particulares, en los supuestos bajo análisis, no parecería ser necesario ejercer violencia, para disponer en sede administrativa, el cese de un beneficio, como el pago de un adicional, o incluso de un beneficio de la seguridad social.

Entendemos que el texto original del artículo 17 de la LNPA asumía los límites relativos a la imposibilidad de toda incursión coactiva en el patrimonio o persona del administrado y que de consiguiente, se refería puntualmente a las prestaciones de los contratos administrativos en cuyo marco, en caso de nulidad, la restitución de las prestaciones podía implicar el ejercicio de la coacción; de ahí que no alcanzaba a prestaciones respecto de las cuales no resultaran aplicables esos límites; nótese que las prestaciones de la seguridad social, no se encontraban dentro de su ámbito de predicación, en tanto respecto de ellas, resultaba aplicable, a la sazón, el artículo 48 de la ley 18.037, que permitía la revocación o modificación de las prestaciones de la seguridad social en sede administrativa, mediante el simple dictado de un acto administrativo, toda vez que en tal hipótesis no se podía plantear verosímilmente, la posibilidad de la incursión coactiva, solo era menester el dictado de un acto administrativo, inteligencia que había sido convalidada por la Corte Suprema de Justicia *in re* "*Croci*"[42].

[42] La Corte Suprema avaló la posibilidad de revocar beneficios previsionales en sede administrativa sin acudir a la acción de lesividad *in re* "Croci, Mario", 10-11-1981, Fallos

De consiguiente, si bien el tema desde el plano jurídico-positivo actualmente está resuelto en el sentido de la solución que postula el actual artículo 17 *in fine* de la LNPA, de nuestra parte consideramos que corresponde efectuar una corrección a la dogmática que acepta la imposibilidad de la Administración de revocar actos irregulares cuando estos hayan generado aparentes derechos subjetivos que se están cumpliendo.

Es decir, en nuestra interpretación, el acto irregular no puede válidamente generar derechos; pero sí suscita una situación favorable que está siendo gozada, usufructuada, disfrutada por un particular administrado que viene a resultar un beneficiario de hecho de esta. Trataríase de un *derecho subjetivo putativo*, que produciría algunos efectos provisorios. Pero de esta situación, no puede derivar un derecho que se incorpora al patrimonio.

¿Amerita esta situación, no este derecho, la protección del orden jurídico?

Al respecto, desde una mirada social que pone al Derecho al servicio de metas sociales, SCHMIDT-ASSMANN, en alusión al libro X del Código Social alemán —SGB X— afirma que, en materia social, la irrevocabilidad de los actos administrativos se encuentra más garantizada que con carácter general[43].

Similar idea esboza SAMMARTINO, quien postula por vía de principio, la estabilidad plena en sede administrativa de los actos que conceden beneficios sociales que hacen al mínimo existencial indisponible imperado por la dignidad de la persona, aun cuando fueran nulos[44]. Al efecto, refiere que si la ley 27.328 que perfila un régimen de participación público privada en materia de contratos administrativos, en su artículo 9, inciso p, consagra la estabilidad plena de actos dictados en el marco del citado régimen, los que solo pueden ser suspendidos o anulados en sede judicial, *a fortiori*, en el contexto de la reconfiguración constitucional plasmada por la reforma constitucional de 1994, cabe predicar la estabilidad plena de actos que se vinculan con derechos no patrimoniales indisponibles. Ello toda vez que una

303:1684; en este precedente, expresó que el art. 48 de la ley 18.037 (T.O. 1976), no se encontraba en pugna con la Constitución, sino que establecía que la estabilidad del acto administrativo debía ceder frente a vicios formales o sustanciales, o presupuestos fácticos manifiestamente improcedentes.

[43] BERHARD E. SCHMIDT-ASSMANN, *La teoría general del acto administrativo como sistema*, Madrid, Marcial Pons, 2003, pág. 172.

[44] V. PATRICIO M. E. SAMMARTINO, "La estabilidad del acto administrativo", RDA 2019-125, 07/10/2019, 883, AR/DOC/2804/2019, pág. 30; este autor expresa que la protección al mantenimiento de la situación jurídica plasmada por el acto irregular debe ser protegida, ora con fundamento en el derecho de propiedad, ora en el interés de confianza en la continuidad de las prestaciones, como también en la preservación *in natura* de la garantía fundamental al juicio previo relativa a la situación nacida del acto.

recta intelección jurídica no puede amparar más a los derechos disponibles que a los indisponibles[45].

De nuestra parte, estimamos que cuando el acto genera una situación favorable hacia un particular, sin mala fe de este, y la aludida situación favorable se conecta con el denominado "mínimo existencial indisponible", con derechos humanos fundamentales, esta situación debería tener una mayor protección jurídica en virtud de la aplicación de los principios de no regresividad, *in dubio pro homine*, confianza legítima, etc., porque, ciertamente, el corte intempestivo del beneficio en cuestión, aun respetando el debido proceso legal adjetivo en sede administrativa, podría generar daños al particular que ha computado ese beneficio en su haber, de buena fe[46].

En tales casos, se configuraría, como indicamos supra, una situación jurídica *putativa*, no un derecho subjetivo, que ha generado la confianza legítima y expectativas de continuidad del particular de buena fe. Y esta confianza, por otro principio social, la seguridad jurídica, debe ser protegida y solo removida para restaurar la juridicidad con el máximo respeto al debido proceso legal adjetivo que en grado sumo solo garantiza la intervención del poder judicial.

Es decir, a nuestro modo de ver, desde una perspectiva dogmática no cabe reconocer que el acto irregular ha generado derechos incorporados a la propiedad del particular, en sentido lato, sino que la remoción de la apuntada situación, requiere el máximo aseguramiento del debido proceso legal adjetivo en sede judicial, y el otorgamiento de un plazo al particular para que acomode sus intereses a la situación que la juridicidad restablece.

En efecto, el supuesto contemplado en el artículo 17, LNPA, segundo párrafo, al exigir la promoción de la acción judicial, perseguiría en puridad, la preservación de la garantía fundamental al juicio previo relativa a la situación nacida del acto[47]; este contexto sería el apropiado para que el juez ponderara en cada caso concreto que esta situación favorable *putativa* no fuera abruptamente cortada con la consiguiente generación de un daño al particular.

[45] Patricio M. E. Sammartino, ob. cit., pág. 25. Sin perjuicio de coincidir en la lógica del argumento, y en la conclusión a la que arriba, de nuestra parte, consideramos que el mencionado art. 9, inc. p, de la ley 27.328, en cuanto directamente suprime tanto la potestad suspensiva como la revocatoria de la Administración, configura un recorte a las mencionadas prerrogativas administrativas que viola la división de funciones del poder y que se encuentra en tensión, por no decir, en contradicción, con el juego armónico de poderes que consagra la Carta Magna, en tanto impide que la Administración realice adecuadamente la gestión directa, y cotidiana del bien común en que consiste la propia función administrativa.

[46] Ha sostenido la Procuración del Tesoro de la Nación que en un Estado de derecho, la buena fe se presume (Dictámenes 245:280).

[47] V. Patricio M. E. Sammartino, ob. cit., pág. 30.

Es que en un Estado social, con mayores exigencias en mérito a la evolución constante de la conciencia jurídica, cabe indubitablemente postular la protección de estas situaciones jurídicas favorables *putativas* en los casos que se vinculan con los derechos humanos fundamentales, como la vida, la salud, el ambiente, con grupos vulnerables, etc.[48].

Pero lo cierto es que el derecho vigente hoy, a partir de la mencionada reforma al artículo 17 de la LNPA (1977), protege, ampliamente, cualquier derecho subjetivo "que se esté cumpliendo", no solo los conectados con los aspectos sensibles mencionados.

De consiguiente, cuadra interrogarse, qué consecuencias prácticas cabe atribuir a las tesis que predican la imposibilidad de revocar en sede administrativa estos derechos conectados con el mínimo existencial indisponible, si, en definitiva, todo "derecho subjetivo que se esté cumpliendo", sea indisponible o resulte disponible por su carácter patrimonial, solo puede ser removido a través del recurso a la acción de lesividad[49].

En el marco de la aludida reconfiguración jurídica que opera la reforma constitucional de 1994, la mencionada tesis permitiría sustentar un aumento de la protección en los referidos casos sensibles de tenor social que se trasuntaría en la imposibilidad de suspender en sede administrativa, los efectos del acto administrativo sobre la base del artículo 12 LNPA; también, la interpretación restrictiva del conocimiento del vicio[50], cuya existencia solo podría inferirse ante evidentes supuestos de mala fe por parte del particular administrado[51].

B) *El acto administrativo "contractual" en relación con el principio de juridicidad. Exportación de las consideraciones precedentes a los contratos administrativos nulos, es decir contrarios a la juridicidad*

Si como se dijo, los contratos administrativos constituyen actos administrativos bilaterales en su formación o efectos[52], o un conjunto de actos

[48] V. María José Rodríguez, "Hacia un derecho administrativo que modula sus respuestas según la naturaleza del derecho fundamental implicado y preserva con acciones positivas el mínimo existencial indisponible". Comentario al fallo de la SCBA, causa B 74.696 https://cijur.mpba.gov.ar/files/bulletins/Mg._Mar%C3%ADa_Jos%C3%A9_Rodr%C3%ADguez_1-9_Hacia_un_derecho_administrativo.pdf

[49] Salvo, claro está, que se verificaran los supuestos del segundo párrafo del art. 18 LNPA.

[50] Sobre los estándares que brinda la jurisprudencia administrativa de la PTN para establecer cuándo hay conocimiento del vicio, nos explayamos *infra* en ocasión de examinar la revocación en sede administrativa de los actos contractuales por conocimiento del vicio.

[51] V. Patricio M. E. Sammartino, ob. cit., págs. 26 a 28.

[52] V. Rodolfo C. Barra, *Los actos administrativos contractuales. Teoría del acto coligado*, Buenos Aires, Editorial Ábaco de Rodolfo Depalma, 1989, págs. 65 a 68.

administrativos coligados sobre los que se asienta el consentimiento de las partes, para resolver la eventual nulidad de los contratos administrativos, deberemos recurrir también a la teoría del acto administrativo con particular referencia a sus supuestos de invalidez.

Tal como hemos sostenido *supra*, la regla por imperio del principio de juridicidad es que la Administración tiene el deber de revocar en sede administrativa todo acto nulo[53], salvo que este, notificado y consentido, haya generado derechos subjetivos que se estén cumpliendo, supuesto en el que se debe promover una acción judicial de lesividad.

Sin embargo, como se ha especificado antes, un límite a esta sedicente estabilidad del acto nulo está dada por el "conocimiento del vicio" por parte del particular administrado.

Así lo ha afirmado la Corte federal en el caso "Almagro", ocasión en la que afirmó que si el conocimiento del vicio constituía una excepción a la estabilidad del acto regular, *a fortiori* el aludido conocimiento también debía constituir una excepción a la estabilidad del acto irregular, cuando este ha generado derechos que se están cumpliendo, y permitir la revocación en sede administrativa.

En ese marco, la Procuración del Tesoro ha perfilado en su jurisprudencia una verdadera casuística de supuestos en los que cabe inferir el conocimiento del vicio. En materia de actos administrativos contractuales, los apuntados supuestos podrían reconducirse, en gran medida, al incumplimiento del especial deber de diligencia del contratista estatal. Es decir, se colige el conocimiento del vicio sobre la base de que el contratista por su especial deber de diligencia, "debió conocerlo".

En definitiva, puede decirse que el conocimiento del vicio que se deduce a veces con amplitud, implica en muchos supuestos, presumir la mala fe del

[53] V. CSJN, "Furlotti"; v. Dictamen PTN IF 2021 6855 9343 APN-PTN recaído en EX-2020-84470042-APN-DGDYD#JGM, 29 de julio de 2021; en este asesoramiento sostuvo el máximo órgano asesor del poder ejecutivo: "Sobre ello, es doctrina de este Organismo Asesor que el fundamento de la revocación de los actos administrativos en sede administrativa, en el marco estricto de las previsiones del artículo 17 de la ley 19.549, se motiva en el deber de mantener la vigencia de la juridicidad (Dictámenes 236:091 y la opinión vertida en el precedente registrado como IF-2021-18545425- APN-PTN, entre muchos otros)".

En igual medida, la doctrina se ha pronunciado considerando que la revocación de oficio en sede administrativa aparece como un deber de la Administración frente a los actos irregulares, lo que tiene por objeto la defensa o protección del interés público a su cargo (Julio R. Comadira, "El Caso Furlotti: consolidación de una doctrina" en *Derecho administrativo. Acto administrativo. Procedimiento administrativo. Otros estudios*, 2ª ed., Buenos Aires, Lexis Nexis Abeledo-Perrot, 2003, págs. 99 a 117).

particular, o del contratista y, por cierto, deviene una válvula que permite sortear, en los hechos, la estabilidad del acto irregular.

a) *La casuística formulada por la PTN en materia de conocimiento del vicio, respecto de los actos administrativos en general*[54]. El máximo órgano asesor en derecho del Poder Ejecutivo Nacional ha considerado:

a') que existe conocimiento del vicio cuando la invalidez del acto surge del mero contraste del acto con el ordenamiento jurídico (dictámenes 261:26);

b') cuando se verifica el plus de la connivencia dolosa (dictámenes 153:213; 172:424; 175:143; 195:49);

c') que el conocimiento del vicio no requiere mala fe para configurarse (dictámenes 249:447; 237:512);

d') que se infiere el conocimiento del vicio si se acredita la mala fe del particular, v. gr. si el interesado advirtió la existencia de este, pero no lo comunicó a la Administración (dictámenes 183:98; 200:133);

e') que también es dable inferirlo sobre la base de la entidad del vicio (dictámenes 216:34; 277:196);

f') que el conocimiento del vicio debe ser fehacientemente acreditado; no puede derivar de la presunción general de conocimiento del derecho (dictámenes 245:280; 259:11).

g') que cabe reputar que existe conocimiento del vicio cuando existen indicios razonables, tales como la especial versación del particular administrado sobre el tema en cuestión (dictámenes 268:172).

b) *Casos en que la Procuración del Tesoro de la Nación ha convalidado revocaciones de actos contractuales en sede administrativa por conocimiento del vicio.* Sobre la base de los mencionados estándares, la Procuración del Tesoro de la Nación ha convalidado revocaciones de actos contractuales que han generado derechos subjetivos que se están cumpliendo, en sede administrativa por conocimiento del vicio en los siguientes supuestos, que a nuestro juicio constituyen casos paradigmáticos en la materia contractual:

a') *Dictámenes 235:446*: en los actuados en que recayó este asesoramiento, el Consejo del Menor y la Familia había concedido el uso de un bien del dominio público sin acudir al procedimiento de la licitación pública. La PTN sostuvo que el vicio de forma determinaba una nulidad absoluta y que cabía inferir el conocimiento por el carácter manifiesto, patente del vicio (falta de licitación pública), lo cual autorizaba a revocar el acto que

[54] V. María José Rodríguez, "La aplicación de la LNPA a los contratos", en Héctor Pozzo Gowland, David A. Halperín, Oscar Aguilar Valdéz, Fernando Juan Lima y Armando Canosa, (Dirs.), *Procedimiento administrativo. Aspectos generales del procedimiento administrativo*, t. II, Buenos Aires, La Ley, 2012, págs. 111 a 113.

había aprobado el contrato en sede administrativa; también se sostuvo que correspondía proceder a la desocupación administrativa del inmueble, en ejercicio de la autotutela del Estado;

b') *Dictámenes 239:547*: la Policía Federal Argentina había realizado una contratación directa por razones de urgencia; el acto había sido celebrado por un funcionario incompetente según el grado; a ello, se añadían importantes vicios de forma consistentes en la omisión de requerimiento de ciertos informes obligatorios; la PTN consideró que de la mera confrontación del acto con el ordenamiento jurídico surgía la invalidez, lo que autorizaba a inferir el conocimiento del vicio;

c') *Dictámenes 243:191*: con sustento en la amplia intervención que la Municipalidad de Ezeiza había tenido en un procedimiento administrativo tramitado en el marco del denominado "Programa Arraigo", se consideró que debía tener un acabado conocimiento de la normativa implicada y de su aplicación. La PTN entendió que este conocimiento autorizaba, en el caso, la revocación en sede administrativa del inválido contrato suscrito por la municipalidad con la jurisdicción nacional;

d') *Dictámenes 245:280:* en estos obrados, el Máximo Órgano Asesor sostuvo que el conocimiento del vicio debía ser fehacientemente acreditado y que no podía ser inferido de la existencia del vicio de violación de la ley ni presumirse de la presunción genérica de conocimiento del derecho dado que tal arbitrio vulneraría el principio de inocencia que atraviesa todo el ordenamiento jurídico;

e') *Dictámenes 259:11*: esta opinión vertida en el marco de un contrato administrativo de empleo público, reeditó la doctrina de dictámenes 245:280, *supra* colacionada;

f') *Dictámenes 277:196*: en el expediente en que se emitió este dictamen, se concluyó que correspondía revocar en sede administrativa por conocimiento del vicio, al acto administrativo que había aprobado la operación de compraventa celebrada entre la Sociedad Rural Argentina y el Estado Nacional que tuvo por objeto la adquisición por parte de la Sociedad Rural del denominado Predio Ferial de Palermo; ello, con fundamento en vicios en diferentes elementos del acto aprobatorio del contrato, entre ellos, el precio vil;

g') *Dictámenes 306:382:* en este caso, la PTN consideró que un convenio de cooperación, que conceptualmente diferenció de la categoría contractual, resultaba nulo de nulidad absoluta por la omisión de la licitación pública; entendió que el acto que aprobaba el convenio tenía vicio en la causa y también en el objeto y finalidad, y dio por existente en conocimiento del vicio, aconsejando la revocación en sede administrativa;

c) *La posibilidad de revocar el acto administrativo de carácter contractual en razón de su ilegitimidad porque no hay "derechos subjetivos que se estén cumpliendo"*[55]. Procede afirmar que el principio de juridicidad que manda revocar los actos o contratos en contradicción con el ordenamiento jurídico supone que no verificada la excepción de la generación de derechos subjetivos por parte del acto contractual, el acto debe ser revocado en sede administrativa[56].

En ese orden la PTN ha tenido oportunidad de precisar cuándo un acto no ha generado derechos que se estén cumpliendo.

Así lo hizo en dictámenes 224:096 y 246:364 en el caso "Meller", oportunidad en la que consideró que el acto dictado no había generado "derechos que se estaban cumpliendo" porque no se había ejecutado ni había tenido principio de ejecución; en el caso concreto, no se habían entregado los bonos de consolidación, es decir no se había pagado; en puridad, en nuestra opinión, esta inteligencia confunde principio de ejecución con agotamiento del acto

Anteriormente a la solución recaída en el aludido caso "Meller", el alto órgano asesor del poder ejecutivo, había estimado, correctamente, a nuestro juicio, en dictámenes 155:565, que para que pudieran invocarse "derechos subjetivos que se están cumpliendo" era menester que el acto hubiera comenzado a ejecutarse y faltaran efectos aún pendientes de ejecución.

En un reciente dictamen[57], la PTN sostuvo que una resolución que había denegado, a su juicio, ilegítimamente, el acceso a un beneficio previsional extraordinario previsto en la ley 24.018, podía ser revocada en sede administrativa, en tanto "no había generado ningún derecho subjetivo que se estuviera cumpliendo"[58]. Cabe al respecto tener presente, que esta aclaración resulta ciertamente inoficiosa, en tanto la estabilidad del acto administrativo juega siempre, en favor del administrado, nunca en su contra[59].

[55] La Corte Federal ha avalado revocaciones de actos administrativos en sede administrativa por no darse el supuesto de la "existencia de derechos subjetivos que se estén cumpliendo" en Fallos 302:545, "Movimiento Scout Argentino" y 310:1870, "Olivera", 22/9/87; ver también dictámenes PTN 155:565; 184:36; 220:44.

[56] V. CSJN, 23-4-91, *in re* "Furlotti", *supra* citado.

[57] Dictamen PTN, N.° IF 2020-28204159- APN-PTN, del 27-4-2020, en https://www.ptn.gob.ar/buscarDictamenes/app/webroot/images/dictamenes/abril2020/IF-2020-28204159-APN-PTN.pdf

[58] En similar error de concepto se incurre en el dictamen PTN IF 2021 68559343 del 29-7-2021.

[59] Tal como explica SAMMARTINO, la estabilidad opera únicamente a favor del destinatario del acto. No se la puede invocar en provecho de la autoridad administrativa emisora del acto. Es una técnica propia del derecho administrativo que está llamada a consolidar —en

d) *La imperiosa necesidad de promover la acción de lesividad cuando el acto administrativo ha generado derechos subjetivos que se estén cumpliendo.* Si bien autorizada doctrina que compartimos sostiene que tanto la anulación de oficio como la deducción de la acción de lesividad cuando no proceda en sede administrativa la revocación del acto nulo (anulación ejecutoria), constituyen un deber de cumplimiento inexcusable que incumbe a la autoridad administrativa[60], lo cierto es que cierta jurisprudencia administrativa de la PTN parece registrar una tendencia a considerar que la promoción de la acción de lesividad respecto del acto nulo que ha adquirido estabilidad por haber generado derechos subjetivos que se están cumpliendo, constituiría una actividad discrecional de la Administración[61].

Cabe tener en cuenta que esta doctrina sobre la eventual discrecionalidad o consideración de razones de oportunidad, mérito o conveniencia en la promoción de la acción de lesividad se ha desgajado, con cierta impropiedad, a nuestro juicio, de otra formulación de la PTN, *vinculada con la decisión de promover acciones judiciales en general*; en efecto, en una primera expresión de esta doctrina, se sostenía que "[...] la decisión de iniciar o no iniciar un proceso judicial incluye aspectos de oportunidad, mérito y conveniencia que deben ser evaluados por la autoridad superior del organismo pertinente. La decisión de iniciar o no acciones judiciales constituye una medida respecto de la cual la Procuración del Tesoro se encuentra inhibida de formular opinión, por cuanto está reservada a la autoridad política con competencia para resolver (v. dictámenes 252:330; 275:54 y 385; 286:146)"[62].

La apuntada doctrina, insistimos, relativa a la promoción de acciones judiciales en general, fue oportunamente labrada por el alto organismo asesor sobre la base de las disposiciones competenciales que lucen en la ley 17.516, de representación del Estado en juicio y de su decreto reglamentario 411/80 a cuyo tenor son las autoridades superiores de los organismos y jurisdic-

sede administrativa— los efectos jurídicos vinculantes que emanan del acto administrativo (favorable) (V. Patricio M. E. Sammartino, "La estabilidad del acto administrativo", RDA-2019-125, 7-10-2019, 883; AR/DOC/2804/2019, *supra* citado).

[60] V. Julio R. Comadira, *Procedimientos administrativos. Ley Nacional de Procedimientos Administrativos. Anotada y comentada*. tomo I, pág. 342, v. reciente dictamen PTN IF 2021 68559343 del 29-7-2021, v. también, Fernando G. Comadira, "Dictámenes PTN 307:167. El retorno hacia una sana doctrina en materia de suspensión de oficio de actos administrativos irregulares estables y presupuestos de admisibilidad de la pretensión de lesividad". Fernando Gabriel Comadira, en https://cijur.mpba.gov.ar/files/bulletins/Comadira_-_Dictamen_PTN_307-167_Vf.pdf

[61] V. Dictámenes 304:65; 307:167.

[62] Dictámenes PTN 192:79; 203:193; 214:87; 249:32 y 104; 258:266; 262:445; 263:36; 265:244, entre muchos otros.

ciones los funcionarios responsables que deben autorizar la promoción o contestación de esas acciones.

Esta doctrina, primordialmente enderezada a determinar la competencia del órgano que debe autorizar la promoción de las referidas acciones legales, ha sido especificada con respecto a la acción de lesividad —a través de un falso silogismo—, predicando la discrecionalidad de la promoción de la acción de lesividad, o su dependencia de la consideración de razones de oportunidad, mérito y conveniencia.

Pero lo cierto es que la PTN como máximo órgano asesor en derecho no puede soslayar el análisis "jurídico" de la cuestión sobre si existe un acto irregular cuya anulación oficiosa debe perseguirse en sede judicial en el caso de que haya generado derechos subjetivos que se estén cumpliendo, con independencia de la decisión que tome el órgano competente bajo su propia responsabilidad.

Por otra parte, cabe tener en cuenta la falta de identidad entre los supuestos analogados; en efecto, la lesividad solo procederá en los casos en que haya que extirpar un "acto administrativo" del mundo jurídico en aras a la vigencia irrestricta de la juridicidad, es decir, supone como presupuesto la existencia de un acto administrativo irregular; mientras que la promoción o contestación de acciones judiciales genéricamente considerada involucra un universo mucho más amplio, en el que puede no verificarse la existencia de un acto administrativo nulo de nulidad absoluta, v. gr. la promoción de acciones penales, reclamos de daños y perjuicios a los particulares administrados, etc.

De consiguiente, una fórmula conciliadora permitiría sostener que la consideración de aspectos de oportunidad y prudencia o de discrecionalidad para la promoción de acciones judiciales solo resultaría predicable cuando *no* se tratara de una hipótesis que implicara la obligación de anular un acto administrativo nulo cuya anulación no ejecutoria se ha realizado en sede administrativa (v. gr. en casos de promoción de una acción civil sobre la base de una causa penal[63] o de una acción de recupero civil también sobre la base de una causa penal[64]). Ello sin perjuicio de lo que resuelva el funcionario competente según la ley 17.516 y el decreto 411/80 y modificatorios bajo su propia responsabilidad.

e) *La fuerza expansiva de la noción de acto administrativo como instrumento al servicio de la juridicidad en el marco de la contratación administrativa: el art. 7 in fine LNPA.* Según el artículo 7° *in fine* de la LNPA, mo-

[63] Dictámenes PTN 263:36.

[64] Dictámenes PTN 262:445.

dificado por el artículo 36 del decreto delegado 1023/01, la teoría del acto administrativo perfilada en el Título III de la LNPA (comprensivo de los arts. 7º a 22, ambos inclusive), no solo se aplica a los contratos que celebran los tres poderes cuando realizan función administrativa, a los que la reglamentación del art. 8 de la ley 24.156 (v. art. 8, del reglamento aprobado como anexo del decreto 1344/07) considera "administración centralizada", juntamente con la administración descentralizada (incluidas universidades nacionales) y entes de la seguridad social (v. art. 8, inc. a, de la ley 24.156), sino, también, a los restantes componentes del sector público nacional indicados en el art. 8 de la referida ley 24.156, esto es, a las manifestaciones empresariales del Estado (sociedades del Estado, empresas del Estado) y entes públicos no estatales en los que el Estado determina la voluntad del ente (v. gr. el INSSJP[65]). Y es por la ventana del acto administrativo entonces que entrará en el marco de las manifestaciones empresariales del Estado que integran la llamada actividad privada del Estado, supuestamente regida por el derecho privado, el régimen exorbitante de la función pública "publificando" o evidenciando que tras un ropaje privado, se emboza una verdadera estatalidad que muchas veces se intenta negar[66]. Este régimen exorbitante a través de su instrumental de prerrogativas como la potestad revocatoria cuenta con herramientas efectivas para el rápido restablecimiento de la juridicidad[67].

f) *Una limitación del control de juridicidad administrativo en materia contractual que no compartimos.* El artículo 9, inciso p, de la Ley de Participación Público Privada 27328 (PPP) impide a la Administración ejercer su prerrogativa revocatoria por ilegitimidad así como suspender los actos administrativos contractuales, por la mencionada causal. De consiguiente, extermina en este ámbito el ejercicio posible tanto de la potestad revocatoria como de la suspensiva. Entendemos, tal como lo sostiene Comadira, que las aludidas prerrogativas exhiben el carácter inherentes de la Administración[68], con lo cual, la referida norma, a nuestro juicio, se encontraría en tensión con la Constitución Nacional.

[65] V. Dictamen PTN IF 2020- 49801712 APN-PTN, de 31 de julio de 2020, que expresamente reconoce que este ente no estatal integra el sector público y se enmarca en la estructura organizativa del Ministerio de Salud, en https://cijur.mpba.gov.ar/files/bulletins/Dictamen_PTN_INSSJP_2021_pami_naturaleza_juridica.pdf

[66] Así lo ha considerado la Procuración del Tesoro en dictámenes 219:145 y 241:242; v. también dictámenes PG Caba IF 2013-07185436, del 12-12-2013.

[67] V. gr., el art. 17 LNPA que regula la potestad revocatoria.

[68] Julio R. Comadira, citado por Fernando G. Comadira, en *La acción de lesividad*, Buenos Aires, Astrea Rap, 2019, págs. 20 a 21.

C) *Perplejidades en materia tributaria: la inalterabilidad superlativa (tanto en sede administrativa como judicial) del acto administrativo de determinación de oficio, consagrada pretorianamente*

Si desde lo dogmático no compartimos que los actos nulos generen derechos, pero sí admitimos que pueden generar situaciones putativas que ameritan ser protegidas por el derecho, si bien de modo provisorio, por vincularse con presupuestos necesarios para la vida digna de la persona, ciertamente no sustentamos la doctrina de la inalterabilidad del acto de determinación de oficio que campea incuestionable en materia tributaria sobre la base de una mera interpretación jurisprudencial.

En efecto; con apoyo en el texto del artículo 19, inciso b), de la ley 11.683 de Procedimiento Fiscal[69], texto que data de 1962, se sostiene que si el responsable o contribuyente no obró de mala fe, si el error proviene de la Administración tributaria, el acto administrativo que determina el *quantum* del tributo (*acto de determinación de oficio*) no puede ser modificado en contra del responsable, ni en sede administrativa, ni en sede judicial (v. "Confecat S. A.")[70]; esta jurisprudencia, que se complementa además con otro desarrollo doctrinario muy cuestionable relativo al supuesto efecto liberatorio del pago[71], implica predicar respecto del acto administrativo de determinación de oficio, una estabilidad superlativa, mayor aún que la estabilidad que consagra el artículo 17 de la LNPA, *in fine*, y la doctrina más progresista en situaciones vinculadas con derechos humanos indisponibles.

Esta hermenéutica que se mantiene hasta nuestros días desde la mencionada reforma de 1962 en la que fue introducido el texto interpretado, ha perdurado impermeable a los influjos y a la evolución del pensamiento administrativista, y hace ceder la vigencia irrestricta de la juridicidad en favor

[69] Reza el art. 19 de la LPT, en su texto actual: "Si la determinación de oficio resultara inferior a la realidad, quedará subsistente la obligación del contribuyente de así denunciarlo y satisfacer el impuesto correspondiente al excedente, bajo pena de las sanciones de esta ley.

"La determinación del juez administrativo del impuesto, en forma cierta o presuntiva, una vez firme, solo podrá ser modificada en contra del contribuyente en los siguientes casos: a) Cuando en la resolución respectiva se hubiere dejado expresa constancia del carácter parcial de la determinación de oficio practicada y definidos los aspectos que han sido objeto de la fiscalización, en cuyo caso solo serán susceptibles de modificación aquellos aspectos no considerados expresamente en la determinación anterior. b) Cuando surjan nuevos elementos de juicio o se compruebe la existencia de error, omisión o dolo en la exhibición o consideración de los que sirvieron de base a la determinación anterior (cifras de ingresos, egresos, valores de inversión y otros)".

[70] V. Cámara Nacional Contencioso Administrativo Federal, Sala II, 8 de febrero de 1996; CSJN, 12-11-98, "*Bernasconi S.A. c/ Municipalidad de Buenos Aires*".

[71] Ídem nota anterior; v. también Fallos 210:611; 259:382; 284:232.

de los intereses del particular, es decir, no responde, a nuestro juicio, al profundo sentido social que apuntala el principio de juridicidad, no se ajusta en definitiva a una concepción social del derecho. *Porque lo que no paga un individuo debiéndolo pagar, lo deberán pagar otros, que no lo deben.*

3. Conclusión

El régimen exorbitante como instrumental al servicio del principio de juridicidad y de la vigencia irrestricta de la legalidad.

El denominado régimen exorbitante del derecho privado[72], según lo indica la historia oficial francesa, encuentra su partida de nacimiento en el *arrêt* Blanco vertido por el Tribunal de Conflictos francés en 1873[73].

Y en la constante tarea de construcción del derecho administrativo por parte del Consejo de Estado y del referido Tribunal de Conflictos francés, se complementará más tarde, con la noción de la cláusula exorbitante, perfilada en el caso *"Stein"* (CE,1950[74]) que servirá para caracterizar a los contratos administrativos que resultan del resorte de la jurisdicción administrativa (v. CE, "*Epoux Bertin*", 1956[75]).

Lo cierto es que este derecho administrativo se irá construyendo sobre la base de principios, de un modo pretoriano y en cierta medida como un derecho de equidad hasta alcanzar los contornos que hoy exhibe. En efecto, hoy es visualizado como un conjunto de prerrogativas de la Administración, sustanciales y procesales, equilibrada por un régimen de garantías de los particulares, también sustanciales y procesales[76].

En el marco de esas prerrogativas, se cuenta la potestad revocatoria, esto es, la potestad de la Administración de volver sobre sus propios actos, a la

[72] Cabe tener presente que en el estado actual de evolución del derecho administrativo, este no se define más con relación al derecho privado; en tal sentido, el Tribunal de Conflictos de Francia ha expresado recientemente (2014) en el caso *"Axa France"* que la llamada cláusula exorbitante del derecho privado no resulta apta para definir la existencia de un contrato administrativo, que debe tratarse de una cláusula que por trasuntar un interés público reenvía al régimen exorbitante que caracteriza la función administrativa [Tribunal des conflits, 13 octobre 2014 - SA AXA France IARD - MAIF (doc-du-juriste.com)]

[73] V. George Vedel, citado por Grégoire Bigot, en su comentario al arrêt *"Blanco"*, *Les grands arrêts politiques de la Jurisprudence Administrative*, bajo la dirección de Thomas Perroud, Jacques Caillosse, Jacques Chevalier, Danièle Lochak, Paris, LGDJ, 2019, pág. 53.

[74] stein.pdf (lex-publica.com)

[75] Conseil d'État, 20 avril 1956, *Époux Bertin et Ministre de l'agriculture c/ consorts Grimouard et autres* (conseil-etat.fr)

[76] V. Julio R. Comadira, en *Curso de Derecho Administrativo*, capítulo I, tomo I, Julio R. Comadira, Héctor Jorge Escola, Julio Pablo Comadira (coord., colaborador y actualizador), Buenos Aires, Abeledo Perrot, 2012, pág. 15.

que hemos hecho referencia más arriba, siempre que ello sea necesario para la preservación del imperio de la juridicidad. Esta prerrogativa es inherente a la Administración, hace a su tarea cotidiana y constante de gestión del bien común, porque no cabe duda que la juridicidad es una de las condiciones que integran la noción de bien común.

De consiguiente, advertimos la profunda relación que guarda el régimen exorbitante que integra la dogmática del acto administrativo como modo de expresión ordinario de la función administrativa y el aseguramiento del principio de juridicidad, entendido este como el sometimiento de la Administración al imperio del derecho.

SOBRE LA DIFICULTAD DE UNA GRAN REFORMA DEL RÉGIMEN FRANCÉS DE LAS COLECTIVIDADES TERRITORIALES

Pierre Subra de Bieusses*
Francia

En un discurso del 25 de setiembre de 2008 el presidente Sarkozy declaraba que "Ha llegado el momento de preguntarse sobre los niveles de las colectividades territoriales, cuya cantidad y entrelazamiento de competencias es fuente de ineficacia y de gastos suplementarios".

Esta preocupación no es nueva, pero se acentuó con la crisis y con las dificultades económicas. Era necesario actuar.

De hecho, la superposición de niveles de administración, la multiplicidad del número de colectividades (concretamente municipales), la proliferación de los establecimientos públicos de cooperación intermunicipal, podían efectivamente aparecer como generadoras de gastos excesivos. Según un informe del Ministerio de Presupuesto sobre el gasto público (anexado a la Ley de Finanzas de 2012) entre 1983 y 2010, el gasto de las colectividades locales había aumentado (en euros constantes) más rápidamente que la riqueza nacional (un 3 por ciento contra un 1,9 por ciento).

Visto que el contexto de crisis convertía el fenómeno en más preocupante, era necesario actuar, sin demora, mediante una reforma. Bajo el mandato del presidente Sarkozy, ese será el objeto de la ley de reforma de las colectividades territoriales del 16 de diciembre de 2010.

En los términos del discurso presidencial del 25 de setiembre de 2008, la reforma de las colectividades territoriales debía tender a una simplificación del régimen de sus competencias que, por su entrelazamiento era fuente al mismo tiempo de ineficacia y de exceso de gasto. El objetivo era por lo tanto doble: conseguir una mayor eficacia de la acción administrativa reduciendo a la vez su coste[1].

* Profesor Emérito de la Faculté de Derecho de la Universidad Paris X-Nanterre.

[1] Si bien existe aquí una preocupación acentuada por la crisis, como se acaba de apuntar, esta no es reciente. Ya existía en los años noventa y, el 1 de agosto de 2001, una ley orgánica relativa a las leyes de finanzas públicas (LOFP) tenía cómo ambición una mayor eficacia y una mayor calidad del servicio prestado aparejados con una reducción de gastos públicos. Eso es tanto para el Estado como para las colectividades territoriales.

Desde esa perspectiva no se puede dejar de observar que para ir verdaderamente al fondo de la problemática la reforma no debía limitarse únicamente a las administraciones territoriales, sino que debía tratar igualmente las del Estado.

Esta es una consideración lógica a partir del momento en que la distribución territorial de la acción pública responde a la vez de las administraciones del Estado y de las administraciones de las colectividades territoriales. La realidad es la de una coadministración y de una cogestión en el marco de la desconcentración y de la descentralización.

De ahí deriva la cuestión de saber si la adecuación necesaria entre la reforma del Estado y la de las colectividades territoriales implica que sea el Estado que se reforme primero o al revés.

Según el gobierno (circular del 16 de setiembre de 2014) "en el momento en el cual las colectividades territoriales se reorganizan, los servicios del Estado deben llevar a cabo reformas esenciales para recentrar su actividad en sus misiones prioritarias". La administración territorial del Estado se reorganiza pues como consecuencia de la reforma de las colectividades territoriales y no a la inversa.

Si tuviéramos solamente en cuenta los textos que han intervenido, la impresión sería que el Estado se reformaría de manera substancial. Los textos son en efecto numerosos, en particular bajo la forma de circulares. Entre las más recientes se encuentran dos circulares de 24 de julio de 2018 sobre la organización territorial de los servicios públicos y sobre la desconcentración y la organización de las administraciones centrales, después una circular de 5 de junio de 2019 relativa a la transformación de las administraciones centrales y a los nuevos métodos de trabajo y otra de 12 de junio de 2019 que trata de la puesta en marcha de la reforma de la organización territorial del Estado. Acerca de ella el profesor Jean-Marie Pontier indica que representa una especie de hoja de ruta de la acción futura de los poderes públicos[2].

Los textos son pues numerosos[3] y el objeto de cada uno de ellos es ciertamente importante. Según también Pontier, "La buena voluntad de los poderes públicos puede presumirse, las disposiciones que figuran en las circulares presentan un verdadero interés" (*op. cit.*) ¿Podría por lo tanto

[2] J. M Pontier, *La reforma de la organización territorial del Estado*, AJDA, 2020, pág. 281. Sobre este tema ver igualmente, entre otros estudios, Seydou Traoré, "La otra reforma, la reforma del Estado", AJ colectividades territoriales, 2016, pág. 76.

[3] Anteriormente ya se podía encontrar una circular de 9 de abril de 2013 sobre las modalidades de organización de los servicios del Estado, una circular de 28 de octubre de 2014 sobre el protocolo de las relaciones entre las administraciones centrales y los servicios desconcentrados, y un decreto del 7 de mayo de 2015 sobre la desconcentración.

decirse que en lo que respecta a su dimensión territorial, la reforma del Estado estaría ya bien avanzada y promete resultados satisfactorios?

La respuesta a esta pregunta no es en realidad tan evidente.

Para algunos autores[4] la reforma tendría un carácter inacabado o inconcluso. Si bien admite su interés verdadero, PONTIER añade sin embargo que las afirmaciones ministeriales no pueden ser dadas por sentadas, sino que deben ser examinadas de manera crítica.

En primer lugar, señala que esto explica porque existe una brecha entre las instituciones y las realizaciones. De hecho, las intenciones de los poderes públicos no están siempre seguidas de efectos. En particular, porque las administraciones, a pesar de estar subordinadas jerárquicamente, no aplican siempre de manera perfecta las decisiones acordadas por las autoridades públicas. En la medida en que la reorganización implica cambios de costumbres y supresiones de lugares de trabajo, las administraciones territoriales del Estado intentan resistirse.

Seguidamente se observa que, en lo que atañe al poder político, puede existir un distanciamiento entre las intenciones proclamadas y las intenciones reales. Objetivo proclamado de eficacia y de coherencia y objetivo presupuestario encargado de recortar gastos. Esto es defendible de por sí, pero el inconveniente aparece si se comprueba que la preocupación presupuestaria lleva a modalidades de reorganización imperfectas sin que por otra parte la intención de ahorro se satisfaga. En este sentido es particularmente significativo el ejemplo, sobre el cual volveremos más adelante, de la reforma regional.

Además, se puede referir también la existencia de orientaciones contradictorias. Así, entre otros ejemplos, dentro del marco del departamento. Un decreto de 7 de mayo de 2015 reforzó de manera significativa las atribuciones de los prefectos en relación con la categoría de los servicios desconcentrados. Eso condujo a dos evoluciones divergentes puesto que, al mismo tiempo, la reforma departamental debilitaba el lugar y la función del departamento como colectividad territorial.

Todo esto sumariamente evocado para no pasar por alto que, si bien son independientes, las reformas del Estado y de las colectividades territoriales son complementarias; los límites cuantitativos de una obra colectiva exigen que nos ciñamos actualmente a nuestro tema comprendido *stricto sensu*: la reforma del régimen de las colectividades territoriales.

[4] P. VILLENEUVE, *Reforma de la administración territorial del Estado, el espíritu y la letra*, AJDA, 2013.

Si la ley precitada de 16 de diciembre de 2010 podía parecer como ampliamente exhaustiva[5], esta no terminaba el movimiento reformista.

En una conferencia de prensa del 14 de enero de 2014, el presidente Hollande anunció una nueva etapa de descentralización con la intención, una vez más, de simplificar y de racionalizar.

Esta declaración de intenciones se concretó sin demora por medio de, en particular, una ley de 27 de enero de 2014 sobre la modernización de la acción pública territorial (llamada Ley Maptam); una ley de 16 de marzo de 2015 sobre los municipios y una ley de 7 de agosto de 2015 sobre la nueva organización territorial de la República (llamada Ley Notre)[6].

Del conjunto de estos textos resulta que, según el legislador (y de hecho según el ejecutivo, autor de los proyectos de ley), la mejora del régimen de las colectividades territoriales implica que se traten dos problemas: el de sus estructuras y el de sus competencias.

1. EL PROBLEMA DE LAS ESTRUCTURAS ADMINISTRATIVAS TERRITORIALES

Teniendo por objetivo la finalización del entrelazamiento de competencias, la reforma debía, según el informe Balladur, tener en cuenta que esta "no podía realizarse sin la implementación de una reforma de las estructuras".

En lo que a ellas atañe la situación se cualificaba de "*milhojas*" territorial. Porque no habían sido nunca modificadas, salvo para añadirlas las unas a las otras, sin jamás suprimir, aclarar o reorganizar. Había demasiados niveles de administración territorial y demasiadas colectividades en el orden municipal.

Los números son los siguientes: 36.700 municipios; 2.600 agrupaciones intermunicipales, 101 departamentos y 22 regiones.

Era pues sobre cada uno de estos niveles de estructuras sobre los que el reformador debía actuar.

A) *La estructura municipal*

Creados por la ley de 14 de diciembre de 1789 la mayoría de los municipios sufren desde hace tiempo dificultades consecutivas a la despoblación de los territorios no-urbanos (desiertos medicales, desaparición de servicios públicos, cierre de comercios). Efectivamente, resulta que el 90 por ciento de los 36.700 municipios tienen menos de 2.000 habitantes y menos de 50

[5] Ver la síntesis de las modificaciones aportadas, en *La semaine Juridique. Administration et collectivités territoriales* de 10 de enero de 2011, pág. 2018.

[6] Más recientemente, una ley de transformación de la función pública, de 6 de agosto de 2018, que trata también sobre la función pública territorial.

para el 4,5 por ciento de ellos. Pero, salvo algunas excepciones (en particular el caso de París), desde los más pequeños a los más importantes, dependen del mismo régimen jurídico, tienen en teoría las mismas competencias.

Esto podía llevar a preguntarse respecto del acierto de esta situación y, por consiguiente, sobre la eventualidad de una disminución significativa del número de municipios. Ese no es el caso. El reformador, lo veremos más adelante, modifica un poco las cosas en cuanto a sus competencias, pero no toca la estructura. Bajo la reserva de un matiz que vamos a precisar seguidamente, se puede decir, exagerando un poco, que por lo que se refiere a la estructura municipal estamos en *statu quo*. El municipio permanece y va a permanecer numeroso.

No obstante, si se divisa una cierta evolución, esta proviene de una causa indirecta. No se modifica el municipio, el cual, si lo desea, puede mantenerse tal cual, pero se le da la oportunidad de agrandarse permitiéndole fusionarse con otros. Esto de acuerdo con la fórmula del municipio tildado de nuevo, establecido por la ley, ya citada de 16 de diciembre de 2010 y mejorado por la ley, igualmente precitada, de 7 de agosto de 2015.

¿De qué se trata?

Se trata de un nuevo municipio nacido de la fusión de dos o de varios municipios. Este municipio nuevo es ahora el único al que se lo reconoce como una colectividad territorial, pero su funcionamiento se adapta a la existencia de municipios delegados (es decir, los antiguos municipios)[7]. La fórmula no se impone, sino que se deja a la libre decisión de los municipios existentes. La creación de este nuevo municipio está sometida al acuerdo del conjunto de los consejos municipales o, en su defecto, a la mayoría absoluta de los electores de cada municipio interesado[8].

Si el nuevo municipio creado es el único a ser colectividad territorial, los municipios fusionados se convierten en municipios delegados. Su alcalde sigue siendo oficial del estado civil y oficial de la policía judicial. Puede recibir diversas delegaciones del alcalde del municipio nuevo. Con la versión inicial de 2010 y hasta las mejoras introducidas por la ley de 2015, el arranque fue tímido. Solamente una decena de municipios nuevos se crearon. A partir de ahí los alcaldes utilizaron más esta posibilidad y se registró una cierta progresión durante los años 2015 y 2016. Después el

[7] Concretamente dando más protagonismo a los consejeros municipales de los antiguos municipios o también garantizando durante los primeros años el nivel de dotaciones del Estado.

[8] Sobre las modalidades precisas de los diferentes procedimientos de creación, ver Jacques Moreau, en la *Semaine Juridique. Administrations et collectivités territoriales*, de 10 de enero de 2011, núm. 2, pág. 24.

movimiento se frenó y con las elecciones municipales y la crisis sanitaria la creación de municipios nuevos puede contarse con los dedos de una mano (3 en 2019; 2 en 2020; ninguna en 2021). Con el año 2022 que empieza estarían iniciados cuatro proyectos de realización.

¿Cuál es pues en definitiva el balance actual? Desde 2010 se han creado 778 municipios nuevos con la fusión de un poco más de 2.500 municipios anteriores, que representan 2,5 millones de habitantes. Ciertamente no es totalmente desdeñable ya que de esta manera se ha pasado de 37.600 a un poco menos de 35.000. Empero, si nos mantenemos en el ritmo de creación de estos últimos años, con una cifra todavía tan consecuente, la particularidad francesa de una multiplicidad de municipios y de pequeños municipios va a durar todavía mucho[9].

Sobre esta cuestión el balance de la reforma es pues decepcionante.

B) *La estructura departamental*

Si la reforma tuvo algún impacto en el departamento, como vamos a ver, este impacto afectó al ámbito de sus competencias. En lo que se refiere a la estructura, a pesar de los informes críticos, esta se mantiene más o menos idéntica a la que se concibió en la ley de 26 de febrero de 1790.

Sin embargo, la disconformidad estaba muy presente; se encontraba en el centro de las críticas efectuadas a las modalidades de la descentralización en materia de complejidad institucional y de entrelazamiento de competencias de las colectividades. El departamento se describe como poco innovador, inadaptado a las nuevas exigencias de la acción pública local. Esto debido a un territorio exiguo, a una falta de dinamismo habida cuenta de unos medios financieros insuficientes y a unas competencias principalmente sociales que le dejan poco margen de acción.

Adoptando esta crítica, un informe Attali de 2008 preconizaba la desaparición del departamento y, aunque de manera más matizada, el informe Balladur seguirá la misma senda el año siguiente.

Más allá de las críticas doctrinales y de los informes se podía pensar por un momento que la decisión política iba a concretarlas.

Efectivamente, en la declaración de su investidura en marzo de 2014, el primer ministro Manuel Valls anunció la supresión del departamento para el 2020.

Finalmente, este anuncio quedó en nada.

[9] Otra fórmula susceptible de favorecer (a largo plazo más que a corto plazo) la creación de municipios más grandes y así pues menos numerosos podría ser una transformación en colectividades territoriales de los actuales establecimientos públicos de cooperación intercomunal (EPCI) que tiene una fiscalidad propia. Su existencia tiene ya una incidencia sobre la situación de los municipios, pero esencialmente en materia de competencias.

Es verdad que, si bien el departamento era criticado severamente, también tenía sus defensores determinados, en particular en el Senado.

Ponían en relieve las ventajas que presentaba el carácter de territorio de proximidad que permitía a la población el acceso a todo un conjunto de servicios públicos locales y de prestaciones sociales. Por lo que respecta a las últimas (ámbito principal de la competencia departamental) se formulaban predicciones alarmistas sobre el derrumbamiento del sistema de solidaridad con la desaparición de prestaciones como el RSA (renta de solidaridad activa que asegura un salario mínimo a las personas sin recursos) o el APA (ayuda personalizada de autonomía a favor de las personas mayores y dependientes).

Este tipo de alegaciones ciertamente podían ser refutadas sin gran esfuerzo, pero no por ello dejaron de producir su efecto.

Si, como vamos a verificar, la reforma modifica la situación del departamento en lo que atañe a sus competencias, en tanto que como nivel de estructura territorial este se mantiene incólume. En este punto también podemos concluir que estamos en *statu quo*.

Algunos pensaran que esto resulta de la fuerza (o de la pertinencia) de los argumentos a favor del departamento de siempre. Otros, que es así porque en Francia la reforma territorial es un proceso permanente que tiende a evitar la reforma al cabo del cual las veleidades de transformación radical acaban siempre fracasando. Y otros pensaran que, si el anuncio de M. Valls no conoció ningún intento de ejecución, fue por la conciencia de la imposibilidad jurídica de su realización.

En la medida en que el departamento se menciona de manera explícita como una colectividad territorial en el artículo 72 de la Constitución, su supresión necesitaría una reforma constitucional.

Reforma teóricamente posible, pero prácticamente irrealizable por vía parlamentaria a partir de que implica una votación en los mismos términos por la Asamblea Nacional y el Senado. Votación que la correlación de fuerzas actuales no permite contemplar. Quedaría en este caso la reforma por vía referendaria, pero es más que dudoso que ese riesgo sea tomado.

C) *La estructura regional*

Después del municipio y del departamento, la región aparece en la organización territorial francesa en 1972 bajo la forma de un establecimiento público. Se convierte en colectividad territorial mediante una ley de marzo de 1982. En un principio fue creada utilizando un mapa preexistente de las 21 "circunscripciones de acción regional" pensado en 1960 para otorgar más eficacia a los servicios del Estado. Es después del informe Balladur y con la declaración de política general de Manuel Valls (precitado) cuando se impone la idea de una reestructuración.

En ese momento la clase política era mayoritariamente favorable al principio de un agrandamiento y de una disminución del número de regiones. Sin embargo, tal como fue presentado por el gobierno, el proyecto de esa delimitación regional se enfrentó inmediatamente a numerosas oposiciones que transcienden las divergencias partisanas.

A partir de la queja justificada[10] de la falta de concertación, se debe constatar el desequilibrio del peso económico entre las diferentes regiones, la no inclusión de tal territorio en tal región, el mantenimiento sin cambios de una región considerada artificial, etc.

Expresadas desde un inicio, estas objeciones subsistirán durante toda la fase del debate parlamentario, en particular en el Senado.

Al término de estos debates y después de tener en cuenta algunas objeciones y sugerencias que no modificaban partes esenciales del proyecto, los diputados adoptaron el texto en segunda lectura el 17 de diciembre de 2014 y, después de su promulgación, la ley entró en vigor el 16 de enero siguiente.

Desde el punto de vista de la mejora del estado de las estructuras, evidentemente, tenemos que reconocer que la reforma consiguió disminuir el número de regiones pasando de 22 a 13, reforzándolas al mismo tiempo. Dicho esto, estamos lejos de poder cualificar el balance como realmente satisfactorio.

En primer lugar, por lo que se refiere a la necesidad de remediar seriamente los inconvenientes del "*milhojas territorial*". En ese sentido la disminución no tuvo un verdadero efecto simplificador por la mera razón que el número de hojas se mantuvo (región, departamento, intermunicipios[11], municipios). Se puede incluso pensar que se consolidó un poco en la estructura departamental. Eso es porque cuatro de las nuevas regiones cuentan de 10 a 13 departamentos lo que implica, paradójicamente, el refuerzo de su papel como grado intermediario.

Seguidamente, respecto del objetivo proclamado de la reducción de los gastos, el primer ministro, al presentar la reforma, afirmaba que la transición de 22 a 13 regiones procuraría 10 mil millones de euros de ahorro. La realidad es completamente otra.

[10] Infringiendo el art. 5° de la Carta Europea de Autonomía Local, ratificada por Francia en 2007, las colectividades territoriales no fueron, efectivamente, consultadas.

[11] Nivel intermunicipal (comunidades de municipios, comunidades de aglomeraciones, establecimientos públicos de cooperación intermunicipal) que se mantiene cuantitativamente estable, con quizás un ligero aumento a causa de la generalización del conjunto del territorio de los EPIC con fiscalidad propia, ya numerosos de por sí.

En un informe de setiembre de 2019 sobre las finanzas locales, el Tribunal de Cuentas sostuvo que "tres años después de la realización de la reforma, los ahorros anunciados no se han concretado". Los magistrados destacan que la fusión de regiones ocasionó incluso un coste adicional importante. Coste adicional que proviene de los gastos de personal. Salvo una, las nuevas regiones ajustaron sus regímenes indemnizatorios al más favorable de las antiguas regiones. Por consiguiente, el informe de 2019 precisa que, si los efectivos no se reducen en 2021 (cosa que no se hizo de manera significativa), "este ajuste por lo alto costará a las regiones y a los contribuyentes entre 49,55 y 53,35 millones de euros comparado con la situación de 2016".

Finalmente, ¿qué sucede con el objetivo de crear regiones con dimensión europea capaces de hacer frente al desafío de la competición europea?

Se creyó que se podría conseguir creando regiones más grandes y más pobladas, desconociendo que no hay necesariamente una correlación entre el tamaño de las regiones y su nivel de potencia.

En realidad, la eficacia de las regiones como actoras de su proprio desarrollo depende además de sus medios y de su autonomía de acción, en especial de su capacidad de definir y de poner en marcha una estrategia propia.

El sistema actual no satisface ninguna de estas dos exigencias.

Respecto de los medios financieros basta constatar que el presupuesto de "*l'Ile de France*" (la más poderosa de nuestras regiones) solamente representa una décima parte del presupuesto de Baviera y que el presupuesto de la Cataluña española equivale al del conjunto de las regiones francesas.

Tratándose de la facultad de poner en marcha estrategias propias, el sistema resultante de la reforma de 2015 tampoco es satisfactorio.

Primeramente, lo desarrollaremos más adelante, porque el campo de las competencias de las regiones francesas es más reducido que el de sus homologas europeas, hecho que tiene importantes repercusiones en sus capacidades de acción.

Además, a diferencia de las regiones alemanas, italianas o españolas, las regiones francesas no ejercen ninguna autoridad sobre las otras colectividades situadas en su territorio. Tienen, como mucho, un papel de cabecilla en diversas competencias compartidas. Por este motivo las estrategias que emprenden deben permanentemente ser negociadas con otros actores.

En definitiva, si para el conjunto de las tres estructuras territoriales que acabamos de examinar se pueden destacar diversas mejoras, hay que aceptar que no se ha obtenido la reforma radical, cuanto más no suficiente, que se podía esperar. Es procedente ahora analizar el impacto del movimiento reformista sobre el problema, evidentemente esencial, de las competencias territoriales.

2. El problema de las competencias territoriales

Ya hemos evocado, en tanto que hecho iniciador del movimiento de reforma, la declaración Sarkozy de septiembre de 2008. Declaración según la cual la cantidad y el entrelazamiento de estructuras territoriales era fuente de ineficacia y de gastos. La gran cantidad de niveles de estructuras debía, lógicamente, tener incidencia en el entramado de sus competencias. Ahora bien, desde este punto de vista acabamos de sostener que la reforma no fue suficiente. ¿A pesar de todo se ha conseguido realmente mejorar la situación?

Intentar esta verificación nos conduce a examinar sucesivamente: la cuestión de la llamada "cláusula general de competencia"; la necesidad de recurrir a fórmulas de competencia exclusivas; y, finalmente, el advenimiento de la nueva estructura de las "metrópolis".

A) *La cuestión de la cláusula general de competencia*

¿De qué se trata? Si las respuestas doctrinales contienen ciertos matices[12], nos limitaremos aquí a la definición más extensamente compartida y según la cual la cláusula general de competencia otorga a las colectividades una capacidad amplia para justificar sus decisiones y sus ámbitos de intervención sin que estos estén limitados mediante un listado de competencias. Tradicionalmente, beneficiaba a tres niveles de colectividades territoriales.

Con la ley *Notre* que culminaba un cambio decidido desde 2010, a partir de 2015 los municipios son los únicos que la han conservado.

De acuerdo con el artículo L2121-29 del Código General de las Colectividades Locales, "el consejo municipal regula mediante sus deliberaciones los asuntos del municipio". Esta redacción implica que el municipio pueda intervenir en todas las materias que presenten un interés público local en tanto en cuanto no invadan las competencias atribuidas por la ley al Estado o a otra colectividad territorial.

Evidentemente, estando poco satisfechas al ver que se les retiraba esta facultad y estimando su ilegalidad, las colectividades afectadas llevaron el caso ante la Justicia.

Mediante una decisión de 16 de septiembre de 2010 que no concitó la unanimidad de la doctrina[13], el *Conseil Constitutionnel* desestimó la demanda. Esta decisión es objecto de crítica tanto respecto de sus fundamentos jurídicos como respecto de la eventualidad de algunas de sus consecuencias.

[12] V. Laetitia Janicot "Les collectivités locales ...", AJDA, mars-avril 2011, pág. 282.

[13] Ver Bertrand Faure, *La nueva competencia general de los departamentos y de las regiones*, AJDA, marzo-abril 2011, págs. 240 y ss.

Desde el ángulo jurídico el *Conseil Constitutionnel* se habría equivocado al considerar que el artículo 48 de la ley de 10 de agosto de 1871 (ley mediante la cual el departamento se convirtió en una colectividad territorial de pleno derecho) invocada ante la jurisdicción administrativa[14] no tenía ni por objeto ni por efecto crear una cláusula de competencia general en beneficio del departamento cuando la solución inversa podía apoyarse en la jurisprudencia administrativa relativa a la aplicación de este artículo 48.

Por lo que respecta al alcance y a las consecuencias (consideradas infortunadas) de la resolución se destacaba que no era acorde con el funcionamiento de una auténtica descentralización. Descentralización que implica el juego de una libertad mediante la cual la acción de las colectividades no puede limitarse a la ejecución de tareas queridas por el Estado. En la realización de las competencias que le otorga la cláusula general el electo local, resultante del sufragio universal, se ve naturalmente llevado a situar su acción al nivel de las necesidades de sus electores. Quitarle esta facultad no es acertado.

Ciertamente, podemos entender todo esto, pero no nos vemos entonces conducidos, en virtud de una descentralización según la cual lo políticamente correcto prohíbe poner en tela de juicio, a hacernos la pregunta sacrílega de saber si el entramado de competencias no sería la consecuencia inevitable de esta descentralización.

B) *La utilización de fórmulas de competencias exclusivas*

Se opine lo que se opine de la supresión de la cláusula de competencia general para los departamentos y las regiones, está claro que su corolario es el principio de especialización de las competencias de estas dos colectividades. Lógicamente esto debería propiciar la disminución del entrelazamiento de sus competencias respectivas.

Con la Ley Notre que las reforzó, las competencias exclusivas de las regiones comprenden el desarrollo económico[15], los institutos, la gestión de los fondos europeos, la formación profesional, los transportes[16], el ordenamiento del territorio.

[14] El *Conseil Constitutionnel* recibió por parte del *Conseil d'État* el planteamiento de una cuestión prejudicial de constitucionalidad (QPC).

[15] Define un esquema regional de desarrollo económico, de innovación y de internacionalización en que se precisan las orientaciones en materia de ayuda a las empresas, de apoyo a la internacionalización, de ayuda a la inversión inmobiliaria, de ayuda a la innovación. El consejo regional es el único competente para definir los regímenes de ayuda y para decidir de su otorgamiento a las empresas.

[16] Se convierte en autoridad organizadora de la integralidad de la movilidad urbana.

A la inversa, la Ley Notre redujo el campo de las competencias del departamento que perdió lo esencial de sus competencias económicas y que vio como otras de sus competencias se transferían a la región (por ejemplo, los transportes urbanos y escolares). Además de algunas competencias particulares (los colegios), su misión social es su verdadera competencia exclusiva (inserción social, ayuda a las personas mayores dependientes, ayuda a los discapacitados, protección de la infancia).

Así pues, nos encontramos en presencia de dos campos de competencias protegidas de cualquier intromisión, precisamente porque se trata, para cada colectividad, de competencias exclusivas. Excluyendo cualquier posibilidad de interferencia se ha conseguido, en cierta medida, obtener el objetivo buscado de una mejora de la situación.

Es cierto que se mantienen competencias que tienen un carácter transversal: la promoción de la igualdad entre mujeres y hombres, la cultura, el deporte, el turismo, la promoción de las lenguas regionales, la educación popular, la lucha contra la fractura digital y el ordenamiento digital.

A partir del momento en que hay reparto se pierde sin duda la ventaja que se acaba de apuntar para las competencias exclusivas; el riesgo de entrelazamiento podría mantenerse. Sin embargo, no hay lugar a sobrestimarlo. A la vez porque el carácter efectivamente transversal de las competencias tiende a atenuarlo y porque, además, el poder de coordinación de la región como cabecilla (por ejemplo, en materia de turismo) también tiende a limitar ese riesgo.

Si hasta ahora solamente hemos evocado el escalón municipal de manera muy incidental, es porque los elementos de reforma abordados no le conciernen directamente. La cuestión de las competencias del municipio está, por el contrario, claramente determinada por la evolución de la situación de las intermunipalidades bajo la forma de establecimientos públicos de cooperación intermunicipal con fiscalidad propia.

Fiscalidad propia, puesto que se trata de unas estructuras que disponen del derecho de recaudar impuestos conformado como una fiscalidad adicional a la percibida por los municipios o, en algunos casos, en lugar de los municipios.

Bajo esta forma, convertida en obligatoria a partir de 2010, existen las comunidades de municipios. Municipios que están reagrupados con el fin de elaborar proyectos de desarrollo económico o urbanístico a escala de un territorio más extendido.

La solución es en principio pertinente habida cuenta la gran cantidad de pequeños municipios que perdura, a pesar de haber disminuido ligeramente.

Reforzadas por la Ley Notre de 2015 que instituyó un umbral mínimo para su creación y que reforzó sus competencias, cubren, sin embargo, la casi totalidad del territorio nacional.

Las competencias que ejercen son, ya sea obligatorias (por ejemplo, ordenación del espacio; acción de desarrollo económico), ya sea optativas (por ejemplo, política de la vivienda; equipamientos culturales y deportivos). Tienen todas ellas el carácter de competencias exclusivas.

Si nadie discute su utilidad[17], la intermunicipalidad procedía, tradicionalmente, de los municipios y le estaba subordinada.

Con el refuerzo y la generalización de los EPIC con fiscalidad propia, aparecen ahora como una super municipalidad que, en el mejor de los casos, ayuda y estimula los municipios pero que, frecuentemente, se substituye ampliamente a ellos para la gran mayoría de las actividades necesarias a la vida social.

Por esta razón, y aunque si, en su cualidad de establecimiento público, responden teóricamente al principio de especialidad de sus competencias, su diversidad e importancia, la disposición de una fiscalidad propia y la elección (desde 2014) de una amplia parte de los consejeros territoriales al sufragio universal directo, ha hecho progresar la condición de estos EPIC particulares hacia una condición de colectividad territorial. Quizás habrá pues finalmente que preguntarse si no existiría una dinámica susceptible de derivar en la constitución de una nueva categoría de colectividades locales.

En esta misma materia de intermunicipalidad, pero con otra dimensión, va a aparecer en 2010 una nueva estructura, la de la metrópolis.

C) *El caso particular de las metrópolis*

La metrópoli es (salvo en un caso particular) un establecimiento público de cooperación intermunicipal con fiscalidad propia creada por la ley de reforma de las colectividades locales de 2010 y cuya condición fue remodelada por la Ley Maptam de 28 de enero de 2014 (ya citada).

Es el supuesto más integrado de intermunicipalidad. Esencialmente (existen algunas excepciones) abarca los territorios de más de 4000.000 habitantes. El número está actualmente en 22 y fueron creadas por la transformación de un EPIC con fiscalidad propia ya constituido.

Desde el ángulo del reparto tradicional de las competencias entre los tres niveles de colectividades territoriales, la fórmula es innovadora modi-

[17] Utilidad que sin embargo no se concretó en cuanto a la disminución del gasto. Bien al contrario, los gastos municipales e intermunicipales se acumularon en lugar de substituirse.

ficando ampliamente la situación de los departamentos y de los municipios que integran su perímetro.

En efecto, la metrópoli ejerce de pleno derecho dentro de su perímetro unas competencias en substitución de los municipios (desarrollo económico, política de la vivienda, servicios colectivos tales como el del agua) y del departamento (transportes escolares; red viaria). Por otra parte, mediante convenio con el departamento o con la región puede tener competencias en materia de ayuda social; de establecimientos educativos, de desarrollo económico.

Por su condición las metrópolis se reparten entre lo que se puede llamar las metrópolis de derecho común y las metrópolis con un estatuto particular. En lo que concierne a estas últimas se encuentran las metrópolis del "*Grand Paris*" y de "*Aix-Marseille-Provence*" que tienen cada una de ellas una organización *sui generis*. Finalmente, caso todavía más particular, la Ley Maptam (precitada) creó bajo el nombre de metrópoli de Lyon una colectividad territorial con una condición particular.

Implicando una importante transferencia de competencias hasta entonces diseminadas entre departamentos y municipios, la fórmula metropolitana condujo a una simplificación innegable.

Por lo que se refiere a los objetivos establecidos por los textos, se coincide de manera bastante general (ver por ejemplo, el "*Rapport sénatorial d'information*" de 11 de junio de 2021) sobre su papel positivo en el crecimiento de las potencialidades de las grandes aglomeraciones.

Por lo que respecta al objetivo (igualmente establecido por ley) de concurrir al desarrollo del conjunto del territorio regional, las opiniones están más divididas. Si bien es cierto que todavía no tienen todo el efecto de tracción a la periferia que se podía esperar, también hay que destacar que mediante vías contractuales las metrópolis concretan numerosas cooperaciones con los territorios vecinos.

La objeción principal se centra en la cuestión del "interés metropolitano". Muchas de sus competencias (excluyendo las municipales) les corresponden supuestamente en virtud de su interés comunitario.

Es sobre la base de este criterio como habrá que establecer, para cada competencia concreta, si esta debe continuar perteneciendo al municipio o si, por su amplitud, su contenido, su objeto estratégico, su dimensión financiera, tiene vocación de ser gestionada por la metrópoli y debe pues serle transferida.

Esta es una manera de abordar el reparto que parece, *a priori*, enteramente coherente. En la práctica este criterio del interés comunitario se aplica mal porque la metrópoli (a la cual le compete definirlo) lo define mal. Según el informe del Tribunal de Cuentas de 2020, se adopta frecuentemente "de manera empírica, cuando no oportunista, y sin una visión real de estrategia".

A lo largo de esta breve evocación de los intentos de reforma territoriales, hemos observado mejoras (limitadas) por lo que se refiere al reparto de las competencias, y, sin embargo, numerosas insuficiencias. Los niveles de territorios son los mismos; en cada nivel la cantidad de colectividades se mantiene (solo disminuye poco); el "*milhojas*" que se quería aligerar no se modifica pues. Además, el objetivo prioritario de reducción del gasto no ha sido alcanzado.

En Francia, por motivos múltiples y complejos, las veleidades de reforma en profundidad se topan así pues con dificultades reales.

LA RELACIÓN JURÍDICA ADMINISTRATIVA*

RODOLFO C. BARRA**
Argentina

1. EL ORDENAMIENTO JURÍDICO

Una adecuada introducción al estudio de cualquier fenómeno jurídico exige partir desde un elemento esencial de este: la *relación jurídica*. Para lo que ahora nos interesa es atinado afirmar que *la relación jurídica permite interpretar el fenómeno jurídico como un sistema* o, mejor, un subsistema perteneciente a un sistema mayor al que llamaremos, partiendo de la doctrina desarrollada por SANTI ROMANO, *ordenamiento jurídico*[1]. Afirmamos, así, que toda relación jurídica ocurre y transcurre dentro de una comunidad política y que toda comunidad política es una especial organización dotada de juridicidad. Por ello, es posible afirmar que *toda comunidad política es un ordenamiento jurídico. Ubi societas, ibi ius*, reza el clásico aforismo latino.

Sintetizando al extremo distinguimos el *ordenamiento jurídico mayor o integrador*, de los *ordenamientos jurídicos menores o integrados*. El primero se reconoce por encontrarse, en cuanto *todo*, sometido a una autoridad única, soberana y autónoma con relación a otras semejantes; esta es el Estado nacional, sin perjuicio de la existencia de *ordenamientos jurídicos supraestatales*, como es el caso de la Unión Europea —la que se vincula con los "Estados parte conforme con la regla de la subsidiariedad— y del todavía imperfecto ordenamiento jurídico internacional[2].

* El presente trabajo es un apretado resumen, aunque con algunas novedades y correcciones, de los capítulos I y IV de RODOLFO C. BARRA, *Derecho administrativo. Acto administrativo y reglamentos*, t. 1, Buenos Aires, Astrea-RaP, 2018. Me ha parecido útil volver sobre un tema tan trascendental para la ciencia jurídica, como lo es el de la relación jurídica, adelantando algunas ideas básicas sobre el particular, en este caso con ocasión del honor de participar en el merecido homenaje al destacado jurista LIBARDO RODRÍGUEZ RODRÍGUEZ.

** Doctor en Derecho. Profesor Titular Ordinario de Derecho Constitucional y de Derecho Administrativo en la Universidad Católica Argentina. Fue ministro de la Corte Suprema de Justicia de la nación Argentina.

[1] SANTI ROMANO, *L'ordinamento giuridico*, Firenze, Sansoni, 1945.

[2] El ordenamiento internacional es imperfecto por carecer de una autoridad o centro de poder común, elemento esencial de todo ordenamiento jurídico, como lo veremos también en el texto.

A la vez, el ordenamiento jurídico se integra también por ordenamientos jurídicos menores, conforme con el *principio de la pluralidad de ordenamientos*, que tienen dentro de sí, y en su propia escala, los mismos elementos del mayor sin perjuicio de estar sometidos al centro de poder o autoridad suprema y final, esto es, el Gobierno o Estado[3]. Así a gran variedad de asociaciones (algunas de necesidad ontológica, otras no) que pueblan el que denominaremos "sector privado del ordenamiento jurídico" y que se relacionan con el ordenamiento mayor, especialmente con su sector público, según la delimitación de competencias establecida por el principio de subsidiariedad.

Desde esta perspectiva, el ordenamiento jurídico es un sistema cuyos elementos principales son: 1) los individuos y sus familias, para cuyo bien y en protección de sus derechos fundamentales existe el ordenamiento; 2) las asociaciones creadas por los individuos y dotadas de personalidad jurídica (recordemos que son también ordenamiento con estos mismos elementos en su propia escala); 3) el centro de poder o gobierno, lo que incluye a la autoridad central (por ejemplo, el gobierno federal o, en su caso, el Estado nacional) y a todas las entidades gubernamentales (incluyendo las políticas menores, como las regiones, provincias, municipios); 4) las normas generadas en el centro de poder; 5) las relaciones jurídicas entre todos los sujetos, ya sean "personas humanas" o bien "personas jurídicas"[4].

2. Ordenamiento mayor (nacional): sector público y sector privado

El ordenamiento jurídico, al menos en los sistemas democráticos de matriz liberal tradicional —al contrario de los sistemas totalitarios— se encuentra dividido en dos grandes sectores: el público o "gubernamental" o "estatal" en sentido genérico, por un lado, y el privado o "social", en sentido estricto[5], por el otro.

La división apuntada se corresponde con la distinción entre Estado y sociedad, a la que, por otra parte, ayuda a fortalecer[6], y también, como necesaria

[3] En el sistema constitucional argentino, Gobierno es el centro de poder (formado por los clásicos tres poderes) mientras que el Estado es su personificación jurídica, también para las relaciones internacionales. Utilizaremos ambos términos indistintamente.

[4] Así los denomina el nuevo Código Civil y Comercial argentino (C. C. y Co.) en sus arts. 19 y ss. (persona humana) y 141 y ss. (persona jurídica)

[5] En sentido amplio, todo el ordenamiento es social, en cuanto es la expresión más acabada de la sociabilidad natural humana; recordemos que el ordenamiento jurídico es la misma *polis* o comunidad política.

[6] Sobre la distinción entre "Estado" y "sociedad", ver: Juan Pablo II, encíclicas *Sollicitudo Rei Sociales* (n.º 15) y *Centesimus Annus* (n.º 13). Analizamos también este tema en Rodolfo C. Barra, *Temas de derecho público*, Buenos Aires, RaP, 2008, Tema I.

consecuencia, se ajusta a la clásica división del derecho (ordenamiento normativo) entre derecho público y derecho privado. Esta división trasciende (aunque no excluye) la mera distinción entre grupos de normas para identificarse con la división misma del ordenamiento jurídico en sus dos grandes sectores: público y privado, respectivamente.

Así, se afirma plenamente un principio que junto con el de subsidiariedad y de solidaridad[7] es central en la filosofía social occidental: el de la *subjetividad de la sociedad*. Es que, si no fuese así, si el Gobierno-Estado no fuese, aun conductor de la totalidad, solo un sector del ordenamiento nacional, este sería todo Estado, es decir, sería la expresión de un régimen totalitario.

Un aspecto muy importante de la concepción pluralista del ordenamiento jurídico es el que refiere al *punto de contacto principal* entre el ordenamiento nacional, inclusivo, y los ordenamientos menores, incluidos. La autoridad o *gobierno final y subsidiario* de todos los ordenamientos que conforman el sector privado del ordenamiento nacional es, reiteremos, el mismo centro de poder o Gobierno (en la integralidad de los componentes de su organización, aunque gocen de personalidad jurídica propia) "ubicado" en su sector público, de manera que tal autoridad o gobierno es *común* a todo el ordenamiento jurídico, al que se irradia o difunde a través de la "justicia del bien común", también llamada "general" o "legal".

Aun así, esta *comunicación subsidiaria* del elemento autoridad será siempre escalonada, según la organización constitucional de cada ordenamiento nacional: la autoridad municipal, la autoridad provincial o estadual, la autoridad regional, etcétera y, ya en el sector privado, la autoridad de cada asociación u ordenamiento incluido, aunque esta solo cuenta para el propio ordenamiento que integra.

3. La riqueza social y su adjudicación

Que la naturaleza del hombre es social es un dato de la experiencia, advertido por los grandes filósofos sociales, por lo menos desde Aristóteles hacia adelante. Aun las teorías denominadas "contractualistas" —Hobbes, Locke, Rousseau, o los más modernos como Rawls— no niegan que tal "contrato social" resulte de una inevitable necesidad carente de otras alternativas, lo que confirma que la sociabilidad viene impuesta por la misma naturaleza humana.

[7] Sobre el principio de solidaridad ver Juan Carlos Cassagne, "La encíclica 'Caritas in Veritate', en *Derecho administrativo y derecho público general. Estudios y semblanzas*, Buenos Aires, Euros y Montevideo, B de F Editores, 2020, pág. 222.

Ciertamente, la naturaleza social del ser humano explica el movimiento de este en relación con "los otros". En esta "alteridad" el hombre satisface su necesidad de afectos de distinto tipo, especialmente el que le permite cumplir con otro imperativo natural, la procreación. Así como sus aspiraciones y exigencias espirituales, a la vez que todas las otras necesidades materiales destinadas a satisfacer también su instinto de supervivencia, que no es solo seguir vivo, sino, siempre conforme con las circunstancias históricas y culturales, vivir con dignidad o por encima del nivel tolerable de necesidades que persisten insatisfechas. Es posible denominar al *bien de la alteridad*, aunque en modo todavía muy genérico e impreciso, como *riqueza social*, la que es, en definitiva, la raíz sustancial del bien común de la comunidad política.

Para mayor simplicidad de la argumentación limitaré aquí el concepto de "riqueza social" a aquella formada por los bienes de contenido material y así susceptibles de ser intercambiados o aun suministrados de forma unilateral —en lo inmediato y directo, ya que mediata e indirectamente siempre existirá alguna forma de contraprestación— y casi siempre aptos para ser medidos en dinero[8].

Concebida con esta limitación, entonces, la "riqueza social" es el resultado del esfuerzo individual de los miembros del ordenamiento, pero solo posible en razón de las condiciones generales o sectoriales creadas, en definitiva, en el seno del y por el mismo ordenamiento mayor. Por consiguiente, la riqueza social es el producto del ordenamiento jurídico y su elemento e idea fuerza organizativa esencial: el *bien común*, entendido como un "conjunto de condiciones"[9] ordenadas a posibilitar y facilitar el bien personal de cada uno de los miembros del ordenamiento. Es decir, la riqueza social reconoce una generación individual-comunitaria —sin perjuicio de la natural[10], donada por el Creador al hombre[11], pero para que

[8] Pero también la argumentación podría hacerse con relación a bienes inmateriales y no siempre mensurables objetivamente como el afecto, la fidelidad, la piedad (respeto a los padres y a la patria, aunque esta es una virtud diversa de la justicia) la conmiseración, etc., que en muchos casos son debidos al otro, y por tanto regidos por la virtud de la justicia, aunque no resulten exigibles jurídicamente. Otro bien inmaterial es la cultura, aunque los medios para la creación y el conocimiento de bienes culturales, como para la formación cultural, pueden ser objeto de relaciones jurídicas. Juan XXIII en el número 13 de la *Pacem in Terris* afirma que "También es un derecho natural del hombre el acceso a los bienes de la cultura".

[9] Cfr. Constitución Pastoral *Gadium et spes*, n.° 74; también Juan XXIII, encíclica *MM*, n.° 43. Ver Rodolfo C. Barra, *Tratado de derecho administrativo*, Buenos Aires, Ábaco, 2002, t. 1, cap. II, y bibliografía allí citada.

[10] Utilizamos en esta ocasión la expresión "natural" en un sentido más "físico" (la naturaleza) que estrictamente normativo, como "ley natural".

[11] Ver Papa Francisco, encíclica *Laudato Sii*.

este la fructifique con su propio sudor, es decir, con su propio esfuerzo e iniciativa individuales (esto es, la iniciativa de los "particulares" o "partes" del ordenamiento)— pero *con ocasión y en razón de las condiciones comunitarias*.

En la medida que la acción generadora de riqueza pertenezca a la iniciativa de las partes del todo comunitario —los particulares— pero siempre gracias al conjunto de condiciones creadas y sostenidas por el ordenamiento mayor, esta será propia del *sector privado* del ordenamiento, será *producida por la "sociedad"*, en el sentido en que lo hemos visto más arriba.

La riqueza social puede también tener su origen en la "producción" generada por la misma acción o iniciativa del *sector público* del ordenamiento, ya se refiera aquella a bienes materiales como inmateriales o, mejor, tanto a bienes concretos como abstractos o de acción difusa. Los primeros podrían ser, entre otros, los producidos por organizaciones de propiedad estatal (normalmente dotadas de personalidad jurídica propia) que tienen un objeto comercial o industrial, o prestan —o controlan su prestación— los denominados "servicios públicos"; y los segundos, los resultantes de la misma acción de gobierno o conducción comunitaria, incluyendo las decisiones públicas con efectos normativos (leyes, decretos, actos y reglamentos administrativos, sentencias, etc.). Hay que considerar aquí muy especialmente la *seguridad*, ya sea esta la física o la jurídica, ambas propias del denominado "Estado de derecho", la que es una condición indispensable para el buen funcionamiento sistémico del ordenamiento jurídico y sus ordenamientos menores y, en sentido amplio, instituciones.

Nos hemos referido a la *generación* de la riqueza social, pero también debemos considerar su *destino*; este último comporta una clara cuestión de *adjudicación*.

Ambos aspectos, generación y destino, en cuanto adjudicaciones de obligaciones y derechos, son materia propia de la virtud de la justicia, en su calidad de principal elemento social. Considerando que la *justicia* es la virtud que nos inclina a cumplir con la obligación cancelatoria del derecho del otro —lo que le es debido al otro porque es lo suyo propio, es decir, *su derecho*[12]— estamos ante dos caras de una misma moneda, el derecho

[12] Así, SANTO TOMÁS DE AQUINO, en la siempre recordada definición de la justicia en la *Suma Teológica*, 2-2 q 58 a 1, "la justicia es el hábito que no lleva con constante y perpetua voluntad a dar al otro lo que es suyo". Podemos así destacar dos aspectos en la concepción tomista de la justicia, que es la que aquí seguimos: primero, la justicia es una virtud "relacional" cuyo acto propio es dirigido al otro, y segundo, que tal acto propio es *el derecho* del otro, *ius suum unicuique tribuit*, en la definición del aquinate. Es decir, el objeto de la virtud de la justicia es el derecho del otro. Cfr. TOMÁS DE AQUINO, *Suma Teológica*, Madrid, BAC, 1956.

y la obligación, la obligación y el derecho. La obligación y el derecho al trabajo e iniciativa creadores de riqueza; la obligación y el derecho de su apropiación por quienes poseen *título* suficiente para ser sus destinatarios[13]. Es que el trabajo y la iniciativa de los particulares son en sí mismos *riqueza social* y, por lo tanto, bienes que deben ser adjudicados con justicia en el seno del ordenamiento jurídico.

4. Las relaciones de adjudicación y el sector de origen de los bienes en el ordenamiento jurídico

No obstante compartir una naturaleza fundamental —la adjudicación del "derecho del otro"— la estructura propia de la relación de justicia mostrará diferencias sustanciales *según los bienes por adjudicar se originen directa e inmediatamente en el "sector público" o en el "sector privado" del ordenamiento jurídico nacional.*

Pero, y sin perjuicio del destino sustancialmente común de todos los bienes, —en beneficio individual de la persona humana[14], ya que esta solo se desarrolla en comunidad— algunos bienes, en lo inmediato y directo, son de apropiación —aunque a título de mera administración en beneficio de los particulares— por los sujetos que pertenecen al sector público del ordenamiento, es decir, que pertenecen al gobierno; estos son los *bienes públicos.* Otros bienes, en cambio, son de inmediata y directa apropiación privada, por parte de los sujetos que integran el sector privado del ordenamiento; estos son los *bienes privados*, sin perjuicio de que deben estar ordenadamente orientados a la satisfacción del bien común, último y fundamental título de la misma apropiación individual.

Ambos bienes se adjudican principalmente, aunque no exclusivamente, a través de relaciones jurídicas[15].

[13] Enseña Francisco en el núm. 93 de la *Laudato si:* "El principio de la subordinación de la propiedad privada al destino universal de los bienes y, por tanto, el derecho universal a su uso es una 'regla de oro' del comportamiento social y el 'primer principio de todo el ordenamiento ético-social' (con cita de Juan Pablo II en *Laborens exercens* núm. 19)", lo que permite afirmar "la función social de cualquier forma de propiedad privada". Francisco, *ibid.*, ya que sobre toda "propiedad privada grava siempre una hipoteca social para que los bienes sirvan a la destinación general que Dios les ha dado" *ibid.* Sobre la cuestión de la propiedad privada en la Doctrina Social de la Iglesia, ver Juan Carlos Cassagne, "Naturaleza y sentido del derecho de propiedad", en *La Nación*, Buenos Aires, 16 de octubre de 2021.

[14] Concilio Vaticano II, Constitución Pastoral *Gaudium et spes* (Gozo y esperanza), n.º 25: "el principio, el sujeto y el fin de todas las instituciones sociales es y debe ser la persona humana".

[15] La mera acción de gobierno, p. ej., es una forma de adjudicar un bien originado en el sector público. La existencia de un mercado en buen funcionamiento en una determinada

5. Situación y relación jurídica

Como vimos, el ordenamiento jurídico[16] puede explicarse como un gran ámbito de intercambio de bienes a través de relaciones que tienen como característica principal (al menos a los efectos de su distinción con respecto a otras relaciones humanas) su *juridicidad* y, por esta, la obligatoriedad de su cumplimiento asegurada hasta con la fuerza de la coacción. Por ello, *la primera realidad en el ordenamiento es el hecho (normalmente humano y deliberado) cuyo efecto jurídico definido por el ordenamiento es el establecimiento de una relación jurídica* (cfr. C. C. y Co., art. 257).

Legaz y Lacambra[17] advierte con acierto que la "relación es la vida del derecho". Y prosigue: "La vida social jurídicamente relevante consiste en relaciones jurídicas [...] el derecho es forma de vida social, y, por eso, no solo 'regula' relaciones, sino que el mismo 'es' un complejo de relaciones jurídicas".

El *ordenamiento jurídico* contiene, como uno de sus principales elementos, una multitud heterogénea de relaciones jurídicas que pueden reflejarse en un común sistema modélico: los *sujetos* que de ellas participan en *situación de alteridad* y sus *situaciones jurídicas*; la *finalidad*; el *objeto* como contenido y como *derecho del otro*; el *vínculo* en sí mismo; la *igualdad* (en el vínculo) como medida del ajuste; la *norma externa* que al regirla (de manera dispositiva o imperativa, según los casos) la integra (como la forma a la materia) y la *norma intrínseca*, esto es, la que ella misma genera y a la que se somete (de gran importancia en derecho privado y casi nula en derecho público); también, especialmente, la *exigibilidad jurídica*. Las distintas formas existenciales, concretas, de relaciones jurídicas resultarán de las también diversas concreciones reales de tales elementos.

Como toda relación jurídica es una relación de justicia, podemos definir la primera como *el vínculo de justicia establecido entre sujetos por razón de su voluntad o de la norma emanada de la autoridad, destinado a regir el cumplimiento de los derechos recíprocos que de ella emanan y que en ella se definen cuantitativa y cualitativamente (medida de la igualdad), con fuerza exigible dentro del ordenamiento jurídico*.

De la definición propuesta podemos destacar que, al expresar un vínculo regido por las exigencias de la virtud de la justicia, la relación jurídica debe

---

comunidad es un bien originado en el sector privado que beneficia a quien se radique en ella. Ambos son una suerte de externalidades positivas.

[16] Recordemos que el ordenamiento jurídico, llevado a su máximo nivel, es la misma comunidad política organizada, considerada desde la perspectiva estrictamente jurídica (ver *supra*, sección 4).

[17] Luis Legaz y Lacambra, *Filosofía del derecho*, Barcelona, Bosch, pág. 667 y ss.

responder al dato determinante de aquella: dar a cada uno (los sujetos de la relación concreta) lo suyo. Esta obligación puede nacer de un acto de la "voluntad" del sujeto o bien ser impuesta por la norma heterónoma a ella, de acuerdo con la hipótesis fáctica considerada por el creador de dicha norma. De la relación jurídica no puede sino nacer un derecho del otro, ya sea en condición de unilateralidad (derecho de los hijos menores al alimento, el que, a la vez, es una obligación de los padres) o de reciprocidad (contrato de compraventa) según la medida de igualdad querida por la o las partes o por la norma, derecho cuyo cumplimiento el titular puede exigir incluso coactivamente con el auxilio de las organizaciones gubernamentales establecidas para ello por el ordenamiento jurídico.

Por su parte, la *situación jurídica subjetiva sustancial, o abstracta*, es una condición del sujeto, preexistente a la relación jurídica y presupuesto de ella. Precisamente, el sujeto crea —por ejemplo, por un contrato— o se ve insertado —por ejemplo, por un hecho ilícito culposo— en la relación conforme con su situación jurídica, lo que impondrá a la relación las modalidades de sus elementos, especialmente el objeto y la medida del acto justo.

La situación jurídica es definida por la ley, aunque en algunos casos, los más importantes, es emanación de la misma dignidad humana, es decir, del derecho natural. Así, la condición de *persona* o (a estos fines) sujeto de derecho, la de hijo, la de padre y la de madre, que, aunque requieren de concreción (salvo la de hijo) son consustanciales a la humanidad. También, según la ley positiva, la de "autoridad pública" (que corresponde a todo aquel que participe de una organización dotada de poder de gobierno o ser instrumento de este), la de "administrado", la de "ciudadano", etc. En todos estos casos la relación jurídica deberá ser fiel a la situación jurídica de los sujetos que la componen.

También es posible aislar conceptualmente a las que podemos denominar situaciones jurídicas subjetivas *derivadas o accidentales, también concretas*, que, a diferencia de las sustanciales del sujeto, son especificadas por la relación jurídica concreta, como la situación jurídica de contratista o, más específicamente todavía, por ejemplo, de locador o de locatario, etc.

En realidad, en el ordenamiento los sujetos son titulares de numerosas situaciones jurídicas, muchas de ellas entrelazadas en una cadena, no necesariamente causal pero sí *ocasional*, de forma que una es la ocasión de la otra. Como vimos, la principal y fundante situación jurídica es la de *persona humana*[18], situación que es una emanación misma de la condición humana

[18] Recordemos la definición integrada de los arts. 1 y 3 de la Convención Americana de Derechos Humanos (CADH), "persona es todo ser humano" (art. 1, 2) y "Toda persona tiene derecho al reconocimiento de su personalidad jurídica" (art. 3).

que así, en unidad esencial con la vida, es la situación jurídica núcleo del derecho natural[19]. Así, por ejemplo, el Código Civil y Comercial argentino (C. C. y Co.) da por sentada la condición de ser humano del *nasciturus* (ver art. 1, CADH, anterior nota 18) para reconocerle la situación jurídica de persona humana: "La existencia de la persona humana comienza con la concepción" (C. C. y Co., art. 19).

Las situaciones jurídicas son también *derechos*, en el sentido de que habilitan al sujeto a crear relaciones jurídicas donde hacerlos valer (por ejemplo, el derecho constitucional de propiedad habilita al sujeto a entablar relaciones jurídicas de adquisición o transmisión de la propiedad sobre bienes concretos) o también hacerlos valer en relaciones jurídicas en las que el sujeto se ve inmerso contra su voluntad (por ejemplo, frente a intrusos en su propiedad inmueble, con los que se verá envuelto, por el hecho de la intrusión, en una relación jurídica donde su derecho —lo suyo propio— será la devolución del bien y el resarcimiento de los daños sufridos, amén de la relación jurídica penal donde el sujeto es, en sentido estricto, el Estado)[20]. Así, es posible afirmar de manera simple (pero creo que no simplista) que *el derecho subjetivo es lo debido al sujeto en la relación jurídica concreta*, es decir, el *derecho del otro*, ya sea activo o pasivo.

Desde una perspectiva genérica, todas las situaciones jurídicas abstractas derivan —siempre sobre la base de la esencia dignidad humana— de las correspondientes a la propiedad y a la libertad, a las que hay que agregar la situación jurídica de *trabajador*, la que es también una de las realidades más

[19] Tomando prestado el título del muy buen estudio de STEFANO RODOTÀ, *El derecho a tener derechos*, Madrid, Trotta, 2014, podemos decir que la dignidad humana, conforme con la ley natural, es la fuente de todos los derechos, es la que otorga "el derecho a tener derechos".

[20] Así, p. ej., con ocasión del derecho (situación jurídica sustancial) de propiedad, el sujeto puede establecer relaciones jurídicas de ejercicio concreto de tal derecho. A la vez el sujeto que, por gozar de la situación jurídica sustancial (pero todavía *abstracta)* de titular del derecho de propiedad, ya adquirió una concreta propiedad inmueble, puede venderlo o darlo en locación. La primera de estas dos situaciones (titular abstracto del derecho de propiedad) es fundamento de la segunda (propietario de tal inmueble, sobre el que puede disponer) en una relación que va de sustancial concreta a accidental, aunque esta última pueda transformarse a su vez en sustancial concreta si el sujeto continúa haciendo objeto a su propiedad (a los bienes que se fueron sustituyendo unos a otros) de relaciones jurídicas sucesivas. La distinción que hemos apuntado tiene mucha reminiscencia a la, a su vez, clásica diferenciación entre *jus ad rem* (derecho a la propiedad) y *jus in re* (derecho de propiedad), lo que es aceptable siempre que se tenga presente que ello vale para cualquier tipo de derecho o situación jurídica sustancial y abstracta, aunque no tenga vinculación con la propiedad en sentido estricto: p. ej., derecho de circulación y derecho a comprar un billete de avión o de traslado concreto, donde la cosa será el traslado, el billete, el título concreto, según las circunstancias.

constitutivas del ser humano. Así lo proclama JUAN PABLO II en la Introducción misma de la encíclica *Laborem exercens:* "El trabajo es una de las características que distinguen al hombre del resto de las criaturas [...] Así el trabajo lleva consigo un particular signo del hombre y de la humanidad: el signo de una persona operante en una comunidad de personas; este signo determina su calidad interior (del hombre) y constituye, en un cierto sentido, su misma naturaleza".

Cabe advertir que las organizaciones dotadas por el ordenamiento de personalidad jurídica carecen, en sentido estricto, de situaciones jurídicas sustanciales *abstractas*, las que corresponden, en realidad, a sus miembros. En cambio, son poseedoras de situaciones jurídicas sustanciales *concretas*, las que las habilitan a entablar relaciones de donde nacerán situaciones accidentales y así sucesivamente.

6. LA RELACIÓN JURÍDICA Y LA VIRTUD DE LA JUSTICIA

Como lo hemos adelantado, la relación jurídica es aquella que vincula a dos sujetos obligándolos a satisfacer de manera recíproca el derecho propio de cada uno, según un título cuya fuente u origen puede ser anterior a la relación (la ley natural, la norma positiva creada por la autoridad o centro de poder del ordenamiento) o bien nacida de la misma relación jurídica.

De esta manera tenemos:

a) La relación jurídica exige la actuación de la virtud de la justicia y así puede considerarse expresión esta última.

La relación jurídica tiene como objeto el "derecho del otro" y así coincide con el objeto de la virtud de la justicia que, como ya sabemos, es aquella según la cual "uno, con constante y perpetua voluntad da a cada cual su derecho"[21]. No solo en este punto ambas coinciden, sino que lo hacen también en cuanto a la necesidad de expresar un vínculo entre dos sujetos y una determinada igualdad entre lo entregado y lo debido, esto es, entre lo entregado y el derecho del otro.

En síntesis, la relación jurídica y las relaciones regidas por la virtud de la justicia reúnen idénticas condiciones: i) la *alteridad*, esto es, *el otro como término* (es que ambas son "relacionales", es decir, resultan y expresan una relación entre sujetos); ii) *lo debido como objeto*, y así el objeto de ambas es *el derecho del otro*; iii) *la igualdad como medida*, ya que la "medida" del acto justo, o de la cancelación de la deuda en la relación jurídica, es *una cierta igualdad entre lo debido y lo entregado.*

b) No toda relación de justicia es una relación jurídica.

[21] TOMÁS DE AQUINO, *Suma Teológica*, II-II, q. 58, a. 1.

Toda relación jurídica es una relación de justicia, aunque la inversa no es totalmente así. Para que una relación de justicia concreta sea a la vez una relación jurídica también concreta, se requiere contar con la posibilidad de exigir su cumplimiento mediante los medios coactivos que ofrece el ordenamiento. El afecto o la lealtad debida al amigo, el bien comprometido en la relación de amistad, es una exigencia de justicia, pero como no son exigibles jurídicamente, no pueden ser considerados como intercambios propios de una relación de justicia.

c) *Toda relación jurídica es una relación "obligacional"*, o bien, toda relación jurídica contiene una "obligación" en el sentido técnico-jurídico de este término.

7. La substantividad de derecho público de toda relación jurídica en la que un sujeto público es parte

Si bien el término *substancia*, como el de *accidente*, pertenecen a la metafísica, nada obsta a que apliquemos dichos conceptos, por vía analógica, para conocer e interpretar la relación jurídica.

Literalmente, "substancia" significa "la estancia debajo de", lo que está debajo de algo. Es lo que permanece, por estar debajo de las cambiantes cualidades o concreciones accidentales de los seres, sirviéndoles de soporte. Los "accidentes" reitero, cambian, pero la substancia permanece. Por ello se dice que "la substancia subsiste"; la substancia es la subsistencia misma, la kantiana "permanencia de lo real en el tiempo". En cierto sentido, la noción se confunde con la de "esencia" —lo que el ser es en sí mismo— ya que la substancia de la cosa es, en efecto, independiente de su modo de existir.

Desde otra perspectiva —que, a nuestros efectos conduce al mismo resultado— la substancia podría ser equiparada a *la idea rectora del sistema*, el modo de relación determinante de los elementos, también determinantes, del sistema de que se trate. Si varía el modo de relación, o si varía alguno de sus elementos, el sistema o se destruye o bien cambia, pero ya no será el mismo. En definitiva, se ha destruido su substancia, su esencia ha sido alterada.

Es posible trasladar estas nociones al problema de la relación jurídica administrativa.

Si se habla de la "substantividad" de la relación jurídica administrativa, o de derecho público, es porque se supone, por ahora a manera de hipótesis, que "existe" el "concepto universal"[22] de aquella, una ideal relación jurídica formada, de manera pura, por principios permanentes, siquiera con la

[22] Los universales son las ideas abstractas o substanciales, por ej., ser humano, león, piedra, etc.

relativa permanencia de las "realidades" sociales. La substantividad a la que nos estamos refiriendo quiere expresar que existen ciertos elementos y ciertos principios rectores que se encuentran presentes en todas las relaciones jurídicas en las que es parte un sujeto perteneciente al sector público del ordenamiento, más allá de su concreta regulación normativa. Por supuesto que tal regulación normativa —que puede ser voluntaria (por acuerdo de partes) en muchos casos— no es indiferente o intrascendente. Pero tales elementos y principios nos permiten interpretar la regulación normativa o, en algunos casos, comprobar la deficiente construcción de la figura del, por ejemplo, contrato, o del tipo contractual por parte del legislador, o por parte del órgano administrativo que elabora pliegos y otros documentos contractuales. Esos defectos, el apartamiento de los principios, son siempre fuente de conflictos y generadores, por tanto, de inseguridad jurídica. En definitiva, cuando a una relación jurídica que, por la presencia del sujeto público no puede evitar contener elementos propios del derecho público y sin embargo a ellos se le superponen o injertan otros del derecho privado, se le está imponiendo una funcionalidad antisistema, se la está convirtiendo en un esperpento.

La relación *ius-administrativa* también tiene, necesariamente, sus "accidentes" (siempre en el sentido metafísico del término). Estos se encuentran en cada regulación de los actos jurídicos que emanan de la Administración pública, o de cada tipo contractual, en cada régimen general, en cada pliego básico, en cada pliego de condiciones particulares, en cada contrato celebrado por un sujeto público con Juan o Pedro. Los accidentes son cambiantes, pero responden a un patrón común[23]. Si denominamos, por ejemplo, accidentes del acto o del contrato administrativo a aquellas regulaciones específicas, a veces circunstanciales, estas funcionarán adecuadamente solo si responden al patrón común, a la substancia.

Pero, ¿es que, por ejemplo, un contrato de locación de inmueble entre un sujeto público (locatario) y otro privado (locador) debe ser considerado contrato público, y sus conflictos resueltos por normas de derecho público? A lo primero debemos responder que sí, a lo segundo, que dependerá del caso.

Para llegar a la aplicación en el caso de las normas y principios del derecho público se debe seguir un proceso intelectual que podría resumir (sin intención de ser taxativo) de esta manera: ¿alguna de las partes de la relación

[23] No puede haber accidentes contradictorios con la substancia, así como no puede haber un ser humano con un ojo en el medio de la frente, aunque el color y el formato de los ojos varíen de sujeto a sujeto (siempre dentro del "límite" de lo humano, por supuesto, ya que la ciencia y la experiencia indican que los seres humanos no tienen ojos de color mitad rojo y mitad amarillo y de forma hexagonal).

jurídica del caso puede ser considerada una persona pública? ¿Hay, en el caso, un conflicto que en principio pueda considerarse propio del derecho público? ¿La cuestión de derecho público es relevante y pertinente a los efectos de la resolución del caso? ¿La posible persona pública se encuentra obligada por los principios y normas de derecho público considerados relevantes y pertinentes para la resolución del caso? ¿La persona privada en la relación puede invocar un derecho con título en aquellas normas y principios? ¿De ser positivas las respuestas a las preguntas anteriores, las normas y principios de derecho privado que rigen la relación son adecuadas para restablecer el equilibrio de la relación sin agravio a los derechos y obligaciones de las partes?[24].

8. La relación jurídica sustancial de derecho público en la doctrina de la Corte Suprema de Justicia argentina

La Corte Suprema de Justicia argentina aceptó siempre la distinción entre derecho público y derecho privado, bastando para ello citar el clásico *leading case* del derecho administrativo "Ganadera Los Lagos contra Gobierno Nacional"[25]. En este importante precedente, la Corte Suprema recordó que todo el ordenamiento jurídico —normas, relaciones jurídicas y sujetos tanto de derecho público como de derecho privado— reconoce una *causa causorum* común: el *bien común* y, por tanto, la *justicia*[26]. Es que *dar a cada uno lo suyo*, sea este el bien del todo en cuanto todo (justicia general), o el bien del todo en cuanto participado en, precisamente, la parte (justicia particular distributiva) o el bien de la parte en cuanto parte, pero siempre como parte de un todo (justicia particular conmutativa) es siempre un acto exigido por el *bien común*. Por ello, afirmó el Tribunal en "Ganadera Los

[24] Hemos puesto como ejemplo un caso del derecho federal estadounidense, demostrando así la sustantividad de la relación jurídica administrativa más allá de los accidentes circunstanciales (sistema legal, precedentes, etc.). Se trata de "Lebron vs. National Railroad Passenger Corporation (AMTRAK)" U.S. 513.374 (1995), ver un análisis detallado de "Lebron" en Rodolfo C. Barra, *Derecho administrativo. Acto...*, ob. cit.

[25] Fallos: 190:142.

[26] Recordemos que el caso trató sobre la declaración de la nulidad absoluta de un acto administrativo, instituto aquel que, en la época del fallo carecía de una regulación propia de derecho administrativo. Sobre el punto, el Tribunal expresó: "Que las reglas de los arts. 1037 y ss. CCiv. acerca de las nulidades de los actos jurídicos, si bien no han sido establecidas para aplicarlas al derecho administrativo sino al derecho privado, nada obsta para que representando aquellas una construcción jurídica basada en la justicia, su aplicación se extienda al derecho administrativo cuyas normas y soluciones también deben tender a realizar aquella, con las discriminaciones impuestas por la naturaleza propia de lo que constituye la substancia de esta última disciplina".

Lagos", ningún impedimento podría surgir en la aplicación del régimen de nulidades del Código Civil en el campo del derecho administrativo, "*con las discriminaciones impuestas por la naturaleza propia de lo que constituye la substancia de esta última disciplina*" (resaltado agregado).

Como puede apreciarse, el Tribunal admitió que el derecho administrativo (obviamente el derecho público en general) posee una *substancia propia*, diversa del derecho civil (evidentemente del derecho privado en general), por lo que ambas ramas son también substancialmente diferentes, sin perjuicio del *fundamento común* de todo el ordenamiento jurídico —*la justicia*— lo que habilita la aplicación analógica y recíproca de institutos de una disciplina en la otra.

Ya más recientemente, y en diversas causas, la Corte Suprema tuvo oportunidad de explayarse acerca de la substancialidad propia del derecho administrativo. Una de ellas es el caso "Barreto, Alberto Damián contra Provincia de Buenos Aires s/ daños y perjuicios", sentencia del 21 de marzo del 2006[27]. Aquí, la Corte volvió a considerar los alcances y las limitaciones de su jurisdicción originaria en los casos en los que una provincia fuese parte, en los términos de los artículos 116 y 117 de la Constitución Nacional. Barreto y su esposa, domiciliados en la Ciudad de Buenos Aires, accionaron contra la Provincia de Buenos Aires y contra Javier Talavera, domiciliado en la Provincia[28], por daños y perjuicios resultantes de la muerte de la hija de aquellos causada accidentalmente por Talavera, suboficial de la policía provincial, mientras perseguía a un delincuente. La ley orgánica de la justicia nacional (decreto-ley 1285/58) reglamentó la disposición constitucional estableciendo que la jurisdicción originaria de la Corte Suprema surgía cuando el litigio entre partes con distinta vecindad se tratase de una "causa civil".

Es claro que el concepto de "causa civil" había sido fijado en contraposición tanto a "causa penal" (es tradicional la distinción entre lo civil y lo penal) como a causa de derecho público en general, esto es derecho constitucional y derecho administrativo, que son las dos ramas del derecho sobre cuya legislación las provincias no delegaron competencia al Gobierno federal (salvo la situación excepcional del art. 5, Constitución Nacional). Sin embargo, la jurisprudencia de la misma Corte no fue de gran coherencia en el punto. Así, en 1992, a partir del caso "De Gandia"[29] se estableció que la responsabilidad provincial por los daños y perjuicios derivada de la falta

[27] Fallos: 329:759.

[28] Quedaban así cumplidos los requisitos del art. 116 —diferente vecindad— para que proceda la jurisdicción originaria de la Corte Nacional admitida por el art. 117 de la Constitución Nacional.

[29] Fallos: 315:2309.

de servicio de sus funcionarios, acreditada la distinta vecindad o extranjería del accionante, se encontraba alcanzada por el concepto de "causa civil" a los efectos de los artículos 116 y 117 de la Constitución Nacional[30].

Esta jurisprudencia fue derogada en "Barreto", con argumentos que conducen claramente a la afirmación de la substancialidad de la *summa divisio*. Esta división fundamental —precisamente substancial— del ordenamiento entre derecho público y derecho privado necesitó ser refirmada por el Tribunal para redefinir su competencia originaria en estos juicios por responsabilidad de los sujetos públicos, lo que no deja de ser coherente con el criterio seguido por el Congreso en los artículos 1764, 1765 y 1766 del nuevo Código Civil y Comercial y en la ley 26.944 de responsabilidad del Estado (art. 1).

La discusión, reitero, se centra en identificar aquellos casos que son susceptibles de ser englobados en el concepto de "causa civil", cuestión que la Corte comenzó a analizar a partir del considerando 8 de "Barreto": "Que una calificación de esa naturaleza [la Corte se refiere a la de causa civil] se ha atribuido a *los casos en que su decisión hace sustancialmente aplicables disposiciones de derecho común*, entendiendo como tal el que se relaciona con el régimen de legislación contenido en la facultad del art. 75, inc. 12, de la Constitución Nacional" (resaltado agregado), es decir, la competencia delegada al Congreso Nacional por las provincias para sancionar —con exclusión de estas— la legislación de derecho privado. Detengámonos un instante en la frase que he resaltado. La Corte se refiere a "casos", es decir, litigios llevados a conocimiento de los jueces relativos a relaciones jurídicas (en la hipótesis, nacidas por *imperio legis* frente al acaecimiento del hecho considerado en la ley) para cuya decisión resulta necesario identificar la rama del derecho *sustancialmente* aplicable: si la *cuestión sustancial* es de derecho común (derecho privado) la causa es "civil" y, por tanto, de jurisdicción originaria de la Corte Suprema nacional. Por tanto, en el caso contrario, si la cuestión sustancial no es de derecho común, será entonces de derecho público (naturalmente provincial) y ajena a aquella jurisdicción originaria, por no haber sido delegada por el constituyente.

Es así como continúa "Barreto" en el citado considerando 8: "Por el contrario, quedan excluidos de tal concepto los supuestos en los que, a pesar

[30] No puedo dejar de mencionar, en homenaje a la coherencia, que participé como miembro de la Corte Suprema de Justicia en el mencionado fallo "De Gandia", aunque en disidencia junto con los jueces Levene y Fayt. Se sostuvo en dicha disidencia que el concepto de "causa civil" no alcanza a los supuestos de responsabilidad de personas públicas, lo que es materia de derecho público y, por ende, de competencia local (ver considerandos 7 y 8 de la disidencia).

de demandarse restituciones, compensaciones o indemnizaciones de carácter civil, se requiere para su solución la aplicación de normas de derecho público provincial o el examen o revisión en sentido estricto, de actos administrativos, legislativos o judiciales de las provincias en los que estas procedieron dentro de las facultades propias reconocidas por los arts. 12 y sgtes. de la Constitución Nacional". Es decir, aun cuando la causa aparezca, *prima facie*, como "civil", si su resolución requiere analizar la sustancia de la relación, *definida* en sus principales o *sustanciales* aspectos (es cierto que el lenguaje utilizado por "Barreto" es un tanto defectuoso) por normas de derecho público, lo que no podría ocurrir de no ser *parte en la relación jurídica* un *sujeto público*, no se estará frente a una "causa civil" o *causa de derecho privado*, sino ante una *causa de derecho público*, extraña, como vimos, a la competencia originaria de la Corte Suprema. Estamos ante el mismo criterio diferenciador que aplicó la Corte Suprema estadounidense en "AMTRAK", lo que demuestra que la sustancialidad de la *summa divisio* es independiente (salvo, entonces, en cuestiones accidentales, no sustanciales) del ordenamiento jurídico de que se trate, aun en el del *common law*.

9. El régimen administrativo como modelo o sistema

Si bien puede ser objeto de críticas, la utilización que la doctrina ha hecho del término "exorbitante" y el contenido que se le fue otorgando con el correr de la argumentación de los autores, hace aconsejable mantenerlo *como denominación del modelo del sistema de la relación jurídica de derecho administrativo*, como especie del derecho público. A los efectos, entonces, del análisis teórico y de la interpretación práctica del derecho administrativo, considero útil conservar el término "régimen exorbitante", en cuanto *modelo del sistema propio y específico del derecho administrativo*.

El "modelo" es un instrumento conceptual que ayuda a evitar la comparación empírica, en cada caso, de regímenes o sistemas jurídicos particulares (por ejemplo, derecho civil y derecho administrativo) para, en su lugar, construir, si bien sobre la base de observaciones de la realidad, un, precisamente, modelo que: a) muestre un sistema global; b) permita la comparación con otros sistemas globales, y c) haga posible la comparación entre sí de cada uno de los componentes del conjunto o sistema global sobre el que se ha construido el modelo[31]. Explica García Pelayo[32] que "un modelo tiene como finalidad reducir una realidad empírica compleja y difícilmen-

[31] Ver Manuel García-Pelayo, *Burocracia y tecnocracia*, Madrid, Alianza Editorial, 1974, págs. 161 y 162.

[32] García-Pelayo, *Burocracia y tecnocracia*, ob. cit., pág. 162.

te abarcable y manipulable a un esquema mental relativamente simple y fácilmente comprensible y manipulable. El modelo, continúa "Tiene que corresponderse con la realidad empírica y más aún, ha de estar en relación isomórfica con ella, de modo que a cada componente posible y significativo de la realidad ha de corresponder un componente del modelo y a cada clase de relación significativa entre los componentes significativos de la realidad ha de corresponder la misma clase de relación entre los componentes del modelo. El modelo es lo que está formalmente subyacente a los fenómenos y lo que permite hacerlos inteligibles, pero a esta característica general se une en nuestro caso lo siguiente: el modelo no excluye el estudio de las instituciones y por consiguiente ni afirma ni niega la relevancia de estas, sino que pretende destacar una estructura dentro de la cual las instituciones actúan y sus acciones tienen un determinado sentido".

Así, el modelo no es más que una representación conceptual —o física, en algunos casos— de la estructura de un sistema con el objeto de facilitar su comprensión y evidenciar la estructura sustancial que subyace bajo la realidad objeto de observación[33].

El modelo es, en definitiva, un instrumento al servicio de un más sencillo conocimiento de una realidad determinada. En lo que aquí interesa, el *modelo* es el *régimen jurídico exorbitante*, en cuanto representación concreta de las exigencias de la justicia distributiva en el ámbito del derecho administrativo.

El contenido concreto que este modelo significa es advertido a través de la observación empírica de la regulación de cada instituto del derecho administrativo. Los datos así obtenidos se proyectan por vía inductiva hasta la formulación de principios generales (por ejemplo, ejecutoriedad del acto administrativo y principio de la decisión ejecutoria de la Administración pública) cuya corrección se valora según su conformidad o disconformidad con las exigencias de la justicia distributiva abstractamente consideradas (atribución del órgano administración de hacer cumplir por sí las decisiones que generan y distribuyen el bien común). Por último, del principio general se obtienen por vía deductiva las normas de aplicación para aquellos institutos cuya observación empírica demostró la ausencia de tal regulación

[33] Francisco González Navarro, *Derecho administrativo español*, Pamplona, Eunsa, 1988-1993, pág. 583. Notemos que en "Lebron" como en "Barreto" y, especialmente, "Giustiniani" (Fallos: 338:1258, de 2015), las cortes supremas de Estados Unidos y Argentina han coincidido en la construcción de un modelo de sujeto público, base fundamental para identificar la relación de derecho administrativo. En "Giustiniani", la Corte Suprema argentina aplicó a Yacimientos Petrolíferos Argentinos (YPF), empresa estatal constituida como sociedad anónima mercantil, la ley de información pública, considerándola sujeto público con base en el análisis de los elementos de la empresa, a los que denominaríamos "elementos modélicos".

(por ejemplo, decisión ejecutoria aplicada a un determinado tipo de contrato administrativo). También en este caso se valorará la corrección de la solución a la luz de la justicia distributiva, pero esta vez en la relación jurídica concreta.

Elaborado así el modelo (régimen jurídico exorbitante) obtenemos: *a*) el derecho administrativo como sistema global; *b*) su comparación, desde esta perspectiva, y por tanto su diferenciación con otros sistemas jurídicos globales, y *c*) la comparación de cada instituto del derecho administrativo entre sí.

Debe notarse, en un análisis sintético, que el modelo no es otra cosa que la representación —física o conceptual— de un sistema determinado, compuesto por elementos que se interrelacionan entre sí y con el sistema global, de una manera determinada. El sistema es un todo, con propiedades específicas, distintas a las propiedades de los elementos que lo integran, como así también es distinto el sistema de sus elementos, que siempre deben subordinársele[34].

El ordenamiento jurídico es un sistema[35], compuesto de variados elementos, entre los que, como ya lo hemos visto, cabe destacar a los sujetos (los creadores de las normas, los obligados, las partes en las relaciones intersubjetivas contempladas en las normas), las normas y las relaciones jurídicas. Cada sistema puede ser dividido en subsistemas y, de esta manera, dentro del sistema del ordenamiento jurídico general es posible identificar el subsistema "derecho administrativo" que, una vez aislado, se presenta como un sistema en sí mismo, compuesto por sujetos, normas y relaciones jurídicas y expresable con un determinado modelo conceptual[36].

Por supuesto que lo mismo cabe predicar de las distintas ramas o subsistemas del ordenamiento general, en su sector normativo, lo que indica que es posible aislar sistemas jurídicos correspondientes a cada una de las ramas del derecho. Tendremos así un sistema de derecho privado y otro de derecho público, y dentro de ellos, respectivamente, los sistemas del, por

[34] GONZÁLEZ NAVARRO, *Derecho administrativo español*, ob. cit., pág. 515.

[35] Sobre la consideración de "lo jurídico" como sistema, ver GONZÁLEZ NAVARRO, *Derecho administrativo español*, ob. cit., págs. 529 y ss. y 561 y ss.

[36] GONZÁLEZ NAVARRO, *Derecho administrativo español*, ob. cit., pág. 583 a 585, destaca que en el campo jurídico existen modelos normativos y modelos relacionales, correspondientes estos últimos a las relaciones jurídicas, aunque no deja de advertir la dificultad de construir "relaciones-tipo", es decir, "modélicas". No creemos que esta última dificultad sea demasiado importante, teniendo en cuenta que el "modelo de relación jurídica administrativa" es, en definitiva, una aplicación del modelo "derecho administrativo" a la realidad de las relaciones que aquel abarca.

ejemplo, derecho civil y derecho administrativo[37]. Cada uno de estos sistemas es expresable a través de un modelo, lo que muestra que, sustancialmente, el modelo no es otra cosa que el régimen propio y específico —con gran utilidad cognoscitiva e interpretativa— de la rama del derecho objeto de estudio.

Con estas aclaraciones es tanto posible como conveniente identificar el modelo correspondiente al derecho administrativo, por utilidad convencional, con el nombre de "exorbitante".

10. Régimen exorbitante, derecho público y justicia distributiva

Pero, ¿cuál es la última explicación de este "régimen exorbitante", es decir, la razón que lo justifica y le otorga su sentido cabal?

La pregunta es importante porque es de la naturaleza de todo sistema —lo que también encuentra su medio de expresión en el modelo correspondiente— comportarse de una manera determinada, dirigida hacia un fin específico. Recordemos que todo sistema tiene un *sentido u orientación funcional* que hace que sus elementos principales se relacionen de una manera y no de otra, de conformidad con la "idea directriz" que define al sistema y que puede ser descubierta en cuanto dato inteligible y explicativo de la razón de ser de este, a fin de facilitar su comprensión integral y permitir aplicar el criterio interpretativo del modelo a la realidad que es objeto de análisis. Por consiguiente, la gran utilidad del *modelo* consiste en que este permite resolver los conflictos o disfuncionalidades que se presentan en las relaciones jurídicas concretas, conflictos que siempre evidenciarán el mal funcionamiento de la relación en cuestión por la carencia de un elemento que le es esencial, o por su defectuosa vinculación con los restantes elementos del mismo modelo. El intérprete —juez, abogado— podrá descubrir la falla mediante la comparación de la relación jurídica en crisis con el modelo conceptual, y a partir de allí rehacer el equilibrio funcional incorporando o corrigiendo el elemento sistémico —o sus relaciones— que no concuerda con el modelo. Para ello, el conocimiento de la idea directriz será de una utilidad determinante, ya que el acierto de la recomposición "modélica" de la relación jurídica dañada, así como el diagnóstico de la falla, deberá ser valorada a la luz de su eficaz servicio para con las finalidades exigidas por aquella idea directriz.

[37] Dentro de cada uno de ellos será también posible aislar sistemas que se corresponderán con cada una de sus instituciones como, por ejemplo, el sistema del acto administrativo, y dentro de él, el sistema de las nulidades, y así sucesivamente, como ocurre en la física con el sistema molecular.

Ya hemos dicho que la denominada "exorbitancia" no es más que el régimen jurídico de derecho público, aplicada a la especie "derecho administrativo". Como las reglas del derecho público no son sino la normativización de las reglas propias de la justicia distributiva, es sencillo concluir que el "modelo régimen exorbitante" es la aplicación al derecho administrativo de las exigencias y reglas de la virtud de la justicia distributiva.

De esta manera el modelo queda completo. No se trata simplemente del juego hermenéutico inductivo-deductivo. Por el contrario, el modelo tiene *una estructura interna característica* (la regla de la equivalencia proporcional de las prestaciones), *una sola posibilidad de aplicación* (en las relaciones jurídicas en las que el Estado o un sujeto público sea parte) y *una razón teleológica* (la distribución del bien común). Es decir, entonces, que el sistema de derecho administrativo reconoce en la justicia distributiva —en el cumplimiento de sus exigencias, que pesan sobre el Estado para distribuir proporcional o comparativamente el bien común— la idea directriz que orienta y da sentido al funcionamiento dinámico del mismo sistema, así como la llave de su interpretación más auténtica.

Podemos así concluir que *el régimen exorbitante es el modelo de derecho administrativo, expresión conceptual de un sistema cuya idea directriz es la justicia distributiva.*

Así, este modelo o expresión del sistema indica una subespecie del elemento normativo y del relacional del ordenamiento jurídico: el administrativo. Aquel se encuentra formado por los órganos y la organización propia de la Administración o Administraciones públicas, las relaciones jurídicas que las Administraciones públicas establecen en su actuación, las normas de derecho público que regulan la organización y las relaciones y, fundamentalmente, la idea de obra o idea rectora o directriz, la matriz misma de este ordenamiento, que es la idea de la distribución justa del bien común.

Por consiguiente, se puede afirmar que *el derecho administrativo es un sistema específico de derecho público (régimen jurídico exorbitante) que conduce al cumplimiento de las exigencias de la virtud de la justicia distributiva en el ejercicio interno y externo de la función administrativa.* Su contenido principal reside en las garantías del administrado (sujeto privado en la relación jurídica) y las prerrogativas de la Administración (sujeto público en la relación jurídica).

11. La justicia distributiva como patrón de la actuación de la Administración pública

El ordenamiento jurídico es una realidad calificada por su fin: la realización del bien común. Esta finalidad distingue a los sujetos integrantes del sector público del ordenamiento, en cuanto estructuras organizativas destinadas a la referida obtención del bien común, de la actuación de las personas individuales y colectivas privadas, que solo pueden perseguir sus fines privados.

Debido a que la realización del bien común supone su justa distribución, los sujetos públicos se encuentran sometidos a reglas de actuación que los obligan positivamente, es decir, solo pueden hacer lo que la norma dispone, de la manera como lo dispone y conforme con la finalidad dispuesta. Sustancialmente carecen, entonces, a diferencia de los particulares, de "libertad negocial", es decir, del poder de obligarse —creando así reglas de derecho *ad hoc*— conforme con la decisión personal en su encuentro con la voluntad de un tercero.

Así, mientras los sujetos públicos se hallan necesariamente sometidos a las reglas de la justicia distributiva, que siempre exige un ajuste de prestaciones teniendo en cuenta la situación comparativa de su contraparte privada, los particulares entre sí se encuentran ligados por la regla de la justicia conmutativa, en donde se destaca el contenido voluntario e individual del reparto obligado por la concreta relación jurídica. Esto último sin perjuicio de las limitaciones —límites o sujeciones negativas— que razones de justicia general o bien común pueden imponer a estas transacciones privadas, siempre de interpretación restrictiva a fin de garantizar el imperio de la libertad negocial o regla del mercado.

La justicia distributiva impone un subsistema jurídico que denominamos de derecho público, con un régimen propio y específico, del que forma parte el derecho administrativo. La justicia conmutativa —solo aplicable a la relación entre particulares, reiteramos— genera otro subsistema jurídico, denominado de derecho privado, que también tiene su propio y específico régimen, imposible de asimilar al primero y viceversa.

En cada uno de estos subsistemas jurídicos —subsistemas del sistema "ordenamiento jurídico"— la especie de virtud de la justicia que, para ellos, hemos aislado, se presenta como la idea rectora, como el patrón lógico que torna inteligible al sistema.

Lo expuesto da mérito a la distinción entre la justicia general y la justicia distributiva, y entre esta y la justicia conmutativa.

Debe advertirse que todas las relaciones jurídicas se encuentran destinadas a adjudicar o distribuir los bienes que son producto del esfuerzo de cada uno de los individuos que actúan dentro de una comunidad organizada, es decir, fruto de los esfuerzos individuales y colectivos que, en la indispensable e inevitable vida comunitaria, se entremezclan con una natural espontaneidad cocausal.

No está demás reiterar que la adjudicación o intercambio de bienes, aun en el seno de relaciones conmutativas, es decir, entre particulares, supone siempre una forma de distribución del bien común. Los bienes de los que los seres humanos disfrutan son, en su origen, comunes, y están destinados al beneficio común. Así ocurre, incluso, con aquellos que se originan por el inmediatamente exclusivo esfuerzo individual, ya que tal esfuerzo no sería posible, y sus frutos serían inexistentes, de no ocurrir en el seno de una comunidad que lo posibilite y aliente. Pero se trata de una distribución del bien común solo desde un punto de vista lejano, mediato e indirecto, referida a bienes comunes pero apropiables por los miembros individuales de la comunidad. Por ello es un supuesto bien distinto de la distribución efectuada por los sujetos públicos, referida a bienes, directa e inmediatamente distribuibles y por lo tanto no apropiables en el sentido estricto del término. Esta distinción esencial hace que el intercambio, la adjudicación o distribución de los bienes en cada uno de aquellos supuestos se efectúe según sistemas diferentes, uno el conmutativo y el otro el distributivo propiamente dicho.

Pero, al menos dentro del sistema social de libre mercado, la gran mayoría de las adjudicaciones se realizan en función de la libre voluntad de las partes —justicia conmutativa— de manera que son estas las que valoran el esquema costo-beneficio de su intercambio de bienes. Aún aquí hay una previa valoración llevada a cabo por las autoridades públicas: también el legislador analiza los *costos* y los *beneficios* que para el bien común apareja la adjudicación libre y voluntaria, y así, si los beneficios son mayores que los costos —en términos de libertad, de progreso económico, de costos sociales e individuales, también medidos en dinero— opta meramente por garantizar el apoyo público para el adecuado cumplimiento de lo pactado, siempre según la voluntad de la parte interesada o afectada por el posible incumplimiento.

Cuando el legislador introduce en la norma la limitación de orden público, la imposición de policía o la regulación obligatoria, también lo hace por una razón distributiva, mediando un análisis de costo y beneficio: cuál es el costo de limitar la libertad, cuál es su beneficio, en ambos casos desde la perspectiva tanto individual como general.

Hasta aquí, tanto en el caso de la justicia conmutativa ilimitada o plena como en el supuesto de las relaciones conmutativas limitadas por imperio de la justicia general, nos encontramos frente a distribuciones no sistémicas, es decir, distribuciones que se llevan a cabo fuera del sistema del "régimen jurídico distributivo" o "exorbitante". Aquellas son distribuciones que podemos denominar "apropiativas", ya que se originan y se destinan al interés de apropiación de las partes, realizadas de acuerdo con la libre decisión negocial, conmutativa, aun cuando en algunos supuestos se encuentre limitada, orientada o complementada por la decisión del legislador inspirada en razones de justicia general.

Cuando el sujeto público es el que directamente adjudica en el seno de una relación jurídica concreta, aquí sí, efectivamente, la distribución —no apropiativa, ya que la parte determinante, el sujeto público o gubernamental carece de un interés primario de apropiación particularizada— se efectúa dentro de su propio sistema jurídico, según las exigencias de la justicia distributiva. Estas exigencias conducen a una valoración distinta del costo y beneficio de cada adjudicación, una valoración no genérica o comunitaria, sino concreta, particularizada, en la comparación de los costos y beneficios localizables en la relación específica y sus relaciones virtuales. Así, por ejemplo, ¿cuánto cuesta —en términos de sacrificio— para el sujeto virtual el beneficio otorgado al sujeto específico?

Se trata así de diferentes sistemas jurídicos, surgidos de una disímil metodología distributiva o adjudicatoria, la conmutativa y la propiamente distributiva.

El sistema, concebido como modelo, es la guía de interpretación de las relaciones jurídicas, normas, hechos y consecuencias de las adjudicaciones o distribuciones como así también de la manera de balancear la relación costo-beneficio, base de toda adjudicación.

Entonces, el modelo, además de su utilidad interpretativa, es el elemento que *brinda coherencia jurídica* a la realidad multiforme de hechos, normas y relaciones que, sin el modelo y su patrón lógico, se nos presentarían como un objeto de conocimiento caótico, confuso, incoherente, con ocasión del cual el intérprete —especialmente el legislador, el administrador y el juez— podrían caer o ser conducidos a la tentación de una operación arbitraria, ocasional. Precisamente, el caos se caracteriza por su falta de patrón lógico, por la ausencia de sistema. En el mundo del derecho, el caos puede ser traducido como inseguridad jurídica. Avanzar en el intento de brindar coherencia a la realidad jurídica material es avanzar en la consolidación del denominado "Estado de derecho".

LA TRANSFORMACIÓN DEL DERECHO ADMINISTRATIVO ESPAÑOL Y LOS RETOS ANTE UN FUTURO INCIERTO[*]

José-Luis Piñar Mañas[**]
España

1. Los orígenes del moderno derecho administrativo español. La generación de la "Revista de Administración Pública" y las leyes de mediados del siglo xx

Suele afirmarse que, tras unos años de apasionante pugna entre los modelos anglosajón y francés[1], el derecho administrativo español surge como tal a mediados del siglo xix, con la creación de la Jurisdicción Contencioso-Administrativa y la judicialización del control de la Administración. Al final se impuso un modelo claramente alineado con el modelo continental de corte francés[2].

Pero lo cierto es que cuando en 1950 el profesor Eduardo García de Enterría (1923-2013) creó la *Revista de Administración Pública* (RAP)[3], que editó el Centro de Estudios Políticos, estaba poniendo las bases del nuevo derecho administrativo español. Unas bases que, de la mano también

[*] El presente trabajo, que con gran satisfacción incluyo en este libro homenaje al profesor Libardo Rodríguez, es deudor del que con el título "The Spanish Administrative Law Transformation in the Last 50 Years and the Challenges for the Future", publiqué en Domenico Sorace, Leonardo Ferrara e Ippolito Piazza (eds.) *The Changing Administrative Law of an EU Member State. The Italian Case,* Switzerland, Springer y G. Giappichelli Editore, 2021, págs. 377 y ss. Lo público ahora actualizado y revisado, como digo, para este más que merecido libro homenaje.

[**] Catedrático de Derecho Administrativo Universidad CEU San Pablo de Madrid.

[1] *Vid.* Juan A. Santamaría, *Sobre la génesis del derecho administrativo español en el siglo xix (1812-1845)*, Madrid, Iustel, 2006 (reedición de la edición original de 1972).

[2] Sobre la formación de la Administración española tras el Antiguo Régimen, *vid.* Eduardo García de Enterría, *La administración española. Estudios de ciencia administrativa*, 6ª ed., Madrid, Civitas, 1999. Sobre la influencia de la Revolución francesa en la Administración en general y en la Administración municipal en particular, del mismo autor, *Revolución francesa y Administración contemporánea*, 2ª ed., Madrid, Taurus, 1981.

[3] Desde 2019, el acceso a toda la colección de la Revista, en su edición electrónica, es gratuito: http://www.cepc.gob.es/publicaciones/revistas/revistaselectronicas?IDR=1&IDN=ALL

de una generación extraordinaria de Maestros[4], fueron capaces incluso de adaptarse al marco constitucional surgido de la Constitución de 1978[5] y llegar en parte hasta nuestros días. Un grupo de jóvenes juristas (casi todos ellos por debajo de los treinta años) pusieron en marcha, en plena dictadura franquista, un foro de debate (la RAP, que por supuesto sigue hoy editándose[6]), discreto pero de enorme influencia en su ámbito, para impulsar un nuevo derecho administrativo, que además bebía en las doctrinas más avanzadas de Italia, Francia y Alemania. Y que ha llegado a influir de manera muy notable en la más destacada doctrina administrativista de no pocos países iberoamericanos[7].

Dado que la jurisprudencia de los tribunales aplicaba e interpretaba leyes claramente obsoletas y que el Consejo de Estado (de naturaleza exclusivamente administrativa) carecía de margen de maniobra en aquel modelo autoritario, fue necesario apostar por una opción enormemente arriesgada pero entonces la única posible: impulsar el nuevo derecho administrativo que aquellos jóvenes querían poner en marcha mediante la aprobación de nuevas leyes que regulasen las cuestiones más importantes del régimen de la Administración pública: su organización, actuación, control y relaciones con los "administrados". Leyes que para poder convivir con la dictadura solo podían

[4] José Luis Villar Palasi (1922-2012), Jesús González Pérez (1924-2019), Manuel Ballbe (1920-1961), Fernando Garrido Falla (1921-2003), Manuel Clavero (1926-2021) y Laureano López Rodo (1920-2000).

[5] Sobre la aportación de los grandes maestros del derecho administrativo español véanse las diferentes reseñas contenidas en "La aportación doctrinal de los grandes maestros del derecho administrativo contemporáneo", en María Zambonino (coord.) *Nacimiento y desarrollo de la Administración moderna. La libertad de comercio. Pasado y presente: los grandes maestros del derecho administrativo contemporáneo*, Sevilla, Instituto Andaluz de Administración Pública-Asociación Española de Profesores de Derecho Administrativo, 2011, págs. 147-264.

[6] El último número, en el momento de publicar el presente trabajo, es el 220, enero-abril 2023.

[7] La relación entre no pocos de los grandes maestros del derecho administrativo español y los profesores iberoamericanos ha sido siempre muy estrecha. Me atrevo a destacar en particular la incuestionable influencia de García de Enterría y González Pérez. Y de entre las aportaciones de la más destacada doctrina iberoamericana podrían señalarse la ya clásica obra de Libardo Rodríguez Rodríguez, ahora homenajeado: *Derecho administrativo general y colombiano*, vol. I, 21ª ed., Bogotá, Temis, 2021. Allan R. Brewer-Carias, de cuya ingente obra podemos citar, por más reciente, sus *Estudios sobre derecho administrativo comparado y global*, Caracas, Editorial Jurídica Venezolana, 2022. Juan Carlos Cassagne, *Derecho administrativo,* tomos I y II, 8ª ed., Buenos Aires, Lexis Nexis, 2006. Así *como Los grandes principios del derecho público (constitucional y administrativo)*, Madrid, Reus, 2016.

basarse en una impecable calidad técnica que permitiese ir incorporando garantías para los ciudadanos que en no pocas ocasiones pasaban desapercibidas para el propio aparato franquista. Leyes que fueron redactadas casi en su totalidad por aquella generación irrepetible de Maestros. Surgen así la Ley de Expropiación Forzosa de 1954, la Ley de la Jurisdicción Contencioso-Administrativa de 1956, la Ley del Régimen del Suelo y ordenación urbana de 1956, la Ley de Régimen Jurídico de la Administración del Estado de 1957, o la Ley de Procedimiento Administrativo de 1958. De todas ellas solo la Ley de Expropiación Forzosa sigue en vigor, pero sin duda alguna no pocos de los principios incorporados a todas las demás siguen siendo todavía válidos y algunos de ellos fueron incluidos en la Constitución de 1978[8].

En consecuencia, al contrario de lo acontecido en Francia o en Italia, el actual derecho administrativo español tuvo su origen no en la jurisprudencia o en la doctrina del Consejo de Estado, sino en las leyes, aprobadas a veces inconscientemente por el legislador de mediados del siglo pasado, pero de impecable factura técnica, que conseguían imponer, en plena dictadura, principios que incluso inspiraron a la Constitución de 1978. Una vez aprobadas las leyes, fue la doctrina científica (integrada por los propios redactores de los proyectos de las leyes) la encargada de apostar por una interpretación lo más generosa posible de su articulado. La *Revista de Administración Pública* fue el foro apropiado para impulsar el debate jurídico, a la que más adelante se unió la *Revista Española de Derecho Administrativo* (REDA), también fundada y dirigida por García de Enterría.

El régimen preconstitucional, en el que las libertades políticas no estaban reconocidas, era rígidamente centralista[9], con fuerte presencia de la Administración pública incluso en el ámbito de la iniciativa económica (fundamentalmente a través del Instituto Nacional de Industria, INI, creado en 1941[10] tomando como modelo el IRI italiano). Pese a algunos intentos de entrar en la Comunidad Europea en la época final del franquismo, España estaba al margen de la construcción europea, con lo que ello implicaba, en lo que ahora nos interesa, en relación con el derecho administrativo y la Administración pública.

[8] Vid Luis Martín Rebollo, *Manual de las leyes administrativas*, 6ª ed., Cizur Menor, Thomson Reuters Aranzadi, 2022, pág. 1204.

[9] Ni siquiera los alcaldes eran elegidos, sino designados por el poder central.

[10] Creado por ley de 25 de septiembre de 1941, cuyo art. 1º señalaba que el fin del INI era "Propulsar y financiar, en servicio de la Nación, la creación y resurgimiento de nuestras industrias, en especial de las que se propongan como fin principal la resolución de los problemas impuestos por las exigencias de la defensa del país o que se dirijan al desenvolvimiento de nuestra autarquía económica".

2. El impacto de la Constitución de 1978. Las bases constitucionales del derecho administrativo

Tras la muerte de Franco en 1975, la ejemplar Transición desde la dictadura franquista a la democracia —que ahora parece que, de forma intolerable, se quiere poner en cuestión por algunos que no la vivieron, pero sí la disfrutan— trajo consigo una nueva revolución transformadora del derecho administrativo español de la mano de la Constitución de 1978[11]. Como advertía Carlo Esposito (en referencia a la Constitución italiana, pero trasladable a la española), quien quiera saber cómo está regulada la Administración en la Constitución no debe leer uno o dos artículos sino la entera Constitución. Así es en efecto, pues el derecho administrativo y la Administración pública están absolutamente condicionados y definidos por la entera Constitución. Las bases constitucionales del derecho administrativo pasaron a ser el pleno respeto al Estado de derecho, la configuración de nuestro Estado como Estado social y democrático de derecho, la definición de un Estado fuertemente descentralizado, con plena vocación europea, y la garantía del pleno control jurisdiccional de la actividad administrativa. Todo ello partiendo del pleno reconocimiento de la dignidad e igualdad de la persona y de los derechos fundamentales y las libertades públicas.

En este marco, ciertos preceptos constitucionales son absolutamente esenciales.

El artículo 10 afirma con rotundidad que "la dignidad de la persona, los derechos inviolables que le son inherentes, el libre desarrollo de la personalidad, el respeto a la ley y a los derechos de los demás son fundamento del orden político y de la paz social", y el artículo 14 reconoce el derecho a la igualdad ante la ley[12]. El artículo 1° dispone que "España se constituye en un Estado social y democrático de Derecho, que propugna como valores superiores de su ordenamiento jurídico la libertad, la justicia, la igualdad y el pluralismo político". El artículo 9.2 (claramente inspirado en el artículo 3° de la Constitución italiana) concreta la cláusula del Estado social al señalar que "corresponde a los poderes públicos promover las condiciones para que la libertad y la igualdad del individuo y de los grupos en que se

[11] Es muy sencillo acceder a los textos de la Constitución y de cuantas leyes y normas se citan en el presente trabajo. Son muchos los repertorios existentes y los recursos de Internet. En cualquier caso, es sumamente útil la serie de "Códigos" que ofrece la página web del Boletín Oficial del Estado, en los que puede consultarse, las más de las veces actualizada, la legislación española: https://www.boe.es/legislacion/codigos/

[12] "Los españoles son iguales ante la ley, sin que pueda prevalecer discriminación alguna por razón de nacimiento, raza, sexo, religión, opinión o cualquier otra condición o circunstancia personal o social".

integra sean reales y efectivas; remover los obstáculos que impidan o dificulten su plenitud y facilitar la participación de todos los ciudadanos en la vida política, económica, cultural y social"[13].

La opción constitucional por un modelo descentralizado se encuentra en el artículo 2°, según el cual "la Constitución se fundamenta en la indisoluble unidad de la Nación española, patria común e indivisible de todos los españoles, y reconoce y garantiza el derecho a la autonomía de las nacionalidades y regiones que la integran y la solidaridad entre todas ellas". El Título VIII de la Constitución regula la organización territorial del Estado, diseñado en torno a municipios, provincias y comunidades autónomas, estas últimas con potestades legislativas, pero sin derecho a la autodeterminación, que reside en el conjunto del pueblo español, único titular de la soberanía nacional. Luego me referiré a ello.

Por su parte, el artículo 103, pieza clave en la configuración constitucional de la Administración pública, dispone en su párrafo primero que "la Administración Pública sirve con objetividad los intereses generales y actúa de acuerdo con los principios de eficacia, jerarquía, descentralización, desconcentración y coordinación, con sometimiento pleno a la ley y al Derecho". Se define la función constitucional de la Administración: el servicio objetivo del interés general; se fijan los principios de su actuación (en una enumeración, por cierto, no exhaustiva, pues también ha de tenerse en cuenta el principio de cooperación) y se incide de nuevo en la plena aplicación del Estado de derecho. Para ello es imprescindible garantizar el sometimiento pleno al control jurisdiccional de toda la actividad administrativa. El artículo 106 se encarga de recordarlo: "los Tribunales controlan la potestad reglamentaria y la legalidad de la actuación administrativa, así como el sometimiento de ésta a los fines que la justifican".

Por otra parte, la Constitución consagra el principio de responsabilidad patrimonial de la Administración, en términos sumamente amplios. En este punto, lo que ha hecho ha sido trasladar a su articulado los fundamentos de la responsabilidad que ya fijó en su momento la Ley de Expropiación Forzosa de 1954 y recogió la Ley de Régimen Jurídico de la Administración del Estado de 1957[14]. Un régimen de responsabilidad objetiva que hoy re-

[13] Sobre el Estado social y democrático de derecho en general y en la Constitución de 1978 en particular es imprescindible Manuel García Pelayo, *Las transformaciones del Estado contemporáneo*, 2ª ed., Madrid, Alianza Universidad, 1988.

[14] Una vez más fue en este punto esencial la aportación de García de Enterría, para consagrar en términos muy generosos la responsabilidad patrimonial de la Administración. *Vid.* Eduardo García de Enterría, *Los principios de la nueva ley de expropiación forzosa*, Madrid, Instituto de Estudios Políticos, 1956. Hay ediciones posteriores. Por ejemplo, la de Thomson Civitas, Madrid, 2007.

coge el artículo 106.2 de la Constitución: "los particulares, en los términos establecidos por la ley[15], tendrán derecho a ser indemnizados por toda lesión que sufran en cualquiera de sus bienes y derechos, salvo en los casos de fuerza mayor, siempre que la lesión sea consecuencia del funcionamiento de los servicios públicos".

El modelo constitucional diseñado en 1978, que condiciona a la entera Administración pública, se fundamenta asimismo en la pertenencia a Europa. El artículo 93 prevé que "mediante ley orgánica se podrá autorizar la celebración de tratados por los que se atribuya a una organización o institución internacional el ejercicio de competencias derivadas de la Constitución". Sin nombrarlas, el precepto se refiere sin duda a las Comunidades Europeas, hoy Unión Europea, a las que los Estados miembros han de ceder parte de sus competencias, con base en el propio modelo que surge en 1957 con su creación. En España la Ley Orgánica 10/1985, de 2 de agosto, autorizó la ratificación del tratado de adhesión, que permitió nuestro ingreso, junto con Portugal, con efectos desde el 1 de enero de 1986.

En fin, el modelo económico de la Constitución (lo que algunos llaman la Constitución económica) se fundamenta en la libertad de empresa y el reconocimiento de la iniciativa pública en la economía. El artículo 38 reconoce "la libertad de empresa en el marco de la economía de mercado", si bien añade que "los poderes públicos garantizan y protegen su ejercicio y la defensa de la productividad, de acuerdo con las exigencias de la economía general y, en su caso, de la planificación". Por su parte, el artículo 128.2 reconoce "la iniciativa pública en la actividad económica". En cualquier caso, en este punto, como en tantos otros, el derecho de la Unión Europea es un condicionante clave, lo que ha llevado a aprobar una de las pocas modificaciones que se han producido de la Constitución. Con motivo de la crisis económica de 2008, en el mes de septiembre de 2011 se modificó el artículo 135 de la Constitución, imponiendo el principio de estabilidad presupuestaria en la actuación de todas las Administraciones públicas. El apartado 2 del citado artículo dispone que "el Estado y las Comunidades Autónomas no podrán incurrir en un déficit estructural que supere los márgenes establecidos, en su caso, por la Unión Europea para sus Estados Miembros". Añade que "una ley orgánica fijará el déficit estructural máximo permitido al Estado y a las Comunidades Autónomas, en relación con su producto interior bruto". La Constitución es por tanto más exigente ahora con el Estado y las comunidades autónomas, pero lo es mucho más con las entidades locales, pues en relación con estas dispone que necesariamente

[15] En la actualidad el régimen de responsabilidad patrimonial de la Administración se encuentra regulado en las leyes 39/2015, de procedimiento administrativo (arts. 64, 67, 96.4) y 40/2015, de régimen jurídico del sector público (arts. 32 y ss.)

"deberán presentar equilibrio presupuestario". En aplicación del nuevo artículo 135 se ha aprobado la Ley Orgánica 2/2012, de 27 de abril, de Estabilidad Presupuestaria y Sostenibilidad Financiera[16]. Según su Exposición de Motivos, "los tres objetivos de la Ley son: Garantizar la sostenibilidad financiera de todas las Administraciones Públicas; fortalecer la confianza en la estabilidad de la economía española; y reforzar el compromiso de España con la Unión Europea en materia de estabilidad presupuestaria".

En conclusión, la Constitución de 1978, solo tres años después de la muerte de Franco, establece un modelo de Estado enteramente nuevo que define las bases en que ha de fundamentarse la Administración pública y el derecho administrativo: un Estado social y democrático de derecho (arts. 1 y 9), basado en la dignidad de la persona y el reconocimiento de sus derechos y libertades (art. 10), fuertemente descentralizado (art. 2 y Título VIII), integrado en la Unión Europea (art. 93), que reconoce la libertad de empresa y la iniciativa pública en la economía (arts. 38 y 128), que exige tener en cuenta el principio de estabilidad presupuestaria (art. 135), y que garantiza el pleno control jurisdiccional de la entera actividad de la Administración pública (art. 106.1) y el principio de responsabilidad de la Administración (art. 106.2)[17].

Una vez aprobada la Constitución, el primer reto era dejar clara su naturaleza normativa, su valor como verdadera norma jurídica, invocable incluso ante los tribunales, a la que todos los poderes públicos debían estar sometidos. Una vez más la obra de García de Enterría fue esencial[18]. Además, era imprescindible para ello poner de inmediato en función el Tribunal Constitucional, y así se hizo mediante Ley Orgánica 2/1979, de 3 de octubre.

La maquinaria de la Constitución de 1978 estaba ya en marcha: un marco de libertades en un entorno de total vinculación de la Administración al princi-

[16] Modificada por leyes orgánicas 2/2012, de 27 de abril, 4/2012, de 28 de septiembre, 9/2013, de 20 de diciembre, y 6/2015, de 12 de junio.

[17] Sobre las bases constitucionales del derecho administrativo, vid. Luciano Parejo, *Lecciones de derecho administrativo*, 12ª ed., Valencia, Tirant Lo Blanch, 2022, pág. 93 y ss.; Miguel Sánchez Morón, *Derecho administrativo. Parte general*, 16ª ed., Madrid, Tecnos, 2020, pág. 73 y ss.; Luis Martín Rebollo, *Manual de las leyes administrativas*, ob. cit., pág. 288 y ss.; Juan A. Santamaría, *Principios de Derecho Administrativo General*, vol. I, Iustel, Madrid, 4ª ed. 2016, págs. 53-116;

[18] Eduardo García de Enterría, *La Constitución como norma y el Tribunal Constitucional*, Madrid, Civitas, 1981. También en Eduardo García de Enterría y Tomás-Ramón Fernández, *Curso de derecho administrativo*, tomo I, 20ª ed., Madrid, Thomson Reuters-Civitas, 2022. Ver también con posterioridad Santiago Muñoz Machado, *Tratado de derecho administrativo y derecho público general*, Madrid, BOE, 2015. Vol. 5, sobre *La Constitución como norma*.

pio de legalidad y al Estado de derecho con pleno sometimiento al control jurisdiccional. Era necesario entonces desarrollar lo que la Constitución había impuesto.

En cuanto al régimen de los derechos y libertades, la Constitución era y es en este punto directamente aplicable y vinculante. El valor normativo de la Constitución así lo impone[19]. De modo que de un plumazo quedaron derogadas todas las normas preconstitucionales contrarias al modelo de derechos y libertades consagrado por la Constitución y fueron aplicables directamente todos sus preceptos por los que se reconocían tales derechos y libertades, principalmente en los artículos 10 a 38. Sí fue necesario garantizar la efectiva tutela de los derechos fundamentales, lo que se llevó a cabo mediante la regulación del recurso de amparo en la Ley Orgánica 2/1979, del Tribunal Constitucional y el recurso especial de protección de los derechos fundamentales que reguló la Ley 62/1978, de 26 de diciembre, de Protección Jurisdiccional de los Derechos Fundamentales de la Persona. Asimismo, se ratificaron el Pacto Internacional de Derechos Civiles y Políticos, el Pacto Internacional de Derechos Económicos, Sociales y Culturales, hechos ambos en Nueva York el 19 de diciembre de 1966[20], y el Convenio para la Protección de los Derechos Humanos y de las Libertades Fundamentales, hecho en Roma el 4 de noviembre de 1950[21]. Algo capital dado el alcance del artículo 10.2 de la Constitución, según el cual "las normas relativas a los derechos fundamentales y a las libertades que la Constitución reconoce se interpretarán de conformidad con la Declaración Universal de Derechos Humanos y los tratados y acuerdos internacionales sobre las mismas materias ratificados por España".

3. Organización territorial. Entidades locales y comunidades autónomas

Lo que sí fue imprescindible fue adaptar la estructura territorial y de descentralización al nuevo marco constitucional.

El reconocimiento de la autonomía de las entidades locales fue pronto puesto de manifiesto por el Tribunal Constitucional en su temprana sentencia de 2 de febrero de 1981, que declaró la "inconstitucionalidad sobrevenida"

[19] Eduardo García de Enterría, *La constitución como norma...*, ob. cit.; Santiago Muñoz Machado, *Tratado de derecho administrativo y derecho público general*, vol. V, ob. cit.

[20] Ambos fueron firmados por España el 28 de septiembre de 1976 y ratificados el 13 de abril de 1977.

[21] Se firmó el 24 de noviembre de 1977 y se ratificó el 4 de octubre de 1979.

de la normativa sobre entidades locales previa a la Constitución y en la que ya dejó sentada su doctrina acerca del alcance de la autonomía local: "La autonomía hace referencia a un poder limitado. En efecto, autonomía no es soberanía —y aun este poder tiene sus límites—, y dado que cada organización territorial dotada de autonomía es una parte del todo, en ningún caso el principio de autonomía puede oponerse al de unidad, sino que es precisamente dentro de este donde alcanza su verdadero sentido, como expresa el artículo 2 de la Constitución".

El régimen de las entidades locales (fundamentalmente municipios y provincias) se encuentra hoy recogido en la ley 7/1985, de 2 de abril, Reguladora de las Bases del Régimen Local, objeto de múltiples modificaciones y revisiones (la última, mediante Real decreto-ley 9/2018, de 3 de agosto), de las que quizá la más relevante es la que se llevó a cabo mediante la ley 27/2013, de 27 de diciembre, de racionalización y sostenibilidad de la Administración local, al objeto, sobre todo, de adaptar el régimen local al modelo de estabilidad presupuestaria impuesto por el nuevo artículo 135 de la Constitución. El Tribunal Constitucional, por su parte, ha tenido ocasión de pronunciarse en múltiples ocasiones en relación con la autonomía local[22]. Las entidades locales, además, cuentan con un recurso específico de defensa de la autonomía local ante el Tribunal Constitucional: el conflicto en defensa de la autonomía local, regulado en los artículos 75 bis y siguientes de la Ley Orgánica del Tribunal Constitucional, de acuerdo con la modificación aprobada por Ley Orgánica 7/1999, de 21 de abril.

Las comunidades autónomas, por su parte, se pusieron en marcha formalmente con la gestación y aprobación de los estatutos de autonomía (el primero en ser aprobado fue el del País Vasco, mediante Ley Orgánica 3/1979, de 18 de diciembre). Con base en el principio dispositivo se crearon las actuales 17 comunidades autónomas[23], con un muy notable nivel de autogobierno. No todas las comunidades son iguales. Navarra y País Vasco cuentan con un régimen de financiación diferente basado en precedentes históricos que tienen su reflejo en la propia Constitución de 1978. El resto de comunidades autónomas cuentan con un nivel de competencias semejante, si bien debe hacerse una referencia especial a Cataluña, a la que de inmediato me referiré.

Los retos que tiene ante sí el modelo de descentralización política en España son innumerables. Algunos son ya recurrentes, como la cuestionada

[22] Por ejemplo, ya solo la Ley 27/2013 ha sido objeto de las SSTC 41/2016, de 3 de marzo; 111/2016, de 9 junio; 168/2016, de 6 de octubre; 180/2016, de 20 de octubre; 44/2017, de 17 de abril; 45/2017, de 17 de abril; 54/2017, de 11 de mayo; 93/2017, de 6 de julio, 101/2017, de 20 de julio y 107/2017, de 21 de septiembre.

[23] Además de las Ciudades Autónomas de Ceuta y Melilla.

reforma del Senado al objeto de convertirlo en verdadera Cámara de representación territorial (a imagen del *Bundesrat* alemán), la falta de un modelo estable de financiación o la falta de reforma de la Administración, que da lugar a múltiples duplicidades organizativas. Otros tienen un alcance más profundo y ponen en cuestión el propio modelo constitucional. ¿Se ha de ir hacia un modelo federal? ¿Debe revisarse el sistema de distribución de competencias entre Estado y comunidades autónomas? Y, sobre todo, ¿cabe el derecho a la autodeterminación en la Constitución de 1978?

Esta última cuestión nos reconduce en particular a Cataluña. Sin entrar ahora en los orígenes de la situación actual ni en el componente político —que sin duda tiene—, lo cierto es que la Constitución para nada reconoce un hipotético derecho a la autodeterminación. Cataluña cuenta con un notable grado de autogobierno y autonomía con base en el actual Estatuto de Autonomía, aprobado por Ley Orgánica 6/2006, de 19 de julio, que fue objeto de recurso de inconstitucionalidad, el cual dio lugar a la sentencia del Tribunal Constitucional 31/2010, de 28 de junio[24]. El proceso, que poco a poco fue poniéndose en marcha a partir de la sentencia, muy mal acogida por una parte de la sociedad catalana, motivó el intento de proclamar la independencia de Cataluña con fundamento en un supuesto derecho a la autodeterminación que correspondería al "pueblo catalán". La Constitución, sin embargo, no admite más soberanía nacional que la del conjunto del pueblo español. El Tribunal Constitucional, en su sentencia 114/2017, de 17 de octubre, dictada en el recurso contra la Ley del Parlamento de Cataluña 19/2017, de 6 de septiembre, denominada "del referéndum de autodeterminación", lo afirma con rotundidad: "Para ninguno de los 'pueblos de España', por servirnos de las palabras del preámbulo de la Constitución, existe un 'derecho de autodeterminación', entendido, al modo de la Ley 19/2017, como 'derecho' a promover y consumar su secesión unilateral del Estado en el que se constituye España (art. 1.1 CE). Tal 'derecho', con toda evidencia, 'no está reconocido en la Constitución' [STC 42/2014, FJ 3.b), y ATC 122/2015, de 7 de julio, FJ 5] [...] ni cabe aducir [...] que forme parte de nuestro ordenamiento por vía de tratados internacionales de los que España es parte (art. 96 CE), ni tampoco encuentra fundamento en el derecho internacional. Y, en fin, [...] "el respeto a la 'unidad nacional', a las 'estructuras fundamentales políticas y constitucionales' y a la 'integridad territorial' de los Estados miembros son principios que están expresamente proclamados, y con el más alto rango, en el derecho europeo (art. 4.2 del Tratado de la Unión Europea)".

[24] El texto del Estatuto de Autonomía con referencia a los apartados o incisos declarados inconstitucionales puede consultarse en https://www.boe.es/buscar/act.php?id=BOE-A-2006-13087&b=93&tn=1&p=20100716#a76

Doctrina contundente que el Tribunal reitera en la sentencia 124/2017, de 8 de noviembre, dictada con ocasión del recurso de inconstitucionalidad interpuesto contra la Ley del Parlamento de Cataluña 20/2017, de 8 de septiembre, de transitoriedad jurídica y fundacional de la República.

4. La reforma del empleo público

Los empleados públicos de la Administración española cuentan con una formación muy sólida, fruto del riguroso y muy profesional sistema de ingreso en la función pública. Las reformas que se llevaron a cabo con ocasión de la Ley de Funcionarios Civiles del Estado de 7 de febrero de 1964 (parcialmente en vigor todavía) consiguieron modernizar notablemente el empleo público. Pero, una vez más, el modelo de Estado surgido con la Constitución de 1978 obligó a llevar a cabo una profunda transformación del empleo público. No solo como consecuencia de la creación de las comunidades autónomas, que han aprobado sus propias leyes de empleo público, sino porque la Administración pública franquista se basaba en un modelo rígidamente estatutario, con un régimen de incompatibilidades sumamente flexible (realmente casi inexistente) y en el que no se reconocían los derechos de sindicación y huelga de los empleados públicos. Estas circunstancias hacían muy difícil, casi imposible, abordar una modernización y rejuvenecimiento de los empleados públicos, pues eran muchos los intereses creados y muy fuerte la resistencia al cambio.

Fue el primer gobierno socialista de Felipe González el que se enfrentó a tal situación. En 1984 se aprobó la Ley 30/1984, de 2 de agosto, de Medidas para la Reforma de la Función Pública, y poco después la Ley 53/1984, de 26 de diciembre, de Incompatibilidades del Personal al Servicio de las Administraciones Públicas. Tres años después se aprobó la Ley 9/1987, de 12 de junio, de Representación y Participación de los Empleados Públicos.

La Ley 30/1984 pretendía facilitar el paso de la función pública franquista a la de la nueva Administración pública de la democracia. Para ello, entre otras medidas, quiso acometer una profunda laboralización del empleo público, pero el Tribunal Constitucional, mediante la sentencia 99/1987, de 11 de junio, se vio obligado a declarar inconstitucionales varios de sus preceptos basándose fundamentalmente en que el artículo 103.3 de la Constitución[25] optó por un modelo estatutario y no laboral del empleo público[26].

[25] El art. 103.3 dispone: "La ley regulará el estatuto de los funcionarios públicos, el acceso a la función pública de acuerdo con los principios de mérito y capacidad, las peculiaridades del ejercicio de su derecho a sindicación, el sistema de incompatibilidades y las garantías para la imparcialidad en el ejercicio de sus funciones".

[26] La sentencia del Tribunal Constitucional motivó la aprobación de la Ley 23/1988, de 28 de julio, que posteriormente ha sido también derogada, como se señala en el texto.

Por su parte, la Ley 53/1984, de Incompatibilidades, quiso acabar de una vez por todas con situaciones generalizadas de acumulación de dos o más puestos de trabajo en la Administración, incluso en ciudades distintas. En esta ocasión, el Tribunal Constitucional apoyó la plena constitucionalidad de la ley mediante su sentencia 178/1989, de 2 de noviembre. Por su parte, La ley 9/1987 dio un paso importante pero corto en el reconocimiento de los derechos sindicales de los empleados públicos.

Todo este sistema está hoy regulado fundamentalmente en el texto refundido de la Ley del Estatuto Básico del Empleado Público de 30 de octubre de 2015[27], que consolida el modelo estatutario, no laboral, del empleo público en España. El artículo 9.2 del Estatuto dispone que "en todo caso, el ejercicio de las funciones que impliquen la participación directa o indirecta en el ejercicio de las potestades públicas o en la salvaguardia de los intereses generales del Estado y de las administraciones públicas corresponden exclusivamente a los funcionarios públicos". Por lo demás, el régimen de incompatibilidades sigue siendo muy riguroso[28] y los derechos sindicales de los empleados públicos han sido reconocidos con gran amplitud.

5. La reforma del procedimiento administrativo. Innovación tecnológica. Procedimientos transfronterizos

Reformado el empleo público y adaptado al marco constitucional, era necesario reformar el procedimiento administrativo.

La Ley de Procedimiento Administrativo de 1958 había cumplido con creces su cometido, pero la Constitución exigía cambios que no podían demorarse. Por un lado, para acercar la Administración a los ciudadanos; por otro, para adaptar la regulación del procedimiento al marco de distribución de competencias entre el Estado y las comunidades autónomas: el artículo 149.1.18 atribuye al Estado competencia exclusiva para regular "el procedimiento administrativo común, sin perjuicio de las especialidades derivadas de la organización propia de las Comunidades Autónomas", por lo que era necesario regular ese "procedimiento administrativo común".

Esto dio lugar a la Ley 30/1992, de 26 de noviembre, de Régimen Jurídico de las Administraciones Públicas y del Procedimiento Administrativo Común. La ley recibió duras críticas inicialmente[29] lo que dio lugar a diversas modificaciones, la más importante mediante la Ley 4/1999, de 13 de

[27] Aprobado por Real decreto legislativo 5/2015, de 30 de octubre.

[28] Sigue regulado en la ley 53/1984.

[29] Por la mala regulación del silencio administrativo o la de los recursos administrativos, además de por su no buena técnica legislativa en algunos puntos de su texto.

enero. De todas maneras, los cambios de 1992 y 1999 fueron más de detalle que de fondo. Además, una de las principales intenciones del legislador, que era la unificación o al menos simplificación de los procedimientos, no llegó a conseguirse, pues siguieron proliferando procedimientos especiales.

Más de veinte años después se aprobó la Ley 39/2015, de 1 de octubre, del Procedimiento Administrativo Común de las Administraciones Públicas. La intención del legislador era en esta ocasión modernizar algo el procedimiento e incorporar algunas previsiones para regular la llamada "Administración electrónica". La incidencia de la innovación tecnológica se reguló mediante la Ley 11/2007, de 22 de junio, de Acceso Electrónico de los Ciudadanos a los Servicios Públicos, que establecía el derecho de los ciudadanos a relacionarse con la Administración mediante medios telemáticos[30]. Esta ley ha sido derogada por la Ley 39/2015 y ahora es la Ley 40/2015, de 1º de octubre, de Régimen Jurídico del Sector Público, la que en sus artículos 38 a 46 regula el "Funcionamiento electrónico del sector público". Sin duda se ha dado un impulso notable al uso de medios electrónicos por parte de las Administraciones públicas, pero todavía queda mucho por hacer. Incluso la puesta en marcha del registro electrónico, del punto de acceso general electrónico de la Administración y del archivo único electrónico no se producirá hasta octubre de 2020[31].

En conclusión, la regulación del procedimiento administrativo y de la llamada "Administración electrónica" todavía dista mucho de ser completa

[30] Sobre la Administración electrónica, entre otros, *vid.* Iñaki Aguirre Azkuenaga y Carmen Chinchilla, "El uso de los medios electrónicos, informáticos y telemáticos en el ámbito de las Administraciones públicas", en *Revista Española de Derecho Administrativo,* n.º 109, 2001; Felio José Bauza, *Procedimiento administrativo electrónico*, Granada, Comares, 2003; Agustí Cerrillo (dir.), *La administración digital*, Madrid, Dykinson, 2022. Fernando García Rubio, *El régimen jurídico de la e-Administración. El uso de medios informáticos y telemáticos en el procedimiento administrativo*, Granada, Comares, 2004; Joseph Ochoa, "¿Hacia la ciberadministración y el ciberprocedimiento?", en Francisco Sosa Wagner (coord.), *El derecho administrativo en el umbral del siglo XXI. Homenaje al Prof. Ramón Martín Mateo*, tomo I, Valencia, Tirant lo Blanch, 2000; Luis Ortega, "Nuevas tecnologías y procedimiento administrativo", en *Revista Jurídica de Castilla-La Mancha*, n.º 18, 1993, págs. 211 y ss.; Rubèn Martínez, *Administración pública electrónica*, Madrid, Thomson-Civitas, 2009; José Luis Piñar (dir.), *Administración electrónica y ciudadanos*, Madrid, Civitas, 2011. Julián Valero, *El régimen jurídico de la e-Administración. El uso de los medios informáticos y telemáticos en el procedimiento administrativo*, Granada, Comares, 2004; *Derecho, innovación y Administración electrónica*, Sevilla, Global Law Press-Editorial Derecho Global, 2013; VVAA, *Administración electrónica y procedimiento administrativo,* Madrid, Ministerio de Economía, 2004.

[31] Según lo establecido por Real decreto-ley 11/2018, de 31 de agosto, por el que se modifica la Ley 39/2015, de 1 de octubre, del Procedimiento Administrativo Común de las Administraciones Públicas.

y acorde con lo que la aplicación de las tecnologías de la información puede suponer para lo que podría ser una nueva Administración pública. Desgraciadamente, cuestiones como la falta de medios o la falta de garantías de interoperabilidad[32] entre las distintas Administraciones (más aún en un Estado descentralizado como el español) están ralentizando la puesta en marcha efectiva de la Administración electrónica. Sin olvidar el debate sobre la formación de la voluntad de la Administración con fundamento en técnicas de inteligencia artificial y el uso de algoritmos[33]. Recientemente se han aprobado dos importantes disposiciones para impulsar la Administración electrónica: el Real Decreto 203/2021, por el que se aprueba el Reglamento de Actuación y Funcionamiento del Sector Público por Medios Electrónicos[34], y el Real decreto 311/2022, de 3 de mayo, por el que se regula el Esquema Nacional de Seguridad.

En cualquier caso, ni la Ley 39/2015 ni la Ley 40/2015 se han enfrentado a los grandes retos del procedimiento administrativo, que no solo derivan de la implantación de las tecnologías de la información y la comunicación, sino de la incidencia de la globalización en el procedimiento[35]. Algo que, sin embargo, sí se tiene en cuenta al regular los procedimientos transfronterizos en el ámbito de la protección de datos personales. El Reglamento (UE) 2016/679, del Parlamento Europeo y del Consejo, de 27 de abril de 2016, relativo a la protección de las personas físicas en lo que respecta al tratamiento de datos personales y a la libre circulación de estos datos y por el que se deroga la Directiva 95/46/CE: Reglamento General de Protección de Datos[36]. Los artículos 60 a 67 regulan con detalle el principio de coo-

[32] Sobre interoperabilidad es de gran importancia el Real Decreto 4/2010, de 8 de enero, por el que se regula el Esquema Nacional de Interoperabilidad en el ámbito de la Administración electrónica.

[33] Sobre ello *vid.* ALEJANDRO HUERGO LORA (dir.), *La regulación de los algoritmos*, Cizur Menor, Thomson Reuters Aranzadi, 2020. JULI PONCE, "Inteligencia artificial, derecho administrativo y reserva de humanidad: algoritmos y procedimiento administrativo debido tecnológico", en *Revista General de Derecho Administrativo,* n.º 50, Madrid, Iustel, enero 2019; JOSÉ-LUIS PIÑAR, "Revolución tecnológica, derecho administrativo y Administración pública. Notas provisionales para una reflexión", en *La autorización administrativa. La Administración electrónica. La enseñanza del derecho administrativo hoy*, Cizur Menor, Thomson Aranzadi-Asociación Española de Profesores de Derecho Administrativo, 2007.

[34] Sobre dicho Real Decreto *vid.* RUBÉN MARTÍNEZ, "La plena eficacia de la e-administración. Comentario y notas fundamentales del Real decreto 203/2021, por el que se aprueba el reglamento de actuación y funcionamiento del sector público por medios electrónicos", en *Revista La Ley Derecho Digital e Innovación*, n.º 8, enero-marzo 2021.

[35] *Vid.* JAVIER BARNES (ed.), *La transformación del procedimiento administrativo-Transforming Administrative Procedure*, Sevilla, Global Law Press, Editorial Derecho Global, 2008.

[36] *DOUE* L 119, de 4-5-2016.

peración y el llamado mecanismo de coherencia. De lo que se trata es de garantizar la colaboración entre las autoridades de protección de datos de los Estados miembros entre sí y con el Comité Europeo de Protección de Datos cuando deban actuar en relación con tratamientos de datos transfronterizos con incidencia en más de un Estado miembro[37]. La Ley Orgánica 3/2018, de 5 de diciembre, de Protección de Datos y Garantía de los Derechos Digitales, regula en los artículos 60 a 62 la coordinación en el marco de los procedimientos regulados en el Reglamento General de Protección de Datos, mientras que en los artículos 63 a 69 regula los procedimientos en caso de violación de la normativa sobre protección de datos, con referencias a las especialidades que deben aplicarse en caso de tramitación de procedimientos transfronterizos[38]. Se trata de un ejemplo que, una vez más, nos llega desde el derecho de la Unión Europea y que ha de hacernos reflexionar acerca de la necesaria revisión de los procedimientos en un mundo global o, cuando menos, trasnacional.

6. Transparencia y acceso a la información

Una de las asignaturas pendientes del derecho administrativo español hasta hace unos años era la de la transparencia. Evidentemente, la Administración preconstitucional era absolutamente opaca, lo que, además, a lo largo de los años, había generado una cultura de la opacidad muy arraigada en el empleo público, pero también en la doctrina administrativista que, con alguna excepción, no prestaba apenas atención al tema.

El artículo 105.b) de la Constitución dispone que la ley regulará "el acceso de los ciudadanos a los archivos y registros administrativos, salvo en lo que afecte a la seguridad y defensa del Estado, la averiguación de los delitos y la intimidad de las personas". Esta tímida previsión fue desarrollada en principio por la legislación de procedimiento administrativo (ley 30/1992)[39]

[37] Sobre ello *vid.* Fernando Irurzun, "Cooperación y coherencia entre autoridades de control", en José-Luis Piñar (dir.), *Reglamento General de Protección de Datos. Hacia un nuevo modelo europeo de privacidad*, Madrid, Reus, 2016, págs. 513-526. José López Calvo, "Cooperación y coherencia", en José López Calvo (coord.), *El nuevo marco regulatorio derivado del Reglamento Europeo de Protección de Datos*, Madrid, Bosch-Wolters Kluwer, 2018, págs. 609-632.

[38] Sobre el nuevo régimen sancionador en materia de protección de datos *vid.* Juan Antonio Hernández Corchete, "Exhaustividad del RGPD y estándares de protección del principio de legalidad sancionadora", en *Revista La Ley Derecho Digital e Innovación*, n.º 2, Wolters Kluwer, abril-junio 2019.

[39] Sobre el tema *vid.*, entre otros, Leonor Rams, *El derecho de acceso a archivos y registros administrativos*, Madrid, Reus, 2008.

pero no terminaba de concretarse en una ley de transparencia. Hubo que esperar a la ley 19/2013, de 9 de diciembre, de transparencia, acceso a la información pública y buen gobierno, para contar con una legislación específica sobre la materia[40]. Pero se trata de una ley que no ha respondido a las expectativas que se habían puesto en ella, fundamentalmente porque no reconoce el derecho de acceso como derecho fundamental, sino como derecho de los ciudadanos que deriva de la transparencia en cuanto principio de actuación de la Administración[41]. Las leyes de transparencia que han aprobado la totalidad de las comunidades autónomas se mueven en la misma dirección. De modo que, pese a que se ha dado un paso importante (aunque tardío) en favor de la transparencia, lo cierto es que se ha desaprovechado una magnífica oportunidad para implantar una verdadera Administración transparente. Ello sin perjuicio de la existencia de leyes sectoriales que regulan aspectos más concretos de la transparencia, como son la ley 27/2007, de 18 de julio, por la que se regulan los derechos de acceso a la información, de participación pública y de acceso a la justicia en materia de medio ambiente, y a la ley 37/2007, de 16 de noviembre, sobre reutilización de la información del sector público.

7. La consolidación del pleno control jurisdiccional de la actividad de la Administración y la necesaria reforma de la Ley de la Jurisdicción

Como he señalado atrás, ya en 1956 se aprobó una muy buena Ley de la Jurisdicción Contencioso-Administrativa que permitió un control más o menos eficaz de la Administración. Pese a que en varias ocasiones el propio Tribunal Constitucional aceptó que podía ser interpretada conforme a la Constitución, lo cierto es que había algunas cuestiones difícilmente admisibles: el control jurisdiccional se limitaba esencialmente a los actos administrativos, quedaban fuera del control los llamados "actos políticos" del Gobierno, carecía de una regulación adecuada de las medidas cautelares y la regulación de la ejecución de sentencias dejaba mucho que desear. La Constitución de 1978, además, es tajante al señalar en su artículo 106.1, que

[40] *Vid.*, entre otros, Isabel Wences, Mario Kölling y Sabrina Ragone (coords.), *La Ley de Transparencia, Acceso a la información pública y buen gobierno. Una perspectiva académica*, Madrid, Centro de Estudios Políticos y Constitucionales, 2014.

[41] *Vid.* Ricardo García Macho (dir.), *Derecho administrativo de la información y administración transparente*, Madrid, Marcial Pons, 2010; José-Luis Piñar, "Transparencia y derecho de acceso a la información pública. Algunas reflexiones en torno al derecho de acceso en la Ley 19/2013, de transparencia, acceso a la información y buen gobierno", en *Revista Catalana de Dret Públic*, n.º 49, dic. 2014, págs. 1-19.

ya he transcrito atrás, que "los Tribunales controlan la potestad reglamentaria y la legalidad de la actuación administrativa, así como el sometimiento de ésta a los fines que la justifican".

Era por tanto necesario aprobar una nueva Ley Jurisdiccional, y así se hizo mediante la ley 29/1998, de 13 de julio, de la Jurisdicción Contencioso-Administrativa[42].

La ley supuso un notable avance en el pleno control jurisdiccional de las Administraciones públicas. Además de extender el control también a los actos políticos, ha ampliado el objeto de la jurisdicción a la entera actividad de la Administración. Como señala la exposición de motivos de la ley: "se trata nada menos que de superar la tradicional y restringida concepción del recurso contencioso-administrativo como una revisión judicial de actos administrativos previos, es decir, como un recurso al acto, y de abrir definitivamente las puertas para obtener justicia frente a cualquier comportamiento ilícito de la Administración". Además, regula con mayor precisión y garantías el régimen de las medidas cautelares y garantiza la ejecución de las sentencias. Por otra parte, se modifican los órganos de la Jurisdicción y se regula el proceso y los recursos.

Se trata de una ley técnicamente muy correcta, pero que no ha acertado a conseguir una justicia administrativa rápida y eficaz. Los asuntos siguen acumulándose inevitablemente. Además, recientemente se ha aprobado una reforma (ley orgánica 7/2015, de 21 de julio) que alcanza entre otros extremos al recurso de casación ante el Tribunal Supremo que está generando no pocas críticas.

En definitiva, el control jurisdiccional de las Administraciones públicas está garantizado con base en la Ley de la Jurisdicción de 1998, si bien no se ha conseguido todavía el grado de eficacia y rapidez que sería aconsejable. Pero es cada vez más necesario abordar una reforma, aunque sea puntual, de la vigente ley. Son muchos los detalles que merecen una reflexión sosegada para garantizar la efectividad de la tutela judicial frente a la Administración. SANTAMARÍA PASTOR lo ha denunciado hace poco, y se ha referido al "desfallecimiento que aqueja al control jurisdiccional de la Administración"[43].

[42] La bibliografía sobre la ley 29/1998 es abundantísima. Entre otras obras pueden citarse la edición especial de la *Revista Española de Derecho Administrativo,* cuyo art. 100 se dedicó monográficamente a la citada ley; del mismo modo el número 100 de la *Revista Andaluza de Administración Pública* está dedicado monográficamente a *Veinte años de la Ley 29/1998, de 13 de julio, reguladora de la Jurisdicción Contencioso-Administrativa: balance y perspectivas*. También, JUAN A. SANTAMARÍA, *La Ley reguladora de la Jurisdicción Contencioso-Administrativa. Comentario*, Madrid, Iustel, 2010.

[43] *El poder, la libertad, la Administración y su derecho*, Discurso de ingreso en la Real Academia de Ciencias Morales y Políticas, Madrid, 2022, pág. 143.

8. Sociedad digital y nuevos derechos

La revolución tecnológica y la sociedad digital plantean la necesidad de cuestionar si el marco normativo actual es capaz de adaptarse a esa nueva realidad, sobre todo en cuanto al reconocimiento de los derechos de la llamada ciudadanía digital, o si por el contrario es necesario llevar a cabo una nueva regulación de nuevos derechos. La Administración ha de enfrentarse sin duda a un proceso de renovación que implica asumir el nuevo escenario de la revolución digital[44] en el que se asuma el reto de la plena garantía de los derechos por parte de las Administraciones públicas[45]. Pero antes hay que plantear si es necesario reconocer nuevos derechos de la ciudadanía digital.

Como ya he señalado en otro lugar[46], la Constitución de 1978 admite indudablemente una interpretación que permita extender el reconocimiento de los derechos al entorno digital cuando por su naturaleza así lo requieran. Los derechos y libertades reconocidos en el artículo 14 y la sección primera del capítulo segundo del Título I ("De los derechos fundamentales y de las libertades públicas") son sin duda extensibles al entorno digital. Como también, por supuesto, el respeto a la dignidad de la persona (art. 10). Y no pocos de los "principios rectores de la política social y económica" recogidos en el capítulo tercero del mismo Título I admiten reconocimiento o protección en el entorno digital. En cualquier caso, opera la cláusula del artículo 9.2., según la cual como sabemos, "corresponde a los poderes públicos promover las condiciones para que la libertad y la igualdad del individuo y de los grupos en que se integra sean reales y efectivas; remover los obstáculos que impidan o dificulten su plenitud y facilitar la participación de todos los ciudadanos en la vida política, económica, cultural y social". Precepto que no tiene por qué limitarse a la efectividad de los derechos en el mundo físico y que se extiende desde luego al entorno digital, en el que los derechos, todos ellos, han de ser igualmente reales y efectivos. En esta línea se mueve el artículo 79 de la Ley Orgánica 3/2018, de 5 de diciembre, de Protección de Datos y Garantía de los Derechos Digitales, que teniendo

[44] Isaac Martín, "El acceso electrónico a los servicios públicos: hacia un modelo de Administración digital auténticamente innovador", en Tomás de la Quadra-Salcedo y José-Luis Piñar (dirs.), *Sociedad digital y derecho*, Madrid, BOE-Red.es, 2018, págs. 179-202; Eduardo Gamero, *Desafíos del derecho administrativo ante un mundo en disrupción*, Sevilla, Comares, 2015.

[45] Julian Valero, "La necesaria configuración de las garantías jurídicas en el contexto de la transformación digital del Sector Público", en Tomás de la Quadra-Salcedo y José-Luis Piñar (dirs.), *Sociedad digital y derecho*, Madrid, BOE-Red.es, 2018, págs. 375-396.

[46] José-Luis Piñar, "¿Qué regulación de los derechos en la sociedad digital?", en *Revista La Ley Derecho Digital e Innovación-Digital Law and Innovation Review*, n.º 1, Wolters Kluwer, enero-marzo 2019.

como enunciado "Los derechos en la era digital", señala que "los derechos y libertades consagrados en la Constitución y en los tratados y convenios internacionales en que España sea parte son plenamente aplicables en Internet. Los prestadores de servicios de la sociedad de la información y los proveedores de servicios de Internet contribuirán a garantizar su aplicación". En consecuencia, es posible considerar que los derechos fundamentales han de considerarse plenamente reconocidos en el entorno digital y que además su disfrute ha de ser real y efectivo.

Sin embargo, cabe pensar que ciertos derechos requieran una regulación actualizada o esclarecedora de su contenido y alcance en la sociedad digital. Tal sería el caso, por ejemplo, del derecho de acceso a Internet, el derecho al respeto de la identidad digital o el derecho de acceso al conocimiento. De estos, cabe afirmar, en cuanto al derecho de acceso a Internet, que se trata de reconocerlo como nuevo derecho que además condiciona cada vez más el ejercicio de otros derechos, como el propio derecho de acceso electrónico a los servicios públicos. En este sentido es muy destacable que el artículo 81 de la ley orgánica 3/2018 haya reconocido el derecho de acceso universal a Internet independientemente de la condición personal, social, económica o geográfica de las personas.

La regulación de los derechos en el entorno digital es, en cualquier caso, una apuesta arriesgada que merecería una reflexión y debate profundos, pues estamos hablando de la regulación del futuro y nuevo derecho. En España la regulación de las garantías de los derechos digitales se ha incluido en el Título X (arts. 79 a 97) de la citada Ley Orgánica 3/2018[47].

La adición de dicho título ha sido controvertida (en mi opinión la regulación de los derechos fundamentales en la sociedad digital merece una Ley Orgánica específica que haga honor a la importancia del tema[48], y no un título de una ley muy concreta que tiene como objeto principal adaptar el derecho español al Reglamento General de Protección de Datos; título, además, que se incorporó por vía de enmienda en el Congreso de los Diputados). Pero lo cierto es que la ley regula cuestiones de enorme importancia e interés para el desarrollo de los derechos fundamentales en la sociedad digital. Se regulan así el derecho a la neutralidad de Internet (art. 80), derecho

[47] *Vid.* Artemi Rallo Lombarte, "Del derecho a la protección de datos a la garantía de nuevos derechos digitales", en Artemi Rallo Lombarte (dir.), *Tratado de protección de datos*, Valencia, Tirant lo Blanch, 2019, pág. 23 y ss. Moisés Barrio, "Garantía de los derechos digitales en la LOPDGDD (Título X)", en José López Calvo (coord.), *La adaptación al nuevo marco de protección de datos tras el RGPD y la LOPDGDD*, Madrid, Bosch, Wolters Kluwer, 2019.

[48] Sobre ello véase Tomás de la Quadra-Salcedo y José-Luis Piñar (dirs.), *Sociedad digital y derechos*, Madrid, Editorial del BOE, 2018.

de acceso universal a Internet (art. 81), derecho a la seguridad digital (art. 82), a la educación digital (art. 83), protección de los menores en Internet (art. 84) y protección de datos de los menores en Internet (art. 92), derecho de rectificación en Internet (art. 85) y derecho a la actualización de informaciones en medios de comunicación digitales (art. 86), derecho al olvido en búsquedas de Internet y en servicios de redes sociales y servicios equivalentes (arts. 93 y 94 respectivamente), derecho de portabilidad en servicios de redes sociales y servicios equivalentes (art. 95) o el llamado derecho al testamento digital (art. 96). Además el Título X dedica una especial atención a los derechos digitales en el ámbito laboral (también extensibles al empleo público en la Administración) tales como el derecho a la intimidad y uso de dispositivos digitales en el ámbito laboral (art. 87), derecho a la desconexión en el ámbito laboral (art. 88), derecho a la intimidad frente al uso de dispositivos de videovigilancia y de grabación de sonidos en el lugar de trabajo (art. 89), el derecho a la intimidad ante la utilización de sistemas de geolocalización en el ámbito laboral (art. 90) y los derechos digitales en la negociación colectiva (art. 91). En fin, la ley regula las políticas públicas de impulso de los derechos digitales (art. 97).

En todo caso, la regulación de los derechos en la sociedad digital debe hacerse poniendo en el centro de esta a la persona, partiendo de la base de que los derechos reconocidos en el entorno físico deben tener su reflejo en el entorno digital y con la perspectiva de normas que sean capaces de superar su obsolescencia a pesar de la innovación, para lo que es imprescindible establecer un nuevo diálogo entre regulación y autorregulación.

Dicho lo anterior, es imprescindible hacer referencia a algunas iniciativas de enorme importancia que se han aprobado en la comunidad iberoamericana y en la Unión Europea en relación con el reconocimiento de los derechos digitales. Me refiero a la Carta de Derechos Digitales[49] que el presidente del Gobierno español presentó el pasado mes de junio de 2021, la Ley portuguesa número 27/2021, de 17 de mayo por la que se aprueba la *Carta Portuguesa de Direitos Humanos na Era Digital* o la Carta Peruana de Derechos Digitales[50], sin olvidar el pionero Marco Civil de Internet que Brasil aprobó mediante Ley número 12.965/2014[51]. Por su parte, la Unión

[49] https://portal.mineco.gob.es/es es/vicepresidenta/Articulos/Paginas/210804_a_carta.aspx Sobre la Carta véanse los artículos publicados en el número 7, octubre-diciembre 2020, y 9, abril-junio 2021, de la *Revista La Ley Derecho Digital e Innovación.*

[50] Se puede consultar en https://cdn.www.gob.pe/uploads/document/file/3454811/Derechos%20Digitales.pdf?v=165895046

[51] Sobre el Marco Civil, entre otras obras, *vid.* Regina Linden Ruaro y Daniel Piñeiro Rodríguez, "Breve comentario sobre el Marco Civil da Internet (MCI) y el proceso de

Europea ha adoptado una *Declaración de Derechos y Principios Digitales de la Comisión Europea*, que pretende ser el documento de referencia para el reconocimiento de tales derechos en Europa[52].

9. Retos de futuro para un derecho administrativo social pospandemia

Sin perjuicio de los grandes retos que el derecho público tiene ante sí (más bien el derecho en general), tales como la posible o necesaria reforma de la Constitución o la clarificación del modelo territorial del Estado, creo que el gran reto del derecho administrativo contemporáneo es, nada más y nada menos, que conseguir una mejor Administración en el marco del Estado social y democrático de derecho. Los ciudadanos tienen derecho a una buena Administración que atienda sus necesidades y que cumpla con la función constitucional que, con sencillez y contundencia, recoge el artículo 103 de la Constitución: servir con objetividad los intereses generales[53]. A ello debe dedicar todo su esfuerzo y recursos.

El derecho administrativo, que seguramente estuvo demasiado ausente a la hora de buscar soluciones antes, durante y después de la crisis económica y financiera de 2008[54], debe ser el derecho de la regulación social, de la garantía de los derechos y libertades, del Estado prestacional con arreglo a los principios de eficacia y eficiencia. Más aún en un escenario de in-

---

desinformación masiva. Desafío a la democracia brasileña", en *Revista La Ley Derecho Digital e Innovación,* n.º 9.

[52] Sobre tal declaración *vid.* Alicia Piñar Real, "La Declaración de Derechos y Principios Digitales de la Comisión Europea. ¿Hacia un marco constitucional de los derechos digitales en Europa?", en *Revista La Ley Derecho Digital e Innovación,* n.º 10, julio-diciembre 2021.

[53] Sobre ello *vid.* Alejandro Nieto, "La Administración sirve con objetividad los intereses generales", en Sebastián Martín-Retortillo (coord.), *Estudios sobre la Constitución española, libro homenaje al profesor Eduardo García de Enterría*, vol. III, Madrid, Civitas, 1991, pág. 2188 y ss.

[54] Sobre la crisis y el derecho administrativo son numerosas ahora las aportaciones, si bien, con excepciones, han llegado seguramente tarde. Por ejemplo, Avelino Blasco (ed.), *El derecho público de la crisis económica. Transparencia y sector público. Hacia un nuevo derecho administrativo*, Madrid, INAP-Asociación Española de Profesores de Derecho Administrativo, 2011; José-Luis Piñar (dir.), *Crisis económica y crisis del Estado de bienestar. El papel del derecho administrativo. Actas del XIX Congreso Ítalo-Español de Profesores de Derecho Administrativo*, Madrid, Reus, 2013. En particular, en esta obra colectiva, Lorenzo Martín-Retortillo, "El derecho administrativo ante la crisis", págs. 25-41; Jesús Jordano Fraga, "El derecho administrativo de la crisis", págs. 71-146; Joaquín Tornos Mas, "Crisis del Estado de bienestar. El papel del derecho administrativo", págs. 171-221.

novación tecnológica. Sobre todo, tras la experiencia que ha supuesto y está suponiendo todavía el gran reto de la pandemia por Covid-19 que ha alcanzado al planeta entero. Una situación que ha puesto sobre las cuerdas todas las instituciones y conceptos que hasta ahora hemos venido utilizando, pues en apenas unos meses se ha producido todo aquello que jamás pensábamos que podría producirse. Los poderes públicos han tenido que reaccionar como han podido, enfrentándose a situaciones desconocidas desde hace tiempo, aunque no necesaria y totalmente inéditas, como ha señalado Muñoz Machado[55]. Sobre todo, el derecho constitucional y el derecho administrativo se han visto sometidos a tensiones, estas sí inéditas, para dar rápida respuesta a los acontecimientos que se iban produciendo sin solución de continuidad con grave incidencia en los más relevantes de los derechos de las personas, como el derecho a la vida, a la salud o a la libre circulación. En todos los países se sucedieron decenas cuando no cientos de normas del más variado rango, tipología y contenido para hacer frente a emergencias vitales que afectaban a millones de personas. Y el derecho administrativo, en mi opinión, ha sido capaz de superar la prueba de fuego que ha supuesto y supone la pandemia, que parece que va a acompañarnos más de lo que desearíamos[56].

Por otra parte, parece que tras momentos de utilización desmedida del derecho privado como supuesto mecanismo para incrementar la eficiencia de la Administración pública y por tanto para garantizar el cumplimiento de los fines constitucionales que le corresponden, se vuelve a reivindicar el derecho administrativo. Como tuve ocasión de decir hace unos años con motivo del XIX Congreso Ítalo-Español de Derecho Administrativo[57], debemos reivindicar no el derecho administrativo de los privilegios, sino el del interés general, el interés de todos. Un derecho administrativo simplificado, adaptado a las nuevas realidades sociales, pero que, pese a todo, sigue siendo instrumento y cauce para resolver problemas, no para plantearlos. Y lo cierto es que, salvo excepciones, ni el derecho administrativo ni los administrativistas hemos tenido, al menos en España, la presencia y el protagonismo que cabría esperar durante las crisis que hemos padecido y estamos padeciendo en estos

[55] Santiago Muñoz Machado, *El poder y la peste (2020-2022)*, Madrid, Iustel, 2022.

[56] Sobre ello, entre otra bibliografía, *vid.* Vicente Álvarez García, Flor Arias Aparicio y Enrique Hernández Diez, *Lecciones jurídicas para la lucha contra una epidemia*, Madrid, Iustel, 2020; David Blanquer (dir.), *Covid-19 y derecho público (durante el estado de alarma y más allá)*, Valencia, Tirant lo Blanch, 2020; José Vicente Morote Sarrión (dir.), *El impacto del Covid-19 en las instituciones de derecho administrativo,* Valencia, Tirant lo Blanch, 2020.

[57] "Reivindicando el derecho administrativo", en José-Luis Piñar (dir.), *Crisis económica y crisis del Estado de bienestar. El papel del derecho administrativo. Actas del XIX Congreso Ítalo-Español de Profesores de Derecho Administrativo*, Madrid, Reus, 2013, pág. 13 y ss.

momentos, ahora con motivo de la guerra de Ucrania. Los retos planteados han sido, son y serán muchos y de primerísimo orden: organización administrativa, financiación de la Administración, utilización de las fuentes del derecho y en particular el uso y abuso del decreto ley, reestructuración de la función pública, distribución del poder territorial, nuevas regulaciones y desregulaciones, acceso a la justicia, y tantos y tantos temas que afectan directamente al derecho administrativo.

Ahora bien, en épocas de incertidumbre es necesario tener ideas claras y mantenerlas. A mayor incertidumbre, mayor claridad de ideas. Ideas que, además, deben estar presentes en el debate institucional, jurídico y doctrinal. Pese a la situación de incertidumbre (esa incertidumbre que hoy está presente en la ciencia como ha puesto de manifiesto WERNER HEISENBERG), es necesario aportar alguna isla de certeza, parafraseando a EDGAR MORIN ("nos movemos entre islas de certeza en un mar de incertidumbre"), en el derecho administrativo.

Así las cosas, debe denunciarse el hecho de que la excepcional situación en la que nos encontramos (desde hace años) pretende justificar la adopción de medidas excepcionales, como podría ser el uso del decreto ley como instrumento normativo casi usual para regular las más variadas materias con ocasión de la adopción de medidas supuestamente necesarias para hacer frente a situaciones de extraordinaria y urgente necesidad. La incidencia de la crisis en el sistema de fuentes es, pues, incuestionable y criticable.

Y, entretanto, los sistemas de control de las administraciones públicas resultan cada vez más inoperantes, los supervisores parecen haber fallado en el ejercicio de sus funciones, la prestación de los servicios públicos (los que van quedando) se deja en manos de entidades privadas, el empleo público se encuentra desmotivado, los modelos de transparencia no responden a los estándares mínimos de cualquier modelo avanzado de acceso a la información pública, los modelos territoriales están en entredicho y la financiación de las administraciones públicas sufre recortes que están ocasionando consecuencias irreversibles. Lo que además genera una grave crisis de credibilidad en lo público. La economía ha ocupado posiciones que el derecho ha cedido. Desgraciadamente. ¿Quién regula a quién? ¿El derecho a la economía o la economía al derecho?

En cualquier caso, debemos tener cierta fe en el derecho, y en particular en el derecho público. Como ha señalado con acierto TOMÁS-RAMÓN FERNÁNDEZ, estamos en una situación en la que el propio Estado de derecho está siendo sometido a una durísima prueba[58]. Por ello es imprescindible seguir reivindicando el papel del derecho administrativo.

[58] "El Estado de derecho a prueba", en DAVID BLANQUER (dir.), *Covid-19 y derecho público...*, ob. cit., págs. 19 y ss.

Alejandro Nieto ya puso de manifiesto hace años la crisis en la que se encuentra el derecho administrativo: "Hoy todo ha cambiado, nada es cómodo, no sabemos exactamente dónde nos encontramos, hay que empezar de nuevo"[59]. Decididamente hemos de reivindicar el derecho administrativo. El derecho del interés general (un tema que fue abordado en el Congreso Ítalo-Español celebrado en Bolonia en 2010), del servicio público, de la eficacia y eficiencia en la prestación de los servicios, de la garantía de los derechos sociales. Un derecho administrativo que sea capaz de enfrentarse con decisión a las crisis y pandemias que nos acechan y que apenas parece que superamos son sustituidas por otras.

BIBLIOGRAFÍA

Álvarez García, Vicente; Arias Aparicio, Flor y Hernández Diez, Enrique: *Lecciones jurídicas para la lucha contra una epidemia*, Madrid, Iustel, 2020.

Barnes, Javier (ed.): *Innovación y reforma en el derecho administrativo*, Sevilla, Global Law Press Editorial Derecho Global, 2006.

—: *La transformación del Procedimiento Administrativo-Transforming Administrative Procedure*, Global Law Press Editorial Derecho Global, Sevilla, 2008.

Blanquer, David (dir.): *Covid-19 y derecho público (durante el estado de alarma y más allá)*, Valencia, Tiranto lo Blanch, 2020.

Blasco, Avelino (ed.): *El derecho público de la crisis económica. Transparencia y sector público. Hacia un nuevo derecho administrativo*, Madrid, INAP-Asociación Española de Profesores de Derecho Administrativo, 2011.

Brewer-Carias, Allan R.: *Estudios sobre derecho administrativo comparado y global*, Caracas, Editorial Jurídica Venezolana, 2022.

Cano, Tomás (coord.), *Lecciones y materiales para el estudio del derecho administrativo*, Madrid, Iustel, 2009 (8 vols).

Cassagne, Juan Carlos: *Derecho administrativo,* tomos I y II, 8ª ed., Buenos Aires, Lexis Nexis, 2006.

—: *Los grandes principios del derecho público (constitucional y administrativo)*, Madrid, Reus, 2016.

Cerrillo, Agustí (dir.): *La administración digital*, Madrid, Dykinson, 2022

Cosculluela, Luis: *Manual de derecho administrativo*. Parte general, Madrid, Civitas, 2022.

De la Quadra-Salcedo, Tomás: "Retos, riesgos y oportunidades de la sociedad digital", en de la Quadra-Salcedo, Tomás y Piñar, José-Luis (dirs.): *Sociedad digital y derecho*, Madrid, BOE-Red.es, 2018, págs. 21-86.

[59] *Estudios históricos sobre Administración y derecho administrativo*, Colección Estudios de Historia de la Administración, Madrid, INAP, 1986, pág. 9.

—: "Derechos fundamentales, democracia y mercado en la edad digital", en *Revista Derecho Digital e Innovación-Digital Law and Innovation Review*, Wolters Kluwer, n.º 1, enero-marzo 2019.

De La Quadra-Salcedo, Tomás y Piñar, José-Luis (dirs.): *Sociedad digital y derecho*, Madrid, BOE-Red.es, 2018.

Esteve, José: *Lecciones de derecho administrativo*, Madrid, Pons, 8ª ed., 2018.

Fernandez Farreres, Germán: *Sistema de derecho administrativo*, vols. I y II., 8ª ed., Madrid, Thomson Reuters-Civitas, 2022.

Gamero, Eduardo: *Desafíos del derecho administrativo ante un mundo en disrupción*, Sevilla, Comares, 2015.

Garcia de Enterria, Eduardo: *La Constitución como norma y el tribunal constitucional*, Madrid, Civitas,1981.

—: *Revolución francesa y administración contemporánea*, 2ª ed., Madrid, Taurus, 1981.

—: *La administración española*, 6ª ed., Madrid, Civitas, 1999.

—: *Le trasformazioni della giustizia amministrativa,* Milano, Giuffrè Editore, 2010.

Garcia de Enterria, Eduardo y Fernández, Tomás-Ramón: *Curso de derecho administrativo*, tomo I, 20ª ed. 2022; tomo II, 17ª ed., Thomson Reuters-Civitas 2022.

Garcia Macho, Ricardo (dir.): *Derecho administrativo de la información y administración transparente*, Madrid, Marcial Pons, 2010.

Garcia Pelayo, Manuel: *Las transformaciones del Estado contemporáneo*, Madrid, Alianza Universidad, 1988.

Hernandez Corchete, Juan Antonio: "Exhaustividad del RGPD y estándares de protección del principio de legalidad sancionadora", en *Revista La Ley Derecho Digital e Innovación*, n.º 2, abril-junio 2019.

Huergo Lora, Alejandro (dir.): *La regulación de los algoritmos*, Cizur Menor, Thomson Reuters Aranzadi, 2020.

Linden Ruaro, Regina y Piñeiro Rodríguez, Daniel: "Breve comentario sobre el marco civil de Internet (MCI) y el proceso de desinformación masiva. Desafío a la democracia brasileña", en *Revista La Ley Derecho Digital e Innovación,* n.º 9.

Martin Rebollo, Luis: *Manual de las leyes administrativas*, 6ª ed., Cizur Menor, Thomson Reuters Aranzadi, 2022.

Martin, Isaac: "El acceso electrónico a los servicios públicos: hacia un modelo de administración digital auténticamente innovador", en de La Quadra-Salcedo, Tomás y Piñar, José-Luis (dirs.), *Sociedad digital y derecho*, Madrid, BOE-Red.es, 2018, págs. 179-202.

Martín-Retortillo, Lorenzo, "El derecho administrativo ante la crisis", en PIÑAR, José-Luis (dir.), *Crisis económica y crisis del estado de bienestar. El papel del derecho administrativo. Actas del XIX Congreso Italo-Español de Profesores de Derecho Administrativo*, Madrid, REUS, 2013, págs. 25-41.

Martin-Retortillo, Sebastián (coord.): *Estudios sobre la Constitución española, libro homenaje al profesor Eduardo García de Enterría*, Madrid, Civitas,1991.

—: *Instituciones de derecho administrativo*, Madrid, Civitas, 2007.

MARTINEZ, RUBÉN: *Administración pública electrónica*, Madrid, Thomson-Civitas, 2009.

—: "La plena eficacia de la e-administración. Comentario y notas fundamentales del Real Decreto 203/2021, por el que se aprueba el reglamento de actuación y funcionamiento del sector público por medios electrónicos", en la *Revista La Ley Derecho Digital e Innovación*, n.° 8, enero-marzo 2021.

MOROTE SARRIÓN, JOSÉ VICENTE (dir.): *El Impacto del Covid-19 en las instituciones de derecho administrativo,* Valencia, Tiranto lo Blanch, 2020.

MUÑOZ MACHADO, SANTIAGO: "Hacia un nuevo Derecho Administrativo", en BLASCO, AVELINO (ed.), *El derecho público de la crisis económica. Transparencia y sector público. Hacia un nuevo derecho administrativo,* Madrid, INAP-Asociación Española de Profesores de Derecho Administrativo, 2011, págs. 191-237.

—: *Tratado de derecho administrativo y derecho público general*, 14 vols., Madrid, BOE, 2015.

—: *El poder y la peste (2020-2022)*, Iustel, Madrid, 2022.

NIETO, ALEJANDRO: "La vocación del derecho administrativo de nuestro tiempo", *RAP*, núm. 76, 1975, págs. 23 y ss.

—: *Estudios históricos sobre Administración y Derecho Administrativo*, Colección Estudios de Historia de la Administración, Madrid, INAP, 1986.

—: "La Administración sirve con objetividad los intereses generales", en MARTIN-RETORTILLO, SEBASTIÁN (coord.), *Estudios sobre la Constitución Española, libro homenaje al profesor Eduardo García de Enterría*, vol. III, Madrid, Civitas, 1991, págs. 2188 y ss.

PARADA, JOSÉ-RAMÓN, *Derecho administrativo*, vols. I y II, Madrid, Open Editorial Universitaria.

PAREJO, LUCIANO: *Transformación y ¿Reforma? del Derecho Administrativo en España*, Sevilla, INAP-Global Law Press Editorial Derecho Global, 2012.

—: *Lecciones de derecho administrativo*, 12ª ed., Valencia, Tirant Lo Blanch, 2022.

PIÑAR, JOSÉ-LUIS: "Revolución tecnológica, Derecho Administrativo y Administración Pública. Notas provisionales para una reflexión", en *La autorización administrativa. La administración electrónica. La enseñanza del derecho administrativo hoy*, Cizur Menor, Thomson Aranzadi-Asociación Española de Profesores de Derecho Administrativo, 2007, págs. 51-92.

— (dir.): *Crisis económica y crisis del Estado de bienestar. El papel del derecho administrativo. Actas del XIX Congreso Italo-Español de Profesores de Derecho Administrativo*, Madrid, REUS, 2013.

—: "Transparencia y derecho de acceso a la información pública. Algunas reflexiones en torno al derecho de acceso en la Ley 19/2013, de transparencia, acceso a la información y buen gobierno", en *Revista catalana de dret públic,* n.° 49 (diciembre 2014), págs. 1-19.

— (dir.): *Reglamento General de Protección de Datos. Hacia un nuevo modelo europeo de privacidad*, REUS, Madrid, 2016.

—: "Identidad y persona en la sociedad digital", en DE LA QUADRA-SALCEDO, TOMÁS y PIÑAR, JOSÉ-LUIS (Dirs.), *Sociedad digital y derecho*, Madrid, BOE-Red.es, 2018, págs. 95-112.

—: "Derecho, ética e innovación tecnológica", *Revista Española de Derecho Administrativo*, n.º 195, Oct-Dec. 2018, págs. 11-30.

—: "¿Qué regulación de los derechos en la sociedad digital?", in *Revista Derecho Digital e Innovación-Digital Law and Innovation Review*, Wolters Kluwer, n.º 1, January-March 2019.

—: "The Spanish Administrative Law transformation in the last 50 years and the challenges for the future", en DOMENICO SORACE, LEONARDO FERRARA e IPPOLITO PIAZZA (eds.), *The Changing Administrative Law of an EU Member State. The Italian Case,* Springer y G. Giappichelli Editore, 2021, págs. 377 y ss.

PIÑAR REAL, ALICIA: "La Declaración de derechos y principios digitales de la Comisión Europea. ¿Hacia un marco constitucional de los derechos digitales en Europa?", en *Revista La Ley Derecho Digital e Innovación,* nº 10, julio-diciembre 2021.

PONCE, JULI: "Inteligencia artificial, derecho administrativo y reserva de humanidad: algoritmos y procedimiento administrativo debido tecnológico", n.º 50 de la *Revista General de Derecho Administrativo* (Iustel), enero 2019. También en http://laadministracionaldia.inap.es/noticia.asp?id=1509505

RAMS, LEONOR: *El derecho de acceso a archivos y registros administrativos*, Madrid, REUS, 2008.

RODRIGUEZ R., LIBARDO: *Derecho administrativo. General y colombiano*, vol. I, 21ª ed. Bogotá, Temis, 2021.

SÁNCHEZ MORON, MIGUEL: *Derecho administrativo.* Parte general, 16ª ed., Madrid, Tecnos, 2020.

SANTAMARIA, JUAN A.: *Sobre la génesis del derecho administrativo español en el siglo XIX (1812-1845)*, Madrid, Iustel, 2006.

—: *La Ley reguladora de la Jurisdicción Contencioso-Administrativa*, Iustel, Madrid, 2010.

— (dir.): *Los principios jurídicos del derecho administrativo*, Madrid, La Ley Wolters Kluwer, 2011.

—: *Principios de derecho administrativo general*, vols. I y II, 4ª ed., Madrid, Iustel, 2016.

—: *El poder, la libertad, la administración y su derecho*, Discurso de ingreso en la Real Academia de Ciencias Morales y Políticas, Madrid, 2022.

VALERO, JULIÁN: *Derecho, innovación y administración electrónica*, Sevilla, Global Law Press-Editorial Derecho Global, 2013.

—: "La necesaria configuración de las garantías jurídicas en el contexto de la transformación digital del Sector Público", en DE LA QUADRA-SALCEDO, TOMÁS y PIÑAR, JOSÉ-LUIS (dirs.), *Sociedad digital y derecho*, Madrid, BOE-Red.es, 2018, págs. 375-396.

VV. AA.: *La administración pública que España necesita*, Madrid, Círculo de Empresarios, 2007.

WENCES, ISABEL, KÖLLING, MARIO y RAGONE, SABRINA (coords.): *La Ley de Transparencia, acceso la información pública y buen gobierno. Una perspectiva académica*, Madrid, Centro de Estudios Políticos y Constitucionales, 2014.

VILLAR PALASI, JOSÉ LUIS: *Obras selectas*, edición preparada por Alberto Ruiz Ojeda, Madrid, Iustel, 2022.

ZAMBONINO, MARÍA (coord.): *Nacimiento y desarrollo de la administración moderna. La libertad de comercio. Pasado y presente: los grandes maestros del derecho administrativo contemporáneo*, Sevilla, Instituto Andaluz de Administración Pública-Asociación Española de Profesores de Derecho Administrativo, 2011.

DERECHO ADMINISTRATIVO
Y EMERGENCIA INSTITUCIONAL

EL DERECHO DE EXCEPCIÓN: CARENCIAS Y CONTRADICCIONES

TOMÁS-RAMÓN FERNÁNDEZ*
España

1. INTRODUCCIÓN

Ahora que la terrible pandemia oficialmente declarada por la Organización Mundial de la Salud el 11 de marzo de 2020 parece haber remitido ha llegado el momento de evaluar los daños que ha producido, que son muchos y muy graves en todos los ámbitos y que van más lejos de los más visibles y más dolorosos también, que son las vidas perdidas y las que la enfermedad ha alterado seriamente.

A nosotros, como juristas, nos corresponde hacerlo, lógicamente, desde la perspectiva del derecho y, muy especialmente, del derecho público porque el imponente edificio del Estado ha estado a punto de derrumbarse y se hubiera arruinado efectivamente si la Unión Europea no hubiera acudido en apoyo de sus miembros poniendo en marcha un poderoso programa de recuperación que evitó, por lo pronto, la quiebra y que permitirá en los próximos años volver a alcanzar el nivel en el que nos encontrábamos en 2019, a costa, eso sí, de un espectacular incremento de la deuda que, no se olvide, alguien tendrá que pagar algún día.

La crisis del Covid-19 ha puesto al descubierto —y conviene tomar buena nota de ello— que el Estado como institución, un Estado solo, no es realmente nada porque su capacidad de resistencia frente a una crisis de estas proporciones es mínima. Teníamos razones, buenas razones, para haberlo aprendido ya porque en la crisis del euro, hace solo diez años, pudimos comprobar que sin el respaldo decidido del Banco Central Europeo se hubieran ido a pique no solo los Estados que fueron "rescatados" pura y simplemente, sino también el nuestro, aunque solo lo fue en parte, y muy probablemente también todos los demás de la zona euro, si la propia divisa hubiera claudicado.

* Catedrático emérito de la Universidad Complutense de Madrid y Académico de la Real Academia de Jurisprudencia y Legislación de España.

No aprendimos, sin embargo, la lección, que fue muy dura, y hay razones para temer que tampoco vayamos a aprenderla ahora. Así permitían pensarlo las declaraciones que hizo al diario *El Mundo* el 7 de abril de 2020, ya en pleno estado de alarma por lo tanto, el Sr. Borrell, actualmente "ministro de Exteriores" de la Unión Europea, que es un político serio, de extensa experiencia y sólida formación, muy por encima en todo de la promoción del partido socialista que hoy nos gobierna. En esas declaraciones el Sr. Borrell seguía hablando del Estado como prestamista de última instancia, empleador de última instancia, propietario y asegurador de última instancia, etc., en la línea de la más estricta ortodoxia socialdemócrata, discurso que, sin duda, sigue sonando bien a mucha gente pero que ya solo tiene sentido cuando se cuenta con una instancia protectora supranacional, que, esa sí, es la última instancia.

En un continente pequeño como Europa la integración, es decir, esa "unión cada vez más estrecha entre los pueblos" de la que habla el artículo 1° del Tratado de la Unión Europea, es sencillamente vital, un problema de estricta supervivencia por exagerado que esto pueda parecer. El reciente giro de la política exterior de los Estados Unidos no ha hecho sino subrayar la necesidad a la que me refiero.

A esta primera línea de reflexión hay que añadir de inmediato otra y es la relativa a los desequilibrios del sistema institucional que ha venido a resultar de la gestión de la crisis. Desde el inicio de esta, que podemos fijar convencionalmente en el 14 de marzo de 2020, fecha en que se dictó por el gobierno y se publicó en el *Boletín Oficial del Estado* el Real decreto 463/2020 por el que se declaró el estado de alarma, el gobierno ha gestionado la crisis a golpe de decreto-ley sin control parlamentario en muchos casos o con un control absolutamente mínimo.

En ese tiempo, en efecto, se han aprobado más de cuarenta decretos-leyes, de los cuales solo doce se han tramitado ulteriormente como proyectos de ley y solo uno se ha convertido en ley, la ley 3/2020, de 18 de septiembre. Nadie se ha molestado en analizar críticamente los decretos-leyes en cuestión, muchos de ellos con decenas de artículos cuya "extraordinaria y urgente necesidad", es decir, la de cada una de las medidas adoptadas por esos artículos, no la del decreto-ley en su conjunto, sería muy discutible en la mayoría de los casos. El manto de la pandemia lo ha tapado todo y nos ha acostumbrado a aceptar sin protesta una forma de legislar rigurosamente excepcional con la Constitución en la mano. Un día, sin tardar demasiado, habrá que hacer lo que se hizo en la II República con la obra legislativa de la Dictadura, esto es, crear una Comisión que limpie y depure el ordenamiento jurídico y deje en pie, como ley, solo lo que sea efectivamente necesario y deba tener ese rango.

La mayor parte del tiempo transcurrido desde el 14 de marzo de 2020 la hemos pasado en estado de alarma, porque el Real decreto 463/2020 fue sucesivamente prorrogado, lo que prolongó la situación excepcional hasta el 21 de junio siguiente. Apenas transcurrido el verano, un nuevo Real decreto, el 900/2020, de 9 de octubre, volvió a declarar el estado de alarma en Madrid capital y en varios municipios aledaños para hacer frente al rebrote de la enfermedad, declaración que se extendió a todo el territorio nacional por el Real decreto 926/2020, de 25 de octubre, que fue prorrogada por el Real decreto 956/2020, de 3 de noviembre, pero esta vez no por quince días, como en las prórrogas precedentes, sino por seis meses, esto es, hasta el 9 de mayo de 2021, lo que quiere decir que el gobierno eludió durante medio año la preceptiva autorización del Congreso de los Diputados.

La primera declaración de estado de alarma supuso el confinamiento domiciliario de toda la población española, lo que el Tribunal Constitucional en una polémica y dividida sentencia de 14 de julio de 2021 terminó declarando inconstitucional y nulo. Un desenlace que se repitió con la prórroga por seis meses del segundo estado de alarma que fue declarada inconstitucional por la sentencia del 27 de octubre siguiente. A lo que hay que unir la sentencia constitucional de 5 de octubre que ha anulado los acuerdos de la Mesa del Congreso de los Diputados de 19 de marzo y 21 de abril de 2020, que hicieron cesar temporalmente las iniciativas parlamentarias de diputados del grupo parlamentario de Vox.

De un modo u otro, es evidente que el Ejecutivo ha crecido sin medida en este año y medio, mientras que el Parlamento se ha empequeñecido. El poder judicial, por su parte, se ha visto obligado inopinadamente a cumplir el papel de administrador al verse atribuida la competencia para la "autorización o ratificación judicial" de las medidas adoptadas por las autoridades sanitarias que estas consideren "urgentes y necesarias para la salud pública" e impliquen la limitación o restricción de derechos fundamentales (nuevos arts. 6, 8, 10, 11 y 122 *quater* de la Ley de la Jurisdicción Contencioso-Administrativa de 13 de julio de 1998, según la redacción dada a los mismos por la disposición final segunda de la ley 3/2020, de 18 de septiembre, más atrás aludida), lo que en absoluto es propio de los jueces y tribunales de la jurisdicción contencioso-administrativa.

El Estado de derecho en su conjunto ha sido puesto a prueba, por lo tanto, como ya puse de manifiesto en el propio título de mi intervención en la obra colectiva coordinada por David Blanquer, *Covid 19 y derecho público durante el estado de alarma y más allá*, (Valencia, Tirant lo Blanch, 2020) que fue la primera que se dedicó a analizar el impacto de la pandemia en nuestro ordenamiento jurídico.

Todo esto, todas las grietas abiertas en la institución estatal que acabo de resaltar y algunas más que no son tan visibles, tienen que ser estudiadas ahora con cuidado para poder realizar las reparaciones necesarias, porque, de no hacerlo así, correremos el riesgo de cerrar en falso esta terrible experiencia. Ese estudio tiene que empezar, como es natural, por el principio, que, tratándose de una crisis sanitaria, no puede ser otro que el inventario y valoración del derecho de excepción con el que contábamos para hacer frente a ella. A esto, concretamente, ceñiré, por lo tanto, mi exposición.

2. El derecho de excepción y las situaciones de necesidad

El derecho de excepción, es decir, el conjunto de normas aplicables en situaciones de necesidad, es entre nosotros muy abundante, quizás demasiado, como habrá ocasión de ir comprobando. Son muchas, en efecto, las leyes administrativas, generales y sectoriales, que dedican algún precepto al tratamiento de las situaciones de emergencia y a los poderes que las autoridades administrativas pueden desplegar en estos casos y a la forma de utilizarlos.

A estos preceptos legales hay que añadir, por supuesto, la regulación contenida en el artículo 116 de la Constitución, que la ley orgánica 4/1981, de 1 de junio, ha desarrollado, precepto que, como es sabido, ha añadido a los "clásicos" estados de excepción y de guerra o de sitio, que regulaba la vieja Ley de Orden Público de 20 de julio de 1959 y que, de un modo u otro, son también los que figuran en las Constituciones de los países vecinos y, muy concretamente, en Francia, uno nuevo, el estado de alarma, que no tiene precedente y que ha sido una "invención" de los constituyentes de 1978.

La primera pregunta que cabría formularse es cuando puede o debe acudirse a aquellas leyes o a este precepto constitucional. Esa pregunta no tiene respuesta, sin embargo, o no tiene otra que la existencia en el segundo caso de una decisión del gobierno que en un momento dado y a la vista de las circunstancias resuelve declarar formalmente uno de los tres estados contemplados por el artículo 116 de la Norma Fundamental.

La única diferencia es, en principio, puramente formal, ya que, si se deja a un lado el estado de sitio cuya causa legitimadora es la existencia, en grado de amenaza al menos, de "una insurrección o acto de fuerza contra la soberanía o independencia de España, su integridad territorial o el ordenamiento constitucional que no pueda resolverse por otros medios" (art. 32.1 de la ley orgánica 4/1981), en los demás casos las situaciones que justifican la apelación a los preceptos de las leyes ordinarias y a los estados de alarma y excepción son básicamente las mismas.

Basta para comprobarlo con la simple lectura del artículo 4 de la ley orgánica 4/1981 y los preceptos de las leyes administrativas, generales y sectoriales, correspondientes. El artículo 4 de la ley orgánica dice, en efecto, que el gobierno puede declarar el estado de alarma, en todo o en parte del territorio nacional, cuando se produzca alguna de las alteraciones graves de la normalidad que a continuación enuncia: catástrofes, calamidades o desgracias públicas, tales como terremotos, inundaciones, incendios urbanos y forestales o accidentes de gran magnitud; *crisis sanitarias, tales como epidemias y situaciones de contaminación graves*; paralización de servicios públicos esenciales para la comunidad y situaciones de desabastecimiento de productos de primera necesidad. A esas mismas alteraciones de la normalidad hacen referencia, por ejemplo:

• El artículo 21.1.m) de la Ley de Bases del Régimen Local de 2 de abril de 1985, según el cual corresponde al alcalde "adoptar personalmente y bajo su responsabilidad, en caso de catástrofe o de infortunios públicos o grave riesgo de los mismos, las medidas necesarias y adecuadas dando cuenta al Pleno".

El precepto que acabo de transcribir no tiene nada de novedoso. Estaba ya en la vieja Ley de Régimen Local, texto refundido de 24 de junio de 1955, cuyo artículo 117.d) atribuía al alcalde también poderes semejantes "en caso de gravedad producida por *epidemias*, trastornos de orden público, guerra, inundación o cualquier accidente análogo".

• El artículo 17 de la Ley de Orden Público de 1959 contenía también una cláusula general del mismo corte referida a "los casos en que se produjera alguna calamidad, catástrofe o desgracia pública" en los que las autoridades gubernativas, así en plural, "deberán adoptar por sí mismas o de acuerdo con las demás las medidas conducentes a la protección, asistencia y seguridad de las personas, bienes y lugares afectables".

• La misma ley en su artículo 32 autorizaba a las autoridades gubernativas a "dictar las normas necesarias para asegurar el abastecimiento de los mercados, la libertad de comercio, el funcionamiento de los servicios públicos y de los centros de producción y trabajo, pudiendo exigir la prestación personal obligatoria de sus trabajadores y empleados".

• La vigente Ley Orgánica de Seguridad Ciudadana de 20 de marzo de 2015 se refiere genéricamente a "situaciones de emergencia" al referirse en su artículo 21 a las medidas de seguridad extraordinarias, entre las que incluye el cierre o desalojo de locales o establecimientos, la prohibición del paso, la evacuación de inmuebles o espacios públicos debidamente aislados o el depósito de explosivos o de sustancias susceptibles de ser utilizadas como tales, precisando que a estos efectos "se entiende por emergencia aquella situación de riesgo sobrevenida por un evento que pone en peligro inminente a personas o bienes y exige una actuación rápida por parte de la autoridad o de sus agentes para evitarla o mitigar sus efectos", definición esta muy amplia que comprende sin dificultad las más específicas que utilizan las leyes más atrás citadas.

• La Ley de Expropiación Forzosa de 16 de diciembre de 1954, que sigue en vigor, se refiere en su artículo 120 a "graves razones de orden o seguridad pública, *epidemias*, inundaciones u otras calamidades", circunstancias en las que las autoridades civiles podrán adoptar medidas que impliquen la destrucción, detrimento efectivo o riquezas de bienes o derechos de los particulares sin las formalidades que para los diversos tipos de expropiación exige la propia ley.

Las leyes especiales no se quedan atrás. Es expresiva en este sentido la Ley de Incendios Forestales de 5 de diciembre de 1968, ya derogada, cuyo artículo 12 permitía a los gobernadores civiles y a los alcaldes "cuando los medios permanentes de que se disponga no sean bastantes para dominar un incendio [...] proceder a la movilización de las personas útiles, varones de edad comprendida entre los dieciocho y los sesenta años, así como del material, cualquiera que fuese su propietario, en cuanto lo estimen preciso para la extinción del incendio".

• El artículo 47.1 de la vigente Ley de Montes de 21 de noviembre de 2003 reconoce al director o responsable técnico de las tareas de extinción poderes de movilización semejantes siempre que sea necesario y sin contar con la autorización de los propietarios correspondientes.

• La Ley de Aguas, texto refundido de 20 de julio de 2001, apodera igualmente al gobierno para adoptar las medidas que sean precisas en relación con la utilización del dominio público hidráulico, aun cuando hubiese sido objeto de concesión, "en circunstancias de sequías extraordinarias [...] o en similares estados de necesidad, urgencia o concurrencia de situaciones anómalas o excepcionales".

Si las situaciones de necesidad son las mismas como acabamos de ver, tampoco difieren, en principio, las medidas que en esas situaciones pueden adoptarse por las autoridades para hacer frente a ellas. También en esto se parecen las leyes administrativas a las que acabo de hacer referencia y los artículos 11 y 12 de la ley orgánica 4/1981, relativos al estado de alarma.

El artículo 11 de la ley en cuestión permite "limitar la circulación o permanencia de personas y vehículos en horas y lugares determinados o condicionarlas al cumplimiento de ciertos requisitos" (apartado a), previsión sustancialmente idéntica a la contenida en el artículo 19 de la Ley de Protección de la Seguridad Ciudadana de 21 de febrero de 1992, que reproduce el artículo 17 de la vigente ley orgánica de 30 de marzo de 2015 hoy en vigor ("1. Los agentes de las fuerzas y cuerpos de seguridad podrán limitar o restringir la circulación o permanencia en vías o lugares públicos y establecer zonas de seguridad en supuestos de alteración de la seguridad ciudadana o de la pacífica convivencia o cuando existan indicios racionales de que pueda producirse dicha alteración, por el tiempo imprescindible para su mantenimiento o restablecimiento").

La segunda de las medidas citadas en el apartado b) del artículo 11 de la ley orgánica 4/1981 es la de "practicar requisas temporales de todo tipo de bienes e imponer prestaciones personales obligatorias", lo que tampoco es una novedad, ya que las requisas de bienes por "graves razones de orden o seguridad pública, *epidemias*, inundaciones u otras calamidades" están previstas en la ya antigua, pero todavía vigente, Ley de Expropiación Forzosa de 16 de diciembre de 1954. En cuanto a la imposición de prestaciones personales obligatorias hay que recordar que la vieja Ley de Orden Público de 1959 ya hacia expresa referencia a ellas, lo que también está previsto en la legislación de incendios forestales (art. 12 de la Ley de Incendios Forestales de 5 de diciembre de 1968 y art. 47 de la vigente Ley de Montes de 21 de noviembre de 2003), aunque aquí se emplee un eufemismo y se hable de movilizaciones de medios personales y materiales ("de las personas útiles, varones en edad comprendida entre los dieciocho y los sesenta años", decía literalmente el primero de dichos preceptos). La Ley Orgánica de Seguridad Ciudadana de 30 de marzo de 2015 establece también en su artículo 7 un deber general de colaboración con las fuerzas y cuerpos de seguridad que "podrán recabar", dice, de los particulares su ayuda y colaboración en la medida necesaria para el cumplimiento de los fines previstos en esta ley, "especialmente en los casos de grave calamidad pública o catástrofe extraordinaria, siempre que ello no implique riesgo personal para los mismos".

La tercera medida de posible adopción en el estado de alarma (apartado c) del art. 11 de la ley orgánica 4/1981) consiste en "intervenir y ocupar transitoriamente industrias, fábricas, talleres, explotaciones y locales de cualquier naturaleza, con excepción de domicilios privados", posibilidad esta que contempla también la legislación sanitaria a la que luego aludiré.

El apartado d) del artículo de la ley orgánica 4/1981 incluye en la lista de medidas la de "limitar o racionar el uso de servicios o el consumo de artículos de primera necesidad" y el apartado e) del mismo artículo añade finalmente "impartir las órdenes necesarias para asegurar el abastecimiento de los mercados y el funcionamiento de los servicios y de los centros de producción" en situaciones de desabastecimiento de productos de primera necesidad, lo que recuerda el texto de los apartados e) y f) de la Ley de Orden Público de 1959, especialmente el primero de ellos que utiliza idénticos conceptos ("dictar las normas necesarias") e, incluso, las mismas palabras ("abastecimiento de los mercados", "funcionamiento de los servicios públicos", "centros de producción").

En la legislación sanitaria, que tiene una muy larga tradición (vid. S. MUÑOZ MACHADO, *El poder y la peste de 2020*, Iustel, 2021) y requiere aquí por razones obvias mayor atención, son también perfectamente visibles medidas semejantes a las mencionadas por el artículo 11 de la ley orgánica 4/1981, incluso en la vieja Ley de Sanidad Nacional de 25 de noviembre de 1944, cuya Base IV se dedicó a la lucha contra las enfermedades infecciosas. El texto de la Ley General de Sanidad de 25 de abril de 1986 es muy expresivo en este sentido. Su artículo 26 concretamente dispone que "en caso de que exista o se sospeche razonablemente la existencia de un riesgo inminente y extraordinario para la salud, las autoridades sanitarias adoptarán las medidas preventivas que estimen pertinentes, tales como la incautación o inmovilización de productos, suspensión de ejercicio de actividades, cierre de empresas o de sus instalaciones, intervención de medios materiales y personales y cuantas otras se consideren sanitariamente justificadas".

De la Ley General de Sanidad de 1986 se desglosaron, como ha explicado SANTIAGO MUÑOZ MACHADO (*op. cit.*), algunos preceptos que por su contenido parecían reclamar una ley orgánica y que efectivamente se incorporaron a la ley orgánica 3/1986, de 14 de abril, de medidas especiales en materia de salud pública. El artículo 3 de esta estableció en concreto que "con el fin de controlar las enfermedades transmisibles, la autoridad sanitaria, además de realizar las acciones preventivas generales, podrá adoptar las medidas oportunas para el control de los enfermos, de las personas que estén o hayan estado en contacto con los mismos y del medio ambiente inmediato, así como las que se consideren necesarias en caso de riesgo de carácter transmisible", cláusula abierta destinada a dar cobertura a todo tipo de intervenciones en la libertad de los ciudadanos que pudiesen resultar precisas. Eso, al menos, invita a pensar que el precepto transcrito se adoptara finalmente con el rango de ley orgánica.

El artículo 4 de la propia ley autoriza, en fin, a la Administración sanitaria a establecer temporalmente el suministro centralizado de medicamentos o productos sanitarios cuando estos se vieran afectados "por excepcionales dificultades de abastecimiento", así como a condicionar la prescripción de los mismos.

Por si esto fuera poco una tercera ley, la General de Salud Pública de 4 de octubre de 2011, permitió, incluso, ir más allá de la ley orgánica 3/1986 al autorizar a la autoridad competente la adopción, mediante resolución motivada, de una larga serie de medidas que dejan pequeño el cuadro de las que el artículo 11 de la ley orgánica 4/1981 señala como de posible adopción en el estado de alarma. No puedo dejar de reseñarlas aquí porque prueban más allá de toda duda lo que pretendo poner de manifiesto. Es la siguiente:

"a) La inmovilización y, si procede, el decomiso de productos y sustancias;

"b) la intervención de medios personales y materiales;

"c) el cierre preventivo de instalaciones, establecimientos, servicios e industrias;

"d) la suspensión del ejercicio de actividades;

"e) la determinación de las condiciones precisas en cualquier fase de la fabricación o comercialización de productos y sustancias, así como del funcionamiento de las instalaciones y establecimientos, servicios e industrias a que se refiere esta ley con la finalidad de corregir las deficiencias detectadas;

"f) cualquier otra medida ajustada a la legalidad vigente si existen indicios racionales de riesgo para la salud".

Pues bien, si las situaciones de necesidad que contemplaba ayer y contempla hoy la legislación administrativa en general y, por supuesto, la legislación sanitaria coinciden absolutamente con las que legitiman la declaración por el gobierno del estado de alarma y si también coinciden las medidas que para hacer frente a dichas situaciones autorizaban aquella legislación y la ley orgánica 4/1981, de 1 de junio, resulta obligado preguntarse ¿por qué optaron los constituyentes de 1978 por «inventar» un estado de necesidad nuevo, el llamado de alarma, si ya entonces la Administración disponía de poderes suficientes para hacer frente a las alteraciones de la normalidad que este pretende atajar? ¿Hemos ganado algo con ello?

A estas primeras preguntas hay que añadir otra, más importante todavía: ¿por qué el gobierno decidió el 14 de marzo de 2020 declarar formalmente el estado de alarma contando como contaba con la panoplia de poderes que la legislación administrativa y, en particular, la legislación sanitaria ponía ya en sus manos?

Procuraré ir respondiendo a continuación a estas preguntas por el orden en que las he formulado, lo que me obliga a remontarme al proceso constituyente que dio vida al artículo 116 de la Constitución con el fin de dar respuesta, si es que es posible, a la primera de ellas.

3. Una breve referencia a la gestación del artículo 116 de la Constitución

El artículo 116 de la Constitución no tiene mucha historia. En el borrador del texto constitucional que publicó la prensa diaria el 25 de noviembre de 1977 había un artículo 125 con una formulación muy parecida, que pasó al

Anteproyecto elaborado por la ponencia que fue publicado por el Boletín Oficial de las Cortes de 5 de enero de 1978 sin otro cambio apreciable que el de su ubicación y su número, el 94, el último del Título IV dedicado a las Cortes Generales.

El informe de la ponencia no aceptó la propuesta de la enmienda número 692, formulada por el Sr. Sánchez Montero en nombre del Partido Comunista de España, que fue, en rigor, lo más relevante de todo el proceso. La enmienda proponía, en efecto, la supresión del estado de alarma y daba para ello una justificación que a mí me parece ahora extraordinariamente razonable. El gobierno —entendía el enmendante— tenía podres suficientes, por lo que podía ocurrir que sirviera para limitar derechos sin decirlo. Y si se trataba de circunstancias excepcionales que exigieran limitación de derechos, ya existía para ello el estado de excepción y el estado de sitio. Sánchez Montero, con la experiencia que le proporcionó su intensa y azarosa vida política, adivinó realmente lo que iba a ocurrir cuarenta y tres años después y el debate que iba a tener lugar en el Tribunal Constitucional con motivo del recurso de inconstitucionalidad interpuesto contra el Real decreto 463/2020, de 14 de marzo.

La enmienda, a la que se opuso en términos más bien convencionales en la Comisión Constitucional del Congreso el Sr. Cisneros, al que se sumó el Sr. Fraga Iribarne, fue rechazada por 26 votos en contra, 2 a favor y 1 abstención, rechazo que se repitió en el Pleno por 246 votos en contra, 33 a favor y 3 abstenciones.

En el Senado el tema se despachó rápidamente, puesto que la enmienda número 51, presentada por el Sr. Martin-Retortillo (D. Lorenzo), en nombre del grupo Progresistas y Socialistas Independientes, con el mismo contenido que la del Sr. Sánchez Montero, fue también rechazada por 19 votos en contra, 4 a favor y 2 abstenciones, retirándose a continuación.

No sé quién fue el autor de la idea de añadir a los estados de excepción y de sitio el estado de alarma porque los comentaristas del texto constitucional que por su condición de diputados (Oscar Alzaga) o de letrados de las cortes, como José Manuel Serrano Alberca, se encontraban más cerca y por esa razón podían haberlo sabido no han dicho nada al respecto. No fue, me parece, una idea afortunada, porque, como ponen de manifiesto los comentarios de uno y otro, ni siquiera estuvo claro en ese primer momento si los tres estados se relacionaban entre sí por su creciente gravedad o intensidad o si, por el contrario, había que considerarlos como situaciones cualitativamente diferentes, que es otro de los problemas que ha sido objeto de debate en el proceso constitucional resuelto para la sentencia de 14 de julio de 2021.

Lo cierto es que, tal y como ha sido dibujado por el artículo 116 de la Constitución y por la ley orgánica 4/1981, de 1 de junio, que lo ha desarrollado, las fronteras, los límites, del estado de alarma distan mucho de ser nítidas. Por la derecha, por así decirlo, sus perfiles son más bien borrosos, ya que, como he dicho más atrás, no hay diferencias apreciables que lo separen de las situaciones de necesidad que contemplan las leyes administrativas, problema que tampoco ha contribuido a aclarar el artículo 12.1 de la ley orgánica 4/1981, según el cual en las catástrofes, calamidades o desgracias públicas, tales como terremotos, inundaciones, incendios urbanos y forestales o accidentes de gran magnitud y en las *crisis sanitarias*, tales como *epidemias* y situaciones de contaminación graves, "la autoridad competente podrá adoptar por sí, según los casos, además de las medidas previstas en los artículos anteriores", es decir, las específicas del estado de alarma, "las establecidas en las normas contra las enfermedades infecciosas, la protección del medio ambiente, en materia de aguas y sobre incendios forestales", lo que no deja en buen lugar al estado de alarma porque da la impresión de que la panoplia de medidas habilitadas por la legislación administrativa es más amplia que las que permite dicho estado.

Hay sí una diferencia importante entre la legislación administrativa de las situaciones de necesidad y el estado de alarma y es que el uso de aquellas escapa a todo control porque la justicia administrativa es *a posteriori* y, por lo tanto, tardía, y el de este, en cambio, asegura el control parlamentario, ya que el Gobierno, aunque no necesita la autorización del Congreso para declararlo, sí la requiere para prorrogarlo, lo cual garantiza un seguimiento y una valoración de las medidas que se vayan tomando cada quince días en sede parlamentaria.

Con esta diferencia, repito, todo lo demás es exactamente igual, incluida la intensidad de las medidas que puedan adoptarse en uno y otro caso, ya que en el derecho de excepción mandan siempre las circunstancias y no hay otro límite que el que resulta del principio de proporcionalidad. Las reglas de competencia y de procedimiento se borran y la propia jerarquía normativa se esfuma para dejar paso a los reglamentos llamados de necesidad, que pueden desplazar, incluso, a las leyes formales por el tiempo que dure la excepcionalidad de las circunstancias.

Tampoco es muy clara la frontera que separa el estado de alarma del estado de excepción, al menos si uno se atiene a la letra de los textos, aunque esto ha sido también motivo de debate en el proceso constitucional resuelto por la sentencia de 14 de julio de 2021 y ha provocado la división de los magistrados constitucionales a propósito de la interpretación del concepto de orden público. Los magistrados de la minoría tienen, al parecer, una visión muy estricta de dicho concepto, influida muy probablemente por la experiencia de los estados de excepción vividos en el franquismo, muy vinculados a la política o para ser más exactos a la policía política.

Hay que decir, sin embargo, que el concepto del orden público, forjado en el siglo XIX, no se ha ceñido nunca a la seguridad ciudadana, que era solo uno de los elementos del tríptico clásico, "tranquilidad, seguridad y *salubridad*". Las cuestiones concernientes a la salud pública siempre se han considerado, por lo tanto, parte sustancial del orden público, del orden ciudadano. No hay, por lo tanto, razón para excluirlas ahora del ámbito propio del estado de excepción tal y como lo define el artículo 13.1 de la ley 4/1981, que termina refiriéndose a "cualquier otro aspecto del orden público".

Sobre todo ello habré de volver, como es lógico. Lo que quiero subrayar ahora como conclusión de lo hasta aquí dicho es que, contemplado en su conjunto, el artículo 116 de la Constitución, que en una primera mirada, parecía limpio y claro, ha resultado problemático en extremo cuando se ha visto puesto a prueba y, lo que es peor, dudosamente eficaz. La simple lectura de la sentencia constitucional 148/2021, de 14 de julio, que ha declarado inconstitucionales y nulos los apartados 1, 3 y 5 del artículo 7 y los términos "modificar, ampliar o" del apartado 6 del artículo 10 del Real decreto 463/2020, de 14 de marzo, que declaró el primer estado de alarma, y de sus votos particulares, así lo demuestra, como vamos a ver a continuación.

4. El estado de alarma y la sentencia constitucional de 14 de julio de 2021

El Real decreto 463/2020, de 14 de marzo, que declaró el estado de alarma, incluyó una impresionante batería de medidas que, pese a su aparatosidad, eran fácilmente identificables, en principio en los preceptos de las leyes administrativas antes recordadas y, muy especialmente, en el artículo 54 de la Ley General de Salud Pública de 4 de octubre de 2011. Hasta aquí tiene, sin duda, razón Santiago Muñoz Machado (cfr. *El poder y la peste de 2020*, cit.) cuando dice que con las medidas previstas en la legislación sanitaria de excepción hubiera sido suficiente.

Si esto es cierto en general, no puede decirse lo mismo, en concreto, de la primera de las medidas de la larga lista contenida en el Real decreto 463/2020, de 14 de marzo, es decir, de la relativa a la "limitación de la libertad de circulación de las personas" (*sic*) a la que se refiere el artículo 7 del mismo. El apartado 1 de este dice —convienen repetirlo aquí— que "durante la vigencia del estado de alarma, las personas únicamente podrán circular por las vías o espacios de uso público para la realización de las siguientes actividades, que deberán realizarse individualmente, salvo que se acompañe a personas con discapacidad, menores, mayores o por otra causa justificada", precisando a continuación a qué concretas actividades se refiere.

El texto del precepto está redactado en positivo ("las personas [...] podrán"), pero su sentido es inequívocamente prohibitivo: expresa, en efecto, con toda claridad una prohibición general que admite, desde luego, algunas excepciones, como el adverbio "únicamente" señala. Hubiera dado lo mismo escribirlo en negativo, es decir, empezando por "las personas... no podrán" seguido de un "*salvo* para la realización de las siguientes actividades". *In claris non fit interpretatio* se dice desde hace veinte siglos. "Las normas se interpretarán según el sentido propio de sus palabras", dice el artículo 3.1 del Código Civil, y aquí el sentido propio de las palabras es inequívoco.

Esa fue, como no podrá ser de otro modo, la interpretación que *nemine discrepante* dio al artículo 7.1 del Real decreto 463/2020 el pueblo español en general o, si se prefiere una expresión menos enfática, la sociedad española, que bautizó de inmediato a la norma dándola el nombre de "confinamiento", palabra que el Diccionario de la Lengua Española define como acción y efecto de confinar, esto es, de "recluir dentro de límites".

El Real decreto 463/2020, artículo 7.1, recluyó en su domicilio a la totalidad de la población española, que, excepciones aparte, no pisó o, por lo menos, no pudo pisar legalmente la calle por decirlo de un modo gráfico durante todo el tiempo que estuvo en vigor ese primer estado de alarma. Nadie puede negar esto porque es una evidencia de la que todos, sin duda, tenemos alguna prueba en nuestras propias familias.

Pues bien, establecido esto, hay que añadir a continuación que no hay en la legislación administrativa de excepción, incluida la más específica e, incluso, más expresiva también, legislación sanitaria, ningún precepto que se parezca a este artículo 7.1 del Real decreto 463/2020 y que tenga una extensión y una intensión semejantes.

El más parecido de todos, el artículo 17 de la Ley Orgánica de Seguridad Ciudadana de 30 de marzo de 2015, es mucho más comedido porque se limita a afirmar que los agentes de las fuerzas y cuerpos de seguridad podrán limitar o restringir la circulación o permanencia en vías o lugares públicos [...] en supuestos de alteración de la seguridad ciudadana [...] por el tiempo imprescindible para su mantenimiento o restablecimiento", lo que apunta claramente a limitaciones o restricciones puntuales, de corta duración. Su precedente, el artículo 19 de la Ley Orgánica de Protección de la Seguridad Ciudadana de 21 de febrero de 1992, era prácticamente idéntico.

Ni siquiera la Ley de Orden Público de 30 de julio de 1959 llegó tan lejos, dentro incluso del estado de excepción, en el que el artículo 28 autorizaba a las autoridades administrativas a "prohibir la circulación de personas y vehículos en las horas y lugares que en el bando se determinen; la formación de grupos o el estacionamiento en la vía pública y los desplazamientos de localidad o bien exigir a quienes los hagan que acrediten su identidad y el itinerario a seguir".

La legislación sanitaria de excepción tampoco contempla una medida de alcance semejante a la del artículo 7.1 del Real decreto 463/2020. La cláusula general del artículo 3° de la ley orgánica 3/1986, de Medidas especiales en materia de salud pública, se queda también más corta porque no se refiere a toda la población española en general, sino solo a "los enfermos, a las personas que estén o hayan estado en contacto con los mismos y al medio ambiente inmediato", sin que el inciso final del precepto ("así como las —medidas— que se consideran necesarias en caso de riesgo de carácter transmisible") pueda cubrir la distancia que media desde este punto a la generalidad de la población.

Teniendo en cuenta estos hechos, que nos constan a todos por notoriedad, y estos datos legales, que son también muy expresivos, resulta muy difícil —a mí al menos— aceptar la tesis mantenida por los magistrados constitucionales de la minoría que formularon votos particulares disidentes de la sentencia de 14 de julio de 2021, incluso en la muy cuidadosa formulación que hace el Sr. Xiol Rios en su voto particular, de que suspensión y limitación del derecho (en este caso a la libre circulación) son conceptos radicalmente distintos, "aunque las dos puedan llegar a un resultado material similar —la privación del derecho o el vaciamiento de su contenido—".

Soy, pues, de la opinión, en la línea que expuso ya en un primer momento un antiguo magistrado constitucional y notabilísimo profesor de derecho constitucional, el Sr. Aragón Reyes (cfr. *Hay que tomarse la Constitución en serio*, en *El País* del 10 de abril de 2020 y, más recientemente en el estudio incluido en el volumen *Memoria del Pleno sobre tres crisis encuadradas: sanitaria, económica y social*, Real Academia de Jurisprudencia y Legislación de España, R. Gómez-Ferrer Morant, coord., Madrid, 2021) de que "la declaración del estado de alarma no permite, a su amparo, decretar, como se ha hecho, la suspensión generalizada del derecho de libertad de circulación y residencia de los españoles, medida que solo puede adoptarse en el estado de excepción, como determina el artículo 55.1 de la Constitución [...] Ordenar una especie de arresto domiciliario de la inmensa mayoría de los españoles, que es lo que realmente se ha hecho, no es limitar el derecho, sino suspenderlo", cosa "bien distinta de la normativamente estipulada para el estado de alarma".

En mi opinión, la mayoría del Tribunal Constitucional acierta cuando subraya que el artículo 7.1 del repetidamente citado Real decreto 463/2020 establece una regla general prohibitiva, que "configura así una restricción de este derecho que es, a la vez, general en cuanto a sus destinatarios y de altísima intensidad en cuanto a su contenido, lo cual, sin duda, excede de lo que la LOAES permite «limitar» para el estado de alarma («la circulación o permanencia [...] en horas y lugares determinados»: artículo 11, letra a)".

"Tal restricción —añade la sentencia de 14 de junio de 2021— aparece, pues, más como una «privación» o «cesación» del derecho, por más que sea temporal y admita excepciones, que como una «reducción» de un derecho o facultad a menores límites". "Dicho en otros términos, *la disposición no delimita un derecho a circular libremente en un ámbito (personal, espacial, temporalmente) menor, sino que lo suspende a radice,* de forma generalizada, para todas las personas y por cualquier medio. *La facultad individual de circular «libremente» deja pues de existir* y solo puede justificarse cuando concurren las circunstancias previstas en el Real decreto".

"A menos que se quiera despojar de significado sustantivo alguno al término «suspensión» parece difícil negar —yo así lo creo también— que una norma que prohíbe circular a todas las personas, por cualquier sitio y en cualquier momento, salvo en los casos expresamente considerados como justificados, supone un vaciamiento de hecho o, si se quiere, una suspensión del derecho, proscritas, como se ha reiterado ya en el estado de alarma. *Otra cosa* —concluye— *implicaría dejar exclusivamente en manos de la autoridad competente* (que, no debe olvidarse, en el estado de alarma es inicialmente el Gobierno, sin la previa autorización del Congreso de los Diputados) *la noción misma de «suspensión»*, utilizada por el constituyente, otorgándole la posibilidad de limitar otros derechos fundamentales garantizados por nuestra Norma Fundamental, de forma generalizada y con una altísima intensidad, mediante el simple expediente de afirmar (unilateralmente, sin posibilidad de debate y autorización parlamentaria previos, ni de control jurisdiccional ordinario) su carácter «meramente» restrictivo y no suspensivo".

Por mi parte, solo podría añadir que si se reconociera al estado de alarma la posibilidad de llegar a la privación del derecho a circular libremente o al vaciamiento de su contenido, como admiten los magistrados disidentes, no sería necesario ya el estado de excepción, conclusión esta absurda en el plano sistemático, a la que, como indica el brocado clásico, *nemo tenetur.*

La sentencia constitucional 148/2021, de 14 de julio, ha puesto, pues, a mi juicio al menos, las cosas en su sitio.

5. A MODO DE CONCLUSIONES

Con lo hasta aquí dicho es suficiente, me parece, para hacerse una idea del problema y para tomar posición sobre él. Formularé solo para terminar algunas consideraciones generales para que hagan el papel de conclusiones provisionales en el sentido procesal de la expresión.

• Las normas de excepción incluidas en las leyes administrativas, generales y sectoriales, son semejantes en todo, es decir, tanto en la definición del supuesto de hecho, como en las medidas que permiten adoptar y en la intensidad de estas, a las que regulan el estado de alarma. Puestos a buscar alguna diferencia que permita compatibilizar ambos tipos de normas yo diría que los preceptos de las leyes administrativas están pensados para dar respuestas inmediatas en los momentos iniciales de la situación de emergencia correspondiente. Por eso la legislación local habilita al alcalde para adoptar esas medidas primeras de respuesta porque en todos los pueblos hay uno y él es la autoridad, la única autoridad en esos primeros momentos. Luego llegarán autoridades gubernativas superiores, que tomarán las riendas y recabarán los auxilios de los que un alcalde no dispone.

Si la situación de necesidad o de emergencia amenaza con prolongarse días o semanas será el momento de pensar en pasar de la provisionalidad de esas primeras respuestas a la declaración formal del estado de alarma, que sustituirá la provisionalidad inicial y la intervención de las autoridades más inmediatas, más cercanas, por una organización *ad hoc* dirigida por el gobierno o, por delegación suya, por el presidente de la comunidad autónoma, a cuyas órdenes directas quedarán todas las autoridades civiles de la Administración pública del territorio afectado, los integrantes de los cuerpos de policía de las comunidades autónomas y de las corporaciones locales y los demás trabajadores al servicio de las mismas (arts. 7º y 9º de la ley orgánica 4/1981, de 1 de junio).

• No hay ninguna razón que justifique la correlación orden público-estado de excepción, ni que excluya aquel del ámbito propio del estado de alarma. Entenderlo así solo es posible a través de un concepto restrictivo del orden público, que no es con toda evidencia el de la ley orgánica 4/1981, de 1 de junio.

El artículo 4 de esta refiere el estado de alarma a "alteraciones graves de la normalidad", entre las que incluye "la paralización de servicios públicos esenciales para la comunidad" y "situaciones de desabastecimiento de productos de primera necesidad" lo que viene a coincidir con "el normal funcionamiento de los servicios públicos esenciales para la comunidad o cualquier otro aspecto del orden público" que el artículo 13 de la misma ley utiliza para definir el supuesto habilitante de la declaración del estado de excepción.

La vieja Ley de Orden Público del 30 de julio de 1959 se situaba también en esa línea al precisar en su artículo 2 que "son actos contrarios al orden público: [...] b) los que alteran o intentan alterar la seguridad pública, el normal funcionamiento de los servicios públicos y la regularidad de los abastecimientos".

La diferencia entre los estados de alarma y de excepción no está, pues, en el supuesto de hecho que justifica su declaración, sino en la intensidad de las respuestas que uno y otro permiten. Si la situación de emergencia obliga a suspender uno de los derechos fundamentales a los que se refiere el artículo 55 de la Constitución o a vaciarlo de contenido será obligado echar mano del estado de excepción, ya que el de alarma no permite llegar tan lejos, como ha puesto de manifiesto la sentencia constitucional de 14 de julio.

• No me parece necesaria en absoluto la modificación de ninguna de las normas de excepción a las que me he referido, porque la jurisprudencia contencioso-administrativa y constitucional pueden realizar, como ya lo han hecho en muchos casos, los ajustes que sean necesarios. Lo único que requeriría un cambio, en el artículo 116 de la Constitución y en la ley orgánica 4/1981, de 1 de junio, es la regulación del estado de sitio, cuya inanidad quedó de manifiesto el tristemente célebre 23F.

CRISIS EPIDÉMICA Y CRISIS CONSTITUCIONAL

SANTIAGO MUÑOZ MACHADO*
España

1. EPIDEMIA Y CRISIS INSTITUCIONAL: UNA CONSTATACIÓN

Es una constante en la historia de las epidemias su efecto devastador sobre las instituciones de gobierno de las comunidades políticas, constituidas o no como Estados. Los análisis de esta clase de catástrofes se centran habitualmente, como es razonable, en la mortandad causada por las epidemias o en las consecuencias económicas que arrastran, dejando a un lado la gran perturbación que producen en el gobierno de las naciones.

Siempre se origina una gran desestabilización de los sistemas políticos porque la epidemia tiene que ser combatida usando medidas excepcionales en relación con la legalidad ordinaria, que se desplaza, en todo o en parte, en beneficio de una legalidad de excepción. El régimen ordinario de los derechos y libertades, y los medios de actuación de los poderes públicos se modulan o suspenden y aparecen nuevos arquetipos políticos y administrativos adaptados a los requerimientos de la epidemia.

La epidemia de covid que afecta al mundo entero desde los primeros meses del año 2020 ha producido también la esperable conmoción en las instituciones públicas y sacudido la legalidad y la constitucionalidad ordinaria, en términos que me dispongo a considerar en esta exposición ante el pleno de la Real Academia de Ciencias Morales y Políticas.

Un libro reciente de NIALL FERGUSON, *Desastre. Historia y política de las catástrofes* (Destino, Barcelona, 2021), incluye bastantes referencias para considerar las crisis políticas causadas por las epidemias, a lo largo de la historia del mundo. Tomo de aquí algunos de los ejemplos más conocidos:

La primera crónica literaria de las consecuencias de una epidemia está en la *Historia de la guerra del Peloponeso* de TUCÍDIDES. El siglo v fue el siglo de oro de la historia de Atenas, pero también un tiempo abundante en catástrofes, buena parte de las cuales provocadas por la guerra que se sumaron a un sinfín de desastres naturales. Según lo describe TUCÍDIDES "nunca fueron capturadas y despobladas tantas ciudades [...] , ni tantos hombres

* Catedrático de Derecho Administrativo de la Universidad Complutense de Madrid

exiliados y muertos, ya durante la propia guerra, ya por las luchas internas [...] así ocurrió con los seísmos, que abarcaron amplias regiones de la tierra y fueron además violentísimos; eclipses de sol, que acaecieron con mayor frecuencia de lo que se recuerda de anteriores tiempos; grandes sequías en algunos pueblos, que desembocaron en hambre, y, en fin, la causante de las no menores desgracias, y la que en buena parte nos aniquiló: la epidemia de peste".

La peste azotó Grecia en el segundo año de la guerra del Peloponeso (430 a. C.). Eran los tiempos de Pericles. La peste había venido de Etiopía, y luego se extendió por Egipto. Se desarrolló rápidamente porque los atenienses se habían replegado tras los muros, con la intención de librar una batalla eminentemente naval, pero no habían contado con que la aglomeración de gentes en espacios reducidos favorecería el contagio y tendría efectos mortales: una cuarta parte de la población falleció, incluido Pericles y sus hijos.

Tucídides describe los síntomas de la enfermedad, pero todavía se discute sobre la naturaleza de la peste que mató a tantos atenienses: el tifus, la viruela, el sarampión, el ébola o una fiebre hemorrágica, han sido las opciones más citadas. Excavaciones realizadas en un enterramiento colectivo en 1994 y 1995, han dado lugar a nuevas hipótesis.

La conclusión de Tucídides que más me interesa destacar es la concerniente a los efectos sobre la gobernación de Atenas de los episodios epidémicos que se sucedieron entre el 430 y el 429 a. de C. y en el invierno del 427 al 426:

"Todos los ritos que hasta entonces habían seguido para enterrar a sus muertos fueron trastornados [...] La peste introdujo en Atenas una mayor falta de respeto por las leyes en otros aspectos. Pues cualquiera se atrevía con suma facilidad a entregarse a placeres que con anterioridad ocultaba, viendo el brusco cambio de formas de los ricos, que morían repentinamente, y de los que hasta entonces nada tenían y de pronto entraban en posesión de las riquezas de aquellos. De suerte que buscaban el pronto disfrute de las cosas y lo agradable, al considerar igualmente efímeros la vida y el dinero.

"Y nadie estaba dispuesto a sacrificarse por lo que se consideraba un noble ideal, pensando que era incierto si iba él mismo a perecer antes de alcanzarlo [...] Ni el temor a los dioses ni ninguna ley humana podía contenerlos, pues respecto de lo primero tenían en lo mismo el ser piadosos o no, al ver que todos por igual perecían; por otra parte, nadie esperaba vivir hasta que llegara la hora de la justicia y tener que pagar el castigo de sus delitos, sino que sobre sus cabezas pendía una sentencia mucho más grave y ya dictaminada contra ellos, por lo que era natural disfrutar algo de vida antes de que sobre ellos se abatiera".

La indiferencia hacia la religión y la ley socavó la famosa democracia de la ciudad y dio lugar a un período de anarquía en el 411.

Convulsiones similares sufrieron algunos gobiernos romanos con las epidemias. Hubo una gran epidemia de viruela en el invierno del 165 al 166, durante el reinado de Marco Aurelio. Probablemente vino con los esclavos de África. La peste se inició hacia el 192 y redujo drásticamente la población desde Egipto hasta Atenas, y dejó pueblos desolados. GIBBON dijo que murieron cinco mil personas al día en Roma. Los muertos totales alcanzaron un porcentaje del 10 al 30 por ciento de toda la población del imperio.

La sacudida se repitió muchos años después en el siglo VI, sumiendo en la más absoluta confusión la Constantinopla de JUSTINIANO.

Pero la peor pandemia de la historia de la humanidad fue la peste negra de mediados del siglo XIV. Probablemente fue una reaparición de la que había afectado al imperio romano. Las principales razones de la enorme incidencia de la peste medieval hay que situarlas en el hecho de que la población mundial era un 50 por ciento superior a la de la época de JUSTINIANO (329.000.000 en el año 1300 y 210.000.000 en 1500) y, sobre todo, había más ciudades en Europa occidental que en el siglo VI. Y dentro de ellas se constituía una red que facilitaba la transmisión y el contagio de la enfermedad.

Falleció entre un tercio y tres quintas partes de la población europea. Las cifras crecían en los meses más calurosos del año, que era cuando atacaban las grandes oleadas de peste porque la pulga que la transmitía encontraba entonces condiciones más favorables.

En general, la peste derrumbó los cimientos de la leve economía medieval, pero en algunos países, como Inglaterra, fortaleció al Estado porque, ante la escasez crónica de comida y mano de obra, la Corona estableció controles sobre los salarios y los precios. En 1351, aumentó los impuestos per cápita, y obligó a trabajar a todos los hombres capacitados.

También tuvo repercusiones religiosas la peste negra, porque permitió el renacimiento o reviviscencia de algunos movimientos rebeldes, como los lolardos en Inglaterra y diversas órdenes, como la de los flagelantes, que creían aplacar el castigo divino con actos de arrepentimiento.

La epidemia de gripe de 1918 se originó con seguridad en el ejército británico, y se la identificó como "bronquitis purulenta con bronconeumonía". Coincidió con la movilización bélica para la primera guerra mundial, que afectó a setenta millones de hombres uniformados. Nunca antes en la historia se habían sacado tantos jóvenes de sus casas y sus puestos de trabajo y se los había amontonado en alojamientos precarios y transportado largas distancias en barcos y trenes estableciendo así condiciones óptimas para el desarrollo del contagio. Esta epidemia fue la conocida como "gripe española" y, al decir de FERGUSON, se debió la denominación a que la prensa de la España neutral, libre de censura, informaba sobre ella con mayor precisión que ninguna otra del mundo. Entre cuarenta y cinco y cincuenta millones de personas murieron como consecuencia de esa pandemia.

La persona más eminente que contrajo la gripe española en Estados Unidos fue el presidente Woodrow Wilson, que enfermó el 3 de abril de 1919, en el tiempo en el que se estaba negociando el Tratado de Versalles. Estuvo tres días en la cama, pero se imputa a la gripe que cediera en varios puntos esenciales en los que tenía diferencias con los europeos. Volvió de Europa agotado, y sufrió un grave derrame cerebral en 1919, que fue determinante de que no pudiera presentarse a la reelección.

El presidente Eisenhower tuvo que vérselas con dos epidemias durante su carrera como servidor público: la primera durante la gripe española, cuando estaba al mando de una fuerza de tanques de diez mil hombres; la segunda fue la pandemia de gripe asiática de 1957-1958, cuando ya era presidente.

Eisenhower no declaró el estado de emergencia. No hubo confinamientos ni se cerraron las escuelas. Los estudiantes que enfermaban se quedaban en casa, como es habitual, y se siguió trabajando de forma más o menos ininterrumpida. La Administración no se endeudó para financiar créditos y ayudas destinados a los ciudadanos y las empresas, y el presidente solo pidió al Congreso una limitada cantidad de dólares para reforzar el servicio de salud pública. La valoración popular de Eisenhower sufrió deterioro, pero ningún historiador serio lo ha atribuido a la pandemia.

La decisión de Eisenhower en 1957 supuso que la responsabilidad se trasladara por completo de las medidas no farmacéuticas a las farmacéuticas. En los años de la gripe asiática Estados Unidos contó con un científico de excepcional talento y lucidez: Maurice Hilleman, que era director del departamento de enfermedades respiratorias del centro médico del ejército. Había estudiado los síntomas de la enfermedad desde hacía muchos años, y ello permitió que Estados Unidos pasara de la detección del riesgo pandémico a la vacunación en un tiempo asombroso. La primera noticia sobre la enfermedad apareció en el *New York Times* en abril de 1957, y tres meses después los médicos de Fort Ord empezaron a vacunar a los reclutas del ejército. Hilleman se incorporó después al laboratorio Merck, donde, en los años sucesivos, desarrolló más de cuarenta vacunas experimentales.

2. Las tradiciones de la gobernación sanitaria en España y su marginación

Publiqué a finales del pasado año un breve ensayo titulado *El poder y la peste de 2020,* en el que expuse las reacciones de los poderes públicos para hacer frente a las crisis epidémicas desde principios del siglo XVIII hasta la actualidad. Tomé como punto de partida la entrada de la peste negra, procedente de Marsella en 1720, analicé lo hecho, en el plano legal y administrativo a lo largo del siglo XIX y resumí las características que adopta el sistema sanitario público antes y después de la Constitución de 1978.

La utilización de la peste negra como primer momento relevante de la historia jurídico pública de las epidemias, se debe a que entonces hubo, por primera vez, una respuesta organizativa consistente en sustituir instituciones con muy escaso poder de intervención y acción positiva (el Protomedicato), por otras acordes con las reformas administrativas que implantó la monarquía borbónica al establecerse en España. Se creó una Junta de Sanidad como organismo especializado en el seno del Consejo de Castilla en la lucha contra las epidemias.

Era un organismo de actividad intermitente, como lo fueron las oleadas epidémicas que sufrió España a lo largo del siglo. Las medidas que propuso siempre tuvieron que ver con el aislamiento de las personas y las cosas (cordones sanitarios, lazaretos...), consideradas entonces como los únicos remedios que habían mostrado cierta eficacia en el control de los contagios. Las propuestas de sustituir esta simplísima organización sanitaria por otra más poderosa y mejor informada, tuvieron un momento de apogeo en un período crucial de la vida política española como fue el de la elaboración de la Constitución de 1812. Mientras los diputados discutían en Cádiz nuestra primera Constitución, la ciudad estaba infectada por una grave epidemia de fiebre amarilla, vómito negro o peste americana. La inmediatez de la emergencia sanitaria puso de relieve, más que en ninguna otra ocasión anterior o posterior, la necesidad de configurar un sistema sanitario capaz de luchar contra ella. A partir de aquellos años se inició una interminable historia de propuestas y debates que no dejaron en todo el siglo, como no dieron descanso tampoco las epidemias (tercianas, fiebre amarilla y el cólera, presente de forma intermitente en el territorio español desde 1834), que abarca desde el proyecto de Código sanitario, que se discutió en las cortes durante el trienio liberal (1820-1823) hasta la aprobación por decreto, ya que las cortes se mostraron incapaces de sacar adelante una ley sanitaria general, la Instrucción General de Sanidad de 1904. Casi todas las actuaciones de los poderes públicos fueron de contenido organizativo: ensayaban fórmulas de articulación territorial de los organismos competentes en materia de salud pública (Dirección General de Sanidad, juntas provinciales y juntas locales de sanidad) o regulaban la creciente pléyade de instituciones especializadas. Desde el punto de vista sustantivo, es decir, considerando la regulación de las medidas por adoptar en caso de epidemias, la Instrucción citada recogió buena parte del copioso arsenal que pretendió establecer el Código sanitario de 1822. Y esa tradición acabó recalando en la Ley de Bases de Sanidad Nacional de 25 de noviembre de 1944.

Remito a mi ensayo citado *El poder y la peste* para una explicación más detenida del recorrido de la acción pública contra las epidemias en los siglos XIX y XX. La Base 4ª de la ley citada resumió los conceptos principales. Se titulaba "Lucha contra las enfermedades infecciosas. Desinfección y desinsectación". El modo de actuar la Administración sanitaria se atenía a lo siguiente: todo caso de enfermedad sospechoso de ser de origen infeccioso debía ser declarado por el médico que lo asistiera. Responsable única de la "ordenación de la lucha contra las enfermedades infecciosas en el territorio nacional" era la Dirección General de Sanidad. En cada provincia la dirección del servicio correspondía al jefe de Sanidad respectivo, quien "asumirá la facultad de ordenar el aislamiento de los enfermos infecciosos, dando cuenta previa al gobernador civil de la provincia, bien en sus domicilios, bien en hospitales. De la misma facultad gozarán los alcaldes en sus jurisdicciones y, por su delegación, los jefes locales de Sanidad". Los jefes de Sanidad estaban habilitados asimismo para "aislar a los portadores de gérmenes, prohibiendo el ejercicio de determinadas profesiones. En las mismas condiciones, podrá prohibírseles el concurrir a centros y locales donde su presencia puede ser peligrosa para los demás, sometiéndolos a las medidas pertinentes hasta que dejen de ser perjudiciales a la sociedad". En fin, "La declaración de estado epidémico en todo el territorio nacional corresponderá al Consejo Nacional de Sanidad, y a los consejos provinciales en las zonas de su demarcación, pero no será precisa la declaración de este estado para que puedan tomarse las medidas que estimen oportunas las autoridades. Declarada ya la epidemia, los jefes provinciales y locales de Sanidad podrán proponer a la superioridad la incautación de locales, de materiales, así como la utilización de los servicios profesionales que consideren precisos para combatir la epidemia. Corresponderá a la autoridad gubernativa, a petición de la sanitaria, en tiempo de anormalidad sanitaria, la prohibición de ferias y mercados, la clausura de escuelas, espectáculos y centros de reunión, así como la prohibición o reglamentación del comercio de objetos que se juzguen peligrosos para la salud pública. En caso de duda, la autoridad gubernativa podrá pedir informe a los consejos provinciales de sanidad o elevar consulta a la Dirección General del Ramo".

Estos esquemas normativos de actuación sanitaria en casos de catástrofes epidémicas o pandémicas no han sido derogados en sustancia. Puede constatarse su legado en la legislación sanitaria posterior a la Constitución de 1978. La Ley Reguladora de las Bases del Régimen Local de 1985 mantuvo la competencia del alcalde para "adoptar personalmente y bajo su responsabilidad, en caso de catástrofe o de infortunios públicos o grave riesgo de los mismos, las medidas necesarias y adecuadas dando cuenta inmediata al Pleno" (arts. 21.1.m y 124.4.h). Y la Ley 14 de 1986 de 25 de abril, General de Sanidad, invocó en su preámbulo los principios y la tradición recogidos en el proyecto de Código sanitario de 1822, en la Ley de Sanidad de 28 de noviembre de 1855 y en la Ley de Bases de Sanidad Nacional de 25 de noviembre de 1944, asumiendo la herencia de dos siglos de lucha contra las enfermedades infecciosas y los fundamentos regulatorios de la Sanidad preventiva en España. Según prescribe la ley orgánica 3 de 1986, de 14 de abril, de medidas especiales en materia de salud pública, las autoridades competentes para intervenir adoptando las medidas necesarias son las de cualquier nivel de gobierno territorial, desde las autoridades municipales hasta las estatales. Pueden intervenir en cuanto que "se aprecien indicios racionales que permitan suponer la existencia de peligro para la salud de la población". Y las "medidas" que se enuncian son todas las que la situación aconseje. El artículo 3° recoge esta habilitación y la hace extensiva a cualquier medida que sea oportuna para el control de los enfermos y de las personas que hayan estado en contacto con ellos y el medio ambiente inmediato. Y concluye haciendo uso de una cláusula general para que no pueda interpretarse la atribución de potestades con restricción alguna: "*así como las que se consideren necesarias en caso de riesgo de carácter transmisible*".

Este criterio técnico de definir las competencias de intervención mediante cláusulas generales de habilitación forma parte no solo de la tradición normativa española en lo que concierne a la lucha contra las emergencias sanitarias, sino que reproduce una solución jurídica que ha sido general en los sistemas jurídicos europeos, sin excepciones reseñables. La habilitación mediante cláusulas generales a las autoridades gubernativas o sanitarias para que adopten las medidas que sean pertinentes, atendida la situación y las necesidades de cada momento, es la fórmula de la legislación alemana, de la francesa o de la italiana.

La defensa de la salud de la población ante situaciones epidémicas se ha atendido aplicando recursos sanitarios por las autoridades sanitarias y siempre se han considerado emergencias que, aunque hayan precisado de la aplicación de recursos gubernativos de limitación de derechos o de coacción, están incardinadas en el ámbito de la sanidad. Mucho más desde que a las reacciones clásicas del distanciamiento social empezaron a sumarse las de naturaleza farmacéutica como remedio prevalente. El último intento, previo a la pandemia de coronavirus, de precisar las competencias sanitarias de intervención en caso de trastorno grave de la salud colectiva, está en la ley 23 de 2011, de 4 de octubre, General sobre salud pública, artículo 54, que mantiene las medidas previstas en la ley orgánica 3/1986 y desarrolla algunos de sus conceptos sin variar el sentido y justificación de los poderes extraordinarios.

No obstante, una de las variaciones con respecto a los modelos preconstitucionales que más relevancia tiene es la ruptura de la centralización estricta que caracterizó a nuestro sistema sanitario hasta la aprobación de los estatutos de autonomía y de la Ley General de Sanidad de 1986. Las competencias ordinarias de gestión sanitaria corresponden ahora, dentro del Sistema Nacional de Salud a las Comunidades Autónomas. Y en supuestos de emergencia esta posición se mantiene, no obstante la evidente necesidad de coordinación de toda la organización sanitaria pública. Ley 16 de 2003, de 28 de mayo, de cohesión y calidad del Sistema Nacional de Salud acogió esta apelación a la coordinación total. Su artículo 65 bis establece la obligación de los órganos competentes en materia de salud pública de las comunidades autónomas de comunicar al Ministerio de Sanidad, "en el caso de una situación de emergencia, la información epidemiológica y la relativa a la capacidad asistencial que se requiera y la identificación de las personas responsables de la misma, así como las medidas de prevención, control y contención adoptadas por las comunidades autónomas y las entidades locales comprendidas en su ámbito territorial". La información procedente de entidades locales se transmite por intermedio de la Comunidad Autónoma de su territorio. Sin perjuicio de la coordinación de las actuaciones, el artículo 65 bis evidencia que, en caso de necesidad sanitaria, todas las medidas de intervención las puede adoptar cualquier Administración pública en su territorio, *sin esperar a pronunciamientos previos o autorizaciones de cualquier clase.*

El artículo 65 regula las "actuaciones coordinadas en materia de salud pública". La coordinación comprende al Estado y a las Comunidades y se inicia con una declaración del Ministerio de Sanidad. Su finalidad más destacada es "responder a situaciones de especial riesgo o alarma para la salud pública". Para ello programa la utilización en común de instrumentos técnicos, se definen estándares mínimos para el análisis e intervención sobre problemas de salud y se activan o diseñan planes o estrategias. Nada hay en estas previsiones que se oponga a que cada entidad autónoma de carác ter territorial adopte las medidas urgentes que se consideren necesarias en caso de epidemia. Como siempre ha ocurrido a lo largo de la historia sanitaria de nuestro país.

La tradición jurídica resumida en los párrafos anteriores ha sido interferida, con ocasión de la pandemia de coronavirus, por medidas de orden público por completo ajenas a la misma. Las epidemias no han sido nunca en la historia administrativa española una cuestión de orden público tratada desde la perspectiva de la legislación reguladora de esta materia. Parecen evidentes las razones: una epidemia puede llegar a provocar algaradas, desórdenes o trastornos importantes del orden, pero no es por su naturaleza una acción dirigida a alterar el orden de las instituciones ni a perturbar la convivencia. Es, por el contrario, una situación de hecho, independiente de la voluntad de los ciudadanos, que afecta de modo grave a la salud colectiva y que debe ser tratada como un problema sanitario, no de orden público.

Es constatable en las leyes de orden público aprobadas a lo largo de la historia en España la exactitud de esta consideración. Las tres leyes principales de orden público dictadas a lo largo de nuestra historia han sido la Ley de Orden Público de 23 de abril de 1870, en la que se establecieron, de acuerdo con la norma fundamental, "las medidas gubernativas que las autoridades civiles y militares pueden y deben adoptar para mantener y restablecer el orden público, y para prevenir los delitos contra la Constitución del Estado, contra la seguridad interior y exterior del mismo, y contra el orden público" (art. 2.1). Ley de 28 de julio de 1933, que definía el orden público por referencia al "normal funcionamiento de las instituciones del Estado y el libre y público ejercicio de los derechos individuales, políticos y sociales definidos en la Constitución" (art. 1º). Y la Ley de Orden Público franquista de 30 de julio de 1959, que define el orden público del mismo modo que la de 1933 y, como ella, concibe que las alteraciones del orden público proceden de "actos", es decir, actuaciones o conductas de personas, no de "hechos". A diferencia de la norma republicana, en la de 1959 aparece un supuesto de perturbación del orden que tiene que ver con la sanidad. El artículo 2º g) establece que son contrarios al orden público "Los atentados contra la salubridad pública y la transgresión de las disposiciones sanitarias dictadas para evitar epidemias y contagios colectivos". La epidemia en sí no se considera una situación contraria al orden público, sino que los son las transgresiones a las medidas antiepidémicas.

Esta situación legislativa fue ampliada por la ley orgánica de estados de alarma, excepción y sitio de 1 de junio de 1981, a la que se remitía el artículo 116 de la Constitución. Esta ley, pese a su nombre, es una ley de orden público por su contenido (posiblemente no asumió el legislador la tradición por las connotaciones represivas del término en el tardofranquismo) y en ella se tratan directamente las epidemias como una alteración del orden que justifica el establecimiento del estado de alarma. El estado de alarma, en la ley de 1981, no se basa en la concurrencia de actos contrarios a la convivencia originados por la conducta de personas o grupos, sino en situaciones provocadas por hechos extraordinarios que no dependen de la voluntad de las personas, tales como catástrofes, situaciones de desabastecimiento, paralización de servicios esenciales y, por lo que ahora interesa, "crisis sanitarias, tales como epidemias y situaciones de contaminación grave".

No deja de ser llamativo que, pese a la innovación importante que introdujo la citada ley, no desplazara las formas y potestades de las autoridades sanitarias, consolidadas en la tradición a que me he referido, puesto que el artículo 12.1 permite que los órganos competentes puedan adoptar "por sí, según los casos, además de las medidas previstas en los artículos anteriores, *las establecidas en las normas para la lucha contra las enfermedades infecciosas*". Es decir, que la utilización del estado de alarma como respuesta a las epidemias y crisis sanitarias se concibió por el legislador como un complemento de las actuaciones de necesidad previstas en la legislación sanitaria. No ha pretendido sustituirlas.

Cabe preguntarse, por tanto, qué es lo que aporta la ley de 1981, si es que añade algo, a la legislación sanitaria, cuyos contenidos tradicionales aparecen ratificados en legislación posterior. La indagación al respecto ofrece resultados bastante magros. Ciertamente la declaración de estado de alarma implica la posible limitación de la libre circulación de personas y vehículos, requisas de bienes y servicios personales; intervenciones y ocupaciones de industrias, fábricas, talleres o explotaciones; la limitación o racionamiento del uso de servicios y bienes de consumo; controlar el abastecimiento de mercados y el funcionamiento de los centros de producción. También habilita la unificación del mando para dirigir la situación, que corresponderá al gobierno, sin perjuicio de las delegaciones que se acuerden.

Pero, como puede verse en toda la legislación sanitaria, desde el siglo XIX a las leyes vigentes, ninguna de esas medidas requeriría la declaración previa de estado de alarma porque dicha legislación ofrece habilitaciones suficientes para que las autoridades tomen medidas como las enunciadas, o parecidas a ellas, con semejantes efectos sobre los derechos individuales. La diferencia radica (si acaso y no necesariamente) en la menor especificación o detalle con que se confieren las habilitaciones porque las de carácter sanitario relativas a las epidemias se contienen en cláusulas generales comprendidas en la legislación ordinaria, mientras que las del estado de alarma se concretan más en la ley de 1981 y en el decreto que lo declara. Puede considerarse que aquella opción normativa forma parte de una tradición jurídica, extendida en toda Europa, que se explica por la dificultad de establecer previsiones detalladas sobre las características de las intervenciones del poder administrativo que van a ser precisas, considerando que la evolución e incidencias de una epidemia son de difícil predicción.

3. Las consecuencias jurídico constitucionales de la pandemia

Es improbable que una crisis pandémica de tanta duración como la provocada por la covid no produzca alteraciones del régimen constitucional ordinario. La historia muestra esta correlación implacable. Europa no ha sido una excepción en el año 2020 y en estados significativos, como Francia o Alemania, además de aplicar la legislación sanitaria, han aprobado nuevas normas para favorecer una acción directa del poder federal (Alemania) cuando carecía de competencias suficientes (ley de 2020, en el país citado, de *protección de las infecciones*) o para modular los tipos de respuestas preexistentes (creación de un nuevo *etat d'urgence sanitaire* en Francia, por ley de 23 de marzo de 2020, y decisión del *Conseil Constitutionnel de 5 de agosto de 2021*). Pero la estabilización constitucional se ha producido siempre en poco tiempo, como también es propio de las situaciones de emergencia: la excepcionalidad jurídica no debe durar más que aquellas.

En España la pandemia ha albergado una seria crisis constitucional. Hay piezas del sistema institucional que han quedado dislocadas, fuera de sus órbitas legítimas; los derechos individuales han pasado por una etapa de seria inseguridad; los poderes territoriales han aceptado un reparto de competencias de ocasión, contra la que apenas han protestado porque les ha servido para sacudirse responsabilidades muy pesadas; los tribunales han sido invitados a ejercer funciones propias de la Administración pública; y los juristas hemos pasado por momentos de gran tribulación.

A) *El desconcierto de los juristas*

Comenzaré el comentario por esto último, aunque no podré extenderme mucho, a pesar de ser muy atractiva la incitación, debido a la brevedad que la ocasión impone a este discurso que, además, no está dirigido a una comunidad integrada exclusivamente por especialistas. Lo que quiero expresar es, sin embargo, simple: el Real Decreto 463 de 2020 de 20 de marzo, por el que se declaró el estado de alarma para adoptar medidas contra la expansión de la epidemia, generó un estado de opinión lleno de contradicciones entre los juristas especializados en derecho público. No recuerdo otro caso igual, por su intensidad y por la amplitud del desacuerdo, desde que la Constitución entró en vigor.

Algunos analistas (J. Ridao, G. Domenech, por ejemplo) han ensayado clasificaciones de las opiniones vertidas en periódicos y revistas, asegurando que las de los constitucionalistas forman un bloque más o menos homogéneo, que sostiene interpretaciones distintas de las de los administrativistas, que también son unívocas casi por completo. Es curiosa, por lo menos, la clasificación, que parece retomar aquella vieja cantinela de que la columna vertebral del derecho público está en el derecho administrativo y no en el derecho constitucional (hablo de la doctrina española, claro está), y que los cultivadores de aquella disciplina están más próximos al utillaje del derecho y los de la segunda a las herramientas de la política. Vana distinción que, si fue posible alguna vez, el tiempo se ha encargado de diluir. Es más, en el debate al que ahora voy a aludir los constitucionalistas se han mostrado más intransigentemente formalistas que los administrativistas, lo que siempre hace sospechar que algunos han abrazado el credo de la literalidad y se afanan en un culto en el que no se considera ni la historia de las instituciones ni la realidad social a la que sirven.

Lo curioso del caso, desde mi punto de vista, ha sido la manera de argumentar de bastantes intervinientes en la polémica. No ha parecido importante que las interpretaciones del ordenamiento conduzcan a resultados absurdos o poco productivos o, incluso, manifiestamente inconvenientes para la lucha contra la pandemia; lo importante, en el sentir de quienes han adoptado posiciones dogmáticas inflexibles, ha sido la salvaguarda de su manera de entender la Constitución y las normas que la han desarrollado, sobre todo en materia de derechos.

Este tipo de planteamientos me recuerda un artículo de SANTI ROMANO, incluido en sus *Frammenti de un Dizionario Giuridico* (editado por Giuffrè en 1947, se editó por Ediciones Jurídicas Europa-América, Buenos Aires, 1964 una traducción española de S. SENTIS y M. AYERRA, y, recientemente, de la misma traducción, por Comares, Granada, 2002); se titula "Glissez, mortels, n'appuyez pas". ROMANO dice que esta expresión resumía un consejo del entrenador Pierre Charles Roy a sus pupilos de patinaje, recomendación que consideraba por completo aplicable a los juristas que tienen la "pedante sutileza de quienes gustan, como suele decirse, de hendir en tres un cabello" [...]. Se refiere "a aquellos que, y no son pocos, se aferran a algún concepto, que a veces no es más que un mal concepto, e insisten incansablemente en él, a fin de poner de relieve todos los puntos de vista desde donde puede examinárselo, todos sus aspectos, todas sus facetas, todas las consecuencias lógicas que pueden inferirse de él, creyendo que así lo definen mejor. Y no advierten que de este modo, frecuentemente, no consiguen más que enturbiarlo, esfumar sus contornos o, por el contrario, hacerlos demasiado precisos, cuando no pueden ser tales por naturaleza, al sutilizarlo a fuerza de limarlo y esfumarlo y disolverlo, tal como ocurre con la nieve sobre la cual se aprieta demasiado, en vez de resbalar [...] Ciertamente, al formular un concepto, al enunciar un principio, al delinear un instituto, es necesario ser exactos y precisos, pero la exactitud y la precisión exigen que no se torne rígido lo que es flexible, ni sólido lo que es fluido; más todavía, se exige también que lo que debe examinarse en conjunto, para que resulte su verdadero aspecto, no se fraccione en trozos diminutos, que luego no se puedan recomponer en conjunto".

Algo así ha ocurrido con las interpretaciones de los juristas sobre las normas aplicables a la epidemia.

El núcleo del debate radica en la cuestión de saber si fue legítima la declaración de estado de alarma o, por el contrario, supuso un error constitucional porque lo procedente hubiese sido declarar el estado de excepción. En relación con ello, si era necesario recurrir a la ley de estados excepcionales de 1981 o bastaba con aplicar la legislación sanitaria. No repito ni los contenidos de estas leyes, que ya he resumido, ni me detengo a exponer la decisión final de los tribunales sobre el debate, que dejo para un poco más adelante. Ninguna duda cabe que la ley de 1981 habilita al gobierno expresamente para declarar el estado de alarma en caso de epidemia, otra cosa es que fuera más procedente jurídicamente cualquiera de las otras opciones mencionadas.

Pero el debate ha sido bastante más abigarrado y complejo. He aquí una muestra de cuestiones sobre las que se ha polemizado: a) competencias de las Comunidades Autónomas para adoptar medidas antiepidémicas individuales y generales apoyándose en lo establecido en el artículo 3 de la ley orgánica 3 de 1986, de 14 de abril, de medidas en materia de salud; b) adecuación a la Constitución de las cláusulas generales de habilitación de potestades excepcionales de limitación de derechos, contenidas en la legislación sanitaria; c) la función de la reserva de ley y la predeterminación normativa de las potestades de limitación de derechos; d) ¿las habilitaciones generales contenidas en la legislación sanitaria son habilitaciones en blanco, inaceptables constitucionalmente, o pueden ser desarrolladas y completadas mediante reglamentos y "medidas" de aplicación?; e) la alteración del régimen constitucional de competencias ampliando las responsabilidades ejecutivas de Estado para luchar contra la epidemia ¿es constitucionalmente admisible?, ¿es viable en un Estado que ha transferido toda la organización administrativa de la Sanidad Pública a las Comunidades Autónomas?; f) ¿la regulación establecida en el decreto de alarma establece limitaciones de derechos individuales o los suspende?; g) ¿es más protector de los derechos el estado de excepción porque impone un mayor control parlamentario? La mayor parte de estas cuestiones han sido abordadas y respondidas por el Tribunal Constitucional y el Tribunal Supremo, en términos que voy a exponer seguidamente. No diré que han quedado definitivamente resueltas porque las dos sentencias del primero en las que ha abordado la adecuación a la Constitución de los decretos que declararon el estado de alarma, fueron aprobadas por estricta mayoría simple de los miembros del Tribunal y cuentan con contundentes votos discrepantes de los magistrados que quedaron en minoría. Además su doctrina ha sido severamente criticada por muchos juristas, participantes o no en el debate principal. Por su parte, las sentencias de la Sala Tercera del Tribunal Supremo, que son las que han venido a resolver la mayor parte de las cuestiones que he dejado enunciadas, han sido, en general, valoradas como interpretaciones adecuadas de la Constitución y el resto del ordenamiento jurídico.

Tal vez lo único que sigue sin explicar con suficiente desarrollo sea lo más evidente; a saber: que muchas de las categorías jurídicas e instituciones contempladas en nuestro ordenamiento jurídico tienen que ser moduladas, flexionadas o interpretadas de manera diferente a la ordinaria cuando el Estado y la sociedad se ven afectados por una situación de emergencia. En estos casos, la legalidad ordinaria queda parcialmente desplazada por una legalidad de excepción, integrada no solo por normas especiales para la ocasión, sino también por otras interpretaciones de la legalidad ordinaria, que faciliten a los poderes públicos la lucha por preservar la salud pública. No es posible admitir interpretaciones del ordenamiento que dificultan hasta el extremo la intervención inmediata de la Administración ante una situación que pone gravemente en peligro la salud pública.

B) *La posición del Tribunal Constitucional*

La controversia que se llevó ante el Tribunal Constitucional se refería, casi exclusivamente, al punto de adecuar a la Constitución la declaración de estado de alarma, por considerar los recurrentes que procedía haber declarado estado de excepción. El Tribunal se ha pronunciado en sentido favorable a las pretensiones de los recurrentes en las sentencias de 14 de julio y 27 de octubre de 2021 y ha anulado parte del decreto. La argumentación de que se ha valido la mayoría de magistrados que lo integran para adoptar tan severa decisión está desarrollada sobre todo en la primera de las sentencias citadas, que se pronunció sobre la impugnación del Real decreto 463 de 2020, de 20 de marzo, que declaró el primer estado de alarma adoptando medidas contra la epidemia; consideró el Tribunal lo siguiente:

Nuestra Constitución establece una distinción, apoyada en dos circunstancias concretas, "entre el estado de alarma y el de excepción, la primera de esas perspectivas permite apreciar que ambos estados son declarados por el Gobierno, si bien «dando cuenta al Congreso» (en la alarma) o «previa autorización del Congreso» (en el estado de excepción: artículo 116.2 y 3 CE). La segunda, que en la alarma solo cabe limitar derechos; en excepción (y sitio), cabe suspenderlos [...]

"Así pues, y por lo que hace específicamente a su posible incidencia en los derechos fundamentales, la declaración de un estado de alarma no consiente la suspensión de ninguno de los derechos de tal rango (que sí cabe para determinados derechos en el supuesto de proclamación del estado de excepción o el de sitio, conforme a los artículos 55.1 y 116.3 y 4 CE), pero sí «la adopción de medidas que puedan suponer limitaciones o restricciones a su ejercicio (STC 83/2016, FJ 8) que habrán de atemperarse a lo prescrito en la LOAES y a las demás exigencias que la Constitución impone» [...].

"De esta forma, y respecto al límite genérico que acaba de invocarse, «suspensión» y «limitación» de derechos fundamentales son nociones jurídico constitucionales que deben ser perfiladas, pues solo a partir de una definición de principio cabe situar en sus justos términos la fundamentación de las pretensiones deducidas en este proceso: como se ha visto, la demanda equipara la «suspensión» con una limitación especialmente intensa de los derechos fundamentales invocados, que excedería el alcance constitucionalmente reconocido al estado de alarma, por lo que no podría venir amparada por el decreto ahora impugnado.

"En este sentido, una primera aproximación general permite apreciar que el concepto de «limitación» (o «restricción») es más amplio que el de «suspensión», como género y especie: toda suspensión es una limitación, pero no toda limitación implica una suspensión. La suspensión es, pues, una limitación (o restricción) especialmente cualificada, según resulta tanto del lenguaje habitual como del jurídico.

"En efecto conforme a los diccionarios de la lengua española y panhispánico del español jurídico, los términos «limitación» o «restricción» hacen referencia, en última instancia, a la «acción y efecto» de «reducir a menores límites» algún «derecho o facultad»; mientras que la «suspensión» implica una «cesación» o privación «temporal», que «impide temporalmente el ejercicio de un derecho»". Toma la sentencia también el ejemplo del Convenio Europeo de Derechos Humanos donde aparecen los conceptos de restricción, derogación (art. 15) o suspensión. De todo lo cual concluye que la suspensión "parece configurarse como una cesación, aunque temporal, del ejercicio del derecho y de las garantías que protegen los derechos (constitucional o convencionalmente) reconocidos; y que solo en ciertos casos, y respecto de ciertos derechos puede venir amparada por el artículo 55.1 CE. Por el contrario, la limitación admite muchas más formas al margen de la suspensión".

Más adelante argumenta el Tribunal que no basta con que un decreto encuentre acomodo en la LOAES para limitar derechos, sino que es necesario tener en cuenta también el principio de proporcionalidad.

Utilizando estos criterios generales, analiza la sentencia los preceptos impugnados para determinar si en cada caso puede apreciarse una suspensión de los derechos concernidos o limitaciones más o menos importantes de los mismos. Y concluye que las medidas adoptadas en los apartados 1, 3 y 5 del artículo 7°, y la habilitación contenida en el apartado 6 del artículo 10, que permite modificar o ampliar las medidas, son contrarias a la Constitución porque suponen no una limitación, sino una suspensión o cesación de derechos.

La posterior sentencia del Tribunal Constitucional de 27 de octubre de 2021 atiende la impugnación del Real Decreto 926 de 2020 de 25 de octubre, por el que el gobierno declaró el estado de alarma para contener la propagación de infecciones causadas por el SARS-Cov2, y concluye estimando la nulidad de varios artículos y apartados de artículos.

La argumentación es sustancialmente la misma establecida en la sentencia anterior. Es decir, como se repite en el apartado B, titulado "Limitaciones de derechos fundamentales durante el estado de alarma. Doctrina general", "El real decreto declarativo del estado de alarma «podrá llegar a establecer restricciones o limitaciones de los derechos fundamentales que excedan de las ordinariamente previstas en su régimen jurídico, pues de lo contrario carecería de sentido la previsión constitucional de este específico estado de crisis (artículo 116.1 y 2 CE)». Por otra parte, «estas restricciones, aunque extraordinarias, no son ilimitadas, y no pueden llegar hasta la suspensión del derecho, so pena de vaciar igualmente de sentido el artículo 55.1 CE. Finalmente, y cumplidos los anteriores requisitos, dichas limitaciones deberán respetar, en todo caso, los principios de legalidad y proporcionalidad, ya que de lo contrario el derecho afectado quedaría inerme ante el poder público, y ya se ha dicho que ante el estado de alarma los derechos fundamentales subsisten»".

También repite el Tribunal que "Los términos «suspensión» y «limitación» de los derechos «son nociones jurídico constitucionales que deben ser perfiladas». En una primera aproximación se parte de la idea de que la limitación es un concepto «más amplio que el de la suspensión, como género y especie: toda suspensión es una limitación, pero no toda limitación implica una suspensión. La suspensión es, pues, una limitación (o restricción) especialmente cualificada, según resulta tanto del lenguaje habitual como del jurídico». En el concreto ámbito de los derechos fundamentales, la suspensión «parece configurarse como una cesación, aunque temporal, del ejercicio del derecho y de las garantías que protegen los derechos (constitucional o convencionalmente) reconocidos; y que solo en ciertos casos, y respecto de ciertos derechos, puede venir amparada por el artículo 55.1 CE. Por el contrario, la limitación admite muchas más formas al margen de la suspensión»".

A esta tesis de la mayoría del Tribunal se opusieron cinco votos particulares, que expresan diversas razones de disconformidad. Todos considerando que fue constitucionalmente adecuada la declaración de estado de alarma. El magistrado Xiol en su largamente argumentado escrito aseguraba, analizando los antecedentes parlamentarios de la Constitución que "los debates constituyentes ponen de manifiesto que los estados de alarma, excepción y sitio fueron concebidos para resolver crisis de diferente naturaleza, no para aplicar un estado u otro dependiendo de la gravedad de la situación de emergencia". Resulta de los precedentes que el Parlamento consideró que la figura aplicable a las epidemias era el estado de alarma. No cabe duda literal en la ley. Distinguir entre ambos estados excepcionales dependiendo de la gravedad de la mayor o menor limitación de los derechos sitúa su régimen en una situación de extrema inseguridad, dada la dificultad de establecer cuándo una limitación es tan profunda como para considerarla suspensión, habida cuenta de que no hay ningún criterio determinado en que fijarse.

La sentencia considera que el artículo 7° produjo una suspensión de derechos a la libertad de circulación "de altísima intensidad"; suspensión y limitación son categorías jurídicas distintas. El magistrado Conde Pumpido argumentó que suspensión es supresión temporal del derecho, o "desplazamiento circunstancial o *pro tempor*e de la norma constitucional", de modo que su régimen pasaría a ser sustituido por el que se establezca para los estados de excepción y sitio. Los derechos suspendidos pierden su condición de derechos constitucionales. La suspensión hace que el derecho pierda eficacia temporalmente y sea sustituido su régimen de ordenación por el dispuesto en la ley orgánica. En el estado de alarma, sin embargo, el contenido del derecho queda disminuido, incluso de modo drástico, pero sin que desaparezcan algunas de las garantías constitucionales de su contenido, como es el sometimiento de la restricción al principio de proporcionalidad.

"Sin embargo —continua el magistrado mencionado—, para la sentencia de la que discrepamos, lo procedente hubiera sido hacer desaparecer el derecho a la libre circulación mediante su suspensión declarando el estado de excepción. Proponer que se garantizan mejor los derechos de los ciudadanos suprimiéndolos en lugar de restringiéndolos dejando incólumes sus garantías constitucionales, es, a mi juicio, no comprender adecuadamente el sistema de derechos fundamentales establecido en nuestra norma fundamental".

También discrepa de que pueda tenerse como criterio para saber cuándo un derecho fundamental es suspendido en lugar de restringido, el carácter singular o general de la restricción. Tampoco vale el criterio de la intensidad de la medida, que no puede ser determinante de que la limitación mute en suspensión. La suspensión exige, para el discrepante, "una declaración formal que explícitamente la prevea y su consecuencia es que el derecho formalmente suspendido pierde las referidas garantías constitucionales". La clave de la suspensión es la sustitución del régimen de garantías al que se someten las limitaciones de un concreto derecho, y no el grado de intensidad o la generalidad de este.

La conclusión de CONDE PUMPIDO es que "constituye una cierta tradición en el Tribunal citar la frase del primer presidente, GARCÍA PELAYO, quien señaló que la función del Tribunal Constitucional es resolver problemas políticos con argumentos jurídicos.

"La sentencia de la mayoría hace exactamente lo contrario. No resuelve, sino que crea un grave problema político y sanitario, al desarmar al Estado contra las pandemias, privándole del instrumento que la ley determina expresamente para hacer frente a las crisis sanitarias, que es el estado de alarma. Y no responde a criterios propiamente jurídicos, pues dichos criterios deben proporcionar certeza y seguridad jurídica, mientras que en el caso actual, se utiliza un atajo argumental (calificar como suspensión una restricción intensa de un derecho fundamental) para estimar la inconstitucionalidad de una medida sanitaria solicitada por un partido político, que previamente la había apoyado expresamente en el debate y votación parlamentaria de la prórroga del estado de alarma".

C) *La doctrina del Tribunal Supremo*

No hay mucho más que decir, más allá de lo expresado en el debate transcrito, sobre la dificultad extrema de discernir qué clase de proclama es más pertinente para atajar una crisis de carácter epidémico. Ya he expuesto mi idea de que todas las medidas de orden público son extrañas a la policía de epidemias, que se han de resolver con los medios establecidos en la legislación específicamente sanitaria. Pero si alguno de aquellos estados de emergencia es pertinente aplicar, el que el legislador ha señalado expresamente es el estado de alarma. No cabe duda ni por los antecedentes ni por el tenor literal de la ley. Distinguir entre limitaciones de "altísima intensidad" y suspensiones es en extremo difícil, y no hay otra manera que distinguir entre una y otra figura que observar si la intervención pública supone un cambio de régimen jurídico del derecho, una alteración sustancial de las garantías que la Constitución establece.

La jurisprudencia del Tribunal Supremo se ha situado en un nivel bastante más aclaratorio de los problemas que las acciones antiepidémicas venían planteando. Durante las primeras semanas de la emergencia pandémica, se discutió si las comunidades autónomas y otras administraciones territoriales tenían competencias para adoptar medidas sin autorización del Estado o sin el auxilio de los tribunales, y las respuestas, en los casos en que sus actuaciones fueron impugnadas habían sido muy dispares. Por otro lado, estuvo pendiente durante un año la cuestión de saber si, en nuestro ordenamiento jurídico vigente, la legislación sanitaria contiene habilitaciones en favor de las autoridades administrativas lo suficientemente amplias como para que puedan adoptar las medidas que convengan, incluso limitando o suspendiendo derechos, sin necesidad de que se haya declarado previamente la situación de estado de alarma o de excepción.

La sentencia del Tribunal Supremo, Sala Tercera, 719 de 2021, de 24 de mayo, ponente P. Lucas Murillo de la Cueva, ha sido la primera en afrontar estas cuestiones iniciando una jurisprudencia clara y definitivamente clarificadora, coincidente también con las tesis que he venido sosteniendo sobre estos problemas jurídicos. Se dicta resolviendo un recurso de casación interpuesto contra el auto de 9 de mayo de 2021, dictado por el TSJ de Canarias, que denegó la ratificación de las medidas adoptadas por acuerdo del Gobierno de Canarias de 6 de mayo de 2021.

El Tribunal Supremo examina el auto, que se refiere a las medidas especiales adoptadas en virtud de las leyes sanitarias de 1986 y la de Salud Pública de 2011 ya mencionadas. Limitaba la entrada y salida de personas en las islas, la libertad de circulación de personas en horario nocturno, los encuentros familiares y sociales en espacios públicos y privados a un máximo de personas, y la estancia en lugares de culto. Examina lo establecido en los artículos 3° de la Ley Orgánica 3 de 1986, 26 de la Ley 14 de 1986 y 54 de la Ley 33 de 2011. Y sienta la siguiente interpretación como *ratio decidendi* de su fallo:

"Este conjunto de preceptos ofrece suficientes precisiones, objetivas, subjetivas, espaciales, temporales y cualitativas para satisfacer la exigencia de certeza que han de tener los preceptos que fundamentan restricciones o limitaciones puntuales de derechos fundamentales y en concreto de la libertad de circulación, las cuales, de otro lado, no pueden predeterminarse siempre —ya que no han de excluirse situaciones nunca imaginadas ni, en consecuencia, previstas— y no se alejan los términos recién examinados del parámetro admitido por el Tribunal Constitucional para la tipificación de las sanciones, por ejemplo en su sentencia número 14 de 2021.

"Sin ninguna duda hubiera sido deseable que, en vez de a conceptos indeterminados y cláusulas generales, pudiéramos acudir a una regulación específica para afrontar la pandemia que detallase cuantos extremos fueran susceptibles de precisión para ofrecer la máxima seguridad jurídica. No obstante, no puede preverse todo y tampoco puede decirse que los preceptos examinados adolecen de tal indeterminación que permitan hacer cualquier cosa a las administraciones que los utilicen. Por el contrario, delimitan con una precisión mínima el campo de su aplicación. Y no es una novedad que los tribunales deban extraer del ordenamiento jurídico los criterios para resolver problemas que no han recibido una solución precisa por parte del legislador. Esto significa que será necesario examinar cada medida y valorarla atendiendo a la luz de los criterios extraídos de estos preceptos, si cumplen las exigencias de adecuación, necesidad y proporcionalidad.

"En definitiva, la legislación sanitaria sí autoriza la limitación de la libertad de circulación, siempre que se den las condiciones por ella previstas [...]".

La comprobación que se pide a las salas de los tribunales que conocen en primera instancia de estas cuestiones se ha de referir exclusivamente a verificar si la Administración que pide la ratificación es la competente, invoca los preceptos legales de las leyes sanitarias, identifica el peligro grave para la salud pública, establece la extensión del riesgo desde el punto de vista subjetivo, espacial y temporal, y justifica que no tiene otros medios para afrontarlo. El tribunal requerido deberá concluir si dicha justificación es suficiente, y si la limitación pretendida es necesaria, idónea y proporcionada.

Una sentencia inmediatamente posterior del TS, Sección Cuarta de la Sala Tercera, nº 788 de 2021, de 3 de junio, ratificó la doctrina con algún énfasis añadido (ponente Luis M. Díez Picazo):

"De nuestra sentencia 719/2021 ya se desprende que la restricción de derechos fundamentales en el marco de la lucha contra la pandemia del Covid-19 no exige siempre y necesariamente la cobertura del estado de alarma. Entonces se dijo que, al menos en ciertos supuestos, la legislación sanitaria proporciona fundamento normativo suficiente. No es ocioso, sin embargo, dar algunas explicaciones sobre este punto. Que el Gobierno y el Congreso de los Diputados considerasen necesario, en marzo de 2020 y en octubre de 2020, declarar el estado de alarma, y con base en el mismo se restringieran determinados derechos fundamentales no significa que, una vez levantado el estado de alarma, no exista una base constitucionalmente idónea para adoptar medidas sanitarias de lucha contra la pandemia que restrinjan algunos derechos fundamentales [...]".

El Tribunal no entra a valorar la idoneidad del estado de alarma. Solamente reitera que en la Constitución hay base para la restricción de derechos habilitada mediante leyes orgánicas o leyes ordinarias. En el caso de la sentencia, el Ministerio Fiscal reclamaba la anulación de las medidas de ratificación por considerar que las medidas adoptadas solo podían valer en el marco del estado de alarma. Las cláusulas generales de habilitación, establecidas en la legislación sanitaria, se acomodan de modo suficiente a los principios de reserva de ley y predeterminación de los poderes que confieren, considerando la singularidad de las situaciones que contemplan. No son remisiones en blanco ilegítimas que impliquen una declinación o renuncia, por parte del legislador, de los poderes que tienen atribuidos. En fin, considerando el reparto de competencias ejecutivas establecido en la Constitución y los estatutos de autonomía, las comunidades autónomas pueden aplicar directamente esas previsiones legales, sin más intermediación del Estado.

4. Juzgar a la Administración es también administrar

La intervención de las comunidades autónomas, usando sus competencias sanitarias para contrarrestar la epidemia, ha constituido otro foco de polémica. La cuestión discutida ha sido si sus potestades alcanzan la limitación o suspensión de derechos de los ciudadanos. Cuando comenzó la pandemia algunas comunidades autónomas se adelantaron al Estado estableciendo medidas de distanciamiento social o confinamiento de personas. El primer Real decreto que declaró el estado de alarma confirmó su legitimidad y las convalidó, pero decidió una centralización de la gestión de la crisis que condicionó la autonomía de gestión de las administraciones territoriales. Casi simultáneamente, estas actuaciones sanitarias se condicionaron con la importante carga de tener que compartirlas con la jurisdicción contencioso administrativa; quiero decir que se varió la legislación procesal para establecer una intervención judicial de validación de la legalidad de las medidas de intervención. Esta regulación convirtió a los jueces y salas en lo contencioso administrativo en coadministradores de la gestión contra la epidemia, en la medida en que la autorización judicial de las decisiones de Administración competente se convirtieron en imprescindibles para su eficacia y ejecutividad.

Esta participación de los jueces en las funciones administrativas no es algo nuevo; por el contrario, la historia de la separación entre la Administración y la Justicia, establecida como principio de organización del Estado en todas las Constituciones de la Europa continental a partir de la Revolución francesa, ha seguido un largo recorrido desde sus primeras aplicaciones hasta su consagración definitiva que, en España, ha tenido lugar con la Constitución de 1978 (he estudiado esta transformación en mi libro *La reserva de jurisdicción*, Madrid, La Ley, 1989; hay una nueva edición en Bogotá, Temis, 2020). Fueron órganos de naturaleza administrativa, incardinados en el Ejecutivo no en el poder judicial, los que fueron encargados de juzgar a la propia Administración activa en los orígenes del contencioso administrativo, muy señaladamente en Francia pero también en España cuando se implantó la jurisdicción contencioso administrativa en 1845. La tarea de juzgar a la Administración se consideró más una tarea administrativa que algo propio de la función judicial. Sus fundamentos los expresa sintéticamente el aforismo *Juger a l'Administration c'est encore administrer,* sobre el que se fundó el régimen de lo contencioso. A partir de este criterio organizativo, la separación entre la Administración y la Justicia se ha ensanchado sobre la base de reducir las tareas judiciales de los órganos administrativos y eliminando interferencias entre la Justicia y la Administración. La meta a alcanzar era que los jueces no pudieran intervenir de ninguna manera en la función de administrar, ni los administradores públicos pudieran condicionar las decisiones judiciales. Ese ideal se ha conseguido casi por completo durante la vigencia de la Constitución de 1978.

La depuración de las interferencias ha sido un proceso largo y difícil, que no puedo relatar con detalle en este momento (lo examino con detalle en mi estudio "Los poderes de oficio del juez administrativo", en la obra *Por el derecho y la libertad.* Libro homenaje a Juan Alfonso Santamaría Pastor, Madrid, Iustel, 2014) pero es de notar que la propia Constitución, de modo absolutamente excepcional, previó un solo supuesto en que las decisiones administrativas, para gozar de ejecutividad, necesitan autorización judicial. Se trata de las entradas y registros de domicilios. Siendo el domicilio inviolable, el artículo 18.2 de la Constitución establece que esas medidas de intervención necesitan autorización judicial. Los jueces no con coautores de la decisión administrativa, pero comprueban su legalidad anticipadamente.

Esta técnica de garantía, establecida para el limitado caso de la inviolabilidad de domicilio, se ha extendido inopinadamente, con ocasión de la pandemia de covid, a todas las medidas que impliquen limitaciones de derechos. Al margen de las consideraciones que ahora formularemos desde el punto de vista jurídico, cae por su peso que, en una época de emergencia no es lo más razonable establecer procedimientos nuevos que reduzcan la agilidad de las respuestas administrativas, sino favorecer lo contrario en la medida de lo posible.

Se ha procedido a reformar la ley 29 de 1998, de la jurisdicción contencioso administrativa, para establecer una nueva regulación de los artículos 10.6, 10.8 y 11.1 i) que prescriben ahora lo siguiente:

Artículo 10.6

"Conocerán también los Juzgados de lo Contencioso-administrativo de las autorizaciones para la entrada en domicilios y restantes lugares cuyo acceso requiera el consentimiento de su titular, siempre que ello proceda para la ejecución forzosa de actos de la administración pública, salvo que se trate de la ejecución de medidas de protección de menores acordadas por la Entidad Pública competente en la materia.

"Asimismo, corresponderá a los Juzgados de lo Contencioso-administrativo la autorización o ratificación judicial de las medidas adoptadas con arreglo a la legislación sanitaria que las autoridades sanitarias consideren urgentes y necesarias para la salud pública e impliquen limitación o restricción de derechos fundamentales cuando dichas medidas estén plasmadas en actos administrativos singulares que afecten únicamente a uno o varios particulares concretos e identificados de manera individualizada [...]".

Artículo 10.8: competencias de las Salas de los Tribunales Superiores de Justicia:

[...]

8. Conocerán de la autorización o ratificación judicial de las medidas adoptadas con arreglo a la legislación sanitaria que las autoridades sanitarias de ámbito distinto al estatal consideren urgentes y necesarias para la salud pública e impliquen la limitación o restricción de derechos fundamentales cuando sus destinatarios no estén identificados individualmente.

Artículo 11

1. La Sala de lo Contencioso-administrativo de la Audiencia Nacional conocerá en única instancia:

[...]

"De la autorización o ratificación judicial de las medidas adoptadas con arreglo a la legislación sanitaria que la autoridad sanitaria estatal considere urgentes y necesarias para la salud pública e impliquen la limitación o restricción de derechos fundamentales, cuando sus destinatarios no estén identificados individualmente".

Las reformas concluyen con lo establecido en el artículo 15 del Real decreto-ley 8 de 2021, de 4 de mayo, que ha introducido en nuestro ordenamiento jurídico un recurso de casación contra los autos dictados en procedimientos de ratificación de medidas limitativas de derechos fundamentales por razones de salud pública que afecten a destinatarios no identificados individualmente.

Se ha establecido de esta manera un sistema de coadministración judicial de la pandemia, tan innecesario como insólito. Lo primero porque se priva de virtualidad a un principio clásico que afecta al funcionamiento de la Administración pública, tanto en España como a la mayoría de los países europeos, que es el de ejecutividad de los actos administrativos; es decir, la regla según la cuál los dichos actos gozan de presunción de legalidad, es obligatorio cumplirlos por sus destinatarios, y pueden ser ejecutados forzosamente por la propia Administración. Todo lo cual sin perjuicio de su posible impugnación posterior y enjuiciamiento por los tribunales. Lo segundo, porque esta alteración del sistema convierte a los jueces en coadministradores, les impone decidir en asuntos sobre los que carecen de competencia técnica, como son todos los que conciernen a la acción contra la epidemia, y puede retrasar la eficacia de las medidas hasta que se pronuncie el Tribunal Supremo. Ciertamente se han agilizado los procedimientos para evitar esta consecuencia, pero no tanto como para evitar atrasos que pueden ser trágicos.

La sentencia del Tribunal Supremo, Sala Tercera, 719 de 2021, de 24 de mayo. Ponente P. Lucas Murillo de la Cueva, ha sido la primera en establecer una interpretación adecuada de las intervenciones judiciales. Conoció el Tribunal Supremo en casación del Auto de 9 de mayo de 2021, dictado por el TSJ de Canarias, que denegó la ratificación de medidas adoptadas por acuerdo del Gobierno de Canarias de 6 de mayo de 2021.

El Tribunal Supremo examina el Auto, que se refiere a las medidas especiales adoptadas en virtud de las leyes sanitarias de 1986 y la de Salud Pública de 2011, ya mencionadas. Las medidas de las autoridades gubernamentales limitaban la entrada y salida de personas en las islas, la libertad de circulación de personas en horario nocturno, los encuentros familiares y sociales en espacios públicos y privados a un máximo de personas, y la estancia en lugares de culto.

Lo primero que considera el Tribunal es el alcance del artículo 15 del Real decreto-ley 8/2021, de 4 de mayo, que estableció el recurso de casación contra los autos dictados en procedimientos de ratificación de medidas limitativas de derechos fundamentales por razones de salud pública que afecten a destinatarios no identificados individualmente.

Afirma la Sentencia que no desconoce el debate constitucional que se ha desarrollado en torno a esta medida, sobre la que hay planteada una cuestión de inconstitucionalidad, admitida a trámite por Tribunal Constitucional, "señal de que no la ha considerado manifiestamente infundada". Pero a la espera de que el TC se pronuncie, debe resolver los recursos de casación que se planteen.

Es muy importante su estimación de la naturaleza de la autorización judicial para la eficacia de las decisiones administrativas. La doctrina que sienta es que la Ley de la Jurisdicción Contencioso Administrativa exige que la disposición general o acto administrativo obtengan la aprobación o visto bueno de la Sala de lo contencioso-administrativo correspondiente, lo que tiene el siguiente significado jurídico:

"Ello significa que la medida sanitaria adoptada por la Administración autonómica o estatal no puede desplegar eficacia antes de que haya sido ratificada judicialmente. En otras palabras, la ratificación prevista en estos preceptos 'no es una especie de validación o confirmación por parte del órgano judicial de un acto de la Administración que ya reúne todas las condiciones requeridas para ser eficaz: no es un acto provisional o claudicante que pueda ser aplicado en el lapso temporal que media entre su adopción por la Administración y la resolución judicial que se pronuncia sobre su ratificación' (esta doctrina la establecieron anticipadamente los Autos de 20 de mayo de 2021, dictados en los recursos de casación núm. 3417, 3425 y 3473/2021)".

Aclara que esta conclusión deriva del hecho de que si solo se pretendiera un control sucesivo de las actuaciones de la Administración, ya existía la vía contenciosa ordinaria y no era preciso modificar la ley. El juicio que el tribunal debe realizar en este nuevo supuesto debe referirse "a la constatación preliminar de los aspectos externos y reglados de la actuación administrativa y, todo lo más, a una verificación *prima facie* de la adecuación, necesidad y proporcionalidad de las medidas dispuestas. A falta de contradicción y de una prueba plena, no cabe aquí un examen de fondo". Por lo mismo, no puede condicionar el control de legalidad que se efectúa a través del contencioso pleno.

La comprobación que se pide a las salas de los TSJ se ha de referir exclusivamente a verificar si la Administración que decide es la competente, invoca los preceptos legales de las leyes sanitarias, identifica el peligro grave para la salud pública, establece la extensión del riesgo desde el punto de vista subjetivo, espacial y temporal, y justifica que no tiene otros medios para afrontarlo. La Sala deberá concluir si dicha justificación es suficiente, y si la limitación pretendida es necesaria, idónea y proporcionada.

La consecuencia de esta doctrina es que las medidas sanitarias no ratificadas judicialmente no despliegan efectos, no son aplicables; y, por otro lado, que si se deniega la ratificación judicial, la Administración no tiene que dejar sin efecto la orden o medida porque nunca fue eficaz. Así lo dice la propia Sentencia. Pero todavía cabe establecer otra conclusión más importante, que no está recogida en la Sentencia, como es que la participación decisoria del juez o tribunal es necesaria para complementar la resolución administrativa y, por tanto, ello supone que estamos ante una codecisión en la que uno de los participantes, el órgano judicial, acepta o rechaza una medida sin contar con competencia ni medios para evaluar su pertinencia y adecuación al fin que con ella se persigue, ya que la mecánica procesal de estas autorizaciones no permite una prueba plena y contradictoria sobre la legalidad de la actuación o sobre el control de la discrecionalidad que, inevitablemente, comporta.

Menudean después las sentencias del Tribunal Supremo sobre la procedencia de casar o no medidas de ratificación adoptadas o rechazadas por los tribunales superiores de justicia. Todas aplican el esquema argumentativo que acabo de referir.

5. La ruptura de los principios en materia de competencias territoriales

Aludiré ahora, por último, a otra crisis importante, provocada por la pandemia: la alteración del reparto de competencias entre el Estado y las comunidades autónomas.

No es preciso que recuerde que las competencias del Estado están previstas esencialmente en el artículo 149 de la Constitución y las autonómicas se concretan en los estatutos de autonomía. Este marco regulador puede ser alterado de maneras concretas que establece la Constitución: el Estado puede transferir o delegar competencias mediante ley orgánica (art. 150. 2), también puede aprobar leyes de armonización en los supuestos y con las mayorías parlamentarias que establece el artículo 150.3; o puede acordar una intervención de las previstas en el artículo 155, cuando sucedan incumplimientos autonómicos que afecten gravemente al interés general. Al margen de estas previsiones, el Estado puede concretar o delimitar competencias autonómicas en los casos en que algunos apartados del artículo 149.1 se lo permiten, pero sin desconocer las atribuciones que han hecho los estatutos.

Estos principios están firmemente asentados en la doctrina y la jurisprudencia del Tribunal Constitucional, que no es caso de repetir ahora (remito, para más detalles, a mi libro *Derecho público de las comunidades autónomas,* 2 vols., 2ª ed., Madrid, Iustel, 2006). Fuera de este marco, no hay en la Constitución otros preceptos atributivos de competencias que permitan al Estado desconocer el reparto fijado en los estatutos y sustituirlo por cualquier otro criterio. En este sentido, el artículo 116 de la Constitución que se refiere a los estados de alarma, excepción y sitio, no es un precepto atributivo de competencias que permita al Estado dictar normas que cambien el orden establecido.

El reparto de competencias en materia de sanidad se ha llevado a cabo en los estatutos partiendo de la reserva al Estado, en el artículo 149.1.16ª, de las "Bases y coordinación de la sanidad". También está exhaustivamente explicada en la jurisprudencia constitucional, siguiendo lo que los autores habían establecido, la significación de los conceptos "bases" y "coordinación ". El primero tienen que ver con la fijación, principalmente mediante normas, pero no exclusivamente a través de normas, la regulación general del sistema de prevención y atención a la salud de las personas. El segundo, a la puesta en común de actuaciones, planes y medidas, para conseguir una actuación coherente y armonizada de las competencias, cuando están repartidas entre diferentes órganos. No alcanzan estas atribuciones, ni sobre las bases ni sobre la coordinación, a legitimar una sustitución de los órganos competentes ni a alterar el contenido mismo de las competencias.

Durante la pandemia ha ocurrido esto último. Puede decirse que, salvo falta de información por mi parte, ha sucedido sin grandes protestas por parte de los perjudicados. Ha sido (y es, lamentablemente, todavía) tan grave la situación que se ha relajado mucho la rigidez, y la observancia, del reparto de competencias. Lo importante era actuar y lo secundario quién asumía la responsabilidad de hacerlo.

La muestra mejor de las alteraciones del régimen de las competencias está en los propios reales decretos que declararon el estado de alarma.

Las medidas anticovid habían comenzaron el 24 de febrero de 2020, cuando la consejería de Sanidad de Canarias decidió confinar a setecientas personas quince días en un hotel de Tenerife. Diversas comunidades autónomas adoptaron diversas decisiones de protección a lo largo del mes marzo. Cataluña habilitó a las autoridades sanitarias incluso para realizar confinamientos de la población. En días sucesivos lo hicieron el País Vasco, Galicia, Murcia y Extremadura.

Existía una amplia reacción autonómica cuando el 14 de marzo se aprobó el Real Decreto "por el que se declara el estado de alarma para la gestión de la situación de crisis sanitaria ocasionada por el Covid 19".

Hasta entonces todas las comunidades autónomas habían utilizado las habilitaciones contenidas en las cláusulas generales contenidas legislación general de sanidad. Cataluña había invocado su propia legislación autonómica sanitaria también.

La centralización acordada con el primer decreto de alarma, rompió con las iniciativas autonómicas. El Real Decreto 463 de 2020, de 14 de marzo, por el que se declara el estado de alarma reorganiza las competencias y determina cuál será la autoridad competente para actuar:

Artículo 4:

1. La autoridad competente será el gobierno.

2. Para el ejercicio de las funciones a que se hace referencia en este Real Decreto, bajo la superior dirección del presidente del gobierno, serán autoridades competentes delegadas, en sus respectivas áreas de responsabilidad: a) la ministra de defensa, b) el ministro de interior, c) el ministro de transportes, movilidad y agenda urbana, d) el ministro de sanidad.

Artículo 6: cada Administración conservará las competencias que le otorga la legislación vigente en la gestión ordinaria de sus servicios.

Disposición adicional 1ª: ratifica "todas las disposiciones y medidas adoptadas previamente por las autoridades competentes de las Comunidades Autónomas y de las entidades locales con ocasión del coronavirus Covid-19, que continúan vigentes y producirán los efectos previstos en ellas siempre que resulten compatibles con este Real Decreto".

La norma acuerda una estricta centralización de la gestión que, salvo los aspectos relativos a la coordinación (contemplados como modulación de las competencias autonómicas tanto en la legislación sanitaria que vengo citando como en el art. 149. 16ª de la Constitución), es competencia de las comunidades autónomas según sus estatutos. También se inhabilita a las entidades territoriales para acordar más actuaciones, fuera del marco de los establecido en el Real decreto, aunque se respetan y mantienen vigentes las adoptadas con anterioridad (ni siquiera puede aceptarse que un decreto del gobierno, aunque tenga valor de ley, puede privar de vigencia a disposiciones autonómicas acordadas en materias de su competencia).

Este régimen de las competencias sanitarias sobrevenido, es rectificado claramente en el Real decreto 926 de 2020, de 25 de octubre, que declara de nuevo el estado de alarma: asegura en su preámbulo que las administraciones sanitarias competentes en salud pública "en lo no previsto en esta norma, deberán continuar adoptando las medidas necesarias para afrontar la situación de emergencia de salud pública", e indica que deben aplicarse las dos leyes de 1986 y la de 2011 en materia sanitaria. Pero añade que "en una situación epidemiológica como la actual resulta imprescindible combinar las medidas previstas en la legislación sanitaria con otras del ámbito del derecho de excepción". Es decir, que ahora se acepta la plena pertinencia de las medidas sanitarias, que se desplazaron, sin embargo, en marzo 2020.

Y en lo que hace a las competencias territoriales, cambia la asignación de la condición de "autoridad delegada", antes conferida a miembros del gobierno exclusivamente. Transcribo el precepto:

Artículo 2: autoridad competente es el gobierno de la nación.

2. En el apartado 2 se añade "En cada comunidad autónoma y ciudad con Estatuto de autonomía, la autoridad competente delegada será quien ostente la presidencia de la comunidad autónoma o ciudad con Estatuto de autonomía".

3. Las autoridades competentes delegadas quedan habilitadas para dictar, por delegación del Gobierno de la nación, las órdenes, resoluciones y disposiciones para la aplicación de lo previsto en los artículos 5 a 11. Para ello no será precisa la tramitación de procedimiento administrativo alguno, ni será de aplicación lo previsto en el segundo párrafo del artículo 8.6 y en el artículo 10.8 de la ley 29/1998, de 13 de julio, reguladora de la Jurisdicción Contencioso-administrativa.

Art. 13: "Coordinación a través del Consejo Interterritorial del Sistema Nacional de Salud".

La articulación de los poderes no está técnicamente bien resuelta, aunque se haya evitado la centralización que impuso el primer Real decreto. No lo está porque, aunque la ley de 1981, que regula los estados de alarma, excepción y sitio, crea la figura de la "autoridad delegada", no se apoya en un título competencial (el art. 116 de la Constitución no tiene esa condición) que permita al estado reordenar el sistema competencial y asignar a las comunidades autónomas la función de delegadas (con todas las consecuencias que ello comporta respecto del régimen jurídico), trasformando competencias que en los estatutos tienen la condición de propias. Las potestades estatales en materia de coordinación sanitaria permiten modular las atribuciones autonómicas para lograr actuaciones no contradictorias ni estridentes, fijando planes y programas, proclamando directivas o criterios de actuación; pero no le permiten cambiar el régimen estatutario de las competencias. El problema está mal resuelto en la ley de 1981 y, en desarrollo de la misma, también lo está en los reales decretos que declararon el estado de alarma. Si se hubiera tratado de una declaración de estado de excepción tal vez podrían haberse puesto en juego las competencias del artículo 149.1. 29 sobre seguridad pública, atribuidas plenamente al estado. Pero el estado de alarma se ha acordado por razones sanitarias, la ley de 1981 no ha desplazado a la legislación sanitaria, y el régimen de ejecución de las medidas correspondientes debe seguir los criterios preferentes del reparto de competencias en la materia concernida, que es la sanidad, no el orden público.

Los comentarios que he formulado al principio de este apartado bastan, sin necesidad de más insistencia por mi parte, para evaluar el alcance de la crisis constitucional en materia de reparto de competencias que ha producido la normativa antipandemia.

DERECHO ADMINISTRATIVO Y DERECHOS FUNDAMENTALES

EL DERECHO DE EXPROPIACIÓN EN FRANCIA: ENTRE PERMANENCIA Y NUEVAS PERSPECTIVAS*

René Hostiou**
Francia

1. A diferencia de la propiedad "mueble", tradicionalmente considerada de poco valor (*res mobilis res vilis*), la propiedad inmobiliaria es objeto de la "nueva ley", la que surge en Francia al final de la Revolución de 1789 y la herencia napoleónica, de especial atención.

El artículo 17 de la Declaración de los Derechos del Hombre y del Ciudadano, de 26 de agosto de 1789, dispone al efecto:

"Siendo la propiedad un derecho inviolable y sagrado, nadie puede ser privado de ella sino cuando la necesidad pública, legalmente establecida, obviamente lo requiera, y bajo la condición de una justa y previa indemnización".

Este artículo 17 de la declaración de 1789 —recordemos, de paso, que esta declaración sigue formando parte del derecho positivo hasta el día de hoy— está redactada en términos particularmente solemnes: ley "inviolable", "derecho "sagrado". Si bien, en consecuencia, se reserva la posibilidad de que las autoridades públicas la deroguen, este texto pretende subordinar estos ataques a un grado particularmente alto de exigencia, a saber, la "necesidad pública", y al pago no solo de una "justa" compensación, sino también "antes" de la toma de posesión de la propiedad, y esto como reacción a las prácticas a veces observadas bajo el Antiguo Régimen (J.-L. Harouel, *Histoire de l'expropriation,* Paris, PUF, núm. 3580, 2000, pág. 47).

Adoptado unos años más tarde, en 1804, el Código Civil confirma, a pesar de la sustitución del término "utilidad pública" por el de "necesidad pública", los mismos principios.

De hecho, el artículo 545 de dicho Código establece: "Nadie puede ser obligado a ceder su propiedad, si no es por una utilidad pública, y por una justa y previa indemnización".

* Artículo traducido por el doctor Alexis Ramírez Arenas, a quien quiero agradecer por su colaboración.

** Profesor emérito Universidad de Nantes (Francia).

En el corazón mismo de este "problema" —principio y límites del derecho a la propiedad— se encuentra, por supuesto, la ley de expropiación. Este es el tema de una ley que también se remonta a la época de Napoleón, la ley del 8 de marzo de 1810, que por lo tanto tiene ahora más de dos siglos y cuyas líneas principales no han cambiado desde esa fecha. Para garantizar el respeto a la propiedad, y según los deseos del propio Napoleón, este texto coloca la propiedad inmobiliaria "bajo la protección de la autoridad judicial". Este principio, que es hoy un principio de valor "constitucional" (Const., 25 de julio de 1989, Rec. 53; RFD Adm., P. 1009, nota P. Bon; CJEG, 1990, pág. 1, nota B. Genevois), rige toda la arquitectura del derecho de expropiación, en el sentido de que tanto la transferencia de propiedad como la determinación de la indemnización por expropiación, son competencia exclusiva de la autoridad judicial (y por lo tanto de la Corte de Casación), mientras que la apreciación relativa a la "utilidad pública", la única que puede justificar el recurso a la expropiación, es competencia exclusiva de la Administración, que, por su parte, se encuentra bajo el control de la jurisdicción administrativa (es decir, del Consejo de Estado).

Desde 1810, este sistema de reparto de competencias entre el fuero judicial y el fuero administrativo ha perdurado hasta el día de hoy y no parece estar en proceso de ser cuestionado, a pesar de las dificultades —en materia de litigio— que a veces es probable que se genere.

2. Partiendo de los orígenes, que se remontan a la Revolución y al derecho napoleónico, para llegar a la actualidad, que se caracteriza por una impregnación muy fuerte del derecho nacional por el derecho europeo en general y, en lo que respecta al problema aquí abordado en particular, por la Convención Europea para la Protección de los Derechos Humanos y las Libertades Fundamentales y la jurisprudencia de la Corte Europea de Derechos Humanos, responsable de garantizar el cumplimiento con las disposiciones de dicha convención, que tiene su sede en Estrasburgo, Francia.

3. En consecuencia, esta presentación se dividirá en dos partes. En la primera se abordará el tema en el marco de un análisis tradicional centrado exclusivamente en el derecho nacional y, en la segunda, dentro del —nuevo— marco consecutivo, por un lado, a la emergencia de las exigencias del Derecho europeo (Convención de Derechos Humanos) y, por otro lado, el establecimiento de una revisión constitucional de las leyes a modo de excepción.

1. La protección de los bienes inmuebles: consideraciones tradicionales

4. Como se indicó, solo la "utilidad pública" —legalmente establecida— es la que justifica que las autoridades públicas puedan socavar la propiedad inmobiliaria privada, expropiando a un individuo en beneficio

de la comunidad, para poder, por ejemplo, construir una carretera, construir un hospital, montar una escuela, etc.

Además, y siempre con referencia al artículo 17 de la Declaración de 1789, corresponde al juez ordinario —y solo a él— que, "en ausencia de un acuerdo amistoso", proceda a la transferencia de la propiedad y determine el monto de la indemnización asignada a los expropiados.

Por tanto, la protección jurídica de la propiedad inmobiliaria tiene dos caras. Es, por un lado, administrativa y, por el otro, judicial.

A) *La protección de la propiedad inmobiliaria por jurisdicción administrativa*

5. El concepto de "utilidad pública" es la transposición —pura y simple— del concepto de interés general, que está, como sabemos, en el corazón de la esencia misma del derecho administrativo (cf. D. TRUCHET, *Les fonctions de la notion d'intérêt général dans la jurisprudence du Conseil d'Etat,* Paris, LGDJ, 1975): esto se debe a que el interés general lo requiere (ya sea en materia de circulación, protección de la salud, docencia o cualquier otro ámbito) y que el individuo tendrá que ceder. Esta subordinación de los derechos "privados" a las exigencias del interés general no tiene, en realidad, nada extraordinario ni sorprendente, es incluso innecesario entrar a explicar esta situación, ya que resulta de una total evidencia en todos los ordenamientos jurídicos.

6. Lo que, en cambio, no es obvio, son las condiciones en las que se determina esta utilidad pública, condición *sine qua non* de la legitimidad —y legalidad— del recurso a la expropiación. ¿Qué autoridades? ¿Bajo qué procedimientos? ¿Con qué garantías? Estas son, como podemos ver, preguntas muy esenciales: las respuestas a estas preguntas son, en efecto, tales que permitan analizar tanto la eficiencia de un sistema de protección legal de las libertades, si estamos dispuestos a admitir que el derecho a la propiedad es parte integrante de las libertades fundamentales, que la capacidad del Estado para satisfacer, incluso en detrimento de ciertos derechos particulares, los requisitos colectivos inherentes a la vida en sociedad, no pueden ser paralizados por estos derechos, por respetables que sean.

7. El sistema más utilizado en el mundo es aquel en el que el legislador es la "piedra angular" en la materia, ya sea declarando un determinado proyecto de utilidad pública, o bien, y este es el caso más frecuente, al enumerar las diferentes hipótesis en las que se puede recurrir al procedimiento de expropiación, limitándose la administración en tal caso a remitirse a este marco preestablecido, a aplicarlo, a iniciar el procedimiento de expropiación en el caso de que se presente un proyecto particular que se encuentre en la lista.

Se puede pensar que este sistema es el que mejor garantiza el derecho a la propiedad, en el sentido de que coloca este derecho directamente "bajo la protección" del legislador, que, en democracia, puede aparecer como la mejor de las garantías.

Sin embargo, está permitido dudarlo.

En efecto, en su segunda versión, en todo caso, la que corresponde a un "catálogo" preestablecido de las diversas hipótesis de posible recurso a la expropiación, la experiencia muestra que en la mayoría de las veces estas listas se elaboran de manera muy amplia, y que, en consecuencia, el control respecto de las decisiones de la administración cuando esta última aplique estas listas, es absurdo, incluso totalmente nulo.

Además, este sistema es rígido. ¿Y si aparece un nuevo imperativo, no previsto por el legislador? La tentación para el juez es, en este caso, considerar que estas "listas" tienen un carácter meramente "indicativo" y que nada le impide considerar como de utilidad pública la realización de tal o cual proyecto en ausencia aun de cualquier texto legal que prevea expresamente el recurso a este procedimiento (CE 29 de julio de 1932, Roch y otros, Rec. 824: creación de salas de reuniones, espectáculos, bibliotecas; CE 20 de diciembre de 1938, Cambieri, Rec. 962: creación de un espacio de ocio centrar).

8. En Francia, este método de determinación de la utilidad pública ha sido, en consecuencia, abandonado en favor de un sistema en el que la Administración (ya sea por decreto o por resolución administrativa) es la autoridad responsable —después de una investigación pública, destinada a permitir a los diferentes interesados , sean propietarios o no, para expresarse— para tomar —en virtud de una decisión que es, en consecuencia, una decisión "administrativa"— la "declaración de 'utilidad pública', que es el acto por el cual dicha Administración autoriza el recurso de expropiación, dado que, como se ha dicho, es la autoridad judicial la única facultada para proceder a la transferencia de la propiedad y fijar el monto de la indemnización correspondiente.

Una primera observación: el artículo 17 de la Declaración de los Derechos del Hombre y del Ciudadano —el cual establece que la utilidad pública debe estar "legalmente establecida"— no se respeta "al pie de la letra", la administración sustituye al legislador en el ejercicio de esta competencia. Pero lo hace bajo el control del juez administrativo. En efecto, es el juez administrativo, responsable —como sabemos— de controlar la legalidad de los actos administrativos que, en caso de recurso contra la declaración de utilidad pública, valora caso por caso, en consecuencia, si la operación controvertida es o no "de utilidad pública", y ello sobre la base de una jurisprudencia que ha venido evolucionando con el tiempo.

1) *Utilidad pública e intereses privados: en busca del "abuso del poder"*

9. No hace falta decir que una operación que tenga como objetivo únicamente el servicio de intereses privados (por ejemplo, los de una empresa industrial o comercial que quisiera expandirse en detrimento de un competidor o incluso los de un alcalde, que quisiera crear un camino para acceder a su casa de manera más conveniente) o cuyo único propósito sería autorizar a una autoridad pública a realizar una transacción financiera (al permitirle, por ejemplo, adquirir terrenos a bajo costo para luego revenderlos a un promotor) no puede considerarse *a priori* como de "utilidad pública". Es, por lo menos a primera vista, obvio, la noción de utilidad pública refiriéndose implícitamente a una dicotomía —muy estricta en principio— que opone interés "general" e interés "privado", y solo la búsqueda de un fin de interés general puede justificar una operación de expropiación.

Sin embargo, la realidad es a menudo más compleja y hoy se admite que a veces es necesario amalgamar el interés general y los intereses privados, pudiendo una misma operación, en ciertos casos, responder a consideraciones tradicionalmente percibidas como de orden privado sin que se pueda, al mismo tiempo, decir que resulten ajenas a finalidades relacionadas con el interés general.

El caso *Ville de Sochaux* es, en este sentido, emblemático: una operación de expropiación iniciada por una empresa constructora de automóviles y financiada por esta, con el fin de realizar una vía de desvío —operación que tenía como objetivo habilitarla para acondicionar sus talleres de manufactura— este hecho no fue catalogado por el Consejo de Estado como abuso de poder, toda vez que se actuó "de conformidad con el interés general en el entendido de satisfacer tanto las necesidades del tráfico público como los requisitos del desarrollo de un grupo industrial cuya actividad cumple un papel importante en la economía regional" (CE 20 de julio de 1971, Rec. 561).

En un mundo en el que los imperativos vinculados al "crecimiento" económico significan que los intereses públicos y privados están llamados con mucha frecuencia a cruzarse, colaborar e incluso a veces fusionarse, la frontera entre lo "público" y lo "privado" tiende a estrecharse. De esta evolución se desprende que este método de análisis de la utilidad pública, centrado en el único "fin" de la transacción controvertida, no permite al juez administrativo aprehender satisfactoriamente toda una serie de situaciones.

De ahí que se toma en consideración, a partir de la década de los setenta, un nuevo método de control, mejor adaptado e inspirado en técnicas econométricas, denominado método de "equilibrio costo-beneficio".

2) *La teoría del "equilibrio costo-beneficio"*

10. Frente a una operación de desarrollo particularmente importante, el Consejo de Estado decidió en 1971 (CE 28 de mayo de 1971, *Ville Nouvelle Est*, Rec. 409), adoptar, de acuerdo con las conclusiones del comisario del gobierno (*commissaire du gouvernement*) G. Braibant, un nuevo modo de control de la utilidad pública que quiere ser decididamente concreto: al final de un análisis de los distintos elementos, tanto positivos como negativos, del expediente que se le presenta, el juez administrativo determina, después de haber evaluado su peso, los que prevalecen y es solo cuando las "ventajas" esperadas parezcan superar los diversos elementos negativos que se considerará que la utilidad pública de la operación está probada:

"Una operación solo puede ser declarada legalmente de utilidad pública si los ataques a la propiedad privada, el costo financiero, las desventajas de carácter social, el cuestionamiento de la protección y mejora del medio ambiente, y los posibles daños que implica a otros intereses públicos, no son excesivos teniendo en cuenta el interés que presenta".

Esta "teoría" —conocida como la "equivalencia o balance de costo-beneficio"— fue aclarada y complementada por una sentencia, de fecha 19 de octubre de 2012, Municipio de Levallois-Perret (Rev. Dr. Imm. 2012, nota R. Hostiou, pág. 617) en la que ahora se indican claramente las tres etapas sucesivas del control que ejerce el juez administrativo:

"Cuando tenga que pronunciarse sobre el carácter de utilidad pública de una operación que requiera la expropiación de inmuebles o derechos reales, le corresponde al juez comprobar sucesivamente:

"que responde a una finalidad de interés general,

"que el expropiador no estaba en condiciones de realizar la operación en condiciones equivalentes sin recurrir a la expropiación, particularmente, mediante el uso de bienes de su propio patrimonio.

"y, finalmente, que los ataques a la propiedad privada, el costo financiero y, en su caso, las desventajas sociales o económicas que supone la operación no sean excesivos teniendo en cuenta el interés que presenta".

11. La originalidad de este método radica en que se le encomienda al juez administrativo —"juez de la legalidad" de las decisiones de la administración— el hecho de apreciar, en ausencia de cualquier referencia legislativa, la utilidad pública de una operación. Corresponde al juez administrativo —y solo a él— determinar si los distintos "parámetros" de la operación recurrida (no solo el interés que puede presentar "en sí mismo", sino también sus diversas desventajas, su costo financiero, sus consecuencias para los expropiados, sus impactos ambientales y sociales, sus repercusiones en relación con otros intereses públicos, etc.), debiendo evaluarse estos

"parámetros" de la forma más concreta posible (teniendo en cuenta, por ejemplo, las "necesidades" del municipio en vivienda o incluso en "espacios verdes", teniendo en cuenta también sus posibilidades económicas o incluso su evolución demográfica), pueden justificar la operación de expropiación. Una operación que "en sí misma" tradicionalmente entra dentro del concepto de "interés general" (como, por ejemplo, el establecimiento de un cementerio, la creación de viviendas, etc.) puede de esta manera ser analizada por el juez como desprovista de utilidad pública, si se comprueba, en el caso, por ejemplo, del establecimiento de un cementerio o de la creación de una nueva vivienda, que la autoridad expropiante ya dispone de un terreno que podría permitirle llevar a cabo el proyecto sin necesidad de proceder a una expropiación, o de nuevo, en lo que respecta, por ejemplo, a la construcción de una autopista, la construcción de un aeropuerto o la creación de una línea férrea de alta velocidad, que el costo económico de esta operación, sus consecuencias sobre el medio ambiente, la gravedad de los ataques a la propiedad privada, las desventajas "sociales" que presenta resulten "excesivas" en relación al interés que presenta dicho desarrollo. Esta jurisprudencia convierte al juez administrativo en "el amo absoluto" de la noción de utilidad pública, estando este último facultado para validar la declaración de utilidad pública si le parece —en función de los criterios que le son propios— que los resultados de la operación son "positivos" o, por el contrario, anularla, si le parece que son negativos.

Esta forma de abordar la noción de utilidad pública —que convierte al juez administrativo, a falta, repito, de cualquier directiva legislativa— en árbitro absoluto del enfrentamiento entre interés general e interés privado, ha dado lugar a un número considerable de reacciones en la doctrina y, a veces incluso, en el ámbito de las propias jurisdicciones administrativas. En este "océano" de literatura jurídica sobre este tema, aquí se evocarán dos situaciones.

12. La primera es que la teoría del "balance costo-beneficio" contribuye sin duda a relanzar la cuestión de las "competencias" delegadas al juez administrativo, de la legitimidad de este para "decir el derecho" y sustituirse no solamente al legislador sino a la misma Administración.

Me explico sobre este tema.

El juez administrativo tradicionalmente tiene la tarea de verificar si las decisiones tomadas por la Administración son "legales", si se encuadran en el marco de la ley (en sentido amplio), si son "conformes" o "compatibles", según el caso, con este último. El papel del juez administrativo consiste en aprehender una "relación entre normas", es decir, en verificar si la decisión administrativa impugnada (de la que tiene que conocer) no es contraria a una norma legislativa o a una norma de igual o mayor jerarquía que la ley.

Por otra parte, se acepta generalmente que no está facultado para examinar la "conveniencia" de las decisiones tomadas por la Administración, quedando esta *a priori* totalmente libre de las elecciones que hace, con sujeción a que —obviamente— estas sean "legales".

En otras palabras, el juez no tiene que hacer que sus decisiones prevalezcan sobre las de la Administración. Corresponde a la Administración "administrar" y al juez administrativo simplemente verificar si las decisiones tomadas por aquella son legales.

Como vemos, la teoría del "balance costo-beneficio" sacude un poco este análisis, en la medida en que autoriza al juez administrativo, en nombre de la verificación del carácter de utilidad pública de una operación, a preguntarse sobre los méritos de las decisiones tomadas por la Administración —en cuanto a la ruta de una autopista, por ejemplo (CE 17 de marzo de 2010, *Association Alsace Nature Environnement et al.*, Rev. Jur. de l'Env. 2010, pág. 485, nota R. Hostiou), en cuanto a las consecuencias "sociales" de la rehabilitación de un edificio (CAA Marseille, 8 de julio de 2010, *Syndicat des copropriétaires de l'immeuble "Palais de Belgique"*, RD Imm., 2010, pág. 534 , nota R. Hostiou) o en lo que respecta a una nueva línea de tren de alta velocidad (CE 15 de abril de 2016, *Fédération nationale des associations d'usagers des transports*, Rec. 144)— y anular la decisión impugnada si le parece que esta no es razonable, por ejemplo, que el costo del proyecto es demasiado alto, que su financiamiento es incierto, que su rentabilidad económica y social es inferior a la medida generalmente adoptada, o que la ruta elegida presente demasiadas desventajas para el medio ambiente o que la operación de rehabilitación de dicho edificio resulte en un desplazamiento de poblaciones, en donde los habitantes económicamente desfavorecidos se vean obligados por esta operación a abandonar su edificio en beneficio de una población de personas adineradas.

13. Esta jurisprudencia aparece hoy como adquirida definitivamente, esto, por varios motivos. El Consejo de Estado, que es su autor, ocupa en Francia dentro de las instituciones estatales —lo que a veces se llama "el aparato estatal"— un lugar muy privilegiado y ha tenido la capacidad de presentar la teoría del balance como factor de protección de la propiedad privada. Además, cabe señalar que esta jurisprudencia no cuestiona en modo alguno las principales "opciones" estatales en materia de planificación y desarrollo, en la medida en que las autoridades estatales y el Consejo de Estado comparten, en general, el mismo "sistema" de valores; por tanto, no podemos imaginar que el juez anule un proyecto de creación de una central nuclear por el riesgo de daños al medio ambiente. Los casos de anulación por lo general se presentan en operaciones a pequeña escala, llevadas principalmente en el ámbito local.

Cualesquiera que sean sus límites, la teoría del balance autoriza a las autoridades nacionales a argumentar —y esto en particular ante la Corte Europea de Derechos Humanos— que la jurisprudencia del Consejo de Estado permita garantizar un equilibrio entre el interés general y la protección de la propiedad privada.

B) *La protección de los bienes inmuebles por la jurisdicción judicial*

14. En 1810, cuando Napoleón decidió encomendar a la jurisdicción judicial la competencia que le correspondía en materia de expropiación, es necesario señalar —después de la Revolución y la evicción que constituyó la venta de la "propiedad nacional"— el retorno a un sistema legal destinado a garantizar la protección de la propiedad privada.

Si bien desde entonces se han producido una serie de evoluciones (y, en particular, el surgimiento de una jurisdicción administrativa), el juez ordinario mantiene un lugar esencial en el proceso de expropiación. Desde 1962, en la jurisdicción judicial, es un magistrado especializado el que se ha encargado de esta función, el "juez de expropiación".

1) *Respecto a la transferencia de propiedad*

15. Es el juez de expropiación quien, a falta de acuerdo amistoso, opera la transferencia de propiedad, y esto mediante una "ordenanza" (es decir, una decisión judicial que no está sujeta al derecho de contradicción). Este sistema, *a priori* curioso, sin embargo ha sido validado por la Corte de Casación:

El juez de expropiación, "que dicte su auto sobre la transferencia de propiedad de bienes inmuebles o derechos de propiedad inmueble designados por un inventario parcelario (*état parcellaire*) que no tiene potestad para modificar, con el aval de una declaración de utilidad pública y un decreto de transferencia (*arrêté de cessibilité*) que pueden ser objeto de recursos contradictorios ante la jurisdicción administrativa, se limita a señalar, antes de pronunciar la expropiación, que el expediente que le transmitió el prefecto se encuentra constituido de conformidad con las prescripciones del artículo R. 12-1 del Código de la Expropiación".

La Alta Corte agrega que el procedimiento ante el juez de expropiación, susceptible de ser objeto de una revisión posterior por parte de la Corte de Casación, responde a las garantías previstas por el artículo 6 § 1 del Convenio Europeo para la protección de los derechos humanos y de las libertades fundamentales (derecho a un proceso equitativo), el artículo 1º del Protocolo adicional 1 a este Convenio (derecho al respeto de sus bienes) y el artículo 17 de la Declaración de Derechos Humanos y del Ciudadano, del

26 de agosto de 1789 (derecho de propiedad) : (Cass. 3e civ., 3 de julio de 2007, *Cts Eby c / Cne de Blotzheim*, AJDI 2008, pág. 494, obs. C. Morel).

En esta etapa, se trata, por tanto, de una función algo "simbólica". El juez de la expropiación se limita a verificar que el expediente que le transmite el prefecto está completo y procede en consecuencia con la transferencia de propiedad.

Esta orden judicial únicamente es susceptible de un recurso de casación.

2) *Respecto a la indemnización de las personas expropiadas*

16. A falta de acuerdo amistoso, es también el juez de expropiación quien se encarga de determinar el monto de la indemnización que se le asignará al expropiado, el propietario o los distintos tenedores de bienes inmuebles o derechos personales (arrendatarios, agricultores) sobre la propiedad en cuestión.

No mencionaremos aquí todas las disposiciones de carácter "técnico" que pretenden regular esta competencia.

Nos limitaremos a subrayar que en los términos del artículo L. 321-1 del nuevo Código de la Expropiación, "los derechos asignados cubren todos los daños directos, materiales y ciertos causados por la expropiación" y mientras que la indemnización no se le haya pagado (o consignado, en caso de impedimento de pago), la parte expropiada tiene derecho a permanecer dentro del bien.

El juez de expropiación resuelve, en este caso, mediante sentencia que está sujeta a apelación, así como a un recurso de casación.

17. Al final de esta "visita al lugar", algunos pueden sentirse tentados a pensar que esta doble protección —por parte del juez administrativo y del juez ordinario— tiene como objeto el de preservar el derecho de expropiación de una eventual "cuestión". Sin embargo, cabe señalar que un cierto número de nuevos datos llevan a relativizar esta primera apreciación.

2. La protección de los bienes inmuebles: nuevas consideraciones

A) *Protección por la Corte Europea de Derechos Humanos*

18. La Convención Europea de Derechos Humanos fue firmada en Roma el 4 de noviembre de 1950, ha sido ratificada por una cuarentena de países (47 a la fecha, incluidos los 27 que forman parte de la Unión Europea); en ese rango Francia lo hizo en 1974. La Corte Europea de Derechos Humanos —con sede en Estrasburgo, Francia— fue creada en 1959, con la función de sancionar a los Estados en caso de violación por los diversos derechos

enumerados por la Convención (libertad de pensamiento, derechos de propiedad, derechos sociales y políticos, etc.). Desde 1981 —cuando Francia ratificó el art. 34 de la Convención— cualquier litigante francés (persona "física" o "jurídica") tiene ahora un derecho de recurso individual, el cual le es permitido siempre que se hayan agotado todos los "recursos internos" (pero en este punto la Corte no es muy formalista: en este sentido CEDH 2 de septiembre de 2010, YP y LP C / Francia), y de esta manera, puede acudir a la Corte Europea de Derechos Humanos. En caso de violación de la Convención, esta no reforma la decisión judicial impugnada, sino que condena al Estado, autor del delito y si hay lugar, ella otorga a la parte lesionada, una "justa satisfacción" (art. 41 de la Convención) en el sentido de una indemnización (R. Hostiou, "Satisfaction équitable au sens de l'art. 41 de la convention européenne des droits de l'homme et atteinte au droit pour chacun au respect de ses biens. Du principe de la "restitutio in integrum" à la recherche d'une "juste" indemnisation, en *Liber amicorum Francis Haumont*, Bruxelles, Bruylant 2015, pág. 941). En la medida en que, por un lado, los tribunales internos, tanto administrativos como ordinarios, están facultados para pronunciarse sobre la convencionalidad de las disposiciones invocadas ante ellos y, de otro lado, las decisiones dictadas "en última instancia" por el Consejo de Estado o por la Corte de Casación que pueden ahora ser objeto de un recurso ante la Corte Europea y, en consecuencia, si es necesario, contradichas por esta última, esta nueva configuración jurídica ha contribuido a hacer "mover las líneas" del derecho de expropiación (S. Gilbert, "Expropriatiion et convention européenne des droits de l'homme", en *Cahiers de la recherche sur les droits fondamentaux* , 14/2016, pág. 73).

19. ¿Cuáles son las disposiciones de la Convención Europea en cuestión?

Hacemos referencias a dos normas:

• El artículo 6 § 1 de la Convención establece que "toda persona tiene derecho a que su causa sea escuchada de manera justa, pública y en un plazo razonable, por un tribunal independiente e imparcial, establecido por ley, que decidirá [...] las controversias sobre sus derechos y obligaciones civiles".

• El artículo 1 del primer protocolo adicional de la Convención (firmado en París en 1952): "Toda persona física o jurídica tiene derecho al respeto de su propiedad. Nadie puede ser privado de su propiedad salvo por causa de utilidad pública y en las condiciones previstas por la ley y los principios generales del derecho internacional".

Por tanto, cabe preguntarse sobre el alcance de estas disposiciones y las consecuencias de las mismas en cuanto a la "regularidad" de los ataques a la propiedad inmobiliaria por parte de las autoridades públicas en el marco del procedimiento de expropiación.

1) *El derecho a un "proceso equitativo" y sus incidencias en caso de menoscabo de la propiedad inmobiliaria*

20. Se trata de una disposición de carácter "procesal" que, *a priori*, podría considerarse "fuera de tema".

Este no es el caso, ya que la Corte, según los términos de una jurisprudencia deliberadamente "constructiva", otorgó a este artículo un alcance "extenso": "derecho a un tribunal", "independencia e imparcialidad de este tribunal", derecho a que se haga justicia "en un plazo razonable", tantos requisitos que, de hecho, parecen "darse por sentados".

La Corte ha establecido igualmente, sobre la base del artículo 6 § 1 de la Convención, la "teoría de las apariencias", en virtud de la cual, de acuerdo con el adagio original en inglés —*"justice must not only be done; it must also be seen to be done"*— no es suficiente que se haga justicia de manera justa, también es necesario que los litigantes sientan que esto es así.

También, a partir de este artículo, la Corte se ha pronunciado frente al principio conocido como el de "igualdad de armas": en el transcurso de cualquier juicio, debe respetarse no solo el principio de "contradicción" sino que es necesario, además, que las partes se pongan en una base de absoluta igualdad.

Más bien ajenos a nuestra cultura jurídica y, a menudo, mal entendidos, estos principios han sido la fuente de una serie de cambios en nuestro derecho de la expropiación.

21. La interpretación de las disposiciones del artículo 6 § 1 de la Convención, en lo que respecta al procedimiento de expropiación y, más precisamente, a las condiciones para la fijación judicial de la indemnización, condujeron de hecho a la condena de Francia (CEDH, 24 de abril de 2003, *Yvon C / France*, D. 2003, J. P. 2456, nota R. Hostiou). La Corte Europea dictaminó que las modalidades de intervención del "comisionado del gobierno" (quien es el director de los servicios tributarios, responsable de presentar al juez de expropiación una propuesta razonada para la valoración de la indemnización debida a cada titular de derechos y dotado, como tal, con capacidad de influencia sobre el juez) violó el principio de "igualdad de armas": la Corte consideró que el comisionado del gobierno gozaba efectivamente de un acceso privilegiado a las informaciones relevantes en materia de transacciones y en particular a los expedientes inmobiliarios en los que reposan todas las transferencias de bienes inmuebles. Asimismo, consideró que ocupaba un cargo "ambiguo", "tanto de perito, como de parte" y que, por tanto, podía ejercer una influencia decisiva en la valoración realizada por el juez sobre el monto de la indemnización adeudada a la persona expropiada (cf. R. Hostiou, *La conventionnallité du code de l'expropriation au regard du droit à un procès équitable*, RD Imm., 2002, pág. 175).

Sin querer entrar demasiado en los detalles técnicos de este complejo expediente, conviene señalar, y esto es lo importante, que esta condena fue fuente de modificaciones, en primer lugar por decreto del 13 de mayo de 2005, donde el objetivo fue "convencionalizar" la ley de expropiación, lo cual, internamente, fue considerado por el Consejo de Estado como cumplido en su totalidad (CE 3 de septiembre de 2007, *Assoc. de sauvegarde du droit de propriété et autres*, RFD Adm. 2007, pág. 1175, nota R. Hostiou) y luego por diversos textos (en particular la ley 2006-872 de 13 de julio de 2006) dirigidos a "incrementar la transparencia del mercado de tierras" (R. Hostiou, "Au sujet de la publication sous forme électronique des informations relatives aux valeurs foncières. Chronique d'un long cheminement vers une plus grande transparence du marché de l'immobilier", en *RD Imm.*, 2019, pág. 554).

2) *El derecho al respeto de sus bienes. Definición del principio e implicaciones en el derecho interno*

22. El derecho al respeto de los bienes (art. 1 del primer protocolo adicional a la Convención Europea) es objeto de una definición sumamente amplia en la jurisprudencia de la Corte Europea. Se trata, según la Corte, de un concepto "autónomo", resistente a cualquier clasificación en las categorías "romano-germanistas": ciertos derechos e intereses "de carácter patrimonial", una simple "esperanza legítima", pueden entonces ser calificados como "bienes" en el sentido de este artículo y esta visión "hegemonista" ha suscitado críticas muy agudas dentro de la doctrina francesa (véanse en particular las críticas de Y. Jégouzo, "La propriété, c'est le vol", AJDA 2005, pág. 1081; sobre CEDH, 30 de noviembre de 2004, núm. 48939/99, *Oneryildiz C / Turquía*).

A partir de una interpretación particularmente "constructiva" de este artículo, la Corte Europea de Derechos Humanos ha desarrollado desde principios de la década de 1980, una jurisprudencia destinada a proteger el derecho de propiedad, tanto en el caso de "privación de propiedad", que corresponde a una expropiación *stricto sensu*, a lo que conviene asimilar la "expropiación de facto" (infracción de la "sustancia" del derecho de propiedad), como en el caso de que las medidas denunciadas simplemente den lugar a una "regulación del uso de propiedad", que también puede resultar abusiva ya que altera el "justo equilibrio" que debe reinar entre la protección del derecho a la propiedad y las exigencias del interés general (CEDH, 21 de febrero de 1986, *James y A. C. / Reino Unido*; CEDH, 21 de septiembre de 1982, *Sporrong y Lonroth C / Suecia*; CEDH, 29 de abril de 1999, *Chassagnou C / Francia*, R. Hostiou, note sous CEDH, 29 de marzo de 2010, *Depalle C / France*, en *RFD Adm.*, 2010, pág. 543).

El análisis de la Corte Europea está marcado por un gran pragmatismo. En efecto, la Corte argumenta que "gracias al conocimiento directo de su sociedad y sus necesidades, las autoridades nacionales están, en principio, en mejores condiciones que el juez internacional para determinar qué es de utilidad pública" y que la Corte no puede, por tanto, sustituir la evaluación de las autoridades nacionales por la suya (véase R. Hostiou, nota bajo ECHR, 4 de noviembre de 2010, *Dervaux C / France*, AJDA 2010, pág. 2493).

Sin embargo, esta "libertad de apreciación" dejada a las autoridades nacionales está sujeta a límites. La Corte Europea considera que debe poder revisar las medidas impugnadas en función de los hechos del caso y del objetivo perseguido por las autoridades nacionales y, en consecuencia, sancionarlas en caso de expropiación "abusiva".

Para la Corte, no es suficiente que una medida privativa de la propiedad persiga un objetivo legítimo de utilidad pública, pues debe existir una "relación razonable de proporcionalidad entre los medios empleados y el fin perseguido [...] Sujeto a circunstancias excepcionales, la privación por causa de utilidad pública no se justifica sin el pago de una indemnización [...] Sin el pago de una suma razonablemente proporcional al valor de la propiedad, la privación de la propiedad constituiría ordinariamente un perjuicio excesivo que no puede justificarse sobre la base del artículo 1°" (CEDH, 21 de febrero de 1986, citado anteriormente; CEDH, 17 de noviembre de 2015, *Aff. Preite C / Italia*, núm. 28976/05, em *RD Imm.*, Janv. 2016, núm. 1, pág. 22, nota R. Hostiou).

Cualquier "injerencia" en el respeto al derecho de bienes debe, por tanto, lograr un "equilibrio justo" entre las exigencias del interés general de la comunidad y los imperativos de salvaguardar los derechos fundamentales de la persona en cuestión. En materia de expropiación, este equilibrio implica, como regla general, que la parte expropiada recibe una compensación razonable en relación con el valor de mercado de la propiedad (CEDH, 22 de abril de 2002, *M. Lallement C / France*, AJDA 2002, pág. 686, nota R. Hostiou).

23. En aplicación de esta jurisprudencia, Francia ha sido condenada en varias ocasiones, no tanto por el propio principio de utilidad pública de las operaciones en cuestión, teniendo en cuenta, en particular, como se dijo anteriormente, el significativo margen de libertad reconocido por la Corte Europea a las autoridades nacionales, sino por las condiciones de indemnización en razón a determinados elementos de perjuicio (como la pérdida de la "herramienta de trabajo" en el caso de expropiación de tierras agrícolas: CEDH 22 de abril de 2002) no tomados en cuenta por el Código de Expropiación. (cf. R. Hostiou, "Le droit français de l'expropriation pour cause d'utilité publique et la convention européenne des droits de l'homme", en A.J.D.A., avril 2000, núm. 4, pág. 290).

Una decisión de la Corte Europea ha suscitado muchas preguntas en la doctrina e inquietudes entre los planificadores (CEDH, 2 de julio de 2002, *Motais de Narbonne C / France*, AJDA 2002, pág. 1226, nota R. Hostiou), referente a la cuestión de las "reservas de tierras": de hecho se acepta que las autoridades públicas puedan —mediante expropiación— adquirir terrenos con miras a la futura realización de operaciones de desarrollo, por lo que la realización de dichas operaciones se difiere en el tiempo (R. Hostiou y J. F. Struillou, *Réserves foncières. La constitution de réserves foncières par voie d'expropriation et de préemption en droit français*, DAUH 2007, pág. 135). En este caso, se había pronunciado la expropiación "con vistas a la constitución de reservas de suelo destinadas a vivienda social". Sin embargo, sucedió que pasaron más de cinco años desde la expropiación "sin que se hubiera realizado ninguna vivienda de tipo social" sino que, por el contrario, estas tierras habían sido cedidas a terceros. Recurrida, después del agotamiento de todos los recursos internos, la Corte Europea sancionó un uso "abusivo" de la técnica de las reservas de tierras. Y habiendo aumentado significativamente el valor de dicho terreno desde la fecha en que tuvo lugar la expropiación, ordenó a Francia pagar a los expropiados el monto total de la plusvalía adquirida por el terreno desde esa fecha, lo que representó una suma considerable (más de 3 millones de euros).

B) *Protección por el Consejo Constitucional*

24. Esta protección "convencional" debe compararse con la protección "constitucional" prevista en el marco de la nueva "cuestión prioritaria de constitucionalidad" (ley 2009-1523 de 10 de diciembre de 2009 relativa a la aplicación del art. 61-1 de la Constitución), que ahora autoriza al solicitante a afirmar "a modo de excepción" ante cualquier jurisdicción, sea el Consejo de Estado o la Corte de Casación, que una disposición legislativa aplicable a la controversia en la que hace parte "viola los derechos y libertades garantizados por la Constitución". Luego de un "filtro" —por parte del Consejo de Estado o de la Corte de Casación— destinado a verificar si la cuestión es "nueva" y si presenta un carácter "serio", se puede convocar al Consejo Constitucional a pronunciarse sobre el punto de saber si la disposición controvertida —aplicable al procedimiento de expropiación que da lugar, en su caso, al litigio administrativo o judicial— se ajusta o no a los principios constitucionales derivados de la Declaración de los Derechos del Hombre y del Ciudadano, a saber los artículos 16 (derecho a un recurso "efectivo") y 17 (protección del derecho de propiedad).

El análisis de la jurisprudencia del Consejo Constitucional muestra que este se niega generalmente a ceder al canto de sirena, y que, en última instancia, con una única excepción, "es mucho ruido para pocas nueces" (cf. R. Hostiou, *Le droit de l'expropriation et la QPC: Esquisse d'un premier bilan de trois années de mise en oeuvre du contrôle de constitutionnalité par voie d'exception*, DAUH 2013, Editions du Moniteur, pág. 61).

1) *Una jurisprudencia generalmente conservadora*

25. En cuanto a los expedientes que le fueron transmitidos por el Consejo de Estado, el Consejo Constitucional ha expedido, en cada ocasión, una "patente de constitucionalidad" a las disposiciones en cuestión, resolviendo, al final de un análisis inspirado cada vez por el mismo principio —el de la "proporcionalidad"— que en el primer caso, las excepciones al carácter "previo" del pago de indemnizaciones en virtud de la ley Vivien, relativa a la lucha contra el hábitat insalubre, respondían a razones imperiosas de interés general y estaban acompañadas de la garantía de los derechos de los propietarios afectados y que, en consecuencia, no eran incompatibles con el artículo 17 de la Declaración de 1789 (C. Const., 17 de septiembre de 2010, QPC, SARL "L'office central d'accession au logement", en RD Imm., 2010, pág. 600, nota R. Hostiou) y, en el segundo, que las vulneraciones llevadas al ejercicio del derecho de propiedad en el marco de la servidumbre de ocupación temporal de la ley de 1892 se justificaba por motivos de interés general y proporcionados al objetivo perseguido (C. Const., 23 de septiembre de 2011, *Epoux L.M. y A.*, RD Imm., 2011, pág. 570, nota N. Foulquier).

Por lo que se refiere a las cuestiones que le fueron transmitidas por iniciativa de la Corte de Casación, conviene señalar también que, en la gran mayoría de los casos, el Consejo Constitucional ha ratificado las disposiciones en cuestión.

En lo que respecta, en particular, a la falta de consideración del daño "moral" (solo el daño "material" puede dar lugar a indemnización: art. L. 321-1 del nuevo Código), el Consejo Constitucional, contrariamente a los deseos de una doctrina casi unánime, consideró que ningún requisito constitucional exigía que la colectividad expropiante, persiguiendo una finalidad de utilidad pública, estuviera obligada a reparar el dolor moral experimentado por el propietario por la pérdida de la propiedad expropiada (C. Const., 21 de enero de 2011, *M. Jacques S.*, AJDA 2011, pág. 447, nota R. Hostiou).

Muy recientemente, con respecto a un tema que ha sido objeto de puntos de vista muy diversos, a saber el caso en el que la tierra expropiada como parte de una operación de desarrollo se revenda luego a un precio mucho más alto que aquel al que se había adquirido, la autoridad expropiante beneficiándose así, en detrimento de la parte expropiada, de la plusvalía adquirida por el terreno, se respondió que las disposiciones impugnadas tenían como objetivo "proteger a la parte expropiadora contra el aumento del valor de mercado de la propiedad resultante de las perspectivas abiertas por estas obras" y que pretendiendo evitar que la realización de un proyecto declarado de utilidad pública se vea comprometido por tal incremento en el valor de la propiedad expropiada en detrimento del buen uso de los fondos públicos, el legislador había perseguido" un objetivo de interés general "(C. Const., 11 de junio de 2021, *Sr. Abdul Southam y Sra. Aya Egger C / Société publique locale territoire d'innovation*, en *RD Imm.*, 2021, pág. 468, nota R. Hostiou).

No obstante, sigue siendo cierto que en dos ocasiones el Consejo Constitucional ha prestado, en diversos grados, especial atención a la protección de la propiedad privada.

2) *Dos decisiones derogativas de la línea general*

26. En relación con el artículo L. 13-17 del antiguo código (L. 322-9 del nuevo Código de Expropiación), que establece que en caso de expropiación el monto de la indemnización principal fijada por el juez de expropiación, no podrá exceder la estimación hecha por el Departamento de Hacienda cuando una transferencia gratuita u onerosa haya dado lugar a una liquidación administrativa hecha en firme, o bien a una declaración por un monto inferior a dicha estimación, sabiendo que cuando los bienes de que se trate han sufrido modificaciones justificadas en su consistencia material o jurídica, su estado o su situación de ocupación, la estimación que se realice debe tenerse esto en cuenta. El Consejo Constitucional consideró que estas disposiciones no afectan al requisito de que nadie puede ser privado de su propiedad excepto bajo la condición de una compensación "justa y previa". Sin embargo, emitió una "reserva de interpretación" mediante la cual pretendía enfatizar que estas disposiciones no podían tener el efecto de privar al interesado de probar que el presupuesto administrativo en cuestión no toma en cuenta correctamente la evolución del mercado inmobiliario, lo que puede considerarse que limita el alcance de dicho artículo, cuya finalidad —a saber, la lucha contra el fraude fiscal— responde específicamente a un objetivo "de valor constitucional" (Cons. Const. 20 de abril de 2012, *Mme. Joudinaud C /communauté urbaine de Bordeaux*, en RD Imm., 2012, pág. 336, nota R. Hostiou).

27. Finalmente, y este es el único caso de nulidad que se debe mencionar, el Consejo Constitucional censuró los artículos L. 15-1 y L. 15-2 del Código de Expropiación por considerar que "la posesión por parte de la autoridad expropiante debe estar sujeta al pago previo de una indemnización". Si el legislador puede determinar las circunstancias particulares en las que el depósito constituye pago, los requisitos del artículo 17 de la Declaración de 1789 deben conducir en principio al pago de la indemnización al día del despojo.

Autorizando a la autoridad expropiante, en caso de recurso de apelación contra la sentencia que fije la indemnización, a tomar posesión de la propiedad expropiada a cambio del pago de una indemnización igual a las propuestas que hizo, inferior a la fijada por el juez, y al depósito del excedente, se consideró que se violaban las disposiciones del artículo 17 de la Declaración de 1789. (C. Const., 6 de abril de 2012, *M. Youssef Ben Brahim, C / SEMAVIP*, en *RD Imm.*, 2012, pág. 333, nota R. Hostiou).

Esta decisión llevó a los poderes públicos a modificar el artículo cuestionado, en los siguientes términos: "En caso de recurso de apelación contra la sentencia que fije la indemnización, cuando existan indicios serios que sugieran que en caso de invalidación, la autoridad expropiante no podría recuperar la totalidad o parte de las sumas que le corresponderían en restitución, esa puede ser autorizada por el primer presidente de la Corte de apelación, para consignar todo o una parte del monto de la indemnización superior a lo propuesto por la autoridad expropiante. Este depósito vale pago de este excedente" (Estas disposiciones aparecen en el art. L. 331-3 del nuevo Código de Expropiación).

El Consejo Constitucional convalidó estas disposiciones al tiempo que adjuntó una "reserva de interpretación" a su decisión: "En todo caso, la indemnización debe cubrir todos los daños directos, materiales y ciertos, causados por la expropiación. En consecuencia, cuando la indemnización fijada definitivamente supere la fracción de la indemnización establecida por el juez de primera instancia que se pagó al expropiado al tomar posesión del inmueble, el expropiado deberá poder obtener una indemnización por el daño resultante de la falta de cobranza de la indemnización íntegra por la expropiación al momento de la toma de posesión. Sujeto a esta reserva, el artículo L. 15-2 del Código de Expropiación por utilidad pública (nuevo código: art. L. 331-3) no desconoce los requisitos derivados del artículo 17 de la Declaración de 1789" (C. Const., 13 de febrero de 2015, *Sté Ferme Larrea EARL*, en *RD Imm.*, 2015, pág. 172, nota R. Hostiou).

28. Una última observación: instaurado recientemente, ese control de constitucionalidad tiene por objetivo implícito el de "eludir" a la Corte Europea. La concurrencia —hoy claramente establecida— entre las autoridades nacionales y la Corte Europea de Estrasburgo ¿es susceptible de generar garantías suplementarias para la protección de la propiedad inmobiliaria? Incluso si —probablemente— no pueda funcionar sino "al margen", el temor de verse repudiado —o refutado— por Estrasburgo, no puede más que incitar a las instancias nacionales (tanto legislativas, administrativas como judiciales) a mostrar mucha cautela en este asunto.

EL "NON BIS IN IDEM" EN EL SISTEMA EUROPEO E INTERAMERICANO Y SU RELATIVIZACIÓN EN LA JURISPRUDENCIA DE ESTRASBURGO

TOMÁS CANO CAMPOS*
España

1. INTRODUCCIÓN

La amenaza de doble enjuiciamiento y sanción por los mismos hechos se ha incrementado considerablemente en los últimos años. Ello se debe a diversas razones, entre las cuales se puede destacar el recurso a las sanciones penales y administrativas en casi todos los sectores de intervención pública, a su expansión en un espacio jurídico cada vez más amplio como consecuencia de la integración europea y de la globalización, la extensión del derecho penal a delitos cometidos en el extranjero o al reconocimiento de la responsabilidad penal de las personas jurídicas en numerosos países.

La amenaza de doble enjuiciamiento y sanción por los mismos hechos presenta hoy tantas combinaciones y variantes que no resulta fácil encontrar un criterio claro y pacífico que sirva para decidir si se vulnera o no el principio *non bis in idem*[1]. A tal punto que cabe preguntarse si hay una sola regla o varias en función del ordenamiento jurídico de que se trate o de cada sector de intervención[2].

* TOMÁS CANO CAMPOS, catedrático de Derecho Administrativo de la Universidad Complutense de Madrid. tcano@der.ucm.es. Este trabajo se ha realizado en el marco del proyecto de investigación "La europeización de las sanciones administrativas: la incidencia del derecho europeo en el concepto de sanción, en sus garantías y en su función" (PID2020-115714GB-100), financiado por el Ministerio de Ciencia e Innovación, así como dentro del Grupo de Investigación número 931089 de la Universidad Complutense de Madrid. Constituye una reelaboración para este homenaje al profesor LIBARDO RODRÍGUEZ, de muchas de las cuestiones que ya he tratado en Tomás Cano Campos, "Los claroscuros del *non bis in idem* en el espacio jurídico europeo", en *Revista Española de Derecho Europeo*, vol. 80, 2021, págs. 9-53.

[1] Sobre los numerosos supuestos de concurrencia punitiva que pueden darse, véase MERCEDES PÉREZ MANZANO, "La prohibición de incurrir en *bis in idem* en España y en Europa. Efectos internos de una convergencia jurisprudencial inversa (de Luxemburgo a Estrasburgo)", en MERCEDES PÉREZ MANZANO y JUAN ANTONIO LASCURAÍN SÁNCHEZ (dirs.), *La tutela multinivel del principio de legalidad penal*, Madrid, Marcial Pons, 2016, pág. 153.

[2] En el presente trabajo utilizaré de forma indistinta los términos "principio" y "regla" referidos al *non bis in idem*, pues constituye un principio o una regla en función del concep-

Si el tema ya resulta confuso en el ámbito nacional con el entrecruzamiento de las sanciones penales y administrativas, en el marco del sistema interamericano y europeo de protección de los derechos humanos el análisis se complica y la confusión se acrecienta aún más. Además, en el ámbito de la Convenio para la Protección de los Derechos Humanos y de las Libertades Fundamentales (CEDH), que es en el que se va a centrar especialmente este trabajo, el artículo 4 del Protocolo 7 a dicho Convenio, en rigor, solo prohíbe el doble enjuiciamiento o la doble sanción penal, pero son cada vez más los procedimientos y las sanciones administrativas que se califican como penales en aplicación de los denominados "criterios Engel" elaborados por el Tribunal Europeo de Derechos Humanos (TEDH), por lo que también aumentan los procedimientos y sanciones que requieren la aplicación del *non bis in idem*.

Resulta en extremo complicado tratar en unas pocas páginas un tema tan complejo y con tantas aristas como el del *non bis in idem*; un derecho fundamental cuya formulación difiere en los textos nacionales e internacionales que lo consagran, respecto del que la jurisprudencia presenta un casuismo extremo y ofrece giros inesperados, en el que cada nuevo caso pone a prueba los criterios generales que parecían asentados y, en fin, sobre el que tanto se ha escrito desde diversas especialidades jurídicas. Un derecho fundamental, también, en cuyo alcance y configuración el "diálogo entre tribunales" está desempeñando un importante papel que se ha ido acrecentando con el paso de los años[3].

---

to de principio que se adopte. El *non bis in idem* no es un principio jurídico en el sentido de ALEXY como mandato de optimización (desde esta perspectiva parece claramente una regla), pero sí es un principio en varios de los sentidos con que los juristas utilizamos esta expresión, a tal punto que para muchos (y para los tribunales) constituye, incluso, un principio general del derecho punitivo que arranca con el movimiento ilustrado. Sobre si se trata de un principio o de una regla, véase, por ejemplo, ALEJANDRO NIETO GARCÍA, *Derecho administrativo sancionador*, 5ª ed., Madrid, Tecnos, 2012, págs. 438-439; LUCÍA ALARCÓN SOTOMAYOR, *La garantía del non bis in idem y el procedimiento administrativo sancionador*, Madrid, Iustel, 2008, págs. 419-423, con abundantes referencias. Sobre los principios jurídicos, sus diversos significados y sus diferencias con las reglas, entre otros muchos, GENARO R. CARRIÓ, *Notas sobre derecho y lenguaje*, Buenos Aires, Abeledo-Perrot, 1990, pág. 194 y ss.; ROBERT ALEXY, *Teoría de los derechos fundamentales*, 2ª ed., Madrid, Centro de Estudios Políticos y Constitucionales (CEPC), 2012, pág. 63 y ss.; MANUEL ATIENZA RODRÍGUEZ y JUAN RUIZ MANERO, *Las piezas del derecho. Teoría de los enunciados jurídicos*, 4ª reimp., Barcelona, Ariel, 2007, págs. 24-34 y 191-192.

[3] Sobre las recíprocas influencias entre la Corte Interamericana y el Tribunal Europeo de Derechos Humanos, *vid.*, por ejemplo, MARÍA DÍAZ GRECO, "El impacto de la jurisprudencia de la Corte Interamericana sobre el Tribunal Europeo de Derecho Humanos", en *Revista de la Facultad de Derecho PUCP*, n.º 75, 2015, págs. 31-56. Es particularmente interesante también en este tema el diálogo entre el Tribunal Europeo de Derechos Huma-

Por ello, en el presente trabajo solo voy a abordar un reducido número de cuestiones para tratar de ofrecer algunas respuestas que puedan resultar de interés. En particular, me voy a ocupar del reconocimiento normativo y el diferente estándar de protección del *non bis in idem* en la Convención Americana sobre Derechos Humanos (CADH), en el Convenio Europeo de derechos Humanos (CEDH) y en el derecho interno español (apartado 2); a continuación me ocuparé la progresiva relativización del *non bis in ídem*, en particular en la jurisprudencia del Tribunal Europeo de Derechos Humanos, en la que, tras una progresiva ampliación del *idem*, ha habido una correlativa reducción del *bis* (apartado 3); tras lo cual pondré de manifiesto la necesidad de considerar los intereses jurídicos protegidos por la norma sancionadora (apartado 4); y, por último, ya muy sintéticamente, el problema del fundamento de la prohibición, en el que creo que subyacen algunos equívocos (apartado 5).

2. Los textos normativos y el diferente estándar de protección

En el derecho internacional de los derechos humanos el *non bis in idem* se encuentra explícitamente reconocido, entre otros, en el artículo 14.7 del Pacto Internacional de Derecho Civiles y Políticos (PIDCP), en el artículo 8.4 de la Convención Americana sobre Derechos Humanos y en el artículo 4.1 del Protocolo número 7 al Convenio Europeo de Derechos Humanos. Aquí solo me ocuparé de estos dos últimos textos internacionales y del reconocimiento del *non bis in idem* en el ordenamiento jurídico español, al objeto de precisar su distinto estándar de protección[4].

A) *El "non bis in idem" en la Convención Americana de Derechos Humanos*

El artículo 8.4 de la Convención Americana sobre Derechos Humanos (Pacto de San José de Costa Rica, suscrito el 22 de noviembre de 1969) dispone: "El inculpado absuelto por una sentencia firme no podrá ser sometido a un nuevo juicio por los mismos hechos".

Se trata de una de las numerosas "garantías judiciales" que, como las demás que consagra el artículo 8 de la Convención (derecho de toda persona a la

nos y el Tribunal de Justicia de la Unión Europea. Sobre ello, Tomás Cano Campos, "Los claroscuros del *non bis in idem* en el espacio jurídico europeo", en *Revista Española de Derecho Europeo*, vol. 80, 2021, págs. 9-53, con abundante bibliografía.

[4] El referido art. 14.7 del PIDCP, ratificado por España el 30 de abril de 1977, dispone: "Nadie puede ser juzgado ni sancionado de nuevo por un delito por el cual ya ha sido condenado o absuelto por sentencia firme de acuerdo con la ley y el procedimiento penal de cada país".

defensa, a la presunción de inocencia, a no declarar contra uno mismo, a ser oída por un tribunal independiente e imparcial en un plazo razonable, etc.), constituye un elemento fundamental del debido proceso. Pero, como puede verse, en términos literales, su ámbito de aplicación es muy restrictivo, pues parece exigir un primer juicio que concluya con sentencia absolutoria[5]. El *non bis in idem* no respondería, por tanto, a la idea de prohibición de doble sanción sino a la prohibición de doble proceso (y solo en el caso de absolución firme en el primero). La propia Corte Interamericana de Derechos Humanos (CIDH) así lo ha destacado en algunas sentencias (*Cantoral Benavides vs. Perú*, 2000, par. 137; *Loayza Tamayo vs. Perú*, 1997, par. 76).

La necesidad de una sentencia absolutoria no se exige ni en el Pacto Internacional de Derecho Civiles y Políticos ni en el Convenio Europeo de Derechos Humanos, pues, al igual que el Estatuto de Roma (art. 20), utilizan la expresión condenado o absuelto. Por eso, la doctrina ha sostenido que el artículo 8.4 de la Convención Americana sobre Derechos Humanos debe interpretarse de forma favorable a la persona, puesto que resultaría incongruente que no se aplicara la prohibición de doble juicio en casos de personas "condenadas" y sería contrario al propio artículo 8.4 de la Convención[6]. Para que sea de aplicación la prohibición, la Corte exige que exista al menos una sentencia definitiva que se pronuncie sobre el fondo del asunto, pues de lo contrario no estamos ante un verdadero proceso en el sentido del artículo 8.4 de la Convención Americana sobre Derechos Humanos (caso *Lori Berenson Mejia vs. Perú*, 2004, párs. 206-208).

A diferencia del Convenio Europeo de Derechos Humanos, la Convención no establece expresamente ninguna excepción a la prohibición de *bis in idem*, pero la Corte Interamericana de Derechos Humanos ha negado su carácter absoluto[7]. Así, ha formulado el concepto de cosa juzgada "fraudulenta" o "aparente", que es aquella que resulta de un juicio en el que no se han respetado las reglas del debido proceso o en el que los jueces no han actuado con independencia o imparcialidad (*Carpio Nicolle y otros vs. Gua-*

[5] Por eso, su redacción ha sido califica de cuestionable. *Vid.*, por ejemplo, MARINA MÍNGUEZ ROSIQUE, "El principio de legalidad penal en el sistema interamericano de protección de los derechos humanos", en MERCEDES PÉREZ MANZANO y JUAN ANTONIO LASCURAÍN SÁNCHEZ (dirs.), *La tutela multinivel del principio de legalidad penal*, Madrid, Marcial Pons, 2016, pág. 229.

[6] A. BELTRÁN Y PUGA y J. COUSO, "Apuntes sobre el principio *ne bis in idem*", en CARLOS PÉREZ VÁZQUEZ (coord.), *El derecho humano al debido proceso. Sus dimensiones legal, constitucional y convencional*, Valencia, Tirant lo Blanch, 2014, pág. 74.

[7] Sobre el tema, vid. SANTIAGO OTTAVIANO, "Las excepciones al *ne bis in idem* en el derecho internacional", en *Revista Argentina de Derecho Penal y Procesal Penal*, tomo I, 2012.

temala, 2004, par. 131). En su sentencia en el caso *Almonacid Arellano versus Chile* (2006, par. 154), la Corte Interamericana de Derechos Humanos señaló que el *non bis in idem* no resulta aplicable cuando: i) la actuación del Tribunal haya obedecido al propósito de sustraer al acusado de su responsabilidad penal; ii) el procedimiento no haya sido instruido de manera independiente e imparcial de conformidad con las debidas garantías procesales; iii) no haya habido intención real de someter al responsable a la acción de la justicia.

Además, la Corte ha añadido también que, aunque exista una sentencia previa con fuerza de cosa juzgada, si aparecen nuevos hechos o nuevas pruebas que posibiliten la determinación de los responsables de violaciones de derechos humanos cabe reabrir las investigaciones, pues las exigencias de la justicia, los derechos de las víctimas y el espíritu de la Convención Americana sobre Derechos Humanos desplazan toda protección brindada por el derecho al *non bis in idem* (*Almonacid Arellano vs. Chile*, 2006, par. 154)[8].

En su sentencia de 23 de noviembre de 2012 (caso *Mohamed vs. Argentina*, par. 123), la Corte niega que se haya vulnerado el *non bis in idem*, dado que el segundo proceso que condenó al señor Mohamed era la segunda instancia del primer y único proceso[9]. La sentencia añade que el término "firme" que utiliza el artículo 8.4 de la Corte Interamericana de Derechos Humanos implica que cuando la sentencia absolutoria se dicta en primera instancia, y cabe cuestionarla en segunda instancia, no es posible considerar que se vulnera el referido derecho.

Con arreglo a la jurisprudencia de la Corte, que no es muy abundante en este aspecto, cabe destacar que el *non bis in idem* que consagra el artículo 8.4 de la Convención requiere el cumplimiento de los siguientes requisitos[10]:

i) Que haya una resolución firme en la causa con autoridad de cosa juzgada (condenatoria o absolutoria), esto es, que no quede abierta una segunda instancia.

ii) Que la resolución se pronuncie sobre el fondo de la causa.

iii) Que la resolución no se encuentre anulada a la hora de abrir el nuevo procedimiento.

[8] Lo cual ha sido criticado, por ejemplo, por Marina Mínguez Rosique, "El principio de legalidad penal en el sistema interamericano de protección de los derechos humanos", ob. cit., pág. 231.

[9] En contra de esta solución, que a mí me parece bastante obvia, Gustavo Vitale, *Derecho al recurso, legalidad penal y prohibición de doble juzgamiento*, 2013, págs. 163-164, disponible en https://www.corteidh.or.cr/tablas/r34447.pdf

[10] La síntesis corresponde a Juan Sebastián Vera Sánchez, *Non bis in idem procesal. Identidad de hechos*, Valencia, Tirant lo Blanch, 2020, págs. 155-156.

iv) Que el tribunal que dicta la resolución firme no haya actuado con el propósito de sustraer al responsable de violaciones a los derechos humanos de su responsabilidad penal.

v) Que hayan estado plenamente garantizadas la imparcialidad e independencia del tribunal durante el proceso que lleva a la resolución firme sobre el caso.

vi) Que exista una intención real o material de someter al responsable a la acción de la justicia.

vii) Que no existan en el caso exigencias de justicia, derechos de las víctimas, o de la letra y espíritu de la Convención que venzan el derecho fundamental a no ser enjuiciado o condenado dos veces por lo mismo.

Como se ha destacado, en la Corte ha prevalecido la idea de que un procedimiento que vulnera los derechos no puede sustentar una sentencia válida, puesto que ni aquel constituye un verdadero proceso ni esta una auténtica sentencia, por lo que "la aparente resolución definitiva en la que culmina el también aparente proceso no puede pretender la autoridad de cosa juzgada ni ser la referencia para la invocación de la garantía *ne bis in idem*"[11].

B) *El Protocolo 7 al Convenio Europeo de Derechos Humanos y el concepto autónomo de enjuiciamiento y sanción penal*

El Protocolo número 7 al Convenio Europeo de Derechos Humanos, que todavía no ha sido ratificado por algunos países importantes (Alemania, Bélgica, Países Bajos y Reino Unido) y otros han formulado reservas que limitan su aplicación a las sanciones calificadas como penales por su propia legislación (Austria, Francia, Italia y Portugal), reconoce en su artículo 4 la regla del *non bis in idem*[12] en estos términos: "Nadie podrá ser perseguido o condenado penalmente por los Tribunales de un mismo Estado por una infracción por la que hubiera sido absuelto o condenado penalmente mediante sentencia firme conforme a la Ley y el procedimiento penal de ese Estado".

El referido precepto ofrece, como se sabe, una protección internacional del *non bis in idem*, pero de alcance nacional, pues solo resulta aplicable en los procedimientos seguidos ante los tribunales y las autoridades del mismo

[11] Sergio García Ramírez, *La Corte Interamericana de Derecho Humanos*, México, Porrúa, 2007, págs. 394-395.

[12] El protocolo fue aprobado el 1° de noviembre de 1984 y entró en vigor el 1° de noviembre de 1988. España lo ratificó el 28 de agosto de 2009 con efectos de 1° de diciembre de ese mismo año. En la sentencia de 4 de marzo de 2014, *Grande Stevens y otros c. Italia*, el TEDH considera que la reserva de Italia no es válida, ya que contiene una breve exposición de la ley o leyes nacionales pretendidamente incompatibles con el art. 4 del Protocolo.

Estado. Es decir, no es una norma que vincule a unos Estados europeos respecto de otros, sino que refuerza la prohibición en el interior de cada Estado parte, tal y como ha señalado el propio Tribunal Europeo de Derechos Humanos, entre otras, en las sentencias de 22 de mayo de 2007 (asunto *Böheim c. Italia*, sobre dos condenas impuestas en Italia y Alemania) y de 5 de septiembre de 2014 (asunto *Trabelsi c. Bélgica*, donde reitera que el referido precepto no se aplica a los procesos y condenas de diferentes Estados).

El *non bis in idem* solo se aplica en caso de dualidad de procesos, por lo que no evita la doble sanción en el seno de un mismo procedimiento. Pero, la prohibición no solo opera en los casos de doble condena, sino también de doble enjuiciamiento, de modo que se aplica cuando ha recaído una resolución firme en el primer procedimiento y se enjuician de nuevo esos hechos en otro posterior. Se prohíbe perseguir, juzgar o condenar por los mismos hechos, por lo que el contenido del fallo es irrelevante; es la existencia de un segundo procedimiento sancionador, una vez recaída una decisión firme en el primero, la que determina, sin más, la aplicación de la prohibición[13].

Sin embargo, el derecho no se vulnera cuando se llevan a cabo actuaciones posteriores al primer proceso que suponen su reapertura como consecuencia de la aparición de nuevos hechos o su revelación posterior o debido a la apreciación de vicios fundamentales en el procedimiento, ya que el apartado segundo del artículo 4 establece que: "Las disposiciones del párrafo anterior no impiden la reapertura del proceso conforme a la Ley y al procedimiento penal del Estado interesado, si hay hechos nuevos o revelados ulteriormente o un vicio esencial en el procedimiento precedente de tal naturaleza que pudiera afectar a la sentencia dictada"[14].

El artículo 4 del Protocolo 7 alude inequívocamente al ámbito penal, pero el Tribunal Europeo de Derechos Humanos, en sus sentencias de 18 de octubre de 2011 (asunto *Tomasovic c. Croacia*) y de 15 de noviembre de 2016 (asunto *A y B contra Noruega*), ha afirmado que dicho precepto debe inter-

[13] Mercedes Pérez Manzano, "La prohibición de incurrir en *bis in idem* en España y en Europa...", ob. cit., pág. 169; Luis López Guerra, "*Ne bis in idem* en la jurisprudencia del Tribunal Europeo de Derechos Humanos", en *Revista Española de Derecho Europeo*, vol. 69, 2019, pág. 12; J. Barcelona Llop, "Las sanciones administrativas en la jurisprudencia del Tribunal Europeo de Derechos Humanos", en *Revista Derecho y Sociedad*, vol. 54, 2020, págs. 219-220; S. Martínez Cantón y R. Pérez Cordón, "La identidad de procedimientos en el principio *non bis in idem* ante el Tribunal Europeo de Derecho Humanos", en *Revista Jurídica de Castilla y León*, vol. 52, 2020, págs. 80-81.

[14] El apartado tercero añade: "No se autorizará derogación alguna al presente artículo en virtud del artículo 15 del Convenio", que se refiere a la derogación de las obligaciones previstas en el Convenio por parte de las altas partes contratantes en caso de guerra o de otro peligro público que amenace la vida de la nación.

pretarse a la luz de los criterios utilizados para determinar el significado de los términos "acusación en materia penal y pena" que figuran en los artículos 6 y 7 del Convenio Europeo de Derechos Humanos y, por tanto, de conformidad con los denominados "criterios Engel", que implican una visión autónoma (y extensiva) de lo que se entiende por asunto o materia penal. De este modo, procedimientos y castigos que según el derecho interno son administrativos se consideran, sin embargo, de naturaleza penal a efectos de la aplicación del *non bis in idem*, lo que también ha ocurrido recientemente, por cierto, en relación con otra garantía reconocida en el artículo 2 del Protocolo 7: el derecho a un doble grado de jurisdicción en el control de las sanciones (sent. de 30 de junio de 2020, asunto *Saquetti Iglesias c. España*)[15].

La fuerza expansiva de tales criterios (que el Tribunal Europeo de Derechos Humanos justifica para alcanzar "una interpretación consistente del Convenio en su conjunto" y que suponen la inclusión de asuntos que, de otro modo, estarían al margen de su jurisdicción) es tal que, como veremos, también han sido asumidos por el propio Tribunal de Justicia de la Unión Europea a los efectos de determinar lo que constituye una "infracción penal" en el sentido del artículo 50 de la Carta, que también garantiza el *non bis in idem*. Conviene recordarlos sintéticamente.

En su sentencia de 8 de junio de 1976 (asunto *Engel y otros c. Países Bajos*), el Tribunal Europeo de Derechos Humanos señaló que no puede ignorarse, sin más, la "naturaleza penal" de una sanción calificada como administrativa por un Estado parte, pues, en otro caso, cualquier Estado podría eludir las garantías del artículo 6 del Convenio despenalizando determinadas conductas y tipificándolas como infracciones administrativas, aunque se castiguen con sanciones graves. Para evitar esto (que en ese momento era una práctica que habían iniciado algunos Estados), el Tribunal estableció una serie de criterios (cuya concurrencia no es acumulativa) para determinar si una sanción tiene o no naturaleza penal a los efectos de ese precepto. En primer lugar, hay que estar a la calificación de la sanción por el ordenamiento interno, cuyo valor

[15] Sobre ello, S. Soldevilla Fragoso, "Asunto Saquetti v. España. STEDH de 30 de junio de 2020", en *Actualidad Administrativa*, vol. 9, 2020; E. Cobreros Mendazona, "El doble grado de jurisdicción para las sanciones administrativas graves, una imperiosa exigencia convencional y constitucional", en *Revista Vasca de Administración pública*, vol. 118, 2020, págs. 17-48; B. Lozano Cutanda, "La sentencia 'Saquetti Iglesias c. España' impone la introducción de la doble instancia para el enjuiciamiento de las sanciones administrativas", en *Revista de Administración Pública*, vol. 213, 2020, págs. 181-207; y O. Bouazza Ariño, "El concepto autónomo de sanción en el sistema del Convenio Europeo de Derechos Humanos", en M. Rebollo Puig, A. Huergo Lora, J. Guillén Caramés y T. Cano Campos, *Anuario de Derecho Administrativo Sancionador 2021*, Cizur Menor, Aranzadi, 2021, págs. 309-333.

es relativo: si la sanción se califica internamente como penal, el Tribunal acepta sin más esa calificación y así la considera con relación al artículo 6 del Convenio; pero, si el derecho interno la califica como administrativa, el Tribunal no está vinculado por esa calificación. Por ello, en segundo lugar, se atiende a la naturaleza de la infracción, de modo que, aunque esta se haya calificado de administrativa, el Tribunal puede concluir que es penal en atención a si la norma penal es aplicable al conjunto de los ciudadanos o a un grupo específico con un estatus singular, a si protege intereses o valores que normalmente protege el derecho penal y, en fin, a si tiene una finalidad disuasoria y represiva. En tercer lugar, se tiene en cuenta también la gravedad de la sanción: si, a pesar de su calificación por el derecho interno como administrativa, el castigo implica privación de libertad, se considera de naturaleza penal; si es de carácter económico también puede considerarse penal en función de su entidad. El segundo y el tercer criterio son alternativos, pero procede examinarlos de forma acumulativa cuando con uno de ellos no es posible llegar a "una conclusión clara respecto a la existencia de una acusación en materia penal"[16].

C) *El "non bis in idem" en el derecho español*

La Constitución Española (CE), a diferencia de los textos normativos referidos, no consagra expresamente la prohibición de *bis in idem*. Pero el Tribunal Constitucional (TC), ya en la segunda sentencia que dictó, lo vinculó expresamente al derecho fundamental a la legalidad sancionadora que reconoce el artículo 25.1 del texto constitucional, "ya que va íntimamente unido a los principios de legalidad y tipicidad de las infracciones recogidos" en dicho precepto, que se limita a disponer que: "Nadie puede ser condenado o sancionado por acciones u omisiones que en el momento de producirse no constituyan delito, falta o infracción administrativa según la legislación vigente en aquel momento"[17].

[16] Una síntesis reciente de tales criterios, con la jurisprudencia más relevante sobre ellos, en J. Barcelona Llop, "Las sanciones administrativas en la jurisprudencia del Tribunal Europeo de Derechos Humanos", ob. cit., págs. 207-209; A. Bueno Armijo, "El principio *non bis in ídem* en el derecho de la Unión Europea. Una configuración cada vez más alejada del ordenamiento español", en M. Rebollo Puig, A. Huergo Lora, J. Guillén Caramés y T. Cano Campos, *Anuario de Derecho Administrativo Sancionador 2021*, Aranzadi, 2021, pág. 282 y ss.; y O. Bouazza Ariño, "El concepto autónomo de sanción en el sistema del Convenio Europeo de Derechos Humanos", en M. Rebollo Puig, A. Huergo Lora, J. Guillén Caramés y T. Cano Campos, *Anuario de Derecho Administrativo Sancionador 2021*, Aranzadi, 2021, pág. 315 y ss.

[17] STC 2/1981, FJ 4. Sobre el *non bis in idem* en el derecho español la bibliografía es inabarcable. *Vid.*, por ejemplo, A. Nieto García, *Derecho administrativo sancionador*, 5ª

El Tribunal Constitucional ha precisado, también, que la regla no solo incluye la proscripción de la duplicidad de sanciones administrativas y penales con respecto a unos mismos hechos, sino que, "en la medida en que el *ius puniendi* aparece compartido en nuestro país entre los órganos judiciales penales y la Administración, el principio *non bis in idem* opera también internamente dentro de cada uno de estos ordenamientos en sí mismos considerados, proscribiendo, cuando exista una triple identidad de sujeto, hechos y fundamento, la duplicidad de penas y procesos penales y la pluralidad de sanciones administrativas y de procedimientos sancionadores, respectivamente"[18]. El Tribunal también ha señalado que no solo incluye la incompatibilidad de sanciones por un mismo hecho en procedimientos diferentes, sino que el "*non bis in idem* también es aplicable dentro de un mismo proceso o procedimiento, a una pluralidad de sanciones principales ante una identidad de sujetos, hechos o fundamentos"[19].

Con carácter general, el artículo 31.1 de la actual Ley 40/2015, de 1° de octubre, de Régimen Jurídico del Sector Público, positiviza el *non bis in idem* en estos términos: "No podrán sancionarse los hechos que hayan sido sancionados penal o administrativamente en los casos en que se aprecie identidad de sujeto, hecho y fundamento"[20].

Pero, este precepto, al igual que las numerosas leyes sectoriales que lo recogen, consagra la denominada vertiente material de la regla (la prohibición de doble sanción), pero nada dice de la prohibición de doble enjuiciamiento o vertiente procedimental del *non bis in idem* que no goza de un reconocimiento general en nuestro ordenamiento.

En este sentido, conviene precisar que, a pesar de lo que a veces ha señalado el Tribunal Constitucional y parte de la doctrina, la prevalencia de la vía penal sobre la administrativa y la obligación de no iniciar o suspender el procedimiento administrativo cuando los hechos puedan ser constitutivos de delito, que consagran numerosas leyes en nuestro ordenamiento, pueden tener justificación, pero, en rigor, no forman parte del contenido del derecho

---

ed., Madrid: Tecnos, 2012, págs. 429-496; y L. Alarcón Sotomayor, *La garantía del non bis in ídem y el procedimiento administrativo sancionador*, Madrid, Iustel, 2008; ambos con abundante bibliografía.

[18] STC 77/2010 [FJ 4.c)].

[19] STC 154/1990 (FJ 3).

[20] El apartado 2 añade: "Cuando un órgano de la Unión hubiera impuesto una sanción por los mismos hechos, y siempre que no concurra la identidad de sujeto y fundamento, el órgano competente para resolver deberá tenerla en cuenta a efectos de graduar la que, en su caso, deba imponer, debiendo minorarla, sin perjuicio de declarar la comisión de la infracción". Pero esta previsión, en rigor, es ajena al *non bis in idem*. Véase T. Cano Campos, *Sanciones administrativas*, Barcelona, Lefebvre, 2018, págs. 143-144.

a no ser sancionado o enjuiciado dos veces por lo mismo, sino que tratan de asegurarlo. Pero, igualmente lo aseguraría la regla opuesta de la prevalencia de la norma administrativa o reglas diferentes como la de la preferencia de la norma punitiva especial, que no siempre tiene por qué ser la penal[21].

D) *Los diferentes estándares de protección*

Tanto los textos internacionales como la mayoría de los Estados diferencian entre la reanudación de un proceso justificada por circunstancia excepcionales y el doble enjuiciamiento que prohíbe el *non bis in idem*, que nos ocupa.

Hecha esa distinción, suele considerarse que los textos internacionales referidos ofrecen un nivel de protección más elevado que el derecho interno, pero esto conviene matizarlo, al menos respecto del ordenamiento interno español, porque no es exactamente así: el estándar interamericano y europeo es más garantista en algunos aspectos, pero resulta menos protector en otros.

En el derecho del Convenio Europeo de Derechos Humanos y de la Convención Americana sobre Derechos Humanos hay una clara prioridad del *non bis in idem* procedimental sobre el material, que suele considerarse una simple proyección de aquel. Esto puede parecer lógico porque, como sin procedimiento no hay (o no debe haber) sanción, si se evita la duplicidad de enjuiciamiento también se impide la doble sanción. Pero esta no se evita en todos los casos, pues se puede sancionar dos veces lo mismo en un único procedimiento o proceso. Y esto, el Convenio Europeo de Derechos Humanos y la Convención Americana sobre Derechos Humanos no lo prohíben.

[21] En realidad, tanto la prevalencia de la vía penal como la vinculación de la Administración a los hechos declarados probados por el orden jurisdiccional penal, tratan de garantizar exigencias que exceden de la prohibición de *bis in idem*: evitar pronunciamientos contradictorios por parte de distintos órganos del Estado. Su ámbito de aplicación coincide solo parcialmente con el *non bis in idem*, pues la obligación de respetar los hechos probados en el proceso penal no solo rige cuando estamos en presencia de un concurso de normas, sino también en presencia de un concurso ideal de infracciones (con el que nada tiene que ver el *non bis in idem*), mientras que la obligación de no iniciar o paralizar el procedimiento administrativo cuando los hechos pueden ser constitutivos de delito no solo trata de evitar la doble sanción y el doble enjuiciamiento por lo mismo, sino también esa vinculación de la Administración a los hechos declarados probados en una sentencia penal. Véase, T. Cano Campos, "Non bis in ídem, prevalencia de la vía penal y teoría de los concursos en el Derecho administrativo sancionador", en *Revista de Administración Pública*, vol. 156, 2001, pág. 199, y M. Rebollo Puig y M. Izquierdo Carrasco, "El régimen de infracciones y sanciones", en G. Fernández Farreres (dir.), *Comentarios a la Ley General de Subvenciones*, Madrid, Civitas, 2005, pág. 647, por nota; L. Alarcón Sotomayor, *La garantía del non bis in ídem y el procedimiento administrativo sancionador*, Madrid, Iustel, 2008, pág. 99 y ss.

Además, al exigirse una resolución anterior firme, solo se prohíben los procedimientos sucesivos, pero no los paralelos, al menos hasta que uno de ellos concluya con resolución firme. Por otra parte, la Convención Americana sobre Derechos Humanos y el Convenio Europeo de Derechos Humanos solo se refieren a los procesos y a las sanciones penales, y, aunque en el caso del Convenio Europeo de Derechos Humanos, la utilización de los "criterios Engel" ha supuesto la aplicación de la garantía del *non bis in idem* a numerosos procedimientos y sanciones administrativas, no puede afirmarse que su utilización abarque todos los procedimientos que tramita y todas y cada una de las sanciones que impone la Administración.

Sin embargo, en el derecho interno español, simplificando mucho, se pone el acento en el *non bis in idem* material (que se aplica a todas las sanciones, penales o administrativas, cualquiera que sea su gravedad), pues también se prohíbe la doble sanción en el seno del mismo procedimiento o proceso, de modo que nadie puede ser sancionado dos veces por los mismos hechos sobre la base de idéntico fundamento, ni de forma sucesiva ni tampoco de forma simultánea (por ejemplo, en un proceso penal y en un procedimiento administrativo o en dos procedimientos de este tipo que se tramiten a la par)[22]. Como lo que prohíbe la perspectiva material es "la reiteración sancionadora" y no la "mera declaración de imposición de la sanción", finalmente se ha admitido la técnica del descuento o compensación, de modo que, tras la imposición de una sanción administrativa, se puedan sancionar los hechos en vía penal si al imponer la pena se descuenta la sanción y se evitan todos los efectos negativos anudados a las resolución administrativa, pues, en tales casos, "materialmente sólo se ha impuesto una sanción", por lo que no hay "ni superposición ni adición efectiva de una nueva sanción"[23].

La prohibición de doble enjuiciamiento, por el contrario, está más devaluada, pues solo se aplica sin fisuras en el ámbito penal, donde la litispendencia y el efecto negativo de la cosa juzgada impiden la tramitación paralela o sucesiva de dos procesos penales con el mismo objeto, mientras que si estamos ante uno penal y otro administrativo, o dos administrativos, solo se prohíbe la duplicidad cuando el administrativo es comparable por su complejidad y

[22] STC 154/1990 (FJ 13), entre otras.

[23] STC 2/2003 (FJ 6). En esta sentencia (del Pleno), el Tribunal Constitucional cambia expresamente de criterio y corrige la doctrina que había sostenido en la sent. 177/1999 (Sala Primera), en la que señaló que la duplicidad de sanciones administrativas y penales concurriendo la triple identidad vulnera el *non bis in idem*, aunque la sanción administrativa se descuente luego de la sanción penal para evitar la desproporción. Esta sentencia contenía un importante voto particular cuya tesis es la que finalmente acoge el Pleno en la sent. 2/2003, la cual, a su vez, también presenta un voto particular del magistrado García Manzano, que fue el ponente de la 177/1999.

gravedad al penal: el derecho a no ser sometido a un doble enjuiciamiento, tiene dicho el Tribunal Constitucional, "no se extiende a cualesquiera procedimientos sancionadores, sino tan sólo respecto de aquellos que, tanto en atención a las características del procedimiento —su grado de complejidad— como a las de la sanción que sea posible imponer en él —su naturaleza y magnitud— puedan equipararse a un proceso penal, a los efectos de entender que el sometido a un procedimiento sancionador de tales características se encuentra en una situación de sujeción similar al procedimiento tan gravosa como la de quien se halla sometida a un proceso penal"[24]. Lo cual, como es fácil advertir, supone reducir casi a la nada la prohibición de doble enjuiciamiento en el ámbito administrativo.

Pero el diferente estándar de protección está condicionado, sobre todo, por la diversa forma de determinar los criterios de aplicación de la regla, en particular, por la forma de definir qué es realmente lo que está prohibido enjuiciar o sancionar dos veces: es decir, el *idem*. Aquí, como ya he advertido, unos textos hablan de los mismos "hechos", mientras que otros se refieren a la misma "infracción". Y el problema, entonces, está en determinar cuándo dos enjuiciamientos o pronunciamientos se refieren a los mismos hechos o a la misma infracción.

Pero el problema, más que en los propios textos, está en la vacilante y errática interpretación que de ellos están haciendo los tribunales, cuya jurisprudencia, especialmente la europea, está marcada en este punto por la incoherencia y la fragmentación. Y en mi opinión, también, por una errónea ampliación en la definición del *idem*, que está conduciendo a una peligrosa relativización del otro elemento de la prohibición, el *bis*. Es el tema central del presente trabajo, del que paso a ocuparme a continuación. Me centraré, esencialmente, en la jurisprudencia de Estrasburgo que, en mi opinión, la Corte Interamericana no debería seguir en este punto.

3. La relativización del "non bis in idem", en particular en la jurisprudencia de Estrasburgo

A la hora de determinar el alcance del *non bis in idem* conviven varios enfoques respecto de la definición del elemento *idem* de la prohibición, que, simplificando mucho y a efectos de facilitar la exposición, voy a reducir provisionalmente a dos: uno fáctico o naturalista (*idem factum*), que considera que el *idem* se cumple cuando los dos procedimientos o las dos sanciones se refieren a los "mismos hechos" realizados por el mismo sujeto; y otro normativo basado en el *idem crimen* que, para que resulte aplicable

[24] SSTC 2/2003 (FJ 8), 334/2005 (FJ 2) y 48/2007 [FJ 3.b)].

la prohibición, exige, además, la identidad de las infracciones o del bien jurídico protegido[25].

Lógicamente, la primera forma de determinar el *idem* ofrece mayor tutela o protección (al infractor, no a los intereses generales), pues al exigir menos requisitos (solo identidad de sujeto y de hechos) es mayor el número de supuestos de concurrencia punitiva que encajan en el presupuesto de la prohibición y se ven amparados por el derecho. El segundo enfoque, sin embargo, al exigir la triple identidad, permite una mayor concurrencia de procedimientos y sanciones sin vulnerar el derecho fundamental.

A) *El derecho interno español*

En el derecho interno español el *non bis in idem* prohíbe la duplicidad de sanciones (y en algunos casos de enjuiciamiento) en los supuestos en los que concurra la identidad de sujetos, hechos y fundamento.

Esta triple identidad, tiene señalado el Tribunal Constitucional, "constituye el presupuesto de aplicación de la interdicción constitucional de incurrir en *bis in idem*, sea éste sustantivo o procesal, y delimita el contenido de los derechos fundamentales reconocidos en el art. 25.1 CE, ya que estos no impiden la concurrencia de cualesquiera sanciones y procedimientos sancionadores, ni siquiera si estos tienen por objeto los mismos hechos, sino que estos derechos fundamentales consisten precisamente en no padecer una doble sanción y en no ser sometido a un doble enjuiciamiento punitivo, por los mimos hechos y con el mismo fundamento"[26].

Aunque la identidad del sujeto plantea más problemas de los que, a primera vista, cabe suponer (sobre todo cuando se trata de castigar por lo mismo a personas físicas y a personas jurídicas), para este trabajo lo relevante es la identidad de hechos y de fundamento. En nuestro derecho interno se exige el *idem crimen* porque lo que se prohíbe es que un sujeto pueda ser sancionado (o enjuiciado) dos veces por los mismos hechos sobre la base de idéntico fundamento.

Para determinar si hay uno o más hechos, tanto en el derecho penal como en el derecho administrativo sancionador se rechaza la posibilidad de atender exclusivamente a datos fácticos o naturalísticos y se atiende a criterios jurídicos o normativos según se desprende del sentido de los tipos penales o infractores correspondientes.

[25] En rigor, como se verá más adelante, pueden adoptarse tres enfoques (y quizá incluso más): atender a los hechos sin más, centrarse en su calificación jurídica o poner el acento en los bienes jurídicos tutelados por la norma sancionadora.

[26] STC 77/2010 [FJ 4.a)], con cita de otras anteriores.

La identidad de fundamento, por su parte, alude a los bienes jurídicos implicados: si el hecho de un mismo sujeto lesiona o pone en peligro varios bienes jurídicos, no hay identidad de fundamento y, por tanto, cabe la duplicidad de sanciones. Por bien jurídico ha de entenderse, bajo una u otra denominación, el interés jurídico protegido por la norma sancionadora vulnerada[27]. Esto es, la integridad física, la salud, la seguridad ciudadana, la protección de los consumidores, la defensa de la competencia, el medio ambiente, el patrimonio histórico, la integridad y adecuada utilización de los bienes públicos, el correcto funcionamiento de la Administración, etcétera.

Por consiguiente, el presupuesto del que parte la regla en el derecho interno no es el nudo hecho (*idem factum*), sino el hecho que lesiona o pone en peligro un bien jurídico. En realidad, lo que se quiere decir es que no cabe imponer dos sanciones (o realizar dos enjuiciamientos) por una sola vulneración del ordenamiento jurídico. Por eso, el *non bis in idem* no tiene nada que ver con el concurso de infracciones (real, medial o ideal), pues la regla parte, en realidad, del concurso de normas y prohíbe su aplicación conjunta cuando reprimen o castigan la misma vulneración del ordenamiento jurídico.

B) *La jurisprudencia de la Corte Interamericana*

Como se ha visto más arriba, el artículo 8.4 de la Convención prohíbe un nuevo juicio "por los mismos hechos", y no por el "mismo delito" (como el Pacto Internacional de Derecho Civiles y Políticos), la "misma infracción" (como el Convenio Europeo de Derechos Humanos) o de los "mismos crímenes" (como el Estatuto de Roma).

La Corte Interamericana de Derechos Humanos, en su sentencia dictada en el caso *Loayza Tamayo versus Perú* (1997, par. 66) aplicó por primera vez el principio *non bis in idem* y consideró al Estado peruano responsable por la violación del artículo 8.4 de la Corte Interamericana de Derechos Humanos porque la señora Loayza Tamayo fue juzgada en la jurisdicción ordinaria por los mismos hechos por los que había sido absuelta en la jurisdicción militar[28]. En dicho asunto, así como en el caso *Mohamed versus Argentina* (par. 121), la Corte señala que adopta el criterio del *idem factum*, pues la Convención, a diferencia de otros instrumentos internacionales de protección de los derechos humanos, utiliza la expresión "los mismos

[27] SSTC 159/1985 (FJ 3), 154/1990 (FJ 3); 234/1991 (FJ 2), 270/1994 (FJ 8), 77/2010 (FJ 6) o, entre las más recientes, 86/2017 [FJ 5.d)].

[28] *Vid.* A. Beltrán y Puga y J. Couso, "Apuntes sobre el principio *ne bis in idem*", ob. cit., pág. 74; A. A. Báez y M. G. Parrón, "Doble enjuiciamiento y derechos humanos en el Perú contemporáneo. Estudio de casos", en *Revista Digital de la Escuela de Historia Universidad Nacional de Rosario*, vol. 15, 2015, págs. 85-87.

hechos", que es un término más amplio que redunda en beneficio de la víctima[29]. En rigor, del infractor, pues quien vulnera las normas punitivas no es víctima sino transgresor.

En el asunto *Cantoral Benavides versus Perú* (2000, párr. 134.b), la Corte también señala que el *non bis in idem* "impide el enjuiciamiento por los mismos hechos independientemente de la calificación de la figura abstracta que la ley defina", de modo que lo que fue absuelto como delito de terrorismo en la figura de traición a la patria no puede ser materia de un nuevo proceso por el delito de terrorismo con base en los mismos hechos.

Esta jurisprudencia ha sido tenida en cuenta por el propio Tribunal Europeo de Derechos Humanos. Así, en el asunto *Zolotoukhine contra Rusia*, el Tribunal de Estrasburgo utiliza la jurisprudencia de varios tribunales internacionales, entre ellos el de la Corte Interamericana, para abandonar los diversos enfoques seguidos hasta el momento y adoptar el criterio más estricto del *idem factum*, de modo que los mismos hechos no pueden ser nunca objeto de doble sanción[30]. Esta interacción de América a Europa resulta especialmente relevante, pues hasta el momento, la jurisprudencia del Tribunal Europeo de Derechos Humanos sobre el *non bis in idem* todavía no había adoptado un criterio claro en la interpretación del *idem* o presupuesto de la prohibición. A partir de la sentencia en el asunto *Zolotoukhine*, el Tribunal Europeo de Derechos Humanos abandona definitivamente el criterio del *idem crimen* que, junto a otros, había utilizado en diversas ocasiones y se inclina por el más restrictivo de *idem factum*, aunque ha sido objeto de modulaciones ulteriores, tal y como pasamos a analizar.

C) *Los vaivenes en la jurisprudencia de Estrasburgo*

Puede afirmarse que la jurisprudencia del Tribunal Europeo de Derechos Humanos ha adoptado, prácticamente, todos los enfoques posibles a la hora de precisar el *idem* de la prohibición[31]. El artículo 4 del protocolo 7 habla,

[29] *Vid.* Sergio García Ramírez, *La Corte Interamericana de Derecho Humanos*, ob. cit., págs. 396-397.

[30] *Vid.* María Díaz Greco, "El impacto de la jurisprudencia de la Corte Interamericana sobre el Tribunal Europeo de Derecho Humanos", ob. cit., págs. 49-56.

[31] Un análisis de la jurisprudencia más relevante en Mercedes Pérez Manzano, "La prohibición de incurrir en *bis in idem* en España y en Europa...", ob. cit., págs. 170-175; y "*The Spanish Connection*: los caminos del diálogo europeo en la configuración del alcance de la prohibición de incurrir en *bis in idem*", en A. González Alonso y S. Oubiña Barbolla, *El vértice de los sistemas judiciales, Anuario de la Facultad de Derecho de la Universidad Autónoma de Madrid*, n.º 22, BOE, 2018, págs. 383-420; L. López Guerra, "La carta de los derechos fundamentales de la UE y la jurisprudencia del Tribunal Europeo de Derechos Humanos", en *Revista de Derecho Comunitario Europeo*, vol. 66,

como ya se ha señalado, de la misma "infracción", pero, a la hora de concretar dicha expresión, el Tribunal Europeo de Derechos Humanos ha ido cambiando de criterio y modulándolo según las circunstancias de cada caso.

En un primer momento, el Tribunal de Estrasburgo combinó un enfoque fáctico (sents. de 23 de octubre de 1995, *Gradinger contra Austria*; y de 29 de mayo de 2001, *Franz Fischer contra Austria,*) con otro normativo (sent. de 30 de julio de 1998, *Oliveira contra Suiza*).

En el asunto *Gradinger contra Austria*, el recurrente, una persona que conducía bajo los efectos del alcohol y causó la muerte a otra, fue condenada por un delito de homicidio imprudente y, posteriormente, sancionada administrativamente por conducir con una tasa de alcohol en la sangre superior a 0,8 gramos por litro, circunstancia que en el proceso penal no se tuvo en cuenta como agravante. El Tribunal Europeo de Derechos Humanos consideró que, aunque las disposiciones aplicadas en ambos procedimientos eran diferentes, lo relevante era que ambos pronunciamientos (el primero absolutorio respecto de esa circunstancia, el segundo condenatorio) tenían como base la misma conducta fáctica, por lo que se había vulnerado el *non bis in idem* (aunque quizá la razón última de la decisión es que la sanción penal absorbía ya el desvalor de la infracción administrativa).

Sin embargo, en el asunto *Oliveira contra Suiza*, en el que también se trataba de un accidente de tráfico en el que la conductora fue sancionada, primero en vía administrativa por falta del control de su vehículo y, después, en vía penal por lesiones imprudentes, el Tribunal consideró que concurría un concurso ideal de infracciones (un mismo hecho podía dar lugar a dos infracciones distintas: falta del control del vehículo y lesiones imprudentes) y que, por ello, no se vulneraba el artículo 4 del Protocolo 7, el cual no impide que infracciones distintas sean contempladas por autoridades diferentes (aquí, donde la presencia del concurso es discutible, quizá lo determinante fue el hecho de que primero se sancionó en vía administrativa y la sanción impuesta no abarcaba todo el desvalor del hecho)[32].

Pero, más tarde, en el asunto *Franz Fischer contra Austria*, aunque se trata de un caso similar (primero se sanciona administrativamente al conductor por conducir bajo los efectos del alcohol y después en vía penal por

---

2020, págs. 385-406; M. Gómez Tomillo, "*Non bis in idem* en los casos de dualidad de procedimientos penal y administrativo. Especial consideración de la jurisprudencia del TEDH", en *InDret*, vol. 2, 2020, págs. 421-456.

[32] Lo mismo ocurre en *Ponsetti y Chesnel c. Francia* (1999), asunto en el que los recurrentes, que no habían realizado las pertinentes declaraciones fiscales, fueron sancionados primero en vía administrativa con un recargo tributario y posteriormente en el ámbito penal por fraude fiscal.

el homicidio imprudente de un ciclista) el Tribunal considera que se trata de los mismos hechos y, aunque el artículo 4 del Protocolo 7 no prohíbe que de los mismos hechos se deriven varias infracciones, considera que ambos ilícitos (administrativo y penal) no diferían en sus "elementos esenciales" (a cuya concurrencia se supedita en ese caso la identidad de la infracción), por lo que considera vulnerado el *non bis in idem*[33].

Ante la incertidumbre generada por esta pluralidad de criterios, el Tribunal de Estrasburgo, influido claramente en este punto por la jurisprudencia del Tribunal de Justicia de la Unión Europea (TJUE) sobre el *non bis in idem* en el Convenio de Aplicación del Acuerdo de Schengen (CAAS), que veremos más abajo, decidió unificar su doctrina en la sentencia (Gran Sala) de 10 de febrero de 2009 (asunto *Zolotoukhine contra Rusia*), en la que se analiza el caso de un militar que había sido sancionado administrativamente con tres días de arresto por desórdenes durante su detención en una comisaría y, posteriormente, procesado y absuelto en vía penal por amenazas e insultos también durante la detención. En esta sentencia, el Tribunal abandona el criterio del *idem crimen*, que había aplicado en algunos pronunciamientos anteriores, porque considera que es demasiado restrictivo para los derechos de las personas y entiende que lo relevante es que los hechos sean "idénticos" o "esencialmente los mismos", lo que tiene lugar cuando concurre "un conjunto de circunstancias fácticas concretas que implican al mismo infractor y están unidas indisociablemente en el tiempo y en el espacio"[34].

Pero, años más tarde, en el asunto *A y B contra Noruega* (sent. de 15 de noviembre de 2016), el Tribunal Europeo de Derechos Humanos (Gran Sala) matiza dicho enfoque y, en cierto modo, altera por completo el alcance que hasta ahora le había dado al *non bis in idem*[35]. En esta sentencia, el Tribu-

[33] En la jurisprudencia posterior, el Tribunal precisa que, para determinar si hay una o varias infracciones, hay que estar a elementos tales como la distinta finalidad perseguida o los diferentes valores sociales protegidos por las normas que tipifican tales infracciones. Véase L. López Guerra, "*Ne bis in idem* en la jurisprudencia del Tribunal Europeo de Derechos Humanos", ob. cit., pág. 15.

[34] El mismo enfoque mantiene, por ejemplo, en sus sents. de 18 de octubre de 2011, asunto *Muslija c. Bosnia Herzegovina*, y de 4 de marzo de 2014, *Grande Stevens y otros c. Italia*, ya citada. Sobre esta última, véase C. Chinchilla Marín, "La audiencia pública en el procedimiento administrativo sancionador y la prohibición de iniciar actuaciones penales por unos hechos que ya han sido sancionados por la Administración: dos exigencias derivadas del Convenio Europeo de Derechos Humanos según la STEDH de 4 de marzo de 2014", en M. Rebollo Puig, M. López Benítez y E. Carbonell Porras (coords.), *Régimen jurídico básico de las Administraciones públicas. Libro Homenaje al profesor Luís Cosculluela*, Barcelona, Marcial Pons, 2014, pág. 804 y ss.

[35] En esta sentencia el Tribunal tuvo en cuenta, y así lo reconoce expresamente, las importantes conclusiones del Abogado General Cruz Villalón en el asunto *Akerber Fransson*

nal mantiene el criterio de *idem factum*, pero admite la duplicidad de procedimientos cuando se "acumulan de manera integrada formando un todo coherente", de modo que, en tales casos, se considera que el segundo procedimiento, *de facto*, no tiene lugar[36].

En el caso analizado se trataba de dos contribuyentes noruegos que habían sido sancionados administrativa y penalmente en dos procedimientos diferentes seguidos, en cierta medida, de forma paralela. El Tribunal considera que no se vulnera el artículo 4 del Protocolo 7 porque, "aun cuando dos autoridades diferentes han impuesto sanciones distintas en procedimientos distintos, existía un vínculo suficientemente estrecho entre ellas, tanto en el ámbito material como temporal, para considerarlas parte integrante del régimen sancionador conforme al derecho noruego". Para determinar la existencia de ese vínculo material y temporal aplica el denominado "test Nilsson", al que ya había aludido (aunque no de forma sistemática) en su sentencia de 13 de diciembre de 2005. En cuanto al vínculo material hay que tener en cuenta, afirma: i) si los procedimientos tienen finalidades complementarias y responden a diferentes aspectos de la conducta antisocial; ii) si la dualidad de los procedimientos es una consecuencia previsible, tanto desde el punto de vista jurídico como práctico, del mismo comportamiento reprochado; iii) si los procedimientos se llevan a cabo de modo coordinado para evitar cualquier

---

(C-617/10) en las que puso de manifiesto lo siguiente: por un lado, que la doble sanción penal y administrativa es una práctica muy extendida en los Estados miembros, pero la forma en que uno y otro tipo de sanciones se acumulan varía considerablemente entre los diversos ordenamientos; y, por otro, que el art. 4 del Protocolo 7 no ha sido ratificado por todos los Estados y otros solo lo han hecho limitando su aplicación a las sanciones de naturaleza penal según su propio derecho, lo que demuestra que los problemas generados por la doble sanción administrativa y penal adolecen de una considerable falta de consenso entre los Estados miembros de la Unión debido a su interés por mantener una potestad punitiva dual, administrativa y penal, lo que, a su vez, explica el elevado número de Estados que rechazan, por una u otra vía, someterse a una jurisprudencia del TEDH que ha evolucionado en un sentido que excluye prácticamente esa dualidad (apartados 70-74). Sobre el diálogo entre Estrasburgo y Luxemburgo en ese ámbito, véase, por ejemplo, SARA IGLESIAS SÁNCHEZ, Tribunal de Justicia de la Unión Europea —TJUE— sent. de 26.2.2013 (Gran Sala) - Aklagaren y Hans Akerberg Fransson, asunto C-617/10, "Carta de los Derechos Fundamentales de la Unión Europea - Ámbito de aplicación - artículo 51 - Aplicación del derecho de la Unión - artículo 50 - Principio *non bis in idem*". "La confirmación del ámbito de aplicación de la Carta y su interrelación con el estándar de protección", en *Revista de Derecho Comunitario Europeo*, año 17, núm. 46, 2013, págs. 1167-1173; L. LÓPEZ GUERRA, "La carta de los derechos fundamentales de la UE y la jurisprudencia del Tribunal Europeo de Derechos Humanos", ob. cit., págs. 400-405.

[36] Como señala L. LÓPEZ GUERRA, "*Ne bis in idem* en la jurisprudencia del Tribunal Europeo de Derechos Humanos", ob. cit., pág. 20, se aprecian ya precedentes de este enfoque en los asuntos *RT c. Suiza* de 30 de mayo de 2000, *Nilsson c. Suecia* de 13 de diciembre 2005 y *Rivard c. Suiza* de 4 de octubre de 2016.

duplicidad tanto en la obtención como en la valoración de la prueba; y, iv) si las sanciones finalmente impuestas no resultan desproporcionadas (apartados 132-133). En cuanto al vínculo temporal, el Tribunal es menos preciso, pero no exige la simultaneidad entre ambos procedimientos y señala que "será más difícil para el Estado demandado probar que se respeta ese vínculo cuanto más amplio sea el desfase temporal entre ambos procedimientos" (apartado 134). Con tales criterios, concluye el Tribunal, se permite "encontrar un justo equilibrio entre la debida salvaguardia de los intereses del individuo protegido por el principio *non bis in idem*, por una parte, y el interés de la comunidad en poder adoptar un enfoque normativo calibrado en el ámbito de que se trate, por otra".

En la sentencia de 8 de diciembre de 2020 (caso *Bajcic contra Croacia*) se reitera este criterio. El recurrente, un conductor que atropelló a una persona y le causó la muerte, fue sancionado en vía administrativa con la prohibición del derecho a conducir durante seis meses y la pérdida de cinco puntos del permiso, por exceso de velocidad, conducir un vehículo defectuoso y fugarse tras el accidente. Además, fue condenado penalmente a un año y seis meses de prisión por la muerte de la otra persona. El Tribunal considera que en este caso tampoco se vulnera el *non bis in idem* porque la coexistencia del doble proceso tiene en común un vínculo material y temporal suficientemente estrecho, de modo que los procesos y las penas son complementarios y conforman un todo coherente y proporcionado.

El último episodio de esta casuística jurisprudencia viene marcado por la reciente sentencia de 14 de enero de 2021 (*Sabalić contra Croacia*)[37]. La recurrente, la señora Sabalić, acudió a Estrasburgo porque su agresor (que también la había insultado con gritos homófobos a la salida de un local de fiesta) había sido sancionado administrativamente con una simple multa de unos 40 euros y la Fiscalía había rechazado su querella por lesiones graves y comportamiento violento al considerar que se podía vulnerar el *non bis in idem*. El Tribunal Europeo de Derechos Humanos, que considera que esa "multa irrisoria" constituye un castigo "manifiestamente desproporcionado respecto de la gravedad del maltrato sufrido", recuerda que el artículo 4.2 del Protocolo 7 permite la reapertura del proceso cuando "un vicio esencial del procedimiento anterior pudiera afectar a la sentencia dictada" y, en todo caso, entiende que la vulneración del *non bis in idem* puede repararse cuando las autoridades nacionales tramitan dos procesos punitivos y, al darse cuenta de que se ha producido una violación de dicho principio, "ofrecen una reparación adecuada, por ejemplo, mediante la terminación o anulación del

[37] Puede verse una síntesis de esta sentencia en la magnífica crónica de jurisprudencia sobre derecho administrativo sancionador dirigida por M. Rebollo Puig, "Derecho administrativo sancionador", en *Revista Española de Derecho Administrativo*, vol. 213, 2021, págs. 210-212.

proceso punitivo indeseado y la eliminación de sus efectos". El Tribunal concluye que, "tanto el hecho de no investigar los motivos de odio existentes tras un ataque violento como el hecho de no tomar en consideración tales motivos al establecer el castigo por delitos violentos de odio, constituyen 'vicios esenciales' del procedimiento en el sentido del artículo 4.2 del Protocolo 7", de modo que las autoridades podían y debían iniciar un proceso penal en el que "reexaminar el caso [tras] ofrecer al recurrente la reparación adecuada, por ejemplo, terminando o anulando el proceso punitivo indeseado y eliminando sus efectos".

4. La necesidad de considerar los intereses jurídicos protegidos por la norma punitiva

A) *Los problemas de la ampliación del "idem" y la relativización del "bis"*

Como puede apreciarse, el Tribunal Europeo de Derechos Humanos, a partir de *Zolotoukhine* y por influencia, entre otros, de la Corte Interamericana, adoptó el criterio del *idem factum* para definir el presupuesto de la prohibición de *bis in idem*, que es el más amplio y protector para los infractores.

Ahora bien, la aplicación de "criterios Engel" ha supuesto también un considerable aumento de los procedimientos y las sanciones administrativas que se califican como penales, por lo que también han aumentado los procedimientos y las sanciones que caen bajo la garantía del *non bis in idem*. Pero el *non bis in idem* no puede abarcarlo todo, ya que es preciso garantizar también los intereses generales que se persiguen con la amenaza de las sanciones que impone la Administración y posibilitar la aplicación de la mayoría de los regímenes administrativos existentes en los Estados miembros, pues es muy difícil que todos los procedimientos tengan una sola vía punitiva dentro de cada Estado y, con mayor razón aún, en el ámbito transnacional, como al final ha reconocido el propio Tribunal Europeo de Derechos Humanos. Ante esta situación, no le ha quedado más remedio que admitir (como válvula de escape) en muchos casos el doble enjuiciamiento y la doble sanción, porque, se afirma, tales procedimientos "persiguen finalidades complementarias". Pero la alusión a las finalidades complementarias de los procedimientos punitivos concurrentes no es más que otra forma de referirse a los intereses jurídicos protegidos por las normas sancionadoras[38]. De modo que se introduce por la ventana (del *bis*) lo que previamente se ha echado por la puerta (del *idem*). Lo cual es una mala solución ya que se rela-

[38] Así lo destaca también, por ejemplo, M. Gómez Tomillo, "*Non bis in idem...*", ob. cit., págs. 433, 441.

tiviza, en detrimento de la seguridad jurídica, el elemento *bis* del principio, como paso a destacar a continuación.

La relativización del elemento *bis* en la jurisprudencia del Tribunal Europeo de Derechos Humanos ha tenido lugar por la vía de considerar que solo hay un enjuiciamiento y una sanción donde realmente hay dos[39]. De este modo, se ensancha desmesuradamente el contenido del derecho, para luego admitir dos procedimientos, pero negar su violación.

Hay que reconocer, en cualquier caso, que los resultados finales a los que llega esta jurisprudencia en algunos casos convergen parcialmente con los del derecho interno español (posibilidad de un procedimiento sancionador tras proceso penal por los mismos hechos, dualidad de procedimientos por los mismos hechos si estos dañan o ponen en peligro bienes jurídicos diferentes, etc.), pero la forma de alcanzarlos no es la correcta. Para llegar a tales resultados no es preciso relativizar la prohibición (el *bis*), sino que hay que ser más exigentes (y sinceros) con la definición de su presupuesto (el *idem*), lo que, en algunos de los casos analizados, conduciría igualmente a la posibilidad de doble enjuiciamiento o sanción porque realmente esa duplicidad punitiva no recae sobre "lo mismo", sino sobre vulneraciones del ordenamiento jurídico diferentes.

La relativización del *bis* para compensar una concepción amplia del *idem* genera más problemas que soluciones[40]. Por lo siguiente.

Primero, porque el *non bis in idem* es un límite o una garantía que debe definirse *ex ante* y en el nivel normativo general. Sin embargo, con esta jurisprudencia, solo al terminar el segundo procedimiento se podrá comprobar si se cumplen algunos de los requisitos exigidos y, por tanto, si el segundo procedimiento es lícito o no. Así, se podrá interrumpir un segundo procedimiento si no existe un objetivo de interés general o unas "finalidades complementarias", pero, si concurren ambos, la proporcionalidad de la limitación

[39] El TJUE, que también se ha inclinado finalmente por el *idem factum* y se ha encontrado con el mismo problema referido, ha optado por la limitación del derecho fundamental en virtud de lo dispuesto en el art. 52.1 de la Carta de los Derechos Fundamentales de la Unión Europea, de modo que, si se cumplen determinados requisitos (reserva de ley y respeto al contenido esencial y al principio de proporcionalidad), cabe el doble enjuiciamiento o la doble sanción. Me ocupo de todo esto en T. Cano Campos, "Los claroscuros del *non bis in idem* en el espacio jurídico europeo", en *Revista Española de Derecho Europeo*, vol. 80, 2021, págs. 9-53.

[40] Las ha destacado certeramente el Abogado General Bobek en sus conclusiones a los asuntos *Bpost*, C-117/20 y *Nordzucker y otros*, C-151/20, ambas de 2 de septiembre de 2021. En ellas critica la jurisprudencia del TJUE en el asunto Menci (C-524/15), que en sus resultados prácticos es muy parecida a la del TEDH. Los asuntos *Bpost* y *Nordzucker* han sido resueltos recientemente por el TJUE en su sentencia de 22 de marzo de 2022, en la que, lamentablemente, no ha seguido las conclusiones del Abogado General.

siempre dependerá de las circunstancias en que se desarrolle el segundo procedimiento, incluida la determinación de la sanción. De este modo, el *non bis in idem* se convierte en un criterio jurisprudencial rectificativo *ex post* contra el carácter desproporcionado de las sanciones acumuladas.

Segundo, porque si el *non bis in idem* tiene ese contenido amplio que se le da (solo prohíbe la duplicidad en los supuestos de identidad del sujeto y de los hechos, al margen del interés jurídico protegido) cuesta entender cuál es realmente y cómo se protege el contenido esencial del derecho fundamental así concebido.

Tercero, porque el nivel de protección de esta jurisprudencia es ciertamente reducido, pues el derecho se considera garantizado por el mero hecho de que el acusado podía prever que sería enjuiciado (y eventualmente sancionado) de nuevo.

Es evidente, me parece, la falta de certeza y previsibilidad (que es uno de los bienes a que sirve el principio analizado) que genera una concepción tal: si no somos capaces de conocer los límites precisos del derecho fundamental al *non bis in idem*, a causa de una jurisprudencia que amplía el *idem* para luego relativizar casuísticamente el *bis*, nos vemos abocados a un terreno desconocido en el que no tenemos claro lo que es realmente objeto de tutela y protección.

B) *Los intereses jurídicos protegidos por la norma punitiva*

Para determinar los hechos no se puede prescindir por completo de las normas. La visión puramente naturalística de los hechos es una quimera. En esto, de forma expresa o implícita, y a veces sin ser consciente de ello, hay plena coincidencia. Así lo han destacado los penalistas, los procesalistas o los propios administrativistas, y así se infiere incluso de las propias resoluciones judiciales citadas[41].

Pero, por mucho que los hechos hayan de precisarse con la mirada puesta en las normas, la contemplación puede estar más o menos teñida jurídicamen-

[41] En el ámbito penal, S. Mir Puig, *Derecho penal. Parte general*, 10ª ed., Barcelona, Reppertor, 2016, págs. 667-668; M. Pérez Manzano, "La prohibición de incurrir en *bis in idem* en España y en Europa...", ob. cit., pág. 195; y "*The Spanish Connection...*", ob. cit., págs. 404-405; entre los procesalistas, por ejemplo, E. Gómez Orbaneja y V. Herce Quemada, *Derecho procesal penal*, 10ª ed., UCM, 1987, págs. 7 y 291; A. de la Oliva Santos y otros, *Derecho procesal penal*, 8ª ed., Madrid, Ceura, 2007, pág. 209; en el ámbito del derecho administrativo sancionador, A. Nieto García, *Derecho administrativo sancionador*, ob. cit., pág. 489; M. Rebollo Puig y M. Izquierdo Carrasco, "El régimen de infracciones y sanciones", ob. cit., pág. 629; L. Alarcón Sotomayor, *La garantía del non bis in ídem y el procedimiento administrativo sancionador*, ob. cit., págs. 44-45; T. Cano Campos, *Sanciones administrativas*, ob. cit., pág. 139.

te o tener un enfoque jurídico u otro, de modo que el campo de aplicación del *non bis in idem* puede ser más o menos extenso. No es lo mismo tener en cuenta los hechos desde cierta perspectiva jurídica, que atenerse a su concreta calificación jurídica (el verdadero *idem crimen*) o estar al criterio, más amplio y, en rigor, diferente al anterior, del interés jurídico protegido por la norma sancionadora. Por eso, en realidad, a la hora de determinar el *idem* hay tres enfoques, si no más[42].

En mi opinión, el *non bis in idem* debe impedir, realmente, que un sujeto pueda ser sancionado (o enjuiciado) dos veces por los mismos hechos sobre la base del mismo interés jurídico protegido. Pero conviene analizar detenidamente el requisito de las tres identidades y su significado real[43].

En rigor, no es preciso que concurra una identidad en la totalidad de los hechos, sino que es suficiente, como ya se adelantó, con una superposición parcial de los hechos en la que haya identidad. Por eso, la prohibición también impide sancionar unos hechos punibles que ya están incluidos (y sancionados) en otros que abarcan el total desvalor del hecho (porque ya incluye toda su antijuridicidad y culpabilidad), como ocurre con los denominados delitos en progresión criminal y las infracciones en igual relación, que pueden dar lugar a los denominados actos anteriores impunes, o con los delitos que absorben el total desvalor de otros (el asesinato el del homicidio) de infracciones administrativas (por ejemplo, en materia tributaria la defraudación a Hacienda o en materia de tráfico la conducción bajo los efectos del alcohol)[44]. Por la misma razón, se excluye la posibilidad de utilizar como

[42] Alude a que hay otras concepciones intermedias, M. PÉREZ MANZANO, *The Spanish Connection...*, ob. cit., págs. 403 y 406.

[43] Algunos autores han señalado que el requisito de la triple identidad constituye solo una explicación parcial, aproximativa y puede que hasta perturbadora de cuándo está prohibido sancionar o enjuiciar lo mismo. M. REBOLLO PUIG y M. IZQUIERDO CARRASCO, "El régimen de infracciones y sanciones", ob. cit., pág. 626; A. NIETO GARCÍA, *Derecho administrativo sancionador*, ob. cit., págs. 469, 472, pero, como se ha respondido, es la que mejor satisface en la actualidad los problemas de definición del *idem* y la que está asentada en la doctrina y en la jurisprudencia. L. ALARCÓN SOTOMAYOR, *La garantía del non bis in ídem y el procedimiento administrativo sancionador*, ob. cit., pág. 54.

[44] Lo señala perfectamente, por ejemplo, la STC 2/2003, respecto de la relación entre la infracción administrativa de conducir con tasas de alcohol superiores a las permitidas y el delito de conducción bajo la influencia del alcohol: "ambas infracciones, administrativa y penal, comparten un elemento nuclear común —conducir un vehículo de motor habiendo ingerido alcohol, superando las tasas reglamentariamente determinadas—, de modo que al imponerse ambas sanciones de forma acumulativa, dicho elemento resulta doblemente sancionado, sin que dicha reiteración sancionadora pueda justificarse sobre la base de un diferente fundamento punitivo, dado que el bien o interés jurídico protegido por ambas normas es el mismo [...]. Se trata de un caso en el que el delito absorbe el total contenido de

agravante una circunstancia que ya se ha tenido en cuenta como elemento constitutivo de la infracción o factor determinante de la sanción, tal y como prohíben expresamente algunas normas[45].

El *non bis in idem* también prohíbe que el legislador cree un tipo infractor autónomo prescindiendo absolutamente de la comisión de un nuevo hecho infractor (por ejemplo, constituye infracción muy grave el hecho de haber sido sancionado más de dos veces por dos infracciones graves o una muy grave), pero no impide que el legislador pueda prever la reincidencia en las infracciones como circunstancia agravante y, por tanto, castigar una conducta ilícita posterior del mismo sujeto de forma más dura, pues en estos casos "no concurre una identidad de hechos, sino que los hechos anteriores han sido castigados con su correspondiente sanción y el hecho ilícito posterior ha sido castigado de manera más severa por la aplicación de la referida agravante"[46]. Si no se trata de los mismos hechos (concurso real de infracciones), se pueden sancionar todas las infracciones cometidas.

En cuanto a la identidad de fundamento o de los intereses jurídicos protegidos, si el hecho de un mismo sujeto lesiona o pone en peligro varios bienes jurídicos (concurso ideal de infracciones) no hay identidad de fundamento y, por tanto, cabe la duplicidad de sanciones. Por bien jurídico ha de entenderse el interés jurídico protegido por la norma sancionadora vulnerada: la integridad física, la salud, la seguridad ciudadana, la protección de los consumidores, la defensa de la competencia, el medio ambiente, el patrimonio histórico, la integridad y adecuada utilización de los bienes públicos, el correcto funcionamiento de la Administración, etc. La definición del interés jurídico protegido no debiera reproducir etiquetas o particularidades jurídicas nacionales y los Estados no pueden eludir la aplicación del *non bis in idem* mediante la mera introducción en su ordenamiento nacional de infracciones poco habituales, pues en tales casos el interés jurídico protegido debe ser reformulado, a la luz de los hechos de la infracción supuestamente cometi-

---

la ilicitud de la infracción administrativa" [FJ 5.c)]. En la doctrina, M. Rebollo Puig y M. Izquierdo Carrasco, "El régimen de infracciones y sanciones", ob. cit., pág. 628, por nota.

[45] En nuestro derecho interno, por ejemplo, el art. 67 del Código Penal, el art. 180 de la Ley 58/2003, de 17 de diciembre, General Tributaria, o el art. 31.1 de la Ley orgánica 4/2015, de 30 de marzo, de protección de la seguridad ciudadana. Sobre el tema, M. Rebollo Puig y M. Izquierdo Carrasco, "El régimen de infracciones y sanciones", ob. cit., pág. 628, por nota; L. Alarcón Sotomayor, *La garantía del non bis in ídem y el procedimiento administrativo sancionador*, ob. cit., pág. 39; T. Cano Campos, *Sanciones administrativas*, ob. cit., págs. 62-63; A. Bueno Armijo, "El principio *non bis in ídem* en el derecho de la Unión Europea...", ob. cit., pág. 278.

[46] SSTC 188/2005 (FJ 4), 86/2017 [FJ 5.d)].

da, a un adecuado nivel de abstracción, tal y como se hace para apreciar la doble incriminación en la cooperación judicial en materia penal[47].

En definitiva, lo que el *non bis in idem* prohíbe es la consideración múltiple o plural del *mismo y único* reproche punitivo que el ordenamiento jurídico hace sobre un hecho. En rigor, no se prohíbe que se realice *más de un reproche punitivo a un determinado hecho* (pues un hecho puede ser objeto de diferentes valoraciones a efectos sancionadores por parte del ordenamiento jurídico: concurso ideal), sino *que se considere más de una vez el mismo reproche punitivo*, el cual, sin embargo, puede estar previsto o formulado en varias normas sancionadoras (concurso conflictivo de normas).

En el concurso de normas hay una sola infracción, una sola vulneración de la norma sancionadora, pues, en realidad, el contenido de ilícito de un hecho punible y el reproche que merece ya está contenido en otra. Lo que ocurre es que la misma infracción aparece formulada o descrita en varias normas (quizá en distintos grados de concreción y, por tanto, de determinación de las consecuencias jurídicas), pero solo hay una ley en el sentido de *determinación* de la infracción. Como solo se ha realizado una infracción —formulada varias veces— el concurso solo existe aparentemente y únicamente hay una ley que pueda ser aplicada, pues si se aplicasen todas las leyes concurrentes se llegaría a una imputación multiplicada y a un castigo repetido del único suceso infractor[48]. Lo que es único sería tratado y castigado como plural.

5. El fundamento del "non bis in idem"

A) *El principio de proporcionalidad: ¿fundamento o consecuencia de la prohibición?*

Todo lo anterior enlaza, creo, con el fundamento último de la prohibición, tema al que, para concluir, me voy a referir ya de forma muy sintética.

Al *non bis in idem* se le han asignado casi tantos fundamentos como autores se han ocupado del tema: la libertad, la justicia, la cosa juzgada, la seguridad jurídica, el derecho a la tutela judicial efectiva, el principio de proporcionalidad, el principio de legalidad, la tipicidad, la interdicción de la arbitrariedad,

[47] Conclusiones del Abogado General Bobek al asunto *bpost* (apartado 139). Véanse también sus conclusiones al asunto *Grundza* (C-289/15), presentadas el 28 de julio de 2016 (apartados 69-76).

[48] G. Jakobs, *Derecho penal. Parte general. Fundamentos y teoría de la imputación*, 2ª ed., trad. de J. Cuello Contreras y J. L. Serrano González de Murillo, Barcelona, Marcial Pons, 1999, pág. 1049.

etcétera[49]. Algunos autores aluden a un fundamento múltiple del principio, mientras que otros diferencian el fundamento en función de su vertiente sustantiva o procedimental[50].

En este momento solo quiero centrarme en el hecho de que, en la jurisprudencia y en la opinión de diversos autores, trasluce, o se afirma abiertamente, que el fundamento del *non bis in idem* material reside en el principio de proporcionalidad. Es claro que, si partimos del reconocimiento de la prohibición, la imposición de dos sanciones por lo mismo resulta desproporcionada, pues se supone que una de ellas ya abarca todo el reproche o desvalor que merece el hecho. La primera tuvo que ser la sanción mínima necesaria. Pero esto es *un posterius*, pues se activa *ex post* cuando la prohibición ya está consagrada, por lo que no puede ser su fundamento.

Si se considera que el fundamento del *non bis* reside en el principio de proporcionalidad, podría entenderse, por ejemplo, que la imposición de una sanción penal y otra administrativa (o dos administrativas previstas en normas diferentes) por la comisión de la misma infracción no siempre ha de estar prohibida, ya que no siempre tiene por qué resultar desproporcionada en relación con la gravedad del hecho realizado. Podría afirmarse así que, del mismo modo que las normas penales pueden prever varias penas para un solo delito, o las administrativas varias sanciones para una única infracción, el legislador también puede fragmentar su respuesta sancionadora en dos normas diferentes, que podrían aplicarse de forma acumulada (por autoridades diferentes o por la misma autoridad) siempre que las sanciones resultantes no sean desproporcionadas.

Se trasladaría así a la Administración y a los tribunales la carga de determinar *ex post* caso por caso cuándo la acumulación de las sanciones previstas para la misma infracción por las diferentes normas resulta desproporcionada y, por tanto, contraria al derecho fundamental, pues la proporcionalidad de la limitación resultante depende de las circunstancias de cada caso. Y, desde la perspectiva del ciudadano, que es, en último término, de lo que se trata, no

[49] Véase, por ejemplo, B. Van Bockel, *The Ne Bis in Idem Principle EU Law*, Wolters Kluwer, 2010, pág. 4.

[50] Sobre lo primero, J. A. E. Vervaele, "*Ne bis in idem*: ¿un principio transnacional de rango constitucional en la Unión Europea?", en *InDret*, vol. 1, 2014, pág. 5; sobre lo segundo, M. Aguilera Morales, "El *ne bis in idem*: un derecho fundamental en el ámbito de la Unión Europea", en *Revista Española de Derecho Europeo*, vol. 20, 2006, págs. 483-484; y M. Pérez Manzano, *The Spanish Connection...*, ob. cit., pág. 385. Para L. Alarcón Sotomayor, *La garantía del non bis in ídem y el procedimiento administrativo sancionador*, ob. cit., pág. 28, la diversidad de fundamentos que le atribuyen los autores se debe a que, en realidad, se está pensando en diversas reglas, todas ellas aludidas como *non bis in idem*.

se le garantizaría con el adecuado grado de certeza y previsibilidad, si puede ser o no enjuiciado o sancionado de nuevo por lo mismo, por lo que, tras un primer enjuiciamiento (con o sin sanción) no tendría la certeza de que el asunto ha quedado definitivamente cerrado.

B) *El principio de legalidad y la funcionalidad excluyente de las normas sancionadoras*

Algunos autores consideran que el fundamento del *non bis in idem* reside en el principio de legalidad. En relación con su consagración en la Corte Interamericana de Derechos Humanos, la doctrina se encuentra dividida acerca de si constituye o no una exigencia del principio de legalidad (la quinta junto a la irretroactividad, la reserva de ley, el mandato de determinación y la prohibición de analogía in *peius*), pues lo cierto es que se encuentra recogido de forma independiente, en el artículo 8.4 bajo el apartado de "Garantías judiciales" y no el artículo 9 que consagra el principio de legalidad y retroactividad[51].

En mi opinión, el fundamento último del *non bis in idem* reside más bien, en la funcionalidad excluyente del principio de legalidad, por lo siguiente.

Cuando un comportamiento se tipifica como infracción se hace con la pretensión de agotar todo el reproche punitivo que merece desde el punto de vista de los intereses públicos que se persiguen mediante la amenaza de sanción. La sanción o las sanciones que para ello se prevén constituyen el reproche punitivo que se considera proporcionado y necesario. La sanción asignada a cada ilícito expresa así el desvalor que el ordenamiento jurídico atribuye a un hecho desde una determinada perspectiva, lo que excluye la aplicación conjunta de las normas que incluyan ese mismo desvalor.

Por consiguiente, los tipos penales y administrativos no solo desempeñan una función garantizadora negativa determinando a contrario ámbitos de libertad de las personas, sino también positiva, asegurando que para los hechos en ellos subsumibles no han de producirse consecuencias punitivas diversas a las previstas. La pretensión de volver a sancionar una determinada ilicitud vulnera el principio de legalidad, ya que supone, de forma indirecta, rebasar los límites de la sanción prefijados[52]. Dicho de otro modo, "aplicada

[51] *Vid.* M. Mínguez Rosique, "El principio de legalidad penal en el sistema interamericano de protección de los derechos humanos", en M. Pérez Manzano y J. A. Lascuraín Sánchez (dirs.), *La tutela multinivel del principio de legalidad penal*, Barcelona, Marcial Pons, 2016, pág. 202.

[52] En este sentido, R. García Albero, *"Non bis in idem" material y concurso de leyes penales*, Barcelona, Cedecs, 1995, págs. 82-83, para quien la predeterminación normativa

una determinada sanción a una específica infracción, la reacción punitiva ha quedado agotada"[53].

El *non bis in idem*, en definitiva, es un postulado de justicia intuitivo y universal, que impide, y no solo en el ámbito punitivo, tratar lo que es único como plural. Ya DEMÓSTENES, en su discurso contra LEPTINES, afirmaba que "las leyes prohíben que el mismo hombre sea enjuiciado dos veces por el mismo hecho"[54]. Y hasta el genial CERVANTES se preocupó de que sus personajes respetaran el principio que nos ocupa. Así, cuando don Quijote, herido durante un duelo, clamaba venganza por su celada rota, Sancho le dio este sabio consejo: "Advierta vuestra merced, señor don Quijote, que si el caballero cumplió lo que se le dejó ordenado de irse a presentar ante mi señora Dulcinea del Toboso, ya habrá cumplido con lo que debía, y no merece otra pena si no comete nuevo delito. Has hablado y apuntado muy bien, —respondió don Quijote— y, así, anuló el juramento en cuanto a lo que toca a tomar dél nueva venganza"[55].

BIBLIOGRAFÍA

AGUILERA MORALES, M. (2006). El *ne bis in ídem*: un derecho fundamental en el ámbito de la Unión Europea. *Revista Española de Derecho Europeo*, 20, 479-531.

ALARCÓN SOTOMAYOR, L. (2008) *La garantía del non bis in ídem y el procedimiento administrativo sancionador*. Iustel.

ALEXY, R. (2012). *Teoría de los derechos fundamentales* (2ª ed.), CEPC.

ATIENZA RODRÍGUEZ, M. y RUIZ MANERO, J. (2007). *Las piezas del derecho. Teoría de los enunciados jurídicos* (4ª reimp.). Ariel.

BÁEZ, A. A. y PARRÓN, M. G. (2015). Doble enjuiciamiento y Derechos Humanos en el Perú contemporáneo. Estudio de casos. Revista digital de la Escuela de Historia Universidad Nacional de Rosario, 15, 82-94.

de la sanción a imponer es tan consustancial al principio de legalidad como lo es la propia predeterminación de sus presupuestos (la infracción).

[53] STC 154/1990 (FJ 3), que añade lo siguiente: "Dicha reacción ha de considerarse 'autosuficiente' desde una perspectiva punitiva, por lo que aplicar otra sanción en el mismo orden punitivo representaría la ruptura de esa proporcionalidad, una reacción excesiva del ordenamiento jurídico al infringirse al condenado una sanción desproporcionada respecto a la infracción que ha cometido".

[54] La cita, por ejemplo, en B. VAN BOCKEL, *The Ne Bis in Idem Principle EU Law*, ob. cit., pág. 2.

[55] Primera parte, capítulo X (*De lo que más le avino a don Quijote con el vizcaíno y del peligro en que se vio con una caterva de yangüeses*). Cito por la edición del Instituto Cervantes conmemorativa del cuarto centenario de la publicación, dirigida por FRANCISCO RICO, Galaxia Gutenberg, 2005, pág. 127.

Barcelona Llop, J. (2020). Las sanciones administrativas en la jurisprudencia del Tribunal Europeo de Derechos Humanos. *Revista Derecho y Sociedad*, 54, 187-209.

Beltrán y Puga, A. y Couso, J. (2014). Apuntes sobre el principio *ne bis in ídem*. En C. Pérez Vázquez (coord.), *El derecho humano al debido proceso. Sus dimensiones legal, constitucional y convencional* (69-81). Tirant lo Blanch.

Bouazza Ariño, O. (2021). "El concepto autónomo de sanción en el sistema del Convenio Europeo de Derechos Humanos", en M. Rebollo Puig, A. Huergo Lora, J. Guillén Caramés y T. Cano Campos, *Anuario de Derecho Administrativo Sancionador 2021* (309-333). Aranzadi.

Bueno Armijo, A. (2021). El principio *non bis in ídem* en el Derecho de la Unión Europea. Una configuración cada vez más alejada del ordenamiento español. En M. Rebollo Puig, A. Huergo Lora, J. Guillén Caramés y T. Cano Campos, *Anuario de Derecho Administrativo Sancionador 2021* (271-307). Aranzadi.

Cano Campos, T. (2001). Non bis in ídem, prevalencia de la vía penal y teoría de los concursos en el Derecho administrativo sancionador. *Revista de Administración Pública*, 156, 191-250.

— (2018). *Sanciones administrativas*. Lefebvre.

— (2021). Los claroscuros del *non bis in ídem* en el espacio jurídico europeo. *Revista Española de Derecho Europeo*, 80, 9-53.

Carrió, G. R. (1990). *Notas sobre derecho y lenguaje*. Abeledo-Perrot.

Chinchilla Marín, C. (2014). "La audiencia pública en el procedimiento administrativo sancionador y la prohibición de iniciar actuaciones penales por unos hechos que ya han sido sancionados por la Administración: dos exigencias derivadas del Convenio Europeo de Derechos Humanos según la STEDH de 4 de marzo de 2014", en M. Rebollo Puig, M. López Benítez y E. Carbonell Porras (coords.), *Régimen jurídico básico de las administraciones públicas. Libro homenaje al profesor Luís Cosculluela* (791-815). Marcial Pons.

Cobreros Mendazona, E. (2020). El doble grado de jurisdicción para las sanciones administrativas graves, una imperiosa exigencia convencional y constitucional. *Revista Vasca de Administración pública*, 118, 17-48.

De la Oliva Santos, A., Aragoneses Martínez, S., Hinojosa Segovia, R., Muerza Esparza, J. y Tomé García, J. A. (2007). *Derecho procesal penal* (8ª ed.). Ceura.

Díaz Greco, M. (2015). El impacto de la jurisprudencia de la Corte Interamericana sobre el Tribunal Europeo de Derecho Humanos. *Revista de la Facultad de Derecho PUCP* núm. 75, 31-56.

García Albero, R. (1995). *«Non bis in ídem» material y concurso de leyes penales*. Cedecs.

García Ramírez, S. (2007). La Corte Interamericana de Derecho Humanos. Porrúa.

Gómez Orbaneja, E. y Herce Quemada, V. (1987). *Derecho procesal penal* (10ª ed). UCM.

GÓMEZ TOMILLO, M. (2020). *Non bis in ídem* en los casos de dualidad de procedimientos penal y administrativo. Especial consideración de la jurisprudencia del TEDH. *InDret* 2/2020, 421-456.

JAKOBS, G. (1999). *Derecho penal. Parte General. Fundamentos y teoría de la imputación*, 2ª ed. (traducción de J. Cuello Contreras y J. L. Serrano González de Murillo). Marcial Pons.

LÓPEZ GUERRA, L. (2019). "Ne bis in ídem" en la jurisprudencia del Tribunal Europeo de Derechos Humanos. *Revista Española de Derecho Europeo*, 69, 9-26.

— (2020). «La carta de los Derechos fundamentales de la UE y la jurisprudencia del Tribunal Europeo de Derechos Humanos. *Revista de Derecho Comunitario Europeo*, 66, 385-406.

LOZANO CUTANDA, B. (2020). "La sentencia «Saquetti Iglesias c. España» impone la introducción de la doble instancia para el enjuiciamiento de las sanciones administrativas", en *Revista de Administración Pública*, 213, 181-207.

MÍNGUEZ ROSIQUE, M. (2016). "El principio de legalidad penal en el sistema interamericano de protección de los derechos humanos", en M. PÉREZ MANZANO y J. A. LASCURAÍN SÁNCHEZ (dirs.), *La tutela multinivel del principio de legalidad penal* (149-200). Marcial Pons.

MIR PUIG, S. (2016). *Derecho penal. Parte general* (10ª ed.). Reppertor.

MONTOYA RAMOS, I. (2013). El principio ne bis in ídem a la luz de la jurisprudencia de la Suprema Corte de Justicia y de la Corte Interamericana de Derechos Humanos. *Instituto de Investigaciones Jurídicas, Suprema Corte de Justicia, Fundación Konrad Adenauer*, 2144-2171.

NIETO GARCÍA, A. (2012). *Derecho administrativo sancionador* (5ª ed.). Tecnos.

OTTAVIANO, S. (2013). Las excepciones al *ne bis in ídem* en el Derecho internacional. *Revista Argentina de Derecho penal y Procesal Penal*. Tomo I.

PÉREZ MANZANO, M. (2016). "La prohibición de incurrir en *bis in ídem* en España y en Europa. Efectos internos de una convergencia jurisprudencial inversa (de Luxemburgo a Estrasburgo)", en M. PÉREZ MANZANO y J. A. LASCURAÍN SÁNCHEZ (dirs.), *La tutela multinivel del principio de legalidad penal* (149-200). Marcial Pons.

— (2018). "*The Spanish Connection*: los caminos del diálogo europeo en la configuración del alcance de la prohibición de incurrir en *bis in ídem*", en A. GONZÁLEZ ALONSO y S. OUBIÑA BARBOLLA, *El vértice de los sistemas judiciales*, Anuario de la Facultad de Derecho de la Universidad Autónoma de Madrid núm. 22 (383-420). BOE.

REBOLLO PUIG, M. e IZQUIERDO CARRASCO, M. (2005). "El régimen de infracciones y sanciones", en G. FERNÁNDEZ FARRERES (dir.), *Comentarios a la Ley General de* Subvenciones (597-702). Civitas.

REBOLLO PUIG, M. y otros (2021). "Derecho administrativo sancionador", en *Revista Española de Derecho Administrativo*, núm. 213, págs. 179-239.

Sandoval Mesa, J. A. (2009). "El non bis in idem como formula del principio de legalidad que permite el ingreso del Estatuto de Roma al Derecho interno", en *Prolegómenos. Derecho y Valores*, vol. XII, núm. 24, 97-113.

Soldevilla Fragoso, S. (2020). Asunto Saquetti v. España. STEDH de 30 de junio de 2020», *Actualidad Administrativa*, 9.

Van Bockel, B. (2010). *The Ne Bis in Idem Principle EU Law*. Wolters Kluwer.

Vera Sánchez, J. S. (2020). *Non bis in idem procesal. Identidad de hechos. Tirant lo blanch.*

Vervaele, J. A. E. (2014). *Ne bis in idem*: ¿un principio transnacional de rango constitucional en la Unión Europea? *InDret* 1/2014.

Vitale, G. L. (2013). Derecho al recurso, legalidad penal y prohibición de doble juzgamiento. https://www.corteidh.or.cr/tablas/r34447.pdf

EL DERECHO FUNDAMENTAL A LA PARTICIPACIÓN CIUDADANA EN LA ÓPTICA DE LA CORTE CONSTITUCIONAL DE COLOMBIA

Víctor Rafael Hernández-Mendible*
Venezuela

1. Introducción

La democracia ambiental posee tres grandes soportes conocidos como derechos de acceso que, por tratarse de aquellos que permiten interactuar a las personas con el Estado en las cuestiones de naturaleza ambiental, se constituyen en una garantía efectiva de los restantes derechos humanos.

Estos derechos se manifiestan a través del acceso a la información pública, la participación pública y el acceso a la justicia ambiental[1]; este último es un medio para garantizar tantos los otros derechos procesales[2] como también los calificados como derechos sustantivos.

* Abogado y doctor en Derecho por la Universidad Católica Andrés Bello (Venezuela), posdoctor en Nuevas Tecnologías y Derecho por el Mediterranea International Centre for Human Rights Research (MICHR), di Reggio Calabria (Italia). Director del Centro de Estudios de Regulación Económica de la Universidad Monteávila (Venezuela), profesor de la Maestría en Derecho en la Universidad del Rosario (Colombia). Fundador del Instituto Internacional de Derecho Administrativo (IIDA), de la Red Internacional de Bienes Públicos (RIBP) y presidente de la Red Iberoamericana de Derecho de la Energía (RIDE). www.hernandezmendible.com

[1] El Principio 10 de la Declaración de Río sobre el Medio Ambiente y el Desarrollo estableció que "El mejor modo de tratar las cuestiones ambientales es con la participación de todos los ciudadanos interesados, en el nivel que corresponda. En el plano nacional, toda persona deberá tener acceso adecuado a la información sobre el medio ambiente de que dispongan las autoridades públicas, incluida la información sobre los materiales y las actividades que encierran peligro en sus comunidades, así como la oportunidad de participar en los procesos de adopción de decisiones. Los Estados deberán facilitar y fomentar la sensibilización y la participación de la población poniendo la información a disposición de todos. Deberá proporcionarse acceso efectivo a los procedimientos judiciales y administrativos, entre estos el resarcimiento de daños y los recursos pertinentes".

[2] Víctor R. Hernández-Mendible, *El Estado convencional. Cincuentenario de la Convención Americana sobre Derechos Humanos (1969-2019)*, Santiago de Chile, Librería Jurídica Internacional, 2020, págs. 201-228.

Este análisis pretende brindar una exposición de la manera como ha sido resuelto por la Corte Constitucional de Colombia un asunto que tiene una doble importancia desde la perspectiva nacional —la institucional y la de los derechos fundamentales—, lo que se precisará más adelante.

Los antecedentes extrajudiciales y judiciales que permiten contextualizar lo ocurrido son los siguientes: el 28 de junio de 2016 algunos habitantes del municipio de Cumaral en el departamento del Meta formularon un derecho de petición a las autoridades municipales para solicitar el trámite de la consulta popular, sobre la conformidad y eventual aprobación por la población del inicio de las actividades de exploración, perforación, producción, transporte y comercialización de hidrocarburos, dentro del territorio del municipio.

Ello produjo la expedición del decreto del alcalde para comenzar el trámite del mecanismo de participación ciudadana denominado consulta popular, que contó con la opinión favorable del Concejo Municipal; además, el 7 de marzo de 2017 el Tribunal Administrativo del Meta mediante sentencia se pronunció favorablemente sobre la constitucionalidad de la pregunta que sería objeto de dicha consulta popular local, aunque cabe destacar que no sin antes modificar la redacción de esta.

El 9 de mayo de 2017, la empresa Mansarovar Energy Colombia presentó acción de tutela (amparo constitucional en la terminología de la mayoría de los países de la región) contra la sentencia del Tribunal Administrativo del Meta, por considerar que lesionó sus derechos fundamentales reconocidos en los artículos 29, 228, 229 y 230 de la Constitución Política, y que el órgano jurisdiccional había incurrido en una "vía de hecho y violación al debido proceso", al desconocer el régimen legal y constitucional de competencias en materia de propiedad del subsuelo, que diferencia aquellas que son de las entidades territoriales de las que son de la nación, por lo que incurrió en defecto sustantivo, defecto procedimental, violación directa de la Constitución Política y desconocimiento del precedente judicial; así que, en virtud de lo anterior, pretendió que se dejase sin efectos la sentencia proferida el 7 de marzo de 2017 por el Tribunal Administrativo del Meta.

El caso fue asignado a la Sección Cuarta de la Sala de lo Contencioso Administrativo del Consejo de Estado, que admitió la acción de tutela (amparo constitucional) el 16 de mayo de 2017 y mediante sentencia de 30 de mayo de 2017, negó la medida cautelar y la tutela (amparo constitucional).

Una vez apelada la sentencia, se solicitó la revocación a la Sección Quinta de la Sala de lo Contencioso Administrativo del Consejo de Estado, que resolvió el 6 de julio de 2017 declarar la "cesación de la actuación impugnada por carencia actual de objeto".

Esto dio origen al proceso de revisión de la sentencia de segunda instancia emitida por la Sección Quinta de la Sala de lo Contencioso Administrativo del Consejo de Estado, que confirmó la decisión de la Sección Cuarta de la misma Sala y que negó la protección constitucional de los derechos fundamentales invocados por la accionante. La revisión se producirá como consecuencia de la decisión de la Sala de Selección Número Ocho de la Corte Constitucional, cuyo conocimiento luego fue asumido por la Sala Plena.

En los términos anteriores se concreta el debate procesal constitucional que resolvió la Corte Constitucional, a través de la sentencia SU-095-18 de 11 de octubre de 2018[3], en el caso Mansarovar Energy Colombia contra el Tribunal Administrativo del Meta.

La Corte Constitucional precisa que en su decisión debe pronunciarse sobre los aspectos constitucionales, legales y jurisprudenciales relacionados con "(i) los conceptos de Estado unitario y autonomía territorial, (ii) la propiedad del subsuelo y la explotación de recursos naturales no renovables, (iii) los mecanismos de participación ciudadana, específicamente la consulta popular y los procesos de participación del sector minero energético y (iv) finamente, resolverá el caso concreto".

Tal como se había mencionado previamente, los dos grandes ejes del fallo judicial giran, por una parte, desde la perspectiva institucional, relacionados con la delimitación competencial entre el Estado y las entidades territoriales[4], así como su relación con la propiedad del subsuelo y la explotación de los recursos naturales no renovables, que no serán abordados en este análisis por exceder su objeto; y por la otra, desde la perspectiva de los derechos fundamentales, con el análisis de los mecanismos de participación ciudadana[5], con especial énfasis en la consulta popular como posible medio para garantizar la participación efectiva de las personas, respecto a las actividades realizadas en el sector hidrocarburos que potencialmente producirán un impacto ambiental.

2. El planteamiento del problema

La empresa Mansarovar Energy Colombia interpuso una tutela (amparo constitucional) contra la sentencia dictada por el Tribunal Administrativo

[3] Esta sentencia ha sido ratificada por la Corte Constitucional, sent. T-342, de 30 de julio de 2019.

[4] Art. 1° de la Constitución Política señala que Colombia constituye un "Estado social de derecho, organizado en forma de república unitaria, descentralizada, con autonomía de sus entidades territoriales, democrática, participativa y pluralista, fundada en el respeto de la dignidad humana, en el trabajo y la solidaridad de las personas que la integran y en la prevalencia del interés general".

[5] El ordenamiento jurídico reconoce como mecanismo de participación ciudadana los siguientes: el plebiscito, el referendo, la consulta popular, el cabildo abierto, la iniciativa legislativa y la revocatoria del mandato.

del Meta, en el proceso de revisión previa de constitucionalidad de la convocatoria a consulta popular, que había dispuesto realizar el alcalde y que fue aprobado por el Concejo del municipio Cumaral del departamento del Meta, debido a la solicitud de algunos habitantes del municipio, con el propósito de pronunciarse sobre el potencial desarrollo de las actividades de exploración y explotación de recursos del subsuelo para el aprovechamiento de los hidrocarburos, conforme a lo dispuesto en el artículo 53 de la ley 134 de 1994 y el artículo 21 de la ley 1757 de 2015.

La empresa accionante manifestó que el Tribunal Administrativo del Meta, con la decisión judicial, vulneró sus derechos fundamentales al debido proceso (art. 29 de la Const. Pol.) y los contenidos en los artículos 228, 229 y 230 de la Constitución Política, al desconocer el régimen constitucional y legal de competencias en materia de propiedad del subsuelo, que diferencia aquellos bienes que son de la nación de los que son de las entidades territoriales, lo que —en opinión de la empresa— suponía que dicha sentencia hubiera incurrido en defecto sustantivo, defecto procedimental, violación directa de la Constitución Política y desconocimiento del precedente judicial.

A) *Los fundamentos constitucionales de la participación ciudadana*

La Constitución Política establece que uno de los principios cardinales del Estado es su carácter democrático y uno de los fines esenciales es la participación del pueblo en todas las decisiones que lo afectan. A partir de allí se encuentran diversas normas constitucionales destinadas a desarrollar estos postulados, orientados, por un lado, a estimular la participación ciudadana para el ejercicio del poder político como un derecho fundamental y como un deber ciudadano; y por otro, a establecer los diversos mecanismos a través de los cuales es posible hacerlo efectivo.

Así, por ejemplo, la Constitución Política establece que todo ciudadano tiene derecho a participar en la conformación, ejercicio y control del poder político (art. 40), que en materia ambiental, la ley debe garantizar la participación de la comunidad en las decisiones que le afecten (art. 79); igualmente, menciona una lista enunciativa de los mecanismos de participación ciudadana (art. 130) y reconoce la posibilidad de que los alcaldes y gobernadores realicen consultas populares para decidir sobre asuntos de competencia del respectivo departamento o municipio (art. 105)[6]. Por otra

[6] El art. 105 de la Const. Pol. señala: "Previo cumplimiento de los requisitos y formalidades que señale el estatuto general de la organización territorial y en los casos que este determine, los gobernadores y alcaldes según el caso, podrán realizar consultas populares para decidir sobre asuntos de competencia del respectivo departamento o municipio".

parte, según la Constitución, la participación constituye un deber ciudadano que tiene como objeto aportar a la construcción de la sociedad y del país (art. 95).

Las consideraciones expuestas soportan así el carácter limitado del derecho a la participación, cuyo efectivo ejercicio pretende evitar que se impongan decisiones por las mayorías sin que existan unos procedimientos adecuados para ello, definidos por el legislador en cumplimiento de sus potestades y competencias; o que se usen estos procedimientos fuera de su regulación constitucional o legal.

En desarrollo del postulado de democracia participativa reconocido en los artículos 40, 103 y 105 de la Constitución Política, se establecieron distintos mecanismos de participación ciudadana, con el propósito de garantizar el ejercicio efectivo del derecho fundamental a la participación del que gozan todos los ciudadanos. Estos mecanismos son: el plebiscito, el referendo, la consulta popular, el cabildo abierto, la iniciativa legislativa y la revocatoria del mandato. Se trata de una mención enunciativa, por lo que el legislador, en ejercicio de la potestad constitucional de expedir leyes, puede ampliarlos mediante la introducción de nuevos mecanismos para permitir la participación ciudadana[7].

Tales mecanismos de participación ciudadana tienen objetivos generales y específicos en cada caso. Cada uno de ellos constituye una herramienta que refleja el tipo de relaciones del ciudadano con el poder político (en sus diversos niveles y con diversos efectos jurídicos), conservando en su conjunto el objetivo común de realizar el ideal de un Estado democrático de derecho, en que el ciudadano tenga acceso al procedimiento de toma de decisiones políticas y al ejercicio del control político[8].

Debido a esto, la Corte Constitucional en la sentencia C-150 de 2015 expuso las siguientes premisas que informan la consulta popular[9]:

1. El carácter generalmente facultativo y excepcionalmente obligatorio de las consultas populares.

2. Las restricciones competenciales del pueblo en la consulta popular.

3. La prohibición de modificar la Constitución Política o de desconocer los derechos fundamentales mediante el empleo de la consulta popular.

De todo lo anterior se puede concluir, en principio, que en el marco de la democracia participativa la consulta popular es un mecanismo idóneo para que la ciudadanía manifieste su decisión a través de una respuesta afirma-

[7] Corte Constitucional, sent. C-150, de 8 de abril de 2015.

[8] Corte Constitucional, sent. C-223, de 20 de julio de 2017.

[9] Corte Constitucional, sent. C-053, de 13 de febrero de 2019, ratifica la sent. C-150.

tiva o negativa sobre asuntos nacionales, departamentales, municipales, distritales o locales. No obstante, dependiendo del contenido del asunto por tratar, esta consulta se encuentra limitada por el reparto de competencias establecidas en la Constitución Política y en la ley.

Esto conduce a analizar los mecanismos de participación y coordinación en materia de hidrocarburos, del sector minero y en los asuntos ambientales.

B) *La inexistencia de los procedimientos de participación y coordinación en materia de hidrocarburos*

La Corte considera que a los fines de determinar, delimitar y clasificar las áreas para el desarrollo de las actividades de exploración y producción de hidrocarburos son aplicables los principios constitucionales relativos al ordenamiento territorial, los recursos naturales renovables, la protección del ambiente y los procedimientos de consulta y coordinación con las entidades territoriales y con las comunidades o grupos étnicos.

No obstante, observa la Corte que no existe evidencia de que una regulación específica y clara garantice la implantación de los principios de democracia participativa (arts. 1°, 40, 79, 95, 105 y 130 de la Const. Pol.) y coordinación y concurrencia entre la nación y las entidades territoriales (art. 288 de la Const. Pol.), toda vez que los reglamentos internos de la Agencia Nacional de Hidrocarburos no contienen normas que materialicen de manera armónica los principios de Estado unitario y de autonomía territorial.

C) *La incipiente existencia de los procedimientos de participación y coordinación en materia minera*

Es posible advertir que hasta el año 2016 en la regulación del sector minero no existían instrumentos o mecanismos para respetar, garantizar y hacer efectivos los principios constitucionales de democracia participativa, Estado unitario, autonomía territorial, coordinación y concurrencia entre la nación y las entidades territoriales, lo que impedía que hubiese escenarios reales para la búsqueda de acuerdos y la convergencia entre aquella y estas, así como los mecanismos para la participación de las comunidades que podrían ser afectadas por la habilitación administrativa para desarrollar las actividades de producción minera.

Es a partir de 2016, en cumplimiento de lo ordenado por la Corte Constitucional[10], cuando la Agencia Nacional de Minería diseña e implementa dos procedimientos (concertación con alcaldes como primera autoridad del

[10] Corte Constitucional, sent. C-123, de 5 de marzo de 2014 y sent. C-389, de 27 de julio de 2016.

municipio y audiencias de participación mineras previo al otorgamiento del título minero) que tienen como objetivo velar por los principios de democracia participativa, Estado unitario, autonomía territorial, coordinación y concurrencia entre la nación y las entidades territoriales en el trámite de titulación minera. Ambos procedimientos son aplicados en la práctica, ante las propuestas de negociación de contratos de concesión minera.

D) *Los mecanismos de participación en los asuntos ambientales*

El ordenamiento jurídico define los mecanismos de participación ambiental de naturaleza administrativa, entre los que se encuentran la consulta previa, la audiencia pública ambiental, la intervención en los procedimientos administrativos ambientales, el derecho de petición, las veedurías ciudadanas en asuntos ambientales y la participación en los procesos de planificación ambiental.

La jurisprudencia de la Corte ha reconocido que el marco legal ambiental contempla la obligación de garantizar la participación comunitaria en los procedimientos para la adopción de las decisiones que puedan eventualmente afectar el ambiente[11]. En tal sentido, el derecho a la participación ambiental goza de relevancia en los procedimientos para la concesión de la licencia ambiental y en aquellos en los que se pretenden otorgar permisos ambientales, para la iniciación de cualquier proyecto que implique la explotación de los recursos naturales.

La ley 99 de 1993 en el título X define los modos y los procedimientos de la participación ciudadana y establece los mecanismos de participación más relevantes en el marco de los procedimientos de otorgamiento de la licencia ambiental, entre los que sobresale la audiencia pública ambiental, definida en el artículo 72 de la ley citada.

La audiencia pública ambiental es el mecanismo de participación que procede "cuando se desarrolle o pretenda desarrollarse una obra o actividad que pueda causar impacto al medio ambiente o a los recursos naturales renovables, y para la cual se exija permiso o licencia ambiental conforme a la ley o a los reglamentos".

El objetivo de la audiencia pública es "dar a conocer a las organizaciones sociales, la comunidad, o las entidades públicas y privadas lo siguiente: la solicitud de licencias, permisos o concesiones ambientales, o la existencia de un proyecto o actividad, los impactos que éste puede generar o genere y las medidas de manejo propuestas o implementadas para prevenir, corregir o

[11] Corte Constitucional, sent. T-462A, de 8 de julio de 2014.

compensar dichos impactos. Igualmente, la audiencia busca abrir espacios para recibir opiniones, información y documentos de los interesados"[12].

Es oportuno señalar que en la audiencia pública ambiental no se adoptan decisiones, pues se trata de un espacio en el que se reciben "opiniones, informaciones y documentos, que deberán tenerse en cuenta en el momento de la toma de decisiones por parte de la autoridad ambiental competente"[13].

A la anterior se suman los otros mecanismos de participación, que se mencionarán posteriormente.

Planteado el asunto en los anteriores términos, lo que procede es referirse a las consideraciones de la Corte para orientar la resolución del caso objeto de revisión.

3. Los fundamentos jurídicos

Este subepígrafe circunscribe el objeto del presente análisis de la sentencia a los aspectos estrictamente relacionados con el derecho a la participación ciudadana y el análisis de la justicia ambiental, a fin de verificar su compatibilidad con la Constitución Política.

A) *El déficit de protección constitucional en materia de mecanismos de participación ciudadana e instrumentos de coordinación y concurrencia*

La Corte considera que la inexistencia de regulación de los mecanismos de participación ciudadana e instrumentos de coordinación y concurrencia entre la nación y las entidades territoriales, a los fines del aprovechamiento de los recursos naturales no renovables materializa un déficit de protección constitucionalmente inadmisible[14].

Por ello resulta evidente que el desarrollo de las actividades hidrocarburíferas y mineras genera afectaciones ambientales, por lo que se requieren instrumentos que garanticen la recuperación, conservación, protección, ordenamiento, manejo, uso y aprovechamiento de los recursos naturales renovables y el ambiente, a fin de asegurar el desarrollo sostenible.

[12] Decreto 330 de 8 de febrero de 2007, "por el cual se reglamentan las audiencias públicas ambientales y se deroga el decreto 2762 de 2005".

[13] Art. 2° del decreto 330 de 8 de febrero de 2007, "por el cual se reglamentan las audiencias públicas ambientales y se deroga el decreto 2762 de 2005".

[14] Corte Constitucional, sent. C-053, de 13 de febrero de 2019, ratifica la sentencia que se analiza.

Desde la perspectiva ambiental se presentan afectaciones con potencialidad de contaminación del agua, del aire, de la tierra, que repercuten en las políticas y los planes sobre cuidado, uso y destinación de tales bienes, que deben adoptar y ejecutar los municipios.

Igualmente, en términos sociales se presentan efectos negativos de las actividades encaminadas a la explotación de los recursos del subsuelo, como son el aumento de los costos de vida en los municipios donde se desarrollan las actividades, en razón de la dependencia de la economía local respecto de los hidrocarburos o de la minería; migración de la población a los municipios productores, llegando incluso a la deserción escolar de los jóvenes; el aumento de la drogadicción, la prostitución, la violencia sexual, las enfermedades de transmisión sexual y el incremento de las madres solteras[15].

Entre los beneficios se encuentra el económico, pues la ejecución de estas actividades contribuye al desarrollo del país mediante el establecimiento de nuevas empresas y mercados derivados de los recursos hidrocarburíferos y mineros, además del cobro de las respectivas regalías que contribuyen al incremento del producto interno bruto (PIB), la economía del país y las inversiones sociales en transporte, agua potable, deporte, educación, salud, gestión de riesgo, cultura, ciencia, tecnología e innovación, entre otros.

Son todas estas razones las que llevan a considerar que existe un déficit de protección, porque el ordenamiento jurídico no garantiza legalmente de forma específica los medios de participación de las comunidades que se encuentran ubicadas en los lugares donde se desarrollarán las actividades u operaciones para explorar o explotar los recursos naturales no renovables y que pueden verse impactados o afectados por estas; ni existen instrumentos para que las entidades territoriales, a través de los órganos competentes, concurran y coordinen en la definición, ejecución y seguimiento de las actividades de hidrocarburos y de minería.

B) *Los mecanismos de participación ciudadana en materia ambiental*

Establecido que la consulta popular como mecanismo de participación ciudadana no puede utilizarse para definir si en un territorio se desarrollan o no actividades que conduzcan a la explotación del subsuelo o de los recursos naturales no renovables, la Corte considera relevante indicar que de acuerdo con la normativa constitucional y la jurisprudencia, todas las actividades que se realicen con la finalidad de explorar y explotar el subsuelo y los recursos

[15] Leonardo González Perafán, *Impacto de la minería de hecho en Colombia*, Editorial Instituto de Estudios para el Desarrollo y la Paz INDEPAZ, 2012, citado por la Corte Constitucional, sent. SU-095-18 de 11 de octubre de 2018.

naturales no renovables, deben respetar, garantizar y proteger los postulados constitucionales de participación ciudadana, así como de coordinación y concurrencia entre la nación y las entidades territoriales.

El hecho de que el mecanismo de participación de consulta popular no sea el procedente e idóneo para hacer efectiva la participación ciudadana y dar aplicación a los principios de coordinación y concurrencia entre la nación y las entidades territoriales, no permite justificar la desprotección del derecho fundamental de participación. Por el contrario, lo que corresponde es proteger los principios de democracia participativa, Estado unitario y autonomía territorial establecidos en la Constitución Política.

Dicho lo anterior, la Corte Constitucional procedió a analizar si en materia ambiental existen mecanismos de participación ciudadana e instrumentos de coordinación y concurrencia entre la nación y las entidades territoriales.

En tal sentido, los artículos 8°, 49, 58, 66, 79, 80 y 366 de la Constitución Política establecen los principios y las obligaciones en materia ambiental, lo que impone el cumplimiento de la norma jurídica para obtener los títulos habilitantes y en concreto la licencia ambiental, que constituye una "autorización que otorga el Estado para la ejecución de obras o la realización de proyectos o actividades que puedan ocasionar un deterioro grave al ambiente o a los recursos naturales o introducir una alteración significativa al paisaje, es un instrumento coordinador, planificador, preventivo, cautelar y de gestión para proteger los recursos naturales y el medio ambiente, conservar áreas de especial importancia ecológica, prevenir y controlar el deterioro ambiental y realizar la función ecológica de la propiedad".

Ahora bien, la obtención de esta autorización tan especial supone el cumplimiento de un procedimiento administrativo "reglado y complejo, de carácter obligatorio, previo, técnico y participativo, [en que] se evalúan aspectos relacionados con los estudios de impacto ambiental o con los diagnósticos ambientales de alternativas, en función de los intereses de las poblaciones afectadas".

Ambos contemplan un mecanismo de participación que es la audiencia pública ambiental, que se suma a los otros mecanismos de participación como la intervención en los procedimientos administrativos (art. 69 de la ley 99 de 1993), el derecho de petición (art. 74 de la ley 99 de 1993), la consulta previa en casos de comunidades indígenas y étnicas (art. 76 de la ley 99 de 1993) y las alianzas para la prosperidad (ley 1757 de 2015).

Estos mecanismos de participación persiguen tres objetivos esenciales: el primero, la identificación de los impactos ambientales y sociales; el segundo, la formulación conjunta de medidas de corrección y de compensación adecuadas al entorno y a las comunidades afectadas; y el tercero, las medidas de reparación en caso de producirse daños de naturaleza irreversible.

Por ello, la Corte señala que el procedimiento administrativo para la obtención de la licencia ambiental contiene diferentes momentos en los que se exige la socialización del proyecto; los mecanismos de participación ciudadana, como están concebidos, arrojan información que debe utilizar la autoridad ambiental, pero que no constituye un elemento determinante respecto a la decisión que se debe adoptar; y las visitas de campo a las áreas que se pretenden explotar, entran en la esfera de la discrecionalidad de las autoridades ambientales competentes.

De allí que sea posible concluir que los mecanismos de participación ciudadana e instrumentos de coordinación y concurrencia entre la nación y las entidades territoriales no son suficientes para garantizar los principios y postulados constitucionales; y aunque las comunidades acuden al mecanismo de la consulta popular como modalidad de participación y de expresar sus posiciones, este no es el mecanismo más adecuado para ello.

C) *Las conclusiones generales respecto a las consultas populares con relación al aprovechamiento del subsuelo o de recursos naturales no renovables*

En atención al análisis efectuado, la Corte ratifica las reglas formuladas en materia de consultas populares, con relación a la exploración o explotación del subsuelo y de los recursos naturales no renovables[16]:

Primero. La consulta popular es un mecanismo de participación reconocido esencialmente en los artículos 104 y 105 de la Constitución Política, a través del cual se convoca al pueblo para que se pronuncie sobre una pregunta de carácter general, relacionada con actuaciones administrativas que se deben realizar en el ámbito nacional o local.

Segundo. La consulta popular en el nivel territorial —departamento, municipio— debe circunscribirse a asuntos que son competencias del respectivo nivel territorial. Debido a ello, las autoridades municipales no pueden utilizar la consulta popular para consultar a su comunidad sobre asuntos de competencia departamental o nacional, y exactamente a la inversa, no puede el presidente de la República o el gobernador de un departamento realizar la consulta popular para que la comunidad se pronuncie sobre asuntos que son de la esfera local.

Tercero. La posibilidad de realización de la consulta popular se encuentra limitada a que los aspectos relativos a esta puedan ser decididos por la respectiva entidad territorial, lo que conduce a que la revisión previa de constitucionalidad que corresponde al orden jurisdiccional administrativo sea estricta, con la finalidad de constatar esta situación concreta.

[16] Corte Constitucional, sent. C-150, de 8 de abril de 2015.

Cuarto. Los artículos 80, 332, 334, 360 y 361 de la Constitución Política reconocen que el subsuelo y los recursos naturales no renovables son propiedad del Estado en sentido lato y que las actividades de aprovechamiento están permitidas y deberán desarrollarse en el ámbito geográfico nacional. A ello se suma que es competencia del Estado la dirección general de la economía, por lo que le corresponde intervenir con sujeción al ordenamiento jurídico en la explotación de los recursos naturales.

Quinto. Conforme a los artículos 101, 102 y 288 de la Constitución Política, corresponde a los municipios, en ejercicio de la autonomía territorial, las competencias en materia de ordenamiento territorial y uso del suelo.

Sexto. La convergencia de las actividades de uso del suelo y explotación del subsuelo produce como consecuencia, la concurrencia de competencias de las autoridades nacionales y las entidades territoriales.

Séptimo. La nación y las entidades territoriales no tienen competencias absolutas en materia de explotación del subsuelo y de los recursos naturales no renovables, como se deduce de una lectura e interpretación sistemática de la Constitución Política.

Octavo. Para evitar los potenciales conflictos de competencias entre la nación y las entidades territoriales en materia de subsuelo, debe darse aplicación al artículo 288 de la Constitución Política que señala las pautas que deben orientar las relaciones entre ellos, como se aprecia de los principios de coordinación y concurrencia.

Noveno. Lo anterior lleva a sostener que la consulta popular no constituye un mecanismo idóneo para dar aplicación a los principios de coordinación y concurrencia entre la nación y las entidades territoriales, en el marco de los postulados del Estado unitario y la autonomía territorial, pues siendo un mecanismo de participación ciudadana no puede utilizarse para definir si en un territorio se realizan o no actividades de exploración o explotación del subsuelo o de recursos naturales, ya que la competencia en esta materia no radica en forma absoluta en cabeza de los municipios y por tanto excede sus competencias, que se encuentran determinadas constitucionalmente.

Décimo. La consulta popular constituye un instrumento focalizado y limitado que no permite discusiones ampliadas, sistemáticas e integrales de una materia compleja como es la exploración y explotación de hidrocarburos y minerales, pues tal mecanismo de participación ciudadana implica la realización de una pregunta cuya respuesta solo admite seleccionar entre "sí o no", lo que impide un análisis técnico y especializado respecto a las actividades del sector hidrocarburos o el minero. La decisión de explorar o explotar recursos naturales no renovables o del subsuelo debe atender a estudios técnicos integrales y al concepto de desarrollo sostenible. Además, el pronunciamiento de la mayoría en favor de la opción "no", implicaría reconocerle un poder de veto a las entidades territoriales sobre las competencias nacionales en materia del subsuelo, desconociendo todo el marco constitucional que las establece.

Finalmente, hay que recordar que la consulta popular nacional no puede emplearse para reformar la Constitución Política y aceptar lo contrario supondría un desconocimiento del principio de supremacía constitucional, que no contempla ese mecanismo para su modificación.

D) *La propuesta de criterios para la definición de mecanismos de participación ciudadana e instrumentos de coordinación y concurrencia de la nación y las entidades territoriales*

Para reconocer y garantizar tanto el derecho fundamental a la participación ciudadana como los principios de coordinación y concurrencia entre la nación y las entidades territoriales, la Corte presenta los criterios constitucionales que deben observar tanto el legislador como los operadores jurídicos del gobierno nacional, para lograr su efectivo establecimiento, respeto y cumplimiento. Estos son:

a) *La participación ciudadana y pluralidad.* La idea de la democracia participativa supone reconocer la necesidad y pertinencia del ejercicio del derecho fundamental a la participación de la ciudadanía en las distintas fases de la deliberación para la toma decisiones, con pleno apego al nivel de complejidad de la materia sobre la que se debe resolver y a los procedimientos y canales institucionales que prevé la Constitución Política, con la finalidad de promover el interés general y el respeto a las competencias de los órganos de representación del pueblo, que han sido elegidos mediante el voto popular, universal, directo y secreto.

Esta participación debe tener entre sus principales características: "gradualidad, disponibilidad, acceso, calidad, permanencia, diálogo y comunicación —sin limitarse solamente a espacios de socialización e información—, diálogo consciente y responsable, publicidad, efectividad y eficacia, teniendo en cuenta el principio constitucional de pluralismo que implica la coexistencia de diferentes ideas, razas, géneros, orígenes, religiones, instituciones o grupos sociales".

b) *La coordinación y concurrencia entre la nación y las entidades territoriales.* Tanto los municipios como los distritos deben intervenir en ejercicio de sus competencias constitucionales y legales, de manera eficiente y efectiva en los procedimientos de toma de decisiones respecto a las actividades de exploración o de explotación del subsuelo y de los recursos naturales no renovables. Las entidades territoriales deben formular sus posiciones y opiniones a través de los órganos legítimos de representación y tener una influencia apreciable en la toma de decisiones, considerando su cercanía con la vida local en los aspectos fundamentales de la materia ambiental y social, sin que ello perjudique o afecte las competencias del nivel nacional.

c) *La inexistencia de un poder de veto de las entidades territoriales para la exploración y explotación del subsuelo y de recursos naturales no renovables.* Es fundamental tener claro que, conforme a la Constitución Política, el Estado es el propietario del subsuelo y de los recursos naturales no renovables, así como responsable del aprovechamiento de estos, como consecuencia de tener atribuida la dirección general de la economía. Por tanto, la concurrencia de competencias entre la nación y las entidades territoriales sobre el suelo, el ordenamiento territorial, el subsuelo y los recursos naturales no renovables no implica que estas tengan un poder de veto o de prohibición del desarrollo de actividades y operaciones para tales fines en su jurisdicción.

d) *La diferencialidad/gradualidad.* Tanto los mecanismos de participación ciudadana como los instrumentos de coordinación y concurrencia entre la nación y las entidades territoriales deben ser diferenciales, con relación a:

1. La existencia de etapas o fases para la exploración y explotación del subsuelo o de los recursos naturales no renovables.

2. La afectación directa generada a las comunidades asentadas en los municipios, que se diferencia de aquellas comunidades ubicadas en áreas de afectación indirecta.

3. La dimensión y la especificidad de los proyectos, la tecnicidad y complejidad de estos.

4. La magnitud del impacto de los proyectos.

5. La complejidad y el carácter técnico de las decisiones por tomar.

e) *El enfoque territorial.* Dado que el espacio geográfico nacional no es uniforme, hay que tener en consideración las situaciones, características, necesidades y especificidades ambientales, regionales, económicas, culturales y sociales de los territorios y las comunidades, promover su sostenibilidad ambiental, económica y social, y el fortalecimiento de las entidades territoriales.

f) *La legitimidad y la representatividad.* Las autoridades elegidas en las entidades territoriales representan a la ciudadanía, por lo que incluso en el marco de la democracia participativa, la participación ciudadana puede realizarse a través de tales representantes, cuando la complejidad de las decisiones por tomar y de los procedimientos lo establezcan.

g) *La información previa, permanente, transparente, clara y suficiente.* El acceso a la información pública es un derecho fundamental de todas las personas y en el caso de los proyectos de aprovechamiento del subsuelo y de los recursos naturales no renovables, este debe ser garantizado mediante el suministro ordinario y permanente de toda aquella información que vayan generando los promotores y las autoridades nacionales competentes, tanto a las comunidades como a las autoridades locales, durante todas las fases de planificación, elaboración, aprobación, ejecución y terminación de los proyectos.

Es así como el Estado debe establecer un sistema de información público que tenga organizada y completa la información de los proyectos, que se constituya en un instrumento de divulgación y publicidad de las operaciones, y que contribuya a la gobernanza y el fortalecimiento institucional, además de fomentar una mayor transparencia e información para las comunidades y la población general del país.

h) *El desarrollo sostenible.* El desarrollo sostenible tiene la particularidad de ser considerado un derecho fundamental[17] y un principio[18] que, en palabras de la Corte Constitucional, se debe orientar en la triple dimensión de crecimiento económico, bienestar social y protección ambiental, en el entendido de que las actuaciones presentes deben asegurar la posibilidad de aprovechamiento de los recursos en el porvenir[19], como un derecho de los ciudadanos y como un deber del Estado, en el sentido de que este debe propugnar "un desarrollo sin un aumento en el consumo de recursos que supere la capacidad de carga del medio ambiente"[20].

i) *El diálogo, la comunicación y la confianza.* En íntima relación con la publicidad y la transparencia de la información y la gestión pública, surge la apertura a la pluralidad que también constituye un principio del Estado social de derecho, que promueve el intercambio abierto y permanente de información y de libertad de expresión, con el fin de promover la construcción de espacios de participación que fomenten el diálogo y la democracia participativa como principio universal y progresivo.

j) *El respeto, la protección y la garantía de los derechos humanos.* El aprovechamiento del subsuelo y de los recursos naturales no renovables se debe

[17] FERNANDO LÓPEZ RAMÓN, "Derechos fundamentales, subjetivos y colectivos al ambiente", en *Revista Española de Derecho Administrativo*, n.° 96, Madrid, Civitas, 1997, pág. 347.

[18] MARÍA JESÚS MONTORO CHINER, "El Estado ambiental de derecho. Bases constitucionales", en FRANCISCO SOSA WAGNER (coord.), *El derecho administrativo en el umbral del siglo XXI. Homenaje al Profesor Dr. D. Ramón Martín Mateo*, tomo III, Valencia, Tirant lo Blanch, 2000, pág. 3444.

[19] Corte Constitucional, sent. C-035 de 8 de febrero de 2016.

[20] Corte Constitucional, sent. C-671 de 28 de junio de 2001.

realizar con absoluto respeto, protección y garantía de los derechos humanos, por todas las autoridades del Estado, en sus distintos niveles de organización territorial, así como de los contratistas de concesiones de hidrocarburos y minería, quienes deben —en el marco de los postulados constitucionales— cumplir con sus obligaciones en materia de empresas y derechos humanos en general[21].

k) *La buena fe.* Tanto el ejercicio del derecho fundamental a la participación ciudadana, como el empleo de las técnicas de coordinación y concurrencia entre la nación y las entidades territoriales, en el relacionamiento de todas las partes con las entidades y autoridades públicas, las empresas contratistas de concesiones y las comunidades, ya sea directamente o a través de organizaciones sociales, deberá caracterizarse por el diálogo sincero, la comunicación abierta y la buena fe[22].

l) *La coordinación y el fortalecimiento de la capacidad institucional nacional y territorial.* Entre la nación y las entidades territoriales se deben construir, desarrollar y fortalecer los vínculos de respeto y lealtad institucional, para lo que cuentan con las técnicas de coordinación y concurrencia en el ejercicio de sus respectivas competencias, que deben orientarse a promover los derechos humanos y a remover los obstáculos que impidan o dificulten la efectividad de su ejercicio con el propósito de brindar una efectiva protección; así como orientarse hacia un desarrollo sostenible integralmente considerado, velando por el cumplimiento de las obligaciones técnicas, ambientales, sociales, económicas por parte de quienes realizan las actividades y operaciones de exploración y explotación del subsuelo y de los recursos naturales no renovables[23].

m) *La sostenibilidad fiscal.* Los cometidos del Estado social y democrático de derecho se alcanzan progresivamente, en la medida que se cuente con los recursos necesarios para satisfacer todas las demandas y necesidades de la población. Por ello, los ingresos generados por las actividades y operaciones de exploración y explotación del subsuelo y de los recursos naturales no renovables constituyen un instrumento que a través del sistema general de regalías promueve la equidad regional, solidaridad social y la igualdad para la defensa de la competitividad nacional.

[21] Cfr. En el contexto universal, Oficina del Alto Comisionado para los Derechos Humanos, *Principios Rectores sobre las Empresas y los Derechos Humanos*, New York-Ginebra, Organización de las Naciones Unidas, 2011; en el contexto interamericano, la Comisión Interamericana de Derechos Humanos, *Informe de empresas y derechos humanos: estándares interamericanos*, Washington, Organización de Estados Americanos, 2019.

[22] Corte Constitucional, sent. SU-095-18 de 11 de octubre de 2018, pág. 163.

[23] Corte Constitucional, sent. SU-095-18 de 11 de octubre de 2018, pág. 163.

4. La sentencia

La Corte Constitucional concluyó que el Tribunal Administrativo del Meta en la sentencia objeto de la tutela (amparo constitucional) ignoró las disposiciones constitucionales que le atribuyen competencia a la nación y su gobierno sobre el uso y aprovechamiento del subsuelo y los recursos naturales no renovables, por lo que incurrió en un error al admitir la procedencia de la consulta popular que quería realizar la entidad municipal, respecto a la gestión de tales recursos en su circunscripción, que de haber arrojado una respuesta mayoritariamente negativa, debería conllevar la producción de un veto del ente territorial sobre el titular de tales bienes que es el gobierno nacional, el cual en la práctica quedaría sin competencias en esta materia.

Lo dicho se resume en la siguiente expresión: "[...] el carácter unitario del Estado colombiano no constituye un fundamento suficiente para desconocer la capacidad de autogestión que la Constitución Política les otorga a las entidades territoriales. A su turno, la autonomía de las entidades territoriales no puede ser entendida de manera omnímoda, hasta el punto de hacer nugatorias las competencias constitucionales de las autoridades nacionales"[24].

Tal como se señaló anteriormente, la sentencia parte de la premisa de que al momento de su expedición existe un déficit de protección del derecho fundamental a la participación ciudadana, pues los mecanismos existentes no resultan los más idóneos para garantizar el pleno ejercicio de este y de allí que, siguiendo una suerte de aplicación del test que permita corroborar la compatibilidad de los medios de protección de los derechos fundamentales con el bloque de constitucionalidad[25] —entiéndase la Constitución Política y el denominado *corpus iuris* de la convencionalidad—, se pronuncia en el sentido de que cada una de las autoridades públicas e incluso los particulares deban actuar en consecuencia para enmendar tal situación, mediante las adopción de las medidas a las que se refiere el artículo 2 de la Convención Americana sobre Derechos Humanos, es decir, de carácter legislativo y de otro carácter, que sean necesarias para hacer efectivos los derechos fundamentales.

[24] Corte Constitucional, sent. C-145, de 6 de abril de 2015.

[25] El art. 93 de la Const. Pol. establece que "Los tratados y convenios internacionales ratificados por el Congreso, que reconocen los derechos humanos y que prohíben su limitación en los estados de excepción, prevalecen en el orden interno. Los derechos y deberes consagrados en esta Carta, se interpretarán de conformidad con los tratados internacionales sobre derechos humanos ratificados por Colombia".

En tal sentido, la Corte Constitucional en la parte resolutiva de la sentencia se pronuncia en los siguientes términos:

A) *Una medida de otro carácter: recurso judicial efectivo*

Concede la tutela (amparo constitucional) solicitado, luego de revocar tanto la sentencia que resolvió la acción de tutela (amparo constitucional) en segunda instancia como en primera instancia. En tal sentido, declara que se revoca tanto la sentencia de 6 de julio de 2017, de la Sección Quinta de la Sala de lo Contencioso Administrativo del Consejo de Estado, que en segunda instancia declaró la cesación de la actuación impugnada por carencia actual de objeto, como la sentencia de 30 de mayo de 2017, de la Sección Cuarta de la Sala de lo Contencioso Administrativo del Consejo de Estado, que en primera instancia resolvió negar la tutela (amparo constitucional) solicitada.

Considerando lo anterior resuelve dejar sin efectos tanto la sentencia de 7 de marzo de 2017, del Tribunal Administrativo del Meta, que se pronunció sobre la constitucionalidad de la consulta popular, como todas las actuaciones realizadas en cumplimiento o derivadas de esa decisión judicial.

B) *Una medida de carácter legislativo: legislar sobre mecanismos de participación ciudadana*

En respeto al principio de separación de las ramas del poder público, exhorta al Congreso de la República para que a la brevedad posible establezca mediante ley uno o varios mecanismos de participación ciudadana, así como los instrumentos de coordinación y concurrencia entre la nación y las entidades territoriales teniendo en cuenta la especificidad de los proyectos, los aspectos técnicos y su complejidad integralmente considerada, conforme a los términos analizados en el fallo[26], puesto que la ausencia de adopción y aplicación de tales mecanismos tiene potenciales consecuencias perjudiciales en los ámbitos ambientales y sociales de los territorios.

De allí la necesidad de que las comunidades que lo habitan y sus autoridades locales puedan identificar, evitar, prevenir y manejar los riesgos sociales, económicos y ambientales que generan las actividades desarrolladas por industrias de alto impacto como la de hidrocarburos y la de minería e igualmente que ambas deban participar activamente en la elaboración y el estudio de proyectos, la toma de decisiones y el fiel cumplimiento de estas.

[26] La Corte Constitucional, mediante la sent. T-342, de 30 de julio de 2019, ante la mora en la expedición de la regulación de los mecanismos de participación ciudadana, le renovó la exhortación al Congreso.

C) *Las medidas de otro carácter: actuaciones de autoridades administrativas nacionales en las relaciones interadministrativas*

Además, se expiden órdenes a las autoridades administrativas nacionales, que se deberán cumplir de manera precisa, conforme a los términos indicados en la sentencia. Es así como instruye:

1. A la Agencia Nacional de Hidrocarburos, para elaborar y poner en práctica un procedimiento administrativo que permita la coordinación y concurrencia con las entidades territoriales, para la definición y determinación de áreas para la exploración y explotación de hidrocarburos.

2. Al Ministerio de Minas y Energía, a la Agencia Nacional de Hidrocarburos y a la Agencia Nacional de Minería, que mantengan y fortalezcan los programas y proyectos que garanticen el diálogo, la comunicación y la información con las entidades territoriales y sus autoridades locales, orientados a aplicar principios de coordinación, concurrencia e información suficiente.

3. Al Ministerio de Minas y Energía, al Ministerio de Ambiente y Desarrollo Sostenible, a la Autoridad Nacional de Licencias Ambientales, a la Agencia Nacional de Hidrocarburos y a la Agencia Nacional de Minería, a la Unidad de Planeación Minero Energética, al Servicio Geológico Colombiano, para que en las políticas públicas de los sectores de hidrocarburos y de minería, así como en los contratos de concesión, fortalezcan las estrategias y cláusulas contractuales de participación ciudadana, información, coordinación de acciones sociales y de inversiones sociales con las entidades públicas.

D) *Las medidas de otro carácter: actuaciones de autoridades administrativas nacionales en relación con los operadores económicos*

Se ordena al Ministerio de Minas y Energía, al Ministerio de Ambiente y Desarrollo Sostenible, a la Autoridad Nacional de Licencias Ambientales, a la Agencia Nacional de Hidrocarburos y también a la Agencia Nacional de Minería, a la Unidad de Planeación Minero Energética, al Servicio Geológico Colombiano, que exijan a las personas y las empresas que operan en el sector hidrocarburos y minero que respeten los derechos humanos, que realicen acciones de debida diligencia para la gestión de los riegos ambientales y sociales, con ocasión de la gestión de sus actividades y que conformen o amplíen espacios de información con los alcaldes de los municipios donde operan.

E) *Las medidas de otro carácter: actuaciones de autoridades administrativas territoriales*

Se insta a los alcaldes de los municipios, para que en el marco de sus competencias de ordenamiento territorial tengan en cuenta los principios de coordinación y concurrencia con las autoridades nacionales.

5. Reflexiones finales

La sentencia de la Corte Constitucional que se comenta aporta valiosas enseñanzas al desarrollo jurídico normativo e institucional del país y ha sentado un precedente que ha sido ratificado, como se ha apuntado anteriormente, por la misma Corte en la sentencia C-053 de 2019 y asumido por la Sección Cuarta de la Sala de lo Contencioso Administrativo del Consejo de Estado, en la sentencia de tutela (amparo constitucional) de 14 de agosto de 2019; no obstante, cabe destacar que existen algunos temas que aunque quizás pudieron ser desarrollados a lo largo de su extensa motivación, no fueron considerados en esta ocasión por el fallo que ha ocasionado estas reflexiones, pero no se puede descartar la posibilidad de que se analicen en futuros pronunciamientos constitucionales.

Por consiguiente, sucintamente se harán algunas apostillas a la decisión judicial, que podrían contribuir a enriquecer el análisis académico e incluso ser objeto de alguna reflexión de los órganos jurisdiccionales competentes en próximos casos.

A) *El restablecimiento de las garantías del Estado de derecho*

El fallo sitúa los mecanismos de participación ciudadana en su lugar, que, como garantía de protección de los derechos fundamentales en todo el territorio nacional, no pueden excederse de los fines para los que se encuentran establecidos; además, precisa las competencias atribuidas a los distintos órganos que ejercen el poder público en el contexto de un Estado unitario que tiende a la descentralización administrativa y que deben ejecutar las competencias de manera concurrente y coordinada, con estricta sujeción al principio de lealtad institucional.

Se aprecia que la interpretación constitucional contenida en la sentencia introdujo una corrección al despropósito que se venía dando en contravención al Estado de derecho, de que los actos jurídicos nacionales, conocidos como concesiones, permisos y hasta las licencias ambientales, una vez otorgados a un inversionista nacional o extranjero podían ser dejados sin efectos jurídicos —incluso aunque hubiesen adquirido firmeza— mediante el empleo del mecanismo de participación conocido como consulta popular —que en el caso analizado era municipal—, aunque no se hubiese cuestionado su juridicidad institucionalmente, es decir, sin que se hubiese producido su revocación en sede administrativa, con sujeción a los principios del paralelismo de las competencias (la misma autoridad que los expidió o una de equivalente jerarquía nacional) y del paralelismo de los procedimientos administrativos legalmente establecidos (en garantía del derecho al debido procedimiento y a la audiencia), así como de respeto a los derechos adquiridos en el supuesto de que el acto fuese plenamente válido, de la buena fe, la seguridad jurídica y de la confianza legítima, o que se hubiese declarado su anulación en sede jurisdiccional.

B) *El principio de unidad de mercado*

Desde una perspectiva jurídico-económica se podría considerar que el asunto analizado involucraba un tema relacionado con la cláusula de comercio y que ello requeriría una reflexión especial del órgano jurisdiccional; sin embargo, tal planteamiento exigiría un análisis más completo que en esta oportunidad no se va a realizar, en virtud de que el asunto resuelto en la sentencia al escudriñar en la Constitución deja claramente establecido que se trata de un modelo de Estado unitario orientado a la descentralización administrativa y que reconoce cierto grado de autonomía territorial, por contraposición al Estado federal, en el cual, al existir varias jurisdicciones territoriales con competencia legislativa dentro de su ámbito espacial, es más evidente la invocación de la denominada cláusula de comercio.

Pero, lo que sí se puede echar en falta en la misma perspectiva jurídico-económica es la ausencia de reflexión sobre el principio de unidad de mercado[27].

Aunque en las disposiciones constitucionales que configuran el sistema económico nacional no se contempla expresamente este principio, la conformación del Estado unitario y la atribución a este de la dirección general de la economía conducen a reconocer la unidad del orden económico, que se proyecta en la concreción y desarrollo de un mercado único. Es por ello que la libertad de empresa como derecho fundamental sujeto a límites no se encuentra ni puede ser regulada por cada una de las entidades territoriales a su mejor saber y entender, sino por el Congreso mediante leyes nacionales con la finalidad de que estas se apliquen en todo el territorio nacional y se garantice la iniciativa privada, la libertad de circulación de bienes, servicios, capitales y personas en condiciones de igualdad, así como los derechos de los consumidores, evitando la fragmentación territorial del mercado.

Por supuesto, la regulación de la unidad de mercado por el Estado no puede conducir a la negación de las entidades territoriales y de sus competencias, por lo que justamente será necesaria la labor de armonización entre la proclamada unidad del mercado que debe asegurar la nación y las autonomías que legítimamente aspiran ejercer las entidades territoriales, lo que

[27] José Carlos Laguna de Paz, *Derecho administrativo económico*, 2ª ed., Madrid, Civitas-Thomson-Reuters, 2019, págs. 113-115.

lleva a que el Congreso deba precisar los niveles competenciales y grados de intensidad en que se puede producir la intervención de las autoridades nacionales y las autoridades territoriales sobre el mercado único, así como aquellos espacios geográficos o actividades económicas que por sus particulares características, en desarrollo de una política de fomento e inclusión requieran temporalmente una regulación diferenciada del mercado único, para superar las desigualdades y garantizar el efectivo disfrute de los derechos fundamentales.

C) *La sujeción de la sentencia a los principios convencionales*

Para concluir se debe tener en cuenta que, aunque la sentencia no hace referencia expresa a los estándares convencionales que garantizan la protección de los derechos fundamentales de acceso y los otros derechos, en especial considerando lo expresado por la Corte Interamericana de Derechos Humanos en la opinión consultiva de 15 de noviembre de 2017[28], ello no obsta para que se considere que la decisión judicial adoptada cumple con tales criterios, más si se tiene en consideración que el preámbulo de la Convención Americana sobre Derechos Humanos reconoce que la protección internacional convencional es subsidiaria, coadyuvante y complementaria de la que brinda el derecho interno de los Estados.

De allí que deba señalarse que las reglas desarrolladas en la sentencia con la finalidad de asegurar la participación ciudadana en general y en los asuntos ambientales en particular están dirigidas a mejorar o, si se prefiere, a perfeccionar las consultas públicas, como garantía del derecho a la participación de todas las personas, por lo que con fundamento en el principio de igualdad serían aplicables "sin discriminación alguna por motivos de raza, color, sexo, idioma, religión, opiniones políticas o de cualquier otra índole, origen nacional o social, posición económica, nacimiento o cualquier otra condición social"[29].

Esto resulta relevante para entender que las tales reglas rigen cuando se pretendan realizar consultas públicas previas a las personas en general —que no pertenecen a un colectivo específico— o a aquellas que integran los colectivos afrodescendientes, indígenas, raizales o romaníes que habitan en las distintas zonas o regiones del territorio nacional —que por sus características de potencial vulnerabilidad han logrado y disfrutan de una protección reforzada—, debiendo garantizárseles la participación en todas las fases de los proyectos por desarrollar y debiendo obtenerse el consentimiento libre, previo e informado, con sujeción a los estándares convencionales.

[28] Corte Interamericana de Derechos Humanos, *Medio ambiente y derechos humanos*, Opinión Consultiva OC-23/17, de 15 de noviembre de 2017, serie A n.º 23.

[29] Art. 1.1 de la Convención Americana sobre Derechos Humanos.

En la medida que ello se cumpla por todos los órganos que ejercen el poder público, en el ámbito de sus respectivas competencias y de los procedimientos constitucional y legalmente establecidos, tanto la participación ciudadana como la justicia ambiental en su condición de fundamentos de la democracia ambiental, lograrán sus finalidades en el ámbito del Estado nacional y se alcanzará su plena satisfacción y disfrute como derechos de todas las personas.

BIBLIOGRAFÍA

Doctrina

González Perafán, Leonardo: *Impacto de la minería de hecho en Colombia*, Bogotá, Ed. Instituto de Estudios para el Desarrollo y la Paz INDEPAZ, 2012.

Hernández-Mendible, Víctor R.: *El Estado convencional*, Santo Domingo, Librería Jurídica Internacional, 2019.

Laguna de Paz, José Carlos: *Derecho administrativo económico*, 2ª ed., Madrid, Civitas-Thomson-Reuters, 2019.

López Ramón, Fernando: "Derechos fundamentales, subjetivos y colectivos al ambiente", en *Revista Española de Derecho Administrativo*, núm. 96, Madrid, Civitas, 1997.

Montoro Chiner, María Jesús: "El Estado ambiental de derecho. Bases constitucionales", en *El derecho administrativo en el umbral del siglo XXI. Homenaje al Profesor Dr. D. Ramón Martín Mateo*, tomo III (Coord. Francisco Sosa Wagner), Valencia, Tirant lo Blanc, 2000.

Normativa

Constitución Política, de 4 de julio de 1991.

Ley 99, General Ambiental de Colombia, de 22 de diciembre de 1993.

Ley 134, por la cual se dictan normas sobre mecanismos de participación ciudadana, de 31 de mayo de 1994.

Ley 1757, Estatutaria por la cual se dictan disposiciones en materia de promoción y protección del derecho a la participación democrática, de 6 de julio de 2015.

Decreto 330, por el cual se reglamentan las audiencias públicas ambientales y se deroga el Decreto 2762 de 2005, de 8 de febrero de 2007.

Órganos convencionales

Comisión Interamericana de Derechos Humanos: *Informe de Empresas y derechos humanos: Estándares interamericanos*, Organización de Estados Americanos, Washington, 2019.

Corte Interamericana de Derechos Humanos: *Medio Ambiente y Derechos Humanos*, Opinión Consultiva OC-23/17, de 15 de noviembre de 2017, serie A Nº 23.

Oficina del Alto Comisionado para los Derechos Humanos: *Principios Rectores sobre las Empresas y los Derechos Humanos*, Organización de las Naciones Unidas, New York-Ginebra, 2011.

Sentencias

Corte Constitucional, sent. C-671 de 28 de junio de 2001.

Corte Constitucional, sent. C-123, de 5 de marzo de 2014.

Corte Constitucional, sent. T-462A, de 8 de julio de 2014.

Corte Constitucional, sent. C-145, de 6 de abril de 2015.

Corte Constitucional, sent. C-150, de 8 de abril de 2015.

Corte Constitucional, sent. C-035 de 8 de febrero de 2016.

Corte Constitucional, sent. C-389, de 27 de julio de 2016.

Corte Constitucional, sent. C-223, de 20 de julio de 2017.

Corte Constitucional, sent. SU-095, de 11 de octubre de 2018.

Corte Constitucional, sent. C-053, de 13 de febrero de 2019.

Corte Constitucional, sent. T-342, de 30 de julio de 2019.

Consejo de Estado, Sala de lo Contencioso, Sección Cuarta, sentencia de acción de tutela, de 30 de mayo de 2017.

Consejo de Estado, Sala de lo Contencioso, Sección Quinta, sent. de apelación de la acción de tutela, de 6 de julio de 2017.

Consejo de Estado, Sala de lo Contencioso, Sección Cuarta, sent. de acción de tutela, de 14 de agosto de 2019.

Textos internacionales

O.E.A.: *Convención Americana sobre Derechos Humanos*, de 22 de noviembre de 1969.

O.N.U.: *Declaración de Río sobre el Medio Ambiente y el Desarrollo*, de 3 al 14 de junio de 1992.

DERECHO ADMINISTRATIVO DEL AMBIENTE

L'AMBIENTE NEL DIBATTITO GIURIDICO ITALIANO: UNA PROPOSTA FONDATA SULLA PROSPETTIVA DEL DOVERE

Fabrizio Fracchia*
Italia

1. Il problema della definizione giuridica dell'ambiente

L'ambiente è un tema che si presta in modo particolare alla riflessione comparata, proprio perché i relativi problemi sono comuni a tutti gli ordinamenti.

Pare dunque di interesse offrire all'indagine di tanti Colleghi non italiani il punto di vista relativo al sistema giuridico dell'Italia, indicando assai sinteticamente alcune tra le principali tesi fiorite in argomento, per passare poi a esporre una personale chiave ricostruttiva.

Giova preliminarmente distinguere tra qualificazione giuridica e definizione di ambiente.

Il primo aspetto concerne il tipo di semantica elaborata dal diritto nei confronti dell'ambiente; il secondo, invece, ha a che fare con l'identificazione di ciò che il diritto considera come ambiente.

I due aspetti sono ovviamente connessi, posto che il diritto protegge l'ambiente anche in ragione del fatto che esso esibisce alcune caratteristiche.

Pare però opportune distinguere.

Quanto alla definizione, sembra convincente la tesi[1] che, alla luce dell'analisi di alcune fonti giuridiche, quali quella sulle valutazioni ambientali e sul danno ambientale di matrice europea, configura l'ambiente come un sistema complesso che produce servizi ecosistemici; per altro verso, l'ambiente è considerato alla stregua di *commons* con valore di lascito per le generazioni future.

* Profesor en la Universidad Bocconi de Milán (Italia).

[1] M. Cafagno, *Principi e strumenti di tutela dell'ambiente*, Torino, 2007. V. altresì F. Fracchia, M. Cafagno e D. D'Orsogna, *Nozione giuridica di ambiente e visione sistemica,* in *Dir. e processo amministrativo,* 2018, 713 e ss.

Ciò chiarito, va aggiunto (sotto il profilo della qualificazione giuridica) che numerose e rilevanti sono le conseguenze (anche applicative) che discendono dalla individuazione della fisionomia giuridica essenziale della nozione di ambiente.

In primo luogo, alla luce dell'art. 117 della Costituzione italiana[2], che affida in esclusiva la materia della "tutela dell'ambiente e dell'ecosistema" alla potestà legislativa dello Stato, si avverte l'esigenza di operare una esatta delimitazione dell'oggetto, anche al fine di tracciare, a contrario, lo spazio spettante alla potestà legislativa regionale. Analogo ordine di considerazioni può essere svolto in relazione non già alla potestà legislativa, ma alla problematica delle funzioni amministrative ambientali, con particolare riferimento alla precisa definizione dei compiti spettanti ai vari livelli politico-amministrativi cui sono conferite.

Accanto a questa rilevanza —per così dire— orizzontale del problema, in quanto attinente alla delimitazione di ambiti di competenza, va individuata anche una importanza "verticale" dello stesso e, cioè, relativa alla profondità e al tipo di tutela, la quale dipende dalla natura della situazione giuridica riferibile alla persona (nel nostro ordinamento, principalmente diritto soggettivo o interesse legittimo). In ogni caso, a seconda della qualificazione dell'ambiente appunto come diritto o interesse legittimo, cambia in modo assai incisivo lo schema di tutela dell'individuo, mutano le tecniche di protezione, cambia l'area della giurisdizione, si modula la legittimazione ad agire e così via.

L'ambiente, infine, è oggetto di una disciplina giuridica la cui considerazione induce a interrogarsi circa la sussistenza di un insieme di principi e di regole ad essa peculiari; la perimetrazione di questa disciplina non può evidentemente prescindere dalla definizione del suo oggetto.

Strettamente connesso ai profili testé evidenziati vi è infine il motivo della autonomia teorica della scienza che della disciplina ambientale si occupa, ancora una volta dipendente dalla individuazione della nozione di tutela dell'ambiente e dell'ecosistema.

[2] Nella prospettiva *de iure condendo*, va osservato che è in discussione un progetto di legge costituzionale "Tutela costituzionale dell'ambiente", approvato il 9 giugno 2021 dall'Assemblea del Senato in un testo unificato (S. 83 e abbinati) di modifica dell'articolo 9 e dell'articolo 41 della Costituzione. La prima norma si arricchirebbe della prescrizione in forza della quale la Repubblica "tutela l'ambiente, la biodiversità e gli ecosistemi, anche nell'interesse delle future generazioni. La legge dello Stato disciplina i modi e le forme di tutela degli animali". L'art. 41, nella formulazione approvata dal Senato, introduce ulteriori limiti all'iniziativa economica privata, che non può svolgersi in danno alla salute e all'ambiente. Il terzo comma dell'articolo 41, riserva infine alla legge la possibilità di indirizzare e coordinare l'attività economica, pubblica e privata, a fini non solo sociali, ma anche ambientali.

2. Cenni al dibattito teorico e alla elaborazione giurisprudenziale in Italia sulla nozione di ambiente

Un essenziale punto di partenza, da cui non può prescindere chi intenda offrire una definizione giuridica di ambiente in Italia, è costituito dall'analisi condotta da M. S. Giannini[3].

L'adesione a questa tesi porterebbe a troncare sul nascere qualsiasi tentativo di offrire una definizione unitaria di ambiente. Essa, infatti, nega che possa configurarsi una concezione unitaria, ritenendo preferibile fare riferimento ad un insieme di istituti giuridici. Più precisamente, l'A. identifica tre significati di ambiente: "1) l'ambiente a cui fanno riferimento la normativa e il movimento di idee relativi al paesaggio; 2) l'ambiente a cui fanno riferimento la normativa e il movimento di idee relativi alla difesa del suolo, dell'aria, dell'acqua; 3) l'ambiente a cui si fa riferimento negli studi dell'urbanistica". In relazione a ciascuno di questi ambiti, l'A. descrive puntualmente le finalità prevalenti avute di mira dal legislatore e i profili di rilievo giuridico, richiamando rispettivamente l'attività culturale, l'attività sanitaria e quella urbanistica.

Le ragioni di interesse della tesi sono evidenti.

Intanto, come anticipato, essa finisce per negare la possibilità di identificare una materia a sé stante corrispondente all'ambiente.

In secondo luogo, è significativo il periodo storico in cui la tesi —una delle prime affiorate in dottrina— è stata elaborata. Anche i giuristi italiani mostravano di comprendere l'esigenza di fornire una risposta sistematica ai problemi ambientali, che emergevano con forza in quel torno di anni e che il giudice, per primo, si incaricava di affrontare.

In terzo luogo, l'autorevolezza di Giannini e l'indubbio interesse della sua ricostruzione hanno condizionato tutti gli sviluppi successivi della scienza giuridica.

In quarto luogo, va notato che l'A., facendo riferimento a paesaggio, urbanistica e salute (ché a tale ultimo valore si collega la disciplina sugli inquinamenti di cui al secondo "corno" del tridente gianniniano), in fondo tentava anche di trovare un triplice aggancio costituzionale (artt. 9 —sul paesaggio[4]— 32 —attinente alla salute[5]— e 117, norma, quest'ultima, in cui

[3] M. S. Giannini, *"Ambiente": saggio sui suoi diversi aspetti giuridici*, in *Riv. trim. dir. pubbl,* 1973, 15 e ss.

[4] La Repubblica "Tutela il paesaggio e il patrimonio storico e artistico della Nazione".

[5] "La Repubblica tutela la salute come fondamentale diritto dell'individuo e interesse della collettività, e garantisce cure gratuite agli indigenti. Nessuno può essere obbligato a un determinato trattamento sanitario se non per disposizione di legge. La legge non può in nessun caso violare i limiti imposti dal rispetto della persona umana".

si parlava di urbanistica, mentre oggi, dopo la riforma del 2001, la Costituzione italiana disciplina il governo del territorio) per una materia, quella appunto ambientale, che non affiorava espressamente nel tessuto normativo della Costituzione. Il rilievo è di interesse, perché, invece, l'art. 117 Cost. menziona oggi questa materia.

In quinto luogo, anche se in modo implicito, la tesi intrecciava il profilo della estensione dell'ambito materiale (negandone unitarietà) e delle competenze a gestire l'interesse ambientale (spettanti a chi si occupa di paesaggio e urbanistica) e l'aspetto della tutela, quanto meno nel senso che l'art. 32 Cost. poteva essere una norma in grado di giustificare la qualificazione dell'ambiente in termini di diritto soggettivo.

Infine, sempre con riferimento al secondo "corno", quello della difesa del suolo, dell'aria e dell'acqua, GIANNINI esponeva l'idea —molto felice, incisiva e carica di valenze anche etiche— della natura aggredita che reagisce aggredendo l'uomo. In questo si riduce, dunque, l'inquinamento che attenta alla salute dell'uomo; lo spunto è di estremo interesse, perché introduce una dimensione di responsabilità dell'uomo, anche se a nessuno sfugge che il soggetto aggredito potrebbe essere diverso da quello aggressore e che vi sono ipotesi in cui la natura aggredisce una umanità innocente.

L'evoluzione successiva, come anticipato, è stata condizionata in modo significativo da questa elaborazione.

Altri autori hanno incentrato la propria analisi attorno ad uno dei tre corni della tripartizione gianniniana, talora, in realtà, determinando l'accorpamento di due di essi.

Questa ipotesi è stata percorsa in profondità dalla tesi —invero assai più ricca di implicazioni e di significati— di PREDIERI[6]. In questo caso, il baricentro della ricostruzione è costituito dal "paesaggio" di cui all'art. 9, Cost. E' però evidente che, al fine di giustificare l'impiego di questa nozione onde accogliere e dar rilievo giuridico alle problematiche ambientali, l'A. doveva rivisitarne la definizione e ripensarne i caratteri. Infatti, rifiutando la teoria della pietrificazione, PREDIERI estese il contenuto del "paesaggio" ben oltre il nucleo essenziale della conservazione delle bellezze naturali, in forza del richiamo ai concetti di "forma del paese" e di "forma" ed "immagine dell'ambiente", creata dall'azione della comunità umana che vi è insediata. La tutela del paesaggio —plasmato dall'azione della comunità, appunto diventando così forma dell'ambiente— deve tenere in debita considerazione tutti gli interventi dell'uomo sul territorio, assorbendo il profilo della "valenza culturale che si attribuisce al rapporto uomo-ambiente". Questa tesi ha l'indubbio merito di porre in luce una delle componenti essenziali delle

[6] A. PREDIERI, voce *Paesaggio* dell' *Enc. dir.,* XXXI, Milano, 1981, 503 e ss.

problematiche ambientali, che non possono non condizionare qualsivoglia tentativo di offrire una definizione giuridica di ambiente: il rapporto tra uomo e natura, che implica di studiare in particolare il condizionamento reciproco (anche culturale) tra i due poli, imponendo di abbandonare le visioni che guardano alla natura come entità separata dall'uomo, en una prospettiva dialogica.

La tesi, ancora una volta, poteva essere assai utile per risolvere il problema della identificazione del soggetto competente a tutelare l'ambiente (l'art. 9, Cost., già citato, fa riferimento alla Repubblica). Meno evidente risultava invece il profilo della tutela.

Questo aspetto, quasi fatalmente, doveva invece apparire come centrale nell'elaborazione della giurisprudenza, chiamata per prima a risolvere problemi concreti di tutela a fronte delle problematiche ambientali.

Ne è scaturita un'importante spinta verso la costruzione di una nozione unitaria di ambiente —peraltro sostenuta con dovizia di argomentazioni anche in dottrina— prodotta dall'elaborazione giurisprudenziale. E' sufficiente al riguardo richiamare le sentenze nn. 210/1987 e n. 641/1987 della Corte costituzionale, ove si teorizza (in particolare nella pronuncia n. 641, cit.) la esistenza di un "bene immateriale unitario, anche se formato da varie componenti". Ancor più rilevante, ai nostri fini, appare lo sforzo ricostruttivo operato dalla Suprema Corte per configurare un "diritto all'ambiente salubre" (sez. un., n. 6 ottobre 1979, n. 5172, e 9 marzo 1979, n. 1463), diritto soggettivo fondato sull'art. 32 Cost. e azionabile dinanzi al giudice ordinario, costituente la proiezione di una tutela della salute che trascende gli angusti limiti della protezione dell'incolumità fisica per abbracciare anche la dimensione della vita associata dell'uomo nei luoghi di aggregazione.

La qualificazione dell'ambiente come un diritto soggettivo apriva la via alla tecnica di tutela propria di quella situazione giuridica, cui l'ordinamento assicura una protezione piena.

Quest'orientamento era in qualche misura necessario. La giurisprudenza, a fronte delle nuove problematiche ambientali (quelle stesse che, nello stesso periodo storico la dottrina, come visto, cercava di affrontare sotto il profilo sistematico) e delle relative istanze di tutela che meritoriamente tentava di soddisfare in modo adeguato, non poteva non guardare alle situazioni giuridiche meritevoli di protezione catalogate dall'ordinamento: il diritto alla salute, declinato come diritto all'ambiente salubre, offriva un appoggio quasi naturale e molto solido, soprattutto per il giudice ordinario.

Tuttavia, contemporaneamente, anche il giudice amministrativo (al quale in Italia è riservata la tutela dell'interesse legittimo e, cioè, della situazione di cui è titolare il privato a fronte dell'esercizio del potere delle amministrazioni) cominciava a trattare le problematiche ambientali, come al solito "filtrate" attraverso la mediazione di scelte amministrative della cui legittimità quel giudice doveva occuparsi. In quel contesto, il problema essenziale diventava quello della legittimazione ad agire, nel senso che si trattava di verificare chi potesse contestare scelte amministrative in grado di pregiudicare l'ambiente nell'ambito di un processo costruito —ma analoga osservazione può farsi per il processo civile, dove la questione veniva però risolta riconoscendo diritti ai soggetti che pretendevano di vivere in un ambiente salubre— come strumento di tutela di situazioni individuali. Questo assetto del processo rischiava di portare al paradosso che gli interessi pertinenti a tutti (diffusi) non trovassero alcuna protezione perché impossibilitati a entrare nelle aule di giustizia e ciò basterebbe a giudicare in modo positivo lo sforzo condotto dalla giurisprudenza.

In sostanza si assisteva a un doppio scarto, caratterizzato dall'esigenza di rivisitare istituti consolidati, estendendone i confini tradizionali (come, in fondo, aveva fatto, su di un piano del tutto diverso, Predieri): il giudice ordinario (che in Italia tutela i diritti soggettivi) spingeva per un allargamento dei confini del "diritto" alla salute, mentre il giudice amministrativo operava un ampliamento della legittimazione ad agire, tradizionalmente basata sull'esistenza di un interesse legittimo (che è una situazione giuridica personale e differenziata).

3. Considerazioni critiche in ordine alla negazione della sussistenza di una concezione autonoma dell'ambiente

La tesi che nega la possibilità di qualificare in modo unitario l'ambiente non sembra sostenibile.

Intanto, all'epoca in cui essa è stata proposta, mancava un ministero (e, dunque la predisposizione di un centro di imputazione organizzativo degli interessi ambientali: in Italia il ministero dell'ambiente è stato istituito nel 1986), così come ancora non si era verificata la crescita esponenziale della disciplina e faceva difetto un codice specifico, oggi rappresentato dal d.lgs. 152/2006; questi fenomeni sono indici significativi dell'acquisita autonomia dell'interesse e della materia, il che spinge verso l'individuazione di una corrispondente concezione giuridica unitaria.

Per altro verso, come già accennato, l'art. 117, 2° comma, lett. *s*), Cost. affida oggi alla potestà esclusiva dello Stato la "tutela dell'ambiente, dell'ecosistema e dei beni culturali". Tra le altre, sono invece materie di "legislazione concorrente" (in cui lo Stato pone i principi fondamentali e le Regioni le norme di dettaglio) quelle relative a: "tutela della salute"; "governo del territorio"; "porti e aeroporti civili"; "grandi reti di trasporto e di navigazione"; "produzione, trasporto e distribuzione nazionale dell'energia"; "valorizzazione dei beni culturali e ambientali e promozione e organizzazione di attività culturali".

L'espresso riferimento alla materia dell'ambiente rende arduo il tentativo di negarne l'autonomia concettuale e giuridica e di affermare che si tratterebbe di una mera sintesi verbale, da cui deriverebbe la sufficienza —o la necessità— del riferimento ad altri gruppi di istituti e di nozioni (salute, territorio, paesaggio) la cui disciplina, oltre tutto, spetta a una fonte diversa da quella statale esclusiva: rispetto a tali materie, l'ambiente oggi risulta infatti distinto.

Ciò non significa negare l'estrema difficoltà di delimitare i vari ambiti. Un caso paradigmatico è costituito dalle discipline sull'inquinamento elettromagnetico (l. 36/2001) e sull'inquinamento acustico (l. 447/1995), le quali considerano spesso unitariamente i profili della tutela dell'ambiente e della tutela della salute (si disciplinano, ad esempio, i valori limite, il cui superamento appunto segnala un pericolo anche e soprattutto per la salute umana). L'attribuzione dei due ambiti al potere normativo di soggetti diversi, dunque, rende particolarmente urgente l'esigenza di definirne i rispettivi confini, al fine di sciogliere i delicatissimi problemi interpretativi che si profilano all'orizzonte, non ultimo quello del residuo spazio spettante alla legislazione regionale in tema ambientale, negli anni passati quantitativamente imponente.

In ogni caso, a fronte di una precisa indicazione positiva, prima di ammettere che il legislatore costituente abbia impiegato una mera formula di stile, priva di concrete conseguenze giuridiche, sembra di interesse ipotizzare differenti impostazioni ricostruttive, in grado di offrire all'interprete un criterio per operare una plausibile distinzione di campi in ragione della definizione unitaria di ambiente.

Non si può poi tacere che l'approccio più produttivo per trattare dei problemi ambientali è quello sistemico (non a caso si parla di ecosistema), che guarda non alle sue singole componenti, ma alle interrelazioni tra le stessi[7]: esso appare radicalmente in contrasto con le tesi "divisioniste".

4. L'insufficienza del riferimento al diritto soggettivo all'ambiente

Una definizione unitaria è invece quella che fa dell'ambiente salubre il contenuto di un diritto soggettivo.

Volgendoci a questa tesi, tuttavia, emergono altre difficoltà.

[7] F. Fracchia, M. Cafagno e D. D'Orsogna, *Nozione giuridica di ambiente e visione sistemica,* cit.

Pregiudizialmente, e considerando il contesto giuridico italiano, ove il diritto soggettivo si distingue dall'interesse legittimo[8], va ricordato che, se inteso in senso tecnico, il diritto (appunto a differenza dell'interesse legittimo, situazione che esprime la pretesa a che l'amministrazione si comporti correttamente) all'ambiente salubre implica una pretesa assoluta —fondata tra l'altro sull'art. 32 della Costituzione che vale a rafforzare la dignità delle presunta posizione di vantaggio ascrivibile alle persone— a vivere in un ambiente avente talune caratteristiche, appunto di salubrità, favorevoli al titolare del diritto che ne può attivare la tutela anche in sede giurisdizionale. In particolare, secondo alcune decisioni del giudice ordinario, il titolare del diritto vince sempre e comunque, irrigidendo la trama normativa e bloccando qualsiasi iniziativa di sviluppo.

Contro questa opinione è comunque possibile avanzare ulteriori argomenti critici:

• la "sindrome dello *tsunami*": a fronte della natura che ci aggredisce, non possiamo accampare alcun diritto o pretesa, ma restiamo soggetti alla forza della natura e alla causalità del suo operare; l'uomo, cioè, è spesso aggredito dalla natura e dai suoi elementi, e questa posizione mal si presta a essere rappresentata ricorrendo all'idea di un titolare di diritti; il riferimento alle pretese dei soggetti risultano del tutto velleitarie se indirizzate verso un elemento, la natura, che ovviamente sfugge alle regole e alle logiche del diritto (le regole della natura sono leggi "da cui l'uomo dipende"); il rilievo conferma l'importanza dell'intuizione gianniniana che, appunto, ben coglieva uno dei caratteri del rapporto tra uomo e ambiente individuando nel primo l'elemento "aggredito" dall'ambiente;

• "la sindrome della pagina bianca": se il diritto soggettivo fosse la situazione giuridica "dominante" tutelata dall'ordinamento in relazione all'ambiente, le norme che, in tutti gli ordinamenti, si occupano di siffatto settore dovrebbero, in qualche luogo, far "emergere" la relativa tutela; è viceversa impossibile trovare un siffatto diritto come riflesso delle norme ambientali e, quando l'ordinamento —o la giurisprudenza che al medesimo ordinamento conferisce linfa e vitalità— ci offre l'esempio di diritto soggettivo (si pensi al caso dell'inquinamento elettromagnetico), il suo oggetto effettivo è non già l'ambiente, bensì la salute;

• il "paradosso del coccodrillo": se la finalità della disciplina ambientale (riflesso dei caratteri della situazione giuridica riferibile all'uomo) fosse la tutela di un ambiente salubre per l'uomo, coccodrilli, serpi, ragni e tutto ciò

[8] Si è consci del fatto che, in altri ordinamenti, il diritto è —per così dire— un contenitore più ampio, in grado cioè di accogliere una pluralità di situazioni attive riferibili al soggetto privato.

che costituisce un pericolo per la salute dell'uomo dovrebbero essere espunti dal raggio di azione di quella disciplina: così invece non è, e d'altro canto ripugnerebbe anche alla nostra coscienza (e prudenza) non proteggere queste specie; in generale, la tutela dell'ambiente (inteso nel senso di equilibrio ecologico) spesso non coincide con la protezione della sua salubrità riferita all'uomo, come, ad esempio, non è escluso possa accadere nell'ipotesi di difesa delle zone umide;

• la "sindrome della coperta troppo corta": non si dimentichi, almeno nel diritto italiano, la qualificazione —operata dalla giurisprudenza amministrativa— della posizione di chi è titolare di una pretesa a un ambiente non compromesso nei termini di interesse legittimo. Ciò dimostra in modo inequivocabile che la formula del diritto soggettivo, là dove esso indica una pretesa assoluta e specifica, distinta da altre situazioni, non è in grado di dare rilevanza giuridica a tutti i fenomeni ambientali;

• il "paradosso del bastione inespugnabile indifferenziato": il diritto all'ambiente salubre non è altro che la traduzione, sul piano giuridico dell'antropocentrismo; l'uomo dominatore del mondo si trasforma nel titolare solitario di un diritto che vince sempre e comunque: il settore ambientale, tuttavia richiede equilibrio e flessibilità (basti pensare al concetto di ecosistema) e non rigidità e verticalità, senza contare che rimane incerta la soluzione quando il confronto sia non già tra ambiente salubre e altri interessi, ma tra due diverse concezioni di ambiente salubre; a fronte dei problemi ambientali non sembra davvero che si possa immaginare una posizione identica di tutti i soggetti, soprattutto se "sospinta" verso le vette del diritto soggettivo; per altro verso, la gestione di quei problemi dovrebbe avvenire in un contesto che consenta partecipazione e dialogo;

• il "problema dell'albero che cade nella foresta": ci si può chiedere provocatoriamente se l'albero che cade nella foresta produce rumore, anche se non avvertito da orecchie umane. Questa domanda retorica, che evoca l'idealismo dogmatico, racchiude in sé i rischi e i limiti dell'antropocentrismo e pone in evidenza la tensione tra la sua traduzione giuridica (il diritto soggettivo) e le esigenze ambientali, interpretate da molta parte dell'etica in chiave ecocentrica. In sostanza, i fenomeni ambientali rischiano di apparire rilevanti soltanto se importanti per l'uomo, nel senso che i fattori non umani risultano consegnati al mutevole umore del titolare del diritto medesimo: la loro protezione dipende dal fatto che un soggetto titolare del diritto "liberamente" decida di azionare la propria pretesa;

• il "problema del sublime": pur se l'argomentazione che sarà ora sviluppata non è giuridica, non ci si può non domandare se, a fronte del sublime kantiano (la maestosità della montagna, la profondità dell'abisso), davvero ci sentiamo padroni del mondo (questo, come anticipato, è il significato più profondo di un diritto che prevale sempre). Non emergono forse sensazioni diverse, di responsabilità e di rispetto per la natura e i suoi elementi? Le ricostruzioni giuridiche dovrebbero anche preoccuparsi di godere di una certa corrispondenza con il (buon) senso o con le percezioni comuni.

Non è ovviamente mancata la percezione di questi problemi né difettano tentativi di risolverli.

Ad esempio, restando fedeli al paradigma dei diritti (quasi un dogma da cui l'attuale generazione, figlia dell'era dei diritti, non intende mai svincolarsi), al fine di proteggere gli elementi non umani dell'ambiente ci si spinge ad affermare che quegli elementi sarebbero, appunto, titolari di diritti (significative le esperienze in Sudamerica, ove viene riconosciuto, ad esempio, il diritto della *Pachamama* in Ecuador, con il condivisibile ed encomiabile obiettivo di incrementare la tutela). Oppure, onde tutelare le generazioni future, si riconosce in capo alle stesse un diritto, ricercando poi chi possa attualmente attivarlo.

Emerge così l'"ipocrisia del diritto degli animali o delle generazioni future", giacché, prendendo il diritto sul serio (non già utilizzando l'espressione come un'enfatica sintesi verbale, ma facendo riferimento a una situazione protetta in modo pieno dall'ordinamento e che può essere tutelata ricorrendo a un giudice) il problema della centralità dell'uomo si ripropone immediatamente allorché si faccia questione dell'attivazione del diritto. Il riconoscimento di posizioni di vantaggio a favore di "entità" diverse dall'uomo, cioè, rischia di risultare un'operazione (nella migliore delle ipotesi soltanto) formale o declamatoria, considerando che, al momento dell'esercizio del "diritto", riemerge l'esigenza di individuare una persona che quel diritto possa esercitare.

D'altro canto, il diritto è una costruzione culturale dell'uomo, sicché l'uomo ne è il protagonista.

Il punto è che animali e natura esibiscono al più esigenze e bisogni, ma ad essi, salvo operare forzature o accedere a una nozione amplissima o descrittiva di "diritto", non sono riferibili diritti in senso proprio, o regole giuridiche di comportamento. E' sufficiente ricordare —e il dato emerge con nitore addirittura a livello costituzionale— che il nostro ordinamento è ispirato al principio personalista, che appunto posiziona l'uomo, i suoi valori e le sue esigenze al centro del "sistema".

Sulla base di tali elementi, almeno con riferimento contesto istallano, si ritiene impossibile tentare qualsivoglia ricostruzione (anche) della nozione di ambiente senza fare necessariamente riferimento all'uomo e alla sua collocazione centrale nell'ordinamento.

L'antropocentrismo, con buona pace della prospettiva dei diritti della natura, è l'unica chiave di lettura ragionevolmente e seriamente utilizzabile nel settore giuridico, soprattutto con la finalità di proteggere davvero la natura.

Il problema è piuttosto costituito dal fatto che l'antropocentrismo (del diritto oggettivo) coniugato al diritto soggettivo (come situazione giuridica) è assolutamente insoddisfacente: rischia di essere un meccanismo un po' ipocrita, irrigidisce la trama giuridica (il titolare del diritto vince sempre contro chiunque altro) e appare svuotato di capacità di aggredire i problemi reali o uno strumento troppo forte in mano a pochi eletti. Su di un piano più generale, poi, riflette l'idea di un uomo-dominatore che accampa la pretesa di sfruttare la natura e finisce con il dequotare tutto ciò che non è strumentale al benessere del titolare.

5. Uno scarto metodologico e una proposta differente

A questo punto della trattazione, dopo aver evidenziato alcuni profili di insoddisfazione nei confronti delle varie ipotesi ricostruttive fiorite in dottrina, è giunto il momento di impegnarsi per offrire una soluzione diversa al problema della nozione giuridica di ambiente.

In questa prospettiva, pare opportuno operare una (apparente) digressione e uno scarto metodologico volti a delineare gli sviluppi registrabili in altri campi del sapere e della scienza —in particolare in ambito filosofico— in ordine alla percezione della questione ambientale.

Non è, infatti, escluso che, superando i rigidi steccati che lo separano da altre discipline, il giurista possa trarre dalle altre scienze nuovi stimoli e argomenti.

Per altro verso, sarebbe davvero un atteggiamento provinciale e di chiusura immaginare che il giurista possa affrontare i formidabili problemi dell'ambiente, anche definitori, chiudendosi nella torre d'avorio del diritto.

L'analisi sarà ovviamente limitata ad alcuni tratti generalissimi, onde evitare di superare i limiti del presente lavoro.

Il punto di avvio di questa riflessione può essere sintetizzato osservando come l'uomo stia rimeditando il proprio ruolo anche in relazione al rapporto che lo lega all'ambiente.

La maturazione di questa svolta costituisce il momento di approdo di una vicenda complessa e affascinante, i cui passaggi fondamentali saranno ora ricordati, sottolineando che il punto focale dell'indagine è costituito dalla ricerca delle ragioni di quella svolta, onde verificare se da essa possano trarsi spunti utili anche per l'analisi giuridica.

Un atteggiamento in senso lato antiecologico, o, comunque, marcatamente antropocentrico, più risalente nel tempo, è indubbiamente rintracciabile nella storia del pensiero.

Le sue ragioni sono molteplici. Non è ad esempio del tutto priva di rilievo la concezione dell'uomo che parte della cultura ha ritenuto di poter trarre dalla Bibbia: l'uomo risulta raffigurato al centro di un universo posto al suo servizio. Secondo questa lettura della Bibbia (dove però non mancano indicazioni diverse: basti pensare all'episodio del Diluvio Universale e al ruolo giocato da Noè; per venire all'attualità, una significativa e moderna attenzione ai problemi ambientali si ricava dall'Enciclica Laudato si'), la natura, dunque, non risulterebbe attributaria di "diritti", ma viene considerata come sottomessa all'uomo-creatore-proiezione e immagine di Dio. Vanno poi menzionate l'acquisita consapevolezza dell'uomo moderno di poter manipolare la natura (basti citare la posizione di Bacone, secondo cui la conoscenza della natura comporterebbe la sua sottoposizione al dominio dell'uomo) e il condizionamento che, sul rafforzamento dell'antropocentrismo, ha prodotto la prospettiva di un costante progresso del mondo indirizzato dalla scienza che guida alla conquista della natura.

La situazione, come si diceva, è oggi radicalmente mutata, dovendosi registrare un deciso riallineamento della tematica ambientale in posizione centrale in seno all'etica[9].

Le preoccupazioni, molto nette a partire dagli anni Sessanta, aventi ad oggetto il futuro della Terra, alimentate dalla percezione dei rischi implicati da uno sviluppo tecnologico difficilmente controllabile, hanno ad esempio concorso a determinare un rinnovato interesse per il tema.

Il punto focale risulta nettamente spostato dall'uomo alla natura. Un'etica abituata a considerare rapporti intersoggettivi, più in particolare, ha dovuto allargare il proprio raggio di azione fino ad abbracciare anche la voce flebile dell'altro, non necessariamente senziente. E' significativo che l'ambiente abbia costituito l'oggetto di un movimento —*environmental philosophy*— molto rilevante e abbastanza recente; la svolta, consumata in occasione della pubblicazione di alcuni importanti lavori, si è poi sviluppata lungo percorsi molto diversi tra di loro, i quali, nel loro complesso, restituiscono l'immagine di un'etica che si è sufficientemente attrezzata per affrontare, almeno dal punto di vista generale (altra questione, come detto, è la soluzione di problemi pratico-empirici) le tematiche ambientali.

Il quadro complessivo vede svilupparsi, accanto alla *Deep Echology* (più estremista e, forse, anche per questo, fonte di reazioni negative nel panorama politico e culturale), anche la *Shallow Ecology*, movimento che ritiene sufficiente, ai fini dell'adeguata protezione dell'ambiente, un "assestamento" delle teorie tradizionali. Alcune posizioni si sono ispirate al modello dell'utilitarismo e alla teoria dei diritti, rivisitati e adattati in modo

[9] V. in generale, M. TALLACCHINI, *Diritto per la natura*, Torino, 1996.

molto incisivo in guisa da collocare anche le entità non umane, prive di voce, nel cono di luce dell'etica. L'utilitarismo, in particolare, aveva già sperimentato il tema della rilevanza degli animali in quanto capaci di soffrire (misurando l'utilità non soltanto in ragione del parametro della felicità, delle preferenze o delle soddisfazioni umane).

Il centro del problema, in ogni caso, attiene all'individuazione di un vincolo sui comportamenti umani a favore della natura[10].

Un'indicazione molto interessante è quella secondo cui, in relazione all'ambiente, anche inteso come sommatoria di elementi su cui l'uomo può esercitare la propria signoria, si può imporre all'uomo medesimo l'assunzione di una prospettiva di responsabilità[11].

A tale vicenda non sono probabilmente estranei i movimenti di idee (la cui origine è da rintracciarsi in linee di pensiero anche molto diverse tra di loro: si pensi a Compte, a Durkeim, alla psicoanalisi) che, affrancandosi dalla pretesa di identificare, in una prospettiva "normativa", il contenuto di valori assoluti oggettivamente dimostrabili (ciò che è giusto o ingiusto, ciò che è morale o immorale e così via) e comunque trascendenti, ritengono preferibile porre l'accento e indirizzare la propria indagine sui percorsi argomentativi necessari per giungere alla individuazione dei caratteri della moralità. Tra le varie modalità impiegate a questi fini vengono in rilievo quelle che si collegano alla progressiva valorizzazione dell'attenzione verso elementi che aprono alla considerazione degli altri.

Il riferimento all'ermeneutica non più aggettivato, ma diventa cifra essenziale di tutte le esperienze; esso ha portato cioè a valorizzare il dialogo e a guardare al risvolto etico della dialogicità.

Onde meglio comprendere questo passaggio, va ricordato che un analogo atteggiamento —valorizzare la relazione tra il soggetto e l'altro "polo", che non esiste nella sua oggettività, ma che dipende dal rapporto con il soggetto— è stato applicato anche in alti campi, ad esempio in quelli della scienza e della conoscenza, rifiutando l'idea della verità come dato oggettivo che può essere scoperto in modo neutro e totalmente distaccato, affermando invece che l'oggetto è modificato dall'osservatore.

Sul piano morale, l'"etica del rispetto dell'altro" individua il canone della moralità dell'azione nell'attenzione all'altro e alle sue esigenze.

"Altro" può essere anche l'ambiente: l'osservazione, fondamentale ai nostri fini, consente un ulteriore allargamento dell'orizzonte concettuale di riferimento e permette di focalizzare il nesso tra moralità e rispetto

[10] H. Jonas, *Il principio responsabilità. Un'etica per la civiltà tecnologica*, Torino, 2009.

[11] H. Rolston, *Environmental Ethics: Duties to and Values in the Natural World*, 1988.

della natura che ci circonda. In altri termini, al fine di cogliere il nucleo dei doveri dell'uomo, la prospettiva si è progressivamente dilatata in forza dell'accostamento, ai doveri verso altri individui o verso la società, di quelli verso l'ambiente.

Questa evoluzione ha condotto alla dimostrazione della rilevanza morale degli elementi della natura non umani, in primo luogo del mondo senziente (si pensi alla dignità etica dell'animalità) e poi pure di quello non senziente.

L'etica, parrebbe potersi dire evocando Lévinas (secondo il quale il volto dell'altro mi "riguarda", mi impegna, ed è traccia di infinito), viene prima dell'ontologia; l'infinito prevale sulla totalità: in fondo, anche l'ambiente rinvia a qualcosa di più profondo della totalità, innervandosi di componenti valoriali e di motivi religiosi che ci interrogano sulle più profonde questioni esistenziali.

Più in generale, l'evoluzione sopra citata ha imposto di affrancarsi dalla qualificazione della natura e dell'ambiente come "cose" su cui meramente esercitare la signoria dell'uomo e di utilizzare un approccio relazionale e dialettico valorizzato dal riferimento al canone della doverosità, particolarmente rilevante in un settore in cui l'uomo costituisce spesso l'"aggressore" e, in quanto tale, deve assumersi le relative responsabilità.

Ciò che qui interessa sottolineare, in sintesi, è che il risultato della rivalutazione dell'ambiente è stato in generale raggiunto a conclusione di un processo di progressivo allargamento del dovere morale dell'uomo[12], che risulta dilatato in forza dell'accostamento, ai doveri verso altri individui o verso la società, di quelli verso l'ambiente, anche in ragione dell'incremento dei poteri che la tecnica consegna all'uomo, il quale propone di spostare il baricentro dell'etica dal polo della giustizia a quello della responsabilità, dando evidenza ai rapporti asimmetrici verso l'altro e verso la natura.

6. L'allargamento del dovere morale: la prospettiva giuridica. Dall'antropocentrismo del diritto all'antropocentrismo del dovere

L'indicazione in forza della quale la questione ambientale ha riacquistato una posizione centrale in seno al dibattito filosofico a seguito dell'abbattimento progressivo di una serie di barriere all'ampliamento del dovere etico, pare preziosa anche per il giurista: essa mostra come l'ambiente possa essere configurato come oggetto di un dovere.

[12] A. Leopold, *A Sand County Almanac,* 1990, P. Singer, *The Expanding Circle. Ethics and Sociobiology,* Oxford – Melbourne, 1983.

Ci si deve dunque chiedere se analoga operazione sia possibile, o sia stata tentata, nel campo giuridico, tenendo conto che la categoria più affine al dovere morale è evidentemente costituita dal dovere giuridico.

L'argomento non è restato del tutto sfocato nella letteratura giuridica italiana[13], ancorché esso sia forse rimasto consegnato ad intuizioni isolate.

E' maturato il tempo di trarre tutte le implicazioni ricostruttive insite nella novità concettuale portata dal riferimento a un dovere che trascende l'angusto orizzonte della trama delle relazioni che coinvolgono soltanto i soggetti, prendendo avvio dall'art. 2 Cost., ai sensi del quale "la Repubblica richiede l'adempimento dei doveri inderogabili di solidarietà" (e, sempre in una prospettiva comparata, molte altre sono le Costituzioni che, alla stessa stregua, enfatizzano i doveri).

Il dovere di solidarietà, potendo essere riferito anche all'ambiente, è in grado di giustificare il fondamento, in capo a tutti i soggetti dell'ordinamento, del relativo dovere di protezione e, dunque, di confortare la prospettiva di una rilevanza giuridica unitaria della tutela dell'ambiente e dell'ecosistema così perseguita.

In sostanza, si deve passare dall'antropocentrismo del diritto all'antropocentrismo del dovere.

Configurati in questi termini l'ambiente e la sua rilevanza giuridica, vengono agevolmente superati i problemi sopra prospettati in occasione della critica alla tesi del diritto all'ambiente salubre.

• "*Tsunami*": nel caso dei disastri ambientali l'uomo non è "padrone" della natura, ma si trova in una situazione di soggezione (responsabilità e solidarietà —prima, durante e dopo i disastri— sono, non a caso, le dimensioni più adatte a descriverne la posizione); il dovere è l'unica situazione (in ciò differenziandosi dal diritto, "bolla" intransigente di immunità) che può "plasmarsi" sulla natura, la quale segue sue regole che l'uomo può condizionare solo in parte e con cui deve invece convivere in una dimensione di responsabilità;

[13] G. Morbidelli, *Il regime amministrativo speciale dell'ambiente*, in *Scritti in onore di Alberto Predieri*, vol. II, Milano, 1996, 1121 e ss., T. Martines, *L'ambiente come oggetto di diritti e di doveri,* in V. Pepe, *Politica e legislazione ambientale,* Napoli, 1996, 23 e ss. e S. Grassi, *Introduzione,* in Id. – M. Cecchetti – A. Andronio, *Ambiente e diritto*, Firenze, 1999, 21 e ss. V. poi F. Fracchia, *Sulla configurazione giuridica unitaria dell'ambiente: art. 2 Cost. e doveri di solidarietà ambientale*, in *Il Diritto dell'Economia* 2002, 215 e ss.; Id., *The Legal Definition of Environment: From Rights to Duties*, in *Icfai Journal of Environmental Law*, 2006, 17 sgg.; Id., *Lo sviluppo sostenibile: la voce flebile dell'altro tra protezione dell'ambiente e tutela della specie umana*, Napoli, 2010; Id., *Introduzione allo studio del diritto dell'ambiente,* Napoli, 2013 (la cui analisi è stata qui ampiamente ripresa, con alcune integrazioni).

• "coccodrillo": si giustifica la protezione di coccodrilli e serpenti, nonché ("coperta troppo corta") la presenza di interessi diffusi. A fronte del dovere, situazione che può impegnare l'uomo anche verso chi non sia una persona e senza necessità che si instauri un vero rapporto giuridico, infatti, ben possono sussistere molteplici categorie di posizioni attive: va rigettata, dunque, l'idea secondo cui il dovere sarebbe l'altra faccia di un diritto; quest'ultimo, infatti, si contrappone a una peculiare tipologia di doveri e, cioè, agli obblighi;

• "pagina bianca": la disciplina positiva è letteralmente "invasa" da prescrizioni che impongono doveri, limiti, sanzioni (che sono la conseguenza della violazione del dovere), controlli e così via;

• "bastione inespugnabile": si spiega la differenziazione della posizione di responsabilità riferibile ai vari soggetti (si pensi al tema degli oneri, non uniformi, di smaltimento delle varie categorie di rifiuti), si rifiuta l'irrigidimento del diritto soggettivo e si offre una lettura che corrisponde al sentimento che l'uomo nutre nei confronti della natura ("sublime").

Un'ulteriore conferma della validità della prospettiva qui delineata si ricava analizzando la soluzione che, onde raffigurare la tutela giuridica dell'ambiente e il ruolo dell'uomo, fa riferimento alla categoria dei diritti di "quarta generazione", nel tentativo di sottolinearne il carattere intergenerazionale o la dimensione collettiva (titolari sarebbero i popoli e non gli individui) mantenendo, però, la qualifica di diritti. Senza contare l'estrema difficoltà di configurare diritti senza titolari legittimati ad attivarli (ovvero della inutilità di proclamare diritti destinati a restare privi di protezione), non è senza significato che venga di solito chiarito che ulteriore specificità di queste situazioni giuridiche sarebbe rappresentata dalla loro finalità di promuovere la responsabilità e la solidarietà, nella prospettiva della sopravvivenza dell'uomo. Pare evidente che, in tal modo, non si fa che confermare la circostanza che non si tratta affatto di diritti imputabili alla specie umana, ma di doveri cui sono assoggettate le persone che concretamente e attualmente solcano il palcoscenico della storia.

In ogni caso, l'approccio del dovere, sembra quello che —senza astrazioni e senza ipocrisie— meglio consente di proteggere concretamente la natura "qui e oggi" dal punto di vista del diritto: essa è tutelata come riflesso di specifici, concreti e vincolanti doveri di solidarietà e di protezione da parte degli esseri umani che attualmente operano sul palcoscenico della storia.

L'accenno impone di precisare che le tesi qui (anche provocatoriamente) espresse hanno come finalità ultima quella di incrementare la tutela dell'ambiente e non già di indebolirne la protezione.

Significativo è comunque il fatto che anche la già citata (*supra,* par. 1) proposta riforma costituzionale, pur con l'obiettivo di rafforzare la tutela dell'ambiente, non faccia alcun riferimento ai diritti.

7. Il fondamento e l'estensione del diritto ambientale; l'interpositio legislatoris

In Italia, il referente giuridico prioritario —l'aggancio costituzionale— in tema di doverosità è costituito dal sopra citato art. 2 Cost., che menziona i doveri inderogabili di solidarietà.

Questa norma risulta elevata al rango di disposizione che consente di fondare una concezione giuridica unitaria di ambiente ed ecosistema, permettendo di individuare i caratteri specifici della normativa che ad essi è riferibile. Il diritto (oggettivo) ambientale è quello che disciplina i comportamenti che si collegano al dovere inderogabile di solidarietà; la relativa scienza giuridica, di conseguenza, è quella che si occupa di tale diritto.

La tesi qui proposta, dunque, riesce a unire i due aspetti, quello orizzontale, di definizione di ambiti di competenza, e quello verticale, relativa al tipo di tutela: la protezione dell'ambiente, infatti, è legata ai comportamenti giuridicamente doverosi, che, secondo meccanismi differenti (che vanno dalle sanzioni al danno ambientale), l'ordinamento presidia, imponendone l'adempimento.

Il nesso tra solidarietà ed ambiente è significativamente confermato dalla Carta europea dei diritti fondamentali, adottata a Nizza nel 2000, che, pur nel quadro di una disciplina che pretende di operare un elenco di "diritti", inserisce l'art. 37, relativo appunto alla "tutela dell'ambiente e il miglioramento della sua qualità", nel Capo IV intitolato alla "solidarietà".

Né l'art. 2 Cost. né altre norme della Costituzione, invero, parlano di ambiente come dovere. Il problema da affrontare è allora quello del carattere aperto o chiuso della clausola di cui all'art. 2 Cost., dovendosi verificare se, accedendo ad una interpretazione evolutiva, esso possa essere riferito anche a doveri diversi da quelli espressamente menzionati in Costituzione (si pensi a quello di pagare le imposte). La questione sembra suscettibile di essere risolta in senso positivo, almeno configurando l'art. 2 Cost. come una norma di apertura verso i valori che progressivamente emergono dalla società. Il criterio che deve illuminare l'interprete impegnato ad effettuare questa apertura, infatti, non può che essere costituito dalla convalidabilità del valore sussunto sotto l'usbergo dell'art. 2 Cost. in ragione di un criterio di universalità. Per altro verso, l'allargamento del catalogo dei doveri è sicuramente un'operazione più agevole nei casi in cui il valore cui essi si correlano già affiori in modo significativo sul piano della disciplina positiva. E' precisamente ciò che accade in relazione all'ambiente, valore ormai universalmente riconosciuto. La circostanza che la sua protezione e il suo equilibrio siano elevati al rango di valori comuni è poi confermata dalla rilevanza quantitativa e qualitativa della normativa, anche di origine europea, che appunto si volge alla sua protezione.

La disciplina dei comportamenti doverosi è compito della legge.

Già si è accennato al fatto che esistono "forme differenziate" di adempimento del dovere inderogabile, nel senso che il dovere medesimo esibisce una fisionomia variabile in ragione dei caratteri, delle peculiarità e delle responsabilità dei soggetti implicati.

Occorre domandarsi se sia possibile invocare l'art. 2 Cost. per ricavare immediatamente l'applicabilità di doveri in capo ai soggetti dell'ordinamento, potendosi obbiettare che l'imposizione di comportamenti doverosi ai privati richieda l'*interpositio legislatoris*. L'obiezione pare senz'altro meritevole di adesione atteso che, a livello costituzionale, e in forza del principio della riserva di legge, è evidente la necessità di una specificazione legislativa dei doveri di cui la Repubblica richiede l'adempimento ai privati. In assenza di norma specifica, non si può dunque configurare una generale funzionalizzazione dei comportamenti umani —che rischia soprattutto di incidere sulla libertà di iniziativa economica— in vista della tutela dell'ambiente.

Discorso differente potrebbe essere condotto in relazione all'attività amministrativa, atteso che il dovere di solidarietà ambientale pare costituire un criterio generale di azione, direttamente ricavabile dall'art. 2 Cost. (ma oggi ribadito dal legislatore) e vincolante in sede di adozione di scelte amministrative che possano incidere sull'ambiente (si pensi alla pianificazione). In sostanza trova qui applicazione il principio della "integrazione" delle esigenze ambientali con le scelte (in questo caso amministrative), espresso, con riferimento alle politiche dell'Unione europea.

In ogni caso, una sommaria considerazione della disciplina ambientale conferma che essa si compone di doveri. Basti pensare alla frequente introduzione di standard e divieti, alla pluralità di provvedimenti limitativi, alla pervasività della disciplina sanzionatoria, nonché alla figura del danno ambientale, che potrebbe essere ricostruita come illecito conseguente alla violazione di un dovere, superando agevolmente la necessità di individuare un diritto soggettivo all'ambiente, la cui lesione integrerebbe appunto l'illecito, e, soprattutto, il titolare di un tale diritto.

Si è fatto più sopra fugacemente cenno al fatto che la difficoltà di percepire l'ambiente come un dovere dipende anche dal fatto che siamo figli dell'era dei diritti e poco abituati a riflettere su situazioni diverse.

Al riguardo occorre essere consapevoli del fatto che il passaggio al paradigma dei doveri può sembrare un arretramento di tutela là dove il tessuto giuridico e istituzionale non sia ancora formato e non sia stata guadagnata la protezione dei diritti, situazioni che costituiscono —anche storicamente— il primo livello cui fare naturalmente riferimento per ottenere un cambiamento radicale nelle società e una difesa effettiva della posizione dei cittadini, anche in ragione della presenza di molte Corti (quanto meno più attrezzate o abituata a fornire protezione) dei diritti.

Non è dunque senza significato —e non è da censurare, ancorché teoricamente sbagliata— l'insistenza, cui già si è fatto un fugace cenno, sul concetto di diritto da parte degli ordinamenti giuridici di molti Paesi.

8. I PRINCIPI E LA FINALITÀ ULTIMA DELLA DISCIPLINA

La tesi qui sostenuta induce a considerare un ulteriore tema, quello dei principi della materia, che qui interessa sotto un duplice profilo: da un lato, perché da esso pare potersi ricavare la conferma più evidente della bontà dell'opinione dell'ambiente come dovere; dall'altro, perché la sua analisi consentirà anche di chiarire la questione della finalità ultima della disciplina.

Tali principi (chi inquina paga, riduzione del danno alla fonte, precauzione, prevenzione) sono traduzioni di doveri e non già di diritti: chi inquina "deve" pagare, il danno "deve" essere ridotto alla fonte, "è necessario" assumere un atteggiamento precauzionale a fronte dell'incertezza, si "deve" agire in via preventiva.

L'impossibilità di declinarli in termini di diritti è la conferma, che si intendeva individuare, della necessità di abbandonare il paradigma dei diritti per abbracciare quello dei doveri.

In modo ancor più significativo, deve essere sottolineato che quei principi non sono altro che un riflesso e un'applicazione del principio "fondante" del diritto ambientale, quello, cioè, dello sviluppo sostenibile.

Esso è stato definito nel Report *Our Common Future*, elaborato dalla c.d. Commissione *Brundtland* (dal nome del primo ministro Norvegese che ne era presidente) istituita nel 1984 dalle Nazioni unite e che terminò i suoi lavori nel 1987: "development which meets the needs of the present generation without compromising the ability of the future generations to meet theirs".

Il principio, ancora una volta, non può essere giuridicamente tradotto in termini di diritti riferibili alle persone attualmente viventi, in quanto esprime una prospettiva di doverosità, fissando le responsabilità della generazione presente verso le generazioni future onde consentire lo sviluppo della persona umana anche nella sua proiezione temporale (in questo senso il principio è evocato dal citato progetto di legge costituzionale "Tutela costituzionale dell'ambiente", S. 83 e abbinati: par. 1).

Se rimane salda la matrice di doverosità, si scopre però un elemento decisivo: la finalità ultima della disciplina ambientale non è affatto la protezione della natura in sé considerata, quanto la tutela della possibilità dell'uomo di sopravvivere.

Questo atteggiamento, ancora una volta antropocentrico, in grado di ribaltare la conclusione che fin qui appariva piana (la disciplina dell'ambiente finalizzata, appunto, a proteggere l'ambiente) può stupire e scandalizzare. Tuttavia, ipotizzando un esperimento mentale, possiamo noi immaginare che l'uomo accetterebbe di tutelare le specie non umane a scapito della sopravvivenza della propria specie?

Certamente, l'uomo ben è conscio del fatto che, per assicurare la sopravvivenza della propria specie deve tutelare l'ambiente e l'ecosistema, ma la cifra del diritto dell'ambiente è individuabile nella prospettiva della doverosità e della solidarietà che soltanto in via mediata hanno come oggetto la natura in quanto tale, mentre il vero obiettivo è la sopravvivenza della specie umana.

9. Considerazioni conclusive: tre paradossi

Le argomentazioni qui svolte pongono l'accento, in sintesi, su tre paradossi, o, comunque, approdano a tre conclusioni assai provocatorie.

L'ambiente non è un diritto, ma un dovere; questo il primo paradosso.

Ciò non esclude, deve essere chiarito senza incertezze, che siano concepibili altri "titoli giuridici" in forza dei quali proteggere elementi della natura (ma non l'equilibrio ambientale nel suo complesso), come ad esempio accade in caso di maltrattamento degli animali: quanto si vuole invece sostenere è che la disciplina ambientale, che costituisce l'orizzonte di fondo e minimo della tutela, ha come finalità quella di garantire le condizioni affinché le generazioni future possano sopravvivere.

L'approccio incentrato sul dovere è confermato, appunto, dalla corretta lettura del principio di sostenibilità ambientale.

Ove si voglia essere rigorosi e coerenti, si dovrà ammettere (ecco il secondo paradosso, già menzionato) che la vera finalità della disciplina non è la protezione dell'ambiente, ma la tutela della specie umana.

Si profila, dunque, un diritto oggettivo venato da egoismo, che va riconosciuto come tale per meglio proteggere la natura, ma non solo. I comportamenti doverosi riconducibili alla materia ambientale, infatti, proteggono soprattutto elementi e componenti che, in quanto carenti di soggettività e di volontà, non sono in grado di attivarsi autonomamente per rivendicare una tutela. Non è un caso che, in campo ambientale, il dovere di solidarietà attenga all'idea di "prendersi cura di un altro", in particolare quando questo sia minacciato. Ove si consideri che "altro" rispetto al soggetto cui si riferisce il comportamento è soprattutto chi o cosa non è in grado di difendersi autonomamente o attraverso strumenti prefigurati dall'ordinamento a fini differenti, si deve concludere che l'insieme di "elementi" così individuabili non si esaurisca nella sola natura e nel suo equilibrio. L'allargamento del dovere morale e giuridico dei soggetti va dunque indirizzato anche verso le popolazioni future, la cui considerazione sempre più spesso emerge trattando dei problemi ambientali. Non solo: è logicamente insostenibile che ci si debba prendere cura di chi ancora non esiste e non vive e non già di chi "qui" e "ora" già soffre: il passaggio dai doveri "intergenerazionali" a quelli "intragenerazionali" è dunque quasi immediato e trova tangibile conferma nel dibattito culturale e politico che, ad esempio, accosta tutela dell'ambiente e rivendicazioni dei popoli storicamente sfruttati.

E veniamo al terzo paradosso: siamo sicuri che ciò di cui abbiamo sinora parlato sia "esclusivamente" la tutela dell'ambiente?

La sostenibilità può essere collegata a una serie di settori in cui l'ambiente e le sue esigenze non emergano in modo diretto.

Questa opzione riceve alimento dalla tendenza ad ampliare il concetto di sviluppo sostenibile: dalle tre "e" (*equity, economy, environment*) si sta passando alle quattro "e" (in ragione dell'aggiunta dell'*education*[14]); una conferma della tendenza cui si è fatto cenno si ritrova pure nella Convenzione Unesco sulla protezione e la promozione della diversità delle espressioni culturali (ratificata in Italia con l. 19 febbraio 2007 n.19), la quale dispone che "la protezione, la promozione e la conservazione della diversità culturale sono una condizione essenziale per uno sviluppo sostenibile a beneficio delle generazioni presenti e future".

Si aggiunga la possibilità di includere nell'area della sostenibilità il tema del pareggio dei bilanci e dei conti pubblici, nonché quelli della bioetica o dell'istruzione; molte analisi, poi, utilizzano il principio per dare nuovo assetto ai rapporti Nord-Sud del mondo.

Si assiste, cioè, al passaggio dal concetto di sviluppo sostenibile al paradigma dei doveri verso le generazioni future, pur sempre in un quadro di responsabilità e di solidarietà che conferma quanto sia illusoria l'idea del diritto soggettivo.

D'altro canto, quando si pensa alle crisi economico-finanziarie, ai problemi dell'immigrazione o alla questione dei conti pubblici, si rinvengono molti caratteri tipici dei problemi ambientali: incertezza della tecnica, carattere diffuso del danno, pluralità di aggressori e di vittime, globalità, asimmetrie informative, intreccio con l'etica, difficoltà di individuare i centri decisionali più appropriati, e così via.

La protezione dell'ambiente, dunque, è in realtà solo la punta dell'iceberg di un fascio assai più ricco e complesso di problemi, quelli più rilevanti della modernità.

[14] *Declaration on Education and Research for Sustainable and Responsible Development* siglata a Torino in data 19 maggio 2009 a conclusione del c.d. G 8 University Summit.

Gli studi condotti sul diritto dell'ambiente, con la loro solida tradizione e con la capacità di analizzare principi (applicabili, con pochi adattamenti, a quel fascio di problemi) come chi inquina paga, precauzione, prevenzione (senza trascurare il rispetto delle libertà personali), potrebbero rivelarsi molto utili per affrontare anche giuridicamente i grandi problemi della società attuale e della globalizzazione, almeno di quelli che intercettino le responsabilità intergenerazionali, vero terreno di confronto per chi intende misurarsi con la questione della giustizia.

EL LOBO: PERCEPCIÓN SOCIAL Y RÉGIMEN JURÍDICO

FERNANDO LÓPEZ RAMÓN*
España

1. SOBRE LA HISTORIA CULTURAL DEL ANIMAL

Voy a tomar como punto de partida el estudio de PASTOUREAU sobre la evolución de la percepción social del lobo en Europa[1]. No es la única fuente accesible, pues el *Canis lupus* ha atraído la atención de numerosos estudiosos[2]. Sin embargo, me parece que el autor citado adopta interesantes y claros planteamientos que conviene considerar.

Conforme a las informaciones del volumen, en las mitologías antiguas el animal figura como atributo de diversos dioses, instrumento de castigos y venganzas, y también medio de tutela de poblaciones e individuos. No pierde nunca su característica ferocidad, que se acentúa en el ámbito nórdico revistiendo a temibles guerreros con su piel. El temor que inspira se combina con la admiración de sus cualidades, que pueden incluso proporcionar notables utilidades. Así, los lobos cuidan de Leto, la amante de Zeus, y de sus hijos frente a la cólera y los celos de Hera; en la simbología romana, la loba capitolina que amamantó a Rómulo y Remo pasa a ser la protectora de la ciudad.

Según se explica en la obra, es en la Alta Edad Media cuando se produce el cambio radical en la imagen del lobo, que se ofrece ya como animal maligno, voraz, rapaz, espantoso y temible. Entre las explicaciones del fenómeno, el autor cita la presencia de lobos más feroces procedentes del norte

* Catedrático en la Universidad de Zaragoza (España).

[1] M. PASTOUREAU, *Le loup. Une histoire culturelle*, Paris, Seuil, 2018. El autor es un prestigioso historiador, emérito de la *École Pratique des Hautes Études*, especializado en la historia de los colores y la simbología animal. Aquí, en una edición cuidadísima, con imágenes bien seleccionadas, explica las diferentes visiones generadas por el lobo desde la antigüedad hasta la época contemporánea.

[2] En la bibliografía española cabe destacar el estudio del historiador y naturalista R. GRANDE DEL BRÍO, *El lobo ibérico. Biología, ecología y comportamiento*, Salamanca, Amarú, 2000, y la sabia combinación de conocimientos del biólogo y del pastor en J. A. VALVERDE y S. TERUELO, *Los lobos de Morla*, Sevilla, Al Andalus, 2001.

de Europa, la incidencia de la rabia en el cambio de comportamiento de la especie y particularmente los efectos de un clima más frío que genera hambres y epidemias.

El temor físico del lobo consolida su visión como "una criatura mortífera contra la que hay que luchar decididamente, tanto físicamente como simbólicamente"[3]. En los bestiarios medievales, redactados para extraer enseñanzas morales y religiosas del comportamiento de los animales, siempre se presenta como fiera cruel y astuta. Devorador de seres humanos y especialmente de tiernas doncellas conforme figura en *Caperucita Roja*, cuyas primeras versiones se sitúan en torno al año 1000. Bestia furiosa que hace el mal por el mal, matando a sus presas sin necesidad. Imagen del diablo. En ese contexto, explica el autor la aparición de las figuras del lobero y del santo, que asumen funciones complementarias: el primero, el exterminio de la especie y el segundo, el aseguramiento de la supremacía humana al vencer o amansar al lobo con la ayuda divina, lo que culmina en el episodio de Francisco de Asís y el lobo de Gubbio.

En torno a los siglos XII-XIII, sin embargo, el temor del lobo parece haber disminuido, tal y como se refleja en la aparición de fábulas y parodias que lo ridiculizan y lo humillan. Es entonces cuando se produce la humanización del animal que aparece en los cuentos de RENART, el zorro astuto y elocuente que vence siempre a Ysengrin, el lobo estúpido y cruel. En la misma época, con planteamientos diferentes, se constata también la divulgación de historias de hombres-lobo, que conectan con la brujería y la magia negra.

Al final de la etapa medieval y ya en la Edad Moderna hasta época muy reciente, volverá el miedo a la fiera, que será incluso factor de angustia en el mundo rural, especialmente en períodos de crisis económicas o sociales. Las noticias de lobos devoradores de seres humanos, particularmente niños y doncellas, se multiplican en archivos, registros parroquiales y diversas crónicas. Inviernos duros, hambrunas y guerras son el cuadro de fondo de lobos atacando a personas y devorando los cadáveres de los soldados. Numerosas historias de lobos mortíferos circulan por toda Europa: entre los siglos XVII y XVIII, las crónicas atribuyen 72 muertos a la bestia de Touraine, 21 a la de los montes de Velay y de 100 a 130 al gigantesco lobo de Gévaudan.

Sostiene el autor que estos son hechos que no cabe negar sin incurrir en deshonestidad intelectual, ya que se trata de elementos históricos que no pueden desconocerse. Afirma en tal sentido que "nuestros saberes actuales no son verdades sino solamente una etapa en la historia de los conocimientos", de manera que "lo que afirman hoy nuestros más grandes zoólogos a propósito del lobo hará sin duda sonreír a sus sucesores dentro de algunos siglos"[4].

[3] M. PASTOUREAU, ob. cit., pág. 39.

[4] M. PASTOUREAU, ob. cit., pág. 107.

La constatación proporcionada por los documentos es que la Europa occidental se organizó para luchar contra los lobos, que desaparecieron de Inglaterra ya en el siglo XVI, de Escocia, Irlanda, Holanda y Dinamarca en el XVIII, y de Bélgica, Alemania y Suiza en el XIX. En tal sentido, desde el siglo XIV los libros de caza detallan los métodos para acabar con el lobo, que comprenden batidas, trampas y finalmente venenos e incluso el pago de premios por los ejemplares abatidos. Predomina la imagen del lobo como criatura despreciable; en cita del naturalista BUFFON (siglo XVIII), se trata de un animal "desagradable en todo, la mirada baja, el aspecto salvaje, la voz espantosa, el olor insoportable, el natural perverso, las costumbres feroces, es odioso, perjudicial mientras vive, inútil tras su muerte"[5]. Particular temor produce la rabia, al menos hasta la experimentación de Pasteur a fines del XIX.

Desde entonces, paulatinamente, la imagen del lobo se ha hecho más discreta hasta llegar a revalorizarse. Así se aprecia particularmente en la literatura infantil y juvenil, empezando por el *Libro de la selva* de KIPLING o el *Colmillo blanco* de JACK LONDON. Pero también en los juguetes, en los dibujos animados y en el cine, hasta llegar a los documentales televisados. Graciosos lobatos, lobos amigos e inofensivos, frecuentemente acompañados de personajes humanos detestables por su vulgaridad, violencia y falta de escrúpulos. Los cuentos se transforman, presentando, por ejemplo, al lobo ingenuo atacado por los tres cerditos malos, al lobo seducido por Caperucita Roja o al lobo él mismo seductor, lúbrico, vanidoso y simpático que es el Wolfy de Tex Avery.

Finalmente, la ecología política, desde la década iniciada en 1970, viene denunciando las atrocidades a las que se ha sometido al lobo y exige establecer medidas efectivas de protección y recuperación de la especie. Zoólogos y etólogos contribuyen a la rehabilitación de la imagen del animal negando que pueda atacar a los seres humanos. Extremo que nuestro autor considera desmentido a la vista de los datos históricos, lo que le lleva a terminar insistiendo en su denuncia del "positivismo grandilocuente de las ciencias naturales y biológicas"; "tomar nuestros saberes actuales —afirma— por verdades eternas y universales, transportables tal cual, sin precaución ninguna, al pasado lejano, es no solamente absurdo, sino también peligroso"[6].

Confío en haber resumido adecuadamente el contenido de un libro que sostiene tesis que me parecen importantes y significativas. En el terreno del análisis histórico y conforme a la metodología científica, es donde y como han de tratarse las cuestiones relativas a las percepciones sociales del pasado. Las fuentes proporcionan elementos que no podemos desdeñar sin más calificándolos de supersticiones o negando su realidad. La percepción

[5] BUFFON, citado por M. PASTOUREAU, ob. cit., pág. 110.

[6] M. PASTOUREAU, ob. cit., pág. 150.

social del lobo ha oscilado ciertamente entre el temor y la ridiculización de un animal, pero, como dato común, en todo momento se ha considerado una fiera peligrosa, lo que parece un dato acreditado en abundantes documentos. Quedémonos con esta idea, que me parece es clave en el estudio del ensayista francés.

2. Las vigentes y contrapuestas visiones rural y urbana

La imagen del lobo, en la actualidad, se debate también entre dos visiones contrapuestas, pero que no se corresponden exactamente con las que encontramos en el pasado[7]. Ambas cuentan con argumentos sólidos, quizá expresados generalmente con demasiada contundencia y seguridad en los variados foros que proporcionan las nuevas tecnologías. Entre tantos criterios y datos no coincidentes, frecuentemente avalados por diferentes expertos, se acentúa el desconcierto del ciudadano medio. La Administración, que en otra época podía al menos identificar los hechos, ya no es percibida ni como técnicamente competente ni como ideológicamente neutral, de manera que no se le concede ningún margen en la apreciación del interés público. Todo puede discutirse en la dominante (in)cultura de la tertulia.

El desconcierto alcanza a quien esto escribe, que no es naturalista ni experto en fauna ni mucho menos en grandes carnívoros. Uno ha de regirse por informaciones divulgativas, que le permiten una limitada percepción de la realidad. Con esa advertencia, que también es una disculpa, voy a intentar una explicación del régimen jurídico del lobo. El telón de fondo viene constituido por los dos enfoques indicados, que nos sitúan entre el lobo feroz y el lobo noble.

Por una parte, la visión rural, la que proporcionan ganaderos o montañeses, quienes aducen razones importantes, no refutables con facilidad. Nos presentan un animal temible, cuya población habría de ser severamente controlada por su peligro para ganados y gentes. Es la imagen tradicional, la que mezcla elementos de terror y admiración reflejados en la toponimia, la antroponimia, la heráldica y la simbología[8].

[7] Abundan los tratamientos periodísticos de las diferentes posiciones sociales generadas en torno al lobo, que pueden encontrarse fácilmente en Internet. Véase, por ejemplo, el artículo de L. Villa, "Asturias da vía libre al exterminio de lobos en un tercio de su territorio", disponible en www.publico.es, donde se recogen opiniones de ecologistas, autoridades y ganaderos. Bajo la óptica de un acreditado biólogo, véase V. M. Vázquez, *Historia natural y cultural del lobo (Canis lupus, Linnaeus, 1758) en el Principado de Asturias*, Oviedo, RIDEA, 2004, donde se recoge el discurso de ingreso del autor en el Real Instituto de Estudios Asturianos y la contestación del académico J. L. Pérez de Castro.

[8] Si se me permite la referencia o mejor la suposición de estirpe personal, esa percepción parece reflejada en la posible evolución del nombre dado a algunos formidables

Por otra, está la visión urbana, la que se vincula a ecologistas y en general a habitantes de las ciudades, que manejan también argumentos robustos. No es la simple versión contemporánea de aquellas imágenes despreocupadas que en el pasado se empleaban para ridiculizar al animal, pues incorpora importantes novedades en la percepción de lo que podríamos considerar la esencia del lobo. Aquí aparece como un ser vivo que cumple su función natural para mantener los equilibrios de la biodiversidad, por lo que ha de ser conservado e incluso recuperado. Adicionalmente, en la posición popularizada por Rodríguez de la Fuente y otros naturalistas, se trata de una especie ibérica emblemática, dotada de cualidades de resistencia, movilidad y astucia que resultan admirables. En las posiciones más radicales se reivindican los derechos del animal, cuya personalidad o subjetividad jurídica se reclama, considerándose la caza como un asesinato.

Pues bien, sin entrar en los aspectos ideológicos de la polémica, lo cierto es que los hechos parecen demostrar que el lobo sigue siendo el animal dañino por excelencia en nuestra experiencia. Por sus características biológicas, es un predador muy cualificado, cuyas sangrientas acciones sobre el ganado se ofrecen con espectacularidad. En Asturias, en el año 2020, había entre 200 y 280 lobos agrupados en menos de 40 manadas, cálculos aproximados debido a la gran movilidad del animal, que puede recorrer 50 kilómetros en una noche, configurando unos hábitats enormes de la especie. En ese mismo año, la Junta del Principado abrió expedientes indemnizatorios por ataques de lobos que afectaron a 664 bovinos, 339 caprinos, 1.103 equinos y 816 ovinos, llegando a pagarse un total de 834.262 euros[9]. Los cálculos anuales nos darían unos costes medios, por ejemplar, de 2.979 a 4.171 euros, que, aplicados a una vida media de ocho años, darían unos costes totales de 23.832 a 33.368 euros, sin contar los que habrían de añadirse relativos a personal, oficinas, estudios, guardería o subvenciones. Son datos, en verdad, considerables.

---

guerreros iberos que actuarían como auxiliares de las legiones romanas, los *Lupus*, cuyos descendientes quizá supieron adaptarse a los cambios de poder como los *Ibn Lop* en el período islámico, luego los *Lope* cristianos, hasta llegar a los *López* actuales.

[9] *Plan Anual de Actuaciones de Control del Lobo en Asturias 2020-2021*, aprobado por resolución de la Consejería de Medio Rural y Cohesión Territorial del Gobierno del Principado de Asturias del 1° de julio de 2021, en *BOPA Boletín Oficial del Principado de Asturias,* 7 de julio de 2021; los datos citados figuran en el anejo, pág. 13. Véase también C. García Hernández, B. González Díaz y J. Ruiz Fernández, "Evolución de los daños producidos por el lobo ibérico (*Canis lupus signatus*) sobre la cabaña ganadera en Asturias entre 1997 y 2016", en *Ería, Revista Cuatrimestral de Geografía*, n.º 39-3, 2019, pág. 374, donde se calcula un total de 61.616 animales atacados por lobos a lo largo de los veinte años analizados.

Frecuentemente, sin embargo, los ataques de los lobos son negados en la visión contrapuesta del problema. Se sostiene que no están demostrados, que los ganaderos exageran los daños para obtener indemnizaciones más elevadas, que incluso abundan los fraudes o que la criminalización del lobo oculta, en realidad, los problemas de la ganadería extensiva derivados de los bajos precios y de la despoblación[10]. En el caso asturiano, se ha llegado a afirmar que el número de ataques al ganado, unos 3.500 por año, tiene escasa trascendencia sobre una cabaña total de 658.000 animales; un cómputo que exaspera a los ganaderos al observar que incluye al ganado estabulado, además de estar en contradicción con los análisis de la dieta del lobo, que constatan el consumo de ganado. La realidad y relevancia de los daños causados no puede negarse, puesto que, con independencia de las indemnizaciones reclamadas por los ganaderos —cuyo importe global no es conocido—, lo que importan son las indemnizaciones efectivamente reconocidas por la Administración tras seguir los procedimientos aplicables conforme a la legalidad.

La recuperación del animal, que tanta alarma produce en el medio rural, desde posiciones ecologistas se considera apoyada en datos inseguros, que no garantizan ni siquiera la supervivencia de la especie. En estas posturas, está muy generalizada también la denuncia de incumplimiento de la Directiva de Hábitats, proliferan las críticas a la actuación administrativa y asimismo los litigios. En versiones más colaboradoras se postulan soluciones positivas, que tienen sus costes, como la estabulación nocturna del ganado, el empleo de pastores, mastines y alarmas. Últimamente se ofrece el turismo del lobo para la reconversión económica de las zonas afectadas.

La lejanía de posiciones es enorme. Desde los ámbitos montañeses, se reclama el derecho del ser humano a vivir y desarrollar sus actividades económicas y sociales con seguridad. Desde la perspectiva del mundo urbano, se rechaza la crueldad atribuida a un animal que cumple con la función correspondiente a sus características biológicas. Son planteamientos muy diferentes, que conducen a enfrentamientos dialécticos constantes, cada parte por separado, sin conexiones que propicien el entendimiento.

3. El régimen histórico del exterminio

En las respuestas del derecho no cabe duda de que se ha producido una significativa evolución como consecuencia de los planteamientos y las

[10] Pueden encontrarse noticias sobre estos aspectos en la prensa regional o, por ejemplo, en las webs de las asociaciones Lobo Marley o Fondo de Protección de Animales Salvajes (FAPAS).

exigencias de protección. Vamos a exponer brevemente las pautas de la trayectoria experimentada en el régimen jurídico aplicable al lobo[11].

La reacción tradicional del ordenamiento español se articulaba contra el animal, que se consideraba una alimaña que había de ser eliminada. Así se advierte en los fueros y las ordenanzas medievales que establecían la obligación de los vecinos de colaborar en las acciones de exterminio, incluida la construcción de callejas, cortellos, chorcos y otras trampas empleadas a tal fin[12].

La postura dominante era ampliamente favorable a tales acciones. En los inicios del período liberal, en la *Ordenanza de Caza y Pesca* de 1834 se declaraba libre la caza de todos los animales considerados dañinos, fomentándose su exterminio mediante el establecimiento de premios[13]. No obstante, al mismo tiempo, se prohibió el uso de todo tipo de trampas y aun las batidas generales de los pueblos, que hasta entonces constituían prestaciones personales de los vecinos[14]. Medida esta última objeto de crítica por Posada Herrera: "lo que era liberar a los vecinos de una carga, se convirtió en una prohibición, para lo que no se encuentra siquiera un aparente motivo; pero, por fortuna, este artículo no está completamente en observancia, y si lo estuviere, los habitantes de los pueblos de montaña se encontrarían con los lobos a las puertas de sus casas"[15].

Ya en la época de la Restauración, las técnicas de lucha contra los animales dañinos se perfeccionaron. Así, en las *Leyes de Caza* de 1879 y 1902, si bien

[11] Para tratamientos detallados de la evolución experimentada en el régimen jurídico del lobo bajo la perspectiva del ordenamiento español, véanse: J. A. Vidal Rettich, "Una aproximación al estatus jurídico del lobo en la legislación española", en *Derecho Animal (Forum of Animal Law Studies)*, vol. 12/2, 2021, págs. 146-189; L. García Martín, "Régimen jurídico para la protección del lobo ibérico", en *Revista Aranzadi de Derecho Ambiental*, n.º 37, 2017, págs. 259-291.

[12] Véase J. Esteve Pardo, "La protección de la fauna: el caso de los llamados animales dañinos", en *Libro homenaje al profesor José Luis Villar Palasí*, Madrid, Civitas, 1989, págs. 380-384.

[13] *Ordenanza de Caza y Pesca*, aprobada por Real decreto de 3 de mayo de 1834, en *Colección de Decretos*, t. xix, Madrid, Imprenta Real, 1835, págs. 236-245, declaraba libre la caza de animales dañinos, entre los que, en primer lugar, incluía al lobo, "durante todo el año, incluso los días de nieve y los llamados de fortuna" (art. 25), salvo en tierras cercadas, donde el derecho correspondía a los propietarios o arrendatarios (art. 27); las recompensas más elevadas se pagaban por la muerte de lobas preñadas (arts. 29-30).

[14] En la *Ordenanza de Caza y Pesca* de 1834 no se permitía la caza de alimañas "con cepos, trampas, ni ningunos otros armadijos de que pueda resultar perjuicio a los pasageros o a los animales domésticos" (art. 26), salvo en tierras cercadas (art. 28); también se prohibieron en todo caso "las batidas comunales de los pueblos" (art. 35).

[15] J. de Posada Herrera, *Lecciones de Administración*, reedición INAP, 1988, pág. 164, citado por J. Esteve Pardo, ob. cit., pág. 381.

continuó empleándose el sistema de premios por la muerte de los animales dañinos, estos pasaron a gravar las arcas municipales y adicionalmente se permitieron las batidas generales prohibidas con anterioridad e incluso el uso del veneno para lograr el exterminio del lobo[16].

El cuadro normativo había de completarse, durante el período franquista, con la formación de unas estructuras administrativas especializadas justamente en estimular estas actuaciones. Así, en 1953, se crearon las juntas provinciales de extinción de animales dañinos y de protección de la caza, que facilitaban el suministro de nuez vómica (estricnina), lazos y otros medios de extinción del lobo y demás animales dañinos[17]. Entre 1954 y 1962, se calcula que fueron matados 1.470 ejemplares, creyéndose erradicada la especie que, sin embargo, manifestó su gran capacidad de resistencia y recuperación, especialmente en el norte de la península[18]. No obstante, atribuir la responsabilidad al franquismo, no dejaría de ser un alivio más bien simplista, pues la política de persecución y exterminio de la especie se practicó en todo el mundo, con particular éxito en Europa occidental según hemos visto.

Un primer cambio en la óptica jurídica puede considerarse iniciado en la Ley de Caza de 1970, donde el lobo dejó de ser alimaña libremente exterminable pasando a considerarse especie cinegética sujeta al régimen jurídico correspondiente: exigencia de licencia, aplicación de las vedas o exclusión de medios prohibidos[19]. En el reglamento de 1971 se preveían,

[16] Ley de Caza de 10 de enero de 1879, en *Gaceta de Madrid,* 13 de enero de 1879, derogada por Ley de Caza de 16 de mayo de 1902, en *Gaceta de Madrid*, 18 de mayo de 1902; en ambas leyes se dedican al régimen de los animales dañinos los arts. 39-43.

[17] Decreto de 11 de agosto de 1953, en *Boletín Oficial del Estado*, 18 de octubre de 1953, por el que se declara obligatoria la organización de las juntas provinciales de extinción de animales dañinos y protección a la caza, aunque parece que solo se constituyeron en 18 provincias. Por decreto 746/1961, de 8 de mayo, en *Boletín Oficial del Estado*, 13 de mayo de 1961, dejaron de vincularse al Servicio Nacional de Pesca Fluvial y Caza integrándose en los gobiernos civiles, dentro de la compleja estructura de las entonces todopoderosas comisiones provinciales de servicios técnicos (art. 4). Fueron suprimidas en el Decreto 1350/1968, de 6 de junio, en *Boletín Oficial del Estado*, 24 de junio de 1968, que las sustituyó por los Consejos Provinciales de Caza y Pesca, situados ya bajo la dependencia del Servicio Nacional de Pesca Fluvial y Caza.

[18] D. de la Bodega Zugasti, *Uso ilegal de cebos envenenados. Investigación y análisis jurídico*, Madrid, SEO/BirdLife, 2014, pág. 20. Véase también Servicio Nacional de Pesca Fluvial y Caza, *Control de animales dañinos. Información estadística, años 1953 a 1961*, Madrid, 1962.

[19] Ley de Caza 1/1970, de 4 de abril, en *Boletín Oficial del Estado*, 6 de abril de 1970, donde ya no se contiene un capítulo dedicado a los animales dañinos, aunque estos se mencionan al establecerse que su caza no precisa de la licencia con recargo prevista para la caza mayor (art. 37).

no obstante, medidas especiales de eliminación de animales peligrosos y se permitían, con exigencia de autorización administrativa, las batidas y el empleo de cebos y venenos[20]. Al año siguiente, la autorización del uso de cebos envenenados se atribuyó a la competencia de los gobernadores civiles[21].

4. Las pautas de la conservación

En la recuperación de la especie probablemente tuvo mayor importancia el proceso de vaciamiento del mundo rural. En todo caso, paralelamente a la legislación cinegética citada, cabe constatar la introducción de criterios conservacionistas, que paulatinamente se han transformado en normas jurídicas internacionales, europeas, estatales y autonómicas[22].

[20] En el Reglamento de Caza, aprobado por decreto 506/1971, de 25 de marzo, en *Boletín Oficial del Estado*, 30 de marzo de 1971, el lobo figura expresamente entre los animales clasificados como caza mayor (art. 4.1), aunque podía ser objeto de medidas especiales de eliminación en las comarcas declaradas de emergencia cinegética por la presencia de animales peligrosos (art. 25.5), además de batidas con autorización administrativa (art. 25.12), limitándose la prohibición de empleo de cebos, venenos y trampas a los casos no autorizados (arts. 33.18), conducta esta última que era calificada como infracción administrativa menos grave (art. 48.2.31).

[21] Decreto 2122/1972, de 21 de julio, en *Boletín Oficial del Estado*, 9 de agosto de 1972, por el que se regulan las armas y medios de caza que precisen de autorización gubernativa especial, disposición cuyas sanciones fueron todavía objeto de actualización en el Real decreto 831/1981, de 10 de abril, en *Boletín Oficial del Estado*, 13 de mayo de 1981.

[22] La protección de la fauna aparece modernamente condicionada por un importante debate relativo al estatuto jurídico que ha de reconocerse a los animales: ¿son cosas o bienes objeto de propiedad?, ¿tienen derechos?, ¿han de ser dotados de personalidad similar a la de los seres humanos?, ¿les conviene una caracterización como sujetos de derechos? La ideología animalista más estricta reivindica la atribución de personalidad a los animales oponiéndose a todo uso humano de los mismos, incluida la caza y pesca, la ganadería o su empleo en experimentaciones y espectáculos. Se propugna, así, una autonomía animal concebida como el derecho a no estar bajo el control humano. En versiones más moderadas se descartan los cambios profundos en la alimentación humana que derivarían de una generalizada opción vegetariana. Se admite, en general, el aprovechamiento o la obtención de beneficio o placer de los animales, justificándose en algunos casos como autodefensa del ser humano. Ello no impide la reivindicación paralela de la necesidad de evitar toda crueldad y desamparo en el trato de los animales asegurando su bienestar. Se propugna incluso el reconocimiento de cierto grado de autonomía a algunas especies en función de factores como su capacidad de sufrimiento o incluso de pensar y planificar. Estos planteamientos han justificado, en la Unión Europea y en diversos Estados, cambios en la tradicional consideración de los animales como cosas objeto de apropiación. Así, ya en el Tratado de la Comunidad Europea, 1997, protocolo 33, y actualmente en el Tratado de Funcionamiento de la Unión Europea, 2007, art. 13, se establece que tanto la UE como los Estados miembros "tendrán plenamente en cuenta las exigencias en materia de bienestar de los animales como seres sensibles"; importante compromiso cuyo alcance, no

Aproximaciones pioneras a la conservación encontramos en el ámbito del *soft law*, del derecho débil o prejurídico, como les gusta decir a los juristas franceses advirtiendo los procesos de formación de las reglas coercitivas. Así, la Unión Internacional para la Conservación de la Naturaleza (IUCN), prestigiosa organización no gubernamental, adoptó en 1973 el Manifiesto y Directrices para la Conservación del Lobo, que periódicamente es objeto de revisión, que incluye buenas prácticas y recomendaciones de expertos[23]. La misma IUCN incluye al lobo en la Lista Roja de Especies Amenazadas, aunque lo hace en el nivel más bajo de protección por no advertir riesgo de extinción[24]. En una línea parecida, el comité permanente del Convenio de

---

obstante, se condiciona al respeto a las normativas estatales relativas "en particular, a ritos religiosos, tradiciones culturales y patrimonio regional". Se trata, por tanto, de un objetivo matizado en su alcance por las creencias y el folclore, lo que determina el surgimiento de zonas de especial incertidumbre que generan apasionados debates, como sucede con ciertas modalidades de caza o pesca o con la fiesta de los toros. En una iniciativa parlamentaria española decaída al finalizar la legislatura en 2019, había logrado un alto grado de consenso la calificación de los animales como "seres vivos dotados de sensibilidad"; tal caracterización no impedía que fueran objeto de propiedad, aunque esta quedaba sujeta a los límites de asegurar el bienestar del animal, excluir su maltrato o abandono y observar el régimen establecido para su sacrificio. Para el debate general de estas cuestiones, véanse: S. Muñoz Machado, *Los animales y el derecho*, Madrid, Civitas, 1999, págs. 13-115; M. Nussbaum, "Animal Rights: The Need for a Theorical Basis", en *Harvard Law Review*, núms. 114-115, 2001, págs. 1506-1549; C. R. Sunstein, "Introduction. What Are Animal Rights?", en C. R. Sunstein y M. C. Nussbaum (eds.), *Animal Rights. Current Debates and New Directions*, Oxford University Press, págs. 3-15; G. Doménech Pascual, *Bienestar animal contra derechos fundamentales*, Barcelona, Atelier, 2004, 190 págs. Con particular atención a los planteamientos conceptuales en el régimen civil español, véanse: C. Rogel Vide, *Los animales en el Código Civil*, Madrid, Editorial Reus, 2017; J. M. de Torres Perea, *El nuevo estatuto jurídico de los animales en el derecho civil: de su cosificación a su reconocimiento como seres sensibles*, Madrid, Editorial Reus, 2020.

[23] Wolf Specialist Group, Species Survival Commission IUCN, *Manifesto. Declaration of Principles for Wolf Conservation*, First International Meeting on the Conservation of the Wolf, Stockholm, 1973, con revisiones en 1983, 1996 y 2000. La postura inicial de este manifiesto es contundente, puesto que se declara que "los lobos, al igual que todos los elementos de la vida salvaje, tienen derecho a existir en un estado natural en poblaciones viables", derecho que no depende de la utilidad para la humanidad, ya que deriva "del derecho de todas las criaturas vivas a coexistir con el ser humano como parte de los ecosistemas naturales" (punto 1). Continúa el documento expresando que "en la actualidad, es evidente que el lobo no puede seguir siendo considerado como una seria amenaza para el ser humano", aunque se reconoce que ha sido y en algunos casos continúa siendo "un predador de gran importancia para los animales domésticos y semidomésticos, y para la vida salvaje" (punto 5). No obstante, se admite que el lobo pueda ser objeto de "medidas de reducción impuestas bajo estricta gestión científica" (punto 6).

[24] L. Boitani, M. Phillips y Y. Jhala, *Canis lupus. The IUCN Red List of Threatened Species*, 2018, disponible en www.iucnredlist.org

Berna, dependiente del Consejo de Europa, aprobó en 1989 unas recomendaciones orientativas para la elaboración de planes de gestión del lobo y también un Plan de Acción del Lobo, enfatizando la necesaria cooperación internacional[25].

Casi al mismo tiempo, se adoptaron algunos tratados multilaterales que pusieron en marcha ciertos mecanismos de protección de la especie. En el Convenio de Washington de 1973, que regula el comercio de especies amenazadas de fauna y flora, el lobo fue incluido en la lista intermedia de especies vulnerables (anejo II), sin llegar a considerarlo como especie amenazada de extinción sujeta a la prohibición absoluta de comercio (anejo I), pero por encima del régimen más laxo de las especies sujetas a reglamentación (anejo III)[26]. Planteamiento que viene a coincidir con el del Convenio de Berna de 1979, sobre conservación de la vida silvestre y el medio natural en Europa, donde el lobo figura también en la lista intermedia de especies requeridas de medidas particulares de gestión (anejo II); categoría que, sin embargo, no se aplica en España al haberse establecido en la ratificación (1986) una reserva que permite la explotación del lobo con medios de captura selectivos siempre que concurra un estado favorable de conservación de la especie[27]. En el Convenio de Río (1992) sobre conservación de la biodiversidad culmina el régimen internacional en la materia, aunque sin ninguna previsión directamente atinente al lobo[28].

En el ámbito de la Unión Europea, la Directiva de Hábitats de 1992, que viene siendo considerada como la traslación operativa de los planteamientos del Convenio de Berna, asumió para España un estudio del ICONA de 1988, donde se establecía el río Duero como frontera en la situación del lobo[29]. Así, al norte del Duero, el estado favorable de conservación permitía la

[25] *Recommendation 17/1989 on the Protection of the Wolf (Canis lupus) in Europe*, Bern Convention Standing Committee, 8 de diciembre de 1989, disponible en www.coe.int

[26] Convenio sobre el Comercio Internacional de Especies Amenazadas de Fauna y Flora Silvestres, hecho en Washington el 3 de marzo de 1973, instrumento de adhesión de España, en *Boletín Oficial de Estado,* 30 de julio de 1986.

[27] Convenio relativo a la Conservación de la Vida Silvestre y del Medio Natural en Europa, hecho en Berna, el 19 de septiembre de 1979, instrumento de ratificación de España, *Boletín Oficial de Estado,* 1 de octubre de 1986.

[28] Convenio sobre Conservación de la Diversidad Biológica, hecho en Río de Janeiro, el 5 de junio de 1992, instrumento de ratificación de España, en *Boletín Oficial de Estado,* 1° de febrero de1994.

[29] Directiva 92/43/CEE del Consejo, de 21 de mayo de 1992, relativa a la conservación de los hábitats naturales y de la fauna y flora silvestres (anejos II y IV). El informe proporcionado por el ICONA que sirvió de base a esta distinción fue elaborado por J. C. Blanco, S. Reig y L. de la Cuesta, *El lobo en España. Situación, problemática y apuntes sobre su ecología*, Madrid, ICONA, 1990.

caza selectiva de ejemplares conforme a planes de gestión de la especie; en cambio, al sur del Duero se identificaba un estado de conservación desfavorable que había de determinar la consideración del lobo como especie protegida, aunque existiendo la posibilidad de un control selectivo para evitar daños al ganado.

El papel atribuido al Duero en la norma y en el informe que le da cobertura técnica es objeto de críticas por estimar que sus premisas y conclusiones están insuficientemente fundadas o se encuentran ya obsoletas por la acción del tiempo transcurrido[30]. El hecho es que la frontera fluvial parece seguir identificando una diferencia real en el estado de las poblaciones de la especie que permite justificar la adopción de distintos criterios de actuación. Una diferencia que solo cabe aplicar permitiendo la caza selectiva o extracción de ejemplares allí donde hay población real de la especie, es decir, en Álava, Castilla y León, Asturias, Cantabria y Galicia; en los demás territorios, salvados algunos enclaves andaluces, el lobo fue exterminado y su presencia es esporádica, como sucede con los dos machos procedentes de los Apeninos, vía los Alpes, que se localizan en el Pirineo catalán.

En el derecho español, la puesta en marcha de una política de directa tutela de la flora y la fauna no se produjo hasta la ley 4/1989. En ella se establecieron garantías de conservación, entre las que cabe destacar el Catálogo Nacional de Especies Amenazadas, donde las especies se clasifican según se encuentren en peligro de extinción o sean sensibles a la alteración del hábitat, vulnerables o de interés especial. Las comunidades autónomas pueden crear catálogos propios con medidas adicionales de protección[31].

En ese contexto, solo pueden ser objeto de caza o pesca las especies específicamente declaradas cinegéticas o piscícolas, lo que se llevó a cabo por Real decreto 1095/1989. Ahí el lobo fue considerado especie cinegética, aunque su caza requería de autorización de la comunidad autónoma correspondiente[32].

[30] Véase, por ejemplo, A. Prieto, "El Sistema Central como frontera del lobo", en *Ecologista*, n.º 102, 2019. Pueden encontrarse variadas informaciones, críticas y propuestas en las webs de Ecologistas en Acción, Asociación Lobo Marvel, Asociación para la Conservación y Estudio del Lobo Ibérico y otras. En cualquier caso, carece de sentido afirmar que se está limitando la conectividad de los lobos del norte peninsular con las manadas aisladas y genéticamente regresivas de Sierra Morena, ya que no hay ninguna prohibición en el tránsito de los lobos y si la hubiera, estos no sabrían que habían de obedecerla.

[31] Ley 4/1989, de 27 de marzo, en *Boletín Oficial de Estado,* 28 de marzo de 1989, de conservación de los espacios naturales y de la flora y fauna silvestres: arts. 29-32 sobre catalogación de especies amenazadas. Para un completo estudio de esa regulación, véase E. Nieto Garrido, *La protección de la fauna salvaje en el ordenamiento jurídico español*, Valladolid, Lex Nova, 2001.

[32] Real decreto 1095/1989, de 8 de septiembre, en *Boletín Oficial de Estado,* 12 de septiembre de 1989, por el que se declaran las especies objeto de caza y pesca y se establecen normas para su protección: anejo II en relación con art. 1.4.

No obstante, con posterioridad, al incorporarse la Directiva de Hábitats por Real decreto 1997/1995, la caza del lobo ya no fue posible al sur del Duero y en la zona norte hubo de someterse a planes de gestión, según hemos visto[33].

Criterios orientadores se establecieron por el Ministerio de Medio Ambiente en la Estrategia para Conservación y Gestión del Lobo en España (2005), que ratificó el estado favorable de conservación de la especie, salvo en la población relicta de Sierra Morena[34]. El documento puede considerarse de contenido equilibrado y dotado de prestigio, dado que se elaboró en un grupo de trabajo formado por técnicos estatales y autonómicos, y fue aprobado formalmente en el Consejo de Protección de la Naturaleza y en la Conferencia Sectorial de Medio Ambiente. Así, la experiencia profesional se conjugó con la participación del público y el consenso territorial. No obstante, la estrategia debía haberse revisado ya en 2015.

Mientras tanto, ha de constatarse la derogación de la Ley de Conservación (1989) por la vigente Ley del Patrimonio Natural (2007). Los planteamientos generales son coincidentes en ambos textos, aunque se han introducido algunas novedades en los instrumentos estatales. Así, se establece el Listado de Especies Silvestres en Régimen de Protección Especial, destinado a relacionar las especies de flora y fauna silvestre requeridas de atención y protección, cuyo estado de conservación es objeto de evaluación periódica. Dentro del anterior listado, el ahora denominado Catálogo Español de Especies Amenazadas incluye únicamente las especies en peligro de extinción y vulnerables[35].

En el anterior cuadro de medidas de la Ley del Patrimonio Natural, el régimen del lobo continúa diferenciado en función de la frontera del Duero: al sur de este es una especie objeto de protección estricta (anejo V), mientras

[33] Real decreto 1997/1995, de 7 de diciembre, en *Boletín Oficial de Estado,* 28 de diciembre de 1995, por el que se establecen medidas para contribuir a garantizar la biodiversidad mediante la conservación de los hábitats naturales y de la fauna y flora silvestres (anejos II y IV).

[34] *Estrategia para la conservación y gestión del lobo (Canis lupus) en España*, Madrid, Grupo de Trabajo del Lobo, Ministerio de Medio Ambiente, 2006. El documento fue aprobado por la Comisión Nacional de Protección de la Naturaleza, el 16 de diciembre de 2004 y por la Conferencia Sectorial de Medio Ambiente, el 29 de enero de 2005.

[35] Ley del Patrimonio Natural 42/2007, de 13 de diciembre, en *Boletín Oficial de Estado,* 14 de diciembre de 2007, del Patrimonio Natural y de la Biodiversidad: arts. 57-58. Véase J.C. Alli Turrillas, *La protección de la biodiversidad. Estudio jurídico de los sistemas para la salvaguarda de las especies naturales y sus ecosistemas*, Madrid, Dykinson, 2016, págs. 199-271. No obstante, siguen existiendo animales cuyo régimen jurídico se aproxima al de los considerados dañinos en el pasado, animales indeseables, como sucede con las especies exóticas invasoras sujetas a medidas de erradicación (Ley del Patrimonio Natural: art. 64).

que al norte se le aplican medidas de gestión que incluyen la caza controlada (anejo VI). En los territorios afectados se han ido aprobando los correspondientes planes de gestión del lobo: Asturias (2002 y 2015), Castilla y León (2008 y 2016, este limitado a la zona al norte del Duero), Galicia (2008), Álava (2010), y Cantabria (2019)[36]. Una elevada conflictividad entre las posiciones enfrentadas suele acompañar a estos planes, como se advierte en los litigios suscitados[37].

En el caso de Asturias, el II Plan de Gestión del Lobo (2015) fue objeto de impugnación contencioso-administrativa por la asociación Lobo Marley que alegó infracciones de procedimiento que, sin embargo, fueron desestimadas por el Tribunal Superior de Justicia de Asturias[38]. En dicho plan no se considera al lobo como una especie cinegética, pero se permite la extracción de ejemplares para mantener un estado de conservación favorable de

[36] *I Plan de Gestión del Lobo de Asturias*, aprobado por Decreto del Gobierno del Principado de Asturias 155/2002, de 5 de diciembre, en *Boletín Oficial de Estado,* 30 de diciembre de 2002. *I Plan de Conservación y Gestión del Lobo en Castilla y León*, aprobado por Decreto de la Junta de Castilla y León 28/2008, de 3 de abril, en *Boletín Oficial de Castilla León,* 9 de abril de 2008. *Plan de Gestión del Lobo en Galicia*, aprobado por Decreto de la Xunta de Galicia 297/2008, de 30 de diciembre, en *Diario Oficial de Galicia,* 20 de enero de 2009. *Plan de Gestión del Lobo en Álava*, aprobado por Decreto Foral del Consejo de Diputados de las Juntas Generales de Álava 33/2010, de 29 de junio, en *BOTHA*, 16 de julio de 2010. *II Plan de Gestión del Lobo de Asturias*, aprobado por Decreto del Gobierno del Principado de Asturias 23/2015, de 25 de marzo, en *Boletín Oficial del Principado de Asturias,* 6 de abril de 2015. *II Plan de Conservación y Gestión del Lobo de Castilla y León*, aprobado por Decreto de la Junta de Castilla y León 14/2016, de 19 de mayo, en *Boletín Oficial de Castilla León,* 23 de mayo de 2016. *Plan de Gestión del Lobo en Cantabria*, aprobado por Orden MED/5/2019, de 28 de marzo, en *BOC Boletín Oficial de Cantabria*, 3 de abril de 2019.

[37] Por ejemplo, en Castilla y León se anuló el régimen de responsabilidad establecido en el I Plan de Conservación del Lobo, 2008, en ECLI:ES:TSJCL:2009:7430, confirmada en casación por ECLI:ES:TS:2013:1559 y posteriormente se anuló por completo, debido a vicios de procedimiento, el II Plan de Conservación del Lobo, 2016, en ECLI:ES:TSJCL:2018:323. Asimismo, las anulaciones judiciales afectaron los planes de aprovechamientos comarcales de lobo en la misma Castilla y León: primero, por no haberse diferenciado en el plan para la temporada 2011-2012 entre el régimen aplicable al norte y al sur del río Duero (ECLI:ES:TSCL:2015:4323); y después, por vicios de procedimiento en los planes para el norte del Duero de las temporadas 2015-2016 (ECLI:ES:TSJCL:2018:692) y 2016-2019 (ECLI:ES:TSJCL:2019:5084). Todavía no sabemos si correrá igual suerte el vigente plan de aprovechamientos comarcales de lobo en los terrenos cinegéticos situados al norte del río Duero en Castilla y León para las temporadas 2019-2022, aprobado por Resolución del Director General del Medio Natural de 09/10/2019, en *Boletín Oficial de Castilla y León,* 23 de octubre de 2019. En la doctrina, véase el comentario a ECLI:ES:TSJCL:2019:5084 (STSJCL de 12/12/2019) de L. García Martín, "La regulación del lobo en Castilla y León vuelve a ser noticia", en *Revista Aranzadi de Derecho Ambiental*, n.º 46, 2020, págs. 151-160.

[38] ECLI:ES:TSJAS:2017:923.

la especie y generar el mínimo impacto en la actividad agraria. Se incluyen en todo caso variadas medidas de conservación, sensibilización y control poblacional. El método de extracción generalmente empleado es la caza a rececho bajo el control de la guardería, aunque se pueden autorizar batidas, capturas en vivo y retirada de camadas en caso de que los animales produjeran daños elevados. La programación asturiana ha venido permitiendo 45 extracciones anuales, pero desde 2002 la media anual de lobos abatidos es de 16, lo que lleva a estimar que la población de la especie está en alza.

5. La difícil valoración de los datos y la necesidad de concordia

No parece haber problemas especiales de conservación del lobo al norte del río Duero. En el censo de 2012-2014, elaborado por las comunidades autónomas bajo la coordinación del Ministerio de Medio Ambiente, se calculaba la presencia de 297 manadas en el territorio español, mientras que en el inventario de 2007 se contabilizaron 250 manadas[39]. Así, pudiera haber más de 2.500 lobos en España y unos 500 en Portugal, lo que parece mostrar un estado favorable de conservación de la especie, en modo alguno comparable con otros Estados europeos: por ejemplo, en Francia se contabiliza una horquilla de 265 a 402 ejemplares, lo que se considera "una población demográficamente favorable"[40].

Realmente, en mi condición de jurista, no puedo asegurar cuál puede ser el estado de conservación del lobo en ninguna parte del territorio español. Tampoco encuentro posiciones científicas que permitan sostener tajantemente una respuesta unívoca; más bien parecen dominar los matices, las variantes, las previsiones en función de variados condicionantes geográficos, ecológicos, sociales, económicos, ideológicos y otros.

Como ejemplo de lo que estoy diciendo, tomo una evaluación realizada para el comité permanente de la Convención de Berna, donde, tras calcular la población del lobo en España en más de 2.000 ejemplares, en relación con la situación en la zona norte, se afirma que "puede estar comprometida por la actitud negativa de los ganaderos locales que sufren daños, por la fragmentación del hábitat y por el decrecimiento de los recursos alimentarios artificiales representados por los residuos y la carroña"[41]. No sabría cómo valorar

[39] *Censo 2012-2014 de lobo ibérico en España*, Ministerio de Agricultura, Alimentación y Medio Ambiente, 2016.

[40] Ministère de la Trasition Écologique et Solidaire et Ministère de l'Agriculture et de l'Alimentation, *Plan National d'Actions 2018-2023 sur le Loup et les Activités d'Élevage*, 2018, pág. 6.

[41] V. Salvatori y J. Linnell, *Report on the Conservation Status and Threats for Wolf (Canis lupus) in Europe*, Bern Convention Standing Committee, 2005, pág. 17.

esas apreciaciones: ¿acaso "los ganaderos locales que sufren daños" habrían de tener una actitud positiva frente al problema? ¿en qué debería consistir tal actitud deseable? ¿quizá en generar "los residuos y la carroña" que sirvan de alimentación al lobo? ¿cómo cumpliría entonces este con su función en la cadena trófica?

En este contexto, me resulta un tanto sorprendente la opinión manifestada por un jurista acreditado como García Ureta, en el sentido de que el estado de conservación de la especie es decididamente desfavorable, lo que le permite apoyar la directa inclusión del lobo en el Listado de Especies de Protección Especial[42].

Llega el autor a tal conclusión a partir de una interpretación de las valoraciones que constan en EIONET, la red europea de información ambiental que coordina la Agencia Europea de Medio Ambiente partiendo de los datos proporcionados por los puntos nacionales de observación[43]. Parece haber, por tanto, detrás de los resultados finales que se ofrecen en Internet, un importante trabajo de recopilación, uniformización y sistematización de informaciones, aunque estos son aspectos de difícil discernimiento. Lo que es fácil de apreciar es que los resultados se expresan en las categorías de favorable, desconocido, desfavorable-inadecuado y desfavorable-malo, que se aplican a los datos sobre área de distribución de la especie, población, hábitat, perspectiva futura, evaluación global y tendencia global. Se trata, así, de un total de seis valoraciones que se aplican a cada especie en las diferentes regiones biogeográficas donde la misma está presente, Estado por Estado.

Pues bien, García Ureta entiende que las evaluaciones del lobo en las tres regiones biogeográficas españolas que figuran en EIONET le permiten establecer un estado de conservación desfavorable, argumentando que, de las 18 calificaciones (6 x 3), el 66 por ciento está en la categoría de desfavorable o desconocido.

No puedo compartir esa conclusión, para empezar, por discrepar de la manera en la que se presentan los mismos cálculos por el autor: a) la región Alpina no debe considerarse en el caso español, ya que aparece en cursiva en EIONET, lo cual significa, según se advierte en la misma aplicación, que "recoge datos no tomados en consideración para la evaluación", algo lógico en el caso de los Pirineos —nuestra región Alpina— porque no quedan lobos que puedan conservarse; b) en la región Atlántica, de las seis valoraciones

[42] A. García Ureta, "Consideraciones sobre el régimen jurídico de la Unión Europea e internacional de aplicación al lobo (*Canis lupus*) y su traslación al derecho español", en *Actualidad Jurídica Ambiental*, n.º 111, 2021, págs. 1-40.

[43] Amplias informaciones y datos en www.eionet.europe.eu

aplicadas, tres están en la categoría de favorable (área de distribución, hábitat y tendencia global), dos figuran como desfavorable-inadecuado (población y evaluación global) y una como desconocido (perspectiva futura); y c) en la región Mediterránea, encontramos tres valoraciones de desfavorable-inadecuado (área de distribución, población y evaluación global), dos valoraciones de favorable (hábitat y tendencia global) y una de desconocido (perspectiva futura)[44].

Pero especialmente discrepo del criterio de García Ureta por el empleo que hace de los datos de EIONET, dado que : a) en ningún caso cabe referir a todo el territorio de un Estado evaluaciones que están hechas por regiones biogeográficas; y b) por añadidura, en la región Mediterránea, al menos, hay que introducir la distinción fundamental que figura en la Directiva de Hábitats, esto es, la diferencia entre las poblaciones situadas al norte y las presentes al sur del río Duero, y ello debido a que esta es una referencia normativa esencial para distinguir el régimen jurídico de la especie considerada.

En la situación descrita, parece fuera de duda la conveniencia de que las administraciones públicas competentes refuercen su papel institucional, que en este caso habría de tener importantes componentes arbitrales entre fuerzas sociales contrapuestas. En tal sentido, cabe enfatizar la continuidad de algunos elementales criterios de actuación:

a) Fomentar el reconocimiento recíproco de la legitimidad de las posturas enfrentadas: ni los ecologistas y urbanitas están en contra de todo progreso rural ni los ganaderos y cazadores son despiadados exterminadores.

b) Consolidar el conocimiento científico de la situación de la especie: censo de manadas y ejemplares identificando el carácter reproductivo, análisis de dietas del animal, dispersión y movimientos.

c) Asumir los costes de la conservación, no solo para conceder las indemnizaciones por daños, sino también para aplicar las medidas preventivas que pueden llevar a evitarlos o reducirlos.

d) Vincular la toma de decisiones a la participación de todos los sectores implicados: científicos, ingenieros, ecologistas, ganaderos, cazadores y montañeses.

[44] Dejo de lado la perplejidad que producen los amplios márgenes que figuran en EIONET sobre la población del lobo en España, que en la región Atlántica se fija entre 421 y 876 ejemplares, y en la Mediterránea entre 803 y 1504, es decir, en total, un mínimo de 1221 lobos y un máximo de 2380. No se comprenden bien ni las holgadas cifras ofrecidas ni qué puntos de información nacionales han podido proporcionar datos tan distantes de los reflejados en el censo elaborado por el Ministerio de Medio Ambiente en colaboración con las comunidades autónomas que antes citábamos.

En definitiva, no hay que desfallecer en la vía del entendimiento entre seres humanos, que es la única que se nos ofrece para establecer una protección del lobo compatible con la seguridad y felicidad antrópicas. Como sostiene un comprometido y sensato biólogo, las vías para solucionar el problema "han de pasar necesariamente por que todas las partes se sienten a dialogar, a analizar caso por caso y a intentar ceder un poco en sus aspiraciones, priorizando la protección del entorno natural y el desarrollo sostenible de los pueblos"[45].

6. Inclusión del lobo en el Listado de Especies de Protección Especial

Habida cuenta de la conflictividad que rodea a los asuntos relativos al lobo, no es de extrañar la polémica generada por la inclusión de la especie, en todo el territorio nacional, dentro del Listado de Especies de Protección Especial (2021)[46]. Los efectos derivados del nuevo régimen aplicable al animal suscitan dudas, tanto sobre la viabilidad jurídica de realizar tal operación por una orden ministerial como sobre la compatibilidad del régimen establecido en dicha orden con las previsiones legales.

Infracción de la reserva legal. Se plantea, en efecto, la cuestión de si el establecimiento, en la orden ministerial, de un régimen de especial protección del lobo para la zona al norte del Duero no entraña la violación del régimen legalmente previsto para la misma especie y zona geográfica. En efecto, en la Ley del Patrimonio Natural (art. 54.1), las especies que se enumeran en el anexo VI (donde figuran las poblaciones de lobo al norte del Duero) son objeto de una directa regulación, que permite la "recogida en la naturaleza" de especímenes[47].

[45] J. Cassinello Roldán, *La caza como recurso renovable y la conservación de la naturaleza*, Madrid, Libros de la Catarata, 2013, pág. 119. El autor se plantea incluso la dificultad de conciliar una eventual prohibición de la caza con la necesidad de controlar la abundancia de algunas especies y mantener las coordenadas del mundo rural.

[46] Orden TED/980/2021, de 20 de septiembre de 2021, en *Boletín Oficial del Estado,* 21 de septiembre de 2021, por la que se modifica el anexo del RD 139/2011, para el desarrollo del Listado de Especies Silvestres en Régimen de Protección Especial y del Catálogo Español de Especies Amenazadas. La modificación consiste en incluir al lobo en el Listado (no en el Catálogo), sin circunscribirlo al sur del río Duero como sucedía con anterioridad. En la prensa de 22 de septiembre de 2021 se anuncian recursos judiciales contra la orden ministerial por todas las comunidades autónomas directamente afectadas: Galicia, Asturias, Castilla y León, y Cantabria, también por parte de la Real Federación Española de Caza. Por otro lado, la Asociación para la Conservación y Estudio del Lobo Ibérico (ASCEL), que promovió el expediente, se plantea asimismo recurrir contra la orden ministerial por considerar insuficiente la protección que dispensa al lobo. En las webs correspondientes, fácilmente localizables, se encuentra abundante información sobre estas acciones.

[47] Art. 54.1 de la Ley del Patrimonio Natural, en la redacción vigente establecida por la ley 33/2015, que en este punto se limita a reproducir el art. 52.1 de la Ley 42/2007 en

En la sistemática de la ley, ese régimen se ubica al inicio de las medidas de conservación de las especies de fauna y flora silvestre, donde se diferencian claramente: a) las medidas de conservación que podríamos llamar generales, consistentes en remitir a lo establecido en los sucesivos artículos 56 y 58, donde se regulan el Listado de Especies Silvestres en Régimen de Protección Especial y el Catálogo de Especies Amenazadas[48], y b) las medidas específicamente relativas a las especies enumeradas en el anexo VI[49].

Parece, pues, que el lobo al norte del Duero es objeto de un régimen particular previsto en una norma con rango de ley. Se ha establecido una de las llamadas reservas formales de ley, que derivan de la directa regulación de una materia en un texto legal, de manera que admiten la posterior deslegalización por una nueva ley de signo contrario[50]. Pero, en nuestro caso, el legislador no ha intervenido: la Administración, por su cuenta, ha tomado la decisión de aplicar al lobo en el norte del Duero un régimen distinto del impuesto en la Ley del Patrimonio Natural.

Obsérvese que estamos planteando la cuestión en términos de estricto derecho positivo interno. Si no contáramos con la opción ejercida en la Ley del Patrimonio Natural, el reconocimiento en la Directiva de Hábitats de la frontera fluvial para diferenciar el tipo de gestión de la especie en España no impediría el establecimiento de normas de adicional o superior protec-

---

su texto original. De cualquier manera, téngase en cuenta que, en los términos del precepto legal, han de adoptarse las medidas precisas para que la "recogida" de especímenes, así como la "gestión de su explotación", sean compatibles con el mantenimiento de un estado de conservación favorable de la especie. El anejo VI de la misma ley, al que se remite el precepto, va titulado "Especies animales y vegetales de interés comunitario cuya recogida en la naturaleza y cuya explotación pueden ser objeto de medidas de gestión" e incluye el "Canis lupus (poblaciones españolas al norte del Duero)".

[48] Esas medidas generales se establecen en el primer párrafo del art. 54.1 de la Ley del Patrimonio Natural: "La Administración General del Estado y las comunidades autónomas, en el ámbito de sus respectivas competencias, adoptarán las medidas necesarias para garantizar la conservación de la biodiversidad que vive en estado silvestre, atendiendo preferentemente a la preservación de sus hábitats y estableciendo regímenes específicos de protección para aquellas especies silvestres cuya situación así lo requiera, incluyéndolas en alguna de las categorías mencionadas en los artículos 56 y 58 de esta ley".

[49] Esas medidas especiales se establecen en el segundo párrafo del art. 54.1 de la Ley del Patrimonio Natural: "Igualmente, deberán adoptar las medidas que sean pertinentes para que la recogida en la naturaleza de especímenes de las especies de fauna y flora silvestres de interés comunitario, que se enumeran en el anexo VI, así como la gestión de su explotación, sea compatible con el mantenimiento de las mismas en un estado de conservación favorable".

[50] Como se recordará, las reservas materiales de ley, en cambio, no pueden ser objeto de deslegalización, dado que al estar previstas en la Constitución exigen siempre la observancia del rango normativo impuesto en el texto fundamental.

ción por parte del Estado (*ex* art. 193 del Tratado de Funcionamiento de la Unión Europea).

Ha sido el legislador patrio el que ha echado la llave de la reserva de ley en la materia. Una reserva que afecta la relación de especies contenida en el anejo VI de la Ley del Patrimonio Natural. Así, cuando en la disposición final 8ª.1 de la misma ley se faculta al gobierno para introducir cambios en los anexos legales, explícitamente se condiciona y limita tal potestad, que solo puede ejercerse "con la finalidad de adaptarlos a las modificaciones que, en su caso, introduzca la normativa comunitaria". Insistimos: ha sido el propio legislador español el que ha decidido reforzar el valor de los anexos legales impidiendo en todo caso su alteración por vía reglamentaria. La consecuencia parece clara: violación por la orden ministerial del régimen del lobo garantizado en la ley.

Infracción de la legalidad. El mismo contenido de la orden ministerial que estamos examinando suscita dudas de legalidad. La inclusión de todos los lobos del territorio nacional en el Listado de Especies de Protección Especial se hace en dicha orden admitiendo la pervivencia, sin límite temporal explícito, de los regímenes autonómicos de "extracción y captura de ejemplares" adoptados con anterioridad, regímenes que, no obstante, se subordinan "a las condiciones y a las limitaciones previstas en el artículo 61.1.b), c) y d) de la Ley del Patrimonio Natural", además de a lo que llegue a establecerse en la Estrategia de Conservación y Gestión del Lobo[51]. Ambos requisitos suscitan perplejidades.

La remisión a las excepciones del artículo 61.1 de la ley en cuestión se hace en la orden ministerial excluyendo sorprendentemente las relacionadas con la salud y seguridad de las personas[52]. Por añadidura, a continuación, en la misma orden, las medidas de extracción y captura de ejemplares se subordinan al cumplimiento de unos requisitos entre los que destaca la exigencia de que "no exista otra solución satisfactoria"; algo que a primera vista pudiera parecer sensato, pero que, en la redacción de la norma minis-

[51] Disposición adicional 1ª.1 de la Orden TED/980/2021.

[52] En los términos de la Ley del Patrimonio Natural, la inclusión de los lobos en el Listado de Especies de Protección Especial debiera implicar, por una parte, la prohibición de "cualquier actuación hecha con el propósito de darles muerte, capturarlos, perseguirlos o molestarlos", [art. 57.1.b)]. Sin embargo, por otra parte, esa genérica prohibición, en la propia Ley, es compatible con el apoderamiento a la Administración competente para establecer "un sistema de control de capturas o muertes accidentales" (art. 57.2) y para aplicar, "si no hubiere otra solución satisfactoria", el largo enunciado de excepciones legales a las prohibiciones previamente establecidas en la misma ley, salvedades que incluyen, entre otras, razones de salud y seguridad de las personas o prevención de perjuicios importantes para el ganado (art. 61.1).

terial, se transforma en el establecimiento de un conjunto indeterminado de obligaciones para los ganaderos, a quienes se exige demostrar que "han aplicado adecuadamente" medidas preventivas conforme a un catálogo elaborado por el Ministerio, "así como otras medidas de protección" valoradas favorablemente por la comunidad autónoma "o para las cuales se disponga de evidencia científica sobre su efectividad"[53].

En cuanto a la remisión que en la repetida orden ministerial se hace a la Estrategia de Conservación y Gestión del Lobo, se plantean asimismo algunas dudas[54]. En primer lugar, sobre la validez del apoyo normativo reclamado a tal fin, dado que el régimen legal de las estrategias de conservación se refiere a "especies amenazadas" incluidas en el Catálogo correspondiente (art. 60.1 de la Ley del Patrimonio Natural), lo que no es el caso del lobo y aunque, ciertamente, se permite también que la Conferencia Sectorial de Medio Ambiente apruebe estrategias en otros supuestos excepcionales, la concurrencia de estos en relación con el lobo merecería alguna demostración[55]. En segundo término, se suscita la cuestión del alcance de las estrategias que examinamos, configuradas legalmente como "marco orientativo"

[53] Disposición adicional 1ª.2 de la Orden TED/980/2021: "En concreto, se podrán aplicar medidas de extracción y captura de ejemplares que cuenten con una autorización administrativa que se conceda por la autoridad competente de la Comunidad Autónoma, siempre que cumplan los siguientes criterios: a) No exista otra solución satisfactoria, esto es cuando se haya demostrado que se han aplicado adecuadamente por parte de las explotaciones afectadas medidas preventivas o de protección del ganado, y estas hayan resultado ineficaces, teniendo para ello en cuenta el catálogo de medidas de protección del ganado ante eventos de depredación del lobo publicado por el Ministerio para la Transición Ecológica y el Reto Demográfico, así como otras medidas de protección que hayan sido previamente valoradas favorablemente por la comunidad autónoma o para las cuales se disponga de evidencia científica sobre su efectividad. b) Se justifique con el mejor conocimiento disponible que la medida de extracción y captura de ejemplares no afecta negativamente al estado de conservación favorable de la especie. c) Se justifique la existencia de perjuicios importantes para el ganado en las explotaciones afectadas, atendiendo a posibles daños recurrentes o significativos. Las medidas deberán ser selectivas, realizarse en un tiempo lo más próximo posible al perjuicio y lo más cercano a las explotaciones afectadas y deberá realizarse un seguimiento de la efectividad de las actuaciones de extracción."

[54] Disposición adicional 2ª de la Orden TED/980/2021.

[55] Art. 60.1 de la Ley del Patrimonio Natural, conforme a la redacción establecida por ley 33/2015, que amplía el ámbito de las estrategias para incluir también las especies "que resultan clave para el funcionamiento de los ecosistemas presentes en más de una comunidad autónoma" y genéricamente "las estrategias de lucha contra las principales amenazas para la biodiversidad", aunque en todo caso debe darse prioridad "a las que afecten a mayor número de especies incluidas en el Catálogo Español de Especies Amenazadas". En la versión original de la ley 42/2007, el entonces art. 57 únicamente regulaba "las estrategias de conservación de especies amenazadas presentes en más de una comunidad autónoma".

de los planes de conservación y recuperación de las especies amenazadas incluidas en el Catálogo, mientras que en la orden ministerial comprenden "condiciones y limitaciones" aplicables a las autorizaciones autonómicas de extracción y captura de ejemplares[56].

Es posible que se ofrezcan interpretaciones a fin de salvar las anteriores tachas de ilegalidad que pesan sobre la orden ministerial de inclusión de todos los lobos de la península en el Listado de Especies de Protección Especial. De cualquier manera, lo que resulta evidente es que en su adopción se ha impuesto un criterio estatal que no coincide con las posiciones defendidas por las autoridades autonómicas ni tampoco con las exigencias establecidas por las instituciones europeas. Legalidad dudosa y oportunidad discutible.

[56] Véase art. 60.1 de la Ley del Patrimonio Natural *versus* disposición adicional 1.ª de la Orden TED/980/2021.

LE JUSTE ET L'UTILE. LE DROIT DE L'ENVIRONNEMENT IMPULSION POUR LE DROIT ADMINISTRATIF

JACQUELINE MORAND-DEVILLER*
Francia

La recherche des fondements du droit est une aventure intellectuelle parmi les plus séduisantes qui ne cesse de tourmenter juristes et philosophes. En réaction contre les sophistes de la Grèce antique, habiles à soutenir tout et son contraire et à se perdre dans les délices de la complexité les maîtres de la pensée socratique recherchèrent l'ordre et l'unité autour du concept du *Juste* qui sera et demeure l'idéal majeur. La période contemporaine a vu la naissance d'un autre paradigme, plus réaliste, celui de l'*Utile*, concept qui n'avait pas échappé à ARISTOTE mais qui devait, selon lui, demeurer secondaire. Il le demeura longtemps mais prit peu à peu de l'importance jusqu'à occuper la première place dans la célèbre Ecole de l'utilitarisme, qui inaugurait une querelle, née à la fin du XVIIIème siècle entre le pragmatisme anglo-saxon et le conceptualisme romano-germanique. Selon les utilitaristes le fondement du droit reposerait sur la satisfaction des besoins des hommes : ce qui leur est utile est juste[1].

• Désormais chacun s'accorde pour penser que les deux fondements s'unissent sans s'opposer. Si l'utilitarisme se porte plutôt bien, le Juste revient en force avec l'irrésistible aspiration à des droits fondamentaux universels, facteurs d'ordre et d'harmonie.

La question se pose alors de savoir s'il ne serait pas temps de transcender l'opposition entre le Juste et l'Utile en mettant en relief leur *complémentarité.* C'est aborder d'une autre manière l'éternelle querelle du jusnaturalisme et du positivisme juridique. Le Juste mérite la préséance mais il ne peut se réaliser qu'en s'appuyant sur l'utile. Les généreux concepts sur lesquels se fonde le Juste n'auraient aucun sens s'ils n'étaient complétés par des normes

* *Doyen honoraire. Professeur émérite de l'Université Paris I Panthéon Sorbonne.*

[1] Les théoriciens de l'utilitarisme dont JEREMY BENTHAM, sont Anglais, fidèles à un tempérament pragmatique et résolument critiques à l'égard du dogmatisme de certains théoriciens français et de la Déclaration des droits de 1789, jugée abstraite et incantatoire. Dès JOHN LOCKE, les temps sont venus d'abandonner les jeux intellectuels, « sans fond, ni rive » et les discussions dans le vide sur le surnaturel et la métaphysique. V. JEAN-JACQUES CHEVALLIER, « *Histoire de la pensée politique* », Payot, 1979, tome 2, p. 25.

du droit positif destinées à assurer leur respect *: l'Utile est au service du Juste.* Réciproquement, la règle, si perfectionnée soit-elle, ne trouve sa justification que si elle prend appui sur des principes fondamentaux propres à l'inspirer : *le Juste est au service de l'Utile*[2].

• Une branche du droit illustre parfaitement cette évolution en transcendant magistralement l' opposition entre le Juste et l'Utile il s'agit du droit de l'environnement qui s'abreuve, plus que les autres droits, à des sources où le Juste tient une place essentielle du fait de l'importance des équilibres naturels et des risques d'entropie si ces équilibres sont rompus mais qui aussi doit aussi répondre au besoin de bien être des hommes de manière concrète en édictant des normes utiles à la protection de l'homme et de la nature, de l'un et de l'autre, de l'un par l'autre, nouvelle approche du « principe d'humanité ».

• Pour rendre hommage au professeur LIBARDO RODRIGUEZ c'est autour de ces deux fondements unifiés du droit que sera construite une réflexion cherchant à démontrer l'importance du rôle joué par le droit de l'environnement. A peine sorti de l'adolescence et considéré à l'origine, comme un droit suiveur, une discipline secondaire et spécialisée[3], le droit de l'environnement s'est en peu de temps imposé comme étant si fondamental que ses objectifs et ses principes, consacrés dans la constitution de nombreux pays, s'imposent aux autres droits, donnant vie à ce qui n'était encore qu'en gestation : c'est un *droit maïeutique.*

• C'est aussi un droit *de la réconciliation* qui s'est concilié l'un de ses principaux rivaux, le droit du développement économique et nul ne conteste désormais que la protection de l'environnement, loin d'être un frein à ce développement économique, en est l'un des moteurs les plus performants à condition qu'il soit « durable ».

C'est un *droit du vivant* qui permet une nouvelle approche du droit naturel et impose de remonter aux causes premières — « l'origine est devant nous » —, disait HEIDEGGER. Il transforme les bonnes vieilles théories sur le droit naturel en les faisant sortir de leur carcan conceptuel pour les mettre au service de notions concrètes intimement liées à la vie : biodiversité, bioéthique, écosystèmes, conservation et perpétuation des espèces.

[2] Voir le plaidoyer des privatistes contre les dangers du positivisme et de l'utilitarisme dans « *Le Juste et l'utile* », Archives de philosophie du droit, tome XXVI, Sirey 1981».

[3] Mon université Paris I Panthéon-Sorbonne fut, avec quelques autres universités de province, l'une des rares à créer une formation de 3ème cycle spécialisée en droit de l'environnement dans les années 1970. De nombreux étudiants d'Amérique latine en sont diplômés et de nombreuses thèses y ont été soutenues. La généralisation de cet enseignement dans les Facultés de droit dût attendre longtemps.

Il donne à la règle une ambition qui bouscule à la fois le temps et l'espace. Le village est planétaire et les territoires écologiques ont des périmètres bien différents des limites administratives traditionnelles. Quant à la déclinaison du temps, elle doit se projeter vers les générations futures, et le politique trop familier du court terme doit apprendre à respecter les exigences de la durée et de l'anticipation.

• La nouveauté et l'ampleur des défis lancés par la protection de l'environnement ont contraint l'ensemble des droits, d'abord le droit public et le droit pénal puis le droit civil, à la créativité. D'importante réformes longtemps retardées verront le jour poussées par l'urgence à réagir et ce jeune droit est sans doute l'un de ceux dont l'influence sur les autres droits a été la plus forte. Seront présentés ici les plus significatives évolutions du droit et du contentieux administratif français des cinquante dernières années qui furent impulsées par le droit de l'environnement. Ces transformations sont dues principalement au Conseil d'Etat, à la fois dans sa jurisprudence et dans son rôle de conseil du législateur.

• Fidèle à sa tradition de prudence sa jurisprudence n'a évolué que lentement et, dans les années 1970-80 bien peu d'arrêts mettaient en avant la protection de la nature et la lutte contre les pollutions qui se limitait à l'application du vieux droit sur les installations classées. Le changement s'observe à partir des années 1980 alors que l'environnement venait tout juste de se voir octroyer un ministère en I970 et qu'intervenait la première loi générale sur la protection de la nature le 10 juillet 1976. Depuis lors, la progression, toujours précautionneuse, ne s'est jamais arrêtée d'autant que les textes se sont multipliés, à l'excès comme dans les autres droits. L'Union économique européenne qui ignorait l'environnement à l'origine est passée en peu d'années du « presque rien au presque tout », aucun règlement ou directive ne pouvant ignorer les préoccupations environnementales et le travail d'interprétation des juges nationaux s'est développé en même temps qu'une certaine liberté pour faire avancer le droit.

Ces évolutions seront présentées au regard de la double finalité du Juste et de l'utile étant entendu que les deux sont intimement liés. La réflexion s'ordonnera autour de l'idée que droit administratif doit s'adapter aux ambitieuses exigences à la fois du Juste dans sa recherche d'harmonie et d'équité (I) et de l'Utile dans sa recherche de bonheur et d'efficacité (II).

1. Le Juste

Le Juste sera d'abord présenté comme un concept d'harmonie non pas éthique mais esthétique et on se risquera à dire que grâce au droit de l'environnement le Beau a enfin fait son entrée en droit administratif. On mettra aussi en valeur l'idée d'une harmonie dans la gestion des biens avec le renouveau de la *res communis.* Dans une approche plus traditionnelle, le Juste apparaît enfin comme un facteur d'équilibre, de juste milieu, d 'équité qui se traduit en droit par la proportionnalité.

A) *Le Beau. Droit administratif, esthétique, Bien commun*

• Le droit entretient des rapports délicats avec le *Beau*, ce concept trop marqué par la subjectivité et l'irrationnel. Semblable méfiance existe à l'égard de la morale mais comme celle-ci a été supplantée par les « éthiques », elle n'effraie plus mais au contraire rassure et les politiques et les juristes s'en sont emparé avidement pour proclamer de grands principes qui enrichissent l'univers du droit. En sera-t-il de même pour l'esthétique ? Non sans doute.

• La doctrine resta longtemps réservée, presque indifférente, hormis quelques voix isolées[4] auxquelles il convient de rendre hommage et la jurisprudence se montrait réticente sinon hostile pour admettre que l'esthétique puisse être une composante de l'intérêt général. Ceci se vérifiait en matière de police administrative, le Conseil d'Etat annulant par exemple, en 1983, un arrêté municipal cherchant, en toute bonne foi, à mettre un peu d'ordre et de goût dans l'aménagement d'un cimetière : le « bon ordre n'est pas le « bel ordre ».

• On ne discute plus guère aujourd'hui la question de savoir si la perception du Beau doit être objective ou subjective tant il apparaît évident qu'elle est indissolublement l'un et l'autre. Platon et Kant se rejoignent : la beauté existe avant nous, sans nous et hors de nous dans le monde suprasensible des Idées, comme le soutient le premier mais la beauté d'une chose, comme l'exprime le second, ne tient pas seulement à la nature de cette chose mais au libre jeu de l'imagination et de l'entendement de celui qui la regarde.

Le jugement de goût est certes subjectif mais il est susceptible d'être partagé par un très grand nombre et de réfléchir, comme dans un miroir, une multitude de jugements identiques et désintéressés. Comme il y a un Bien commun, il y a un sens esthétique commun, ce que Kant exprimait dans une formule célèbre : « Est beau ce qui plaît universellement et sans concept ». Il est du devoir du politique et du juriste, non pas de chercher à définir le Beau, ou de lui donner des critères de reconnaissance —au risque de verser

[4] Voir Paul Duez, *« Police et esthétique »*, publié en 1927 et René Charlier pour qui *« L'esthétique a elle seule est un ordre. ...sa pratique comporte une discipline. En tous cas elle est créatrice d'ordre et d'harmonie »* (« Les fins du droit public moderne », RDP, 1947.

dans une désastreuse esthétique politique officielle— mais de dégager ce sens commun esthétique, universellement partagé[5].

• L'esthétique n'a d'existence en droit que grâce à la consécration des textes. Le propos d'Aristote n'a rien perdu de sa force et de sa clairvoyance : « Le Beau et le Juste sont d'interprétation si vaste et si susceptible d'erreur qu'ils ne paraissent avoir d'être que grâce à la loi et non par un effet de la nature ». Même s'ils préexistent à la règle c'est elle qui leur donne l'« être » c'est-à-dire une force au-delà de l'Idée, une force juridique.

• Le droit de l'environnement est devenu une terre d'élection de l'esthétique lorsque celle-ci a été consacré par les textes obligeant la jurisprudence à s'adapter à cette évolution. L'idée selon laquelle « le beau ne se décrète pas » se révéla fausse. Si la finalité esthétique n'a pas été constitutionnalisée[6] en France à la différence de certains pays elle est devenue un élément à part entière du droit et du contentieux administratif ce qui se constate dans différents domaines.

La finalité esthétique apparaît au début du XXème siècle avec la législation sur les monuments historiques (loi de 1913 toujours en vigueur). Le classement du monument, propre à justifier de lourdes servitudes pour assurer sa protection se donne pour critère l'intérêt historique et *« artistique »*, c'est-à-dire un critère esthétique. A l'origine élitiste et singulier, ne concernant que des monuments isolés et d'intérêt exceptionnel, son champ d'application n'a cessé de s'élargir à des constructions et œuvres plus modestes répondant à une esthétique presque populaire : patrimoine industriel, rural ... et il est apparu nécessaire de protéger aussi l'environnement immédiat des monuments, leur « écrin », destiné, comme pour un bijou, à le mettre en valeur : la loi du 25 février 1943 complètera celle de 1913 afin de protéger les « *abords* » des monuments historiques, législation redoutée des constructeurs et des élus locaux.

• Cette démocratisation de l'esthétique patrimoniale s'exprimera plus tard par une volonté de *planification*. La politique de *restauration immobilière*, chargée de mettre fin aux excès désastreux, dans les années d'après guerre de la rénovation urbaine responsable de la démolition de nombreux

[5] Voir J. MORAND-DEVILLER, *« Esthétique et patrimoine »*, AJDA mai 1993; « *Esthétique et droit de l'urbanisme* », in Mélanges René Chapus, LGDJ, 1994; « *Le droit de l'urbanisme et le Beau* », Archives de philosophie du droit 1996, *« Ethique et esthétique »* in La responsabilité administrative. Nouvelles perspectives, Economica, 2003.

[6] La Constitution française de 1958 ne fait pas de place à l'esthétique et la « Charte de l'environnement » adossée à la Constitution n'y fait pas référence. Les « équilibres naturels » évoqués restent des équilibres biologiques et non paysagers ou architecturaux et la qualité de l'environnement concerne le droit de l'homme à un environnement sain sans se soucier de sa beauté.

centres anciens des villes, et le régime *des secteurs sauvegardés*, né de la loi du 4 août 1962, ont donné d'excellents résultats. La finalité esthétique est expressément retenue par le législateur puisque le plan de sauvegarde concerne des zones présentant « un caractère historique et *esthétique...* ».

• Cette évolution d'une esthétique élitiste vers une esthétique démocratisée se retrouve lorsque l'on fait le bilan des textes protecteurs du *patrimoine naturel.* Les premières lois protectrices qui remontent à 1906 et 1930 s'inspiraient du régime des monuments historiques Par la suite, de nombreuses législations spéciales interviendront, destinées à protéger certains espaces naturels menacés : loi sur les parcs nationaux (1963), loi montagne (1985), loi littoral (1986).

La démocratisation du patrimoine naturel se renforce lorsque le *« paysage »* lui-même devient objet de droit. Ce paysage dont Baudelaire a dit qu'il ne valait « que par celui qui le regarde », Victor Hugo ayant précisé qu'il « ne se fait pas avec de la géométrie » est une notion difficile à définir, sauf à insister sur l'intimité du sujet et de l'objet [7] mais sa défense est assurée par des associations de défense énergiques : ainsi de la fondation, en 1901, de la « Société pour la protection des paysages et de l'*esthétique* de la France ».

Plus généralement, le droit de l'urbanisme fait de l'esthétique une contrainte pour les planificateurs et les constructeurs qui devront respecter une « insertion harmonieuse dans l'environnement » et diverses conditions pour l'obtention des autorisations de construire fixées dans l' article R 111-27 dit « esthétique » du code de l'urbanisme.

• Le juge administratif a donc été contraint d'accueillir l'esthétique dans sa jurisprudence en matière d'urbanisme et d'aménagement du territoire. Jusque dans les années 1980 priorité était donnée à la réalisation des grands projets d'aménagement présumés d'intérêt général mais lorsque la protection environnementale devint une nécessité première, l'harmonie et l'équilibre furent inscrits dans les textes [8] et si le terme de Beau ou Beauté font encore peur au juge qui ne les retiennent pas expressément[9] ils s'insèrent dans des expressions plus neutres qui n'enlève rien à leur force juridique[10].

[7] La promotion du paysage a pour initiateur le mouvement romantique lancé par des artistes, notamment les peintres qui, au XIXème siècle refusèrent, dans leurs tableaux, de réduire le paysage au rôle de faire-valoir s'effaçant devant les personnages ou les natures mortes

[8] V L'harmonie et l'équilibre sont des principes fondamentaux du code de l'urbanisme (art. L 110 et L 121-1).

[9] Si le terme « esthétique » ne figure pas expressément, il est sous entendu, notamment dans l'expression « *remarquable* » que l'on retrouve dans ces textes : « espaces, paysages et milieux les plus remarquables du patrimoine naturel et culturel ».Il est évident que ce caractère remarquable s'entend de la beauté et de l'harmonie des lieux.

[10] En 1919, le législateur avait qualifiés les premiers plans d'urbanisme de « projets d'aménagement, *d'embellissement* et d'extension des villes ». La préoccupation d'es-

• La même évolution s'observe à l'égard de l'autre visage du Juste, dont les liens avec le Beau sont reconnus : le *Bien commun* qui sera ici envisagé sous son aspect particulier de *patrimoine commun.* Ce concept peut certes apparaître comme une « fiction » sinon une « mystification »[11], *n'ayant guère de portée effective* car elle est impartie à des entités sans personnalité juridique, ici les « êtres humains », là l'« humanité », là la « nation » [12].

Et il est vrai que cette promotion est davantage déclamatoire que programmatoire[13], car la communauté du patrimoine n'a de réalité que lorsque les biens sont inexploitables et n'intéressent personne. Lorsqu'une exploitation, du fait des progrès scientifiques, devient possible, l'appropriation par les États est immédiate, et les profits tirés des ressources n'ont pas vocation au partage : c'est le cas du domaine public hertzien. La seule réussite d'une gestion commune efficace est celle du patrimoine culturel classé « patrimoine mondial » par l'Unesco, sans que l'on touche à la propriété des biens.

• Mais on assiste actuellement à une relance de ce débat avec le développement du concept de *« biens communs environnementaux ».* La rareté prévisible de certains de ces biens, comme l'eau et la forêt, leur surexploitation dans un but mercantile sont à l'origine de mouvements altermondialistes qui prônent un partage équitable des biens et une exploitation profitable à tous. Pour les juristes, il s'agit, timidement encore, d'un retour non de la *res nullius* qui peut entraîner le gaspillage, mais de la *res communis* mise au service de la *solidarité,* ce concept phare du droit de l'environnement.

Le droit de l'environnement impose au droit administratif une nouvelle manière de gérer les biens publics avec l'obligation de transmettre certains d'entre eux, conservés et mis en valeur, aux générations futures. Le patrimoine des biens environnementaux est avant tout un « *héritage* »

---

thétique urbaine n'avait pas peur alors de s'afficher dans l'intitulé d'une loi : ce sera la première et la dernière fois.

[11] V. Jacqueline Morand Deviller, « *Le patrimoine commun, fiction, mystification, fonction* »

[12] Le fond des océans, la stratosphère, le génome humain sont classés « patrimoine commun de l'humanité »; le territoire français, l'eau (art. L. 210-1), « les espaces, ressources et milieux naturels, les sites et paysages, la qualité de l'air, les espèces animales et végétales, la diversité et les équilibres écologiques auxquels ils participent » (art. L. 110) sont classés « patrimoine commun de la nation ». Et plus généralement la Charte de l'environnement proclame que « l'environnement est le patrimoine commun des êtres humains ».

[13] Jean Charpentier, «*L'humanité : un patrimoine mais pas de personnalité juridique*», in Mélanges A. Kiss, Bruylant p. 17. René-Jean Dupuy « *Réflexions sur le patrimoine commun de l'humanité*», Droits, n°1, 1985 et « *L'humanité dans l'imaginaire des nations* «, Julliard, 1991, p. 222. Voir aussi A-C Kiss, « *Patrimoine commun de l'humanité* «, Recueil des cours de l'Académie de droit international de La Haye, 1982, II, tome 175.

un emprunt dont le propriétaire n'est que le dépositaire, le garant, ce que les vénérables théories sur le droit de garde et de surintendance ont depuis longtemps mis en valeur : « Nous n'avons pas hérité la terre de nos ancêtres. Nous l'avons empruntée à nos enfants » constate le beau précepte des Indiens d'Amazonie. La prise de conscience des menaces de dégradation et de destruction des éléments indispensables à la survie de l'humanité et la nécessité de protéger ces biens conduit à imposer aux responsables publics de nouveaux modes de gestion des biens publics non marchands, contrepoids de la valorisation économique d'autres biens poursuivie par ailleurs.

• Quant à l'universalité de ce patrimoine commun elle n'est guère acquise sur la scène internationale, qui préserve l'autonomie des Etats. Mais un concept nouveau a été dégagé par les économistes, celui de « *biens globaux* » dont les enjeux dépassent les frontières nationales et dont la gestion en faveur d' « une paix plus solide, une prospérité mieux partagée, un environnement épargné » (Koffi Annan) ne peut être livrée aux seuls marchés. Une évolution s'observe pour le renforcement des *servitudes environnementales* pesant sur les Etats, assorties de sanctions pour manquement et la Cour internationale de justice et le Tribunal international de la mer commencent à être saisis de grandes affaires environnementales qui font aussi l'objet de sentences arbitrales. Un corpus normatif accepté par l'ensemble des Etats pourrait se dégager.

La vénérable *res communis* nous revient donc un brin changée et toute ragaillardie, portant à réfléchir sur une autre manière de concevoir la propriété individuelle en renforçant l'idée du « patrimoine-but » et de la «fonction environnementale ». Les « forces imaginantes du droit « sont de plus en plus sollicitées.

• L'harmonie dans la communauté a conduit à modifier le processus de décision en introduisant le *principe de participation.* Faisant suite au droit à l'information et à la concertation, la *participation* est un degré supérieur permettant aux citoyens d'être associés à la préparation et à la prise de décision administrative. Inscrite dans la loi dès 1995, la Charte de l'environnement de 2004 l'a constitutionnalisée (art 7) et la Convention d'Aarhus de 1998[14], à la rédaction très précise, lui a donné une portée européenne.

Limitée aux décisions prises en matière d'environnement, ce principe a tendance à s'élargir à la décision administrative en général afin de parvenir

[14]. Convention signée le 23 juin 1998 à Aarhus au Danemark portant sur l'accès à l'information, la participation du public au processus décisionnel et l'accès à la justice en matière d'environnement.

à l'édiction de normes négociées plutôt qu'imposées en élargissant le cercle des acteurs[15]. Mais les résistances à une participation qui exerceraient une influence directe sur les choix de l'administration sont fortes et, dans les faits, les opérations restent limitées à un débat et à une consultation laissant toute liberté ensuite à l'administration [16].

B) *L'équité. Droit administratif, équilibre et proportionnalité*

• Le Juste c'est aussi la mesure, l' équilibre, un juste milieu entre deux excès, c'est le point où se tient le fléau de la balance toujours en mouvement car la règle doit être « de plomb » disait Aristote, un métal suffisamment souple pour pouvoir être adapté.

• La fertilisation du droit administratif par le droit de l' environnement s'observe dans un renouvellement de ses finalités et des modalités propres à les satisfaire. Il s'agit de trouver un équilibre entre les trois branches du *développement durable* : le développement économique, le progrès social et la protection de l'environnement en conciliant des intérêts divergents, en évitant le trop et le trop peu pour faire que ces intérêts au départ antagonistes deviennent complémentaires.

Né à la fin des années 1960, avec l'apparition de problèmes environnementaux dépassant les frontières, tels que les pluies acides ou la pollution des eaux, ce concept est conçu à l'origine par les économistes pour réagir contre le paradigme de la croissance à tout prix[17]. Très vite il va s'imposer à l'ensemble des décisions administratives et politiques et il conduit l'administration à concevoir un nouvelle modalité dans son action celle de la *gestion intégrée* qui s'est traduit par les progrès de la collaboration entre le *droit économique et le droit de l'environnement.* Le développement des instruments économiques de la protection de l'environnement est à l'origine d'une fiscalité environnementale et de l'intégration des objectifs environnementaux dans le droit des biens, le droit des contrats, le droit de la responsabilité au titre des exceptions aux droits et libertés économiques :

[15] V. Rapport public du Conseil d'Etat en 2011 : « Consulter autrement. Participer effectivement ».

[16] L'exemple en est donné par le « Grand débat national sur la transition économique et solidaire » qui, après une consultation en ligne, s'est poursuivi, entre janvier et avril 2019, au sein d'une Commission dont les membres avaient été tirés au sort. Si la mobilisation médiatique a été un succès, les conclusions de ce débat n'ont été que faiblement reprises dans les décisions qui ont suivi. Quant au référendum décisionnel, il est très encadré et d'usage restreint.

[17] Le Rapport Brundtland (1987) lui donne une excellente définition : *« un développement qui s'efforce de répondre aux besoins du présent sans compromettre la capacité des générations futures à répondre aux leurs ».*

droit de propriété, liberté d'entreprendre, liberté de circulation des biens et des services qu'il s'agisse de réglementation ou de régulation. Le Code de la commande publique fait du développement durable un objectif majeur, et les caractéristiques environnementales sont prises en compte pour déterminer l'offre la plus avantageuse lors de la passation du marché.

• La « durabilité » rappelle aussi que le temps de l'environnement est souvent long et que les conséquences des actions publiques ou privées ne s'observent que bien longtemps après qu'elles se soient produites et sont d'autant plus graves que le dommage est souvent irréversible. Le droit de l'environnement a cherché à répondre à cette situation particulière en mettant en valeur deux modalités d'action qui n'ont pas manqué d'influencer le droit administratif en général. Il s'agit de l'*anticipation* et de la *précaution.*

L'*anticipation* a d'abord eu une portée limitée en cherchant à évaluer les effets sur l'environnement des projets de travaux et d'aménagement publics et privés. Dès la loi du 10 juillet 1796 sur la protection de la nature une *étude d'impact* a été rendue obligatoire dont les exigences se sont renforcées par la suite. On cherche à intervenir très en amont de la décision administrative, à analyser la situation existante, les choix envisageables et les moyens à mettre en œuvre afin de parvenir aux meilleurs choix possibles. Cette démarche s'est élargie à d'autres décisions prenant la forme *d'une évaluation environnementale* et l'anticipation des conséquences à attendre des décisions s'est généralisée tant et si bien qu' une étude d'impact est désormais rendue obligatoire pour les *projets de loi* depuis la loi du 15 avril 2019 et pour les *propositions de lois* depuis 2013. Il s'agit d'améliorer la qualité des lois en évaluant les objectifs et les options possibles, les conséquences économiques, financières, sociales et environnementales du projet, les motifs des réformes proposées et leur articulation (intégration) avec les textes existant. La pratique montre que les parlementaires considèrent cette obligation plus comme une formalité juridique que comme une aide à la décision publique, ce qui est regrettable, et des études sont en cours pour répondre à cette résistance à la traditionnelle lenteur des politiques à mettre en application les réformes qui contrarient leurs habitudes.

• Dans l'*Éthique à Nicomaque,* Livre VI, Aristote insiste sur une qualité essentielle à la démarche du législateur et du juge : la prudence. La jurisprudence c'est le jugement juste. Mais la *prudentia* du droit romain, consacrée comme une vertu cardinale par la doctrine chrétienne, avait été un peu oubliée à cause de son lien avec la morale. Et voici que le droit de l'environnement lui donne une nouvelle naissance avec la consécration du principe de *précaution,* laïcisé et débarrassé de ses liens avec l'éthique.

• Au principe de *prévention* fondé sur la volonté de combattre non le dommage, mais la menace elle-même, introduit en droit européen et repris par la Charte (art. 3), a été ajouté par le législateur, en 1995, le principe de *précaution.* En dépit des critiques et résistances, la Charte le consacre (art. 5) [18]. Il est d'application directe, mais sa portée est limitée, car il ne s'impose qu'aux autorités publiques, l'environnement doit être affecté « de manière grave et irréversible », et les mesures à prendre ne sont que provisoires (en attente de nouvelles connaissances scientifiques) et proportionnées. Très novateur et perturbateur, ce principe est séduisant dans sa volonté d' anticiper et tenter de maîtriser le hasard.

• Le juge ne l'applique qu'avec prudence mais la jurisprudence du Conseil d'État montre une prise en compté régulière l'ayant étendu notamment au domaine de la santé et, comme il a été dit, à la reconnaissance de l'utilité publique.

La précaution, est un concept bien adapté à notre époque, moins orgueilleuse à l'égard de l'homme et du progrès que les siècles précédents, reconnait enfin le poids de l'incertitude. Ici et là, ses détracteurs font valoir le frein dans la prise de risque, le progrès scientifique et l'esprit d'entreprise mais on peut tout aussi bien démontrer le contraire.

• La juste proportion avec son double aspect quantitatif (la règle d'or en mathématiques) et qualitatif (la divine proportion en architecture et en peinture) s'exprime en droit avec *le principe de proportionnalité* qui traduit une adéquation entre un but a priori légitime et les moyens pour l'atteindre[19]. Le juge recherchera si la décision a respecté le « triple test : adaptation, nécessité, proportionnalité » dans deux principaux domaines, la *police administrative* : proportionnalité entre la mesure de police et la menace à l'ordre public et les *sanctions administratives* : proportionnalité entre le délit et la peine consacrée par le droit répressif.

• Cet équilibre à trouver a profondément modifié le contentieux de l'*expropriation* avec un nouveau mode de contrôle, celui du *bilan,* où la protection de l'environnement tient une place importante. Un arrêt de principe met fin au contrôle trop abstrait de l'utilité publique en introduisant un contrôle *in concreto* à partir d'un bilan avantages et inconvénients de l'opération déclarée d'utilité publique[20]. Parmi les éléments à prendre en

[18] « Lorsque la réalisation d'un dommage, bien qu'incertaine en l'état des connaissances scientifiques, pourrait affecter de manière grave et irréversible l'environnement, les autorités publiques veillent, par application du principe de précaution et dans leur domaine d'attribution, à la mise en œuvre de procédures d'évaluation des risques et à l'adoption de mesures provisoires et proportionnées afin de parer à la réalisation du dommage ».

[19] Le principe de proportionnalité est consacré par le Traité sur l'Union européenne (art 5 § 4) s'imposant aux institutions et aux Etats membres.

[20] Arrêt CE Ass. 28 mai 1971" *Ville nouvelle Lille-Est* » (Grands arrêts de la jurisprudence Sirey 2021, n° 80), complété par l'arrêt CE 20 octobre 1972« *Société civile Sainte*

considération pour apprécier l'utilité publique, la protection de l'environnement pèse de tout son poids dans le plateau de la balance et le Conseil d'Etat vient de préciser qu'une opération qui ne respecterait pas le principe de précaution (cf infra) ne saurait être déclarée d'utilité publique/ CE Ass 12 avril 2013, « *Association Stop THT* » à propos de travaux concernant une centrale nucléaire. La lutte contre les pollutions : épuration des eaux, construction des installations de stockage des déchets et plus généralement la prévention des risques naturels prévisibles (loi du 2 février 1995) et des risques technologiques et naturels majeurs (loi du 30 juillet 2003) justifient aussi l'expropriation.

2. L'UTILE

Le droit utile c'est celui qui concrètement conduit à la qualité de la vie et au bien être, conduisant le droit à se préoccuper du bonheur de chacun et de tous. Il n'y parviendra que si les décisions et les jugements ont un « effet utile », grâce à des modes d'action efficaces et la promotion non seulement des droits des citoyens mais de leurs devoirs.

A) *Le Bonheur. Droit administratif et qualité de la vie*

• Au nom du réalisme, le Juste estimé trop conceptuel sera, au siècle des Lumières, refoulé par l'*Utile*, concept qui n'avait pas échappé à Aristote mais qui devait, selon lui, demeurer secondaire. Selon les utilitaristes, le fondement du droit reposerait sur la satisfaction des besoins des hommes : ce qui leur est utile est juste et une nouvelle finalité est donnée au droit : le Bonheu r. Reprenant l'idée d'utilité dégagée par David Hume et Helvétius, le londonien Jérémy Bentham (1748-1832) débute son *« Introduction to the principles of morals and legislation »* par le constat hardi suivant : « La nature a placé l'humanité sous le gouvernement de deux maîtres souverains, la douleur et le plaisir ». Il en déduit que l'utilité se mesure à partir de la satisfaction des bonheurs individuels —Saint AUGUSTIN avait recensé plus de cent définitions du bonheur— et dont la somme donne le bonheur collectif. Pour parvenir à la « maximisation du bonheur » pour le plus grand nombre l'utilitarisme s'appuie sur le réel et l'expérience rejetant la conception trop artificielle des droits naturels et imprescriptibles de l'homme, « non-sens rhétorique, monté sur des échasses ».

• La progression rapide du droit à la qualité de la vie et son intégration au sein de l'ensemble des politiques s'explique par le lien intime entre le droit de l'environnement et *le droit de la santé*. L'article 1er de la Charte

---

Marie de l'Assomption »

constitutionnalise le « droit à un environnement équilibré favorable à la santé ». Le Bonheur est indissociable de la bonne santé laquelle exige un environnement sain où chaque individu a droit à titre égal, à des forêts, une eau abondante, un air pur préservés des pollutions. Quant à la maximisation du bien être elle aura une dimension mondialisée, l'eau étant souvent transnationale et l'air n'ayant pas de frontières. Il y aura aussi maximisation dans le temps par la prise en compte des générations futures. Les risques et les menaces n'ayant cessé de croître les juristes doivent tenir compte de l'urgence à intervenir car au-delà de la qualité de la vie c'est aussi de survie qu'il s'agit.

• Pour montrer combien le droit de l'environnement et celui de la santé ont influencé le droit administratif général on prendra l'exemple du *réchauffement climatique.* Cet enjeu majeur des débuts du XXIème siècle est à l'origine à la fois d'une prise de conscience de la gravité de la situation, de l'urgence à intervenir et de l'incapacité des politiques à parvenir à des solutions nationales et à des accords internationaux à la hauteur de la menace.

Depuis 26 ans, les recommandations de la Conférence des Nations Unies sur le changement climatique (COP) n'ont guère été suivies d'effet. Des espoirs étaient nés de l'accord de Paris signé en 2015 (COP 21) avec des engagements précis pour une limitation des températures inférieure à 2 degrés et pour une solidarité des pays riches à l'égard des pays en développement. Mais l'application de ces mesures reste insatisfaisante sans qu'il y ait de sanctions.

• Ces sanctions sont intervenues récemment en France grâce à la détermination des juridictions administratives et judiciaires qui viennent, à travers le droit de l'environnement, de prendre des positions novatrices qui influenceront les droits public et privé dans leur ensemble.

Ce que l'on a qualifié d' « *affaire du siècle* » se passe dans les années 2020 -2021 et met en scène le Conseil d'Etat déterminé à imposer au gouvernement de prendre « toutes mesures utiles » afin de réduire le niveau des gaz à effet de serre (GES). Ayant imposé en 2017 une planification jamais intervenue, la Haute juridiction perd patience et, dans un *arrêt du 20 juillet 2020,* elle ordonne de prendre ces mesures dans un délai de 6 mois faute de quoi l'Etat devra verser une astreinte de 10 millions d'euros par semestre de retard. Le montant de cette astreinte est tout à fait exceptionnel.

• L'importance de cette décision, outre la promotion d'un contentieux climatique prêt à se développer, est de rappeler à l'Etat ses obligations. Le point est fait sur l'invocabilité des conventions internationales —en l'espèce le Protocole de Kyoto et les dispositions de l'Union européenne— qui si elles n'ont pas d'effet direct « doivent être prises en considération dans l'interprétation du droit national ». Il en est de même pour les objectifs de réduction fixés par les normes nationales contenues dans des lois de programmation : c'est une consécration du droit souple.

Il se refuse à admettre que l'abstention du gouvernement à intervenir touche à ses rapports avec le Parlement et échappe à la compétence du juge. Il confirme que les collectivités locales —en l'espèce une commune particulièrement exposée aux risques de sécheresse— ont qualité à agir contre l'Etat.

Il rappelle le pouvoir d'injonction dont dispose le juge administratif pour assurer l'exécution de ses décisions et leur « effet utile ». Quelques mois plus tard, l'Etat sera condamné à verser une première astreinte de 10 millions d'euros pour défaut d'exécution de l'arrêt de 2017.

A ce contentieux de la légalité se superpose celui de la responsabilité et on rappellera que la Chambre criminelle de la Cour de cassation, dans un célèbre arrêt du 25 septembre 2012, a, pour la première fois, retenu un *préjudice écologique pur* admettant que la nature, en elle-même, a des droits. Le Conseil d'Etat fera de même en 2017, après sa reconnaissance par la loi biodiversité du 8 août 2016.

• Cette décision appelée à influencer le droit administratif à venir rappelle la place à accorder au *droit souple* et ici encore le droit de l'environnement et de l'urbanisme ont joué le rôle de pionnier. La recherche d'équilibre est, en effet, à l'origine d'une nouvelle approche de l'acte administratif et de la promotion d'un droit qualifié de « souple » qui n'est pas sans rappeler la *soft law* anglo-saxonne. Jusqu'à ces dernières années le juge administratif restait fidèle à la distinction entre les normes impératives qui seules avaient force juridique et les normes indicatives auxquelles cette force était refusée. Le droit de l'environnement et de l'urbanisme sont à l'origine d'une évolution qui tend à accueillir parmi les sources du droit des normes de simple orientation : déclarations, recommandations, directives, avis, chartes, codes de conduite..., en principe dépourvues de force contraignante, et à n'exiger pour certains actes administratifs, qu'une soumission elle-même assez souple.

Le Conseil d'Etat avait consacré son étude annuelle à cette question en 1973 dans laquelle il se montrait assez réservé tout en évoquant certains objectifs et orientations générales de protection environnementale, notamment celles de l'article L 110-1 du code de l'urbanisme que devaient respecter les documents d'urbanisme. Et les premiers arrêts d'annulation concerneront la planification urbaine : CE 21 octobre 1994 « *Commune de Bennwihr* «.

• En même temps, la jurisprudence administrative mettait au point un nouveau rapport entre les normes celui de *compatibilité* plus souple de celui de contrariété : la légalité sera reconnue en l'absence d'incompatibilité avec la norme supérieure, plan local d'urbanisme et schéma directeur régional en l'espèce. Par la suite, cet assouplissement du rapport hiérarchique entre les normes s'est étendu dans d'autres domaines du droit administratif. Inquiet de l'absence de contrôle juridictionnel des décisions prises par les autorités administratives indépendantes dans le domaine économique et financier, le Conseil d'Etat admet en 2016 la recevabilité contre certains de leurs actes, ce qu'il confirme et étend à d'autres décisions par la suite[21]. Le droit souple tend à se généraliser, ce que recommandera le Conseil d'Etat dans son Etude de 2013, y voyant un moyen de parvenir à une simplification du droit. Il perfectionnera son approche en exigeant une *cohérence* entre les normes, relation plus forte que celle de compatibilité et plus souple que celle de conformité.

L'importance accordée à la protection de l'environnement comme garantie de la protection de la santé de chacun et de tous et cette volonté d'imposer à l'administration la cohérence de ses décisions et leur justification en les rattachant à de grandes orientations préalablement établies répondent à une approche utilitariste et pragmatique du droit qui complète utilement une rigidité et un formalisme pouvant conduire à l'ineffectivité. L' « effet utile » devient pour les autorités administratives et pour le juge une priorité.

B) *Le pragmatisme. Droit administratif et efficacité*

• Prétendant jouer les naïfs ce qu'il n'était point, JEAN RIVERO inventait le personnage d'un Huron juriste en admiration devant le recours pour excès de pouvoir, « la plus merveilleuse création des juristes » et qui réalisait son rêve de visiter le Conseil d'Etat, place du Palais Royal à Paris. Mais l'Iroquois trop confiant est forcé de perdre quelques illusions en constatant les imperfections majeures qui prive ce recours d'efficacité. Remarquable est la proclamation du Huron que Jean Rivero fait sienne : « Ce n'est pas le développement du droit qui nous intéresse. C'est la protection efficace qu'en tire le particulier »[22].

• Deux imperfections sont dénoncées : en amont la difficulté d'obtenir la suspension de la décision de l'administration avant la décision du juge, en aval l'absence de mesures obligeant à l''exécution de la décision de justice. Par ailleurs, « la protection efficace des particuliers » doit donner au juge de

[21] CE ass.21 mars 2016, *« Soc.Fairvesta international* » et CE ass.19 juillet 2019, « M. Le Pen ».

[22] « *Le Huron au Palais Royal Réflexions naïves sur le recours pour excès de pouvoir* », Dalloz,chronique 1962 p

l'excès de pouvoir la possibilité d'assouplir les effets trop brutaux de l'annulation. Il s'agit ni plus ni moins de la promotion des « droits subjectifs » qui se développera beaucoup par la suite et, ici encore, les exigences de la protection environnementale ont donné l'impulsion aux réformes.

S'agissant de la résistance du Conseil d'Etat à la suspension de la décision administrative, on évoquera le souvenir de deux affaires situées dans les montagnes pyrénéennes, l'une concernait des autorisations de construire sur les rives d'un lac, l'autre l'aménagement d'un parking au cœur même d'un parc national. Dans les deux cas l'illégalité était manifeste au regard de la loi Montagne mais lorsque le sursis à exécution (seule possibilité alors) fut accordé (au bout de deux ans de contentieux) la construction des immeubles et du parking étaient achevés et leur démolition difficile à concevoir. Des contentieux de cet ordre étaient fréquents et « le fait accompli narguait l'autorité de chose jugée » avait-on pu écrire.

Le législateur mis longtemps à intervenir mais il le fit de manière efficace avec la loi du 30 juin 2000 qui retient deux mesures d'urgence dont la mise en œuvre donne d'excellents résultats : le *référé suspension* pour l'ensemble des décisions administratives même de rejet (art. L 521-1 code justice administrative) et le *référé liberté* (art L 521-2) lorsqu'une liberté fondamentale est en cause, le juge devant intervenir dans les 48 heures. La mise en œuvre des référés que l'on trouve aussi en matière contractuelle et qui est confié à un juge unique donne d'excellents résultats[23].

• S'agissant de l'inexécution par l'administration de la chose jugée et de la résistance du Conseil d'Etat à adresser des *injonctions* à l'administration qu'il justifiait par son souci de ne pas « faire acte d' administrateur », les réformes se mirent en place progressivement. Il s'est d'abord agi de la possibilité de bloquer le montant d'une indemnisation ou de condamner au versement d'une astreinte, prise de position qui s'observe souvent dans le contentieux de l'environnement et l' « affaire du siècle » montre que le montant de l'astreinte peut être élevé. La loi du 8 février 1995 va plus loin en permettant au juge d'insérer dans le dispositif du jugement des précisions quant aux mesures à prendre pour son exécution et les délais à respecter[24].

[23] Les tribunaux sont saisis chaque année de plus de 10.000 demandes en référé suspension et de plus de 3000 demandes en référé liberté.

[24] Le recours en excès de pouvoir se rapprocherait ainsi de l ' « action en déclaration de droits » du droit allemand et du « jugement d'obtemperation » du droit italien qui prévoit, en outre, un « commissario ad acta » chargé de la bonne exécution.

Le juge prendra aussi en compte les circonstances entre le moment de sa saisine et celui de sa décision pouvant *moduler dans le temps les effets de son annulation* : CE ass 11 mai 2004, « *Ass.AC* ».

• D'une manière générale, la réflexion sur l' « *office du juge* » s'est beaucoup développée depuis une vingtaine d'années, afin de donner au juge administratif les moyens de mieux garantir les droits individuels. Il s'agissait de promouvoir les *droits publics subjectifs des administrés*. Bien être individuel et efficacité se rejoignent.

Le principal accusé était le recours en excès de pouvoir dont on faisait valoir qu'il n'était pas seulement un procès objectif fait à un acte dans l'intérêt de la loi mais qu'il se présentait aussi comme un litige entre parties conduisant à prendre en compte non seulement l'intérêt général mais aussi les droits des requérants surtout lorsqu'était en cause une décision individuelle. Pressé par les critiques de la doctrine qui vantait les mérites de certains droits étrangers, notamment le droit allemand, le Conseil d'Etat, qui sera suivi par le législateur, donne au juge administratif les moyens de rendre ses décisions plus efficaces et équitable. La progression, rapide et remarquable, donne au juge la possibilité d'annuler totalement ou partiellement, de pratiquer de manière « paternaliste » une régularisation de la requête, une substitution de base légale ou une substitution de motifs, de moduler sa décision avec effet rétroactif différé, de soulever une incompétence négative. En quelque sorte la régulation devient une fonction du juge ce qui se vérifie lorsqu'il reconnait la recevabilité des actes de droit souple.

• Cette évolution n'enlève rien aux mérites du recours pour excès de pouvoir, dont le caractère démocratique permet à chaque citoyen non seulement de faire valoir ses droits mais de remplir son devoir de défenseur de l'intérêt général. Et c'est dans cette promotion des *devoirs civiques* que l'on retrouve encore l'influence du droit de l'environnement. Il est significatif que la Charte de l'environnement les devoirs sont plus nombreux que les droits (7 articles sur les 10). Dans le Préambule de la Constitution de 1958, La Charte ouvre la voie à une 3ème génération des droits de l'Homme. Après les droits « *de* » de la Déclaration de 1789, les droits-créances « *à* » du Préambule de la Constitution de 1946, viendrait la génération des droits *« pour »*, ceux de la solidarité et de la fraternité entre les hommes.

• On signalera enfin le nouveau principe qui vient d'être consacré par la *loi biodiversité de 2016*, celui de *non régression* selon lequel « Les dispositions législatives et réglementaires relatives à l'environnement ne peuvent faire l'objet que d'une amélioration constante compte tenu des connaissances scientifiques et techniques du moment ». Engagement superbe, certes, mais dont la portée doit être précisée et dont on peut raisonnablement penser qu'elle restera limitée.

• Au terme de ces réflexions il a été rendu hommage au droit de l'environnement en ce qu'il a été à l'origine de la prise de conscience par les politiques et les juristes de la nécessité de donner des finalités esthétiques et éthique à l'action publique. Dans nos époques de violences et de dérèglements, alors que les grands principes traditionnels se fissurent et que les déclamations de droits restent souvent trop proclamatoires cette universelle aspiration à la qualité de la vie renouvelle la conception des droits et des devoirs.

Dans cet hommage à Libardo Rodriguez de bien illustres partenaires auront été convoqués : Beauté, Bonheur, Bien commun, Solidarité, ce droit « en majuscules », qu'envers et contre tout il faut défendre.

NUEVOS DESAFÍOS DEL DERECHO AMBIENTAL: PRINCIPIO DE RESPONSABILIDADES COMUNES PERO DIFERENCIADAS

José Luis Villegas Moreno*
España

"Se reconoce el derecho a un medio ambiente sin riesgos, limpio, saludable y sostenible como un *derecho humano* importante para el disfrute de los derechos humanos; sin el cual difícilmente se pueden disfrutar de otros derechos, como a la salud o incluso a la vida" (Consejo de Derechos Humanos ONU, Resolución de 05 de octubre de 2021).

Mi primera palabra es de agradecimiento a los coordinadores de esta obra, por haberme invitado a participar en este merecido homenaje al profesor Libardo Rodríguez por sus cincuenta años de vida académica, dedicados al derecho administrativo. Es de resaltar el importante papel que como Presidente del Instituto Internacional de Derecho Administrativo está desempeñando en la actualidad. Además quiero destacar la bonhonomía y generosidad para con los demás del homenajeado y también decir que me siento afortunado de contar con su amistad.

* * *

Ante la reciente Resolución del Consejo de Derechos Humanos de Naciones Unidas de 05-10-2021[1] en la que se reconoce sin ambages el derecho a un medio ambiente sin riesgos, limpio, saludable y sostenible como un *derecho humano* importante para el disfrute de los derechos humanos, sin el cual difícilmente se pueden disfrutar de otros derechos, como a la salud o incluso a la vida, parece oportuno tratar un tema que constituye un desafío en el contexto ambiental actual y en el derecho administrativo de la regulación y gobernanza ambiental.

* Doctor en Derecho. Profesor de Derecho Administrativo, Pontificia Universidad Comillas de Madrid. Investigador Cátedra de América Latina. Profesor Titular emérito de Derecho Administrativo de la Universidad Católica del Táchira, Venezuela.

[1] https://news.un.org/es/story/2021/10/1498132

Es propicio este tema también ya que en estos días (31-10 al 12-11) se celebra la COP-26 de Naciones Unidas sobre Cambio Climático en Glasgow[2], donde se debatirá el futuro cercano sobre la tensión entre medioambiente y desarrollo y los desafíos más apremiantes relacionados con las medidas para mitigar el calentamiento global.

En este trabajo damos cuenta de la tensión entre medio ambiente y desarrollo como elemento de los objetivos del desarrollo sostenible, contexto en el cual centramos las diversidades nacionales como principio de responsabilidades comunes pero diferenciadas en el derecho ambiental internacional. Se realiza una contextualización del principio en el terreno de la sostenibilidad ambiental, dibujando su configuración y perfil, y describiendo el escenario de convencionalidad donde es recogido a través de su evolución hasta la actualidad. Se realiza una valoración de la relación con otros principios del derecho ambiental internacional, su impacto al ser incluido en el Pacto Mundial por el Medio Ambiente y su conexión con los Objetivos del Desarrollo Sostenible.

1. Contextualización

El hecho de las diversidades nacionales que configura el principio de responsabilidades comunes pero diferenciadas como principio del derecho internacional del medio ambiente, tiene como factor de conexión las desigualdades entre países más favorecidos y países menos favorecidos. En consecuencia, el estudio del principio de responsabilidades comunes pero diferenciadas no debe desligarse de las circunstancias relacionadas con el desarrollo económico y social de los Estados menos favorecidos, ya que estas determinan y condicionan la capacidad de dichos países en el cumplimiento efectivo de los objetivos globales en materia ambiental. La tensión medio ambiente y desarrollo será una constante en los Objetivos del Desarrollo Sostenible (ODS) y la Agenda 2030.

Los mercados económicos y financieros han cobrado extraordinaria importancia en nuestros días. Su comportamiento afecta la vida de la mayoría de los seres humanos que habitamos el planeta y repercute en el medio ambiente. La pobreza, la desigualdad, la degradación ambiental, el abismo económico entre países, los patrones de migración y la violencia son fuerzas altamente interdependientes que influyen en nuestro futuro común[3]. La crítica al sistema económico imperante se sitúa en el centro de *Laudato*

[2] https://unfccc.int/es/node/307746

[3] Promotio Iustitiae, n. 121, 2016/1. Tomado de http://www.sjweb.info/documents/sjs/pj/docs_pdf/PJ_121_ESP.pdf Ultima consulta (26-02-19)

sí, lo que habla a las claras de que el peso específico del texto es político, teológico y ambiental. La encíclica pone en cuestión la lógica productivista del actual modelo de desarrollo basado en la agricultura industrial, el extractivismo, la mercantilización de la naturaleza, la alianza entre la economía y la tecnología y el mito del crecimiento infinito. Según la Encíclica, los desastres ecológicos y el cambio climático no resultan simplemente de comportamientos individuales —aunque ellos tienen su papel— sino de los actuales modelos de producción y de consumo; queda claro que los dramáticos problemas ecológicos de nuestra época resultan de los engranajes de la actual economía globalizada, engranajes que constituyen un sistema global, un sistema de relaciones comerciales y de propiedad estructuralmente perverso. Esta perversidad ética y social, no es propia de uno u otro país, sino de un sistema mundial, donde priman la obsesión del crecimiento ilimitado, el consumismo, la tecnocracia, el dominio absoluto de las finanzas, la divinización del mercado, la especulación y una búsqueda de la renta financiera que tienden a ignorar todo contexto y los efectos sobre la dignidad humana y el medio ambiente[4].

El papa Francisco utiliza un lenguaje contundente para describir la profunda división entre ricos y pobres. Estas son sus palabras: "Así como el mandamiento de «no matar» pone un límite claro para asegurar el valor de la vida humana, hoy tenemos que decir «no» a una economía de la exclusión y la inequidad. Esa economía mata". Provocadoramente escribe que "la inequidad es la raíz de los males sociales", incluidas la pobreza y la exclusión. Afrontar estos males requerirá renunciar a "la autonomía absoluta de los mercados y de la especulación financiera" y superar "las causas estructurales de la inequidad". Además, "la alianza entre la economía y la tecnología termina dejando afuera lo que no forma parte de sus intereses inmediatos" (LS, núm. 54)[5].

La sostenibilidad de nuestras prácticas económicas actuales es hoy un reto decisivo. El cambio climático, la degradación medioambiental y el agotamiento de los recursos tienen ya efectos globales y la carga de estos ha sido asumida en medida desproporcionada por los pobres. La mercantilización y el uso privado de recursos como el agua, los bosques comunales, la tierra, los lechos marinos y las áreas protegidas representan ya una amenaza para las comunidades más pobres. Los actuales niveles de consumo constituyen

[4] Laudato si. Tomado de http://w2.vatican.va/content/francesco/es/encyclicals/documents/papa-francesco_20150524_enciclica-laudato-si.html. Ultima consulta (26-02-19)

[5] Laudato si. Tomado de http://w2.vatican.va/content/francesco/es/encyclicals/documents/papa-francesco_20150524_enciclica-laudato-si.html. Ultima consulta (26-02-19)

una seria amenaza para las generaciones futuras. El reto de la pobreza se ve exacerbado por la creciente desigualdad entre los miembros más ricos de la sociedad y el resto de la población, tanto dentro de una misma nación como en la comunidad mundial.

El mundo global asiste a una creciente interdependencia e integración de la economía mundial, y esto conlleva detener el creciente proceso de marginación de los países menos adelantados y reactivar su crecimiento y desarrollo mediante la aplicación de medidas suficientes en el plano nacional y también de apoyo en el plano internacional. En la elaboración de esas medidas debe tenerse en cuenta la responsabilidad de cada país respecto de su propio desarrollo y deben establecerse en consonancia con la capacidad de cada país y con sus efectos en la economía internacional. El logro de una solución duradera para los problemas de la deuda internacional, atender a las necesidades cada vez mayores de financiación del desarrollo, en particular las de aquellos cuyas economías dependen de los productos básicos, son las condiciones para la reactivación del crecimiento y el desarrollo sostenibles de los países menos favorecidos. La implantación de un nuevo orden económico internacional dependerá de la más amplia cooperación entre todos los Estados miembros de la comunidad internacional, basada en la equidad y que permita eliminar las disparidades existentes en el mundo y asegurar la prosperidad de todos[6].

El modelo económico de los países en vías de desarrollo o menos favorecidos y las crisis políticas y financieras presentes en estos países, afectan, directamente, al uso racional de los recursos naturales, impidiéndoles alcanzar el desarrollo sostenible. La presión que se ejerce en los recursos como consecuencia de la pobreza y la falta de recursos, junto a la presión de multinacionales provoca la sobre explotación y pérdida, en general, de los recursos naturales. Estos patrones de demanda de recursos naturales también deterioran la calidad de vida de las poblaciones más desfavorecidas puesto que los beneficios derivados de la explotación ajena de sus recursos naturales no revierten a su favor. El resultado es un círculo vicioso en el cual, los grupos humanos afectados agravan el problema ambiental. Además, la presión de la deuda, el proceso de globalización económica, implantado en las relaciones internacionales, supone un obstáculo más para los países menos favorecidos, los cuales no pueden competir en este mercado internacional,

[6] Susana Borras Pentinat, "Análisis jurídico del principio de responsabilidades comunes, pero diferenciadas", en *revista Sequencia*, vol. 25, núm. 49, dez, 2004, págs. 153-195, obtenido de https://periodicos.ufsc.br/index.php/sequencia/article/view/15227 (última consulta 12-02-19).

ni con sus productos, ni con sus medios, amenazando aun más la protección de sus recursos naturales y, en definitiva, a su desarrollo económico[7].

2. Configuración y perfil del principio

El principio de las responsabilidades comunes pero diferenciadas y las capacidades respectivas se elaboró a partir de la aplicación de la equidad en el derecho internacional general.

El derecho internacional se basa en el principio de la igualdad soberana de los Estados, que tiene por objeto garantizar que los Estados tienen iguales derechos y obligaciones[8]. Aunque discutible, la razón que explica que algunos países tengan más obligaciones que otros es de justicia y equidad, lo que a su vez justificaría la aplicación del principio de responsabilidades comunes pero diferenciadas[9].

Este principio tiene en su base la constatación de una situación de hecho: que existe un grupo de países que ha sido causante principal de los problemas ambientales del planeta, y que el desarrollo que tales países gozan hoy en día se debe en gran parte a ello. Como consecuencia, este principio, si bien reconoce la necesidad de un compromiso por parte de cada uno de los Estados en el enfrentamiento de los problemas ambientales, establece una distinción entre Estados desarrollados y aquellos menos favorecidos, aplicando una idea de justicia o equidad intrageneracional[10].

La protección del medio ambiente es un desafío común a todos los países. Debido a las diferentes orientaciones en el desarrollo y a la necesidad de compartir la responsabilidad de la degradación ecológica, algunos países tendrían que asumir una mayor proporción del peso de la conservación. La idea es que los estados deben cumplir con las obligaciones internacionales de conservación del medio ambiente teniendo en cuenta la equidad y de

[7] Promotio Iustitiae, n. 121, 2016/1. Tomado de http://www.sjweb.info/documents/sjs/pj/docs_pdf/PJ_121_ESP.pdf Ultima consulta (26-02-19).

[8] Organización de Naciones Unidas-Onu, (2018), Informe del Secretario General: Lagunas en el derecho internacional del medio ambiente y los instrumentos relacionados con el medio ambiente: hacia un pacto mundial por el medio ambiente, tomado de http://undocs.org/es/A/73/419 (última consulta 19-02-19).

[9] Luz Maria Nieto Caraveo, (2002), *Responsabilidad común, pero diferenciada. El Principio 7 de la Declaración de Río*, Obtenido de http://ambiental.uaslp.mx7docs/LMNC-AP020711.pdf (última consulta 12-01-19).

[10] Carlos Cerda Dueñas, "El principio de responsabilidades comunes pero diferenciadas", en *Revista Tribuna Internacional*, vol. 5, núm. 10, 2016, ISNN 0719-482X (versión en línea).

conformidad con sus responsabilidades en común aunque diferenciadas y con sus respectivas capacidades[11].

Sin embargo, no todos los acuerdos ambientales multilaterales incorporan el concepto de la diferenciación. Los que sí lo incluyen garantizan la participación de todos los Estados. Como técnica para lograr ese objetivo, los Estados que se encuentran en situaciones distintas están sujetos a obligaciones diferentes y disfrutan de derechos diferentes. Los acuerdos ambientales multilaterales expresan el principio de distintas formas, y no se aprecia una aplicación general del principio. Algunos acuerdos funcionan estableciendo categorías de países desarrollados y partes que son países menos favorecidos, que contemplan obligaciones considerablemente más estrictas para los países desarrollados y obligaciones menos onerosas, así como acceso a asistencia de carácter financiero, tecnológico o de desarrollo de la capacidad, para las partes que son países menos favorecidos y las partes con economías en transición. Otros acuerdos optan por la autoselección o abordan la diferenciación sobre la base de criterios como los recursos financieros y tecnológicos, la capacidad de participar en medidas de mitigación ambiental eficaces en función de los costos, la condición de exportador o importador del Estado, el hecho de que un Estado se vea o no afectado por la cuestión u otras categorías. El Acuerdo de París sobre Cambio Climático establece que, en el contexto del cambio climático, la diferenciación es dinámica, no se limita a criterios específicos y debe considerarse a la luz de las diferentes circunstancias nacionales[12].

Este principio se recoge en diferentes acuerdos multilaterales del medio ambiente que establecen obligaciones distintas a sus Estados parte[13]. Donde mejor se aprecia el desarrollo de este principio es en las convenciones sobre ozono, cambio climático y biodiversidad. La amplia ratificación de estos tres tratados, así como los términos en que se han conducido negociaciones internacionales subsecuentes, apuntan a una aceptación universal del

[11] Francisco Javier Sanz Larruga, "El concepto de responsabilidad compartida y el principio de subsidiariedad en el derecho ambiental", en *Anuario da Facultade de Direito da Universidade da Coruña*, ISSN 1138-039X, ISSN-e 2530-6324, núm. 3, 1999, págs. 559-582, obtenido de https://ruc.udc.es/dspace/bitstream/handle/2183/2026/AD-3-25.pdf;sequence=1 (última consulta 12-02-19).

[12] Juan Pablo Arístegui, "Evolución del principio «responsabilidades comunes pero diferenciadas» en el régimen internacional del cambio climático", en *Anuario de Derecho Público*, Universidad Diego Portales, 2016, Obtenido de http://www.derecho.udp.cl/wp-content/uploads/2016/08/28_Aristegui.pdf (última consulta 12-02-19).

[13] Rosa M. Fernandez Egea, "El derecho internacional del medio ambiente y del cambio climático", en *Cuadernos de Derecho para Ingenieros. Derecho ambiental y cambio climático*, Román Escudero y Santiago Martínez (dirs.), Wolters Kluwer, 2017.

principio en el marco ambiental[14]. El Protocolo de Kioto de 1997 puede ser un buen ejemplo ya que solo establece reducciones cuantificables de emisiones de gases de efecto invernadero para los Estados industrializados. Este principio cada vez se observa más en las obligaciones de transferencia tecnológica y financiera de los países más ricos a los menos adelantados[15].

Este principio tiene un valor normativo significativo al pretender fijar criterios conforme a los cuales se debe distribuir la responsabilidad entre países desarrollados y países menos favorecidos en la negociación de sucesivos acuerdos o en la interpretación de aquellos en vigor. La responsabilidad común pero diferenciada, en consecuencia, puede entenderse que contiene un balance equitativo entre países desarrollados y países menos favorecidos de dos maneras: permite diferentes estándares para países menos favorecidos y hace su actuación dependiente de asistencia solidaria por parte de los países desarrollados o más favorecidos[16].

Este principio incluye dos predicables. El primero es la responsabilidad común de los Estados de proteger el medio ambiente. Esto significa que los Estados deben participar en una labor mundial de conservación. Está expresada en estándares de conducta más exigentes para los países desarrollados, que se explica por el hecho de que son estos quienes han contribuido más a generar problemas ambientales (como agotamiento de la capa de ozono y cambio climático) y quienes a la vez cuentan con mayores capacidades para enfrentarlos. El segundo elemento es entender las diferentes circunstancias de cada Estado. Por ejemplo, los países industrializados contribuyeron más al calentamiento del planeta que los países menos favorecidos. Si bien todos los Estados tienen la obligación de participar en la solución para el medio ambiente, la adopción de normas nacionales y obligaciones internacionales pueden diferir. Esta dimensión se conecta con la solidaridad y condicionalidad, con el propósito de asistir a los países menos favorecidos para llevar a la práctica sus compromisos[17].

[14] Carlos Cerda Dueñas, "El principio de responsabilidades comunes pero diferenciadas", en *Revista Tribuna Internacional*, vol. 5, núm. 10, 2016, ISNN 0719-482X (versión en línea).

[15] Rosa M. Fernández Egea "El derecho internacional del medio ambiente y del cambio climático", en *Cuadernos de Derecho para Ingenieros. Derecho ambiental y cambio climático*", Román Escudero y Santiago Martínez (dirs.), Wolters Kluwer, 2017.

[16] Susana Borras Pentinat, "Análisis jurídico del principio de responsabilidades comunes, pero diferenciadas", en *revista Sequencia*, págs. 153-195, vol.25, núm. 49.dez. 2004, obtenido de https://periodicos.ufsc.br/index.php/sequencia/article/view/15227 (última consulta 12-02-19).

[17] Luz Maria Nieto Caraveo, *Responsabilidad común, pero diferenciada. El principio 7 de la Declaración de Río*, 2002, obtenido de http://ambiental.uaslp.mx7docs/LMNC-AP020711.pdf (última consulta 12-01-19).

Si tomamos como escenario América Latina, como región de países menos favorecidos pero comprometidos con el desarrollo sostenible[18], podemos visibilizar la materialidad de este principio. América Latina y el Caribe, que albergan algunos de los ecosistemas más primitivos y diversos del mundo, dependen en grado sumo de sus recursos naturales para la generación de crecimiento económico. Esta región enfrenta la exigencia de reconciliar las demandas de crecimiento con la necesidad de proteger y administrar debidamente sus hábitat y recursos, a fin de alcanzar un desarrollo sostenible, al tiempo que hace frente a amenazas globales para el medio ambiente, como el cambio climático[19]. En efecto, América Latina es una región muy heterogénea en términos de clima, ecosistemas, distribución de la población humana y tradiciones culturales; sin embargo, por su ubicación geográfica, como subregión, es de las zonas con un mayor grado de vulnerabilidad al cambio climático. América Latina también es una región con exceso de desigualdad y pobreza, según recientes informes publicados sobre el panorama social[20]. Es una región de grandes contrastes. Allí reside uno de los hombres más ricos del planeta y alrededor del 4 por ciento de los millonarios que concentran al 14.6 por ciento de la riqueza mundial. Pero la pobreza sorprende por su crudeza. Tiene la mayor desigualdad en la distribución del ingreso en el mundo[21]. Es notoria la diversidad de situaciones nacionales como región y, por ende, la responsabilidad ambiental de América Latina debe ser acorde a ese contexto de grupo de países menos favorecidos frente a los países más favorecidos, o industrializados o desarrollados[22].

3. Escenario de convencionalidad del principio

Según la doctrina ambiental[23] es en la Conferencia de Río de Janeiro donde aparece por primera vez este principio de forma clara. El desarrollo

[18] Alicia Barcena, "La Agenda 2030 para el Desarrollo Sostenible en América Latina y el Caribe: un compromiso contínuo frente a un contexto cambiante", en *Pensamiento Iberoamericano*, 3ª época/02/2018, Madrid, Secretaría General Iberoamericana, 2018.

[19] F. Sindico, *et al.* (eds) *El derecho internacional del medio ambiente: una visión desde Iberoamérica*, London, Cameron May, 2011, ISBN: 978-1-907174-09-4.

[20] Comisión Económica para América Latina - CEPAL (2017 b), *Panorama social de América Latina*. Documento informativo. Tomado de https://www.cepal.org/es/publicaciones/42716-panorama-social-america-latina-2017-documento-informativo. (última consulta 09-01-19).

[21] N. Lustig, *Las tendencias y determinantes de la desigualdad y pobreza en América Latina*, Papeles de la Cátedra de América Latina 01, Madrid, Universidad Pontificia Comillas, 2017.

[22] F. Sindico, *et al.* (eds), *El derecho internacional del medio ambiente*: una visión desde Iberoamérica, ob. cit.

[23] Rosa M. Fernández Egea, "El derecho internacional del medio ambiente y del cambio climático", ob. cit.

posterior del principio se produce entre las Conferencias de Río de 1992 y de Johannesburgo de 2002. Y será en la Conferencia de Johannesburgo donde se declare que el desarrollo económico es uno de los tres pilares, junto con el desarrollo social y la protección del medio ambiente, del desarrollo sostenible. Posteriormente las demás conferencias internacionales sobre medio ambiente y los acuerdos multilaterales ambientales irán recogiendo este principio, a pesar de que genera división entre los Estados en el contexto internacional ambiental. En este punto damos cuenta del desarrollo de esa receptividad convencional del principio.

En efecto, este principio ya aparece de forma incipiente contenido en la Declaración de Estocolmo sobre Medio Ambiente Humano de 1972, en el principio 23, de la siguiente forma:

"Sin perjuicio de los criterios que puedan acordarse por la comunidad internacional y de las normas que deberán ser definidas a nivel nacional, *en todos los casos será indispensable considerar los sistemas de valores prevalecientes en cada país y la aplicabilidad* de unas normas que, si bien son válidas para los países más avanzados, pueden ser inadecuadas y de alto costo social para los países en desarrollo".

En el Convenio sobre la protección del Ozono, artículo 2, al referirse a las obligaciones generales de los Estados se dice:

"Con tal fin, las Partes, de conformidad *con los medios de que dispongan y en la medida de sus posibilidades* [...]".

Posteriormente aparece recogido en mayor amplitud y desarrollo en la Declaración de Río de Janeiro de 1992 sobre Medio Ambiente y Desarrollo, en el principio 7, de la siguiente forma:

"Los Estados deben cooperar con espíritu de solidaridad mundial para conservar, proteger y restablecer la salud y la integridad del ecosistema de la Tierra. En vista de que han contribuido en distinta medida a la degradación del medio ambiente mundial, *los Estados tienen responsabilidades comunes, pero diferenciadas.* Los países desarrollados reconocen la responsabilidad que les cabe en la búsqueda internacional del desarrollo sostenible, en vista de las presiones que sus sociedades ejercen en el medio ambiente mundial y de las tecnologías y los recursos financieros de que disponen".

Según el Principio 6 de esta Declaración de Río se debe dar especial prioridad a la situación y las necesidades de los países en desarrollo, en particular los países menos adelantados y los más vulnerables desde el punto de vista ambiental. Establece:

"Se deberá dar *especial prioridad a la situación y las necesidades especiales de los países en desarrollo, en particular, los países menos adelantados y los más vulnerables desde el punto de vista ambiental.* En las medidas internacionales que se adopten con respecto al medio ambiente y al desarrollo también se deberían tener en cuenta los intereses y las necesidades de todos los países".

En el preámbulo del Convenio de Naciones Unidas sobre el Cambio Climático, se nombra así:

"Reconociendo que la naturaleza mundial del cambio climático requiere la cooperación más amplia posible de todos los países y su participación en una respuesta internacional efectiva y apropiada, *de conformidad con sus responsabilidades comunes pero diferenciadas*, sus capacidades respectivas y sus condiciones sociales y económicas [...]".

El Convenio sobre Derecho del Mar, en un capítulo referido a las reglas internacionales y legislación nacional para prevenir, reducir y controlar la contaminación del medio marino, artículo 207, inferimos que se refiere a este principio al decir:

"Para prevenir, reducir y controlar esa contaminación, *teniendo en cuenta las características propias de cada región, la capacidad económica de los Estados en desarrollo* y su necesidad de desarrollo económico [...]".

El proyecto de Pacto Mundial por el Medio Ambiente lo recoge en su artículo 20 bajo la denominación de Diversidad de situaciones nacionales, de la siguiente forma:

"Se prestará especial atención a la situación y necesidades de los países en vías de desarrollo, particularmente los menos desarrollados y aquellos más vulnerables medioambientalmente. Cuando proceda, *se tendrán en cuenta las responsabilidades comunes pero diferenciadas de las Partes* y sus capacidades respectivas, a la luz de las diferentes circunstancias nacionales".

El informe del Secretario General de Naciones Unidas que lleva por título "Lagunas en el derecho internacional del medio ambiente y los instrumentos relacionados con el medio ambiente: hacia un pacto mundial por el medio ambiente", desarrolla lo referido a este principio bajo la denominación "Responsabilidades comunes pero diferenciadas y capacidades respectivas". En este documento se señala que en la Declaración de Río, el principio de responsabilidades comunes pero diferenciadas se refiere a los casos en que los países desarrollados han contribuido en mayor medida al problema ambiental en cuestión y tienen mayor capacidad para responder al problema ambiental.

El 4 de marzo de 2018, América Latina y el Caribe hizo historia al adoptar, en Escazú (Costa Rica), el Acuerdo Regional sobre el Acceso a la Información, la Participación Pública y el Acceso a la Justicia en Asuntos Ambientales en América Latina y el Caribe. En el artículo 13 referido a la implementación nacional, podemos ver un reflejo del principio de diversidad de situaciones nacionales aquí estudiado. En efecto, esto dice el referido artículo:

"Cada Parte, *de acuerdo con sus posibilidades y de conformidad con sus prioridades nacionales*, se compromete a facilitar medios de implementación para las actividades nacionales necesarias para cumplir las obligaciones derivadas del presente Acuerdo".

4. Conexión con otros principios del derecho ambiental internacional

El principio de responsabilidades comunes pero diferenciadas se basa en los principios internacionalmente reconocidos: el principio de solidaridad, el que contamina paga, el principio de la capacidad de pago e, implícitamente, el principio de igualdad de oportunidades[24]. También la doctrina[25] incluye como fundamento los principios de igualdad, justicia, solidaridad internacional y de desarrollo sostenible. El fundamento principal de este principio se encuentra no solo en diferentes disposiciones jurídicas, de origen convencional, consuetudinario o declarativo de derechos económicos, sociales o culturales, sino también en principios y valores internacionales que confirman las diferentes manifestaciones ambientales, económicas y sociales propias de un principio que se concibe sobre la base del concepto de desarrollo sostenible. El principio de responsabilidades comunes pero diferenciadas encuentra también su fundamentación en los diferentes principios y valores presentes en el ordenamiento jurídico internacional. Por una parte, su contenido jurídico se relaciona con el principio de desarrollo sostenible, de igualdad y el principio de cooperación. Y por otra, los valores en los que se inspira son: el de solidaridad, justicia, dignidad y universalidad en relación con el concepto de patrimonio común de la humanidad[26].

La existencia de un consenso amplio sobre la naturaleza global de los problemas ambientales, supone necesariamente reconocer también la naturaleza global de la pobreza y del desarrollo. Los países menos favorecidos solo podrán llevar a cabo políticas efectivas de protección ambiental siempre y cuando se tengan presentes sus respectivas necesidades económicas[27].

[24] Carlos Cerda Dueñas, *El principio de responsabilidades comunes pero diferenciadas*, cit.

[25] Susana Borras Pentinat, "Análisis jurídico del principio de responsabilidades comunes, pero diferenciadas", cit.

[26] Juan Pablo Arístegui, *Evolución del principio "responsabilidades comunes pero diferenciadas"*, cit.

[27] Carlos R. Fernández Liesa, "Transformaciones del derecho internacional por los objetivos de desarrollo sostenible", en *Anuario español de derecho internacional*, vol. 32, 2016, págs 49-81.

La idea de que todos los Estados comparten la responsabilidad de hacer frente a los desafíos globales se basa en el principio de solidaridad, que durante mucho tiempo se ha establecido a nivel nacional. La igualdad de los ciudadanos y la responsabilidad compartida por el bien común son elementos centrales de este concepto. En la Declaración del Milenio de las Naciones Unidas, los gobiernos nombraron explícitamente la solidaridad como uno de los seis valores fundamentales[28].

El principio de responsabilidades comunes pero diferenciadas es coherente con el principio de quien contamina paga, que a su vez está incluido en la Declaración de Río de 1992 como Principio 16. Todos los países, sin condiciones, lo han aprobado. Por tanto este principio en sí mismo no está en disputa. Lo que es controversial es el nexo causal entre las actividades de los países y la destrucción del medio ambiente y la forma y cantidad de indemnización que se debe pagar[29].

El principio de responsabilidades comunes, pero diferenciadas contribuye a alcanzar la justicia social, económica y ambiental mediante la solidaridad y la cooperación entre los Estados para conservar, proteger y restablecer la salud y la integridad del ecosistema de la Tierra y para compensar la situación desventajosa de los países menos favorecidos provocada por la presión ejercida por los Estados más favorecidos sobre el medio ambiente[30].

También es viable afirmar que el principio de desarrollo sostenible desempeña un papel trascendental en la configuración de las obligaciones adquiridas por los diversos Estados y que, a su vez, se encuentra estrechamente relacionado con el principio de responsabilidades comunes pero diferenciadas. Lo anterior, toda vez que los adjetivos "común" y "diferenciado" denotan claramente que el principio de responsabilidades comunes pero diferenciadas no constituye un intento de eximir a nadie de las responsabilidades que les correspondan[31].

5. Impacto de su inclusión en el PMMA

El objetivo del PMMA es el de dotar de verdadero valor jurídico a los principios del derecho internacional ambiental, y además pretende unificar

[28] Castor Miguel Díaz Barrado, "Los objetivos de desarrollo sostenible: un principio de naturaleza incierta y varias dimensiones fragmentadas", en *Anuario español de derecho internacional*, vol. 32, 2016, págs. 9-48.

[29] Juan Pablo Arístegui, Evolución del principio "responsabilidades comunes pero diferenciadas", cit.

[30] Susana Borras Pentinat, "Análisis jurídico del principio de responsabilidades comunes, pero diferenciadas", cit.

[31] Castor Miguel Díaz Barrado, "Los objetivos de desarrollo sostenible: un principio de naturaleza incierta y varias dimensiones fragmentadas", *en Anuario español de derecho internacional*, vol. 32, 2016, págs. 9-48.

estor principios orientadores en un solo documento. Por tanto, al estar incluido en el Pacto Mundial por el Medio Ambiente el principio bajo la denominación diversidades nacionales, como responsabilidades comunes pero diferenciadas, saldría reforzado y consolidado. El principio de las responsabilidades comunes pero diferenciadas es considerado uno de los principales logros de la Conferencia de las Naciones Unidas sobre el Medio Ambiente y el Desarrollo que tuvo lugar en Río de Janeiro en 1992. Aunque en estos tiempos los países más favorecidos quieren deshacerse de ese principio o por lo menos obviarlo. Este principio se convirtió en un punto importante de las negociaciones sobre el cambio climático y la agenda post-2015. Pero también se argumenta que las estructuras de poder globales han cambiado, y, por ende, el intercambio equitativo de la responsabilidad debe incluir contribuciones a la protección del clima de las economías emergentes como China, India y Brasil[32].

Consideramos que si no existiera este principio aun estarían los principios jurídicos generales y los marcos políticos para justificar y hacer responsables a los países en distintos grados. Las bondades del principio de responsabilidades comunes pero diferenciadas son que combina todos estos principios, y que además ha sido consagrado en el derecho internacional como parte de la importante Convención Marco de las Naciones Unidas sobre el Cambio Climático[33].

La inclusión del principio de responsabilidades comunes pero diferenciadas en los tratados internacionales de protección ambiental ha permitido reforzar la orientación jurídica o normativa, más allá de una caracterización política propia de las disposiciones contenidas en declaraciones. La previsión del principio como norma convencional permite confirmar un cierto grado de juridicidad suficiente como para poder ser expresivo de una pauta de comportamiento exigible a los sujetos de derecho internacional. Las grandes desigualdades sociales y económicas se reflejan en las desigualdades ambientales. Los problemas ambientales mayormente generados por países desarrollados revierten negativamente sobre los países menos favorecidos, sumamente vulnerables a las amenazas ambientales. La mayor responsabilidad se traduce con la aceptación de este principio en el ámbito del derecho internacional del medio ambiente promoviendo la igualdad sustancial entre países con diferente grado de desarrollo mediante el reconocimiento jurídico de la diferencia. Al respecto, es necesario tener en cuenta que se trata de un principio relativamente novedoso y que su interpretación y aplicación no

[32] Carlos Cerda Dueñas, "El principio de responsabilidades comunes pero diferenciadas", cit.

[33] Rosa M. Fernández Egea, "El derecho internacional del medio ambiente y del cambio climático", cit.

ha sido suficientemente uniforme como para poder afirmar su valor como principio de derecho internacional general, pero sí como norma que genera importantes consecuencias jurídicas y que rige las relaciones de cooperación interestatal en el ámbito de la protección ambiental[34].

Los argumentos que afirman que el principio de responsabilidades comunes pero diferenciadas ya no se encuentra actualizado debido al cambio geopolítico y económico son engañosos. Para empezar, descartar por completo el principio no cambiaría las evidentes disparidades socio-económicas entre países. Todavía existen enormes desigualdades en los ingresos, e incluso en cierta medida han empeorado en los últimos años. Hay correspondientes diferencias entre las capacidades económicas de los países y sus contribuciones a la degradación del medio ambiente mundial. La política internacional debe tomar en cuenta estas diferencias, aun cuando algunos Estados decidan obviar el principio de responsabilidades comunes pero diferenciadas[35].

El principio de responsabilidades comunes pero diferenciadas solía ser entendido como el origen de un compromiso de carácter vinculante, lo cual representaba el principal motivo de las objeciones formuladas por los Estados desarrollados. Por esta razón, el Acuerdo de París contempla dicho postulado, pero, a su vez, incorpora un criterio según el cual es necesario tener en cuenta las diferentes circunstancias nacionales. En esta medida, el nuevo lenguaje utilizado en el instrumento puede interpretarse para ir más allá de la dicotomía estática de los antiguos documentos o anexos de la Conferencia. Así pues, se afirma que el Acuerdo de París reconoce una responsabilidad común pero diferenciada de los Estados parte, ya no en función de la contribución histórica de los países al surgimiento de dicho fenómeno, sino en consideración a las capacidades respectivas y a los distintos contextos nacionales[36]. Esta terminología coincide con la denominación contenida para recoger este principio en el PMMA, como ya hemos explicado anteriormente.

6. Conexión del principio con los ODS. Agenda 2030

Partimos de la idea que los principios del derecho ambiental internacional ayudan a lograr los Objetivos del Desarrollo Sostenible y la Agenda 2030[37].

[34] Susana Borras Pentinat, "Análisis jurídico del principio de responsabilidades comunes, pero diferenciadas", cit.

[35] Juan Pablo Arístegui, Evolución del principio "responsabilidades comunes pero diferenciadas" en *El régimen internacional del cambio climático*, Anuario de Derecho Público Universidad Diego Portales, 2016, obtenido de http://www.derecho.udp.cl/wp-content/uploads/2016/08/28_Aristegui.pdf (última consulta 12-02-19).

[36] Carlos Cerda Dueñas, "El principio de Responsabilidades comunes pero diferenciadas", cit.

[37] Castor Miguel Díaz Barrado, (2016). "Los objetivos de desarrollo sostenible: un principio de naturaleza incierta y varias dimensiones fragmentadas", cit.

A través de los ODS-Agenda 2030 los países han expresado firmemente que esta agenda es universal y profundamente transformadora. Con esta agenda se dejan atrás viejos paradigmas donde unos países donan mientras otros reciben ayuda condicionada. Esta agenda busca también expresar el principio de responsabilidades comunes pero diferenciadas y construir una verdadera alianza para el desarrollo donde todos los países participan. En la nueva agenda de desarrollo se busca salir adelante en conjunto, sin dejar a nadie atrás[38].

En Río de Janeiro (1992), los gobiernos discutieron cómo compartir de manera justa las cargas y los costos de los desafíos globales como el cambio climático. En el principio 7 de la Declaración de Río sobre el Medio Ambiente y el Desarrollo y en el artículo 3 de la Convención Marco de las Naciones Unidas sobre el Cambio Climático, los gobiernos reconocieron que sus países han contribuido en diversos grados a la destrucción del medioambiente. Cada país se comprometió a pagar, de acuerdo con la contribución individual por causar el problema, por la restauración del ecosistema y por medidas de adaptación al cambio climático. Sin embargo, el principio de responsabilidades comunes pero diferenciadas no se limita a la protección del clima. En 2012 en la conferencia de Río + 20, los gobiernos decidieron redactar Objetivos universales de Desarrollo Sostenible (ODS) para la agenda post-2015. Al estar de acuerdo en que los ODS sean universalmente aplicables a todos los países, los gobiernos subrayaron su responsabilidad compartida para el desarrollo global sostenible. También se decidió que los ODS deben tener en cuenta las diferentes realidades nacionales, las capacidades y niveles de desarrollo. Esto demuestra que los estados respetan el principio de responsabilidades diferenciadas correspondientes a las capacidades económicas de los países. En realidad el principio de las responsabilidades comunes pero diferenciadas podría servir como el principio rector de todos los bienes públicos globales, como una forma de asegurar que todos los estados reciban un trato justo[39]. En conclusión, la formulación de los ODS responde a la voluntad de los Estados de crear un mundo mejor y poner fin a la pobreza y a las desigualdades en la sociedad internacional.

En lugar de pretender desaplicar y anular el principio de responsabilidades comunes pero diferenciadas, los Estados deberían revisarlo de manera que refleje un entorno internacional cambiante. Si lo hacen, tendrían que reconocer las realidades socio-económicas actuales de los países, así como sus responsabilidades históricas. Todos los países están fundamentalmente

[38] Carlos R. Fernández Liesa, "Transformaciones del derecho internacional por los objetivos de desarrollo sostenible", cit.

[39] Castor Miguel Díaz Barrado, "Los objetivos de desarrollo sostenible: un principio de naturaleza incierta y varias dimensiones fragmentadas", cit.

de acuerdo con la noción de responsabilidad compartida para el desarrollo sostenible global. Los países ricos están llamando a todos los países a diferenciar en función de su capacidad económica. Los países en desarrollo o menos favorecidos —en particular los países más pobres— están haciendo cada vez más la misma petición en conversaciones sobre el clima, por ejemplo. Pero además quieren ver que se distinga a los países de acuerdo con sus responsabilidades históricas (básicamente sus emisiones acumuladas de gases de efecto invernadero)[40]. La transición hacia sociedades más sostenibles y resilientes también requiere un enfoque integrado que reconozca que estos desafíos, y sus soluciones, están interrelacionados[41].

Con estos prenotandos podemos decir que el factor de conexión de este principio con los ODS-2030 luce con empatía al objetivo 17 sobre los objetivos comunes a través de alianzas. En efecto, el objetivo 17 busca fortalecer las alianzas mundiales para fomentar y alcanzar las ambiciosas metas de la Agenda 2030, reuniendo a los gobiernos nacionales, la comunidad internacional, la sociedad civil, el sector privado y otros actores. A pesar del progreso realizado en algunas áreas, es necesario hacer más para acelerar el progreso. Todas las partes interesadas deben volver a dirigir la atención e intensificar sus esfuerzos sobre las áreas en las que el progreso ha sido lento. Si bien los principales responsables del cumplimiento de los ambiciosos objetivos y metas de la Agenda 2030 son los distintos países, el apoyo y las alianzas internacionales son cruciales, sobre todo para los países más pobres y para los países que enfrentan desafíos particulares debido a su ubicación geográfica. El objetivo 17 busca fortalecer las alianzas mundiales para alcanzar los objetivos de la Agenda, reuniendo a los gobiernos nacionales, la comunidad internacional, la sociedad civil, el sector privado y otros actores[42].

Consideramos que también hay conexión importante del principio de diversidades nacionales con el objetivo 13 sobre acción por el clima. En la actualidad, la comunidad internacional tiene al alcance soluciones viables para que los países puedan tener una actividad económica más sostenible y más respetuosa con el medio ambiente. El cambio de actitudes se acelera a medida que más personas están recurriendo a la energía renovable y a otras soluciones para reducir las emisiones y aumentar los esfuerzos de adaptación. Pero el cambio climático es un reto global que no respeta las fronteras nacionales. Es un problema que requiere que la comunidad internacional

[40] Rosa M. Fernández Egea, "El derecho internacional del medio ambiente y del cambio climático", cit.

[41] Castor Miguel Díaz Barrado, "Los objetivos de desarrollo sostenible: un principio de naturaleza incierta y varias dimensiones fragmentadas", cit.

[42] ONU-ODS, tomado de https://www.un.org/sustainabledevelopment/es/objetivos-de-desarrollo-sostenible/ (última consulta 22-02-19).

trabaje de forma coordinada y precisa para que los países en desarrollo avancen hacia una economía baja en carbono. El objetivo 13, tiene como meta cumplir el compromiso de los países desarrollados que son partes en la Convención Marco de las Naciones Unidas sobre el Cambio Climático de lograr para el año 2020 el objetivo de movilizar conjuntamente 100.000 millones de dólares anuales procedentes de todas las fuentes a fin de atender las necesidades de los países en desarrollo respecto de la adopción de medidas concretas de mitigación y la transparencia de su aplicación, y poner en pleno funcionamiento el Fondo Verde para el Clima capitalizándolo lo antes posible. Y también promover mecanismos para aumentar la capacidad para la planificación y gestión eficaces en relación con el cambio climático en los países menos adelantados y los pequeños Estados insulares en desarrollo[43].

Así mismo el objetivo 10 sobre reducción de las desigualdades estaría conectado con el principio que estudiamos. Existe un consenso cada vez mayor de que el crecimiento económico no es suficiente para reducir la pobreza si este no es inclusivo ni tiene en cuenta las tres dimensiones del desarrollo sostenible: económica, social y ambiental. El objetivo 10 tiene como una de sus metas aplicar el principio del trato especial y diferenciado para los países en desarrollo, en particular los países menos adelantados, de conformidad con los acuerdos de la Organización Mundial del Comercio, por ejemplo[44].

Hay conexión también del principio de diversidades nacionales con el objetivo 12 sobre producción y consumo responsable, tendiente a garantizar modalidades de consumo y producción sostenible. Una de las metas de este objetivo es racionalizar los subsidios ineficientes a los combustibles fósiles que fomentan el consumo antieconómico eliminando las distorsiones del mercado, de acuerdo con las circunstancias nacionales, incluso mediante la reestructuración de los sistemas tributarios y la eliminación gradual de los subsidios perjudiciales, cuando existan, para reflejar su impacto ambiental, teniendo plenamente en cuenta las necesidades y condiciones específicas de los países en desarrollo y minimizando los posibles efectos adversos en su desarrollo, de manera que se proteja a los pobres y a las comunidades afectadas[45].

[43] *Idem.*

[44] *Idem.*

[45] *Idem.*

CONTRATACIÓN PÚBLICA

EL PRESUPUESTO Y LAS CONTRATACIONES PÚBLICAS

Alejandro Canónico Sarabia*
Venezuela

1. Los derechos sociales fundamentales y el presupuesto público

En el contexto de un Estado social de derecho y de justicia, como en el que se inscribe constitucionalmente el Estado venezolano, el sistema económico, fiscal y presupuestario debe estar dirigido y condicionado por la noción de la dignidad humana[1], garantizar el cumplimiento de los fines del Estado y especialmente de derechos sociales fundamentales. De ahí que sea correcto afirmar que el presupuesto nacional, en cuanto expresión del plan de desarrollo, es un instrumento concreto de realización programática de los derechos económicos, sociales y culturales[2], lo cual se vincula con la garantía del interés general, que se constituye en el norte de la acción administrativa.

Es por ello por lo que las constituciones latinoamericanas promulgadas a partir del siglo pasado, dentro de las que se encuentra la Constitución venezolana de 1999, incorporaron importantes normas relativas a la regulación de los presupuestos públicos, con mayor extensión y profundidad, constitucionalizando instituciones originales del derecho presupuestario, que pasaron a estar al servicio del cumplimiento de los fines del Estado, para comenzar a hablarse de un derecho constitucional presupuestario, a la par de la amplitud de los derechos sociales constitucionales o derechos prestacionales, que ahora son considerados expresamente en los textos constitucionales.

En consecuencia, anualmente el presupuesto debe traducir en cifras y objetivos concretos, los contenidos propios de un Estado social de derecho,

* Abogado. Doctor en Derecho Administrativo Iberoamericano por la Universidad de la Coruña. Magíster en Historia y profesor en la Universidad Internacional de la Rioja (UNIR). alejandro.canónico@unir.net

[1] Art. 3 de la Constitución de la República Bolivariana de Venezuela (CRBV).

[2] Gonzalo Elizondo Breedy y Fernando Ferraro Castro, "Efectos de los derechos económicos, sociales y culturales en la formulación del presupuesto nacional", en *Liber Amicorum*, Secretaría de la Corte Interamericana de Derechos Humanos, San José, Costa Rica, 1998, pág. 639.

en función de las prioridades estatales y del interés general, lo que debe partir de la garantía de una serie de mínimos que han de estar recogidos en la estructura normativa presupuestaria, así como los principios de prohibición de regresividad en materia de derechos sociales fundamentales y de promoción y progresión de estos derechos, dentro de un enfoque de justicia distributiva. En tal sentido, la planificación y la ejecución presupuestaria se deben traducir en bienestar para las personas.

Un adecuado diseño de la inversión pública tiene efectos positivos sobre la eficiencia del aparato productivo de un país, a través del aumento de valor y la reducción de costes, sobre todo cuando el sector público invierte en áreas como la innovación, la educación, la energía, el transporte y las comunicaciones, y tiene otros efectos positivos sobre la eficiencia en la provisión de otros bienes y servicios vinculados directamente al bienestar y la calidad de vida de las personas, cuando se materializa en inversión en sanidad, ambiente, vivienda y protección social.

Las partidas de gastos incluidas en la estructura presupuestaria deben conectarse en mayor medida con el gasto de inversión social y de desarrollo, que genera prosperidad, y es precisamente el presupuesto el instrumento estratégico e ideal para garantizar, desde la planificación hasta la ejecución, que se cumplan los objetivos de desarrollo sostenible de una nación y de sus habitantes. No en balde la propia Constitución estatuye que la gestión fiscal y presupuestaria se regirá con base en los principios de eficiencia, solvencia, transparencia, responsabilidad y estabilidad o equilibrio fiscal; destacando la eficiencia, no solo en la utilización de los recursos públicos, sino también en el cumplimiento de los cometidos públicos. Y especialmente en materia de ingresos estatales que se generen por la explotación de la riqueza del subsuelo y los minerales, señala expresamente el texto constitucional que deberán ser utilizados para financiar la inversión real productiva, la educación y la salud.

Además, el Estado cuenta con un mecanismo de gestión muy poderoso, con la potencialidad de contribuir al desarrollo estatal o al fortalecimiento de la economía nacional, como es la contratación pública dirigida a esos objetivos, la cual, unida al correcto y adecuado empleo de los fondos públicos, definitivamente consolidará un verdadero desarrollo sostenible. Es por esa razón por la que resulta de sumo interés abordar los temas presupuestarios en las contrataciones públicas.

Ahora bien, para hablar con certeza sobre los aspectos presupuestarios en la contratación pública debemos comenzar analizando el conglomerado de reglas y normas que disciplinan no solo la obtención de recursos económicos, sino la distribución y el buen manejo de estos en función de la satisfacción de las necesidades colectivas, mediante el respeto a la legalidad y, en fin, al interés general; lo que a su vez permite el logro eficiente y eficaz de los objetivos y las metas trazadas dentro de la gestión administrativa y de gobierno. A este conjunto de elementos se le conoce como administración financiera del sector público, y precisamente el presupuesto público es el elemento fundamental que la integra, teniendo en cuenta que es una de las herramientas administrativas por excelencia de la cual se sirve el Estado para lograr la consecución de sus fines.

En ese sentido, considerando que la contratación pública es una de las formas por medio de las cuales el Estado procede a la ejecución de obras, adquisición de bienes o prestación de servicios, el objeto de este estudio se enfoca en la revisión crítica de los aspectos presupuestarios más relevantes en la contratación estatal, mediante el examen de los principios, las reglas y normas presupuestarias en el estratégico sector de la contratación pública, desde una doble perspectiva: la gestión y el control.

La técnica para el desarrollo de la investigación es el análisis crítico de una serie de instrumentos jurídicos, tales como la Constitución de la República Bolivariana de Venezuela (CRBV), la Ley Orgánica de la Administración Financiera del Sector Público (LOAFSP), el Reglamento número 1 de la Ley Orgánica de Administración Financiera del Sector Público, sobre el sistema presupuestario, el Decreto con Rango, Valor y Fuerza de Ley de Contratación Pública (DLCP), el Reglamento de la Ley de Contrataciones Públicas (RLCP), la Ley Orgánica de la Contraloría General de la República y del Sistema Nacional de Control Fiscal, y la Ley Orgánica Contra la Corrupción; además del análisis de la doctrina nacional autorizada en materia de presupuesto público.

2. La administración financiera del sector público y el sistema presupuestario

El funcionamiento y la articulación de los órganos y entes que componen el sector público se rigen por una serie de reglas y normas que legitiman su actividad. En materia de administración económica y financiera, el Estado cuenta con un sistema formal de regulación y actuación llamado a aportar la seguridad jurídica necesaria para entender que los procesos administrativos se encuentran ajustados a derecho.

En ese sentido, se denomina *administración financiera del sector público* al conjunto de sistemas que intervienen en la definición y captación de los recursos financieros, para ser aplicados al cumplimiento de los fines del Estado, lo que se corresponde con el interés general. Los sistemas que integran la administración financiera del sector público son el sistema presupuestario[3], el sistema de crédito público[4], el sistema de tesorería[5] y el sistema de contabilidad pública[6].

Para cumplir con el objetivo general de este trabajo, nos circunscribiremos a un análisis básico del sistema presupuestario que nos permitirá tener una noción clara sobre las reglas precisas y los principios jurídicos vinculados a los aspectos económicos y financieros que se deben observar en el ámbito de la contratación estatal, puesto que el presupuesto púbico representa la columna vertebral de la administración financiera del sector público, como lo reconoce expresamente el artículo 313 de la Constitución de la República Bolivariana de Venezuela[7].

El sistema presupuestario se encuentra integrado por el conjunto de principios, órganos, normas y procedimientos que rigen el proceso presupuestario del sector público. Mediante este proceso se consolidan los presupuestos públicos, en los que se expresan los recursos y egresos vinculados a los objetivos y metas de los planes, bien sean nacionales, estatales (de los estados federados), municipales, locales o sectoriales, que hayan sido elaborados dentro de las líneas del plan de desarrollo económico de la nación. El presupuesto público se constituye, por lo tanto, en un instrumento jurídico-técnico imprescindible para la gestión del gobierno, y comprende los recursos, los

[3] El sistema presupuestario se encuentra regulado en el Reglamento n.º 1 de la Ley Orgánica de la Administración Financiera del Sector Público, publicado en la *Gaceta Oficial* n.º 5.781 Extraordinario del 12 de agosto de 2005.

[4] De conformidad con lo establecido en el art. 81 de la LOAFSP, las operaciones de crédito público tienen por objeto arbitrar recursos para realizar inversiones reproductivas, atender casos de evidente necesidad o de conveniencia nacional y cubrir necesidades transitorias de la tesorería.

[5] El servicio de tesorería comprende las actividades de custodia de fondos y valores, percepción de ingresos, transferencias, realización de pagos, inversiones, administración de fondos y demás actividades que le sean propias, a todo el sector público nacional centralizado y a los entes descentralizados funcionalmente de la República (art. 110 de la LOAFSP).

[6] El sistema de contabilidad pública consiste en la técnica de registro contable de las transacciones económico-financieras de los órganos del sector público y comprende el conjunto de políticas, principios, órganos, normas y procedimientos técnicos de contabilidad que permiten valorar, registrar, procesar y exponer los hechos económico-financieros que afecten o puedan llegar a afectar el patrimonio de los entes del sector público sujetos (arts. 124 y 125 de la LOAFSP).

[7] La administración económica y financiera del Estado se regirá por un presupuesto aprobado anualmente por ley. El ejecutivo nacional presentará a la Asamblea Nacional, en la oportunidad que señale la ley orgánica, el proyecto de Ley de Presupuesto. Si el poder ejecutivo, por cualquier causa, no hubiese presentado a la Asamblea Nacional el proyecto de ley de presupuesto dentro del plazo establecido legalmente, o el mismo fuere rechazado por ésta, seguirá vigente el presupuesto del ejercicio fiscal en curso”.

egresos y las operaciones de financiamiento, sin compensaciones entre sí, para el ejercicio económico financiero correspondiente[8].

Es por ello por lo que, de acuerdo con el Decreto con Rango, Valor y Fuerza de Ley Orgánica de Administración Financiera del Sector Público, y su Reglamento parcial número 1, antes citado, se puede observar que en el ordenamiento jurídico venezolano se regulan dos tipos de presupuestos indisolublemente complementarios. El primero de ellos se refiere al presupuesto público de recursos, en el cual se muestra la denominación de los diferentes ramos de ingresos corrientes y de capital, así como las distintas fuentes financieras y sus correspondientes cantidades estimadas; y el segundo, relativo al presupuesto público de egresos, contempla los gastos corrientes, de capital y aplicaciones financieras[9]. Ambos, el presupuesto de recursos y el presupuesto de egresos, se integran para constituir el presupuesto general del sector público.

A) *Fases o etapas presupuestarias*

El presupuesto público es el programa donde se contemplan, de acuerdo con ciertos principios y reglas, los ingresos o recursos y los egresos o gastos que se ejecutarán en un periodo determinado por parte de los órganos del sector público. Se trata de un medio para organizar las acciones y los programas de gobierno que se proyecta realizar en un período determinado, así como para asignar formalmente los recursos que esa actividad productiva exige en la praxis de una institución, sector o región. Ese carácter práctico implica que el presupuesto público debe concebirse como un sistema administrativo que se materializa a través de un procedimiento o ciclo por etapas que se deben cumplir desde el inicio hasta el final. Estas etapas o fases son: planificación, formulación, aprobación, ejecución, seguimiento, control y evaluación.

Específicamente, en el Reglamento parcial número 1 de la Ley Orgánica de Administración Financiera del Sector Público, sobre el sistema presupuestario[10], se desarrollan los aspectos inherentes al referido proceso presupuestario y se establecen las siguientes etapas: i. planificación; ii. formu-

[8] Arts. 9 y 11 del Decreto con Rango, Valor y Fuerza de Ley de Administración Financiera del Sector Público, publicado en la *Gaceta Oficial* n.° 6.210 del 30 de diciembre de 2015.

[9] Arts. 12 y 13 del Decreto con Rango, Valor y Fuerza de Ley de Administración Financiera del Sector Público, publicado en la *Gaceta Oficial* n.° 6.210 del 30 de diciembre de 2015.

[10] Dictado mediante decreto n.° 3.776, publicado en la *Gaceta Oficial* n.° 5.781 extraordinario del 12 de agosto de 2005.

lación del presupuesto de órganos y entes; iii. ejecución financiera de los recursos previstos en la Ley de Presupuesto; iv. distribución general del presupuesto de gastos; v. estructura de la ejecución financiera del presupuesto de gastos; vi. registro del gasto, y vii. control presupuestario.

El diseño de políticas públicas y de gestión que adoptó el constituyente venezolano y sus normas de desarrollo, se basa principalmente en la planificación, esto es, en la elaboración de planes a fin de determinar certeramente el rumbo de la gestión pública, para el cumplimiento de los objetivos y fines del Estado. En consecuencia, en el marco de las líneas generales del plan de desarrollo económico y social de la nación, los entes públicos deberán formular sus planes nacionales, estatales (de los estados federados) y municipales, respectivamente, que contendrán las políticas, objetivos estratégicos, actividades, metas e indicadores vinculados al plan operativo anual. Por tal motivo, los presupuestos de los órganos y entes del sector público deberán estar en sintonía perfecta con los referidos planes; esto quiere decir, en resumen, que es fundamental la planificación a la hora de formular los presupuestos públicos[11].

La formulación o elaboración del presupuesto corresponde a los órganos del poder ejecutivo a nivel nacional, estatal (de los estados federados) o municipal, y tiene como objeto la determinación en cifras de los diferentes programas de interés público, además de la distribución equitativa de los recursos de acuerdo con las prioridades públicas, en función de los planes y programas previamente aprobados. En esta etapa es precisamente donde se plasma el principio de equilibrio presupuestario y donde se materializa la vinculación del presupuesto con el Plan Operativo Anual (POA)[12].

[11] Art. 9 de la LOAFSP y art. 7 del Reglamento Parcial n.º 1 de la LOAFSP.

[12] De conformidad con lo establecido en el art. 5 de la Ley Orgánica de Planificación Pública y Popular, publicada en la *Gaceta Oficial* n.º 6.011 extraordinario, de 21 de diciembre de 2010, se entiende por Plan aquel "[...] Documento de planificación pública que establece en forma sistemática y coherente las políticas, objetivos, estrategias y metas deseadas, en función de la visión estratégica, incorporando los proyectos, acciones y recursos que se aplicarán para alcanzar los fines establecidos". En ese sentido, según lo contemplado en el art. 52 del mismo texto legal: "Los planes operativos son aquellos formulados por los órganos y entes del Poder Público y las instancias de participación popular, sujetos a la presente ley, con la finalidad de concretar los proyectos, recursos, objetivos y metas, trazados en los planes estratégicos. Dichos planes tendrán vigencia durante el ejercicio fiscal, para el cual fueron formulados". Además, su vinculación con el presupuesto la encontramos en el art. 53 de la norma antes citada, al señalar que "Los órganos y entes sujetos a las disposiciones de la presente ley, al elaborar sus respectivos planes operativos, deberán: 1. Elaborar el anteproyecto de presupuesto de conformidad con los proyectos contenidos en el plan operativo. 2. Registrar los proyectos y acciones centralizadas en el sistema de información sobre los proyectos públicos que a tales efectos establezca el órgano rector de la

La aprobación o sanción del presupuesto público corresponde principalmente a los órganos del poder legislativo (nacional, estatal o municipal), los cuales son competentes para discutir y sancionar los proyectos de leyes que se les presenten. En el caso de la Ley de Presupuesto Público anual, la iniciativa legislativa le corresponde a la rama ejecutiva, la que formula el presupuesto y lo traduce en un anteproyecto de Ley de Presupuesto de Recursos y Egresos para el año siguiente, que presenta ante el órgano legislativo competente para su discusión y sanción. Como toda ley, después debe ser promulgada y publicada en la *Gaceta Oficial* respectiva, a los fines de su vigencia y posterior ejecución.

La fase de ejecución del presupuesto corresponde a los funcionarios encargados para tal fin en cada entidad, y consiste en la concreción de los programas planificados y vinculados en la norma presupuestaria, mediante la utilización de los recursos públicos disponibles. Resulta en la obtención de los recursos estimados y la materialización de los gastos programados.

Uno de los aspectos destacados que requiere ser estudiado por su importancia es, precisamente, la ejecución del presupuesto desde la perspectiva de los compromisos contraídos y pagados con cargo al presupuesto aprobado para un ejercicio económico fiscal especifico, derivados de los procedimientos de contrataciones públicas. En ese sentido, de acuerdo con la normativa analizada, en el ordenamiento jurídico venezolano el presupuesto de gastos se ejecuta en diversas etapas o fases, entre las cuales están: i. el compromiso; ii. lo causado, y iii. lo pagado; todas ellas sucesivas y dirigidas al cumplimiento de las obligaciones económicas del Estado.

El compromiso, como una de las etapas de ejecución del presupuesto, "[...] puede entenderse en un sentido amplio y en uno restringido. De modo amplio un compromiso es cualquier acto o hecho del Estado que sea susceptible de constituir a éste en deudor. En sentido restringido, que es la manera propia o habitual como se entiende la expresión en derecho financiero, el compromiso es el acto administrativo adoptado por un funcionario competente, en virtud del cual asume o constata una obligación con cargo al presupuesto vigente"[13].

---

planificación pública. 3. Ajustar los planes y proyectos formulados con base a la cuota asignada por el órgano con competencia en materia de presupuesto. 4. Verificar que los planes y proyectos se ajusten al logro de sus objetivos y metas y a la posible modificación de los recursos presupuestarios previamente aprobados". En el caso del Plan Operativo Anual Estadal, su fundamento jurídico se encuentra en el artículo 63 y ss. de la citada ley orgánica.

[13] Manuel Rachadel, *Lecciones sobre presupuesto público*, Caracas, Editorial Jurídica Venezolana, Colección Estudios Jurídicos n.° 28, 1985, pág. 219.

Con relación a lo causado, en el ámbito presupuestario es la fase subsiguiente al compromiso y es precisamente en esta donde se contrae la obligación de pagar los bienes, servicios adquiridos u obras ejecutadas.

En cuanto al pago, se trata de "[...] la última etapa del proceso de ejecución del presupuesto de gastos y en virtud del mismo se produce la extinción de las obligaciones asumidas por la Administración"[14]. Del análisis efectuado con anterioridad se infiere que el pago solo puede efectuarse con cargo al presupuesto público[15].

Estas fases, específicamente en cuanto al compromiso y al pago, se evidencian en los artículos 19 y 20 de la Ley Orgánica de la Administración Financiera del Sector Público (LOAFSP), al señalar que "Los órganos de la República, estados, distritos y municipios y demás entes sujetos a la aplicación de este Decreto con Rango, Valor y Fuerza de Ley, están obligados a llevar los registros de ejecución presupuestaria [...]"; en ese sentido, "[...] se registrará la liquidación o el momento en que se devenguen los recursos y recaudación efectiva; y en materia de egresos, además del momento en que se causen estos [...]", teniéndose el registro del compromiso como mecanismo para afectar preventivamente la disponibilidad de los créditos presupuestarios[16], y el del pago para reflejar la cancelación de las obligaciones asumidas. Se considera como gastado un crédito cuando queda afectado definitivamente al causarse el gasto.

[14] *Ibid.*, pág. 225.

[15] Con relación a lo *ut supra* es oportuno señalar lo contenido en el art. 67 de la LOAFSP, en cuanto a los gastos causados y no pagados al cierre del ejercicio fiscal correspondiente: "Los gastos causados y no pagados al treinta y uno (31) de diciembre de cada año se pagarán durante el ejercicio siguiente, con cargo a las disponibilidades en caja y banco existentes a la fecha señalada. En el caso que dicha disponibilidad resulte insuficiente para el pago de compromisos válidamente adquiridos, no se requerirá reconocimiento administrativo o judicial para proceder al pago con cargo a la disponibilidad del ejercicio en que se ordene.

"Los gastos comprometidos y no causado al treinta y uno (31) de diciembre de cada año se imputarán al ejercicio siguiente, afectándolos a los créditos disponibles para ese ejercicio.

"Los compromisos originados en sentencia judicial firme con autoridad de cosa juzgada o reconocidos administrativamente, de conformidad con los procedimientos establecidos en la Ley Orgánica de la Procuraduría General de la República y en el Reglamento de este Decreto con rango, Valor y Fuerza de Ley, así como los derivados de reintegros que deban efectuarse por concepto de tributos recaudados en exceso, se pagarán con cargo al crédito presupuestario que, a tal efecto, se incluirá en el respectivo presupuesto de egresos".

[16] De conformidad con el art. 41 de la LOAFSP, "Los créditos presupuestarios son las asignaciones previstas para financiar los gastos corrientes, de capital y las aplicaciones financieras, las cuales deben imputarse a las partidas asignadas a cada una de las categorías presupuestarias previstas para el ejercicio económico correspondiente".

Es importante destacar, tal y como lo señala la Ley Orgánica de la Administración Financiera del Sector Público en su artículo 22, que "Ningún pago puede ser ordenado sino para pagar obligaciones válidamente contraídas y causadas"[17]. Lo cual significa que los funcionarios competentes para comprometer recursos con cargo al presupuesto de gastos respectivos no podrán hacerlo sino para cubrir aquellas obligaciones que el órgano o ente haya adquirido válidamente. En el caso de las compras públicas, como se explica en el presente estudio, encontramos que estas proceden siempre y cuando el órgano o ente contratante tenga la disponibilidad presupuestaria para comprometer y —después de generarse la obligación (causado), bien sea por la recepción de los bienes, avalúos de obras o contraprestaciones de los servicios— proceder a la emisión del pago.

Al visualizar las etapas de ejecución del presupuesto desde la perspectiva de la contratación de bienes, servicios u obras, tenemos que existe un acto administrativo dictado por la autoridad competente a través del cual se autoriza gestionar o efectuar un gasto con cargo al presupuesto. El compromiso, en la contratación pública, se considera un acto administrativo en el cual se deja en manos de terceros la ejecución de obras o servicios, y el suministro de bienes. A partir de este momento es cuando se genera una obligación de hacer entre las partes. En último lugar está la etapa de ejecución del presupuesto, precisamente referida al pago, el cual, como se ha venido mencionando, se materializa a través de uno de los instrumentos contemplados en la Ley Orgánica de la Administración Financiera del Sector Público (LOAFSP), como lo es la orden de pago, que debe ser librada antes de la materialización del pago, que se verifica con la salida del recurso de la cuenta del tesoro de la entidad.

Además de lo anterior, el artículo 141 del Decreto con Rango, Valor y Fuerza de Ley de Contratación Pública (DLCP) determina las condiciones para efectuar el pago, al señalar de manera expresa que "El contratante procederá a pagar las obligaciones contraídas con motivo del contrato, cum-

[17] En este caso es oportuno indicar que existen circunstancias en las cuales las obligaciones son válidamente contraídas, pero la emisión del pago se ve supeditada por cuestiones de tiempo, tomando en consideración que la vigencia del presupuesto público equivale a un ejercicio económico financiero, el cual tiene la duración de un año. En ese sentido, el Reglamento n.º 1 de la LOAFSP, sobre el sistema presupuestario, establece en su art. 117 que "Los gastos comprometidos y no causados al término del ejercicio económico financiero, se imputarán a los créditos presupuestarios disponibles de las mismas categorías presupuestarias, partidas y sub-específicas [*sic*] de gasto previstos en el Presupuesto de gastos y aplicaciones financieras vigente. En caso que [*sic*] no exista la disponibilidad presupuestaria o la misma sea insuficiente, se solicitarán las modificaciones presupuestarias que sean pertinentes".

pliendo con los siguientes: 1. verificación del cumplimiento del suministro del bien, prestación del servicio, ejecución de la obra o parte de esta; 2. recepción y revisión de las facturas presentadas por el contratista; 3. conformación, por parte del supervisor o ingeniero inspector del cumplimiento de las condiciones establecidas; 4. autorización del pago por parte de las personas competentes".

La norma es clara al señalar que, a pesar de existir un compromiso presupuestario, este no es pagado mientras no se den las circunstancias antes mencionadas. En ese sentido, es importante traer a colación lo establecido en el artículo 132 del Reglamento de la Ley de Contrataciones Públicas (RLCP): "Cuando la orden de compra u orden de servicio sean utilizadas como contrato en los procedimientos para la adquisición de bienes o prestación de servicios, estas deben ser firmadas por el representante legal del beneficiario de la adjudicación y deben contener la documentación señalada [...] en tal sentido, los órganos o entes contratantes adecuaran los formularios de órdenes de compra y servicios para que incluyan todos los requerimientos para la formulación de la adjudicación". De lo anterior se infiere que existen diversos trámites legales que se deben cumplir para proceder a la emisión del pago, el cual se materializará a través de una orden de pago o una orden de servicios, previa autorización otorgada por un acto administrativo que afecta las partidas del presupuesto de gastos.

Por último, el control de la ejecución del presupuesto[18] se da por medio de acciones internas y externas que tienen como propósito medir el cumplimiento de las metas y resultados presupuestarios; específicamente, la verificación del logro de esos resultados está vinculada a la comprobación sistemática de la regularidad de cumplimiento de los actos de gestión y el adecuado manejo de los fondos públicos. Este control se manifiesta orgánicamente desde dos vertientes: i. la primera de ellas en el plano interno, y ii. la segunda en el plano externo. El control interno es ejercido fundamentalmente por las Unidades de Auditoría Interna; por otra parte, el control externo es ejecutado por la Contraloría General de la República o las contralorías estatales (de los estados federados) o municipales respectivas. La actividad de control es muy importante desde el punto de vista preventivo, ya que permite corregir los errores advertidos y ajustar las acciones a las reglas y principios presupuestarios, principalmente a la noción de equilibrio presupuestario.

[18] Según el art. 312 de la CRBV: "La ley fijará los límites de endeudamiento público de acuerdo con un nivel prudente en relación con el tamaño de la economía, la inversión reproductiva y la capacidad de generar para cubrir el servicio de la deuda pública".

3. Principios jurídicos vinculados al sistema presupuestario

Como se mencionó antes, todo el proceso presupuestario al cual nos hemos estado refiriendo, se rige de forma concreta por una serie de principios jurídicos que deben ser observados con disciplina[19]; parte de ellos citados de forma expresa en el texto constitucional, que luego han sido desarrollados, e incluso ampliados, en las disposiciones de la Ley Orgánica de la Administración Financiera del Sector Público (LOAFSP) y en su reglamento parcial específico al régimen presupuestario. Los principios a los cuales nos referiremos seguidamente son aplicables a toda la actividad de los órganos y entes que ejercen el poder público.

En forma general, la Constitución de la República Bolivariana de Venezuela (CRBV) contiene una serie de disposiciones que apuntan hacia la consagración y elevación jurídica de los principios y valores fundamentales. Desde los artículos 1 y 2 se comienza a identificar los principios jurídicos y valores superiores en los que se soporta la República[20]. Por otra parte, en el artículo 141 se definen los principios que deben observar y garantizar los órganos y entes de la Administración pública, en los siguientes términos: "La Administración Pública está al servicio de los ciudadanos y ciudadanas y se fundamenta en los principios de honestidad, participación, celeridad, eficacia, eficiencia, transparencia, rendición de cuentas y responsabilidad en el ejercicio de la función pública, con sometimiento pleno a la ley y al derecho".

Especialmente referido a la administración financiera del sector público, el artículo 311 constitucional determina que la administración económica y financiera del sector público en general debe regirse por los principios

[19] La ley no es la única fuente del derecho, existe una serie de reglas, normas, principios y valores, que algunas veces no se encuentran dentro de la concepción formal de la ley, pero que deben considerarse también a la hora de analizar la legitimidad de la actuación de los órganos que ejercen el poder público; dentro de ellos se pueden ubicar los principios y valores superiores que consagra el texto constitucional, los cuales, al constituir el fundamento de todo el ordenamiento jurídico, condicionan la actuación de los agentes públicos y la interpretación de las normas que le asignan atribuciones. Estos valores y principios no constituyen simple retórica, antes bien, como lo expresa García de Enterría: "[...] son justamente la base entera del ordenamiento, la que ha de prestar a éste su sentido propio, la que ha de presidir, por tanto, toda su interpretación y aplicación". Eduardo García de Enterría, *La Constitución como norma y el Tribunal Constitucional*, 4ª ed., Navarra, Editorial Aranzadi, 2006, pág. 105.

[20] En el art. 1 constitucional se determina la vocación de libertad, independencia, igualdad, justicia y paz en la que se inscribe expresamente la República. Mientras que en el artículo 2 se mencionan los valores superiores que inspiran al Estado venezolano como democrático y social de derecho y de justicia.

básicos de eficiencia, solvencia, transparencia, responsabilidad y equilibrio fiscal[21]. Vemos como el texto constitucional va perfilando un marco principista de acción legítima dentro del cual deben operar los sistemas encargados de la generación de recursos públicos y su utilización, para garantizar el cumplimiento del interés general.

Por su parte, en el artículo 2 de la Ley Orgánica de la Administración Financiera del Sector Público (LOAFSP) se reiteran expresamente los principios constitucionales antes mencionados, pero se agregan otros más, los principios jurídicos de justicia social, legalidad, honestidad, participación, solidaridad, rendición de cuentas, y coordinación macroeconómica, cuyas orientaciones deben inspirar el tema presupuestario.

En suma, podemos afirmar que los principios generales que disciplinan y condicionan todos los componentes de la administración financiera del sector público venezolano son: la legalidad, la eficiencia, la transparencia, la responsabilidad, la honestidad, la justicia social, la solvencia, la participación, la solidaridad, la rendición de cuentas, el equilibrio fiscal y la coordinación macroeconómica. Sin embargo, cada subsistema que integra la administración financiera del sector público podrá contar con reglas jurídicas especiales y técnicas propias, previstas en el ordenamiento jurídico, a la par de los principios generales antes comentados y que analizaremos a continuación.

A) *El principio de legalidad presupuestaria*

En vista de que los órganos y entes que ejercen el poder público se encuentran dentro de la regulación de normas de derecho público y, en consecuencia, sometidos al principio de legalidad general[22], sus actuaciones deben estar previamente habilitadas por las normas jurídicas expresas y no deben contrariar las disposiciones legales y constitucionales. Dentro de la noción general del principio de legalidad se encuentra particularmente el principio de la legalidad presupuestaria, previsto expresamente en el artículo 314 de

[21] "Art. 311. La gestión fiscal estará regida y será ejecutada con base en principios de eficiencia, solvencia, transparencia, responsabilidad y equilibrio fiscal. Esta se equilibrará en el marco plurianual del presupuesto, de manera que los ingresos ordinarios deben ser suficientes para cubrir los gastos ordinarios.

"El Ejecutivo Nacional presentará a la Asamblea Nacional, para su sanción legal un marco plurianual para la formulación presupuestaria que establezca los límites máximos de gasto y endeudamiento que hayan de contemplarse en los presupuestos nacionales. La ley establecerá las características de este marco, los requisitos para su modificación y los términos de su cumplimiento".

[22] Los arts. 137 y 141 del texto fundamental se refieren al principio de legalidad en general.

la Constitución de la República Bolivariana de Venezuela, donde se lee que "No se hará ningún tipo de gasto que no haya sido previsto en la Ley de Presupuesto"[23]; esto es, no es legalmente aceptable que se adquiera un compromiso o se ejecute un pago sin que el gasto esté expresa y previamente previsto en el presupuesto, lo que coloquialmente se identifica en el mundo de la Administración pública como "disponibilidad presupuestaria". Principio especialmente aplicable en materia de contratación pública, ya que, bajo esta premisa, no se podrá contratar válidamente sin la previa disponibilidad de recursos presupuestarios.

En ese sentido, observamos como el constituyente ha establecido un control presupuestario por medio de este principio, el cual rige para los

[23] Ver sentencia de la Sala Casación Social del Tribunal Supremo de Justicia n.º 01-337, de 26 de julio de 2001, con ponencia del magistrado Juan Rafael Perdomo, en la que se determinó: "El recurso interpuesto se fundamenta, entre otras razones, en el principio de legalidad presupuestaria consagrado en la Constitución de la República Bolivariana de Venezuela, que impide a los funcionarios públicos realizar gastos no previstos en la Ley de Presupuesto, tal como lo expresa el artículo 314 del texto constitucional: 'No se hará ningún tipo de gasto que no haya sido previsto en la Ley de Presupuesto'.

"Asimismo, de conformidad con la Ley Orgánica de Régimen Presupuestario, a la cual están sujetos los estados de conformidad con el artículo 1.º de dicha ley, los entes públicos para contraer compromisos están limitados a la disponibilidad crediticia contenida en el presupuesto, conforme al artículo 43, que expresa:

"«No se podrán adquirir compromisos para los cuales no existan créditos presupuestarios, ni disponer de créditos para una finalidad distinta a la prevista en esta Ley [...]».

"Con ese apoyo, sostiene el recurrente que al no haberse determinado la existencia de los créditos presupuestarios no se podían contraer compromisos, y era obligante para la Inspectoría del Trabajo dirigirse a la Gobernación para que la oficina de Planificación, Proyectos y Presupuestos determinara e informara si el compromiso que se pretendía asumir excedía de los límites financieros y en consecuencia el Gobernador negociar los ajustes del caso". Disponible en http://www.tsj.gov.ve/decisiones/scs/Julio/c194-260701-01337.htm

Así mismo, en el ordenamiento jurídico venezolano se pueden ubicar normas similares que ratifican este principio, como por ejemplo los arts. 229 y 242 de la Ley Orgánica del Poder Público Municipal, que expresa y respectivamente señalan:

"Los municipios están obligados a normar su acción administrativa y de gobierno por un presupuesto aprobado anualmente por el respectivo Concejo Municipal, el cual se publicará en una ordenanza que se denominará ordenanza de presupuesto anual de ingresos y gastos.

"Los créditos presupuestarios del presupuesto de gastos por programas, subprogramas, proyectos, partidas y demás categorías presupuestarias equivalentes, constituyen el límite máximo de las autorizaciones disponibles para gastar, no pudiendo el alcalde o alcaldesa acordar ningún gasto ni pago para el cual no exista previsión presupuestaria.

"El alcalde o alcaldesa, dentro de los límites cuantitativos y cualitativos que establezcan las disposiciones generales de la ordenanza de presupuesto de ingresos y gastos del ejercicio económico financiero, podrá acordar traspasos de créditos entre partidas, proyectos, subprogramas, programas y otras categorías presupuestarias equivalentes".

órganos y entes que someten su presupuesto a la aprobación legislativa; por lo tanto, sus autorizaciones para gastos se encuentran contempladas en la ley de presupuesto respectiva, en estricta sintonía con lo establecido en el citado artículo 313 del texto constitucional, al señalar que "La administración económica y financiera del Estado se regirá por un presupuesto aprobado anualmente por ley".

Sin embargo, se observa que existe una modulación de la regla general antes mencionada, referida a la previsión presupuestaria previa, y es precisamente cuando se decretan créditos adicionales al presupuesto[24] para gastos que son necesarios y que no habían sido previstos o cuyas partidas resultaren sobrevenidamente insuficientes, siempre que el tesoro nacional contare con recursos financieros para atender la respectiva erogación, así como el caso de las rectificaciones presupuestarias y los traspasos presupuestarios de recursos entre partidas. No obstante, expresamente se aclara, que lo planteado no sugiere una excepción a la regla del principio de legalidad presupuestaria, sino todo lo contrario, se trata de una reafirmación de ese principio, debido a que estas fórmulas de ejecución presupuestarias sobrevenidas están previstas y reglamentadas en la ley.

La noción e interpretación del principio de legalidad presupuestaria abarca la mayoría de los principios jurídicos antes señalados, en virtud de la positivización de nuestro derecho público y la necesidad de cobertura legal para las actuaciones de los órganos y entes que ejercen el poder público. Por ejemplo, precisamente en cuanto a que "No se hará ningún tipo de gasto que no haya sido previsto en la Ley de Presupuesto", que definitivamente evidencia la legalidad presupuestaria, también nos conduce al tema de las finanzas públicas, que tiene como principios fundamentales, no solo la legalidad, sino fundamentalmente la especialidad del gasto; esto quiere decir que así como no se podrán adquirir compromisos para los cuales no existan créditos presupuestarios previamente definidos, tampoco se podrá dispo-

[24] Claro ejemplo lo encontramos en el art. 236 de la Constitución de la República Bolivariana de Venezuela, al señalar que "Son atribuciones y obligaciones del presidente o presidenta de la República [...] 13. Decretar *créditos adicionales* al Presupuesto, previa autorización de la Asamblea Nacional o de la Comisión delegada". Concatenado con el artículo 187 constitucional, que señala: "Corresponde a la Asamblea Nacional: [...] 6. Discutir y *aprobar el presupuesto nacional y todo proyecto de ley concerniente al régimen tributario y al crédito público.* 7. Autorizar los *créditos adicionales al presupuesto*" (cursivas añadidas); y con el art. 50 del Decreto con Rango, Valor y Fuerza de Ley Orgánica de Administración Financiera del Sector Público: "Quedarán reservadas a la Asamblea Nacional, a solicitud del Ejecutivo Nacional las modificaciones que aumenten el monto total del presupuesto de egresos de la República, para las cuales se tramitarán los respectivos créditos adicionales".

ner de créditos para una finalidad distinta a la expresamente prevista en la ley[25], lo que también nos conecta con el tema de la contratación estatal y los objetivos que se persiguen en toda contratación.

En ese mismo orden de ideas, se presenta el denominado principio de equilibrio fiscal o equilibrio presupuestario, previsto en el también citado artículo 311 constitucional y que, junto con el principio de legalidad y otros principios, es regulado en el artículo 2 de la Ley Orgánica de la Administración Financiera del Sector Público[26]. El equilibrio presupuestario es una fórmula de planificación y gestión que brinda seguridad jurídica y que se convierte precisamente en la garantía de que los ingresos ordinarios deberán ser suficientes para cubrir los gastos ordinarios, razón por la cual en los presupuestos anuales de gastos se establecerá de manera clara para cada crédito presupuestario el objetivo específico al que esté dirigido, los resultados concretos que se esperan obtener y los funcionarios públicos responsables para el logro de tales resultados, los cuales se establecerán en términos cuantitativos, mediante indicadores de desempeño, siempre que sea técnicamente posible[27], y todo ello deberá coincidir con la estimación de los recursos con los que se pretende contar.

La característica derivada del equilibrio presupuestario supone que la gestión fiscal se debe ajustar al presupuesto anual y al marco plurianual del presupuesto y, en ese sentido, los gastos ordinarios nunca podrán ser superiores a los recursos ordinarios que se estimen percibir; vale anotar que tal situación genera estabilidad y transparencia.

B) *Otros principios jurídicos vinculados al sistema presupuestario*

Adicional al análisis del principio de legalidad dentro de los presupuestos públicos, es menester destacar otros principios más específicos, relacionados íntimamente con el principio de legalidad y vinculados al sistema presupuestario, a saber: i. Principio de universalidad o de integridad; ii. Principio de

[25] Arts. 1° y 43 de la Ley Orgánica de Régimen Presupuestario, publicada en la *Gaceta Oficial* de la República, n.° 36.916 de 22 de marzo de 2000. Así mismo, el art. 21 de la LOAFSP establece que "No se podrán adquirir compromisos para los cuales no existan asignaciones presupuestarias, ni disponer de créditos para una finalidad distinta a la prevista".

[26] Además, en el art. 18 del Reglamento n.° 1 de la LOAFSP, sobre el sistema presupuestario, se establece que "Para los efectos de la determinación de la regla de equilibrio ordinario, pueden ser excluidos del gasto ordinario, por un periodo determinado en el tiempo, los gastos que atiendan compromisos que se derivan de la deuda por pasivos laborales y seguridad social y cualesquiera otras que expresamente autorice el presidente de la República en Consejo de ministros".

[27] Art. 315 de la Constitución de la República Bolivariana de Venezuela.

exclusividad iii. Principio de la especificidad o especificación del gasto, y iv. Principio de la no afectación del gasto; todos ellos determinantes para el tema de las compras públicas.

a) *Principio de universalidad.* El principio de universalidad o de integralidad presupuestaria se encuentra previsto en el artículo 11 de la Ley Orgánica de la Administración Financiera del Sector Público (LOAFSP), que consiste en comprender la dimensión integral del presupuesto público como un universo dentro del que se encuentran integrados varios elementos necesarios para otorgarle esencia y operatividad, de forma autónoma. Para entender el principio de universalidad presupuestaria se deben visualizar los presupuestos públicos en su dimensión integral, esto es, como un verdadero documento programático compuesto por los recursos, los egresos y las operaciones de financiamiento, sin compensaciones entre sí, para el ejercicio financiero que corresponda.

b) *Principio de exclusividad.* El principio de exclusividad o no inclusión, relacionado con el anterior principio de universalidad, consiste en la cualidad que poseen las leyes anuales de presupuesto de no aceptar en su cuerpo normativo asuntos que no sean inherentes a la materia presupuestaria que se regula. El principio de exclusividad está previsto en el artículo 34 de la Ley Orgánica de la Administración Financiera del Sector Público, que expresamente señala: "[...] las disposiciones generales de la Ley de Presupuesto constituirán normas [...] que regirán para cada ejercicio presupuestario y contendrán normas que se relacionen directa y exclusivamente con la aprobación, ejecución y evaluación del presupuesto del que forman parte. En consecuencia, no podrán contener disposiciones de carácter permanente, ni reformar o derogar leyes vigentes, o crear, modificar o suprimir tributos u otros ingresos salvo que se trate de modificaciones autorizadas por las leyes creadoras de los respectivos tributos".

c) *Principio de especificidad del gasto.* El principio de especificidad del gasto está estatuido en el artículo 315 de la Constitución de la República Bolivariana de Venezuela, en el artículo 13 de la Ley Orgánica de la Administración Financiera del Sector Público y en el artículo 18 del Decreto con Rango, Valor y Fuerza de Ley contra la Corrupción[28]; en las citadas normas se indica la necesaria correspondencia entre los créditos presupuestarios y los objetivos a los cuales están dirigidos programáticamente, por lo que debe existir una exacta vinculación entre el crédito y el objetivo para el cual fue destinado. Evidentemente, estas disposiciones guardan estrecha

[28] Los funcionarios y empleados públicos deberán utilizar los bienes y recursos públicos para los fines previstos en el presupuesto correspondiente".

relación con la disposición contenida en el artículo 21 *eiusdem,* al prohibir tanto que se adquieran compromisos para los cuales no existan asignaciones presupuestarias como que se disponga de créditos para una finalidad distinta a la prevista originalmente en el presupuesto respectivo.

Las citadas disposiciones normativas concuerdan en determinar que para cada crédito presupuestario se debe establecer el objetivo específico al que está dirigido, así como los resultados concretos que se esperan obtener, en términos cuantitativos, ya que el cumplimiento de los objetivos deberá ser medido a través de indicadores técnicos de desempeño, tal y como se desprende del contenido del artículo 35.2 del Reglamento Parcial número 1 de la Ley Orgánica de la Administración Financiera del Sector Público, el cual destaca que a los fines de la estructura y contenido del Título III de la Ley de Presupuesto deberá presentarse a la Asamblea Nacional lo siguiente: "[...] 2. Relación de las principales metas, cuando la estructura presupuestaria tenga esencia cuantificable".

En resumen, el principio de la especificidad del gasto implica un mandato sobre las autoridades públicas, para que sean muy precisas y detalladas a la hora de presentar los gastos dentro de la formulación de la ley de presupuesto. En ese sentido es conveniente tomar en consideración el contenido del clasificador presupuestario dictado por el organismo técnico nacional, que es la Oficina Nacional de Presupuesto (ONAPRE), puesto que precisamente la autorización parlamentaria establecida en la Ley de Presupuesto se da en función del detalle del gasto, lo que trae consigo que los referidos recursos solo puedan ser usados para el fin autorizado expresa y legalmente. Este principio resulta de suma importancia a la hora de desarrollar cualquier procedimiento de contratación pública, debido a que el objeto de la contratación debe estar vinculado al objeto del crédito presupuestario por medio del cual se pagará la contraprestación.

No obstante lo anterior, es posible efectuar excepcionalmente modificaciones presupuestarias, de forma extraordinaria, en el curso de la ejecución de un presupuesto público, por medio de los traslados, las transferencias y los créditos adicionales, previo cumplimiento de las formalidades, y en el caso de que la norma lo permita.

d) *Principio de la no afectación de los recursos.* El principio de la no afectación específica de los recursos consiste en la regla general mediante la cual los recursos previstos en la ley de presupuesto respectiva deben ser destinados para el financiamiento de todas las erogaciones enunciadas en la programación presupuestaria de forma general sin que puedan limitarse o ser utilizados individualmente para cubrir gastos determinados. Se prohíbe, en principio, que tengan una afectación especial y que estén desconectados del resto del programa presupuestario.

Este principio se encuentra en el artículo 36 de la Ley Orgánica de la Administración Financiera del Sector Público, que dice: "No se podrá destinar específicamente el producto de ningún ramo de ingreso con el fin de atender el pago de determinados gastos, ni predeterminarse asignaciones presupuestarias para atender gastos de entes o funciones estatales específicas, salvo las afectaciones constitucionales [...]".

Cabe destacar que en la propia norma se regulan excepciones concretas a la referida prohibición y se mencionan los supuestos en los que se pueden destinar determinados recursos a fines específicos, como serían los siguientes casos: "i. los recursos provenientes de donaciones, herencias o legados a favor de la República o sus entes descentralizados funcionalmente sin fines empresariales, con destino específico; ii. los recursos provenientes de operaciones de crédito público; iii. los que resulten de la gestión de los servicios desconcentrados, y iv. el producto de las contribuciones especiales".

Concluye la norma haciendo la advertencia que ni siquiera en los supuestos de excepción se pueden realizar gastos extrapresupuestarios; esto quiere decir que siempre el gasto debe estar previsto en la ley de presupuesto o tener cobertura mediante alguna forma válida de modificación presupuestaria.

e) *Principio de periodicidad o anualidad del presupuesto.* El principio de la periodicidad presupuestaria indica que efectivamente las leyes de presupuestos tienen una duración ordinaria determinada de un año, ajustada al año fiscal; esto es lo que se denomina como la temporalidad o vigencia anual del presupuesto. Esta anualidad se corresponde a su vez con la duración del ejercicio fiscal oficial que corre por año calendario, como lo regula expresamente el artículo 7 de la Ley Orgánica de la Administración Financiera del Sector Público, cuando señala: "[...] el ejercicio económico financiero comenzará el primero (1°) de enero y terminará el treinta y uno (31) de diciembre de cada año".

El carácter anual de las leyes de presupuesto tiene como base jurídica principal de legitimación el artículo 313 de la Constitución de la República Bolivariana de Venezuela, en el que se determina con meridiana claridad que "La administración económica y financiera del Estado se regirá por un presupuesto aprobado anualmente por ley". Lo cual quiere decir que cada año se debe preparar, formular y presentar un proyecto de presupuesto al órgano legislativo correspondiente para que lo apruebe y entre en vigor.

Por último, la disposición constitucional regula una excepción a la vigencia anual de una ley de presupuesto al tratar el caso de la falta de aprobación del proyecto de ley de presupuesto, ora porque no se hubiera presentado en el lapso legal ora porque hubiese sido rechazado por el órgano legislativo; en cuyo caso el presupuesto del año anterior seguiría vigente, con algunas particularidades. Esto es lo que en el ordenamiento jurídico venezolano se denomina "presupuesto reconducido".

f) *Principio de racionalidad del gasto.* En último término, consideramos importante referirnos al principio de racionalidad del gasto, que implica la formulación y ejecución de presupuestos racionales, es decir, no prever ni realizar gastos superfluos, sino desarrollar una ejecución presupuestaria con criterios de economía, racionalidad y eficiencia; pero siempre garantizando la satisfacción de las necesidades colectivas y el cumplimiento de los fines del Estado[29]. Este principio se desprende de la correcta interpretación del artículo 17 del Decreto Con rango, Valor y fuerza de Ley Contra la Corrupción[30].

En conclusión, todos los mencionados principios se consideran, en la actualidad, elementos fundamentales y estructurales del ordenamiento jurídico aplicable a los órganos y entes que ejercen el poder público, incluyendo el sector de las contrataciones públicas. Tales principios sirven como fundamento a las normas que rigen en esta especial materia y manifiestan su carácter transversal en la medida en que penetran en todas las fases procedimentales del presupuesto y, por ende, de la contratación pública, desde la planificación y preparación, hasta la selección del contratista, la adjudicación y la ejecución del contrato. Con la importante salvedad de que los principios se aplican siempre, y a todos los contratos públicos, sin reparar en la modalidad, tipo u objeto.

4. Aplicación de las reglas presupuestarias en la contratación pública

A) *Planificación y presupuesto*

En el artículo 2 del Decreto con Rango, Valor y Fuerza de Ley de Contrataciones Públicas se establecen los principios jurídicos básicos de esta especial materia[31]. Uno de ellos es el principio de planificación que, según

[29] Fabricio Paredes, *Presupuesto público. Aspectos teóricos y prácticos*, Editorial Venezolana, 2006, pág. 38. Disponible en http://www.serbi.ula.ve/serbiula/librose/pva/Libros%20de%20PVA%20para%20libro%20digital/presupuesto%20publico.pdf

[30] "Los funcionarios y empleados públicos deberán administrar los bienes y recursos públicos con criterios de racionalidad y eficiencia, procurando la disminución del gasto y la mejor utilización de los recursos disponibles en atención a los fines públicos".

[31] "Las disposiciones del presente Decreto con Rango, Valor y fuerza de ley se desarrollarán respetando los principios de economía, planificación, transparencia, honestidad, eficiencia, igualdad, competencia, publicidad y simplificación de trámites; y deberán promover la participación popular a través de cualquier forma asociativa de producción.

"A los fines de garantizar la oportuna contratación y con base al principio de planificación, los contratantes deberán realizar las actividades previas al proceso de selección señaladas en el presente Decreto con Rango, Valor y Fuerza de Ley y su Reglamento [...]".

la norma, contribuye a garantizar una oportuna y certera contratación pública. Sin embargo, la planificación, antes que principio, es una técnica de gestión administrativa, y en materia de contrataciones públicas no solo se circunscribe al cumplimiento de las actividades previas específicas que contribuyan a la selección del contratista, sino que además debe garantizarse desde la concepción inicial, cuando se exige una planificación estratégica, económica y financiera previa a la ejecución de los cometidos públicos en general[32], que consiste en la necesaria realización de una serie de actividades preliminares para cumplir, a su vez, con los principios de eficiencia, transparencia, oportunidad, legalidad y responsabilidad en los procesos de contrataciones públicas.

Precisamente, la planificación supone anticiparse, prever y programar, para evitar incurrir en improvisaciones que pudieran resultar perjudiciales al interés general. Es por ello por lo que las normas que rigen las contrataciones públicas en el país obligan a los órganos o entes contratantes a elaborar su programación anual de las adquisiciones de bienes, prestación de servicios y ejecución de obras por contratar para el ejercicio fiscal siguiente[33].

La programación anual de compras públicas consiste en un documento elaborado por los funcionarios del contratante, donde debe constar la proyección de los contratos que se pretende celebrar durante el próximo ejercicio fiscal. Específicamente, se deberán estimar las adquisiciones de bienes, la prestación de servicios y la ejecución de obras que se tienen previstas. Sin duda, esta programación anual deberá estar relacionada rigurosamente con el proyecto de presupuesto que se elaborará para el año correspondiente; esto es, las adquisiciones, los servicios y las obras proyectadas deberán contar con una previsión de recursos presupuestarios básicos en el proyecto de presupuesto para generar coherencia con el sistema público y para garantizar su ejecución[34]. Adicionalmente, la referida programación deberá

[32] Art. 11: planes de desarrollo económico con medidas temporales para las contrataciones públicas; arts. 15.11 y 49.7, 96.3, 99, 101.8, 166.9: planes excepcionales de contratación; art. 37.1: planes especiales del SNC, todos del DLCP.

[33] Arts. 38 y 39 del DLCP, referidos a la programación anual de las compras del Estado. La programación anual de las compras del Estado resulta adicionalmente útil para organizar encuentros de oferta y demanda, con lo que pudiera contribuir al desarrollo del Estado y a la participación de las pequeñas y medianas empresas (art. 40 DLCP y arts. 11, 57 y 58 RLCP). Así mismo, en este apartado cobra relevancia la reciente entrada en vigor de la Ley para el Fomento y Desarrollo de Nuevos Emprendimientos (G.O. n.º E-6.656, de 15 de octubre de 2021), donde se reconoce el emprendimiento como fuente de ofertas potenciales en las compras públicas, por lo cual ordena al Estado adoptar medidas para promover la participación de los nuevos emprendimientos en ese sector.

[34] El proyecto de presupuesto de inversión deberá ser aprobado previamente por los respectivos Consejos de Planificación de Políticas Públicas, bien sean estadales (art. 10.4

estar relacionada con el proyecto de plan operativo anual del órgano o ente correspondiente. Desde este momento, de forma preliminar, se observa una estrecha y determinante vinculación entre los procedimientos de contrataciones públicas y el presupuesto público.

Considerando que la correspondencia entre la programación anual de compras públicas y el proyecto de presupuesto respectivo se hace con base en estimación y proyectos, si a la hora de aprobar la ley de presupuesto anual para el año correspondiente se produce algún cambio en la estimación original que incida en la organización de las contrataciones públicas, se deberá ajustar dicha programación y notificarla al Servicio Nacional de Contrataciones (SNC) dentro de los quince días hábiles siguientes a la fecha de la vigencia de la ley de presupuesto aprobada.

Cabe destacar que el contratante debe remitir la programación anual de adquisición de bienes, prestación de servicios y ejecución de obras al Servicio Nacional de Contrataciones dentro de los últimos tres meses del año anterior al que va a regir la planificación (octubre, noviembre y diciembre), así como cualquier modificación que se produzca sobre lo originalmente programado, que deberá ser notificada dentro de los quince días hábiles siguientes a la aprobación de la modificación. La remisión de la programación y sus modificaciones al Servicio Nacional de Contrataciones tiene solo carácter informativo, pues no implica un compromiso para la contratación de lo allí previsto; realmente, lo que se persigue con el suministro de la información es garantizar el cumplimiento cabal de los principios de publicidad y transparencia[35].

---

de la Ley de los Consejos Estadales de Planificación y Coordinación de Políticas Públicas) o municipales (art. 38 de la Ley de los Consejos Locales de Planificación Pública).

[35] Con relación a este deber de informar que tiene el contratante, el Servicio Nacional de Contrataciones emitió un comunicado el 22 de octubre de 2015 dirigido a los órganos y entes del Estado, en el cual señaló: "El Servicio Nacional de Contrataciones (SNC), actuando como autoridad técnica en materia de contrataciones públicas, en ejercicio de la atribución establecida en el numeral 2, del artículo 37, en concordancia con lo dispuesto en el numeral 3 del artículo 38 del Decreto con Rango, Valor y Fuerza de Ley de Contrataciones Públicas, cumple en recordarles a todos los órganos y entes de la Administración Pública Nacional, Estadal, Municipal, Central y Descentralizada, así como a los demás sujetos señalados en el artículo 3 del referido Decreto, la obligación que tienen de rendir a este órgano rector, dentro de los primeros quince (15) días continuos siguientes al vencimiento de cada trimestre de este ejercicio fiscal, la información correspondiente a las contrataciones que en ejecución de su programación anual de compras hayan celebrado para la adquisición de bienes, prestación de servicios y ejecución de obras.

"Asimismo, en cumplimiento de lo establecido en el numeral 1 del citado artículo 38 del Decreto con Rango, Valor y Fuerza de Ley de Contrataciones Públicas, se les recuerda a todos los sujetos señalados en el artículo 3 del prenombrado Decreto Ley, la obligación

En ese orden de ideas, le corresponderá al Registro Nacional de Contrataciones del Estado (RNC) recabar, sistematizar y consolidar la información de la programación anual de las compras del Estado, para que dicha información se encuentre a disposición de cualquier interesado cuando la requiera[36].

B) *Actividades previas o preparatorias en la contratación pública*

Con base en la necesaria planificación, y según lo dispuesto expresamente en el artículo 7 del Reglamento de la Ley de Contrataciones Públicas (RLCP)[37], los contratantes están en la obligación de definir y elaborar la estrategia de contratación, para lo cual deberán efectuar las actividades previas requeridas para cualquier procedimiento de contratación pública que se pretenda celebrar[38].

En tal sentido, la realización de las actividades previas garantizará una adecuada selección del contratista, al determinar con exactitud el requerimiento o necesidad del órgano o ente contratante, el objeto de lo que se pretende contratar, las especificaciones técnicas, el presupuesto base como parámetro económico de la contratación, las ventajas técnicas y económicas de la contratación y la programación presupuestaria proyectada para ese

---

que tienen de remitir al Servicio Nacional de Contrataciones (SNC), en el transcurso de este último trimestre del año 2015, la programación de la adquisición de bienes, prestación de servicios y ejecución de obras a contratar para el próximo ejercicio fiscal correspondiente al año 2016".

[36] Art. 53.1 del DLCP y art. 76 del RLCP.

[37] Actividades previas a la contratación. Para todas las modalidades de selección de Contratistas previstas en la Ley de Contrataciones Públicas, así como en los procedimientos excluidos de la aplicación de estas modalidades, el órgano o ente contratante deberá efectuar actividades previas que garanticen una adecuada selección, además de preparar el presupuesto base indicado en la mencionada Ley. Asimismo, se debe contar con: *programación presupuestaria*, especificaciones técnicas, determinación de las ventajas económicas y técnicas de la contratación, *la previsión en la programación anual de compras*, si es aplicable, modelo del contrato, si el procedimiento tiene carácter plurianual efectuar la notificación al órgano competente en la planificación central, evaluar la recurrencia de la contratación y determinar si es viable agruparla en un solo procedimiento o bajo la modalidad de contrato marco, estimando las cantidades de bienes servicios u obras a contratar.

"En las modalidades de concurso cerrado, consulta de precios y contratación directa los participantes deben ser previamente seleccionados según su capacidad legal, financiera y técnica". (Cursivas añadidas).

[38] El profesor José Araujo ubica las actividades previas o preliminares dentro de la fase o etapa técnico-jurídica denominada preparatoria, la cual tiene por objeto garantizar una adecuada selección del contratista. José Araujo Juárez, *Derecho administrativo general. Acto y contrato administrativo*, Caracas, Ediciones Paredes, 2011, págs. 314 y 315.

momento. Todo lo cual permitirá elaborar las condiciones específicas de la contratación que se esté llevando a cabo.

Observamos entonces que, para garantizar la oportuna, transparente y certera contratación y con base en el principio de planificación, el contratante deberá llevar a cabo las actividades previas a la selección de los contratistas, no solo en los procedimientos o modalidades competitivas, sino también y de manera obligatoria, en los procedimientos excluidos de las modalidades ordinarias de selección de contratistas. Una de las actividades más relevantes en esa fase preparatoria es la elaboración del presupuesto base, ya que dicho valor servirá para fijar el monto de la contratación y la modalidad de contratación que se ha de aplicar, lo que de alguna forma condiciona la sucesiva tramitación administrativa, y, especialmente, de dicha fijación se determinarán las consecuencias económicas y financieras del procedimiento de contratación pública respectiva.

Dentro de la organización administrativa del contratante le corresponde específicamente a la unidad usuaria[39] realizar las citadas actividades preparatorias para la contratación, entre las que se encuentran: la formulación del requerimiento, la precisión de las especificaciones técnicas de los productos o servicios, la preparación del presupuesto base[40] o determinación del valor o monto para contratar[41], la redacción del modelo de contrato y, por supuesto, la definición de la modalidad de la contratación[42]. Así que, esta unidad se ubica en primer lugar, como órgano responsable directo de la definición del procedimiento de contratación por utilizar y, por lo tanto, responsable a su vez, si en él se observa algún elemento que induzca a concluir en un fraccionamiento indebido del contrato público. Lo mismo le ocurrirá a la unidad contratante, cuando desempeñe las atribuciones antes señaladas[43].

En ese orden de ideas, tenemos que el presupuesto base lo elaborará la unidad asignada dentro de la estructura organizativa del contratante y en él se considerarán las regulaciones existentes para los precios de materiales o insumos establecidos en la ley que regula la materia de precios justos o en las condiciones del mercado, además de los tributos aplicables al caso concreto. El presupuesto base deberá formar parte del pliego de condiciones[44] o de

[39] Art. 6.2 del DLCP.

[40] Art. 59 del DLCP.

[41] Art. 58 del DLCP.

[42] Art. 6.25 del DLCP.

[43] Un ejemplo de esto está en el art. 99 del DLCP.

[44] El pliego de condiciones contendrá las reglas, condiciones y criterios aplicables a cada contratación, los cuales deben ser objetivos, de posible verificación y revisión, y allí debe estar el presupuesto base (arts. 65 y 66.2 del DLCP).

las condiciones de la contratación, y ese será el vehículo a través del cual se le informará a los participantes su estimación, aunque puede mantenerse en reserva solo la estructura de costos que sirvió para su elaboración.

Como ya se mencionó, el presupuesto base, más los tributos correspondientes, servirán para estimar el monto de la contratación o el precio general de la contratación, que se convertirá en una referencia importante para la presentación de las ofertas por los participantes[45]. Dicho monto, convertido en unidades tributarias (unidades para el cálculo aritmético del umbral máximo y mínimo)[46], servirá para definir la modalidad de selección de los contratistas que ha de ser aplicada conforme al modo de la contratación[47]. Por lo tanto, si el contratante omite la elaboración del presupuesto base, incumple con los principios de planificación, publicidad y transparencia.

Cabe destacar que el presupuesto base no se elabora necesariamente en función de la disponibilidad de recursos presupuestarios con que cuenta el órgano o ente del sector público para contratar la adquisición, la prestación del servicio o la obra en cuestión, este parámetro de valor se elabora sobre la base de las referencias de precios de los artículos, materiales, insumos, partidas, obras o servicios, que además se convertirán en las condiciones necesarias para garantizar la adquisición del bien, la prestación del servicio o la ejecución de la obra que requiere el contratante. Con base en lo anterior, en la fase preliminar o de actividades previas no será necesario certificar la disponibilidad presupuestaria específica con referencia en el presupuesto base para iniciar el procedimiento de contratación pública, debido a que

[45] El presupuesto base deberá formar parte del pliego de condiciones o condiciones de la contratación, y podrá establecerse como criterio para el rechazo de las ofertas (art. 66.2 del DLCP).

[46] La unidad tributaria es una variable que se utiliza para establecer un valor monetario de acuerdo con la variación del índice de precios al consumidor del área metropolitana de Caracas. En la actualidad su valor es de 0,02 bolívares. No obstante, mediante la Ley Constitucional Contra la Guerra Económica para la Racionalidad y Uniformidad en la Adquisición de Bienes, Servicios y Obras Públicas, dictada por la Asamblea Nacional Constituyente Venezolana, publicada en la *Gaceta Oficial* n.º 41.318 del 11 de enero de 2018, y posteriormente, el valor de cálculo expresado en Unidades para el Cálculo Aritmético del Umbral Máximo y Mínimo a los efectos de la materia regulada en las normas de contrataciones públicas, fue sustituido por la Unidad para el Cálculo Aritmético del Umbral Máximo y Mínimo (UCAU), con un valor de un bolívar exacto (Bs. 1,00). Por lo que, en lo sucesivo, cuando la norma se refiera a Unidades Tributarias (U. T.) se entenderá Unidades para el Cálculo Aritmético del Umbral Máximo y Mínimo (UCAU).

[47] Según el art. 93 del RLCP, el presupuesto base se debe utilizar a la hora de la evaluación de las ofertas presentadas, para determinar la razonabilidad de las ofertas, mediante la comparación de los precios unitarios por rubros o partidas; "[...] sin embargo, no se debe utilizar a los efectos de otorgar valoración a las ofertas por comparación de precios, ni como causa de rechazo de la misma [...]".

este valor referencial no tendría que ser el que se convierta en el precio definitivo del contrato, ya que el precio final se determinará en relación con la oferta que presente la mejor relación calidad precio y que, por ende, resulte adjudicada.

Adicionalmente, es conveniente aclarar que la norma reglamentaria solo exige la determinación de la programación presupuestaria y, si es aplicable, la previsión en la programación anual de compras del Estado, a la hora de cumplir con las actividades previas. Se ratifica así el criterio fijado en el párrafo anterior, en el sentido de que no es necesario certificar la disponibilidad presupuestaria específica en esta etapa del procedimiento, debido a que aún no se fijará el compromiso presupuestario ni se causará la obligación, solo debe verificarse que en el presupuesto de gastos del contratante exista una partida o crédito presupuestario a través de cual se pueda cumplir con la obligación que se pretende contraer[48].

No obstante, sobre el requerimiento previo de la determinación de la programación presupuestaria y la previsión en el programa anual de compras, el primer aparte del artículo 74 del Decreto con Rango, Valor y Fuerza de Ley de Contratación Pública establece la siguiente excepción: "[...] los contratantes pueden iniciar los procedimientos de contratación, seis meses antes de que se inicie el ejercicio presupuestario del año fiscal, pudiendo otorgar la adjudicación y firmando el contrato, solamente cuando se cuente con la disponibilidad presupuestaria correspondiente [...]". Lo anterior evidencia que en determinadas circunstancias se puede comenzar el procedimiento de contratación y, por su supuesto, cumplir con las actividades previas, antes del inicio del ejercicio presupuestario del año fiscal, en cuyo caso sería muy difícil exigir la determinación presupuestaria, debido a que no se encuentra en vigor la ley de presupuesto del año siguiente, además, en muchos casos, ni siquiera estaría formado el anteproyecto de presupuesto del próximo año. Desde luego, de darse tal caso, esto es, iniciar anticipadamente un procedimiento de contratación pública, el contratante estaría en la obligación legal y moral de incluir la previsión presupuestaria en el anteproyecto de presupuesto, para que en definitiva se apruebe dentro del presupuesto del año en el cual se ejecutará el objeto del contrato, a fin de poder adjudicar y suscribir el contrato respectivo.

[48] Efectivamente, la disponibilidad presupuestaria no representa un presupuesto de validez para el inicio del procedimiento de selección del contratista, sin embargo es un aspecto referencial y de racionalidad, pues se supone que el contratante inicia el procedimiento de contratación pública porque sabe que cuenta con recursos suficientes en la partida presupuestaria correspondiente, a tal punto que se puede convertir en una causal de suspensión del curso del procedimiento de contratación, si se observa que se han disminuido los recursos en la correspondiente partida presupuestaria, tal y como lo señalan los arts. 106 del DLCP y 123.3 del RLCP.

Por otra parte, a los efectos de la actividad de control interno que se desarrolla dentro de los órganos y entes que ejercen el poder público, la elaboración del presupuesto base y las definiciones de los términos de la contratación son muy importantes. Es por ello por lo que se puede afirmar que la función de control se ejerce desde la etapa de la preparación del contrato, esto es, en la fase de las actividades preparatorias, debido a que allí el contratante determina formas, premisas o parámetros que sirven para el control fiscal o administrativo, constituyéndose en determinante la formulación del presupuesto base[49], que se convierte en el precio o valor general de la contratación. En consecuencia, el contratante estaría estableciendo parámetros certeros y preceptivos para el control, cuando: i. estima los montos de la contratación (art. 58 del Decreto con Rango, Valor y Fuerza de Ley de Contrataciones Públicas); ii. fija el presupuesto base (art. 59 *eiusdem*), y iii. formula el pliego de condiciones o las condiciones generales de contratación, donde se encuentran contenidas las reglas, los requisitos y criterios aplicables a la contratación en particular (arts. 65 y 66 *lex* cit.).

Con base en los anteriores parámetros se podrá desarrollar toda la actividad de fiscalización, supervisión, evaluación y verificación, propia de la noción de control, para determinar el cumplimiento efectivo del procedimiento de contratación y del propio contrato celebrado. Todas estas exigencias formales están vinculadas con la fijación de valores que arrojen seguridad jurídica a la contratación y que en definitiva permitirán garantizar el principio de transparencia y la posibilidad de control sobre la actuación de los contratantes.

C) *Disponibilidad presupuestaria para contratar*

En sintonía con los principios de legalidad presupuestaria y de especificidad del gasto (arts. 314 y 315 de la CRBV), que obligan a no hacer ningún tipo de gasto que no esté previsto en la ley de presupuesto, por una parte, y por la otra, a la exacta correspondencia entre el crédito presupuestario, el objetivo al cual está dirigido programáticamente y el gasto, ambos analizados antes, el encabezado del artículo 74 del Decreto con Rango, Valor y Fuerza de Ley de Contratación Pública establece de forma inequívoca y categórica "[...] que a los fines de la formalización del contrato, los contratantes deberán contar con la respectiva disponibilidad presupuestaria". Esto quiere decir que es obligatorio contar con la disponibilidad presupuestaria (en el presupuesto de gastos), antes de la suscripción del contrato respectivo.

[49] La falta de elaboración del presupuesto base es una causal de determinación de responsabilidad administrativa (art. 166.4 de este DLCP).

En ese mismo orden argumentativo, resulta conveniente tener en cuenta la disposición normativa contenida en el artículo 38 de la Ley Orgánica de la Contraloría General de la República y del Sistema Nacional de Control Fiscal (LOCGRYSNCF)[50] que, al regular el sistema de control interno que deberá implementarse en los distintos órganos y entes que ejercen el poder público, especialmente en los casos de procedimientos de contrataciones públicas, establece la obligación expresa de cumplir con una serie de requisitos antes de proceder a la adquisición de bienes o servicios, o a la elaboración de otros contratos que impliquen compromisos financieros; en consecuencia, de conformidad con la citada norma, los responsables deben cumplir con lo siguiente: i. verificar que el gasto esté correctamente imputado a la correspondiente partida del presupuesto o, en su caso, a créditos adicionales que se hayan aprobado; ii. certificar la disponibilidad presupuestaria para ese crédito; iii. constatar que se hayan previsto las garantías necesarias y suficientes para responder por las obligaciones que ha de asumir el contratista; iv. cerciorarse de que los precios sean justos y razonables, y v. que se hubiese cumplido con los términos de las normas de la contratación, pública[51].

De acuerdo con las normas antes mencionadas, la regla general indica que antes de formalizar el contrato debe verificarse la disponibilidad presupuestaria necesaria para asumir el compromiso, para que se cause la obligación adecuadamente y para que posteriormente se pueda realizar el pago conforme a la legalidad. Ahora bien, según las reglas de la contratación pública la contratación se perfecciona o formaliza con la suscripción del documento contractual entre las partes, tal y como se desprende de la interpretación de los artículos 116 y 117 del Decreto con Rango, Valor y Fuerza de Ley de Contratación Pública; en las citadas normas se estatuye que la firma del contrato deberá realizarse en un lapso máximo de ocho días hábiles, contados a partir de la adjudicación del contrato, y para poder formalizarse la convención se debe cumplir una serie de requisitos o documentación, que se describen a continuación: 1. presentar los documentos legales de la persona natural o jurídica, como actas constitutivas o estatutarias para las personas

[50] La citada ley fue publicada en la *Gaceta Oficial* n.º 6.013 extraordinario del 23 de diciembre de 2010.

[51] El art. 3 del RLCP indica que los sujetos vinculados en la contratación están en la obligación de velar por que el gasto en el que se incurra se encuentre correctamente imputado a la correspondiente partida del presupuesto o, en su caso, a créditos adicionales, que exista disponibilidad presupuestaria, que los precios sean justos y razonables, que se establezcan los controles y mecanismos para responder por las obligaciones que ha de asumir el órgano o ente con el contratista. El incumplimiento de estas obligaciones se constituye en supuesto de responsabilidad administrativa, según el art. 91.12 de la LOCGRYSNCF.

jurídicas, cédula de identidad para las personas físicas, constancia del registro de información fiscal, entre otros; 2. el pliego de condiciones y la oferta, que formarán parte integrante del contrato; 3. solvencias y garantías requeridas, como la solvencia del Instituto Venezolano de los Seguros Sociales o el contrato de fianza de fiel cumplimiento, cuando proceda; 4. cronograma de desembolso de la contratación, de ser necesario, y 5. certificados que establezcan las garantías respectivas y sus condiciones.

Los contratos del sector público que se suscriban de conformidad con las normas de las contrataciones públicas, no están sujetos a la formalidad de autenticación ante notario público u otro funcionario con competencia para dar fe pública, salvo que se determine lo contrario expresamente en una ley especial[52]. No obstante, la formalización del contrato o su perfeccionamiento es una condición obligatoria para su ejecución. Todo lo anterior nos lleva a concluir *a priori*, con base en el encabezado del artículo 74 del Decreto con Rango, Valor y Fuerza de Ley de Contratación Pública, y las demás disposiciones normativas citadas, que para poder formalizar o suscribir el contrato público se deberá contar, previa y obligatoriamente, con la disponibilidad de recursos presupuestarios en el presupuesto de gastos, a fin de cumplir con el objeto de la contratación de forma válida y transparente.

Lo anterior no impide que se inicie el procedimiento de selección de contratistas con un máximo de seis meses de antelación al comienzo del ejercicio presupuestario, como se comentó antes, esto es, se podrá iniciar el procedimiento sin contar con la disponibilidad presupuestaria previa antes del 1° de enero del año siguiente; sin embargo, solo se podrá otorgar la adjudicación y firmar el contrato cuando se cuente con la disponibilidad de los recursos presupuestarios, que será —por lo menos— al inicio del nuevo año, si se incorporaron los créditos presupuestarios en el presupuesto ordinario de gastos o a través de la provisión de fondos por medio de créditos adicionales.

Esta fórmula de tramitación del procedimiento de contratación, mediante la cual se permite sustanciar el procedimiento de selección de contratista anticipadamente, se justifica en los casos donde se programe la materialización de contratos cuya prestación amerite iniciar con prontitud la ejecución del objeto de la contratación en el año siguiente; constituye, por consiguiente, una excepción a la regla general, pero solo en lo que respecta al cumplimiento de las actividades previas referidas a la determinación presupuestaria preliminar y a la verificación de dicha contratación en la programación anual de las compras públicas.

[52] Arts. 117, 65 *in fine*, 122 y 125 del DLCP.

D) *Adjudicación del contrato sin la disponibilidad presupuestaria*

En el segundo aparte del citado artículo 74 del Decreto con Rango, Valor y Fuerza de Ley de Contratación Pública se regula el caso en el que se establece la posibilidad de adjudicar la contratación sin contar con la totalidad de la disponibilidad presupuestaria previamente, dentro del mismo ejercicio fiscal[53], de la siguiente forma: "De igual manera, en el ejercicio fiscal vigente, los contratantes podrán adjudicar el requerimiento, sin contar con la totalidad de la disponibilidad presupuestaria, suscribiendo el contrato por el monto disponible y el resto quedará sujeto a la disponibilidad presupuestaria una vez obtenida, previa formalización de los contratos o adendas respectivas, sin que la no suscripción genere obligaciones para el contratante".

En primer lugar, consideramos que, si bien se aprecia la intención del legislador al prever el supuesto de hecho contenido en la citada norma jurídica, es necesario indicar que la redacción presenta un error de origen, específicamente cuando señala que "[...] el resto quedará sujeto a la disponibilidad presupuestaria una vez obtenida, *previa formalización* de los contratos o adendas respectivas [...]", (cursivas añadidas), error que podría generar confusiones a los ejecutores de esta o a los órganos de control fiscal.

El error radica en ubicar la formalización de los contratos o adendas antes de la obtención de la disponibilidad presupuestaria, pues la formalización del contrato no puede ser anterior a la disponibilidad, ya que es evidente que no se podrá suscribir el contrato o adenda por el resto del monto de la contratación sin que exista la disponibilidad presupuestaria. En otras palabras, primero debe obtenerse la disponibilidad presupuestaria y luego formalizarse el contrato, debido a que deberá incorporarse y mencionarse dentro del texto del contrato que la relación contractual se originó en un procedimiento de contratación pública inicial, con un monto mayor, sin tener la disponibilidad presupuestaria suficiente para contratar la totalidad del monto del contrato, pero que luego de obtener los recursos, y ahora, al contar con la disponibilidad en el presupuesto de gastos, se procede a contratar la porción que corresponde. En fin, lo importante es aclarar que antes de suscribir o formalizar el contrato, el órgano o ente contratante debe

[53] Este supuesto se encuentra reglamentado en el art. 94 del RLCP. Así mismo, la citada norma aparecía en el art. 52 de la Ley de Contrataciones Públicas, publicada en la *Gaceta Oficial* 39.503, de 6 de septiembre de 2010; previamente en la Ley de Contrataciones Públicas, publicada en la *Gaceta Oficial* 39.165, de 24 de abril de 2009; y antes, en el decreto n.º 5.929, con Rango, Valor y Fuerza de Ley de Contrataciones Públicas, publicado en la *Gaceta Oficial* de la República Bolivariana de Venezuela n.º 38.895, de fecha 25 de marzo de 2008.

tener la disponibilidad presupuestaria para cubrir la prestación específica que se pretenda ejecutar del contrato o adenda respectiva.

La razón del error de redacción de la cuestionada norma obedece al indebido traslado que se hizo del artículo 52 de la Ley de Contrataciones Públicas del año 2010, al vigente artículo 74 del Decreto con Rango, Valor y Fuerza de Ley de Contratación Pública de 2014. La redacción del citado artículo 52 de la ley derogada era distinta, pues decía que "[...] el resto quedará condicionado a la obtención de los recursos presupuestarios necesarios para la culminación del resto de la actividad adjudicada, previa suscripción de los contratos respectivos". Se observa en este caso que la condición de la previa suscripción de los contratos respectivos no se antepone a la obtención de la disponibilidad presupuestaria, sino como condición previa para la culminación del resto de la actividad adjudicada, de modo que constituye un presupuesto de la ejecución del contrato y no de la disponibilidad de recursos, y mantiene la obligación coherente y anticipada de lograr, en primer lugar, la disponibilidad presupuestaria previa, para luego suscribir el contrato que correspondía, y por último, ejecutarlo y, con ello, se culminaría con la actividad o prestación objeto de la contratación.

Al margen del detalle de redacción advertido en los párrafos anteriores, el supuesto de hecho comentado permite celebrar un procedimiento de selección de contratistas sobre una adquisición, un servicio o una obra dentro de un mismo ejercicio fiscal y adjudicar la totalidad del monto del contrato, aun cuando no se cuente con la disponibilidad presupuestaria total. Se puede celebrar un contrato para una ejecución parcial solo por el monto de la disponibilidad presupuestaria con que se cuente para ese momento.

El monto de referencia para aplicar la modalidad de selección del contratista que corresponda, será la cantidad de la totalidad de la actividad por contratar; se adjudica el monto total, pero contratando y ejecutando únicamente la porción de esa totalidad que tenga disponibilidad presupuestaria. Queda entonces condicionada la ejecución de las prestaciones restantes a la obtención de la certificación de la disponibilidad presupuestaria, que debe documentarse posteriormente con la celebración del contrato o de la adenda que corresponda. Cabe destacar que en caso de que el contratante no obtenga los recursos para formalizar la contratación por el resto de la actividad adjudicada, no se generará ningún derecho a favor del beneficiario de la adjudicación. Somos del criterio que esta condición debe ser informada en el pliego de condiciones de la contratación, para que los oferentes estén en conocimiento de la fórmula de contratación adoptada y, en definitiva, para cumplir con el principio de transparencia.

Este supuesto de contratación encuentra justificación en aquellas contrataciones públicas que en virtud de la planificación de los contratantes deban celebrarse y cuyas prestaciones se puedan ir ejecutando parcialmente por sectores, lotes o partes, pero que de forma integral no puedan separarse en diferentes contrataciones, pues independientemente de que se ejecuten de forma parcial, se trata de una sola contratación pública, que no se podrá fraccionar para su adjudicación[54]. Aun cuando la contratación supone un proyecto integral, inicialmente no se cuenta con la disponibilidad presupuestaria total, pero considerando que previsible y razonablemente se podrían obtener los recursos durante el curso del ejercicio fiscal correspondiente, porque, de lo contrario, se ubicaría fuera del supuesto de contratación.

En consecuencia, la ley autoriza excepcionalmente a los contratantes a instruir el procedimiento de contratación, seleccionar al contratista o contratistas y adjudicar la contratación sobre el objeto o la prestación total de la contratación. Aunque se redactará y suscribirá el contrato solo por lo que respecta al monto de la disponibilidad presupuestaria, el cual se corresponderá específica y determinadamente con alguna de las prestaciones parciales de la contratación, lo que podrá y deberá ser ejecutado de forma inmediata y sin estar supeditado al resto de las obligaciones y de su disponibilidad presupuestaria.

Por último, el resto de las prestaciones no incluidas en el contrato formalizado, pero que están perfectamente determinadas en los instrumentos de contratación, quedarán sujetas a la disponibilidad de recursos presupuestarios. En el momento en que se obtenga el resto de la disponibilidad presupuestaria, ya sea total o parcial, se suscribirá otro contrato o adenda por la porción que se pretenda ejecutar, en función a dicha disponibilidad, sin necesidad de realizar un nuevo procedimiento de contratación pública por la porción restante y sin que se entienda que se trata de una nueva adjudicación, directa y aislada, debido a que la totalidad de la contratación ya se encuentra adjudicada en el procedimiento de contratación original.

Ahora bien, para que efectivamente pueda darse tal supuesto, el procedimiento de contratación pública debe celebrase de manera adecuada; esto quiere decir que el objeto del procedimiento de contratación debe estar obligatoria y perfectamente determinado, y esa es precisamente la diferencia que se presenta con un contrato marco, en el que la característica fundamental es la imposibilidad de determinación específica *a priori* de la

[54] Para ampliar el estudio sobre el fraccionamiento prohibido en la contratación pública, se recomienda consultar nuestro trabajo denominado: "El problema del fraccionamiento prohibido en la contratación pública venezolana", en *Cuadernos de Mariñán*, 2016. IX Jornadas de Derecho Administrativo Iberoamericano. Contratación, ordenación del territorio y buena administración, Deputación Provincial da Coruña, A Coruña, 2018, págs. 257-278. Disponible en https://jdaiberoamericanas.files.wordpress.com/2016/03/alejandro_canonico_sarabia.pdf

prestación total del contrato[55]. En los instrumentos de contratación —pliego, presupuesto base, condiciones generales de contratación, entre otros—, debe determinarse cuál es la prestación específica que se va a contratar (objeto del contrato), cuál es el monto total de la contratación y cuál es la disponibilidad presupuestaria con la que se cuenta para suscribir el contrato inicial y comenzar su ejecución parcial. Queda, por lo tanto, determinado el objeto del contrato que estará pendiente de ejecución, solamente esperando la disponibilidad presupuestaria.

Por último, se reitera que la no suscripción del resto del contrato no generará compromisos ni obligaciones para el contratante con respecto al contratista o frente a terceros. La contratación se formaliza o perfecciona con la suscripción del documento contractual entre las partes, y para poder formalizar el contrato se debe cumplir con una serie de requisitos y recaudos indispensables, como se comentó suficientemente en párrafos anteriores.

Sobre el comentado supuesto de contratación pública se pronunció la Sala Político-Administrativa del Tribunal Supremo de Justicia, mediante sentencia 1135, de 27 de octubre de 2016, en el expediente 2015-0837[56], en la que se ratifica la conclusión del sentido de la referida modalidad contractual, pero con un razonamiento equivocado. Indica la sentencia:

"Conforme se aprecia, la norma contempla la posibilidad que determinado contrato se suscriba solo respecto al período con el que se cuenta con disponibilidad presupuestaria, no obstante que la voluntad hubiere sido 'adjudicar la totalidad de la actividad', dejando supeditada la posibilidad de contratar el resto del lapso, una vez que se cuenten con los recursos indispensables para ello. En tal sentido y al haberse establecido (como fue anteriormente referido), que el contrato celebrado entre la sociedad mercantil Seguros Constitución, C. A. y la Contraloría Municipal del Municipio Bolivariano Libertador del Distrito Capital, con vigencia entre el 1° de septiembre y el 1° de diciembre de 2008, es una continuación del que suscribieran las mismas partes con vencimiento el 1° de septiembre de ese año, solo correspondía verificar si a los efectos de suscribir el segundo contrato se contaba con la disponibilidad presupuestaria, lo cual fue exhaustivamente verificado por el tribunal de la causa, conforme se indicó en párrafos precedentes.

[55] El art. 6.33 del DLCP define el contrato marco, como el: "[...] Contrato suscrito entre los contratantes y contratistas para regular la adquisición de bienes, prestación de servicios y ejecución de obras que por sus características o recurrencia dificulten establecer la contratación por cantidades fijas. Para ello, los contratantes deberán aplicar el procedimiento de selección correspondiente, con una estimación global máxima de precio y cantidades [...]".

[56] Sent. disponible en http://historico.tsj.gob.ve/decisiones/spa/octubre/191485-01135-271016-2016-2015-0837.HTML

"De manera que la posibilidad de suscribir el segundo contrato por parte del Órgano Contralor por el resto del período anual originalmente concebido y al contar con la disponibilidad presupuestaria, no estaba sometido al procedimiento licitatorio al que alude la apelante, sino que por el contrario *constituye un supuesto de excepción permitido por el legislador con relación al cumplimiento de dicha formalidad* [...]" (cursivas añadidas).

En el anterior fragmento del fallo jurisdiccional se observa que el sentenciador considera que la forma de contratación que nos encontramos analizando constituye un supuesto de excepción permitido por el legislador, mediante el cual se exime de licitación o de someter a un procedimiento de selección de contratistas al segundo o sucesivos contratos, pero esto no es estrictamente así. El segundo o los sucesivos contratos no se encuentran exentos de pasar por un nuevo procedimiento de contratación, sino que simplemente ya fueron debidamente licitados, puesto que el procedimiento de selección de contratistas que originalmente se instruyó los abarca completamente con la adjudicación total de la contratación, solo quedó diferida la suscripción y ejecución parcial del contrato, por la disponibilidad presupuestaria necesaria. En todo caso, la supuesta excepción sería el no contar con la disponibilidad presupuestaria total para celebrar el procedimiento de contratación pública; sin embargo, a lo largo de este trabajo ha quedado claro que esta sería necesaria solo antes de la formalización del contrato.

Luego, en el citado fallo judicial se afirma que la conclusión a la que se arriba corrobora la sentencia 2135, de 9 de octubre de 2001, de la propia Sala del máximo tribunal, y en consecuencia cita expresamente un extracto de aquel pronunciamiento, donde se observa que no guarda relación alguna con el objeto debatido en el referido proceso judicial ni con la disposición del artículo 74 del Decreto con Rango, Valor y Fuerza de Ley de Contratación Pública. Aquel proceso trató del análisis de los supuestos de adjudicación directa, esto es, de los casos en los cuales la ley exime de celebrar un procedimiento licitatorio o de selección de contratistas y, en consecuencia, permite que se adjudique directamente el contrato a un contratista, situación que no se corresponde con el supuesto de hecho que prevé el artículo 74 del Decreto con Rango, Valor y Fuerza de Ley de Contratación Pública (antes art. 52 de la LCP), donde no se procede excepcionalmente por medio de la adjudicación directa. Ocurre todo lo contrario, se tramita un procedimiento de selección de contratistas, del que se adjudica la totalidad del contrato, y se derivan contratos o adendas parciales, condicionados a la obtención de la disponibilidad presupuestaria.

En consecuencia, no se trata de un supuesto cualitativo de excepción por el cual resulte facultada la autoridad competente para contratar de forma directa ni mucho menos se le exime de celebrar el procedimiento de contratación pública que corresponda, debido a que el supuesto de hecho en cuestión exige que se realice el procedimiento de licitación o de contratación pública al que está obligado el contratante. La voluntad de contratar de la autoridad pública se forma mediante el referido procedimiento, a tal punto que ordena la adjudicación total del contrato, y solo queda diferida la ejecución parcial de dicha contratación, en proporción a la disponibilidad presupuestaria con que se cuente; situación que dista absolutamente de los supuestos de la modalidad de contratación basada en la adjudicación directa.

E) *Las modificaciones de las condiciones contractuales y la disponibilidad presupuestaria*

Lo normal sería que el contrato se ejecute como se diseñó originalmente y en las condiciones que se suscribió; sin embargo, podría ocurrir que, por determinadas circunstancias, sea necesario modificar algunas condiciones originales, para garantizar el cumplimiento integral del objeto del contrato. Vale decir que esto es más común de lo que pudiéramos pensar. Efectivamente, la posibilidad de modificación de las condiciones originales del contrato está prevista en las normas que rigen las contrataciones públicas, y que además derivan de la teoría general del contrato, ya que su justificación general obedece a razones absolutamente lógicas; no obstante, las modificaciones del contrato no deberían ser de una magnitud tan importante que suponga una nueva y distinta contratación.

En el ámbito de las contrataciones del Estado, las modificaciones contractuales se inscriben dentro de la teoría del *ius variandi* o de la potestad *variandi* del contratante, que encuentran además fundamento en la naturaleza de las funciones que desarrolla la Administración pública, atendiendo al interés general y, a la vez, al interés individual o los derechos del contratista, que también son tomados en cuenta, para que en el ejercicio del *ius variandi* se evite vulnerar sus derechos fundamentales, ya que en caso de alteración, la Administración estaría en la obligación de compensar los desbalances o las pérdidas producidas[57]. Lo cierto es que para modificar las condiciones del contrato se debe cumplir una serie de exigencias normativas, como veremos a continuación.

En el artículo 130 del Decreto con Rango, Valor y Fuerza de Ley de Contratación Pública[58] se regula la potestad *variandi* de la Administración

[57] Alejandro Canónico Sarabia, "Reflexiones sobre el debido proceso administrativo y la potestad de rescisión de los contratos de concesión", AA.VV., en *XVII Jornadas Centenarias Internacionales. Constitución, Derecho Administrativo y Proceso: Vigencia, Reforma e Innovación*, Caracas, FUNEDA, 2014, pág. 483.

[58] En concordancia con lo establecido en el art. 131 del RLCP.

en la contratación pública general; la cual se entiende como la facultad del contratante para introducir —de manera unilateral— modificaciones a las condiciones originales de la contratación, antes o después de iniciada la ejecución del contrato, esto es, el suministro de los bienes, la prestación de los servicios o la ejecución de la obra de que trate, para alterar o variar determinadas condiciones de los contratos, aumentando o disminuyendo el objeto de la ejecución de forma parcial, cambiando las reglas iniciales, las características de los bienes por adquirir o las condiciones de los servicios por prestar[59].

La misma disposición normativa también regula la potestad del contratante para autorizar las modificaciones o cambios en el suministro de bienes y servicios o en la ejecución de la obra contratada, solicitadas por el contratista. Determina la norma que esta solicitud deberá ir acompañada de un estudio o informe técnico-económico y presupuestario, para la consideración de la Administración, que deberá dar respuesta oportuna a la solicitud, debido a que se constituirá en condición indispensable para que el contratante reconozca y pague las modificaciones o cambios en el suministro de los bienes, la prestación de los servicios o la ejecución de la obra[60].

En todo caso, las modificaciones de las condiciones originales del contrato se pueden verificar en los siguientes supuestos: i. por el incremento o reducción en la cantidad de obra, bienes o servicios originalmente contratados[61]; ii. por surgir nuevas partidas o renglones adicionales a los contemplados en el contrato; iii. porque se modifique la fecha de entrega del bien, obra

[59] Víctor Hernández-Mendible, "La evolución de la contratación pública y las potestades de la administración", AA.VV., en *Ley de Contrataciones Públicas*, Caracas, Editorial Jurídica Venezolana, 4ª ed., 2014, pág. 222.

[60] Esta facultad de autorización está vinculada con la potestad de control del contratante en la ejecución del contrato, y a propósito de la cual deberá verificar los siguientes aspectos: i. El cumplimiento de la fecha de inicio de la obra o suministro del bien o el servicio; ii. El otorgamiento del anticipo respectivo; iii. Cumplimiento del compromiso de responsabilidad social; iv. Cumplimiento de la fecha de terminación de la obra o entrega de los bienes o finalización de la prestación del servicio; v. Hacer supervisiones e inspecciones a la ejecución de obras o suministro de bienes y prestación de servicios; vi. Aprobar modificaciones en el alcance original y prórrogas durante la ejecución del contrato; vii. Suscribir finiquitos, hacer pagos parciales o finales y evaluaciones de actuación o desempeño del contratista; viii. Autorizar las cesiones del contrato; y ix. Declarar la nulidad de los contratos (arts. 118, 120, 121 y 136 DLCP).

[61] Este supuesto guarda estrecha relación con el dispositivo contenido en el art. 132 *in fine* del DLCP, que expresamente establece: "En el caso de contratos para la ejecución de obras, también se considerarán variaciones los aumentos o disminuciones de las cantidades originalmente contratadas; así como las obras adicionales" (art. 143 del RLCP). Principalmente referido a los cambios en las cantidades —en más o en menos— de obras, bienes o servicios, lo cual impactaría en los valores finales.

o servicio; iv. Por la variación en los montos previamente establecidos en el presupuesto original del contrato[62]; v. por la promulgación de leyes, reglamentos, decretos y contratos colectivos de trabajo celebrados por parte de la República de obligatoria aplicación, que por su contenido afecten las condiciones del contrato original, específicamente referidos a beneficios laborales para los trabajadores[63].

Observamos que las modificaciones pueden presentarse en cualquiera de las modalidades contractuales, tanto en los contratos de suministro como en los contratos de servicios y principalmente en los contratos de obras, regulados por el Decreto con Rango, Valor y Fuerza de Ley de Contratación Pública. Con base en el principio de transparencia, las modificaciones propuestas directamente por el contratante deberán ser consultadas y notificadas al contratista. Cabe destacar que en los contratos cuya adjudicación hubiese sido recomendada por una comisión de contrataciones, si las variaciones contractuales representan un aumento superior al 10 por ciento del monto original del contrato, esta comisión de contrataciones deberá emitir una opinión —no vinculante— sobre la procedencia del ajuste o variación, para luego ser sometida a la aprobación de la máxima autoridad del contratante[64].

Lo anterior aplica también a las variaciones que se presenten a solicitud del contratista, pero además, en este caso, generará la sustanciación de un procedimiento administrativo dentro del cual el contratante podrá exigir al contratista la presentación de las pruebas adicionales que estime convenientes y decidirá la procedencia o no de la solicitud en un lapso no mayor de quince días hábiles, con base en las pruebas que este presente y las que el contratante hubiera obtenido mediante las investigaciones necesarias para verificar la veracidad de la información suministrada en las solicitudes o reclamaciones formuladas por el contratista o sobre cualquier otro hecho relacionado con el contrato. El contratista siempre mantendrá la obligación de permitir que se practiquen las revisiones, inspecciones o auditorías que se estimen convenientes en sus libros y demás documentos administrativos de contabilidad. Por último, toda modificación contractual, incluida la variación de precios del contrato, debe ser notificada a los garantes, si los hubiere.

62 A diferencia del primer supuesto, en este caso se trata de la alteración de los montos o valores de los bienes, obras o servicios, previamente establecidos en el presupuesto. Lo complementa el encabezado del art. 132 del DLCP, donde de manera clara se definen las variaciones del presupuesto original como aquellas alteraciones fundamentadas por el contratista, por hechos posteriores imprevisibles a la fecha de la presentación de la oferta, debidamente aprobadas por el contratante; y se desarrolla seguidamente en los arts. 133 y 134 del DLCP.

63 Art. 140 del RLCP.

64 Nums. 13 y 14 del art. 15 del DLCP y el art. 147 del RLCP.

Ahora bien, antes de aprobarse la ejecución de cualquier modificación que implique aumento del valor del contrato, bien sea por ajustes de precios unitarios, obras adicionales, aumentos de obras u obras complementarias, el contratante debe certificar que tiene la disponibilidad presupuestaria suficiente en el presupuesto de egresos, para cubrir el reconocimiento efectuado y poder establecer válidamente el compromiso presupuestario para pagar las prestaciones adicionales. Por otra parte, si el contratante no posee la disponibilidad presupuestaria para cubrir las variaciones ni cuenta con la posibilidad o la disposición de gestionar créditos adicionales para tales fines, no podrá aprobar las modificaciones propuestas o solicitadas; en cuyo caso, el contratista deberá presentar al contratante una solicitud conjuntamente con un presupuesto de disminución que refleje una reducción de la meta física establecida en el contrato, de ser procedente, con el objeto de que el contratante evalúe la situación y se adopten las medidas consensuadas que sean más adecuadas para el interés general y para garantizar el equilibrio económico de la contratación[65].

F) *Contrataciones con ejecución superior a un año*

De acuerdo con lo contenido en la Ley Orgánica de la Administración Financiera del Sector Público, el presupuesto público es formulado para regir durante un ejercicio económico financiero[66]. Se entiende por tal aquel que inicia el 1 de enero y culmina el 31 de diciembre de cada año, es decir, una vez aprobado por el órgano legislativo correspondiente, su vigencia es de un año. Sin embargo, existen algunos gastos que por su naturaleza no pueden ejecutarse íntegramente en un solo ejercicio económico financiero, a este tipo de gastos se los denomina "gastos plurianuales".

Estos gastos plurianuales están ligados directamente a las prestaciones de los contratos públicos y se encuentran regulados de forma expresa y coherente en el artículo 18 de la Ley Orgánica de la Administración Financiera del Sector Público, de la siguiente forma: "Cuando en los presupuestos públicos se incluyan créditos para obras, bienes, o servicios cuya ejecución exceda del ejercicio económico financiero, se incluirá también la información correspondiente a su monto total, el cronograma de ejecución, los recursos erogados en ejercicios precedentes, los que se erogarán en el futuro y la respectiva autorización para gastar en el ejercicio correspondiente. Si el financiamiento tuviere [*sic*] diferentes fuentes, se señalará, además, si se trata de ingresos corrientes, de capital o de fuentes financieras. La información

[65] Art. 145 del RLCP.

[66] Art. 7 de la LOAFSP.

a que se refiere este artículo se desagregará en el proyecto de Ley de Presupuesto y se evaluará su impacto en el marco plurianual del presupuesto".

Es oportuno e importante destacar que el carácter plurianual del presupuesto y, en este caso, de las compras públicas, se constituye en nuestro ordenamiento jurídico, así como en diversos ordenamientos jurídicos, como una excepción al principio de anualidad antes desarrollado, toda vez que tal carácter lo que denota es la temporalidad que tiene el presupuesto, el cual, de acuerdo con lo establecido en la Ley Orgánica de la Administración Financiera del Sector Público, se corresponde con su ejecución dentro de un ejercicio fiscal económico-financiero. Lo que es alterado por vía de excepción cuando el legislador prevé en la ley de presupuesto que se pueden incluir créditos para obras, bienes o servicios cuya ejecución exceda del ejercicio económico financiero corriente.

Por su parte, en las normas que regulan las contrataciones públicas se las define desde la acción de la adjudicación de los contratos, considerando que se entiende como adjudicación plurianual a la "Adjudicación de obras, prestación de servicios o adquisición de bienes, cuya ejecución se estipule realizar en el transcurso de dos o más ejercicios fiscales" (art. 6.37 del DLCP).

Luego, cuando se desarrolla el supuesto en comento, en el artículo 75 del Decreto con Rango, Valor y Fuerza de Ley de Contratación Pública, en nuestra opinión, el legislador subvierte la figura en estudio al otorgarle el mismo tratamiento que a los casos previstos en el artículo 74 *eiusdem*, sin observar la disposición de la Ley Orgánica de la Administración Financiera del Sector Público, antes citada. Veamos la redacción de la norma:

"En los procedimientos de selección de contratistas establecidos en el presente Decreto con Rango, Valor y Fuerza de Ley, que superen más de un ejercicio fiscal, los contratantes podrán adjudicar la totalidad de los requerimientos, pero sólo procederán a suscribir el contrato por el monto disponible para el primer ejercicio fiscal y el resto quedará sujeto a la disponibilidad presupuestaria para cada ejercicio subsiguiente, previa formalización de los contratos o adendas respectivas, sin que la no suscripción genere obligaciones para el contratante.

"La evaluación de desempeño de los contratistas se realizará sobre cada contrato o adendas que integren la adjudicación".

De conformidad con el texto de la norma, se establece la posibilidad de diseñar e instruir un procedimiento de selección de contratistas para la prestación de un servicio o la ejecución de una obra, cuya ejecución supere más de un ejercicio fiscal; sin embargo, el contratante podrá adjudicar la totalidad de la prestación del contrato a uno o varios contratistas, dependiendo del objeto de este, pero solo podrá suscribir el contrato para la ejecución y por el monto disponible para el primer ejercicio fiscal, quedando el resto sujeto al momento y a la disponibilidad presupuestaria para cada ejercicio fiscal subsiguiente, pero sin que la no suscripción de los restantes contratos o adendas genere obligaciones para el contratante.

Lo anterior quiere decir que, luego de haber efectuado una supuesta adjudicación plurianual, en donde se celebró un compromiso contractual con un contratista que se preparó para ejecutar un contrato por más de un año, si el contratante no obtiene la disponibilidad presupuestaria para los años subsiguientes o simplemente decide no celebrar los contratos o adendas que correspondían al siguiente o siguientes años, con arreglo al procedimiento de contratación, se extingue la obligación sin justificación. Consideramos que el planteamiento de la norma se distancia de la figura de la contratación plurianual, debido a que no resulta un capricho realizar una contratación de este tipo. La contratación plurianual debe obedecer a ciertos criterios técnicos o estratégicos de determinada contratación, porque si la prestación integral del contrato realmente no se puede ejecutar en el curso de un ejercicio fiscal, requiere de por lo menos dos ejercicios fiscales, en cuyo caso el compromiso del contratante debe ser firme para garantizar que el contrato se cumpla como inicialmente se planificó.

Según las reglas de la administración financiera, la contratación plurianual no solo se entiende bajo la premisa de un solo procedimiento de selección de contratista que genera una adjudicación plurianual, sino también se trata de un solo contrato que tendrá vigencia por más de un ejercicio fiscal, sin necesidad de suscribir varios contratos o adendas en función de la disponibilidad presupuestaria. En el mismo contrato se deberá indicar que se trata de un contrato plurianual, en qué consiste el objeto del contrato, cuál es el monto total proyectado, cuál es el monto que se pretende ejecutar en el ejercicio fiscal en curso, para el cual deberá contar con la correspondiente disponibilidad presupuestaria, o cómo se tiene previsto financiar el resto, las fórmulas de ajuste de valores, entre otros aspectos relevantes —como lo indica el citado artículo 18 de la Ley Orgánica de la Administración Financiera del Sector Público—, y que además contribuye al cumplimiento del principio de transparencia.

No se trata tampoco de la práctica indebida de insertar en algunos contratos del sector público cláusulas de prórrogas automáticas y sucesivas, pues efectivamente no son contratos prorrogados. Estamos frente a un supuesto de un contrato plurianual, esto es, un contrato cuya ejecución supera un ejercicio fiscal, que genera el compromiso para el contratista de cumplir y mantener la prestación del servicio o de la obra más allá del 31 de diciembre del año en que se suscribe el contrato y, por su parte, origina la obligación del contratante de garantizar las condiciones para que se cumpla con la prestación contractual, cuya principal obligación es el pago de la contraprestación. En consecuencia, cuando se presentan adjudicaciones plurianuales estamos ante una circunstancia excepcional a la ejecución presupuestaria corriente, toda vez que se autoriza y compromete un gasto que ha de ser ejecutado a lo largo de varios ejercicios económicos sin que el contratante pueda librarse de su responsabilidad de obtener los recursos presupuestarios para garantizar el cumplimiento del contrato[67].

[67] Con relación a este caso es pertinente traer a colación el pronunciamiento emitido por la Contraloría General de la República mediante memorando n.° 04-00-422 del 7 de junio de 2007, págs. 402-405, el cual señala: "Ahora bien, respecto a la posibilidad de prorrogar un contrato objeto de un procedimiento licitatorio, es necesario precisar que las empresas del Estado venezolano, además de estar sometidas a las disposiciones de la Ley de Licitaciones, en razón de estar reguladas por un régimen mixto de derecho público y privado, su actividad financiera está normada por la Ley Orgánica de la Administración Financiera del Sector Público 5 y su Reglamento N° 1 Sobre el Sistema Presupuestario. De conformidad con lo previsto en el artículo 66 de la Ley Orgánica en referencia, las sociedades mercantiles (entes descentralizados con fines empresariales), tal como es el caso consultado, deben contar cada año con un presupuesto anual de gestión, el cual contendrá las políticas generales establecidas en la Ley del Marco Plurianual del Presupuesto, los planes de acción y las autorizaciones de gastos y su financiamiento, entre otros aspectos previstos en la Ley. «*En consecuencia, tales sociedades mercantiles están sujetas en la ejecución de su presupuesto, al cumplimiento del Principio de la Especialización Cuantitativa del Presupuesto de Gastos, contenido en el artículo 314 de la Constitución de la República Bolivariana de Venezuela, según el cual: No se hará ningún tipo de gasto que no haya sido previsto en la Ley de Presupuesto*»" [destacado y subrayado nuestros]. Bajo este principio, a ningún órgano o entidad sujeto a la Ley Orgánica de la Administración Financiera del Sector Público, le está permitido adquirir compromisos o formalizar gastos (contratos) sin contar con la debida disponibilidad presupuestaria, vale decir, el ente debe obtener las autorizaciones disponibles para gastar, establecidas en el respectivo presupuesto de gastos de la empresa o bien, que dichas autorizaciones hayan sido modificadas de acuerdo a los mecanismos previstos por la Ley (modificaciones presupuestarias). En sintonía con lo antes expuesto, el numeral 3 del artículo 38 de la Ley Orgánica de la Contraloría General de la República y del Sistema Nacional de Control, establece que el Sistema de Control Interno que se implante en los entes y organismos a que se refiere el artículo 9 *eiusdem*, deberá garantizar que antes de proceder a la adquisición de bienes o servicios, o a la elaboración de otros contratos que impliquen compromisos financieros, los responsables deben asegurarse, entre otros aspectos, que exista disponibilidad presupuestaria. Aplicado lo anterior al caso planteado, tenemos que de establecerse en el contrato de servicios con ocasión del otorgamiento de la Buena Pro, una cláusula de prórroga de vigencia para el año siguiente, la empresa estaría adquiriendo un compromiso sin contar con la debida disponibilidad presupuestaria, lo cual no le está permitido, tal como se dejó asentado con anterioridad, por lo que el contrato debe ajustarse al Principio de Anualidad del Presupuesto de Gastos, según el cual el ejercicio económico financiero comienza el primero de enero y termina el treinta y uno de diciembre de cada año, a tenor de lo previsto en el artículo 8 de la Ley Orgánica de la Administración Financiera del Sector Público. En consecuencia, desde el punto de vista legal no es procedente que se establezca una cláusula de prórroga en el

El anterior criterio es ratificado por la interpretación del artículo 134 del Decreto con Rango, Valor y Fuerza de Ley de Contratación Pública, ya que esta norma regula las modificaciones contractuales en caso de adjudicaciones plurianuales, determinando que el contrato plurianual que se suscriba puede sufrir variaciones, y para resolver esas situaciones que pudieran generar alteraciones a las condiciones originales de la contratación, se deberán establecer e incorporar en el contrato ciertas reglas, condiciones o mecanismos de ajustes, que permitan reducir o minimizar los elementos de incertidumbre o riesgo originados por la variabilidad de los factores que condicionan la ejecución del contrato con impacto impredecible en las ofertas de los contratistas.

Asimismo, es importante tanto para el contratista como para el contratante tener claro cuáles son los aspectos que deben incluirse o especificarse en los contratos para la ejecución de obras, prestación de servicios o suministro de bienes, a saber:

1. La estructura de costos por renglón o partida.
2. Los mecanismos de ajuste que serán aplicados.
3. La periodicidad de los ajustes.

---

mencionado contrato. Sin embargo, es imperioso acotar, que distinto es el caso en el que la suscripción del contrato se efectúe a mediados de año, situación en la cual la ejecución del servicio pudiera abarcar parte del ejercicio económico financiero del año siguiente. A tal efecto, el artículo 19 de la Ley Orgánica de la Administración Financiera del Sector Público, prevé lo siguiente:

"«Artículo 19. Cuando en los presupuestos se incluyan créditos para obras, bienes o servicios, cuya ejecución exceda del ejercicio presupuestario, se incluirá también la información correspondiente a su monto total, el cronograma de ejecución, los recursos erogados en ejercicios precedentes, los que se erogarán en el futuro y la respectiva autorización para gastar en el ejercicio presupuestario correspondiente. Si el financiamiento tuviere diferentes orígenes se señalará, además, si se trata de ingresos corrientes, de capital o de fuentes financieras. Las informaciones a que se refiere este artículo se desagregarán en el proyecto de ley de presupuesto y se evaluará su impacto en el marco plurianual del presupuesto". [Destacado y subrayado nuestros]. Como puede observarse, el legislador previó en esta Ley los casos en que la ejecución de los contratos de servicios excedan el ejercicio presupuestario vigente, a los fines que se tomen las previsiones presupuestarias a que hubiere lugar y garantizar así, los créditos presupuestarios disponibles en el ejercicio siguiente, aun cuando se haya iniciado con anterioridad un procedimiento licitatorio, otorgado la Buena Pro y suscrito un solo contrato, puesto que éste ampararía la ejecución física de la totalidad del servicio contratado, sin necesidad de suscribir otro contrato en el ejercicio siguiente. No cabe duda, que se trataría de una única contratación, cuya ejecución abarcaría dos períodos, pero bajo ninguna circunstancia se estaría en presencia de una renovación automática del contrato, puesto que se trata de un mismo objeto y un monto único»". Disponible en http://www.cgr.gob.ve/pdf/publicacion/dictamenes/dicta2007_2008.pdf

4. Los precios referenciales o índices seleccionados para los efectos de cálculo. Para este último se indicará el órgano competente que los genere o los publique.

5. Que durante el primer ejercicio fiscal de vigencia del contrato los precios ofertados permanecerán fijos y sin estar sujetos a reconocimiento de ajustes, siempre y cuando no vulneren el equilibrio económico del contrato. Después del primer ejercicio fiscal solo se reconocerán ajustes a los precios de aquellos renglones o partidas que tengan continuidad.

6. En cada período de ajuste se afectará solo la porción de obra ejecutada o del bien o servicio suministrado en él, sin afectar las porciones ejecutadas o suministradas con anterioridad y los nuevos renglones o partidas no incluidas en el presupuesto original.

G) *El contrato marco y el presupuesto*

Según el artículo 6.33 del Decreto con Rango, Valor y Fuerza de Ley de Contratación Pública[68], se entiende por contrato marco aquel contrato suscrito entre el órgano o ente contratante y el contratista o contratistas para regular la adquisición de bienes, prestación de servicios y ejecución de obras, que por sus características o recurrencia dificulten establecer una contratación por cantidades fijas. Para ello, el contratante deberá aplicar el procedimiento de selección de contratista correspondiente, con una estimación global máxima de precio y cantidades, definida en una lista de precios[69].

En estos casos, la adjudicación establecerá los precios unitarios de los rubros o partidas que conforman la contratación, con un monto total máximo del contrato, que definirá la modalidad de contratación. El contrato se ejecutará por órdenes de compra, servicio y valuación de obra, en las cuales se establecerán las condiciones y términos específicos de las cantidades por ejecutar, no existiendo la obligación por parte del contratante de ejecutar

[68] Reglamento de la Ley de Contrataciones Públicas, art. 2: "El contrato marco es el contrato mediante el cual se establecen los precios unitarios de las partidas que conforman la adquisición de bienes, prestación de servicios y ejecución de obras, con un monto total máximo del contrato, el cual se ejecutará por órdenes de trabajo, en las cuales se establecerán las condiciones y términos específicos de las cantidades a ejecutar, no existiendo la obligación por parte del Órgano o Ente contratante de ejecutar una cantidad determinada ni de pagar al Contratista el monto máximo establecido. Los términos y condiciones de este contrato marco regirán y se considerarán incorporados a las respectivas órdenes de trabajo".

[69] La lista de precios es la relación de precios unitarios ofertados, por los renglones o posiciones incluidos dentro del alcance de los bienes por adquirir, servicios por prestar u obras que han de ser ejecutadas, considerados en los pliegos o en las condiciones de la contratación, cuyo resultado será la adjudicación y firma de un contrato marco (art. 2 del Reglamento de la Ley de Contrataciones Públicas).

una cantidad determinada ni de pagar al contratista el monto máximo establecido. Los términos y las condiciones del contrato marco regirán y se considerarán incorporados a las respectivas órdenes de trabajo (compra, servicio o ejecución de obra)[70].

El contrato marco fue una solución práctica, ágil, racional y transparente que surgió para garantizar el suministro de bienes, prestación de servicios y ejecución de obras que por sus características o recurrencia dificultaban planificar la modalidad de selección de contratistas o ejecutar la totalidad de las necesidades requeridas por el contratante durante un año en una sola contratación, bien sea por problemas de logística o por falta de disponibilidad presupuestaria o financiera. En ese caso, los contratantes deberán aplicar la modalidad de selección correspondiente, que racionalmente apunta a la modalidad de concurso abierto, con una estimación global máxima de precio y cantidades cuyo resultado será la celebración de un contrato marco bajo el esquema de lista de precios, que consistirá en la relación de los precios unitarios de los bienes, servicios y obras ofertadas.

En este punto resulta interesante conocer lo que la doctrina española ha manifestado sobre el presupuesto en los acuerdos marcos, apoyándonos en Gómez Barrionuevo, quien ha manifestado que "[...] la doctrina es unánime al llegar a la conclusión de que los acuerdos marco no tienen que incluir el presupuesto de los contratos y ello es lógico puesto que no existe un límite de contratos ni de importes a contratar derivados de un acuerdo marco. En este sentido, hay que diferenciar el valor estimado y el presupuesto, puesto que mientras el primero no actúa como límite sino como una mera estimación, el término presupuesto alude al límite máximo de gasto que en virtud del contrato puede comprometer el órgano de la contratación"[71].

En tal sentido, el procedimiento que se sigue para la determinación de los precios unitarios que se deben incluir en cada contrato, a fin de cubrir parcial o totalmente las cantidades estimadas para el suministro de bienes,

[70] Para la Directiva 2014/24UE sobre contrataciones públicas, dictada por el Parlamento Europeo, el contrato marco es "Un acuerdo con los proveedores, cuyo propósito es establecer los términos y condiciones de los contratos que se otorguen durante un determinado período, en particular con respecto a precio y cantidad. En otras palabras, un acuerdo marco es un término general para los acuerdos con los proveedores que establecen los términos y condiciones en las que las compras específicas pueden hacerse durante el plazo del acuerdo".

[71] Ana Gómez Barrionuevo, "Procedimientos de contratación y de gestión económica: dos caminos paralelos que hay que transitar", en *Monografías de la Revista Aragonesa de Administración Pública*, XVIII, Zaragoza, 2018, pág. 194. Disponible en https://contratodeobras.com/images/Ana-gomez-Barrionuevo_Contratacion-y-gestion-economica.pdf

prestación de servicios y ejecución de obras requeridas por el contratante, se obtendrá de las listas de precios contenidas en cada una de las ofertas presentadas, y que perfectamente pudo ser resultado de consultas públicas con proveedores. En caso de que en la ejecución del contrato se supere el monto estimado global original, se aplicarán los procedimientos de control administrativo para la modificación del contrato, previstos en la norma y en el propio contrato.

Observamos que el contrato marco se constituye en un instrumento o contrato normativo, que permite establecer las condiciones y reglas generales que regularán la relación jurídica contractual entre el contratante y el contratista o contratistas, para adquirir bienes, prestar servicios o ejecutar obras, por un período de tiempo determinado, sin estar vinculado a una materia específica o particular, aunque puede ser moldeable, ya que podrá emplearse en distintos escenarios y objetos de contratación. Lo anterior supone que puede perfectamente utilizarse para instrumentar algunos de los supuestos de excepción previstos en el artículo 5 del Decreto con Rango, Valor y Fuerza de Ley de Contratación Pública sin generar incompatibilidades; supuestos dentro de los que se incluyen las alianzas comerciales y estratégicas.

Lo importante por destacar para los propósitos del presente trabajo es que la obligación del contratante de certificar la disponibilidad presupuestaria previa para contratar no se exige en el momento de iniciar el procedimiento de selección de contratistas ni siquiera en el momento de adjudicar el contrato marco al contratista o contratistas que hayan resultado favorecidos por presentar la oferta más conveniente, el contratante tendrá la obligación de certificar la disponibilidad de recursos presupuestarios antes de suscribir la orden de compra o de servicio para cada suministro o servicio que requiera, en el contexto de un procedimiento por medio de un contrato marco.

5. El control de la ejecución presupuestaria en las compras públicas

El control de la ejecución del presupuesto o ejecución presupuestaria puede ser ejercido desde dos perspectivas, bien sea a través de un control interno o bien a través de un control externo, de la misma forma como es observada la actividad de la Administración pública. Este control consiste precisamente en la comprobación de los resultados obtenidos tanto físicos (objetivos y metas programadas) como financieros (ejecución presupuestaria), que permitan en caso de deficiencias poder asumir las medidas correctivas que se consideren necesarias, así como implementar las sanciones tras haberse determinado la existencia de responsabilidad administrativa en el manejo y uso de los recursos públicos.

En cuanto a las compras públicas, en el ordenamiento jurídico venezolano estas se rigen además por un sistema integral de control, en el cual se adoptan acciones correctivas tendentes a lograr la eficiencia en la gestión pública dentro de los procedimientos de contratación, tanto en la fase de preparación y selección del contratista como en la fase de ejecución del contrato, donde se garantice que esas prestaciones se funden en los principios de economía, transparencia, honestidad, eficiencia, igualdad y competencia.

Cada vez son mayores los mecanismos de control que se diseñan para supervisar y fiscalizar la actividad de los agentes del Estado, incorporando la participación ciudadana por mandato constitucional y por diseño gubernamental; por lo que los operadores públicos deberán cumplir a cabalidad con los principios y las normas que integran el ordenamiento jurídico, teniendo muy claro que estas actividades no tienen como fin primordial castigar ni sancionar a los funcionarios o a las personas infractores, sino principalmente lograr la eficiencia y eficacia en la gestión pública, en beneficio de la colectividad y con ello disuadir a los infractores para que no se cometan actos irregulares.

En virtud de lo anterior, en los procedimientos de contratación pública nos vamos a encontrar con diferentes manifestaciones o formas de control. Los órganos que integran el Sistema Nacional de Control Fiscal, como la Contraloría General de la República, las contralorías estadales y municipales, y las unidades de auditoría interna de los respectivos órganos, ejercen control fiscal sobre las contrataciones públicas. Por otra parte, el Sistema Nacional de Contrataciones, con los órganos que lo integran, desarrolla funciones de control administrativo sobre la actividad de los contratantes y sobre las actuaciones de los contratistas; igualmente, los propios contratantes o poderes adjudicadores, a su vez, ejercen la potestad de control, dirección y supervisión sobre todas las fases de la contratación pública.

Adicionalmente, la Asamblea Nacional, en su carácter de órgano legislativo nacional, ejerce un control político sobre determinada categoría de contratos; y, por último, los ciudadanos y la sociedad civil organizada tienen asignada la misión de ejercer control social sobre el ciclo contractual. En resumen, el control no jurisdiccional sobre la contratación pública se puede circunscribir en: i. el control fiscal ejercido por los órganos públicos titulares de ese control, ii. el control *ad intra* ejercido por el Sistema Nacional de Contrataciones, iii. el control directo ejercido por el contratante o poder adjudicador, y iv. el control social que puede ser ejercido por los ciudadanos, individualmente o de manera organizada[72].

[72] Sobre el tema del control en la contratación pública se recomienda consultar nuestro trabajo: ALEJANDRO CANÓNICO ZARABIA, "Aproximación al estudio del control no jurisdiccional en la contratación pública venezolana", en *Revista Venezolana de Legislación y*

6. Reflexiones finales

Concluiremos ratificando las premisas preliminares, en el entendido de que la inversión pública debe dirigirse adecuadamente para generar bienestar a las personas y contribuir al desarrollo sostenible de la nación; y es principalmente a través del presupuesto público que los objetivos concretos del Estado social de derecho se traducen en cifras que permiten materializar la realización de los derechos sociales fundamentales. El presupuesto público, en correspondencia con las contrataciones públicas, se convierte en un sistema integral y estratégico para organizar y garantizar las acciones y programas de gobierno que se estiman realizar en un período determinado, en cumplimiento de los fines del Estado.

Con el objeto de asegurar el cumplimiento de aquellos fines, se deben acatar los principios que rigen el sistema presupuestario, vinculados a las contrataciones públicas. Dentro del elenco de principios jurídicos aplicables a esta materia sobresale el principio general de legalidad, al otorgarle protección en muchos casos. Específicamente relevante se presenta el principio de la legalidad presupuestaria desde su génesis constitucional, el cual prohíbe expresamente hacer cualquier tipo de gasto que no haya sido previsto en la ley de presupuesto correspondiente; lo que genera una premisa condicionante para todo el sistema de gestión pública y que se traduce especialmente aplicable en materia de contratación pública, ya que bajo esta premisa, en principio, no se podrá contratar válidamente sin la previa disponibilidad de recursos presupuestarios.

A partir de la anterior condición jurídica se desarrolló todo un análisis interpretativo sobre las normas presupuestarias y las normas especiales de las contrataciones públicas, que nos permitió establecer criterios claros para identificar la aplicación del principio de legalidad presupuestaria y sus modulaciones en el importante sistema de las compras del sector público. En aquel contexto determinamos especialmente la importancia de la planificación y el cumplimiento de las actividades preliminares para anticiparse y programar adecuadamente, para evitar incurrir en improvisaciones o errores que pudieran resultar perjudiciales al interés general. Por último, al tener claridad sobre las reglas presupuestarias aplicadas a las contrataciones públicas, se facilita el control interno y externo de la actividad, así como la verificación del cumplimiento de los principios jurídicos transversales de eficiencia, transparencia e integridad.

Jurisprudencia, n.° 7, vol. II, edición especial en homenaje a José Peña Solís, Caracas, 2016. Disponible en http://rvlj.com.ve/wp-content/uploads/2016/12/pp.-533-566-CANONICO-SARABIA.pdf

SOBRE LA TEORÍA DEL ACTO ADMINISTRATIVO PARA EXPLICAR LA NATURALEZA JURÍDICA DE LA CONCESIÓN ADMINISTRATIVA: UN ANÁLISIS CRÍTICO

Andry Matilla Correa*
Cuba

> "Cuando se estudia el derecho administrativo, generalmente se analizan los grandes temas que constituyen su objeto, [...], así como los aspectos más detallados que hacen parte de esos temas, según las necesidades académicas o prácticas del momento en que se realiza el estudio. Pero raramente se analizan o se plantean los aspectos que están en la base del derecho administrativo y que constituyen su fundamento y su razón de ser, es decir, lo que podríamos denominar su esencia o su espíritu".
>
> ("La explicación histórica del derecho administrativo", Libardo Rodríguez Rodríguez).

1. Ideas iniciales

El interés por develar la naturaleza jurídica de una institución del derecho no se traduce en un mero ejercicio de abstracción científica con el simple objetivo de incursionar en el debate teórico. Este aspecto de la naturaleza jurídica resulta una cuestión más trascendente, por cuanto alrededor de él se dilucida el punto de partida esencial para determinar y configurar el régimen jurídico que ha de aplicarse a la institución que se trate, indicando la premisa de su ubicación dentro del universo que revela el sistema de derecho. De ahí su pertinencia y utilidad, y la necesidad impostergable de conocer los resortes a los que ha de responder, en lo conceptual y operacional, la ingeniería del régimen jurídico que corresponde a la figura objeto de atención.

* Doctor en Ciencias Jurídicas. Profesor titular de Derecho Administrativo de la Facultad de Derecho de la Universidad de La Habana. Presidente de la Sociedad Cubana de Derecho Constitucional y Administrativo. Académico titular de la Academia de Ciencias de Cuba. Miembro de la Asociación Internacional de Derecho Administrativo (AIDA), del Foro Iberoamericano de Derecho Administrativo (FIDA), y del Instituto Internacional de Derecho Administrativo (IIDA).

Resortes que han de variar en sus particularidades formales y materiales, según sea la solución particular a la que se llegue o según sea el punto de vista específico que se haga valer en la configuración del régimen jurídico del que hablamos.

Todos los esfuerzos que se dirigen a determinar la naturaleza jurídica de una figura determinada responden a la simple interrogante de qué es en su base existencial y funcional esa figura dentro del universo del derecho. Pero, ante la aparente claridad de lo que se quiere buscar, no debemos olvidar que, en no pocas ocasiones, las preguntas más simples a primera vista suelen derivar en las soluciones más complejas y en los caminos más accidentados para satisfacerlas o en esfuerzos cuyo resultado final no se corresponde con la certeza y precisión de la interrogante a la que tratan de responder.

Tal como hemos dejado señalado en otros escritos[1], nuestra perspectiva gnoseológica de la concesión administrativa parte de entenderla como el *acto bilateral por el que la Administración pública confiere a determinada persona, temporalmente, el ejercicio de cierta actividad administrativa que tiene como objeto la gestión de un servicio público, la realización de una obra pública o la explotación de un bien de dominio público*; o, lo que es igual: *el título jurídico-administrativo por el que la Administración pública habilita a determinada persona, temporalmente, para el ejercicio de cierta actividad administrativa que tiene como objeto la gestión de un servicio público, la realización de una obra pública o la explotación de un bien de dominio público*.

En correspondencia con una noción de ese tipo, también hemos sostenido que el grupo de características de la concesión administrativa, como figura jurídica, puede resumirse en lo siguiente: a) se otorga en función del interés general, b) es un acto sometido al régimen jurídico-administrativo, c) es un acto bilateral, d) es un acto formal, e) tiene un carácter *intuitu personae*, f) se otorga con carácter temporal, g) origina derechos para el concesionario (carácter constitutivo), h) la Administración pública tiene un conjunto de potestades jurídicas de ejercicio unilateral en el contenido de la relación concesional; la actividad administrativa objeto de la concesión corre, en principio, por

[1] Véanse, en particular de nuestra autoría: Andry Matilla Correa, "Base conceptual de la concesión administrativa", en *Revista Brasileira de Direito Administrativo e Regulatório*, n.º 3, 2011, São Paulo, MP Editora, pág.13 y ss.; Andry Matilla Correa, "XIV. Concesiones administrativas", págs. 429 a 478, en Jaime Rodríguez-Arana Muñoz, Libardo Rodríguez Rodríguez (dirs.) y María del Carmen Rodríguez Martín-Retortillo (coord.), *Curso de derecho administrativo iberoamericano*, Granada, Instituto Nacional de Administración Pública (INAP), Editorial Comares S.L., 2015, pág. 425; Ángel Potentini (editor), *La concesión administrativa*, Santo Domingo, Librería Jurídica Internacional S.R.L., 2018, pág. 77.

cuenta y riesgo del concesionario (principio de riesgo y ventura), j) la concesión genera una extensión de los efectos jurídicos a terceros[2].

La indagación sobre la naturaleza jurídica de la concesión administrativa es, tal vez, el punto tradicionalmente más polémico dentro de aquellos que son cubiertos por el análisis científico de esa institución jurídica administrativa; y es, también, un marco de discusión donde aún no se ha logrado conseguir una completa unidad de criterios teóricos y prácticos. Sobre la base de él se han generado ideas muy diversas; diversidad que, sin duda, ha contribuido a fomentar las zonas de indefinición que todavía acompañan el trazado de la concesión administrativa como categoría jurídica.

Por lo que, quizás, es en este terreno en específico de la naturaleza jurídica del fenómeno concesional, donde nos es posible apreciar en su mayor extensión la riqueza científica que encierra su estudio como figura del derecho. Con la necesaria carga de matices y la policromía que debe acompañar toda solución final que pretenda navegar, con un mínimo de suerte, por ese mar anchuroso y bravío que es el derecho administrativo.

Varias han sido las teorías propuestas para ubicar la concesión administrativa dentro del sistema de derecho y fijar el régimen jurídico que debe aplicársele. Sin embargo, ninguna de tales orientaciones ha alcanzado la aceptación total. Esa situación ha acentuado la polémica en torno a la institución y ha contribuido igualmente, en gran medida, a la aureola de indefinición y complejidad que le rodeó y que, si bien se ha ido disipando con el avance de los estudios, todavía mantiene atisbos de vigencia en ciertos postulados. En lo que incluso no ha estado ausente hasta el escepticismo en la utilidad de resolver este aspecto de la naturaleza jurídica.

A partir de los estudios realizados hemos encontrado una pluralidad de criterios que intentaron o intentan explicar, con mayor o menor felicidad, la naturaleza jurídica de la concesión administrativa. De ahí que para introducirnos en un consecuente análisis de la naturaleza jurídica de la institución que nos ocupa, se hace necesario repasar tales criterios. Tarea que pretendemos afrontar sobre la base de una agrupación metodológica de las distintas opiniones propuestas, tomando como patrón aunador los elementos propios concurrentes, que permiten conectarlas a través de la conclusión de que pertenecen, con sus matices, a una misma tendencia.

En esto queremos dejar salvado que esa agrupación no lleva un interés de validez absoluta, sino que dicha valía no busca ir más allá de los marcos

[2] Ver, en particular, igualmente de nuestra autoría: Andry Matilla Correa, "Base conceptual...", ob. cit., pág.13 y ss.; "XIV. Concesiones administrativas", ob. cit., pág. 425; y *La concesión administrativa*, ob. cit., pág. 89 y ss.

de estas líneas; máxime cuando nos hemos apoyado en los planteamientos, en este sentido, de muchos autores anteriores, para levantar los nuestros.

Si nos detenemos a contrastar detalladamente la diversidad de ideas que reflejaremos más adelante sobre la naturaleza jurídica de la concesión administrativa, observaremos que, con sus variaciones más o menos visibles, muchas de ellas coinciden en su esencia o su sustancia; lo que produce cierta identidad material entre algunas de las teorías que revisaremos. A pesar de esa circunstancia, tal situación no es un impedimento para que lleguemos a considerar que aquellas opiniones que puedan acercarse materialmente difieran entre sí por la forma en que enfocan la institución concesional. Lo que al final las convierte en postulados divergentes, si consecuentemente asumimos que la naturaleza de una institución jurídica es el resultado de un análisis a raíz de la conjugación de su contenido y de su forma, y no de una sola de estas perspectivas.

Ahora bien, más allá del variado espectro de tesis con planteamientos puntuales sobre la naturaleza jurídica de la concesión administrativa, que las convierten en opiniones específicas en relación con otras también individualizadas desde esa óptica, todas ellas pueden reconducirse, a su vez, hacia tres grandes tendencias, a saber (en realidad todas ellas no son más que variaciones sobre alguno de estos tres temas): *la contractualista, la unilateralista* y *la mixta*.

Esta agrupación de opiniones, y a diferencia de aquella que reviste un carácter mucho más particularizado, toma como punto de partida la consideración de los aspectos más globales de los distintos criterios que se han expuesto al respecto, lo que propicia la reunión de varios de los mismos en uno de esos signos.

Acercándonos algo más a los tres bloques aludidos, podemos precisar que cada uno responde a un enfoque genérico de la institución concesional: el *contractualista* se erige sobre la premisa de la concesión como un contrato de tipo unitario (de derecho civil o administrativo); el *unilateralista* parte de entender a dicha figura como un acto esencialmente unilateral (de soberanía o administrativo); mientras que bajo *la tesis mixta* encontramos todas aquellas ideas que, al tiempo de explicar la naturaleza jurídica de la concesión administrativa, combinan en tal explicación elementos de carácter contractual (ya de derecho civil o de derecho administrativo o público) y elementos de carácter unilateral (ora reglamentarios, ora derivados de un acto administrativo), con independencia de que califiquen finalmente a la concesión administrativa como un contrato o un acto administrativo o de otra forma. Es importante destacar que la tendencia mixta surge ante la necesidad de justificar las especificidades que concurren en la dinámica funcional de la concesión administrativa, las que no responden, con plena exactitud, a los moldes más tradicionales y típicos del acto administrativo y del contrato.

Este modo de calificar las diversas teorías planteadas sobre la concesión administrativa, aunque no nos propicia un análisis tan exhaustivo de las ideas expuestas al respecto, como se puede hacer desde una visión más particularizada de ellas, sí conjura los inconvenientes que trae aparejado todo estudio más detallado, pues, además de darnos el enfoque global de la cuestión (igualmente necesario en todo estudio), da la posibilidad de adscribir a una de ellas las opiniones de autores que, por la manera en que se expresan sobre el tema o el momento en que lo hicieron, no nos permiten dilucidar con exactitud si se afilian a una u otra tesis más específica o si simplemente no lo hacen de forma conclusiva y se quedan solo en el postulado general, y así tomar en cuenta sus argumentos (tan valederos como otros). Sin duda alguna, un estudio consecuente de la naturaleza jurídica de la concesión debe tener presente la conjugación de las teorías más individualizadas en sus planteamientos con el enfoque genérico dentro del cual cada una de ellas se inserta.

Desde lo dicho hasta aquí, podemos referir como criterios que se han utilizado para explicar la naturaleza de la concesión administrativa[3], los siguientes:

- Teoría del contrato de derecho privado (civilista)
- Teoría del acto de supremacía o acto de soberanía
- Teoría del acto administrativo
- Teoría de la concesión-contrato
- Teoría del acto de autoridad condicionado en su eficacia por un acto de obligación del concesionario (o teoría de los dos actos unilaterales)
- Teoría italiana que califica a la concesión administrativa como un contrato de derecho público
- Teoría de la doble naturaleza o doble aspecto[4]
- Teoría de la convención de carácter complejo[5]

[3] Ver un primer esbozo de esas teorías en: ANDRY MATILLA CORREA, *Introducción al régimen jurídico de las concesiones administrativas en Cuba*, La Habana, Centro de Estudios de Administración Pública, Universidad de La Habana, Editorial Universitaria, 2009, pág. 72 y ss.

[4] Sobre esta teoría en particular, ampliar en lo que expusimos en: ANDRY MATILLA CORREA, "Maurice Hauriou y la naturaleza jurídica de la concesión administrativa: la teoría de la doble naturaleza o doble aspecto", ANDRY MATILLA CORREA, JAIME ORLANDO SANTOFIMIO GAMBOA y HÉCTOR SANTAELLA QUINTERO (coords.), *Ensayos de derecho público. En memoria de Maurice Hauriou*, Bogotá, Universidad Externado de Colombia, 2013, págs. 515 a 538.

[5] Sobre esta teoría en particular, ampliar en lo que expusimos en: ANDRY MATILLA CORREA, "La teoría de Léon Duguit sobre la naturaleza jurídica de la concesión adminis-

• Teorías del contrato administrativo:

— Teoría del contrato administrativo, acto jurídico complejo o acto mixto

— Teoría del contrato administrativo, acto unilateral en su nacimiento y bilateral en sus efectos

— Teoría del contrato administrativo, en sentido propio, *strictu sensu* o concepción unitaria

— Teoría del contrato administrativo, contrato de adhesión

• Teoría del acto complejo o acto mixto

• Teoría del *provvedimenti* administrativo con un contrato de objeto público o de derecho público accesorio

• Otras teorías de orientación bilateralista que no califican de manera específica la concesión administrativa como un acto administrativo o como un contrato administrativo.

Con independencia de las disquisiciones teóricas que se contienen en las teorías enunciadas, lo cierto es que las grandes soluciones prácticas que se han adoptado —a partir de los instrumentos jurídicos de formalización volitiva más característicos con que cuenta la Administración pública dentro del tráfico jurídico administrativo, en función de relaciones jurídicas concretas— pasan, principalmente, por las figuras del acto o del contrato administrativo. Y ello con ajuste a realidades propias de los ordenamientos jurídicos, determinados por la base cultural a la que responden, así como a la interpretación particular del fenómeno concesional que en ellos ha primado, conjugado con el aparato técnico-jurídico que dentro de esos ordenamientos se ha desarrollado para ordenar relaciones jurídicas como la que implica la concesión administrativa.

Cuando se observa en su conjunto el planteamiento y desenvolvimiento de las teorías sobre la naturaleza jurídica de la concesión administrativa, siguiendo una línea evolutiva a través de ellas, se palpa claramente, desde la arista específica de una figura jurídica en concreto, el camino recorrido por el derecho administrativo a fin de consolidar su autonomía científica existencial. Así como también se nos proporciona una idea de los avatares

---

trativa (La teoría de la convención de carácter complejo)", en Andry Matilla Correa, Luis Gerardo Rodríguez Lozano y Juan Ángel Salinas Garza (coords.), *Ensayos de derecho público en conmemoración del sesquicentenario del natalicio de Léon Duguit*, 2ª ed., Monterrey, Nuevo León, México, Librería Cerda, 2015, págs. 277 a 312 [de esta obra colectiva, la 1ª edición apareció con los siguientes datos editoriales: Andry Matilla Correa, José Luis Prado Maillard y Luis Gerardo Rodríguez Lozano (coordinadores), *Ensayos de derecho público en conmemoración del sesquicentenario del natalicio de Léon Duguit*, Monterrey, Nuevo León, México, Lazcano Garza Editores, 2011].

de sus instituciones (reducidos en este caso a una única figura, pero bien representativa de la rama administrativa) para lograr su propia fisonomía.

No debe perderse de vista tampoco, cuando se estudie la naturaleza jurídica de una institución como la que nos ocupa, que ella se inserta en el derecho administrativo y se presenta vinculada directamente con el Estado y con las necesidades de los integrantes de la colectividad en cuanto grupo social. Está en estrecha dependencia con las concepciones político-económicas que dominan la formación estatal en un momento histórico dado y con la proyección social que tenga esa formación. Presentándose, lógicamente, con sus matices, según sea la participación del Estado en el conjunto de las relaciones sociales que se desenvuelven en el marco de la colectividad, la forma en que se concibe su participación en ese conjunto y las premisas por las que se encausa la satisfacción del interés general.

En otras palabras, concesiones, función administrativa, Estado, política y economía, no pueden desvincularse si se desea buscar el porqué de cada posición sustentada en la naturaleza jurídica de las primeras.

Por nuestra parte, tomando en consideración aspectos que pensamos no pueden soslayarse a la hora de interpretar la naturaleza jurídica de la concesión administrativa, como la idea de que la institución concesional administrativa es propia del derecho administrativo, que implica una bilateralidad entre ambos sujetos desde el punto de vista sustancial y formal, que extiende sus efectos directamente más allá de las partes intervinientes, que en ella confluye la idea de actividad enmarcada en el contenido de la función administrativa con la de actividad económica, que el acto administrativo y el contrato administrativo son las formas básicas de instrumentación de las relaciones jurídicas concretas de carácter bilateral que se establecen al amparo del derecho administrativo, que la concesión administrativa no responde a los moldes más típicos del acto unilateral ni del contrato, es que consideramos que la concesión administrativa es un acto bilateral formalizable ya sea por medio de un acto administrativo o por medio de un contrato administrativo, esto último atendiendo a la realidad de los ordenamientos.

Hacia su interior, la concesión administrativa es un acto bilateral, porque sobre su contenido deben concurrir (de forma paccionada o acordada), con carácter sustancial, las voluntades de las partes intervinientes en la relación; si bien esa concurrencia se manifestará con intensidad desigual, pues, por el ámbito objetivo y las consecuencias de la relación, a la Administración pública le corresponderá un mayor poder de decisión.

Hacia lo exterior, la concesión administrativa es también un acto bilateral, porque requiere del consentimiento de ambas partes para que pueda surtir efectos.

2. Teoría de la concesión administrativa como acto administrativo

El siglo XIX fue el espacio temporal que vio surgir y desarrollarse, en su primer estadio, a la concesión administrativa como realidad jurídica-administrativa, según la entendemos modernamente. En ese período se dieron, igualmente, los primeros pasos en función de su configuración teórico-práctica como institución del derecho administrativo.

Las primeras construcciones teóricas de la concesión administrativa se levantaron a partir de las figuras de la concesión de dominio público y de la concesión de obra pública o de trabajos públicos (con mayor propiedad, para el caso francés, *concession de travaux publics*). Ello tuvo que ver con una etapa del desarrollo técnico jurídico donde el servicio público no había adquirido aún claridad y cuerpo propio, técnicamente hablando, como concepto teórico y práctico dentro del espacio de funcionamiento administrativista ni como ámbito objetivo sobre el que podía recaer la concesión, el cual es distinto y diferenciable, en sí, de las categorías de dominio público y de obra pública.

La teoría del acto unilateral del Estado o, hablando con mayor propiedad, la teoría del acto administrativo, por la cual se ha intentado explicar la naturaleza jurídica de la concesión administrativa, tuvo sus primeros planteamientos conceptuales desde el siglo XIX y ha sido una de las tesis al respecto que ha llegado hasta nuestros días acogida por algunos administrativistas, así como por un sector de la jurisprudencia y de la legislación. Dicha teoría vio la luz, principalmente, en Alemania y en Italia; pero ha tenido también importantes seguidores en el administrativismo iberoamericano.

A) *Sobre algunos exponentes de la teoría de la concesión administrativa como acto administrativo*

Uno de los autores más relevantes de la ciencia del derecho administrativo, el alemán Otto Mayer, definió la concesión "[...] como un acto administrativo mediante el cual se otorga a un súbdito un poder jurídico sobre una parte de la administración pública que le es delegada"[6].

[6] Otto Mayer, *Derecho administrativo alemán*, tomo III, Parte especial. El derecho público de las cosas, trad. por Horacio H. Heredia y Ernesto Krotoschin, Buenos Aires, Editorial Depalma, 1951, pág. 245. Para él: "La concesión (*Verleihung*) es una institución general del derecho público que tiene aplicaciones en muchos sentidos". Seguidamente agregaba: "La noción fundamental, común a todas esas aplicaciones, es la de un *acto administrativo* de determinado contenido. Este contenido debe consistir en que *por él se dé al súbdito un poder jurídico sobre una manifestación de la administración pública* [...]"; Otto Mayer, ob. cit., tomo III, pág. 245.

Según MAYER, "[...] la concesión es un acto administrativo, especialmente una disposición que determina discrecionalmente lo que debe ser de derecho en el caso individual. Es un acto jurídico del derecho público. La posibilidad de que ese acto cree derechos y deberes es indudable [...]"[7].

Después, este autor alemán señalaba: "Para crear derechos en favor del concesionario, ese poder de disponer basta, pero para imponerle obligaciones, hacía falta aún una autorización de la ley o que la concesión se otorgue en la forma de un acto individual de la ley. Pero esto está reemplazado también aquí, por la *sumisión voluntaria* del interesado, resultante de su solicitud o de la aceptación de la concesión. Ésta es un acto administrativo que se dicta sobre la base de la sumisión; exactamente como el nombramiento para el servicio del Estado [...]; ella no es más contrato que el nombramiento. Las tratativas que preceden fijan las condiciones y la medida de esta sumisión: determinan así el contenido preciso del acto administrativo que se hace posible gracias a esta sumisión. Pero el efecto se produce exclusivamente por el acto administrativo"[8].

Más adelante, el propio MAYER decía: "El acto jurídico de concesión crea para el empresario concesionario derechos y obligaciones frente al que hace la concesión. Los detalles se determinan sobre el contenido del acto"[9]. Y además: "En la relación jurídica creada por la concesión, las obligaciones del concesionario y, en consecuencia, los derechos correspondientes del Estado o de la persona jurídica inferior, aparecen en primer plano"[10].

En definitiva, OTTO MAYER ha devenido en el autor emblemático de una posición teórica, históricamente extendida, con sus matices y variaciones, en el *ius publicum* alemán[11], y se le reconoce como uno de los grandes precursores de esta solución teórica sobre la naturaleza jurídica de la concesión administrativa.

[7] OTTO MAYER, *Derecho administrativo alemán*, tomo IV, Parte especial. Las obligaciones especiales, trad. por Horacio H. Heredia y Ernesto Krotoschin, Buenos Aires, Ediciones Arayú, 1954, págs. 161 y 162.

[8] OTTO MAYER, ob. cit., tomo IV, págs. 162 y 163. Ver la crítica de GASTÓN JÈZE a la analogía que se hiciera por autores como MAYER, entre la naturaleza jurídica del acto de nombramiento (*l'acte de nomination d'un individuo à une foction publique*) y el acto de concesión, en GASTÓN JÈZE, "Rapports juridiques entre l'administration et le concessionnaire d'un service public. Nature juridique du cahier des charges. Conseil d'État, 31 mai 1907, Deplanque", que es la nota de jurisprudencia de ese autor al *arrêt Deplanque*, del Consejo de Estado francés, de 31 de mayo de 1907, en *Revue de Droit Public et de la Science Politique en France et à l'étranger*, Tome vingt-quatrième, XIVe année, Paris, V. Giard & E. Brière, Libraires-Éditeurs, 1907, pág. 682.

[9] OTTO MAYER, ob. cit., tomo IV, pág. 165.

[10] OTTO MAYER, ob. cit., tomo IV, pág. 166.

[11] Entre otros autores de este país, pueden verse al respecto: PAUL LABAND, *Le droit public de l'Empire Allemand*, Tome II, Édition française revue et mise au courant de la

Un importante representante de esta tesis lo tenemos también en el suizo Fritz Fleiner, para quien "[...] La concesión se obtiene por un acto unilateral de la soberanía del Estado, por un decreto [...]. La concesión es un acto administrativo que origina derechos [...]"[12]; y consideraba, además, que: "[...] Las relaciones jurídicas entre la empresa (concesionario) o la Administración (concedente) están sometidas en todos sus extremos al derecho público [...]"[13].

Asimismo, el austriaco Adolfo Merkl fue otro de los que incluyó las concesiones entre los actos administrativos[14].

En Italia, Federico Cammeo se mostraba bien claro cuando afirmaba que la concesión administrativa era un acto administrativo y no de otra índole[15],

---

dernière legislation par l'auteur, traduction de C. Gandilhon et de Th. Lacuire, Paris, V. Giard & E. Brière, Librairies-Éditeurs, 1901, págs. 536 y 537; George Jellinek, *Sistema dei diritti pubblici subbiettivi*, traduzione italiana riveduta dall'autore sulla seconda edizione tedesca, Milano, Società Editrice Libraria, 1912, pág. 121 y ss., 239 y ss.; Ernst Forsthoff, *Tratado de derecho administrativo*, trad. de la 5ª edición alemana por Legaz y Lacambra, Garrido Falla y Gómez de Ortega y Junge, Madrid, Instituto de Estudios Políticos, 1958, pág. 294 y ss., en Charles Gauducheau, *Le concessionnaire de service public et l'autorité concédante*, thése pour le doctorat economique, Rennes, Imprimerie L. Caillot et Fils, 1912, pág. 85, contiene un buen resumen ilustrativo sobre los criterios de autores en la literatura alemana, fundamentalmente en esta línea del acto administrativo.

[12] Fritz Fleiner, *Instituciones de derecho administrativo*, trad. de la 8ª edición alemana por Sabino Álvarez-Gendín, Barcelona-Madrid-Buenos Aires, Editorial Labor, S.A., 1933, pág. 279. También en el modo en que discurría J. Buser, *Loi fédérale sur le service des postes et dispositions importantes de l'ordonnance sur les postes*, traduits de l'allemand par L. Roulet, Zürich, Editions Polygraphiques S.A., 1931, págs. 44 y ss. Según evaluaba Andrè Grisel: "*A l'instar de plusieurs auteurs allemands, une partie des publicistes suisses se sont prononcés pour l'acte administratif soumis à l'accord de l'administré* [...]. *Le Tribunal fédéral s'est rallié longtemps à cette opinión* [...]"; Andrè Grisel, *Droit administratif suisse*, reimpression, Neuchâtel, Éditions Ides et Calendes, 1975, pág. 145.

[13] Fritz Fleiner, ob. cit., pág. 280.

[14] Adolfo Merkl, *Teoría general del derecho administrativo*, Madrid, Editorial Revista de Derecho Privado, 1935, pág. 250. Merkl acotaba luego (pág. 251): "Recientemente, se ha opuesto a los actos administrativos imperativos *los contratos de derecho público*, que serían algo análogo, dentro del derecho administrativo, a los contratos de derecho privado. Puede considerarse como contratos de derecho público aquellos convenios acerca de derechos u obligaciones cuya aplicación competerá a un órgano administrativo; también pueden calificarse como tales, aunque no de manera adecuada, aquellos actos administrativos condicionados por la instancia, o cuando menos, con la conformidad del interesado. En el primer caso, el contrato de derecho público es el supuesto previo del acto administrativo, en el segundo, constituye en sí —en virtud de su especial originarse, mediante la colaboración del interesado—, un acto administrativo".

[15] Sobre la posición de Cammeo, además de su propia obra, pueden verse los comentarios al respecto, entre otros, de: Marco D'Alberti, *Le concessioni amministrative. Aspetti della contrattualità delle pubbliche amministrazioni*, Napoli, Casa Editrice Dott, Eugenio Jovene, 1981, pág. 110 y ss.

razonando seguidamente: "E ci sembra, che la volontà degli enti pubblici sia la sola, che in quest'ordine di rapporti ha valore giuridico: mentre la volontà del privato accetta il rapporto ma non concorre a formarlo giuridicamente: essa è un simplece presupposto di fatto. Gli obblighi del privato non sono che condizioni a lui imposte affinchè possa ottenere la manifestazione di volontà dell'amministrazione e conseguirre gli effetti ed i vantaggi"[16].

Dentro de la línea de los italianos que aquí se ilustra[17], Renato Alessi indicaba su posición en los siguiente términos: "[...] Generalmente, tratándose de concesión de servicios públicos que pertenecen al Estado, el decreto en que se concentra tal concesión está precedido (además de los posibles dictámenes de cuerpos consultivos) de un convenio que contiene la enumeración de condiciones bajo las que la concesión se otorga y las normas que habrán de observarse por el concesionario en la gestión del servicio. Frecuentemente estas condiciones están recogidas en un anexo del contrato, llamado pliego de condiciones, acto que conteniendo las normas que jurídicamente vienen a formar parte del acto de concesión y por lo tanto a constituir el fundamento de los deberes del concesionario no solamente frente a la Administración, sino también frente a los terceros usuarios del servicio, viene situado por la doctrina dominante entre los actos que son fuentes del derecho objetivo, aun cuando se trate de una fuente indirecta"[18].

Y continuaba diciendo Alessi: "En todo caso, las estipulaciones a que nos hemos referido son solamente un acto preparatorio de la concesión propiamente dicha, que se produce únicamente con la emanación de la resolución administrativa, en la forma establecida, y que constituye el único fundamento directo de la vida jurídica de la concesión y de las relaciones que se derivan de ella. La misma convención solo adquiere eficacia obligatoria después de la referida resolución administrativa y a través de la misma".

Este italiano concluía: "En cuanto a las concesiones de los entes locales, generalmente asumen la forma de contrato, pero sin que por ello pierdan

[16] Federico Cammeo, "Demanio", en *Il Digesto Italiano*, vol. IX, Parte prima, Ristampa stereotipa, Torino, Unione Tipografico Editrice Torinesse, 1926, pág. 911.

[17] En el grupo de los italianos podemos mencionar a: Santi Romano, *Corso de Diritto Amministrativo*, Terza edizione riveduto, Padova, CEDAM, 1937, pág. 227 y ss.; Guido Zanobini, *Curso de derecho administrativo*, vol. I, Parte General, Buenos Aires, Ediciones Arayú, 1954, pág. 300 y ss., y 322 y ss.; Guido Zanobini, *Corso de Diritto Amministrativo, volume terzo, L'organizzazione, Diritto Amministrativo*, Roma, Casa Editrice Carlo Colombo, 1938, pág. 36; Cino Vitta, *Diritto amministrativo*, vol. I, quarta edizione aggiornata, Torino, Unione Tipográfico-Editrice Torinese, 1954, pág. 368 y 379 y ss.; Guido Landi y Giuseppe Potenza, *Manuale di diritto amministrativo*, Settima edizione, Milano, Dott. A. Giuffrè Editore, 1983, págs. 176 y 177, y 211.

[18] Renato Alessi, *Instituciones de derecho administrativo*, tomo I, trad. de la 3ª edición italiana por Buenaventura Pellisé Prats, Barcelona, Bosch Casa Editorial, pág. 169.

la naturaleza de acto administrativo unilateral, al menos según la opinión de la doctrina más extendida. Para estas concesiones, las leyes establecen determinadas cláusulas de carácter obligatorio, con el fin de tutelar los intereses de estos entes públicos y el normal desarrollo de los servicios [...]"[19].

Entre los escritores españoles, FERNÁNDEZ DE VELASCO fue de los que afirmó: "[...] podemos citar como casos de actos que tienen consecuencias bilaterales o recíprocas, no obstante su origen unilateral, el del *Estatuto de los funcionarios*; el de las *concesiones* para ejecución de obras públicas y ejecución de servicios, etc. En estos casos no hay contrato, sino acto unilateral de consecuencias bilaterales, el contenido es siempre de derecho público. Se trata, pues, de actos administrativos"[20].

Como se ve, ha sido una corriente conceptual que no ha estado ausente de recepción dentro de la ciencia jurídico-administrativa hispanohablante. Aquí, cabe referir tanto a un sector de la doctrina española que su labor científica se encuadra, esencialmente, en la primera mitad del siglo XX[21] como

[19] RENATO ALESSI, ob. cit., pág. 169

[20] RECAREDO FERNÁNDEZ DE VELASCO, *El acto administrativo*, Madrid, Editorial Revista de Derecho Privado, 1929, pág. 128; asimismo, del propio Fernández DE VELASCO, "Teoría jurídica de las concesiones administrativas", en Madrid, *Revista de Derecho Privado*, n.° 53, febrero, y n.° 54, marzo, tomo V, enero-diciembre 1918, pág. 88 y ss., y "Relaciones jurídicas bilaterales de origen no contractual", en *Revista General de Legislación y Jurisprudencia*, año LXXIII, tomo 144, Madrid, Editorial Reus, 1924, pág. 580 y ss.

[21] Como seguidores de esta posición, dentro de la España del primer tiempo del siglo XX, incluimos, entre otros, a: MARIANO GÓMEZ GONZÁLEZ, voz "Concesiones administrativas", en *Enciclopedia Jurídica Española*, tomo VII, Barcelona, Francisco Seix, Editor, pág. 854, este español, a pesar de no manifestarse indubitadamente en esta línea, diferencia las concesiones de los contratos administrativos, y de los elementos distintivos que señala entre una figura y la otra podemos deducir que asume la posición que aquí reseñamos en relación con la concesión. JOSÉ GASCÓN Y MARÍN, *Tratado de derecho administrativo. Principios y legislación española*, tomo I, Parte General, 12ª edición revisada, Madrid, C. Bermejo, Impresor, 1952, pág. 367 y ss., para este otro español, pág. 367: "La concesión de servicios públicos es el acto de la Administración en virtud del cual se otorga, mediante determinadas condiciones, a un servicio de interés general prestado por un particular, carácter de servicio público, como si fuera realizado por la Administración"; en otro momento esclarecía (pág. 369): "Es cierto que las concesiones se *otorgan* y los contratos se *estipulan*. La Administración por acto unilateral fija las condiciones de la concesión, esta es la regla general, el concesionario solicita se le conceda el servicio, asiente al régimen previamente señalado para el servicio". Igualmente, esta del acto administrativo parece ser la orientación de fondo de ENRIQUE MARTÍNEZ USEROS, "El intervencionismo estatal y las concesiones de minas", en *Revista General de Legislación y Jurisprudencia*, año XCIII, segunda época, tomo XVC (183 de la colección), n.° 6, Madrid, Instituto Editorial Reus, 1948, en las valoraciones genéricas que realizaba en las págs. 636 y 637; R. GAY DE MONTELLÁ y C. MASSÓ ESCOFET, *Tratado de la legislación de aguas públicas y privadas. Comentarios a los preceptos de la Ley de Aguas, a la legislación complementaria y a la*

a otra parte de los teóricos españoles que se ubican a partir del segundo momento de ese siglo.

De ese último tiempo son claros ejemplos las reflexiones de José Luis Villar Palasí, al referirse a las concesiones demaniales y de servicio público: "Tanto una como otra forma de concesión derivan de un acto unilateral de la Administración, junto a un acto de sumisión del administrado a condiciones prerredactadas —el llamado *Unterwerfungsgeschaeft*— con la creación de un *status* reglamentario por parte de la Administración y el condicionamiento a un pliego de condiciones que marca el límite de facultades concedidas al particular [...]"[22].

Villar Palasí diría también: "[...] En la concesión administrativa se da efectivamente una situación bilateral, que podría parangonarse con la vinculación contractual entre las partes, mas el modo de crearse tal vinculación no es precisamente el acuerdo de contrato, sino el acto administrativo unilateral"[23].

Otro importante nombre que puede convocarse para ilustrar la doctrina hispana que se ha enrutado por esta línea conceptual sobre la concesión administrativa[24], es el del también antiguo profesor José Antonio García-

---

jurisprudencia, 2ª ed., Barcelona, Bosch Casa Editorial, 1949, pág. 383 y ss.; Nemesio Rodríguez Moro, *La ejecutividad del acto administrativo (Con especiales referencias a lo municipal)*, Madrid, Publicaciones del Instituto de Estudios de Administración Local, 1949, pág. 19; Carlos Puyuelo, *Derecho minero. Doctrina, legislación, jurisprudencia*, Madrid, Editorial Revista de Derecho Privado, 1954, págs. 60 y 61.

[22] José Luis Villar Palasí, "Naturaleza y regulación de la concesión minera", en *Revista de Administración Pública*, vol. I, n.º 1, enero-abril, 1950, Madrid, Instituto de Estudios Políticos, pág. 8.

[23] José Luis Villar Palasí, "Concesiones administrativas", en *Nueva Enciclopedia Jurídica,* publicada bajo la dirección de Carlos-E. Mascareñas con la colaboración de eminentes profesores y juristas, tomo IV, Barcelona, Francisco Seix, Editor, 1952, pág. 703.

[24] Por ejemplo: Álvarez Puga y Sentías Ballester sostuvieron: "[...], podemos definir la concesión, en sentido estricto como el acto unilateral, discrecional, realizado por la Administración en concepto de poder, mediante el cual se transfiere a un particular, basándose en razones de utilidad o conveniencia pública, funciones propias de la Administración"; Eduardo Álvarez Puga y César Sentías Ballester, *Suma práctica de las concesiones administrativas*, Barcelona, Ánfora, 1964, pág. 13 y ss. En compendio de Gallego Anabitarte: "[...] es muy interesante observar cómo en Alemania [...], las que en España se llaman concesiones de servicios públicos, se basan no en contratos sino en actos administrativos —con toda una serie de cláusulas y potestades que se reserva la Administración— entre otras cosas porque, creo, que la mutabilidad de esa relación jurídica sometida a una de las partes, es poco digna de recibir el nombre de contrato [...]"; Alfredo Gallego Anabitarte, "La acción concertada: nuevas y viejas técnicas jurídicas de la administración (Contribución a la distinción entre resolución y el contrato administrativo", en AA.VV., *Libro homenaje al profesor Juan Galván Escutia*, Valencia, Facultad de Derecho, Universidad de Valencia,

TREVIJANO Y FOS, quien apuntara: "La concesión es un acto administrativo y, por tanto, unilateral que utiliza mecanismos contractuales para escoger al concesionario, pero esta forma de captación no desnaturaliza su verdadero carácter".

GARCÍA-TREVIJANO FOS concluiría sobre la concesión administrativa: "[...] Sigue siendo lo que siempre fue: el acto administrativo por antonomasia"[25].

Y en la visión panorámica a tenor de la recepción de la teoría del acto administrativo unilateral para explicar la naturaleza jurídica de la concesión administrativa, es necesario incluir, además, a un grupo de autores pertenecientes a diversas latitudes en el área latinoamericana. Sobre esta área geográfica es posible fraccionar la referencia, pues pueden encontrarse claros exponentes tanto en la zona sudamericana[26] como en la región centroame-

---

1980, págs. 242 y 243; EDUARDO BARRACHINA JUAN, *Compendio de derecho administrativo*, vol. II, Barcelona, PPU Promociones Publicaciones Universitarias, 1986, pág. 997. De BARRACHINA JUAN, véase, además, *Curso de derecho administrativo*, 2ª ed., Barcelona, PPU Promociones Publicaciones Universitarias, 1986, págs. 542 y ss. ROBERTO PAREJO GAMIR, "Transmisión y gravamen de concesiones administrativas", en *Revista de Administración Pública*, n.º 107, Madrid, Centro de Estudios Constitucionales, mayo-agosto 1985, págs. 11 y 12: "b) En cuanto a su naturaleza jurídica, conviene separar con cuidado la concesión del contrato administrativo. [...] Entendemos, [...], que si bien la concesión supone una relación jurídica bilateral, surge a la vida jurídica no a través del contrato, sino del acto administrativo unilateral [...]". Para GARCÍA LLOVET: "La concesión se presenta así como un acto unilateral de la Administración, que tendrá como ordenación de la concurrencia del particular a una actividad, configurando a partir de la reglamentación genérica del servicio y el específico clausulado concesional, creado y modificado por la propia Administración, un auténtico estatuto a partir del cual el concesionario tiene la posibilidad y la obligación de realizar una actividad"; en el párrafo anterior al que acabamos de transcribir, GARCÍA LLOVET había dicho: "Admitir la tesis de la concesión como técnica de ordenación supone excluir de esta cualquier dimensión contractual, traslativa y sustitutiva, al menos desde un criterio finalista y sustantivo, sin negar por ello que, desde el punto de vista formal, cuando menos el primer nivel de aproximación sea válido"; ENRIQUE GARCÍA LLOVET, *El régimen jurídico de la radiodifusión*, Madrid, Marcial Pons Ediciones Jurídicas, 1991, pág. 324.

[25] JOSÉ ANTONIO GARCÍA-TREVIJANO Y FOS, *Los actos administrativos*, 2ª ed., Madrid, Editorial Civitas, 1991, págs. 244 y 245; ver también, de GARCÍA-TREVIJANO Y FOS, "Principios sobre los contratos de la Administración con especial referencia a la esfera local", en *Revista de Estudios de la Vida Local*, año XV, n.º 87, Instituto de Estudios de Administración Local, Madrid, mayo-junio, 1956, pág. 329, donde planteaba que, a su juicio, la concesión de servicios públicos tiene más caracteres de acto unilateral que de contrato.

[26] En el marco de la América del Sur, los chilenos: JORGE REYES RIVERO, *Naturaleza jurídica del permiso y de la concesión de bienes nacionales de uso público*, Santiago de Chile, Editorial Jurídica de Chile, 1960, pág. 224 y ss., con la advertencia de que su centro es la concesión de dominio público, aunque incluye valoraciones sobre la concesión en general; ENRIQUE SILVA CIMMA, *Derecho administrativo chileno y comparado*, tomo II, 2ª ed., Santiago de Chile, Editorial Jurídica de Chile, 1969, pág. 325; ARIEL GONZÁLEZ VER-

ricana[27], con una particular mención para un segmento de autores del derecho mexicano[28]. Sin dejar de contar que en el perímetro insular del Caribe

---

GARA, *La concesión, acto creador de derechos*, Santiago de Chile, Editorial Jurídica de Chile, 1965, págs. 29, 76 y 107; creemos identificar esta posición también en ALEJANDRO VERGARA BLANCO, "Concesiones de dominio público y caracterización de las concesiones mineras", en *Revista Chilena de Derecho*, vol. 16, n.° 3, Santiago de Chile, Facultad de Derecho, Pontificia Universidad Católica de Chile, 1989, pág. 782 y ss. En el supuesto del derecho administativo peruano: GUSTAVO BACACORZO, *Tratado de derecho administrativo*, tomos I-II, *Derecho administrativo substantivo y adjetivo*, 5ª ed. actualizada, Lima, Gaceta Jurídica, 2002, pág. 292 y ss.; CARLOS E. POLANCO GUTIÉRREZ, "Los contratos sobre concesiones mineras en el derecho peruano", en *Derecho-Revista de la Facultad de Derecho*, n.° 4, Arequipa, Universidad Nacional Agustín de Arequipa, pág. 238. Creemos que, en definitiva, esta es la solución que seguía el argentino PEDRO GUILLERMO ALTAMIRA, *Curso de derecho administrativo*, edición póstuma con la colaboración de JULIO ISIDRO ALTAMIRA GIGENA, Buenos Aires, Ediciones Depalma, 1971, pág. 467 y 468, y 544 y ss., pues, si bien catalogaba a la concesión de servicio público como un *acuerdo*, luego enfatizaba que la concesión "[...] es un acto unilateral de derecho público, un acto de superioridad; es un acto administrativo fundado en la sumisión del interesado [...]"; de ahí que le pareciera más exacto calificar a la concesión de servicios públicos como un acto unilateral de consecuencias bilaterales.

27 En el caso del derecho administrativo costarricense, ORTIZ ORTIZ decía: "Se discute ampliamente en derecho administrativo si son contratos o verdaderos actos unilaterales el nombramiento y la concesión. La tesis correcta parece la de que se trata de actos administrativos unilaterales necesitados de coadyuvante, quiere decirse: de la voluntad del particular para ser dictados o ser eficaces. En el caso de la concesión, el particular solicitarla para que la misma sea válida y en el caso del nombramiento, el particular debe —a lo sumo— aceptarlo para que produzca efecto. En un caso, la voluntad privada es condición de validez y en otro de eficacia del acto, pero en ambos es este el que por sí determina los efectos [...]"; EDUARDO ORTIZ ORTIZ, *Tesis de derecho administrativo*, tomo II, San José de Costa Rica, Stradtmann Editorial, Biblioteca Jurídica Diké, 2002, pág. 425.

28 Ver el modo en que se expresaba a mediados del siglo XIX el mexicano TEODOSIO LARES, *Lecciones de derecho administrativo*, dadas en el Ateneo Mexicano, México, Imprenta de Ignacio Cumplido, 1852, pág. 79 y ss. y 183 y ss. Ver, también de México: MIGUEL ACOSTA ROMERO, *Teoría general del derecho administrativo. Primer curso*, 12ª ed. actualizada, México, Editorial Porrúa, 1995, pág. 857; MIGUEL GALINDO CAMACHO, *Derecho Administrativo*, tomo II, México D.F., Editorial Porrúa, 1996, págs. 57 y 58; MANUEL AÑORVE BAÑOS, *Servicios públicos municipales*, México D.F., Editorial Porrúa, 1998, pág. 106; RAFAEL I. MARTÍNEZ MORALES, *Derecho administrativo,* Primer curso, 4.ª reimpr. de la 5ª ed., México D.F., Oxford University Press México, 2007, págs. 278 y 279; LUIS HUMBERTO DELGADILLO GUTIÉRREZ y MANUEL LUCERO ESPINOLA, LUIS HUMBERTO DELGADILLO GUTIÉRREZ y MANUEL LUCERO ESPINOLA, *Compendio de derecho administrativo.* Primer curso, 7ª ed., México, DF., Editorial Porrúa, 2005, págs. 384 y 385; MANUEL ABASCAL SHERWELL, "La concesión en la Ley Federal de Telecomunicaciones", en *Jurídica. Anuario del Departamento de Derecho de la Universidad Iberoamericana*, n.° 30, México D.F., Departamento de Derecho, Universidad Iberoamericana, 2000, pág. 454; LUIS JOSÉ BÉJAR RIVERA, *Curso de derecho administrativo*, México D.F., Oxford University Press México, 2007, pág. 258 y ss.; LUIS JOSÉ BÉJAR RIVERA, "Parte 2. Algunas consideraciones sobre la regulación

hay también una traza indeleble de la presencia de tal concepción sobre la naturaleza jurídica del instituto concesional administrativo[29].

B) *Sobre los principales postulados que se han planteado para sostener la teoría de la concesión administrativa como acto administrativo*

Si seguimos la línea de pensamiento que proyectan los afiliados a esta teoría que analizamos, tendremos que, en resumidas cuentas, para ellos la concesión es un acto administrativo; en algunos casos se especifica como acto administrativo que requiere de la colaboración, sumisión, consenso, acuerdo o consentimiento del interesado (o del particular), acto administrativo que requiere de coadyuvante, acto administrativo bilateral o acto administrativo unilateral con consecuencias bilaterales.

Para que pueda juzgarse atinadamente esta posición teórica, será necesario recordar que, en el caso de Alemania, esta se plantea con mayor fuerza en un período de franco desarrollo del Estado alemán de corte bismarckiano. A propósito de esa observación, debe anotarse desde el principio —como dato relevante que aporta un elemento válido para la compresión de la tesis que nos ocupa—, que un momento importante en su extensión, en cuanto a sus seguidores y desarrollo científico, puede cifrarse en los finales del período decimonónico y en la primera mitad del pasado XX; precisamente la etapa en que se estaba produciendo, de manera visible, el tránsito del Estado liberal

---

de la concesión en México", en Jaime Orlando Santofimio Gamboa y Luis José Béjar Rivera, *Las concesiones públicas. Fundamentación teórica*, México D.F., Universidad Panamericana, Editorial Liber Iuris Novum, 2014, pág. 156 y ss.

[29] La normativa cubana, desde la década de 1990, cuando resurgió el fenómeno concesional en el ámbito jurídico del país, ha venido configurando, invariablemente hasta hoy, la concesión administrativa como derivada de un acto administrativo. Ver al respecto el análisis crítico que hicimos en nuestros primeros artículos: "El sistema concesional cubano", en *Revista Peruana de Derecho Público*, año 2, n.º 3, Lima, Editorial Grijley, julio-diciembre de 2001, pág. 168 y ss.; "Cuba y las concesiones administrativas hoy", en *Jurisprudencia Argentina*, Suplemento de Derecho Administrativo, JA 2002-II, suplemento del fascículo n.º 1, 4 de abril 2002, Buenos Aires, Lexis Nexis, pág. 34 y ss.; "Cuba y las concesiones administrativas hoy", en Luis Armando Carello (dir.), *Derecho constitucional y administrativo 3*, Rosario, Editorial Librería JURIS, noviembre de 2002, pág. 220 y ss.; "Observaciones sobre el régimen legal vigente de las concesiones administrativas en Cuba", en Eduardo Ferrer Mac-Gregor y Arturo Zaldívar Lelo de Larrea, (coords.), *La ciencia del derecho procesal constitucional. Estudios en homenaje a Héctor Fix-Zamudio en sus cincuenta años como investigador del derecho*, tomo XII, *Ministerio público, Contencioso administrativo y actualidad jurídica*, Universidad Nacional Autónoma de México, Instituto Mexicano de Derecho Procesal Constitucional, México D.F., 2008, pág. 329 y ss.; *Introducción...*, ob. cit., pág. 137 y ss.

al de inspiración intervencionista, y en la que ganaba terreno y se entronizaba una nueva orientación en la vida del Estado constitucional.

De tal suerte que, esta teoría sobre la naturaleza jurídica de la concesión administrativa puede interpretarse como un reflejo de la tendencia seguida por un sector doctrinal más decidido a abandonar posiciones (representadas en la tesis contractual privada) impregnadas del más tradicional, viejo y puro modelo liberal que ya daba señales de su desmontaje por aquel tiempo. Con este tipo de solución científica y práctica (la del acto administrativo) se trata de adoptar, por algunos doctrinantes del *ius publicum*, una visión más cercana a la dirección intervencionista del Estado, que ganaba terreno decididamente desde la alborada del siglo XX, reforzando desde el planteamiento teórico el papel más activo que, en la referida orientación intervencionista, se le pretende asignar a la entidad estatal dentro de la dinámica funcional y de las relaciones sociales que se producen en el seno de la colectividad, para garantizar y responder a las necesidades de esta última en cuanto grupo social.

Decía RECAREDO FERNÁNDEZ DE VELASCO: "Por motivos tanto doctrinales cuanto económicos, pero siempre históricos, y no de esencia, el Estado ha rehuido toda empresa que tuviera repercusiones industriales, económicas, ya en la ejecución de obras, ya en su explotación. De aquí el régimen de concesiones que combina la realización de servicios generales con el interés particular de una empresa, alcanzando en aquellos una mayor eficacia. Pero notemos dos cosas: 1° Que como dijimos al principio la forma es una consecuencia del fin, por lo que es en vista de este, no de aquella, como debemos calificar la concesión. 2° Que en la actualidad se manifiesta una tendencia industrializadora del Estado, lo cual significa un cambio de forma, aunque con permanencia del fin"[30].

En consecuencia, al tiempo de evaluar esta teoría del acto administrativo como justificativa de la naturaleza jurídica de la concesión administrativa, no debe olvidarse del todo, tampoco, la cierta composición de ideología, de interpretación de la realidad social y de los cometidos estatales, según los intereses políticos predominantes, que acompaña comúnmente a la articulación e implementación del proceder de la Administración pública y de sus nexos jurídicos con los administrados, para cumplir los fines que animan a esa entidad administrativa, y que tienen regulación y concreción a través de figuras jurídicas como la propia institución concesional administrativa[31].

[30] RECAREDO FERNÁNDEZ DE VELASCO, "Teoría jurídica...", ob. cit., pág. 89.

[31] Cabe aquí recordar la aguda percepción de ERNEST FORSTHOFF, ob. cit., pág. 374, cuando planteaba: "[...] La afirmación de OTTO MAYER de que el Estado siempre manda unilateralmente, no puede invocarse, ciertamente, como argumento decisivo contra el contrato de Derecho público como figura jurídica, pero hay tras ella un cálculo político que

Parte de los defensores de esta teoría se han basado, para sustentarla, en que depende solamente de la voluntad de la Administración pública el otorgar la concesión. El particular, en principio, carece de un derecho subjetivo para exigir u obtener del ente administrativo el otorgamiento de la concesión, el ente público lo que concede es el derecho al ejercicio de una actividad de carácter administrativo que se incardina en el espacio funcional o competencial público propio, sobre el que tiene una situación monopólica. Al ser lo concedido (la ejecución de determinada actividad) parte del contenido de la función propia de la Administración pública, no existe libertad en la elección de la otra parte de la relación concesional[32] ni puede existir acuerdo o pacto cuando se trata del ejercicio de potestades que corresponden con la actuación del poder público que se le atribuye a dicha entidad[33]. El interés del concesionario se subordina al estatal o público, y el Estado ocupa un nivel jurídicamente superior en la relación jurídica que se origina, al poseer poderes unilaterales como los relativos a la terminación o modificación del acto, entre otros. Por esa razón, el régimen concesional estaría sometido al derecho público y estaría regulado por las leyes, los reglamentos, los decretos y otras disposiciones emanadas de la Administración, y por el propio acto.

---

es preciso tomar muy en serio [...]". Para el español Delgado Piqueras: "Todo el empeño de Mayer por reconducir el fenómeno de la organización y de la acción administrativa a formas e instituciones jurídicas, pero autónomas de las privatísticas, presenta una clara influencia hegeliana. En los albores del Estado nacional alemán, Mayer coadyuva a teorizar un Estado fuerte, que trata con sus súbditos en el marco del derecho público solo con imperio. Así, y con el pretexto de garantizar la prevalencia de los intereses generales cuya tutela tiene a su cargo, la voluntad del Estado gozaría de una supremacía frente al individuo. Lo que a su vez exigiría la definición de las relaciones entre aquellos en clave autoritaria, mediante actos administrativos unilaterales, y vedaría el recurso por parte del Estado a módulos de base contractual, de origen iusprivatista"; Francisco Delgado Piqueras, *La terminación convencional del procedimiento administrativo*, Pamplona, Editorial Aranzadi, 1995, pág. 34.

[32] Véase lo que planteara, a tenor de la discusión sobre la existencia del contrato de derecho público, el italiano Federico Cammeo, *Corso di Diritto Amministrativo*, Ristampa con note de aggiornamento, Padova, Casa Editrice Dott. Antonio Milani, 1960, pág. 531.

[33] Aunque en este momento no se inclinaba finalmente por reconocer exclusivamente la naturaleza unilateral de la concesión administrativa, de la Cuétara reconocía que "[...], bajo una estricta concepción jurídica, dado que al otorgarlas la Administración actúa dentro de su esfera propia de poder, habría que entender que lo hace unilateralmente, por cuanto no puede pactar sobre sus potestades públicas y todo lo que realice dentro de esta esfera constituirá el sometimiento de los particulares a una decisión imperativa, nunca paccionada"; Juan Miguel de la Cuétara, "Las comunicaciones marítimas nacionales: calificación jurídico-administrativa de los 'servicios de soberanía'", en *Revista de Administración Pública*, n.° 80, Madrid, Instituto de Estudios Políticos, 1976, pág. 181.

De aquí se desprende otro elemento medular que ha concurrido a soportar la construcción jurídica que nos ocupa: que la actuación del particular se limita a someterse o no al contenido del acto como requisito o condición de eficacia, ya sea por haber solicitado previamente la concesión o por aceptarla cuando se le otorgue, y por derivar derechos y obligaciones para él, pero sin poder participar en la constitución de tal acto, el cual viene determinado en su totalidad solo por la Administración pública[34]. Lo que le impregna un carácter accesorio a la manifestación de voluntad del particular al no incidir en la sustancia de la concesión[35].

Ese punto ha sido uno de los pilares de esta solución en estudio. Se destaca el hecho de que ha sido una constante entre los que se han perfilado dentro de ella, entender que la aceptación del concesionario es un requisito necesario en el otorgamiento de la concesión y para la operatividad de sus efectos, pero no necesariamente para su perfección. De ahí que podamos comprobar que para una parte de quienes apoyan esta línea general de articulación de la naturaleza jurídica de la concesión administrativa, se tenga por perfeccionado, existente o constituido el acto concesional con independencia de la voluntad del interesado; algo que es correlato de delinearle como manifestación unilateral de la Administración pública[36].

[34] Un ejemplo de ello lo tenemos en las consideraciones de los españoles ÁLVAREZ PUGA y SENTÍAS BALLESTER cuando expusieron: "[...] Resulta obvio que el concesionario carece de la libertad suficiente para poder establecer, en condiciones de igualdad, las bases a las que han de someterse sus relaciones con la Administración, ya que están predeterminadas unilateralmente en los pertinentes preceptos reglamentarios. El acto del particular consiste fundamentalmente en aceptar o no las condiciones impuestas por la Administración: se trata de un acto de sumisión"; EDUARDO ÁLVAREZ PUGA y CÉSAR SENTÍAS BALLESTER, ob. cit., pág. 15. Ver también, entre otros, lo que expresaba: PEDRO GUILLERMO ALTAMIRA, ob. cit., pág. 468.

[35] RAFAEL ENTRENA CUESTA recogía la opinión del italiano Francesco MESSINEO —de su obra *Doctrina general del contrato*, Milán, 1952, pág. 33—, cuando este último afirmaba que cuando el contenido de una determinada conducta se encontraba preestablecido, no se estaba en el campo del contrato, sino en el campo del acto administrativo; RAFAEL ENTRENA CUESTA, "Consideraciones sobre la teoría de los contratos de la Administración", en *Revista de Administración Pública*, año VIII, n.º 24, Madrid, Instituto de Estudios Políticos, septiembre-diciembre, 1957, pág. 53.

[36] Según REYES RIVERO: "La verdad es que, en nuestro derecho, la voluntad del particular no constituye elemento esencial de la concesión. Tanto es así que, una vez dictado el decreto de concesión y antes de producirse la voluntad o aceptación del concesionario, han nacido válidamente y son plenamente eficaces y exigibles derechos y obligaciones que afectan al concesionario, tales como los de confeccionar planos, ejecutar obras, pagar anualidades, etc. [...]. El incumplimiento de estos derechos y obligaciones se penan con sanción que puede llegar hasta la caducidad de la concesión". JORGE REYES RIVERO, ob. cit., pág. 228. A propósito también de la naturaleza jurídica de la concesión de dominio público, MARTA

Los matices han aparecido en la explicación de la naturaleza o funcionalidad que se le asigna a ese consentimiento del concesionario dentro de la dinámica funcional del acto administrativo de concesión; tanto para los casos en los que se da la solicitud previa de este sujeto —la que actúa como impulso del procedimiento de otorgamiento, teniéndose como preaceptación de las condiciones en que se fijará la concesión— como para el supuesto en que esa manifestación de consentimiento resulta un acto ubicado entre las actuaciones finales del procedimiento otorgativo que concluirá con la emisión del acto de concesión[37].

A partir del debate sobre la naturaleza jurídica de la concesión de dominio público, especialmente, la profesora española MARTA GARCÍA PÉREZ ha dicho que "El valor de la solicitud no es otro que el de un *acto que inicia el procedimiento* para la obtención de la concesión demanial, procedimiento administrativo que culminará con una decisión unilateral de la Administración de marcado carácter discrecional. [...]".

Y seguidamente manifiesta: "La voluntad del particular solo constituye requisito esencial en el momento de la aceptación de las condiciones ofertadas por la Administración. La concesión nace y es válida con la sola actuación administrativa. La contestación de la Administración es el acto generador del derecho concesional, si aquella es positiva. Si se deniega la solicitud nunca habrá llegado a existir relación alguna. Esto no quiere decir que sea indiferente la solicitud del particular porque [...] estamos ante actos rogados, es decir, emitidos a instancia del particular"[38].

GARCÍA PÉREZ recogía: "Un importante sector doctrinal y alguna jurisprudencia del TS han coincidido en afirmar que la concesión es un acto perfecto desde la manifestación de voluntad administrativa, pero que está 'dormido' en su eficacia hasta el momento en que se produzca la aceptación por parte del concesionario de las condiciones ofertadas por la Administración Pública". Y continuaba: "Por eso se afirma que la concesión existe desde que la Administración la otorga y que el concesionario adquiere su cualidad estatutaria en ese momento, aunque no empiece a surtir efectos hasta su manifestación de voluntad en sentido positivo"; MARTA GARCÍA PÉREZ, *La utilización del dominio público marítimo-terrestre. Estudio especial de la concesión demanial*, Madrid, Marcial Pons Ediciones Jurídicas, 1995, pág. 158.

[37] Véanse los excelentes compendios de esas situaciones, sobre la base del caso específico de la concesión de dominio público, en MARÍA MERCEDES LAFUENTE BENACHES, *La concesión de dominio público (Estudio especial de la declaración de caducidad)*, Madrid, Editorial Montecorvo, 1988, pág. 62 y ss.; MARTA GARCÍA PÉREZ, *La utilización...*, ob. cit., pág. 154 y ss.

[38] MARTA GARCÍA PÉREZ, *La utilización...*, ob. cit., pág. 157. También: MARTA GARCÍA PÉREZ, "La naturaleza jurídica de la autorización y la concesión, a propósito de la utilización del dominio público", en *Anuario da Facultade de Direito da Universidad Da Coruña*, n.º 1, Separata, La Coruña, s.f., pág. 347. Ver, igualmente, lo que por su lado razonaba: JORGE REYES RIVERO, ob. cit., pág. 239 y 240.

Marta García Pérez agrega que "Tratándose de una manifestación de voluntad unilateral de la Administración, la concesión existe y es válida en el momento del otorgamiento de aquélla"[39]. Además, afirma que "La aceptación se produce inmediatamente antes de la resolución administrativa que pone fin al procedimiento y, por tanto, antes de nacer el vínculo concesional. De tal forma que la resolución sobre el otorgamiento de la concesión se producirá solo «en caso de ser aceptadas las condiciones en el pliego estipulado» (art. 146.12 RLC) [...]".

La aceptación, según García Pérez, "[...] por tanto, es un trámite más del procedimiento que, al igual que otros, se configura como esencial. Por eso se concibe la concesión como acto administrativo «necesitado de colaboración», entiéndase durante su tramitación. De esta forma se evita hacer uso de las ideas de acto-condición o acto-sumisión: la aceptación no es una condición suspensiva de la eficacia porque en el momento de emitirse todavía no ha nacido derecho concesional alguno; tampoco es una forma de «sumisión» del particular a las condiciones impuestas por la Administración por haber realizado mediante la solicitud una preaceptación de las mismas porque, como ya se ha dicho, no se puede atribuir tal carácter al simple modo de iniciar el procedimiento"[40].

Es necesario puntualizar, para entender en su adecuada dimensión el desarrollo originario de esta tesis del acto administrativo como justificativa de la naturaleza jurídica de la concesión administrativa, que ella no puede separarse del todo ni descontextualizarse del debate dogmático en torno a la aceptación o no de la categoría del *contrato administrativo* o *contrato de derecho público* para calificar determinadas relaciones jurídicas administrativas entre la Administración pública y los particulares[41]. Si bien el derecho administrativo francés —al que siguieron otros ordenamientos como algunos de Iberoamérica— discurrió en esta última cuestión por un camino

[39] Marta García Pérez, *La utilización...,* ob. cit., pág. 157. También: Marta García Pérez, "La naturaleza...", ob. cit., pág. 347. Ver, lo que argumentaba por su parte, y también alrededor de la concesión de dominio público: Jorge Reyes Rivero, ob. cit., págs. 236 y 237.

[40] Marta García Pérez, *La utilización...,* ob. cit., pág. 159. También: Marta García Pérez, "La naturaleza...", ob. cit., pág. 347 y 348.

[41] En el primer cuarto del siglo xx, Edmond Rieu, al mencionar en países como Alemania y Suiza la concesión de *travaux public* era tenida como un acto unilateral de poder público, escribió: "*Cette conception de la concession de travaux public s'explique facilement, si l'on n'oublie pas que dans les pays susvisés, l'État et les comunes ne sont pas considérés comme des personnes morales capables de contracter, mais bien comme 'des fonctions, des charges, exercées par certains hommes au profit de certains autres'.* [...]"; Edmond Rieu, *De la Nature Juridique des Concessions de Travaux Publics*, Thèse pour le doctorat, Paris, Marcel Giard, Librairie-Éditeur, 1923, pág. 11, nota 1.

que dio lugar a la configuración de la categoría del *contrat administratif* o *contrato administrativo*, los ordenamientos alemán e italiano fundamentalmente siguieron otra visión de la contratación en el espacio del *ius publicum* y, aunque no queda descartado en ellos la aceptación de un *contrato de derecho público*, este asume históricamente ribetes distintos a la concepción francesa, especialmente en lo que toca a los vínculos entre la Administración pública y los particulares[42].

No nos es posible ahora ocuparnos, en extenso, del tema de la contratación en el derecho público, pues, además de que de por sí es un tópico que toma cuerpo y es uno de los más complejos del derecho administrativo, un estudio dilatado de ese fenómeno jurídico en este marco no sería objetivo a los efectos de estas páginas; pero, una consideración sumaria de algunos puntos que involucran directamente la *concesión administrativa*, sí aportaría elementos sustantivos necesarios a nuestro análisis.

En este sentido, es bueno precisar que el instituto concesional se vio envuelto en el debate sobre el contrato en el derecho administrativo y en el derecho público en general, pues, por un lado, se le percibió como uno de los tipos especiales de esa contratación (el influjo originario francés lo tuvo en algún momento como el contrato administrativo más importante o arquetípico de esa categoría[43]) y, por otro lado, fue uno de los tipos a los que se aplicaron —y llegó a servir de basamento para ello— los argumentos que se aportaban para descartar la validez de la contratación del *ius publicum* entre la Administración pública y los individuos. De esto último fueron abanderados sectores importantes de autores en Alemania, Austria, Suiza e Italia, principalmente; varios de los cuales eran precisamente los que reivindicaban la naturaleza de acto administrativo para la concesión administrativa.

En consonancia con lo anterior, debe apuntarse que algunos de los afiliados a los postulados de la tesis que analizamos en este trabajo, sostenían

[42] Al respecto puede ser útil remitir a lo que expusimos en ANDRY MATILLA CORREA, "El contrato de derecho público en el derecho alemán: breves anotaciones", en *Revista Brasileira de Direito Administrativo e Regulatório*, n.º 6, São Paulo, MP Editora, 2012, págs. 55 a 84; publicado también en la revista *Estudios de Derecho Administrativo*, n.º 8, Montevideo, Uruguay, La Ley, 2013, págs. 767 a 795.

[43] Ver afirmaciones al respecto como las de: GASTÓN JÈZE, "Prefacio del autor a la edición argentina", en *Principios generales del derecho administrativo,* tomo I, trad. directa de la 3ª edición francesa por Julio N. San Millán Almagro, Buenos Aires, Editorial Depalma, 1948, pág. XLV; ANGE BLONDEAU, *La Concession de Service Public*, 2ème éd., Paris, Librairie Dalloz, 1933, pág. 83; GEORGES PÉQUIGNOT, *Théorie Générale du Contrat Administratif*, Paris, Éditions A. Pédone, 1945, pág. 51. Para el chileno PATRICIO AYLWIN AZÓCAR, la concesión era el más característico de los contratos administrativos; PATRICIO AYLWIN AZÓCAR, *Manual de derecho administrativo.* Parte general, Editorial Jurídica de Chile, Santiago de Chile, 1952, pág. 228.

como principio, además, la inexistencia de los *contratos administrativos* o *contratos de derecho público*, en el supuesto de vínculos jurídicos administrativos entre la Administración pública y los particulares[44], partiendo, como se podrá observar en los argumentos que seguidamente recogeremos, de una perspectiva un tanto ortodoxa y tradicionalista sobre la categoría del contrato, que arrastraba el lastre de los viejos esquemas de pensamiento sobre la contratación como fenómeno en general, que se había venido desarrollando históricamente desde el campo *ius privatum*.

Desde el período decimonónico, dentro del derecho público se desarrolló en la doctrina alemana[45] una línea argumental que negaba, en principio, la posibilidad de que la Administración pública —fuera de los vínculos entre entidades administrativas— utilizara la técnica contractual del *ius publicum* para vincularse normalmente con los particulares en ciertos nexos jurídicos administrativos[46] y, por extensión, rechazaba, en principio, el reconocimiento de que tanto el *acto administrativo* como el *contrato de derecho público* eran las formas básicas que servían a las relaciones específicas entre la Administración pública y los particulares en el campo jurídico administrativo. El nombre más representativo de esta posición, desde el siglo XIX, ha sido el de OTTO MAYER[47].

[44] Así, por solo mencionar algunos: OTTO MAYER, *Derecho administrativo alemán*, tomo I, Parte general, trad. directa del original francés por Horacio H. Heredia y Ernesto Krotoschin, Buenos Aires, Editorial Depalma, 1949, pág. 184, y ob. cit., tomo IV, pág. 159; FRITZ FLEINER, ob. cit., pág. 169; ADOLFO MERKL, ob. cit., pág. 251; FEDERICO CAMMEO, *Corso...*, ob. cit., pág. 528 y ss.; SANTI ROMANO, *Principii di diritto amministrativo*, Seconda edizione riveduta ed ampliata, Milano, Società Editrice Libraria, 1906, pág. 35 y ss.; RECAREDO FERNÁNDEZ DE VELASCO, "Teoría jurídica...", ob. cit., pág. 82.

[45] Partimos de esta referencia a la teoría alemana concretamente, porque los esfuerzos iniciales para hacer valer en el derecho público, desde planteamientos propios y singulares entre sí, un tipo contractual diferente al que históricamente ha operado en el derecho privado y, en consecuencia, que estuviera sometido a la esfera de regulación del derecho público, podemos ubicarlos en el siglo XIX, con dos polos de irradiación fundamentales: Francia y Alemania. Entre los principales precursores de esta figura contractual de derecho público dentro del mundo alemán deben contarse especialmente, entre otros, a: PAUL LABAND, ob. cit., pág. 530 y ss.; y GEORGE JELLINEK, ob. cit., pág. 230 y ss.

[46] Al respecto puede ser útil remitir a lo que expusimos en ANDRY MATILLA CORREA, "El contrato de derecho público en el derecho alemán...", ob. cit., págs. 55 a 84; publicado también en *Estudios de Derecho Administrativo*, ob. cit., págs. 767 a 795.

[47] Véase OTTO MAYER, ob. cit., tomo I, pág. 128 y ss. y 182 y ss.; aunque las consideraciones que aporta este alemán sobre el tema en cuestión en su obra fundamental son muy esporádicas y no se detiene en su desarrollo; pero donde sí amplía su pensamiento al respecto es en un trabajo previo titulado *Sobre la teoría del contrato jurídico público,* que data de 1888. Resulta interesante que uno de los nombres históricos principales de esa solución negadora, precisamente en el tópico de la contratación administrativa, fuera el del

Este planteamiento partía de considerar que existía una situación de desigualdad entre el Estado y los individuos en el ámbito del ejercicio del poder público —que el primero estaba en una posición de supremacía sobre los segundos— y, por ende, esa situación no era conciliable en una forma contractual de derecho público, porque un contrato presupone la vinculación entre sujetos cualitativamente iguales (y no desiguales)[48].

---

propio OTTO MAYER, pues dentro del administrativismo alemán de su época, fue él, quizás, el mejor conocedor de la ciencia del derecho administrativo francés de entonces —en la que ya tenían su especio ganado ciertos tipos contractuales administrativos—, fuente de la que abrevó para levantar su visión sistémica del rama administrativa y de la que recibió, sin duda, importantes influencias científicas (aunque queda bien claro que no en lo relativo al tema que nos ocupa). De acuerdo con las palabras de MAYER: "[...] reconozco que he pasado, para edificar mi sistema, por la escuela de los jurisconsultos franceses; aprendí mucho en el estudio de su doctrina del derecho administrativo. Empero, se me ha reprochado injustamente el querer introducir puntos de vista franceses y extraños al espíritu del derecho alemán. El lector francés no dejará de reconocer, así lo espero, todo lo alemán que es mi libro, por la manera de pensar y de expresar las ideas. Si he tenido la ambición de que se vea en él algo del carácter francés, ello se debe a la claridad del estilo y la nitidez de la expresión"; OTTO MAYER, "Prefacio a la edición francesa", en ob. cit., tomo I, págs. XXIV y XXV.

[48] El suizo FRITZ FLEINER recordaba a OTTO MAYER cuando este último decía "[...] que el contrato, en sentido propio, es inaplicable en el derecho administrativo; lo que se llama 'contratos' son, en realidad, actos administrativos, los cuales pueden resultar eficaces únicamente con el consentimiento del interesado; [...]". En esa propia senda, el mismo FLEINER reafirmaba: "[...] La opinión común ve en el contrato una forma del derecho privado; pretendese que el contrato constituye un 'título de derecho privado', y que es posible solamente entre iguales, y que una igualdad no existe jamás entre el soberano y el súbdito. Sin embargo, el problema no debe ser planteado tan superficialmente. [...] Puede hablarse solamente de contrato si la voluntad de cada una de las partes posee la misma fuerza jurídica para la formación de una relación jurídica, y, como hemos comprobado [...], esto no ocurre generalmente en las relaciones de derecho público, porque están regulados unilateralmente por la voluntad del Estado. La mayoría de los actos administrativos, llamados contratos de derecho público, son órdenes cuya legitimidad está limitada al consentimiento del interesado". FRITZ FLEINER, ob. cit., pág. 169. Desde el ordenamiento jurídico italiano, dijo ROMANO: "*Sembra invece che sia da porsi il seguentte concetto: un atto amministrativo dev'essere opera di un ente pubblico ed è inconseguente che i privati vi partecipino per i loro particolari interessi: la natura giuridica dei due subbietti, anche quando l'uno appare non soggetto all'altro in virtù del suo status libertatis, è troppo diversa perchè si possa concepire il loro armonico ed equivalente concorso nella formazione di un medesimo atto. Ne viene che l'atto amministrativo, il che è vero anche formalmente, è perfetto solo che l'autorità lo abbia emanato: la volontà individuale non ha che una parte negativa, nel senso che, col suo rifluto, può impedirne gli effetti: essa dunque deve considerarsi come una condizione o un presupposto dell'atto, che non pone in essere, ma che accetta o rinuncia. Tale accettazione o rinuncia costituisce un negozio giuridico a sè, che rispetto all'atto amministrativo rappresenta il verificarsi o il non verificarsi di una condizione* [...]". SANTI ROMANO, *Principii...*, ob. cit., págs. 54 y 55. Ver también,

De ese modo, esta idea dejaba los vínculos contractuales entre el Estado y los súbditos o ciudadanos (administrados), en principio, bajo la égida reguladora del derecho privado, y el *acto administrativo* —en su mecánica estructural y funcional— se erguía como la figura de base y esencial a la que se acudía para justificar jurídicamente las relaciones individuales entre la Administración pública y los administrados que derivaran del ejercicio de la función administrativa[49].

El italiano FEDERICO CAMMEO también razonaba sobre el contrato y el derecho público: "[...] *i contratti corrispondono tipicamente alla categoria economica dello scambio in regime, oltroché d'uguaglianza, di libertà e concorrenza. Invece nel rapporto in questione anche se per avventura scambio vi sia, esso avviene in regime radicalmente diverso, di monopolio; nel senso che le prestazioni dell'amministrazione sono un servizio di cui essa sola dispone*"[50].

Debe apuntarse como una razón que tributó al apuntalamiento de la tesis del acto administrativo para explicar la naturaleza jurídica de la concesión administrativa, la pretendida negación, por algunos escritores, de la posibilidad de encuadrar esa relación jurídica como contrato, a partir de la exigencia de que el objeto de los contratos debía estar dentro del comercio, según la normativa civil como base sobre la que se apoyaba esa valoración, y, en

---

entre otros, a: FEDERICO CAMMEO, *Corso...*, ob. cit., págs. 530 y 531; FRANCESCO MESSINEO, *Manual de derecho civil y comercial*, tomo IV, *De las obligaciones. Parte general*, traducción de la 8ª edición italiana por Santiago Sentís Melendo, Buenos Aires, Ediciones Jurídicas Europa-América, 1959, pág. 435; PIETRO VIRGA, voz "Contratto (dir. amm)", "a) Teoria Generale del Contratto di Diritto Pubblico", en *Enciclopedia del Diritto*, tomo IX, Milano, Dott. A. Giuffrè-Editore, 1961, pág. 979 y ss. A modo de compendio, ENTRENA CUESTA señalaba: "Acaso el argumento más empleado por los mantenedores de la tesis haya sido el de la diversa naturaleza de los sujetos. Así, SANTI ROMANO, aunque después no tendrá la misma idea, advertirá que la naturaleza jurídica de los sujetos, incluso cuando el uno no está sometido al otro en virtud de su *status libertatis*, es demasiado diversa para que pueda admitirse su armónico y equivalente concurso con la formación de un mismo acto. Con palabras semejantes se expresa BORSI que ni siquiera admite la existencia de contratos entre entes públicos. Estos argumentos serán perfeccionados por RANELLETTI y ALESSI [...]", RAFAEL ENTRENA CUESTA, ob. cit., pág. 44.

[49] ERNEST FORSTHOFF recogió en su momento que "[...] el derecho alemán está muy lejos de poseer la contrafigura correspondiente a los *contrats administratifs* franceses, bajo los que el derecho administrativo francés comprende todos aquellos contratos mediante los cuales los particulares se obligan, respecto de la Administración, a cooperar en el cumplimiento de los fines de esta mediante prestaciones de servicios o entrega de cosas. También es ajena al contrato de derecho público la adscripción material a un determinado dominio, pues se distribuye entre muchas ramas del derecho administrativo, y por eso su índole no se presta a expresarse en formas y conceptos rígidos"; ERNEST FORSTHOFF, ob. cit., pág. 377.

[50] FEDERICO CAMMEO, *Corso...*, ob. cit., pág. 531.

ese sentido, el objeto sobre el que podía recaer la concesión administrativa estaba fuera del comercio[51]. Este argumento ha sido sencillamente minado u objetado desde el razonamiento de que ese objeto está fuera del comercio civil o *ius privatum*, pero es perfectamente considerable —y de hecho lo es— como objeto del comercio jurídico administrativo o *ius publicum*[52].

Otro argumento que aducen ciertos impulsores de la tesis unilateralista que nos ocupa sobre la naturaleza jurídica de la concesión administrativa, y que los llevó a acogerla, se relaciona con la bilateralidad que encierra el *contrato*; en que como el contrato obliga a las partes a observar su contenido[53], el Estado debía cumplirlo, aun cuando ello representara una amenaza para sus intereses, al modificarse las condiciones iniciales en que se concluyó. Ante esa posibilidad, y como el Estado no debe afectarse en sus intereses, el mecanismo idóneo era el del acto unilateral, por soportarse exclusivamente en la voluntad del ente emisor, el cual podía revocarlo o modificarlo en todo momento[54].

[51] Así, por ejemplo: FEDERICO CAMMEO, *Corso...*, ob. cit., pág. 531, y "Demanio", ob. cit., págs. 909 y 910. Este argumento ha sido sencillamente minado a partir del razonamiento de que ese objeto está fuera del comercio civil o *ius privatum*, pero es perfectamente considerable, y de hecho lo es, como objeto del comercio jurídico administrativo o *ius publicum*.

[52] En lo atinente a esta objeción puede verse, por ejemplo: MARIO GALLO, voz "Contratto di Diritto Pubblico", en *Novissimo Digesto Italiano*, vol. IV, Torino, Diretto da ANTONIO AZARA y Ernesto EULA, Unione Tipografico-Editrice Torinese, 1959, pág. 644.

[53] FRITZ FLEINER, ob. cit., pág. 171. Según CAMMEO: "*La ripugnanza ad ammettere in diritto italiano, il principio, che le concessioni sono atti amministrativi, deriva dal fatto, che, secondo la teoria più diffusa tra noi, dagli atti amministrativi non sorgono diritti subbiettivi dei privati, essendo, dicesi, tali atti sempre e per ogni causa revocabili ad arbitrio. Onde, piuttosto che negare ogni diritto ai concessionari, si è sempre preferito, a costo anche di illogiche transazioni, dichiarare contrattuali quelle concessioni di cui sovra, senza freno alcuno e senza sanzione, che nullità apparisse e realmente fosse, inigna*"; FEDERICO CAMMEO, "Demanio", ob. cit., pág. 911. RECAREDO FERNÁNDEZ DE VELASCO, "Teoría jurídica...", ob. cit., pág. 90. Contemporáneamente, sobre la contratación pública, SCHMIDT-ASSMAN aclaraba: "Las posibilidades y los peligros del instrumento contractual se derivan de la dinámica inherente al propio contrato en cuanto búsqueda en común de un equilibrio entre distintos intereses. [...]. La otra cara es que la concentración en ese objetivo lleva a eludir los límites impuestos desde fuera y a no tener en cuenta los intereses de terceros. De aquí se deriva el peligro de que la Administración se ate las manos de forma excesiva y se encuentre después con graves dificultades para poder reaccionar a circunstancias sobrevenidas (*pacta sunt servanda*)"; EBERHARD SCHMIDT-ASSMAN, *La teoría general del derecho administrativo como sistema. Objeto y fundamentos de la construcción sistémica*, Madrid, Instituto de Administración Pública, Marcial Pons, Ediciones Jurídicas y Sociales, 2003, pág. 329.

[54] En ese orden se ideas, advertía ERNEST FORSTHOFF: "[...] Por de pronto, la doble vinculación puede representar una pesada cadena para la Administración, mientras que la norma jurídica y el acto administrativo pueden ser anulados unilateralmente. Esta cadena se

Igualmente, deben contarse opiniones como la que expresa, para el caso de la concesión de servicio público, que la misma idea del servicio público justifica la unilateralidad de la concesión, pues no puede entrar en el marco del interés general la idea de contrato "que es esencialmente idea de transacción y de límites"[55].

Dentro del concierto de elementos que se han aportado para sostener la naturaleza de acto administrativo de la concesión administrativa puede incorporarse el razonamiento del italiano CINO VITTA, quien señaló que un encuadre contractualista de esta no es el más adecuado para comprender el desenvolvimiento de la relación concesional entre la administración pública y el concesionario, pues el interés público domina en esta relación —que tiene (el acto administrativo) por causa la utilidad pública—, tanto en su nacimiento como en su vida. Para este antiguo profesor, ese aspecto determina que el vínculo en cuestión deba mantenerse o deba ser revocado (acción unilateral de la Administración pública) cuando dicho interés lo aconseje; así como también que ese interés público implica la mayor libertad para atender al servicio colectivo y que el particular venga obligado a

---

convierte en peligro cuando los vínculos contractuales pasan de excepción a regla y la soberanía estatal se encuentra prendida en sus redes. La historia del antiguo Imperio alemán ofrece un ejemplo bien palpable de ello. También otros Estados modernos, que en sí mismos son relativamente débiles, pero que se enfrentan con poderosas fuerzas sociales (trusts, asociaciones de intereses de toda índole), pueden resultar víctimas de este peligro, por la fuerza vinculante de los contratos"; ERNEST FORSTHOFF, ob. cit., pág. 374. Para FERNÁNDEZ DE VELASCO: "[...] el servicio público tiene que ser institucional, no contractual. Y la ventaja de la forma empleada es que compagina lo permanente y lo mudable, el servicio representado en el pliego de condiciones, en la *lex*, con lo efímero, transitorio y *contractual*, el concesionario. La norma del servicio es fija, pero el concesionario está en libertad de aceptarla o no; si acepta, se crea el enlace y surge la obligación, para el postor, no para la Administración"; RECAREDO FERNÁNDEZ DE VELASCO, "Teoría jurídica...", ob. cit., pág. 90.

[55] ENRIQUE GARCÍA LLOVET, ob. cit., pág. 315. Según explicaba GARCÍA LLOVET —pág. 315—, la bilateralidad de la relación contractual en el ámbito privado deviene en una declaración de voluntad de la Administración titular del servicio a la cual manifiesta su adhesión el particular; incluso esta adhesión es insuficiente para perfeccionar la relación y el estatus que esta comporta, es necesario un acto de otorgamiento para que la relación concesional se establezca. A renglón seguido, y citando a ZANOBINI, el español afirmaba: "Así, 'el consentimiento del particular es un elemento externo al propio acto administrativo'". Y más adelante —págs. 315 y 316— GARCÍA LLOVET agregaba: "Pero no está en juego solo la forma contractual, sino también la razón misma de ser de esa forma en la gestión concesional de servicios públicos. El particular (concesionario) opera no como un delegado de la Administración Pública, sino como titular de un ámbito propio de acción, de actividad con un estatuto propio que surge, eso sí, desde una declaración unilateral de la Administración, pudiendo esta modificar los contenidos de este estatuto".

prestar el servicio incluso en caso de incumplimiento de la obligación de la Administración pública[56].

C) *Sobre las principales objeciones a la teoría de la concesión administrativa como acto administrativo*

Lo reunido en el acápite anterior no son más que los principales argumentos de fondo que han operado para levantar y sostener la construcción jurídica de la concesión administrativa como un acto administrativo, y son también puntos neurálgicos que ha involucrado el debate en torno a la naturaleza jurídica de esa figura jurídica, los cuales se han visto envueltos en el "fuego cruzado" que ha resultado entre sus sostenedores y detractores.

Esos elementos de argumentación han sido atacados por los antagonistas de esta tesis, los cuales asumen una posición, en su núcleo esencial, especialmente parapetados en la solución contractual administrativista o de *ius publicum* (ya con componentes mixtos, ya con una elaboración unitaria) para la naturaleza jurídica de la concesión administrativa. Dato este último que debe tenerse a la mano a la hora de entender las objeciones a la teoría de la concesión administrativa como un acto administrativo.

Se le ha objetado a la teoría en análisis que no le otorga correctamente a la voluntad o consentimiento del concesionario el rol que desempeña[57],

[56] Cino Vitta, ob. cit., vol. I, págs. 390 y 391. Según sus palabras: "[...] *La teoria contrattualista, se pure può giungere in qualche modo a spiegare la nascita del rapporto fra l'a. p. ed il singolo, ad ogni modo male si adatta a ben comprenderne la vita successiva. Essa infatti e tratta a considerare che la prestazione dell'a. p. abbia per causa, come nei contratti bilaterali, la controprestazione del singolo, e viceversa: ora questa concezione attinente alla causa del negozio può falsare la vera natura giuridica di esso. Non è qui da anticipare ciò che dirò in breve circa la causa negli atti amministrativi: accennero solo che per ius receptum la causa dell'atto amministrativo è l'utilità pubblica, onde esso deve venir meno ed esser revocato quando tale causa venga a mancare; il pubblico interesse domina in questa materia così nella nascita, come nella vita del rapporto. La teoria contrattualista invece porta ad obliterare il vero concetto di causa nel pubblico negozio, a dare al suo contenuto fissità fin quando la controprestazione del privato sia e possa essera adempiuta, mentre l'interesse pubblico richiede proprio la massima libertà nell'assetto del servizio collettivo. Per converso, purchè l'interesse pubblico lo richieda, il privato dev'essere obligato a prestare il servizio, senza punto poteri trincerare dietro un preteso inadempimento degli obblighi da parte dell'a. p., onde mai si applica la massima contrattuale inadimplenti non est adimplendum*". Ver, también de Vitta, voz "Concessioni (Diritto amministrativo)", en *Novissimo Digesto Italiano*, Directo da Antonio Azara e Ernesto Eula, vol. III, Torino, Unione Tipografico-Editrice Torinese, 1959, pág. 926.

[57] Así lo han dicho, por ejemplo: Mário Masagão, *Natureza Jurídica da Concessão de Serviço Público*, São Paulo, Livraria Académica, Saraiva & Cia., editores, 1933, pág. 67 y ss.; Gullo, *Provvedimento e Contratto Nelle Concessioni Amministrative*, Padova, CEDAM,

planteándose que no es algo accesorio o secundario en el acto de concesión, no es mera condición de eficacia, y no carece de importancia al tiempo de conformar su contenido, sino que, por el contrario, ese consentimiento es esencial para la sustancia de la concesión, es un elemento constitutivo[58].

Según expresó el italiano SILVESTRI a propósito de su análisis sobre la naturaleza jurídica de la concesión administrativa: "[...] Ni la voluntad del privado puede reducirse a una simple condición legal o a un mero presupuesto. La voluntad de las dos partes se implican mutuamente y son complementarias"[59].

1965, pág. 239 y ss., y 268; HÉCTOR JORGE ESCOLA, *Compendio de derecho administrativo*, vol. II, Buenos Aires, Ediciones Depalma, 1984, pág. 724; y JULIO RODOLFO COMADIRA, y HÉCTOR JORGE ESCOLA, *Curso de derecho administrativo*, 2 tomos, JULIO PABLO COMADIRA (coordinador, colaborador y actualizador), Buenos Aires, Abeledo-Perrot, 2012, pág. 931. Para el uruguayo MARIANO BRITO, esta teoría que comentamos "[...] ignora así la presencia en el acto de concesión del acuerdo de voluntades, que es innegable"; MARIANO R. BRITO, "Concesión de servicio público", en *Estudios de Derecho Administrativo*, Cuadernos, n.° 22, Montevideo, Facultad de Derecho y Ciencias Sociales, 1968, pág. 724.

[58] Para UGO FORTI: "[...] *Non è insomma concepibile un atto dell'Amministrazione che imponga al singolo di essecitare una linea ferroviaria o di costruire un onte a pedaggio, se non è intervenuto da parte di questo un atto con cui volontariamente tale obbligazione veniva assunta; che se un tale atto amministrativo venisse emanato senza il concorso di siffatta condizione esso avrebbe a ritenersi nullo, perchè verrebbe a mancare nell'Amministrazione il potere di emanarlo*; [...]"; y más adelante decía: "*E non è difficile vedere come il concetto di un atto d'imperio puro e simplice, che abbiamo accetatto per le concesioni di beni, mal si possa convenire a ques'altra maniera di concessioni. La differenza che corre tra le une e le altre non è di semplice intensità maggiore o minore, come a prima vista potrebbe parare; perchè non si tratta di istituire con gli stessi elementi un rapporto più o meno complesso secondo i casi; ma nelle concessioni di pubblico servizio è proprio un elemento nuovo che entra in iscena, cioè quello della volontà del privato, che asume a dirittura un carattere di elemento costitutivo*"; UGO FORTI, "Natura giuridica delle concessioni amministrative", que data de 1900 y que fue publicado originalmente en *Giurisprudenza Italiana* (consultado por nosotros en UGO FORTI, *Studi di Diritto Pubblico*, vol. I, Società Editrice del 'Foro Italiano', Roma, 1937, págs. 395 y 396. En la valoración de MIGUEL ÁNGEL BERÇAITZ: "Cuando sin el concurso del particular, el acto carece de eficacia jurídica; cuando, en consecuencia, para producir sus efectos propios, es necesario que concurra, no solo el elemento *a* (acto del Estado), sino también el elemento *b* (aceptación del particular), no hay duda de ninguna clase que el elemento *b* es constitutivo del acto. Este, pues, se integra por la voluntad de Estado (elemento *a*) más la voluntad del particular (elemento *b*), e integrándose por estas dos voluntades, que son antitéticas en cuanto a sus fines e intereses, para producir un efecto jurídico, el acto así formado es típicamente contractual"; MIGUEL ÁNGEL BERÇAITZ, *Teoría general de los contratos administrativos*, Buenos Aires, Editorial Depalma, 1952, pág. 131.

[59] ENZO SILVESTRI, *Il riscatto delle concessioni amministrative*, Milano, Dott. A. Giuffrè Editore, 1956, págs. 26 y 27.

De ese modo, se pondera la bilateralidad de la institución sobre la unilateralidad con que se quiere revestir[60]; incluso esa ponderación se ha manifestado desde una línea de pensamiento conceptual en que no se cataloga exactamente a la concesión como contrato administrativo y se rechaza directamente su carácter unilateral[61].

En este sentido, expresaba la profesora española MARÍA MERCEDES LAFUENTE BENACHES, a tenor del supuesto particular de las concesiones de dominio público: "El fondo de la cuestión radica en determinar si la calificación de 'acto administrativo' para la concesión de dominio público y de 'condición de eficacia' para la aceptación del administrado, se corresponden con la verdadera naturaleza jurídica de la concesión de dominio público y de la aceptación del particular o si se emplean por quienes defienden esta concepción de la concesión de dominio público calificaciones inadecuadas que les inducen a sostener posturas científicas poco correctas"[62].

[60] Véanse al respecto, por ejemplo, los análisis que realizaran: GEORGES PÉQUIGNOT, ob. cit., pág. 259 y ss.; MÁRIO MASAGÃO, ob. cit., pág. 70 y ss.; GUILLERMO ALBERTO SARAVIA, "Naturaleza jurídica de las concesiones de servicio público", en *Boletín de la Facultad de Derecho y Ciencias Sociales*, ns. 4-5, año IX, 2ª parte, septiembre-diciembre de 1945, Córdoba, Universidad Nacional de Córdoba, Imprenta de la Universidad, 1946, pág. 81; MIGUEL ÁNGEL BERÇAITZ, ob. cit., pág. 129 y ss.; MARÍA MERCEDES LAFUENTE BENACHES, ob. cit., pág. 64 y ss.; RAFAEL BADELL MADRID, "La concesión administrativa", en *Boletín de la Academia de Ciencias Políticas y Sociales*, vol. 67, n.° 137, Caracas, Academia de Ciencias Políticas y Sociales, 2000, págs. 228 y 229. En Cuba, ver lo que recogiera MARÍA TERESA LANZA LÓPEZ, "La concesión administrativa de servicio público", en AA.VV., *Estudios de derecho administrativo cubano*, La Habana, Editorial Félix Varela, 2002, pág. 159, y el mismo trabajo, esta vez en AA.VV., *Temas de derecho administrativo cubano*, tomo II, La Habana, Editorial Félix Varela, 2004, pág. 411. En cuanto al fenómeno de la contratación administrativa en general, puede verse, entre otros: SEBASTIÁN MARTÍN-RETORTILLO BAQUER, "El derecho civil en la génesis del derecho administrativo y de sus instituciones", publicado originalmente en 1960. Nosotros hemos utilizado la siguiente edición: "El derecho civil en la génesis del derecho administrativo y de sus instituciones", en SEBASTIÁN MARTÍN-RETORTILLO BAQUER, *El derecho civil en la génesis del derecho administrativo y de sus instituciones*, 2ª edición ampliada (1ª en Civitas), Madrid, Editorial Civitas, 1996, pág. 113 y ss.

[61] Al repasar los planteamiento de GABRIEL MAÑUECO vemos que se inclina por entender que "[...] a nuestro juicio, no es exacto que las concesiones sean unilateralmente reguladas por la ley: la ley establece un molde, por decirlo así, pero es preciso acomodar ese molde a la realidad, y en tanto que no se fijan concretamente las condiciones de la concesión por la Administración y las acepta el particular, no hay concesión en realidad"; aclarando inmediatamente: "Precisamente ese acuerdo de voluntades, que indiscutiblemente existe en las concesiones, es lo que las hace semejantes a los contratos administrativos, sin que se confundan, sin embargo, con ellos por las diferencias apuntadas". GABRIEL MAÑUECO, "Las concesiones públicas y el registro de la propiedad", en *Revista Crítica de Derecho Inmobiliario*, año VII, n.° 79, Madrid, julio de 1931, pág. 511 y ss.

[62] MARÍA MERCEDES LAFUENTE BENACHES, ob. cit., págs. 64 y 65. Esta autora acotaba inmediatamente: "Esto último es lo que nos parece ha sucedido, pues es frecuente obser-

Para LAFUENTE BENACHES, al consentimiento del concesionario no se le puede calificar de condición de eficacia[63], pues esa aceptación del administrado (sea por medio de la solicitud previa o manifestada luego del otorgamiento) no es un hecho futuro ni es incierto ni es arbitrario —especialmente para el caso de la concesión rogada[64]— ni en sentido general, reúne los requerimientos para considerarse como tal condición[65]. De tal suerte que,

---

var cómo los que mantienen esta tesis explican el papel que desempeña la aceptación del administrado con términos y argumentos que ponen duda la naturaleza de la concesión de dominio público por ellos defendida. Se dice, por ejemplo, que la aceptación es indispensable para «dar eficacia» al acto de concesión, porque la Administración no puede imponer coactivamente los efectos por ella creados, o que la aceptación es necesaria para que la concesión de dominio público 'se perfeccione'".

[63] Dentro del debate sobre la naturaleza jurídica de la concesión de dominio público, contextualizado en el ordenamiento jurídico-administrativo español, ISABEL CARO-PATÓN CARMONA advertía: "[...] No debe confundirse la *conditio iuris*, en cuanto presupuesto de un negocio jurídico, con las condiciones en sentido estricto, que es lo que le sucede a M. LAFUENTE BENACHES, *La concesión de dominio público,* cit., págs. 70-75, al rebatir la tesis del acto necesitado de aceptación". En el cuerpo del trabajo, CARO-PATÓN CARMONA había escrito: "En las concesiones demaniales hay una relación bilateral que requiere la voluntad o el consentimiento del particular. Pero como ha destacado entre nosotros GARCÍA-TREVIJANO, esto no es suficiente, pues concurren dos voluntades también en los casos en que se trata de actos administrativos necesitados de aceptación o de colaboración, en los que la voluntad del administrado actúa como *conditio iuris*, siendo indiferente que se manifiesta antes o después del acto". Ver ISABEL CARO-PATÓN CARMONA, *El derecho a regar. Entre la planificación hidrológica y el mercado del agua*, Madrid, Marcial Pons, Ediciones Jurídicas y Sociales, 1997, pág. 196, nota 11 y pág. 196, respectivamente.

[64] LAFUENTE BENACHE fundamentaba que "[...] quienes defienden esta postura utilizan, consciente o inconscientemente, de manera incorrecta los términos jurídicos que califican los fenómenos que se producen en la concesión de dominio público con el propósito de explicar que la naturaleza de la concesión de dominio público es la de acto administrativo. Si la solicitud implica realmente una preaceptación, la posterior petición de aceptación del administrado es innecesaria y redundante. Si, pese a la solicitud, los partidarios de esta postura temen que el administrado puede negarse a ser concesionario, cuando el contenido de la concesión, fijado por la Administración, no sea de su agrado, la posterior aceptación del particular no desempeña el papel de una condición de eficacia sino el de una voluntad que necesita concurrir, junto a la de la Administración, para dar vida a la concesión de dominio público"; MARÍA MERCEDES LAFUENTE BENACHES, *La concesión de dominio público...*, ob. cit., págs. 72 y 73.

[65] Ver sus argumentaciones en MARÍA MERCEDES LAFUENTE BENACHES, ob. cit., pág. 70 y ss. Sobre el carácter de *condición de eficacia* de la aceptación del concesionario en la concesión de dominio público, se manifestaba así BUSTILLO BOLADO: "[...] es discutible que si se entiende que la concesión demanial se instrumenta a través de un acto administrativo unilateral, entonces la aceptación del particular solo pueda ser una '*condición de eficacia*' en el sentido de los arts. 1113 y ss. del Código Civil, porque también puede ser una *conditio iuris*. En efecto, como explica M. ALBALADEJO 'la falta de incertidumbre o de arbitrariedad impide que sean condiciones una serie de figuras, que, sin embargo, se califican de condi-

esta autora, siempre en los predios de la concesión de dominio público, rebatía: "[...] la aceptación del administrado no es un mero acontecimiento, suceso o evento, sino que tiene una relevancia jurídica mucho mayor de la puramente fenoménico. Es una declaración de voluntad que persigue la producción de un resultado y determinadas consecuencias jurídicas: dar vida a la concesión de dominio público, y a los derechos y obligaciones que de ella derivan. La aceptación del administrado es, por esta razón, necesaria para que exista la concesión de dominio público, ya que la Administración no puede imponer al administrado el status de concesionario sin su consentimiento. [...]"[66].

Uno de los puntos que ha merecido una apreciable atención dentro del debate en relación con aceptar o negar la naturaleza de acto administrativo o de acto unilateral de la concesión —y que remonta su trascendencia más allá de ese marco estrecho, para proyectarse hacia el debate más general sobre la configuración o no de un tipo contractual en el derecho administrativo o en el derecho público— ha sido el de la desigualdad cualitativa de las partes de la relación concesional (Estado-individuo, Administración pública-individuo), así como la posición de privilegio o de superioridad

---

ciones impropias'; entre esas condiciones impropias que no reúnen algunos de los requisitos de las verdaderas condiciones se encuentran las denominadas *condiciones iuris*, es decir, las impuestas legalmente. Y precisamente, al dar el salto del Derecho Privado al Derecho Administrativo, 'es propio de la *conditio iuris* el afectar a la eficacia del acto perfecto. Esto es, estamos ante un requisito de eficacia, no de validez del acto administrativo'. Si la aceptación del particular está impuesta legal o reglamentariamente nos encontramos, pues, ante una *conditio iuris*. Y si la aceptación del particular se exigiera en el acto administrativo sin predeterminación legal o reglamentaria (lo que parece suceder en 'menos numerosos' supuestos) entonces estaríamos ante una verdadera condición, puesto que se dan los requisitos exigidos: se trataría de un acontecimiento futuro, incierto y determinado 'arbitrariamente', aunque aquí la 'arbitrariedad' a la que aludía M. ALBALADEJO desde el ámbito del Derecho Privado habría que transformarla y entenderla correctamente como discrecionalidad debidamente motivada, puesto que estamos hablando no de una libre manifestación de voluntad de un particular, sino de una decisión de la Administración Pública sujeta al art. 103.1 CE"; ROBERTO O. BUSTILLO BOLADO, *Convenios y contratos administrativos: transacción, arbitraje y terminación convencional del procedimiento*, 2ª ed., Cizur Menor, Thomson-Aranzadi, Editorial Aranzadi, 2004, pág. 199.

[66] MARÍA MERCEDES LAFUENTE BENACHES, ob. cit., págs. 73 y 74. Es necesario ver también los elementos que aportaba LAFUENTE BENACHES, en ob. cit., págs. 74 y 75. Según concluyó ALCALÁ-ZAMORA a inicios del siglo XX: "La concesión es un contrato porque no puede existir sin acuerdo de voluntades, ya que ni se impone como prestación personal o carga obligatoria la de ser concesionario, ni de otra parte se puede exigir como un derecho frente al Estado, el otorgamiento, siempre en él libre, de concesiones. [...]"; NICETO ALCALÁ-ZAMORA, *La concesión como contrato y como derecho real*, Madrid, Imprenta y Enc. de Julián Espinosa, 1918, pág. 7. Asimismo, puede verse: MÁRIO MASAGÃO, ob. cit., pág. 67 y ss.

que guarda en ella la Administración pública concedente[67] en relación con el particular concesionario[68].

Frente a los que se han apoyado en esa razón en favor de justificar la unilateralidad en la naturaleza jurídica de la *concesión administrativa* —negando entonces su condición contractual—, se ha generado, también desde finales del siglo XIX, una corriente que ha considerado inconsistente ese argumento[69]. Se ha rebatido ese planteamiento de la desigualdad de las partes desde una percepción que se fundamenta en considerar que dicha desigualdad no es obstáculo para una vinculación contractual bajo el amparo del régimen de derecho administrativo o del derecho público, pues, además de que esa desigualdad es posible encontrarla también en los contratos del derecho civil o de derecho privado —el ejemplo clásico es el *contrato de adhesión*, donde existe una desigualdad económica de los contratantes, lo que determina el predominio de uno sobre el otro al tiempo de la constitución del acto en cuestión, a tal punto que el contenido de este es producto de la voluntad exclusiva de la parte que ostenta el predominio—, y no por eso han sido desconocidos como tipos contractuales[70]. Si acaso, esa exigencia de

[67] Para el mexicano OLIVERA TORO: "En esta tesis, la sumisión del concesionario a que el Estado le transfiera una porción de las funciones que le corresponden, lleva implícita la idea de una situación de privilegio para modificar o revocar el régimen a que está sujeta la concesión, cuando así lo exija el interés público"; y luego expresa en términos extremos: "Esta situación arbitraria sobre el concesionario no es aplicable en un régimen de Estado de Derecho. Constituye el sacrificio completo del interés del particular concesionario, surgiendo un Estado todopoderoso que desdeña toda garantía jurídica, para satisfacer el interés del servicio"; JORGE OLIVERA TORO, *Manual de derecho administrativo*, 3ª ed., México, D. F., Editorial Porrúa, 1972, pág. 243.

[68] Véase cómo se expresaba sobre este punto de la ostentación de privilegios por una de las partes: ALFREDO GALLEGO ANABITARTE, ob. cit., pág. 242.

[69] Así, entre otros, y tanto para el marco general del contrato administrativo o de derecho público como para el perímetro particular de la concesión administrativa, véanse: MAURICE HAURIOU, "La gestión administrativa", en *Obra escogida*, trad. de Juan A. Santamaría Pastor y Santiago Muñoz Machado, Madrid, Instituto de Estudios Administrativos, 1976, págs. 192 y 193; UGO FORTI, ob. cit., pág. 413; GEORGES PÉQUIGNOT, ob. cit., pág. 259 y ss.; MARIO GALLO, ob. cit., pág. 645; RAFAEL ENTRENA CUESTA, ob. cit., pág. 48 y ss.; y SEBASTIÁN MARTÍN-RETORTILLO BAQUER, "La institución contractual en el derecho administrativo: en torno al problema de la igualdad de las partes", consultado por nosotros a los efectos de este trabajo en SEBASTIÁN MARTÍN-RETORTILLO BAQUER, *El derecho civil en la génesis del derecho administrativo y de sus instituciones*, 2ª ed. ampliada, Madrid, Editorial Civitas, 1996, pág. 110 y ss.

[70] Ver lo que al respecto manifestaron, entre otros: GEORGES PÉQUIGNOT, ob. cit., pág. 259 y ss.; MÁRIO MASAGÃO, ob. cit., pág. 79 y ss.; MARCELLO CAETANO, *Tratado elemental de derecho administrativo. Teoría general*, traducción y notas de Laureano López Rodó, Santiago de Compostela, Librería y Editorial Sucesores de Galí, 1946, pág. 350; GUILLERMO

igualdad solo sería propia de la contratación privatista, pero no tiene por qué extenderse, en sentido absoluto, a todo tipo contractual, habida cuenta de que lo que realmente caracteriza a la categoría *contrato* es el hecho de ser un acuerdo de voluntades del que se generan obligaciones recíprocas para los sujetos intervinientes, más allá de si existe igualdad en la posición de las partes o predominio de una sobre la otra.

En esa línea de enfrentamiento, se apunta que tal "desigualdad de naturaleza" entre el Estado o la Administración pública (concedente) y el particular (concesionario), no lo es tanto por la condición subjetiva de ellos, pues, en sí, ambos poseen cualidad de *persona* —no importa ahora esa otra discusión de si es el Estado o la Administración pública quien posee esa condición de *persona*— y, en consecuencia, tienen aptitud o capacidad para ser *sujetos de derecho*, sino por la desigualdad de fines o intereses que estos actúan en una relación que los vincula jurídicamente y por las garantías que concurren en el nexo en cuestión a los efectos de la consecución de tales fines e intereses[71].

Alberto Saravia, ob. cit., pág. 83; Miguel Ángel Berçaitz, ob. cit., pág. 129 y ss.; María Mercedes Lafuente Benaches, ob. cit., pág. 70 y ss.; Rafael Badell Madrid, ob. cit., pág. 228; María Sylvia Zanella Di Pietro, *Direito administrativo*, 25ª edição, São Paulo, Editora Atlas, 2012, pág. 300. En relación con la posible configuración del *contrato* de derecho público como categoría, Massimo Severo Giannini concluyó: "[...] *Altri argomenti eranno banali: p. es. che l'amministrazione agisse in «regime di monopolio», o mediante semplici adessioni del privato a schemi de essa predisposti; a prescindere dal fatto che non è quasi mai vero che sia così, è facile osservare che la vicdenda può riscontrarsi anche per contratti di diritto privato*"; Massimo Severo Giannini, *Diritto Amministrativo,* volume secondo, terza edizione, Milano, Dott. A. Giuffré Editore, 1993, pág. 430. Enseñaba Martín-Retortillo Baquer: "Es también el derecho privado el que nos ofrece abundantes ejemplos de contratos en los que realmente no existe una igualdad posicional entre las partes. No por ello se les niega su caracterización como propios y verdaderos contratos. En este punto no deja de resultar un tanto paradójico, desde luego, que a quienes han negado que los contratos propios del ordenamiento administrativo sean contratos por falta de igualdad entre las partes, les haya pasado desapercibido fenómeno tan corriente en el derecho privado"; Sebastián Martín-Retortillo Baquer, "La institución contractual...", ob. cit., págs. 113 y 114. Mariano R. Brito, ob. cit., pág. 29; Salvador Villagra Maffiodo, *Principios de derecho administrativo*, revisión y actualización normativa de Javier Parquet Villagra, Asunción, Servilibro, 2007, pág. 264.

[71] En relación con la pretendida desigualdad jurídica de las partes en la concesión administrativa, Ugo Forti señalaba: "*Io non so, anzitutto, concepirla come fa il Ranelletti, come una specie di eterogeneità matematica, fondantesi sul semplice fatto che l'uno è lo Stato e l'altro è il privato; che cosa distingue in sostanza il primo dal secondo? Entrambi in quanto partecipano alla vita giuridica sono dotati di una personalità che è la stessa per tutti riducendosi in sostanza alla capacità di essere soggetti di diritto. Ora, proprio su questo fondo comune sorge la diversità, che consiste nell'essere attribuita all'una persona*

También se ha referido que el requerimiento de igualdad o de equivalencia para que se perfile el vínculo contractual, al menos en el derecho administrativo o en el derecho público, se refiere, no a la posición de las partes intervinientes en ese vínculo, sino a la necesidad de proporción o equivalencia económica de las prestaciones que en él se generan[72].

En definitiva, los que no han compartido esa idea de rechazar la figura contractual administrativa o de *ius publicum* —aquí van igualmente los que amparan la naturaleza jurídica de la concesión administrativa bajo esa técnica formal— a raíz de la supuesta "desigualdad de naturaleza" de las partes del nexo jurídico y de la desigualdad jurídica en la posición dentro de la relación, asumen el presupuesto de que no es incompatible la vinculación contractual del Estado, de la Administración pública, con los individuos, al amparo del derecho público o administrativo (en este caso el *contrato administrativo* o *contrato de derecho público*), donde se resguarden en ese vínculo las garantías necesarias para la consecución de los fines públicos en función de los cuales concurre el Estado, la Administración pública, al mismo. Es decir, que en ella se acepta como base o elemento de fondo que no existe obstáculo alguno, al menos argumental o conceptual, para que aquella entidad pública, desde las potestades (representativas del poder público, o del "poder de imperio" o de la actuación en el "marco de la soberanía" que significa) que se otorgan por el espacio funcional (el administrativo) en el que se desenvuelven los efectos de la relación para el cumplimiento de sus fines públicos, se vincule contractualmente con un particular, sosteniendo la superioridad

---

una supremazia giuridica sull'altra, un diritto di comandare o di vietare, che si concreta nello imperium. E l'imperium si fonda non sulla pretesa diversità di natura, ma sulla legge, e non è che un diritto soggettivo attributo alla personalità: in questo attrbuto sta la vera inuguaglianza giuridica, se pure così può chiamarsi; se ne discendono conseguenze, e quali possono essere noi vedremo fra breve"; UGO FORTI, "Natura...", ob. cit., pág. 413. Por su lado, ENTRENA CUESTA decía: "[...] Así, contra quien invoca la 'naturaleza demasiado diversa' de los sujetos, recordamos con MIELE que la naturaleza de los sujetos de derecho, desde un punto de vista formal, pero rigurosamente jurídico, es siempre idéntica: consiste en ser 'persona', es decir, titular de derechos y de deberes con un determinado ordenamiento. La diferencia entre el Estado y el particular no se funda en su diversa naturaleza, sino en la diversa entidad de las tareas, de los fines y de los poderes que a un sujeto corresponden frente a otro"; RAFAEL ENTRENA CUESTA, ob. cit., pág. 49.

[72] Recalcaba SEBASTIÁN MARTÍN-RETORTILLO BAQUER: "No la igualdad estática como se ha pretendido al referirse al Derecho Administrativo, sino una proporcionalidad, una adecuación en la prestación —proyección del sujeto en la concreta relación contractual—, es lo que se perfila como necesario en el contrato. Prestación que ha de referirse y supone una valoración económica"; SEBASTIÁN MARTÍN-RETORTILLO BAQUER, "La institución contractual...", ob. cit., págs. 112 y 113.

jurídica que tales privilegios le aportan[73]. E incluso se llega a ubicar esa posibilidad en una línea de coherencia con el Estado de derecho[74].

Por otro lado, no han estado ausentes los ataques frontales contra el razonamiento que hace de la concesión un acto unilateral (administrativo) y no un contrato, porque, ante la situación de monopolio que tiene la Administración pública sobre su objeto, no se da la situación de libertad y concurrencia que debe ser propia y característica del segundo[75]. Frente a eso se ha sostenido —de ordinario justificándose su percepción como acto contractual— que, en la concesión, el concesionario tiene libertad para aceptar o no las propuestas del concedente en cuanto a las condiciones de ejecución del objeto por conceder —desde la visión contractual sería el *principio de libertad contractual*—, e incluso mediante las diversas vías que se establezcan para efectuar la selección del concesionario, este último tiene participación en la conformación de esas condiciones en lo que a su propio interés atañe[76].

[73] Según Hauriou: "[...] En derecho no es indispensable que dos contratantes estén en pie de igualdad; el precario concluido entre el hombre poderoso y el humilde que se encomendaba, era un contrato. Las situaciones contractuales pueden tender hacia la igualdad, pero no la implican necesariamente en su base. El contrato se funda en el consentimiento, pero se puede consentir en ser inferior y desigual"; Maurice Hauriou, ob. cit., pág. 192. Por su parte, afirmaba Martín-Retortillo Baquer: "La Administración contrata, y se obliga jurídicamente a lo pactado. Para nada absolutamente se opone a ello el hecho de que sea soberana. [...] El Estado, la Administración pública como tal, en virtud de un título jurídico-administrativo, se obliga en los contratos administrativos, en los *öffen-lich-rechtlichen Verträge*, en relación con un particular o con una persona jurídica a ella sometida. Y tal obligación es exigible jurisdiccionalmente. No hay ninguna incompatibilidad para que el Estado, obrando de hecho en plan de desigualdad con los súbditos, y sin necesidad de formular la hipótesis de que estos en tal caso se elevan *de iure* para alcanzar esa igualdad, no hay ninguna incompatibilidad —repito— para que aun en aquel supuesto, esto es, no obrando en pie de igualdad, el poder del Estado se someta al Derecho"; Sebastián Martín-Retortillo Baquer, "La institución contractual...", ob. cit., págs. 115 y 116.

[74] Martín-Retortillo Baquer dice: "[...] Piénsese que negar esta posibilidad de que la Administración Pública se obligue jurídicamente en estos casos, nos conduciría, ni más ni menos, que a cuartear los cimientos del Estado de Derecho. Diríamos que el Estado de Derecho ha permitido obligar a la Administración sin que baje del solio de su prerrogativa"; Sebastián Martín-Retortillo Baquer, "La institución contractual...", ob. cit., pág. 116.

[75] Desde el derecho administrativo italiano, y en relación con la figura del *contratto di diritto pubblico*, Mario Gallo expresaba sobre esta objeción a la mencionada figura contractual: "[...] *Ancora più agevole fu la confutazione della terza obiezione, consistente nel rilievo del carattere di monopolio, e non di libera concorrenza, che presenterebbe l'oggetto del preteso contratto di diritto pubblico: l'attività monopolista, invero, può costituire materia contrattuale anche nei contratti di diritto privato, e tuttavia non si è mai negata, per questa posizione di privilegio di una delle parti, la figura del contratto*"; Mario Gallo, ob. cit., pág. 645.

[76] Así, el italiano Mario Gallo había observado en relación con esa idea: "[...] *Ma fu agevolmente osservato (a parte il rilievo che anche nel campo privatistico sono noti*

Además, pueden sumarse las argumentaciones de ciertos críticos de la tesis del acto administrativo, que la tratan de socavar amurallados en la existencia de los contratos administrativos o de derecho público; es decir, demostrando que existen los contratos en el ámbito del derecho público aplicables a relaciones entre la Administración pública y los particulares, y que esa es la naturaleza jurídica que mejor se aviene a la concesión[77]. En esa

---

e riconosciuti i contratti detti, appunto, di adesione, la quale costituisce pur sempre una manifestazione di consenso contrattuale) che la situazione può essere esatta in materia di pubblico impiego, mentre nell'ipotesi delle concessioni di pubblico servicio si riscontrano di consueto ampie trattative fra l'amministrazione concedente e il futuro concessionario"; MARIO GALLO, ob. cit., pág. 645. El español DOMÍNGUEZ-BERRUETA DE JUAN es de los que ha apuntado que la concesión de servicio púbico, en cuanto contrato administrativo "[...] es contrato, por cuanto existe libertad del concesionario para asumir y afirmarse en las bases generales del acuerdo, o mejor, del concurso y, dentro de él, ofrecer sus específicas ventajas de todo tipo, que serán las que inclinarán a la Administración a concederle a él precisamente la concesión y no a otros concursantes"; MIGUEL DOMÍNGUEZ-BERRUETA DE JUAN, *El incumplimiento en la concesión de servicio público*, Madrid, Editorial Montecorvo, 1981, págs. 80 y 81. Mucho tiempo antes, en España, JOSÉ NEMESIO GÜENECHEA había afirmado que las limitaciones con que para responder al interés general se coarta la libertad de contratar en los contratos administrativos, las admite voluntariamente la persona o empresa contratante. En un dato por apreciar aquí, debe aclarase que este otro español consideraba las concesiones —de obras públicas, esencialmente— como uno de los tipos de contratos administrativos; JOSÉ NEMESIO GÜENECHEA, *Ensayo de derecho administrativo*, tomo II, 2ª edición completamente refundida, Bilbao, Imprenta del Corazón de Jesús, 1915, págs. 604 y 602 y ss.

77 UMBERTO BORSI reconoció que el contrato está exactamente calificado como una figura jurídica general, que se delinea en el derecho privado, en el derecho público, en el derecho internacional. Y agregó que en la relación *d'impiego*, de concesión de servicio, que son indiscutiblemente relaciones consensuales, se dan todos los elementos de una situación contractual. A la pregunta de por qué negarle la índole contractual a tal relación, resumía críticamente cinco razones principales que se esgrimen para ello: la desigualdad jurídica de las partes; la extracomerciabilidad del objeto sobre el que recae la concesión, que a lo que se refiere la relación de derecho público considerada como contractual es objeto de monopolio por parte de la administración pública, mientras que el contrato florece en un régimen de libre concurrencia; que la manifestación de voluntad de la Administración produce efectos jurídicos incluso con anterioridad a la correlativa manifestación de voluntad del particular; que el contenido del vínculo público considerado como contractual está íntegramente o casi íntegramente predispuesto en la ley, reglamento o capitulación, como norma inderogable para las partes. Para concluir finalmente que ninguna de las objeciones contra la admisibilidad del contrato de derecho público resiste por tanto a la crítica; y debe reconocerse sin embargo que alguna de estas, sobre todo el prejuicio relativo a la exclusión de la participación de la voluntad del particular en el acto administrativo ha estado determinada por una formulación poco exacta de la teoría contractualista; UMBERTO BORSI, *La Giustizia Amministrativa*, Padova, Casa Editrice Dott. Antonio Milani, CEDAM, 1930, pág. 24 y ss. Para el argentino SARAVIA: "[...] Los argumentos de MAYER, cuando habla de 'sumisión voluntaria' del concesionario al acto, de FERNÁNDEZ DE VELAZCO, al referirse a

dirección, Ugo FORTI decía que, en un caso como el de la concesión administrativa de servicio público, excluir el contrato de derecho privado no equivale a excluir la posibilidad de un fondo contractual, el cual puede surgir y desarrollarse en el derecho público[78]; reconociendo, asimismo, que el rechazo que realizara CAMMEO sobre la posibilidad de que hubiera un fondo contractual en la concesión, es claro para el campo del derecho civil y tiende a descartar que se pueda tratar de un contrato de derecho privado[79].

No ha faltado el rechazo a la teoría del acto administrativo a partir de un argumento que podríamos llamar formalmente garantista, en el que se potencia la configuración bilateral de la concesión frente a su trazado unilateral[80]. Entre las razones a las que se ha acudido para esa potenciación, ha de contarse la de que, como en la concesión administrativa la Administración pública se reserva un cúmulo importante de prerrogativas (potestades, más propiamente) unilaterales —las que puede hacer valer cuando el interés colectivo lo aconseje—, ven, en este enfoque tendiente a la unilateralidad, un respaldo jurídico a ese poder superior del Estado que podría utilizar arbitrariamente, escudándose en las necesidades que defiende, en menoscabo de las garantías que deben darse a los derechos creados por la concesión[81].

'actos unilaterales de consecuencias bilaterales', y de CAMMEO, cuando considera la voluntad del concesionario como una condición para que la concesión se cumpla, son, tan solo, esfuerzos dialécticos reveladores de su impotencia para excluir la idea de contrato que, aún ante ellos mismos, se impone a todas luces"; GUILLERMO ALBERTO SARAVIA, ob. cit., pág. 81.

[78] UGO FORTI, ob. cit., pág. 398.

[79] UGO FORTI, ob. cit., pág. 398.

[80] Así, por ejemplo, recordaba SILVIA DEL SAZ que "La preocupación por el carácter bilateral de la concesión arranca de la doctrina y jurisprudencia francesas interesadas en dotar al concesionario de las mayores garantías posibles frente a la Administración. Para este propósito, los contratos administrativos resultaban más adecuados que los actos administrativos unilaterales con un régimen mucho menos favorable para el administrado"; SILVIA DEL SAZ, *Aguas subterráneas, aguas públicas. El nuevo derecho de aguas*, Madrid, Marcial Pons, Ediciones Jurídicas, 1990, pág. 227, nota 17.

[81] Contra este tipo de razonamiento había reaccionado, en su momento, FERNÁNDEZ DE VELASCO al argumentar: "[...] Existe un temor pueril a todo acto unilateral, juzgándose más garantizados los derechos creados bilateralmente. Pero no se admite que esa creciente garantía solo se refleja en las relaciones privadas, por cuanto sobre ellas se cierne constantemente el Estado; no en las públicas, toda vez que persistiendo el Estado como supremo garante, es él mismo una de las partes de la relación. Por consiguiente, desde tal punto de vista no quita ni pone garantía la forma que se dé al acto. Ni hay para qué recurrir a la división de poderes a que se podría apelar para conferir preeminencia a la forma contractual, [...]"; en la propia página mencionada el español agregaba: "Además, que acto unilateral y discrecional de la Administración no significa poder absoluto ni ausencia de garantías. El Estado, por serlo de derecho, tiene siempre que obrar jurídicamente, y jurídicamente puede quebrantar derechos, pero no violarlos (recuérdese la expropiación forzosa), y aquel quebrantamiento será adecuadamente compensado. Es esto tan de esencia en todo régimen

En consecuencia, se ha identificado a la teoría unilateral que tratamos aquí, y a su base de pensamiento originaria, con una concepción autoritaria del Estado[82].

---

colectivo, que le sería imposible subsistir sin esa sumisión impuesta a sus elementos"; RECAREDO FERNÁNDEZ DE VELASCO, "Teoría jurídica...", ob. cit., pág. 89. Dentro de esta cuerda argumental se ha movido, en un tiempo más cercano a nosotros, FRANCISCO LÓPEZ MENUDO al aseverar: "[...] la jurisprudencia nos prueba que ni los contratos administrativos dan lugar a relaciones jurídicas tan intocables como la vieja dogmática pretende, ni en el ámbito de las 'unilaterales' concesiones demaniales se produce una supuesta posición claudicante del concesionario frente a un hipotético poder ilimitado de la Administración. En realidad, las potestades administrativas de intervención vienen a ser las mismas, tanto en las relaciones surgidas bilateral como unilateralmente y aquí radica el origen de los muchos equívocos que ofrecen las tesis extremas que pretenden sentar radicales distinciones entre ambas categorías. [...]"; FRANCISCO LÓPEZ MENUDO, "La concesión de aguas públicas y sus posibles modificaciones", en *Revista Española de Derecho Administrativo*, n.º 77, 1993, enero-marzo, Madrid, Editorial Civitas, págs. 99 y 100. Según apreciaba el propio LÓPEZ MENUDO (pág. 100) con motivo del caso particular de la concesión de aguas: "En suma, la conceptuación de la concesión de aguas como un acto administrativo unilateral realza idealmente la superior posición de la Administración, pero los principios de legalidad e interdicción de la arbitrariedad (art. 9.3 CE) imponen unas exigencias que excluye toda posibilidad de que esa abstracta posición de superioridad pueda cubrir o legitimar actuaciones administrativas antijurídicas. En el ámbito contractual se llegaría al mismo resultado aunque a través de un razonamiento inverso: el principio *pacta sun servanda* (clave inspiradora de la contratación privada) no puede sostenerse hasta el extremo de conservar las cláusulas de un contrato al margen o contra las exigencias del interés público"; ver lo que volvía a señalar LÓPEZ MENUDO, en ob. cit., pág. 112. GARCÍA PÉREZ era también de las que reconocía que "[...], hoy en día ya no es necesario forzar la institución contractual con figuras cuyo perfeccionamiento depende de la voluntad unilateral de la Administración, independientemente que de que produzca efectos bilaterales. Pero ello ha de asumirse sin recelo [...] en el seno del Estado social y democrático de Derecho carece de sentido suponer que las relaciones contractuales vinculan con mayor fuerza a la Administración que las suyas unilaterales. Porque la Constitución somete a la Ley y al Derecho a toda la actuación administrativa sin excepción"; MARTA GARCÍA PÉREZ, *La utilización...*, ob. cit., pág. 172. De modo semejante: MARTA GARCÍA PÉREZ, "La naturaleza...", ob. cit., pág. 344. En Cuba, MARÍA TERESA LANZA LÓPEZ apuntaba: "[...] si analizamos el acto unilateral observamos que en su conformación debe tomar en consideración prerrogativas relativas a los posibles concesionario que compensen el uso de las potestades administrativas. Además, debemos tener en cuenta que el acto unilateral de la Administración no implica por absoluto ni ausencia de garantías, pues, para obrar, la Administración debe hacerlo jurídicamente, no arbitrariamente"; pero, seguidamente recogía (AA.VV., *Estudios...*, ob. cit., págs. 156 y 157, y AA.VV., *Temas...*, ob. cit., pág. 408): "Aun así existe un temor en gran parte de la doctrina con respecto al acto unilateral, considerándose más garantizados los derechos creados con acuerdo de voluntades, [...]"; MARÍA TERESA LANZA LÓPEZ, (AA.VV., *Estudios...*, ob. cit., págs. 156 y 156 y 157, respectivamente; y AA.VV., *Temas...*, ob., cit., pág. 408.

[82] Así: MIGUEL S. MARIENHOFF, *Tratado de derecho administrativo*, tomo III-B, *Contratos administrativos. De los contratos en particular*, 3ª ed., actualizada, Buenos Aires,

El enfoque garantista al tiempo de atacar la concepción unilateralista de la concesión ha sido manejado desde ángulos diversos[83]. Desde ese propio fundamento y sobre la figura de la concesión de servicio público, en Francia, HENRI REDEUILH había identificado como un inconveniente de esta interpretación unilateralista: "Au point de vue pratique, en ne faisant aucune part à la volontè du concessionnaire, elle risque de sacrifier l'intérèt de ce dernier à l'arbitraire des gouvernants, et, en rendant particulièrement instable la situation dudit concessionnaire, de compromettre la bonne marche du service"[84].

PIERRE LAROQUE es otro de los que se inclinó a pensar que tal concepción presentaba el inconveniente de poner al concesionario en un estado de inseguridad y de inestabilidad difícilmente compatible con la continuidad necesaria del servicio[85].

Editorial Abeledo-Perrot, 1983, pág. 596; JORGE SARMIENTO GARCÍA, *Concesión de servicios públicos*, 2ª ed., Buenos Aires, Editorial Ciudad Argentina, 1999, pág. 94; CARLOS S. DE BARROS JUNIOR, "La concesión de servicio público", en *Revista de la Universidad de Buenos Aires*, Buenos Aires, Universidad de Buenos Aires, 1979, pág. 225; ROMEU FELIPE BACELLAR FILHO, "A Natureza Contratual das Concessões e Permissões de Serviço Público. Serviços Públicos. Na Constituição Federal de 1988", en JORGE FERNÁNDEZ RUIZ (coord.) *et al.*, *Derecho administrativo. Memoria del Congreso Internacional de Culturas y Sistemas Jurídicos Comparados*, México D.F., Universidad Nacional Autónoma de México, 2005, Instituto de Investigaciones Jurídicas, pág. 5; el costarricense ENRIQUE ROJAS FRANCO, *Derecho administrativo y derecho procesal administrativo*, Guayaquil, Edilex, 2007, pág. 311. Para el caso específico de Italia, en este sentido, véase lo dicho por SABINO CASSESE, *Las bases del derecho administrativo*, trad. de Luis Ortega, Madrid, Instituto Nacional de Administración Pública, 1994, pág. 305. Asimismo, ver lo que expresara FRANCISCO DELGADO PIQUERAS, ob. cit., págs. 34 y 67 y 68, en relación con las ideas de MAYER y con las sostenidas por un sector de la doctrina italiana.

[83] Así, por ejemplo, el francés SUDRE, sin entrar a fondo en la cuestión de la naturaleza jurídica de la concesión, decía que desde el punto de vista práctico la situación del concesionario estaba mejor garantizada, el derecho a indemnización que se le reconocía en caso de modificaciones extracontractuales o por imprevisión se fundaba con mayor solidez, si se admitía la naturaleza contractual de ese acto. JACQUES SUDRE, *La compétence du Conseil d'État en matière de contrats*, Paris, Librairie du Recueil Sirey, 1928, págs. 97 y 98.

[84] HENRI REDEUILH, *Nature juridique de la concession de service public*, thèse pour le doctorat Sciences politiques et économiques, Bordeaux, Imprimeries Delmas, Chapon, Gounouilhou, 1925, pág. 31.

[85] PIERRE LAROQUE, *Les usagers des services publics industriels* (*transports, Distribution d'Eau, de Gaz et d'Électricité*) *en Droit Français*, thése pour le doctorat, Université de Paris, Paris, Librairie du Recueil Sirey, 1933, pág. 24. Sin embargo, en relación con este tipo de argumento, el argentino JUAN P. RAMOS anotaba, con motivo de los planteamientos de OTTO MAYER sobre la concesión, que, en Alemania, "[...] la concesión de servicios públicos ofrece al concesionario las mayores seguridades de que su gestión será amparada por el poder público con las garantías que hicieron de su administración pública una de

El argentino RAFAEL BIELSA concluía respecto a la concepción seguida por OTTO MAYER: "[...] MAYER no ha podido librarse del poderoso influjo de las teorías alemanas que consideraban, en principio, toda relación entre el Estado y sus colaboradores (funcionarios, concesionarios, etc.), como *acto unilateral*. De ahí el empleo casi exclusivo del término acto administrativo en el sentido unilateral"[86].

En este contexto resultan interesantes las palabras del portugués MARCELLO CAETANO cuando reflexionaba: "[...] el creer que el Estado cuando satisface los intereses públicos no puede ligarse contractualmente, equivale a poner en tela de juicio el propio fundamento del Derecho público. Es cierto que la soberanía (poder supremo en el orden interno e independiente en el orden internacional) es un atributo del Estado, pero no lo es menos que en la base del sistema jurídico no se ejerce diariamente. En virtud de la soberanía, el Estado se constituye y organiza. Pero una vez constituido, esto es, una vez creados los órganos que han de expresar su voluntad con sujeción a determinadas normas, la actividad de sus agentes ejecutivos responde al ejercicio de una *autoridad* derivada de dicho poder supremo y en las condiciones por el mismo establecidas"[87].

---

las más laboriosas y capaces del mundo"; JUAN P. RAMOS, *Ensayo jurídico y social sobre la concesión de servicios públicos*, Buenos Aires, Librería y Casa Editora de Jesús Menéndez, 1937, pág. 37.

[86] RAFAEL BIELSA, *Consideraciones sumarias sobre la concesión de servicios públicos. A propósito de la 4ª Conferencia Nacional de Abogados*, Buenos Aires, 1937, pág. 31. Por su parte, BARTOLOMÉ A. FIORINI, comentando la repercusión de la obra de MAYER en relación con las figuras de la concesión, el permiso y la autorización, escribía: "[...] reconoce las diferencias que existen en algunas de estas figuras, empero no llega a agotarlas en forma definitiva porque su trabajo se resiente del carácter autoritario del derecho público alemán, además de la importancia con que valora el poder de policía"; BARTOLOMÉ A. FIORINI, "Noción funcional de la concesión, la autorización y el permiso", en *Revista de Derecho y Administración Municipal*, n.º 178, Buenos Aires, diciembre, 1944, pág. 1065.

[87] MARCELLO CAETANO, ob. cit., págs. 349 y 350. JEAN GUILLOUARD, en los albores mismos del siglo XX reparaba en el hecho de que la unanimidad de los autores en la doctrina alemana, al repeler toda idea de contrato en el acto de concesión, reposaba sobre el predominio del punto de vista formal sobre el punto de vista material de la cuestión; JEAN GUILLOUARD, *Notion juridique des actes d'exécution des autorisations et des concessions administraties*, thèse pour le doctorat, Université de Caen, Paris, A. Pedone, Editeur, Librairie de la Cour d'Appel et de l'Ordre des Avocats, 1903, pág. 110. El griego FLOGAÏTIS recogía, en cuanto a la no aceptación dentro de Alemania del modelo contractual administrativo del estilo francés, que eso se debía a que el derecho administrativo alemán había estado atado durante largo tiempo a una concepción autoritaria del acto administrativo unilateral; SPYRIDON FLOGAÏTIS, *Les contrats administratifs*, European Public Law Series, Bibliothèque de Droit Public Européen, volume I, London, Esperia Publications Ltd., 1998, pág. 21.

Hasta aquí hemos intentado recopilar la esencia de los diversos aspectos que, con mayor o menor funcionalidad, se han expuesto en el ámbito doctrinal como inconvenientes de la concepción que analizamos en este acápite. Con tal sistematización se abarca un amplio campo del debate que ha originado dicha teoría, dejando al descubierto lo diverso que ha sido, así como el alcance que ha podido tener, al extenderse por las implicaciones en el plano material de la cuestión y pasando por la cobertura formal de esta. Incluso ha estado en entredicho la propia categoría conceptual con la que esta solución ha marcado la naturaleza jurídica de la concesión administrativa: el acto administrativo que requiere de la sumisión, del consenso o del consentimiento del interesado (o del particular), acto administrativo bilateral o acto administrativo que requiere de coadyuvante[88].

En nuestra opinión, la posición que ha sostenido —y ha pretendido ver— a la concesión administrativa desde una orientación unilateralista, y la ha asumido como un acto administrativo en su naturaleza jurídica, no cubre todas las inquietudes que tenemos respecto a la construcción jurídica de la institución.

Para poder explicar mejor nuestro punto de vista sobre dicha construcción, queremos recordar un planteamiento esencial que subyace en la base de todo el régimen de concesiones administrativas. Está totalmente demostrado, históricamente, en el tiempo y por las circunstancias, que al sistema concesional acude la Administración pública por razones de deficiencias económicas o de política económica, para proveer la realización del objeto concedido, del que no puede desentenderse ni dejar de garantizar, por el vínculo funcional que esa entidad administrativa tiene con él, y el interés y el significado que implica para la comunidad; situación que se amalgama en la base existencial de la relación concesional. Por su parte, el concesionario se vincula con la entidad administrativa al amparo de ese acto por un evidente ánimo de lucro, en busca de dividendos o ganancias económicas. Por lo que se debe entender de ello que, en la concesión, necesariamente

[88] REDEUILH, en su estudio sobre la naturaleza jurídica de la concesión de servicio público, se pronunciaba contra lo que él sistematizaba como la teoría del *l'acte juridique unilateral et plurilateral*, en los siguientes términos: "*Au point de vue purement théorique, nous estimons d'ailleurs qu'elle est inexacte. La raison c'est qu'elle no cadre pas avec la notion d'acte juridique unilateral ou plurilateral telle qu'elle est couramment admise*"; HENRI REDEUILH, ob. cit., pág. 31. El español CARRETERO PÉREZ afirmaba: "FERNÁNDEZ DE VELASCO y los autores que no admiten el contrato administrativo necesitan construir una teoría de los actos, de influencia germánica, según la contraposición o colaboración de los intereses de las partes, que resulta más confusa que el clásico contrato"; ADOLFO CARRETERO PÉREZ, "El contrato administrativo ante la Ley de Bases de Contratos del Estado de 28 de diciembre de 1963", en *Revista de Administración Pública*, n.º 45, Madrid, Instituto de Estudios Políticos, septiembre-diciembre, 1964, pág. 110, nota 5.

debe conciliarse el interés público con el interés privado, con la lógica primacía, en las garantías jurídicas, de aquel sobre este, por su naturaleza[89].

Ahora bien, si la concesión administrativa concilia ambos intereses —si no contrapuestos, al menos cualitativamente divergentes o diversos—, cabría preguntarse: ¿puede considerarse que esta es determinada única y exclusivamente por la voluntad de una de las partes interesadas —la que requiere de colaboración— sin ninguna influencia de la otra parte en la sustanciación del producto final (el acto concesional en cuestión), cuya voluntad adquiere, en consecuencia, un carácter de mero accesorio para la producción de los efectos jurídicos?

Opinamos que una respuesta positiva a la interrogante anterior no alcanza a aportar una solidez argumental que no se resienta en las circunstancias económicas que supone dicho tipo jurídico, pues este implica una realización de actividades propias de la Administración pública con una repercusión patrimonial que será enfrentada, en principio, por el concesionario, con su patrimonio y a su riesgo y ventura. Por las razones anteriores, el ente público estará compelido a tener en cuenta las pretensiones económicas del segundo (y, de hecho, lo hace, pues existen muchísimos supuestos en que los términos económicos de la relación se determinan a partir de las negociaciones directas con él o basándose en las propuestas que este presenta en la licitación que servirá de base para seleccionar a la persona a la que se le adjudicará la concesión) a la hora de conformar el contenido del acto y a reflejar en él ciertas garantías para este.

La Administración concedente, de igual forma, no puede obligar a que una persona asuma la actividad objeto de la concesión (no puede imponerla), sino que debe haber una aceptación voluntaria del futuro concesionario; ocurre entonces que él tiene la posibilidad de decidir con su aceptación (aunque solo fuese el mero asentimiento) si le son convenientes los términos económicos de esta (que no vienen, por lo demás, concretados en toda su extensión para la concesión en particular en las disposiciones normativas que regulan la institución). Su voluntad, por esa vía, se integra también a la concesión, no como simple condición de derecho para que pueda surtir efectos o sea legítima, sino como elemento esencial en ella. Se transforma su expresión volitiva en un requisito para su conformación, con lo cual adquiere, entonces, un carácter constitutivo. La voluntad del particular no puede obviarse a la hora de explicar la concesión, pues es un elemento que incide, de manera inobjetable, en su sustancia[90].

[89] Véase lo que expusimos a propósito de las características de las concesiones administrativas en ANDRY MATILLA CORREA, *La concesión administrativa*, ob., cit., pág. 91 y ss.

[90] Ya decía CAETANO, en lo atinente al tema de la contratación pública, que "Decir, como OTTO MAYER, que no hay más que una mera sucesión de actos administrativos acompañada

Basándonos en lo expuesto en este acápite, no estimamos que la concesión administrativa tenga una naturaleza jurídica unilateral ni que esta pueda ser reconducida como categórica jurídica, en toda su extensión, a la dinámica y mecánica existenciales del acto administrativo, ni siquiera en la salida que pudiera aportar la tesis, de factura alemana, de los actos administrativos bilaterales o que requieren aceptación del interesado.

Para nosotros, la concesión administrativa, como fenómeno jurídico-administrativo, es un acto que entra con mayor propiedad en los moldes de las dinámicas bilaterales y, en consecuencia, en la de los actos o actividades bilaterales, en todo sentido (tanto formal, como materialmente considerado), porque este acto traza su existencia no cuando la Administración pública determine entregar jurídicamente a otra persona el ejercicio de cierta actividad que le es propia, sino cuando se da la convergencia de la voluntad de la Administración pública de otorgar lo que se concede y la del concesionario de asumir lo otorgado (manifestada de cualquiera de las formas previstas). De lo contrario, no podría materializarse jurídicamente la concesión administrativa.

3. A modo de epílogo

A pesar de los señalamientos que puedan hacérsele a la teoría que ha considerado la naturaleza jurídica de la concesión administrativa como un acto administrativo, debe reconocerse que ha hecho aportes significativos que hay que tener presentes al analizar la institución; máxime cuando conserva como solución teórico-práctica un importante espacio de vigencia en varios ordenamientos jurídicos y entre un sector doctrinal y jurisprudencial que así lo ha sostenido.

Un interesante valor que tiene esta tesis de la concesión como acto administrativo es que, en el alcance de la construcción teórico-jurídica que supone, permite amparar con el trazado técnico-jurídico que plantea a todos los supuestos que quedan bajo la idea de la concesión administrativa, trascendiendo así alguno o algunos de los supuestos específicos de la concesión (ya sea la

---

de la sumisión voluntaria de un particular, significa desconocer la realidad"; y agregaba: "En los contratos de derecho público, la relación nace del acuerdo de voluntades, se deriva de un verdadero y libre acuerdo sobre un objeto determinado. Ninguno de los sujetos considera definida y constituida la relación sin que se preste el mutuo consentimiento"; Marcello Caetano, ob. cit., pág. 350. Entre otros, puede verse lo que desde antiguo se plantea en relación con los contratos administrativos, por autores como Fernando Mellado, *Tratado elemental de derecho administrativo*, 3ª ed., Madrid, Imprenta de los Hijos de M. G. Hernández, 1899, págs. 920 y 921; y José Nemesio Güenechea, ob. cit., pág. 604.

de servicio público, de obra pública o de dominio público), para implicar a todas las posibles especies concesionales. Ello significa que esta teoría, tal vez como ninguna otra dentro de las teorías sobre la concesión administrativa, ha servido para —y ha implicado o presentado— una construcción unitaria de la idea concesional; construcción que, como solución teórica y práctica, se ha tornado controversial hasta el día de hoy por la dificultad de articularla consecuente y coherentemente ante las particularidades de los principales tipos concesionales.

La tesis de la concesión administrativa como acto administrativo ha reconocido acertadamente que la concesión es un acto de derecho público, creador de derechos y obligaciones para las partes intervinientes, donde el interés general, atendido directamente por la Administración pública, prima sobre el del concesionario y, por ello, el concedente se sitúa en una posición jurídica de cierta supremacía en la relación jurídica que se establece. Y aunque desde nuestra apreciación esta teoría no le da la verdadera dimensión a la voluntad del segundo dentro de la mecánica jurídica, estructural y funcional del fenómeno en cuestión, tiene la clara visión de no considerar que concedente y concesionario están en un plano jurídico igualitario; así como también acierta en implicar que la Administración concedente no está en una posición tal de privilegio que el acto concesional no genere derechos para el particular frente a la entidad pública[91], no obligaciones de esta en relación con aquel. En esta teoría se ha observado atinadamente que, en el marco relacional que implica la concesión administrativa, el interés individual debe subordinarse al general, pero sin sacrificarse completamente el primero ni dejarse de garantizar según los postulados rectos de la juridicidad.

A través de sus postulados se propicia también una explicación, con cierta coherencia, a los poderes unilaterales de intervención que se le atribuyen a la Administración pública en el contenido de la concesión, que tienden a resguardar la adecuada ejecución de lo concedido y la garantía del interés público al que responde, en última instancia, la existencia de la concesión administrativa.

Además —y esto es un punto que debe apreciarse desde una perspectiva histórica, contextualizándolo hacia el siglo XIX cuando surgen los primeros planteamientos de esta teoría sobre la concesión administrativa—, desde su

[91] El profesor uruguayo Mariano Brito dice: "Creemos que la teoría del acto unilateral tiene una virtud, si se le despoja de la exageración que ella encierra. Muestra el predominio del concedente que desborda y niega el principio de la igualdad de las partes de la contratación privada. El concedente tiene poderes jurídicos fundamentales para la orientación, organización y funcionamiento del servicio concedido, de manera de ajustarlo definitivamente en toda época a las exigencias del interés público"; Mariano Brito, ob. cit., págs. 34 y 35.

inicio esta tesis trató de explicar la relación concesional en el marco propio y exclusivo del derecho administrativo, alejándose así completamente del derecho civil en su intento esclarecedor, en un momento donde era algo usual el recurso a esta esta última rama del derecho, mezclándola directamente en la medida en que fuera necesario, para explicar instituciones de aquel subsistema de *ius publicum*. De modo que la aparición y el trazado de esta solución que nos ocupa sobre la naturaleza jurídica de la concesión administrativa propiciaron en lo sucesivo que se pudiera acudir a la propia rama administrativa para buscar las respuestas necesarias sobre un vínculo de naturaleza pública, creador de derechos y obligaciones para los sujetos, como es la concesión administrativa, y no a otra rama cuyos principios no serían los más idóneos para brindar las soluciones correctas a las interrogantes que se plantean sobre las concesiones como fenómeno jurídico.

En pos de esa apreciación concurre la clara conclusión de OTTO MAYER, a tenor del caso particular de la concesión en materia de aguas, cuando afirmaba: "[...] El procedimiento estricto, que implica decisiones, hace resaltar tan claramente la naturaleza de derecho público de la institución, que deben dejarse de lado las explicaciones tomadas del derecho civil sea cual fuere la tendencia a aceptarlas que se tuviera"[92].

Con la formulación de la tesis de la concesión como acto administrativo, el derecho administrativo dio un signo inconfundible de existencia como esfera autónoma en relación con el derecho civil, mostrando su aptitud para responder desde su propia mecánica y dinámica funcionales a las exigencias teóricas o conceptuales de sus instituciones características.

[92] OTTO MAYER, ob. cit., tomo III, pág. 251, nota 6. Para el mexicano OLIVERA TORO, la tesis unilateralista: "Es la reacción contra la inclusión del derecho privado en las instituciones administrativas [...]"; JORGE OLIVERA TORO, ob. cit., pág. 242.

LOS CONVENIOS CELEBRADOS POR LA ADMINISTRACIÓN CON LOS PARTICULARES: FUNDAMENTOS, APROXIMACIÓN CONCEPTUAL Y RASGOS CARACTERÍSTICOS

AUGUSTO RAMÓN CHÁVEZ MARÍN*
Colombia

INTRODUCCIÓN

Fui alumno de LIBARDO RODRÍGUEZ RODRÍGUEZ en pregrado (cuando apenas se editaba la primera edición de su obra cumbre), así como en la especialización en Derecho Administrativo que él dirigía en la Universidad Santo Tomás. Fue director de mi tesis de maestría, al mismo tiempo que orientábamos en forma compartida y perfectamente coordinada la misma asignatura en los cursos de especialización en Derecho Constitucional y Derecho Administrativo en la Universidad del Rosario, labor que se prolongó por más de ocho años. Es un grato honor contribuir al homenaje a mi apreciado maestro.

Este trabajo se ubica en el contexto de una investigación más amplia hecha por mí en una obra sobre los convenios celebrados por la Administración pública en Colombia[1]. En tal libro se propone una teoría general sobre esa figura, en la cual se predica la existencia del género *convenios de la administración*, integrado por dos categorías: los *convenios interadministrativos*, celebrados entre administraciones públicas, entidades públicas o estatales, y los *convenios administrativos*, suscritos por la Administración con los particulares. Así, las tres partes que componen dicho texto se dedican respectivamente a estudiar, en su orden, la mencionada teoría general de los convenios de la Administración y las dos especies indicadas.

En el presente artículo se pretende responder al reto académico consistente en hacer una aproximación a la fundamentación conceptual de la

* Magistrado del Tribunal Administrativo de Caldas. Magíster en Derecho Administrativo y profesor universitario.

[1] AUGUSTO RAMÓN CHÁVEZ MARÍN, *Los convenios de la administración: entre la gestión pública y la actividad contractual*, 4ª ed., Bogotá, Temis, 2021. En adelante se cita como *Los convenios de la administración.* La primera edición de ese texto fue publicada por la Universidad del Rosario en 2008 y corresponde a la tesis presentada para optar al título de magíster en ese claustro colombiano, dirigida por el maestro LIBARDO RODRÍGUEZ RODRÍGUEZ.

participación y colaboración *convencional* de los particulares[2] en la ejecución de funciones administrativas, así como a la figura que sirve de instrumento jurídico para su formalización, la cual se identifica como *convenio administrativo*[3].

El convenio administrativo se enmarca en las nuevas tendencias de actuación del Estado constitucional, social y democrático contemporáneo, y comporta una de las manifestaciones de la forma como actualmente se gestiona lo público, en la cual se observa particularmente la adopción de mecanismos consensuales en la gestión administrativa. A su vez, se presenta como una expresión propia de un nuevo modelo de Estado y específicamente del adoptado por la Constitución colombiana de 1991. Esta forma de actuar, que corresponde a un modo de ser del Estado y de la Administración, está caracterizada sucesivamente por los principios democrático y de solidaridad, por la participación social y ciudadana, por la actividad concertada y consensual, por el fomento de actividades de interés público y por la colaboración convencional en su desarrollo y en el de las funciones administrativas. Por ello, una vez se examine en los primeros apartes la incidencia que los anteriores aspectos tienen en la existencia y materialización del convenio administrativo, integrados bajo el acápite de los fundamentos conceptuales y contexto histórico, se abordará el concepto correspondiente a este instrumento jurídico y se expondrán algunas características relevantes para su identificación y distinción.

1. Fundamentos conceptuales y contexto histórico en el caso de Colombia

Un nuevo modelo de Estado fue adoptado por la Constitución Política de 1991. En efecto, el nuevo régimen constitucional propone, en el marco del Estado social de derecho, un renovado diseño de múltiples manifestaciones, en cuyo seno tienen vigencia y profundización principios fuertemente relacionados: el de la democracia participativa, que implica la participación

[2] En el capítulo X del libro mencionado de Chávez Marín, titulado "Los convenios para la ejecución de funciones administrativas por particulares en la ley 489 de 1998 o convenios administrativos de colaboración", el autor estudia las tres fuentes de atribución de funciones administrativas a particulares, una de las cuales es el convenio. Augusto Ramón Chávez Marín, *Los convenios de la administración*, ob. cit. Véase también Libardo Rodríguez Rodríguez, "El ejercicio de funciones administrativas por particulares", en *Sociedad, Estado y derecho: homenaje a Álvaro Tafur Galvis*, tomo IV, Bogotá, Universidad del Rosario, 2014, págs. 25-48. Este autor será citado siempre como Rodríguez.

[3] Esta denominación, adoptada por el autor en la tesis que originó el libro mencionado, como más adelante se referenciará, ha coincidido con la asignada a figuras semejantes por la doctrina española.

de los particulares en la gestión de las funciones públicas; el de la libre competencia entre los particulares y el Estado; el del fomento de actividades privadas de interés general y el de cooperación entre las autoridades administrativas en el desarrollo de sus funciones[4].

En el contexto de la participación[5], la Carta de 1991 prevé en forma genérica la posibilidad del desempeño de funciones públicas o administrativas o la prestación de servicios públicos por los particulares. Lo hace en varias disposiciones, entre las cuales se destacan el artículo 123, el cual establece que la ley determinará el régimen aplicable a los particulares que temporalmente desempeñen *funciones públicas* y regulará su ejercicio; el artículo 210, en donde se dispone que los particulares pueden cumplir *funciones administrativas* en las condiciones que señale la ley; y el artículo 365, que preceptúa que *los servicios públicos* estarán sometidos al régimen jurídico fijado por la ley y podrán ser prestados por el Estado, directa o indirectamente, por comunidades organizadas o por particulares[6]. Otra serie de normas constitucionales autorizan la participación de los particulares en el desarrollo específico de ciertos servicios públicos, como, por ejemplo, en el de seguridad social (art. 48), la salud (art. 49) y la educación (arts. 67 y 68).

La participación constituye un principio básico del Estado colombiano y se erige por los artículos 1° y 2° de la Constitución como una finalidad

[4] "El reto de la búsqueda de una nueva legitimidad para el Estado ha sido asumido por la sociedad colombiana mediante un amplio y democrático proceso constituyente, que ha terminado con la expedición de una Constitución caracterizada por el consenso, la cual ha transformado radicalmente las premisas jurídicas, políticas e ideológicas del Estado. Como resultado, tenemos una Constitución en la cual se ha acogido el desarrollo de las fuerzas sociales y se ha revaluado el concepto de soberanía nacional, con la idea de incrementar la participación ciudadana, la que se constituye en fundamento principal del Estado". CARLOS ARIEL SÁNCHEZ TORRES, *Participación ciudadana y comunitaria*, Bogotá, Gustavo Ibáñez, 2000, pág. 16.

[5] "El concepto de *participación* se entiende como un proceso social que resulta de la acción intencionada de individuos y de grupos en busca de metas específicas, en función de intereses diversos y en el contexto de tramas concretas de relaciones sociales y de poder. [...] En su forma institucionalizada ha tenido momentos de auge y caída. Generó una gran expectativa y una importante movilización ciudadana en la década de los ochenta, la que se incrementó con la aprobación de la Carta Política en 1991". Grupo de Investigación Carlos Holguín Holguín de la Facultad de Jurisprudencia de la Universidad del Rosario, "Consensos, participación ciudadana y ajuste estructural de las finanzas públicas en Colombia 1998-2002", *Revista Estudios Sociojurídicos*, vol. 5, n.° 2, Bogotá, Universidad del Rosario, octubre de 2003, pág. 68.

[6] Es interesante observar cómo cada una de estas disposiciones se ubica en contextos constitucionales distintos, en los cuales se regulan diferentes formas de la gestión pública: el artículo 123 en el título V, capítulo 2, "De la función pública"; el artículo 210 en el título VII, capítulo 5, "De la función administrativa"; y el artículo 365 en el título XII, capítulo 5, "De la finalidad social del Estado y de los servicios públicos".

esencial del Estado social de derecho, que se proyecta más allá del ámbito político a la acción administrativa, y del campo propiamente estatal a toda la actividad social. Por ello son diversas las formas de la participación en un Estado democrático, pero pueden agruparse atendiendo al ámbito de su incidencia preponderante y directa, así como a la autoridad ante la cual se hace efectiva. Es así como se distingue la participación social en el ámbito político, en la función constituyente o frente a la actividad legislativa, que se cumple básicamente ante el órgano legislativo; la participación administrativa, ante o en los órganos administrativos; y la participación en el terreno de los organismos de control y la rama judicial.[7]

A) *La participación en la función administrativa*

Específicamente, la participación de los particulares en la función administrativa puede agruparse, conforme lo expone ÁLVARO TAFUR GALVIS, en *intervención de colaboración e intervención propiamente participativa.* Este autor diferencia el concepto de participación frente al de colaboración, aunque admite que algunas normas constitucionales los confunden[8]. La primera se instituye como un derecho constitucional por intervenir y, como tal, entraña un deber de igual rango, dado que es una carga impuesta con fundamento y en desarrollo del principio de solidaridad, el cual informa el Estado social de derecho, conforme a los artículos 1º y 95 de la Carta. Por su parte, la intervención de colaboración no es forzosa, es voluntaria, generalmente remunerada, se efectúa a título individual así se trate de una persona natural o jurídica y su conveniencia la define la ley y la autoridad administrativa.

[7] Cfr. ÁLVARO TAFUR GALVIS, *Constitución de 1991 y la modernización del Estado colombiano*, Bogotá, Universidad Externado de Colombia, 1993, pág. 34. Para otra clasificación de la participación véase, CARLOS ARIEL SÁNCHEZ TORRES, ob. cit., pág. 62.

[8] Aunque también ÁLVARO TAFUR GALVIS, en la presentación de la obra que en este momento seguimos, ubica los dos conceptos como proyección del sentido participativo, al indicar que en tal aspecto "la Constitución prevé la intervención directa de los asociados en la prestación de servicios públicos, sea por su iniciativa en relación con algunos de tales servicios o en virtud de contratos o convenios con los organismos públicos titulares. También en reiteración y ampliación de principios ya aceptados legalmente se proclama la intervención de los particulares en el ejercicio de funciones administrativas típicas y, en fin, a partir de la prohibición establecida en el primer inciso del artículo 355 de 'decretar auxilios o donaciones en favor de personas naturales o jurídicas de derecho privado' se dispone la posibilidad de que el Gobierno, en los diferentes niveles y con cargo a los respectivos presupuestos, celebre contratos con ciertas entidades de derecho privado (las que tengan el carácter de entidades sin ánimo de lucro y de reconocida idoneidad) con el fin de impulsar programas y actividades de interés público en consonancia con el plan general y los planes sectoriales de desarrollo", ÁLVARO TAFUR GALVIS, *Constitución de 1991...*, ob. cit., pág. 17.

Respecto de las formas de participación en la actividad administrativa (no de colaboración) ellas son procedimental, en la cultura y en los procesos educativos, en la formulación de planes de desarrollo, en la prestación y el control de servicios públicos, en la regulación de la calidad de bienes y servicios, en las decisiones sobre la explotación de recursos naturales y en el campo de las relaciones laborales. Igualmente se consagran en la Carta los mecanismos que aseguran su efectividad, pues las autoridades, además del deber genérico establecido por el artículo 2° de la Constitución, tienen deberes explícitos impuestos por el ordenamiento superior en el sentido de auspiciar la participación en las diferentes etapas de la gestión pública. De igual manera, correlativamente al derecho a participar que predica de la persona y del ciudadano el artículo 95, numeral 5, se consagra el deber de hacer lo propio en la vida política, cívica y comunitaria del país. De este modo, la omisión por parte de las autoridades las hace responsables conforme al artículo 6 de la Carta. Dicha efectividad, además puede exigirse mediante la acción de tutela consagrada por el artículo 86 de la Constitución Política, cuando quiera que algunas manifestaciones de la participación posean la calidad de derechos fundamentales. Por otra parte, es posible plantear la nulidad de los actos administrativos cuya expedición exige por imperativo constitucional la instancia participativa en forma previa a la decisión.

La participación se manifiesta a través de la acción individual o mediante la acción colectiva o grupal. Frente a esta última, el artículo 103 de la Constitución exige del Estado una conducta positiva de promoción de la creación de entes de naturaleza asociativa "llamados a constituir mecanismos democráticos de representación en la concertación de acciones con las autoridades, y en el control y vigilancia de la gestión pública"[9], deber del Estado que abarca la promoción y capacitación de los organismos asociativos[10]. El artículo 103 se complementa con otras normas constitucionales como las contenidas en los artículos 78, referente a las organizaciones de consumidores y usuarios; 39, relativo a las asociaciones sindicales; 340, relacionado con las organizaciones de los sectores económicos, sociales,

[9] ÁLVARO TAFUR GALVIS, *Constitución de 1991...*, ob. cit., pág. 53.

[10] Vale la pena destacar el segundo inciso del artículo 103 de la Constitución del 91, que corresponde a la primera norma del capítulo I (De las formas de participación democrática) del título IV (De la participación democrática y de los partidos políticos): "El Estado contribuirá a la organización, promoción y capacitación de asociaciones profesionales, cívicas, sindicales, comunitarias, juveniles, benéficas o de utilidad común no gubernamentales, sin detrimento de su autonomía con el objeto de que constituyan mecanismos democráticos de representación de las diferentes instancias de participación, concertación, control y vigilancia de la gestión pública que se establezcan".

ecológicos, comunitarios y culturales, y su participación en el proceso de preparación del proyecto del plan nacional de desarrollo.

Puede sintetizarse la exposición anterior con referencia a las normas más pertinentes de la Carta que se citan entre paréntesis, con el fin de ver en su conjunto el panorama expuesto:

1. Formas de participación (ámbito de incidencia y autoridad):
   1.2 Participación social ante el órgano legislativo:
      1.2.1 En el ámbito político (arts. 40, 103, 107).
      1.2.2 En la función constituyente (arts. 374,155).
      1.2.3 Frente a la actividad legislativa (arts. 155,170).
   1.3 Participación en el ámbito de la rama judicial (arts. 40, 87, 88, 89, 242).
   1.4 Participación administrativa: ante o en los órganos administrativos.
   1.5 Participación en el ámbito de los organismos de control (arts. 23, 92, 267).
2. Participación administrativa:
   2.1 Intervención propiamente participativa (art. 40).
   2.2 Intervención de colaboración o colaboración convencional (arts. 355, 365).
3. Áreas de participación administrativa:
   3.1 Procedimental (art. 23).
   3.2 En la cultura y en los procesos educativos (arts. 41, 45, 68).
   3.3 En la formulación de planes de desarrollo (arts. 340, 342).
   3.4 En la prestación y el control de servicios públicos (arts. 48, 49, 365,369,).
   3.5 En la regulación de la calidad de bienes y servicios (art. 78).
   3.6 En las decisiones que afectan el ambiente (art. 79).
   3.7 En las decisiones sobre la explotación de recursos naturales (art. 330).
   3.8. En el ámbito de las relaciones laborales (arts. 39, 56).
   3.9. En el control de la gestión pública (art. 270).
4. Participación individual o colectiva o grupal (arts. 40, 78, 103, 340).

En este trabajo interesa tener en cuenta las expresiones de participación administrativa, considerada no solo desde el punto de vista orgánico, como la plantea ÁLVARO TAFUR GALVIS, ante o en los órganos administrativos, sino especialmente desde el punto de vista material, es decir, en el terreno propio del desarrollo de funciones administrativas[11]. Más específicamente, este trabajo y los que aquí se identifican como *convenios administrativos*, se ubican en el contexto de la intervención de colaboración o colaboración convencional. Sobre este punto se volverá más adelante en este mismo aparte.

Ahora bien, de distinto orden son los instrumentos jurídicos utilizados por este modelo del Estado para proveer una mayor participación de la sociedad, de los particulares, del sector privado, en la ejecución de los intereses colectivos y en el desarrollo de las tareas atinentes al logro de estos. Dichos instrumentos superan no solamente el uso de la decisión unilateral, como puede deducirse, sino especialmente el de la figura tradicional del contrato administrativo, en cuanto, como lo indica el profesor JAIME VIDAL PERDOMO, "aparecen mecanismos de consenso y adhesión, de motivación y explicación, de participación de los ciudadanos en las decisiones, que van disminuyendo el empleo de la decisión ejecutoria"[12]. O como lo recuerda WALTER KREBS, "la cooperación con el ciudadano ofrece posibilidades de persecución, alcance u optimización de los fines administrativos que no se presentan de la misma manera en la actuación unilateral soberana"[13]. En efecto, para el actual modelo de Estado, ese objetivo no solamente se logra a través de la tradicional forma de obtención de la colaboración de los asociados que es el contrato administrativo[14], en cuyos vínculos se plantea una

[11] Para otra clasificación de la participación administrativa véase CARLOS ARIEL SÁNCHEZ TORRES, ob. cit., págs. 69-79. También puede consultarse al profesor ALLAN BREWER CARÍAS, "El derecho administrativo y la participación de los administrados en las tareas administrativas", en *El derecho administrativo en Latinoamérica*, vol. II, Bogotá, Ediciones Rosaristas, 1986, págs. 277-310. Igualmente, puede verse JAIME ORLANDO SANTOFIMIO GAMBOA, "Introducción", en *Tratado de derecho administrativo*, tomo I, Bogotá, Universidad Externado, 2003, págs. 163-167.

[12] Al respecto recuerda VIDAL PERDOMO que EDUARDO GARCÍA DE ENTERRÍA y TOMÁS RAMÓN FERNÁNDEZ "han señalado que últimamente se ha intentado teorizar, como una política liberalizadora y desalienante, la de la «administración concertada», por cierto de mucho empleo en la literatura francesa sobre planeación. Dichas tendencias fueron recogidas en la Constitución Colombiana, que en su artículo 2° predica como finalidad del Estado «facilitar la participación de todos en las decisiones que los afectan y en la vida económica, política, administrativa y cultural de la nación», extendiendo la participación ciudadana a la vigilancia de la gestión pública que se cumpla en los diversos órdenes administrativos". JAIME VIDAL PERDOMO, *Derecho administrativo*, Bogotá, Legis, 2008, 13ª ed., pág. 7.

[13] WALTER KREBS, "Contratos y convenios entre la Administración y particulares", trad. Mónica Liliana Ibagón, en *Revista Derecho de Estado*, n.° 18, Bogotá, Universidad Externado de Colombia, 2006, pág. 40.

[14] La expresión contrato administrativo ya no se encuentra en el último Estatuto General de Contratación de la Administración Pública, contenido en la ley 80 de 1993 y sus reformas, en el cual se adopta la figura contrato estatal. Para la diferenciación de los dos instrumentos véanse AUGUSTO RAMÓN CHÁVEZ MARÍN, *Los convenios de la Administración*, ob.

contradicción de intereses entre las partes contratantes[15], sino que para tal efecto se acude a criterios de consenso, de pacto, de asociación, de articulación y de conjunción de esfuerzos con el sector privado, los cuales se hallan guiados por fines de interés público.

En el marco de la revaloración del modelo de Estado así operada, se mantienen a su cargo responsabilidades de regulación y control de las actividades de interés social o de participación directa en su ejecución o de financiación de estas, pero bajo una perspectiva de modelo de Estado que va más allá del intervencionismo tradicional[16]. Continúan en cabeza del Estado una serie de responsabilidades en torno a la satisfacción de intereses generales que se concretan en el desarrollo de funciones públicas y especialmente administrativas, así como en el campo de los servicios públicos, pero progresivamente adoptan un nuevo papel en la ordenación social que se identifica contemporáneamente como el de Estado regulador[17], el cual opera en el contexto del mercado, así como en el horizonte de una amplia participación del

---

cit., págs. 38-48; LIBARDO RODRÍGUEZ RODRÍGUEZ, *Derecho administrativo, general y colombiano*, tomo II, 21ª ed., Bogotá, Temis, 2021, págs. 191-216 y *El equilibrio económico en los contratos públicos*, 4ª ed., Bogotá, Temis, 2021, págs. 3-5.

[15] La distinción del contrato y del convenio se propone atendiendo distintos aspectos, uno de los cuales es la causa y el fin, y la intención de los sujetos contractuales. Véase al respecto AUGUSTO RAMÓN CHÁVEZ MARÍN, *Los convenios de la Administración*, ob. cit., págs. 49-80 y 114-136.

[16] Al examinar la transformación en los modos de intervención del Estado, PIERRE SUBRÁ se refiere a los aspectos que se acaban de señalar observando que "Los factores que conducen al Estado a transformar sus modos de intervención y las formas en las que las transformaciones se concretan son tan numerosas que no nos es posible tratarlas aquí en forma exhaustiva. Por lo tanto, nos limitaremos a dos categorías de ejemplos, observando qué implica, desde el punto de vista de los cambios del derecho, el tener en cuenta por parte del Estado la lógica de los mercados, y de qué manera ese mismo Estado renuncia parcialmente al procedimiento clásico de la intervención unilateral por vía reglamentaria para dar un mayor lugar a la concertación y al diálogo, recurriendo, aún más, a los procedimientos contractuales". PIERRE SUBRÁ DE BIEUSSES, "El nuevo derecho administrativo" en *Transformaciones del derecho público*, Buenos Aires, Ediciones Ciudad Argentina, 1994, pág. 86.

[17] Véase SUBRÁ DE BIEUSSES, ob. cit., pág. 65. ARIÑO ORTIZ expresa al respecto: "*El Estado regulador:* la reducción del papel del Estado productor y prestador ha de compensarse con un nuevo sentido y mayor eficacia de la función reguladora del Estado en la actividad económica Ello exige una reforma en el marco institucional de la administración económica de forma que se garantice su profesionalidad, su independencia —de políticos y de empresarios— y su control democrático". Y más adelante dice: "[...] el papel del Estado debe ser supervisar, regular, recrear las condiciones para que la competencia exista, pero nunca interferir para defender a unos agentes de otros. Así, la liberalización y la reducción del papel del Estado productor y director de la vida económica (planificador en sentido tradicional) debe compensarse con el nuevo sentido de 'regulación para la competencia' y para garantizar la prestación de servicios esenciales". ARIÑO ORTIZ, ob. cit., págs. 257 y 292.

sector privado en múltiples actividades económicas de interés general y en la prestación de servicios públicos[18]. Se presenta lo que se ha identificado como el gobierno de terceras partes, en cuyo concepto los aspectos claves de la autoridad pública se comparten con actores gubernamentales y no gubernamentales. Es así como el Estado actual acepta una nueva manera de actuar por parte de la Administración, que rebasa la actividad unilateral y la tradicional gestión contractual, el acto y el contrato, como herramientas tradicionales en la ejecución de sus tareas, y adopta mecanismos de naturaleza convencional y concertada, que se proyectan tanto en el interior como en el exterior de las instituciones públicas.

La doctrina colombiana, al referirse a la aproximación de los derechos público y privado, recuerda que, mientras en el derecho privado los civilistas se quejan de tiempo atrás de la invasión del derecho público sobre el derecho privado y ven en el intervencionismo en materia contractual y, en general en la economía, un atentado contra los principios básicos de las relaciones entre las personas privadas, "en el derecho público se observa una reducción de las prerrogativas de la administración y la promoción de relaciones más *concertadas y contractualizadas*" (cursivas del texto transcrito)[19]. Al respecto, se citan autores que indican cómo en Francia "el uso del contrato se ha vuelto tan corriente que ha transformado profundamente los métodos de la administración misma, al punto que ahora se habla de 'administración contractual'"[20], e igualmente, que "en Europa se ha multiplicado así el recurrir al contrato dentro del marco de la renovación de la gestión administrativa"[21].

[18] Sobre el nuevo Estado y la necesidad de equilibrar los distintos valores a los que se ha hecho referencia, la Corte Constitucional manifestó en la sent. C-398 de 1995 "que la Constitución establece la libre competencia como principio, que ella plasma la libre iniciativa privada y la libertad de empresa, que la libertad económica está garantizada y que la gestión estatal debe cristalizarse en medidas que impidan su obstrucción o restricción, en especial, si estas surgen merced al predominio de productores u oferentes de productos o servicios considerados en particular.

"Pero insiste la Corte en que la Carta Política no ha acogido un modelo económico determinado, exclusivo y excluyente, y en que sus normas deben ser interpretadas de manera armónica y coherente, evitando posiciones absolutas, por lo cual la libertad del individuo se encuentra atemperada en la preceptiva constitucional por la prevalencia del interés colectivo (artículo 1°), por las competencias de intervención y regulación a cargo del Estado (artículos 333, 334 y 335 [Const. Pol.]) y por los principios de razonabilidad y proporcionalidad que la doctrina de esta Corte ha prohijado".

[19] José Luis Benavides, *El contrato estatal, entre el derecho público y el derecho privado*, Bogotá, Universidad Externado de Colombia, 2002, pág. 32.

[20] Lamy, *Droit Public des Affaires*, n.° 1764, 2000, citado por Benavides, *ibid.*

[21] Joël Arnould, "*Les contrats de concession, de privatisation et de services 'In House' Au regard des regles communautaires*", en Reda, 2000, págs. 2 a 28, citado por Benavides, *ibid.*

En este sentido, la doctrina alemana se refiere a la creciente necesidad de nuevas modalidades de actuación y de procedimiento de la Administración, y de centrar la atención en la inclusión de fuerzas sociales para el debido cumplimiento de las funciones administrativas, así como al concepto del Estado cooperativo, y concluye que "las formas de actuación administrativa consensuales han ocupado su puesto evidente dentro de la gama de técnicas orientadoras del Estado y allí van adquiriendo cada vez mayor peso"[22].

En el ambiente de estas transformaciones de la actuación del Estado y de la modificación de su modelo, entre estas corrientes de pensamiento que promueven un mayor compromiso de los particulares en la obtención de fines de interés general, no puede pasarse por alto el significado que se le ha venido asignando en los últimos años al concepto de sociedad civil.

ADELA CORTINA y JESÚS CONILL[23] consideran que hay dos modos de entender el concepto de sociedad civil. En un sentido lato o amplio, como el entramado de instituciones sociopolíticas compuesto por tres grandes esferas: (i) el gobierno o el Estado, (ii) los órdenes espontáneos o extensos o los mercados y las asociaciones basadas en acuerdos voluntarios entre los agentes autónomos de la vida moderna y (iii) la opinión pública. Del anterior se deriva un concepto restringido, referente al conjunto de instituciones sociales, mercados, asociaciones libres, esferas públicas, opinión pública y que excluye las esferas estatales. En este sentido, y después de desechar la interpretación tradicional de la sociedad civil como un conjunto de instituciones basadas en el egoísmo personal, en la competencia, en los intereses individuales y estrictamente privados, que hace surgir al Estado como único vehículo *de lo público*, afirma que la sociedad civil no se entiende como el espacio de lo privado sino de lo público, no de lo público coercitivo sino de lo público ético. Finalmente, expresan que "[...] la sociedad civil es un nuevo espacio público donde no existe coerción sino que por exigencias de la libertad con responsabilidad existen grupos, instituciones que sin ser del Estado quieren y se comprometen a llevar a cabo su responsabilidad a través de exigencias de justicia y propuestas de solidaridad en la vida social. Una de estas instituciones son las fundaciones sociales, las empresas

[22] WALTER KREBS, ob. cit., pág. 35.

[23] Cfr. ADELA CORTINA y JESÚS CONILL, *Democracia participativa y sociedad civil: una ética empresarial*, Bogotá, Siglo del Hombre Editores, Fundación Social, 1998, págs. 84-103. Para una ilustración adicional del concepto de sociedad civil véase MICHEL WALTZER, "La idea de sociedad civil. Una vía de reconstrucción social", en *La democracia en sus textos*, Madrid, Alianza Editorial, 1998, págs. 375-394. También JÜRGEN HABERMAS, *Facticidad y validez*, trad. Manuel Jiménez Redondo, Madrid, Trotta, 1998, págs. 446-454 y CARLOS EDUARDO MALDONADO, *Filosofía de la sociedad civil*, Bogotá, Siglo del Hombre Editores, Universidad Libre, 2002, págs. 19-33.

con sentido social, o las escuelas, las iglesias, las asociaciones, los movimientos sociales, todas las personas que se quieren asociar con esa buena voluntad —por decirlo en sentido kantiano—, de poner todos los medios innovadores y racionalizadores para que la libertad sea realmente posible, cosa imposible sin justicia y solidaridad"[24].

Por su parte, NORBERTO BOBBIO, al estudiar las diversas acepciones e interpretaciones de la expresión "sociedad civil" que se han dado a lo largo de la historia, respecto de la definición positiva de esta señala que[25] "En una primera aproximación se puede decir que la sociedad civil es el lugar donde surgen y se desarrollan los conflictos económicos, sociales, ideológicos, religiosos, que las instituciones estatales tienen la misión de resolver mediándolos, previniéndolos o reprimiéndolos. Los sujetos de estos conflictos y por tanto de la sociedad civil, precisamente en cuanto contrapuesta al Estado, son las clases sociales, o más ampliamente los grupos, los movimientos, las asociaciones, las organizaciones que las representan o que se declaran sus representantes; al lado de las organizaciones de clase, los grupos de interés, las asociaciones de diverso tipo con fines sociales e indirectamente políticos, los movimientos de emancipación de grupos étnicos, de defensa de derechos civiles, de liberación de la mujer, los movimientos juveniles, etcétera. Los partidos políticos tienen un pie en la sociedad civil y el otro en las instituciones".

Y más adelante, BOBBIO precisa que "la sociedad civil es la sede donde se forman, especialmente en los períodos de crisis institucional, los poderes que tienden a obtener su legitimidad incluso en detrimento de los poderes legítimos, donde, en otras palabras, se desarrollan los procesos de deslegitimación y de relegitimación. De aquí la frecuente afirmación de que la solución de una crisis grave que amenaza la sobrevivencia de un sistema político debe buscarse ante todo en la sociedad civil, donde se pueden encontrar nuevas fuentes de legitimación, y por tanto nuevos espacios de consenso".

Hoy se considera que, si bien existe una independencia entre el Estado y la sociedad civil, también se predica una interdependencia entre estas dos instancias; se indica que entre sus actividades debe presentarse un fuerte grado de coordinación e interrelación, todo lo cual debe ocurrir en un espacio de construcción colectiva correspondiente a la democracia y que tiene lugar en el seno del Estado democrático[26].

[24] ADELA CORTINA y JESÚS CONILL, *Democracia participativa...*, ob. cit., pág. 90.

[25] NORBERTO BOBBIO, *Estado, gobierno y sociedad: por una teoría general de la política*, trad. José F. Fernández Santillán, México, Fondo de Cultura Económica, 1989, págs. 43-44.

[26] Cfr. ADELA CORTINA y JESÚS CONILL, ob. cit., págs. 100-107.

Lo expuesto hasta ahora permite señalar que es en la participación de los particulares en el desempeño de funciones administrativas el campo en el cual, de forma especial, se presenta la introducción de una nueva técnica propia de la gestión convencional del Estado que supera o desborda tanto la actuación unilateral como la actuación típicamente contractual de la Administración. Pero debe observarse que, como se ha sugerido, también la técnica convencional tiene una trascendente utilización en los últimos tiempos en otros ámbitos de la actuación del Estado. Estos espacios se refieren no solo y en primer lugar a la participación de los particulares en el desempeño de funciones administrativas, sino también a la denominada economía concertada o concertación económica, así como al *fomento*, especial actuación de la Administración identificada con este nombre por la doctrina española.

Por lo tanto, es necesario hacer una mayor referencia a estas dos técnicas de actuación de la Administración, las cuales deben ser distinguidas, pues se trata de espacios cercanos pero que presentan algunas diferencias. Por lo anterior, en los siguientes renglones es pertinente examinar los conceptos de concertación y fomento, con el ánimo de ubicar con mayor precisión conceptual las otras áreas en las cuales se manifiesta la técnica convencional que más adelante se caracterizará como convenio administrativo o convenio celebrado por la Administración con los particulares[27].

B) *La concertación económica*

En el contexto de lo público, al examinar la teoría de los contratos públicos la doctrina española se refiere a los denominados conciertos y a los contratos-programas. Estos últimos acuerdos, importados del derecho francés e introducidos por la Ley General Presupuestaria de ese país, se suscriben por el Estado y las empresas públicas o, en su caso, las privadas que reciban cualquier tipo de subvenciones con cargo a los presupuestos del Estado. Estas figuras no suponen ningún ejemplo de colaboración patrimonial, fenómeno de intercambio económico o de prestaciones patrimoniales entre las partes (propio del concepto tradicional de contrato y, a su vez, característica proyectada en el contrato administrativo[28]), sino que se trata de una técnica

[27] Es conveniente aclarar que en este trabajo no se trata de estudiar en profundidad los conceptos de participación, concertación o fomento, sino de hacer una referencia que permita ver su proyección en el contexto de nuestra investigación, en cuanto ellos constituyen el marco temático en los que se ubica y se mueve la figura del convenio administrativo que aquí se analiza.

[28] Al respecto es oportuno señalar que hemos estudiado ampliamente en el citado libro *Los convenios de la administración*, la diferencia de la figura del convenio y del contrato. Es una diferenciación conceptual que acude a la sustancia misma de los acuerdos de voluntades, a la causa que origina la participación de los sujetos contratantes, a la finalidad

para administrar, en relación con la cual la doctrina francesa ha acuñado la denominación de "contratos o conciertos de administración" en el sentido funcional y no subjetivo de este término, pues "la administración no trata aquí de proveerse de bienes y servicios, sino que directamente administra a través de convenios". Los conciertos se ubican dentro del concepto de *administración concertada* y han tenido un especial desarrollo en el campo de la concertación económica[29].

La proliferación universal[30] de estos convenios o conciertos de administración tiene un alcance que se justifica por un complejo marco social, político, administrativo y jurídico, que es descrito por GARCÍA DE ENTERRÍA y FERNÁNDEZ RODRÍGUEZ como signado por cambios que representan un rompimiento de la rigidez de un ordenamiento construido para una administración que manda e impone. Un ordenamiento que resulta insuficiente para el logro de otros fines que requieren de negociación y que buscan una mayor sustentación de la acción del gobierno con miras a suscitar el entusiasmo y el deseo de colaboración de la sociedad. Para dichos autores, la administración concertada "marca un camino que va a ser necesario recorrer o,

---

que se proponen al acudir al compromiso, al carácter correlativo y conmutativo de las prestaciones pactadas, y que no atiende el hecho simple y formal de la manifestación de la voluntad con carácter vinculante expresada en todo contrato. En este sentido, vale decir, formalmente tanto el convenio como el contrato constituyen actividad contractual, pero sustancialmente se distinguen por la naturaleza del contenido de las voluntades participantes, lo cual se refleja en la materia misma del compromiso. En otras palabras, desde el punto de vista formal el convenio es un contrato, pero no desde la perspectiva sustancial; atendiendo a lo primero, el contrato es el género y el convenio es la especie, pero observando lo segundo se trata de dos figuras distintas.

Como se expone extensamente por el autor de estas líneas en el mencionado libro, la anterior distinción se asoma cada vez con más fuerza en ciertas regulaciones contractuales, pero no se encuentra claramente consagrada en la ley 80, la cual no diferencia las dos figuras, pero esa diferencia se asoma con más claridad en las reformas de dicha ley, contenidas en las leyes 1050 de 2007 y 1474 de 2011. Ello, sin embargo, no es así en el ámbito del *derecho de la organización administrativa*, en el cual la figura del convenio ha irrumpido con perfiles específicos, de forma caracterizada y autónoma, como se constata en la lectura de las normas de la ley 789 de 1998. Lo propio ocurre en la práctica administrativa, en la cual puede considerarse generalizada la utilización de la tópica expresión convenio como acuerdo de voluntades celebrado con la finalidad de ejecutar un objeto de interés común a los sujetos contratantes, mediante la articulación de esfuerzos para su realización conjunta.

[29] Cfr. EDUARDO GARCÍA DE ENTERRÍA y TOMÁS-Ramón FERNÁNDEZ, *Curso de derecho administrativo*, tomo I, Madrid, Civitas, 1995, págs. 667-671.

[30] GARCÍA DE ENTERRÍA y FERNÁNDEZ señalan que este fenómeno consistente en administrar mediante conciertos o convenios "es, sin duda, uno de los más característicos de la administración y del Estado de nuestros días". EDUARDO GARCÍA DE ENTERRÍA y TOMÁS-RAMÓN FERNÁNDEZ, *Curso de derecho administrativo*, ob. cit., pág. 671.

por lo menos, explorar en los próximos años, puesto que ya no cabe seguir ignorando por más tiempo que la administración negocia y que la negociación se ha convertido en un instrumento imprescindible en la tarea de administrar"[31].

Sin duda, lo que se ha denominado concertación económica, administración concertada o economía concertada se ubica dentro de la planeación de la economía por parte del Estado. Como se ha señalado, el Estado busca la realización de una serie de objetivos de política económica, para cuyo logro resultan insuficientes las medidas unilaterales de intervención, pues el respeto de ciertas libertades de los particulares, propias de la economía de mercado, le impiden imponer autoritariamente decisiones de orientación de su actividad que permitan el logro de los fines propuestos.

Es así como el Estado, en diferentes campos de la actividad que le corresponde y para garantizar la realización de propósitos de planeación que para el sector privado son meramente indicativos, acude a fórmulas de pacto y de concertación con los particulares mediante la negociación de acuerdos que vinculan a los sectores empresariales y sociales en la ejecución de actividades que redundan a favor o desarrollan directamente los fines del Estado. Ello se ve no solo en sectores industriales o económicos clásicos, sino en nuevos campos como el del urbanismo, a tal punto que desde hace algún tiempo se habla de urbanismo concertado y de convenios urbanísticos[32].

García de Enterría y Tomás-Ramón Fernández, así como Ramón Martín Mateo y Francisco Sosa Wagner, recuerdan cómo la técnica de la economía concertada ha sido aplicada primeramente en Francia, seguida especialmente por España. Estos últimos observan que en España constituyeron manifestaciones de esa técnica los convenios de precios que arbitraron una serie de medidas frente a las consecuencias de la devaluación de la peseta; también señalan los acuerdos entre productores y agropecuarios y el Ministerio de Agricultura; pero el ámbito más característico de la economía paccionada, como también la llaman, son las denominadas acciones concertadas, instrumentos de aplicación de los planes de desarrollo[33].

Ya en el ámbito jurídico, Ramón Martín Mateo y Francisco Sosa Wagner se preguntan si las acciones concertadas constituyen un contrato típico o

[31] Eduardo García de Enterría y Tomás-Ramón Fernández, ob. cit., pág. 669.

[32] Basta observar rápidamente la gran cantidad de referencias de obras de la doctrina española, alemana e italiana que se citan al pie de página puesto en el segundo renglón del primer párrafo de la obra de Alejandro Huergo Lora, *Los convenios urbanísticos*, Madrid, Civitas, 1998, pág. 27, para apreciar la realidad de la figura del convenio celebrado con particulares en el derecho positivo y su estudio en la doctrina comparada.

[33] Cfr. Ramón Martín Mateo y Francisco Sosa Wagner, *Derecho administrativo económico*, Madrid, Pirámide, 1977, págs. 180-181.

una decisión unilateral necesitada de aceptación. Al exponer las distintas posiciones adoptadas al respecto, indican que es poco convincente esta última postura, según la cual se trata simplemente de la aplicación de normas reglamentarias como consecuencia de la decisión de los particulares de someterse a los dictados de la Administración. Y no es convincente porque "[...] no hace justicia a las auténticas circunstancias que se dan en la acción concertada, donde indudablemente existe un ingrediente de voluntariedad más intenso que en las simples situaciones necesitadas de aceptación. Más razonable y acomodada a las reales circunstancias es la primera hipótesis, la del contrato, aunque posiblemente estemos en presencia de un proceso de naturaleza mixta en el que existen factores de voluntariedad, un cierto pacto entre administración y administrados, pero también consecuencias ulteriores reglamentarias. Es decir, una vez establecido el concierto, el administrado que ha solicitado realizarlo y la administración que ha decidido hacerlo así, vienen vinculados al bloque normativo que disciplina sus consecuencias ulteriores"[34].

Además de remarcar que frente a la acción concertada se utiliza recurrentemente la expresión *convenios* para identificar el instrumento jurídico que la concreta, el cual produce obligaciones y derechos entre la Administración y los administrados, es decir, entre quienes suscriben tales compromisos, es necesario considerar una última observación al respecto: esta modalidad de la actuación pública se circunscribe dentro del campo del fomento, en cuanto como lo precisan los autores mencionados, si bien por una parte mediante los conciertos o pactos efectuados por la Administración con los particulares estos contraen una serie de obligaciones, también se acuerdan unos beneficios que habrán de obtener en el marco del compromiso correspondiente. Estos últimos constituyen verdaderos estímulos a la acción privada y pueden consistir, por ejemplo, en ventajas de carácter fiscal, en la posibilidad de contar con dinero barato accediendo al crédito oficial, en diferentes tipos de subvenciones o en la venta de terrenos a más bajo costo que el del mercado inmobiliario[35].

C) *El fomento*

La concertación presenta vasos comunicantes con la acción de fomento, la cual, junto con las clásicas manifestaciones del poder de policía y de la prestación de los servicios públicos, constituye una de las tres expresiones de la acción administrativa, como lo señala el profesor VIDAL PERDOMO en

[34] RAMÓN MARTÍN MATEO y FRANCISCO SOSA WAGNER, ob. cit., pág. 182.

[35] RAMÓN MARTÍN MATEO y FRANCISCO SOSA WAGNER, ob. cit., págs. 183-185.

su *Derecho administrativo*[36]. La acción de fomento se desarrolla a través de relaciones entre la Administración y los particulares, en cuyo marco se presenta la utilización de instrumentos que pueden identificarse como *técnicas de gestión convencional.*

El fomento constituye una técnica de administración económica de estímulo o persuasión a la actividad de los particulares con el fin de conducirlos a la obtención de fines que se ajustan a los intereses de la colectividad. GASPAR ARIÑO ORTIZ, quien dedica la lección décima de su obra *Principios de derecho público económico* a estudiar el fomento, citando textualmente a JORDANA DE POZAS señala sobre este tipo de acción administrativa que "es una vía media entre la inhibición y el intervencionismo del Estado, que pretende conciliar la libertad con el bien común mediante la influencia directa sobre la voluntad del individuo, para que quiera lo que conviene a la satisfacción de la necesidad pública de que se trate. Podríamos definirla como la acción de la Administración encaminada a proteger o promover aquellas actividades, establecimientos o riquezas debidos a los particulares y que satisfacen necesidades públicas o se estiman de utilidad general sin utilizar la coacción ni crear servicios públicos"[37].

Señala GASPAR ARIÑO que en la actividad de fomento el Estado no manda ni impone, sino que ofrece y necesita de la colaboración del particular para que la actividad fomentada se lleve a cabo, actividad que se dirige a la producción de ciertos bienes o servicios necesarios para la colectividad, que pueden corresponder a campos como la enseñanza, la vivienda, la cultura, la sanidad, la conservación del medio natural, etcétera[38].

Más adelante, al estudiar la *subvención*, dicho autor indica que es una de las medidas de fomento que más ha merecido la atención de la doctrina, la legislación y la jurisprudencia. Al examinar su concepto y naturaleza jurídica recuerda la discusión generada en torno a ella, y cómo algunas posturas la consideran como una relación jurídica unilateral, otras de carácter bilateral y una tercera de carácter mixto. Al respecto es interesante observar cómo las precisiones conceptuales y de régimen jurídico que en

[36] RAMÓN MARTÍN MATEO y FRANCISCO SOSA WAGNER, ob. cit., pág. 274.

[37] ARIÑO ORTIZ, ob. cit., pág. 299.

[38] *Ibid.* Para el concepto de fomento véase también JAIME ORLANDO SANTOFIMIO GAMBOA, *Tratado de derecho administrativo, Introducción*, Bogotá, Universidad Externado, 3ª ed., 2003, pág. 41. Igualmente puede consultarse el extenso estudio de JOSÉ LUIS VILLAR EZCURRA, *Derecho administrativo especial, administración pública y actividad de los particulares*, Madrid, Civitas, 1999, págs. 97-140, ANTONIO BUENO ARMIJO, *El concepto de subvención en el ordenamiento jurídico español*, Bogotá, Universidad Externado, 2013, págs. 29-52 y LIBARDO RODRÍGUEZ RODRÍGUEZ, *Derecho administrativo*, ob. cit., tomo II, págs. 453-479.

seguida hace GASPAR ARIÑO encuentran una importante semejanza con el desarrollo legal y jurisprudencial que en Colombia ha tenido el artículo 355 de la Constitución de 1991[39].

Diferentes tipos de medidas de impulso o auxilio se utilizan para el efecto mencionado: de carácter honorífico, de orden jurídico y propiamente económico. Entre estas se cuentan el otorgamiento de ventajas jurídicas y de exclusividad en determinados productos, beneficios patrimoniales propiamente dichos, como subvenciones, anticipos, garantías de interés, exenciones fiscales, etc.

Por su parte, el profesor VIDAL PERDOMO precisa algunos momentos de la historia del fomento en Colombia y recuerda que la Constitución de 1886 previó que por medio de leyes se podrían "fomentar las empresas útiles o benéficas dignas de estímulo o apoyo", y que conforme a la reforma constitucional de 1945 el fomento se haría con estricta sujeción a los planes y programas correspondientes. Expresa también que "El fomento económico se realizó mediante numerosas leyes que utilizaron medidas idénticas a las ya citadas; políticas de fomento, bancos de fomento, cuotas de fomento, fomento industrial, etc., los anteriores fueron mecanismos conocidos en el mundo de los juristas y de los economistas. Por tal vía la noción operó adecuadamente; aunque no se expidieron formalmente leyes de planes y programas, una visión de conjunto de las necesidades nacionales se hallaba en los programas de desarrollo promovidos por el Departamento Nacional de Planeación que inspiraron tales medidas"[40].

Relata VIDAL PERDOMO cómo la utilización de la figura autorizada constitucionalmente fue degenerando en el Legislativo y en las corporaciones colegiadas locales hacia lo que se ha denominado en el lenguaje nacional auxilios parlamentarios, y señala que, aunque con ellos se beneficiaban instituciones de utilidad pública, el privilegio y las muestras de corrupción que aparecían tornaron la opinión pública adversa a la práctica de tales auxilios. Para salvar al Congreso de este factor de desprestigio, la Asamblea Constituyente de 1991 decidió prohibirlos, lo cual hizo efectivamente en el artículo 355 para todas las ramas y órganos del poder. Indica el profesor VIDAL que "Sin embargo, reproduciendo el esquema de fomento anterior con limitaciones, el texto autorizó a los ejecutivos de los tres órdenes administrativos para celebrar contratos con entidades privadas sin ánimo de

[39] Cfr. ARIÑO ORTIZ, ob. cit., págs. 310-321. Al estudio de los acuerdos de voluntades regulados por el art. 355 de la Carta, que corresponden a una especie de los convenios administrativos, le dedicamos un capítulo en AUGUSTO RAMÓN CHÁVEZ MARÍN, *Los convenios de la administración*, ob. cit.

[40] JAIME VIDAL PERDOMO, ob. cit., pág. 223.

lucro, para impulsar programas y actividades de interés público, acordes con los planes de desarrollo"[41].

Es oportuno apuntar que los contratos que Vidal Perdomo menciona han sido reglamentados por el gobierno nacional en desarrollo de la competencia conferida directamente por el citado artículo 355 de la Carta; de este modo ha adoptado un régimen especial y distinto del contenido en el Estatuto General de Contratación de la Administración Pública (EGCAP) para la generalidad de los contratos estatales. La actividad contractual que la Administración lleva a cabo así en el marco de esa reglamentación, sigue siendo para el autor de este trabajo una acción de fomento, pues tal como lo indica dicha norma constitucional, se realiza "con el fin de impulsar programas y actividades de interés público acordes con el plan nacional y los planes seccionales de desarrollo". Vale decir que esa actividad contractual regulada por normas especiales[42] y distintas del régimen general de contratación administrativa, corresponde a la que se identifica como actividad convencional de la Administración, y tales acuerdos de voluntades son verdaderos convenios, que identificamos por ello como *convenios de interés público*[43].

Adicionalmente, existen en el derecho positivo colombiano otras manifestaciones de fomento instrumentadas a través de fórmulas convencionales, como, por ejemplo, en el campo de la ciencia y tecnología, cuyos negocios jurídicos están sometidos a un régimen especial que el autor examina en el libro mencionado[44].

D) *La colaboración convencional de los particulares*

Antes incluso de la expedición de la Constitución de 1991, la doctrina nacional observaba que la colaboración de los particulares en la actividad administrativa puede llevarse a cabo a través de instrumentos de carácter convencional. En texto publicado en 1986 bajo el título *La colaboración de los particulares en la actividad administrativa*, Jaime Vidal Perdomo exploró, con frecuentes alusiones al derecho francés, español y argentino, las diversas facetas del alcance de esa participación. Interesa observar cómo

[41] Jaime Vidal Perdomo, ob. cit., ob. cit., pág. 224.

[42] Esas normas se adoptan por los decrs. 777 y 1403 de 1992, subrogados por el decr. 092 de 2017.

[43] En Venezuela existen los que allí se identifican como "contratos de interés público", pero se trata de una figura muy diferente. Al respecto véase el artículo publicado precisamente con ese título en *Revista de Derecho Público*, n.° 159-160, julio-diciembre 2019.

[44] Sobre estos negocios convencionales, véase el capítulo "Los convenios y contratos regulados por las normas de ciencia y tecnología" en Augusto Ramón Chávez Marín, *Los convenios de la administración*, ob. cit.

el autor allí señala que la doctrina extranjera acepta la posibilidad de que tal intervención se presente en los tres campos clásicos de la actividad administrativa (policía, servicios públicos y fomento); y, por otra parte, se refiere a la necesidad de la *habilitación*, es decir, a la autorización previa como condición necesaria de la intervención de los particulares, la cual puede ser de dos clases, unilateral y bilateral. Esta habilitación sugiere desde luego una colaboración no solo contractual sino especialmente convencional. Precisamente, al referirse a "La ayuda a actividades privadas de interés general", que identifica como la teoría del fomento, comenta que "en el abanico de posibilidades alrededor de esta actividad administrativa (dictado de normas, atribución de la ayuda por decisiones individuales y la operación material del pago propiamente dicho) la colaboración privada suele ser la de recibir las solicitudes, tramitar los expedientes, dar conceptos y entregar los fondos una vez que la administración ha tomado la decisión"[45].

En la misma obra colombiana en la que se publicó el artículo del profesor VIDAL PERDOMO que se acaba de comentar, se encuentra el texto ya mencionado del distinguido profesor venezolano ALLAN BREWER-CARÍAS, denominado "El derecho administrativo y la participación de los administrados en las tareas administrativas", en el cual se examina con amplitud el tema y en múltiples aspectos coincide con los asertos y enfoques del capítulo sobre participación incluido en la obra de TAFUR GALVIS que atrás se reseñó. Pero lo que interesa remarcar es que, al clasificar las formas de participación, BREWER-CARÍAS se refiere a la participación negocial o contractual. Al estudiar esta manifestación se remite a la figura denominada "convenios sobre transformación", regulada para entonces por el derecho emanado de los órganos del Acuerdo de Cartagena, e ilustra cómo esa norma multilateral fue reglamentada en Venezuela conservando su denominación de convenio. Adicionalmente, señala que, al margen de esa regulación específica, la figura del convenio se ha venido utilizando recurrentemente, pues "Independientemente de la previsión legal de esta forma de participación negocial en las actividades administrativas, la modalidad se ha venido utilizando en variadas circunstancias en el campo industrial. Por ejemplo, los convenios para garantizar el abastecimiento de productos [...] Ejemplos de estos convenios fueron los celebrados entre la República y la Asociación Venezolana de Grasas y Aceites [...] Otros ejemplos de esta participación contractual fueron los convenios firmados entre la República y algunos sectores industriales [...] Ejemplos de estos convenios fueron, el suscrito

[45] JAIME VIDAL PERDOMO, "La colaboración de los particulares en la actividad administrativa" en A.A. V.V., *El derecho administrativo en Latinoamérica*, vol. II, Bogotá, Ediciones Rosaristas, 1986, pág. 320.

entre la República y los representantes del Sector fabricante de Cosméticos [...]"[46]. Para concluir, BREWER-CARÍAS señala que en estos casos se observa un abandono de la acción unilateral de la Administración sustituida por la "decisión convenida" con los representantes de los intereses difusos y colectivos[47].

Más contemporáneamente y en otras latitudes del hemisferio, PIERRE SUBRÁ DE BIEUSSES, en el trabajo denominado "El nuevo derecho administrativo", incluido en el libro editado bajo el título de *Transformaciones del derecho público*, divide su presentación en dos apartes que titula "Una cierta atenuación de la preeminencia del Estado", el primero, y "Una transformación de los modos de intervención estatal", el segundo. En este último dedica el segundo punto al examen de "El auge de políticas contractuales". Después de hacer algunas referencias a la actual importancia de este tipo de actuación del Estado y del desplazamiento por ellas de la actividad unilateral, recuerda que ese fenómeno se hizo fuerte en Francia a partir de los años sesenta y se tradujo en una *modificación* de las relaciones entre el Estado y las colectividades descentralizadas, así como con los agentes económicos públicos o privados, el cual está caracterizado hoy día en ese país (aunque no únicamente, pues existen otros ejemplos que el autor menciona) por los llamados "contratos de plan", cuyo estatuto fue fijado por ley del 29 de julio de 1982[48].

SUBRÁ se dedica en seguida a examinar el alcance de tales contratos y señala que tienen unas notas comunes y pueden celebrarse por el Estado central bien con colectividades territoriales o con empresas públicas o privadas. Se presentan en múltiples campos de la actividad administrativa a las cuales el autor se refiere, y en gran variedad de casos se constata un elemento de unidad "en el sentido de que todos tienen por objetivo general contribuir al desarrollo económico y al empleo dentro de un marco regional determinado y que, por la misma razón, tienden todos a asegurar el ejercicio de una solidaridad nacional ayudando prioritariamente a las colectividades más pobres y con más dificultades"[49].

Vale decir que la exposición de SUBRÁ sirve para sustentar las hipótesis planteadas en estas últimas páginas alrededor de la actividad convencional

[46] BREWER-CARÍAS, "El derecho administrativo...", ob. cit., págs. 294 y 295.

[47] Los ejemplos que presenta BREWER-CARÍAS bien pueden considerarse como convenios de concertación o de fomento.

[48] Para el instrumento identificado en Colombia como *convenio plan* o *contrato plan*, previsto en las leyes que adoptan el plan nacional de desarrollo de los últimos gobiernos, véase AUGUSTO RAMÓN CHÁVEZ MARÍN, *Los convenios de la administración...*, ob. cit., págs. 281-291.

[49] SUBRÁ DE BIEUSSES, ob. cit. pág. 102.

de la Administración, y específicamente en lo referente al convenio celebrado con los particulares por la Administración en torno a la obtención de objetivos de interés colectivo y la importancia que para el derecho administrativo representan estas nuevas formas de la actuación pública.

Por último, en esta referencia al derecho comparado, es oportuno señalar en relación con el derecho alemán, según observaciones realizadas por GASPAR ARIÑO ORTIZ en estudio preliminar escrito para un libro colombiano, que, junto con los que en ese país se identifican como *contratos de coordinación*, la doctrina germánica admite también la figura del contrato público para determinadas operaciones que, con carácter excepcional, pueden tener lugar entre la Administración y los particulares sobre materias típicas del derecho público, como por ejemplo, *contratos de expropiación*, por los cuales la Administración y los particulares fijan de común acuerdo el precio de la indemnización[50]; *los contratos fiscales*, por los que una Administración municipal pacta la renta de un impuesto o de una tasa con los sectores afectados; *contratos sobre las condiciones de urbanización* de un área determinada; y *contratos de subvención* o fomento de la producción. Subrayamos cómo dicho autor, en relación con estos especiales contratos del derecho alemán, aclara en nota al pie de página que "Todos o la mayoría de estos convenios (expropiatorios, urbanísticos, fiscales, acciones concertadas o subvenciones con cargas modales) se encuentran en nuestro derecho (al español se refiere) expresamente excluidos de la Ley de Contratos, bien porque no lo son, bien porque se trata de convenios o conciertos con una regulación específica"[51].

Por otra parte, debe indicarse que la participación de los particulares mediante fórmulas convencionales corresponde a lo que parte de la doctrina nacional ubica dentro del campo de la denominada *descentralización por colaboración*[52], como lo indican RODRÍGUEZ[53] y TAFUR GALVIS, entre otros. Este último señala de qué manera esta tendencia de colaboración se

[50] Para una visión distinta del concepto de contrato público véase LIBARDO RODRÍGUEZ RODRÍGUEZ, *Derecho administrativo*, ob. cit., tomo II, págs. 196-199.

[51] ARIÑO ORTIZ, "La eterna cuestión del poder y el contrato", en JUAN CARLOS EXPÓSITO VÉLEZ, *La configuración del contrato de la administración pública en derecho colombiano y español, análisis de la selección de contratistas*, Bogotá, Universidad Externado de Colombia, 2003, pág. 36.

[52] El concepto de descentralización por colaboración se estudia en el capítulo X de AUGUSTO RAMÓN CHÁVEZ MARÍN, *Los convenios de la administración...*, ob. cit., en el cual se examina su instrumento convencional que se puede nominar precisamente como *convenio de colaboración*.

[53] Véase LIBARDO RODRÍGUEZ RODRÍGUEZ, *Derecho administrativo*, ob. cit., tomo II, págs. 173-174.

ha desarrollado en forma paralela con el surgimiento y la proliferación de entidades nacidas de la iniciativa privada, dedicadas, gracias a la voluntad de sus creadores, fundadores o asociados, a la búsqueda de finalidades de interés general, con carácter altruista. "Por ello, la colaboración respecto de ciertas actividades (educación, cultura, salud, etc.) por la afinidad que representa el objeto propio de las entidades, la busca el Estado por parte de aquellas 'empresas' cuya denominación genérica es la de 'entidades o personas jurídicas sin ánimo de lucro', cualquiera sea la modalidad estructural y organizativa que ellas adopten y las finalidades específicas que ellas persigan"[54].

2. Concepto del convenio administrativo, celebrado por la Administración con los particulares

Entonces, en el seno del Estado contemporáneo, de su papel en la sociedad de hoy y específicamente en el que se consagra por la Constitución Política de 1991, interesa a la ciencia jurídica identificar conceptualmente y contextualizar jurídicamente los mecanismos de asociación de esfuerzos entre el Estado y ciertos sectores de la sociedad civil, asumidos para el logro de intereses generales y comunes a las dos instancias, que cobran una mayor vida en el nuevo universo de lo público[55], haciendo el esfuerzo académico por explorar sus manifestaciones específicas en el ordenamiento actual.

Frente a este modo de actuar, a esta figura que se presenta en diversos campos del derecho público y que ofrece una gran variedad de matices jurídicos y tipológicos, es posible proponer una identificación común, como se hace en este trabajo. Se trata, como se ha señalado en los párrafos precedentes, de actuaciones voluntarias de participación mixta, esto es, de acuerdos

[54] Álvaro Tafur Galvis, *La Constitución de 1991 y la modernización del Estado colombiano*, ob. cit., pág. 58. Este autor estudia el convenio como una manifestación especial de "La colaboración convencional de los particulares en las actividades estatales". Y examina el régimen de este negocio jurídico al lado de temas como "los convenios para el ejercicio de las funciones administrativas típicas", en el capítulo II de la obra citada, págs. 77-105.

[55] Al examinar el contexto sociopolítico de la participación, Sánchez Torres señala que "Así, resulta la participación ciudadana enmarcada en el problema global de la rearticulación de las relaciones entre el Estado y la sociedad civil, en pos de la profundización de la democracia, haciendo posibles distintas perspectivas de visión del problema, que buscan que lo público no se agote en lo estatal. La primera se orienta hacia el fortalecimiento de la sociedad civil, buscando expresiones de la misma en la cogestión, la autogestión y la cooperativización. Una segunda perspectiva enfoca la participación ciudadana como un medio de socialización en la toma de decisiones de las políticas que suponen generar nuevos espacios y mecanismos de articulación del Estado con la sociedad civil", Carlos Ariel Sánchez Torres, ob. cit., pág. 31.

de voluntades celebrados por instituciones públicas con particulares, que se pueden identificar en forma genérica como convenios administrativos[56]. Esta denominación es válida en cuanto tales negocios jurídicos son producto de la actividad convencional del Estado y pertenecen al género de los convenios de la Administración, como una gran segunda categoría de estos, adicional a la que corresponde a los convenios interadministrativos.

Siendo los convenios administrativos negocios jurídicos de carácter convencional, se distinguen sustancialmente de la figura del contrato administrativo o estatal —que es también un acuerdo de voluntades celebrado con particulares— porque en los primeros no se plantea una contraposición de intereses entre las partes contratantes, mientras que ello sí ocurre en los últimos[57]. Vale decir que el convenio administrativo, como ocurre con el género de los convenios de la administración, constituye desde el punto de vista formal actividad contractual o contrato, en cuanto es un acuerdo de voluntades, pero desde el punto de vista sustancial, material o del contenido de

[56] Es claro que el género *convenio de la administración*, así como la especie *convenio administrativo* gravitan en el derecho interno y no en el derecho internacional. En este último se ha planteado la denominación "convenio administrativo" como alternativa a los nombres "convenio de ejecución", "acuerdos simplificados" o "acuerdos celebrados en forma simplificada". Al respecto, entre las múltiples sentencias referidas a esta figura, véanse las C-400 de 1998 y C-239 de 2006. Sobre el tema véase también el libro de Manuel Fernando Quinche Ramírez, *La elusión constitucional. Una política de evasión del control de constitucional en Colombia*, Bogotá, Doctrina y Ley, 2006. En la última de las providencias citadas se expresa sobre dicha figura de derecho internacional: "El proceso de formación, celebración y ejecución de los contratos o convenios de cooperación técnica internacional puede estar regulado por las leyes especiales que adoptan tratados específicos de cooperación técnica. El Estado colombiano ha celebrado acuerdos o tratados marco de cooperación con múltiples Estados, organizaciones o agencias internacionales en cuyo texto se prevén mecanismos especiales de ejecución de las obligaciones convenidas. En particular, estos instrumentos suelen referirse a los llamados convenios de ejecución, también llamados convenios administrativos, acuerdos simplificados o celebrados en forma simplificada. Como lo ha reiterado la Corte, dichos acuerdos tendrán validez en el derecho interno siempre que se firmen en desarrollo de una ley que apruebe el tratado marco y siempre que las obligaciones en este contenidas sean un simple desarrollo de las obligaciones contempladas en la ley aprobatoria del tratado marco. En efecto, la Corte Constitucional ha señalado enfáticamente que por vía del trámite de los acuerdos celebrados en forma simplificada no puede el gobierno comprometer la responsabilidad del Estado colombiano en aquello que el Congreso no hubiere aprobado a través de la ley que aprueba el tratado marco. En este sentido, lo cierto es que dichos acuerdos solo tendrán validez si la norma habilitante reúne los requisitos establecidos en la Constitución y si se trata, materialmente, de un convenio de ejecución y no de un nuevo tratado internacional".

[57] Tal como lo examinó en la primera parte de *Los convenios de la Administración*, al estudiar la actividad convencional y la categoría general que da nombre a esa obra. Augusto Ramón Chávez Marín, ob. cit.

la relación jurídica establecida entre los sujetos contratantes, así como de la causa y fin que ellos se proponen, estos compromisos constituyen actividad convencional.

Por lo anterior puede afirmarse que, así como las entidades de la Administración se unen entre ellas para llevar adelante fines comunes mediante convenios interadministrativos, también ocurre que personas jurídicas públicas buscan la conjunción de esfuerzos con personas naturales o jurídicas de carácter privado, para la consecución de fines de utilidad para toda la sociedad, que interesan tanto a ese particular como a la entidad pública correspondiente.

El tema ha sido tratado en el derecho y la doctrina comparados. Allí se ha estudiado no solamente la teoría que fundamenta la actividad convencional que se ha dejado expuesta en las páginas anteriores, sino también la distinción entre los conceptos de contrato y convenio, como negocios jurídicos diferentes celebrados por la Administración; y en ese marco de ideas también se han distinguido las figuras *contrato administrativo* y *convenio interadministrativo*. Pero más específicamente se ha diferenciado el contrato celebrado por las entidades públicas o estatales con los particulares, es decir, el típico contrato administrativo, frente a los convenios que la Administración celebra también con sujetos del sector privado.

En efecto, ALEJANDRO HUERGO LORA, en su libro *Los convenios urbanísticos*, dedica el capítulo primero al concepto y la delimitación de los convenios urbanísticos, lo cual hace a través de dos apartes relativos a "convenios urbanísticos y contratación pública", y "convenios con particulares y convenios interadministrativos: la posición de las entidades urbanísticas en mano pública". En este aparte, el autor precisa que solo los últimos compromisos son objeto de estudio en su obra y propone algunos elementos que marcan la peculiaridad de las dos clases de negocios a los que se refiere, que se miran atendiendo especialmente el contenido y alcance de las regulaciones urbanísticas españolas, pero haciendo a propósito de ellas algunas interesantes anotaciones, útiles frente al esfuerzo académico que se propone en este trabajo. Sin embargo, no se plantea allí una teoría unitaria, envolvente o sustantiva de los convenios que celebra la Administración, tanto con otras administraciones como con los particulares, y tampoco se aborda un concepto común de convenio administrativo[58]. Algo semejante ocurre en el importante trabajo anterior de HUERGO LORA *Los contratos sobre los actos y las potestades públicas*, cuya teorización se refiere especialmente a la

[58] Cfr. ALEJANDRO HUERGO LORA, *Los convenios urbanísticos*, Madrid, Civitas, 1998, págs. 27-39.

figura que le da título[59]. También se menciona esa dificultad dogmática por José María Rodríguez de Santiago, refriéndose no a todo el conjunto, sino al mero universo de los convenios interadministrativos al que se refiere su importante investigación[60].

Aportes interesantes frente a esta discusión hace posteriormente el enjundioso libro *Convenios y contratos administrativos: transacción, arbitraje y terminación convencional del procedimiento*, de Roberto Bustillo Bolado[61], pero su visión se construye a partir del derecho español y su escepticismo conceptual se enmarca en ese contexto, aunque acude fuertemente al derecho comparado europeo e incluso cita doctrina argentina. En efecto, en la parte primera de esa obra titulada "Convenios y contratos", el autor se refiere a las dificultades de reconducir los convenios administrativos a una unidad conceptual y afirma que ellos como categoría jurídica no existen. Sin embargo, señala que esa afirmación no resulta pacífica y que "Existen autores en España y en el resto de Europa que a la vista del fenómeno convencional han llegado a plantear el surgimiento de los 'convenios' como una o varias nuevas categorías jurídicas cercanas al contrato. En todos esos planteamientos doctrinales nacionales o extranjeros suele coincidir uno de los siguientes puntos de partida: o entender que solo son contratos los negocios jurídicos bilaterales de intercambio bilateral; o pretender englobar bajo la genérica denominación de 'convenios' (u otra equivalente) junto a

[59] Alejandro Huergo Lora, *Los contratos sobre los actos y las potestades públicas*, Madrid, Civitas, 1998. A lo anterior se suma una dificultad que genera confusión conceptual, y es la misma que se presenta en el libro de García de Enterría y Tomás-Ramón Fernández, ob. cit., consistente en que la expresión *convenios de la Administración* se refiere a contratos en general y se le atribuye a toda la actividad contractual de la Administración pública. De estos autores véase la obra ya citada, tomo I, pág. 645 y del primero la pág. 28.

[60] José María Rodríguez de Santiago, *Los convenios entre administraciones públicas*, Madrid, Marcial Pons, 1997. Respecto de los convenios interadministrativos en España observa: "Está claro que el régimen jurídico y sus límites —muchos de ellos de carácter constitucional, por la naturaleza de las cuestiones que se plantean— a los que ha de someterse un acuerdo entre personas jurídico-públicas han de ser bien distintos según lo que dichas organizaciones pretendan conseguir por la vía del convenio. En este sentido, se ha afirmado ya frecuentemente entre nosotros que no es posible predicar un régimen jurídico uniforme para las diferentes clases de convenios, pues bajo la misma forma genérica del convenio se han realizado actuaciones de lo más heterogéneo. Y también se ha dicho que la solución de los problemas que esta técnica suscita llegará más por la vía del estudio de su aplicación en los sectores administrativos concretos, que del análisis de su regulación en la legislación administrativa general".

[61] Roberto Bustillo Bolado, *Convenios y contratos administrativos: transacción, arbitraje y terminación convencional del procedimiento*, 3ª ed., Pamplona, Civitas, 2010.

verdaderos contratos otras figuras que en absoluto lo son y para las que, por tanto, los moldes del contrato no encajan"[62].

Consideramos que avanza claramente en la perspectiva de construcción de una visión unitaria del convenio de la Administración, así como en una teoría como la que venimos propugnando en Colombia, el libro de José Pascual García *Convenios de colaboración entre administraciones públicas y convenios con administrados*, publicado en el año 2012[63]. Aunque ese autor trabaja con base en la Ley de Contratos del Sector Público (LCSP) vigente en ese momento en España[64], sus consideraciones trascienden teóricamente y avanzan conceptualmente en esta materia, al hacer un diagnóstico de la discusión sobre la naturaleza y el alcance de la figura general del *convenio de colaboración* (que incluye tanto los interadministrativos como los celebrados con administrados o con particulares) que distingue del contrato y que felizmente coincide con los elementos básicos que hemos identificado en trabajos anteriores.

Expresa Pascual García que es obligado ver los contratos del sector público y dichos convenios como dos instituciones diferenciadas y que "Esta tesis es, en nuestro criterio, la que subyace en las tendencias doctrinales y jurisprudenciales más recientes" y cómo "[...] ha llegado el momento de formular un concepto unitario de convenio, netamente diferenciado del contrato público"[65], a lo cual se dedica en la primera parte de su obra. A tal fin caracteriza la categoría general del convenio con cuatro notas básicas concurrentes, relativas al carácter vinculante del acuerdo de voluntades (i), la radicación de la causa de la celebración en el fin común a las partes contratantes (ii), que ese fin debe ser de interés público (iii) y que el negocio no puede ser calificado como contrato sujeto a la ley de contratos del sector público y debe fundarse en el libre acuerdo de las partes (iv). Con sustento en lo anterior, dicho autor excluye del concepto de convenio de colaboración ciertos acuerdos que se etiquetan ordinariamente como convenios pero que no responden a la idea de colaboración en la consecución de un fin, que son numerosos y persiguen fines muy variados, como por ejemplo, los que se proponen poner fin a un procedimiento o a una disputa

[62] Roberto Bustillo Bolado, ob. cit., pág. 210.

[63] José Pascual García, *Convenios de colaboración entre administraciones públicas y convenios con administrados*, Madrid, Agencia Estatal Boletín Oficial del Estado, 2012. Es interesante apuntar cómo este autor aborda el estudio del tema en tres partes que coinciden con las que hemos planteado sistemáticamente desde la primera edición de nuestra obra en 2008, dedicadas, como arriba se mencionó, respectivamente al convenio de la administración, al interadministrativo y al celebrado con los particulares o administrativo.

[64] Tal ley está contenida en el Real decreto legislativo 3/2011 del 14 de noviembre.

[65] José Pascual García, ob. cit., pág. 36.

jurídica, los compositivos o los de encomienda de gestión entre órganos de distinta administración, para la realización de actividades propias de la Administración encomendante y bajo su exclusiva responsabilidad[66].

Más recientemente, en el contexto de la nueva Ley de Contratos del Sector Público (LCSP), Santiago Muñoz Machado en el tomo XIII de su tratado, dedicado a los contratos del sector público[67], aborda muy al comienzo de esa obra en el capítulo III, *Convenios y contratos*, algunos de los aspectos que podrían considerarse esenciales en relación con el concepto, como con el régimen distintivo en el derecho Español, tanto de los convenios celebrados entre la Administración y los particulares como los interadministrativos, los cuales estudia en acápites separados, pero sin proponer una teoría general y unitaria sobre el género y esas dos categorías. A pesar de las particularidades de dicho régimen, que ciertamente tiene frente a la figura del convenio una expresión tipológica de un ámbito dogmático más identificable y menos amplio que en Colombia (como se puede ver en la precisa mención que hace Muñoz Machado en su texto[68]), plantea algunas inquietudes que se proyectan a la discusión comparada de la materia. Así, después de indicar que la práctica de la figura del convenio genera "muchos problemas aplicativos por la dificultad de distinguir entre convenios y contratos"[69], al señalar que "Las dos cuestiones más relevantes a resolver son, por tanto, en primer lugar, si existe algún criterio que permita diferenciar los convenios de los contratos con carácter general"[70], plantea la necesidad de identificar ese criterio. Para tal fin transcribe densos apartes de jurisprudencia del Tribunal Supremo que se esfuerza por identificar "la auténtica naturaleza de un convenio administrativo, como categoría diferente del contrato propiamente dicho"[71], cuyo alcance general, en nuestra consideración, al proponer rasgos de identidad conceptual, va incluso más allá de una visión puramente dogmática del derecho español. Sin embargo, Muñoz Machado critica tal esfuerzo explicativo, señalando, en cuanto allí mismo se reconoce, "que existen convenios que pueden encubrir verdaderos

[66] Cfr. José Pascual García, ob. cit., págs. 43-45.

[67] Santiago Muñoz Machado, "Contratos del sector público", en *Tratado de derecho administrativo y derecho público general*, tomo XIII, Madrid, Agencia Estatal Boletín Oficial del Estado, 2018.

[68] Al respecto habrá que examinar que va del régimen de 2011 a la nueva Ley de Contratos del Sector Público (LCSP) de 2017, y determinar en qué medida siguen siendo válidas las exclusiones del concepto de convenio de colaboración que propone Pascual García en el marco del régimen anterior.

[69] Santiago Muñoz Machado, "Contratos del sector público...", ob. cit., pág. 42.

[70] Santiago Muñoz Machado, "Contratos del sector público...", ob. cit., pág. 43.

[71] *Ibid.*

contratos, por lo que siempre habrá que estar no a la denominación que las partes intervinientes otorguen al negocio objeto de la controversia sino a la real 'naturaleza del mismo', de manera que si los derechos y obligaciones que contraen las partes son las características de cualquier contrato típico o especial regulado en las leyes, será el régimen de los contratos el que determine el procedimiento que tiene que seguirse para su celebración, y la regulación de su contenido y efectos"[72]. Es necesario remarcar que esta consideración es válida para el derecho comparado y en particular para el colombiano, pues, como lo hemos puesto de relieve en nuestro estudio, esa circunstancia marca la historia jurídica de indebida tergiversación y utilización que han vivido expresiones tipológicas especiales tanto de convenios administrativos como interadministrativos.

Por su parte, también autores latinoamericanos se han referido a la figura del convenio celebrado con particulares como una institución jurídica distinta del contrato administrativo, y han hecho interesantes precisiones que coinciden con las apreciaciones de este trabajo. El peruano Mario Linares, en su obra *El contrato estatal*, dedica un punto de su primer capítulo a revisar lo que llama "Convenios de la administración y contrato estatal". Allí se esbozan algunas líneas de una concepción muy cercana a la que se ha expuesto por el autor de este trabajo[73].

Indica Linares que es característico del contrato contar con el elemento patrimonial, en el sentido de que en la relación jurídica correspondiente se plantea la idea de intereses pecuniarios o económicos, mientras que "Examinando la *ratio legis* de las normas de derecho público en donde se utiliza el término *convenio*, se trasluce la idea que se encuentra ausente o si se quiere no es preponderante el elemento interés pecuniario o patrimonial, el cual ha sido sustituido por el interés de la administración o de los órganos de esta: cumplir y satisfacer funciones y necesidades de interés público"[74]. Se refiere luego a normas de la Ley de Gestión Presupuestaria y de la Ley de Tributación Nacional, las cuales transcribe para considerar que lo allí consagrado corresponde a convenios. En seguida, dicho autor reitera, pero ampliando su idea, que en los convenios interadministrativos o en la relación administración-particular no debe estar presente en alguna de las partes un interés económico de modo preponderante, sino la realización de alguna función pública o satisfacción de algún servicio público. Al respecto afirma que "Estos presupuestos, si bien son de difícil materialización en la relación administración-particular, no son imposibles, sobre todo tratándose

[72] Santiago Muñoz Machado, "Contratos del sector público...", ob. cit., pág. 44.

[73] Mario Linares, *El contrato estatal*, Lima, Girjley, 2002.

[74] Mario Linares, ob. cit., pág. 31.

de instituciones privadas sin ánimo de lucro"[75]. Para sustentar su análisis, MARIO LINARES invoca las observaciones sobre los "conciertos de la administración" hechas por GARCÍA DE ENTERRÍA y TOMÁS RAMÓN FERNÁNDEZ en su *Curso de derecho administrativo*, así como las varias clases de convenios examinadas por el venezolano ALLAN BREWER CARÍAS, cuyos asertos sobre el tema no son ajenos a la presente investigación y fueron antes comentados, aunque LINARES se remite a un documento distinto del que se mencionó en apartes anteriores[76].

Por su parte, la doctrina brasileña en recientes trabajos ha hecho referencia a la celebración de convenios por parte de la Administración pública, en términos que coinciden con el enfoque planteado en esta exposición. En efecto, en un punto titulado precisamente "Convenios", perteneciente a un apartado denominado por la autora como "Figuras contractuales recientes" del artículo incorporado en el libro *Tratado general de los contratos* públicos, la profesora brasileña ODETE MEDAUAR define esa figura señalando que "es el acuerdo entre órganos o entidades del poder público o entre aquellos y entidades privadas, apuntando a la realización de proyectos o actividades de interés común, en un régimen de cooperación mutua"[77].

En seguida se refiere al tema en los siguientes términos: "El artículo 241 de la Constitución Federal faculta la celebración de convenios entre los entes federativos para la gestión asociada a servicios públicos. Por su parte, el artículo 199, §1° prevé los convenios como forma de participación de las instituciones privadas en el sistema único de salud. El Decreto Federal No. 6.170/2007, con modificaciones posteriores, contiene normas sobre convenios en los que participan la Unión o entidades federales. Un número significativo de convenios es celebrado con entidades privadas sin propósitos lucrativos, aquí denominadas genéricamente, sin precisión técnica, ONG —organizaciones no gubernamentales— o entidades del tercer sector. En el caso de convenios entre la Administración y entidades privadas, en gran medida se prevé, en sus cláusulas, la transferencia de recursos públicos".

Lo anterior se complementa leyendo a otro autor brasileño, VITOR RHEIN SCHIRATO, cuyo trabajo se encuentra en el mismo tratado, quien se refiere a dichos negocios jurídicos denominándolos asociaciones, cooperaciones y contratos de gestión, celebrados con los mencionados tipos de instituciones,

[75] *Ibid.*

[76] MARIO LINARES, ob. cit., pág. 32. En efecto, LINARES se remite al trabajo de ALAN BREWER CARÍAS, "La evolución del concepto de contrato administrativo", en *Libro homenaje al profesor Antonio Morales C.*, Caracas, Universidad Central de Venezuela, 1981.

[77] ODETE MEDAUAR, "La contratación pública en Brasil", en JUAN CARLOS CASSAGNE (dir.), *Tratado general de los contratos públicos*, tomo II, Buenos Aires, La Ley, 2013, págs. 74-75.

así[78]: "Las asociaciones que denomino cooperaciones se refieren a los contratos firmados entre el Estado y la entidad privada sin fines lucrativos para la realización de alguna actividad pública de carácter cultural, educacional, asistencial o de salud pública. Aunque los contratos firmados en el ámbito de las cooperaciones sean suscritos con entidades de Derecho privado, el hecho de que estas no persigan lucro hace que sean llamadas del tercer sector, de ahí que no sean ni públicas, ni propiamente privadas.

"En el Derecho Administrativo brasileño, son consideradas entidades del tercer sector que hacen parte de asociaciones las organizaciones sociales (OS) y las organizaciones de la sociedad civil de interés público (OSCIP), reguladas por las leyes No. 9.637, de 15 de mayo de 1998, y 9.760, de 23 de marzo de 1999, respectivamente.

"Las organizaciones sociales son personas jurídicas de derecho privado que mantienen con la Administración un vínculo contractual denominado contrato de gestión, en cuyos términos ellas se comprometen a desarrollar actividades de (i) enseñanza, (ii) investigación científica, (iii) desarrollo tecnológico, (iv) protección y preservación del medio ambiente, (v) cultura y (vi) salud (artículo 1 de la ley 9.637/98). Los recursos necesarios para el desempeño de las actividades de las organizaciones sociales provienen de transferencias públicas y disciplinadas por el contrato de gestión".

Con sustento en las ideas expuestas hasta ahora, puede afirmarse que la Administración suscribe con los particulares una modalidad de negocios jurídicos que se enmarcan en la actividad convencional, los cuales constituyen lo que en este trabajo se ha denominado *convenios administrativos*, entendidos entonces como aquellos acuerdos vinculantes de voluntades celebrados entre la Administración pública y un particular con el fin de aunar esfuerzos para la realización de un objeto de interés mutuo y de beneficio general.

3. Aspectos relevantes para la identificación del convenio administrativo

En un esfuerzo por delimitar conceptualmente este instrumento jurídico nos referiremos a algunos de sus aspectos relevantes.

A) *Intereses de los sujetos contratantes*

El Estatuto General de Contratación de la Administración Pública (EGCAP) regula todos los acuerdos de voluntades que celebran las entidades

[78] Vitor Rhein Schirato, "A Interaçao entre Administraçao Pública e Particulares nos Contratos Administrativos", en Juan Carlos Cassagne (dir.), *Tratado general de los contratos públicos*, tomo II, Buenos Aires, La Ley, 2013, págs. 710-711.

estatales con los particulares. Estos contratos se encuentran normados bajo un criterio de satisfacción tanto de los fines de las entidades estatales como de los intereses privados y de lucro de los particulares que concurren a su celebración, aunque el artículo 3° de esta ley establezca que los particulares, además de la obtención de utilidades cuya protección garantiza el Estado, colaboran con las entidades estatales en el logro de sus fines y cumplen una función social que, como tal, implica obligaciones.

Ciertamente, la doctrina nacional y la comparada han calificado a los contratistas de la Administración como sus colaboradores. No obstante, consideramos que puede plantearse que la colaboración con la Administración desde la perspectiva contractual asume dos sentidos, atendiendo los intereses que marcan al sujeto colaborador: *colaboración en sentido débil*, cuando se trata de contratistas vinculados mediante contratos administrativos o estatales, en los que el sujeto efectivamente ayuda a la Administración pero a cambio de un precio que implica un ánimo de lucro, como sería el caso de negocios en los cuales se concretara un esquema de la asociación o participación público-privada, prevista por la ley 1508 de 2012[79]; y *colaboración en sentido fuerte*, cuandoquiera que el particular se une a la Administración en el marco de una actividad convencional, signado por fines armónicos con los de entidad pública y en cuyo evento no se propone recibir a cambio un reconocimiento económico con ánimo de lucro, como sería el caso de los compromisos calificados como convenios administrativos que se revisan en este trabajo.

Al lado de la calificación de *colaboradores de la administración* que asigna a los contratistas dicho estatuto general, no parece haber duda sobre el hecho objetivo consistente en que las personas privadas, al celebrar contratos estatales, lo hacen buscando por ese medio la realización de sus intereses particulares y, en especial, la obtención de una ganancia económica, tal como también lo indica la norma mencionada[80]. Al respecto, José Luis

[79] Aprovechamos para apuntar que es bien distinto del que caracteriza la asociación propia de los convenios tanto interadministrativos como de los que aquí se identifican como administrativos, el negocio jurídico correspondiente a la denominada asociación o participación público privada en la ejecución de proyectos de infraestructura (APP o PPP), modalidad de ejecución de recursos públicos que se asocian a los de carácter privado, a fin de llevar adelante ciertas obras marcadas por altos costos de ejecución. Hemos señalado que tales acuerdos de voluntades, regulados por la ley 1508 de 2012, se diferencian especialmente atendiendo la naturaleza de la actividad y los fines últimos que convocan a las partes. Véase Augusto Ramón Chávez Marín, *Los convenios de la administración*, ob. cit., págs. 346-348.

[80] Preceptúa el art. 3° de la ley 80 de 1993: "*De los fines de la contratación estatal.* Los servidores públicos tendrán en consideración que al celebrar contratos y con la ejecución de los mismos [*sic*], las entidades buscan el cumplimiento de los fines estatales, la

Villar Palasí apunta que en el contrato administrativo existe un contraste entre los intereses propios de cada una de las partes, pues en él no solo hay un interesado —el particular—, sino también la Administración pública. Esta se halla más interesada en el objeto contractual que el particular contratante, dado que él "solo quiere tener una lícita ganancia con la realización, debida y correcta, de aquello que se compromete a hacer. La administración, sin embargo, pretende servir los fines públicos mediante el objeto del contrato administrativo"[81]. Ese ánimo de lucro o propósito meramente patrimonial que signa la voluntad del contratista del Estado y determina el interés con el cual concurre a la celebración del negocio jurídico caracteriza los contratos administrativos o estatales. Por el contrario, al celebrar un convenio administrativo, como ya se ha indicado, el particular busca los mismos fines del Estado al que se une, pues hay una real coincidencia de intereses; por lo que se trata de un acuerdo de naturaleza diferente del contrato estatal, el cual corresponde a lo que en este trabajo se ha identificado como convenio.

Teniendo en cuenta lo anterior, cuando la Administración se une a un particular para lograr objetivos de interés común a las dos partes, en una conjunción de esfuerzos, requiere hacerlo con el que se halla investido de las condiciones que ese logro especial necesita, dada la proyección hacia el interés general del fin específico que el Estado se propone.

B) *Régimen general de los convenios administrativos*

El convenio administrativo y el interadministrativo constituyen las dos grandes categorías en que se clasifica el convenio de la Administración. Por ello, respecto de la especie objeto de este trabajo, se predican las características y elementos propios del género al cual pertenece. Lo anterior es así específicamente respecto del régimen jurídico del convenio administrativo[82]. En tal sentido, debe señalarse que el Estatuto General de Contratación de la Administración Pública (EGCAP) se aplica a todo tipo, modalidad o clase

---

continua y eficiente prestación de los servicios públicos y la efectividad de los derechos e intereses de los administrados que colaboran con ellas en la consecución de dichos fines. / [...] Los particulares, por su parte, tendrán en cuenta al celebrar y ejecutar contratos con las entidades estatales que colaboran con ellas en el logro de sus fines y cumplen una función social que, como tal, implica obligaciones".

[81] José Luis Villar Palasí, en el prólogo a Juan Carlos Expósito Vélez, *La configuración del contrato de la administración pública en derecho colombiano y español*, Bogotá, Universidad Externado de Colombia, 2003, pág. 21.

[82] El régimen de la categoría general *convenio de la Administración* se estudia en el capítulo II de la primera parte de Augusto Ramón Chávez Marín, *Los convenios de la Administración*, ob. cit.

de contratos o convenios que celebran las entidades estatales con los particulares, salvo que este exceptúe de su aplicación algún tipo de negocio jurídico o que otra norma con jerarquía constitucional o legal disponga la prevalencia de un régimen especial y diferente de aquel (arts. 1º, 13 y 32).

Adicionalmente, lo anterior significa que el alcance de dicho régimen general de los convenios administrativos está limitado por la aplicación de los regímenes especiales de los diferentes tipos de convenios. Lo que suele ocurrir también, como lo ha observado el autor al examinar algunas clases de convenios, es que la normativa especial se remite al régimen general de la ley de contratación administrativa o bien que, ante el vacío del ordenamiento especial existente, es necesario remitirse por analogía a las normas generales de contratación pública, administrativa o estatal contenidas en el mencionado estatuto.

En consecuencia, respecto al régimen de los convenios administrativos, estos están sujetos a un ordenamiento que comprende dos capas o niveles, cuya prevalencia y aplicación debe determinarse en cada caso: (i) el régimen general de los contratos administrativos o estatales, que incluye eventualmente la aplicación del derecho privado en ciertos aspectos, y (ii) el régimen especial de cada tipo de convenio administrativo; al margen del reenvío al primero por parte del segundo.

Hay que indicar al respecto que en forma semejante a lo que se presenta frente a los convenios interadministrativos, dicho régimen general de los convenios administrativos se sustenta en un criterio meramente subjetivo, en el sentido de que se aplica atendiendo al carácter estatal o público de la entidad contratante y particular del contratista, mientras que el régimen especial de los convenios administrativos atiende enfáticamente y de forma prevaleciente al objeto que por dichos compromisos se pretende.

En armonía con lo expuesto, vale decir que cuanto se refiere a los aspectos relacionados con selección, celebración, contenido, ejecución, liquidación y garantías de los convenios administrativos, se aplica, en principio, el régimen general del Estatuto General de Contratación de la Administración Pública (EGCAP) contenido en la ley 80 y sus reformas[83].

Énfasis especial amerita el sistema de selección del particular cocontratante o contratista en el convenio administrativo, el cual sigue los criterios

[83] Lo anterior ocurre así, pues se trata de una cosa distinta, sin perjuicio de la aplicación propia de la función o actividad administrativa o del régimen que corresponda al ámbito en cuyo marco se celebre el convenio administrativo correspondiente. Por ejemplo, si se trata de pactar la ejecución de funciones administrativas por parte de los particulares vinculados a través del convenio, como lo autoriza el capítulo 16 de la ley 489 de 1998, el régimen aplicable a tal desarrollo será el derecho administrativo.

expuestos: se aplica el régimen general de contratación administrativa y, por excepción, el que se encuentre previsto en el régimen especial de la clase específica del convenio administrativo que se ha de celebrar. Siendo aplicable el régimen general, allí tendrán lugar los sistemas correspondientes de escogencia del contratista, que conforme a ley 1150 de 2007 es la licitación pública, mientras que las excepciones son la selección abreviada, el concurso de méritos y la contratación directa, así como la contratación de mínima cuantía introducida por la ley 1474 de 2011.

Una posición diferente a la anterior puede ser planteada considerando la concepción expuesta sobre los convenios administrativos, al extremar sus consecuencias. Según la doctrina que podría postularse, el marco del estatuto general se halla determinado por la naturaleza de los fines que buscan los particulares vinculados a la Administración, los cuales corresponden al ánimo de lucro que caracteriza la actividad privada. Por lo tanto, los negocios contractuales celebrados entre la Administración y los particulares que no correspondan a tales fines, sino a la identificada como colaboración fuerte, deberían estar por fuera de ese régimen y someterse a una regulación distinta. Esto último es lo que ocurre, según esta tesis, con los convenios administrativos, los cuales deberían ampararse por una regulación distinta de la que generalmente se aplica a los contratos estatales o administrativos. Es preciso indicar que esta posición se suscribe dentro de la doctrina que se expone en este trabajo y se plantea como una propuesta reguladora de la materia. Sin embargo, la realidad del derecho, vale decir, el derecho positivo contractual colombiano, impone reconocer que, si bien ese tratamiento es deseable a la luz de la teoría aquí expuesta, este no ha sido adoptado por el Legislador colombiano.

4. Conclusiones

A la categoría general de los convenios de la Administración no solamente pertenecen los convenios interadministrativos, sino que constituyen también una de sus expresiones los que se identifican en este trabajo como *convenios administrativos*, celebrados ya no entre administraciones públicas, sino entre ellas y particulares.

El estudio de este tipo de compromisos permite recapitular los siguientes aspectos y llegar a las conclusiones que se destacan a continuación:

1. El convenio administrativo se enmarca en las nuevas tendencias de actuación del Estado constitucional, social y democrático contemporáneo, y constituye una de las manifestaciones en las cuales se observa la adopción

de mecanismos consensuales en la gestión administrativa; es una expresión propia de un nuevo modelo de Estado y específicamente del adoptado por la Constitución colombiana de 1991. Es un desarrollo de la democracia participativa, de la participación social y ciudadana en la gestión de las actividades estatales.

Específicamente, el convenio administrativo es un instrumento de la ejecución de funciones administrativas por parte del sector privado, así como de actividades de utilidad pública cuya promoción y fomento le interesa también al Estado. Es, según su fin, un instrumento de realización de la Administración concertada y de la colaboración convencional en el desarrollo de funciones administrativas o de la descentralización por colaboración.

2. En el contexto anterior, la Administración celebra con los particulares una modalidad de negocios jurídicos que se identifican como convenios administrativos. Estos son acuerdos vinculantes de voluntades celebrados entre la Administración pública y un particular con el fin de aunar esfuerzos para la realización de objetos de interés mutuo y de beneficio general. Tales compromisos se presentan en desarrollo de la actividad convencional del Estado y pertenecen al género de los convenios de la administración, como una segunda categoría de estos, adicional a la que corresponde a los convenios interadministrativos.

El convenio administrativo es un negocio jurídico de carácter convencional que desde el punto de vista sustancial o material se distingue del contrato administrativo o estatal, en cuanto con su celebración el particular busca los mismos fines de la entidad pública a la que se une, lo que significa que se presenta una coincidencia de propósitos de interés general. Sin embargo, si se observan los dos instrumentos desde el punto de vista formal, estos se asimilan, en cuanto ambos corresponden a la actividad contractual de la Administración.

3. A pesar de la concepción distinta de los convenios administrativos frente a los contratos administrativos o estatales, conforme al derecho colombiano actual, la actividad contractual propia de aquellos se somete al régimen general establecido para los últimos en el Estatuto General de Contratación de la Administración Pública (EGCAP). De acuerdo con tal estatuto, concretamente, los contratistas deben ser seleccionados por los mecanismos previstos por ese ordenamiento. Ese régimen general debe aplicarse, salvo expresa excepción legal, la cual se presenta en algunas especies de convenios administrativos.

4. Los convenios administrativos tienen diferentes manifestaciones tipológicas en el ordenamiento jurídico colombiano. Dentro de esa tipología

se destacan los *convenios administrativos de interés público* regulados por el artículo 355 de la Constitución de 1991 y los reglamentos que lo desarrollan, los *convenios administrativos de colaboración*, previstos por el capítulo décimo sexto de la ley 489 de 1998 y algunos de los convenios establecidos por el régimen especial de ciencia y tecnología, integrado por la ley 29 de 1990 y los decretos extraordinarios 393 y 591 de 1991.

SITUACIONES JURÍDICAS DE LOS PARTICIPANTES EN PROCEDIMIENTOS COMPETITIVOS DE CONTRATACIÓN PÚBLICA

CARLOS E. DELPIAZZO*
Uruguay

1. OBJETO

Para mí es motivo de singular honra haber sido invitado y poder participar en esta obra colectiva de homenaje al profesor LIBARDO RODRÍGUEZ RODRÍGUEZ.

El derecho administrativo como ciencia se construye y progresa en dos direcciones principales: en su profundización y en su difusión. El profesor LIBARDO RODRÍGUEZ RODRÍGUEZ, a lo largo de cincuenta fecundos años de

* Doctor en Derecho y Ciencias Sociales por la Universidad Mayor de la República Oriental del Uruguay. Profesor emérito de la Facultad de Derecho de dicha Universidad. Director de la Especialización y Maestría en Derecho Administrativo y Gestión Pública en la Facultad de Derecho de la misma Universidad. Catedrático de Derecho Administrativo en dicha Maestría y en la Facultad de Derecho de la Universidad de Montevideo. Excatedrático de Derecho Informático y de Derecho Telemático en la Facultad de Derecho de la Universidad Mayor de la República. Exdirector de la Escuela de Posgrado de dicha facultad. Exdecano de la Facultad de Derecho de la Universidad Católica del Uruguay Dámaso Antonio Larrañaga. Autor de 83 libros y más de 550 trabajos publicados en el país y en el exterior. Profesor invitado del Instituto Nacional de Administración Pública (España). Profesor visitante de la Especialización en Derecho Administrativo de la Universidad de Belgrano (Argentina). Profesor extraordinario visitante de la Universidad Católica de Salta (Argentina). Miembro del Comité Académico de la Maestría de Derecho Administrativo de la Facultad de Derecho de la Universidad Austral (Argentina) y de la Comisión Académica del Programa de Doctorado de Derecho Administrativo Iberoamericano liderado por la Universidad de La Coruña (España). Exdirector y miembro del Instituto Uruguayo de Derecho Administrativo, del Instituto de Derecho Administrativo de la Universidad Notarial Argentina, de la Asociación Argentina de Derecho Administrativo, de la Asociación de Derecho Público del Mercosur, de la Asociación Centroamericana de Derecho Administrativo, de la Academia Internacional de Derecho Comparado, de la Asociación Iberoamericana de Derecho Administrativo, y del Instituto Internacional de Derecho Administrativo. Secretario general del Foro Iberoamericano de Derecho Administrativo. Miembro de número de la Academia Nacional de Derecho y de la Academia Nacional de Economía del Uruguay.

vida académica, ha aportado a nuestra disciplina en ambos aspectos y soy testigo de ello porque lo conozco hace casi treinta años, lapso en el cual he podido aquilatar no solo su altura científica, sino su bonhomía personal.

Por ello, no es raro ni debe llamar la atención que su obra *Derecho administrativo general y colombiano* haya superado las veinte ediciones —lo que no es común— nutriendo a estudiantes, profesionales y magistrados de múltiples generaciones, y que haya sido ungido como presidente del Instituto Internacional de Derecho Administrativo y honrado, más allá de la carrera docente en su país, con merecidas distinciones de universidades extranjeras, de la Academia Internacional de Derecho Comparado y de la Real Academia de Legislación y Jurisprudencia de España, entre muchas otras.

Desde el punto de vista personal, me halaga poder contribuir modestamente a este justo reconocimiento que le hace la comunidad internacional del derecho administrativo; casi me atrevería a decir la familia de quienes profesamos el derecho administrativo, pero, a la vez, cultivamos entre nosotros las relaciones personales y familiares, más allá de los puntos de vista de cada uno sobre temas controversiales de la disciplina.

No solo en su *Manual*, sino en distintos eventos que hemos compartido en diversas instancias internacionales y, especialmente, en el Foro Iberoamericano de Derecho Administrativo, he apreciado el interés de nuestro homenajeado por los temas vinculados a la contratación pública y, por esa razón, he elegido el estudio de las "situaciones jurídicas de los participantes en los procedimientos competitivos de contratación pública" para mi ponencia a esta obra que todos le dedicamos.

2. Enfoque propuesto

Así definido el tema, procede referir el enfoque que propongo para su planteamiento. Este parte de comprobar que, cuando se estudian los procedimientos competitivos de contratación pública, es habitual hacerlo desde la perspectiva de la Administración[1], distinguiendo entre las etapas preparatoria, esencial e integrativa[2], para realizar una adecuada presentación del

[1] Carlos E. Delpiazzo, "Planificación de la contratación pública", en Jaime Rodríguez Arana, Carlos E. Delpiazzo, Olivo Rodríguez Huertas y otros (editores), *Bases y retos de la contratación pública en el escenario global*, Caracas, Editorial Jurídica Venezolana International, 2017, pág. 311 y ss.

[2] Renato Alessi, *Instituciones de derecho administrativo*, Barcelona, Bosch, 1970, tomo I, n.° 193, pág. 284 y ss.; Roberto Dromi, *Licitación pública*, 2ª ed. actualizada, Buenos Aires, E.C.A., 1995, pág. 96 y ss.; y Alberto Ramón Real, *La justicia uruguaya*, n.° 76, sección Doctrina, pág. 77 y ss.

desenvolvimiento de estos[3]. Sin embargo, no es tan frecuente examinar dichos procedimientos desde la *perspectiva de los administrados participantes* en ellos a través de lo que antes he calificado como el "ciclo vital de las ofertas"[4], o sea, deteniéndose en el análisis de la situación jurídica de los participantes en cada uno de los momentos que van desde su preparación hasta su adjudicación o rechazo.

Para ello, y con objetivo introductorio, cabe entender por oferta la proposición que un sujeto realiza en respuesta a la invitación formulada por una Administración pública con el propósito de seleccionar a aquel con quien pretende contratar una obra, un suministro o un servicio.

Según se ha dicho, "Llámase oferta, en derecho, a la proposición firme y completa de un contrato o, más analíticamente, a la manifestación de voluntad dirigida a otro sujeto, de querer concluir con él un contrato, mediante su sola aceptación", de modo que, para ser tal, "tiene que presentarse como acto unilateral, inicial, cabal, firme y recepticio, todo lo cual se puede resumir diciendo que será oferta aquella proposición que puede convertirse en contrato con la aceptación pura y simple de sus términos"[5].

Con esa base, es posible individualizar los siguientes momentos principales en el aludido proceso vital de las ofertas:

a) durante la etapa preparatoria, su preparación y presentación;

b) durante la etapa esencial, su recepción, apertura, admisión o rechazo y evaluación en su caso; y

c) durante la etapa integrativa, su adjudicación o no y, en caso afirmativo, incorporación al contrato.

Por supuesto, cada uno de esos momentos puede ser enfocado desde la perspectiva de los procedimientos competitivos tramitados tradicionalmente en expediente soportado en papel o desde el punto de vista de la incidencia

[3] Carlos E. Delpiazzo, *Manual de contratación administrativa*, tomo 1, 3ª ed. actualizada, Montevideo, Editorial Universidad, 1997, pág. 93 y ss.; *Derecho administrativo uruguayo*, vol. 1, 3ª ed. actualizada y ampliada, México, Porrúa, UNAM, 2005, pág. 262 y ss.; *Derecho administrativo general*, Montevideo, 2021, pág. 526 y ss.; y *Contratación administrativa*, edición aumentada y puesta al día, Montevideo, F. C. U., 2019, pág. 147 y ss.

[4] Carlos E. Delpiazzo, *Contratación administrativa*, ob. cit., pág. 261 y ss.; y "Ciclo vital de las ofertas en los procedimientos de contratación administrativa electrónica", en *Revista de Derecho y Nuevas Tecnologías*, n.º 1, Montevideo, La Ley Uruguay, 2019, pág. 189 y ss.

[5] Eduardo Ortiz, "Régimen público y privado en la oferta a la Administración pública", en *Primer Congreso Internacional de Derecho Administrativo, contratos públicos*, Mendoza, 1978, pág. 336.

de las nuevas tecnologías en el desenvolvimiento de estos en soporte digital[6], aunque esto no se traduce en un cambio sustancial en la situación jurídica del interesado, oferente o adjudicatario.

3. Situación del interesado en la etapa preparatoria

A) *Preparación*

Del mismo modo que la Administración transita una etapa interna de gestación de la contratación que se propone llevar adelante, también los *interesados* en participar en el procedimiento respectivo cuando este se manifiesta externamente a través del llamado, deben trabajar puertas adentro para valorar los pasos que van a dar.

Siendo así, la preparación de la oferta consiste en la actividad interna de cada potencial proponente —así lo llama Libardo Rodríguez Rodríguez[7]— de elaborar su oferta teniendo en cuenta el marco normativo aplicable y, especialmente, las estipulaciones contenidas en los pliegos de condiciones general y particular.

En tal sentido, es valor generalmente aceptado que la formulación de la oferta debe contemplar tres tipos de *requisitos*: subjetivos, objetivos y formales[8].

Los *requisitos subjetivos* se relacionan con el sujeto de derecho que oferta. Significa que, más allá de la capacidad, legitimación, ausencia de impedimentos y cumplimiento de exigencias registrales, la oferta debe ser emitida personalmente por el oferente o a través de mandatario con poder en forma y, tratándose de personas jurídicas, deberán actuar sus representantes.

Los *requisitos objetivos* son los relativos a aquello sobre lo que versa la oferta, o sea, que tienen que ver con la obra, servicio o suministro de que se trate, y, en su caso, con el precio, que deberá cierto e incondicionado.

Los *requisitos formales* son los que conciernen a la instrumentación de la propuesta, la cual normalmente deberá ser clara e incondicionada.

No obstante tratarse la preparación de una etapa interna de elaboración por cada interesado, en la medida que la Administración ya ha ingresado en

[6] Carlos E. Delpiazzo, "A propósito de la apertura electrónica en la contratación administrativa", en Carlos E. Delpiazzo y José Luis Echevarría Petit (coords.), *Cuaderno 3 de Contratación Pública*, Montevideo, U.M., 2018, pág. 199 y ss.; y "Ciclo vital de las ofertas en los procedimientos de contratación administrativa electrónica", ob. cit., pág. 189 y ss.

[7] Libardo Rodríguez Rodríguez, *Derecho administrativo general y colombiano*, tomo II, 20ª ed., Bogotá, Temis, 2017, pág. 240 y ss.

[8] Roberto Dromi, *Licitación pública*, ob. cit., pág. 357 y ss.

la etapa esencial a partir del llamado, puede existir interactuación a través de las *consultas y aclaraciones*.

En el derecho uruguayo, tanto el numeral 3 del Pliego Único de Bases y Condiciones Generales para Contratos de Suministros y Servicios no Personales[9] como el numeral 4 del Pliego Único de Bases y Condiciones Generales para Contratos de Obras Públicas[10] prevén expresamente que las solicitudes de aclaración del pliego podrán ser formuladas "mediante comunicación escrita dentro del plazo que fije el mismo y por los medios que establezca. Vencido dicho término no será obligatorio proporcionar más datos aclaratorios". Se añade que "Las consultas deberán ser específicas y serán evacuadas por la Administración dentro del plazo que establezca el Pliego Particular, comunicando las mismas a todos los interesados a través de su publicación en el sitio web de Compras y Contrataciones Estatales".

B) *Presentación*

La presentación consiste en un acto jurídico particular y unilateral del interesado que, al convertirse en *presentante*, exterioriza su decisión de ser oferente y traduce su voluntad de contratar en los términos de tal presentación.

En el derecho uruguayo, el artículo 63 del Texto Ordenado de Contabilidad y Administración Financiera (TOCAF)[11] dispone que "Los oferentes deberán presentar sus ofertas en las condiciones que se establezcan en los pliegos respectivos, agregando cualquier otra información complementaria pero sin omitir ninguna de las exigencias esenciales requeridas, pudiendo la Administración definir los medios que regirán en cada caso, para su presentación, según lo considere más adecuado para lograr la mayor concurrencia de oferentes" (inc. 1).

En cuanto a su *contenido*, la norma distingue entre el objeto de la oferta y sus posibles modificaciones, alternativas o variantes.

Por un lado, *respecto al objeto*, se establece que "Las ofertas deberán ajustarse razonablemente a la descripción del objeto requerido, teniendo en cuenta la complejidad técnica del mismo" (inc. 2).

Por otro lado, *en lo relativo a la formulación de modificaciones, alternativas o variantes*, ello solo será posible "si el pliego de condiciones particulares así lo autoriza" (inc. 4).

[9] Aprobado por Decreto del Poder Ejecutivo 131/014 de 19 de mayo de 2014.

[10] Aprobado por Decreto del Poder Ejecutivo 257/015 de 23 de setiembre de 2015.

[11] Texto Ordenado de Contabilidad y Administración Financiera aprobado por Decreto del Poder Ejecutivo 150/012 de 11 de mayo de 2012. Ver: Carlos E. Delpiazzo, *Texto Ordenado de Contabilidad y Administración Financiera*, 15ª ed. actualizada y ampliada, Montevideo, F. C. U., 2021.

En tal sentido, con idéntico texto, tanto el numeral 10.2 del Pliego Único de Bases y Condiciones Generales para Contratos de Suministros y Servicios no Personales como el numeral 11.2 del Pliego Único de Bases y Condiciones Generales para Contratos de Obras Públicas, aportan las siguientes caracterizaciones:

a) Se entiende que hay una modificación "cuando, manteniendo la identidad del objeto licitado y presentando apartamientos no sustanciales, igualmente [la oferta] permite satisfacer los requerimientos que originaron el llamado";

b) hay "una solución alternativa cuando, tratándose de una opción, permite igualmente satisfacer los requerimientos que originaron el llamado, siempre que no menoscabe los principios imperantes en materia de contratación pública"; y

c) se considera "una variante [de la oferta] cuando la misma presente variedad o diferencia pero manteniendo la identidad del objeto licitado".

Por lo que refiere a la *formalidad* de la presentación, la disposición del artículo 63 del Texto Ordenado de Contabilidad y Administración Financiera (TOCAF) se cierra disponiendo que "Las ofertas podrán presentarse personalmente contra recibo, en el lugar habilitado al efecto o por correo, fax, en línea a través de los sitios web de compras estatales u otros medios remotos de comunicación electrónica según lo disponga el llamado, no siendo de recibo si no llegaren cumpliendo el plazo, lugar y medio establecido" (inc. 5)[12].

Por eso, bien se ha dicho que la presentación de la propuesta "es la actuación física o virtual del proveedor participante en el proceso de selección por la que hace conocer ante la entidad su oferta para competir por hacerse del contrato"[13].

4. Situación del oferente en la etapa esencial

A) *Recepción*

En cuanto acto recepticio, la presentación de la oferta requiere como contrapartida obligatoria para la Administración su recepción. En tal sentido, Rodolfo Barra enseña que la recepción, admisión y adjudicación califican

[12] José Miguel Delpiazzo Anton, "Presentación y apertura de ofertas", en Carlos E. Delpiazzo (coord..), *Comentarios al TOCAF sobre contratación pública*, tomo I, Montevideo, U. M., 2013, pág. 381 y ss.

[13] Juan Carlos Morón Urbina, "La contratación estatal", en *Gaceta Jurídica*, Lima, 2016, pág. 517.

jurídicamente al administrado como presentante, oferente y adjudicatario respectivamente, a saber[14]:

a) El presentante es quien presenta su propuesta en tiempo oportuno, lo que lo habilita a que su oferta sea abierta y considerada, pero no implica su admisión, del mismo modo que la admisión no importa la adjudicación;

b) el oferente es el presentante admitido, quien tiene una pretensión principal a la adjudicación de su oferta y a la no adjudicación de las propuestas de sus competidores, en la medida que la suya sea la que merezca la calificación de más conveniente; y

c) el adjudicatario es el que tiene derecho a la celebración del contrato, con lo que adquirirá la condición de contratista o cocontratante de la Administración.

Sobre el particular, es claro el artículo 65 del Texto Ordenado de Contabilidad y Administración Financiera (TOCAF) cuando establece que "no se podrá rechazar la presentación de ninguna propuesta sin perjuicio de su invalidación posterior" (inc. 3), distinguiendo así entre el acto de recepción y el juicio posterior de admisión (o rechazo).

B) *Apertura*

La apertura de las ofertas es el acto formal en que se dan a conocer públicamente las ofertas. Lo tradicional es que la apertura se documente en un acta.

En el derecho uruguayo, el artículo 65 del Texto Ordenado de Contabilidad y Administración Financiera (TOCAF) subraya el carácter *público* de la apertura. Conforme a esta disposición, "La apertura de las ofertas se hará en forma pública en el lugar, día y hora fijados en las publicaciones en presencia de los funcionarios que designe a tal efecto la Administración pública licitante y de los oferentes o sus representantes, que deseen asistir" (inc. 1).

Quiere decir que se trata de un acto predeterminado en cuanto al momento de su realización, en el que participa necesariamente un funcionario de la Administración y no necesariamente pero sí convenientemente los representantes de los proponentes.

No obstante, desde el punto de vista formal, la apertura puede concretarse, según sus *modalidades*, no solo en forma presencial sino también virtual.

Para el primer caso establece la norma que "Finalizado el acto, se labrará acta circunstanciada que será firmada por los funcionarios actuantes

[14] RODOLFO CARLOS BARRA, *Contrato de obra pública*, tomo 2, Buenos Aires, Editorial Ábaco de Rodolfo Depalma, 1986, pág. 611.

y los oferentes que lo deseen hacer, quienes podrán dejar consignadas las constancias que estimen necesarias" (inc. 4).

En cambio, para el segundo caso dispone que "La apertura de las licitaciones electrónicas se efectuará en forma automática y el acta se remitirá a la dirección electrónica de los oferentes, de acuerdo con lo establecido en la reglamentación" (inc. 9).

En la medida que con la apertura se consolida la etapa externa de las ofertas —algunos autores hablan de preclusión[15]— es claro que "Abierto el acto no podrá introducirse modificación alguna en las propuestas, pudiendo no obstante los presentes formular las manifestaciones, aclaraciones o salvedades que deseen" (inc. 2).

Consecuentemente, tales manifestaciones, aclaraciones o salvedades no pueden implicar la modificación de la propuesta, por cuanto en esa hipótesis no solo se podría estar violando el principio de igualdad en el tratamiento de los distintos proponentes, sino que además podría estarse adelantando al acto de apertura, la posterior evaluación de las propuestas[16].

C) *Admisión*

Cumplida la recepción de las ofertas y efectuada la apertura de estas, sobrevendrá el examen de admisibilidad por la Administración de cada una de las ofertas, en función del cual estas serán rechazadas o admitidas.

Procede *el rechazo* de aquellas ofertas que no cumplan con los requisitos subjetivos, objetivos o formales requeridos por los pliegos o cuyos proponentes no acrediten los presupuestos de la oferta.

En cambio, la *admisión* es un acto de verificación constitutiva de derechos y obligaciones[17], ya que inviste al presentante en *oferente* titular de una determinada situación jurídica subjetiva, que es de interés legítimo en el procedimiento; no hay todavía por parte del oferente un derecho, sino un interés protegido[18]. El derecho va a nacer en el momento de la adjudicación a favor de quien resulte ganancioso. En cambio, el interés legítimo será una situación permanente durante el procedimiento a partir de la admisión. Se

[15] Roberto Dromi, *Licitación pública*, ob. cit., pág. 375.

[16] Carlos E. Delpiazzo, *Contratación administrativa*, ob. cit., pág. 265.

[17] Renato Alessi, *Instituciones de derecho administrativo*, tomo I, ob. cit., pág. 313 y ss.

[18] Horacio Cassinelli Muñoz, "El interés legítimo como situación jurídica garantida en la Constitución uruguaya", en *Perspectivas del derecho público en la segunda mitad del siglo xx*, tomo III, Madrid, Instituto de Estudios de Administración Local, 1969, pág. 281 y ss., y Juan Pablo Cajarville Peluffo, "Apuntes sobre el concepto de interés legítimo en la Constitución uruguaya", en *Revista de Derecho Público*, N° 41, Montevideo, 2012, pág. 11 y ss.

trata de un interés en que la Administración proceda conforme a las reglas que la regulan en el procedimiento licitatorio[19].

Mediante la admisión, "previa verificación de ciertos requisitos reglados, se inviste a una persona de una determinada situación jurídica subjetiva. Es un acto de atribución individual y personal, que legitima al oferente como parte" en el procedimiento de contratación, y que puede operar de modo tácito o explícito[20].

Significa que el examen de admisión o de admisibilidad de las ofertas es una cuestión previa y distinta a la valoración de su conveniencia, consistente en apreciar la "correspondencia" de la oferta presentada a tiempo, a las exigencias contenidas en los pliegos de condiciones y demás normas aplicables[21].

Como bien se ha dicho, "una cosa es la correspondencia de la oferta con la exigencia de los pliegos y otra es su calidad de más conveniente a los efectos de la adjudicación. Es que la oferta correspondiente, y por lo tanto admisible en el procedimiento, puede no ser conveniente, y de aquí que será rechazada en el momento de la adjudicación luego de ser comparada —mediante una actividad de valoración que cumplirán los órganos competentes de la Administración licitante— con las otras ofertas correspondientes y, en especial, con la oferta que, además de correspondiente, resulte objetivamente conveniente. A la inversa, la calidad de oferta conveniente no podrá purgar el vicio de falta de correspondencia que la pueda aquejar, dado el carácter riguroso del procedimiento de selección del contratista estatal. Precisamente, la falta de correspondencia no precisará, para su comprobación y declaración, de ninguna comparación con las propuestas de los restantes concursantes. La correspondencia es una calidad que pertenece a la oferta en sí misma (aunque en relación con los requisitos de los pliegos licitatorios); en cambio la conveniencia es el resultado de una relación comparativa, una virtud de la oferta en su relación con las propiedades de las restantes propuestas"[22].

Por eso, no puede confundirse el examen de admisibilidad de cada oferta (analizada individualmente) con la posterior valoración de su conveniencia (realizada comparativamente con las demás admitidas).

Mientras que el primero traduce una actividad primordialmente reglada consistente en apreciar la correspondencia de cada oferta con los requerimientos subjetivos, objetivos y formales consignados en el ordenamiento

[19] Alberto Ramón Real, "Licitación pública. Adjudicación y contrato. Vicios", en *La justicia uruguaya*, n.º 76, sección doctrina, pág. 78.

[20] Roberto Dromi, *Licitación pública*, ob. cit., pág. 379.

[21] Carlos E. Delpiazzo, *Contratación administrativa*, ob. cit., págs. 153, 238 y 265 y ss.

[22] Rodolfo Carlos Barra, *Contrato de obra pública*, ob. cit., págs. 616 y 617.

jurídico aplicable que no precisa para su comprobación de ningún cotejo con las demás propuestas (porque es una calidad que refiere a la oferta considerada en sí misma), el análisis de conveniencia es el resultado de una comparación (porque alude a la relación de la oferta con las demás admitidas) donde, dependiendo de los pliegos, puede existir un cierto margen de discrecionalidad[23].

En el derecho uruguayo, el artículo 47 del Texto Ordenado de Contabilidad y Administración Financiera (TOCAF) incluye en el numeral 1 de su inciso 2 "los requisitos de admisibilidad de las propuestas" como parte de los pliegos generales, en tanto que el artículo 48 en su literal c) indica "los criterios objetivos de evaluación" como contenido necesario de los pliegos particulares[24].

Del mismo modo, el artículo 66 del Texto Ordenado de Contabilidad y Administración Financiera (TOCAF) prevé que "El informe de la Comisión Asesora de Adjudicaciones deberá contener los fundamentos que respalden su juicio de admisibilidad y su opción por la oferta más conveniente, exponiendo las razones de la misma" (inc. 3).

Más concretamente, el examen de admisibilidad aparece regulado en los artículos 63 y 65 del Texto Ordenado de Contabilidad y Administración Financiera (TOCAF)[25].

De acuerdo con el ya citado inciso 1 del artículo 63 del Texto Ordenado de Contabilidad y Administración Financiera (TOCAF), "Los oferentes deberán presentar sus ofertas en las condiciones que se establezca en los pliegos respectivos, pudiendo agregar cualquier otra información complementaria pero sin omitir ninguna de las exigencias *esenciales* requeridas".

A su vez, el artículo 65 del Texto Ordenado de Contabilidad y Administración Financiera (TOCAF) establece en su inciso 5 que "La admisión inicial de una propuesta no será obstáculo a su rechazo si se constataren luego defectos que violen los requisitos legales o aquellos *sustanciales* contenidos en el respectivo pliego". Y agrega en el inciso 6: "Se consideran apartamientos *sustanciales* aquellos que no pueden subsanarse sin alterar materialmente la igualdad de los oferentes".

[23] Carlos E. Delpiazzo y Graciela Ruocco, *Tratado jurisprudencial y doctrinario sobre actos y contratos de la administración*, tomo I, Montevideo, La Ley, 2013, pág. 263 y ss.

[24] Carlos E. Delpiazzo, "Diseño de pliegos contractuales y buena administración", en Carlos E. Delpiazzo y José Luis Echevarría Petit (coords.), *Cuaderno 2 de Contratación Pública*, Montevideo, U. M., 2017, pág. 36 y ss.

[25] Carlos E. Delpiazzo y Graciela Ruocco, *Tratado jurisprudencial y...*, ob. cit., pág. 266.

De dichos textos merece destacarse la referencia a "esenciales" y "sustanciales" para calificar las exigencias requeridas para la admisibilidad de las propuestas. Quiere decir que las propuestas pueden omitir exigencias no esenciales y contener apartamientos no sustanciales sin que tales circunstancias aparejen su inadmisión o rechazo.

Adicionalmente, para la realización del juicio de admisión, agrega el artículo 65 en su inciso 7 que "La Administración podrá otorgar a los proponentes un plazo máximo de dos días hábiles para salvar los defectos, carencias *formales* o errores evidentes o *de escasa importancia*". Por lo tanto, a diferencia de los aspectos sustanciales o esenciales, los defectos o carencias formales, así como los errores evidentes o de escasa importancia no meritan el rechazo de una oferta, sino el otorgamiento de un plazo de dos días para su subsanación.

D) *Evaluación*

La evaluación de las ofertas consiste en la comparación tan solo de las admisibles[26].

A tenor de los incisos 11 y 12 del citado artículo 65 del Texto Ordenado de Contabilidad y Administración Financiera (TOCAF), "Examinada la admisibilidad de las ofertas, a los efectos de determinar la *oferta más conveniente a los intereses de la Administración pública y las necesidades del servicio*, se tendrán en cuenta los factores de evaluación cuantitativos y cualitativos aplicables en cada caso, que deberán constar en el pliego de condiciones particulares. Se deberá:

a) Prever razonablemente una ejecución efectiva y eficiente del contrato.

b) Obtener las mejores condiciones de contratación de acuerdo con las necesidades de la Administración.

c) Juzgar los antecedentes de los oferentes y el contenido de las ofertas en base a los criterios objetivos que se determinen en los pliegos".

En esta etapa, dos temas adquieren relevancia: los criterios de evaluación de las ofertas y las denominadas preferencias a favor de determinadas propuestas.

En primer lugar, en cuanto a los *criterios de evaluación*[27], a efectos de determinar cuál es la oferta más conveniente para la Administración, el artículo 48 del Texto Ordenado de Contabilidad y Administración Financiera

[26] Carlos E. Delpiazzo, *Contratación administrativa*, ob. cit., págs. 154 y 239 y ss.; y Carlos E. Delpiazzo y Graciela Ruocco, *Tratado jurisprudencial y...*, ob. cit., págs. 266 y 267.

[27] Carlos E. Delpiazzo, *Contratación administrativa*, ob. cit., pág. 239.

(TOCAF) prevé como contenido necesario del pliego de bases y condiciones particulares (lit. c) "Los criterios objetivos de evaluación", entre los que distingue factores cualitativos y cuantitativos.

Son *factores cualitativos* aquellos que apuntan a consideraciones subjetivas de la propuesta, tales como antecedentes, calidad, experiencia, prestación de mejor asistencia técnica, etc. Son, en cambio, *factores cuantitativos* aquellos que refieren a parámetros medibles, como precios, volumen, peso, cantidad, etc.

De lo dicho resulta que los criterios de selección básicos en función de los cuales la Administración habrá de seleccionar la oferta que considere más conveniente, son principalmente los siguientes:

a) El precio;

b) la calidad;

c) el financiamiento;

d) el plazo de ejecución;

e) la asistencia técnica ofrecida por el proponente;

f) las garantías; y

g) todo otro elemento que en orden a la comparación pueda haber sido establecido concretamente en cada pliego.

Además de juzgar los antecedentes de los oferentes y el contenido de sus ofertas con base en los criterios objetivos determinados en los pliegos, conforme al citado artículo 65 del Texto Ordenado de Contabilidad y Administración Financiera (TOCAF) se deberá prever razonablemente una ejecución efectiva y eficiente del contrato, para procurar obtener las mejores condiciones de contratación de acuerdo con las necesidades de la Administración.

En segundo lugar, de acuerdo con nuestra legislación, en la etapa de comparación de ofertas la Administración licitante debe tener en cuenta determinados *márgenes de preferencia*[28], entre los cuales cabe destacar los siguientes:

a) La preferencia a los bienes, servicios y obras públicas nacionales (art. 58 del TOCAF);

b) la preferencia a los bienes, servicios y obras públicas, fabricados o brindados por micro, pequeñas y medianas empresas, pequeños productores agropecuarios y que estimulen el desarrollo científico tecnológico y la innovación (arts. 59 y 60 del TOCAF);

c) la preferencia a los bienes, servicios y obras públicas que cumplan con normas o certificaciones de calidad, de seguridad, medioambientales, o de

[28] Carlos E. Delpiazzo, *Contratación administrativa*, ob. cit., pág. 240 y ss.

cualquier otro tipo, que se entiendan necesarios y adecuados para estimular la presentación de mejores ofertas (art. 61 del TOCAF);

d) la preferencia a las propuestas que ofrezcan soluciones favorables para la colocación de productos nacionales exportables (art. 62 del TOCAF); y

e) la preferencia a las empresas ubicadas en el departamento en que se efectúa la obra, en el caso de determinadas construcciones (art. 117 de la Ley de Viviendas n.° 13.728 de 17 de diciembre de 1968).

A dichas preferencias deben agregarse las diferentes que puedan resultar de los procesos de contratación realizados en el marco de contratos de préstamo o donaciones modales (art. 45 del TOCAF).

4. Situación del adjudicatario en la etapa integrativa

A) *Alcance de la adjudicación*

Con la resolución de adjudicación se cierra la etapa esencial del procedimiento licitatorio y se abre la etapa integrativa tendiente al perfeccionamiento del contrato por celebrar entre la Administración y el *adjudicatario*.

Se trata de un acto administrativo precontractual, separable y recepticio, cuyo contenido y fin, de acuerdo con el artículo 68 del Texto Ordenado de Contabilidad y Administración Financiera (TOCAF), es determinar la "oferta más conveniente a los intereses de la Administración pública y las necesidades del servicio"[29].

En primer lugar, siendo un *típico acto administrativo*, se distingue del pronunciamiento de la Comisión Asesora de Adjudicaciones por su radical diversidad de naturaleza jurídica. Mientras este último es un dictamen, o sea, una opinión calificada por la idoneidad de los integrantes de dicho cuerpo colegiado, la adjudicación es la decisión del ordenador competente, es decir, una manifestación de voluntad de la Administración, emanada de un órgano de esta, que se imputa como voluntad de la persona pública estatal de que se trata. No es, por consiguiente, una mera opinión, sino una decisión.

Por su naturaleza, la adjudicación traduce un obrar discrecional de la Administración[30], porque la legislación utiliza no solo en nuestro país sino en

[29] Carlos E. Delpiazzo, *Contratación administrativa*, ob. cit., págs. 254 y ss. y 277 y ss.

[30] Enrique Sayagues Laso, *Tratado de derecho administrativo*, tomo I, Montevideo, 1963, pág. 565, y *La licitación pública*, Montevideo, Acali, 1978, pág. 130; Julio A. Prat, *Derecho administrativo*, tomo 3, vol. 2, Montevideo, Acali, 1978, pág. 270; Felipe Rotondo Tornaría, *Manual de derecho administrativo*, 10ª ed., Montevideo, Del Foro, 2017, pág. 372; Constancio Levrero Bocage, "El grado de determinación del objeto de la licitación pública y su influencia sobre la facultad discrecional de determinar la oferta más ventajosa", en *Revista Derecho, Jurisprudencia y Administración*, n.° 73, pág. 134 y

general en el derecho comparado, fórmulas relativamente elásticas para señalar la oferta sobre la cual podrá recaer el acto de adjudicación. Pero ese obrar discrecional de la Administración no la habilita para proceder arbitrariamente, ya que la elección de la oferta más conveniente requiere razonablemente y de buena fe que:

a) Se hayan comparado las ofertas;

b) se haya justificado la opción desde el punto de vista económico;

c) se haya demostrado su ventaja;

d) se hayan respetado los límites establecidos en los pliegos; y

e) se hayan ajustado los dictámenes previamente emitidos o, en caso de verificarse apartamiento de estos, la motivación suficiente para justificar ese apartamiento.

En segundo lugar, la adjudicación tiene carácter *precontractual*, por cuanto precede al contrato.

De acuerdo con consolidada enseñanza, corresponde separar conceptualmente la adjudicación del contrato, entendiendo que la licitación (como cualquier otro procedimiento competitivo) es un procedimiento administrativo previo y distinto a la contratación, de modo que la adjudicación es un acto administrativo precontractual con el que se cierra la fase esencial de la licitación y comienza la fase integrativa, que se opera según cada ordenamiento jurídico[31].

Por eso, he insistido desde hace años en que es necesario y conveniente distinguir la adjudicación y el contrato. Aun cuando no sea imprescindible documentar el contrato por escrito, salvo en aquellos casos en que así lo requiera el derecho de fondo, desde una perspectiva estrictamente conceptual, son distinguibles y separables el acto de adjudicación —que es un acto administrativo unilateral de la Administración— y el contrato —que es un acto bilateral— en el cual se verifica la conjunción de dos voluntades, la de la Administración y la del proponente ganancioso[32].

---

ss.; Lorenzo Sanchez Carnelli, "Adjudicación, vicios, impugnación", en *Contratación administrativa*, Montevideo, F. C. U., 1989, págs. 44 a 46; Pablo Leiza Zunino, "Contratos de la Administración pública, Montevideo, F. C. U., 2012, pág. 384; y Carlos E. Delpiazzo, *Manual de contratación administrativa*, tomo I, Montevideo, Pronade, 1992, pág. 113, y *Contratación administrativa*, ob. cit., pág. 255.

[31] Juan José Carbajal Victorica, "Consulta", en *Revista de Derecho Público y Privado*, n.° 41, pág. 282 y ss.; y Alberto Ramón Real, "Licitación pública, adjudicación y contrato. Vicios", ob. cit., pág. 79; Julio A. Prat, *Derecho administrativo*, ob. cit., pág. 280; y Cristina Vázquez, "Variedad de procedimientos de contratación", en Carlos E. Delpiazzo (coord..), *Renovación de la contratación pública*, Montevideo, F. C. U., 2012, págs. 148 y 149.

[32] Carlos E. Delpiazzo, *Manual de contratación administrativa*, ob. cit., págs. 127 y 128; *Contratación administrativa*, ob. cit., pág. 276; y *Derecho administrativo general*,

En tercer lugar, la adjudicación es un acto *separable* en los términos del decreto ley orgánico del Tribunal de lo Contencioso Administrativo número 15.524 de 9 de enero de 1984, que consagra expresamente la teoría de los actos separables cuando incluye entre los que se consideran susceptibles de la acción de nulidad "los que sean separables de los contratos administrativos" (art. 23, lit. b).

Por tal motivo, es valor aceptado que "no son recurribles administrativamente [y, por ende, no son susceptibles de la acción de nulidad] los contratos administrativos en sentido estricto, aunque sí lo son por previsión expresa, los llamados actos separables de los contratos"[33]; de modo que "el juzgamiento de la validez de los contratos, de la misma manera que el juzgamiento de los hechos, no entra —en virtud de no hallarnos ante actos administrativos— en la competencia de la jurisdicción anulatoria"[34].

En cuarto lugar, tratándose la adjudicación de un acto esencialmente *recepticio*, corresponde tener presente que en el Uruguay tanto el Código Civil (art. 1265) como el Código de Comercio (art. 204) recogen el principio general de la recepción en orden al perfeccionamiento contractual[35], salvo cuando se trata de contratos solemnes (art. 1264) o reales (art. 1252).

Igual criterio parece seguir el artículo 69 del Texto Ordenado de Contabilidad y Administración Financiera (TOCAF) cuando establece que "El contrato se perfeccionará con la notificación al oferente del acto de adjudicación dictado por el ordenador competente, previo cumplimiento de lo dispuesto en el artículo 211, literal B) de la Constitución de la República, sin perjuicio de que en los pliegos de bases y condiciones generales y particulares o en la resolución de adjudicación, se establezca la forma escrita o requisitos de solemnidad a cumplir con posterioridad al dictado del mencionado acto o existan otras condiciones suspensivas que obsten a dicho perfeccionamiento".

En palabras del mayor civilista nacional, "El concepto de recepción ha sido precisado por la doctrina refiriéndolo al momento a partir del cual el destinatario está en condiciones de poder conocer, vale decir, cuando la

---

ob. cit., pág. 499 y ss.; y CARLOS E. DELPIAZZO y GRACIELA RUOCCO, *Tratado jurisprudencial y doctrinario sobre actos y contratos de la administración*, ob. cit., págs. 280 y 281.

33 JUAN PABLO CAJARVILLE PELUFFO, *Recursos administrativos*, 4ª ed. actualizada, Montevideo, F. C. U., 2008, pág. 117; FELIPE ROTONDO TORNARÍA, *Manual de derecho administrativo*, ob. cit., pág. 412; y AUGUSTO DURÁN MARTÍNEZ, *Contencioso administrativo*, 2ª ed. actualizada y ampliada, Montevideo, F. C. U., 2015, pág. 40.

34 HÉCTOR GIORGI, *El contencioso administrativo de anulación*, Montevideo, 1958, pág. 54.

35 CARLOS E. DELPIAZZO, *Contratación administrativa*, ob. cit., pág. 278.

respuesta entra en la esfera de control del destinatario, con la consiguiente posibilidad de aprehensión por parte de este"[36].

No puede ser de otra manera en la medida en que "El contrato que se celebra a partir de un procedimiento licitatorio es un contrato entre ausentes con consentimiento formado progresivamente desde que las partes, particular y Administración, se encuentran en diferente lugar físico al momento en que esta última emite su aceptación (adjudicación), a la vez que transcurre un necesario lapso de tiempo entre la emisión de dicha aceptación y su recepción por el destinatario (adjudicatario)". De ahí la importancia de "la recepción de la aceptación de la Administración por parte del proponente que resultó adjudicatario"[37].

Según se ha dicho, "si la forma es el medio por el cual se exterioriza la declaración constitutiva del acto administrativo y este, a su vez, no existe jurídicamente sino después de la notificación o publicación, es coherente concluir en que ambas —o, lo que es lo mismo, la publicidad— integran aquella como requisito esencial de su configuración"[38].

En el caso específico de la adjudicación, tratándose de un acto administrativo típicamente recepticio, la notificación "constituye un requisito esencial para que el acto administrativo cobre validez respecto de terceros. Hasta entonces, no habrá técnicamente acto administrativo, quedando el acto en la esfera interna de la Administración cuando el acto fuera unilateral"[39].

Siendo así, es clara la trascendencia jurídica de la notificación, ya que mientras ella no ocurre, la Administración puede dejar sin efecto su acto, rectificarlo, modificarlo o diferirlo, puesto que no obliga a su cumplimiento[40], en tanto que para el administrado no puede decirse que está obligado por un contrato cuando ni siquiera conoce la voluntad de la Administración[41].

B) *Efectos de la adjudicación*

Distintos son los efectos de la adjudicación para las ofertas en competencia en cuanto dicho acto implica el rechazo (implícito) de unas y el acogimiento (expreso) de otra.

[36] Jorge Gamarra, *Tratado de derecho civil uruguayo*, tomo XI, Montevideo, F. C. U., 1970, pág. 137.

[37] Elías Mantero Mauri, *Perfeccionamiento y responsabilidad civil en los contratos con la Administración*, A. M. F., Montevideo, 2011, pág. 27.

[38] Julio Rodolfo Comadira, Héctor Jorge Escola y Julio Pablo Comadira, *Curso de derecho administrativo*, tomo I, Buenos Aires, Abeledo Perrot, 2012, pág. 415.

[39] Juan Carlos Cassagne, *El acto administrativo. Teoría y régimen jurídico*, Buenos Aires, La Ley, 2012, pág. 332.

[40] Bartolomé Fiorini, *Teoría jurídica del acto administrativo*, Buenos Aires, Abeledo Perrot, 1969, pág. 132.

[41] Cristina Vázquez, *Variedad de procedimientos de contratación*, ob. cit., pág. 148.

Como es obvio, *el rechazo* produce la finalización del ciclo vital de las ofertas admisibles no seleccionadas. Por consiguiente, los titulares de estas tendrán el derecho de retirar inmediatamente todos los documentos presentados y también la garantía ofrecida.

En cambio, la *adjudicación* convierte al oferente seleccionado en adjudicatario y, como tal, genera un derecho subjetivo a su favor[42], como situación excluyente para contratar con la Administración.

Mientras que, hasta el momento, los oferentes admitidos se encontraban en una situación jurídica subjetiva de interés legítimo que se traducía en el interés de todos ellos en que la Administración (tanto en el dictamen como en el procedimiento previo) se ajustara a las normas contenidas en la ley, en el pliego general y en el pliego particular, al dictarse el acto de adjudicación a favor de quien es titular de la oferta estimada como más conveniente, esa situación de interés legítimo muta por una situación de derecho subjetivo[43].

Por lo tanto, el adjudicatario tiene el derecho a la celebración del contrato y ese derecho es excluyente de los demás oferentes admitidos en el procedimiento licitatorio previo. Y siendo así, la adjudicación produce el deber jurídico correlativo de contratar con el adjudicatario por parte de la Administración, que ya no podrá hacerlo con cualquier otro sujeto.

Como lógica consecuencia, la adjudicación origina el derecho del adjudicatario a ser indemnizado si la Administración desiste antes de celebrar el contrato. En efecto, si la Administración, luego de todo el procedimiento seguido para la selección del oferente más ventajoso, adjudica y, con posterioridad a la adjudicación, resuelve no celebrar el contrato con aquel a quien adjudicó, incurre en responsabilidad, y esa responsabilidad debe ser indemnizada.

6. Conclusión

Para terminar, corresponde enfatizar en la importancia para todos los administrados con vocación de participar en un procedimiento competitivo de contratación convocado por cualquier Administración pública, de atender a su situación jurídica, cuidando de ella en cada momento.

Ello implicará para el *interesado* velar por la ajustada elaboración y tempestiva presentación de su propuesta, para el *oferente* resguardar su interés legítimo, tanto bajo el régimen tradicional (soportado en el expediente en

[42] Juan Pablo Cajarville Peluffo, "Conceptos constitucionales definitorios de la legitimación del actor. Relaciones entre derecho subjetivo, interés legítimo e interés general", en *Revista de Derecho Público*, n.º 43, Montevideo, 2013, pág. 139 y ss.

[43] Carlos E. Delpiazzo, *Contratación administrativa*, ob. cit., págs. 255 y 256.

papel) como en el que posibilitan las nuevas tecnologías de la información y las comunicaciones (tramitado en expediente electrónico), y para quien resulte *adjudicatario* ejercer su derecho subjetivo a contratar.

Desde el punto de vista jurídico, la adecuada gestación y tramitación de las propuestas a través de cada una de sus etapas redundará en mejores resultados sin que sea necesario acudir a impugnaciones que, en algunos casos, constituyen vías oblicuas para enderezar lo que nació torcido.

EL CONTROL DE LEGALIDAD EN LOS CONTRATOS DEL ESTADO: EXPRESIÓN DE LA SUPREMACÍA DEL PRINCIPIO DE LEGALIDAD

CIRO NOLBERTO GÜECHÁ MEDINA PH.D*
Colombia

INTRODUCCIÓN

Uno de los mecanismos de mayor importancia dentro de la actuación de la Administración son los contratos, pues a través de ellos se persigue el cumplimiento de los fines del Estado, ya que las entidades públicas buscan colaboración de los particulares para el desarrollo de su actividad de servicio público; por tal razón, la contratación estatal se estructura como una modalidad de función o actividad administrativa, la cual está sometida al principio de legalidad en sentido genérico, o de juridicidad como lo denomina alguna doctrina.

En efecto, la actividad administrativa está sometida a regulaciones normativas que la condicionan; por tal razón las autoridades públicas deben subordinación y respeto al principio de legalidad, el cual no es ajeno a la actividad de contratación del Estado, lo que determina en el sistema jurídico colombiano un Estatuto Contractual, que está contenido en las leyes 80 de 1993 y 1150 de 2007, así como en el decreto 1082 de 2005.

De tal manera que el principio de legalidad debe estar garantizado en la actividad de contratación pública, que para lo que corresponde al orden jurídico de Colombia se realiza mediante el denominado control de legalidad de la contratación estatal, que se materializa en los denominados medios de control o acciones contencioso administrativas.

En tal sentido, analizaremos cómo opera el principio de legalidad en la contratación pública y la forma como se efectúa el control para garantizarlo, con el fin de que la actividad administrativa se ajuste a derecho y por medio de ella se cumplan los fines del Estado.

* Decano emérito e investigador de la Facultad de Derecho Universidad Santo Tomás, Colombia.

1. El principio de legalidad en la contratación pública

El contrato administrativo implica actuación de la Administración y el principio de legalidad es fundamental a la misma, el cual adquiere su expresión inicial dentro de los postulados de la Revolución francesa, por lo que es preciso afirmar que dicho principio determina al contrato administrativo en cuanto a su formación y esencia, ya que, como lo manifiesta el maestro García de Enterría[1], la Administración no actuaba por propia autoridad, sino con fundamento en la autoridad de la ley, lo que hacía que esa actuación implicara una particularización de los mandatos abstractos de las normas y el contrato administrativo no se podía sustraer de tales determinaciones, en cuanto a que era parte de la actuación de la Administración[2].

Al existir un cambio en la estructura jerárquica de obligatoriedad de las normas y no ser ya la voluntad del soberano la que actuaba sobre cualquier regulación, sino que la imperatividad de las normas jurídicas determinaba la actuación de la Administración, haciendo que esa actuación y dentro de ella la actividad contractual tuviera un principio de subordinación, que no es otro que la ley. Principio que se ve arraigado como típica manifestación del Estado de derecho, que ha perdurado en todos los sistemas concebidos en el respeto de la ley en sentido genérico, es decir de todo el ordenamiento jurídico[3], puesto que el principio de legalidad no es más que la obligatoriedad de normas jurídicas, que tanto la Administración como los particulares deben cumplir en sus actuaciones, lo cual implica el cumplimiento de normas que dicta tanto el poder legislativo como la propia Administración, encontrándonos así, frente a lo que el profesor Juan Alfonso Santamaría Pastor llama completa juridicidad de la acción administrativa, en la medida que las entidades públicas deben observar la Constitución, las leyes que expide el Parlamento, las normas del gobierno con fuerza de ley, los tratados y convenios internacionales, los reglamentos, etc.[4].

[1] Eduardo García de Enterría, *Curso de derecho administrativo*, tomo I, págs. 423 y 424.

[2] Los contratos del Estado constituyen la mayor expresión de subordinación de la actividad de la Administración a la ley; por tal razón es posible afirmar que en estos casos no existe discrecionalidad administrativa, sino ritualismo y formalidad en el procedimiento de las entidades públicas.

[3] La Constitución española, por ejemplo, en el art. 9.1 dice: "Los ciudadanos y los poderes públicos están sujetos a la Constitución y al resto del ordenamiento jurídico"; principio que es contemplado en similares condiciones por la Constitución colombiana, cuando en el art. 4° prevé que esta es norma de normas y es obligación tanto de los nacionales como de los extranjeros respetar la Constitución y las leyes; y se concreta en cuanto a la actuación administrativa en lo previsto en el art. 209 constitucional.

[4] Juan Alfonso Santamaria Pastor, *Principios de derecho administrativo general*, tomo I, Madrid, Editorial Iustel, 2004, pág. 80.

Pero esa subordinación de la actuación administrativa a la ley, en una concepción tradicional del principio de legalidad, podría implicar, en palabras del maestro GIANNINI, que todo acto de la Administración Pública debería estar expresamente previsto en alguna hipótesis normativa[5] y en tales circunstancias, la actuación de la Administración sería solamente un desarrollo de la norma, quedando proscrito cualquier ámbito de libertad, mostrándose así la Administración como el fiel reflejo del poder ejecutivo, donde simplemente se encargaría de actividades de desarrollo previamente establecidas, delimitadas y pre-formalizadas, que para el caso de la actividad contractual se daría en la posibilidad de celebrar únicamente aquellos contratos que taxativamente contemplara la ley, sin dejar ningún ámbito de autonomía a la voluntad de la Administración, es decir, una actividad contractual exclusivamente positivista.

Alguna doctrina hace relación a la validez del derecho, como consecuencia de su adecuación a normas positivas, que para el caso que nos ocupa implica el sometimiento de los contratos a las regulaciones normativas previamente establecidas para que el principio de legalidad se haga evidente y de esta manera, la discrecionalidad y la arbitrariedad quedan proscritas; además, tal circunstancia implica seguridad jurídica para quienes intervienen en el procedimiento administrativo de contratación pública[6].

Como muestra de ese exagerado rigorismo del principio de legalidad, en el ordenamiento jurídico colombiano y específicamente en cuanto a los contratos administrativos, con la expedición del decreto 1670 de 1975, primer estatuto contractual, se adoptó un criterio de taxatividad, en el sentido de contemplar y enlistar cuáles eran los contratos que celebraba la Administra-

[5] MASSIMO SEVERO GIANNINI, *Derecho administrativo*, vol. I, Madrid, Ministerio para las Administraciones Públicas, 1991, quien además dice, que la norma debía fijar poderes, derechos, deberes, formas y secuencias de los procedimientos, actos y efectos de cada uno de sus componentes, elementos y requisitos de cada acto, contraponiéndose así al actuar libre del particular en la esfera de su autonomía privada, el de la Administración Pública, ligada a la ley en todos los momentos lógicos y temporales de su actividad.

[6] LUIGI FERRAJOLI, *La democracia a través de los derechos*, Madrid, Editorial Trotta, 2014, pág. 20, expresa sobre la validez del derecho: "Tenemos así tres modelos de derecho identificables a partir de tres diversas normas de reconocimiento, correspondientes a su vez a tres diversas nociones de validez. En el primer modelo la validez de las normas tiende a reconocerse y a identificarse con su intrínseca justicia, ligada de forma inmediata a su contenido normativo, es decir, a su sustancia o significado prescriptivo. En el segundo modelo la misma se reconoce y se identifica con su positividad, ligada únicamente a la conformidad de sus formas de producción con las normas formales sobre su producción. En el tercer modelo aquella se reconoce y se identifica, además de con la conformidad de sus formas, también con la coherencia de su sustancia o significado con las normas no solo formales sino también sustanciales de su producción".

ción y que tenían el carácter de administrativos[7], criterio que fue recogido por el decreto 222 de 1983[8], cuando expresamente contemplaba los contratos que celebraba la Administración con el carácter de administrativos, pues a los que no estaban enlistados se les daba la denominación de contratos de derecho privado de la Administración; aclarando que con arreglo a la jurisprudencia, a los contratos de derecho privado de la Administración que llevaran la cláusula de caducidad, se les daba la denominación de administrativos, conformándose una tercera modalidad de contratos administrativos [9].

Pero esa rigidez en el sometimiento de la actuación de la Administración a la ley, donde la subordinación se puede convertir en obstáculo para su funcionamiento, siguiendo al maestro italiano, correspondía a la concepción del poder administrativo como poder ejecutivo y a la Administración como ejecución[10]; sistema que en estricto sentido no ha funcionado, pero que sí

[7] El decr. 1670 de 1975 indica cuáles contratos se consideran administrativos, con lo cual consagra un principio positivista en la materia, así: "Art. 67. *De las clases de contratos.* Según el objeto para el cual se celebren los contratos pueden ser de obras públicas, de suministro, de compraventa de bienes muebles, de empréstito, de compraventa o permuta de inmuebles, de arrendamiento, de prestación de servicios; de venta de bienes muebles, de donación y para la recuperación de bienes ocultos.

"Las normas del presente estatuto solo son aplicables a los contratos señalados en el inciso anterior; las demás clases de contratos se continuarán rigiendo por las normas generales o especiales vigentes para los mismos".

[8] En efecto, el decr. 222 de 1983, contiene un criterio taxativo sobre los contratos administrativos: "Art. 80. *De los distintos contratos.* El presente estatuto trata de los siguientes contratos: de obras públicas, de consultoría, de suministro, compraventa y permuta de muebles, compraventa y permuta de inmuebles, arrendamiento, prestación de servicios, donación, para recuperación de bienes ocultos, concesión de servicios públicos, de correos, acuñación de moneda metálica y de billetes, empréstito y seguros.

Los demás contratos continuarán rigiéndose por las normas generales o especiales vigentes para los mismos".

[9] El art. 60 del decreto 222 de 1983, así lo indicaba: "*De las cláusulas que forzosamente deben contener los contratos.* Salvo disposición en contrario, en todo contrato se estipularán las cláusulas propias o usuales conforme a su naturaleza y, además, las relativas a caducidad administrativa; sujeción de la cuantía y pagos a las apropiaciones presupuestases; garantías; multas; penal pecuniaria y renuncia a reclamación diplomática cuando a ello hubiere lugar. Así mismo en los contratos administrativos y en los de derecho privado de la administración en que se pacte la caducidad, se incluirán como cláusulas obligatorias los principios previstos en el título IV de este estatuto.

"*Siempre deberán precisarse el objeto, la cuantía y el plazo para la ejecución completa del contrato*".

[10] Giannini, *Derecho administrativo*, ob. cit., pág. 111, afirma que este sistema rígido del principio de legalidad no ha sido el que ha predominado en los sistemas jurídicos de sometimiento de la Administración a la ley, porque se han creado válvulas de escape al mismo, como en los casos de la discrecionalidad administrativa y en los actos adminis-

ha dado muestras dentro de nuestro ordenamiento como se consignó en la referencia a los dos primeros estatutos contractuales; modificado por la ley 80 de 1993, que permite a la Administración celebrar cualquier clase de contrato previsto en el derecho privado, en normas especiales o los derivados del ejercicio de la autonomía de la voluntad[11]; modificación que no implica que se aleje del principio de legalidad, sino que se da a las entidades públicas una mayor capacidad de acción en la actividad contractual, dentro de la legalidad, sin que se le ate a esa camisa de fuerza de tener como administrativos los contratos que taxativamente prevé la ley[12].

El principio de legalidad no puede ser tan extremo, que obstaculice la actuación de la Administración; pero tampoco puede ser simplemente teórico, de modo que propicie una Administración anárquica y arbitraria. Debe existir un punto de equilibrio, donde la concepción del principio de legalidad se haga práctica y permita que las entidades del Estado al actuar cumplan sus fines o por lo menos lo haga más viable[13].

De todas maneras, el sometimiento de la Administración a la ley y al derecho en general, implica un control de las actuaciones administrativas, en la medida que existen regulaciones jurídicas previas que las determinan, evitando así la anarquía y la arbitrariedad. Control que puede ser de varias clases,

---

trativos dictados en circunstancias extraordinarias, pero que en nuestro parecer dicha discrecionalidad no es posible, precisamente por el sometimiento de la actividad de la Administración al principio de legalidad.

[11] El art. 32 de la ley 80 de 1993, expresamente otorga esa amplia facultad de la Administración para celebrar contratos administrativos, que en un aparte muy importante hace alusión a la autonomía de la voluntad, lo que quiere decir que puede celebrar cualquier clase de contratos, eso sí, con la limitante de someterse a la legalidad.

[12] Es precisamente la propia ley la que de una u otra forma permite el margen de acción en la actividad contractual a la Administración, lo que determina que el principio de legalidad siga actuando de manera clara. Lo mismo ocurre cuando se hace referencia a la discrecionalidad de los actos, donde pareciera que las autoridades administrativas amparadas en el principio de discrecionalidad, actuaran según su voluntad, lo cual no es cierto, en la medida que el art. 44 del actual Código de Procedimiento Administrativo y de lo Contencioso Administrativo, enmarca en la legalidad dichas actuaciones cuando dispone "*Decisiones discrecionales.* En la medida en que el contenido de una decisión de carácter general o particular sea discrecional, debe ser adecuada a los fines de la norma que la autoriza, y proporcional a los hechos que le sirven de causa".

[13] GIANNINI, *Derecho administrativo*, ob. cit., pág. 111 dice: "En la experiencia contemporánea el principio de legalidad asume un significado diverso, más limitado bajo cierto aspecto y más preciso en otros: este último se refiere a la actividad administrativa en cuanto esta se concreta en actos que tengan un contenido autoritario. Por tanto se refiere a las disposiciones en primer lugar, autorizaciones y concesiones no ya en sí mismas, sino en cuanto se refieran a una situación subjetiva del particular que se ve afectada mediante una limitación o mediante su extinción".

como lo expresa el profesor George Dupuis al decir que existen controles *a priori*, controles de regularidad y controles internos[14]; pero que se expresa fundamentalmente en un control jurisdiccional, es decir, en la existencia de unos jueces especiales que conocen de las actuaciones y de los conflictos en que es parte una entidad pública, conformándose entonces la jurisdicción de lo contencioso administrativo, como la jurisdicción especial de la actividad de la Administración y, por tal, de los contratos administrativos.

En el sistema normativo colombiano, la jurisdicción de lo contencioso administrativo, ejerce el control judicial de legalidad de los actos de la Administración[15], mediante la competencia que se le ha otorgado para el conocimiento de los conflictos originados en esa actividad. En efecto, el Título VIII, Capítulo III de la Constitución de 1991, establece la jurisdicción de lo contencioso administrativo, como la encargada de conocer de los conflictos de la Administración, lo cual es desarrollado por el Código de Procedimiento Administrativo y de lo Contencioso Administrativo, al referirse al objeto de esta jurisdicción[16]; y que en lo atinente a los contratos administrativos, dicha facultad se concreta cuando se contemplan los diferentes medios de control o acciones contencioso administrativas, especialmente la acción contractual[17].

[14] Georges Dupuis, *Droid administratif*, 9ème édition, París, Armand Colin, 2004, pág. 28, quien sobre el control de la Administración ejercido fundamentalmente por el juez administrativo, expresa: "Le contrôle juridictionel de l'Adninistration est normalement exercé par le juge Administratif; il échappe au juge constitutionnel; il reléve parfois du judiciaire. Ainsi, au cours d'un procés, le juge répressif (tribunal de simple police, tribunal correctionnel…) peut conduit á apprécier la regularité d'un acte administratif (décret, arrêté...); ou bien encore, et de façon plus large, le juge civil intervient dés lors que le droit privé est utilisé dans l'action administrative".

[15] Esto sin excluir que la actividad de la administración pueda ser objeto de otros controles, como el control fiscal, el disciplinario, el penal, etc.

[16] El art. 104 de la ley 1437 de 2011 establece: *"De la jurisdicción de lo contencioso administrativo.* La jurisdicción de lo contencioso administrativo está instituida para conocer, además de lo dispuesto en la Constitución Política y en leyes especiales, de las controversias y litigios originados en actos, contratos, hechos, omisiones y operaciones sujetos al derecho administrativo, en los que estén involucradas entidades públicas, o los particulares cuando ejerzan función administrativa.

"Igualmente conocerán de los siguientes procesos:

"1. Los relativos a responsabilidad extracontractual de cualquier entidad pública cualquiera que sea el régimen aplicable.

"2. Los relativos a los contratos, cualquiera sea su régimen, en los que se parte una entidad pública o un particular en ejercicio de funciones propias del Estado.

"3. Los relativos a contratos celebrado por cualquier entidad prestadora de servicios públicos domiciliarios en los cuales se incluyan o hayan debido incluirse cláusulas exorbitantes".

[17] El art. 141 del CPACA consagra la acción contractual así: *"Controversias contractuales.* Cualquiera de las partes de un contrato del Estado podrá pedir que se declare su

Pero esto no siempre ha sido así; hasta hace no mucho era la jurisdicción ordinaria la que conocía los conflictos por la actividad contractual de la Administración. En efecto, la Constitución de 1830 le dio a la jurisdicción ordinaria la competencia para conocer de los conflictos originados en contratos celebrados por el poder ejecutivo, competencia que fue ratificada por las constituciones de 1853, 1858, 1863 y 1886; por lo que constitucionalmente se asignaron competencias en materia contractual a la jurisdicción ordinaria[18]; atribución que además era obvia, para la época del siglo XIX y comienzos del XX, pues aún no se encontraba plenamente establecida la jurisdicción de lo contencioso administrativo.

Podría pensarse que con la expedición del primer Código Contencioso Administrativo[19], la jurisdicción administrativa asumiría el conocimiento de las acciones derivadas de contratos de la Administración, lo cual no sucedió y la jurisdicción ordinaria siguió con la atribución de dicha competencia. Esto se mantuvo aun con la expedición de la ley 167 de 1941, segundo Código Contencioso Administrativo, y duró hasta el año de 1964 cuando se dictó el decreto 528, que le otorgó la competencia para conocer de los asuntos o controversias provenientes de contratos administrativos a la jurisdicción contencioso administrativa, y es a partir de este momento cuando el juez natural de la Administración, se encarga de velar por el cumplimiento del principio de legalidad en la actividad especial de la Administración, denominada contratación administrativa[20].

---

existencia o su nulidad, que se ordene su revisión, que se declare su incumplimiento, que se declare la nulidad de los actos administrativos contractuales, que se condene al responsable a indemnizar los perjuicios, y que se hagan otras declaraciones y condenas. Así mismo, el interesado podrá solicitar la liquidación judicial del contrato cuando esta no se haya logrado de mutuo acuerdo y la entidad estatal no lo haya liquidado unilateralmente dentro de los dos (2) meses siguientes al vencimiento del plazo convenido para liquidar de mutuo acuerdo o, en su defecto, del término establecido por la ley.

"Los actos proferidos antes de la celebración del contrato, con ocasión de la actividad contractual, podrán demandarse en los términos de los artículos 137 y 138 de este Código, según el caso.

"El ministerio público o un tercero que acredite un interés directo podrán pedir que se declare la nulidad absoluta del contrato. El juez administrativo podrá declararla de oficio cuando esté plenamente demostrada en el proceso, siempre y cuando en él hayan intervenido las partes contratantes o sus causahabientes".

[18] En estas constituciones, en el capítulo correspondiente a la Corte Suprema de Justicia y a la jurisdicción ordinaria, se hacía relación específica a la competencia en los asuntos de controversias contractuales de la Administración.

[19] La ley 130 de 1913, constituye el primer Código Contencioso Administrativo que se dictó en Colombia.

[20] No significó, que durante el período en que la jurisdicción ordinaria conoció de los asuntos o controversias nacidas de la actividad de contratación de la Administración, el principio de legalidad no hubiere operado; lo que sí puede determinarse es que la aplica-

Así las cosas, el principio de legalidad en lo que atañe a la contratación del Estado, ha venido operando como una constante, aunque los matices hayan sido distintos, de acuerdo con la realidad jurídica imperante en cada momento[21], generando con ello certeza en las actuaciones administrativas de contratación del Estado, en la medida que existe una normativa que la regula y una jurisdicción que controla esas actuaciones y resuelve los conflictos surgidos de la misma, para que opere una seguridad por medio del derecho y una seguridad del derecho mismo, en términos del profesor KAUFMANN[22].

Es pertinente decir entonces, que el principio de legalidad interviene en el origen del contrato administrativo, en la medida que las diferentes regulaciones de la actividad contractual del Estado, han hecho que se cree una concepción propia y particular de los contratos que celebra la Administración, para hacerlos diferentes a los que concluyen los particulares. Es así como en Colombia, desde comienzos del siglo XX se empezaron a dictar leyes y decretos que regulaban específicamente la actividad contractual pública y que culminaron con la concepción de la noción de contrato administrativo, en primer lugar, y posteriormente con la de contrato estatal, situación que permite analizar cómo ha sido la influencia del principio de legalidad en el caso colombiano; de igual manera, su intervención en la formación del control

---

ción o desarrollo del principio pudo verse afectado, en la medida que por la naturaleza del juez ordinario, la acción contractual administrativa se vio refundida en los postulados de la acción contractual de los contratos celebrados por particulares; por lo que, como sostenemos en nuestro libro *Derecho procesal administrativo* (pág. 293), no se hizo distinción a pesar de la naturaleza de los contratos, de sus partes, los efectos y en general las características de unos y otros.

[21] Ningún sistema jurídico puede olvidar la realidad que regula o, más bien, todo sistema jurídico debe ser el resultado de una realidad material que lo determina y en esta medida, no puede ser ajeno a los contratos del Estado. Lo anterior, para estar de acuerdo con el realismo jurídico dentro de las corrientes de pensamiento en el derecho. Ver sobre ello, JUAN GUILLERMO DURÁN, *Introducción a la filosofía del derecho*, Bogotá, Ediciones Jurídicas Gustavo Ibáñez, 2010, págs. 28 y ss.

[22] ARTHUR KAUFMANN, *Filosofía del derecho*, trad. Ana María Montoya, Bogotá, Universidad Externado de Colombia, 1999, pág. 349, al referirse a la seguridad jurídica dice: "Seguridad jurídica puede significar dos cosas: 1. La seguridad por medio del derecho, defensa contra robo, asesinato, hurto, violación contractual; 2. la seguridad del derecho mismo, la garantía de su posibilidad de conocimiento, de su operatividad, de su aplicabilidad. Hay seguridad por medio del derecho, únicamente, cuando el derecho mismo ofrece certeza. En esta segunda forma —seguridad jurídica en sentido propio o estricto— se trata de la eficacia del derecho. Un aspecto parcial de la seguridad jurídica, así entendida, es la fuerza de cosa juzgada de las sentencias judiciales. Significa que una sentencia tal no puede ser impugnada con los instrumentos jurídicos ordinarios (apelación, revisión, recurso de queja). El proceso se encuentra terminado, *Roma locuta, causa, causa finita*". Habría que aclarar el fenómeno de la revisión en el derecho colombiano, el cual procede contra las sentencias ejecutoriadas.

de legalidad, ya que se determina en cuanto se busca verificar o constatar que las actuaciones de la Administración dentro del procedimiento administrativo de contratación se ajusten a postulados de legalidad[23].

2. Las acciones contencioso administrativas son la expresión material del control de legalidad en la contratación del Estado

El mecanismo idóneo para realizar el control de legalidad de los actos administrativos, lo constituyen las acciones contencioso administrativas[24], por lo que son igualmente el medio para controlar los actos dictados en el procedimiento de contratación incluido el contrato[25], en cuanto a que estos son actos administrativos y, por tal razón, no escapan al sometimiento del principio de legalidad que asiste a todos los actos de la Administración[26].

Pero si las acciones son el mecanismo para dicho control, no ha operado de igual forma en cuanto a buscar la anulación de los actos dentro del trámite de contratación, cuando estos contrarían el principio de legalidad mencionado, puesto que ha variado desde las acciones típicas de legalidad hasta las acciones indemnizatorias como la contractual. En efecto, el Código Contencioso Administrativo contenido en el decreto 1 de 1984, en su consagración original al referirse al control de los actos precontractuales, por ejemplo, a pesar que lo establecía en la norma referida a la acción contractual, permitía que otras acciones, vale decir, la acción de simple nulidad y la acción de nulidad y restablecimiento del derecho lo ejercitaran[27].

[23] Podría pensarse que hablar del principio de legalidad dentro del procedimiento administrativo de contratación y específicamente en el origen del contrato del Estado, es una expresión del positivismo jurídico que impera en esta actividad de la Administración, lo cual en nuestro parecer es correcto, ya que la contratación pública está estrictamente regulada por normas jurídicas, que así lo permiten pensar. Sobre el positivismo jurídico puede verse Carlos Santiago Nino, *Derecho, moral y política: una revisión de la teoría general del derecho*, Buenos Aires, Siglo Veintiuno Editores, 2014.

[24] La ley 1437 de 2011 hace referencia a los medios de control y se pretende que ya no existen acciones contencioso administrativas, porque el concepto de acción fue unificado, lo cual no es cierto, ya que la acción es un derecho y lo que conocemos como acción constituye modalidades del mismo.

[25] Los actos precontractuales, en la medida que contengan decisiones de la Administración, se muestran como actos administrativos especiales, dictados dentro del procedimiento de contratación.

[26] Jairo Ramos Acevedo, *Cátedra de derecho administrativo*, pág. 432, para quien el principio de legalidad implica cuatro aspectos del control, como son: la normativa jurídica, la jerarquía normativa, la igualdad jurídica y la razonabilidad, todos aplicables al control de los actos precontractuales.

[27] El art. 87 del decr. 1 de 1984, consagraba: "*Acciones relativas a contratos.* «[...] Los actos separables del contrato serán controlables por medio de las otras acciones previstas en este Código»".

Por su parte, con la modificación introducida con el decreto 2304 de 1989, ya no existió una consagración expresa en el sentido de qué acción era la que controlaba la legalidad de los actos precontractuales, dejándose a la regla general de control de legalidad de los demás actos administrativos, cuando se intentaba su anulación, regla que no era otra que la de utilizar las acciones de nulidad y nulidad con restablecimiento del derecho[28].

Con ocasión de la reforma contenida en la ley 446 de 1998, el legislador vuelve a pronunciarse sobre el control de legalidad, y por tal respecto sobre la posibilidad de anulación de los actos precontractuales, dando la facultad de utilizar tanto las acciones de legalidad que corresponden a la de nulidad y nulidad con restablecimiento del derecho, como a una acción indemnizatoria que es la acción contractual, para llevar a cabo el mentado control[29], con un único requisito para utilizar una u otra acción, el cual se determinó en la celebración del contrato estatal.

En dicha regulación normativa la celebración del contrato estatal o administrativo se convierte en el determinante del control de legalidad de los actos precontractuales, puesto que, de su celebración depende cómo se realiza, el término para intentarlo y la titularidad de su ejercicio[30], con lo que se modifica la esencia del control de legalidad de los actos administrativos en general y de los medios para realizarlo, ya que las acciones de nulidad y nulidad y restablecimiento del derecho respecto de la acción contractual presentan características, término de caducidad, titularidad y efectos del fallo de naturaleza especial que las diferencia, por la sencilla razón que unas y otras son diversas en su esencia y especialmente en el fin que persiguen[31].

La ley 1437 de 2011 en el artículo 141 hace referencia al control de legalidad de los actos precontractuales, en el siguiente sentido: "Los actos proferidos antes de la celebración del contrato, con ocasión de la actividad contractual, podrán demandarse en los términos de los artículos 137 y 138 de este Código, según el caso", lo que significa que se mantiene el criterio de control de los actos precontractuales por medio de las acciones de nulidad y nulidad y restablecimiento del derecho y el término de caducidad es de cuatro

[28] El decr. 2304 de 1989, en su art. 17 modificó el art. 87 del C. C. A. referente a las acciones contractuales, suprimiendo la parte que aludía a los actos precontractuales.

[29] La ley 446 de 1998, modificó el art. 87 del C. C. A.

[30] La norma del art. 87 del C. C. A. conminaba que la celebración del contrato lleva a que la acción que se debe instaurar para intentar la anulación de los actos precontractuales sea la contractual en lugar de la acción de nulidad o de nulidad y restablecimiento del derecho; cambiando de igual forma el término de caducidad de la acción. Dicha circunstancia la reitera la ley 1437 de 2011 en el art. 141.

[31] La acción de nulidad es típica de legalidad, circunstancia que también cobija a la acción de nulidad y restablecimiento del derecho, aun cuando en igual forma es indemnizatoria; por el contrario, la acción contractual es fundamentalmente indemnizatoria y solo excepcionalmente de legalidad.

meses, pero sin que se consagre que al celebrarse el contrato la acción que se debe instaurar es la de controversias contractuales.

En las anteriores circunstancias, la consagración que hace el Código de Procedimiento Administrativo y de lo Contencioso Administrativo de la acción contractual ha creado incertidumbres, que se deben plantear e intentar resolver, por lo que amerita que se traiga a colación el texto de la norma, así:

"Artículo 141. Controversias contractuales. Cualquiera de las partes de un contrato del Estado podrá pedir que se declare su existencia o su nulidad, que se ordene su revisión, que se declare su incumplimiento, que se declare la nulidad de los actos administrativos contractuales, que se condene al responsable a indemnizar los perjuicios, y que se hagan otras declaraciones y condenas. Así mismo, el interesado podrá solicitar la liquidación judicial del contrato cuando esta no se haya logrado de mutuo acuerdo y la entidad estatal no lo haya liquidado unilateralmente dentro de los dos (2) meses siguientes al vencimiento del plazo convenido para liquidar de mutuo acuerdo o, en su defecto, del término establecido por la ley.

"Los actos proferidos antes de la celebración del contrato, con ocasión de la actividad contractual, podrán demandarse en los términos de los artículos 137 y 138 de este Código, según el caso.

"El ministerio público o un tercero que acredite un interés directo podrán pedir que se declare la nulidad absoluta del contrato. El juez administrativo podrá declararla de oficio cuando esté plenamente demostrada en el proceso, siempre y cuando en él hayan intervenido las partes contratantes o sus causahabientes".

La consagración que hace el Código de lo Contencioso Administrativo, del control de legalidad de los actos precontractuales, que por demás es bien especial, ha superado tal controversia, a pesar de que la regulación es muy similar a la prevista en el decreto 1 de 1984 cuya constitucionalidad para entonces fue demandada, por considerarse contraria a postulados de la Carta Superior, en especial con argumentos que ya no se consagran, como que al celebrarse el contrato que había sido adjudicado se hacía imposible demandar mediante la acción de nulidad o de nulidad y restablecimiento del derecho los actos previos a dicha celebración, como ocurría anteriormente, lo que daba lugar a que se generara inseguridad jurídica, puesto que se estaban violando principios como el de razonabilidad, libre acceso a la administración de justicia, protección de los derechos de los asociados, debido proceso, en cuanto a que para atacarlos debía impugnarse el contrato; por lo que actualmente los mencionados actos precontractuales pueden ser impugnados directamente y no como consecuencia del contrato celebrado[32].

[32] Constituyen los argumentos esenciales de la demanda de inconstitucionalidad del art. 87 del decr. 1 de 1984, anterior Código Contencioso Administrativo, específicamente de

Impugnación que dio lugar a que la Corte Constitucional, se pronunciara en cuanto a la constitucionalidad de la norma de 1984, declarándola ajustada a nuestra Carta, debido a que el interés directo para instaurar la acción deriva del provecho o perjuicio de la relación jurídica, en el sentido de la utilidad o pérdida de quien pretende acudir a la jurisdicción de lo contencioso administrativo para incoar la acción; determinando dicho interés en quienes participaron en la selección, ya que son ellos los que van a ver afectados sus derechos de orden patrimonial particular[33], y en esta medida, la nulidad de los actos precontractuales como del contrato administrativo, no pueden ser controlados en cuanto a su legalidad, con fundamento en el criterio general de protección de legalidad que asiste a los demás actos administrativos, que determina la posibilidad que cualquier persona instaure la acción.

Argumentaciones que han sido reiteradas por la jurisprudencia de la Corte Constitucional, con criterios de estabilidad jurídica del contrato y de los actos precontractuales, agilidad dentro del procedimiento de contratación y que no se desprotegen los intereses de terceros, pues acreditando un interés directo es posible instaurar la acción contractual; pero, además, porque la puede intentar el ministerio público o de oficio es viable que se decrete la nulidad[34].

---

los apartes *"una vez celebrado este"* y *"solamente"*, según la reforma del art. 32 de la ley 446 de 1998. Sent. C-1048 de 2001, exp. D3471, Actor: Jaime Eduardo Hincapié Molina.

[33] Corte Constitucional, sent. C-1048/01, exp. D-3471, M. P. Marco Gerardo Monroy Cabra.

[34] Corte Constitucional, sent. C-712 de 2005, ratifica esta posición cuando dice: "De esta manera, ha de resaltarse para efectos del presente proceso que en la sentencia que se cita, la Corte dejó en claro que la posibilidad de demandar los actos administrativos precontractuales por vía de las acciones de nulidad o nulidad y restablecimiento cesa a partir de la celebración del contrato estatal respectivo, y que cuando tal celebración ocurre antes de que se hayan vencido los treinta días que otorga la norma como término de caducidad, opera como una causal de extinción anticipada del término para hacer uso de las referidas acciones. Esta misma postura ha sido adoptada con posterioridad por el Consejo de Estado. Por ejemplo, en providencia de la Sección Tercera del trece de diciembre de 2001, estableció dicha Corporación:

"«El inciso segundo del artículo 87 del C. C. A. modificado por el artículo 32 de la ley 446 de 1998, estableció una innovación considerable en materia de caducidad de las acciones en contra de los actos previos a la celebración del contrato, en tanto los sustrajo de la aplicación general del plazo de caducidad de cuatro meses previsto en el art. 136 del C. C. A. para la acción de nulidad y restablecimiento del derecho, ya que solo podrán impugnarse dentro del término especial de los 30 días siguientes a su comunicación, notificación o publicación, según el caso, cualquiera sea la acción que se escoja. De la misma manera, debe entenderse modificado por la preceptiva anterior el parágrafo 1° del art. 77 de la ley 80 de 1993, en tanto la impugnación del acto de adjudicación debe ejercerse dentro del término especial señalado por el art. 87 del C. C. A. y no en el general previsto por el art. 136; así mismo sufrió modificaciones lo estipulado en el parágrafo segundo, pues aquello de que «para el ejercicio de las acciones contra los actos administrativos de la actividad contractual no es necesario demandar el contrato que los origina», debe

Pero la distinción que hace el legislador y que avala la Corte Constitucional, en cuanto al mecanismo de control de los actos precontractuales, modifica el principio de control de legalidad de los actos administrativos y la esencia propia de las acciones contencioso administrativas ya que el carácter general y público que le asiste, se ve sustituido por el interés particular, en la medida que los legitimados para ejercerlo se limitan a los participantes en la licitación o concurso y las acciones de legalidad son remplazadas por una acción indemnizatoria como es la contractual, para realizar una actividad que no es de su esencia, en cuanto a que es de orden indemnizatorio fundamentalmente; circunstancia que es ratificada por la ley 1437 de 2011, es decir, el nuevo CPACA.

---

ahora armonizarse con lo dispuesto en el inciso segundo del art. 87, en cuanto en algunos casos sí será necesario demandar la nulidad del contrato. Como la norma lo indica, los actos previos a la celebración del contrato serán susceptibles de las acciones de nulidad y nulidad y restablecimiento del derecho las cuales caducarán en un término de treinta días a partir de su comunicación, notificación o publicación. De ahí que pueda afirmarse que cualquier persona dentro de ese plazo y en interés de legalidad puede demandar la nulidad de cualquiera de los actos previos a la celebración del contrato, incluido el acto de adjudicación. Y a través de la acción de nulidad y restablecimiento del derecho y en el mismo término, solo las personas interesadas o con interés jurídico directo. Ahora bien, cuando la norma señala que «una vez celebrado este [se refiere al contrato], la ilegalidad de los actos previos solamente podrá invocarse como fundamento de nulidad absoluta del contrato», haya que entender que una vez celebrado el contrato ya no se podrá instaurar esas acciones en forma separada o independiente y la ilegalidad de tales actos solo podrá alegarse como fundamento de la nulidad absoluta del contrato. Dicho de otra manera, podrá pedirse o bien la nulidad del contrato por ilegalidad del acto de adjudicación o la nulidad del acto de adjudicación y como consecuencia la del contrato, sin que pueda en esta hipótesis hablarse de una acumulación indebida de pretensiones y en ambos casos la acción principal será la nulidad del contrato, o sea la de controversias contractuales prevista en el art. 87 citado. Estas consideraciones armonizan con las apreciaciones hechas por la Corte Constitucional en el examen de la expresión «una vez celebrado este» y «solamente» contenida en el inciso segundo del art. 87 del C. C. A., expresión que fue declarada exequible en la sentencia C-1048 del 4 de octubre de 2001. En tales condiciones, la intención del legislador fue impedir que en contra de los actos previos al contrato se interpusieran acciones distintas a la contractual una vez este se hubiera celebrado. En este orden de ideas, si el contrato adjudicado se suscribe antes del vencimiento de los treinta días señalados para la caducidad de las acciones de nulidad y nulidad y restablecimiento del derecho de los actos previos, o vencido este término, quien esté legitimado para impugnarlos, solo podrá hacerlo como fundamento de la nulidad del contrato, es decir, en ejercicio de la acción contractual y dentro del término de caducidad de dos años previsto en el art. 136 del C. C. A. para las acciones contractuales. Lo cual significa que esa disposición favorece también a aquel proponente o interesado en impugnar cualquiera de los actos previos a la celebración del contrato y que dejó vencer el término de los 30 días fijados por la ley, háyase celebrado o no el contrato. De persistir su interés en impugnarlos podrá hacerlo a través de la acción contractual, a condición de impugnar no solo los actos sino necesariamente el contrato, que ya para ese momento debe haberse celebrado»".

No es cierto que se afecte la estabilidad jurídica de los actos y del contrato, si se otorga la posibilidad de impugnación a través de las acciones de legalidad, ni que se interrumpan los procesos administrativos en la contratación del Estado, porque no está previsto que se suspendan los trámites, como lo da a entender el artículo 141 del Código de Procedimiento Administrativo y de lo Contencioso Administrativo; en cambio, sí se limita el control de legalidad a unos pocos que han participado en el proceso de selección, siendo que el interés en los contratos del Estado es general.

Por otra parte, en cuanto a los actos contractuales, se ha determinado que la acción que se debe instaurar es la contractual, con un criterio de la celebración del contrato, a pesar que los mismos tengan carácter unilateral en algunos casos o bilateral como el contrato administrativo, pero siendo todos ellos actos administrativos, lo que determina que no sea la acción contractual la indicada para ejercer dicho control sino las acciones propias de legalidad.

En lo referente a los actos postcontractuales, el control de legalidad se hace por medio de las acciones de legalidad, lo cual es natural, por cuanto constituyen actos administrativos, que si bien es cierto son el producto de una relación contractual y se dictan dentro del procedimiento administrativo de contratación, es pertinente que su control sea el de los demás actos administrativos.

A) *Una acción de legalidad e indemnizatoria, el mecanismo adecuado para el control de legalidad de la contratación pública*

No puede ser otra la conclusión para poner término a este escrito respecto del control de legalidad de los actos dictados en el trámite de contratación, que nos lleva más allá, pues nos permite proponer la viabilidad de la desaparición de la acción contractual en el sistema jurídico colombiano como mecanismo de control no solo de los actos dictados en el procedimiento de contratación, sino del propio contrato estatal o administrativo[35].

En efecto, no se justifica la existencia de la acción contractual como mecanismo de control del contrato y de los actos proferidos como consecuencia del mismo, así como ocurre con los actos postcontractuales, ya que, si se busca el control de legalidad en sentido abstracto existe la acción de nulidad, y si el control determina intereses particulares, entonces se puede hacer uso de la acción de nulidad y restablecimiento del derecho, como medio de protección de intereses indemnizatorios, por consecuencia de la anulación de un acto.

El sistema francés prevé dos recursos contenciosos, como son el exceso de poder y el de plena jurisdicción, por medio de los cuales se logra preservar

[35] Recordemos que el decr. 1 de 1984 contempló la acción contractual, como una acción independiente, dentro de la jurisdicción contencioso administrativa.

la legalidad y la protección de derechos particulares patrimoniales[36]. El recurso por exceso de poder implica solicitudes de anulación de actos administrativos, es decir la protección de la legalidad objetiva; mientras que el de plena jurisdicción comporta además de la anulación, solicitudes y pronunciamientos respecto a indemnizaciones pecuniarias[37], en donde podemos ubicar los pedimentos naturales de la acción contractual, que implique no solo la protección de la legalidad, sino la indemnización de perjuicios, es decir, la responsabilidad contractual del Estado[38].

La idea toma aun mayor fuerza, si tenemos en cuenta que los contratos constituyen una clase de actos administrativos, a los que algunos han llamado bilaterales y que otros identifican como actos consensuales[39]; pero además, en la medida que los actos precontractuales no dependen para su existencia del contrato, ya que nacen antes del mismo y su independencia no se ve afectada con su celebración, que en el caso de los actos contractuales son impugnados en forma independiente del contrato, es decir, que para demandar de nulidad del acto que declara la caducidad de un contrato, no es necesario demandar su nulidad.

Alguna resistencia puede presentar la propuesta, cuando se trate no de la anulación del contrato ni de los actos que se dictan en el trámite de contratación, sino de pedimentos indemnizatorios únicamente, pero en este caso tenemos que decir que el mecanismo idóneo es el trámite administrativo previo de pronunciamiento de la Administración[40]; que entre nosotros ha existido, cuando hablamos del agotamiento de la vía gubernativa o administrativa y que en nuestro parecer no ha sido suprimido por la ley 1437 de 2011, como mecanismo para lograr un pronunciamiento de la Administración y así darle la posibilidad para que tome decisiones y las modifique igualmente, en caso de haberlas proferido[41]; o de las conciliaciones previas, como mecanismo de procedibilidad para acudir a la jurisdicción contencioso administrativa[42].

[36] Jean Rivero, *Derecho administrativo*, págs. 230 y 231.

[37] Jesús González Pérez, *Derecho procesal administrativo*, tomo II, 2ª ed., Madrid, Instituto de Estudios Políticos, 1996, muestra como en el sistema español opera de igual forma la reclamación de perjuicios, mediante la acción de plena jurisdicción, en la que se solicita la anulación del acto y el reconocimiento de una situación jurídica individualizada.

[38] Dominique Turpin, *Contentieux administratif*, ob. cit., pág. 75.

[39] Luciano Parejo Alfonso, *Manual de derecho administrativo*, vol. I, ob. cit., pág. 750.

[40] Ciro Nolberto Güechá Medina, *Derecho procesal administrativo*, *Primera parte*, ob. cit., pág. 276, muestra cómo opera la petición previa a la Administración en el derecho francés, en un trámite necesario para el ejercicio del recurso contencioso administrativo.

[41] El art. 161 del CPACA hace referencia a los requisitos de procedibilidad para demandar, entre ellos el agotamiento de lo que se conocía como agotamiento de la vía gubernativa.

[42] La ley 640 de 2001, se refiere ampliamente a la necesidad de utilizar el mecanismo de la conciliación previa, para poder acudir a la jurisdicción. La nueva ley estatutaria de

Es cierto que este trámite administrativo previo de provocar pronunciamiento de la administración, tiene su antecedente en el derecho francés y que allí posee unas particularidades, las cuales no se identifican con las solicitudes permitidas en el ordenamiento jurídico colombiano; pero lo que planteamos es que utilicemos el mecanismo con las especificidades que se nos permitan dentro nuestro sistema jurídico.

Lo anterior, sin desconocer que el control general de legalidad en cuanto a la simple protección del ordenamiento jurídico debe intentarse por medio de la acción de simple nulidad, en el evento que los actos no afecten intereses o derechos particulares.

3. El arbitramento como mecanismo de control de legalidad de los actos en la contratación estatal

El arbitramento constituye un mecanismo alternativo de solución de conflictos contractuales previsto en la ley 1563 de 2012, que involucra los contratos celebrados por el Estado en cuanto se haya pactado la cláusula compromisoria, en la cual las partes sustraen el conocimiento de un conflicto de la jurisdicción de lo contencioso administrativo y lo traslada a la competencia que les asiste a los árbitros para resolverlo[43].

La asignación de competencias a los árbitros deriva de la ley, en este caso del Estatuto Arbitral contenido en la ley 1563 de 2012, pero se concreta en el pacto arbitral celebrado por las partes del contrato[44], el cual se materializa en el compromiso[45] o la cláusula compromisoria[46].

---

la administración de justicia, establece que la conciliación es un requisito de procedibilidad para acudir a la acción judicial en asuntos contencioso administrativos de reparación directa y restablecimiento del derecho.

[43] Ver art. 1° de la ley 1563 de 2012, Estatuto Arbitral, el cual establece la posibilidad de acudir al arbitramento contractual en asuntos de libre disposición de las partes o cuando la ley lo autorice.

[44] El pacto arbitral constituye un negocio jurídico, es decir, un pacto entre las partes de sustraer el conocimiento de los conflictos derivados del contrato de la jurisdicción de lo contencioso administrativo y trasladarlo a la arbitral, como lo establece el art. 3° de la ley 1563 de 2012.

[45] El compromiso es el acuerdo entre las partes del contrato de acudir al arbitramento para resolver sus controversias, el cual es celebrado de manera independiente al contrato por la existencia de un conflicto que se surta ante la jurisdicción administrativa, como lo establece el C. de E., Sala de lo Contencioso Administrativo, Sección Tercera, sent. de 28 de abril de 2013, expediente 85001-23-31-000-1998-00135-01(17859), C. P. Carlos Zambrano: "[...] el compromiso arbitral no forma parte del contrato inicialmente pactado entre las partes, sino que obedece a un acto jurídico posterior al surgimiento de la controversia".

[46] La cláusula compromisoria se deriva y hace parte del contrato así se contenga en documento anexo como lo establece el C. de E., Sala de lo Contencioso Administrati-

Es necesario advertir que en el caso de la cláusula compromisoria, aunque depende del contrato, adquiere autonomía cuando llega al mundo jurídico y por tal razón mantiene su existencia así el contrato sea nulo o deje de existir, como lo ha expresado el Consejo de Estado:

"2 La autonomía de la cláusula compromisoria constituye una de sus principales características, al punto que los árbitros se encuentran habilitados para decidir la controversia aun en el evento de que el contrato sobre el cual deban fallar sea nulo o inexistente, es decir, la nulidad del contrato no afecta la validez y eficacia de la cláusula compromisoria pactada por las partes"[47].

Por regla general las controversias sobre las que versa el arbitramento son de carácter patrimonial y no de legalidad, ya que los árbitros de manera usual no se pronuncian sobre la validez de actos en el procedimiento administrativo de contratación, sino que su competencia se circunscribe en resolver los conflictos patrimoniales generados entre las partes del contrato.

En tal sentido, las controversias que se surten ante la jurisdicción arbitral son de carácter económico y no de legalidad, porque se ha concebido que las decisiones de los árbitros tienen un contenido fundamentalmente patrimonial, lo que determina que en principio no tengan la facultad para anular actos administrativos, ya que dicha competencia corresponde a la jurisdicción de lo contencioso administrativo, con fundamento en que los árbitros solamente pueden conocer de aquellos asuntos respecto de los cuales las partes tienen capacidad de disposición, que correspondería a los de carácter económico patrimonial y no de legalidad[48].

Sin embargo, tal criterio no es absoluto, porque en determinados casos los tribunales de arbitramento podrían determinar la legalidad o ilegalidad

---

vo, Sección Tercera, sent. de 28 de abril de 2013, exp. 85001-23-31-000-1998-00135-01(17859), M. P. Carlos Zambrano: "El pacto arbitral comprende la cláusula compromisoria y el compromiso (art. 115 ibídem). La primera, se define como «el pacto contenido en un contrato o en documento anexo a él, en virtud del cual los contratantes acuerdan someter las eventuales diferencias que puedan surgir con ocasión del mismo, a la decisión de un tribunal arbitral» (art. 116) y, el segundo, como «un negocio jurídico, por medio del cual las partes involucradas en un conflicto presente y determinado, convienen resolverlo a través de un tribunal arbitral» (art. 117). La cláusula compromisoria tiene su fuente jurídica en un contrato o en un documento anexo a él, el cual, como es lógico, debe haberse celebrado o suscrito previamente a cualquier conflicto que surja entre las partes, quienes deben haber manifestado expresamente su voluntad de someter sus diferencias a la decisión de árbitros".

[47] C. de E., Sala de lo Contencioso Administrativo, Sección Tercera, sent. de 28 de abril de 2013, exp. 85001-23-31-000-1998-00135-01(17859), M. P. Carlos Zambrano.

[48] El art. 1° de la ley 1563 de 2012, prevé la competencia de los tribunales de arbitramento respecto de controversias derivadas de asuntos en que puedan disponer las partes en el contrato.

de un acto administrativo de carácter contractual para establecer los efectos patrimoniales que se pueden derivar de la vulneración del orden jurídico y la consecuente generación de perjuicios; lo anterior es así, en casos tales como la generación de daños patrimoniales al contratista por un acto contractual en la expresión de la declaratoria de caducidad del contrato por parte de la entidad pública, que siendo ilegal dé lugar a daños antijurídicos y en esta medida surja una responsabilidad contractual.

En efecto, para que la entidad pública sea condenada por un tribunal de arbitramento en un caso como el planteado, necesariamente tendría que hacer un análisis de la legalidad del acto para determinar que el perjuicio se torna indemnizable, circunstancia que implica un juicio de legalidad de la actuación de la administración que produce el daño que se debe reparar. En este caso, procede determinar si el tribunal de arbitramento puede declarar la nulidad del acto administrativo contractual para condenar a la entidad pública en la indemnización de perjuicios o si solamente tendría competencia para pronunciarse sobre los efectos patrimoniales de la controversia.

En nuestro parecer, los árbitros pueden pronunciarse sobre la legalidad o ilegalidad del acto y en este sentido tener facultad para sacarlo del ordenamiento jurídico por medio de la anulación, ya que el perjuicio es la consecuencia de la actuación ilegal de la Administración en el contrato, por lo que no se puede desligar el acto de sus consecuencias y así, el pronunciamiento sobre los efectos también debería ser sobre la legalidad o ilegalidad. Se tornaría absurda una argumentación en el sentido de que el tribunal de arbitramento condene a la reparación de daños, pero nada pueda decir sobre la legalidad del acto que los produce.

Sin embargo, la jurisprudencia de la Corte Constitucional y del Consejo de Estado no ha tenido un criterio uniforme respecto de la facultad de los tribunales de arbitramento para la anulación de actos administrativos contractuales y de esta manera ejercer un control de legalidad directo sobre los mismos, porque la postura ha sido más restrictiva que favorable para reconocer dicha competencia.

La Corte Constitucional expresó al respecto:

"Dentro de este contexto, considera esta Corporación que la facultad que tiene el Estado, a través de la jurisdicción, para confrontar las actuaciones de la administración con el ordenamiento constitucional y legal normativo, a efectos de determinar si estas se ajustan al principio de legalidad que les es propio, es competencia exclusiva de la jurisdicción, que los particulares no pueden derogar a través de la cláusula compromisoria o el pacto arbitral.

"Los particulares, investidos de la facultad transitoria de administrar justicia, en su calidad de árbitros, no pueden hacer pronunciamiento alguno que tenga como fundamento determinar la legalidad de la actuación estatal, por cuanto corresponde al Estado, a través de sus jueces, emitir pronunciamientos sobre la forma como sus diversos órganos están desarrollando sus potestades y competencias. En este orden de ideas, esta potestad no puede quedar librada a los particulares, así estos estén investidos transitoriamente de la facultad de administrar justicia, por cuanto a ellos solo les compete pronunciarse sobre aspectos que las partes en conflicto pueden disponer, y el orden jurídico, en este sentido, no es objeto de disposición, pues se entiende que cuando la administración dicta un acto administrativo lo hace en uso de las potestades que la Constitución y la ley le han asignado, sin que a los particulares les pueda asistir la facultad de emitir fallos sobre ese particular. El pronunciamiento en este campo, es exclusivo de la jurisdicción, por tratarse de aspectos que tocan con el orden público normativo, que no es susceptible de disposición alguna"[49].

Criterio que fue retomado y ratificado por la Sección Tercera del Consejo Estado en sentencia del 10 de junio de 2009 (rad. 11001032600020090000100 [36252], C. P. Mauricio Fajardo), al indicar:

"En conclusión, de conformidad con el actual estatuto de contratación estatal (ley 80 de 1993), los actos administrativos que se produzcan en ejercicio de la actividad contractual solamente pueden ser impugnados judicialmente ante su juez natural, esto es, ante el juez contencioso administrativo".

Se consideró igualmente que el control de legalidad de los actos administrativos: "es una materia ajena a cualquier clase de negociación, por encontrarse comprometida la soberanía del Estado y el orden público, como ha sido la tesis constante de la jurisprudencia nacional y de la doctrina; y siendo, pues, un tema extraño a la transacción, lo será también a la competencia de los tribunales de arbitramento, constituidos por particulares que ejercen excepcionalmente funciones de administración de justicia".

La restricción que se ha reiterado por la jurisprudencia es clara respecto de actos administrativos que se dictan como consecuencia de las cláusulas o potestades excepcionales, es decir, las consagradas en el artículo 14 de la ley 80 de 1993, las cuales, en criterio del Consejo de Estado, no son disponibles por las partes en el contrato.

De todas formas es preciso aclarar que en el procedimiento de contratación y específicamente en la etapa contractual, no solamente se dictan actos administrativos como consecuencia de dichas potestades excepcionales, a los cuales se refiere la restricción para la anulación de actos administrativos por parte de los árbitros, puesto que de igual manera se profieren otros

[49] Corte Constitucional, sent. C-1436 de 2000, exp. D-2952, M. P. Alfredo Beltrán Sierra.

actos administrativos que también podrían dar lugar a efectos particulares patrimoniales como puede ser la causación de daños, frente a los cuales se ha reconocido la competencia de los tribunales de arbitramento para el control de legalidad directo y la posibilidad de anulación de los mismos.

En tal sentido, el Consejo de Estado ha reconocido la competencia de los tribunales de arbitramento para pronunciarse respecto de la legalidad de actos administrativos distintos a los proferidos como consecuencia de las denominadas cláusulas excepcionales. Al respecto ha dicho:

"A partir de lo expuesto y con base en las argumentaciones que aquí se han desarrollado, la Sala modifica la tesis que ha venido sosteniendo jurisprudencialmente para sostener entonces que con excepción de los actos administrativos que sean proferidos en ejercicio de los poderes excepcionales previstos de manera expresa en el artículo 14 de la ley 80 de 1993 —a los cuales la Corte Constitucional circunscribió el condicionamiento del cual hizo pender la exequibilidad de los artículos 70 y 71 de la ley 80 de 1993—, todos los demás actos administrativos contractuales que expidan las entidades del Estado —independientemente de que en la concepción de la mayoría de esta Corporación, según ya se explicó ampliamente, esos otros actos administrativos contractuales también puedan considerarse como especies del género de los poderes o cláusulas excepcionales o exorbitantes— bien pueden ser sometidos al conocimiento de la denominada justicia arbitral en procura de obtener los pronunciamientos a que haya lugar sobre la validez y los efectos de los mismos"[50].

En cualquier sentido, consideramos que así se permita la facultad de los tribunales de arbitramento de pronunciarse respecto de la legalidad de actos administrativos que generen consecuencias patrimoniales que den lugar a conflictos contractuales, pero que se restrinja en lo referente a los proferidos como consecuencia de las potestades excepcionales, la limitación es argumentativamente incorrecta, porque el control de legalidad de dichos actos también está asignado a los árbitros por vía excepcional en los términos del artículo 116 constitucional que lo hace sin establecer dicha restricción, ya que lo prevé en los términos que lo establezca la ley, que para el caso que nos ocupa se trata de la ley 1563 de 2012, que en el artículo 1° dice:

"*Definición, modalidades y principios.* El arbitraje es un mecanismo alternativo de solución de conflictos mediante el cual las partes defieren a árbitros la solución de una controversia relativa a asuntos de libre disposición o aquellos que la ley autorice.

[50] C. de E., Sección Tercera, sent. de 10 de junio de 2009, exp. 11001032600020090000100 (36252), M. P. Mauricio Fajardo.

"El arbitraje se rige por los principios y reglas de imparcialidad, idoneidad, celeridad, igualdad, oralidad, publicidad y contradicción.

"El laudo arbitral es la sentencia que profiere el tribunal de arbitraje. El laudo puede ser en derecho, en equidad o técnico.

"En los tribunales en que intervenga una entidad pública o quien desempeñe funciones administrativas, si las controversias han surgido por causa o con ocasión de la celebración, desarrollo, ejecución, interpretación, terminación y liquidación de contratos estatales, incluyendo las consecuencias económicas de los actos administrativos expedidos en ejercicio de facultades excepcionales, el laudo deberá proferirse en derecho".

Regulación normativa que es clara en indicar la competencia de los árbitros para conocer de asuntos derivados de actos administrativos expedidos como consecuencia de las potestades excepcionales.

Pero además no es coherente como ya lo expresamos, establecer un control de legalidad de un acto administrativo de manera separada de sus efectos, porque podría dar lugar a decisiones contradictorias, limitar el acceso a la administración de justicia y entorpecerla por el desgate de tener que acudir a dos jurisdicciones como es la contencioso administrativa y la arbitral.

4. Conclusiones

1. La contratación pública constituye función administrativa, lo que determina que esté sometida a las regulaciones normativas que subordinan la función de las entidades del Estado.

2. En el sistema jurídico colombiano existe un Estatuto de Contratación Pública al cual se somete la actividad referida con los contratos del Estado, demostrando de esta manera la supremacía que le asiste al principio de legalidad.

3. La jurisdicción de lo contencioso administrativo es la encargada de garantizar la supremacía del principio de legalidad en la contratación estatal dentro del orden jurídico de Colombia, ya que es la encargada de conocer los asuntos referidos a la nulidad de los actos administrativos incluido el contrato.

4. Los medios de control o acciones contencioso administrativas constituyen la expresión material del control de legalidad con el fin de garantizar la eficacia del principio de legalidad en la contratación pública.

5. Por vía de excepción es posible ejercer control de legalidad en la contratación del Estado por medio de los tribunales de arbitramento, en los cuales los particulares árbitros investidos de jurisdicción tienen la facultad de anular actos administrativos contractuales.

BIBLIOGRAFÍA

DUPUIS, GEORGES: *Droid administratif*, 9ème édition, Paris, Armand Colin, 2004.

FERRAJOLI, LUIGI; *La democracia a través de los derechos*, Madrid, Editorial Trotta, 2014.

GARCÍA DE ENTERRÍA, EDUARDO: *Curso de derecho administrativo*, 6ª ed., tomo I, Madrid, Editorial Civitas S. A., 1993.

GIANNINI, MASSIMO SEVERO: *Derecho administrativo*, vol. I, Madrid, Ministerio para las Administraciones Públicas, 1991.

GÜECHÁ MEDINA, CIRO NOLBERTO: *Derecho procesal administrativo: Primera parte*, Bogotá, Ediciones Jurídicas Gustavo Ibáñez - Universidad Santo Tomás, 2004.

GONZÁLEZ PÉREZ, JESÚS: *Derecho procesal administrativo*, tomo II, 2ª ed., Madrid, Instituto de Estudios Políticos, 1966.

KAUFMANN, ARTHUR: *Filosofía del derecho*, trad. de Ana María Montoya, Bogotá, Universidad Externado de Colombia, 1999.

PAREJO ALFONSO, LUCIANO: *Manual de derecho administrativo*, vol. I, *Instituciones*, Barcelona, Editorial Ariel, 2003.

RAMOS ACEVEDO, JAIRO: *Cátedra de derecho administrativo*, Bogotá, Ediciones Jurídicas Gustavo Ibáñez, 2003.

RIVERO, JEAN: *Derecho administrativo*, Caracas, Universidad Central de Caracas, 1984.

SANTAMARIA PASTOR, JUAN ALFONSO: *Principios de derecho administrativo general*, tomo I, Madrid, Editorial Iustel, 2004.

TURPIN, DOMINIQUE: *Contentieux administratif*, 3ème édition, Paris, Hachette Supérieur, 2005.

MOTIVACIÓN DE LA ADJUDICACIÓN CONTRACTUAL

CRISTINA VÁZQUEZ*

Uruguay

INTRODUCCIÓN[1]: NUESTRO HOMENAJE AL PROFESOR LIBARDO RODRÍGUEZ RODRÍGUEZ

Es un honor haber sido invitada a participar del homenaje al querido profesor LIBARDO RODRÍGUEZ RODRÍGUEZ, con motivo de los cincuenta años de vida académica dedicada al derecho administrativo.

Sus quilates son testimoniados por una profusa y distinguida producción, de la que nos reconocemos tributarios; y su liderazgo intelectual en el área nos ilumina desde las primeras exposiciones que hemos tenido el placer de disfrutar en los encuentros del Foro Iberoamericano de Derecho Administrativo (FIDA).

Agradecemos su generosidad al abrirnos las puertas del Instituto Internacional de Derecho Administrativo que preside, tanto como su afable compañía en los encuentros que los mencionados ámbitos propician.

La invitación recibida nos alentaba a abordar libremente algún tema de derecho público de nuestra línea de investigación, y —en tiempos en que

* Doctora en derecho y ciencias sociales de la Universidad de la República (UDELAR - Uruguay); master en Ciencia de la Legislación y Governance Política de la Università di Pisa (Italia); posgrado en Utility Regulation and Strategy de la University of Florida (USA); posgrados en Gestión de las Energías Renovables y el Sector de Petróleo y sus Derivados (CEDDET - España); posgrado en Defensa de la Competencia de la Comisión de Defensa de la Competencia (España); catedrática de Derecho Administrativo de la UDELAR; directora del Instituto Uruguayo de Derecho Administrativo (2017 - 2021), coordinadora del Área de Derecho Público de la UDELAR (2020 - 2021) y de la especialización y master de Derecho Administrativo y Gestión Pública (UDELAR); catedrática de la Universidad de Montevideo; integrante de la Asamblea del Claustro y de la Comisión de Posgrados de la Facultad de Derecho de la UDELAR; integrante del Consejo Editorial de la Revista de Derecho y Tribunales; integrante del Foro Iberoamericano de Derecho Administrativo (FIDA) y del Instituto Internacional de Derecho Administrativo (IIDA); autora de libros y artículos sobre temas de la especialidad.

[1] Este trabajo constituye la actualización del publicado en Cuaderno 2 de Contratación Pública, Montevideo, UM, 2017.

Uruguay celebra los treinta años del decreto 500 de 1991, norma que regula el procedimiento administrativo general— hemos estimado oportuno volver sobre la cuestión de la motivación de los actos administrativos, principio toral en la materia.

La motivación de los actos administrativos constituye, en efecto, verdadera piedra angular en la construcción de una administración garantista de los derechos de las personas.

Creemos con COVIELLO y con el iusfilósofo español IGARTÚA SALAVERRÍA[2] que "[...] la motivación (suficiente) —en cuanto justificatoria de una decisión— es el santo y seña de cualquier proceder razonable, o sea la única garantía para proscribir la arbitrariedad. Nada menos".

En sentido similar, señala Jinesta Lobo[3] que las administraciones públicas están, en el contexto del Estado democrático y constitucional de derecho, más necesitadas que nunca de explicarse y darse a entender frente a los ciudadanos. Estos esperan, a su vez que, al tomarse una decisión, "sea lo suficientemente fundada y razonada, para comprender los verdaderos fines y propósitos de la misma y, eventualmente, hasta para prestar su colaboración en su debida implementación o ejecución (gobierno y administración por consenso). Las administraciones públicas deben ser casas de cristal, traslúcidas y transparentes, de tal manera que el ojo fiscalizador ciudadano pueda penetrar y escrutar todos sus intersticios y, si es necesario, demandar mayores explicaciones de las actuaciones tomadas [...]".

Se ha caracterizado a la obligación de motivar como un principio general del derecho administrativo[4], que integra la garantía del debido procedimiento. También se ha identificado, como contracara de dicha obligación, el derecho a la motivación como verdadero derecho inherente a la personalidad humana, de cumplimiento necesario para la plena vigencia del Estado de derecho.

En este trabajo partiremos de examinar los conceptos de *motivo* y *motivación*, para ingresar a continuación en el análisis de la aludida perspectiva de la obligación de motivar, como principio general del derecho.

[2] JUAN IGARTÚA SALAVERRÍA, *Discrecionalidad técnica, motivación y control jurisdiccional*, Madrid, 1998, pág. 13, citado por PEDRO J. J. COVIELLO, "La motivación del acto administrativo como medio de control judicial del ejercicio de las potestades discrecionales", en http://www.derecho.uba.ar/docentes/pdf/el-control-de-la-actividad-estatal/cae-coviello-motivacion.pdf

[3] ERNESTO JINESTA LOBO, "Motivación de la actuación administrativa y principio de interdicción de la arbitrariedad: legitimación democrática de las administraciones públicas", en https://www.google.com.uy/search?q=jinesta+lobo+motivaci%C3%B3n&oq=jinesta+lobo+motivaci%C3%B3n&aqs=chrome..69i57.3491j0j7&sourceid=chrome&es_sm=93&ie=UTF-8

[4] Postura ya adoptada por nuestro Tribunal de lo Contencioso Administrativo en sent. 167 de 21 de julio de 1978.

Realizado tal encuadre, revisaremos algunos aportes de la doctrina comparada al tema, así como la recepción del principio en el derecho positivo y la jurisprudencia uruguayos, en particular en materia de adjudicación contractual.

1. Motivo y motivación

Como bien explica Real[5], "la garantía de la motivación creada por el constitucionalismo liberal para las sentencias judiciales, se aplica hoy a las decisiones administrativas, al extenderse a ellas la racionalización del poder, coetánea con los intentos de abolir los resabios del absolutismo en la administración".

Respecto de la motivación de las sentencias judiciales, el *Vocabulario jurídico* de Couture la define como "conjunto de razonamientos, de hecho y de derecho, en los cuales el juez apoya su decisión y que se consignan habitualmente en los considerandos de la sentencia". Este autor, en sus *Fundamentos del derecho procesal civil*, señala que se trata de un requisito que permite fiscalizar la actividad intelectual del juez frente al caso, para comprobar que su decisión es un acto reflexivo, emanado de un estudio de circunstancias particulares y no un acto discrecional de su voluntad autoritaria[6].

En sentido similar, aunque en relación con la fundamentación de los actos administrativos, expone Cassagne[7], citando a Tomás-Ramón Fernández, que la obligatoriedad de la motivación permite deslindar discrecionalidad de arbitrariedad, y tiene que ver con la tutela judicial efectiva.

En tanto el motivo ha sido definido en general como el conjunto de "las circunstancias de hecho o de derecho que en cada caso llevan a dictar el acto administrativo"[8], la motivación lo ha sido como la exteriorización de ese motivo o, en palabras de Durán: "la expresión del motivo que fundamenta

[5] Alberto R. Real, "La fundamentación del acto administrativo", en *LJU*, t. 80, cita online: UY/DOC/78/2009.

[6] Eduardo Couture, *Fundamentos del derecho procesal civil*, Buenos Aires, 1969, págs. 542 y ss.

[7] Juan C. Cassagne, "La prohibición de arbitrariedad y el control de la discrecionalidad administrativa por el poder judicial", en http://www.cassagne.com.ar/publicaciones/La_prohibicion_de_arbitrariedad_y_el_control_de_la_discrecionalidad_administrativa_por_el_poder_judicial,.pdf

[8] Enrique Sayagués Laso, *Tratado de derecho administrativo*, t. I, 9ª ed., Montevideo, 2010, pág. 454. Algunos autores hablan de "causa" en lugar de "motivo", pero en nuestro país la mayoría de la doctrina ha optado por esta segunda expresión.

el acto"[9]. En tal sentido, se ha observado que el motivo constituye un elemento de la sustancia del acto administrativo mientras la motivación tiene que ver con su forma.

Ello no obsta a la relevancia o esencialidad de la motivación ya que, como ha observado la Corte Suprema de Justicia de la Nación Argentina en fallos 315:106 y 329:5903: "en las formas se realizan las esencias".

CAJARVILLE[10] ha caracterizado al motivo como un presupuesto de hecho del acto administrativo: acaecimiento del supuesto previsto en la norma (junto al presupuesto de procedimiento y al presupuesto de derecho: norma atributiva de competencia al órgano actuante). Como tal, es una circunstancia extrínseca al acto que debe existir en el momento en que este se perfecciona, condicionando su validez o su eficacia. Para el autor, los presupuestos del acto se distinguen de los elementos esenciales, que son circunstancias intrínsecas, componentes, aquello de lo que el acto está formado, que lo integran, lo constituyen, y se vinculan con su perfeccionamiento, nacimiento a la vida jurídica: materia y forma. También en esta perspectiva es perfectamente distinguible el motivo —circunstancia extrínseca que condiciona la validez o eficacia de la decisión— de la motivación, circunstancia intrínseca atinente a la forma del acto, que lo constituye y se vincula con su perfeccionamiento.

El motivo del acto administrativo puede verse afectado por vicios que consisten en su inexistencia o en una errónea apreciación del mismo.

Por su parte, los vicios de la motivación son la ausencia de esta o su insuficiencia con el alcance que se analizará *infra*.

A pesar de lo diáfano de la distinción conceptual entre motivo y motivación, es observable, al examinar la jurisprudencia en la materia que, con frecuencia, son identificados como vicios en la motivación, aquellos defectos o irregularidades que en puridad afectan más bien a los motivos que a la motivación misma. Ello se explica porque, como podrá apreciarse en el análisis que realizaremos sobre dicha jurisprudencia, normalmente los vicios en el motivo del acto contaminan la expresión o exteriorización de este.

Otro aspecto interesante que se debe tener en cuenta es que, como se verá, parte de la doctrina incorpora en el alcance del vocablo "motivación", la expresión de la finalidad perseguida, además de la que refiere a las circunstancias de hecho y de derecho. Este aspecto de la finalidad se encuentra

[9] AUGUSTO DURÁN MARTÍNEZ, "La obligación de motivar: un principio general de derecho administrativo", en *Estudios de derecho administrativo*, Parte general, Montevideo, 1999, pág. 65.

[10] JUAN P. CAJARVILLE, "Invalidez de los actos administrativos", en *Dos estudios de derecho administrativo*, Montevideo, 1988.

expresamente aludido en relación con la motivación del acto, en el artículo 124 del decreto 500/991 de 27 de setiembre de 1991, que se analiza más adelante.

2. La motivación como principio general del derecho administrativo

Según hemos señalado *supra*, la obligación de motivar las decisiones administrativas constituye piedra angular en la construcción de una administración garantista de los derechos de las personas: principio general de derecho que forma parte fundamental del principio de debido procedimiento, cuya contracara es el derecho humano a la motivación.

Hemos observado[11] que, en el tema de los principios generales de derecho, como ocurre en muchos otros del derecho generalmente abordados por la teoría general, tiene lugar la vieja y siempre actual batalla entre positivistas y partidarios de la Escuela del Derecho Natural o jusnaturalistas.

Hans Kelsen[12], uno de los más conspicuos representantes del positivismo jurídico, critica al jusnaturalismo jurídico, tanto en su concepción teológico-religiosa como en la que sostiene la existencia de reglas inmanentes a la naturaleza. Llega a calificar a la visión jusnaturalista en esta segunda vertiente, de "superstición animista", en cuanto pretendería adjudicar voluntad creadora de derecho a la naturaleza, ya que las normas tienen que ser creadas por una voluntad. Por otro lado, objeta la vertiente teológico-religiosa del jusnaturalismo, afirmando que "[...] el positivismo jurídico como una teoría científica del derecho no puede presuponer en su conocimiento y descripción del derecho positivo la existencia de una fuente trascendente del derecho". A continuación, formula una aseveración que puede ser tomada como el paradigma de la visión positivista del derecho: "[...] el positivismo jurídico no puede aceptar como válida ninguna norma absolutamente justa e inmutable. Solo puede sostener la validez de normas creadas por el arbitrio humano y que por lo tanto son mutables, esto es, normas que pueden tener contenido diferente en tiempos y lugares diferentes".

No obstante, declara, y aquí puede verse el talón de Aquiles de su construcción teórica, "[...] una doctrina positiva del derecho reconoce el fundamento de validez de un orden jurídico positivo no en las múltiples normas

[11] Cristina Vázquez, "Las fuentes del derecho administrativo con especial consideración de los principios generales de derecho", en *Revista de la Universidad de Montevideo*, año XIII (2014), núm. 25, en homenaje al Profesor Mariano Brito.

[12] Hans Kelsen, "La doctrina del derecho natural y el positivismo jurídico", en *Revista Jurídica de Buenos Aires*, núm. 4, Buenos Aires, Facultad de Derecho y Ciencias Sociales, Universidad de Buenos Aires, 1961.

de justicia, puesto que no puede dar preferencia a ninguna de ellas, sino en la «norma fundamental» hipotética, esto es: presupuesta en el pensamiento jurídico. De acuerdo con ella debemos conducirnos y tratar a los hombres como corresponde a la primera constitución histórica, eficacia en general, sin tener en cuenta si el orden erigido con arreglo a esa constitución corresponde o no a alguna norma de justicia. En tanto que la cuestión versa sobre la validez del derecho positivo, no entra en consideración ninguna otra norma que esa norma fundamental, en particular, ninguna norma de justicia". Y todavía agrega: "Esta norma, la norma fundamental, no es una norma positiva, «puesta» (*gesetzt*) por un acto de voluntad de una autoridad jurídica, sino una norma «presupuesta» en el pensamiento jurídico. Su presuposición es condición —en el sentido de KANT: condición lógico-trascendental— bajo la cual un orden jurídico positivo es considerado válido". En definitiva, en cuanto refiere a esa norma fundamental como "norma presupuesta" y no "puesta", su teoría termina siendo por lo menos tan cuestionable desde el punto de vista del "positivismo empírico-científico" en el que pretende pararse, como aquellas otras concepciones que critica.

Por oposición a la visión positivista del derecho, puede decirse que, más allá de matices entre corrientes o pensadores específicos, el enfoque jusnaturalista postula la existencia de un derecho natural que es[13]: a) uno e idéntico en todos los tiempos y lugares, b) cognoscible con facilidad y certeza por todos los hombres[14], c) tan antiguo como la humanidad, d) no necesariamente contenido en las leyes escritas, e) indeleble e inalienable, f) formalmente inmutable en cuanto a su rectitud y valor jurídico, g) inderogable, h) que no admite dispensa, i) con igual fuerza obligatoria y normativa para todos los hombres en todos los tiempos y lugares. En la concepción jusnaturalista, los principios generales de derecho serían aquellos que informan ese derecho natural.

Los distintos autores listan principios encuadrables dentro de la categoría "principio general del derecho", resultando observable que las nóminas son tan numerosas y diversas como los autores que las formulan, si bien entre ellas es posible hallar coincidencias importantes. La dificultad para convenir en una nómina compartida por toda o gran parte de la doctrina nos recuerda la dificultad para convenir en el concepto de "acto de gobierno", que tuvo como uno de sus hitos la lista de actos de gobierno de WALINE.

[13] Conf. R. TERCEIRO-MUIÑOS, *El derecho de gentes o natural en Santo Tomás de Aquino*, Univ. Católica de Cuyo, A.S. MMVII.

[14] Este derecho natural es cognoscible por hallarse expresado y contenido en los primeros principios de la "sindéresis" (sentido moral que informa la conciencia y el obrar humano para ARISTÓTELES, hábito innato del intelecto que guarda los primeros principios para santo TOMÁS DE AQUINO) así como en las conclusiones deducidas de dichos principios.

El artículo 72 de la Constitución uruguaya dispone: "La enumeración de derechos, deberes y garantías hecha por la Constitución, no excluye los otros que son inherentes a la personalidad humana o se derivan de la forma republicana de gobierno". Es así que la Carta está reconociendo la existencia de derechos, deberes y garantías que, aun no incluidos a texto expreso en sus disposiciones, son "inherentes a la personalidad humana".

Quienes adhieren al pensamiento jusnaturalista opinan que, aquí, la Constitución alude a los principios que reúnen los caracteres antes enunciados, asequibles a todo hombre en todo momento y lugar, por su racionalidad, existentes y vinculantes de cualquier forma más allá de este texto en particular. Su jerarquía es por ello supraconstitucional. Para los positivistas, en cambio, esta norma positiviza los principios propios de la estimativa jusnaturalista y su fuerza vinculante dimana exclusivamente de su recepción en el texto constitucional, siendo su valor y fuerza los de la propia Constitución.

Por nuestra parte, hemos adelantado que observamos cómo se desmorona el edificio positivista kelseniano, cuando se lo despoja de su "presupuesta norma hipotética fundamental". La perspectiva jusnaturalista también ostenta debilidad cuando se propone identificar los principios generales de derecho, incurriendo sus cultores en múltiples y diversas nóminas de ellos.

¿Dónde hallar esos principios generales de derecho "inherentes a la personalidad humana"?

En nuestro tiempo, y en el mundo occidental que integramos, parecen confluir los enfoques positivista y jusnaturalista, en lo que cabe bajo el paraguas del "régimen jurídico de los derechos humanos". Múltiples normas nacionales e internacionales proceden a enumerarlos y órganos de diversa naturaleza también nacional e internacional se abocan a protegerlos.

Cabe mencionar como hito en dicho camino, el Preámbulo de la Declaración Universal de los Derechos del Hombre y del Ciudadano de 1789. A partir de allí, principios generales de derecho en garantía de derechos fundamentales, consagrados en multiplicidad de textos positivos nacionales e internacionales, constituyen entonces, en nuestro tiempo y cultura, un punto de confluencia de los pensamientos positivista y jusnaturalista.

Sin embargo, como observa Brito[15], el antagonismo entre positivismo y jusnaturalismo jurídico seguirá vivo en los ámbitos en que el derecho positivo no recoja tales derechos y garantías.

Colocada en la disyuntiva de tener que optar entre la "metafísica de la norma hipotética fundamental" y la de un derecho natural que es expresión

[15] M. Brito, *Derecho administrativo - permanencia, contemporaneidad, prospectiva*, Montevideo, 2004.

y custodia de los principios inherentes a la personalidad humana, allí donde ellos no sean reconocidos, creemos que la opción no puede ser otra que la de alinearnos en estas últimas filas.

En definitiva, acusados que seamos de abandonar el terreno del puro Derecho para pisar el no jurídico de la moral, reflexionamos con Lombera Pallares[16]: "Un austríaco, Hans Kelsen, elaboró la Teoría pura del derecho, que es indudablemente la exposición más brillante de las doctrinas del positivismo jurídico, y con sus argumentos pareció haber enterrado el cuerpo ya descompuesto del derecho natural. Otro austríaco, Adolfo Hitler, resucitó el cadáver y logró devolverle su juventud perdida. Los argumentos de Hitler no eran ni lógicos ni inteligentes, pero lograron convencer a los juristas del mundo occidental. El «fuhrer» demostró ampliamente que un régimen criminal y monstruoso podía ser perfectamente legítimo, y que era posible cometer las más viles acciones dentro del marco de la legalidad. Los juristas se preguntaron si el régimen nacionalsocialista era un régimen de derecho. Desconcertados por la respuesta afirmativa del positivismo, tuvieron que volver sus ojos hacia el casi olvidado derecho natural".

A partir de lo expresado procede consignar que, en cuanto principio general del derecho, la obligación de motivar regiría en el derecho uruguayo aunque fuera derogada la disposición que puntualmente la recoge.

3. La motivación en el derecho positivo uruguayo

La obligación de motivar las decisiones puede encontrarse en diversas disposiciones del ordenamiento jurídico uruguayo. En este trabajo nos centraremos en las consagradas en la Constitución y en las normas de procedimiento administrativo, en particular en el procedimiento de los contratos del Estado.

Al estudiar los principios generales del derecho que son rectores del procedimiento administrativo, Cajarville distingue entre aquellos que tienen el carácter de principios generales del ordenamiento, de los que son específicos del procedimiento administrativo[17].

Entre los primeros incluye el de debido proceso, consagrado en el artículo 66 de la Constitución[18] (una de cuyas manifestaciones es el debido

[16] Enrique Lomberra Pallares, "Derecho natural clásico y positivismo jurídico", en *Biblioteca Jurídica Virtual del Instituto de Investigaciones Jurídicas de la UNAM*, en http://www.juridicas.unam.mx/publica/librev/rev/facdermx/cont/81/dtr/dtr8.pdf

[17] Juan P. Cajarville, *Procedimiento administrativo en el decreto 500/991*, Montevideo, 1997.

[18] "Ninguna investigación parlamentaria o administrativa sobre irregularidades, omisiones o delitos, se considerará concluida mientras el funcionario inculpado no pueda presentar sus descargos y articular su defensa".

procedimiento, enunciado en el literal i) del artículo 2° del decreto 500/991 de 27 de setiembre de 1991), el derecho al honor y a la dignidad y la presunción de inocencia (arts. 170, 171, 174 y 210 del decreto 500/991), el de imparcialidad (art. 3° del mismo decreto), el derecho a la seguridad que se manifiesta en la prescripción de las faltas y en el *non bis in idem* (arts. 172 y 173), y los principios de buena fe, lealtad y presunción de verdad salvo prueba en contrario (art. 2°, lit. k).

Entre los principios específicos del procedimiento administrativo, CAJARVILLE menciona la legalidad objetiva, la verdad material, la impulsión de oficio, la delegación material y los principios relativos a las formalidades, todos ellos también enunciados en el artículo 2° del decreto 500/991.

Dicho decreto 500/991 explicita el contenido del debido procedimiento en el artículo 5°, en el que alude al derecho del interesado a un procedimiento de duración razonable que resuelva sus pretensiones. Supone, además, el derecho a ser oído antes de la decisión, a ser notificado de la existencia del procedimiento, a conocer el contenido de las actuaciones, a comparecer en ellas con el patrocinio letrado que se estime necesario, y al diligenciamiento de la prueba admisible, pertinente y conducente. Comprende, asimismo, el principio de contradicción o contradictorio integral (art. 2°, lit. j, 17 y 153).

Ya específicamente en materia de contratación, el artículo 149 del Texto Ordenado de Contabilidad y Administración Financiera aprobado por decreto 150/012 de 11 de mayo de 2012 (TOCAF) reitera varios de los principios aludidos, y menciona, además, los principios de "B) Publicidad, igualdad de los oferentes y concurrencia en los procedimientos competitivos para el llamado y la selección de las ofertas, C) Razonabilidad, [...] G) Veracidad salvo prueba en contrario y H) Transparencia[19]".

En especial, integra el principio rector de debido procedimiento, el de motivación de la decisión, expresamente enunciado en el artículo 2°, literal l) del decreto 500/991, luego desarrollado en los artículos 123 y 124 del mismo decreto.

El artículo 123 ordena:

"Todo acto administrativo deberá ser motivado, explicándose las razones de hecho y de derecho que lo fundamentan. No son admisibles fórmulas generales de fundamentación, sino que deberá hacerse una relación directa y concreta de los hechos del caso específico en resolución, exponiéndose además las razones que con referencia a él en particular justifican la decisión adoptada".

[19] Este principio también se incluye en el art. 1° del nuevo TOCAF, en lo que ALBERTO SAYAGUÉS denomina "una buena redundancia" (Reformas al sistema de compras estatales, Montevideo, 2011).

Por su parte, el artículo 124 impone que todo acto administrativo conste de una parte expositiva y una dispositiva. Y para la expositiva dispone que la misma debe contener, además de un "Visto", que sitúe la cuestión objeto del acto:

"Uno o varios «Resultandos» puestos a continuación del «Visto», en los que se deben exponer los hechos que constituyan los antecedentes del acto administrativo de que se trate" y "Uno o varios «Considerandos», en los que se desarrollan los fundamentos de derecho, las doctrinas aplicables, las razones de mérito y la finalidad perseguida", así como "Un «Atento», en el que se citan o se hace referencia a las reglas de derecho y a las opiniones o asesoramientos recabados en que el acto se fundamenta".

Se desprende de lo expresado que nuestro ordenamiento jurídico recibe el principio general de derecho administrativo que impone la obligación de motivar con su correlativo derecho a la motivación de todos los actos administrativos sin distinción.

El ordenamiento va incluso más allá, indicando las características que debe tener esa motivación, la que no puede agotarse en una fórmula general de fundamentación (llamadas en el derecho francés fórmulas *passe-partout* o comodines que sirven para cualquier situación), sino que debe cumplir con realizar una relación de los hechos del caso específico de que se trate, de manera directa y concreta.

Además de esa relación directa y concreta de los hechos, debe exponer las razones particulares del caso, que justifican la decisión.

Vale decir, que no solo importan los hechos y el derecho aplicable, sino que también es imprescindible explicitar el proceso lógico seguido para concluir en el acto administrativo, a partir de esos hechos y ese derecho.

Tanta relevancia se asigna a la motivación, que la norma se toma el cuidado de describir cómo debe redactarse el acto administrativo para cumplir con la misma, incluyendo uno o varios "Resultandos" en los que se expongan los hechos antecedentes de la decisión, así como uno o varios "Considerandos" en los que se desarrollen los fundamentos de Derecho, las doctrinas aplicables, las razones de mérito y la finalidad perseguida. También en el "Atento" se incluirán las reglas de Derecho y opiniones o asesoramientos recabados y que fundamentan el acto.

Específicamente en materia de contratos del Estado, la obligación de motivar es recibida también por diversos artículos del TOCAF, que la regulan.

En primer lugar, el artículo 66 refiere a la designación de comisiones asesoras de adjudicaciones con el cometido de "informar fundadamente acerca de la admisibilidad y conveniencia de las ofertas". Dicho informe "deberá contener los fundamentos que respalden su juicio de admisibilidad y su opción por la oferta más conveniente, exponiendo las razones de la misma".

De esta forma, la norma anticipa el carácter fundado que necesariamente habrá de tener la adjudicación, exigiendo que fundado sea su precedente, el pronunciamiento de la comisión asesora de adjudicaciones.

Este temperamento se confirma a continuación, en el artículo 67, que impone el otorgamiento de vista del expediente con posterioridad al pronunciamiento de la comisión asesora, en los procedimientos competitivos de contratación cuyo valor alcanza determinados montos que se determinan. En tal caso, el oferente puede formular por escrito las consideraciones que le merezcan el proceso cumplido hasta el momento y el dictamen de la comisión asesora de adjudicaciones. La norma expresa que la petición que se formule en esta instancia por el oferente será tenida en cuenta al momento de dictar la resolución de adjudicación y que respecto de ella "debe existir informe fundado".

Finalmente, ya específicamente en relación con el acto administrativo de adjudicación, el artículo 68 dispone que la adjudicación de la contratación "se hará a la oferta más conveniente a los intereses de la Administración Pública y las necesidades del servicio, apreciando el dictamen de la comisión asesora de adjudicaciones. En caso de apartarse del mismo, deberá dejarse expresa constancia de los fundamentos por los cuales se adopta resolución divergente".

Es decir que el acto de adjudicación deberá estar siempre motivado, sea que siga el dictamen de la comisión asesora, en cuyo caso será allí que encuentre su fundamento, sea que se aparte del mismo, lo que exigirá al ordenador del gasto dejar expresa constancia de las razones de su apartamiento y de los fundamentos de su decisión.

4. La motivación en la doctrina

En este apartado haremos referencia a algunos aportes de la doctrina comparada que, según entendemos, enriquecen particularmente el tema de la motivación de los actos administrativos.

A) *Sobre el fundamento de la motivación*

En trabajo sobre la motivación —que recorre las opiniones de Bielsa, Fiorini, Escola, Diez, Gordillo, Marienhoff, Cassagne, Comadira, Altamira Gigena, Tawil y Monti-Coviello[20] releva la doctrina de la República Argentina en relación con el fundamento del instituto. En tal contexto señala que los diversos autores lo encuentran en la forma republicana de gobierno,

[20] Pedro J. J. Coviello, *La motivación del acto administrativo como medio de control judicial del ejercicio de las potestades discrecionales*, cit.

en el régimen democrático, como elemento de la juridicidad del acto (alejando todo atisbo de arbitrariedad) y de la razonabilidad de las relaciones jurídicas, así como en la exigencia de una conducta racional en un Estado de derecho.

A su vez, COVIELLO afirma que la motivación es hoy una exigencia de la forma republicana de gobierno, que significa transparencia, publicidad, justicia, razonabilidad y veracidad en aras de una paz jurídica, en lo formal y en lo sustancial.

REAL[21], por su parte, destaca la motivación como instrumento para garantizar los derechos de los administrados y la buena administración. Mientras el ser humano no necesita justificar su acción, los órganos del Estado, como creación artificial que son, no tienen otra competencia que la que las normas les atribuyen. "Por tanto es natural que se exija a las autoridades justificar su competencia, invocar la norma que les atribuye el poder jurídico ejercido. Y es natural que se les exija, además, demostrar que se dan, en el caso concreto, los requisitos de motivo y finalidad que condicionan la validez del ejercicio de ese poder. El derecho del administrado —que ha dejado de ser el súbdito del príncipe para volverse, como ciudadano, partícipe de la formación de la voluntad del Estado— ,requiere la justificación legal de la competencia y de su ejercicio racional. El gobierno por persuasión y consentimiento tiende a sustituir, en lo posible, a la dominación coactiva".

En definitiva, según surge de las opiniones citadas que se comparten, la motivación aparece como un instrumento de enorme valor al servicio del contralor del ejercicio del poder.

En particular respecto de la motivación de la adjudicación contractual y citando a GONZÁLEZ NAVARRO, señala RODRÍGUEZ ARANA MUÑOZ[22] que la misma es inexcusable como garantía de que la decisión no se tome arbitrariamente sino fundada y razonadamente, y como medio de que los demás interesados puedan combatir esa fundamentación cuando haya discurrido fuera de los márgenes legales y jurídicos en que el contenido decisional de todo actuar administrativo debe moverse.

B) *Sobre la motivación "in aliunde" y ulterior o póstuma*

COVIELLO también realiza un interesante estudio de las modalidades de la motivación, analizando la motivación por remisión a las constancias

[21] ALBERTO R. REAL, ob. cit.

[22] JAIME RODRÍGUEZ ARANA MUÑOZ, "Las prerrogativas de la administración en los contratos de las administraciones públicas", en http://ruc.udc.es/dspace/bitstream/handle/2183/7496/AD_12_art_42.pdf;jsessionid=FDFB54A1D092D01974538EE1004BDEDE?sequence=1

de las actuaciones administrativas o *in aliunde*, "procedimiento válido en la medida que esas constancias permitan conocer los fundamentos de la resolución que se adopta"; así como la fundamentación *a posteriori* o ulterior, inadmisible en cuanto exceda el ampliar o precisar la fundamentación oportunamente realizada.

Respecto de la motivación ulterior, también llamada póstuma, señala JINESTA LOBO[23]: "La motivación debe ser concomitante con el acto administrativo, excepcionalmente, se admite la motivación previa si surge de informes y dictámenes que sean expresamente invocados como sustento y comunicados". Y agrega: "debe ser auténtica y satisfactoria, es decir, una explicación de las razones que llevaron a su emisión", no pudiendo limitarse a cumplir con un mero escrúpulo formalista que pueda ser cumplido con la fabricación *ad hoc* de los motivos.

Las opiniones de los autores mencionados nos parecen enteramente compartibles tanto en lo que refiere a la motivación por remisión a antecedentes como respecto de la motivación póstuma.

C) *La motivación y el principio de interdicción de la arbitrariedad*

JINESTA LOBO, al igual que lo hace CASSAGNE[24], relaciona la obligación de motivar con el principio de "interdicción de la arbitrariedad", "de acuerdo con el cual la conducta administrativa debe ser suficientemente coherente y razonablemente sustentada en el bloque de legalidad, de modo que se baste y explique por sí misma"[25].

CASSAGNE encuentra la consagración de este principio en los artículos de la Constitución argentina que recogen los principios de legalidad y reserva de ley, como lo hacen los artículos 7° y 10 de nuestra Carta:

"Artículo 7°. Los habitantes de la República tienen derecho a ser protegidos en el goce de su vida, honor, libertad, seguridad, trabajo y propiedad. Nadie puede ser privado de estos derechos sino conforme a las leyes que se establecen por razones de interés general.

"[...]

[23] JINESTA LOBO, ob. cit.

[24] JUAN C. CASSAGNE, *La prohibición de arbitrariedad y el control de la discrecionalidad administrativa por el poder judicial*, cit.

[25] Según expresiones contenidas en Voto de JINESTA LOBO en fallo No. 14421-04 de 17 de diciembre de 2004, citado en "Motivación de la actuación administrativa y principio de interdicción de la arbitrariedad: legitimación democrática de las Administraciones Públicas", en https://www.google.com.uy/search?q=jinesta+lobo+motivaci%C3%B3n&oq=jinesta+lobo+motivaci%C3%B3n&aqs=chrome..69i57.3491j0j7&sourceid=chrome&es_sm=93&ie=UTF-8

"Artículo 10. Las acciones privadas de las personas que de ningún modo atacan el orden público ni perjudican a un tercero, están exentas de la autoridad de los magistrados.

"Ningún habitante de la República será obligado a hacer lo que no manda la ley, ni privado de lo que ella no prohíbe".

D) *Sobre el carácter esencial de la motivación*

Concretamente con respecto al principio de motivación, CASSAGNE lo define como "expresión de las razones y fines que llevan a la administración a emitir el acto administrativo", que debe consignar los antecedentes de hecho y de derecho, constituyendo un "requisito de forma esencial para la validez del acto administrativo en la medida que traduce su justificación racional al plano exterior". En cita que realiza de TOMÁS-RAMÓN FERNÁNDEZ, se señala que, en ausencia de motivación, "el acto aparece en el mundo jurídico como un producto de la sola y exclusiva voluntad del órgano que lo dicta, lo que resulta incompatible con el Estado de derecho".

También GARCÍA DE ENTERRÍA y FERNÁNDEZ[26] destacan la esencialidad de la motivación, señalando que no es un requisito meramente formal, sino de fondo, *interna corporis*. "Motivar un acto, señalan, es reconducir la decisión que en el mismo se contiene a una regla de derecho que autoriza tal decisión o de cuya aplicación surge. Por ello, motivar un acto obliga a fijar, en primer término, los hechos de cuya consideración se parte y a incluir tales hechos en el supuesto de una norma jurídica; y en segundo lugar, a razonar cómo tal norma jurídica impone la resolución que se adopta en la parte dispositiva del acto"[27].

En esta misma línea, que tenemos el gusto de compartir, para REAL[28] la omisión o defecto grave de la motivación produce nulidad "por vicio de un elemento esencial del acto, que excede su formalidad y toca su contenido y su racionalidad".

E) *Sobre las características exigidas a la motivación*

Una cualidad que suele señalarse como necesaria para una adecuada motivación es la de su "suficiencia".

RODRÍGUEZ ARANA MUÑOZ[29] indica que la misma debe ser "expresa", aunque lo sea por remisión a otra, en particular en la adjudicación contractual, de

[26] EDUARDO GARCÍA DE ENTERRÍA y TOMÁS-RAMÓN FERNÁNDEZ, *Curso de derecho administrativo*, t. I, 4ª ed., Madrid, Civitas, 1983, pág. 524.

[27] Ob. cit., pág. 523.

[28] ALBERTO R. REAL, ob. cit.

[29] JAIME RODRÍGUEZ ARANA MUÑOZ, ob. cit.

modo de evitar que la Administración cuente con un cheque en blanco en el dictado de un acto que afecta a los destinatarios con intereses encontrados.

A su vez, a juicio de Real[30], la motivación debe ser "congruente y exacta, y debe pronunciarse, en favor o en contra, sobre las defensas alegadas por los interesados en el procedimiento previo". No es suficiente cuando no da razón del proceso lógico y jurídico que ha determinado la decisión. No es congruente cuando no aparecen los motivos, las normas y razones, como premisas de donde se extrae lógicamente la conclusión. No es exacta cuando los fundamentos de derecho no se corresponden con las normas invocadas o cuando los hechos considerados no son verdaderos.

En palabras de Durán Martínez[31], la motivación es exacta cuando son ciertas las circunstancias de hecho enunciadas, cuando las reglas de derecho invocadas son aplicables al caso y su interpretación es correcta, y cuando la finalidad enunciada puede ser satisfecha con lo decidido.

La cuestión de la suficiencia de la motivación también ha sido relacionada con el llamado "principio de trascendencia". Así, Pérez Benech[32] señala la recepción de este principio en el artículo 7° del decreto 500/991, en cuanto dispone:

"Los vicios de forma de los actos de procedimiento no causan nulidad si cumplen con el fin que los determina y si no se hubieren disminuido las garantías del proceso o provocado indefensión".

Con respecto a esta disposición, Cajarville señala que el incumplimiento de la forma no se aprecia en sí mismo, sino con referencia al agravio que produce. La trascendencia se aprecia en relación con el fin propio del acto de procedimiento vicioso y con las garantías del interesado en el mismo y no en relación con la juridicidad material o de fondo del acto final[33].

Pérez Benech enumera diversos casos en los que, conforme a alguna jurisprudencia uruguaya, cabría adoptar un enfoque más flexible respecto

[30] Alberto R. Real, ob. cit.

[31] Augusto Durán Martínez, "Motivación del acto administrativo y buena administración", en AA. VV.: Ética, Estado de Derecho, buena administración, Montevideo, Universidad Católica del Uruguay, 2013, págs. 137 y ss.

[32] Viviana Pérez Benech, "Motivación del acto administrativo: análisis de criterios jurisprudenciales y admisibilidad de su omisión alegando la reserva de las actuaciones", en *Revista de Derecho de la Universidad de Montevideo*, http://revistaderecho.um.edu.uy/wp-content/uploads/2012/12/Perez-Benech-Motivacion-del-acto-administrativo-Analisis-de-criterios-jurisprudenciales-y-admisiblidad-de-su-omision-alegando-la-reserva-de-las-actuaciones.pdf

[33] Juan P. Cajarville, "Procedimiento administrativo común", en *Procedimiento administrativo*, Revista Uruguaya de Derecho Constitucional y Político, Serie Congresos y Conferencias N° 5, Montevideo, 1991, pág. 35.

de la valoración de la suficiencia de la motivación, en aplicación de dicho principio de trascendencia:

i) Cuando la motivación surge de los antecedentes administrativos del acto.

ii) Cuando se ha fundado con una mera invocación de la regla de derecho, si la misma es suficientemente explícita y comprensible.

iii) En actos de evaluación de funcionarios.

iv) Cuando se ha cumplido con el principio de defensa y con la finalidad de garantizar el control de juridicidad, con una relación sucinta de las circunstancias, sin necesidad de incluir una analítica o circunstanciada.

v) Cuando la normativa aplicable o la naturaleza del acto (por ejemplo ante la revocación de un encargo por esencia revocable en cualquier momento) exime de justificación.

vi) Cuando se alega el secreto, la reserva o la confidencialidad de las actuaciones.

Al respecto, entendemos que el cumplimiento de la obligación de motivar puede considerarse satisfecho cuando el acto remite de manera clara e inequívoca a los antecedentes administrativos; no así cuando el administrado se ve forzado a realizar un trabajo de exploración en el expediente a efectos de poder extraer del mismo los fundamentos de la decisión. No es al administrado a quien corresponde realizar el proceso lógico de reconstrucción de la reflexión que culmina con el acto administrativo. Es a la administración a quien, por aplicación de los principios mencionados en este trabajo, compete explicitarlo.

Por las mismas razones, creemos que la administración debe explicar la subsunción de la situación sobre la que se decide, en el supuesto de la norma aplicable.

A la luz de lo expuesto, tampoco entendemos la razón por la que actos de evaluación de funcionarios puedan quedar exentos de la debida motivación.

Con respecto a la suficiencia de una relación sucinta, habrá de verse en cada situación si se cumple con la exigencia de hacer "una relación directa y concreta de los hechos del caso específico en resolución", que plantea el artículo 123 del decreto 500/991.

También entendemos que requieren adecuada motivación, aun los actos que por su naturaleza pudieran habilitar decisiones más discrecionales. Incluso es en ellos, donde la fundamentación resulta especialmente relevante. No basta con señalar como motivación que el acto que se revoca es revocable. Es necesario explicar qué circunstancias concretas determinan su revocación en la oportunidad.

Esta consideración es relevante en el tema de la motivación de la adjudicación contractual, en cuanto el Tribunal de lo Contencioso Administrativo se ha pronunciado en el sentido del carácter discrecional de dicho acto[34]: "Ha dicho la Corporación, que el licitante o proveedor no tiene un derecho a la adjudicación sino tan solo un interés legítimo, indirectamente protegido en que se cumplan regularmente las formalidades establecidas, porque de ese modo puede resultar satisfecha su pretensión. La adjudicación de la licitación es un acto esencialmente discrecional del jerarca que, precisamente, consiste en seleccionar de entre varias soluciones posibles, la que a juicio de este, mejor contemple los intereses confiados a su custodia, labor que se manifiesta en una libre apreciación de los datos ponderables y en la que el Tribunal no puede sustituir a la administración. Y que se encuentra limitada por las formas legalmente impuestas o sus motivos no corresponden a los datos del caso o son espurios los móviles que han determinado el pronunciamiento del administrador" (sent. 483/015 de 16 de junio de 2015).

En tal sentido, señala COMADIRA[35] que la motivación es particularmente exigible cuando el acto es dictado en el marco de facultades discrecionales, pues estas deben hallar en aquella "el cauce formal convincentemente demostrativo de la razonabilidad de su ejercicio. En la motivación de los actos discrecionales, la autoridad se justifica ante el administrado y se justifica también ante sí misma".

Por último, no creemos que la sola invocación del secreto, la reserva o la confidencialidad de las actuaciones exima de la obligación de motivar. Tales supuestos se encuentran regulados en la Ley de Acceso a la Información Pública 18.381 de 17 de octubre de 2008, como excepciones a dicho acceso, mas no como excepciones a la necesidad de motivación de las decisiones. En modo alguno puede sostenerse que el secreto, la reserva o la confidencialidad obsten al cumplimiento del principio de que "todo acto administrativo deberá ser motivado" (art. 123 del decreto 500/991). Es así que cualquier decisión que afecte un derecho del administrado deberá fundarse de manera suficiente. No imaginamos cuál pueda ser el caso en que la administración proceda a tal afectación exonerándose de explicarla, encubierta tras razones secretas, reservadas o confidenciales.

[34] No ingresaremos en este trabajo, por exorbitar el propósito del mismo, en la cuestión de si la adjudicación tiene o no carácter discrecional. En general, nos inclinamos por considerar muy limitada la discrecionalidad en el obrar administrativo, el que resulta en todo caso acotado por la existencia de conceptos jurídicos indeterminados y por la regulación en sus diversas formas (directa, inversa, técnica y residual). Sobre este aspecto vid. AGUSTÍN GORDILLO, *Tratado de derecho administrativo y obras selectas*, Parte general, t. I, págs. X.11 y ss., en http://www.gordillo.com/tomo1.php

[35] JULIO R. COMADIRA, *Derecho administrativo*, 2ª ed. actualizada y ampliada, Lexis Nexis-Abeledo Perrot, 2003, págs. 508 y ss.

F) *En particular, sobre actos ilógicamente motivados*

En definitiva, según señala la doctrina, la motivación debe ser suficiente, exacta y congruente.

La cualidad de "suficiente", tomando el sentido del Diccionario de la Lengua Española[36], refiere a que se trate de una fundamentación bastante, apta o idónea para explicar la decisión. En las palabras de Real, antes citadas, la motivación es suficiente cuando da razón del proceso lógico y jurídico que la ha determinado.

Gordillo[37] distingue la motivación fáctica de la normativa y señala que la motivación puede adolecer de "falta de explicitación suficiente del sustento fáctico" o de "falta de explicitación suficiente del sustento jurídico".

También conforme al Diccionario de la Lengua, la motivación es "exacta" cuando es perfectamente adecuada, rigurosamente cierta o correcta, ajustada a lo verdadero, sin defecto ni exceso; o, como expresa Durán, cuando son ciertas las circunstancias de hecho enunciadas, cuando las reglas de derecho invocadas son aplicables al caso y su interpretación es correcta, y cuando la finalidad enunciada puede ser satisfecha con lo decidido. En palabras de Real, es exacta cuando los fundamentos de derecho se corresponden con las normas invocadas y los hechos considerados son verdaderos.

A su vez, la cualidad de "congruente" exige, según el Diccionario de la Lengua, que la motivación sea coherente, lógica.

Con relación a los vicios lógicos en la motivación, Gordillo[38] alude a las falacias.

Una falacia puede definirse como un razonamiento persuasivo, aunque lógicamente defectuoso. Se trata de un razonamiento erróneo que puede pasar por correcto porque en el mismo el error no es evidente. En la falacia, existe un problema en la relación que permite a las premisas fundamentar la conclusión.

Las falacias pueden ser clasificadas en las categorías de "falacias formales" y "falacias no formales". En las "falacias formales", el error se encuentra en la forma lógica del razonamiento: la conclusión no se desprende necesariamente de las premisas, traduciéndose en un razonamiento inválido. En las "falacias no formales", en cambio, el problema está en el contenido del razonamiento: las premisas pueden ser falsas o no pertinentes para llegar a la conclusión.

[36] http://www.rae.es/

[37] Agustín Gordillo, "Teoría general del derecho administrativo", t. 8, en http://www.gordillo.com/pdf_tomo8/capitulo09.pdf, págs. 335 y ss.

[38] *Ibidem.*

Para revisar si la motivación de una decisión es falaz debemos identificar el razonamiento que contiene, revisar la calidad de las premisas y el proceso de inferencia que conduce a la conclusión.

El decisor, en el proceso de toma de resolución y motivación, puede incurrir en cualquiera de las siguientes falacias formales:

a) El "silogismo disyuntivo falaz", en el que, ante una disyunción del estilo "A y/o B" (ejemplo: "puedo observar y/o imponer una multa"), se asume que una posibilidad es falsa cuando la otra queda afirmada (ejemplo: "si puedo observar no puedo imponer una multa").

b) La "afirmación del consecuente", en la que se asume que si una premisa es cierta, la consecuencia también señala si su antecesora es verdad o no (ejemplo: "si cumple con todos los deberes funcionales obtendrá la mejor evaluación, por lo que si obtiene la mejor evaluación habrá cumplido con todos los deberes funcionales").

c) La "negación del antecedente", en la que el razonamiento se articula como si al negar una premisa la conclusión tuviera que ser necesariamente falsa (ejemplo: "si el oferente omite cumplir un requisito de admisibilidad, su oferta será rechazada; no ha omitido cumplir un requisito de admisibilidad, así que su oferta no será rechazada").

d) La "negación falaz de la conjunción", en la que, al no darse un fenómeno como resultado de un conjunto de elementos, se niega uno de esos elementos (ejemplo: "para ganar la licitación se requiere presentar una oferta conveniente y buenos antecedentes; no ha ganado la licitación, por lo tanto no ha presentado buenos antecedentes").

e) El "término medio no distribuido", en que existe un elemento que conecta a otros dos y no aparece en la conclusión, aunque no engloba a uno de ellos en su totalidad (v. gr. "todos los oferentes precalificados tienen antecedentes en obras de arquitectura; algunos oferentes nacionales tienen antecedentes en obras de arquitectura; por lo tanto, algunos oferentes nacionales son oferentes precalificados").

f) El "silogismo categórico con premisas negativas", en el que ambas premisas son una negación, ya que no puede arribarse a conclusión alguna a partir de ellas (ejemplo: "ningún oferente extranjero tiene antecedentes; ningún oferente que presentó ofertas variantes tiene antecedentes, así que ningún oferente extranjero presentó ofertas variantes").

g) El "silogismo categórico con conclusión negativa a partir de premisas afirmativas", ya que en los silogismos categóricos no puede obtenerse una conclusión negativa a partir de premisas afirmativas (ejemplo: "todos los adjudicatarios cumplen con los requisitos de antecedentes y algunos oferentes extranjeros cumplen con los requisitos de antecedentes, así que los oferentes extranjeros no son adjudicatarios").

h) La "falacia de cuatro términos", en vez de tres (que sería lo necesario para que el razonamiento fuese válido). En este caso, uno de los términos tiene dos significados (ejemplo: "solamente un funcionario público puede adjudicar una licitación, una funcionaria no es un funcionario, así que una funcionaria no puede adjudicar una licitación").

Por otra parte, al motivar, el decisor también puede incurrir en vicios lógicos del tipo de las falacias no formales.

Entre las falacias no formales, pueden mencionarse las siguientes:

a) Las "falacias de atinencia o atingencia", en las que las premisas carecen de atinencia lógica con relación a la verdad o falsedad de las conclusiones. Un ejemplo sería el caso en que, a partir de la afirmación de que el contratista debe cumplir con sus obligaciones, pretenda derivarse que corresponde sancionarlo, sin haber demostrado que las ha incumplido.

b) Las "falacias de ambigüedad", que aparecen en razonamientos cuya formulación contiene palabras o frases ambiguas, con significados que varían sutilmente en el curso del razonamiento, haciéndolo falaz.

c) El uso del "argumento *ad verecundiam*", que consiste en tomar la falta de evidencia conocida en contra o a favor de una afirmación como si fuese probatoria de su veracidad o falsedad.

d) La "falacia *ad hominem*", por ejemplo, cuando se argumenta en contra de un recurso administrativo, invocando características personales negativas del recurrente.

e) La "falacia patética", que apela a la emoción; o las que apelan a la misericordia o a la lealtad.

f) La "falacia *ad baculum*", también conocida como "apelación a la fuerza" para provocar la aceptación de una conclusión.

g) El uso del "argumento *ad populum*", que apela al sentimiento popular en un tema.

h) La "falacia *ad ignorantiam*", que afirma como falso aquello que no ha podido probarse.

Toda vez que se constate que la motivación adolece de vicios lógicos que han conducido a una decisión irrazonable y por tanto ilegítima, el acto respectivo debe ser anulado.

5. La motivación de la adjudicación en la jurisprudencia uruguaya reciente

En la jurisprudencia reciente del Tribunal de lo Contencioso Administrativo (TCA) en materia de motivación de la adjudicación contractual, son observables las siguientes circunstancias:

a) En fallo 189 de 21 de abril de 2016, el Tribunal anula el acto administrativo de adjudicación, "por error que vicia la motivación". En el caso, la Administración adjudica a un oferente, desestimando la oferta del actor, con el argumento de que este ha modificado su oferta original en instancia de aclaración de la misma. La sentencia revisa las actuaciones, y constata que los informes técnicos en que se basa el acto impugnado han incurrido en una errónea apreciación de los hechos, por error en la interpretación de la oferta original, concluyendo en que no había existido tal modificación. Se trata, entonces, de un caso en el que un error en los antecedentes del acto (motivo) inficiona la motivación.

b) En sentencia 483 de 16 de junio de 2015, el Tribunal confirma el acto administrativo de adjudicación, a pesar de admitir la "inexactitud de la motivación", por considerar que tal inexactitud no reviste "trascendencia" para determinar la nulidad de la decisión. En el caso, la adjudicación se relaciona con la adquisición de un medicamento y la motivación menciona información técnica sobre el mismo, que se demostró desactualizada y sin respaldo probatorio. Pero el Tribunal observa que "la nulidad del acto de adjudicación es siempre una grave medida que no debe tener lugar sino cuando se comprueba una seria y trascendente trasgresión a los principios propios del procedimiento licitatorio", y agrega que tal supuesto no se da en tanto resulta de los antecedentes que el decisor había tenido conocimiento de los defectos de la información técnica aludida. En discordia de la sentencia, en cambio, se sostiene la trascendencia del error en la motivación.

c) En discordia de la sentencia 157 de 10 de marzo de 2015, se pone el acento en la insuficiencia de la motivación del acto de adjudicación, en cuanto la misma no controvierte los argumentos expresados por el impugnante.

d) En sentencia 346/014 de 2 de setiembre de 2014, el Tribunal, siguiendo a Marienhoff, rechaza la demanda anulatoria contra la decisión formulada en un proceso competitivo, afirmando que "la motivación del acto puede ser concomitante o contemporánea con la expresión de dicha voluntad o, anterior a tal expresión, apareciendo en este último caso en el proceso de formación de la voluntad administrativa".

e) En fallo 238 de 23 de abril de 2013, ante demanda de nulidad de un acto administrativo que declara frustrada una licitación pública para la explotación de un depósito portuario, el Tribunal anula dicho acto, señalando que la Administración no puede adoptar decisión sin motivarla válidamente, ya que "todo acto debe estar fundado en uno o varios motivos válidos, en defecto de lo cual la volición administrativa resultaría inficionada por la falta de motivo o por error en los mismos, en caso de falsa apreciación de los datos del caso. En el caso, la incongruencia en la motivación del acto alegada por la actora ha quedado acreditada". Una vez más aquí, cabe observar una cierta confusión entre los conceptos de motivo y motivación.

Aunque no referidas estrictamente a un acto de adjudicación contractual, también resultan de interés, como antecedentes que pueden ser tomados para resolver cuestiones en sede de contratos del Estado, algunas sentencias recientes que convocan las nociones de eficiencia, exactitud y congruencia de la motivación, y una en particular que analiza la obligación de motivar los actos dictados en ejercicio de potestades discrecionales:

Así, la sentencia 579 de 23 de octubre de 2014, en un caso de adjudicación de bandas del espectro radioeléctrico, anula dicha adjudicación en virtud de que los motivos invocados por la Administración para disponerla resultan errados o no surgen de los antecedentes. El Tribunal califica la motivación de "*inexacta e incongruente*", y textualmente expresa, citando a Real: "Las razones de Derecho deben corresponder a los textos invocados, los hechos deben ser verdaderos. No basta que existan los hechos sino que se les aprecie correctamente. La Administración debe ser veraz no solo en cuanto a la existencia de los motivos sino también en cuanto a la calificación jurídica y a la subsunción de las situaciones de hecho en el tipo de los conceptos jurídicos indeterminados".

f) Sobre la noción de suficiencia de la motivación, en sentencia 81/016 de 17 de marzo de 2016, el Tribunal rechaza la demanda anulatoria, y señala: "de los antecedentes administrativos del acto en causa se extrae una motivación idónea o eficaz del mismo en la medida que es "suficiente" para apreciar con exactitud los motivos determinantes de dicho acto (cfr. Marienhoff, *Tratado de derecho administrativo*, tomo II, págs. 327 y ss.)".

g) En relación con la necesidad de motivar los actos dictados en ejercicio de potestades discrecionales, la sentencia 777/013 de 3 de diciembre de 2013 señala: "Al decir de Fernández Vázquez: «la motivación no solo tiene por finalidad conocer con mayor certeza y exactitud la voluntad que se manifiesta en el acto administrativo, sino hacer posible su control o fiscalización, estableciendo la necesaria relación de causalidad entre los antecedentes de hecho, el derecho aplicable y la decisión adoptada» (cfr. Fernández Vázquez, Emilio: «Diccionario de derecho público», págs. 506 y 507). Ha dicho el Tribunal en una reciente sentencia: «la exteriorización de los motivos —motivación— es particularmente fundamental en actos que resultan ser el corolario del ejercicio de poderes discrecionales, esto es, la elección de un específico comportamiento legítimo entre diversos posibles. Y, ello porque el virtualmente afectado por la decisión administrativa debe conocer de modo adecuado, preciso y claro, las razones que determinaron la elección y los fundamentos jurídicos sobre los que se asienta la decisión. [...] las causas sindicadas por la administración —cimientes del acto— léase: en la detección de 'inconvenientes de funcionamiento que es necesario corregir para lograr una administración que priorice la gestión', por su abstracción y vaguedad desoyen por completo la reglamentación aplicable que no admite fórmulas generales de fundamentación» (cfr. sentencia No. 380/2012). En el caso, la utilización de una fórmula de fundamentación por demás genérica impide a la jurisdicción conocer los específicos motivos de la Administración y ejercer el control de legitimidad del acto cuestionado".

Cabe mencionar, asimismo, la sentencia 714 de 19 de octubre de 2019, en la que el Tribunal enfatiza que "la Administración tiene la carga de la argumentación, es decir, debe explicitar las razones que orientan el dictado del acto, esto es, debe exponer las circunstancias y los fundamentos de derecho por los que se opta por la decisión seleccionada". Citando a Real, señala la sentencia que "la fundamentación facilita la interpretación y el contralor del acto y defiende a la buena administración, además de garantizar los derechos de los administrados".

6. Conclusiones

1. La motivación de los actos administrativos constituye verdadera piedra angular en la construcción de una administración garantista de los derechos de las personas. Los diversos autores encuentran el fundamento del principio de motivación en la forma republicana de gobierno, en el régimen democrático, como elemento de la juridicidad del acto (alejando todo atisbo de arbitrariedad) y de la razonabilidad de las relaciones jurídicas, así como en la exigencia de una conducta racional en un Estado de derecho.

2. Se ha caracterizado a la obligación de motivar como un principio general del derecho administrativo, que integra la garantía del debido procedimiento. También se ha identificado, como contracara de dicha obligación, el derecho a la motivación como verdadero derecho inherente a la personalidad humana, de cumplimiento necesario para la plena vigencia del Estado de derecho.

3. La obligatoriedad de la motivación es expresión de la racionalización del poder, permite fiscalizar la actividad intelectual del decisor, así como deslindar discrecionalidad de arbitrariedad, y en tal sentido se relaciona con la tutela efectiva.

4. En tanto el motivo es un presupuesto del acto administrativo: conjunto de las circunstancias de hecho y de derecho que en cada caso llevan a su dictado (junto al presupuesto de procedimiento y al presupuesto de derecho que es la norma atributiva de competencia al órgano actuante), la motivación es la exteriorización de ese motivo. Más allá de su relación con la forma del acto, la motivación no es un requisito meramente formal, sino de fondo, *interna corporis*.

5. Parte de la doctrina incorpora en el alcance del vocablo *motivación*, a la expresión de la finalidad perseguida, además de la que refiere a las circunstancias de hecho y de derecho. Este aspecto de la finalidad se encuentra expresamente referido en relación con la motivación del acto, en el artículo 124 del decreto 500/991.

6. La obligación de motivar las decisiones puede encontrarse en diversas disposiciones del ordenamiento jurídico uruguayo. Como componente del principio de debido procedimiento, se encuentra recogido en la propia Constitución (como especie del debido proceso, en el art. 66); es expresamente enunciado en el artículo 2°, literal l) del decreto 500/991, y luego desarrollado en los artículos 123 y 124 del mismo decreto.

7. En consecuencia, nuestro ordenamiento jurídico recibe el principio general de derecho administrativo que impone la obligación de motivar con su correlativo derecho a la motivación de todos los actos administrativos sin distinción. El ordenamiento va incluso más allá, indicando las características que debe tener esa motivación, la que no puede agotarse en una fórmula general de fundamentación, sino que debe cumplir con realizar una relación de los hechos del caso específico de que se trate, de manera directa y concreta, y debe exponer las razones particulares del caso, que justifican la decisión.

8. Específicamente en materia de contratos del Estado, la obligación de motivar es recibida también por diversos artículos del Texto Ordenado de Contabilidad y Administración Financiera (TOCAF), aprobado por decreto del poder ejecutivo 150/012 de 11 de mayo de 2012, que la regulan (arts. 66 a 68).

9. Es admisible la motivación por remisión a las actuaciones administrativas o *in aliunde*, en la medida que la misma sea clara e inequívoca, de manera que permita conocer los fundamentos de la resolución que se adopta. No lo es, en cambio, la fundamentación *a posteriori*, póstuma o ulterior, en cuanto exceda el ampliar o precisar la fundamentación oportunamente realizada.

10. La obligación de motivar se relaciona con el principio de interdicción de la arbitrariedad, de acuerdo con el cual la conducta administrativa debe ser suficientemente coherente y razonablemente sustentada en el bloque de legalidad, en un todo de acuerdo con los principios de legalidad y reserva de ley (arts. 7° y 10 de la Carta). Su omisión o defecto grave produce nulidad por vicio de un elemento que excede su formalidad y toca su contenido y su racionalidad.

11. La motivación debe ser suficiente (bastante, apta o idónea para explicar la decisión, dando razón del proceso lógico y jurídico que la ha determinado), congruente (coherente, lógica) y exacta (perfectamente adecuada,

rigurosamente cierta o correcta, ajustada a lo verdadero, sin defecto ni exceso), y debe pronunciarse en favor o en contra sobre las defensas alegadas por los interesados en el procedimiento, explicando la subsunción de la situación sobre la que se decide, en el supuesto de la norma aplicable.

12. La motivación es especialmente relevante en los actos que por su naturaleza pueden habilitar decisiones más discrecionales, explicando qué circunstancias concretas determinan la decisión en cada caso.

13. La sola invocación del secreto, la reserva o la confidencialidad de las actuaciones no exime de la obligación de motivar. En definitiva, según señala la doctrina, en todo caso la motivación debe ser suficiente, exacta y congruente.

14. La motivación no debe adolecer de falta de explicitación suficiente del sustento fáctico o de falta de explicitación suficiente del sustento jurídico, ni incurrir en vicios lógicos (falacias formales o no formales).

15. En la jurisprudencia reciente de nuestro Tribunal de lo Contencioso Administrativo son observables las siguientes tendencias:

a) Es constante la jurisprudencia del Tribunal de lo Contencioso Administrativo amparando la motivación *in aliunde*, así como en contra de la motivación póstuma, insuficiente, inexacta o incongruente.

b) El Tribunal afirma la obligatoriedad de la motivación aun en los casos de actos dictados en ejercicio de potestades discrecionales.

c) En algunos fallos, el Tribunal desestima la demanda anulatoria fundada en vicios en la motivación, convocando el principio de trascendencia.

d) Se procede a la anulación de actos administrativos invocando vicios en la motivación, que son determinados muchas veces por vicios en el motivo, que terminan inficionándola.

CLÁUSULA PENAL Y MULTAS EN LA CONTRATACIÓN ADMINISTRATIVA COSTARRICENSE

ERNESTO JINESTA LOBO*
Costa Rica

1. RÉGIMEN JURÍDICO POSITIVO

A) *Ley de Contratación Administrativa (en adelante LCA)*

La LCA 7494 de 2 de mayo de 1995 y sus reformas, solamente en uno de sus artículos hace referencia a la cláusula penal.

Se trata del artículo 34 que regula lo concerniente a la garantía de cumplimiento que debe rendir el adjudicatario y contratista en favor de la administración contratante.

Este precepto dispone lo siguiente:

"Artículo 34. *Garantía de cumplimiento.*

"La Administración exigirá una garantía de cumplimiento, entre un cinco por ciento (5%) y un diez por ciento (10%) del monto de la contratación. Este monto se definirá en el cartel o en el pliego de condiciones respectivo, de acuerdo con la complejidad del contrato, para asegurar el resarcimiento de cualquier daño eventual o perjuicio ocasionado por el adjudicatario.

"La garantía se ejecutará hasta por el monto necesario para resarcir, a la Administración, los daños y perjuicios imputables al contratista.

"*Cuando exista cláusula penal por demora en la ejecución*, la garantía no podrá ejecutarse con base en este motivo, salvo la negativa del contratista para cancelar los montos correspondientes por ese concepto.

"La ejecución de la garantía de cumplimiento no exime al contratista de indemnizar a la Administración por los daños y perjuicios que no cubre esa garantía".

* Doctor en Derecho Administrativo por la Universidad Complutense de Madrid, Presidente Asociación Costarricense de Derecho Administrativo. Socio Director Ernesto JinestaLegal www.ernestojinestalegal.com

B) *Reglamento LCA (en adelante RLCA)*

El RLCA (decreto ejecutivo DE-33411 de 27 de septiembre de 2006 y sus reformas), por su parte, incluye una regulación un poco más amplia de las figuras.

Al respecto el artículo 41 dispone lo siguiente:

"Artículo 41. *Procedimiento para ejecución de garantía de cumplimiento.* La garantía de cumplimiento se ejecutará, parcial o totalmente, hasta por el monto necesario para resarcir a la Administración, por los daños y perjuicios ocasionados por el incumplimiento del contratista.

"La garantía podrá ejecutarse por demora en la ejecución del objeto contractual, en el evento de que no se haya pactado una *cláusula penal* por ese motivo; en caso contrario se procederá a la ejecución de esta última.

"La ejecución de la garantía de cumplimiento o la aplicación de la *cláusula penal por demora o ejecución prematura*, no exime al contratista de indemnizar a la Administración, por los mayores daños y perjuicios que no cubran esas garantías.

"Si ejecutada la garantía, el contrato continúa en ejecución, la Administración, deberá solicitar al contratista su inmediata restitución en las condiciones pactadas.

"De previo a ejecutar la garantía de cumplimiento, la Administración, deberá dar audiencia al contratista por cinco días hábiles, a efecto de que este pueda ejercer su derecho de defensa.

"En el traslado deberá indicarse el presunto incumplimiento, las pruebas en las que se fundamenta el reclamo, la estimación del daño y el monto por el cual se estaría ejecutando la garantía.

"Vencido el plazo para contestar la audiencia, la Administración contará con un plazo de hasta diez días hábiles para emitir una resolución razonada que deberá hacer expresa consideración de los argumentos formulados por la parte interesada en su descargo.

"Si ejecutada una garantía el monto resulta insuficiente para indemnizar los daños y perjuicios ocasionados, la Administración, podrá aplicar el monto de las retenciones del precio que se hubieren dado y los saldos de pago pendientes. En todo caso, la ejecución de las garantías, no excluye el cobro en vía judicial de los daños y perjuicios ocasionados a la Administración, con el incumplimiento, del oferente o del contratista, si estos fueran mayores a los montos cobrados en vía administrativa".

El Capítulo IV intitulado "Aspectos económicos", Sección Tercera relativo a las "Multas y cláusula penal", del Reglamento LCA, contiene cuatro normas significativas que regulan tales institutos y que disponen lo siguiente:

"Artículo 47. *Generalidades*. La Administración, podrá establecer en el cartel, el pago de multas por defectos en la ejecución del contrato, considerando para ello, aspectos tales como, monto, plazo, riesgo, repercusiones de un eventual incumplimiento para el servicio que se brinde o para el interés público y la posibilidad de incumplimientos parciales o por líneas, siempre que se considere el medio idóneo para el cumplimiento y satisfacción de las obligaciones contractuales. Todo lo anterior con arreglo a criterios de proporcionalidad y razonabilidad.

"En caso de que el objeto esté compuesto por líneas distintas, el monto máximo para el cobro de multas se considerará sobre el mayor valor de cada una y no sobre la totalidad del contrato, siempre que el incumplimiento de una línea no afecte el resto de las obligaciones.

"Los incumplimientos que originan el cobro de la multa, deberán estar detallados en el cartel. Una vez en firme el cartel, se entenderá que el monto de la multa es definitivo por lo que no se admitirán reclamos posteriores.

"Artículo 48. *Cobro*. Para el cobro de las multas, no será necesario demostrar la existencia del daño o perjuicio.

"En caso de incumplimiento total de las obligaciones por parte del contratista, no procede el cobro de multas, posteriores a ese momento, sino la ejecución de la garantía de cumplimiento y la adopción de cualquier otra medida que resulte necesaria.

"El cobro de las multas, podrá hacerse con cargo a las retenciones del precio, que se hubieran practicado y los saldos pendientes de pago. En caso de que ninguna de esas dos alternativas resulte viable, se podrá ejecutar la garantía de cumplimiento hasta por el monto respectivo.

"El cobro por concepto de multas no podrá superar el veinticinco por ciento del precio total.

"Artículo 49. *Prescripción*: La posibilidad de cobrar las multas prescribirá en el plazo de cinco años a partir del hecho generador. En el contrato de obra, la recepción provisional excluye la posibilidad de cobrar multas, salvo que la obra haya sido recibida bajo protesta o que se haya recibido provisionalmente faltando solamente pequeños detalles de acabado o la corrección de defectos menores consignados en el acta.

"La omisión de cobro ocasionará responsabilidad civil y administrativa del funcionario omiso, cuando este fuere procedente. [Así reformado mediante el art. 1° del decreto ejecutivo 33860 del 29 de mayo de 2007].

"Artículo 50. *Cláusula penal*. La cláusula penal procede por ejecución tardía o prematura de las obligaciones contractuales, los supuestos y montos deberán incluirse en el respectivo cartel y le serán aplicables las disposiciones indicadas en los artículos anteriores".

C) *Reglamento al Título II Ley de Fortalecimiento y Modernización de las Entidades Públicas del Sector de Telecomunicaciones (en adelante RLFMEPST)*

Este Reglamento específico (decreto ejecutivo 35148 de 24 de febrero de 2009), contiene varias normas reglamentarias que, realmente, son una réplica de las contenidas en el RLCA.

El artículo 37, párrafos 1° a 3°, RLFMEPST dispone lo siguiente:

"*Procedimiento para ejecución de garantía de cumplimiento.* La garantía de cumplimiento se ejecutará, parcial o totalmente, hasta por el monto necesario para resarcir a la Administración, por los daños y perjuicios ocasionados por el incumplimiento del contratista.

"La garantía podrá ejecutarse por demora en la ejecución del objeto contractual, en el evento de que no se haya pactado *una cláusula penal* por ese motivo; en caso contrario se procederá a la ejecución de ésta última.

"La ejecución de la garantía de cumplimiento o la aplicación de la *cláusula penal por demora o ejecución prematura*, no exime al contratista de indemnizar a la Administración, por los daños y perjuicios que no cubran esas garantías.

[...]".

Luego, los artículos 41, 42 y 43 tienen una regulación específica. Tales preceptos reglamentarios estipulan lo siguiente:

"Artículo 41. *Multas*. El ICE podrá establecer en el cartel el pago de multas por defectos en la ejecución del contrato, considerando para ello aspectos tales como monto, plazo, riesgo, repercusiones de un eventual incumplimiento para el servicio que se brinde o para el interés público y la posibilidad de incumplimientos parciales o por líneas, siempre que se considere el medio idóneo para el cumplimiento y satisfacción de las obligaciones contractuales. Todo lo anterior con arreglo a criterios de proporcionalidad y razonabilidad.

"En caso de que el objeto esté compuesto por líneas distintas, el monto máximo para el cobro de multas se considerará sobre el mayor valor de cada una y no sobre la totalidad del contrato, siempre que el incumplimiento de una línea no afecte el resto de las obligaciones.

"Los incumplimientos que originan el cobro de la multa deberán estar detallados en el cartel. Una vez en firme el cartel, se entenderá que el monto de la multa es definitivo por lo que no se admitirán reclamos posteriores.

"En relación con el cobro de multas no será necesario demostrar el daño y/o perjuicio, pero ello no excluye que el ICE deba alcanzar un acto debidamente motivado en su decisión de cobro.

"Artículo 42. *Prescripción.* La posibilidad de cobrar multas o cláusula penal prescribirá en el plazo de cinco años a partir del hecho generador, salvo que, en el contrato de obra, las partes hayan suscrito el respectivo finiquito del contrato. La omisión de cobro, ocasionará responsabilidad civil y administrativa del funcionario omiso, cuando este fuere procedente.

"Artículo 43. *Cláusula penal.* La cláusula penal procede por ejecución tardía o prematura de las obligaciones contractuales, los supuestos y montos deberán incluirse en el respectivo cartel y le serán aplicables las disposiciones indicadas en los artículos anteriores. En el cobro de cláusula penal no será necesario demostrar el daño y/o perjuicio, pero ello no excluye que el ICE deba alcanzar un acto debidamente motivado en su decisión de cobro".

2. Jurisprudencia de la Sala Primera de la Corte Suprema de Justicia

A) *General: carácter de fuente jurídica, rango y jerarquía de la jurisprudencia de la Sala Primera de Casación*

La Sala Primera de la Corte Suprema de Justicia es la que conoce y resuelve en última instancia, a través de los recursos extraordinarios de casación o de revisión, los procesos contencioso-administrativos. La Sala Primera de la Corte Suprema de Justicia es, entonces, en la organización judicial costarricense el sumo o último intérprete de las controversias jurídico-administrativas.

La jurisprudencia de esta Sala de la Corte tiene, en el caso del ordenamiento jurídico administrativo costarricense, carácter de fuente no escrita del ordenamiento jurídico.

Sobre este particular el ordinal 7, párrafo 1°, de la Ley General de la Administración Pública de 1978 (en adelante LGAP), dispone que la jurisprudencia servirá para "interpretar, integrar y delimitar el campo de acción del ordenamiento escrito" y tendrá "rango de la norma" que interpreta, integra o delimita. El párrafo 2° de ese numeral 7 aclara *que* "Cuando se trate de suplir la ausencia y no la insuficiencia de las disposiciones que regulan una materia" la jurisprudencia tendrá "rango de ley". La Ley Orgánica del Poder Judicial de 1993 y sus reformas, en su artículo 5, párrafo 3°, siguiendo a la LGAP de 1978, dispuso lo mismo en cuanto a la jurisprudencia como fuente de derecho.

En el derecho costarricense, tradicionalmente, y a partir del artículo 9° del título preliminar del Código Civil de 1885, entrado en vigencia en 1888, se ha entendido que la jurisprudencia son las sentencias reiteradas de las Salas de Casación que integran la Corte Suprema de Justicia o de la Corte Plena en funciones extraordinarias de carácter jurisdiccional. A lo anterior, se han agregado aquellas sentencias no emitidas por una Sala de Casación sino por un tribunal de instancia pero que no tienen ulterior recurso por lo que producen cosa juzgada material.

Sobre este particular, la Sala Constitucional de la Corte Suprema de Justicia, que ejerce el control de constitucionalidad por lo que conoce y resuelve, entre otros aspectos, las acciones de inconstitucionalidad que son posibles contra la jurisprudencia, ha aclarado lo siguiente:

"La Sala ha sostenido, en esta línea que, «por jurisprudencia debe entenderse la reiteración de fallos emitidos por [...] las Salas de Casación de la Corte Suprema de Justicia y por Corte Plena al aplicar la ley, la costumbre y los principios generales del Derecho (artículo 9 del Código Civil); de manera que a la luz de la norma anterior, son las decisiones reiteradas de las Salas de Casación y de la Corte Plena, las que contribuyen a informar el ordenamiento jurídico y en consecuencia es la jurisprudencia que emana de esos órganos jurisdiccionales, la que incide en el resto de los administradores de justicia, no las resoluciones emanadas de los jueces de primera instancia y tribunales superiores, tal y como lo ha considerado esta Sala con anterioridad (en este sentido ver, entre otras, las sentencias número 9995-00 y 5417-01)» (Nº 2001-07622 de las 14:49 horas del 8 de agosto del 2001). Esta tesis ha sido matizada, en el sentido de que la acción puede resultar excepcionalmente admisible respecto de la jurisprudencia de otras instancias que no sean la Corte Plena o las salas de casación, cuando por las características propias de cada clase de proceso, lo resuelto no sea susceptible de ser revisado eventualmente en casación, por carecer la resolución respectiva de ese recurso [...]" (Voto de la Sala Constitucional Nº 1583-2012 de las 14:50 horas de 8 de febrero de 2012).

Es así como la jurisprudencia de la Sala Primera de Casación resulta esencial para conocer, con precisión y detalle, el régimen jurídico de las cláusulas penales y de las multas en la contratación administrativa costarricense.

De hecho, existen vertientes de las instituciones jurídicas señalas que solo la jurisprudencia de la Sala Primera de la Corte Suprema de Justicia ha desarrollado.

B) *Aproximación conceptual a la cláusula penal y las multas en la jurisprudencia de la Sala Primera*

Dentro de las aristas fundamentales abordadas por la Sala Primera destaca el intento de aproximación o de conceptualización de las figuras jurídicas que nos ocupan.

Así en la sentencia 1019-F-2005 de 16:25 horas de 21 de diciembre de 2005, la Sala Primera sostuvo que "[...] son disposiciones que tienen por finalidad, pre-establecer mecanismos de sanción ante los eventuales atrasos en la ejecución o incumplimientos del contrato o de algunas de sus fases".

En la sentencia 750-F-2006 de las 10:45 horas del 5 de octubre de 2006, la Sala Primera hizo un esfuerzo mayor de concreción al estimar lo siguiente:

"XI. [...] Se constituyen en mecanismos que buscan asegurar la fiel observancia de lo pactado, o en su defecto, lograr una indemnización por el perjuicio sufrido. De ahí, que tengan dos funciones básicas, la compulsiva y la resarcitoria. Figuran en el contrato administrativo, como eventuales sanciones, que persiguen garantizar de mejor manera a la Administración, que el contratante cumplirá con la prestación dentro del plazo y con las condiciones pactadas, prefijando de antemano la reparación de los perjuicios que se causarían ante un eventual atraso en el plazo señalado o un incumplimiento [...] Según lo expuesto, en el cartel pueden incluirse cláusulas penales y multas, las primeras aplicadas a los casos de ejecución tardía o anticipada y las segundas por defectos en el cumplimiento".

C) *Previsión expresa en el cartel y en el contrato administrativo que se formaliza*

Uno de los aspectos que se ha insistido en la jurisprudencia de la Sala Primera es que la cláusula penal y las multas deben estar previstas, en cuanto a los supuestos de ejecución tardía, anticipada o defectos en el cumplimiento, si se refieren a parte o la totalidad del objeto contractual y lo relativo al *quantum* o porcentaje de la cláusula o multa.

Tal previsión cartelaria, se ha considerado esencial para que el oferente y eventual contratista, pueda, mediante el recurso de objeción al cartel discutir la conformidad o no de lo previsto sobre cláusula penal o las multas con los principios generales que informan la contratación administrativa. De esta manera se entiende que solo si ha sido prevista o contemplada en cuanto a los extremos apuntados en el cartel, el contratista puede haberla consentido y aceptado. De modo que el contratista puede aceptarla de manera tácita si no impugna esa cláusula del pliego o bien procurar que sea ajustada planteando el recurso de objeción al cartel.

A contrario sensu, no se admiten tales instituciones jurídicas cuando no han sido previstas en el cartel y luego en el contrato respectivo, por cuanto, se entiende que el contratista no tuvo oportunidad de aceptarlas o consentirlas.

Así en la ya citada sentencia de la Sala Primera 750-F-2006, se consideró lo siguiente:

"XI. [...] Para que puedan ser aplicadas han de formar parte del cartel y estar claramente señaladas e incluir de forma pormenorizada y cristalina los incumplimientos en los que tiene la posibilidad de aplicarlas en la práctica

[...] El reproche en esencia se dirige a atacar el hecho de que se le apliquen las primeras sin formar parte del cartel y porque en su criterio el numeral 36.3 del Reglamento General de Contratación Administrativa fue erróneamente interpretado, al asumirse algo no establecido en él. Analizados los autos lleva razón la casacionista, en efecto la norma citada establece la posibilidad de que la Administración incorpore en el cartel cláusulas penales por realización anticipada o retrasada o multas por defectos en la ejecución. Esto es así, porque su aplicación obedece a casos muy particulares a criterio de la Administración, de manera que deberá decidir si lo será a todo el objeto o a una parte, según sea la tipificación del supuesto que ha efectuado, y tomando en cuenta la importancia y naturaleza de cada concurso. O sea, que, en la utilización de estos medios, en el cartel deben puntualizarse y detallarse claramente los incumplimientos en los cuales la Administración los podrá hacer efectivos, de modo que los oferentes conozcan antes de someter su oferta, los montos que deberán pagar en caso de ocurrir determinado incumplimiento. JASEC en la especie no lo estipuló en el cartel, por ende, no se establecieron los supuestos y mecanismos mediante los cuales aplicaría la cláusula penal ("multa") de ser necesario. En la especie la actora-reconvenida no pudo conocer a qué atenerse sobre el particular, y JASEC no puede pretender su aplicación con base en una disposición general que dice forma parte de todas las contrataciones con esa institución, tampoco con fundamento en el canon 36.3 citado, porque no dispone que estas estarán contenidas en toda contratación, sino que el ente público los podrá incluir, lo cual no hizo JASEC en este asunto. En consecuencia, lo resuelto por el *ad quem* se encuentra en franca contradicción con el marco normativo que rige lo relativo a la contratación administrativa en el ordenamiento jurídico patrio, porque sea que se trate de cláusulas penales o multas, lo correcto es que consten en el cartel y contrato administrativo correspondientes, por ende, ha de acogerse la inconformidad sobre este extremo".

D) *Los límites de la discrecionalidad administrativa en la redacción de la cláusula penal o de las multas*

La LGAP de 1978 estableció, de manera pionera, importantes límites al ejercicio de las potestades discrecionales, tanto que, el artículo 15, párrafo 2º, LGAP estatuye que el "El juez ejercerá contralor de legalidad sobre los aspectos reglados del acto discrecional y sobre la observancia de sus límites". La Sala Primera ha actuado tales límites en tratándose de la elaboración y redacción de las cláusulas del cartel por la administración pública.

Veamos los límites que establece la LGAP de 1978 a la discrecionalidad administrativa. Tenemos los siguientes:

1) El artículo 15, párrafo 1°, LGAP dispone que la discrecionalidad "estará sometida en todo caso a los límites que le impone el ordenamiento expresa o implícitamente, para lograr que su ejercicio sea eficiente y razonable".

2) El numeral 16, párrafo 1°, LGAP, dispone que "En ningún caso podrán dictarse actos contrarios a reglas unívocas de la ciencia o de la técnica, o a principios elementales de justicia, lógica o conveniencia". El párrafo 2° del precepto citado dispone que "El juez podrá controlar la conformidad con estas reglas no jurídicas de los elementos discrecionales del acto, como si ejerciera contralor de legalidad". El artículo 158, párrafo 4°, LGAP dispone que para determinar la validez de un acto administrativo "Se entenderán incorporadas al ordenamiento, para este efecto, las reglas técnicas y científicas de sentido unívoco y aplicación exacta, en las circunstancias del caso". El ordinal 160 LGAP vuelve a reiterar que "El acto discrecional será inválido, además, cuando viole reglas elementales de lógica, de justicia o de conveniencia, según lo indiquen las circunstancias del caso".

3) El artículo 17 LGAP de 1978 dispone que "La discrecionalidad estará limitada por los derechos del particular frente a ella, salvo texto legal en contrario".

De modo general, en cuanto al "contenido del contrato" que es determinado por las cláusulas del cartel, la Sala Primera en la sentencia 1019-F-2005 de 16:25 horas de 21 de diciembre de 2005, señaló que la administración pública está sujeta "[...] a las reglas que en esta materia impone la legislación, dentro de las que se incluyen las barreras del ejercicio discrecional reguladas por los cánones 15 y 16 de la Ley General de la Administración Pública".

De manera específica, respecto de las instituciones jurídicas analizadas en este apartado, la Sala Primera en la sentencia 1176-F-S1-2011 de las 9 horas 15 minutos del 22 de setiembre de 2011 —reiterada en sentencia 416-F-S1-2013 de 14:25 horas de 9 de abril de 2013—, preciso lo siguiente:

"IV. A la luz de estos datos es claro que, contrario a lo sostenido por el casacionista, los órganos de las instancias precedentes no señalan que la cláusula penal sólo pueda aplicarse si se demuestra que el monto previsto en la cláusula corresponde a los daños y perjuicios. Ello supondría que ningún sentido tendría estipular una cláusula penal. Lo exigido, criterio que comparte la Sala, tiene lugar en el artículo 36.3 del Reglamento General de Contratación Administrativa no. 25038-H —no así en el artículo 34 del Reglamento de Contrataciones de la actora, que se ocupa de la garantía de cumplimiento, pero no de la cláusula penal—. Aquella norma señala: «Igualmente el cartel podrá contemplar la existencia de cláusulas penales por ejecución tardía o prematura o multas por defectos en la ejecución, tomando en consideración el monto del contrato y el plazo convenido para la ejecución o entrega total, y las repercusiones de su eventual incumplimiento. Por la naturaleza de estas cláusulas, para su aplicación no será necesario demostrar el daño» [El destacado es suplido]. *Esto evidencia que, en efecto, el establecimiento de la cláusula penal no tiene como base el criterio discrecional de la Administración, pues para fijarla debe contar con elementos que no solo descarten el enriquecimiento sin causa, como se ha advertido por los juzgadores de las instancias precedentes, sino también, y particularmente, que el fin público insatisfecho por la demora en el cumplimiento sea resarcido conforme al parámetro fijado por el canon 41 de la Constitución Política, esto es, de manera integral. Para ello debe acreditarse entonces que la cláusula fue el resultado de un análisis que tomó en cuenta tres variables: el monto del contrato, el plazo convenido y las repercusiones de un eventual retardo en el cumplimiento. De echarse de menos estos elementos, no puede actuarse la cláusula.* En el *sub-lite*, RECOPE no demostró que un análisis de este tipo sirva de basamento a la cláusula penal que pretende ejecutar, ante lo cual deviene en ineficaz por ausencia de un requisito reglamentario. Ahora bien, esto en modo alguno supone que la Administración no tenga derecho a reclamar el pago de esos daños y perjuicios, pero no por la vía que pretende ahora, por insubsistencia de la cláusula, sino a través de la demostración fehaciente de los daños que soportó ante el retraso en el cumplimiento [...]".

Estas sentencias son particularmente significativas, por cuanto disponen que la inclusión de una cláusula penal en un cartel y, ulteriormente, en el contrato administrativo que se formalice oportunamente, debe estar precedida de un "análisis" de tres "variables" que son las siguientes: a) el monto del contrato, b) el plazo convenido y c) las repercusiones de un retardo o retraso. En otras palabras, de acuerdo con esta jurisprudencia que tiene rango de ley, ya que, suple una laguna de la Ley de la Contratación Administrativa, la administración no puede redactar o diseñar cláusulas penales en abstracto o desvinculadas de las principales singularidades del contrato administrativo, como el monto, el plazo y las consecuencias reales y efectivas del supuesto retraso.

Una cláusula penal que se introduce sin el estudio previo de esos factores es absolutamente nula e ineficaz, debiendo tenerse por no puesta, por cuanto, violenta principios generales esenciales como la prohibición del enriquecimiento sin causa o ilícito de la administración pública, la intangibilidad del patrimonio del contratista, la razonabilidad y la proporcionalidad, la jurisprudencia indicada y los límites referidos de la discrecionalidad administrativas establecidos por la LGAP de 1978.

En punto a la determinación del porcentaje o *quantum* de la cláusula penal, la Sala Primera ha estimado, también, que este aspecto está sujeto a los límites propios de la discrecionalidad. Así, en la sentencia 416-F-S1-2013 de 14:25 horas de 9 de abril de 2013, consideró lo siguiente:

"VI. [...] En tesis de principio, *la Administración puede discrecionalmente incluir o no cláusulas penales en los contratos que suscribe, empero, no posee igual libertad para fijar los montos de las sanciones en ellas contenidas*. El Reglamento General de Contratación Administrativa no. 25038-H es claro en cuanto establece la posibilidad de que el cartel de licitación contemple las referidas cláusulas, siempre y cuando a la hora de estipularlas se tomen en consideración: el monto del contrato, el plazo convenido para la ejecución o entrega total y las repercusiones de su eventual incumplimiento. De echarse de menos un análisis de esos estos elementos, se reitera, no puede actuarse la cláusula. En lo que interesa, la cláusula penal se incorpora con la finalidad de resarcir eventuales daños y perjuicios que se pueden ocasionar por retrasos en la entrega de lo pactado. *Por lo tanto, dentro de un marco de razonabilidad y lógica, la Administración a la hora de incluirla y fijar su contenido (importe de la sanción), debe contar con estudios previos que permitan determinar y cuantificar los posibles daños y perjuicios que podría sufrir en caso de que se cumpla de forma tardía con lo pactado. Se trata entonces de una determinación anticipada de los menoscabos económicos que pudiera causarle los retrasos por parte de la contratista.* Tal y como indica el voto salvado, en línea con tesis de esta Sala: «No es una inclusión irrestricta y 'machotera' que puede hacer cada institución al elaborar el cartel de licitación pública, sino *que la cláusula penal debe venir antecedida de un estudio que demuestre cuáles son efectivamente los daños y perjuicios que se ocasionarán por parte del contratista, y precisamente debido a ello es que una vez que la situación se da, la administración no tiene que probar aquellos, pues los mismos ya fueron debidamente analizados antes de prepararse el cartel licitatorio*». En el caso en estudio, no se discute el cumplimiento tardío en la entrega de los suministros pactados, ello constituye un hecho no controvertido. Sin embargo, corresponde determinar si el acto final por medio del cual se le impuso a la contratista una multa de $ 1.545.104,75, como derivación de la ejecución de una cláusula penal, resulta conforme a derecho. *En el sub-lite no se ha demostrado que la cláusula en disputa, en los términos en que se encuentra redactada, se haya establecido acorde a parámetros técnicamente objetivos a través de un estudio previo, que justifique el monto de la sanción impuesta.* No consta en autos, de acuerdo a las exigencias que indica el canon 36.3 del Reglamento de la LCA, que la Administración, a partir del análisis del monto del contrato, el plazo convenido para la ejecución y las repercusiones de un eventual incumplimiento, fijara objetivamente el importe con el que se sancionaría un eventual retraso en la entrega de lo pactado. *Así las cosas, la cláusula penal deviene en una disposición sin sustento técnico, de imposible aplicación automática al haber sido incluida, se insiste, al margen de las reglas que establece el referido canon 36.3 del Reglamento.* Cuerpo normativo que, valga señalar, junto a la LCA, no. 7494, resultan de plena aplicación al caso en estudio, por ser estas las normas vigentes al momento de publicarse la licitación (3 de octubre de 2005), adjudicarse (11 de julio de 2006) y suscribirse el contrato (2 de octubre de 2006). *Para esta Cámara, resulta contrario a derecho ejecutar una cláusula penal que se estipuló, en lo que respecta a su cuantía, sin tomar en consideración las particularidades del caso concreto y obviando que, su inclusión lo que busca es resarcir un daño, de manera que no puede establecerse atendiendo únicamente al ejercicio de las facultades discrecionales de la Administración, pues debe contar con el rigor mencionado (estudios que den sustento técnico).* Por los motivos expuestos, estima esta Cámara que el acto administrativo por medio del cual se dispuso imponer a la contratista la multa de $ 1.545.104,75 (oficio 5225-0899-2010), como derivación de la aplicación de la cláusula penal en cuestión, resulta nulo. Consecuentemente, deberá acogerse el agravio que en ese sentido se formula. Lo anterior, valga señalar, de ninguna manera significa que el ICE no pueda reclamar los daños y perjuicios ocasionado por el retraso en la entrega de los suministros, empero, deberá hacerlo demostrando fehacientemente la existencia de tales daños".

Desde luego que esta jurisprudencia supone límites muy significativos en la determinación del *quantum* de la cláusula penal, de modo que ese aspecto, también, debe ser definido en función del análisis previo de las condiciones específicas del contrato (el precio, el plazo del contrato administrativo y las consecuencias del supuesto retraso).

En definitiva, el monto de la cláusula penal debe establecerse en función las variables ya apuntadas, así como de las circunstancias específicas de cada contrato administrativo, no de manera abstracta o general.

E) *El límite infranqueable de los principios de proporcionalidad y razonabilidad al fijar el contenido y monto de la cláusula penal o de la multa*

Sobre este tema en particular, es necesario recordar que los principios generales del derecho administrativo son una de las técnicas esenciales para limitar el ejercicio de las potestades discrecionales, como la determinación del contenido de cláusulas penales en un cartel y ulteriormente incorporadas en el contrato administrativo.

Es así como los principios de proporcionalidad y razonabilidad cumplen un rol esencial en la determinación del contenido de una cláusula penal. Ese cometido esencial, ha sido reconocido tanto por la Sala Primera como por la Sala Constitucional —a cuya jurisprudencia nos referimos en el apartado siguiente por sus particularidades—.

Es así como la Sala Primera en la sentencia 1019-F-2005 de 16:25 horas de 21 de diciembre de 2005, estimó que, en la determinación de las cláusulas contractuales y el ejercicio de las potestades administrativas, propias de la contratación administrativa, las administraciones públicas están sujetas a "los principios generales que se encuentran inmersos en el ordenamiento jurídico, y que son atinentes a la contratación pública. Estos postulados orientan esta función administrativa, a fin de potenciar su cumplimiento debido dentro de los cauces adecuados. Se trata de principios que se encuentran incluso por encima del contrato, al grado que cuando alguna disposición del convenio atente contra ellos, su desaplicación es inminente, a favor de aquellas reglas superiores. Así, las partes pueden invocarlos a su favor, aun contra el mismo contrato. Es el caso de la intangibilidad patrimonial, la buena fe contractual, equilibrio en las cargas, *ius variandi*, razonabilidad y proporcionalidad, entre otras".

En esta última sentencia de la Sala Primera, se insiste en la naturaleza sancionadora de las cláusulas penales al indicar lo siguiente:

"VI. [...] cláusulas penales, en tanto son disposiciones que tienen por finalidad, pre-establecer mecanismos de sanción ante los eventuales atrasos en la ejecución o incumplimientos del contrato o de alguna de sus fases. Esto obliga a analizar el régimen jurídico aplicable a este tipo de cláusulas dentro de la contratación pública, a fin de contar con panorama claro que permita una correcta solución de los agravios formulados.

"VII. Conforme se ha indicado con antelación, dentro de los contratos administrativos es factible la incorporación de las denominadas cláusulas penales, como figuras de sanción contractual. Se trata de acuerdos que definen en forma anticipada, cuál será la multa económica concreta que deberá cancelar el contratista por incurrir en el incumplimiento de una de sus obligaciones (normalmente por demora o ejecución prematura del contrato)".

Precisamente, por esa naturaleza sancionadora, la Sala Primera subraya que la determinación de su contenido está sujeto a los principios de proporcionalidad y razonabilidad "de manera que no se impongan como medios de castigo excesivos, generadores de beneficios indiscriminados a favor de una de las partes" por lo debe evitarse incorporar "sistemas sancionatorios desproporcionados e irracionales, sin sujeción a límites".

3. Jurisprudencia de la Sala Constitucional de la Corte Suprema de Justicia

A) *Valor y jerarquía de la jurisprudencia constitucional en el derecho costarricense*

La Sala Constitucional, adscrita a la Corte Suprema de Justicia, es lo que se denomina en otros países Tribunal o Corte Constitucional. Le corresponde ejercer el control de constitucionalidad, mediante el conocimiento y resolución de los procesos constitucionales de amparo y *habeas corpus*, así como del control de constitucionalidad de las normas y actos sujetos al derecho público en sus diversas variantes (arts. 10 y 48 de la Const. Pol.).

La jurisprudencia constitucional posee varias singularidades, ya que, además de tenerse como fuente del ordenamiento jurídico administrativo, según las citas que se hizo *supra* de los artículos 7° LGAP de 1978 y 5°, párrafo 3°, de la Ley Orgánica del Poder Judicial, puede asumir el rango, la jerarquía y la potencia de ley —ante una laguna legislativa— y, adicionalmente, de criterio constitucional al formar parte del bloque de constitucionalidad.

Es preciso agregar que el artículo 13 de la Ley de la Jurisdicción Constitucional dispone que "La jurisprudencia y los precedentes de la jurisdicción constitucional son vinculantes *erga omnes*, salvo para sí misma", lo que le da un valor y una potencia superior a la jurisprudencia constitucional.

De otra parte, el artículo 8°, párrafo 1°, de la Ley Orgánica del Poder Judicial, preceptúa que los "funcionarios que administran justicia no podrán: 1. Aplicar leyes ni otras normas o actos de cualquier naturaleza contrarios a la Constitución Política [...] Tampoco podrán interpretarlos o aplicarlos de manera contraria a los precedentes o jurisprudencia de la Sala Constitucional". Esta norma legal responde al sistema de control concentrado de constitucionalidad, de modo que, en caso de duda de la constitucionalidad de una norma o acto por aplicar en un caso concreto, los jueces y tribunales ordinarios o de legalidad deben plantear la consulta de constitucionalidad por duda fundada.

En la jurisprudencia constitucional encontramos un desarrollo relevante y significativo de la cláusula penal y de las multas en los contratos administrativos, habiendo generado grandes innovaciones en la materia.

B) *Aproximación conceptual y distinción de figuras*

La Sala Constitucional de la Corte Suprema de Justicia en el Voto 6639-2013 de las 16:01 horas de 15 de mayo de 2013 (reiterado en los Votos 3036-2014 de las 14:30 horas de 5 de marzo de 2014 y 4906-2014 de las 14:30 horas de 9 de abril de 2014), se estimó lo siguiente:

"IV. [...] Propiamente, las sanciones pecuniarias fijas y predeterminadas, que pueden aparecer como cláusulas penales o simples multas, son convenidas por las partes en el contrato administrativo correspondiente o en los documentos que lo complementa, o bien se encuentran contempladas en la normativa que regula la contratación administrativa. Consisten, en términos generales, en la imposición del pago de cierta suma como sanción por la comisión de una falta en la ejecución de las prestaciones a que se ha obligado el cocontratante particular. Ahora bien, en el caso de la cláusula penal, las partes determinan desde un inicio cuál suma por concepto de daños y perjuicios va a representar el incumplimiento de una obligación por parte del sujeto contratado por la Administración. De esta manera, por un lado, la Administración no se encuentra obligada a demostrar a cuánto asciende el valor del daño sufrido, y, por el otro, el cocontratante particular conoce de manera anticipada el *quantum* de la indemnización que deberá pagar en caso de cometer la falta en cuestión. Así las cosas, mediante la cláusula penal, en tanto estipulación accesoria de un contrato administrativo, una persona contribuye a asegurar el cumplimiento de sus deberes contractuales.

"[...]

"En conclusión, se puede afirmar que, en nuestro medio, la cláusula penal está referida a la inobservancia del plazo de ejecución pactado, de manera que se constituye en un mecanismo para sancionar la ejecución prematura o tardía de la prestación acordada en el contrato administrativo. Por otro lado, las multas se aplican por ejecución defectuosa del objeto contractual".

C) *Proporcionalidad en la determinación del quantum de la cláusula penal*

Uno de los límites materiales más relevantes de las potestades discrecionales lo constituye el principio general de proporcionalidad, el cual integran tres sub-principios que son los siguientes:

a) Necesidad, intervención mínima o prohibición del exceso.

b) Idoneidad.

c) Proporcionalidad en sentido estricto.

Toda decisión administrativa debe superar el test de proporcionalidad para que sea válida y legal. Cuando se demuestra que lesiona alguno de los sub-principios apuntados, se produce, inevitablemente, una nulidad absoluta e ilegalidad.

No debe olvidarse que los principios generales del Derecho son fuente del ordenamiento jurídico administrativo, según lo dispone el artículo 7° de la Ley General de la Administración Pública de acuerdo con el cual "Las normas no escritas —como [...] los principios generales de derecho— servirán para interpretar, integrar y delimitar el campo de aplicación del ordenamiento escrito y tendrán el rango de la norma que interpretan, integran o delimitan".

El principio de proporcionalidad ha sido desarrollado por la jurisprudencia constitucional que forma parte del bloque de constitucionalidad, con lo que ese principio tiene rango, potencia y jerarquía constitucionales.

Sobre este principio esencial, la Sala Constitucional en el Voto 3933-1998 de las 9:50 horas del 12 de junio de 1998, apuntó lo siguiente:

"[...] La legitimidad se refiere a que el objetivo pretendido con el acto o disposición impugnado no debe estar, al menos, legalmente prohibido; la idoneidad indica que la medida estatal cuestionada deber ser apta para alcanzar efectivamente el objetivo pretendido; la necesidad significa que entre varias medidas igualmente aptas para alcanzar tal objetivo, debe la autoridad competente elegir aquella que afecte lo menos posible la esfera jurídica de la persona; y la proporcionalidad en sentido estricto dispone que aparte del requisito de que la norma sea apta y necesaria, lo ordenado por ella no debe estar fuera de proporción con respecto al objetivo pretendido, o sea, no le sea «exigible» al individuo [...]".

En el Voto 8858-1998 de las 16:33 horas del 15 de diciembre de 1998, estimó lo siguiente:

"Así, un acto limitativo de derechos es razonable cuando cumple con una triple condición: es necesario, idóneo y proporcional. La necesidad de una medida hace directa referencia a la existencia de una base fáctica que haga preciso proteger algún bien o conjunto de bienes de la colectividad —o de un determinado grupo— mediante la adopción de una medida de diferenciación. Es decir, que, si dicha actuación no es realizada, importantes intereses públicos van a ser lesionados. Si la limitación no es necesaria, tampoco podrá ser considerada como razonable, y por ende constitucionalmente válida. La idoneidad, por su parte, importa un juicio referente a si el tipo de restricción a [sic] ser adoptado cumple o no con la finalidad de satisfacer la necesidad detectada. La inidoneidad de la medida nos indicaría que pueden existir otros mecanismos que en mejor manera solucionen la necesidad existente, pudiendo algunos de ellos cumplir con la finalidad propuesta sin restringir el disfrute del derecho en cuestión. Por su parte, la proporcionalidad nos remite a un juicio de necesaria comparación entre la finalidad perseguida por el acto y el tipo de restricción que se impone o pretende imponer, de manera que la limitación no sea de entidad marcadamente superior al beneficio que con ella se pretende obtener en beneficio de la colectividad. De los dos últimos elementos, podría decirse que el primero se basa en un juicio cualitativo, en cuanto que el segundo parte de una comparación cuantitativa de los dos objetos analizados".

La Sala Constitucional en el Voto 6057-2015 de las 11:31 horas de 29 de abril de 2015, indicó que "la fijación del monto de la cláusula penal no puede ser arbitraria o antojadiza, pues la Administración debe ponderar cuidadosamente la inserción de la cláusula penal en el cartel y el *quantum* de la sanción debe guardar proporcionalidad con los intereses públicos".

D) *Necesidad de debido proceso para imponer la cláusula penal o la multa*

Una de las aristas de la cláusula penal que fue objeto de estudio de la jurisprudencia constitucional es el tema del debido proceso.

En Costa Rica, tradicionalmente, se había interpretado que la aplicación de la cláusula penal o la multa contemplada en el cartel y el contrato, era una cuestión automática o de mera constatación. A partir de tal interpretación, ulteriormente, se dictaron, incluso, normas reglamentarias que así lo disponían.

Empero, a partir de varias sentencias de la Sala Constitucional de la Corte Suprema de Justicia se estableció que tales figuras no pueden aplicarse automáticamente, de manera que el obligado debe tener oportunidad, al menos por medio de un procedimiento administrativo sumario, de discutir si la falta le es directamente imputable al contratista o más bien a la administración pública contratante.

Así el Voto de la Sala Constitucional 6639-2013 de las 16:01 horas de 15 de mayo de 2013 (reiterado en los Votos 3036-2014 de las 14:30 horas de 5 de marzo de 2014 y 4906-2014 de las 14:30 horas de 9 de abril de 2014), se estimó lo siguiente:

"V. [...] Esta Sala considera que la ejecución de sanciones por cláusula penal no puede ser automática pues esto resulta contrario al debido proceso y derecho de defensa. Ciertamente, el monto de la sanción monetaria establecido en una cláusula penal está preestablecido en el cartel y el contrato, lo que en su momento fue aceptado voluntariamente por el adjudicatario. Tal situación implica que la Administración no está obligada a acreditar el monto de dicha lesión patrimonial al estar preestablecido. Lo anterior, sin embargo, no obsta para que se deba demostrar que el incumplimiento efectivamente le es achacable al adjudicatario. Precisamente, en caso fortuito o de fuerza mayor, o cuando la ejecución tardía o prematura de las obligaciones contractuales ha sido propiciada por la propia conducta de la Administración, no resulta válido que al adjudicatario se le imponga el pago de una cláusula penal por cuanto la falta en cuestión no le es imputable. Así las cosas, este Tribunal estima que previo a la ejecución de una cláusula penal debe corroborarse a través de un debido proceso si el cumplimiento tardío o prematuro fue efectivamente responsabilidad del contratista o, por el contrario, existió alguna circunstancia eximente de responsabilidad. Si al adjudicatario no se le permitiera ejercer la defensa previa, sino que, por el contrario, la Administración contratante pudiera ejecutar la cláusula penal de forma automática, entonces podría darse el caso de la imposición arbitraria de una sanción a un cocontratante particular a pesar de que este no fuera responsable por el incumplimiento en cuestión. Ciertamente, la Administración contratante se encuentra llamada a resguardar el interés público en cada una de las contrataciones administrativas que convenga con los particulares, así como a garantizar la regularidad de los servicios públicos y, consecuentemente, evitar cualquier tipo de retrasos injustificados en la ejecución del objeto del contrato administrativo; empero, estos principios constitucionales no autorizan a la Administración a incurrir en arbitrariedades, como lo sería ejecutar de manera automática las cláusulas penales convenidas sin descartar de previo circunstancias eximentes de responsabilidad contractual. En el *sub examine*, el ordinal 107 del Reglamento Interno de la Contratación Administrativa del ICE expresa inequívocamente que «Las multas y cláusulas penales se ejecutarán automáticamente [...]». De la simple lectura de esta disposición se puede constatar que la automaticidad del cobro aplicaría, en general, para todo tipo de supuesto, sin que se diferencien aquellos escenarios en que el incumplimiento no resulta imputable al adjudicatario, lo que abiertamente vulnera los derechos fundamentales de defensa y debido proceso conforme ha quedado expuesto *supra*. Está claro que ante la ausencia de una disposición que regule específicamente este punto en la Ley de la Contratación Administrativa, previo a la ejecución de una cláusula penal lo procedente es instaurar al menos un procedimiento administrativo sumario, con lo que queda satisfecha la garantía del debido proceso y la defensa, dada la naturaleza jurídica de la cláusula penal que está referida a un tipo de incumplimiento contractual muy preciso y de fácil constatación (lo que no obsta para analizar si hay alguna circunstancia eximente de responsabilidad). En tal procedimiento no se analizaría el *quantum* de la sanción —pues esto ya quedó fijado al aceptar el cocontratante la adjudicación—, sino solamente si el cumplimiento tardío o prematuro de la obligación contractual resulta imputable o no al cocontratante particular [...]".

4. Pronunciamientos de la Contraloría General de la República

A) *Competencia en materia de contratación administrativa*

La Contraloría General de la República en la organización constitucional y administrativa costarricense es lo que en otros países es llamado tribunal de cuentas e internacionalmente se le cataloga como una entidad de fiscalización superior (EFS) de la Hacienda Pública.

Estructuralmente, es un órgano desconcentrado constitucional auxiliar de la Asamblea Legislativa en la supervisión de la vigilancia de la Hacienda Pública con absoluta independencia funcional y administrativa en el ejercicio de sus competencias (arts. 183, párr. 1°, de la Const. Pol. de 1949 y 1° de la Ley Orgánica de la Contraloría General de la República).

En materia de contratación administrativa este órgano contralor cuenta con diversos pronunciamientos, ya que la materia está vinculada a la supervisión de los significativos fondos públicos invertidos en esa materia; en todo caso, el artículo 8° de la Ley Orgánica de la Contraloría General de la República dispone que la contratación administrativa forma parte del concepto de hacienda pública. Debe señalarse, también, que ese órgano contralor conoce y resuelve de los recursos de objeción al cartel y, eventualmente, en ciertos casos que depende de los umbrales presupuestarios de un ente público y del tipo de procedimiento de contratación usado, del recurso de apelación contra el acto de adjudicación y refrendar ciertos contratos administrativos (v. gr. de obra pública derivado de la aplicación de un procedimiento de licitación pública, de cuantía inestimable, etc. Ver artículo 3 del Reglamento sobre el refrendo de las contrataciones de la Administración Pública R-CO-44-2007 Despacho de la Contraloría General de las 9 horas del 11 de octubre del 2007).

El artículo 4°, párrafo *in fine*, de la Ley Orgánica de la Contraloría General de la República dispone que "Los criterios que emita la Contraloría General de la República, en el ámbito de su competencia, serán vinculantes para los sujetos pasivos sometidos a su control o fiscalización". No obstante, lo que resuelva la Contraloría General de la República en materia de contratación administrativa puede ser, eventualmente, revisado ante la jurisdicción contencioso administrativa. Sin embargo, interesa hacer referencia a los pronunciamientos fundamentales de ese órgano sobre la materia, por cuanto, mediante la interpretación desarrolla aspectos no contenidos en la Ley de Contratación Administrativa o su reglamento.

B) *Aproximación conceptual y deslinde de las categorías jurídicas de cláusula penal y de multas*

En el Oficio 13793- DAGJ-423-99 del 29 de noviembre de 1999 (reiterado en el oficio 2455-2006 de 31 de marzo de 2006), la Contraloría General de la República, estimó lo siguiente:

"[...] esta Contraloría General, en oficio de la entonces Dirección General de Contratación Administrativa, No. 7010 de 23 de junio de 1999, señaló:

"[...] «cláusula penal» (se define como un mecanismo *resarcitorio* de los daños y perjuicios que en un determinado negocio producirá el atraso en la ejecución de ese contrato) [...]"

"De conformidad con lo dispuesto en el artículo 36.3 del RGCA se pueden diferenciar claramente dos tipos de sanciones pecuniarias: por un lado, *la cláusula penal strictu sensu*, referida a la observancia del plazo de ejecución pactado (sea el inicial o aquel modificado mediante *adendum*), dispuesta como un mecanismo para sancionar la ejecución *prematura o tardía* en la ejecución del contrato y, por otro lado, *las multas* por ejecución *defectuosa* del objeto contractual.

"La doctrina, no siempre distingue claramente entre la multa y la cláusula penal, siendo el elemento común a ambas el que se haya establecido previamente el hecho que será sancionado y el *quantum* de la multa. Sin embargo, estimamos que nuestro reglamento sí aborda de modo particular, la cláusula penal para supuestos referidos a la sanción por ejecución prematura y principalmente, tardía del objeto contractual".

En la RSL-213-1997 de las 9:00 horas del 19 de setiembre de 1997, la Contraloría General de la República, indicó lo siguiente:

"La Administración, por su parte, posee algunos mecanismos que le permiten asegurar el fiel cumplimiento de lo pactado, o en su defecto, lograr una indemnización por el perjuicio que se le ocasiona. Uno de estos instrumentos es, precisamente, el disponer en el cartel una cláusula penal, con la cual se busca afianzar la debida ejecución en el tiempo fijado, ya se trate este de un plazo general de ejecución, ya se trate de diferentes plazos parciales. Dicho mecanismo tiene dos funciones básicas, cuales son, la función compulsiva y la función indemnizatoria. La cláusula penal figura en un contrato administrativo, como una eventual sanción que persigue garantizar de mejor manera a la Administración, que el contratante cumplirá con la prestación dentro del plazo pactado, y prefija, de antemano y en sede administrativa, la reparación de los perjuicios que se causarían con un eventual atraso en el plazo establecido. Es decir que, en virtud del poder sancionador que le asiste, la Administración fija o determina la aplicación de las multas, de acuerdo con la naturaleza del contrato, la importancia de este y el plazo señalado en el pliego".

C) *Proporcionalidad en la determinación del quantum de la cláusula penal y límite máximo del mismo*

Desde la RSL-213-1997 de las 9:00 horas del 19 de setiembre de 1997, la Contraloría General de la República apuntó la necesidad de establecer el *quantum* o monto de la cláusula penal con fundamento en el principio de proporcionalidad y las especiales circunstancias o peculiaridades del contrato administrativo, al considerar lo siguiente:

"*En la fijación de dicha cláusula, la Administración debe tener en consideración el monto del contrato y las repercusiones que para el interés público trae el incumplimiento del plazo acordado, adoptando entonces una decisión que debe ser debidamente razonada, lógica y proporcionada.* En este sentido, la Ley de Contratación Administrativa y el Reglamento correspondiente, contemplan la posibilidad de que la Administración incorpore en el cartel cláusulas penales por ejecución tardía o prematura del contrato, sin regular con amplitud esta figura e imponer límites en cuanto a su ejecución. No obstante, a pesar de esta omisión, conforme con lo previsto por el artículo 3 de la mencionada Ley, y atendiendo al principio de integración del ordenamiento jurídico, debemos acudir a la norma del Código Civil que señala el límite cuya ausencia se advierte en la normativa arriba citada. Así, el artículo 712 del Código Civil establece, que «Cuando sólo se reclamen la pena, esta no puede exceder en valor ni en cuantía de la obligación principal; y en los casos en que es posible el reclamo del principal y de la pena conjuntamente, la pena no puede exceder de la cuarta parte de aquel». A partir de esta norma, debe concluirse que el límite máximo que se puede cobrar en atención a la cláusula penal, es un 25% del monto total del negocio, de forma tal que, aunque en un cartel no sea expresamente señalado este tope o límite, este existe y es el señalado en la norma transcrita (Véase en este sentido la Resolución 47-97 de las 15:30 hrs. del 5 de marzo de 1997), de manera que, en la ejecución contractual, el contratista tendrá derecho a objetar cualquier intención de la Administración de imponer, por este concepto, un porcentaje mayor al aludido".

Posteriormente, en el Oficio 13793 de 29 de noviembre de 1999 -DAGJ-423-99-, puntualizó lo siguiente:

"1) *La cláusula penal y multas por defecto en la ejecución son mecanismos que la Administración puede incluir en el cartel siempre que las especiales circunstancias de la contratación y la satisfacción del fin público así lo recomienden. 2) La fijación del «quantum» de las sanciones a imponer, sea por cláusula penal o por multas, no puede ser antojadiza o arbitraria, sino que debe estar motivada.* En ningún caso el monto de la sanción debe superar el 25% del monto total del negocio, conforme a lo previsto por el numeral 712 del Código Civil. 3) El solo transcurso del plazo establecido en el contrato sin que se haya cumplido con la ejecución de su prestación u objeto (total o parcialmente), o la ejecución defectuosa bajo los supuestos que hayan quedado contemplados en el cartel, son suficientes para que el contratista se constituya en mora, no siendo necesaria interpelación alguna. 4) Para hacer efectiva la cláusula penal o las multas por defectos en la ejecución tampoco es necesario la demostración de la existencia de daños, por así disponerse expresamente en el artículo 36.3 del RGCA y, por constituir parte esencial de este tipo de sanciones especiales. 5) El mecanismo de multas por defectos en la ejecución no puede ser utilizado cuando se está frente a un incumplimiento total de las obligaciones por parte del contratista, en cuyo caso procede la ejecución de la garantía de cumplimiento. 6) La ejecución de la garantía de cumplimiento, a diferencia de la cláusula penal, sí requiere de la demostración de los daños y perjuicios y el cumplimiento previo del debido proceso al interesado. 7) Salvo que no exista cláusula penal, la garantía de cumplimiento responderá por la tardanza en el plazo de ejecución [...]".

Finalmente, en la resolución RC-759 de 13 horas del 15 de noviembre del 2002, la Contraloría General de la República estimó lo siguiente:

"*Merece señalar que el artículo 36.2 del Reglamento General de Contratación Administrativa dispone que el cartel podrá contemplar la existencia de cláusulas penales por ejecución tardía o multas por defectos en la ejecución, tomando en consideración el monto del contrato y el plazo convenido para la ejecución o entrega total, y las repercusiones de su eventual incumplimiento* [...] Así pues, con fundamento en lo dispuesto en dicha normativa la Administración está facultada para incluir este tipo de sanción pecuniaria en el cartel, previendo cualquier incumplimiento del contratista al momento de ejecutar el contrato [...] las multas son aquellos montos o porcentajes que la Administración en el ejercicio de sus potestades de imperio y facultades discrecionales, establece en el cartel para sancionar el incumplimiento de ciertos requerimientos del objeto contractual o para sancionar algunos defectos ya previsibles de la ejecución del contrato, pues la Administración ha tomado en consideración los daños y perjuicios que eventualmente estos le causen y ha tipificado esos eventuales defectos de la ejecución contractual [...] *Para utilizar el mecanismo de las multas, en el cartel deben puntualizarse y detallarse claramente los incumplimientos bajos los cuales la Administración las podrá hacer efectivas, de modo que los oferentes conozcan antes de someter su oferta, las multas que deberán pagar en caso de que la ejecución resulte defectuosa*".

LA REGULACIÓN DE LA DISTRIBUCIÓN DE RIESGOS EN LA EJECUCIÓN DE LOS CONTRATOS ADMINISTRATIVOS EN EL ORDENAMIENTO JURÍDICO ESPAÑOL

Germán Fernández Farreres*
España

1. Consideraciones previas

Tiene por objeto el presente trabajo exponer, en una síntesis inevitablemente muy resumida, algunas consideraciones y reflexiones sobre la vigente regulación en el ordenamiento jurídico español de la distribución de riesgos en la ejecución de los contratos públicos. Se trata, como es notorio, de una cuestión de especial trascendencia a la que, sin embargo, por sorprendente que resulte, el legislador no viene prestándole la atención que reclama. A pesar de las continuas reformas de la legislación contractual que se vienen sucediendo, más allá del parcial retoque que llevó a cabo la ley 13/2003, de 23 de mayo, del Contrato de Concesión de Obras Públicas, y de la más reciente prohibición de la transferencia a la Administración del riesgo operacional en las concesiones de obras y de servicios que, por imperativo comunitario, ha dispuesto la vigente ley 9/2017, de 8 de noviembre, de Contratos del Sector Público, por la que se transponen al ordenamiento jurídico español las Directivas del Parlamento Europeo y del Consejo 2014/23/UE y 2014/24/UE, de 26 de febrero de 2014 (en adelante, LCSP), las reglas relativas a la asignación de riesgos vienen manteniéndose prácticamente invariables desde la inicial Ley de Contratos del Estado de 8 de abril de 1965. Estamos, pues, ante un ejemplo claro de lo que ya ha sido advertido en otras ocasiones. Como dijera Juan Santamaría Pastor, a la altura de 2014, a la sinrazón de tan continuas reformas de la legislación contractual por ser en muy buena medida innecesarias, se une el hecho de que dejan al margen aspectos esenciales del régimen de la contratación pública verdaderamente necesitados, estos sí, de una adecuada reforma[1]. No otro es el caso —añado yo— de la cuestión que ahora nos ocupa.

* Catedrático de Derecho Administrativo de la Facultad de Derecho de la Universidad Complutense de Madrid.

[1] Véase su trabajo "La constante e interminable reforma de la normativa sobre contratación pública", en *Revista Española de Derecho Administrativo (REDA)*, núm. 159, 2013, págs. 25 y ss.

Por otro lado, se da la feliz coincidencia de que a este concreto asunto de la asignación de riesgos en la ejecución de los contratos públicos, el profesor LIBARDO RODRÍGUEZ ha dedicado una especial atención a lo largo de su dilatada y fructífera vida investigadora y académica. Sus estudios del equilibrio económico en los contratos administrativos son ya un referente inexcusable en la doctrina iuspublicista especializada en la materia, y no solo colombiana, por lo que mucho me satisface participar en su merecido homenaje tratando precisamente de asunto tan querido por él[2].

2. LA REGLA DEL RIESGO Y VENTURA DEL CONTRATISTA Y SUS EXCEPCIONES

Es preciso comenzar esta exposición recordando que la vigente regulación española se asienta en la regla general de que la ejecución del contrato se realiza "a riesgo y ventura del contratista". En la actualidad, el *artículo 197 LCSP* la sanciona respecto de cualesquiera contratos administrativos, sin excepción alguna.

Dejando al margen otras cuestiones[3], me limitaré a destacar en este momento que la asignación del riesgo y ventura al contratista no viene acompañada de precisión legal alguna sobre qué tipos de riesgos engloba, por lo que, en principio, todos los que se puedan producir le son imputables. Cuestión distinta es que, en algunos contratos, determinados y específicos riesgos en ningún caso pueden llegar a materializarse. No otra cosa sucede con los riesgos de demanda y de suministro en la explotación de obras y de servicios (el llamado "riesgo operacional"), que solo alcanza a los contratos de concesión de obras y de servicios. Un riesgo que en la actualidad, por exigencia de la normativa comunitaria queda prohibido que pueda excluirse del más genérico riesgo y ventura del concesionario. Y es que si queda excluido, el contrato de concesión no podrá calificarse como tal[4].

[2] Véase, por todos, la 2ª ed. de su libro *El equilibrio económico en los contratos administrativos* (con la colaboración de JORGE ENRIQUE SANTOS R. y prólogo de JUAN CARLOS CASSAGNE), Bogotá, Edit. Temis, 2012.

[3] Sobre la conformación y evolución histórica de la regla del riesgo y ventura, véase G. ARIÑO ORTIZ, *Teoría del equivalente económico en los contratos administrativos*, Madrid, IEA, 1968; también J. L. VILLAR PALASÍ y J. L. VILLAR EZCURRA, "Fuerza mayor", en vol. col. *Comentario a la Ley de Contratos de las Administraciones Públicas*, 2ª ed., Madrid, 2004, págs. 857 y ss. Más recientemente, J. A. SANTAMARÍA PASTOR, "¿Riesgo sin ventura? Comentario de las sentencias del Tribunal Supremo de 12 de diciembre de 2019 y 19 de febrero de 2020", en *Revista de Administración Pública (RAP)*, núm. 214, 2021, págs. 139 y ss.

[4] Tan numerosos son ya los estudios publicados sobre esta importante novedad que no hay lugar, en esta ocasión, a relacionarlos. Baste con remitir a uno de los más recientes, al libro de R. SAHÚN PACHECO, *Riesgo operacional y servicio público*, Madrid, BOE, 2019, en el que, por lo demás, se encontrará una exhaustiva relación bibliográfica.

Por otra parte, conviene ya señalar que, en todo caso, del riesgo y ventura quedan excluidos todos aquellos hechos que traigan causa de la acción del contratista o de la propia Administración contratante. Aunque la legislación contractual ha terminado por agrupar bajo el principio de equilibrio económico-financiero de los contratos de concesión la regulación de los efectos de la modificación de los mismos, lo cierto es que esos efectos son consustanciales a todo contrato, al estar este presidido por la inmutabilidad del pacto y el mantenimiento de la equivalencia de las respectivas prestaciones acordadas.

Pues bien, a partir de esta regla general, desde una perspectiva ahora negativa, la LCSP 2017, en línea de continuidad con regulaciones precedentes, prevé algunos supuestos en los que dicho riesgo queda excepcionado. Unas excepciones que determinan que la amplitud del riesgo y ventura del contratista no termine de coincidir con la que en las exposiciones doctrinales y hasta jurisprudenciales se les suele atribuir, aunque en la mayoría de los casos lo sea más en un plano teórico o doctrinal que práctico.

A) *Fuerza mayor*

De esta excepción[5] debe destacarse, ante todo, que, de acuerdo con lo dispuesto en el artículo 239 LCSP 2017, queda exclusivamente referida al contrato de obras y a los contratos de concesión de obras y de servicios, sin alcanzar, por tanto, a todos los demás. Estamos, pues, ante una excepción parcial que no encuentra justificación, por lo que, a mi juicio, debería ser corregida para extenderla a todos los contratos.

Además, en el contrato de obras el perjuicio —la mayor onerosidad— debido a fuerza mayor ha de ser indemnizado por la Administración sin que se condicione a su gravedad económica, mientras que respecto de los contratos de concesión, para que haya lugar al restablecimiento del equilibrio económico-financiero será preciso que la fuerza mayor haya ocasionado "de forma directa la ruptura sustancial" de su economía. Un desigual tratamiento, por tanto, que, a mi juicio, también debería ser corregido.

[5] La excepción de la fuerza mayor a la regla general del riesgo y ventura del contratista —lo que marca una singularidad más de la contratación administrativa respecto de la contratación privada, en la que rige la regla *res perit dominus*— se viene justificando en atención al hecho del mayor precio del contrato que, en otro caso, inevitablemente tendría que asumir la Administración, al repercutirse en el mismo las primas de los seguros que, para cubrir esos riesgos, todo contratista diligente tendría que concertar: véase E. García de Enterría, "Riesgo y ventura y fuerza mayor en el contrato administrativo", en *RAP*, núm. 2, 1950, págs. 83 y ss.; asimismo, G. Ariño Ortiz, *Teoría del equivalente económico*, *op. cit.*, pág. 148. También lo ha destacado la jurisprudencia; por ejemplo, STS de 14 de julio de 1986 (ar. 5071).

Y por lo que atañe a las consecuencias indemnizatorias de la fuerza mayor y las medidas compensatorias que se prevén, la jurisprudencia, desde las SSTS de 10 de marzo y de 24 de abril de 2008 (rec. 398/2006 y 5816/2005, respectivamente), corrigiendo un criterio anterior más restrictivo, considera que en el contrato de obras han de ser indemnizados cualesquiera daños y perjuicios. Por el contrario, la compensación debida a fuerza mayor en los contratos de concesión de obras y de servicios queda sumida en cierta ambigüedad. Los artículos 270.3 y 290.5 LCSP establecen las diversas medidas que a tal efecto podrán adoptarse —entre las que, por cierto, no figura la indemnización o abono de la correspondiente suma dineraria en la que se hayan cifrado los daños y perjuicios, aunque, como ya se ha apuntado en alguna sentencia (STS 8 de junio de 2016, rec. 1208/2015, f. d. 6), de la mera falta de mención no parece que pueda concluirse que dicha medida compensatoria sea inviable—; pero no está definitivamente aclarado el alcance de esa compensación, es decir, si el perjuicio ha de ser compensado en su integridad o basta con que lo sea parcialmente, a fin de facilitar la continuidad de la prestación.

B) *Factum principis*

Junto a la fuerza mayor, la Ley de Contratos prevé, aunque únicamente para los contratos de concesiones, una excepción más al riesgo y ventura del contratista. Los artículos 270.2.b) y 290.4.b), con la misma redacción, disponen lo siguiente: "Se deberá restablecer el equilibrio económico del contrato, en beneficio de la parte que corresponda, en los siguientes supuestos: [...] Cuando actuaciones de la Administración Pública concedente, por su carácter obligatorio para el concesionario determinaran de forma directa la ruptura sustancial de la economía del contrato".

Este nuevo supuesto de excepción del riesgo y ventura del contratista parece acoger lo que doctrinalmente se califica como *factum principis*. No obstante, habrá que convenir que, en todo caso, lo hace parcialmente, al menos si se admite que conceptualmente la decisión del poder público que incide en el contrato, alterando sus presupuestos económicos, puede proceder tanto de la Administración contratante —aunque, por lo que más adelante se dirá, en el ejercicio de poderes distintos a los contractuales—, como de cualquier otra Administración[6], y que, incluso, hasta podría englobar deci-

[6] En este sentido, por ejemplo, T. R. Fernández, "Los riesgos imprevistos en el contrato de obras", en *Revista de Administración Pública*, núm. 201, 2016, pág. 206: el *factum principis* es la "decisión de una autoridad pública distinta de la propia Administración contratante que es de obligada observancia para el contratista y que encarece para este el cumplimiento de lo pactado".

siones del propio poder legislativo —riesgo regulatorio—, a pesar de que el Consejo de Estado expresamente lo haya descartado.

A este respecto, no deja de ser significativo el hecho de que, a diferencia de la anterior Ley de Contratos del Sector Público de 2007 —que, al igual que la inicial ley 13/2003, de 23 de mayo, se refería sin más a "actuaciones de la Administración"—, la nueva regulación expresamente ciña el supuesto a que se trate de "actuaciones de la Administración concedente". Una restricción que la jurisprudencia no ha dejado de avalar expresamente, si bien no siempre lo haya hecho con argumentos convincentes, tal como es el caso, según me parece, de la STS de 19 de diciembre de 2019 (rec. 2390/2016), f. d. 8, al afirmar que "es evidente que solo las actuaciones de la Administración contratante —y no las de otra— son las que pueden determinar la ruptura sustancial de la economía de la concesión, porque solo ella puede modificar el contrato". Y es que con ello se viene a dejar sin contenido un supuesto de restablecimiento del equilibrio económico-financiero del contrato que, añadido al de la alteración del equilibrio por el ejercicio del *ius variandi* y la fuerza mayor, resulta conceptualmente distinto y diferenciable.

Por otra parte, el *factum principis* como causa determinante del reequilibrio de los contratos de concesión, al igual que sucede con la fuerza mayor, ha de provocar "la ruptura sustancial de la economía" del contrato, pero nada se precisa acerca de cuándo puede considerarse que se materializa una ruptura sustancial. Aunque es indudable que se ha de tratar de un grave desequilibrio económico, mucho convendría que la ley incorporase alguna precisión al respecto.

Por lo demás, las medidas para posibilitar que el contratista mantenga las prestaciones comprometidas son las mismas que se prevén para la ruptura por causa de fuerza mayor.

Queda por añadir que las "actuaciones" de cualquier otra Administración ajena a la relación contractual que tengan incidencia en la ejecución del contrato no dan lugar al restablecimiento del equilibrio económico de la concesión, aunque sí se toman en consideración al efecto de permitir que el contratista desista del contrato cuando tales actuaciones consistan en "la aprobación de una disposición general" y determinen que el cumplimiento del contrato devenga "extraordinariamente oneroso". Un concepto este que, ahora sí, a diferencia de lo que sucede con el requisito de la "ruptura sustancial de la economía del contrato", la ley define y concreta[7].

[7] Habrá "extraordinaria onerosidad" cuando se produzca "un incremento actualizado de los costes de, al menos, el 5 por ciento del importe neto de la cifra de negocios de la concesión por el período que reste hasta la conclusión de la misma", si bien "para el cálculo del incremento se deducirán, en su caso, los posibles ingresos adicionales que la medida pudiera generar (arts. 270.4 y 290.6 LCSP).

Respecto del desistimiento, conviene recordar que expresamente se dispone que no conllevará indemnización alguna. No obstante, en mi opinión ello no debe significar que quede excluida la compensación prevista en los artículos 280.1, párrafo 2º y 295.1, párrafo 2º, LCSP 2017. Y es que el desistimiento, aunque no figura expresamente en la relación de causas generales y específicas de resolución, irremisiblemente determina la extinción del contrato concesional y trae causa última de un hecho ajeno al concesionario. De ahí que, aun cuando tampoco sea imputable a la Administración contratante, proceda reconocer al concesionario que desiste el derecho a percibir el valor de la concesión en caso de nueva adjudicación o el valor del tipo de licitación en caso de que no se adjudique. Y es que esa compensación responde a una lógica distinta a la que preside la indemnización de daños y perjuicios, de acuerdo con el criterio de imputación de la causa de resolución a una u otra de las partes contractuales. Una cuestión que, de todas formas, también convendría aclarar.

Por último, no cabe descartar que actuaciones de la Administración contratante, así como de cualesquiera otras, puedan ir mucho más allá de provocar una extraordinaria onerosidad en el cumplimiento del contrato, haciendo sin más "imposible" la explotación de las obras o la explotación del servicio, en cuyo caso los contratos de concesión quedarán resueltos. Y digo actuaciones de cualquier Administración y no solo de la contratante porque, al menos en el caso de la concesión de servicios, a diferencia de la concesión de obras, respecto de la cual el artículo 279.e) se refiere a "acuerdos adoptados por la Administración concedente", el artículo 294.e) se refiere sin más a "acuerdos adoptados por la Administración". Una distinta redacción que, de todas formas, no encuentra justificación alguna.

En todo caso, admitiendo que así puede ser, lo cierto es que cuando la resolución no sea imputable a la Administración contratante no habrá lugar a la indemnización prevista en artículos 280.3 y 295.4 (por tanto, al abono "en todo caso del importe de las inversiones realizadas por razón de la expropiación de terrenos, ejecución de obras de construcción y adquisición de bienes que sean necesarios para la explotación de la obra objeto de la concesión, atendiendo a su grado de amortización, y, asimismo, a la correspondiente indemnización "por los daños y perjuicios que se le irroguen"), con lo que de nuevo se aprecia un desigual tratamiento que una vez más también debería ser corregido.

Por lo demás, la posición de la jurisprudencia respecto de este supuesto de excepción del riesgo y ventura del contratista resulta dispar. En algunos casos se ha reconocido sin más el derecho al restablecimiento del equilibrio económico de la concesión. Así, las SSTS de 16 de junio de 2004 (rec. 4289/1999) y de 5 de abril de 2005 (rec. 7428/2001) estimaron probada la inoperancia del sistema de control de horario establecido por un ayuntamiento, lo cual determinó el fracaso económico de la concesión para la gestión del servicio achacable a la conducta municipal, por lo que se declaró el derecho al restablecimiento del equilibrio. Y, asimismo, la STS de 7 de marzo de 2018 (rec. 2799/2015), en relación con el desplome de las ventas del concesionario de una estación de suministro de combustible en el puerto de Benicarló como consecuencia de que la Administración posteriormente autorizó a la Cofradía de Pescadores para surtirse de combustible directamente mediante cisternas, si bien, de manera un tanto sorprendente, la consecuencia no fue el restablecimiento del equilibrio sino el reconocimiento del derecho del concesionario al "rescate" de la concesión que había solicitado.

Aunque sin ninguna cobertura legal, ni contractual, la jurisprudencia también ha apelado al *factum principis* para compensar al contratista por la alteración de la economía del contrato debida a incrementos de los precios de los materiales necesarios para el cumplimiento de la prestación [por ejemplo, SSTS de 20 de noviembre de 1985 (ar. 5566) y de 2 de diciembre de 1985 (ar. 6511)], así como igualmente lo ha hecho en los reiterados asuntos relativos a la elevación de los precios de los "ligantes asfálticos", aunque posteriormente se han denegado las compensaciones pretendidas por considerar que esa elevación de precios no era imprevisible.

Justamente la relación entre *factum principis* y riesgo imprevisible merece un comentario. Y es que, a mi juicio, no se ha deslindado debidamente uno y otro supuesto, llegándose a confundir el *factum principis* con el riesgo imprevisible. Las numerosas reclamaciones de los concesionarios de autopistas que han llegado a la Sala Tercera, como consecuencia de decisiones de la propia Administración concedente —aunque, en otros casos, también de una Administración distinta— en orden a mejorar, ampliar, desdoblar, etc., las carreteras existentes en el área de influencia de las mismas, lo que lógicamente provoca un descenso del número de usuarios de la autopista con la consiguiente pérdida de ingresos por peajes, se han resuelto denegándolas por considerar que la actuación administrativa —el *factum principis* producido— no podía considerarse "imprevisible" y que, por tanto, sus consecuencias tenían que ser soportadas por el riesgo y ventura de los concesionarios (así desde la STS de 16 de mayo de 2011 a la que han seguido otras muchas más).

Pues bien, aunque es cierto que la vinculación del *factum principis* a la nota de la imprevisibilidad es un requisito que la jurisprudencia viene exigiendo desde antiguo, no lo es menos que, con arreglo a esta interpretación, el *factum principis* queda desplazado por el riesgo imprevisible —es decir, queda prácticamente vaciado de contenido y eficacia— sin perjuicio, de que, al reconducirlo al ámbito de la previsibilidad o no de la actuación administrativa, se presupone que el riesgo imprevisible acampa fuera del riesgo y ventura del contratista, lo que, como más adelante veremos, no es así, o al menos no lo es en la formulación de la LCSP.

A todo esto se une, además, el hecho de que la determinación del carácter imprevisible o no de los hechos se mueve en tan amplio margen de apreciación que no cabe descartar que ante supuestos similares las respuestas sean opuestas. La misma STS de 16 de mayo de 2011 (rec. 566/2008) que acabo de citar, junto a la cuestión de la incidencia del desdoblamiento de la carretera en el flujo de tráfico de la autopista, también examinó si procedía restablecer el equilibrio de la concesión como consecuencia de no haberse construido la autopista Toledo-Ciudad Real-Córdoba prevista en el Plan de Infraestructuras de Transporte 2000-2007, llegando a la conclusión de que "el proyecto de construcción era algo más que un evento hipotético y futuro [...] y que su ausencia altera el equilibrio económico y financiero de la concesión por lo que procede su restablecimiento". Por el contrario, la posterior STS de 12 de mayo de 2016 (rec. 451/2012), en f. d. 4, ante un supuesto similar, soslayó adentrarse en la calificación del hecho desde la perspectiva de su previsibilidad o no y resolvió la cuestión dando implícitamente por supuesto que ninguna confianza legítima podía fundar su pretensión. Y el mismo criterio se ha mantenido en la más reciente STS de 19 de diciembre de 2019 (rec. cas. 2390/2016), f. d. 5, al afirmar que "que la posibilidad de no llevarse a cabo la construcción de los tramos del Corredor Pirenaico, situados fuera de Navarra, y correspondientes al Ministerio de Fomento, «no es una circunstancia imprevisible y sobrevenida en la formalización del contrato de concesión con el Gobierno de Navarra»".

¿Qué cabe concluir de lo expuesto?

A mi juicio, resulta llamativa la falta de precisión y, por tanto, de seguridad en la aplicación de esta excepción al riesgo y ventura del contratista[8]. En unos casos se apela al *factum principis*, pero este se vincula a que la decisión de la Administración contratante sea imprevisible (aunque he de puntualizar que, en algunas ocasiones, se ha orillado esa vinculación: no otra cosa se hizo en la STS de 2 de diciembre de 2015, rec. 3224/2015). En otros, se acude directamente a la imprevisibilidad de la decisión, incluso

[8] Ya lo apuntó hace tiempo T. Quintana López, "El anacronismo del *factum principis* en la legislación de contratos", en *REDA*, núm. 50, 1986, págs. 269 y ss. Más recientemente, A. B. Casares Marcos, "Límites al riesgo y ventura del concesionario de obras públicas; restablecimiento del equilibrio económico-financiero de la concesión de la autopista AP-41 Madrid-Toledo (sentencia del Tribunal Supremo de 16 de mayo de 2011, Sala 3ª, sección 7º, recurso contencioso núm. 566/2008)", en vol. col. *Administración y Justicia. Un análisis jurisprudencial. Liber amicorum Tomás-Ramón Fernández*, I, Madrid, 2012, págs. 930 y ss.

sin tomar en consideración el dato de que la adoptó una Administración distinta a la contratante. Y por si no fuera suficiente, la valoración de la imprevisibilidad o no de la decisión, tanto la de hacer como la de no hacer, termina encontrando respuestas contradictorias. De manera que el llamado *factum principis* como causa determinante del derecho del contratista al restablecimiento del equilibrio económico del contrato, en la versión parcial y limitada que la ley establece, demanda una profunda reconsideración.

C) *Cláusula de progreso*

En cuanto a la obligación de incorporar avances técnicos que mejoren la prestación del servicio[9], la ley solo la contempla como un supuesto que puede dar lugar al desistimiento del concesionario en el caso de que su cumplimiento resulte extraordinariamente oneroso, de manera que no se prevé que pueda dar lugar a una compensación económica, lo que tampoco encuentra mayor explicación.

D) *Riesgo imprevisible*

Jurisprudencia y doctrina han sostenido que el riesgo y ventura del contratista también cede ante riesgos sobrevenidos imprevistos —considerando como tales la concurrencia de hechos y circunstancias anormales cuya falta de previsión no se debe a la ausencia de diligencia del contratista en orden a preverlos— y ante otros sencillamente imprevisibles por su carácter o naturaleza. Y lo hacen a pesar de que, como es notorio e indiscutible, tal excepción para nada se prevé en la vigente LCSP, ni lo ha sido en las precedentes[10]. Solo el Reglamento de Servicios de las Corporaciones Locales de 17 de junio de 1955 (RSCL), acogió el riesgo imprevisible como una excepción al riesgo y ventura del concesionario de servicios públicos locales, y a partir de ahí se ha generalizado la afirmación de que también en las demás concesiones, con carácter general, rige esa excepción. Con ello, además, se viene a completar el contenido de un principio que se dice es característico y diferenciador de las concesiones, el principio de equilibrio económico-financiero en

[9] El proceso de incorporación de la llamada cláusula de progreso a los contratos de gestión de los diversos servicios públicos, a partir del inicial conflicto del gas y la electricidad a principios del siglo XX, ha sido estudiado por J. L. MEILÁN GIL, *La cláusula de progreso en los servicios públicos*, Madrid, IEA, 1968 (posteriormente reeditado con el título, *Progreso tecnológico y servicios públicos*, Civitas, 2006).

[10] En este sentido, por ejemplo, J. Mª. BAÑO LEÓN, "El contrato de gestión de servicios públicos", en vol. col., *Derecho de los contratos públicos*, Barcelona, Praxis, 1995, pág. 686; también, entre otros muchos más, J. AMENÓS ÁLAMO y J. E. NIETO MORENO, "La languideciente vida del principio de equilibrio económico frente a riesgos imprevisibles en la contratación pública", en *REDA*, núm. 156, 2012, págs. 119 y ss.

contraposición al riesgo y ventura de los demás contratos. Baste recordar que, si bien con manifiesto exceso, la jurisprudencia ha llegado a decir que "[...] mientras que los contratos responden al principio de riesgo y ventura [...], tal principio no es aplicable a la esfera de las concesiones, ya que para estas el principio aplicable es el del equilibrio financiero de la concesión" (por ejemplo, STS de 14 de febrero de 1986, ar. 1582)[11].

Pues bien, esta limitación del riesgo y ventura del contratista ante eventualidades o anomalías no previstas y circunstancias sobrevenidas de carácter imprevisible surgidas en la ejecución del contrato, a pesar, como digo, de carecer de base legal, se ha justificado sencillamente en principios generales que van desde la cláusula *rebus sic stantibus* a la doctrina o teoría del riesgo imprevisible, o también, desde el enriquecimiento injusto y, en última instancia, la equidad, la buena fe y la justicia, a la conveniencia y necesidad de mantener la continuidad y regularidad del servicio público.

En particular, frecuente ha sido la apelación al enriquecimiento injusto. Sin embargo, considerar que se produce un enriquecimiento injusto de la Administración si esta no indemniza, presupone que la consecuencia económica del desequilibrio por causas imprevisibles —e, incluso, no previstas— inevitablemente queda al margen del riesgo y ventura del contratista, porque, en caso contrario, nunca podría afirmarse que la no indemnización determina dicho enriquecimiento. De manera que el recurso dialéctico del enriquecimiento injusto no solo no solventa nada, sino que perturba y oscurece la cuestión de principio a la que hay que dar respuesta, que no es otra —como ya ha sido señalado en la doctrina— que la de decidir "hasta dónde llega el principio del riesgo y ventura y dónde comienzan las exigencias del mantenimiento del equilibrio económico del contrato"[12].

Corresponde, pues, al legislador o, en la medida en que la ley lo permita, a las partes contratantes en ejercicio de la libertad de pactos que se les reconoce, esa determinación y asignación del riesgo. Pero una vez concretada, no cabe pretender corregirla o alterarla a la vista de las circunstancias de cada caso concreto, en atención a un pretendido enriquecimiento injusto de la Administración.

Es preciso añadir que cuando se admite que el riesgo imprevisible da paso a la obligación de la Administración de restablecer el equilibrio del contrato, no faltan discrepancias acerca del alcance que la misma ha de tener, si

[11] En el mismo sentido, las más recientes SSTS de 28 de octubre de 2015 (rec. 2785/2014), de 15 de junio de 2016 (rec. 1868/2016), 4636/2017, de 5 de diciembre de 2017, 828/2018, de 27 de febrero, 945/2018, de 14 de marzo, y 1527/2018, 25 de abril de 2018.

[12] Véase, de manera destacada, M. Rebollo Puig, *El enriquecimiento injusto de la Administración Pública*, Madrid, Marcial Pons, 1995, págs. 135 y ss.

bien la opinión mayoritaria se inclina, tanto en la jurisprudencia como en la doctrina, a considerar que, a diferencia del desequilibrio resultante del ejercicio de la *potestas variandi* e, incluso, del *factum principis*, la garantía se ha de traducir en una compensación parcial, nunca integral o plena[13]. Pero una vez más se trata de una aportación jurisprudencial, ya que el legislador guarda al respecto absoluto silencio.

Esta situación genera, pues, una importante inseguridad, ya que, si bien la tendencia general es la de considerar muy restrictivamente la concurrencia de circunstancias y hechos imprevisibles que dan lugar al reconocimiento del derecho del contratista a una compensación por daños y perjuicios, también queda abierta una vía de escape a través de esa construcción teórica del riesgo imprevisible y del enriquecimiento injusto, lo que posibilita que se lleguen a estimar algunas reclamaciones.

En general, la jurisprudencia mantiene, ciertamente, un criterio restrictivo. Baste recordar que numerosas veces se ha declarado que el aumento de los costes salariales no es un riesgo imprevisible[14]. También se ha rechazado que pueda calificarse como riesgo imprevisible "el hecho del cierre de una servidumbre de paso por parte del titular del terreno donde era necesario el tránsito a efectos de ejecutar la obra"[15]. E, igualmente, se ha estimado que el incremento de los justiprecios expropiatorios en virtud de decisiones judiciales, que aumentan el coste previsto de la ejecución de contratos de concesión de obras públicas —construcción de autopistas—, da lugar o no al restablecimiento del equilibrio económico-financiero en función de lo que en los pliegos se haya previsto, sin que, en caso de no haberse incorporado a los mismos previsión alguna, se dé entrada al riesgo imprevisible como excepción al riesgo y ventura del concesionario[16]. En fin, la misma posición restrictiva ante el riesgo imprevisible se evidencia con ocasión, por ejemplo, de la suspensión de una obra ordenada judicialmente a raíz del ejercicio de una acción interdictal por parte de un tercero[17].

[13] Entre otras muchas, SSTS de 21 de octubre de 1980 (ar. 4005), de 23 de diciembre de 1981 (ar. 5295), de 14 de marzo de 1985 (ar. 1592), la ya citada de 25 de abril de 1986 (ar. 2963), de 9 de octubre de 1987 (ar. 8326), de 17 de julio de 1991 (ar. 6171), de 23 de febrero de 2001 (rec. 3856/1995).

[14] Por ejemplo, SSTS de 23 de septiembre de 1981, de 18 de diciembre de 2000 (rec. 5223/1996), de 23 de febrero de 2001 (rec. 3856/1995), de 9 de diciembre de 2003 (rec. 4361/1988), de 4 de mayo de 2005 (rec. 1094/2003), etc.

[15] Caso de la STS de 30 de abril de 1999 (rec. 7196/1992).

[16] Véanse SSTS de 2 de julio de 2015 (rec. 1265/2014), de 6 de noviembre de 2015 (rec. 2785/2014), y de 28 de abril de 2016 (rec. 2758/2014).

[17] En este sentido, STS de 31 de octubre de 2000 (rec. 3419/1996).

La misma tendencia a considerar de manera restrictiva el riesgo imprevisible se refleja en sentencias como la de 4 de febrero de 2006 (rec. 192/2003), en relación con la evolución negativa de un mercado como el de la televisión de pago, y de 16 de julio de 2019 (rec. 308/2016), respecto de la construcción, urbanización y venta de un conjunto de viviendas de VPO en Álava, así como en el conjunto de sentencias que, como ya hemos dicho, han mantenido de manera constante que "la merma de flujos de vehículos no constituye un riesgo imprevisible, sino una consecuencia reconducible al principio de riesgo y ventura que rige la contratación administrativa" y que "[...] tampoco debe considerarse fuera de lo previsible que esa mejora consista en desdoblar las calzadas conforme se incrementa el tráfico, pues se viene haciendo desde hace años en distintas vías o tramos de vías". No se está, pues, ante hechos extraordinarios e imprevisibles que deban quedar fuera del riesgo y ventura del contratista.

Es verdad que, como excepción, otras sentencias han apreciado la existencia de un efectivo riesgo imprevisible, como es el caso de la STS de 15 de octubre 2012 (rec. 1554/2011), en relación con la pérdida del beneficio —una bonificación fiscal— previsto en el contrato de concesión por razón de su anulación en virtud de sentencia —aunque a la vista del ATS de 6 de mayo de 2021, en el recurso de casación 7119/2019, la Sala tendrá que volver a pronunciarse sobre esta cuestión—. También la STS de 1º de julio de 1992 (núm. 2339, Roj: 5319/1992), que en relación con el aumento del número de usuarios del servicio de recogida de basuras de un municipio consideró que se trataba de un hecho imprevisible, a pesar de tratarse de un municipio turístico. O es el caso, en fin, de la STS de 4 de julio de 2003 (rec. 6360/1997), que reconoció el derecho de la concesionaria a ser indemnizada por AENA, en concepto de lucro cesante, y por exceso del canon, como consecuencia de la disminución del número de usuarios del servicio concedido debida a la guerra del Golfo.

En definitiva, no parece que toda esta problemática esté, en estrictos términos jurídicos, bien resuelta. La jurisprudencia, a pesar de lo dispuesto por la regulación legal vigente —con la excepción, si acaso, de las previsiones del RSCL, en la medida que sigan vigentes y no hayan quedado desplazadas por la legislación básica estatal—, viene manteniendo una doctrina que, aun cuando lo sea excepcionalmente, le sirve en ocasiones para terminar reconociendo, con no poca dosis de voluntarismo, un derecho que el legislador no contempla.

Me parece por ello muy acertada y precisa la STS de 6 de noviembre de 2015 (rec. 2785/2014), f. d. 9, cuando afirma que "es posible que los intereses generales hagan aconsejable la continuidad de determinadas concesiones a pesar de las dificultades financieras de sus titulares y a pesar de que legalmente no les asista el derecho a reclamar medidas de reequilibrio; en estos casos el poder público puede acordar medidas para lograr esa continuidad, pero esas medidas no tendrán como finalidad dar satisfacción a un derecho preexistente del concesionario al reequilibrio, sino una medida de política general dirigida a la atención de unas concretas necesidades públicas cuya constatación o ponderación a dicho poder público corresponde".

Por lo demás, que la legislación de contratos no excluya del riesgo y ventura del contratista los llamados riesgos imprevisibles no significa, en efecto, que, cuando los mismos se produzcan, el legislador no intervenga dando entrada a ciertos paliativos. Dejando al margen la técnica de la revisión de precios —que, por lo demás, ha sido limitada seguramente en exceso, como consecuencia de la aprobación de la ley 2/2015, de 30 de marzo, de desindexación de la economía española—, no otro es el caso de las específicas medidas legislativas adoptadas en los últimos años para subvenir en parte los déficit producidos en las concesiones de obras (autopistas) como consecuencia del incremento de los costes de las expropiaciones y de obras adicionales. Unas medidas consistentes en el establecimiento de los llamados "préstamos participativos" y de la "cuenta de compensación", que, por otra parte, han generado una notable conflictividad sobre la que la Sala Tercera del TS ha tenido que pronunciarse en reiteradas ocasiones. Y todo ello sin perjuicio de intervenciones legislativas, incluso aún más singularizadas, como las adoptadas respecto del frustrado proyecto Castor[18].

Tanto es así que, a la vista de intervenciones de este tipo, que se siga proclamando el riesgo y ventura del contratista en las concesiones de obras y de servicios puede parecer, ciertamente, un sarcasmo. Y de ahí la elegía que ya se le ha brindado[19]. Pero tampoco puede sorprender. A la postre, cuando

[18] Véase Real Decreto-ley 13/2014, de 3 de octubre, por el que se adoptan medidas urgentes en relación con el sistema gasista y la titularidad de centrales nucleares, que determinó la extinción de la concesión del almacenamiento "Castor" y otorgó su administración a ENAGAS, reconociéndole un derecho de cobro por dichas cantidades durante treinta años, autorizando su cesión a terceros, en cuyo caso estos pasarían a ser sujetos del sistema de liquidaciones del sistema gasista, con prioridad sobre el resto de pagos del sistema; un Real Decreto-ley que, no obstante, fue declarado inconstitucional por la STC 152/2017, de 21 de diciembre. El desenlace final de este asunto ha venido de la mano de la STS de 27 de octubre de 2020 (rec. 1404/2020), que ha reconocido el derecho del Banco Santander, S.A., CaixaBank, S.A. y Bankia, S.A., a ser indemnizados por el Estado con 1.350,729 millones de euros, cuantía que las tres entidades adelantaron a ENAGAS para facilitar el cierre del almacén submarino de gas Castor, más los intereses compensatorios desde la fecha de la presentación de la reclamación hasta la fecha de notificación de la sentencia, sin perjuicio de los intereses legales que pudieran corresponder a partir de la citada notificación de conformidad con la normativa vigente.

[19] Véase M. Fuertes, *Las desventuras del dinero público. Elegía al principio de "riesgo y ventura"*, Madrid, Marcial Pons, 2018.

no prosperan proyectos de gran envergadura económica que nunca deberían haberse emprendido o, en todo caso, deberían haberlo sido en otros términos, resulta ingenuo pensar que la solución vendrá de la mano de imputar sin más al contratista las correspondientes consecuencias económicas. La "socialización" del fracaso económico, dadas sus magnitudes e implicaciones, termina imponiéndose. La experiencia bien lo acredita. Como también acredita que solo la prevención y el control anticipado de lo que se pretende hacer, pueden evitar fiascos semejantes[20].

E) *Ius variandi y poder de dirección de la Administración en la ejecución del contrato*

Queda por examinar la cuestión del riesgo y ventura ante el ejercicio del *ius variandi* y del poder de dirección de la Administración en la ejecución del contrato, que le permiten dar al contratista órdenes e instrucciones relativas a la forma y manera de ejecutar las prestaciones que le obligan.

Sobre este particular me limitaré a decir que resulta en verdad sorprendente que en los artículos 203 a 207 LCSP 2017, al igual que en las leyes anteriores, no haya previsión alguna de carácter general relativa a las consecuencias indemnizatorias vinculadas a la modificación de cualesquiera contratos o al dictado de esas órdenes e instrucciones cuando sean obligatorias para los contratistas. Solo por relación al contrato de obras, de una parte (LCSP, art. 242), y respecto de los contratos de concesión de obras y de concesión de servicios, por otra, al regular el principio de equilibrio económico-financiero de las concesiones, se establecen unas reglas específicas.

[20] Se trata de un fenómeno que tiende a repetirse. T. R. Fernández, *La "década moderada" y la emergencia de la Administración contemporánea*, Madrid, Iustel, 2021, págs. 101 y ss., ha recordado cómo "el estallido en España de la fiebre del ferrocarril, que fue espectacular y dio aliento a una corrupción generalizada", llevó a que por Real Orden de 10 de octubre de 1845 se tratase de poner orden en la promoción y ejecución de las obras públicas, advirtiéndose en la exposición de motivos que "la irregularidad e impremeditación con que muy frecuentemente se promueven y emprenden las obras destinadas a facilitar las comunicaciones públicas de todas clases, manifiestan hoy más que nunca la necesidad de ampliar y reunir en una sola instrucción muchas de las disposiciones adoptadas por el Gobierno para plantear con acierto estas especie de empresas y conducirlas a su término, sin los graves inconvenientes que suelen malograrlas, tal vez en su mismo origen". Y aún añadía que "una triste experiencia ha demostrado que en efecto emprender las obras públicas sin haberlas meditado detenidamente es malograr los recursos de los pueblos; retraer para lo sucesivo a los accionistas y empresarios capaces de emprenderlas con mejor fortuna; ocupar de proyectos quiméricos a la Administración y hacerle sufrir las consecuencias de la ciega inconsideración de los que se han propuesto realizar un imposible". Resulta sangrante que, casi ya dos siglos más tarde, haya que volver a recordar tan elementales consideraciones.

Sin embargo, respecto de esas reglas específicas he de decir que, a mi juicio, la garantía del equilibrio económico-financiero del contrato como contrapuesta al riesgo y ventura resulta cuando menos equívoca, pues si con la modificación se altera la equivalencia de las prestaciones, la Administración debe proceder a restablecerla inexcusablemente mediante la correspondiente indemnización. La necesaria observancia del *pacta sunt servanda* así lo exige. Por consiguiente, el principio de equilibrio económico-financiero nada nuevo añade a lo que ya resulta de la propia naturaleza del contrato.

La doctrina jurisprudencial, en líneas generales, confirma lo que se acaba de señalar, si bien no faltan excepciones, como es el caso de la STS de 12 diciembre de 2019 (rec. 1558/2016), que ha venido a avalar la legalidad de la modificación consistente en reducir la cuantía de las tarifas vigentes de los contratos de concesión de servicios de ITV por considerarse desproporcionado el beneficio de las entidades concesionarias resultante del mayor número de vehículos sujetos a inspección dado el progresivo envejecimiento del parque automovilístico. Se trata de una decisión que ya ha sido analizada con detalle por el profesor Juan Santamaría[21], cuyos comentarios críticos suscribo plenamente. La referida sentencia conduce, sencillamente, a que el riesgo y ventura quede arrumbado, privado de toda significación y efectividad. En este caso, lo queda desde la consideración de la ventura del concesionario. En otros, manteniendo la coherencia, llevaría a que lo quedase desde la perspectiva del riesgo. Sin embargo, es evidente que, ni siquiera en la regulación legal del contrato de concesión de servicios, se sanciona ese entendimiento del principio del equilibrio económico. Solo si la configuración legal de la concesión respondiese al principio de "cobertura suficiente" y, como contrapartida, al de "beneficio controlado" del concesionario, quedando con ello desplazado el riesgo y ventura, sería explicable una respuesta como la que el TS da a la cuestión planteada. Pero no es el caso. La legislación de contratos del Estado nunca lo ha previsto. Más aún. Con arreglo a la regulación vigente, que expresamente prohíbe la traslación a la Administración del riesgo operacional, en modo alguno resulta posible que la modificación de la cuantía de las tarifas tenga por objeto eliminar los déficit o, en su caso, los superávit de la explotación debidos a la evolución de la demanda de utilización de la obra o del servicio.

En resumen, la regulación también en este punto debería ser corregida. Resulta inexcusable el establecimiento formal de la regla de que toda modificación de los contratos que tenga trascendencia económica —en suma, suponga algún daño o perjuicio— da derecho al contratista a la correspondiente indemnización, al igual que en el caso del dictado de órdenes e instrucciones de la Administración en la ejecución del contrato.

[21] Véase "¿Riesgo sin ventura...?", *cit.*

Y cabe añadir, en fin, que el mantenimiento de la garantía del equilibrio económico-financiero en los términos que resultan de los artículos 270 y 290 LCSP para los contratos de concesiones, resulta innecesario, cuando no equívoco al referirse también al ejercicio del *ius variandi*. Pese a lo que se suele afirmar, este principio de equilibrio económico-financiero, en su formulación legal no pasa de ser sino la suma de unas cuantas excepciones heterogéneas, de muy distinta naturaleza y alcance. Tanto es así que, en puridad de términos conceptuales, tal principio carece de sustantividad o especificidad suficiente para caracterizar o singularizar a los contratos de concesiones respecto de los demás contratos. Y de ahí que pueda prescindirse del mismo, lo que evitaría equívocos y ayudaría a clarificar el sistema de distribución de riesgos.

3. Conclusiones

Llegados a este punto, creo que puede concluirse que la vigente regulación requiere de no pocas correcciones, aunque también me parece que la regulación legal del reparto de riesgos no debe restringir en exceso el ámbito de la autonomía decisoria de las partes contratantes. La ejecución de los contratos administrativos reclama seguridad jurídica en lo que atañe a la imputación de las consecuencias económicas de los riesgos que puedan materializarse, pero, a la vez, la concreción del reparto de esos riesgos no puede, ni debe, confiarse por entero a la norma legal. Dejar abierto un margen de flexibilidad para que sean las propias partes contratantes las que, dentro del marco legal y a la vista de las particularidades de cada contrato, decidan la más adecuada distribución de riesgos, es lo más lógico y razonable.

Sin perjuicio de que, por comparación a la contratación privada, en el ámbito de la contratación administrativa la libertad de pactos pueda encontrarse más limitada, su eliminación supondría la desnaturalización de la institución contractual y, sobre todo, resultaría de todo punto inconveniente. La contratación administrativa también requiere de un grado de flexibilidad en función de las características de cada tipo de contrato y, por tanto, se opone a todo exceso de uniformidad.

Cuestión distinta es que establecida esa regulación, la libertad de pactos debe atenerse estrictamente a la misma. No otro ha sido el normal entendimiento del significado y alcance del reconocimiento de la libertad de pactos que reconoce el artículo 34.1 LCSP. En la doctrina, entre otros, ya lo explicó García de Enterría, "la regulación que la Ley de Contratos Públicos contiene no es una regulación dispositiva, aplicable en defecto de la libertad contractual de las partes; es, por el contrario, una regulación imperativa y necesaria, a la que las Administraciones y demás sujetos afectados están positivamente vinculadas en tanto que contraten. Por tanto, la libertad contractual procederá únicamente en los casos en que la propia ley la permita y con los límites que de la misma resultan"[22]. Y la jurisprudencia así lo ha entendido. Entre otras, debe ser especialmente recordada la STS de 25 de julio de 1989 (ar. 6114; núm. 1079/1989, Roj: 4521/1989), por cuanto acertó a explicar convincentemente el carácter imperativo y, por tanto, obligatorio que, como regla general, presentan las normas reguladoras de los contratos públicos[23].

[22] Véase su trabajo "Ámbito de aplicación de la ley (arts. 1 a 9, inclusive)", en vol. col. *Comentario a la Ley de Contratos de las Administraciones Públicas* (dir. R. Gómez-Ferrer Morant), 2ª ed., Civitas, 2004, pág. 83.

[23] A pesar de su extensión, merece la pena recordar lo declarado en su f. d. 6:

"En derecho civil no cabe duda de que el contrato es predominantemente de derecho voluntario, es decir, que las normas que regulan la contratación solo en aspectos concretos (capacidad, materia lícita, causa, formalidades exigidas en ciertos contratos) tienen carácter imperativo para las partes. El art. 1255 del Código Civil, que [dispone que] «los contratantes pueden establecer los pactos, cláusulas y condiciones que tengan por conveniente, siempre que no sean contrarios a las leyes, a la moral ni al orden público», confirma esta aseveración. También el art. 1091 del mismo Código: «Las obligaciones que nacen de los contratantes tienen fuerza de ley entre las partes contratantes, y deben cumplirse al tenor de los mismos».

"En derecho administrativo, a partir del Reglamento de Contratación de las Corporaciones Locales de 1953 y la Ley de Contratos del Estado de 1965 existe una regulación del contenido sustantivo de los contratos. Esta última, sobre todo, que se aplica con carácter supletorio en el ámbito local, está pensada como un verdadero Código general de la contratación a realizar por los poderes públicos de manera que sólo en defecto de normas administrativas se aplican las de derecho civil (cfr. Base 1ª y 11 de la ley de 1963; arts. 1, 4 y 5 del texto articulado de 1965; y arts. 1° al 7° del reglamento de 1975).

"El art. 3 de la Ley de Contratos del Estado, a primera vista reitera lo dispuesto en el art. 1255 del C. C.: «La Administración podrá concertar los contratos, pactos o condiciones que tenga por conveniente, siempre que no sean contrarios al interés público, al ordenamiento jurídico o a los principios de buena administración [...]». Parecería que también en derecho administrativo contractual predomina el principio de autonomía de la voluntad, siendo las normas del derecho necesario lo excepcional.

"Semejante conclusión, sin embargo, sería errónea. Por lo siguiente:

"a) Porque la ley constituye el límite de la actuación válida de la Administración —art. 40 de la Ley de Procedimiento Administrativo: «El contenido de los actos se ajustará a lo dispuesto en el ordenamiento jurídico y será adecuado a los fines de aquéllos»—.

"b) Porque la presunción está a favor del carácter de derecho necesario de esas normas según lo prueba el que cuando el legislador quiere atribuirles carácter voluntario lo dice expresamente (cfr. art. 59 de la Ley de Contratos del Estado sobre ejecución por terceros de determinadas unidades de obras).

"c) Porque —por lo menos en el ámbito local que es, precisamente, en el que estamos— la primacía de lo normativo sobre lo contractual está expresamente proclamado en el art. 21.2 del Reglamento de Contratación de las Corporaciones Locales: «el Pliego

En definitiva, el régimen de reparto de riesgos previsto debería ser corregido para dotarlo de una mayor seguridad jurídica. Pero respetando el marco legal, la libertad de pactos ha de ser el cauce que fije la asignación de riesgos en cada caso, incluidos, desde luego, los derivados de la aparición de dificultades anormales que razonablemente no han podido ser previstas. Todo ello en el bien entendido de que, a falta de toda previsión contractual, se deberían aplicar sin más las reglas básicas establecidas, sin alteración o desplazamiento alguno por razón de la entrada en juego de otros principios y criterios jurisprudenciales.

---

de condiciones estará subordinado a este Reglamento». Lo que supone que el contrato se subordina a lo normativo —sea norma reglamentaria o legal, sea el Reglamento de 1953 o cualquier otra norma de ámbito general—.

"Debemos añadir que esta subordinación de la autonomía de la voluntad a lo normativo que tiene lugar en la contratación administrativa tiene su razón de ser en la necesidad de proteger tanto los intereses de la Administración (normas sobre mora, fianzas, interpretación y modificación de los contratos, etc.), como los del contratista (normas sobre riesgo y ventura, revisión de precios, etc.).

"Así pues, como regla general las normas sobre el contenido de los contratos administrativos son de derecho necesario y no contractual, a diferencia de lo que ocurre en la contratación civil en que la regla es exactamente la contraria".

EL CONCEPTO DE ASOCIACIÓN PÚBLICO-PRIVADA EN EL DERECHO COLOMBIANO

JORGE ENRIQUE SANTOS RODRÍGUEZ*
Colombia

INTRODUCCIÓN

Como consecuencia del incremento en el comercio internacional y la consolidación de una economía globalizada, la necesidad y el interés de los Estados por el desarrollo adecuado de su propia infraestructura se han acrecentado en los últimos tiempos, pues, sin una buena infraestructura, estos no pueden hacer frente a las exigencias que imponen los cambios en la economía mundial.

Dentro de ese contexto de mayor interés de los Estados por el incremento de la infraestructura ha resurgido a la par el interés de los particulares por invertir en ella, en la medida en que dichas inversiones comenzaron a ser rentables de nuevo, no solo por la magnitud de los proyectos —que rebasan las simples obras públicas de proyectos pequeños—, sino por las condiciones ofrecidas por los Estados a tal efecto, que incluyen garantías comerciales, estímulos tributarios y otra clase de condiciones que incentivan la inversión privada.

De forma complementaria, la crisis en los presupuestos de inversión de los Estados y, al mismo tiempo, la manifiesta necesidad de crear nuevas y mejores infraestructuras para que las economías continúen siendo competitivas, han fomentado el interés actual sobre las concesiones y los diversos mecanismos en los cuales los particulares sean quienes tengan el interés y la responsabilidad en la ejecución de nuevas infraestructuras o en el mejoramiento de las existentes[1].

A lo anterior se ha sumado la tendencia a la liberalización de los servicios públicos, en la cual el Estado ha dejado de ser el titular monopólico de estos para permitir una activa intervención de los particulares; con lo cual se aleja

* Profesor de Derecho Administrativo de la Universidad Externado de Colombia.

[1] Cfr. JULIO V. GONZÁLEZ GARCÍA, *Colaboración público-privada e infraestructuras de transporte*, Madrid, Marcial Pons, 2010, pág. 45 y ss.

del concepto del servicio público de estricta titularidad pública y lo acerca a la idea de un negocio con iniciativa privada y, de la misma manera, en lo relativo a la infraestructura pública y la idea de dominio público[2].

Todo esto ha llevado a crear nuevos modelos de gestión y financiación de infraestructuras públicas que pretenden superar del binomio clásico contrato administrativo de obra pública y contrato de concesión de obra pública, para dar paso a pretendidas nuevas figuras que permitan incorporar otras formas para efectivamente concretar la infraestructura pública, formas en las que aparecen como figura central las llamadas asociaciones público-privadas entendidas como "una técnica de desarrollo y financiación, pública y privada, de proyectos públicos, que implica una importante participación de ambos sectores, tanto en la realización de una obra, como en su financiamiento y operación"[3]. Esta técnica ha sido introducida en el derecho positivo de varios países, incluido, por supuesto, Colombia.

Dado ese renovado interés en las inversiones privadas y la adopción de supuestos nuevos modos de gestión de las infraestructuras públicas, en este estudio nos proponemos examinar la figura de las asociaciones público-privadas que se ha incorporado al derecho positivo colombiano. Sin embargo, este estudio no pretende agotar íntegramente el ámbito de la figura, sino únicamente estudiar la noción prevista legalmente, para lo cual conviene aproximarse, de manera muy rápida, al origen de la figura y su incorporación al derecho positivo colombiano, y luego estudiar los elementos de la noción de la mencionada figura.

1. El origen de las asociaciones público-privadas y su incorporación al derecho colombiano

A) *El origen la figura de las asociaciones público-privadas como elemento esencial para comprender su concepto*

La adopción en Colombia de la figura de las asociaciones público-privadas es producto de las influencias del derecho anglosajón sobre el derecho administrativo colombiano, pues no cabe duda de que la mencionada figura tiene su origen directo en los conocidos *Public Private Partnerships* (PPP) sur-

[2] Sobre el concepto de infraestructura pública como una red de bienes y servicios en la cual no es indispensable el dominio público y aún de la noción tradicional de servicio público como monopolio del Estado, cfr. Francisco Javier Jiménez de Cisneros Cid, *Obras públicas e iniciativa privada*, Madrid, Montecorvo, 1998, pág. 297 y ss.

[3] Juan Carlos Cassagne, *Curso de derecho administrativo*, t. II, 10ª ed., Buenos Aires, La Ley, 2011, pág. 556.

gidos en el derecho anglosajón, pero, a la vez, tiene mucho que ver con la aceptación general en el derecho continental europeo de dicha figura anglosajona.

En efecto, desde el punto de vista del derecho comparado, la vinculación de capital privado a la ejecución de grandes proyectos de infraestructura pública ha tenido diversos mecanismos. Así, en general, en el derecho continental, fruto de la tradición francesa, se ha utilizado la figura del contrato de concesión, con lo cual se asegura la participación del particular en la financiación de la obra y de la prestación del servicio, pero al mismo tiempo se garantiza que tanto los bienes afectos como los servicios prestados siguen siendo de titularidad pública[4].

Frente a esa alternativa del derecho continental, en el derecho anglosajón, a iniciativa de los gobiernos ingleses conservadores de finales de los años ochenta y comienzos de los noventa del siglo XX, se comenzó a utilizar una figura de vinculación de capital privado conocida como las *Private Finance Iniciatives* (PFI). Esta figura se basa fundamentalmente en la asignación de riesgos a quien puede asumirlos de mejor manera y en la obtención de un mayor valor por inversión o precio (*value for money*), que es precisamente la esencia de los actuales *Public Private Partenerships* (PPP), los cuales también fueron objeto de desarrollo inicial en el derecho inglés como una evolución de los llamados *Private Finance Iniciative* (PFI)[5].

Aun reconociendo que existen diversos antecedentes de esquemas de colaboración entre el sector público y privado en las legislaciones continentales, lo cierto es que la figura anglosajona de los *Public Private Partenerships* (PPP) fue incorporada de manera expresa en el derecho continental con base en las reglas comunitarias[6]. En efecto, a partir del *Libro Verde sobre*

[4] Cfr. LAURENT RICHER y FRANÇOIS LICHÈRE, *Droit des contrats administratifs*, 10ème éd., Paris, LGDJ, 2019, pág. 567 y ss.

[5] Sobre las alternativas anglosajonas y de derecho continental para la provisión financiación privada en la ejecución de proyectos de infraestructura pública, cfr. JOAN RIDAO, *La colaboración público-privada en la provisión de infraestructuras*, Barcelona, Atelier, 2012, pág. 43: "Las fórmulas PPP serían aquellas que estructuran jurídicamente una relación entre el sector público y el sector privado para acometer la financiación y la construcción de un determinado proyecto de obra pública. Esta es una fórmula, por lo tanto, omnicomprensiva, hasta el punto que incluye no solo la construcción de obras sino también la prestación de servicios. Dentro de los PPP se puede distinguir, a su vez, dos grandes categorías: los PFI (Private Finance Iniciative), que sería el modelo anglosajón de PPP, o más singularmente británico, y la concesión de obras públicas, que se corresponde con el modelo continental y también con el tradicional sistema español".

[6] Cfr. JULIO V. GONZÁLEZ GARCÍA, *Colaboración público-privada e infraestructuras de transporte*, ob. cit., pág. 17 y ss., y FRANÇOIS LICHÈRE, BORIS MARTOR, GILLES PEDINI y SÉBASTIEN THOUVENOT, *Pratique des Partenariats Public-Privé*, 2ème éd., Paris, LexisNexis Lite, 2009, pág. 5 y ss.

la colaboración público-privada y el derecho comunitario en materia de contratación pública y concesiones, presentado por la Comisión Europea en abril de 2004, se comenzó a emplear la figura en diversos países de la tradición continental, a tal punto que buena parte de los Estados miembros de la Unión Europea la han incorporado a su legislación interna. De acuerdo con el mencionado documento, la colaboración público-privada corresponde a "las diferentes formas de cooperación entre las autoridades públicas y el mundo empresarial, cuyo objetivo es garantizar la financiación, construcción, renovación, gestión o el mantenimiento de una infraestructura o la prestación de un servicio"[7].

Pero, además, el mencionado *Libro Verde* señala que existen dos clases de operaciones dentro del concepto general de colaboración público-privada: por una parte, "operaciones de CPP de tipo puramente contractual, en las que la colaboración entre los sectores público y privado se basa en vínculos exclusivamente convencionales" y, por otra, "operaciones de CPP de tipo institucionalizado, que implican la cooperación entre los sectores público y privado en el seno de una entidad diferente"[8].

Esto significa que cuando se hace referencia genéricamente a la participación público-privada o a la colaboración público-privada, la doctrina busca significar la idea global del reconocimiento de instrumentos de colaboración entre los sectores público y privado para el desarrollo de actividades que son de interés público, pero que requieren la vinculación del capital privado[9].

Además, como se vio, estos instrumentos de colaboración pueden ser estrictamente contractuales (por ejemplo, el tradicional contrato de concesión de obra pública o el antiguo contrato de colaboración público-privada del derecho español vigente hasta 2017) o pueden involucrar formas institucionales que implican la constitución de sociedades instrumentales, en las cuales convergen capital público y capital privado, encargadas de la ejecución de un proyecto que es de interés público[10]. De esas dos posibilidades, para el presente estudio, interesa básicamente la primera de ellas, precisamente por ser la que adquiere la forma de contrato y por ser la adoptada en el derecho colombiano.

Fruto de esa experiencia y por influencia de diversos organismos multilaterales, en el derecho latinoamericano se ha comenzado a adoptar la

[7] Comisión de las Comunidades Europeas, *Libro verde sobre la colaboración público-privada y el derecho comunitario en materia de contratación pública y concesiones*, Bruselas, Comisión de las Comunidades Europeas, 2004, n.º 1.

[8] Comisión de las Comunidades Europeas, *Libro verde...*, n.º 20.

[9] Cfr. María Hernando Rydings, *La colaboración público-privada. Fórmulas contractuales*, Madrid, Thomson Civitas, 2012, pág. 264 y ss.

[10] Cfr. Gaspar Ariño Ortiz, "El contrato de colaboración público-privada", en *Lecciones de administración (y políticas públicas)*, Madrid, Iustel, 2011, págs. 604-606.

figura con diversas denominaciones, pero con regímenes jurídicos relativamente similares. Por ejemplo, puede señalarse que en Brasil, mediante la ley 11.079 de 30 de diciembre de 2004 se adoptó la figura de la *parceria público-privada*[11]; en Argentina, inicialmente mediante el decreto 967 de 16 de agosto de 2005 se incorporó al ordenamiento jurídico la *asociación público-privada* y luego mediante la ley 27.238 de 16 de noviembre de 2016 se transformó en la *participación público-privada*[12]; en Perú, mediante decreto legislativo 1.012 de 13 de mayo de 2008 se introdujo la figura de la *asociación público privada*[13], y en Uruguay, mediante la ley 18.786 de 19 de julio de 2011 se creó la figura de la *participación público-privada*[14].

B) *La introducción de la noción de asociación público-privada en el derecho colombiano*

Dentro de esa "moda" de adopción de la figura de la colaboración público-privada, en el derecho colombiano se expidió la ley 1508 de 10 de enero de 2012, "por la cual se establece el régimen jurídico de las asociaciones público-privadas, se dictan normas orgánicas de presupuesto y se dictan otras disposiciones". Con la citada ley se incorporó al derecho colombiano parcialmente la figura de las *Public Private Partnerships* (PPP), en el sentido de que simplemente se tomó el esquema contractual de asociación, sin implementar el esquema institucional, que implica la creación de una persona jurídica donde convergen inversiones públicas y privadas.

Como se expresó, en Colombia, las asociaciones público-privadas autorizadas por la ley 1508 de 2012 son únicamente las contractuales, de tal manera que las institucionales continúan regidas por las reglas propias del derecho administrativo de organización para la creación de sociedades de economía mixta, las cuales se encuentran en la ley 489 de 1998 y en las normas concordantes[15].

[11] Cfr. Carlos Oliveira Cruz y Joaquim Miranda Sarmento, *Manual de parcerias público-privadas e concessoes*, Belo Horizonte, 2019.

[12] Cfr. Ezequiel Cassagne, "El régimen de participación público-privada en Argentina", en Juan Carlos Morón Urbina y Jorge Danós Ordóñez (coord.), *Estudios de derecho administrativo*, t. I, Lima, Gaceta Jurídica, 2018, págs. 487-521.

[13] Cfr. Ramón Huapaya Tapia, "Diez tesis sobre las asociaciones público-privada (APP) en nuestro régimen legal", en *Revista de Derecho Administrativo*, n.º 13, Lima, Pontificia Universidad Católica del Perú, 2013, págs. 15-32.

[14] Cfr. Cristina Vásquez, *El régimen de participación público-privada PPP*, Montevideo, Amalio M. Fernández, 2011.

[15] Sobre el régimen de las sociedades de economía mixta, cfr. Libardo Rodríguez Rodríguez, *Derecho administrativo, general y colombiano*, t. I, 21ª ed., Bogotá, Temis, 2021, pág. 280 y ss., y Jaime Vidal Perdomo y Carlos Molina Betancur, *Derecho administrativo*, 14ª ed., Bogotá, Legis y Universidad de Medellín, 2016, pág. 147 y ss.

Ahora bien, aunque en el derecho colombiano solo se hayan autorizado los esquemas contractuales de asociación, concordante con la noción general de *Public Private Partnerships* (PPP), las asociaciones público-privadas constituyen una expresión de una operación económica y no un concepto propiamente jurídico. No se trata, entonces, de un tipo contractual especial (como podría ser la obra pública o la concesión de servicios públicos), sino de la denominación jurídica de un instrumento económico para la vinculación de capital privado a la ejecución de proyectos de interés para el Estado.

La anterior afirmación encuentra sustento en la definición legal de la figura contenida en el artículo 1° de la ley 1508 de 2012, según el cual, "las asociaciones público privadas son un instrumento de vinculación de capital privado"; además, esta norma establece que dichas asociaciones "se materializan en un contrato entre una entidad estatal y una persona natural o jurídica de derecho privado, para la provisión de bienes públicos y de sus servicios relacionados, que involucra la retención y transferencia de riesgos entre las partes y mecanismos de pago, relacionados con la disponibilidad y el nivel de servicio de la infraestructura y/o servicio".

Como puede verse, las asociaciones público-privadas suponen la existencia de un contrato estatal, pero no son propiamente un tipo de contrato de esta clase. Por el contrario, las asociaciones público privadas pueden instrumentarse jurídicamente a través de diversas clases de contratos estatales, como también lo reconoce el artículo 2° de la misma ley 1508 de 2012, de acuerdo con el cual los contratos de concesión a los que se refiere el artículo 32 numeral 4 de la ley 80 de 1993 se encuentran comprendidos dentro de los esquemas de asociaciones público-privadas (APP), es decir, que las concesiones son apenas uno de los instrumentos jurídicos necesarios para poder ejecutar la operación económica que se encuentra detrás de las asociaciones público privadas[16].

De acuerdo con lo anterior, para que pueda utilizarse el esquema de las asociaciones público-privadas no es necesario celebrar un contrato estatal en particular, sino que puede utilizarse cualquier clase de contrato, siempre y cuando se cumplan los requisitos enunciados en el mismo artículo 1° transcrito atrás, así como en el artículo 3° de la citada ley 1508 de 2012.

En fin, comprendida su noción, puede afirmarse que las asociaciones público-privadas no constituyen un instrumento absolutamente novedoso en el derecho colombiano, pues los contratos a través de los cuales se pretenden instrumentar —sea una concesión o una obra pública— son figuras

[16] En el mismo sentido, María Mónica Hernández Ucrós, *Asociaciones público-privadas. Comentarios especiales a la ley 1508 de 2012*, Bogotá, Universidad del Rosario, 2014, pág. 20.

que ya existían en nuestra legislación de vieja data. En realidad, se trata de un régimen jurídico novedoso para figuras que ya existían en el derecho colombiano, con el cual se pretende superar diversos problemas y vacíos que tenían las normas anteriores.

2. Elementos de la noción de asociación público-privada en el derecho colombiano

De la definición legal de la figura prevista en el artículo 1° de la ley 1508 de 2012 resultan cinco elementos característicos de la noción de las asociaciones público-privadas: la inversión de capital privado y la presencia de un inversionista privado, la celebración de un contrato estatal como mecanismo de instrumentación jurídica, el desarrollo de un proyecto de infraestructura pública, la adecuada distribución de los riesgos previsibles y la disponibilidad de la infraestructura y los niveles de servicio como condicionamiento de la retribución.

A) *La inversión de capital privado y la presencia de un inversionista privado*

El mencionado artículo 1° de la ley 1508 de 2012 prevé que las asociaciones público-privadas "son un instrumento de vinculación de capital privado" y que para su puesta en funcionamiento se requiere la celebración de un contrato estatal con "una persona natural o jurídica de derecho privado". Así, entonces, aparece de la definición legal como primer elemento la necesidad de que exista un inversionista de naturaleza privada que ponga al servicio del proyecto público su propio capital.

Ciertamente, como se mencionó en la introducción, una de las principales motivaciones para el resurgimiento del interés de los gobiernos en la gestión privada de las infraestructuras públicas se encuentra precisamente en la insuficiencia de los presupuestos públicos de cara a las necesidades reales de desarrollo de infraestructura, lo cual lleva a que resulte indispensable crear mecanismos a través de los cuales se vincule capital privado que supla a los presupuestos públicos en el desarrollo de tales infraestructuras, es decir, mecanismos en que se logre una "financiación privada" de la construcción y operación de infraestructuras públicas esenciales[17].

[17] Cfr. Julia Pascal Davis, "Public-Private Partnerships", en *The Procurement Lawyer*, vol. 44, n.° 1, Washington, American Bar Association, 2008, págs. 9-12, y Sebastián Barreto Cifuentes y Mónica Ibagón Ibagón, *Introducción a las asociaciones público-privadas en Colombia*, Bogotá, Universidad Externado de Colombia, 2016, págs. 74-75.

Así las cosas, la vinculación de capital privado se considera el instrumento clave para lograr alcanzar los objetivos de infraestructura que permitan que un país pueda obtener una alta calificación en los niveles de competitividad y, de paso, contribuir a unos adecuados niveles de desarrollo y al impulso del sistema económico[18]. Si no se vincula capital privado, no se lograrán, por ende, los objetivos de crecimiento de infraestructura ni los niveles de competitividad deseados[19].

Sin embargo, debe precisarse que la idea de vinculación de capital privado al proyecto de desarrollo de una infraestructura no se limita simplemente a que se obtengan recursos dinerarios del sector privado, sino a que se logre una verdadera financiación privada, la cual, según la doctrina, supone una verdadera corresponsabilidad entre el sector público y el sector privado en relación con la infraestructura objeto de la inversión, especialmente en cuanto a la gestión de los riesgos involucrados[20].

La vinculación de capital privado es, entonces, uno de los elementos centrales del concepto de asociación público-privada en cuanto encarna una de las más importantes finalidades que justifican la existencia de la figura. De esta manera, para que en realidad exista una asociación público-privada se requerirá de la presencia de un inversionista privado que aporte el capital necesario para la ejecución del proyecto de infraestructura, de modo que la necesidad de capital público sea limitada y, por el contrario, la mayoría de la financiación y del capital provenga del sector privado, con lo cual se

[18] Cfr. Luis Miguel Castilla y Pablo Sanguinetti, "Infraestructura como motor del desarrollo: hacia una gestión de impacto", en *Caminos para el futuro. Gestión de la infraestructura en América Latina*, Caracas, Corporación Andina de Fomento, 2009, pág. 15 y ss., y Ángel de Álvaro Montero y Borja Acha Besga, "Análisis diacrónico de las formas de colaboración entre los Estados y el sector privado", en Alberto Palomar Ojeda (dir.), *La colaboración público-privada: análisis avanzado de los problemas prácticos de esta modalidad contractual*, Cizur Menor, Navarra, Aranzadi, 2011, págs. 58-63.

[19] Cfr. Dolores María Rufián Lizana, *Políticas de concesión vial: análisis de las experiencias de Colombia, Chile y Perú*, Santiago de Chile, Instituto Latinoamericano y del Caribe de Planificación Económica y Social (ILPES), 2002, pág. 10: "Un criterio bastante extendido sobre esta materia señala que los resultados sólo serán alcanzados mediante la combinación de diferentes modos de financiamiento privado, incluyendo la privatización de algunas obras de infraestructura (principalmente portuarias y ferroviarias) y la entrega en concesión de otras (viales, aeroporturarias, portuarias, ferroviarias), que acumularán el grueso de las inversiones. Es decir, el desafío no podrá acometerse si no se incorpora al capital privado al desarrollo de la infraestructura de transporte".

[20] Cfr. Eva Nieto Garrido, "La financiación privada de obras y servicios públicos en el Reino Unido", en *Revista de Administración Pública*, n.° 164, Madrid, Centro de Estudios Constitucionales, mayo-agosto 2004, pág. 389 y ss., y Juan Carlos Quiñones Guzmán, *Contratos de asociación público-privada e infraestructura de transporte*, Bogotá, Legis y Cámara Colombiana de la Infraestructura, 2020, págs. 14-15.

logrará concretar el objetivo de ejecutar proyectos de inversión a pesar de la insuficiencia de los presupuestos públicos.

Ahora bien, para comprender adecuadamente el funcionamiento de la vinculación de capital privado y, en general, de la financiación privada en el marco de una asociación público-privada, es necesario tomar en consideración que para la ejecución de los esquemas contractuales pactados bajo la modalidad de asociación público-privada, es usual y deseable que se constituya una sociedad comercial de objeto único y que siga los lineamientos del artículo 3º de la ley 80 de 1993, que suele denominarse SPV —por las siglas en inglés de *special purpose vehicle* (vehículo de propósito especial)—. Esta sociedad proyecto es la encargada de suscribir el respectivo contrato estatal, de llevar las relaciones con la entidad estatal concedente y de condensar las relaciones con terceros, a efectos de asegurar que los recursos privados serán correctamente invertidos y que la responsabilidad ante la entidad estatal se concentrará en un solo sujeto jurídico[21]. En suma, el *Special Purpose Vehicle* (SPV) es la figura que instrumenta al inversionista privado en un proyecto de asociación público-privada y a través de la cual se canaliza la inversión[22].

La lógica de la utilización de este esquema es lograr un aislamiento de los riesgos del proyecto en un vehículo con personalidad jurídica independiente y patrimonio separado del de los socios promotores, así como del patrimonio del proyecto, que les garantice a los prestamistas que las situaciones propias de los socios, especialmente sus problemas, no se transmitirán al proyecto y, por lo mismo, que ello no va a poner en riesgo el retorno de la inversión y el pago del crédito. Así, a través de la constitución de la sociedad proyecto "se materializa el aislamiento de los riesgos del proyecto en un vehículo con personalidad jurídica independiente y patrimonio separado del de los socios promotores"[23].

Sin embargo, debe advertirse que esa sociedad de objeto único no es quien físicamente ejecuta las actividades contractuales, especialmente las actividades de construcción y las gestiones predial, social y ambiental, así

[21] Cfr. Luis Hernando Cebriá, *Entidades de propósito (o cometido) especial y otras entidades vehiculares o puente*, Madrid, Boletín Oficial del Estado, 2017.

[22] Cfr. Jaime Orlando Santofimio y Mónica Liliana Ibagón, "Las asociaciones público-privadas (APP) en Colombia y en el derecho administrativo internacional", en Daniel Castaño (ed.), *El derecho administrativo como idea y sus transformaciones contemporáneas*, Bogotá, Universidad Externado de Colombia, págs. 196-198.

[23] Cfr. Rossanna D'Onza García, "Estructura del project finance en proyectos de obra pública: aspectos jurídicos más relevantes", en Alberto Palomar Ojeda (dir.), *La colaboración público-privada: análisis avanzado de los problemas prácticos de esta modalidad contractual*, Cizur Menor, Navarra, Aranzadi, 2011, pág. 237.

como algunas de las actividades de operación y mantenimiento. Para ello, en los esquemas contractuales pactados bajo la modalidad de asociación público-privada, es normal que se acuerde la existencia de un deber de subcontratación como forma ordinaria de vincular a quienes realmente van a ejecutar las actividades de financiación, diseño, construcción, suministro y operación (al menos algunas)[24].

De acuerdo con lo anterior, tanto la existencia de un *Special Purpose Vehicle* (SPV), que es la persona jurídica que celebra el contrato que instrumenta la asociación público-privada o el contrato de concesión con la entidad estatal, como la existencia de subcontratación por parte del *Special Purpose Vehicle* con sus socios o con terceros de actividades necesarias para cumplir el objeto contractual, son una práctica mundialmente aceptada e, incluso, recomendada, para separar claramente los recursos públicos, los recursos del proyecto y el patrimonio de los inversionistas, así como para fijar exactamente el alcance de la responsabilidad administrativa y de la responsabilidad del *Special Purpose Vehicle* (SPV) entre ellos, con sus socios y frente a terceros.

B) *La celebración de un contrato estatal como mecanismo de instrumentación jurídica*

El segundo elemento de la noción de asociación público-privada en el derecho colombiano se concreta en el hecho de que, si bien es cierto que no se trata de una tipología contractual específica, sí requiere de la celebración de un contrato estatal —esto es, con participación de una entidad estatal de las definidas en el artículo 2° de la ley 80 de 1993— que materialice la vinculación entre el sector público y el sector privado.

En ese sentido, debe advertirse que no porque las asociaciones público-privadas sean un concepto de carácter económico antes que jurídico dejan de tener una materialización jurídica. Como bien lo señala el artículo 1° de la ley 1508 de 2012, las asociaciones público-privadas "se materializan en un contrato entre una entidad estatal y una persona natural o jurídica de dere-

[24] Organización de las Naciones Unidas, *Guía legislativa de la CNUDMI sobre proyecto de infraestructura con financiación privada* (documento preparado por la Comisión de las Naciones para el Derecho Mercantil Internacional), Nueva York, 2001, n.° 99: "Dada la complejidad de los proyectos de infraestructura, el concesionario utiliza normalmente los servicios de uno o más contratistas de obras para realizar una parte mayor o menor de la construcción con arreglo al acuerdo de proyecto. El concesionario puede desear también contratar los servicios de contratistas con experiencia en la explotación y mantenimiento de infraestructuras, en la etapa de explotación del proyecto". En el mismo sentido, Comisión de las Comunidades Europeas, *Libro verde...*, n.° 43, 51 y 52.

cho privado", esto es, en un contrato estatal. Así, las asociaciones público-privadas suponen la existencia de un contrato estatal, pero no son propiamente un tipo de contrato de esta clase y, por el contrario, pueden instrumentarse jurídicamente a través de diversas clases de contratos estatales, como también lo reconoce el artículo 2° de la misma ley 1508 de 2012, de acuerdo con el cual los contratos de concesión a los que se refiere el artículo 32 numeral 4 de la ley 80 de 1993 se encuentran comprendidos dentro de los esquemas de asociaciones público-privadas. Es decir, que las concesiones son apenas uno de los instrumentos jurídicos necesarios para poder ejecutar la operación económica que se encuentra detrás de las asociaciones público-privadas (APP)[25].

Así las cosas, el régimen de las asociaciones público-privadas no limita la materialización de ese esquema de vinculación de capital privado a un tipo contractual específico, sino que, por el contrario y de acuerdo con lo previsto de manera general en los artículos 13, 32 y 40 de la ley 80 de 1993, en esa definición legal caben contratos típicos o atípicos, previstos en el Estatuto General de Contratación de la Administración Pública, en normas civiles y comerciales o en normas especiales, o que sean resultado de la creatividad de las entidades estatales; con lo que se evidencia la posibilidad de usar la autonomía de la voluntad para establecer el tipo contractual que satisfaga la necesidad específica.

Dentro de ese contexto, pueden ser muchos los tipos contractuales que instrumenten un proyecto de asociación público-privada. Sin embargo, los tres principales contratos típicos y atípicos que suelen ser utilizados para la implementación de un proyecto bajo el esquema asociación público-privada son: contrato de concesión, contrato de arrendamiento operativo y los contratos *build-operate-transfer* (BOT)[26].

a) *El contrato de concesión.* En términos generales, cuando se habla de contrato de concesión se hace referencia a un mecanismo contractual a través del cual una autoridad administrativa (concedente) entrega a un particular (concesionario) la gestión de un bien, obra o servicio para que este asuma el riesgo de tal gestión y reciba como retribución los réditos derivados de la explotación económica del bien, obra o servicio[27].

[25] Cfr. Libardo Rodríguez Rodríguez, *Derecho administrativo, general y colombiano*, t. II, ob. cit., pág. 236.

[26] Cfr. Banco Mundial, Banco Asiático de Desarrollo y Banco Interamericano de Desarrollo, *Asociaciones público-privadas. Guía de referencia*, Washington, pág. 24.

[27] Cfr. Laurent Richer y François Lichère, *Droit des contrats administratifs*, ob. cit., pág. 567 y ss.

El contrato de concesión es una de las modalidades contractuales más tradicionales del derecho administrativo[28], el cual ha sido utilizado con diversas finalidades, pero especialmente como mecanismo para delegar en un particular el ejercicio de un poder o de un derecho del cual es titular el Estado[29]. Desde esa perspectiva, la figura de la concesión ha servido históricamente como un medio para la gestión de servicios públicos, el desarrollo de obras públicas y la explotación de bienes públicos, incluso es relevante en ámbitos industriales y del ejercicio de funciones públicas[30].

Desde esa perspectiva conceptual, el contrato de concesión opera sobre bienes, obras y servicios de titularidad pública[31] o, al menos, cuya gestión es de competencia de una autoridad administrativa[32]. De este modo, para la celebración de un contrato de concesión se exige una especie de *publicatio* (declaración de carácter público de la actividad) del bien, obra o servicio que será objeto del contrato de concesión[33], pues lo cierto es que solo es posible entregar en concesión aquello de lo que el poder público es titular o competente[34].

Sin perjuicio de la anterior precisión, en términos generales, el contrato de concesión supone: la titularidad o competencia administrativa del bien, obra o servicio; la financiación privada por parte del concesionario de las actividades; la gestión del bien, obra o servicio por cuenta y riesgo del concesionario, y una remuneración que suele ser basada en la explotación del bien, obra o servicio[35].

[28] Héctor Jorge Escola, *Tratado integral de los contratos administrativo*, vol. II, Buenos Aires, Depalma, 1979, pág. 16 y ss.

[29] Fernando Garrido Falla, *Tratado de derecho administrativo*, vol. II, 12ª ed., Madrid, Tecnos, 2012, pág. 359 y ss.

[30] David Blanquer Criado, *La concesión de servicio público*, Valencia,Tirant lo Blanch, 2012, pág. 212 y ss.

[31] Jaime Orlando Santofimio Gamboa, *El contrato de concesión de servicios públicos. Coherencia con los postulados del Estado social y democrático de derecho en aras de su estructuración en función de los intereses públicos*, Madrid, Tesis doctoral Universidad Carlos III de Madrid, 2012. Disponible en https://e-archivo.uc3m.es/bitstream/handle/10016/8339/tesis_santofimio_2010.pdf]

[32] Matilde Carlón Ruiz, "Nuevo y viejo en la concesión de servicio (público)", en *Revista Española de Derecho Administrativo*, n.º 202, Madrid, Thomson-Reuters Civitas, diciembre 2019.

[33] David Blanquer Criado, *La concesión de servicio público*, ob. cit., pág. 235 y ss.

[34] Agustín Gordillo, *Tratado de derecho administrativo y obras selectas*, vol. 2, *La defensa del usuario y del administrado*, 10ª ed., Buenos Aires, Fundación de Derecho Administrativo, 2014, págs. VI-23 (261).

[35] David Blanquer Criado, *La concesión de servicio público*, ob. cit., pág. 220 y ss.

Desde el punto de vista del derecho positivo colombiano, el contrato de concesión se encuentra definido en el artículo 32 numeral 4 de la ley 80 de 1993 como aquel que tiene por objeto otorgar a un concesionario la prestación, operación, explotación, organización o gestión, total o parcial, de un servicio público, o la construcción, explotación o conservación total o parcial, de una obra o bien destinados al servicio o uso público, así como todas aquellas actividades necesarias para la adecuada prestación o funcionamiento de la obra o servicio por cuenta y riesgo del concesionario y bajo la vigilancia y control de la entidad concedente, a cambio de una remuneración que puede consistir en cualquier modalidad que las partes acuerden.

Ahora bien, a pesar del carácter unitario que la norma citada pretende darle al contrato de concesión, la jurisprudencia ha identificado, por lo menos, tres modalidades distintas de dicho contrato: concesión para la prestación de un servicio público; concesión para la construcción, operación y explotación de una obra pública, y concesión para la administración y explotación de un bien de carácter público[36]. Sin embargo, también ha precisado el Consejo de Estado que "el contrato de concesión no necesariamente debe circunscribirse, en su objeto, a las tres modalidades enunciadas", sino que también puede hacerlo a otras modalidades atípicas que puedan tener elementos de cada una de ellas u otros necesarios para la satisfacción de la necesidad[37].

En ese sentido, en el caso concreto de los proyectos de asociación público-privada interesa especialmente la concesión de obra pública —sin perjuicio de la posibilidad de incorporar elementos de otras concesiones o incluso atípicos—, en virtud de la cual el contratista-concesionario realizará, por una parte, "la construcción de una obra pública destinada al uso público o a la prestación de un servicio público" y, por otra, "las actividades necesarias para el adecuado funcionamiento de la obra o para hacerla útil, incluido su mantenimiento durante el término de la concesión", todo ello a cambio de una remuneración que "usualmente se obtiene a partir de la explotación de la obra", pero que también puede provenir de otras fuentes[38].

Además, la concesión de obra pública, como cualquier otro modelo concesional, tiene como nota fundamental el hecho de que "el concesionario debe asumir, así sea parcialmente, los riesgos del éxito o fracaso de su gestión, y

[36] Cfr. Consejo de Estado, Sala de Consulta y Servicio Civil, concepto de 23 de agosto de 2013, rad. 2.148; Consejo de Estado, Sala de Consulta y Servicio Civil, concepto de 13 de agosto de 2009, rad. 1.952, y Consejo de Estado, Sala de lo Contencioso Administrativo, Sección Tercera, sentencia de 7 de marzo de 2007, exp. 11.542.

[37] Consejo de Estado, Sala de lo Contencioso Administrativo, Sección Tercera, sent. de 27 de marzo de 2014, exp. 26.939.

[38] Corte Constitucional, sent. C-300 de 2012, a la cual corresponden las diversas transcripciones del párrafo.

por ello obra por su cuenta y riesgo"[39]. En palabras del Consejo de Estado, el contrato de concesión involucra "la obligación, a cargo del concesionario, de asumir la ejecución del objeto de la concesión por su cuenta y riesgo, se ha indicado que en cuanto, por definición legal al concesionario corresponde actuar por su cuenta y riesgo, ello significa que deberá disponer de y/o conseguir los recursos financieros requeridos para la ejecución de la obra o la prestación del servicio, razón por la cual ha de tener derecho a las utilidades, en igual sentido, deberá asumir las pérdidas derivadas de la gestión del bien, de la actividad o del servicio concesionado"[40].

En concordancia con la última sentencia citada, es preciso destacar que, en la concepción contemporánea, el contrato de concesión de obra pública se caracteriza porque "la fuente de los recursos destinados a financiar la construcción de la obra, el elemento básico que integra la definición del negocio concesional, distinguiéndolo del tradicional contrato de obra pública"[41], es decir, que una de las finalidades principales es la de servir de instrumento de financiación de la construcción o mejoramiento de obras públicas, con lo cual se evidencia que su función práctica y económica es la de ser una herramienta de financiación al Estado. Así, "los contratos de concesión son entonces instrumentos a través de los cuales el Estado promueve el concurso de la inversión privada para el cumplimiento de sus fines"[42].

Ahora bien, el contrato de concesión de obra pública se encuentra tipificado según la idea de que el contratista-concesionario tiene a su cargo las actividades de diseño, construcción, explotación y conservación, total o parcial, de una obra o bien destinado al servicio o al uso público, actividades que debe financiar y que debe ejecutar por su propia cuenta y riesgo, asumiendo las contingencias asociadas a la recuperación o no de la inversión ejecutada, lo cual lo convierte en el principal instrumento que se utiliza para la implementación de proyectos de asociación público-privada.

b) *El contrato de arrendamiento operativo.* El contrato de arrendamiento operativo es otra de las alternativas contractuales que suele ser utilizada para poner en marcha un proyecto de vinculación de capital privado, y resulta especialmente útil cuando con el proyecto de asociación público-privada se buscan cubrir necesidades de gestión del patrimonio del Estado. No se trata

[39] Corte Constitucional, sent. C-250 de 1996.

[40] Consejo de Estado, Sala de lo Contencioso Administrativo, Sección Tercera, sent. de 18 de marzo de 2010, exp. 14.390.

[41] Tribunal de Arbitraje de Concesión Santa Marta Paraguachón S.A. contra Instituto Nacional de Vías. Laudo de 24 de agosto de 2001. Igualmente, Tribunal de Arbitraje de Estaciones Metrolínea Ltda. contra Metrolínea S. A. Laudo de 18 de febrero de 2016.

[42] Corte Constitucional, sent. C-300 de 2012.

propia y absolutamente de un contrato atípico en el ordenamiento jurídico colombiano, pues a pesar de que no está expresamente contemplado en la ley, es cierto que tiene una notoria tipicidad social y suele ser utilizado con frecuencia en el ámbito financiero bajo la idea del *renting* y, en realidad, se trata de la aplicación específica de elemento de contratos típicos, especialmente del contrato de arrendamiento de larga raigambre en el ordenamiento jurídico nacional.

Según la doctrina, el arrendamiento operativo "[...] es un negocio mixto, con interrelación de prestaciones, en el que concurren los siguientes tres elementos [...] i) En primer lugar, se encomienda la construcción de la infraestructura por parte de la Administración pública a la entidad arrendadora del inmueble, lo cual acostumbra a ser complementado con el otorgamiento de un derecho de superficie; ii) En segundo término, el destino del inmueble es su utilización por parte de la administración para lo cual, una vez finalizada la realización de las obras, se procede a su arrendamiento a la administración pública que ha encomendado la ejecución de la obra. No se va a tratar de un arrendamiento puro y simple sino que irá complementado con la prestación de servicios al ente público ya sea directamente (por ejemplo, en el caso de las oficinas) ya sea a usuarios del servicio (por ejemplo, en el caso de hospitales o escuelas) y iii) Por último, como instrumento que sirve esencialmente para la retención de riesgos por el particular, durante toda la vida del contrato de arrendamiento, el particular arrendatario será el titular del derecho de propiedad sobre el edificio construido"[43].

De acuerdo con la anterior definición, la característica fundamental del contrato de arrendamiento operativo consiste en que el inversionista tiene la propiedad sobre el inmueble que es objeto de desarrollo en el marco del negocio jurídico de asociación público-privada, mientras que la entidad estatal, al menos durante la vida del contrato, fungirá simplemente como arrendataria del inmueble —así al final pase a ser la propietaria como consecuencia de un pacto de reversión—, pero que paga un canon de arrendamiento que se concibe en términos financieros en el sentido de que se trata de un valor que remunera no solo el uso y goce del bien como ocurriría en cualquier clase de contrato de arrendamiento, sino que también cubre el costo de remuneración de la inversión y los costos de operar la infraestructura correspondiente.

c) *Los contratos "build-operate-transfer" (BOT).* El tercer modelo contractual que suele ser utilizado para poner en marcha los proyectos de aso-

[43] Julio V. González-García, "Colaboración público-privada y gestión patrimonial: el modelo del arrendamiento operativo", en *Homenaje al profesor Ángel Menéndez Rexach*, vol. I, Cizur Menor, Navarra, Thomson Reuters-Aranzadi, 2018, págs. 944-945.

ciación público-privada tiene origen en el mundo anglosajón y, en realidad, tiene importantes semejanzas con los dos modelos anteriores. Se trata de los llamados contratos BOT: *build-operate-transfer* (construcción-operación-transpaso) y DBO: *design-build-operate* (diseño-construcción-operación), los cuales incluso pueden ser combinados entre sí.

Estos contratos suelen ser utilizados para el desarrollo de nuevos proyectos a través de financiación privada, en los cuales el inversionista no solo va a financiar, sino que se va a encargar del diseño y la construcción y de asumir la propiedad, así como de operar el proyecto y obtener la remuneración derivada de esa operación. Las características básicas de este instrumento contractual, según el Banco Mundial, pueden ser resumidas de esta manera:

"• En un proyecto BOT, el sector público otorgante le concede a la empresa privada el derecho de desarrollar y operar un complejo o sistema por cierto periodo de tiempo o el "periodo de concesión", que usualmente sería un proyecto del sector público.

"• Usualmente, este proyecto es una nueva construcción separada y distinta en un área no urbanizada.

"• El operador financia, es propietario y construye el nuevo complejo o sistema y lo opera comercialmente durante el periodo de la concesión. Después del tiempo de caducación de la concesión, el complejo o sistema es transferido a la autoridad adjudicataria.

"• Un BOT es la herramienta clásica para los proyectos de financiación. Como se trata de una nueva edificación, no hay ninguna ganancia al principio. Por eso, los prestamistas están ansiosos por asegurar que los activos del proyecto estén that project assets are ring-fenced within the operating project company y que todos los riesgos asociados sean asumidos por los actores correspondientes relacionados al proyecto. Como consecuencia, el operador es un vehículo de un propósito especial.

"• Generalmente, las utilidades son obtenidas de un solo "comprador contractual del producto" (offtake purchaser), así como el gobierno o una empresa de servicio público, quien compra el servicio distribuido por la compañía objeto del proyecto (project company) [...]

"• La compañía objeto del proyecto (power company) obtiene la financiación y ejecuta la contratación, el diseño y la construcción del trabajo, además de que opera el complejo durante el periodo de la concesión.

"• La compañía objeto del proyecto es un vehículo del propósito especial o de uso especial (special purpose vehicle), los accionistas incluirán compañías que tengan experiencia en operaciones y en construcción. Es fundamental incluir accionistas con experiencia en la administración de diversos tipos de proyectos, así como experiencia trabajando con socios multiculturales y diversos dados los riesgos particulares que se presentan en un proyecto de BOT [...]

"• La compañía objeto del proyecto coordinará la construcción y las operaciones del proyecto en concordancia con el acuerdo de concesión. El off-taker querrá saber la identidad de la subcontratista y del operador.

"[...]

"• Las ganancias generadas en la fase de operación son consignadas a cubrir todo gasto de operación, mantenimiento, pagos del capital de la deuda principal —que representa una porción significativa del gasto del desarrollo y la construcción— gasto de financiamiento que incluye intereses y otros, y una recompensa a los accionistas de la compañía de propósito especial.

"• Los prestamistas proveen una deuda sin recurso o con recursos de financiación limitados, por lo tanto, asumirán cualquier riesgo residual tanto como la compañía a la que le otorgan el proyecto y los accionistas.

"• La compañía a la que le otorgan el proyecto asume mucho riesgo. Por eso, estará ansiosa de asegurar que aquellos riesgos que quedan en manos del otorgante sean protegidos. Es común para una compañía que asume el proyecto que le pida al gobierno alguna forma de garantía y/o compromisos del gobierno que son incorporados en un Acuerdo de Implementación [...]

"• Para minimizar los riesgos residuales (ya que el prestamista sólo querrá asumir en lo posible sólo una porción limitada de los riesgos comerciales del proyecto) los prestamistas insistirán en traspasar los riesgos de la compañía objeto del proyecto hacia los demás participantes a través del contrato, como por ejemplo, al contrato de construcción, de operaciones y de mantenimiento del proyecto"[44].

Como se puede ver, y es común con la utilización de instrumentos contractuales de origen anglosajón, el contrato *build-operate-transfer* (BOT) incorpora elementos que pueden estar presentes tanto en el contrato de concesión de obra como en el contrato de arrendamiento operativo, pero tiene como nota fundamental que está diseñado para un proyecto nuevo donde se involucren parcialmente recursos públicos en su ejecución y no para hacer una gestión patrimonial de un activo público.

C) *El desarrollo de un proyecto de infraestructura pública*

El tercer elemento de la noción legal de asociación público-privada se refiere al objeto sobre el cual recae la inversión privada. En ese sentido, el

[44] Disponible en https://ppág.worldbank.org/public-private-partnership/es/concesion-proyectos-de-construccion-operacion-traspaso-bot-proyectos-de-diseno-operacion-construccion-dbo

artículo 1° de la ley 1508 de 2012 señala que la vinculación de capital privado se hace "para la provisión de bienes públicos y de sus servicios relacionados", lo cual es complementado por el artículo 3° de la misma ley 1508 en el sentido de precisar que el régimen de las asociaciones público-privadas se aplica a los "contratos en los cuales las entidades estatales encarguen a un inversionista privado el diseño y construcción de una infraestructura y sus servicios asociados, o su construcción, reparación, mejoramiento o equipamiento, actividades todas estas que deberán involucrar la operación y mantenimiento de dicha infraestructura".

De esas dos normas resulta que el objeto sobre el cual recae la inversión privada son los *bienes públicos* o una *infraestructura*. Respecto de la primera noción, siguiendo a la doctrina[45] y teniendo en cuenta la noción estrictamente económica y no jurídica que asigna la ley a las asociaciones público-privadas, el concepto de *bienes públicos* no debe entenderse referido a bienes de propiedad pública, sino a un concepto más propio de las ciencias económicas o de la hacienda pública. Así, los bienes públicos o colectivos se caracterizan porque "o no son suministrados por el mercado o, si lo son, la cantidad suministrada es insuficiente"; además, esta clase de bienes tiene como segunda característica que "en general es difícil o imposible impedir que se disfruten"[46].

Desde esa perspectiva, es claro que la noción más específica de *infraestructura* a la que hace referencia el artículo 3° de la citada ley 1508 es un *bien público* en el sentido económico y precisamente sobre ella debe entenderse que recaen los proyectos de asociación público-privada. En otras palabras, de acuerdo con el derecho positivo colombiano, el objeto de una asociación público-privada siempre será la inversión de capital privado en el desarrollo de infraestructura pública.

A diferencia de lo que ocurre con figuras como el servicio público, el dominio público o la obra pública, que han tenido nociones jurídicas relativamente decantadas, aunque las mismas hayan venido cambiando y evolucionando en el tiempo, el concepto de infraestructura pública no conoce un desarrollo legal previo ni en Colombia ni en el derecho comparado[47],

[45] Cfr. SEBASTIÁN BARRETO CIFUENTES y MÓNICA IBAGÓN IBAGÓN, *Introducción a las asociaciones público-privadas en Colombia*, ob. cit., pág. 61 y ss.

[46] JOSEPH E. STIGLITZ, *La economía del sector público*, trad. de la 2ª ed. estadounidense, Barcelona, Bosch, 1988, pág. 78, quien cita como ejemplo más claro de esta clase de bienes a aquellos relacionados con la seguridad o defensa pública, como puede ser un faro o una boya en el mar, los cuales deben ser provistos por el Estado ya que el mercado difícilmente los proveerá.

[47] Cfr. IGNACIO MARÍA DE LA RIVA, *Lo público y lo privado en el derecho de las infraestructuras*, Buenos Aires, Thomson Reuters, La Ley, 2018, págs. 1-4.

pese a que la doctrina ha venido comenzando a desarrollarlo, siempre con referencia o como expresión de la evolución de los conceptos citados de servicio público, dominio público y obra pública[48], y siempre reconociendo que se trata sobre todo de una "palabra de moda", de una expresión "fría y tecnocrática, pero con su halo de eficiencia y modernidad"[49].

En Colombia, en tiempos recientes —desde mediados de los años noventa del siglo XX— se ha comenzado a incorporar el concepto de infraestructura en el derecho positivo, aunque no con una pretensión general, sino de manera sectorial —especialmente en sectores donde existen servicios públicos prestados en sistemas concurrenciales—, como es la tendencia del derecho comparado[50]. En ese sentido, se pueden citar como ejemplos: la ley 388 de 1997 para la infraestructura relevante en la ordenación del territorio, la ley 1341 de 2009 para la infraestructura de telecomunicaciones, la ley 1508 de 2012 en materia de proyectos de asociación público-privada o la ley 1682 de 2013 para la infraestructura de transporte. Así, se insiste, no existen en el derecho colombiano normas generales sobre las infraestructuras públicas y mucho menos una noción general de tal categoría normativa, sino que simplemente se puede constatar la existencia de normas sectoriales que buscan responder a necesidades específicas de cada uno de los sectores.

Con esa precisión, debe advertirse que el concepto de infraestructura pública, en términos jurídicos, ha sido construido por la doctrina con base en la definición contenida en el *Diccionario de la Real Academia*[51]. En ese sentido, en una primera acepción, infraestructura corresponde a la "obra

[48] Cfr. JUAN MIGUEL DE LA CUÉTARA MARTÍNEZ, "Sobre las infraestructuras en red", en *Revista del Derecho de las Telecomunicaciones e Infraestructuras en Red*, año 1, n.º 1, Madrid, Montecorvo, junio de 1998, pág. 13 y ss., y FRANCISCO JAVIER JIMÉNEZ DE CISNEROS CID, "Hacia un concepto de infraestructura pública/obra pública desligado del dominio público y del servicio público", en *Anuario de la Facultad de Derecho de la Universidad Autónoma de Madrid*, n.º 3, Privatización y liberalización de servicios, Madrid, Boletín Oficial del Estado, 1999, pág. 195 y ss.

[49] LORENZO MARTÍN-RETORTILLO BAQUER, "Público y privado en la construcción y gestión de grandes infraestructuras públicas", en *XI Congreso Ítalo-Español de Profesores de Derecho Administrativo*, Barcelona, Cedecs, 1998, pág. 81.

[50] Cfr. JOSÉ LUIS VILLAR EZCURRA, "Las infraestructuras públicas", en GASPAR ARIÑO ORTIZ, *Principios de derecho público económico*, Bogotá, Universidad Externado de Colombia, 2003, pág. 639 y ss.

[51] Cfr. LORENZO MARTÍN-RETORTILLO BAQUER, "Público y privado en la construcción y gestión de grandes infraestructuras públicas", ob. cit., págs. 81-82; JOSÉ LUIS VILLAR EZCURRA, "Las infraestructuras públicas", ob. cit., págs. 651-654; IGNACIO MARÍA DE LA RIVA, *Lo público y lo privado en el derecho de las infraestructuras*, ob. cit., págs. 1-4, y PATRICIA VALCÁRCEL FERNÁNDEZ, *Ejecución y financiación de obras públicas*, Madrid, Thomson-Civitas, 2006, págs. 120-128.

subterránea o estructura que sirve de base de sustentación a otra", pero, a su vez, en una segunda acepción, hace referencia a "conjunto de elementos o servicios que se consideran necesarios para la creación y funcionamiento de una organización cualquiera".

Con base en esas definiciones, la doctrina ha podido construir diversas nociones de infraestructura pública, algunas de ellas ligadas esencialmente a la noción de obra pública y de actividad puramente material o de construcción, y otras que incorporan la existencia de elementos no tangibles y basadas en la pertenencia a una red, las cuales explicamos separadamente:

Como expresión del primer criterio de definición, se ha dicho que las infraestructuras públicas corresponden a las "obras, construcciones e instalaciones que no puede llevarse a cabo sino con la garantía de una dirección o gestión pública", y que las infraestructuras de interés general pertenecen al "conjunto de obras e instalaciones que permiten el desarrollo de actividades significativas para dicho interés"[52], resaltando evidentemente la importancia que tiene la actividad material en relación con dicha noción.

En ese mismo sentido, también ha dicho la doctrina que debe entenderse por infraestructura "toda obra de ciertas proporciones que sirva de instrumento para la organización o funcionamiento de actividades de relevante interés institucional, social o económico", pero precisando que se trata de una figura que difiere del concepto tradicional de obra pública[53]. De manera similar, otro sector de la doctrina ha expresado que las infraestructuras son apenas una de las expresiones de la obra pública, la cual corresponde a la noción de "obras públicas artificiales", de tal manera que "cuando se habla de infraestructura pública pretendiendo una correspondencia con la obra pública se insinúa una cosificación física que se traduce en que las infraestructuras públicas, a lo sumo, cabría asimilarlas a las obras públicas artificiales"[54]. Incluso alguna doctrina ha pretendido asimilar los conceptos de obra pública e infraestructura pública al presentarlos como sinónimos y expresar que, realmente, el segundo es la forma más moderna de hacer referencia al primero[55].

[52] Agustín E. de Asís Roig, "Obras e infraestructuras públicas", en Luciano Parejo Alfonso, *Lecciones de derecho administrativo. Orden económico y sectores de referencia*, 5ª ed., Valencia, Tirant lo Blanch, 2014, págs. 613 y 615.

[53] Ignacio María de la Riva, *Lo público y lo privado en el derecho de las infraestructuras*, ob. cit., pág. 3.

[54] Patricia Valcárcel Fernández, *Ejecución y financiación de obras públicas*, ob. cit., pág. 121.

[55] Cfr. Francisco Javier Jiménez de Cisneros Cid, *Obras públicas e iniciativa privada*, Madrid, Montecorvo, 1998, pág. 297 y ss.

Por su parte, otro sector de la doctrina señala que la noción tradicional de infraestructuras públicas tiene como elementos: que sea una obra o infraestructura, que esté vinculada a un servicio público o destinada a un uso general y que su titularidad corresponda a una administración pública, pero que con la evolución del servicio público y, especialmente, como efecto de la posibilidad de que los particulares lo puedan prestar directamente, dicha noción ha evolucionado, por una parte, desligándose de la titularidad pública y, por otra, incorporando elementos inmateriales y la necesidad de que forme parte de una red. Por ello, al tradicional concepto de infraestructura que involucra una construcción artificial es necesario que "se integren elementos no tangibles (servicios) y, sobre todo, su contenido finalista en el sentido de que engloba todo lo indispensable para que funcione una organización", esto es, que pueda "enlazar los distintos puntos de la red al servicio de una finalidad concreta"[56], lo cual hace que solo quepan en la noción de infraestructura aquellas instalaciones que se encuentren en red, excluyendo las obras públicas no susceptibles de ser o formar parte de una red, como los equipamientos y dotaciones públicas (por ejemplo, una estatua, un jardín público, un polideportivo municipal, una escuela, un museo, un hospital o un edificio de una dependencia pública) que tienen el carácter de "obras públicas puntuales". En consecuencia, los conceptos de obra pública e infraestructura pública no resultan coincidentes, en cuanto "se admiten infraestructuras como elementos e instalaciones a veces inmateriales", lo cual implica que el concepto de infraestructura es más amplio que el de obra pública "y viceversa: no se consideran infraestructuras las obras públicas no susceptibles de constituir una red o ser elementos de una"[57]. En igual sentido, ha dicho la doctrina que "las infraestructuras [...] constituyen el soporte artificial de la prestación de servicios de especial repercusión en la vida económica y social de un país, canalizados a través de redes de transporte, distribución, intercambio o suministro"[58].

Desde el punto de vista del autor, sobre la base de los anteriores dos criterios, como lo hemos sostenido en otros estudios —y ratificamos aquí—, la idea de infraestructura no debe limitarse a las obras, construcciones e instalaciones físicas —naturales o artificiales— adheridas al suelo, sino que hace referencia al conjunto de bienes o de servicios que son indispensables para formar la red o la organización necesaria para la prestación de un ser-

[56] José Luis Villar Ezcurra, "Las infraestructuras públicas", ob. cit., pág. 651 y 652.

[57] José Luis Villar Ezcurra, ob. cit., pág. 654.

[58] Juan Miguel de la Cuétara Martínez, "Sobre las infraestructuras en red", ob. cit., pág. 22.

vicio de interés público[59]. En ese sentido, en nuestro criterio, el concepto de infraestructura efectivamente debe partir de la base de la existencia de una instalación, una construcción o un trabajo material —lo cual revela su carácter *artificial* en cuanto a su creación por el hombre—, pero que involucra elementos inmateriales asociados a la existencia de actividades de interés económico o servicios que se prestan con base en esas instalaciones —lo cual revela el carácter *subyacente* en cuanto se trata del soporte a otras actividades de importancia económica—[60].

De esta manera, junto a la clásica infraestructura de transporte (carreteras, puertos, aeropuertos, etc.) y a la infraestructura asociada a la prestación de un servicio público (presas, acueductos, alcantarillados, hidroeléctricas, redes de alta tensión, redes para la prestación de servicios de telecomunicaciones, etc.), la infraestructura social (hospitales, colegios, centros de atención de infancia, etc.), la infraestructura institucional (edificios públicos, cárceles, etc.) y los equipamientos y dotaciones urbanos también deben entenderse cobijados por la noción de infraestructura, posición que ratificamos en este escrito.

En ese marco conceptual debe entenderse la expresión *infraestructura* propia del régimen de las asociaciones público-privadas. En efecto, la ley 1508 de 2012, en primer lugar, establece en su artículo 3° que tal régimen es aplicable únicamente a los contratos en los cuales "a un inversionista privado el diseño y construcción de una infraestructura y sus servicios asociados, o su construcción, reparación, mejoramiento o equipamiento, actividades todas estas que deberán involucrar la operación y mantenimiento de dicha infraestructura", precisando que los proyectos de asociación público-privada "podrán versar sobre infraestructura para la prestación de servicios públicos" y que la retribución de la inversión en estos casos provendrá principalmente de "la explotación económica de esa infraestructura o servicio". Además, otras normas insisten en que el derecho a la retribución del inversionista dependerá del "nivel de servicio de la infraestructura y/o servicio" (art. 1°) o estará "condicionado a la disponibilidad de la infraestructura" (art. 5°).

59 Cfr. Jorge Enrique Santos Rodríguez, "Las asociaciones público-privadas de iniciativa privada y el cambio en la lógica contractual tradicional", en Alberto Montaña Plata y Jorge Iván Rincón Córdoba (eds.), *Contratos públicos: problemas, perspectivas y prospectivas*, Bogotá, Universidad Externado de Colombia, 2017, págs. 678-679. En sentido similar, cfr. Juan Carlos Expósito Vélez y Jorge Enrique Santos Rodríguez, "La iniciativa privada en las concesiones de infraestructura y servicios públicos", en *Revista Digital de Derecho Administrativo*, n.° 3, Bogotá, Universidad Externado de Colombia, enero-junio 2010, pág. 85 y ss.

60 El carácter artificial y subyacente de la noción de infraestructura ha sido puesto de manifiesto por la doctrina: cfr. Ignacio María de la Riva, *Lo público y lo privado en el derecho de las infraestructuras*, ob. cit., págs. 1-3.

De las anteriores normas, cuyos contenidos están replicados con ideas similares en otras disposiciones de la misma ley 1508 de 2012 (por ejemplo, los arts. 8º, 14 y 26), no es posible establecer con claridad el concepto de infraestructura que consagra la ley. Sin embargo, sí es posible determinar algunos puntos clave que permiten el entendimiento de la noción. En este orden de ideas, en primer lugar, se destaca que las normas citadas fijan una diferencia entre la infraestructura propiamente dicha y el servicio asociado a la infraestructura, lo cual permite entender que la infraestructura a la que se refiere la norma es la necesaria para que el Estado pueda prestar los servicios que se encuentran a su cargo, con la precisión de que no necesariamente deben ser servicios públicos, sino cualquier servicio para el cual sea competente el Estado —a pesar de que en algunos antecedentes de la ley se pretenda circunscribir la figura solo a infraestructura para la provisión de servicios públicos[61]—. Además, según esa misma idea, la infraestructura a la que se refiere la ley no coincide con la tradicional obra pública ni con el concepto de inmueble, pues la ley refiere genéricamente a esa noción, lo cual permite entender que se debe aplicar el criterio más amplio enunciado antes sobre infraestructura en el sentido de que involucra elementos materiales e incorporales, como lo hemos expuesto en otro estudio[62].

Al respecto, se advierte que la doctrina que ha estudiado esta norma suele limitarse a afirmar de manera pura y simple que las asociaciones público-privadas deben versar sobre infraestructura, sin plantearse la necesidad de entender la noción de infraestructura[63], aunque en algunos notables casos sí da ejemplos de los diferentes tipos de objeto sobre los cuales puede versar la figura de las asociaciones público-privadas, todos los cuales se resumen en la idea de obras, construcciones o instalaciones físicas o materiales (autopistas, túneles, parqueaderos, cementerios, cárceles, escuelas, complejos deportivos, hospitales, estadios, acueductos, centros sociales)[64].

[61] Al respecto, llama la atención que en el documento Conpes que constituye el antecedente inmediato de la ley 1508 de 2012 se expresa que "bajo un contrato APP, el sector privado tradicionalmente financia, diseña, construye o reconstruye la infraestructura necesaria (escuela, hospital, prisión, etc.) para la provisión de un servicio público (educación, salud, custodia, etc.), y está encargado de proveer todos los servicios asociados a la gestión y mantenimiento de dicha infraestructura durante la duración del contrato, que por naturaleza es de largo plazo". Consejo Nacional de Política Económica y Social, *Documento Conpes 3615. Iniciativa para la modernización y gestión de activos fijos públicos*, Bogotá, Departamento Nacional de Planeación, 2009, pág. 13.

[62] Cf. Jorge Enrique Santos Rodríguez, "Las asociaciones público-privadas de iniciativa privada y el cambio en la lógica contractual tradicional", ob. cit. págs. 678-679.

[63] Cfr. Juan Carlos Quiñones Guzmán, *Contratos de asociación público-privada e infraestructura de transporte*, ob. cit., págs. 14-15.

[64] Cfr. Juan Manuel Urueta Rojas, *Buenas prácticas en contratación estatal: metodologías para la buena estructuración de asociaciones público-privadas*, Bogotá, Imprenta Distrital, 2012, págs. 19-21.

En todo caso, al margen de la complejidad del concepto, nunca puede perderse de vista que, desde la perspectiva normativa, para que resulte procedente la utilización del esquema de asociación público-privada, la inversión de capital privado necesariamente debe recaer sobre una infraestructura. Así, es posible que pueda existir interés en la inversión privada en muchos proyectos del Estado, pero si estos no involucran una infraestructura pública, no será procedente emplear la figura de la asociación público-privada.

D) *La adecuada distribución de los riesgos previsibles*

El cuarto elemento de la definición legal de las asociaciones público-privadas tiene que ver con la adecuada distribución de los riesgos previsibles y, principalmente, con la transferencia al inversionista de muchos de los riesgos que ordinariamente asumiría el sujeto público. Al respecto, se destaca que el artículo 1° de la ley 1563 de 2012, al señalar la definición de asociación público-privada, dispone que es instrumento que "involucra la retención y transferencia de riesgos entre las partes", poniendo de relieve la importancia que tiene el tema de los riesgos en esta clase de esquema de ejecución de proyectos de infraestructura pública.

Es tan importante la gestión del riesgo contractual dentro de las asociaciones público-privadas, que la misma ley 1508 de 2012 se ha preocupado porque uno de los requisitos con los que debe contar la correspondiente entidad estatal antes de iniciar un proceso de selección de contratista para celebrar un contrato que instrumente una asociación público-privada de iniciativa pública es "la adecuada tipificación, estimación y asignación de los riesgos, posibles contingencias, la respectiva matriz de riesgos asociados al proyecto" (art. 11.5). De la misma manera, en las asociaciones público-privadas de iniciativa privada, uno de los documentos que debe entregar el originador privado a la entidad estatal en etapa de factibilidad es el "análisis de riesgos asociados al proyecto" (art. 14). Con ello se evidencia que, independientemente de la forma en que se llegue a la celebración del contrato que instrumente una asociación público-privada, uno de los requisitos esenciales de la preparación del contrato será la adecuada asignación de los riesgos previsibles.

En ese sentido, debe recordarse que, desde su origen anglosajón y aún en la utilización continental del contrato de concesión, uno de los puntos sobre los cuales ha girado la utilización de los esquemas de asociación público-privada es precisamente la transferencia de riesgos al inversionista privado[65],

[65] Cfr. Olivier Debande, "Le rôle du secteur privé dans le financement des infrastructures. Une mise en perspective historique", en *Revue Économique*, vol. 48, n.° 2, Le financement

lo cual se justifica en el hecho de que, a diferencia de lo que ocurre en los sistemas tradicionales de compra pública, no se asigna a contratistas separados el diseño, la construcción y la operación del servicio asociado a la infraestructura, sino que se asigna conjuntamente a un solo sujeto quien, en consecuencia, asume los riegos de todas las actividades y de su interrelación, lo que da lugar a una gestión más eficiente de los riesgos derivados del proyectos vistos en su conjunto[66]. Por ende, se ve en la adecuada distribución de riesgos un claro beneficio de la decisión de preferir un sistema de inversión de capital privado por encima del tradicional sistema de compra pública, en el sentido de que "la administración gana en eficiencia en la realización de la obra y en la prestación del servicio público correspondiente"[67].

Esa importancia que se asigna a la gestión de los riesgos es precisamente una de las principales justificaciones para que se acuda a los esquemas de asociación público-privada antes que a los esquemas de compra pública. Desde luego, "un efectivo manejo de riesgos es importante en todas las formas de contratación pública, pero es especialmente importante para los contratos PPP", puesto que dichos contratos "buscan optimizar el criterio del valor por dinero mediante el acuerdo sobre asignación de riesgos entre los sectores público y privado a lo largo de la ejecución de un contrato de larga duración"[68]. Así, se considera que la mejor relación calidad-precio o *value for money* que se pretende en los esquemas de asociación público-privada como fin último se consigue, principalmente, mediante una adecuada asignación de riesgos[69].

Ahora bien, es importante precisar que la asignación de riesgos, que constituye un elemento fundamental de las asociaciones público-privadas, recae exclusivamente sobre los denominados riesgos previsibles, que son los que pueden ser tipificados dentro de un contrato y son susceptibles de ser expresamente asumidos por las partes con pleno conocimiento de la

---

des grandes infrastructures, Paris, Sciences Po University Press, marzo 1997, págs. 197-229, y SEBASTIÁN BARRETO CIFUENTES y MÓNICA IBAGÓN IBAGÓN, *Introducción a las asociaciones público-privadas en Colombia*, ob. cit., págs. 62-74.

[66] Cfr. EVA I. HOPPE y PATRICK W. SCHMITZ, "Public-Private Partnerships versus Traditional Procurement: Innovation Incentives and Information Gathering", in *The RAND Journal of Economics*, vol. 44, n.° 1, Hoboken (NJ), Wiley Company, primavera 2013, págs. 56-74.

[67] EVA NIETO GARRIDO, "La financiación de obras y servicios públicos en el Reino Unido", ob. cit., pág. 397.

[68] HM TREASURY, *A New Approach to Public Private Partnerships*, London, HM Treasury, 2012, pág. 61.

[69] Cfr. SEBASTIÁN BARRETO CIFUENTES y MÓNICA IBAGÓN IBAGÓN, *Introducción a las asociaciones público-privadas en Colombia*, ob. cit., pág. 65.

probabilidad de ocurrencia y del impacto que pueden tener sobre la ejecución del contrato, y no se extiende a las aleas o riesgos imprevisibles que, precisamente por ese carácter imprevisible, no son susceptibles de ser distribuidos entre las partes ni asumidos voluntariamente por ninguna de ellas[70]. De acuerdo con la doctrina, "el «riesgo» es un evento incierto pero previsible": es un evento incierto en cuanto "es uno de los tipos de «aleas», una de las formas de incertidumbre" y, en esa medida, tiene en común con el «aleas» precisamente esa idea de incertidumbre; pero, a la vez, es un acontecimiento previsible y, por ello, "se distingue del «aleas» puro y de la incertidumbre inconmensurable", a la vez que "se distingue de lo imprevisible"[71], que es precisamente lo que hace que el "riesgo" sea susceptible de ser distribuido entre las partes, que es lo que se busca hacer en un contrato celebrado bajo el esquema de asociación pública-privada.

Asimismo, desde el punto de vista del derecho positivo colombiano, pareciera que esa importancia que tienen la tipificación, estimación y distribución de los riesgos previsibles no fuera un asunto que simplemente importe en los proyectos que se ejecutan bajo el esquema de asociación público-privada, sino que es un asunto propio de toda forma de contratación estatal. En efecto, el artículo 4° de la ley 1150 de 2007 dispone, de manera general y sin hacer excepciones, que "los pliegos de condiciones o sus equivalentes deberán incluir la estimación, tipificación y asignación de los riesgos previsibles involucrados en la contratación", lo cual permitiría entender que la ley ha considerado que el ejercicio de asignación de riesgos no es exclusivo de los contratos estatales mediante los cuales se vincula capital privado, sino que se extiende a toda clase de contratos estatales.

Sin embargo, lo previsto en el citado artículo 4° de la ley 1150 de 2007 solo pone de presente la importancia que tiene la adecuada gestión de los riesgos contractuales para la contratación estatal, sin que ello signifique que dicha gestión no sea especialmente importante en los proyectos de asociación público-privada. La diferencia radica en que en la contratación estatal en general se pretende una adecuada distribución de los riesgos previsibles para lograr mayores éxitos en la gestión contractual, pero en las asociaciones público-privadas la adecuada asignación de riesgos se convierte en la justificación de la utilización de este esquema por encima de la compra pública tradicional.

Por otra parte, en cuanto al tipo de riesgos que interesa repartir, se suele afirmar que en un proyecto de asociación público-privada el operador

[70] Cfr. Tribunal de Arbitraje de Angelcom S.A.S. contra Transmilenio S.A. Laudo de 9 de octubre de 2020.

[71] Thomas Pez, *Le risque dans les contrats administratifs*, Paris, LGDJ, 2013, n.° 22.

privado debe asumir los riesgos de diversa naturaleza asociados con el diseño, construcción, operación y explotación de la infraestructura, pero especialmente debe asumir los riesgos propios de la financiación del proyecto, así como los propios de la recuperación de la inversión ejecutada, pues todo esto es lo que motiva acudir a una asociación público-privada[72]. Por su parte, la Administración suele asumir unos pocos riesgos relacionados con las decisiones político-administrativas que puedan afectar la normal ejecución del contrato y, especialmente, que puedan afectar la posibilidad de obtener el retorno de la inversión, lo cual recae principalmente en los riesgos relacionados con las tarifas o autorizaciones de cobro a los usuarios de la infraestructura[73].

Al respecto, debe precisarse que no se trata simplemente de hacer un traslado en bloque de los riesgos del proyecto al inversionista privado, sino más bien de asignar correctamente y con racionalidad los riesgos previsibles, de tal manera que cada una de las partes del contrato resulte asumiendo los riesgos sobre los cuales tenga alguna posibilidad de gestión o sobre los que exista un interés especial en asumirlos. Así, "la regla de la transferencia de riesgos al sector privado se ha ido transformando en aquella otra que propugna la óptima asignación de riesgos entre las partes del contrato o, lo que es lo mismo, que asuma los riesgos la parte más competente para su gestión"[74].

En todo caso, como nota final, debe señalarse que, si bien debe haber una asignación de riesgos entre las partes y no una mera transferencia al inversionista privado, para que exista un verdadero proyecto de asociación público-privada es necesario que este último retenga lo que el derecho europeo ha denominado riesgo operacional. Este riesgo ha sido descrito por la Directiva 2014/23/UE como aquel que "supone la posibilidad de que [el inversionista privado] no recupere las inversiones realizadas ni cubra los costes que haya sufragado para explotar las obras o los servicios adjudicados en condiciones normales de funcionamiento"[75]. La eliminación de dicho

[72] Cfr. Rafael Dickson Morales, *La asignación de riesgos en la colaboración público-privada*, Cizur Menor (Navarra), Thomson Reuters Aranzadi, 2019, pág. 138 y ss.

[73] Cfr. Juan Carlos Quiñones Guzmán, *Contratos de asociación público-privada e infraestructura de transporte*, ob. cit., pág. 57 y ss.

[74] Eva Nieto Garrido, "La financiación de obras y servicios públicos en el Reino Unido", ob. cit., pág. 398. Así también, Ana Isabel Peiró Baquedano, *El sistema de reparto de riesgos en las concesiones: hacia una nueva gobernanza*, Cizur Menor (Navarra), Thomson Reuters Aranzadi, 2019, págs. 167 y ss., y 265 y ss.

[75] Cfr. Francisco L. Hernández Gonzalez, *La nueva concesión de servicios. Estudio del riesgo operacional*, Cizur Menor (Navarra), Thomson Reuters Aranzadi, 2018, pág. 217 y ss.; María Eugenia López Mora, *El nuevo contrato de concesión: el riesgo operacional*, Barcelona, Atelier, 2019, pág. 143 y ss.; Ximena Lazo Victoria, "El riesgo opera-

riesgo operacional haría que perdiera sentido y utilidad la vinculación de capital privado, pues si el Estado debe garantizar de manera absoluta la recuperación de la inversión por parte del operador privado, habría tenido más sentido acudir a un crédito bancario —comercial o con banca multilateral— para la financiación del proyecto.

E) *La disponibilidad de la infraestructura y los niveles de servicio como condicionamiento de la retribución*

El último de los elementos de la noción de asociación público-privada se expresa en la frase final del artículo 1° de la ley 1508 de 2012, según el cual, se trata de un instrumento que involucra "mecanismos de pago relacionados con la disponibilidad y el nivel de servicio de la infraestructura y/o servicio". Como se ve en la redacción de la norma, el "pago", esto es, la retribución de la inversión, se encuentra condicionado a dos supuestos específicos: por una parte, a la *disponibilidad* o existencia propiamente dicha de la infraestructura y, por otra, al *cumplimiento de unos niveles de servicio* que previamente han sido estipulados por las partes[76].

Así, independientemente de cuál sea la forma de retribución de la inversión que las partes hubieran pactado —bien sea mediante pagos por el usuario, pagos por el gobierno o un sistema mixto[77]—, el requisito legal para el surgimiento del derecho a su obtención se encuentra sometido, por una parte, a la disponibilidad de la infraestructura, esto es, a que se encuentre terminada y se ponga en servicio de los usuarios y, por otra, al cumplimiento de unos niveles de servicio, es decir, a que los servicios asociados a la infraestructura objeto de desarrollo sean prestados en términos óptimos, de tal manera que la asignación del desarrollo del proyecto a un particular represente una ventaja respecto de la manera en que hubiera prestado el servicio directamente la administración titular o competente de la infraestructura.

---

cional: ¿una nueva era para los contratos de concesión?", en *El cronista del Estado social y democrático de derecho*, n.° 74, Madrid, Iustel, marzo 2018, pág. 62 y ss., y Rafael Dickson Morales, *La asignación de riesgos en la colaboración público-privada*, ob. cit., pág. 167 y ss.

[76] Cfr. Juan Carlos Quiñones Guzmán, *Contratos de asociación público-privada e infraestructura de transporte*, ob. cit., pág. 17: "los privados tienen derecho a recibir la retribución acordada, siempre que la infraestructura cuya intervención, operación y mantenimiento les ha sido encargada, se encuentre disponible, y que el servicio que se presta a través de ella cumpla con unos niveles previamente pactados en el contrato".

[77] Sobre los diversos mecanismos de pago en el marco de las asociaciones público-privadas, cfr. Banco Mundial, Banco Asiático de Desarrollo y Banco Interamericano de Desarrollo, *Asociaciones público-privadas. Guía de referencia*, Washington, págs. 19-20.

De manera concreta, la *disponibilidad de la infraestructura* —primera condición para el surgimiento del derecho a la obtención de la retribución por parte del inversionista— hace referencia al hecho de que las intervenciones físicas previstas se encuentren concluidas y que, en consecuencia, la infraestructura se halle en un estado en que pueda comenzar a prestarse el servicio asociado a esta. Por ejemplo, en el caso de una infraestructura vial, que el correspondiente tramo de la carretera esté terminado y que los vehículos puedan efectivamente transitar sobre él.

Frente a esa disponibilidad, debe hacerse notar que el parágrafo 2° del artículo 5° de la ley 1508 de 2012 establece una especie de excepción o flexibilización de la condición, en el sentido de que permite que una misma infraestructura pueda ser dividida en unidades funcionales a efectos de la retribución, esto es, en fracciones del proyecto entero que sean útiles por sí mismas sin necesidad de que se finalicen las intervenciones físicas en los demás y que, por ello, pudieran haber sido objeto de una asociación público-privada por sí mismas. Así, una vez culminada la respectiva unidad funcional, se adquiere el derecho a la obtención de la remuneración, el cual será apenas parcial en lo que corresponda proporcionalmente al peso en términos de inversión que tiene la unidad en relación con la totalidad del proyecto.

Pero, además, el parágrafo 3° del mismo artículo 5° de la ley 1508 de 2012 prevé una segunda excepción o flexibilización del requisito de la disponibilidad de la infraestructura, que se aplica a proyectos que no pueden ser fraccionados en unidades funcionales sino en etapas, esto es, las "fases sucesivas en el tiempo" que hubieran sido definidas en el contrato, naturalmente sobre la base de que pase el plazo pactado y se hubieran cumplido las obligaciones de inversión de capital privado correspondientes a la etapa que es objeto de remuneración.

Finalmente, en el parágrafo 5° del mencionado artículo 5° de la ley 1508 de 2012 se prevé que, excepcionalmente, se elimina el requisito de ejecutar intervenciones físicas para adquirir el derecho a recibir parcialmente la retribución. Se trata de las situaciones donde la infraestructura sobre la cual versará la inversión ya se encuentra disponible y simplemente será operada por parte del inversionista. Así ocurre, por ejemplo, en una carretera, cuando se trata de un proyecto de construcción de una segunda calzada, pues, en ese caso, la calzada existente ya estará en funcionamiento, lo cual permite pactar que existe el derecho a una retribución parcial desde el momento en que inicia la ejecución del contrato, puesto que sobre esa porción de la infraestructura habrá actividades de operación y mantenimiento desde el comienzo del contrato.

Por otra parte, el segundo requisito para que surja el derecho a la retribución de la inversión se encuentra en el cumplimiento de unos *niveles de servicio*, esto es, de unas condiciones específicas y medibles matemáticamente sobre la calidad de la prestación ejecutada por el inversionista. Este requisito supone que en el contrato se estipulen, por una parte, las actividades que serán sujeto de medición y, por otra, unos criterios de calificación a fin de asignar un puntaje[78]. Por ejemplo, en un proyecto de asociación público-privada de infraestructura vial se suelen incluir niveles de servicio asociados con la calidad propiamente de la infraestructura (cero huecos y baches, un porcentaje de señalización horizontal y vertical, entre otros), así como de las prestaciones inmateriales propias del proyecto (tiempo de respuesta del carro taller, de la grúa o de la ambulancia, o tiempo de duración en las estaciones de peaje).

El objeto del pacto de unos niveles de servicio es hacer que la retribución sea variable en el sentido de que "dependerá del cumplimiento de determinados objetivos por parte del contratista"[79], de tal manera que, si no se cumplen esos objetivos o solo se cumplen parcialmente, habrá lugar a un descuento sobre el valor total de la remuneración, con lo cual se incentiva al inversionista a que el servicio prestado tenga una mejor calidad que el que prestaría la Administración pública si gestionara directamente la infraestructura. En el mismo sentido, la doctrina ha señalado que el objetivo de estos niveles de servicio es lograr un compromiso del contratista en la ejecución de las inversiones y en la correcta ejecución del contrato, de manera que "las variaciones en detrimento de la calidad del servicio o prestación que gestiona el operador privado tengan un efecto determinante, directo y automático sobre la retribución que va a percibir"[80].

Debe precisarse que esas deducciones a la retribución por la falta de cumplimiento de los niveles de servicio no son propiamente una sanción para el contratista, pues no suponen una declaración de incumplimiento contractual propiamente dicha, sino que simplemente son la consecuencia previamente aceptada de obtener una baja calificación en el cumplimiento de los objetivos. Lo anterior, naturalmente, sin perjuicio de que, en ejercicio de la autonomía de la voluntad, pueda tipificarse como causal para imponer de sanción conminatoria el incumplimiento sistemático de los niveles de servicio, asunto que resulta normal en los contratos que instrumentan las asociaciones público-privadas.

[78] Cfr. HM Treasury, *Standardisation of PFI Contracts*, London, HM Treasury, 2007, n.º 8.2.1.

[79] María Hernando Rydings y Enrique Ortiz Calle, "El contrato de colaboración entre el sector público y el sector privado", en Mariano Yzquierdo Tolsada (dir.), *Contratos*, t. XIV, Los contratos públicos, Cizur Menor (Navarra), Thomson Reuters Aranzadi, pág. 707.

[80] María Teresa Bruenete de la Llave, *Los contratos de colaboración público-privada en la Ley de Contratos del Sector Público*, Madrid, La Ley, 2009, pág. 633.

Por último, debe señalarse que este quinto elemento de la noción que se analiza tiene una función directamente asociada con el hecho de que las asociaciones público-privadas busquen la vinculación de capital privado, pues se convierte en el mecanismo que incentiva y, a la vez, garantiza, que efectivamente se llevará a cabo una financiación privada sin que el contratista tenga la posibilidad de acceder a los recursos públicos para hacer la inversión principal que requiere el desarrollo del proyecto.

Así, incorporar una restricción al acceso a los recursos que puedan derivarse de la explotación económica del proyecto, sea por el pago de los usuarios o por el pago con presupuesto público, supone un claro incentivo para que el inversionista culmine rápidamente las obras a su cargo y ponga en funcionamiento la infraestructura, pues mientras más rápido haga la inversión, más rápido accederá a su retribución. De la misma manera, en cuanto a los niveles de servicio, dado que su incumplimiento impacta directamente la retribución, existirá el incentivo para que se cumplan rigurosamente y, con ello, mantener el nivel de rentabilidad previsto desde el modelo financiero del proyecto.

A PROPÓSITO DE LA RECEPCIÓN DE OBRAS PÚBLICAS EN EL PERÚ: APORTES PARA SUPERAR LA CULTURA ADVERSARIAL

Juan Carlos Morón Urbina*
Juan Carlos Medina Flores**
Perú

1. Presentación del tema

Como sabemos, toda obligación nace para cumplirse. En este momento culminante de la ejecución contractual es que las obligaciones generadas contractualmente llegan a cumplirse y a dar al acreedor la satisfacción de su crédito. En la práctica, sucede que estamos frente a un momento usualmente crucial y delicado del contrato de construcción.

Por ello, afirma Lancome que "el cierre del contrato de construcción es una fase crítica del proyecto. Es la oportunidad final del contratista de asegurar que recibe todos los entregables que corresponden contractualmente. Muchos propietarios indicarán que este escenario puede ser difícil, contencioso y molesto. Hay muchas razones para que esto ocurra. La más común implica que el contratista considere que el cumplimiento de todas sus obligaciones contractuales para el cierre del contrato le va a generar una pérdida de dinero; el contratista enfocándose en su siguiente proyecto o en

* Abogado por la Universidad San Martín de Porres. Maestría en Derecho Constitucional por la Pontificia Universidad Católica del Perú. Doctor en Derecho Administrativo Iberoamericano por la Universidad de La Coruña. Directivo de la Asociación Peruana de Derecho Administrativo, miembro de la Asociación Peruana de Derecho Constitucional y de la Sociedad Peruana de Derecho de la Construcción. Miembro del Foro Iberoamericano de Derecho Administrativo y del Instituto Internacional de Derecho Administrativo (IIDA). Profesor de diversos cursos de Derecho Administrativo en pregrado y maestrías en las facultades de Derecho de la Pontificia Universidad Católica del Perú y de la Universidad de Piura. Socio del Estudio Echecopar.

** Abogado con Máster en Contratación Pública y estudios de posgrado en Derecho de la Construcción, Derecho Corporativo, Arbitraje y Dispute Boards. Miembro de la So ciedad Peruana de Derecho de la Construcción y de la Asociación Latinoamericana de Derecho de la Construcción. Presidente de la Comisión de Contrataciones del Estado y Derecho de la Construcción de la Sociedad Peruana de Derecho. Árbitro y docente de posgrado en ESAN. Asociado Senior del Estudio Echecopar, asociado a Baker & Mckenzie International.

otros proyectos con problemas; y el propietario imponiendo requerimientos para el cierre del contrato que van más allá de lo que el contrato establece"[1].

Particularmente, en la contratación pública peruana resulta ser uno de los momentos de conflicto, en el que aparecen o reaparecen, según sea el caso, desavenencias no advertidas antes o que fueron relegadas en su oportunidad, tornando en crítica la relación contractual. En teoría no debería ser así, dado que el constructor posee incentivos para entregar la obra prontamente (cobrar su retribución y liquidar la obra, recuperar sus garantías financieras presentadas desde el inicio de la obra, etc.), y no menor es la situación de la Administración, que necesita la obra para ponerla al servicio público (por ejemplo, el colegio, puesto de salud, puente, vía, etc.). La experiencia reciente nos ha mostrado que, ante el déficit sanitario producido por el Covid-19, la salud pública pudo ser mejor atendida con infraestructura moderna (camas, equipos, etc.) si se dejaban de lado discusiones entre contratistas y entidades por supuestos o reales defectos menores que no afectaban la operatividad de varios hospitales construidos en diversas regiones del país y cuyo grado de ejecución era superior al 90 por ciento.

En las entidades existen situaciones que dilatan la recepción, que no hacen más que disimular el temor de asumir posibles responsabilidades por si no logran advertir algún incumplimiento del contratista, a la vez que surgen eventos como la dificultad para acometer de inmediato por ellas mismas la operación de la infraestructura construida (sobre todo las complejas como electromecánicas, de saneamiento y similares), la inexistencia de fondos para realizar los pagos finales al contratista, las diferencias de criterios técnicos y profesionales entre lo que se ordenó construir al contratista (según el expediente técnico entregado) y lo que los actuales funcionarios piensan que su entidad necesita en el presente.

Ciertamente, nuestra legislación nacional de obras públicas[2] tampoco respalda una recepción colaborativa de lo ya construido. a cargo de lo que analizaremos a continuación, merece que nos preguntemos si es eficiente tener un único procedimiento de recepción sin diferenciar montos de ejecución, complejidades o posibilidades de detección de defectos. Si es tan amplio y variopinto el universo de las obras públicas, como son edificaciones urbanas, rehabilitaciones, ampliaciones, obras viales, líneas férreas, puertos, teleféricos, líneas de agua potable, alcantarillado y desagüe, plantas de tratamiento de agua, plantas de tratamiento de residuos sólidos, obras electromecánicas,

[1] Claude Lancome, "Capítulo 10", *Construction Contract Administration for Project Owners*, New York, Rouledge, 2017.

[2] Fundamentalmente, el extenso art. 208 del Reglamento de la Ley de Contrataciones del Estado aprobado por decreto supremo 344-2018-EF.

energéticas y telecomunicaciones, entre otras, ¿es razonable que una obra que, habiendo contado permanentemente con un administrador contractual y un supervisor externo que han aprobado concurrentemente la ejecución contractual, la labor de recepción esté a cargo de un comité integrado por personas que no han participado durante la ejecución contractual?[3], ¿podemos calificar de colaborativo un procedimiento de recepción en el que se regula de manera reiterada la resolución del contrato a estas alturas por culpa del contratista y no reconoce algún derecho al contratista, salvo aplicar la cláusula de solución de controversias?[4]

Considerando este marco, pretendemos realizar este análisis *lege ferenda* de la recepción de la obra pública.

2. Delimitando algunos términos asociados: entrega, recepción, verificación, aprobación

Un primer aspecto que conviene esclarecer para comprender cabalmente la culminación natural del contrato de obra pública es distinguir conceptos que se suelen confundir. Aunque algunos alcances de estos términos difieren según las particularidades de cada legislación, vamos a tratar de aportar a esta discusión teniendo como base lo aplicable a las reglas nacionales de obras públicas. Iniciemos por tener en cuenta que la entrega y la recepción son dos caras de la misma moneda, según se trate de la perspectiva del constructor o de la entidad.

La entrega es un deber del constructor, entendida como la obligación de dar el *opus* al contratante en la forma y el plazo convenidos. El deber correspectivo es el de recibir lo construido por parte del contratante. Pero la recepción no puede acontecer de una manera instantánea o automática, sino que se organiza mediante un conjunto de activades tendentes a garantizar su idoneidad. Esa secuencia de actividades está compuesta por los pasos siguientes:

i) El aviso a la Administración de la culminación de la obra asignada al constructor como deudor de la obligación de dar.

ii) La obligación del contratante de verificar o comprobar diligente y objetivamente lo construido, que concluye con una apreciación definitiva o juicio

[3] "Artículo 208. Recepción contractual

"[...]

"208.2. Dentro de los dos (2) días hábiles siguientes a la recepción del certificado de conformidad técnica, la Entidad designe un Comité de recepción. El Comité está integrado, cuando menos, por un representante de la Entidad, necesariamente ingeniero o arquitecto, según corresponda a la naturaleza de los trabajos".

[4] Art. 208.13, 208.14.

estimativo sobre la conformidad, total o parcial, o, alternativamente, la no conformidad[5]. De acuerdo con PODETTI, "Terminada la obra y, en algunos casos, terminada una parte de ella, corresponde que el comitente realice la verificación y aprobación, como actos previos a la entrega y recepción. Se trata de dos actos claramente diferentes: la verificación de la obra o del producto prometidos y su aprobación por parte del comitente. Estén o no previstos de modo expreso en el contrato celebrado entre las partes, el comitente siempre tendrá derecho a verificar la obra o su producto y, como consecuencia de la verificación, a aceptarla o rechazarla [...]. En cualquier caso, la verificación es siempre un acto de constatación objetiva de haberse cumplido con la promesa hecha en el contrato y en ningún caso una facultad subjetiva del comitente"[6].

iii) La recepción de la obra, que implica jurídicamente la aprobación o conformidad de lo construido y físicamente la ocupación física o posesión de la infraestructura[7]. Según CABANILLAS, "la aprobación de la obra es la declaración de voluntad del comitente por la que pone de manifiesto que la obra constituida es conforme a las reglas del arte de la construcción y a lo estipulado en el contrato de obra. Normalmente, es la conclusión de la verificación. La verificación puede concluirse en una declaración negativa sobre la adecuación de la obra construida a las reglas del arte de la construcción y a lo convenido en el contrato de obra, y en este caso no hay aprobación; y puede concluir, en cambio, en una declaración positiva, reconocimiento de que la obra fue construida debidamente. En esto consiste propiamente la aprobación"[8].

De acuerdo con MOLINA y RÍOS, "Se entiende por recepción de la obra el acto mediante el cual el propietario o mandante de la obra declara, expresa

[5] Como bien advierte la doctrina, la "verificación puede consistir en un simple control visual de la dimensión y estructura de la obra construida; o bien, pueden ser efectuados ensayos (pruebas técnicas) para asegurar el normal funcionamiento de esta. Este control puede ser cualitativo o cuantitativo. Es cualitativo, cuando se examina la calidad o cualidad exigida por las partes o que se presumen queridas por ellas. Es cuantitativo, cuando tiene por objeto controlar el número y las dimensiones de la unidad de medida de que consta el trabajo hecho, para comprobar si corresponden o no a los estipulados". ANTONIO CABANILLAS, "La recepción de la obra", *Anuario de derecho civil*, vol. 30, n.º 2, España, 1978, pág. 519.

[6] HUMBERTO PODETTI, *Contrato de construcción*, Buenos Aires, Astrea, 2004, págs. 436-437.

[7] Para el Organismo Supervisor de las Contrataciones del Estado (OSCE), la recepción es un acto de control de la actividad del constructor. Así lo ha definido en su Opinión 028-2013/DTN, "El acto de recepción de obra es un acto de control que se produce con posterioridad a la culminación de la obra, en el que se procede a verificar el fiel cumplimiento de lo establecido en los planos y especificaciones técnicas, y en el cual se efectúan las pruebas necesarias para comprobar el funcionamiento de las instalaciones y equipos, de ser necesario, de conformidad con lo establecido en el artículo 210 del Reglamento".

[8] ANTONIO CABANILLAS, "La recepción de la obra", ob. cit., pág. 293.

o tácitamente, que la obra encomendada se ejecutó por el constructor o contratista de conformidad a los antecedentes del proyecto y que no tiene objeciones fundamentales que formular. Equivale, en consecuencia, a un reconocimiento que hace el propietario de que el contratista cumplió en cuanto a ejecutar la obra conforme al contrato, de modo que el propietario podrá utilizarla según su destino [...].

"Es decir, la recepción supone necesariamente un acto del propietario que da por recibida la obra, en cuanto a que esta se ejecutó de acuerdo con el proyecto encomendado. Ello no es equivalente a la entrega de la obra que hace previamente el constructor para los efectos de que el mandante se la reciba, pues son momentos conceptualmente distintos. En efecto, una cosa es que al término de las obras el contratista haga entrega de estas al propietario, pero ello en sí mismo no es ni supone la recepción de las obras. Lo que usualmente ocurre en la práctica es que el constructor pone en conocimiento del propietario que ha finalizado las obras encontradas, y en consecuencia solicita su recepción"[9].

Por su parte, CABANILLAS indica que "la doctrina discute vivamente acerca de lo que debe entenderse por recepción de la obra. Un sector de la doctrina alemana sostiene que la recepción, al igual que sucede en la compraventa, significa simplemente que el comitente se hace cargo material de la obra construida. Algún autor considera indispensable una toma material y, por consiguiente, niega la posibilidad de la recepción en los casos en que el comitente estaba ya en posesión de la obra. Contra estas tesis, la mayor parte de la doctrina afirma que en la práctica el uso idiomático entiende por recepción algo diferente, a saber, el asentimiento del comitente a la prestación del constructor, manifestando en relación con un examen previsto o con un acto de prueba o una declaración consistente en que considera que la obra realizada es en lo esencial conforme al contrato, que no tiene objeciones fundamentales que hacer. Y que cuando la naturaleza de la obra excluye su entrega al comitente, lo cual será excepcional, o cuando el comitente se ha hecho cargo de la obra con anterioridad al momento que se fijó para su entrega, la aprobación de la misma equivaldrá a su recepción"[10].

3. LOS CARACTERES JURÍDICOS DE LA RECEPCIÓN DE OBRA

La recepción de obra no deja de ser un acto unilateral de la Administración por el cual se debe declarar la conformidad de lo construido, aunque

[9] CARLOS MOLINA ZALDÍVAR y VÍCTOR RÍOS SALAS, *Derecho de la construcción*, Santiago de Chile, Editorial Libromar, 2016, pág. 315.

[10] ANTONIO CABANILLAS, "La recepción de la obra", ob. cit., pág. 288.

se plasme documentalmente en un acta con varios partícipes. El acta está documentando una voluntad de la Administración emitida a través de la autoridad competente para obtener un fin público. La presencia de otras personas en el acto mismo tiene por objeto que estas sean notificadas con la decisión adoptada, pero no es que integren la voluntad de la recepción a modo de acuerdo colectivo.

A) *La entrega es un derecho del contratista y la recepción un deber de la entidad pública. Necesidad de colaboración*

Conforme con PODETTI, la entrega/recepción es un derecho del constructor y una obligación del comitente. Así, señala que "El constructor se ha obligado a construir la obra, y no solo a poner los medios necesarios para ello, porque ha asumido una obligación de resultado. Su culminación es la entrega de la obra terminada o de lo que la obra produce al comitente. En tanto [*sic*] acto material, la entrega es simultáneamente el medio por el que da cumplimiento a la obligación principal del constructor y se satisface el derecho principal del comitente. La recepción es, consecuentemente, un derecho del constructor y una obligación del comitente, aunque sea obvio destacarlo"[11].

La doctrina del contrato de construcción discute si la comprobación por parte del comitente es un derecho o un deber. La mayoría afirma que es un derecho del comitente, lo cual tiene lógica en el ámbito de la contratación privada por los intereses que están involucrados tanto en el comitente como por parte del constructor[12]. Mas en la contratación de infraestructura pública consideramos que es un verdadero deber de la entidad pública, dados los recursos públicos y el interés de la sociedad en la infraestructura por recibirse.

Correlativamente al deber de verificar que posee el comitente está el deber de dejar ejecutar la verificación, ser leal y sincero en la información y documentación brindada. Por su parte, la conducta de verificación del comitente debe ser colaborativa y objetiva. Si bien la negativa a la recepción es una opción posible, esta debe responder a un análisis objetivo, motivado y documentado, en la medida que lo construido no esté finalizado o si dista de las condiciones contractuales acordadas. No es una actitud colaborativa afirmar simplemente que "la obra no está terminada" o que hay "imperfecciones" o está en situación de "mal acabado", sin motivarse en un dato cierto, identificable y relevante.

[11] HUMBERTO PODETTI, *Contrato de construcción*, ob. cit., pág. 433.

[12] Por ejemplo, ARIAS SCHREIBER sostiene no solo que la comprobación es un derecho del comitente (al amparo del art. 1778 del C. C.), sino que convencionalmente puede ser restringido o suprimido "pues [...] solo está en juego el interés privado". MAX ARIAS SCHREIBER PEZET, *Exégesis del Código Civil peruano de 1984*, tomo III, Perú, Ediciones San Jerónimo, 1989, pág. 115

B) *La recepción de las obras demanda una comprobación objetiva de lo construido*

El estándar que debe guiar a ambas partes para la entrega y la recepción de lo construido es de tipo objetivo y no subjetivo. Dicho en otros términos, la recepción se debe producir cuando la verificación de lo construido permite corroborar "el fiel cumplimiento de lo establecido en los planos, especificaciones técnicas y calidad"[13], es decir, en el expediente técnico, y no lo que el constructor pretende haber entendido ni lo que el funcionario de turno juzga hoy que necesita (normalmente sobreviniente y ya varios años después de haber aprobado el expediente técnico). Esto es así, aun cuando la recepción de obra sea debatida arbitralmente o en junta de resolución de disputas, y los árbitros o adjudicadores deban decidir sobre las observaciones planteadas y dar por recibida la obra. No pueden sustituir el criterio del expediente técnico, puesto que no se trata de un contrato pactado con cláusula de satisfacción del contratante, como sí se permite en las obras privadas[14].

El proceso de verificación de lo construido es naturalmente contradictorio, pues se realiza poniendo en oposición los criterios de cada uno de los partícipes, pero teniendo como factor determinante lo pactado en el contrato y en el expediente técnico. Como se afirma, "en el contrato de obra pública, la obra pública no se hace para dar satisfacción a la Administración (*merum arbitrum*) [...]. La Administración tiene prefijado un criterio objetivo e inalterable para aceptar la obra, pues esta debe ejecutarse "con estricta sujeción a las cláusulas estipuladas en el contrato y al proyecto que sirve de base al mismo"[15].

[13] "Art. 208. Recepción de la obra y plazos

"208.1. En la fecha de la culminación de la obra, el residente anota tal hecho en el cuaderno de obras y solicita la recepción de la misma. El inspector o supervisor, en un plazo no mayor de cinco (5) días posteriores a la anotación señalada, corrobora el fiel cumplimiento de lo establecido en los planos, especificaciones técnicas y calidad, de encontrarlo conforme anota en el cuaderno de obra y emite el certificado de conformidad técnica, que detalla las metas del proyecto y precisa que la obra cumple lo establecido en el expediente técnico de obra y las modificaciones aprobadas por la Entidad, remitiéndolo a esta dentro de dicho plazo. De no constatar la culminación de la obra anota en el cuaderno de obra dicha circunstancia y comunica a la Entidad, en el mismo plazo".

[14] "Obra a satisfacción del comitente

"Art. 1780. Cuando se estipula que la obra se ha de hacer a satisfacción del comitente, a falta de conformidad, se entiende reservada la aceptación a la pericia correspondiente. Todo pacto distinto es nulo.

"Si la persona que debe aceptar la obra es un tercero, se estará a lo dispuesto en los artículos 1407 y 1408".

[15] Rafael Juristo Sánchez, *La ejecución de contrato de obra pública*, Madrid, Hauser y Menet, 1983, pág. 273.

C) *La comprobación se diseña como una operación contradictoria entre el constructor y la entidad*

El proceso de comprobación está caracterizado por la interacción constante de las partes contratantes y el supervisor, para explicar lo construido, plantear preguntas y dudas, absolver inquietudes, realizar las pruebas conjuntamente, entre otras acciones, que lo enmarcan en un diálogo permanente. Diálogo que debe ser colaborativo y no adversarial.

Es claro que lo contradictorio es el proceso de interacción para definir la comprobación de la idoneidad de la obra en función del contrato ejecutado, pero la decisión de aceptación o no es una definición unilateral, responsable y motivada que debe adoptar la autoridad. Es cierto, como afirma CABANILLAS, que "la recepción definitiva o su denegación constituyen un acto administrativo y por tanto su estructura es unilateral de modo que, aunque en su plasmación formal se exige la presencia del contratista y se produce en el curso de una relación jurídica contractual, se integra por una única voluntad, la de la Administración, en cuyas manos y a virtud del privilegio de la decisión ejecutoria, queda la calificación sobre el buen o mal cumplimiento del contrato"[16].

4. LAS DIVERSAS MODALIDADES DE RECEPCIÓN DE OBRA EN EL DERECHO DE LA CONSTRUCCIÓN

En la evolución del derecho de la construcción se han desarrollado diversos modos de proceder a la entrega y recepción de la obra construida. Es claro que cada diseño depende de los intereses en juego que son priorizados. En un esfuerzo de síntesis podemos resumirlo en dar prioridad al interés público de poder incorporar al servicio público la infraestructura construida o si se da predominio al riguroso o formal cumplimiento íntegro de las prestaciones contractuales. En el primer caso, se seguirá el modelo francés de la doble recepción (recepción provisional seguida de la definitiva). En el segundo caso, se optará por un modelo de recepción única, previa verificación exhaustiva del cumplimiento de las prestaciones a cargo del contratista.

A) *El modelo de la doble recepción (recepción provisional y definitiva) y el de la recepción única de lo construido*

En el derecho de la construcción (público y privado) existen dos modelos básicos: el de recepción única y el de doble recepción. Ambos con características propias y también adecuados para atender finalidades distintas.

[16] ANTONIO CABANILLAS SÁNCHEZ, "La recepción de obra en el Código Civil y en la Ley de Ordenación de la Edificación", *Anuario de derecho civil*, vol. 55, n.° 2, 2002, pág. 419.

El modelo clásico de doble recepción sigue la secuencia conformada por cinco momentos: la recepción provisional, el plazo de garantía, la recepción definitiva, la liquidación y el pago de las obras. Es decir, diferencia entre dos momentos de recepción: la provisional y la definitiva.

La provisional es una actuación compleja por implicar tempranamente la entrega de la obra, su aprobación y la ocupación efectiva por la autoridad de la infraestructura construida. Como bien indica la doctrina, "[...] es una declaración o manifestación de voluntad por virtud de la cual la obra es aceptada por la Administración, basándose tal declaración de voluntad en el juicio positivo que arroja la verificación; pero, en segundo término, la recepción provisional implica, como una lógica consecuencia de la aprobación de la obra, su toma de posesión por la Administración con el fin de poder ser destinada al uso o servicio público previsto"[17]. Desde la perspectiva de la responsabilidad del constructor, producida la recepción provisional, queda liberado de la obligación principal de ejecutar la obra, pero está obligado a conservar lo construido, responder por los defectos que surjan dentro del período de garantía, los que debe reparar, y a responder por los vicios ocultos. De acuerdo con Podetti[18], "La recepción provisional es una provisión plena, con todos sus efectos. Es decir, implica la posesión definitiva de la obra por parte del comitente, poniendo, a partir de ese momento, todos los riesgos inherentes a su cargo. El constructor queda liberado, a partir de ese momento, de los eventuales efectos derivados de acontecimientos de fuerza mayor o caso fortuito, de las obligaciones de vigilancia o custodia de la obra, etcétera. También señala el fin del plazo de ejecución de la obra y el inicio de los plazos de garantía, sea que deriven del contrato, de los usos y costumbres o de la ley. De este modo, con la recepción provisional podrá determinarse si ha habido atraso del constructor en relación con el tiempo de ejecución prometido"[19].

Finalmente, se producirá un tiempo después la recepción definitiva, que recién libera al constructor de reparar defectos advertidos en ese período, subsistiendo solo la responsabilidad por vicios ocultos.

Este es el modelo seguido en diversos países, como, por ejemplo, en el ordenamiento argentino[20] y el chileno. Ahí, la doctrina señala que "En los

[17] Rafael Juristo Sánchez, *La ejecución de contrato de obra pública*, ob. cit., pág. 272.

[18] Humberto Podetti, *Contrato de construcción*, ob. cit.

[19] *Ibid.*

[20] Ley 13.064:

"Capítulo VI

"De la recepción de las obras

"Art. 40. Las obras podrán recibirse parcial o totalmente, conforme con lo establecido en el contrato; pero la recepción parcial también podrá hacerse cuando se considere conveniente, por autoridad competente.

contratos de ejecución de obras, especialmente aquellas de gran complejidad y tamaño, resulta habitual pactar una doble recepción —provisional y definitiva— lo que se explica básicamente en la imposibilidad de poder practicar un examen exhaustivo de las obras al tiempo de su entrega, fijándose además un plazo de garantía de correcta ejecución de las obras entre la recepción provisional y definitiva, con el objeto de asegurar el correcto cumplimiento de las obligaciones del constructor [...]. Al momento de la terminación de las obras y su recepción provisional, no se requiere que la obra esté perfectamente acabada, pudiendo admitirse la falta de realización de algunos detalles que no la afecten en lo fundamental, entendiéndose por ello que no 'afecten la correcta utilización de la obra'"[21].

Cabanillas señala que, "en la práctica es habitual que, antes de procederse a la recepción definitiva, se lleve a cabo una la recepción provisional, que, como indica su nombre, es una auténtica de recepción, semejante a la recepción definitiva, aunque, como es lógico, con determinadas diferencias [...]. La recepción definitiva y la recepción provisional tienen un diferente fundamento y cumplen, en consecuencia, diferentes finalidades. La recepción definitiva determina que el constructor ha cumplido, en principio, correctamente sus obligaciones. Queda liberado de toda responsabilidad, salvo en lo relativo a vicios ocultos. En cambio, la recepción provisional es una garantía convencional, que tiene por objeto comprobar si el constructor ha ejecutado bien los trabajos de construcción"[22].

"La recepción total o parcial tendrá carácter provisional hasta tanto se haya cumplido el plazo de garantía que se hubiese fijado.

"Art. 41. La recepción definitiva se llevará a efecto tan pronto expire el plazo de la garantía que se hubiese fijado en el contrato, siendo durante este plazo el contratista responsable de la conservación y reparación de las obras salvo los efectos resultantes del uso indebido de las mismas.

"Art. 42. En los casos de recepciones parciales definitivas, el contratista tendrá derecho a que se le devuelva o libere la parte proporcional de la fianza y de la garantía para reparo, con arreglo a lo dispuesto en los artículos 20, 44 y 46.

"Art. 43. Si las obras no estuviesen ejecutadas con arreglo a las condiciones del contrato, se podrá suspender la recepción provisional hasta que se halle en ese estado, sin perjuicio de la aplicación de los artículos 35 y 50 si correspondiera.

"Art. 44. No se cancelará la fianza al contratista hasta que no se apruebe la recepción definitiva y justifique haber satisfecho la indemnización de los daños y perjuicios que corran por su cuenta".

[21] Carlos Molina Zaldívar y Víctor Ríos Salas, *Derecho de la construcción*, ob. cit., pág. 319.

[22] Antonio Cabanillas Sánchez, ob. cit., pág. 300.

El modelo alterno al de doble recepción es el de recepción única precedida de un procedimiento de verificación o comprobación exhaustivo (que no supone ninguno de los efectos de la recepción provisoria), para luego dar la conformidad a lo construido. Una vez alcanzado este estado de certidumbre sobre la regularidad de lo construido, se procede recién en acto único a la recepción de la obra pública. En este modelo, la ocupación de la infraestructura pública se producirá únicamente luego de extendida la conformidad por la autoridad y agotadas todas las controversias que sobre ella se puedan producir entre las partes, independientemente de su nivel, importancia o relevancia. Es claro que esta modalidad retrasa la incorporación al servicio público de la infraestructura ya acabada y pone en riesgo de la autoridad la no detección de defectos constructivos en el plazo único dado para realizar la recepción de la obra. Por ello, compartimos la afirmación en favor de las ventajas del sistema de doble recepción del profesor SÁNCHEZ CALERO: "La razón que motiva la frecuente existencia de las dos recepciones radica en el interés del comitente en comprobar la perfecta realización de la obra. La simple verificación muchas veces resulta insuficiente para comprobar el modo en que el contratista ha cumplido sus obligaciones, y decidir si procede o no la aprobación. Algunos vicios o defectos solo se manifiestan mediante el uso de la cosa o el transcurso del tiempo; de ahí, la utilidad y fundamento de la recepción provisional, que da lugar a un período de garantía en favor de los derechos del comitente frente al contratista por razón de la ejecución de la obra, a pesar de su recibo o utilización"[23].

B) *La recepción expresa, la recepción tácita o presunta y la de pleno derecho de lo construido*

Por el criterio de la forma de expresión de la voluntad de la Administración contratante, la recepción puede ser expresa, es decir, mediante manifestaciones formales y escritas de su voluntad de recibir lo construido, expuestas conforme al ordenamiento jurídico aplicable. Es lo usual y deseable que la Administración explicite la declaración de su voluntad mediante sus funcionarios y los medios que ellos tienen disponibles. En el caso peruano, nos referiremos al acta de recepción suscrita por los miembros del comité, el supervisor o inspector y el contratista como el medio previsto por el cual se da a conocer la recepción expresa de lo construido[24].

No obstante, la experiencia universal demuestra que, por razones propias de la función pública (inercias, demoras, temores, procedimientos prologa-

[23] FRANCISCO JAVIER SÁNCHEZ CALERO, *El contrato de obra.* Su cumplimiento, Madrid: Montecorvo, 1978, pág. 72.

[24] Art. 208.8 Reglamento de la Ley de Contrataciones del Estado.

dos, etc.) o por la urgencia de poner en funcionamiento la infraestructura pública, la recepción de la infraestructura se exterioriza por otras vías que el legislador y, en otros casos, la jurisprudencia se han visto obligados a reconocer. Esta modalidad de recepción que es reconocida expresamente en los ordenamientos jurídicos de contratación pública[25], tiene vasto sustento, según afirma María Paloma Fisac de Ron[26], en "la necesidad de facilitar el tráfico de las obligaciones contractuales, teniendo en cuenta los principios de buena fe y seguridad jurídica que deben presidirlas. Si no existiese tal presunción se dejarían indeterminados en el tiempo los efectos que se derivan del cumplimiento normal de las obligaciones que afectan al otro contratante"[27]

Esto nos conduce a lo que se denomina la "recepción virtual o tácita", que se produce cuando la Administración, a través de sus representantes, pese a no haber documentado un acta de recepción de la obra, realiza un acto o serie de actos que inequívocamente implican una voluntad de hacerse cargo de la obra o, lo que es lo mismo, que es incompatible con la voluntad de rechazar lo construido. La doctrina identifica como formas para exteriorizar la voluntad indubitable de recepción virtual las siguientes actuaciones materiales: la entrega de la obra al uso o servicio público sin reserva alguna por parte de la autoridad, el pago del precio al constructor (no el pago a cuenta o a título de anticipos o pagos a cuenta), la liberación de las garantías del constructor, la inauguración oficial de la obra, la transferencia o asignación de la obra a algún tercero, entre otras.

[25] Un ejemplo de esta regulación lo encontramos en el ordenamiento español, en los siguientes términos:

Ley 9/2017, de 8 de noviembre, de contratos del sector público,

"Art. 243. Recepción y plazo de garantía.

"[...]

"6. Siempre que por razones excepcionales de interés público debidamente motivadas en el expediente el órgano de contratación acuerde la ocupación efectiva de las obras o su puesta en servicio para el uso público, aun sin el cumplimiento del acto formal de recepción, desde que concurran dichas circunstancias se producirán los efectos y consecuencias propios del acto de recepción de las obras y en los términos en que reglamentariamente se establezcan".

[26] María Paloma Fisac de Ron, *El cumplimiento del contrato de obra: la recepción*, Barcelona, Marcial Pons, 2001, pág. 61.

[27] Esta precisamente es la situación nacional, donde habiéndose acogido el modelo de recepción única, los plazos previstos suelen incumplirse y generarse observaciones interminables a las obras construidas. Ante ello, las controversias suelen acudir supletoriamente al Código Civil que prevé la recepción virtual en los siguientes términos:

"Art. 1778. El comitente, antes de la recepción de la obra, tiene derecho a su comprobación. *Si el comitente descuida proceder a ella sin justo motivo o bien no comunica su resultado dentro de un breve plazo, la obra se considera aceptada*" (cursivas nuestras).

Muy próxima a esta recepción virtual se encuentra la recepción de "pleno derecho" o la "recepción-sanción", que es la situación por la cual la legislación[28] ordena tener por aceptada la obra con todos sus efectos cuando el acreedor (en este caso la entidad contratante) incumple su deber de colaboración para permitir la recepción formal de la obra. Es a lo que se refiere CABANILLAS en los términos siguientes: "Cabe también la aceptación presunta. Existe una presunción absoluta que representa una especie de sanción por el retraso del comitente en ejecutar la verificación o en comunicar el resultado de esta al contratista. Su fundamento sancionador se explica porque se debe hablar de presunciones absolutas, con la consecuencia de, una vez transcurrido un breve plazo, el juez no puede eximirse de considerar realizada tal presunción"[29]. Así, por ejemplo, se tendrá por recibida la obra de pleno derecho si trascurre el plazo legal desde el aviso de recepción de la obra dado por el constructor y la entidad no cumple con iniciar su procedimiento de verificación o, iniciándolo, no cumple con notificar sus resultados o lo extiende más allá del plazo legal injustificadamente, o si trascurre el plazo legal para la revisión de las subsanaciones implementadas por el constructor. En todos estos eventos subyace la mora del acreedor en la recepción.

C) *La recepción total y las recepciones parciales de la construcción*

Las infraestructuras construidas pueden ser entregadas y recibidas de manera integral, es decir, la obra completa o total. Con la recepción total de la obra se entienden culminadas cabalmente las obras conforme a lo previsto en el contrato. Es la regla general de las construcciones, porque se presume que el deber de hacer del contratista es construir un *opus* completo e integral.

Pero también en ocasiones puede ser conveniente y legítimo proceder a la recepción parcial de obras que cuenten con su propia individualidad y

[28] Un ejemplo de esta recepción de pleno derecho lo podemos encontrar en el Reglamento a la Ley Orgánica Sistema Nacional Contratación Pública

Decreto Ejecutivo 1700

"Art. 122. Negativa a recibir. La entidad contratante podrá, dentro del término de 10 días contados a partir de la solicitud de recepción del contratista, negarse a recibir la obra, bien o servicio, por razones justificadas, relacionadas con el cumplimiento de las obligaciones contractuales asumidas por el contratista. La negativa se notificará por escrito al contratista y se dejará constancia de que la misma fue practicada.

"Vencido el término previsto en el inciso primero de este artículo sin que la entidad contratante objetare la solicitud de recepción ni formulare observaciones al cumplimiento del contrato, operará, sin más trámite, la recepción de pleno derecho, para lo cual el contratista notificará por intermedio de un juez de lo civil o un notario público".

[29] ANTONIO CABANILLAS SÁNCHEZ, ob. cit., pág. 475.

autonomía. Es posible recibir parcialmente, por ejemplo, tramos de carreteras, pisos de un edificio o pabellones de hospitales. De este modo, la recepción parcial de secciones terminadas de una obra permite por objeto acceder al uso de aquellas partes que podían funcionar independientemente de las demás[30]. Con ello no tiene que esperarse a que toda la obra se haya culminado para poder usar alguna de sus partes o secciones[31].

[30] Por ejemplo, en México, el "Reglamento de la Ley de Obras Públicas y Servicios Relacionados con las Mismas", *Diario Oficial de la Federación*, 28 de julio de 2010, la prevé en los términos siguientes:

"Art. 167. Las dependencias y entidades podrán efectuar recepciones parciales de los trabajos cuando sin estar éstos concluidos, a juicio de la dependencia o entidad, existan trabajos terminados, identificables y susceptibles de utilizarse y conservarse, debiendo levantar el acta circunstanciada correspondiente, la cual contendrá en lo procedente lo previsto en el artículo anterior".

[31] El Organismo Supervisor de las Contrataciones del Estado (OSCE), respecto a esta modalidad, ha afirmado de manera reiterada en los siguientes documentos:

Opinión n.° 069-2016/DTN:

"La recepción parcial de secciones terminadas de una obra tenía por objeto permitir el uso de aquellas partes que podían funcionar independientemente de las demás. Con ello, no tenía que esperarse a que toda la obra se haya culminado para poder usar alguna de sus partes o secciones.

"De esta manera, la recepción parcial de una parte o una sección terminada de una obra se realizaba en atención las circunstancias particulares del caso, pues podía producirse cuando dicha parte tenía utilidad por sí misma —es decir, podía funcionar u operar independientemente de las otras secciones no culminadas de la obra—, y siempre que dicha posibilidad estuviera prevista en el contrato o que las partes lo hubieran convenido expresamente.

"De ello puede inferirse que la recepción parcial de una sección terminada de una obra no implicaba la paralización de la obra ni afectaba la obligación del contratista de culminar la ejecución de las demás secciones de la obra dentro del plazo establecido".

Opinión n.° 211-2019/DTN:

"Como se advierte, en aquellos casos en los que una parte o sección terminada de la obra tiene, de conformidad con el contrato, utilidad por sí misma, es decir, puede funcionar independientemente de las demás —lo cual tiene que estar debidamente sustentado por el área correspondiente—, la normativa de contrataciones del Estado permite la recepción parcial de dicha sección, siempre que esa posibilidad se haya establecido de manera expresa en alguno de los documentos consignados en el numeral 208.15 del artículo 208 del Reglamento.

"Cabe precisar que la recepción parcial de secciones terminadas de una obra tiene por objeto permitir el uso de aquellas partes que pueden funcionar independientemente de las demás (de conformidad con el contrato). Con ello, no tendrá que esperarse a que toda la obra se haya culminado para poder usar alguna de sus partes o secciones.

"De esta manera, la recepción parcial de una sección terminada de una obra se realiza en atención a las circunstancias particulares del caso, pues puede producirse cuando dicha parte tiene utilidad por sí misma —es decir, puede funcionar u operar independientemente

Como ya hemos mencionado, cabe la posibilidad de que se produzcan recepciones parciales respecto de porciones de obra funcionales que hayan sido identificadas y puedan ser susceptibles de incorporar al uso o servicio público de manera previa. Es obvio afirmar que mediante la recepción parcial la Administración no tiene que esperar a que toda la obra se haya culminado para poder usar alguna de sus partes o secciones que sea susceptible de independizarse. Con razón afirma BEZZI que "Las recepciones parciales serán por partes de la obra terminada que puedan librarse al uso y que llenen la finalidad para la que fueron proyectadas [...]. Las mediciones que se practiquen para llevar a cabo las recepciones parciales provisorias tendrán el carácter de finales para la parte de obra que se reciba y se ajustarán a lo establecido para la medición final de la obra"[32].

¿Cuándo procede la recepción parcial? Este es un tema que discute la doctrina desde dos versiones: la del proyecto y la de la situación sobreviniente. Desde la perspectiva del proyecto, tenemos que naturalmente la recepción parcial procede cuando se trata de obras realizadas por piezas o medida separables. Desde la perspectiva de la situación sobreviniente, no es relevante el modo en que se concibió la obra, sino la necesidad social de que una sección pueda atender mediante su puesta al servicio, como, por ejemplo, uno o más pabellones de un hospital. En esta última visión procede la recepción parcial no por su naturaleza, sino simplemente por el acuerdo de partes a que se arribe o por la decisión de la propia entidad para atender el servicio público. En la legislación peruana, la recepción parcial está permitida no por la naturaleza de la obra o de sus secciones, sino porque hubiera sido "prevista expresamente en las bases, en el contrato o las partes expresamente lo convengan"[33].

En cuanto a los efectos de la recepción parcial de secciones de una obra, esta tiene el carácter de recepción final para la porción construida que haya sido recibida, por lo que se tiene que el contratista ha culminado esa sección de obra debidamente, conforme al contrato, y es la entidad quien asume el riesgo de esta, pudiendo destinarla a la función pública por la cual se contrató

---

de las otras secciones no culminadas de la obra—, y siempre que dicha posibilidad esté prevista en las bases, en el contrato o que las partes lo hayan convenido expresamente.

"Ahora bien, debe considerarse que toda obra cuenta con un expediente técnico donde se definen sus alcances y características; por tanto, tratándose de entregas parciales, las bases, el contrato o aquel documento donde conste lo convenido entre las partes, deberán establecer qué extremos de dicho expediente pueden conformar una «sección de la obra» sujeta a entrega parcial".

[32] OSVALDO MÁXIMO BEZZI, *El contrato de obra pública*, 2ª ed. ampliada y actualizada, Buenos Aires, Abeledo Perrot, 1982, pág. 163.

[33] Art. 208.15.

la obra. No obstante la regla general comentada, debemos advertir que, aun recibida una sección de la obra ejecutada, si después aparecen vicios o defectos de coordinación entre las diferentes partes o recién se puedan advertir cuando la obra se ha ejecutado completamente, la entidad podrá exigir que se subsanen tales defectos después de su terminación, dado que, a dichos efectos, la infraestructura convenida es un *opus*, esto es, más que la suma de partes. Es el caso, por ejemplo, en el que se haya efectuado la recepción de secciones de una carretera, pero recién al recibirse toda la vía es posible probar la coordinación de las señales viales electrónicas (semáforos integrados). En este caso, el contratista aún será responsable de solucionar cualquier problema al respecto, pese a que las secciones viales fueron recibidas por pates.

D) *La recepción plena o pura y simple, y la recepción con reservas*

Una primera opción de poca flexibilidad es regular una recepción que se complete cuando la autoridad considere que a su criterio lo construido cumple con las especificaciones técnicas del expediente. Lo cual impide a la Administración poner oportunamente la infraestructura al servicio público y, a su turno, al contratista le afecta porque no puede dar por cumplida su prestación, obtener la retribución, liberar sus garantías financieras hasta que la autoridad por sí y ante sí, ejerciendo su poder de ejecutoriedad, dé conformidad a la obra.

Partiendo de la constatación empírica de que difícilmente existe una obra idéntica a lo proyectado en el expediente técnico o a la gran complejidad que poseen las obras públicas, para verificarlas los ordenamientos acogen figuras que permiten flexibilizar el procedimiento de recepción sin relajar la responsabilidad del contratista. En estos casos se habla de la recepción con terminación sustancial de la obra, con nivel aceptable de finalización o simplemente de una recepción con reservas por defectos menores. Si bien no todos estos términos coinciden en sus alcances y supuestos habilitantes, poseen como punto en común flexibilizar la recepción formalista y permitir la explotación u operación de la obra, pero imponen al contratista el deber de reparar los remanentes.

Consideramos importante referirnos a la culminación sustancial, pues esta reduce la litigiosidad y permite que la obra sea puesta en operación prontamente para la finalidad pública por la cual fue contratada. Como indican Mastin, Nelson y Robey, "La culminación sustancial ha sido definida de numerosas maneras y ha sido objeto de litigios. Generalmente, cuando el propietario tiene el uso y beneficio de las obras ejecutadas por el contratista y el proyecto es capaz de ser usado para el propósito para el que fue concebido, la culminación substancial ha ocurrido. AIA A201 ha definido a la culminación sustancial como «el estado en el avance de las obras cuando las obras o una porción determinada es suficientemente completa de acuerdo con los documentos contractuales, de manera tal que el propietario las puede ocupar o utilizar para el propósito para el que fueron contratadas». De igual forma, ConsensusDocs 200 señalan que la culminación sustancial ocurre cuando los trabajos del contratista están suficientemente completados de acuerdo con los documentos contractuales, de manera tal que el propietario puede ocupar o utilizar el proyecto, o una determinada parte de las obras, para el uso para el que fue contratado, sin una interrupción no autorizada"[34].

Agregan Mastin, Nelson y Robey, que "La fecha de culminación sustancial es crucial en los reclamos y disputas en construcción por las siguientes razones:

"1. Una vez que la culminación substancial se ha obtenido, el propietario ha recibido esencialmente lo que necesitaba y el contratista ha cumplido sustancialmente sus obligaciones; por lo que el contratista está usualmente habilitado al precio del contrato menos el costo de remediar los defectos menores.

"2. Los daños liquidados generalmente se detienen luego de esta fecha.

"3. La culminación sustancial puede gatillar el período de garantía".

De acuerdo con Eggink, las condiciones para la recepción sustancial son las siguientes:

"a. Los trabajos se han completado de acuerdo con el contrato, excepto por trabajos menores que no afectan la seguridad, operación ni operabilidad de las obras.

"b. Los trabajos se ajustan al propósito expresamente definido en el contrato y, de ser aplicable, son capaces de ser puestos en operación.

"c. Las pruebas de desempeño han sido llevadas a cabo y superadas con el contratista [...].

"d. Los consumibles, accesorios y herramientas especiales requeridas por el contrato [de ser el caso] están presentes en la obra y almacenados de acuerdo a las leyes y las buenas prácticas"[35].

De acuerdo con Greenhalgh, "el plazo del pago final es importante. Algunas jurisdicciones públicas han instituido que el pago final se realice dentro

[34] John Mastin, Eric Nelson y Ronald Robey, *Smith, Currie & Hancock's Common Sense Construction Law: A Practical Guide for the Construction Professional*, 6ª ed., Hoboken, New Jersey, Wiley, 2019.

[35] Eric Eggink, "Chapter 10", in *A Practical Guide to Engineering, Procurement and Construction Contracts*, New York, Informa Law from Routledge, 2020.

de cierto número de días posteriores a la culminación sustancial. Algunos contratos privados tienen las mismas previsiones. El riesgo en estas circunstancias es que el propietario va a tener que pagar al contratista el precio total incluso si las obras no están totalmente culminadas. Estas provisiones típicas permiten al propietario a retener el valor de la corrección de los trabajos incompletos o los defectos. Sin embargo, existe el riesgo residual de que el propietario terminará pagando al contratista más que el valor de la obra ejecutada. Esto reduce el incentivo del contratista de mantenerse enfocado en el cumplimiento del proyecto. De una manera reducida, esto incrementa las posibilidades de una disputa con el contratista sobre qué tanto el propietario va a retener.

"Las típicas cláusulas de los contratos de construcción creando garantías especifican que el período de garantía inicia con la culminación sustancial. Es importante considerar el problema en el contexto del proyecto total. Para grandes proyectos, las garantías por ítems que fueron instalados tempranamente pueden expirar antes de que el proyecto final esté disponible para ser usado por el contratista. La forma más eficiente de abordar este problema es especificando que las garantías comiencen con la culminación sustancial de la totalidad del proyecto. Otra forma de lidiar con este problema es especificando que las garantías no inicien hasta que el propietario haga un uso beneficial del proyecto"[36].

De esta manera, con la culminación sustancial se permite que se reciba la obra de manera pronta, sin perjuicio de la existencia de defectos menores que no comprometen su integridad ni su debida utilización. Con la culminación sustancial se desplaza la discusión sobre detalles no trascendentales para un momento posterior a la puesta en operación y destino público de la obra.

5. Los efectos de la recepción de la obra. Diferentes efectos según la clase de recepción

Como hemos mencionado, la recepción es una etapa trascendental en el *iter* contractual, toda vez que esta determina que se haya atendido la necesidad principal del contratante que dio origen a la contratación y, por tanto, despliega diferentes derechos y obligaciones para ambas partes que pueden diferir dependiendo del tipo de recepción del que se trate.

Mastin, Nelson y Robey señalan al respecto que "La recepción generalmente limita la responsabilidad del propietario de reclamar por defectos y rechazar los trabajos. La aceptación también puede iniciar el período de

[36] Brian Greenhalgh, *Introduction to Construction Contract Management*, Nueva York, Routledge, 2017, Ebook, Parte A, Capítulo 10.

las garantías. Los contratistas y los propietarios suelen tener disputas respecto de cuándo el proyecto se encuentra terminada, que frecuentemente terminan con el propietario reteniendo su aceptación formal, así como sumas de dinero"[37].

En líneas generales, GREENHALGH señala que los efectos de la recepción de la obra son los siguientes:

"1. Liberación de un monto que normalmente es la mitad de las retenciones efectuadas (el remanente es liberado cuando la lista de defectos se haya corregido satisfactoriamente).

"2. Las obligaciones de seguro y los riesgos de pérdida o daño pasan del contratista al empleador.

"3. El contratista deja de ser pasible de penalidades.

"4. Se inicia el período de corrección de defectos.

"5. Se debe devolver la garantía de fiel cumplimiento otorgada por el contratista"[38].

En la normativa de contrataciones del Estado, los efectos de la recepción de las obras públicas son los siguientes:

A) *La transferencia de la posesión a la entidad*

Un aspecto importante, que puede significar un alto costo de custodia y mantenimiento para las partes, es quién mantiene la posesión de la obra. Desde que opera la recepción de la obra, la transferencia de la posesión de esta se transmite a la entidad y es esta la que asume el riesgo por la pérdida o el deterioro de las obras, salvo el caso de vicios ocultos.

Sobre este punto, EGGINK señala que, "A la fecha de la recepción, el empleador toma posesión y control de la totalidad de las obras o una sección de estas y es el único responsable por la operación y mantenimiento en adelante y asume el riesgo completo de pérdida o daños a las obras o la parte de estas que ha sido aceptada. La recepción del propietario no releva al contratista de sus obligaciones durante el período de responsabilidad por defectos o su obligación de ejecutar cualquier otra obra remanente luego de la recepción, debiendo brindarse acceso al sitio y a las obras al contratista según se requiera para que termine de cumplir sus obligaciones [...]. Cuando el contratista considera que ha cumplido con las condiciones de la recepción de las obras o una sección de acuerdo con el contrato, él debe

[37] JOHN MASTIN, ERIC NELSON y RONALD ROBEY, *Smith, Currie & Hancock's Common Sense Construction Law...*, ob. cit., capítulo 14.

[38] BRIAN GREENHALGH, *Introduction to Construction Contract Management*, ob. cit.

notificar al propietario en la forma prevista en el contrato o, de lo contrario, de cualquier otra forma razonable si no se ha pactado una"[39].

De esta manera, la recepción de la obra determina la transferencia de la posesión del sitio y de las obras ejecutadas, así como de todos los bienes, componentes e instalaciones que se encuentren dentro de estas. El contratista deja de estar obligado a custodiar las obras, contratar seguridad y personal para evitar que se produzcan hurtos, pérdidas o deterioro de los componentes de la obra. De esta manera, en caso de que ocurra algún evento de caso fortuito, fuerza mayor, de responsabilidad de la entidad o un tercero, el contratista no será responsable.

Esta transferencia del riesgo determina que el contratista deje de asumir importantes costos para asegurar la integridad de las obras, por lo que, mientras más se dilate la recepción, mayor perjuicio económico se podría generar al contratista.

Así, en el supuesto de que el contratista culmine la obra, pero la entidad se niegue a recibirla sin sustento contractual válido o por defectos menores y no sustanciales, este deberá asumir los costos propios de seguir manteniendo el riesgo respecto de la integridad de la obra, pese a haber culminado esencialmente sus obligaciones conforme al contrato.

B) *Se inicia período de garantía*

De acuerdo con el artículo 40 del texto único ordenado de la Ley de Contrataciones del Estado, el contratista es responsable de ejecutar la totalidad de las obligaciones a su cargo, según lo previsto en el contrato. Asimismo, en los contratos de obra, el contratista tiene un plazo de responsabilidad por vicios ocultos no menor a siete años, contados desde la conformidad de la recepción de la obra, con arreglo a lo previsto en los documentos del procedimiento de selección del cual deriva el contrato.

En este punto, para determinar qué debe entenderse por vicio oculto, consideramos oportuno citar a Arias Schreiber Pezet[40], quien señala que "La noción del vicio oculto está ligada a la existencia de deterioros, anomalías y defectos no susceptibles de ser apreciados a simple vista y que de alguna manera afectan el derecho del adquiriente a su adecuada utilización"; el mismo autor, citando a Tartufari, indica que, "[...] por vicio o defecto debe precisamente entenderse cualquier anormalidad o imperfección y

[39] Eric Eggink, "Chapter 10", in *A Practical Guide to Engineering, Procurement and Construction Contracts*, ob. cit.

[40] Max Arias Schreiber Pezet, *Exégesis del Código Civil peruano de 1984*, ob. cit., pág. 310.

cualquier deterioro o avería que se encuentre en la cosa, que perjudiquen más o menos la aptitud para el uso o la bondad o integridad. Para hablar propiamente, defecto implicaría todo lo que le falta a la cosa para existir de un modo plenamente conforme a su naturaleza, y por eso actuaría en sentido negativo; vicio, en cambio, serviría para designar cualquier alteración sin la cual la cosa sería precisamente como debe ser normalmente, y por eso obraría en sentido positivo"[41].

Por consiguiente, como veremos más adelante, luego de la recepción de la obra, lo que implica haber subsanado los vicios identificados oportunamente por la entidad, el contratista mantiene la responsabilidad por los vicios ocultos por un período mínimo de siete años. Estos vicios ocultos son aquellos deterioros o defectos que no pudieron ser apreciados por el comité de recepción cuando realizó su inspección o verificación de las obras. Cabe precisar que cuando señalamos que no "pudieron ser apreciados" nos referimos a una imposibilidad observando la diligencia del caso y no al mero hecho de que, por desidia, negligencia o impericia, el comité no los haya advertido oportunamente. Además, estos vicios ocultos deben ser defectos, imperfecciones, deterioros o anomalías que perjudiquen la obra, que generen algún efecto negativo en ella o impidan que esta logre su finalidad plenamente, no así a cualquier detalle que no tenga mayor incidencia.

Lo expuesto reviste importancia, dado que, por un lado, evita que se inicien controversias innecesarias por vicios ocultos que únicamente representen gastos de recursos para ambas partes.

C) *Derecho a que la entidad pueda destinar la obra a la finalidad pública para que se contrató*

En efecto, una vez transferida la obra con la recepción, la entidad puede alcanzar la finalidad última de la contratación, esto es, destinarla a la atención de la necesidad pública identificada, a fin de que la entidad pueda cumplir con sus funciones públicas.

Por ejemplo, el objetivo de contratar un hospital totalmente equipado bajo la modalidad de llave en mano no se agota con la recepción de este, sino con que este cumpla con atender la salud de la población objetivo y mejorar su calidad de vida.

Es por ello por lo que el diseño de un procedimiento de recepción fluido, que no incentive innecesariamente la litigiosidad, que estimule la cooperación de las partes, eficiente, y que priorice la culminación sana del contrato, resulta de suma importancia para que la contratación alcance su finalidad.

[41] *Ibid.*

Si las partes se embarcan en un procedimiento conflictivo y no permiten una ágil recepción, además de generar desgaste y pérdida de recursos, por un lado, el contratista se verá afectado por no poder culminar el contrato y asumir los gastos propios de mantener la posesión de la obra, y, por otro lado, la entidad no podrá destinar la obra a su finalidad, por lo que no logrará satisfacer la necesidad que sustentó la contratación.

D) *Verificación de vicios aparentes*

Durante el procedimiento de recepción, la entidad, a través del comité de recepción de obra, debe identificar todos los vicios aparentes mediante su inspección y prueba de las obras culminadas por el contratista. De esta manera, una vez que proceda la recepción de la obra, se entiende que ya la entidad ha identificado diligentemente los vicios aparentes y el contratista ha procedido a su subsanación efectiva.

Así, luego de la recepción, solo podría exigirse al contratista la responsabilidad por los vicios ocultos que pudieran encontrarse por las obras dentro del período de garantía previsto en los documentos del procedimiento de selección, que no puede ser inferior a siete años.

Al respecto, la Opinión número 228-2017/DTN señala que "en el marco de un procedimiento de recepción de obra regulado por la normativa de contrataciones del Estado, el comité de recepción no puede efectuar observaciones ni 'recomendaciones' que tengan por objeto la ejecución de trabajos distintos a los contemplados en los planos y especificaciones técnicas; en ese sentido, la recepción de obra no puede verse retrasada por la realización de trabajos que no se encuentren previstos en los referidos documentos.

"De esta manera, la ejecución de trabajos no contemplados en los planos y especificaciones técnicas no forma parte del procedimiento de recepción de obra regulado por la normativa de contrataciones del Estado; en consecuencia, cuando el contratista opte realizar dichos trabajos, no pueden aplicarse los procedimientos, los plazos, las condiciones, ni las consecuencias económicas del artículo 178 del Reglamento (tales como la aplicación de penalidades o el reconocimiento de los mayores gastos generales a favor del contratista)".

E) *Certificado de recepción*

De conformidad con el artículo 208 del Reglamento de la Ley de Contrataciones del Estado, una vez que el comité de recepción de la obra haya verificado que esta se encuentra completamente culminada y se hayan subsanado las observaciones, de existir, los miembros del comité, la supervisión y el contratista suscriben el acta de recepción de la obra. Con este documento, se entiende que la obra ya ha sido debidamente completada por el contratista y que ha sido recibida por la entidad.

Al respecto, EGGINK señala que "el certificado de recepción opera como un reconocimiento del propietario de que el contratista ha cumplido sus obligaciones conforme al contrato en la forma exigida por el contrato, excepto por las obras o trabajos (menores o no), que el propietario y el contratista acuerdan que permanecen pendientes de corrección de defectos [...] El certificado debe ser retroactivo a la fecha de la recepción, conforme a lo previsto en el contrato"[42].

F) *Entrega del cuaderno de obra*

De conformidad con el numeral 191.4 del artículo 191 del Reglamento de la Ley de Contrataciones del Estado, una vez concluida la ejecución de la obra y que se haya procedido con su recepción, el original del cuaderno de obra queda en poder de la entidad (esto, claro está, cuando se trata de un cuaderno de obra físico).

La entrega del cuaderno de obra se lleva a cabo en el acto de recepción de la obra; la recepción, vale decirlo, es el último asiento que se realiza en el cuaderno de obra.

G) *Cesan labores de la Junta de Resolución de Disputas*

De conformidad con el artículo 243 del Reglamento de la Ley de Contrataciones del Estado, la Junta de Resolución de Disputas es competente para conocer las controversias que surjan hasta que se produzca la recepción de la obra.

De esta manera, la recepción de la obra marca el hito hasta el cual ejerce funciones la Junta de Resolución de Disputas. Ello, en la medida que este mecanismo de solución de disputas tiene por finalidad que un panel de expertos acompañe la ejecución de la obra de manera continua y directa, coadyuvando, principalmente, a la prevención de disputas y ejerciendo una función consultiva, así como a la solución de estas, respecto de aspectos principalmente técnicos. Por ello, una vez que la obra se encuentre totalmente culminada y la entidad la haya recibido, estas funciones de la Junta pierden eficiencia.

[42] ERIC EGGINK, "Chapter 10", in *A Practical Guide to Engineering, Procurement and Construction Contracts*, ob. cit.

H) *Cierre financiero del contrato: liquidación*

El artículo 209 del Reglamento de la Ley de Contrataciones del Estado estatuye que, una vez que se procede con la recepción, se puede iniciar la liquidación de la obra, que determina el cierre financiero del contrato, con el cual se determinan las cuentas finales y se pagan los saldos pendientes, los cuales pueden ser, o no, a favor del contratista. En caso de que exista un saldo a favor del contratista, la liquidación da lugar al pago final.

De acuerdo con Greenhalgh, "el plazo del pago final es importante. Algunas jurisdicciones públicas han instituido que el pago final se realice dentro de cierto número de días posteriores a la culminación sustancial. Algunos contratos privados tienen las mismas previsiones. El riesgo en estas circunstancias es que el propietario va a tener que pagar al contratista el precio total incluso si las obras no están totalmente culminadas. Estas provisiones típicas permiten al propietario a retener el valor de la corrección de los trabajos incompletos o los defectos. Sin embargo, existe el riesgo residual de que el propietario terminará pagando al contratista más que el valor de la obra ejecutada. Esto reduce el incentivo del contratista de mantenerse enfocado en el cumplimiento del proyecto. De una manera reducida, esto incrementa las posibilidades de una disputa con el contratista sobre qué tanto el propietario va a retener"[43].

6. El procedimiento de recepción de obra: un procedimiento interactivo y no solo un trámite administrativo

Como hemos visto hasta este punto, la recepción de la obra es una etapa importante del *iter* contractual, que despliega diferentes efectos para ambas partes. Por ello, para que se logre la conformidad, se debe seguir una serie de pasos en que las partes deben manifestar su máxima colaboración para lograr la culminación contractual ordenada.

Al respecto, Molina y Ríos señalan que, "En la práctica, el proceso de recepción de una obra requiere de procedimientos claros y preestablecidos, para evitar discrecionalidades que puedan afectar a las partes, especialmente al constructor, que depende de la recepción de la misma para poder dar por terminados sus trabajos y liberar sus garantías. Sin embargo, en la práctica muchas veces ocurre lo contrario y el procedimiento de recepción resulta ser un trámite tedioso, largo e incierto, especialmente cuando existen problemas de construcción, desavenencias entre lo encargado y lo ejecutado; o bien un mandante abusivo y con poco criterio, que sujeta la recepción hasta límites

[43] Brian Greenhalgh, *Introduction to Construction Contract Management*, ob. cit.

más allá de toda razón en perjuicio del constructor. En este sentido, no hay que olvidar que el proceso de recepción de una obra impone a las partes el deber de sujetarse a lo establecido en el correspondiente contrato, y, en cualquier caso, a observar un estricto apego a la buena fe como principio del derecho, que como hemos visto se expresa en un deber de colaboración activa entre las partes de un contrato de construcción, lo que también se extiende al proceso de recepción"[44].

A su vez, EGGINK dice que "el propietario debe, tan pronto como sea posible y en el plazo previsto en el contrato, luego de recibida la notificación de la culminación, organizar la inspección de todas las obras y los resultados de las pruebas de defectos, dentro del período estipulado en el contrato, hacer alguno de los siguientes pasos:

"a. Entregar al contratista un certificado de recepción de las obras.

"b. Entregar al contratista un certificado de recepción de una o más secciones de las obras o,

"c. Si existe causa razonable para hacerlo, notificar al contratista que las condiciones para la recepción de las obras o de secciones de la obra no han sido cumplidas, sustentando a detalle sus motivos y las partes de la obra que considere que están pendientes de ejecución para lograr la recepción.

"En el caso que el contratista determine que las condiciones para la recepción de las obras no han sido cumplidas, el contratista debe tomar pronta acción y ejecutar el trabajo necesario para obtener la conformidad y emitir al contratista otra notificación de culminación de las obras"[45].

En efecto, como señalan los citados autores, la recepción de la obra, además de observar el cumplimiento del procedimiento contractual aplicable y efectuar las verificaciones de que se han ejecutado las obras conforme a lo previsto en el contrato, requiere una actuación colaborativa de las partes, lo que implica la observancia de las reglas de la buena fe, a fin de evitar que no se cumpla con la finalidad del contrato por aspectos no sustanciales o, peor aún, aspectos no exigibles contractualmente, lo cual generaría pérdida de recursos y de costo de oportunidad para ambas partes.

A) *Competencia para entregar y recibir la obra*

De conformidad con el artículo 208 del Reglamento de la Ley de Contrataciones del Estado (RLCE), aprobado por el decreto supremo 344-2018-EF,

[44] CARLOS MOLINA ZALDÍVAR y VÍCTOR RÍOS SALAS, *Derecho de la construcción*, ob. cit., pág. 322.

[45] ERIC EGGINK, "Chapter 10", in *A Practical Guide to Engineering, Procurement and Construction Contracts*, ob. cit.

el responsable de comunicar, mediante anotación en el cuaderno de obra, la culminación de la obra y solicitar que se inicie con el procedimiento es el residente de obra.

Ello tiene sentido, por cuanto el residente de obra, como responsable técnico de esta, es el representante del contratista en la obra y quien se encuentra de manera permanente en esta. En otras palabras, es quien se halla en la mejor posición para determinar cuándo ha culminado la obra, es decir, cuándo se ha cumplido con lo contratado, de acuerdo con sus responsabilidades.

Por otro lado, el supervisor (o inspector, cuando corresponda), en cuanto responsable designado por la entidad para controlar directa y permanentemente los trabajos ejecutados por el contratista, asegurándose de que estos se desarrollen conforme a lo previsto en el contrato (incluyendo la normativa obligatoria aplicable al objeto de la contratación), corrobora que efectivamente el contratista haya culminado con los trabajos contratados. Si determina que el contratista ha culminado con la ejecución de sus obligaciones, anota dicho hecho en el cuaderno de obra y emite el certificado de conformidad técnica, que detalla las metas del proyecto y precisa que la obra cumple con lo establecido en el expediente técnico de obra y las modificaciones aprobadas por la entidad.

Posteriormente, la entidad contratante designa a un comité de recepción, que se encuentra integrado, cuando menos, por un representante de la entidad (ingeniero o arquitecto). Este comité de recepción de obra verifica, juntamente con el contratista y la supervisión, el funcionamiento y la operatividad de las obras culminadas, realizando las pruebas operativas que resulten necesarias. Es este comité el responsable de determinar si corresponde otorgar la conformidad a las obras ejecutadas por el contratista.

B) *Etapas y plazos para la recepción*

El artículo 208 del Reglamento de la Ley de Contrataciones del Estado (RLCE) establece que el residente de obra debe anotar en el cuaderno de obra la culminación de la obra en la fecha en que esta se produce. Posteriormente, dentro del plazo de cinco días calendario posteriores a la anotación del contratista, la supervisión debe corroborar el cumplimiento de las condiciones contractuales para la ejecución de las obras, a fin de emitir el correspondiente certificado de conformidad técnica, el cual deberá ser remitido a la entidad contratante dentro del plazo mencionado. En caso de que la supervisión considere que no se han culminado las obras, deberá anotar dicho hecho en el cuaderno de obra y comunicarlo a la entidad dentro del plazo indicado anteriormente.

Luego, dentro de los cinco días hábiles siguientes a la recepción del certificado de conformidad técnica, la entidad debe designar al comité de recepción de la obra. Es preciso notar cómo la norma, en una innecesaria complejidad, mezcla dentro de un mismo procedimiento plazos en días calendario y en días hábiles, por lo que es muy importante tomar en cuenta estas diferencias para realizar un correcto cómputo de plazos.

El comité de recepción de la obra tiene, bajo responsabilidad del titular de la entidad contratante, un plazo de veinte días calendario posteriores a su designación para verificar el cumplimiento cabal de las obligaciones del contratista y, si corresponde, proceder con la recepción.

C) *Observaciones y su solución*

La situación esperada óptima es que el comité de recepción de obra, dentro de los 20 días posteriores a su designación, determine que la obra cumple con todas las condiciones contractuales y, en consecuencia, dé por recibida la obra.

No obstante, lo usual es que el comité de recepción determine que el contratista no ha culminado sus obligaciones contractuales o que este las ha ejecutado de manera defectuosa, en cuyo caso procederá a formular observaciones, que se consignarán en un acta o pliego de observaciones, y, por lo tanto, no se producirá la recepción de la obra.

Aunque parezca evidente, las observaciones deben encontrarse justificadas en aspectos contractuales. El comité no puede establecer nuevas obligaciones o exigir que la obra se ejecute de manera distinta a la prevista en los documentos contractuales. No obstante, en la práctica, es común que las entidades formulen observaciones que no se sustentan en documentos contractuales, sino que buscan suplir vacíos en el requerimiento formulado por la entidad, generar obligaciones adicionales al contratista o corregir errores del propio expediente técnico.

Al respecto, la Opinión 228-2017/DTN señala que "en el marco de un procedimiento de recepción de obra regulado por la normativa de contrataciones del Estado, el comité de recepción no puede efectuar observaciones ni «recomendaciones» que tengan por objeto la ejecución de trabajos distintos a los contemplados en los planos y especificaciones técnicas; en ese sentido, la recepción de obra no puede verse retrasada por la realización de trabajos que no se encuentren previstos en los referidos documentos. De esta manera, la ejecución de trabajos no contemplados en los planos y especificaciones técnicas no forma parte del procedimiento de recepción de obra regulado por la normativa de contrataciones del Estado; en consecuencia, cuando el contratista opte realizar dichos trabajos, no pueden aplicarse los procedimientos, los plazos, las condiciones, ni las consecuencias económicas del artículo 178 del Reglamento (tales como la aplicación de penalidades o el reconocimiento de los mayores gastos generales a favor del contratista)".

Ahora bien, el contratista tendrá un plazo correspondiente a un décimo del plazo de ejecución del contrato vigente o cuarenta y cinto días calendario, el que resulte menor, para subsanar las observaciones formuladas por el comité de recepción, el cual se computa desde la suscripción del acta o pliego de observaciones. Una vez que el contratista ha levantado todas las observaciones formuladas oportunamente por el comité de recepción, solicita nuevamente la recepción de la obra mediante anotación en el cuaderno de obra, lo cual debe ser verificado por la supervisión e informado a la entidad en un plazo de tres días calendario siguientes a la anotación.

Dentro de los siguientes siete días calendario posteriores al informe de la supervisión, el comité de recepción y el contratista se apersonan en la obra para proceder con la verificación del levantamiento de las observaciones. En esta oportunidad, las partes deben limitarse a verificar el levantamiento de las observaciones consignadas en el acta o pliego y no formular nuevas observaciones o cuestionar aspectos distintos de las observaciones formuladas. En caso de que se verifique que el contratista efectivamente procedió con el levantamiento de las observaciones, se sigue con la recepción de la obra.

Ahora bien, si durante esta verificación de la subsanación de observaciones, el comité de recepción de la obra establece que existen vicios o defectos distintos a los observados en el acta o pliego de observaciones, deberá informar a la entidad para que esta solicite la subsanación correspondiente, siempre que se trate de vicios ocultos, sin perjuicio de proceder con el acta de recepción de la obra. Esta disposición es acorde con la posición de la norma respecto de la formulación de observaciones en una única oportunidad preclusiva, como ya lo mencionamos.

El retraso injustificado del contratista en la subsanación de observaciones, que exceda el plazo otorgado, se considera como demora y puede dar lugar a la aplicación de penalidades o a que la entidad resuelva el contrato por incumplimiento. No obstante, si la demora en la recepción de la obra se produce por causas ajenas al contratista, y se superan los plazos mencionados anteriormente, el plazo de demora se adiciona al plazo máximo automáticamente y se reconocen los gastos generales debidamente acreditados que se hubieran generado por la demora.

Por otro lado, en caso de que el contratista o el comité de recepción no se encuentren conformes con las observaciones o la subsanación, anotan las discrepancias en el acta respectiva. El comité de recepción eleva al titular de la entidad todo lo actuado en un informe que sustente sus observaciones en un plazo máximo de cinco días calendario. Por su parte, la entidad se pronuncia sobre las observaciones en un plazo de cinco días calendario. De persistir las controversias, estas se someten al mecanismo de solución de disputas que corresponda.

D) *El procedimiento de recepción en la normativa comparada*

Ejemplos de estas regulaciones los podemos encontrar en la Ley General de Contratación Pública de Costa Rica[46] y en el Reglamento para Contratos de Obras Públicas de Chile[47].

[46] Ley General de Contratación Pública, decreto legislativo 9986

"Art. 108. Recepción de obras públicas

"Una vez concluida la obra, el contratista dará aviso escrito al fiscalizador de la Administración para que establezca la fecha y hora para la recepción, el cual dispondrá de quince días hábiles para ello, salvo disposición en contrario en el pliego de condiciones.

"De esta recepción, que tendrá el carácter de provisional, se levantará un acta que suscribirán el fiscalizador de la obra por parte de la Administración y el contratista, en donde se consignarán todas las circunstancias pertinentes en orden al estado de la obra, si el recibo es a plena satisfacción de la Administración, si se hace bajo protesta o si, dada la gravedad y trascendencia del incumplimiento, la obra no se acepta en ese momento. *Será posible la recepción provisional siempre y cuando las obras se encuentren en un nivel aceptable de finalización, faltando solamente pequeños detalles de acabado o la corrección de defectos menores, que deberán consignarse en el acta, para que la obra quede totalmente ajustada a los planos y especificaciones, incluyendo las modificaciones. Dicha acta deberá emitirse dentro del plazo de quince días hábiles siguientes a la recepción provisional*". (Cursivas nuestras).

[47] El decr. 75 deroga el decr. 15 de 1992, y sus modificaciones posteriores y aprueba reglamento para contratos de obras públicas.

"Art. 168. Cuando los defectos a que se refiere el artículo anterior no afecten a la eficiente utilización de la obra y puedan ser reparados fácilmente, *la comisión procederá a recibirla con reservas*, autorizando la devolución al contratista de las retenciones conforme se indica en el artículo 169, salvo una suma equivalente a 5 veces el valor en que se avalúa el costo de las reparaciones por realizar. La comisión le fijará al contratista un plazo para que efectúe las reparaciones y la Dirección podrá ordenar la explotación inmediata de la obra. A solicitud del contratista y por razones fundadas, la Dirección podrá modificar el plazo fijado para las reparaciones.

"Una vez vencido el plazo a que se refiere el inciso anterior, la comisión deberá constituirse nuevamente para constatar la ejecución de los trabajos y levantará, si procede, un Acta de Recepción Provisional, señalando como fecha de término de la obra la indicada en el oficio del inspector fiscal.

"Si el contratista no subsanara los reparos observados dentro del plazo fijado, éstos podrán ser ejecutados por la Dirección, en la forma señalada en el inciso 2° del artículo 167, con cargo a las retenciones, quedando a beneficio fiscal el saldo de ellas en concepto de multa, si las hubiere. Del hecho se dejará constancia en la Hoja de Vida del contratista". (Cursivas nuestras).

Igualmente, otro ejemplo está en el artículo 210 de la nueva Ley de Contratos del Sector Público de España, el cual establece que el contrato se entiende cumplido cuando se haya realizado la totalidad de sus prestaciones, de acuerdo con los términos de este y a satisfacción de la Administración. En todo caso, su constatación exige de parte de la Administración un acto formal y positivo de recepción o conformidad dentro del mes siguiente a la entrega del objeto del contrato, o en el plazo que se determine en el pliego de cláusulas administrativas particulares en razón de sus características.

A su vez, el artículo 243 de dicha ley determina que, si se encuentran las obras en buen estado y con arreglo a lo previsto en el contrato, el funcionario técnico representante de la Administración contratante las dará por recibidas, se levantará la correspondiente acta y comenzará entonces el plazo de garantía.

Cuando las obras no se hallen en estado de ser recibidas, se hará constar así en el acta y el director de estas señalará los defectos observados, detallará las instrucciones precisas y fijará un plazo para remediar aquellos. Si transcurrido dicho plazo el contratista no los hubiere remediado, podrá concedérsele otro nuevo plazo improrrogable o declarar resuelto el contrato.

El plazo de garantía se establecerá en el pliego de cláusulas administrativas particulares atendiendo la naturaleza y complejidad de la obra y no podrá ser inferior a un año, salvo casos especiales. Dentro de los quince días anteriores al cumplimiento del plazo de garantía, el director facultativo de la obra, de oficio o a instancia del contratista, redactará un informe sobre el estado de las obras. Si este fuera favorable, el contratista quedará exonerado de toda responsabilidad, salvo en el evento de vicios ocultos, en cuyo caso se procede a la devolución o cancelación de la garantía, a la liquidación del contrato y, de ser preciso, al pago de las obligaciones pendientes que deberá efectuarse en el plazo de sesenta días. Si el informe no fuera favorable y los defectos observados se debiesen a deficiencias en la ejecución de la obra y no al uso de lo construido, durante el plazo de garantía el director facultativo procederá a dictar las oportunas instrucciones al contratista para la debida reparación de lo construido, concediéndole un plazo para ello durante el cual continuará encargado de la conservación de las obras, sin derecho a percibir cantidad alguna por ampliación del plazo de garantía.

Asimismo, agrega la citada disposición que, siempre que por razones excepcionales de interés público debidamente motivadas en el expediente, el órgano de contratación acuerde la ocupación efectiva de las obras o su puesta en servicio para el uso público, aun sin el cumplimiento del acto formal de recepción, desde que concurran dichas circunstancias se producirán los efectos y las consecuencias propios del acto de recepción de las obras y en los términos en que reglamentariamente se establezcan.

Otro ejemplo es la legislación de México. El artículo 64 de la Ley de Obras Públicas y Servicios relacionados con las mismas señala que el contratista comunicará a la dependencia o entidad la conclusión de los trabajos que le fueron encomendados, para que esta, dentro del plazo pactado, verifique la debida terminación de estos, conforme a las condiciones establecidas en el contrato. Al finalizar la verificación de los trabajos, la dependencia o entidad contará con un plazo de quince días naturales para proceder a su recepción física, mediante el levantamiento del acta correspondiente, y los trabajos quedarán bajo su responsabilidad.

Recibidos físicamente los trabajos, las partes —dentro del término estipulado en el contrato, el cual no podrá exceder de sesenta días naturales a partir de la recepción de los trabajos— deberán elaborar el finiquito de estos, en el que se hará constar los créditos a favor y en contra que resulten para cada uno de ellos, y se describirán el concepto general que les dio origen y el saldo resultante.

Además, el artículo 66 de la referida norma mexicana establece que, concluidos los trabajos, el contratista quedará obligado a responder por los defectos que resultaren en estos, por los vicios ocultos y por cualquier otra responsabilidad en que hubiere incurrido, en los términos señalados en el contrato respectivo y en la legislación aplicable.

Los trabajos se garantizarán durante un plazo de doce meses por el cumplimiento de las obligaciones a que se refiere el párrafo anterior, por lo que previamente a la recepción de los trabajos, los contratistas, a su elección, deberán constituir fianza por el equivalente al diez por ciento del monto total ejercido de los trabajos; presentar una carta de crédito irrevocable por el equivalente al cinco por ciento del monto total ejercido de los trabajos, o bien, aportar recursos líquidos por una cantidad equivalente al cinco por ciento del mismo monto en fideicomisos especialmente constituidos para ello.

A su vez, el artículo 68 señala que, una vez concluida la obra o parte utilizable de esta, las dependencias o entidades vigilarán que la unidad que debe operarla reciba oportunamente de la responsable de su realización el inmueble en condiciones de operación, los planos correspondientes a la construcción final, las normas y especificaciones que fueron aplicadas durante su ejecución, así como los manuales e instructivos de operación y mantenimiento correspondientes y los certificados de garantía de calidad y funcionamiento de los bienes instalados.

Por su parte, el artículo 69 establece que las dependencias y entidades bajo cuya responsabilidad quede una obra pública concluida, estarán obligadas, por conducto del área responsable de su operación, a mantenerla en niveles apropiados de funcionamiento. Los órganos internos de control vigilarán que su uso, operación y mantenimiento se realice conforme a los objetivos y acciones para las que fueron originalmente diseñadas.

En el ámbito de los contratos estándares de construcción, podemos recoger lo previsto en el Contrato NEC3 ECC, opción F, que se viene empleando en algunas de las obras de la "Reconstrucción con Cambios". Este contrato considera que el contratista ha culminado sus trabajos cuando:

• Ha concluido todos los trabajos señalados en la información de las obras antes de la fecha de culminación, y

• Ha subsanado cualquier defecto que hubiera impedido que el contratante utilizara las obras y terceros de hacer su trabajo.

Si la información de las obras no contempla las que el contratista debe completar antes de la fecha de culminación, la culminación ocurre cuando el contratista ha terminado todo el trabajo necesario para que el contratante utilice las obras y para que los terceros hagan su trabajo.

Por su parte, la cláusula 42 del contrato establece que, hasta finalizar el período de detección/subsanación de defectos, el supervisor de calidad puede instruir al contratista que identifique algún defecto. Este debe indicar en su instrucción el motivo por el cual ordena dicha búsqueda. La búsqueda puede incluir:

• Destapar, desmantelar, recubrir, reconstruir y volver a montar alguna obra,

• brindar facilidades, materiales y muestras para las pruebas e inspecciones que realice el supervisor de calidad, y

• realizar pruebas e inspecciones no previstas en la información de las obras.

Hasta finalizar el período de detección/subsanación de defectos, tanto el contratista como el supervisor de calidad deben notificarse de los defectos que detecten.

Por otro lado, la cláusula 43 del contrato establece que el contratista subsana un defecto independientemente de que el supervisor de calidad se lo notifique. El contratista subsana un defecto comunicado antes de que culmine el período de subsanación de defectos. El supervisor de calidad emite el certificado de defectos en la última fecha del período de detección/subsanación de defectos y al finalizar el período de subsanación de defectos para el último defecto detectado, lo que ocurra último. Los derechos del contratante con relación al defecto que el supervisor de calidad no haya encontrado ni comunicado no se ven afectados por el otorgamiento del certificado de defectos.

La cláusula 45 establece que, si se da acceso al contratista para subsanar un defecto notificado, pero no lo ha subsanado en el período de subsanación de defectos, el gerente del proyecto calcula el costo para el contratante que implica tener el defecto subsanado por otras personas y el contratista paga dicho monto. La información de las obras se considera cambiada para aceptar el defecto.

7. Conclusiones y recomendaciones

A continuación, presentamos algunas conclusiones y recomendaciones que consideramos que coadyuvarán a mejorar el proceso de recepción de obras públicas en Perú:

1. La recepción de la obra constituye una de las etapas más importantes de la fase de ejecución contractual de las obras públicas, dado que genera importantes derechos y obligaciones para las partes. Asimismo, la actuación colaborativa durante el procedimiento de recepción es necesaria para que esta se logre con la mayor celeridad posible, de manera tal que la infraestructura pública pueda destinarse a la finalidad pública para la cual fue contratada.

2. La doctrina y la legislación comparada prevén diferentes sistemas y procedimientos para proceder con la recepción de las obras públicas. En nuestra opinión, cualquiera que sea la opción legislativa adoptada, esta debe incentivar a las partes a actuar de manera colaborativa y evitar que la atención de estas se disperse en discusiones sobre aspectos menores que impiden destinar la obra para la finalidad pública subyacente.

3. El procedimiento de recepción regulado en la normativa de contrataciones del Estado peruano vigente es muy procedimental y, pese a que ha venido modificándose, no ha logrado evitar que se tengan importantes y urgentes obras (por ejemplo, hospitales para la atención de pacientes Covid) paralizadas por discusiones —en arbitraje— respecto de vicios o defectos menores, que en ningún modo impiden su funcionalidad o destino al fin público perseguido.

4. Sin perjuicio de las mejoras necesarias al procedimiento de recepción de obras públicas, las partes pueden superar sus diferencias y lograr un procedimiento ágil si prestan su colaboración y diligencia para ello. No obstante, mientras esta cultura de confianza y cooperación no se extienda en las obras públicas nacionales, es importante que las partes establezcan mecanismos internos que minimicen el surgimiento de controversias o vicios en el procedimiento de recepción. Es decir, que adopten medidas de seguridad para evitar vicios del procedimiento de recepción.

5. Es recomendable que el contratista acuda a la recepción de la obra con un notario que pueda dar fe del estado real en que se encuentran las obras y de las actuaciones de verificación y pruebas que lleve a cabo el comité de recepción, así como del resultado de estas y de las observaciones que se formulen.

6. Es importante que el contratista lleve un registro fotográfico y de video de las obras que ha ejecutado, así como del acto de recepción de la obra; se recomienda incluso usar tecnología como drones, a fin de dejar constancia del real estado de las obras de manera preventiva ante futuras controversias.

7. Finalmente, aunque la solución a los problemas de la ejecución de las obras no es siempre una modificación normativa, ni menos aún una reforma estructural de esta, es importante el monitoreo constante de la aplicación de la normativa de contrataciones del Estado para identificar los defectos del procedimiento de recepción de obra que se presentan en la práctica. Así, debe buscarse mejorar dicho procedimiento para privilegiar la operatividad y el funcionamiento de la obra, antes que la detección de defectos mínimos que no sean trascendentales ni impidan el uso de la obra para la finalidad contratada ni perjudiquen su integridad.

DERECHO ADMINISTRATIVO DE LOS SERVICIOS PÚBLICOS Y ACTIVIDADES DE INTERÉS GENERAL

DERECHO ADMINISTRATIVO DE LA LIBERTAD: TRANSFORMACIONES DEL "DERECHO DE LOS SERVICIOS PÚBLICOS" Y SUBSIDIARIEDAD DE LAS "PRERROGATIVAS DE PODER PÚBLICO"*

GUILLERMO SÁNCHEZ LUQUE**
Colombia

INTRODUCCIÓN[1]

1. Durante largos años la escuela francesa del servicio público dominó el horizonte del derecho administrativo contemporáneo, gracias a la significativa obra del profesor LÉON DUGUIT y de destacadísimos autores como JÈZE y BONNARD, así como a los aportes decisivos de la jurisprudencia francesa de fines del siglo XIX y comienzos del siglo XX[2]. Según la escuela realista de Burdeos, toda la actividad del Estado —en sus diversas facetas (legislativa, administrativa y jurisdiccional)— era servicio público[3].

Los servicios públicos eran las células que componían ese cuerpo que es el Estado[4]. El derecho administrativo era, pues, el derecho de los servicios

* Escrito de toma de posesión como académico correspondiente de la Academia Colombiana de Jurisprudencia.

** Profesor de derecho constitucional y administrativo del Colegio Mayor de Nuestra Señora del Rosario y de la Pontificia Universidad Javeriana. Docente de derecho económico de la Universidad Externado de Colombia. Ha sido titular del curso de derecho administrativo de la Universidad Nacional de Colombia. Actualmente es Magistrado de la Sección Tercera del Consejo de Estado.

[1] Agradezco muy especialmente a mis colegas Diego Rueda, Mauricio Gómez, Carolina Ávila y Pedro Torres por su invaluable colaboración en la consulta y organización de algunas de las fuentes bibliográficas, lo mismo que a María Teresa Palacio Jaramillo, Fabricio Mantilla, Laura Ospina y Max Rodríguez, por sus invaluables observaciones a este texto.

[2] Todos aprendimos las bases del derecho administrativo en decisiones trascendentales como el *Arrêt Blanco* del Tribunal de Conflictos de Francia del 1 de febrero de 1873 y el *Arrêt Terrier* del Consejo de Estado francés del 6 de febrero de 1903.

[3] LÉON DUGUIT, *Manuel de droit constitutionnel*, Paris, Fontemoing, 1911, pág. 60 y *Traité de droit constitutionnel II*, Paris, Fontemoing, 1909, pág. 61.

[4] ROGER BONNARD, *Précis de droit administratif*, Paris, Recueil Sirey, 1935, págs. 235 y ss.

públicos[5]. Un derecho donde la "función pública" era el medio para la realización del servicio público, para poner en acción la obra fundamental de la Administración pública.

El servicio público —su organización y gestión como monopolio público— se constituyó en la "piedra angular del derecho administrativo francés"[6]. Así como las "funciones" sucedieron a los "derechos" en el derecho privado, la gran transformación del derecho público fue sustituir a la soberanía por la noción de servicio público como fundamento del derecho público.

Según Duguit, el servicio público era "a la vez la consecuencia y la justificación de su mayor fuerza". El Estado pasó a ser, entonces, un conjunto de servicios públicos[7]. Se impuso así un enfoque estatista edificado a partir de un criterio orgánico o subjetivo. Para Duguit lo nuevo, en su momento, fue el lugar preferente que ocupaba la noción de servicio público en el campo del derecho público y, por ende, la transformación que —por ese camino— produjo.

La ejecución de los servicios públicos era, entonces, uno de los principales cometidos estatales[8]. Estatización de los servicios públicos que, para Escola, con el impulso de ciertas tendencias colectivistas llegó "a exageraciones inadmisibles, convirtiéndose en un efectivo instrumento político"[9]. Una teoría que buscaba convertir al Estado en un suministrador de servicios públicos con la pretensión de mejorar la vida de las personas. Un derecho administrativo construido sobre un anhelo —irrealizable— de igualdad de las personas ("administrados"), que en su búsqueda amenazó con aniquilar la libertad[10].

[5] Waline consideró esta opinión "excesiva", Cfr. Marcel Waline, *Traité élémentaire de droit administratif*, Paris, Recueil Sirey, 1951, pág. 288.

[6] Gaston Jèze, *Principios generales del derecho administrativo I*, Buenos Aires, Depalma, 1949, pág. XL.

[7] Léon Duguit, *Las transformaciones del derecho público*, Madrid, Librería Española y Extranjera, 1926, págs. 85 y ss.

[8] Enrique Sayagués Laso, *Tratado de derecho administrativo*, I, Montevideo, FCU, 1974, pág. 57.

[9] Héctor Jorge Escola, *Compendio de derecho administrativo*, vol. I, Buenos Aires, Depalma, 1984, pág. 416.

[10] A juicio de Bobbio "[h]ay dos formas principales de entender el término 'libertad' en el lenguaje político [...]. 'Libertad' significa o bien facultad de realizar o no ciertas acciones, sin ser impedido por los demás, por la sociedad como un todo orgánico o, más sencillamente, por el poder estatal; o bien, poder de no obedecer a otras normas que las que me he impuesto a mí mismo. El primer significado es constante en la teoría liberal clásica, según la cual 'ser libre' significa gozar de una esfera de acción, más o menos amplia, no controlada por los órganos del poder estatal; el segundo significado es el que emplea la teoría democrática, para la cual 'ser libre' no significa no tener leyes, sino darse leyes a sí mismo". (Norberto Bobbio, *Teoría general de la política*, Madrid, Trotta, 2009, pág. 113).

El derecho administrativo estaba también inspirado —desde la orilla doctrinaria opuesta a la Escuela de Burdeos[11]— en el poder público y sus prerrogativas (*puissance publique*), es decir en las relaciones desequilibradas, en la desigualdad jurídica, en el mando, en el *imperium*, en la jerarquía y en la superioridad del Estado. Su nota esencial, según HAURIOU, era ser un conjunto de prerrogativas atribuidas a la Administración ("el régimen exorbitante"). El estudio del *pouvoir admnistratif* constituía el primer lugar del derecho administrativo, según la Escuela de *Toulouse*[12].

2. La Constitución de 1991 alteró drásticamente esa noción clave del derecho administrativo. El Constituyente tenía claro que el papel del Estado era garantizar la prestación de los servicios públicos y no prestarlos de manera monopólica. En los antecedentes del nuevo texto constitucional se advirtió sin rodeos que el Estado tiene el deber de "garantizar el acceso a ellos en términos económicos y eficientes"[13].

Y, como la jurisprudencia subraya, "asegurar no significa prestar". El Estado solo 'mantiene' o se 'reserva' la regulación y el control en tanto "facetas de la función de policía administrativa", que constituyen "el ámbito de lo no «privatizable»"[14]. El Estado ya no es el titular monopólico del servicio público. Este pasó a ser una actividad económica que puede ser prestada por cualquier tipo de operadores, aunque sigue vinculada a las finalidades sociales del Estado.

El servicio público dejó, así, de ser una actividad de exclusiva competencia del Estado —es decir, una función estatal— para convertirse en uno de sus fines esenciales. El capítulo V del Título XII de la Constitución (arts. 365 a 370) abandonó la concepción monopólica francesa y sentó las bases de un derecho singular de la competencia, en ese sector de la economía.

[11] MAURICE HAURIOU, *Précis de droit administratif et de droit public*, Paris, Recueil Sirey, 1927, págs. 9 y ss.

[12] Es curioso, pero pareciera que la noción de "servicio público" terminó sustituyendo —sin más— a la de "soberanía". O más aún, que las tesis de DUGUIT aparentemente, al menos en Colombia, se fundieron con las de HAURIOU y desembocaron en lo mismo que el primero reprochó: ¡con otros nombres!

[13] Asamblea Nacional Constituyente, *Gaceta Constitucional* núm. 48 del 4 de abril de 1991, pág. 12.

[14] Consejo de Estado, Sección Tercera, sent. de 15 de agosto de 2007, rad. AP-004 [fundamento jurídico 2], con S. V.

La mayoría de las referencias a las sentencias y conceptos del Consejo de Estado han sido tomadas de: Consejo de Estado, *Antología jurisprudencias y conceptos Consejo de Estado 1817-2017*, Bogotá, Imprenta Nacional, 2019, disponible en: https://cutt.ly/OQ9K FJH (tomo III A Responsabilidad contractual); https://bit.ly/3gjjduK (tomo III B Responsabilidad extracontractual) y https://sidn.ramajudicial.gov.co/ (tomos I, II y IV-VI).

Un nuevo concepto de Estado que redujo significativamente su campo de acción y recuperó, a su vez, el de libre iniciativa privada. El artículo 365 de la Constitución, al asignar al Estado un papel de "garante" y no de "prestador monopólico", cambió las bases mismas del derecho administrativo. Aunque entidades de carácter público sigan prestando servicios públicos, en un contexto de competencia económica, eso no significa que dicha actividad tenga el carácter de actuación administrativa.

El criterio orgánico o subjetivo ya no es determinante. El servicio público —como monopolio oficial— ya no es la "pieza maestra" del derecho administrativo. La gestión o prestación de los servicios públicos dejó de ser un dominio reservado al derecho público. El "constitucionalismo social" de fuerte inspiración "duguitiana" de la reforma constitucional de 1936 —y que en Francia ya había hecho crisis[15] al punto de llegar a decirse que esa noción se había "esfumado"[16]— experimentó una transformación radical en la Constitución de 1991.

De un asunto de la organización administrativa, pasó a ser un tema característico de la que podemos llamar "Constitución económica de los servicios públicos". Asistimos —hace tres décadas— a la implantación de un "nuevo servicio público"[17]. El Estado hoy debe ser garante de los derechos tanto de los consumidores como de los agentes del mercado.

El derecho administrativo tradicional, el de la función administrativa, ahora solo se materializa en el ámbito de la institucionalidad intervencionista. El servicio público monopólico dejó de ser su esencia y las prerrogativas de poder público están —en esa materia— en el ámbito de la policía administrativa y, por vía de excepción, en cabeza de los prestadores para lograr el interés general.

3. Esa reformulación del papel del Estado impone replantear las bases del derecho administrativo. Según la Constitución, el servicio público es una actividad económica de interés general (asociada a las finalidades sociales del Estado) que no requiere del monopolio para lograr los cometidos estatales. El cometido del Estado se materializa en otro tipo de instrumentos (v. gr. subsidios, planeación, regulación y control).

[15] Primero con la decisión *societé commerciale de l'Ouest africain* del Tribunal de Conflictos del 22 de enero de 1921 y luego con los *Arrêts Établissements Vézia* y *Caisse primaire aide et protection* del 20 de diciembre de 1935 y del 13 de mayo de 1938, respectivamente, del Consejo de Estado francés.

[16] Jean Rivero, *Précis de droit administratif*, Paris, Dalloz, 1973, pág. 158.

[17] Cfr. Consejo de Estado, Sección Tercera, sent. de 13 de mayo de 2004, rad. AP-0020 [fundamento jurídico C] y sent. de 26 de enero de 2006, rad. AP-1944 [fundamento jurídico 2].

Superado el criterio orgánico o subjetivo del servicio público, al permitirse —desde la Constitución— la prestación a los particulares, hay que replantear los enfoques tradicionales. Función pública y servicio público ya no son nociones que puedan asimilarse. No se puede confundir "el ejercicio de función pública con la prestación de servicios públicos" pues "ya no corresponde a la noción clásica de servicio público que implicaba la asimilación del servicio público con la función pública y con el derecho público"[18]. El derecho público ya no tiene por objeto, como decía Duguit, "la organización y funcionamiento de los servicios públicos"[19] desde una visión monopólica. El derecho administrativo dejó de ser ese derecho de los servicios públicos (monopólicos).

4. ¿El servicio público puede seguir basándose en la aplicación de los "procedimientos de derecho público" como planteaba Gaston Jèze[20]? Aunque, la teoría del servicio público sufrió en el derecho colombiano una transformación inédita con la expedición de la Carta de 1991, se conservan ámbitos —legislativos, jurisprudenciales y doctrinales— que siguen hoy fuertemente influidos por la escuela francesa.

5. Es preciso volver a las raíces, a un derecho administrativo de la libertad. De esa libertad que —a juicio de Locke— es la base de todo[21]. Solo por vía de excepción, el Estado es proveedor monopólico de esos servicios a la comunidad. Se produjo así una "transformación profunda", para usar las mismas palabras del célebre decano de Burdeos.

Es curioso, Duguit planteó que la gran transformación era que el derecho público no se funda en la soberanía. Sin embargo, las "prerrogativas de poder público" terminaron por dominar todas las esferas del servicio público. Ese criterio supuso una perspectiva unilateral —él mismo lo admitió— que "persiste siempre"[22]. Su escuela nos legó un derecho administrativo dominado por una óptica unilateral, de la autoridad, de la "fuerza del gobernante", en palabras de Duguit.

6. Este trabajo pretende mostrar cómo la Constitución de 1991 sentó las bases sólidas de dos regímenes legales: las leyes 142 y 143 de 1994, por un lado, es decir, el marco jurídico de operación de los servicios públicos (luego confirmados por las leyes 689 y 1341); y la ley 80 de 1993, por otro lado, es decir, el estatuto de contratación estatal (luego tergiversado por algunas interpretaciones judiciales y alterado por reformas legales). Con grandes

[18] Corte Constitucional, sent. C-037 de 2003 [fundamento jurídico 4.1.1.3.3].

[19] Léon Duguit, *Las transformaciones*, *op. cit.*, pág. 85 y ss.

[20] Gaston Jèze, *Principios generales*, *op. cit.*, tomo II, pág. 4.

[21] John Locke, *Two treatises on civil government*, II, 17, Cambrige University, 1997.

[22] Cfr. Léon Duguit, *Las transformaciones*, *op. cit.*, págs. 85 y ss.

avances —y varios tropiezos— este par de regímenes hicieron eco de la significativa transformación constitucional del servicio público.

La nueva concepción del servicio público dejó de centrarse en la prestación monopólica estatal —y sus "prerrogativas de poder público"— para volver los ojos a las personas y sus derechos: el consumidor —y no "administrado"— y el empresario —público, privado o mixto— que ejerce una actividad económica legítima en un marco de competencia.

Una concepción del servicio público que no se centra en la "función administrativa". El esquema se construye actualmente a partir de libertades económicas —que la Constitución declara y la ley configura— en sus diversas manifestaciones: libertad de empresa y libertad de competencia (libertad de entrada, libertad de acceso al mercado, libertad de contratación y formación competitiva de precios, libertad de inversión).

Esta visión sustituyó a esa paradójica "nueva soberanía estatal" en que se había convertido el monopolio estatal de la prestación de los servicios públicos en nuestros países. Curiosa mezcla de DUGUIT y HAURIOU. Como el Estado ya no es el gerente de un gran aparato dedicado al monopolio de la prestación[23], el derecho administrativo —en consecuencia— también se transformó: si la concepción de Estado cambia en la Constitución, es forzoso que el derecho administrativo sea el primer receptor de los cambios.

7. No obstante, aún subsisten materias del derecho administrativo que parecieran ignorar esa profunda transformación. Como la respuesta constitucional fue motivada en criterios prácticos, y dejó de lado discusiones de tipo ideológico, es posible que ello haya contribuido a que no se controviertan otros conceptos propios del derecho administrativo de la escuela francesa.

El marco constitucional de 1991 no permite la vuelta nostálgica a la escuela francesa. Es preciso reconsiderar "certidumbres" aparentes del derecho administrativo de hoy. DUGUIT y HAURIOU, quizás mal comprendidos entre nosotros[24], alejaron al derecho administrativo de la libertad. DOSTOYEVSKI —a quien recordamos en su bicentenario—, en su última obra escribió: *las jaulas son el lugar donde viven las certezas*. No hay que tenerle miedo a la libertad. Este documento es una invitación a revisar nociones fundamentales del derecho administrativo, a preparar un camino de regreso a sus orígenes, que se confunden con los del derecho civil contemporáneo: la democracia liberal.

[23] Cfr. Asamblea Nacional Constituyente, Gaceta Constitucional núm. 53, 18 de abril de 1991, pág. 6.

[24] Una crítica muy aguda a la forma como se adoptaron en Colombia las ideas del profesor DUGUIT en CARLOS LOZANO Y LOZANO, *Prólogo* a *José Gnecco Mozo, La reforma constitucional de 1936: Comentario jurídico al acto reformatorio de la Constitución*, Bogotá, ABC, 1938, págs. XVI y ss.

8. En consecuencia, la primera parte de este trabajo se ocupará de mostrar los ámbitos legales en los cuales las transformaciones constitucionales del servicio público se han reflejado: los servicios públicos y la contratación del Estado. La segunda estudiará los asuntos pendientes de reflejar esa transformación del derecho de los servicios públicos: la organización administrativa y el acto administrativo, de un lado, y el control judicial —institucional y arbitral— de la Administración.

De forma deliberada este documento no abordará, porque amerita un estudio separado dada su importancia y trascendencia, los cambios que esta concepción supuso en (i) las relaciones del Estado con sus servidores[25]; (ii) el ordenamiento territorial, cuya transformación requiere una reforma a la Constitución[26] y (iii) la responsabilidad extracontractual[27], asunto este que muestra cómo la legalidad y la responsabilidad son el punto de partida, la parte esencial y primera de la gestión pública: de un derecho administrativo de la libertad.

1. El derecho administrativo de la libertad: las transformaciones del ordenamiento legal del derecho administrativo

9. El derecho constitucional es la puerta de entrada al derecho administrativo[28]. De ahí que los profundos cambios constitucionales en los servicios públicos fueran materializados en dos ámbitos legales definitorios del derecho administrativo, adoptados poco después de la expedición de la Constitución de 1991, que alteraron directamente el régimen de operación de los servicios públicos y la contratación estatal.

A) *El régimen legal de los servicios públicos domiciliarios: desmonopolización y libertad económica*

10. El constituyente de 1991 era consciente de la gran transformación que suponía la "desmonopolización" de la prestación de los servicios públicos[29].

[25] El personal que utiliza como medio de acción de la Administración.

[26] Cfr. Augusto Hernández Becerra, *Ordenamiento y desarreglo territorial de Colombia*, Bogotá, Universidad Externado de Colombia, 2001, págs. 149 y ss.

[27] Parte trascendental del régimen general de las obligaciones.

[28] Cfr. Jaime Vidal Perdomo, *Derecho administrativo*, Cali, Biblioteca Banco Popular, 1978, pág. 30. En sentido similar, Sarria sostuvo que las diferencias entre el derecho administrativo y el derecho constitucional son únicamente *cuantitativas*, no *cualitativas* (Eustorgio Sarria, *Derecho administrativo*, Bogotá, Temis, 1968, pág. 15).

[29] Sobre las repercusiones del cambio constitucional en materia de contratación estatal, cfr. María Teresa Palacio Jaramillo, "Parámetros constitucionales para la determinación

Por ello, el artículo 48 transitorio de la Constitución buscó asegurar el desarrollo de estos mandatos en el ámbito de la regulación legal de la prestación de los servicios públicos[30] y, aunque sin norma transitoria equivalente, también —acorde con este nuevo marco constitucional— el legislador expidió un nuevo régimen de contratación estatal.

Fue tan profunda la transformación y el giro constitucional de 1991 que requirió un mecanismo extraordinario —y muy poco usado en el país— que permitiera poner en consonancia al Ejecutivo, su estructura y organización, con los postulados y mandatos de la nueva Carta Política. Así las cosas, se redactó el artículo 20 transitorio de la Constitución, con fuertes implicaciones en el futuro de las instituciones de Colombia[31].

11. La eliminación del monopolio estatal de la prestación de los servicios públicos entrañaba un replanteamiento del esquema que partió de crear un marco jurídico que propiciara las ventajas de un mercado en competencia para poder abastecer la demanda de los servicios, sobre la base de una estrategia coherente para estimular la expansión de la oferta, fundada en estímulos a la inversión económica en el sector, para incentivar la participación privada.

Las normas sustantivas del derecho de la competencia en este sector son especiales[32]. Así, por ejemplo, el abuso de la posición dominante y las prácticas restrictivas de la competencia tienen caracteres muy distintos a los previstos en las normas generales.

12. Aunque la actividad ya no es monopolio público, conservó sus caracteres particulares: continuidad, uniformidad, generalidad y obligatoriedad. El derecho administrativo sigue siendo el derecho de los servicios públicos, pero desde una aproximación distinta. Un derecho que debe asegurar la prestación continua, uniforme, general y obligatoria de estos servicios. Un derecho que exige que el desarrollo de las normas constitucionales se haga por medio de una ley de intervención económica.

Una ley de intervención económica (Const. Pol., art. 150.21) que se ocupó de los ámbitos medulares del marco jurídico de la operación como lo ordenó

---

de un régimen jurídico de contratación pública en Colombia", en *Revista de Derecho Público* núm. 14, Bogotá, Universidad de los Andes, 2002.

[30] Asamblea Nacional Constituyente, *Gaceta Constitucional* núm. 85, 29 de mayo de 1991, pág. 21.

[31] Cfr. María Teresa Palacio Jaramillo, "El transitorio 20 y las políticas de privatización", en *Implicaciones jurídicas de la reforma administrativa* (editor William Zambrano Cetina), Bogotá, Ediciones Rosaristas, 1994, págs. 53 y ss.

[32] Cfr. Alfonso Miranda Londoño, "El derecho de la competencia en la ley de servicios públicos domiciliarios" en AA.VV., *CEDEC III Centro de Estudios de Derecho de la Competencia*, Bogotá, Pontificia Universidad Javeriana, 1999, pág. 82.

la Constitución: (i) régimen de los prestadores (Const. Pol., art. 365); (ii) competencias y responsabilidades en relación con la prestación y calidad del servicio, financiación y régimen tarifario (Const. Pol., art. 367); (iii) presupuestos para la financiación de los subsidios (Const. Pol., arts. 366 y 368); (iv) derechos y deberes de los usuarios, participación de los municipios en las entidades o empresas prestadoras (Const. Pol., art. 369) y (v) la intervención administrativa del Estado en la economía, regulación y control, a cargo del presidente de la República (Const. Pol., art. 370).

Prestadores, usuarios e institucionalidad: todo quedó previsto en esa nueva regulación legal[33]. Una legislación sin ningún grado de jerarquía especial, pero con caracteres particulares. Unas normas "reglamentaristas" o de detalle, porque —por mandato constitucional— deben precisar los fines y alcances de la intervención y los límites de la libertad económica, para brindar seguridad jurídica a agentes económicos y a consumidores[34].

Así, el artículo 2° de la ley 142 de 1994, el artículo 4° de la ley 143 de 1994 y el artículo 4 de la ley 1341 de 2009 (modificado por el art. 4° de la ley 1978 de 2019) previeron los fines de la intervención administrativa económica del Estado en el ámbito de los servicios públicos domiciliarios, tecnologías de la información y comunicaciones-TIC. Fines que no solo serían enunciados, sino también precisados a lo largo de esas leyes, en consonancia con el mandato constitucional.

En las leyes 142 y 143 esos fines siguen asociados a los caracteres tradicionales del servicio público: calidad del bien objeto del servicio, ampliación permanente de la cobertura (en la que cumplen un papel determinante los subsidios), prestación continua e ininterrumpida (salvo por motivos de fuerza mayor, caso fortuito o de orden técnico o económico) y —ahora, además, eficiente—. Sin embargo, el medio para lograr esos fines cambió: ya no es el monopolio público, sino la libre competencia económica y la necesaria intervención estatal para promoverla y asegurar sus beneficios.

En armonía con el mandato constitucional, el artículo 3° de la ley 142 —que corresponde a los artículos 3° y 4° de las leyes 143 y 1341, respectivamente— dispuso que los instrumentos de intervención económica son todas y cada una de las funciones asignadas a las autoridades de que trata esa ley[35].

[33] Cfr. Consejo de Estado, Sala de Consulta y Servicio Civil, concepto de 11 de abril de 2002, rad. núm. 1409 [fundamento jurídico 1].

[34] Cfr. Asamblea Nacional Constituyente, *Gaceta Constitucional nº. 48* de 1991, pág. 12 y exposición de motivos al proyecto de ley 197 de 1992-Senado, en Congreso de la República, *Gaceta del Congreso* núm. 162 de 1992.

[35] Cfr. Consejo de Estado, Sección Tercera, Subsección B, sent. de 30 de junio de 2011, rad. 32018 [fundamento jurídico 3], con S. V.; Sala Especial de Decisión núm. 26, sent.

Las funciones[36] —y no las instituciones que las cumplen— son, pues, los instrumentos de intervención económica. Ahí radica justamente la precisión que ordena la norma constitucional. Y ello explica, además, el papel francamente secundario y residual que tiene la reglamentación presidencial de estas disposiciones.

13. La especialidad del régimen de los servicios públicos no solo está en el carácter particular de las normas legales que desarrollan los mandatos constitucionales (normas de intervención económica), sino también en su contenido, según el artículo 5º de la ley 57 de 1887, en armonía con el artículo 3º de la ley 153 de 1887 (la norma especial deroga a la general).

14. La ley 142 —en desarrollo del art. 365 de la Const. Pol.— previó un régimen especial para esos prestadores al disponer reglas particulares para las sociedades por acciones (arts. 17 y ss.) que son diferentes a las que por vía general estableció el Código de Comercio en sus artículos 373 y ss. Esa ley dispuso, por ejemplo, que podrían tener un término de duración indefinido y que no todas las causales de disolución del régimen general le serían aplicables.

Asimismo, la naturaleza de esta especial categoría empresarial está definida por dos elementos: la forma societaria —sociedades por acciones— y el objeto —prestar servicios públicos—[37]. El operador de servicios públicos por excelencia ya no es, entonces, el establecimiento público, que está encargado de atender funciones administrativas conforme a las reglas de derecho público (ley 489 de 1998, art. 70). La ley 142 permitió —por excepción— que los operadores optaran por transformarse en empresas industriales y comerciales del Estado, que según el artículo 85 de la ley 489 desarrollan actividades de naturaleza industrial o comercial y de gestión económica, conforme a las reglas del derecho privado[38]. La actividad no es, por consiguiente, función administrativa.

---

de 5 de marzo de 2021, rad. 2020-01891-00 [fundamento jurídico 11], con S. V. y sent. de 26 de marzo de 2021, rad. 2020-01743-00 [fundamento jurídico 20.4].

[36] En especial las atribuciones relativas a las siguientes materias: (i) regulación; inspección, vigilancia y control; (ii) otorgamiento de subsidios; (iii) promoción y apoyo a los prestadores; (iv) organización de sistemas de información; (v) protección de los recursos naturales; (vi) estímulo a la inversión de los particulares; (vii) respeto al principio de neutralidad (régimen de competencia económica) y (viii) gestión y obtención de recursos para la prestación.

[37] Cfr. Concepto SSPD 20001300000355, en Superintendencia de Servicios Públicos, *Servicios públicos domiciliarios, serie Actualidad Jurídica*, tomo IV, Bogotá, Imprenta Nacional, 2001, págs. 149 y 150.

[38] Como indica la doctrina "[o]trora a cargo exclusivamente de los establecimientos públicos, el servicio público en la actualidad se sirve de diversas estructuras, como son los establecimientos públicos, administrativos o industriales y comerciales, las agrupaciones

El género empresa de servicios públicos (ESP) constituye una nueva tipología de persona jurídica en el derecho colombiano. La ley 142 de 1994 dispone en su artículo 15 —y sus antecedentes lo confirman[39]— que por regla general los operadores deben revestir la forma de "empresas de servicios públicos" y las otras modalidades, autorizadas, son excepcionales[40].

Ahora, el inciso final del artículo 3º prescribe que todos los prestadores (y no solo las empresas de servicios públicos-ESP) se someten a esa ley y, por ende, a la regulación y al control del Estado, en todo lo que no resulte incompatible con la Constitución y con la ley. Régimen que impone un tratamiento de actividades comerciales y no de prerrogativas públicas, ya que al "desmonopolizarse", los particulares son ahora cotitulares de la prestación.

Si la ley 489 en los artículos 38.2 y 84 incluyó a los prestadores oficiales dentro de las entidades descentralizadas, era para dejar claro que orgánicamente hacen parte de la Administración. Y aunque estos prestadores integran la rama ejecutiva del poder público, la ley 489 también dispuso que se sujetan a las previsiones especiales del régimen legal de servicios públicos. Por consiguiente, que una entidad haga parte de la rama ejecutiva no implica de suyo que ejerza funciones administrativas.

---

de interés público, las sociedades comerciales, de economía mixta o totalmente privadas e, incluso, las asociaciones. Los agentes a través de quienes se prestan los servicios públicos ya no son necesariamente funcionarios públicos [...]. De igual manera, mientras los servicios públicos tradicionalmente se dirigían sólo a usuarios, en la actualidad algunos de ellos, los industriales y comerciales, están dirigidos, en principio, a clientes. [...] En definitiva, la evolución contemporánea de los servicios públicos muestra importantes diferencias con el modelo teórico inicial, lo que, sin duda alguna, denota una pérdida de precisión de la concepción francesa del servicio público, sin embargo, esto no es algo que se deba lamentar". (Pierre Espluglas, *Le service public*, Paris, Dalloz, 2002, págs. 123-124).

[39] Cfr. Exposición de motivos al proyecto de ley 197 de 1992, por la cual se establece el régimen de los servicios públicos domiciliarios, en Congreso de la República, *Gaceta del Congreso* núm. 162 de 1992, pág. 24.

[40] Así se deduce de las normas del título preliminar (arts. 1 a 13), de sus definiciones especiales (art. 14), del régimen de las empresas (arts. 15, 17 y 19 en especial) y del régimen de transición (título X). Las otras modalidades de operadores son: (i) los productores de servicios marginales, independientes o para uso particular; el municipio prestador directo; (ii) las comunidades organizadas; (iii) las entidades descentralizadas, al momento de expedir la ley y temporalmente, cuyos propietarios no deseen que su capital esté representado en acciones que deben adoptar la forma de empresa industrial y comercial del Estado y (iv) las entidades autorizadas para prestar servicios públicos durante los períodos de transición previstos en la ley 142. Cfr. Consejo de Estado, Sección Tercera, sent. de 25 de octubre de 2006, rad. AP-1843 [fundamento jurídico 1] y auto de 18 de julio de 2007, rad. 29745 [fundamento jurídico 1.2], con A. V.

La ley reconoció que los prestadores —incluso los privados— pueden estar excepcionalmente revestidos de prerrogativas de poder público, como la posibilidad de inclusión de cláusulas exorbitantes en ciertos contratos (ley 142, art. 31); la ocupación temporal de inmuebles, la imposición de servidumbres o la enajenación forzosa de bienes —como las potestades excepcionales en contratación— ya no son facultad exclusiva del Estado, sino que los particulares las tienen por ser prestadores del servicio a la comunidad (ley 142, arts. 33, 56, 57, 116 a 120) y la defensa del usuario en sede de la empresa (ley 142, arts. 152 a 159)[41].

Aunque de manera aislada algunos pronunciamientos parecen dar a entender que los particulares prestadores de servicios públicos ejercen funciones administrativas[42], lo cierto es que la jurisprudencia —en general— ha sido consistente en considerar que su prestación no es una modalidad de descentralización por colaboración. En últimas, si el Estado obra como una persona de derecho privado es apenas natural que sus relaciones se rijan por el derecho privado.

15. La ley 142, en los artículos 30[43] y 31, y la ley 143, en sus artículos 8 y 76, previeron que el régimen contractual de los prestadores sería de derecho privado[44]. Desde un comienzo la jurisprudencia sostuvo que el régimen general de los contratos de los operadores era el derecho común[45]. Sin embargo, y a pesar de que el artículo 3º de la ley 689[46] buscó dar mayor precisión a la redacción del precepto, la jurisprudencia se alejó —por largos años— de las normas legales y con criterios "administrativistas" trató la actividad precontractual con criterios propios de derecho público.

[41] Cfr. Corte Constitucional, sent. C-263 de 1996 [fundamentos jurídicos 3 y 4], con S. V. y A. V.; Consejo de Estado, Sala Plena de lo Contencioso Administrativo, auto de 23 de septiembre de 1997, rad. S-701 [fundamento jurídico B y F], con S. V. y Sección Tercera, sent. de 24 de febrero de 2005, rad. AP-1470 QW[fundamento jurídico 2.1].

[42] Cfr. Corte Constitucional, sent. C-702 de 1999 [fundamento jurídico 2-2], con S. V. y sent. C-736 de 2007 [fundamento jurídico 5.3], con S. V.

[43] Declarado exequible, Corte Constitucional, sent. C-066 de 1997 [fundamento jurídico 1].

[44] Cfr. Luis Ignacio Betancur, "Aplicación del derecho privado a la administración pública", en Antonio Aljure, Rocío Araújo y William Zambrano, *Sociedad*, *Estado y derecho*, Homenaje a Álvaro Tafur Galvis III, Bogotá, Colegio Mayor de Nuestra Señora del Rosario, 2014, págs. 475 y ss.

[45] Cfr. Consejo de Estado, Sala de Consulta y Servicio Civil, concepto de 24 de febrero de 1995, rad. 0666 [fundamento jurídico 3.C]; concepto de 19 de julio de 1995, rad. 704 [fundamentos jurídicos B1 y B2].

[46] Cfr. Congreso de la República, *Gaceta del Congreso* núm. 538 de 1999, pág. 3 y *Gaceta del Congreso* núm. 186 de 2000, pág. 9.

La Subsección C, de la Sección Tercera del Consejo de Estado, primero por medio de votos particulares[47] y después en decisiones por unanimidad[48], "regresó" paulatinamente a lo dispuesto en las leyes 142, 143 y 689 sobre el régimen contractual de los prestadores de servicios públicos. Luego, el pleno de la Sección Tercera —en un pronunciamiento de enorme importancia[49]— hizo suyo el criterio de esa subsección, al interpretar el marco jurídico en busca del verdadero sentido de las normas (C. C., art. 26).

Las actuaciones de los prestadores previas a la celebración de un contrato no son actos administrativos y, por ello, la forma de controlarlos judicialmente no es mediante la acción de nulidad y restablecimiento del derecho, porque se trata de responsabilidad precontractual [*culpa in contrahendo*]. Si la entidad no ejerce función administrativa, es apenas natural que los actos que expida no sean actos administrativos. Un paso importante para regresar a un derecho administrativo de la libertad que no aprecia en toda actuación de la Administración un supuesto "acto administrativo" y que tampoco estima que solo, si hay acto administrativo, es posible controlar la actividad administrativa. Es evidente que no toda actuación administrativa es acto administrativo.

16. Sin embargo, la ley 1150 de 2007 en su artículo 13 pretende aplicar principios de función administrativa a actividades que no lo son, como los servicios públicos. Como la ley 142 en su artículo 186 exige la derogatoria expresa, al no haberse dado en este caso, la pretendida reforma no puede aplicarse a este sector. En todo caso, una disposición tan gaseosa no supone una aplicación indiscriminada de postulados de derecho público a asuntos gobernados por el derecho común[50]. No se puede pretender aplicar —sin más— principios de la función administrativa al ámbito de una actividad que, según la Constitución, no es función administrativa[51].

17. En relación con los actos administrativos (que expidan las autoridades sectoriales y excepcionalmente los prestadores) la ley también previó

[47] Cfr. A. V. a Consejo de Estado, Sección Tercera, Subsección C, sent. de 7 de septiembre de 2015, rad. 36633 [fundamento jurídico 2.1].

[48] Cfr. Consejo de Estado, Sección Tercera, Subsección C, sent. de 20 de febrero de 2017, rad. 56562 [fundamento jurídico 1], con A. V.; sent. de 5 de julio de 2018, rad. 59530 [fundamento jurídico 1]; sent. de 30 de septiembre de 2019, rad. 43036 [fundamento jurídico 3.4.1], con A. V.; auto de 11 de mayo de 2020, rad. 58562 [fundamento jurídico 2.6] y sent. de 28 de febrero de 2020, rad. 31628 [fundamento jurídico 4].

[49] Cfr. Consejo de Estado, Sala Plena de la Sección Tercera, sent. de 3 de septiembre de 2020, rad. 42003 [fundamento jurídico 2.5] con A. V.

[50] Cfr. A. V. a Consejo de Estado, Sala Plena de la Sección Tercera, sent. de 3 de septiembre de 2020, rad. 42003 [fundamento jurídico 2.4].

[51] Cfr. Corte Constitucional, sent. C-629 de 2003 [fundamento jurídico 6.4].

reglas particulares. Hay normas especiales sobre la motivación de actos administrativos de las autoridades en servicios públicos (ley 142, art. 3º *in fine*)[52], diferentes de las generales de la legislación administrativa (C C. A, arts. 35 y 84, hoy C. P. A. C. A., arts. 42 y 137).

Asimismo, el artículo 38 de la ley 142 establece una regla especial sobre los efectos hacia el futuro (*ex nunc*) de la anulación de actos y contratos relacionados con servicios públicos[53]. Así se aparta de la regla general anulatoria con efectos retroactivos (*ex tunc*)[54]. Esta prescripción está concebida —como muchas otras de esa legislación sectorial— para garantizar la seguridad jurídica[55].

18. También la ley 142 en los artículos 1º a 14 de su título preliminar y en el artículo 160 y la ley 1341 en su artículo 7º (modificado por el art. 6º de la ley 1978 de 2019) previeron normas particulares en materia de interpretación de la ley. Disposiciones especiales que se prefieren a las generales de los artículos 25 a 31 del Código Civil y de los artículos 1 a 49 de la ley 153 de 1887. La ley 142 igualmente consignó normas especiales en materia de interpretación de las reglas contractuales en el artículo 30, a las que debe acudirse antes de invocar las generales de los artículos 1618 y siguientes del Código Civil.

19. De igual modo, la ley 142 —en su art. 186— y la ley 1341 de 2009 —en su art. 73—, alejándose de los postulados generales del artículo 71 del Código Civil y de la ley 153 de 1887 (arts. 2º, 3º, 9º, 14 y 15), dispusieron una regla especial de derogatoria. En servicios públicos la ley posterior no deja tácita o indirectamente sin efecto a la anterior. Una disposición concebida para garantizar un mínimo de seguridad jurídica. Este precepto se inspira en el artículo 42 de la ley 4ª de 1913[56].

Este mandato que no es contrario a la Constitución, porque no establece —como podría pensarse— una ley con jerarquía especial. Se limita a ordenar algo que ya insinúa el artículo 158 de la Constitución: las normas

[52] Cfr. Consejo de Estado, Sección Tercera, Subsección B, sent. de 30 de junio de 2011, rad. 32018 [fundamento jurídico 3.3], con S. V.

[53] Cfr. Consejo de Estado, Sección Tercera, Subsección B, sent. de 30 de junio de 2011, rad. 32018 [fundamento jurídico 4], con S. V. y Sala Especial de Decisión nº. 10, sent. de 13 de agosto de 2020, rad. 2020-01058-00 [fundamento jurídico 32], con S. V.

[54] Cfr. Consejo de Estado, Sección Tercera, sent. de 5 de julio de 2006, rad. 21051 [fundamento jurídico 1].

[55] Corte Constitucional, sent. C-066 de 1997 [fundamento jurídico 6].

[56] Cfr. Consejo de Estado, Sección Tercera, sent. de 13 de agosto de 2008, rad. AP-0888 [fundamento jurídico 3], con S. V.

que reforman o derogan disposiciones anteriores, deben contener los mandatos que expresen de manera clara los preceptos que reforman o derogan.

En todo caso, la legislación sectorial de los servicios públicos se ha mantenido —en términos generales— a lo largo de más de un cuarto de siglo. Esa estabilidad se explica no en ese sabio precepto, sino —como sostiene el profesor PALACIOS MEJÍA— en que el gobierno, las empresas y los usuarios parece que "temen que una reforma hecha con el propósito de lograr alguna pequeña mejoría, sea oportunidad de un cambio mayor que altere los delicados equilibrios que la ley contiene". Todo indica, dice el autor, que la estabilidad de la ley 142 "proviene del hecho de que cada uno de los grandes sectores sociales a los que ella se aplica sienten que la ley protege sus intereses fundamentales. Es difícil hacer elogio más alto de esa, o de cualquier otra ley"[57].

20. El artículo 369 sentó las bases de un régimen particular de protección del consumo en este sector. La Constitución replanteó la terminología tradicional: se pasó de "administrado" a "usuario". Si el servicio público dejó de ser una función administrativa, era apenas natural que el destinatario del servicio cambiara su nombre.

El usuario justificó el cambio de modelo. Según la exposición de motivos de la ley 142, el usuario fue la "principal víctima" en el monopolio oficial. Como los recursos del sector dependían de las disponibilidades fiscales, ello impedía ampliar la cobertura. Además el monopolio carecía de incentivos para la eficiencia, lo que entrañaba que el usuario debía pagar tarifas innecesariamente altas y recibía servicios de "calidad pobre"[58]. Por ello, el servicio universal y eficiente es el pilar sobre el que descansa todo el esquema constitucional de protección del usuario[59].

El artículo 369 de la Constitución establece una reserva de ley de intervención económica para los derechos y deberes del usuario[60]. Singularidad de la protección que se basa en la "asimetría real" en las relaciones entre prestadores y usuarios [61]. Una legislación concebida a favor de la "parte más

[57] HUGO PALACIOS MEJÍA, (prólogo) a Económica Consultores, *Impacto sectorial de los diez años de la legislación marco de servicios públicos domiciliarios en Colombia*, Bogotá, Superintendencia de Servicios Públicos Domiciliarios, 2004, pág. 13.

[58] Exposición de motivos al proyecto de ley 197 de 1992-Senado, en Congreso de la República, *Gaceta del Congreso* núm. 162 de 1992.

[59] Cfr. Asamblea Nacional Constituyente, Gaceta Constitucional núm. 53, 18 abril de 1991, pág. 5 y Gaceta Constitucional núm. 113, 5 de julio de 1991, pág. 31.

[60] Cfr. Asamblea Nacional Constituyente, Gaceta Constitucional núm. 48, 4 de abril de 1991, pág. 12.

[61] Consejo de Estado, Sección Tercera, Subsección B, sent. de 7 de abril de 2011, rad. AG-0016 [fundamento jurídico 5].

débil". Reserva que entraña que los derechos de los usuarios son materia de ley y no un ámbito abierto a la regulación administrativa económica[62].

La ley 142 es, por consiguiente, un estatuto de protección del usuario que no se reduce a la parca previsión de su artículo 9º[63]. De modo que, la regulación económico-administrativa no puede otorgar a las empresas la facultad de imponer multas a los usuarios[64], tampoco puede prever la fórmula que determine la base para fijar el cobro de la contribución especial para usuarios no regulados, porque tal competencia radica exclusivamente en el legislador[65].

21. El legislador optó por concebir un esquema de protección del usuario con una mirada "administrativista", propia de las relaciones entre la Administración y las personas. La ley 142 adoptó figuras típicas del derecho administrativo: el derecho de petición (ley 142, art. 152)[66]; el "silencio administrativo positivo" (ley 142, art. 158); la notificación sobre la decisión de una petición o de un recurso se hace en la forma prevista en el Código Contencioso Administrativo —hoy C. P. A. C. A.— (art. 159); la Superintendencia de Servicios Públicos, además, conoce del recurso de apelación contra esas decisiones y según las reglas de la primera parte de ese código[67].

Si la prestación de los servicios públicos dejó de ser una función administrativa, ¿es coherente que las empresas estén revestidas de "potestades de autotutela" que son propias del ejercicio de una función administrativa? ¿No resulta, acaso, extraño a un esquema como el expuesto, que los operadores puedan resolver unilateralmente (a través de "actos administrativos") las controversias que surjan en la ejecución del contrato de prestación de servicios? ¿Estas prerrogativas de poder público acentúan aún más la diferencia entre la debilidad del usuario y la preeminencia de la empresa prestadora[68]?

62 Cfr. Consejo de Estado, Sección Tercera, Subsección B, sent. de 29 de marzo de 2012, rad. 25693 [fundamento jurídico 21].

63 Cfr. Consejo de Estado, Sección Tercera, sent. de 19 de junio de 2008, rad. AP-0005 [fundamento jurídico 3.1], con A. V.

64 Cfr. Consejo de Estado, Sección Tercera, sent. de 30 de julio de 2008, rad. 26520 [fundamento jurídico 2.2.3].

65 Cfr. Consejo de Estado, Sección Cuarta, sent. de 5 de mayo de 2000, Rad. 9783 [fundamento jurídico párr. 15].

66 Cfr. Corte Constitucional, sent. C-818 de 2011 [fundamento jurídico 3.1.1].

67 Se dota así de un "privilegio de lo previo" a los prestadores en temas determinantes de la relación con el usuario como la negativa del contrato, la suspensión, la terminación, el corte y la facturación del servicio.

68 Esas decisiones unilaterales de las empresas, en consecuencia, son susceptibles de los controles "parecidos" a los que proceden contra los actos de la Administración. Una "auténtica vía gubernativa para el sector de los servicios públicos domiciliarios", en tanto

Se produce una situación sorprendente: una actividad se "convierte" en lo que no es —una función administrativa—, cuando el usuario reclama por su prestación. Es más curioso aún que esa modalidad impropia de las relaciones con los usuarios, se haya extendido a otros eventos de puro derecho del consumo: ¿"publización" o "administrativización" del derecho comercial[69]?

22. Si la ampliación de la cobertura sigue siendo un elemento esencial en la prestación de los servicios públicos, la pobreza —en un país como el nuestro— no puede ser una barrera para la normal prestación. Así la ley 142, en desarrollo de los mandatos de los artículos 366, 367 y 368 de la Constitución[70], previó un esquema particular de subsidios[71] (arts. 2° nums. 2.2, 2.8 y 2.9; 3° nums. 3.2 y 3.7; 5° nums. 5.3 y 5.4; 86 nums. 86.2; 87 nums. 87.3; 89 y 99 a 104).

La ley 142 de 1994 diseñó un esquema racional, neutro (ajeno a veleidades políticas) y eficiente de otorgamiento de subsidios para garantizar el acceso a los usuarios de menores ingresos. La idea es simple: se trata de

---

los prestadores obran en esos casos "como titulares de funciones administrativas" (Corte Constitucional, sent. C-558 de 2001 [fundamento jurídico 5]).

[69] Sobre la "invasión" del derecho privado por el derecho público, ver FERNANDO GARRIDO FALLA, *Tratado de derecho administrativo*, vol. I, Madrid, Instituto de Estudios Políticos, 1973, págs. 151 y ss.

[70] Los servicios públicos, aunque ya no sean monopolios oficiales, son por mandato constitucional inherentes a la finalidad social del Estado (Const. Pol., art. 365). Se mantiene así uno de los elementos distintivos de la noción clásica, esto es, su prestación general e ininterrumpida (hoy denominada "servicio universal"), al disponer que el Estado debe asegurar su prestación eficiente a todos los habitantes del territorio nacional.

A su vez, el art. 366 de la Const. Pol. prevé que el gasto público social tendrá prioridad sobre cualquier otra asignación. Como el régimen tarifario debe tener en consideración el criterio de solidaridad (Const. Pol., art. 367), la Constitución ordena a las entidades territoriales conceder subsidios en sus respectivos presupuestos focalizados a que las personas de menores ingresos —discriminación positiva— puedan pagar las tarifas de los servicios públicos domiciliarios que cubran sus necesidades básicas (Const. Pol., art. 368).

La Constitución previó que la prestación no puede ser gratuita, al disponer que el régimen tarifario debe tener en cuenta el criterio de costos. Sin embargo, estableció simultáneamente otros criterios de ese régimen tarifario: solidaridad y redistribución de ingresos.

[71] Cfr. Corte Constitucional, sent. C-580 de 1992 [fundamento jurídico B]; sent. C-566 de 1995 [fundamentos jurídicos 1 -3.1 y 3.2-]; sent. C-252 de 1997 [fundamentos jurídicos 2 y 9]; sent. C-086 de 1998 [fundamento jurídico 3]; C-150 de 2003 [fundamentos jurídicos 5.1 y 5.2.1]; sent. C-041 de 2003 [fundamento jurídico 3] y sent. C-353 de 2006 [fundamentos jurídicos 5 y 6], con A. V. y S. V. y Consejo de Estado, Sección Tercera, sent. de 2 de marzo de 2006, rad. AP-0543 [fundamento jurídico 1], con S. V.; sent. de 12 de octubre de 2006, rad. AP-0833 [fundamentos jurídicos 1 y 4.5], con A. V. y sent. de 18 de junio de 2008, rad. AP- 0618, [fundamentos jurídicos 7 y 9], con A. V.

ayudar al pago del consumo básico de subsistencia. Según la Constitución y la ley, el usuario debe cubrir todo lo que exceda ese consumo.

23. El trascendental cambio que trajo para la teoría del servicio público la eliminación del monopolio oficial supuso también una transformación del aparato institucional. Este ya no se centra en el establecimiento público como entidad descentralizada funcionalmente por excelencia, sino en los más representativos medios de intervención administrativa de la economía: la regulación administrativa económica y la inspección, vigilancia y control, al ser una actividad de comercio e industria.

La fortaleza de las instituciones administrativas depende de cuánto se acoplan a la realidad del país. Así como el modelo general de prestación concebido por el constituyente —y acertadamente desarrollado por el legislador de 1994— fue una respuesta a las necesidades colombianas, la institucionalidad del sector obedeció a criterios muy nuestros.

24. La legislación ordena a las comisiones de regulación promover y preservar la competencia, así como asegurar las condiciones de una oferta del servicio eficiente para poder abastecer la demanda[72]. Las comisiones tienen facultades típicamente administrativas y no legislativas, como las que se dice pueden llegar a tener las agencias reguladoras norteamericanas. Así lo pusieron de presente, en su momento, los profesores VÉLEZ GARCÍA[73] y VIDAL PERDOMO[74].

La Corte Constitucional, en un importante pronunciamiento, resaltó que las comisiones de regulación hacen parte de la rama ejecutiva del poder público del orden nacional, que cumplen funciones administrativas y que dependen del presidente de la República, como suprema autoridad administrativa. Según este fallo, cualquier intento de sustituir al legislador, o de dictar reglas sin apoyo en las prescripciones legales, es contrario al artículo 370 de la Constitución.

Esta decisión resaltó que las comisiones cumplen funciones presidenciales y que, como lo ordena ese mismo precepto constitucional, las ejercen con sujeción a la ley. Por ello, la regulación no puede —como sí sucede en otros ordenamientos— "completar" la ley, ni llenar sus "vacíos". La

[72] La regulación administrativa económica sectorial ha cumplido un papel determinante para lograr un esquema tarifario eficiente en el sector eléctrico, por ejemplo, donde la competencia —en generación y comercialización— y un esquema de bolsa han permitido ampliar la cobertura.

[73] JORGE VÉLEZ GARCÍA, *Los dos sistemas del derecho administrativo*, Bogotá, Universidad Sergio Arboleda, 1996 págs. 205 y ss.

[74] JAIME VIDAL PERDOMO, "Las comisiones de regulación en los servicios públicos", en *Revista de Derecho Público* núm. 11, Bogotá, Universidad de los Andes, 2000, pág. 222.

regulación administrativa económica no es, pues, en el derecho nacional "legislación secundaria", tampoco "forma proposición jurídica completa con la ley"[75]. El Consejo de Estado —como juez natural de los actos regulatorios— ha seguido ese criterio vinculante, por su fuerza de cosa juzgada, y "con fundamento en su alcance normativo limitado"[76].

25. La denominación "comisiones de regulación" podría cambiarse. Tal vez sería mejor llamarlas "agencias de promoción de la competencia" o "agencia de garantía del mercado". La regulación no puede ser la regla y tampoco se puede estar regulando constantemente. El orden jurídico impone tener como derrotero una cierta permanencia de la regulación. El hecho de que se denominen así puede dar a entender que su objeto es, justamente, regular, solo regular y nada más que regular. La experiencia demuestra que los cambios bruscos del marco regulatorio desestimulan la inversión, alteran el mercado y atenta contra la libertad económica. La confianza y la certeza son los pilares del derecho.

La actividad regulatoria podría enmarcarse mejor en la lógica del Código Civil de "desregular": más normas supletivas de la voluntad y menos normas de orden público, solo las estrictamente necesarias. Tenemos un país con demasiadas leyes y acostumbrado a un número excesivo de disposiciones reglamentarias. El sector de los servicios públicos tiene un marco legal estable y muy pocos decretos reglamentarios. Sin embargo, las comisiones en muchos aspectos han "sobrerregulado" el sector.

La "desmonopolización" de la prestación de los servicios públicos, aunque entrañe funciones de intervención estatal, debe ir acompañada de "desregulación", es decir, de medidas que tiendan a disminuir o eliminar regulaciones estatales innecesarias sobre el mercado. Regular caóticamente, regular sin evidencia, regular de forma efímera atenta contra la libertad. Hay que "liberar" a este país de tanta regulación inútil que solo hace difíciles las cosas.

26. De otra parte, la concentración de funciones en las comisiones de regulación riñe con los postulados liberales de toda democracia. Atribuirles la facultad de dirimir conflictos entre operadores no solo parece contrario a la Constitución —a pesar de que la Corte ya se haya pronunciado a favor de su exequibilidad—[77], sino al sentido común: quienes expiden las reglas

[75] Corte Constitucional, sent. C-1162 de 2000 [fundamento jurídico 1].

[76] Cfr. Consejo de Estado, Sala Especial de Decisión núm. 26, sent. de 26 de marzo de 2021, rad 2020-01743-00 [fundamento jurídico 9].

[77] Cfr. Corte Constitucional, sent. C-1120 de 2005 [fundamento jurídico 9]. Como esta providencia no tiene efectos de cosa juzgada absoluta, en un futuro la Corte podría pronunciarse frente al art. 116 de la Const. Pol.

no pueden ser luego imparciales e independientes para aplicarlas en casos particulares. La experiencia ha mostrado, además, que no es precisa la naturaleza de esa función —¿administrativa o judicial?—. Esa incertidumbre sobre su alcance no es una buena señal para el mercado[78].

27. La Constitución dividió las funciones de regulación y control en instituciones separadas. Aunque su titular también sea el presidente de la República, el régimen represivo o corrector quedó a cargo de la Superintendencia de Servicios Públicos. Dos autoridades separadas para funciones de policía administrativa, que en otros países concurren en una misma institución[79]. La legislación dio así cabal desarrollo al artículo 370 de la Constitución[80].

La Superintendencia de Servicios Públicos es una institución —que según el constituyente— "resulta indispensable para proteger los derechos de los usuarios, asegurar la eficiencia y el manejo correcto del servicio y, en general, para hacer eficaz la regulación y el control del Estado"[81] (Const. Pol., arts. 189.22 y 370). Como la prestación —según el marco constitucional— debe ser eficiente, la potestad sancionatoria de la Administración exige un control de gestión de la prestación (ley 142, arts. 45 y ss.)[82].

Como ya se indicó, todas y cada una de las funciones de la superintendencia sectorial son instrumentos de intervención del Estado en este sector de la economía: "un reducto de lo público que no puede ser decidido por la racionalidad privada"[83]. La Superintendencia es, pues, una manifestación de la *potestad correctiva del Estado*[84] que, en ejercicio del control de gestión a su cargo, incluso puede tomar posesión de los prestadores, para garantizar la continua prestación eficiente del servicio (ley 142, arts. 79 y 80)[85].

[78] Cfr. Consejo de Estado, Sección Tercera, sents. de 27 de marzo de 2008, rad. 33645 [fundamento jurídico 3.2.1] y rad. 33644 [fundamento jurídico 2.2].

[79] Congreso de la República, *Gaceta del Congreso* núm. 50 de 1992, pág. 16.

[80] Cfr. Congreso de la República, *Gaceta del Congreso* núm. 162 de 1992, pág. 25.

[81] Asamblea Nacional Constituyente, Gaceta Constitucional núm. 22, 18 de marzo de 1991, pág. 51 y ss.

[82] Cfr. Corte Constitucional, sent. C-599 de 1996 [fundamento jurídico 5].

[83] Cfr. Consejo de Estado, Sección Tercera, sent. de 24 de febrero de 2005, rad. AP-1470 [fundamento jurídico 2.1].

[84] Cfr. Consejo de Estado, Sala de Consulta y Servicio Civil, concepto de 16 de junio de 1997, rad. 931 [fundamento jurídico 3]; Sección Tercera; sent. de 26 de octubre de 2006, rad. AP-1843 [fundamento jurídico 1]; sent. de 15 de agosto de 2007, rad. AP-0004, [fundamento jurídico 3] y Sala Especial de Decisión nº. 26, sent. de 5 de marzo de 2021 [fundamento jurídico 8].

[85] Cfr. Consejo de Estado, Sección Tercera, sent. de 26 de enero de 2006, rad. AP-1944 [fundamento jurídico 3].

La ley 142 de 1994 reguló el control de gestión y resultados sobre las empresas de servicios públicos domiciliarios en el capítulo primero del Título IV (arts. 45 a 52). En consonancia con esto, el numeral 11 del artículo 79, modificado por el artículo 13 de la ley 689 de 2001, atribuyó a la Superintendencia la función de evaluar la gestión financiera, técnica y administrativa de los prestadores. Según el artículo 45, el propósito principal del control empresarial es hacer coincidir los objetivos de quienes prestan servicios públicos con sus fines sociales y su mejoramiento estructural, en forma que se establezcan criterios claros que permitan evaluar sus resultados.

Para llevar a cabo esta tarea, la legislación previó la figura de las auditorías externas de gestión y resultados-AEGR[86] como un instrumento de apoyo a la Superintendencia de Servicios Públicos Domiciliarios[87]. Se buscaba que la supervisión tuviera un medio eficiente para llevar de manera adecuada un control técnico y de gestión a las empresas del sector (art. 51 de la ley 142, modificado por el art. 6º de la ley 689 de 2001).

De esta forma se buscaba garantizar un control empresarial eficiente, que de otra manera (mediante el aparato burocrático de la Superintendencia) no podría hacerse con eficiencia, dado el importante número de prestadores y las complejidades de cada sector. Sin embargo, la Corte Constitucional definió —al estudiar su constitucionalidad— que el deber de contratar AEGR no cobijaba a las empresas oficiales[88].

28. De otro lado, la ley 1340 de 2009 atribuyó a la Superintendencia de Industria y Comercio la prevención y represión de conductas contrarias a la libre competencia, en servicios públicos domiciliarios. Esa ley previó que dicha Superintendencia conocería de las investigaciones administrativas por infracción a las disposiciones de protección de la competencia y le correspondería la vigilancia administrativa del cumplimiento de las disposiciones relativas a competencia desleal y conductas anticoncurrenciales, sobre todos los sectores y actividades económicas.

Una cosa es que los particulares sean cotitulares de la prestación de los servicios públicos domiciliarios, pero asociados a las finalidades sociales del Estado, y otra muy distinta es tratarlos como una actividad económica más. Eso fue lo que hizo, por desventura, la ley 1340. La ley 1340 desplazó, pues, el control de los servicios públicos domiciliarios a esa autoridad de supervisión y control. Aunque la Corte Constitucional declaró exequible

[86] Cfr. Ponencia para primer debate al proyecto de ley 167 de 1992 en Congreso de la República, *Gaceta del Congreso*, núm. 121 de 1993.

[87] Cfr. Consejo de Estado, Sala Especial de Decisión nº. 26, sent. de 5 de marzo de 2021, 2020-01891-00 [fundamento jurídico 11].

[88] Corte Constitucional, sent. C-290 de 2002 [fundamento jurídico 10].

ese traslado (no obstante lo dispuesto por el art. 370 de la Const. Pol.), es preciso reiterar que esta reforma no aplica al sector de los servicios públicos domiciliarios, porque no hubo derogatoria expresa, como lo ordena la ley 142. De ahí la importancia de su artículo 186 para la seguridad jurídica y la coherencia del régimen.

29. A pesar de algunas dificultades, el régimen de los servicios públicos se ha consolidado como un ejemplo de transformación eficaz del derecho administrativo. El régimen de la contratación estatal previsto en la ley 80 de 1993 es otro frente legal donde los cambios de la Constitución de 1991 se han proyectado, como pasa a verse.

B) *Régimen legal de los contratos estatales: menos unilateralidad y más autonomía de la voluntad*

30. La "desmonopolización" de la prestación de los servicios públicos y la previsión constitucional de una economía social de mercado, exigieron replantear el marco legal de los contratos de la Administración. La contratación en la gestión pública emerge como un instrumento para manejar programas a cargo del Estado, mientras este conserva la titularidad de ciertos activos y fija —controla— las políticas del sector correspondiente[89]. El nuevo enfoque del papel del Estado como social de derecho (Const. Pol., art. 1), la protección de la libertad económica y de la empresa como base del desarrollo (Const. Pol., art. 333) imponen un régimen de contratación ágil y eficaz, donde la libertad contractual cumple un papel determinante.

En efecto, la Constitución protege de manera especial —al lado de la propiedad privada (art. 58)— a la libertad económica (art. 333) en sus diversas expresiones —libertad de empresa[90] y libertad de competencia—, como el derecho de toda persona a realizar actividades económicas lícitas, de acuerdo con sus preferencias o habilidades, para crear, mantener o incrementar un patrimonio[91], dentro del marco del ordenamiento jurídico.

El contrato estatal, como el servicio público, debe ser apreciado desde la economía. La contratación de la Administración muestra con nitidez no solo la enorme incidencia de las transformaciones constitucionales antes explicadas, sino en general del régimen económico, que alteraron la clave

[89] Además, no se olvide que la Constitución autoriza la prestación "indirecta" de servicios públicos por el Estado, a través de contratos.

[90] Que incluye sus diversas expresiones como la libertad de inversión, la libertad de emprendimiento, la libertad de entrada y —por supuesto— la libertad de contratación.

[91] Cfr. Asamblea Nacional Constituyente, *Gaceta Constitucional* núm. 80, 23 de mayo de 1991, pág. 911.

para apreciar las relaciones negociales estatales. El aspecto decisivo ya no está en las prerrogativas de poder público, sino en el regreso a la autonomía de la voluntad.

El nuevo cometido del Estado, en general en la economía y en particular en los servicios públicos, impuso reconfigurar —como en efecto se hizo— todo el régimen de contratación estatal. Un Estado que ha asumido tantos retos en el modelo social de derecho exige de una contratación pública robusta y eficiente que sirva de instrumento para el desarrollo del país.

Al igual que la legislación sectorial de los servicios públicos, la ley 80 de 1993 en su texto original busca propiciar la inversión (nacional y extranjera), al tener en cuenta las evidentes limitaciones fiscales de un país pobre como el nuestro. La innovación, el mejoramiento de la infraestructura nacional y de servicios, solo puede lograrse con el concurso insustituible de los particulares.

Los fines del Estado y el contrato estatal van de la mano. La colaboración de los particulares en la Administración es fundamental para el cumplimiento de los fines del Estado a través de la celebración de contratos con el Estado (Const. Pol., art. 2° y art. 3° de la ley 80). De ahí la inobjetable relevancia de la contratación pública en el PIB nacional, un 15 por ciento, según datos de la Agencia Nacional de Contratación Pública Colombia Compra Eficiente[92].

De modo que, al desaparecer el monopolio oficial del servicio público y al reconocer a la empresa como base de la economía, era una consecuencia natural que el régimen de la contratación estatal se acercara al de los particulares, normas que buscan —como lo advierte la profesora PALACIO JARAMILLO— "frente a la nueva perspectiva y orientación del Estado colombiano, que este, como gran gerente y administrador de la cosa pública y del interés general, pueda lograr una gestión contractual exitosa, útil, transparente, moral e igualitaria"[93].

Al recuperar la libertad su papel definitivo en la economía —en todos los sectores (Const. Pol., art. 333) y en particular en los servicios públicos (Const. Pol., art. 365), el contrato estatal también debía regresar a sus fuentes, a sus raíces: a la autonomía de la voluntad, a la libertad. Al recuperar la libertad se restaura la noción clásica de contrato[94]. Un derecho adminis-

[92] Cfr. Agencia Nacional de Contratación Pública Colombia Compra Eficiente, "Observatorio Colombiano de Contratación Pública", 9 de diciembre de 2021, disponible en http://www.occp.co/

[93] MARÍA TERESA PALACIO JARAMILLO, "Parámetros constitucionales...", *op. cit.*, pág. 26.

[94] Como dice RISOLIA, para ello hay que evitar "la legislación desarticulada y episódica, la perpetuación de la emergencia, la dirección de la economía y la explotación demagógica de la justicia social. Hay que remover las trabas, liberar la iniciativa y devolver su

trativo de la contratación que le apuesta al emprendimiento y al incentivo de la actividad empresarial y que —aunque las conserva— no se construye a partir de las prerrogativas de poder público.

31. La pretensión original de la ley 80 de 1993 era tener un ámbito de aplicación muy amplio, comprensivo de todos los contratos del Estado, justamente para poner fin a las dificultades que generaba la dualidad de regímenes del decreto ley 222 de 1983 (contratos administrativos y contratos de derecho privado de la Administración)[95].

Un estatuto con vocación de universalidad: además de prever un ámbito de aplicación muy amplio (art. 2º), creó una categoría única de contrato (art. 32). Por desventura, ese propósito se truncó con la explosión de regímenes singulares[96]. La proliferación de regímenes "exceptuados" aniquiló ese objetivo. Desde una discutible interpretación de diversas disposiciones constitucionales se estimó que muchas entidades públicas debían tener un régimen particular, diferente de la ley 80[97].

seguridad y estabilidad al orden jurídico. El respeto de la fe empeñada libremente y la correcta sanción de la fuerza obligatoria de los contratos, es indispensable a ese fin. No se puede construir un derecho justo sin voluntad autónoma; una economía sin contrato eficaz; un contrato sin libertad, sin moralidad, sin fuerza obligatoria. El orden jurídico debe ser entendido como un todo congruente, sensible y unitario. Ningún resorte se relaja sin que padezcan los demás. No hay derecho sin libertad ni puede haber libertad sin derecho. La libertad jurídica es un imperativo de la moralidad. La crisis de la voluntad autónoma es crisis de la regla moral. La libertad está al principio y fin del orden jurídico. Y los límites de la libertad —como se ha escrito con justeza— deben ser obra de la libertad." (Marco Aurelio Risolia, *Soberanía y crisis del contrato en nuestra legislación civil*, Buenos Aires, Abeledo Perrot, 1958, págs. 10 y11).

[95] Cfr. Susana Montes de Echeverri, "Algunas observaciones al nuevo estatuto contractual" en *Revista Cámara de Comercio de Bogotá*, núm. 50, Bogotá, 1983, págs. 87 y ss. y Dionisio Gómez Rodado, "La responsabilidad en la actividad contractual del Estado [decr. 222 de 1983]", en María Teresa Palacio Jaramillo (editora académica), *Contratos estatales*, Bogotá, Ibáñez y Colegio Mayor de Nuestra Señora del Rosario, 2022.

[96] Cfr. Libardo Rodríguez Rodríguez, "Panorama de las transformaciones del derecho público colombiano, con ocasión de la Constitución de 1991" en *El derecho público en Iberoamérica: libro homenaje al profesor Jaime Vidal Perdomo*, (dirección y coordinación Libardo Rodríguez R.), Bogotá, Temis y Universidad de Medellín, 2010, pág. 228.

[97] Las empresas sociales del Estado y promotoras de salud del régimen subsidiado; la enajenación de la propiedad accionaria del Estado; adquisición y adjudicación de tierras a los campesinos; las universidades públicas; ciencia y tecnología; espectro electromagnético; emisión de bonos y títulos de deuda pública y para contratar crédito externo por parte de las entidades territoriales; excepciones a la prohibición de "auxilios parlamentarios"; prestadores de servicios públicos domiciliarios; Banco de la República. Asimismo, los contratos financiados con fondos de los organismos multilaterales de crédito o celebrados con personas extranjeras de derecho público u organismos de cooperación; entidades financieras de carácter estatal; servicios postales; operaciones de crédito público; exploración y

32. La ley 80 de 1993 buscó brindar certeza a las relaciones contractuales del Estado. No es una ley breve porque sea una norma marco abierta a la reglamentación administrativa. Es una ley concisa porque el derecho común regula lo esencial, como lo disponen sin rodeos sus artículos 13 y 40. Escasos ochenta artículos que dejaron sentadas las bases de un esquema basado en el acuerdo, en la autonomía de la voluntad, en la libertad.

Ante el fracaso de los fines buscados con la legislación anterior, la ley 80 tanto en su letra como en su espíritu —manifestados con precisión en ella misma, así como en la historia fidedigna de su establecimiento (C. C., art. 27)— buscó remedio para esa Administración rodeada de obstáculos y pleitos que obligaron a buscar atajos para sustraerse de las leyes de contratación pública: "la agilidad, la libertad, la transparencia, la autonomía son principios de imperioso desarrollo. Por oposición, el excesivo detallismo y la asfixiante reglamentación son aspectos que dificultan el actuar contractual, en un marco caracterizado por la rapidez y por lo expedito de las decisiones, condiciones *sine qua non* para estar a tono con las tendencias imperantes de eficiencia, calidad, eficacia e internacionalización recogidas por nuestra Carta Política"[98].

Un estatuto conciso, que usa un lenguaje claro y sencillo, que tiene un conjunto articulado de preceptos en los que domina el sentido práctico. La triada sobre la que se construyó el estatuto contractual podría sintetizarse así: (i) los fines de la contratación son los mismos del Estado (ley 80, art. 3º); (ii) el régimen general es el derecho civil y comercial (art. 13, en consonancia con los arts. 23, 27, 28, 32, 40, 44 a 46 de la ley 80) y (iii) solo por excepción se aplican las reglas propias de la función administrativa (ley 80, art. 77).

---

explotación de recursos naturales renovables y no renovables. También se sustrajeron de la ley 80 a las empresas industriales y comerciales del Estado y sociedades de economía mixta en las que el Estado tenga participación superior al 50 por ciento que estén en competencia con los particulares o actúen en mercados regulados, sus filiales y las sociedades entre entidades públicas; sector defensa; a los contratos o convenios financiados en su totalidad o en sumas iguales o superiores al 50 por ciento con fondos de los organismos de cooperación, asistencia o ayudas internacionales; las sociedades fiduciarias y al Fondo Financiero de Proyectos de Desarrollo-FONADE. Del mismo modo, la edición e impresión de los medios de comunicación; Aeronáutica Civil y SATENA S. A.; Fondo Mixto de Promoción Cinematográfica y Fondo Mixto de Promoción de la Cultura y de las Artes; Programa de Protección a Testigos, Víctimas, Intervinientes en el Proceso y Funcionarios de la Fiscalía General de la Nación; Fondos de servicios educativos; Ecopetrol; suerte y azar; contratos del Fondo Nacional de Gestión del Riesgo y el Instituto Nacional de Salud, entre otros.

[98] Exposición de motivos al proyecto de ley 149 de 1992, en Congreso de la República, *Gaceta del Congreso* núm. 75 de 1992, pág. 11.

Como dijo el profesor VIDAL PERDOMO, la contratación del Estado al regular el ejercicio de actividades de carácter económico de los particulares es una ley de intervención económica (Const. Pol., art. 150.21): "La libertad de concurrencia, que es un postulado de la legislación económica se desarrolla a través del principio de la posibilidad de contratar con el Estado"[99].

33. La ley 80 es, pues, fiel desarrollo de los artículos 333 y 365 de la Constitución: un "instrumento gerencial" para así poder competir, en igualdad de condiciones, con los agentes privados[100]. Los antecedentes de esta ley resaltan que la unidad en sus fines se logra adecuadamente por la implantación de unos principios rectores que orienten y garanticen la gestión de todo ente estatal. Y dentro de ellos, la autonomía de la voluntad se revela como su máxima rectora: "como delegación que la ley confiere a las partes de regular las relaciones contractuales delimitada por el respeto de los imperativos del orden público"[101].

La autonomía de la voluntad, en el ámbito de los contratos, es esa esfera de poder jurídico que permite —como anota la doctrina— crear vínculos entre sujetos dentro del marco fijado por la ley. Es, pues, "una consecuencia de la libertad natural de los seres humanos, que los faculta para entrar o no en relaciones jurídicas voluntarias, y para darles el contenido que crean más conveniente"[102]. El derecho subjetivo no solo es libertad, es también poder jurídico, una "prerrogativa" otorgada a las personas para obrar lícitamente y conseguir un bien asegurado en las normas jurídicas.

Prerrogativa que "es inherente a la naturaleza misma del hombre", que entraña la libre apreciación en sus relaciones recíprocas ya que "el derecho no puede y no pretende imponer una determinada conducta: se limita a señalar la que estima conveniente y a castigar la que considera nociva"[103]. La autonomía de la voluntad descansa sobre la libertad individual, como dicen los hermanos MAZEAUD, "pero la libertad del individuo no podría ser absoluta sin conducir a la anarquía y al triunfo del mal; tiene por límites las reglas de la moral y las necesidades de la vida en sociedad"[104].

[99] JAIME VIDAL PERDOMO, "Principios constitucionales y legales de la nueva contratación administrativa", en AA. VV., *Comentarios al nuevo régimen de contratación administrativa*, Bogotá, Colegio Mayor de Nuestra Señora del Rosario, 1995, pág. 63.

[100] MARÍA TERESA PALACIO JARAMILLO, "Parámetros constitucionales...", *op. cit.*, pág. 25.

[101] Exposición de motivos al proyecto de ley 149 de 1992, en Congreso de la República, *Gaceta del Congreso* núm. 75 de 1992, págs. 9 y ss.

[102] CARLOS MOUCHET y RICARDO ZORRAQUIN BECU, *Introducción al derecho*, Buenos Aires, Perrot, 1959, pág. 111.

[103] CARLOS MOUCHET, y RICARDO ZORRAQUIN BECÚ, *Introducción al derecho*, *op. cit.*, pág. 111.

[104] HENRY, LÉON Y JEAN MAZEAUD, *Lecciones de derecho civil*, Parte tercera, vol. III, Buenos Aires, EJEA; 1962, pág. 30.

La libertad o autonomía negocial o contractual es, pues, autodeterminación, autorregulación y autodisposición de sus intereses en la vida social, para disciplinar sus propias relaciones[105]. Autonomía que es propia de las democracias liberales, que permite a las personas regular sus relaciones: es a la vez fuente de normas y fuente de relaciones.

Y en ese contexto la voluntad cumple un papel relevante, y por eso es un elemento esencial del negocio mismo[106]. La institución jurídica del contrato, como señala MESSINEO, es un reflejo de la institución jurídica de la propiedad privada: "Ella es el vehículo de la circulación de la riqueza, en cuanto se admita (no interesa en qué medida) una riqueza (esto es, una propiedad) privada"[107].

La autonomía de la voluntad es la base del derecho común y centro de gravedad de los contratos. Voluntad que está asociada al atributo de la capacidad de las personas: "la personalidad presupone capacidad de concluir actos jurídicos"[108]. La voluntad exteriorizada libre de vicios es capaz de crear por sí misma obligaciones: en este principio de la autonomía de la voluntad reposa el derecho moderno, como afirma la doctrina más autorizada[109].

La libertad es pilar básico de las decisiones de las personas. La libertad de contratar es una manifestación de la libertad en general y en particular es una "consecuencia" del principio de la autonomía de la voluntad[110]. Por ello, la declaración de voluntad en los contratos estatales no difiere en esencia de la de los contratos entre particulares. Eso es lo que reconoce la ley 80: toda una transformación del derecho administrativo.

Autonomía para gobernar su esfera jurídica[111]: una norma particular que permite la coexistencia de dos esferas de libertad[112]. La autonomía como

[105] LUIGI CARIOTA FERRERA, *El negocio jurídico*, Madrid, Aguilar, 1956, pág. 43; RENATO SCOGNAMIGLIO, *Teoría general del contrato* (trad. Fernando Hinestrosa), Bogotá, Universidad Externado de Colombia, 1983, pág. 16; MARCO GERARDO MONROY CABRA, *Introducción al derecho*, Bogotá, Temis, 1973, pág. 328.

[106] DOMÉNICO BARBERO, *Sistema del derecho privado*, t. I, Buenos Aires, EJEA, 1967, págs. 516 y 517.

[107] FRANCESCO MESSINEO, *Doctrina general del contrato*, Buenos Aires, EJEA, 1952, pág. 15.

[108] BIAGIO BRUGI, *Instituciones de derecho civil*, México, Uteha, 1946, pág. 99. Ver también ROBERTO DE RUGGIERO, *Instituciones de derecho civil*, México, Librería de Ángel Porrúa, 1939, pág. 183;

[109] ARTURO ALESSANDRI RODRÍGUEZ, y MANUEL SOMARRIVA UNDURRAGA, *Curso de derecho civil*, Santiago de Chile, Nascimento, 1961, pág. 310.

[110] ALESSANDRI, *Curso...*, *op. cit.*, pág. 311.

[111] LUIS DÍEZ-PICAZO y ANTONIO GULLÓN, *Sistema de derecho civil*, I, Madrid, Tecnos, 1982, págs. 387 y 389.

[112] LINA BIGLIAZZI, UMBERTO BRECCIA, FRANCESCO BUSNELLI y UGO NATOLI, *Derecho civil*, I, 2 (trad. Fernando Hinestrosa), Bogotá, Universidad Externado de Colombia, 1992, pág. 611.

ese ámbito de libertad que se negocia es la base que permite la constitución de relaciones jurídicas y de creación de preceptos particulares para gobernarse a sí mismo (autorregulación). Por ello, como anota VALENCIA ZEA, los artículos 1602 y 1618 del Código Civil son "las dos piedras angulares del Código en relación con el principio de la libertad contractual", pero de manera alguna esa voluntad carece de límites. Por el contrario, el Código prevé limitaciones "encaminadas a salvaguardar los intereses superiores de la colectividad: arts. 16, 1603, 1518, párr. 3° y 1524 C. C."[113].

Superada la visión monopólica del servicio público y reconocida la libertad contractual (una de las caracterizadas manifestaciones de la libertad de empresa) como base del desarrollo, también había que replantearse el dirigismo estatal en todas sus expresiones. Así, no se compagina con el orden constitucional adoptado en 1991, continuar razonando que en las relaciones negociales del Estado se debía seguir imponiendo la idea rectora de "prerrogativa de poder público". Esta ha cedido terreno, en los contratos estatales, a la "prerrogativa de poder jurídico" de la autonomía de la voluntad. Hoy el Estado también tiene este otro tipo de "prerrogativa", compartida con los particulares, ese poder jurídico para entablar relaciones jurídicas y regularlas.

En ese contexto de superación de los monopolios públicos, la autonomía de la voluntad es primordial en los contratos estatales. El derecho comercial y el derecho civil son la regla general y las normas especiales de la ley 80 deben coexistir con ellos. Así quedó explícito en la exposición de motivos de esa legislación, que dijo "recuperar" la autonomía de la voluntad como elemento característico del estatuto contractual estatal[114].

De manera que la autonomía —el otro nombre de la libertad— es pilar básico de la ley 80 de 1993, como potestad de autorregulación de intereses y relaciones propias destinada a satisfacer deseos y necesidades. La ley 80 apostó por un régimen en que las entidades estatales obraran más como personas jurídicas y —solo cuando sea estrictamente necesario— lo hicieran como autoridades.

Un derecho administrativo de los contratos que le apuesta más a la igualdad que a la jerarquía, al "privilegio", a la ventaja exclusiva, a la prerrogativa especial, al goce exclusivo del poder público. Menos autoridad soberana y más acuerdo. Menos unilateralidad y más compromiso acordado. La ley 80 señala una y otra vez que se aplican principalmente las normas civiles y comerciales.

[113] ARTURO VALENCIA ZEA, *Derecho civil*, tomo I, 11ª ed., Bogotá, Temis, 1987, págs. 42 y 43.

[114] Exposición de motivos al proyecto de ley 149 de 1992, en Congreso de la República, *Gaceta del Congreso*, núm. 75, 1992, págs. 9 y ss.

En definitiva, la contratación estatal es un lugar de encuentro de los dos tradicionales ramos del derecho, donde la libertad se reivindica. Al ser la ley 80 una norma especial (art. 5° de la ley 57 de 1887 y art. 3° de la ley 153 de 1887), en lo que ella no regula, los contratos estatales se someten a las disposiciones generales (civiles y comerciales)[115].

34. De ahí que en los contratos estatales deba prevalecer, en lo posible, el acuerdo sobre la solución unilateral. Así como el servicio público dejó de ser una función administrativa, no es apropiado hablar de "función administrativa contractual". El contrato estatal da cabida solo por excepción a la expedición de actos administrativos. Al fin y al cabo, el contrato estatal no es más que un acuerdo de voluntades.

No se puede seguir "sacralizando" al acto administrativo como expresión característica de la función administrativa. La unilateralidad en el derecho administrativo no puede ser la única clave para estudiar toda esa disciplina. Es preciso insistir que, a nuestro juicio, el contrato —como expresión de la libertad contractual— es hoy por hoy el centro de gravedad del derecho administrativo. Esto impone preguntarse si la actividad contractual puede simple y llanamente denominarse "función administrativa contractual" como suele hacerlo, en especial, la jurisprudencia.

La ley 80 solo por vía de excepción le imprimió ese carácter de función administrativa a la actividad contractual. El postulado de la autonomía de la voluntad —como indican los antecedentes de la ley— "no puede regular aquellos campos que pertenecen exclusivamente a la esfera del derecho público en razón al interés colectivo que los fundamentan. Son esos límites precisamente los que exigen la normatividad contenida en [la] ley"[116].

Ese marco que "no puede quedar al arbitrio de la voluntad de las partes" es el siguiente: (i) capacidad (inhabilidades, incompatibilidades, conflictos de interés, consorcios y uniones temporales y el registro único de proponentes); (ii) selección del contratista (que incluso podría replantearse por esquemas de mayor negociación despojados del ritualismo del acto administrativo: licitación con negociación, diálogo competitivo, procedimiento abierto o restringido, como han dispuesto las directivas del Parlamento Europeo y el Consejo de la Unión Europa[117]); (iii) las denominadas potestades excepcio-

[115] Cfr. Patricia Mier Barros, "El régimen jurídico del contrato estatal", en *Revista de Derecho Público*, núm. 17, Bogotá, Universidad de los Andes, 2004, págs. 59 y ss.

[116] Exposición de motivos al proyecto de ley 149 de 1992, en Congreso de la República, *Gaceta del Congreso*, núm. 75, 1992, pág. 12.

[117] Cfr. Directiva 2014/24/UE del Parlamento Europeo y del Consejo, de 26 de febrero de 2014, relativa a contratación pública [DO L 94/65 de 28 de marzo de 2014], disponible en el siguiente enlace: https://bit.ly/3GFj2F5 y Consejo de Estado, Sección Tercera, Subsección C, sent. de 20 de noviembre de 2020, rad. 38097 [fundamento jurídico 9] con A. V.

nales (que en todo caso deben repensarse —¿eliminarse?[118]— en tanto se ha abierto paso a su adopción vía acuerdo); (iv) los mecanismos de solución de controversias y (iv) algunos aspectos del manejo económico del contrato: equilibrio económico[119]; el tope del 50 por ciento en contrato adicional[120]; mayor cantidad de obra y obra adicional.

Estos son los ámbitos donde pueden verse expresiones nítidas de "función administrativa contractual". Extender esta expresión más allá es contradecir lo dispuesto, en su letra y en su espíritu, por la ley 80[121]. La actividad contractual del Estado en sus diversas etapas —precontractual, de ejecución y poscontractual— solo por excepción está gobernada por normas de orden público de la ley 80.

No hay actos administrativos por el simple hecho de que una de las partes sea la Administración y se pronuncie. Un precepto cardinal, que está en consonancia con el artículo 13, es el artículo 77 de esa ley que prescribe que las normas sobre procedimientos y actuaciones administrativas serán aplicables a las actuaciones contractuales en cuanto sean compatibles con la finalidad y principios de la ley 80.

Ese era el sentido genuino de esa ley, que fue tergiversándose por algunas interpretaciones judiciales, que luego —por desventura— se convirtieron en leyes. La jurisprudencia se alejó en ocasiones de este mandato y luego el legislador hizo suyos esos criterios jurisprudenciales contrarios a la ley 80, en temas como las multas y el "debido proceso administrativo" que ha trastornado la normal ejecución de los contratos.

La ley 80 deliberadamente no reguló las multas y la cláusula penal y dejó en claro que —al no hacerlo— se remitía, como en tantos otros asuntos, al derecho civil y comercial (art. 13). Ello supone que se podían pactar y hacer efectivas unilateralmente, como sucede entre particulares. Por desventura así no lo entendió la jurisprudencia[122] y ese giro jurisprudencial forzó a que

[118] Cfr. María Teresa Palacio Jaramillo, "Potestades excepcionales y su nueva regulación legal y reglamentaria-poderes de la Administración", en Felipe de Vivero (editor), *Reforma al régimen de contratación estatal*, Bogotá, Universidad de los Andes, 2010, págs. 343 y ss.

[119] Cfr. Consejo de Estado, Sala de Consulta y Servicio Civil, concepto de 11 de marzo de 1972, rad. 561 [fundamentos jurídicos IX-XIII].

[120] Cfr. Consejo de Estado, Sala de Consulta y Servicio Civil, concepto de 18 de julio de 2002, rad. 1439 [fundamento jurídico 1].

[121] El acuerdo voluntario de las partes es "la ley reguladora máxima" (Exposición de motivos al proyecto de ley 149 de 1992, en Congreso de la República, *Gaceta del Congreso*, núm. 75 de 1992, pág. 13).

[122] Consejo de Estado, Sección Tercera, sent. de 20 de octubre de 2005, rad. 14579 [fundamento jurídico B].

la ley 1150 regulara una materia propia del derecho privado, con reglas —además— de un supuesto "debido proceso"[123]. Problema que se agudizó con la expedición de la ley 1474 (arts. 86 y 90).

Así las "partes" se han venido convirtiendo —por esta "sacralización" de actos administrativos inexistentes— en "contrapartes". Del acuerdo se pasó a la confrontación: ¡y lo más insólito es que algunos proponen que el "debido proceso" se "extienda" a los contratos de los particulares! Parece que viviéramos en un país en el que todo se transforma en "pleito". Consecuencias nocivas de convertir en "función administrativa" lo que no es: se volvió "procedimiento administrativo" lo que es relación negocial gobernada básicamente por el derecho común.

La fuerza normativa del contrato estatal y de sus cláusulas no proviene de normas especiales de la ley 80, sino que es corolario de lo dispuesto por el Código Civil (arts. 16 y 1602). Por ello, como dice el profesor Cárdenas Mejía, en el régimen de contratación estatal es necesario —como sucede en el ámbito privado— pactar un régimen sancionatorio que opere por "ministerio del contrato y sin intervención del juez".

Si además se someten a un "debido proceso", las sanciones ya no son automáticas y no cumplen así su función de apremio. También hay que reevaluar las consecuencias que hoy se derivan en materia de inhabilidades (ley 1474), porque "una cosa son las sanciones que en realidad solo se aplican excepcionalmente y después de un proceso —que es lo que ocurre en la actualidad— y aquellas que se aplicarían automáticamente de la misma forma que los intereses de mora"[124].

En definitiva, algunos criterios del Consejo de Estado sobre la ley 80 de 1993 son muy parecidos a los que se tenían en vigencia del anterior estatuto (el decr. ley 222 de 1983): ¿puede valerse el juez del contrato de puntos de vista basados en una legislación que no solo está derogada, sino que estaba perfilada con una concepción diametralmente opuesta a la legislación vigente?

35. No obstante, el Consejo de Estado paulatinamente ha comenzado a revisar ese enfoque de "función administrativa contractual". En primer

[123] Cfr. María Teresa Palacio Jaramillo, "Potestades excepcionales, nuevas prerrogativas de la administración pública y sus efectos en los procesos arbitrales" en Rocío Araújo (editora) *La ley 1150 de 2007 ¿una respuesta a la eficiencia y transparencia en la contratación estatal?*, Bogotá, Colegio Mayor de Nuestra Señora del Rosario, 2011, págs. 69 y ss.

[124] Juan Pablo Cárdenas Mejía, "La huida por la administración del derecho privado contractual", en Antonio Aljure, Rocío Araújo y William Zambrano, *Sociedad, Estado y derecho, Homenaje a Álvaro Tafur Galvis III*, Bogotá, Colegio Mayor de Nuestra Señora del Rosario, 2014, págs. 377 y 378.

lugar, como ya lo hizo la jurisprudencia civil[125], el Consejo de Estado —en el ámbito de los regímenes exceptuados[126]— de tiempo atrás ha encontrado viable pactar cláusulas que permitan la resolución extrajudicial unilateral.

Esta óptica pone en el lugar que le corresponde a la autonomía de la voluntad como uno de los pilares de la contratación —privada y pública— al admitir que no es necesario que la ley autorice este tipo de acuerdos. Al reivindicar al derecho privado como norma, al menos en ciertos contratos del Estado, se abre de nuevo la senda hacia un derecho administrativo de la libertad.

36. En segundo lugar, la situación excepcional derivada de la pandemia del Covid-19 puso de presente que la renegociación es una salida más coherente que las medidas unilaterales. Es deseable que las partes intenten acordar nuevas condiciones que permitan la ejecución de lo pactado. El encuentro, el acuerdo, la bilateralidad son vitales para reubicar a la libertad en el centro del derecho administrativo.

No es preciso que la Administración en sus relaciones contractuales siempre adopte "actos administrativos". Por difícil que sea la situación, la Administración debe tener presente que está frente a una relación bilateral, que la vía unilateral es un camino excepcional y solo se puede recurrir a él en los casos previstos en la ley. La gestión contractual impone partir siempre de lo acordado, como norma que gobierna las relaciones contractuales de la Administración.

En los contratos, donde domina la autonomía negocial, es preciso buscar el acuerdo para adoptar soluciones a eventuales dificultades[127]. La excepcionalidad y la exorbitancia que distinguieron las legislaciones inspiradas en la escuela francesa del servicio público y que terminó por ampliarse a todo tipo de decisión de la Administración, parece haberse convertido en la regla que domina todos los ámbitos del contrato estatal.

Ninguna de las partes puede, a su arbitrio, desconocer lo pactado. Todo contrato legalmente celebrado es una ley para los contratantes y su fuerza obligatoria solo desaparece por mutuo disenso o por causas legales (C. C., art. 1602). Y ello también es así en contratación pública. Aunque se pre-

[125] Cfr. Corte Suprema de Justicia, Sala Civil, sent. de 30 de agosto de 2011, rad. 1999-01957-01 [fundamentos jurídicos 2, 3 y 4].

[126] Cfr. Consejo de Estado, Sección Tercera, sent. de 18 de junio de 2007, rad. 31838 [fundamento jurídico 4.2.3]; sent. de 20 de febrero de 2017, rad. 56939 [fundamento jurídico 1], con A. V.; sent. de 19 de julio de 2017, rad. 57394 [fundamento jurídico 7] con A. V. y sent. de 8 de junio de 2018, rad. 38120 [fundamento jurídico 3.6]. y A. V. a la sent. de 21 de noviembre de 2017, rad. 42408 [fundamento jurídico 3.4.1].

[127] Cfr. Patricia Mier Barros, "El régimen jurídico del contrato estatal", *op. cit.*, pág. 72.

senten circunstancias especiales (imprevisibles, irresistibles y externas a las partes) —como sin duda fue en su momento la pandemia Covid-19— que pudieren llegar a afectar su ejecución, la solución no era la salida unilateral, sino el acuerdo: el camino natural de los contratos. Para facilitar la ejecución lo deseable era tratar de acordar nuevas condiciones que permitieran el cumplimiento del objeto de lo pactado[128].

37. En tercer lugar, sobre la base de que la autonomía de la voluntad es la regla dominante del régimen de contratación, el Consejo de Estado ha venido replanteando el criterio según el cual la ausencia de salvedades en otrosíes o en contratos posteriores impide —automáticamente— plantear pretensiones judiciales[129]. El punto de partida de nuevo ha sido la autonomía: gobernarse por sus propias reglas. La autonomía es esencial a toda persona (C. C., art. 73), como sujeto de derechos y ello aplica también a las personas jurídicas (C. C., art. 633) y dentro de ellas por supuesto a las de carácter público o de las entidades que —aunque carecen de personería jurídica— la ley autoriza a obligarse (ley 80, arts. 2º, 6º, 7º).

Con esta perspectiva, el artículo 27 de la ley 80 no ha establecido requisito de procedibilidad alguno que impida si se suscriben pactos adicionales —ante el silencio de las partes frente a una determinada reclamación— luego pretenderla en juicio. Propiciar el acuerdo no impide llevar las diferencias a los tribunales. El deber del juez es el de establecer, caso por caso, cuál fue el acuerdo de las partes y su alcance para determinar si ese acuerdo reguló los asuntos cuya reclamación se formula[130].

38. En cuarto lugar, la jurisprudencia del Consejo de Estado ha subrayado que la violación de lo estipulado en el contrato entraña su incumplimiento y, por consiguiente, constituye un evento de responsabilidad contractual y da lugar a solicitar la indemnización de perjuicios. Los contratos se celebran en beneficio de las dos partes: (i) la entidad busca el cumplimiento de los fines del Estado y (ii) el contratista busca un beneficio económico, una remuneración razonable y equivalente (C. C., art. 1498).

Aunque en el ámbito de la contratación estatal esa ecuación financiera debe preservarse, no toda alteración de esa ecuación supone un rompi-

[128] Cfr. Consejo de Estado, Sala Especial de Decisión nº. 26, sent. de 26 de marzo de 2021, rad. 2020-01463-00 [fundamento jurídico 15].

[129] Cfr. Consejo de Estado, Sección Tercera, sent. de 16 de octubre de 1980, rad. 1960 [fundamento jurídico 7]; Subsección C, sent. de 28 de mayo de 2015, rad. 35625, [fundamento jurídico 4] y A. V. a la sent. de 29 de enero de 2018, rad. 52666 [fundamento jurídico 3].

[130] Consejo de Estado, Sección Tercera, Subsección C, sent. de 20 de noviembre de 2020, rad. 38097, [fundamento jurídico 10 y ss.], con A. V.

miento del equilibrio económico. El contratista está obligado a asumir los riesgos inherentes a la actividad contractual[131]. Según la jurisprudencia, la situación anormal de ruptura del equilibrio económico solo se presenta en los siguientes supuestos: (i) modificaciones del contrato (*ius variandi*); (ii) "teoría del hecho del príncipe" y (iii) "teoría de la imprevisión" o "sujeciones materiales imprevistas"[132].

Por ello, no hay que confundir el incumplimiento con el desequilibrio económico, como pareciera hacerlo la ley 80[133]. Toda conducta transgresora de lo pactado que llegue a generar un perjuicio da lugar a reconocer la indemnización correspondiente. Si las partes acuerdan libre y voluntariamente el contenido obligacional del contrato, es natural que si el retardo, el defectuoso cumplimiento o el incumplimiento configuran un daño resarcible, se genere responsabilidad. Si ello es así, el incumplimiento faculta a la imposición de multas, a declarar la caducidad administrativa del contrato o a declarar el incumplimiento y hacer efectiva la cláusula penal.

39. En un derecho administrativo de la libertad, los organismos de control no deberían tener injerencia determinante sobre la celebración y ejecución del contrato. Esta coadministración, que se genera en la práctica, no solo impide una buena gestión, sino que además dificulta una imparcial y adecuada labor de control. Así lo entendió la ley 80 en su texto original.

Hoy, por desventura, luego de entender que toda la actividad contractual es "función administrativa" se ha llenado de requisitos, formalismos y controles como si la base fuera la desconfianza respecto de todos los que intervienen: partes (servidores públicos y contratistas) e interventores; como si se "presumiera" que todos ellos buscaran enriquecerse ilícitamente a expensas del erario. Una premisa no solo equivocada, sino que además no ha logrado eliminar —donde se presentan— las malas prácticas y ha convertido a la contratación pública en un mundo complejo e intrincado, kafkiano en algunos casos.

Ha sido una constante en el derecho nacional buscar en la ley —y ahora las decisiones judiciales y de control— la solución a problemas endémicos de corrupción. Si el ministerio público "ayuda" a tomar decisiones de carácter administrativo, las sugiere, las propicia o las presiona, o induce

[131] Cfr. Patricia Mier Barros y Susana Montes de Echeverri, "Concesiones viales. La inadecuada distribución de los riesgos, eventual causa de crisis en los contratos", en *Revista de derecho público*, núm. 11, Bogotá, Universidad de los Andes, 2000, págs. 39 y ss.

[132] Cfr. Libardo Rodríguez Rodríguez, *El equilibrio económico en los contratos administrativos*, Bogotá, Temis, 2015.

[133] Consejo de Estado, Sección Tercera, Subsección C, sent. de 15 de julio de 2020, rad. 28794 [fundamentos jurídicos 8-13], con A. V.

modificaciones, está impedido para cumplir adecuadamente su labor[134]. Sin embargo, el ministerio público ejerce un control preventivo. Así, conforme al artículo 160 CDU, retomado por el artículo 219 de la ley 1952 de 2019, la Procuraduría puede solicitar —y no ordenar— medidas preventivas (como la suspensión de procedimientos, actos o contratos[135]) que bien podría transformarlos en "auténticos jueces"[136].

La ley 80 en su artículo 65 previó el control fiscal sobre servidores, interventores y contratistas. Posteriormente, el artículo 119 de la ley 1474 de 2011[137] dispuso una responsabilidad solidaria del ordenador del gasto, contratista y demás personas que concurran en el hecho, cuando se demuestre la existencia de daño patrimonial proveniente de sobrecostos en la contratación, en procesos de responsabilidad fiscal, acciones populares y acciones de repetición[138].

El Estatuto anticorrupción (art. 83), asignó una serie de tareas al interventor que, como lo advierte la doctrina, desnaturaliza este contrato al disponer que debe vigilar —además de la correcta ejecución de lo contratado— la moralidad administrativa; además, previó que la omisión puede acarrear una inhabilidad para ejercer su profesión en el ámbito estatal. Esta responsabilidad, como señala la profesora Palacio Jaramillo es "excesiva si se tiene en cuenta que la característica técnica de este tipo de contratistas hace que su experticia no sea, ni de lejos, la de convertirse en garante de la moralidad"[139].

A su vez, el artículo 84 de esta ley previó una inhabilidad de cinco años al interventor que incumpla el deber de entregar información a la entidad contratante relacionada con el incumplimiento del contrato o circunstancias que puedan constituir actos de corrupción tipificados como conductas punibles, o que puedan poner en riesgo el cumplimiento del contrato, declarado exequible bajo el entendido que, en caso de concurrencia de sanciones de inhabilidad para contratar con el Estado, solo tendrá aplicación la más alta, siempre y cuando se hayan impuesto por el mismo hecho[140].

Originariamente la ley 80 dispuso que los organismos de control y vigilancia no intervendrían en los procesos de contratación, salvo en lo relacio-

[134] Cfr. Corte Constitucional, sent. C-113 de 1999 [fundamento jurídico 2].

[135] Corte Constitucional, sent. C-977 de 2002 [fundamento jurídico 5].

[136] María Teresa Palacio Jaramillo, "Parámetros constitucionales...", *op. cit.*, pág. 30.

[137] "Estatuto anticorrupción".

[138] Declarado exequible, Corte Constitucional, sent. C-338 de 2014 [fundamentos jurídicos 3 y 4].

[139] Cfr. María Teresa Palacio Jaramillo, "Las distorsiones del contrato de interventoría" en Juan Carlos Quiñones y Ornella Choles (comps.) *Infraestructura y derecho, consultoría e interventoría: perspectivas, roles y responsabilidades*, Bogotá, Cámara Colombiana de la Infraestructura y Legis, 2019, págs. 131 y ss.

[140] Cfr. Corte Constitucional, sent. C-434 de 2013 [fundamento jurídico 4.2].

nado con la solicitud de audiencia pública para la adjudicación en caso de licitación (art. 29-11). Las contralorías no podían, pues, intervenir en los procesos internos de la Administración como si fueran parte de ella.

Los órganos que intervienen activamente, así se entendió inicialmente, no podrían ejercer objetivamente su labor de control, pues resultarían involucrados en el proceso administrativo específico. Adicionalmente, la Fiscalía General de la Nación conoce de los hechos punibles relacionados con la contratación pública (arts. 57 y 64 de la ley 80 de 1993), que se agrupan en los delitos de "celebración indebida de contratos"[141].

Sobre los gestores públicos pesa, pues, una "presunción de mala fe". Así la gobernanza pública pasó de las manos de los gestores públicos a la coadministración de los múltiples organismos de control. La proliferación de mecanismos e instrumentos de fiscalización de la actividad contractual paraliza los proyectos. El Estado se expone a incertidumbres litigiosas, pues acude a los pleitos por el mero temor a firmar un arreglo directo, figura que ha sido estigmatizada. Se necesitan menos abogados y más emprendedores en los contratos del Estado.

Las normas de contratación no deberían ser concebidas como un instrumento de "lucha contra la corrupción". Si unas normas se alteran en sus fines genuinos (en este caso la consecución de los fines del Estado —a través de la provisión de bienes y servicios mediante la ejecución de los presupuestos públicos—) es natural que los auténticos objetivos no se obtengan. Pero, tampoco, se han logrado aquellos propósitos que artificialmente han sido "creados": la moralización de la gestión pública contractual.

41. Estos son los dos escenarios de la legislación donde la nueva concepción del servicio público y la libertad de empresa —como base del desarrollo— se han proyectado expresamente. A pesar de las dificultades y de los retrocesos (en especial de la jurisprudencia), se ha avanzado mucho. En la segunda parte, se expondrán otros dos ámbitos en que ese derecho administrativo de la libertad debería proyectarse.

2. El derecho administrativo de la libertad: las reformas pendientes al ordenamiento legal del derecho administrativo

42. El cambio de la concepción del servicio público y el reconocimiento de la libertad de empresa como pilar de la economía no solo impactaron al

[141] Violación del régimen legal o constitucional de inhabilidades e incompatibilidades (C. P., art. 408); interés indebido en la celebración de contratos (C. P., art. 409); celebración de contrato sin cumplimiento de los requisitos legales (C. P., art. 410) y acuerdos restrictivos de la competencia o colusión en la contratación estatal (C. P. art. 410 A, adicionado por la ley 1471 de 2011, estatuto anticorrupción).

régimen de los prestadores y a la contratación estatal. Es preciso revisar su incidencia en dos terrenos cruciales del derecho administrativo: de un lado, el régimen de la organización administrativa y el acto administrativo; de otro, el control judicial (institucional y arbitral) de la Administración.

A) *Hacia un régimen de la organización administrativa y de la actuación administrativa de la libertad*

43. La participación de los particulares en la gestión de los servicios públicos, que antes estaba a cargo del Estado, no solo supuso una transformación de la noción de servicio público, sino que vino acompañada de una redefinición del papel del Estado en este sector y en la economía en general. Esto impone una organización y funcionamiento de la institucionalidad administrativa desde una visión subsidiaria; un regreso a confiar en la capacidad de las personas para ser responsables de sus destinos. La finalidad de la ley —según el padre del liberalismo filosófico— no es suprimir o restringir la libertad, sino lo contrario: protegerla y ampliarla[142].

Un sistema social está fundado en el postulado de *subsidiariedad*, recuerda el profesor RODRÍGUEZ ARANA —siguiendo de cerca a MESSNER[143]—, cuando (i) en lugar de dirigir y controlar (como sucedía en el modelo monopólico del servicio público) a las personas, les facilite el logro de sus intereses en un contexto de libertad; (ii) utiliza la técnica de la descentralización del poder y de la autonomía de las autoridades menores y (iii) acude menos a leyes y más a actividades de fomento y a los estímulos para lograr el bien común: más libertad en un marco de mínima regulación estatal (como sucede en una economía social de mercado).

Este postulado de subsidiariedad se suele sintetizar en una idea simple: *tanta libertad como sea posible, tanta intervención estatal como sea imprescindible*. Es reconocer que el progreso social no depende exclusivamente del Estado. El fracaso del "Estado del bienestar estático" fue creer en la fórmula ingenua según la cual la intervención estatal directa automáticamente producía mayor bienestar general[144].

[142] JOHN LOCKE, *Two treatises…*, *op. cit.*, VI, 57.

[143] Cfr. JOHANNES MESSNER, *Ética general y aplicada*, Madrid, Rialp, 1969, págs. 227 y 228, y JOHANNES MESSNER, *Ética social, política y económica a la luz del derecho natural*, Madrid, Rialp,1967, pág. 336.

[144] JAIME RODRÍGUEZ ARANA, *El derecho administrativo del Estado social y democrático de derecho*, Buenos Aires, IJ Editores, 2020. En sentido similar, JAIME RODRÍGUEZ ARANA, "Subsidiariedad y entes locales" (2 de marzo de 2018) "Sobre el principio de subsidiariedad" (2 de noviembre de 2019); y "El principio de subsidiariedad" (7 de noviembre de 2020), disponibles en: https://rodriguezarana.com

La cotitularidad del servicio público exige un regreso a la no injerencia, a la suplencia, a la subsidiariedad que, como señala el maestro Cassagne, solo justifica la intervención del Estado en aquellos casos de ausencia o insuficiencia de la iniciativa privada, cuando es necesaria para la satisfacción del bien común, postulado básico del derecho natural y que arraiga en la doctrina social de la iglesia (i. e. *Mater et Magistra* y *Quadragesimo Anno*)[145].

El Estado no puede hacerlo todo. Un Estado sobrecargado de tareas, como era el propio del monopolio del servicio público, no solo es ineficiente, sino que además se erige en una seria amenaza contra la libertad de las personas. Un derecho administrativo de la libertad apuesta más por la libertad y la responsabilidad de las personas en la construcción de su destino, que en el poder aplastante de la burocracia estatal.

Decía Napoleón, de quien este año conmemoramos el bicentenario de su muerte, que la imaginación —y no el poder, podríamos añadir— gobierna el mundo[146]. La cotitularidad de la prestación de los servicios públicos es una apuesta por la imaginación, por esa facilidad para formar ideas nuevas, nuevos proyectos. En palabras de Erhard: "el ideal que yo sueño es que cada cual pueda decir: yo quiero afianzarme por mi propia fuerza, quiero correr yo mismo el riesgo de mi vida, quiero ser responsable de mi propio destino. Vela tú, Estado, porque esté en condiciones de ello"[147].

La ruptura del monopolio estatal de los servicios públicos corrió pareja con la caída estrepitosa del Estado del Bienestar, en su versión "cerrada y unilateral" o "estática", como la denomina el profesor Rodríguez Arana[148]. El Estado no ostenta ahora el monopolio de los servicios públicos, y la empresa —y no el Estado— es la base del desarrollo económico. Tampoco puede el Estado, pues, pretender ser el "dueño" del interés público.

Toda norma jurídica sirve a la vez al interés público y al interés privado, según Hayek[149]. Los intereses individuales coinciden a menudo con los sociales. La contraposición entre el interés general y el interés particular es difícil de apreciar, como observa Aftalión. De modo que el "interés en juego" tampoco define al derecho administrativo[150].

[145] Juan Carlos Cassagne, *Derecho administrativo*, Buenos Aires, Abeledo-Perrot, 2002, pág. 121.

[146] Ier Napoléon, *Memoires de Napoléon Bonaparte: Manuscrit venu de Sainte-Hélène*, Paris, Hachette Livre-BNF, 2018.

[147] Ludwig Erhard, *Bienestar para todos*, Madrid, Unión Editorial, 2010.

[148] Jaime Rodríguez Arana, "La crisis del Estado bienestar" y "Estado de bienestar y política social" (9 de noviembre de 2019), disponibles en: https://rodriguezarana.com

[149] Friedrich A. Law Hayek, *Legislation and liberty*, vol. I, Chicago, The University of Chicago Press, 1973, pág. 132.

[150] Enrique Aftalión, José Vilanova y Julio Rafo, *Introducción al derecho*, Buenos Aires, Abeledo-Perrot, 1999, págs. 805 y ss.

El carácter instrumental del Estado impone ubicar de nuevo a la persona, y a su libertad, como eje del sistema. La libertad —y no el Estado— es el centro del derecho administrativo. Desde esta óptica, el Estado debe fomentar una sociedad más libre, donde las personas tomen sus decisiones más por estímulos positivos que por regulaciones asfixiantes. Un Estado del Bienestar, de corte monopólico en la prestación de los servicios públicos y donde la libertad económica no sea garantizada, amenaza seriamente con aniquilar la capacidad decisoria de las personas.

44. Con este enfoque, el artículo 20 transitorio de la Constitución dotó de facultades extraordinarias al gobierno de la época para que, a través de normas con fuerza de ley[151], reordenara la rama ejecutiva del poder público y la pusiera a tono con el nuevo enfoque de los servicios públicos y de la empresa como base del desarrollo económico. El constituyente facultó al ejecutivo para modificar la estructura de ciertas entidades, es decir, para reestructurarlas, lo que suponía la facultad de modificar, crear, adicionar o reasignar funciones, remplazar la denominación de entidades y crear o suprimir cargos o empleos[152].

Se trataba, pues, de modificar la estructura de la Administración, de transformar sus instituciones, para ajustarse a los cambios constitucionales[153]. Aunque fue un paso decisivo para la "modernización" del Estado, este ajuste institucional no fue consolidado por las reformas subsiguientes que se alejaron del norte trazado por el constituyente de 1991.

45. En materia de estructura de la Administración nacional[154], el esquema constitucional y legal permite una enorme flexibilidad al ejecutivo para hacer constantes cambios normativos, ya que "sustrae del debate en el Congreso y de las reglas de la decisión democrática mayoritaria"[155] estas materias. El reformismo estatal permanente, podría decirse que hay una gran "reestructuración administrativa" por cada período de gobierno, priva de estabilidad al aparato institucional.

El constante cambio de la organización administrativa no permite brindar la certeza ni la seguridad jurídica que las personas esperan para conducir

[151] Consejo de Estado, Sección Primera, sent. de 20 de enero de 1994, rad. 2455 [fundamento jurídico párr. 15].

[152] Consejo de Estado, Sección Primera, rad. 2249, sent. de 13 de mayo de 1993 [fundamento jurídico párr. 24]

[153] Cfr. María Teresa Palacio Jaramillo, "El transitorio 20…", *op. cit.*, pág. 59 y Jorge Enrique Ibáñez Najar, "Tipología de las entidades administrativas objeto de reforma", en *Implicaciones jurídicas de la reforma administrativa*, *op cit.*, págs. 242 y 24.

[154] Un trabajo completo y actualizado sobre organización estatal, en Libardo Rodríguez Rodríguez, *Estructura del poder público en Colombia*, 16ª ed., Bogotá, Temis, 2021.

[155] Hugo Palacios Mejía, *Economía en el derecho constitucional colombiano*, Bogotá, Derecho Vigente, 1999, pág. 34.

sus vidas. Además, propicia la improvisación, el desorden y la pérdida de confianza en el conjunto de órganos que por esencia deberían ser "estables". La misión del derecho constitucional, a juicio de ANDRÉ HAURIOU, es organizar una coexistencia pacífica del poder y la libertad[156]. Y la libertad solo florece en un ambiente de orden[157]. El orden, hay que coincidir con ROUSSEAU, es un derecho que sirve de base a todos los restantes y que se fundamenta en convenciones[158]. Y, por ello, el derecho es por naturaleza orden[159].

El esquema actual impide contar con una organización administrativa fija, firme y homogénea, con rasgos característicos comunes. Adicionalmente genera una enorme incertidumbre pues, de un lado, la Administración puede constantemente hacer ajustes, y, de otro, el legislador puede crear entidades con rasgos distintivos disímiles de un caso a otro.

Así, estamos frente a un esquema abierto que permite al legislador la expedición desarticulada de normas que crean instituciones sin seguir criterio alguno; las definiciones y los elementos distintivos de las diversas entidades —enunciados en la ley 489— solo sirven para dictar clase; el legislador y la Administración no tienen el deber de tener en cuenta lo allí previsto. Un ámbito tan abierto deja mucho espacio a la improvisación y propicia el desorden.

Hoy en día, las instituciones administrativas se crean con caracteres *ad hoc*, lejos de la necesaria generalidad, uniformidad y coherencia institucional. El país se acostumbró a superintendencias "con" y "sin" personería jurídica, a entidades que cumplen similar cometido que son unas establecimientos públicos, otras "agencias", otras unidades administrativas especiales, etc.[160].

[156] ANDRÉ HAURIOU, *Derecho constitucional e instituciones políticas*, Barcelona, Ariel, 1971, pág. 36. En sentido similar, a juicio de SÁNCHEZ AGESTA, las normas constituyen un orden en el que reposa la armonía y vida del grupo porque establece un equilibrio entre sus elementos (LUIS SÁNCHEZ AGESTA, *Principios de teoría política*, Madrid, Nacional, 1971, págs. 110 y ss.).

[157] Para BURDEAU, el poder es una condición del orden y la libertad no es posible sino dentro del orden (GEORGES BURDEAU, *Droit constitutionnel et institutions politiques*, Paris, LGDJ, 1966, pág. 11.

[158] JEAN JACQUES ROUSSEAU, *Du contrat social*, Libre I, Chapitre I, Paris, Gallimard, 1964.

[159] JORGE XIFRA HERAS, *Curso de derecho constitucional*, Barcelona, Bosch, 1957, pág. 91.

[160] Según LOCKE, "[q]uien no ponga de un modo constante el mismo signo para denotar la misma idea, sino que use la misma palabra, a veces con un significado y a veces con otro, debe tenérsele en las escuelas y en la conversación común por un hombre tan sin tacha como quien, en el mercado y la bolsa de valores, venda diversas cosas con un mismo nombre". (JOHN LOCKE, *Ensayo sobre el entendimiento humano*, México, Fondo de Cultura Económica, 2000, págs. 500-501).

No solo la buena administración impone un orden institucional diáfano, sino que los particulares demandan un aparato público que brinde confianza, que sea uniforme y duradero, además. El esquema actual no genera claridad en la institucionalidad, sino que también propicia inseguridad jurídica. La sociedad necesita tener certeza sobre las instituciones que la gobiernan: previsibilidad de cómo se van a crear o modificar.

La certidumbre y el orden generan confianza. El orden permite, además, madurar las instituciones, hace previsible la institucionalidad que se crea según las necesidades. La consolidación de las instituciones exige, por un lado, que las reglas para su creación sean comunes y, por otro, que vía reestructuración de la Administración, no se introduzcan ajustes drásticos que tornen todo variable y cambiante. Los países deben ser gobernados por el orden y no por el desorden.

La palabra "Estado" significa —etimológicamente— situación en la que se encuentra algo o alguien. Pareciera que esa situación en lugar de ser "estable" fuera cambiante para el conjunto de órganos de la Administración. La coherencia, la simplicidad y la certeza del orden jurídico administrativo exigen una institucionalidad simple y sólida. La gestión administrativa arranca ahí. La eficacia y la eficiencia en la Administración exigen una institucionalidad vigorosa. Lo precario y variable es opuesto a lo constante y estable. El Estado, como decía HAURIOU, no es más que el organismo social estructurado[161].

Es necesario volver a dotar de claridad a la organización de la rama ejecutiva. Se requiere una ley orgánica que establezca criterios precisos para crear entidades, con sus elementos definidores, como en su momento se hizo en la histórica reforma administrativa de 1968. Ello sería una buena base para que hubiere la certeza y la confianza que se requiere tener en las instituciones. Una ley orgánica, como alcanzó a plantearse en la Comisión Tercera de la Constituyente, es sin duda una salida razonable.

Es preciso, según el profesor IBÁÑEZ NAJAR, contar con unos nuevos estatutos básicos o normas orgánicas para imprimirle orden a la organización de la rama ejecutiva[162]. Desde cuando la Corte Suprema de Justicia —entonces juez de constitucionalidad— cambió su criterio y concluyó que los decretos 1050 y 3130 de 1968 no tenían carácter de estatutos orgánicos básicos y, por ende, no tenían una jerarquía superior a la ley, el legislador ha venido creando todo tipo de entidades administrativas sin sujeción a criterio legal alguno.

[161] Cfr. MAURICE HAURIOU, *op. cit.*, pág. 153.

[162] JORGE ENRIQUE IBÁÑEZ NAJAR, *Estudios de derecho constitucional y administrativo*, Bogotá, Legis-Justicia y Desarrollo Sostenible-Universidad Sergio Arboleda, 2007, págs. 367 y ss.

El razonamiento de la Corte Suprema de Justicia desde el punto de vista de las normas constitucionales era sólido: "es de la potestad legislativa del Congreso determinar la estructura de los establecimientos públicos y de las unidades administrativas especiales y que, por lo mismo, es también de su competencia «modificarla», o «variarla» pues quien puede lo más, puede lo menos, así resulte a juicio de algunos o de todos antitécnico o antiestético, sin que por ello comporte inconstitucionalidad"[163].

El problema es que este fallo propició, sin proponérselo, el desorden. No solo era antitécnico (favoreció el caos normativo) y antiestético (el desorden además de que no complace a la vista por la imperfección de sus formas, revela falta de coherencia pues no hay un plan previo al cual seguir), sino que fue y sigue siendo un criterio altamente inconveniente. Por eso, hay que ponerle remedio. Una rama ejecutiva desarticulada impide el cumplimiento eficiente de las delicadas funciones a su cargo.

Hay que coincidir con el profesor IBÁÑEZ NAJAR en que es necesario prever, desde la Constitución, la facultad del Congreso para expedir leyes orgánicas para regular la estructura de la Administración nacional. Hay que "encuadernarla" de nuevo: "El crecimiento desmesurado de entidades, organismos y dependencias de la Administración ha degenerado en su atomización y ha conducido a que no se sepa cuál es el verdadero tamaño del Estado, lo que dificulta su dirección y gobernabilidad"[164].

46. Tampoco hay un reparto riguroso de competencias entre el Congreso y el gobierno en materia de definición y modificación de la estructura de Administración nacional. La ley de manera diáfana debe establecer los precisos contornos de los artículos 150, numeral 7, y 189, numeral 16 de la Constitución. El artículo 54 de la ley 489 de 1998 tal como está hoy no permite distinguir con nitidez cuál es el ámbito de la ley y cuál el del reglamento administrativo. Es desconcertante que dos autoridades tengan, en el fondo, competencias que se traslapan.

No puede ser idéntico el alcance de las facultades "ordinarias" del presidente, para "reestructurar" entidades y organismos administrativos del orden nacional, que el alcance de las atribuciones que tiene el Congreso para "definir" su estructura. No es conveniente, ni se acompasa con nuestro sistema de fuentes jurídicas, que una norma legal pueda ser reformada por una disposición administrativa, como lo ha permitido la jurisprudencia[165].

[163] Corte Suprema de Justicia, Sala Plena, sent. 39 de 24 de mayo de 1984, rad. 1125 [fundamento jurídico 3-6].

[164] JORGE ENRIQUE IBÁÑEZ NAJAR, *Estudios...*, *op. cit.*, págs. 464 y 465.

[165] Cfr. Consejo de Estado, Sección Primera, sent. de 8 de junio de 2000, rad. 5914 [fundamento jurídico 2.2]; sent. de 15 de junio de 2000, rad. AI-053 [fundamento jurídico

No es conveniente que un asunto tan importante como la modificación de la estructura de la rama ejecutiva quede en manos del gobierno por una ley marco. Ello solo tendría sentido si se precisara —de una vez por todas— que al gobierno solo le corresponde ocuparse de la estructura interna de cada entidad. Y que al hacerlo no puede, por ningún motivo, incidir en otras entidades: la estabilidad institucional y la seguridad jurídica son indispensables para el buen suceso de la Administración. No hay que legislar continuamente[166], en cambio la tarea de cumplir y hacer cumplir la ley (típica tarea administrativa) no tiene pausa.

47. Ahora, como el servicio público dejó de ser una función administrativa, su prestación no es una manifestación de la *descentralización por colaboración.* No se está delante de la asignación de funciones administrativas a los particulares (Const. Pol., art. 210 inc. 2° y art. 123 inc. 3°), como sí lo era en el esquema anterior. Para concluir ello, no es preciso hacer cambio legal alguno.

La jurisprudencia debe superar viejos puntos de vista y no apartarse de los textos constitucionales y legales vigentes para tratar de seguir aplicando criterios superados. Entre nosotros, los jueces no son dueños de la jurisprudencia, como dijo hace exactamente cien años un pronunciamiento histórico en Francia[167]. Más aún cuando el derecho administrativo colombiano, a diferencia del francés, es un derecho legislado y no de elaboración pretoriana o jurisprudencial. Por fortuna, al menos en el ámbito constitucional, se trata en realidad de un solo pronunciamiento[168], porque los demás fallos, aunque lo han señalado así, se trata de consideraciones que no tenían incidencia alguna en la decisión (*obiter dicta*)[169].

2.2]; sent. de 2 de noviembre de 2000, rad. 5773 [fundamento jurídico IV]; sent. de 26 de julio de 2001, rad. 5849 [fundamento jurídico 2.4]; Sala de Consulta y Servicio Civil, concepto de 5 de septiembre de 2002, rad. 1437 [fundamento jurídico 1]; Sección Primera, sent. de 8 de noviembre de 2002, rad. 6758 [fundamento jurídico V]; sent. de 13 de marzo de 2003, rad. 7102, [fundamento jurídico IV]; sent. de 31 de julio de 2003, rad. 6584 [fundamento jurídico IV] y sent. del 31 de julio de 2003, rad. 6327 [fundamento jurídico V. 3]). En sentido contrario, Consejo de Estado, Sección Tercera, Subsección B, sent. de 17 de marzo de 2010, rad. 35726 [fundamento jurídico 5].

166 "Un país de mil leyes es un país sin ley" (*Un pays de mille lois est un pays sans loi*) decía BALZAC.

167 « *Vous êtes maitres de votre jurisprudence* », cfr. ARRÊT OLIVE CONSEIL D'ÉTAT, 25 de noviembre 1921.

168 Cfr. Corte Constitucional, sent. C-736 de 2007 [fundamento jurídico 5.3].

169 Corte Constitucional, sent. C-166 de 1995 [fundamento jurídico 2]; sent. C-286 de 1996, [fundamento jurídico 1]; sent. C-492 de 1996 [fundamento jurídico 2]; sent. C-181 de 1997 [fundamento jurídico 2]; sent. C-866 de 1999 [fundamento jurídico 3]; sent. C-702 de 1999 [fundamento jurídico 2-2] y sent. C-543 de 2001 [fundamento jurídico 3.3];

48. Hay que reformular el artículo 211 de la Constitución Política. Esta disposición, al permitir el uso indiscriminado de la delegación a todo tipo de autoridades, generó un enorme desorden. En un punto tan sensible como la responsabilidad, las normas no pueden establecer ámbitos de impunidad: según la Constitución solo responde el delegatario y no el delegante. La ley y los jueces no son los llamados a corregir los excesos de ese precepto constitucional.

Sin embargo, la ley 678 de 2001 en el parágrafo 4° del artículo 2° previó —en franca oposición al artículo 211 de la Const.— que en materia contractual el acto de delegación no exime de responsabilidad al delegante. La Corte Constitucional declaró exequible esta disposición[170], al concluir que la delegación no puede convertirse en una "barrera de protección o de inmunidad" frente al delegante.

La delegación generalizada que propicia la Constitución, y que la ley y la jurisprudencia se encargaron de acotar, requiere ajustes de fondo. La legalidad y la responsabilidad son principios esenciales de un derecho administrativo de la libertad. Por el primero se somete a la Administración al orden jurídico; y por el segundo, se permite cuestionar su gestión y comprometer su responsabilidad ante el desconocimiento del marco jurídico[171]. Para ser coherentes con estos dos postulados, es preciso imprimirle certeza a este instrumento de manejo administrativo.

La delegación, como está concebida en la Constitución, no permite brindar seguridad jurídica. En un Estado de derecho ninguna autoridad del Estado puede ejercer funciones que no hayan sido atribuidas por la Constitución o la ley (principio de legalidad). La despersonalización del poder exige que las normas atribuyan las competencias, vía desconcentración o descentralización. La delegación aunque es un instrumento útil para la gestión eficiente, no puede ser tan amplia al punto que todo pueda ser delegable si la ley lo autoriza.

En un derecho administrativo de la libertad, el poder público no es patrimonio de nadie, pertenece a todos, y, por ello, debe ejercerse conforme a la Constitución y a la ley. La delegación no puede tornarse en un mecanismo que amenace este postulado, pues el principio de legalidad es un pilar básico del reparto de competencias: un derecho de las personas a exigir su acatamiento por parte de la Administración, pero también un deber de las mismas de obedecer los mandatos de las autoridades administrativas.

[170] Corte Constitucional, sent. C-372 de 2002 [fundamentos jurídicos 5-8].

[171] Cfr. Susana Montes de Echeverri, "Responsabilidad contractual del Estado", en María Teresa Palacio Jaramillo (editora académica), *Contratos estatales*, Bogotá, Ibáñez y Colegio Mayor de Nuestra Señora del Rosario, 2022.

49. Revisada someramente la organización de la Administración del orden nacional, hay que replantear otra figura central del derecho administrativo: el acto administrativo. Ello exige reformular el criterio dominante para diferenciar la función administrativa. En nuestro país, a pesar de lo dispuesto desde la reforma constitucional de 1945, ha prevalecido el criterio orgánico o subjetivo para diferenciar las funciones del Estado, entre ellas —por supuesto— la administrativa.

La Constitución de 1991 no solo optó por un criterio funcional en su artículo 113, sino que reformuló el servicio público al no asimilarlo más a una función administrativa. Por ello, no toda decisión de la Administración (en sentido orgánico o subjetivo) configura un acto administrativo. Y no solo en el régimen legal de los servicios públicos debe dejar de hablarse de servicio público como "función administrativa", sino que en el ámbito de la contratación estatal, tampoco puede hablarse de una "función administrativa contractual", como ya se expuso.

La "prerrogativa de poder público" (*puissance publique*) no debería ser la nota dominante de la acción jurídica de las colectividades públicas. Esta noción —solo por vía de excepción o subsidiaria— se puede proyectar en los actos de gestión dominados por el derecho común, como es el caso de la prestación de los servicios públicos y la contratación estatal.

En otras palabras, si los servicios públicos y la contratación estatal dejaron de ser expresión de la función administrativa, no puede inferirse precipitadamente que todo acto jurídico de la Administración sea un acto administrativo, aplicando automáticamente un criterio orgánico o subjetivo. Un acto no es forzosamente administrativo porque emane de la Administración. La materia administrativa deriva de su contenido y no de su origen.

50. En un derecho administrativo de la libertad es importante que las personas puedan participar en la configuración de los actos administrativos de carácter general. Según la jurisprudencia, con ello se busca permitir que las personas (no "administrados") puedan tomar parte en la formación de esa voluntad unilateral de la Administración: el ciudadano puede tender así a adherir más fácilmente a la decisión a través de esta suerte de "obediencia consentida" [172].

La Administración, como acertadamente señala el profesor RIVERO, aunque decida sola y sin compartir el poder, "debe ser consciente que se dirige a personas, es decir, a seres dotados de razón y de libertad, juzga necesario buscar la obediencia, no en el solo respeto de su poder, sostenido en el temor a la sanción, sino en la adhesión de las inteligencias; por ello, no desprecia

[172] Consejo de Estado, Sección Tercera, Subsección B, sent. de 26 de enero de 2011, rad. 17479 [fundamento jurídico 5].

oportunidad de explicar los procedimientos que ha seguido, los elementos del problema, los motivos que la han llevado a preferir la decisión adoptada frente a las que han sido desechadas. Tal actitud marca ya, en la vía de la democracia, un paso esencial, pues implica que, a los ojos del administrador, el administrado deja de ser una cosa [sobre] la cual impone su voluntad para transformarse en una persona"[173].

Y ello puede revestir, a juicio del profesor RIVERO, múltiples formas como la motivación de la decisión o la redacción en un lenguaje simple, pero hay una más eficaz: la participación, pues "entre la Administración y él se establece un diálogo"[174]. Participación que debe ser libre, informada y previa, pero que deja a la Administración la decisión final, porque no puede convertirse en obstáculo para una buena gestión de lo público.

La forma en la producción de las decisiones administrativas es un medio para proteger los derechos de los asociados. Las personas pueden obedecer mejor cuando previamente han podido participar en la adopción de la decisión (pero, se insiste, la Administración conserva la última palabra) que si solo se enteran de la determinación que ella toma. Participación ciudadana en el ámbito consultivo y no decisorio, que ha dado lugar a que se hable en otras latitudes de una suerte de "Administración concertada" [175].

Por supuesto que la Administración solo se sujeta al ordenamiento jurídico superior (Constitución y leyes en el ámbito doméstico) y los jueces solo pueden entrar a controlar, una vez las medidas son adoptadas. Se trata de permitir una participación ciudadana en el ámbito consultivo y no decisorio. Ello, sin embargo, debe estar regulado en forma rigurosa para que no genere los problemas que se han presentado en la denominada "consulta previa" en el ámbito legislativo. La ley 1437 ha avanzado en esta dirección (C. P. A. C. A., art. 8º)[176], que debe consolidarse y ampliarse.

51. El Estado del siglo XIX, a juicio de VILLAR PALASÍ, heredó y aplicó varias técnicas típicas del Estado absoluto y este —por su parte— conservó muchas instituciones de los siglos anteriores[177]. A su vez, el derecho administrativo contemporáneo —enseña el maestro CASSAGNE— ha heredado un gran número de técnicas y principios provenientes del derecho regio[178].

[173] JEAN RIVERO, *Páginas de derecho administrativo* (Dirección y coordinación, Libardo Rodríguez R.), Bogotá, Temis, Colegio Mayor de Nuestra Señora del Rosario, 2002, pág. 92.

[174] JEAN RIVERO, *Páginas…*, *op. cit.*, pág. 93.

[175] Cfr. JESÚS LEGUINA VILLA y MIGUEL SÁNCHEZ MORÓN, *La nueva ley de régimen jurídico de las administraciones públicas y del procedimiento administrativo común*, Madrid, Tecnos, 1993.

[176] Cfr. Consejo de Estado, Sala de Consulta y Servicio Civil, concepto de 19 de febrero de 2019, rad. 2409 [fundamento jurídico b].

[177] JOSÉ LUIS VILLAR PALASÍ, *Curso de derecho administrativo*, t. I, Madrid, 1972, pág. 81.

[178] JUAN CARLOS CASSAGNE, *Derecho…*, *op. cit.*, pág. 108.

Conviene reexaminar —como ya ha comenzado a hacerlo la jurisprudencia— ciertas instituciones del derecho administrativo. Por ejemplo, no debería seguir hablándose de "privilegio de la decisión ejecutoria". Este instituto está concebido para que el destinatario de la decisión administrativa sea protegido, sin que tenga que acudir al juez. En otras palabras, pretende evitar que las relaciones de la Administración con las personas terminen en un pleito. Más que una "prerrogativa" de la Administración, debe entenderse como un mecanismo de gestión pública que facilita la toma de decisiones al tratar de evitar la controversia judicial[179].

52. El acto administrativo, como acto jurídico, está llamado a producir efectos, en el ámbito del derecho, en la esfera jurídica de las personas (antes "administrados"). De ahí la importancia de sus atributos: (i) presunción de legalidad (es conforme al orden jurídico); (ii) obligatoriedad (es eficaz, sin necesidad de pronunciamiento judicial) y (iii) ejecutoriedad (la Administración puede ejecutarlo directamente)[180].

La presunción de legalidad de los actos administrativos es uno de los presupuestos de todo Estado de derecho (Const. Pol., art. 4° inc. 2°). Esta prerrogativa de la autoridad administrativa implica que, al presumirse ajustado a las normas superiores, todos tienen el deber de acatarlo y no puede desconocerse su carácter imperativo. Es una presunción que, por supuesto, puede ser desvirtuada ante los jueces. Por ello, el artículo 238 de la Constitución —al retomar el art. 193 de la Const. de 1886— estableció la medida cautelar de suspensión provisional, y al hacerlo defirió a la ley la fijación de los motivos y los requisitos para su procedencia.

Hoy, sin embargo, pareciera que el acto administrativo no se presume legal, su obligatoriedad es cuestionada desde diversos frentes y su carácter ejecutorio, parece supeditado a la anuencia judicial. Si la excepción es la suspensión provisional, era obvio que se exigiera una oposición grosera al orden superior, una ilegalidad manifiesta. Sin embargo, el artículo 231 del C. P. A. C. A. eliminó este presupuesto para decretar esa medida cautelar.

Al suprimirse el requisito de infracción manifiesta para decretar la suspensión provisional, no solo se pone en tela de juicio la figura misma del acto administrativo, sino que además se exige una suerte de prejuzgamiento sobre su legalidad, sin que haya habido proceso. La Administración queda, así, despojada de un presupuesto importantísimo para la gestión de lo público y traslada a los jueces la definición de las materias, sin que medie aún

[179] Cfr. Consejo de Estado, Sección Tercera, auto de 31 de octubre de 2016, rad. 28741A [fundamento jurídico 8] y auto de 17 de mayo de 2019, rad. 59136 [fundamento jurídico 3]

[180] Cfr. ÁLVARO TAFUR GALVIS, *Teoría del acto administrativo*, Bogotá, Ediciones Rosaristas, 1975, pág. 65.

juicio alguno[181]. Un derecho administrativo de la libertad, no solo mira a las personas como eje de la Administración, sino que también se preocupa por la solidez y respetabilidad de las instituciones. Solo así se logra la confianza necesaria para una convivencia armónica.

53. Por último, se hará una aproximación a la Administración vista desde fuera: a partir del control judicial. Un presupuesto sustancial para el buen suceso de la gestión administrativa es contar con una sólida justicia tanto institucional como arbitral. Hoy por hoy, al lado del papel determinante de la centenaria justicia administrativa, la justicia arbitral cumple, en el ámbito de la contratación estatal, un papel relevante.

B) *Hacia un control jurisdiccional de la Administración basado en la libertad*

54. La justicia administrativa está concebida para controlar el sometimiento de la Administración al orden jurídico. Para verificar el cumplimiento del principio de legalidad, es preciso tener una institucionalidad que fiscalice a la Administración, como eficaz garantía de los derechos de los asociados. En Colombia ese control está a cargo de una justicia especializada inspirada en el modelo francés[182], diferente de la justicia ordinaria concebida para dirimir los conflictos entre los particulares.

La dualidad de jurisdicciones se justificó en la exigencia de un derecho especial, diferente al de los particulares. La existencia de un juez distinto sin duda permitió la evolución del régimen a partir de la jurisprudencia. La necesidad de una efectiva salvaguarda de los derechos de las personas frente a la Administración y su conciliación con el interés general son asuntos que se salen de los esquemas propios del juez ordinario.

Sin embargo, es preciso preguntarse si actualmente el derecho administrativo es —en forma genuina— un ramo "autónomo" del derecho. Un derecho administrativo de la libertad impone una justicia capaz de enfrentar su misión a partir no solo del derecho administrativo (concebido para las expresiones de función administrativa), sino también desde el derecho común para las actividades que no lo son, como el servicio público, la contratación o las actividades industriales y comerciales del Estado.

Hoy, la dualidad no se explica en una pretendida especialidad o particularidad del derecho que regula las relaciones del Estado. La especialidad

[181] A. V. a Consejo de Estado, Sección Tercera, Subsección C, auto de 17 de septiembre de 2018, rad. 52506 [fundamento jurídico 2].

[182] Cfr. Libardo Rodríguez Rodríguez y Jorge Enrique Santos Rodríguez, *Un siglo de jurisdicción administrativa y de derecho administrativo en Colombia*, Bogotá, Temis, 2013.

está en los fines y en la mixtura de derecho público y derecho privado. Se requiere un juez que conozca bien las reglas peculiares de la Administración, pero que no sea ajeno al derecho privado. La particularidad está en esa dificultad de manejar un derecho mixto y, además, en saber encontrar las diferencias en su aplicación e interpretación.

Actualmente no puede hablarse de un antagonismo entre la autonomía de la voluntad, tradicional postulado civilista, y el principio de legalidad, característico del derecho público. La ley[183] y el contrato[184] se cimientan, finalmente, en una misma idea: el consentimiento. Como sucede en democracia, en el ámbito civil —como decía DUVERGER— nadie puede fabricar obligaciones sin su consentimiento[185].

La distinción entre "actos de autoridad" y "actividad de gestión" propuesta por BERTHÉLEMY[186] —y que orientó a la jurisprudencia francesa a comienzos del siglo pasado— sirve, en palabras de GARRIDO FALLA, para delimitar los campos de la respectiva aplicación del derecho administrativo y del derecho privado[187]. Si los contratos son los mismos de los particulares, su responsabilidad se ve comprometida —según RIVERO— en los mismos casos: no hay, entonces, un régimen jurídico propio de la acción administrativa[188].

El Estado hoy actúa igual que los particulares en muchos ámbitos. Los contratos y la prestación de los servicios públicos son "actos de gestión" gobernados principalmente por el derecho privado (relaciones de coordina-

[183] Cfr. LOCKE, *op. cit.*, VIII, 95. La soberanía del Estado, según ROUSSEAU, es la voluntad general de los contratantes (ROUSSEAU, *op. cit.*, II, I). A juicio de BURDEAU, consentir es aceptar; no es dominar, sino admitir la legitimidad de la dominación (BURDEAU, *op. cit.*, pág. 73) y para ANDRÉ HAURIOU, el fundamento político de la autoridad de los gobiernos de derecho está en el habitual consentimiento que encuentra en los súbditos. De acuerdo con el mismo autor, cuando el poder no está sometido más que por la fuerza, tiene el carácter de poder de hecho, y se convierte en poder de derecho por el consentimiento de los gobernados (ANDRÉ HAURIOU, *op. cit.*, págs. 128 y 125),

[184] Según el profesor URIBE HOLGUÍN en nuestro régimen civil es condición única de existencia del contrato el consentimiento, o sea el acuerdo de voluntades motivado por causa o causas y destinado a crear una o más obligaciones con sus correspondientes objetos. La concurrencia de dos o más voluntades —agrega— forma el consentimiento (RICARDO URIBE HOLGUÍN, *De las obligaciones y del contrato en general*, Bogotá, Ediciones Rosaristas, 1980, págs. 262 y ss.).

[185] MAURICE DUVERGER, *Élements de droit public*, Paris, PUF, 1974, pág. 6.

[186] H. BERTHÉLEMY, *Traité élémentaire de droit administratif*, Paris, Librairie Nouvelle de Droit et Jurisprudence,1913.

[187] FERNANDO GARRIDO FALLA, *Tratado...*, *op. cit.*, pág. 159

[188] JEAN RIVERO, *Précis...*, *op. cit.*, pág. 34.

ción) y no "actos de poder público", de autoridad, gobierno, de imperio, o de mando, gobernados por el derecho público (relaciones de subordinación).

Las relaciones de coordinación no solo existen entre los particulares, sino que también pueden darse entre un particular y el Estado o entre dos órganos del Estado. La relación es de derecho privado, si ninguna de las partes interviene como entidad "soberana"[189]. La totalidad de la actividad administrativa no está, pues, sometida al derecho público. Antes de la expedición de la Constitución de 1991, el profesor HERNÁNDEZ MORA ya advertía: "[n]ada impide, ni es contrario a la noción de servicio público, ni la lesiona o destruye o desvirtúa, que esta actividad en una u otra proporción pueda estar regida, en algunos o gran parte de sus actos, según las circunstancias, por el derecho privado"[190].

La independencia de la jurisdicción administrativa hoy no debería explicarse en una especialidad basada en la desigualdad, ni en la unilateralidad. El régimen distinto está en la mezcla, la mixtura, en la "hibridación" de que hablara WEIL[191]. Y el juez es especial, no porque sea un juez experto en la unilateralidad, sino justamente porque entiende esa mezcla, porque tiene claros los fines de la Administración y porque debe estar en capacidad de aplicar los postulados del derecho común en muchos ámbitos, sin perder el prisma público.

55. La legislación que hemos comentado en el apartado anterior (régimen de los servicios públicos y régimen de la contratación estatal) no puede ser interpretada como si no hubiera habido cambios. El juez de la Administración no puede —por nostalgia, por "tradición" o simplemente por "inercia"— seguir usando criterios del pasado. No puede continuar invocando criterios judiciales o autores que inspiraron los regímenes antes de los cambios de la Constitución de 1991. Ello no es armónico con las transformaciones del servicio público, ni con las normas económicas constitucionales de 1991.

No se puede pretender seguir interpretando, con criterios jurídicos superados, instituciones —que, aunque guardan la misma denominación— son muy distintas. Hoy el servicio público está muy lejos de la visión clásica francesa y los contratos estatales no pueden estudiarse con la óptica del binomio (superado) contrato administrativo-contrato privado de la Administración.

[189] EDUARDO GARCÍA MÁYNEZ, *Introducción al estudio del derecho*, México, Porrúa, 2002, págs. 131 y ss.

[190] ALBERTO HERNÁNDEZ MORA, "La noción del servicio público en derecho administrativo (vigencia y utilidad)", en *El derecho administrativo en Latinoamérica*, t. II, Bogotá, Ediciones Rosaristas, 1986, págs. 255 y ss.

[191] PROSPER WEIL et DOMINIQUE POUYAUD, *Le droit administratif*, Paris, PUF, 1994, pág. 73.

56. Un derecho administrativo de la libertad impone el respeto de la separación del ejercicio del poder público (Const. Pol., art. 113). El juez de la Administración no es autoridad administrativa y, por lo mismo, tampoco presupuestal. Es hora de repensar todo el sistema. Las acciones judiciales deben ser concebidas para controlar a la Administración, no para rivalizar con ella, ni emularla. Esto último, además, no es eficiente.

57. Preocupa que, al lado de los mecanismos constitucionales y legales de intervención administrativa de los servicios públicos, por ejemplo, se ha venido creando todo un esquema "paralelo" concebido a partir de múltiples y desarticuladas decisiones judiciales. No hay duda de que las acciones colectivas son un instrumento adecuado para resolver las diferencias en derecho del consumo.

Sin embargo, es discutible que la ley trate como derecho colectivo autónomo el acceso a los servicios públicos y a que su prestación sea eficiente y oportuna (ley 472, art. 4, lit. j), al igual que el acceso a una infraestructura de servicios que garantice la "salubridad pública" (ley 142, art. 4° lit. h). Esa concepción no corresponde a la visión propia de derechos de los consumidores.

Además, con ello se traslada a los jueces la efectividad material de típicos derechos económicos y sociales, cuya protección real no es propia del ámbito de las decisiones judiciales. Ello ha implicado que el juez se convierta en formulador y ejecutor de políticas públicas. Lo preocupante es que en este ámbito, a diferencia de la tutela o de la acción del cumplimiento, las incursiones judiciales no han sido fruto de decisiones judiciales "audaces", sino que han sido propiciadas por la propia ley. La garantía efectiva de los derechos sociales —que no colectivos, en realidad— no puede quedar en instancias judiciales.

Si el juez de la acción popular puede dar órdenes para su protección esto puede llevarlo a cogestionar y disponer del presupuesto público. En una democracia liberal, donde la separación del ejercicio del poder público es uno de sus atributos esenciales, no puede haber jueces que suplanten la Administración. El juez no está facultado por el orden jurídico para ordenar gasto (Const. Pol., arts. 150 nums. 11 y 12, 338 y 345 inc. 1°; decr. 111 de 1996, art. 38; ley 38 de 1989, art. 24; ley 179 de 1994, arts. 16, 55 y 71).

58. En el caso de la tutela, algunas decisiones judiciales han ampliado su ámbito, contra los estrictos y precisos términos del texto constitucional. De ser un valioso instrumento subsidiario y residual para la protección inmediata de los derechos fundamentales, ha mutado en una suerte de remedio a todos los males de este país, una "panacea judicial". Los jueces han pasado —muchas veces— por alto el ordenamiento jurídico y han

entrado a fijar políticas públicas[192]. Es el caso, por desventura, también de los servicios públicos.

Es inquietante, por ejemplo, la creación a golpe de fallos de tutela de "subsidios judiciales", en abierta contravía con lo dispuesto por la Constitución y la ley. Decisiones que, a largo plazo, podrían poner en peligro la sostenibilidad del exitoso esquema que diseñó la Constitución y desarrollaron las reformas legales de 1994. Mandatos que parten del supuesto de la no gratuidad y del apoyo financiero solo hasta un consumo básico de subsistencia.

59. A los tradicionales problemas de un ordenamiento jurídico carente de claridad, disperso en normas "especiales" y por lo mismo incoherente, no puede seguir agregándosele una dispersión generada en la proliferación de jueces que llegan a adoptar decisiones que —dada la carencia de competencias (técnicas y jurídicas)— terminan siendo igualmente incumplidas.

Todo ello genera una fuente adicional de litigiosidad: el incumplimiento de decisiones judiciales. La eficacia simbólica del derecho contagió ahora, treinta años después, a las decisiones judiciales. Un aparato judicial congestionado, desbordado por una avalancha de "acciones constitucionales", tampoco puede satisfacer las demandas que por sus competencias ordinarias le corresponden.

No es coherente con las reglas democráticas, ni con los preceptos de hacienda pública —ambos previstos en normas constitucionales— que jueces "activistas" fijen prioridades de la agenda pública, cuando ello compete a otras autoridades. Decisiones que no solo han expandido de manera irresponsable el gasto público, sino que también han mostrado su asignación ineficiente e ineficaz[193]. Providencias que no tienen en consideración los graves problemas fiscales que generan.

Una buena gestión de lo público exige la división de las tareas entre las diferentes agencias del Estado. El juez no puede privar a la Administración de sus competencias y asumir atribuciones que han sido otorgadas por la Constitución a otras autoridades. La tridivisión del ejercicio del poder público no es solo una garantía de la libertad, sino una media de la eficacia para la gestión de cada una de las parcelas del poder público.

[192] Sobre el activismo judicial, ver MAURICIO A. PLAZAS VEGA, *Del realismo al trialismo jurídico: Reflexiones sobre el contenido del derecho, la formación de los juristas y el activismo judicial*, Bogotá, Temis, 2009 y RUTH STELLA CORREA PALACIO, "Jueces y políticas públicas", en Rocío Araújo Oñate, (editora académica), *Estudios de derecho público. Liber Amicorum* en homenaje a Carlos Betancur Jaramillo, Bogotá, Colegio Mayor de Nuestra Señora del Rosario, 2020, págs. 155 y ss.

[193] HUGO PALACIOS MEJÍA, *El derecho de los servicios públicos*, Bogotá, Derecho Vigente, 1999, págs. 91 a 152.

Un derecho administrativo de la libertad impone un criterio jurisprudencial responsable que impida el uso indiscriminado y paralelo de diversos medios de control. Al delimitar, como por ejemplo lo ha hecho el Consejo de Estado, el alcance de la acción popular[194] la jurisprudencia acierta al impedir que se abran nuevos frentes de "litigio estratégico": con ella no se pueden controvertir leyes, decisiones de control de constitucionalidad[195]; tratados internacionales[196] ni providencias judiciales[197].

60. La acción de tutela y la acción popular tampoco son las vías idóneas para dirimir controversias contractuales. Mediante su uso indiscriminado se ha permitido a autoridades distintas al juez del contrato pronunciarse sobre asuntos relacionados, por ejemplo, con la legalidad de actos administrativos contractuales, validez de los contratos o para —incluso— modificar el clausulado pactado por las partes. El juez del contrato se ha disperso así a través de medios paralelos y sucesivos de control. Y la existencia de múltiples "jueces del contrato" genera inseguridad jurídica. El cometido principal de la justicia es solucionar definitivamente los conflictos que se le plantean. Por ello, el ordenamiento debe brindar seguridad jurídica a las decisiones judiciales.

La seguridad jurídica es pieza fundamental de un derecho administrativo de la libertad. Una normativa precisa, simple y coherente genera la confianza requerida para celebrar y ejecutar contratos. La estabilidad y certeza jurídica que brinda son factores claves para los contratos. Por ello, el manejo de las vicisitudes contractuales no debería darse —como primer estadio de manejo— ante los jueces. Pero, si la controversia termina en la instancia judicial, es preciso que la decisión del juez del contrato (institucional o arbitral) adquiera firmeza, una vez las providencias queden ejecutoriadas.

No es aconsejable la acumulación de acciones judiciales, que se sucedan unas a otras o que coexistan para un mismo objeto, y menos aún que esas acciones se puedan presentar ante otras jurisdicciones so pretexto de que se trata de asuntos "constitucionales".

[194] Consejo de Estado, Sección Tercera, Subsección C, sent. de 4 de abril de 2016, rad. AP-0139, [fundamento jurídico 8] y sent. de 27 de abril de 2020, rad. AP-0023 [fundamento jurídico 9].

[195] Cfr. Consejo de Estado, Sección Tercera, sent. de 25 de mayo de 2006, rad. AP-0345 [fundamento jurídico 1].

[196] Cfr. Consejo de Estado, Sección Tercera, auto de 6 de julio de 2006, rad. AP-1725 [fundamento jurídico 3].

[197] Cfr. Consejo de Estado, Sección Tercera, sent. de 7 de julio de 2005, rad AP–2661; sent. de 16 de marzo de 2006, rad. AP-0239 [fundamento jurídico 3] y sent. de 22 de febrero de 2007, rad. AP-1678 [fundamento jurídico 2].

61. Las medidas cautelares del C. P. A. C. A. se han desbocado. La "discrecionalidad de la justicia administrativa" no puede sustituir a la discrecionalidad de la Administración. Las "medidas cautelares innominadas" no dejan actuar a la Administración, so pretexto de "la tutela judicial efectiva". Por esa vía, los jueces suplantan el criterio de la definición y ejecución de la política pública de la Administración por su criterio personal.

La capacidad decisoria en materia administrativa no se puede "delegar" en el juez. No es función del juez, por ejemplo, "arreglar" los contratos. Sin embargo, algunos políticos han encontrado en la interposición de acciones judiciales, particularmente del contencioso administrativo y populares, una vía para detener la marcha de la Administración. Las decisiones que zanjaron las urnas electorales o que deberían darse en las corporaciones públicas de elección popular, han pasado a los estrados judiciales.

Tenemos una suerte de Administración "judicializada", o peor aún, una "Administración paralela" donde el juez ya no controla, sino cogestiona. Estamos en un escenario donde la intromisión judicial indebida en las competencias de otras autoridades, ya no causa sorpresa alguna: ¡un juez perdido en la Administración es un juez en la antesala de la política!

Si el juez se transforma en administrador, la Administración se paraliza. Ello se traduce, por supuesto, en una mayor debilidad institucional. Y las instituciones débiles —tanto como las usurpadoras— son una amenaza contra la libertad. Una cosa es controlar y otra coadministrar. El control judicial es un control jurídico, no un control de oportunidad, ni de conveniencia.

Por la vía insólita de providencias judiciales se adoptan medidas administrativas —y no judiciales, porque se sustituye la Administración— y se terminan expidiendo así una suerte de "actos administrativos" sin control judicial[198]. Una justicia que hace un control impropio. La justicia se ha convertido, por esta vía, en un mecanismo para prolongar el debate electoral. Una justicia que, por supuesto, no es eficaz, porque no es adecuada a su propia finalidad.

Se ha creado un "parasistema" en el que tenemos un remedo de control de la Administración, en el que en realidad la Administración ha sido sustituida por el juez. Una suerte de "administrador negativo", es decir, alguien que sustituye la Administración: "zapatero a tus zapatos", dice el refrán popular que solía repetir papá.

[198] Cfr. CARLOS BETANCUR JARAMILLO, *Derecho procesal administrativo*, Medellín, Señal Editora, 2013, págs. 339 y ss. En sentido similar, en el ámbito del derecho común, se han planteado serias críticas a las "medidas cautelares innominadas" ver GABRIEL HERNÁNDEZ VILLARREAL, *Medida cautelar innominada*, Bogotá, Ibáñez, 2019.

La medida cautelar de suspensión provisional era suficiente, no suponía involucrarse en gestión alguna de la Administración. Además, el Consejo de Estado y los tribunales administrativos en Colombia mostraron —a lo largo de su existencia— un ejercicio responsable. La Corte Suprema de Justicia en su momento declaró inconstitucional la llamada "suspensión provisional a prevención", porque justamente suponía una violación del principio de separación del ejercicio del poder público. La solución a la inercia administrativa no es dotar de más competencias a los jueces. Los pálidos resultados, luego de tres décadas, deberían bastar para descartar esa "salida"[199].

62. En un derecho administrativo de la libertad, los jueces deben ser ajenos a las contiendas políticas. Hay que eliminar la pérdida de investidura. Esta figura dista de ser un real control judicial y muchas veces pasa por ser un control con tintes políticos. El control judicial a través de la nulidad electoral es suficiente. Además, la figura de la pérdida de investidura podría no resistir una evaluación de un tribunal internacional. No parece sensato que un país tenga una sanción, una pena irredimible. Tampoco es razonable que el Consejo de Estado juzgue a los miembros del Congreso de la República quienes, a su turno, tienen la competencia para juzgar a los magistrados de esa Corporación[200].

El proceso disciplinario, por su parte, es un instrumento adecuado para adoptar eventuales sanciones a los congresistas. Este procedimiento administrativo debe encomendarse a otra autoridad que no sea el procurador, o que la nominación de este no provenga del Congreso. En todo caso, no se podría imponer una sanción administrativa de destitución, pues ello no se aviene a los compromisos internacionales, como ya lo ha advertido la jurisprudencia[201].

64. El juez de la Administración no solo es guardián de la legalidad interna (incluida la Constitución), sino que también vela por el cumplimiento de los compromisos internacionales. Un juez que debe ser, como lo ha sido el Consejo de Estado francés[202] y ahora el Consejo de Estado colombiano, pionero en el ejercicio del control difuso de convencionalidad[203]. Como

[199] Cfr. Corte Suprema de Justicia, Sala Plena, sent. de 10 de agosto de 1989, exp. 1922 [fundamento jurídico f], "C. J." t. núm. CXCVII, pág. 146.

[200] A. V. a Consejo de Estado, Sala Plena de lo Contencioso Administrativo, sent. de 21 de enero de 2021, rad. IJ-2019-01604-01 [fundamento jurídico 6].

[201] A. V. a Consejo de Estado, Sala Plena de lo Contencioso Administrativo, sent. de 9 de agosto de 2016, rad. 1210-11 [fundamentos jurídicos 6 y 7] y sent. de 15 de noviembre de 2017, rad. 1131-2014 [fundamento jurídico 1], con A. V.

[202] Cfr. Conseil d'État, Arrêt Nicolo, 20 de octubre de 1989, núm. 108243.

[203] Cfr. Consejo de Estado, Sección Tercera, Subsección C]; sent. de 29 de abril de 2019, rad. 54.364 [fundamento jurídico 7]; sents. de 31 de mayo de 2019, rad. 57.630

todo juez de la República, el juez de la Administración tiene el deber de inaplicar las normas nacionales —no importa su rango— que sean manifiestamente contrarias a los tratados internacionales de los que sea parte Colombia (Const. Pol., art. 9º; ley 32 de 1985, arts. 26 y 27).

65. Es necesario también revisar la extendida atribución de funciones judiciales a autoridades administrativas[204]. Es cierto que el artículo 116 de la Constitución autoriza al legislador para otorgarles ese tipo de competencias, pero, al hacerlo, impuso una condición de aplicación que no se puede pasar por alto: su "excepcionalidad". A juicio del profesor TAFUR GALVIS "la condición de «excepcionalidad» signa la actividad del legislador en materia de atribución de funciones jurisdiccionales a las autoridades administrativas y guía la interpretación tanto de la atribución misma, como del alcance del ejercicio de la función jurisdiccional"[205].

Ante la congestión de los despachos judiciales y la complejidad de los asuntos (especialmente económicos) se está abriendo peligrosamente la puerta para que ámbitos completos queden en manos de autoridades administrativas "con funciones judiciales"[206]. Pero además de su uso extensivo (una vez más, la excepción pretende erigirse en regla) quedan interrogantes por resolver: ¿un funcionario "judicial" dependiente del director de una entidad administrativa es realmente autónomo?, ¿una superintendencia —que por ejemplo es autoridad de policía administrativa y regula muchas materias— es "imparcial" al conocer de conflictos judiciales?[207].

¿Se han introducido los riesgos de la politización? ¿No sería más fácil convertir a todo ese aparato burocrático en parte de la rama judicial, con todo lo que ello implica? ¿Crear, por ejemplo, la anhelada jurisdicción comercial

[fundamento jurídico 8], rad. 55.591 [fundamento jurídico 7], rad. 55.995 [fundamento jurídico 7] y rad. 45.657 [fundamento jurídico 8]; sents. del 28 de junio de 2019, rad. 43.741 [fundamento jurídico 8] y rad. 51.551 [fundamento jurídico 7]; sent. de 30 de septiembre de 2019, rad. 63.541 [fundamento jurídico 7]; sent. de 5 de agosto de 2020, rad. 49.821 [fundamento jurídico 4.5.1.2]; sent. de 7 de septiembre de 2020, rad. 49.951 [fundamento jurídico 3.1].

[204] Cfr. MARÍA LUISA MESA ZULETA, "Perspectiva sobre el alcance de las facultades de las superintendencias" en AA. VV., *Estudios en derecho público: liber amicorum* en homenaje a Carlos Betancur Jaramillo, tomo II, Bogotá, Colegio Mayor de Nuestra Señora del Rosario, 2020, págs. 407-435.

[205] Cfr. ÁLVARO TAFUR GALVIS, *Constitución Política y potestad organizadora*, Bogotá, Ibáñez, 2011, págs. 37 y ss.

[206] En sentido contrario EMILIO JOSÉ ARCHILA PEÑALOSA, "Vuelve y juega: facultades jurisdiccionales para la Superintendencia de Industria y Comercio en asuntos de antimonopolios", en *Revista Con-texto*, núm. 43, Bogotá, Universidad Externado de Colombia, 2015.

[207] Cfr. Corte Constitucional, sent. C-1641 del 2000 [fundamentos jurídicos 18-30].

con servidores de la Superintendencia de Industria y Comercio, de la Superintendencia de Sociedades y Superintendencia Financiera, en lugar del artificioso recurso de apelación ante los tribunales ordinarios?

66. Las normas que autorizan a llegar a acuerdos conciliatorios totales o parciales sobre conflictos de carácter particular y contenido económico exigen una previa aprobación judicial. Es necesario estudiar si la justicia debe revisar acuerdos conciliatorios. Pareciera gravitar una presunción de mala fe o una especie de limitación de la capacidad para ponerse de acuerdo. El juez se convierte en una suerte de "tutor de la Administración", que —en medio de la congestión judicial— retarda acuerdos. La aprobación judicial debería eliminarse o, en su defecto, los presupuestos que hoy trae la ley[208] podrían ser perfectamente verificados por el ministerio público como representante de la sociedad.

67. También es iliberal la cómoda práctica de construir decisiones judiciales a partir de "principios" gaseosos. Cuando la regla legal se olvida, la democracia se hace a un lado y el juez todo poderoso sustituye no solo a la Administración, sino también —y eso es más grave— al legislador, es decir, al pueblo soberano. En un derecho administrativo de la libertad, el oficio judicial debe basarse fundamentalmente en los hechos, su prueba y la norma aplicable.

La interpretación judicial se explica en que es necesario buscar el verdadero sentido de la ley (C. C., art. 26), no en sustituirlo por el criterio subjetivo del juzgador. Los principios son una valiosa herramienta hermenéutica, pero su uso abusivo no solo los desnaturaliza, sino que trastorna el papel del fallador. Cuando todo es "principio", nada es "principio"[209].

68. En un derecho administrativo de la libertad, el juez de la Administración debe ser consciente de que no tiene competencia para crear "reglas" jurisprudenciales, como por ejemplo ha sucedido en el ámbito de las "decisiones de unificación". Este entendimiento no se acompasa con los artículos

[208] Que no haya operado el término de caducidad; que medie una debida representación y facultad para conciliar, que el acuerdo conciliatorio verse sobre derechos de carácter particular y contenido económico; que el acuerdo cuente con las pruebas necesarias; que no sea violatorio de la ley y no resulte lesivo para el patrimonio público.

[209] "La sensación de fundamentación incontestable que suscitan los principios apenas ejemplificados, según mi opinión, es debida también al modo *genérico* en que se formulan normas similares [...]: las palabras dejan contentos a todos. Recuérdese que cuanto más genérica es una afirmación más probablemente es verdadera —lejos de ser cierta—. De manera no diferente, cuanto más genérica es una afirmación más fácil es satisfacerla". CLAUDIO LUZZATI, *El principio de autoridad y la autoridad de los principios*, Madrid, Marcial Pons, 2013, pág. 69.

17 y 25 del Código Civil y 230 de la Constitución, que en forma diáfana prohíben a los jueces fijar —en sus providencias— reglas de alcance general.

Solo los representantes del pueblo pueden exteriorizar la voluntad soberana por medio de leyes. Se tiene que revisar esa tendencia de los jueces de extraer reglas generales de los fallos. Un país con la incertidumbre que padece por la proliferación de leyes, es un país que no debería —además— soportar una jurisprudencia oscilante y cambiante.

Hay que reconsiderar la aplicación forzada de instituciones como el "precedente judicial". No se puede desconocer el gran papel que cumple la jurisprudencia, pero ella es tan solo un criterio auxiliar de la actividad judicial (Const. Pol., art. 230)[210]. Al pretender trasladar, sin más, figuras de otros países con tradiciones jurídicas ajenas al nuestro, se produce un clima de incertidumbre, porque en nuestra cultura jurídica no se tiene el cuidado y el rigor que demanda la aplicación de instituciones como esa.

Es curioso, pero la jurisprudencia tenía un mayor valor cuando solo era entendida como tal. Hoy, cuando se habla de "precedente", las decisiones judiciales no tienen la fuerza y el respeto de otras épocas. Más que trasplantar esquemas foráneos que no encajan en nuestras tradiciones, lo que debe fortalecerse es la estricta aplicación de los criterios (auxiliares) jurisprudenciales.

69. Las providencias judiciales, por otra parte, se han vuelto documentos larguísimos, farragosos, incomprensibles. Escritos en un lenguaje de "eruditos" y donde —en muchas ocasiones— el juez prefiere formular teorías y al hacerlo se aparta de la solución del caso. Es deseable que los fallos sean cortos, sin artificios, y escritos en lenguaje natural, claro e inteligible para todos, sobrio, carente de ostentación y adornos. La simplicidad no solo facilita la comprensión, sino el cumplimiento de las decisiones judiciales. El juez, además, debe ser discreto, solo debería "hablar" a través de sus providencias, como decía el maestro ECHANDÍA.

70. En un derecho administrativo de la libertad, la función consultiva del Consejo de Estado desempeña un cometido crucial. Una función que es determinante no solo en la interpretación de asuntos complejos, sino más importante aún en la configuración del orden jurídico. La preparación de normas —legislativas, administrativas e incluso constitucionales— debería contar con el estudio previo de expertos.

Esa Sala no debería limitarse a la importantísima facultad de absolver las consultas que facultativamente le eleve el gobierno y a la nueva atribución de resolver conflictos de competencia entre entidades administrativas. Su función de asesoría y orientación debería enfocarse en la elaboración de

[210] Cfr. Consejo de Estado, Sala Especial de Decisión núm. 26, sent. de 8 de septiembre de 2021 [fundamento jurídico 22].

normas, como sucede en Francia. Competencia que sin duda cumpliría a cabalidad dados sus reconocidos rasgos institucionales de solvencia, rigor, independencia e imparcialidad.

Si la seguridad jurídica parte de la certeza en el orden jurídico, la función consultiva podría brindar luces en medio de este oscuro túnel de hipertrofia normativa. Se trataría, así, de volver a los orígenes del Consejo de Estado. La preparación de proyectos de ley en ciertas materias podría contar con el apoyo versado de juristas independientes (v. gr. las de iniciativa privativa del gobierno, las facultades extraordinarias, los regímenes de excepción o los asuntos que son objeto de mayor consulta, como los ámbitos laborales y contractuales de la Administración).

Conceptos que no se ocuparan de la oportunidad ni de la conveniencia de las medidas, en otros términos, que no entraran en la política, sino que se centraran en la redacción de las normas, su coherencia con el resto del ordenamiento jurídico, su correspondencia con las normas superiores. Un concepto que contribuiría a eso que hoy llaman "mejora regulatoria". Una adecuada definición abstracta de leyes y códigos "en silencio y recogimiento", con la "calma debida" y lejos del "bullicio de las Cámaras", como en su momento plantearon POMBO y GUERRA[211].

71. Por último, pasemos rápidamente a la justicia arbitral que también controla —en el ámbito contractual, de momento— a la Administración. Hay quienes incluso ya hablan —dado su uso extensivo, especializado y riguroso— de una suerte de "justicia arbitral administrativa": ¿qué son los árbitros en Colombia? La Constitución zanjó cualquier discusión: los árbitros —en el ámbito doméstico— son genuinos jueces, desde una perspectiva funcional. Así lo dispuso el artículo 116 de la Constitución, al autorizar a los particulares para que, si así lo pactaban, acudieran a los árbitros y no a la justicia institucional.

Un derecho administrativo de la libertad debe hacer una apuesta completa por el respeto a la autonomía de la voluntad: al acuerdo de las partes de sustraer sus controversias de la justicia institucional. Si en el ámbito de la contratación estatal se producen algunos actos administrativos, es natural que los árbitros puedan pronunciarse —sin limitaciones— sobre estas decisiones. No tiene sentido que los árbitros se puedan pronunciar sobre la validez del contrato y anularlo, pero no puedan pronunciarse sobre los actos administrativos que se expiden con ocasión del mismo[212].

[211] MANUEL POMBO, y JOSÉ GUERRA, *Constituciones de Colombia*, tomo IV, Bogotá, Biblioteca Banco Popular, 1986, págs. 276 y 277.

[212] Cfr. SUSANA MONTES DE ECHEVERRI, "La solución de controversias contractuales por la vía arbitral", en *Revista de Derecho Público*, núm. 14, Bogotá, Universidad de los Andes, 2002, pág. 141.

Es imperioso superar salidas "intermedias" que solo permiten a los árbitros pronunciarse sobre los "efectos económicos" de ciertos actos administrativos, pero no sobre su validez[213]. La Constitución no distinguió[214]. Por lo mismo, hay que reexaminar posturas jurisprudenciales basados en criterios superados. Tampoco parece lógico que la tutela coexista con el recurso de anulación. Y, mucho menos, que los jueces de tutela se conviertan en una inexistente segunda instancia del laudo[215].

El recurso de anulación no se puede transformar en una apelación, so pretexto —por ejemplo— de la causal de fallo en conciencia. El Consejo de Estado, al resolver el recurso extraordinario, no obra como un tribunal de apelación. En otras palabras, el recurso de anulación no procede para dirimir discrepancias de pareceres con los árbitros. Por ello, el juez del recurso de anulación de laudos acertó al concluir que los árbitros se pueden apartar de la jurisprudencia del Consejo de Estado, sin que ello configure causal de nulidad de sus decisiones[216], y al respetar ese acuerdo de voluntades a partir de una interpretación de la cláusula arbitral desde criterios propios de los contratos[217].

La autonomía de la voluntad, una vez más, es presupuesto de las relaciones entre el Estado y los particulares. Ese acuerdo es también fuente de derecho objetivo. Al fin y al cabo, el arbitraje se funda en tres componentes: duración de los procesos; especialidad y confianza (quizás la más importante). El juez institucional debe respetar la libertad contractual de sustraer los eventuales litigios de la esfera de lo público.

Una intervención judicial mínima es indispensable para la solidez de la institución arbitral: el juez no puede desconocer el acuerdo. Si la autonomía de la voluntad supone una potestad de autorregulación de intereses y relaciones, el Estado en esos casos —por regla general— está llamado a cumplir un cometido secundario[218], para, en lugar de entorpecer, sea un fa-

[213] "¿Cómo pronunciarse sobre los efectos económicos de la invalidez del acto sin pronunciarse respecto de la validez del acto?

[214] "Una distinción cuya delimitación no estamos, verdaderamente, en capacidad de trazar, no merece entonces ser hecha —para decirlo de forma amable—". JOHN L. AUSTIN, *Le langage de la perception*, Paris, Vrin, 2007, pág. 164.

[215] Cfr. A. V. a Consejo de Estado, Sección Tercera, Subsección C, auto de 9 de julio de 2018, rad. 58144 [fundamento jurídico 1].

[216] Consejo de Estado, Sección Tercera, Subsección C, sent. de 23 de septiembre de 2021, rad. 66315 [fundamento jurídico 6].

[217] Cfr. Consejo de Estado, Sección Tercera, Subsección C, auto del 10 de diciembre de 2021, rad. 64.409 [fundamentos jurídicos 3 y 4].

[218] Si el juez institucional termina decidiendo los casos sometidos al arbitraje, ¿qué sentido tiene pactar arbitraje?

cilitador de la coexistencia armónica de las esferas de libertad. La justicia institucional no es un antagonista del arbitraje.

Conclusiones

78. Jèze definió al derecho administrativo como "el conjunto de reglas relativas a los servicios públicos"[219]. Un derecho que exigía reglas especiales de "derecho público" para "la satisfacción de determinado interés general"[220], diferentes de las de "derecho privado" que supone relaciones de igualdad. Después de 1991, el derecho administrativo colombiano dejó de ser ese "derecho de los servicios públicos".

Si la noción de servicio público cambió en la Constitución, es obvio que ello debe impactar al derecho administrativo. Como atinadamente indica el profesor Libardo Rodríguez, la más fuerte vinculación del derecho administrativo es con el derecho constitucional: "el derecho constitucional es la fuente principal del derecho administrativo"[221]. El derecho administrativo, como derecho constitucional "concretizado", sufrió por ministerio de la Constitución —y un fiel desarrollo legal— una serie de transformaciones significativas. La ecuación servicio público igual a derecho público, hoy no es sostenible.

Para algunas voces muy autorizadas, como Palacios Mejía, el servicio público es un "concepto inútil" y —por lo mismo— prescindible, dada su ambigüedad[222], ante la constatación de la superación de la doctrina clásica sobre la materia. Sin embargo, desde un ángulo menos radical, se puede concluir que el derecho administrativo sigue siendo el derecho de los servicios públicos, pero transformado radicalmente al haberse reencontrado con la libertad.

El monopolio público no permitía —como sí lo hizo el esquema de competencia— la vinculación de recursos particulares a la prestación de los servicios, al no quedar reducidos a las disponibilidades fiscales. Un derecho de los servicios públicos, en el que concurren los agentes económicos públicos, privados y mixtos, brinda más incentivos para la eficiencia, para la mejora de las tarifas y de los servicios.

[219] Gaston Jèze, *Principios..., op. cit.*, t. I, pág. I.

[220] Gaston Jèze, *Principios..., op. cit.*, t. II, págs. 89 y 105.

[221] Libardo Rodríguez Rodríguez, *Derecho administrativo*, tomo I, 20ª ed., Bogotá, 2017, pág. 37.

[222] Hugo Palacios Mejía, "El inútil concepto de «servicio público». Notas para una crítica desde la perspectiva de 'law and economics'", en AA. VV., *Colección de derecho económico* III, Bogotá, Universidad Externado de Colombia, 2001, págs. 95 y ss.

La cotitularidad de los servicios públicos del Estado con los particulares produjo una de las más significativas transformaciones del derecho administrativo, que impone un nuevo punto de vista. Sigue siendo el derecho de los servicios públicos, pero no el de DUGUIT o de JÈZE y que entre nosotros introdujeron los profesores CARREÑO y PAREJA[223]. Aunque el servicio público conservó los rasgos distintivos de continuidad, uniformidad, generalidad y obligatoriedad, no puede seguir construyéndose el derecho administrativo a partir de una noción superada.

El servicio público ya no es una función pública. No se puede seguir hablando de descentralización por colaboración, ni apelar a una retórica nostálgica de un esquema superado. Para decirlo en palabras de la doctrina: el servicio público a la francesa —elaborado en la primera mitad del siglo XX— es una noción en extinción, "por las políticas europeas de liberalización de los mercados"[224]. Sin embargo, esa noción sigue dominando el derecho administrativo actual, pero desde un enfoque distinto.

El numeral 23 del artículo 150 de la Constitución distinguió nítidamente las leyes relativas al ejercicio de las funciones públicas, de las que atañen a la prestación de los servicios públicos. En armonía con la Constitución, el artículo 3° de la ley 489 de 1998 que dispuso que los principios de la función administrativa solo se aplican a la prestación de los servicios públicos, en cuanto fueren compatibles con su naturaleza y régimen.

80. La participación de los particulares en la gestión de los servicios públicos, antes a cargo del Estado, como consecuencia del postulado de subsidiariedad, supuso —como expuso la profesora SUSANA MONTES— "desandar el camino de las nacionalizaciones; reducir el tamaño del Estado; tener confianza en el individuo y en sus capacidades; permitir la actuación de los particulares en algunas actividades que antes eran de reserva estatal; disminución de reglamentaciones y regulaciones; dando mayor libertad de acción a los particulares en la creación de riqueza; apertura de la prestación de los servicios públicos al sector privado"[225].

El derecho administrativo no ha sido el mismo en todos los tiempos y lugares[226]. Al fin y al cabo, como sentenció MARIENHOFF, la noción conceptual

[223] Cfr. PEDRO CARREÑO, *Apuntes sobre derecho administrativo*, Bogotá, Cromos, 1934, pág. 14 y CARLOS H. PAREJA, *Curso de derecho administrativo teórico y práctico*, Bogotá, ABC, 1937, pág. 120.

[224] GILLES GUGLIELMI, GENEVIEVE KOUBI, "Le 'service public à la française': une notion en extinction", dans *Cahiers français 339*, Paris, La Documentation Française, 2007, págs. 3 y ss.

[225] SUSANA MONTES DE ECHEVERRI, *Las facultades sancionatorias de la Superintendencia de Servicios Públicos Domiciliarios*, Bogotá, 2001 (inédito), págs. 2 y 3.

[226] Cfr. JAIME ORLANDO SANTOFIMIO GAMBOA, *Tratado de derecho administrativo*, t. I, Bogotá, Universidad Externado de Colombia, 2003, pág. 171.

de "servicio público" es una de las más adecuadas para justificar el carácter *ius in fieri* atribuido o reconocido al derecho administrativo[227] [...] ¡un derecho que está en permanente creación, en vía de hacerse o haciéndose! porque aun —como indicó el profesor Vélez García— no ha experimentado fijaciones doctrinarias definitivas: "La constante movilidad doctrinaria del derecho administrativo obedece sin duda a la dinámica de la materia que constituye su objeto"[228].

81. El derecho administrativo no solo dejó de ser el derecho de los servicios públicos entendidos como monopolios públicos, tampoco puede seguir entendiéndose como el conjunto de reglas especiales relativas a la estructura, las funciones y los modos de actuación de las autoridades administrativas, a partir de las "prerrogativas de poder público"[229]. Su modo de acción ahora no gravita —o no debería seguir gravitando— en la unilateralidad, en las decisiones impuestas. En pocas palabras: es necesario superar el criterio orgánico o subjetivo para definir el régimen jurídico de las entidades de la Administración.

El Estado cedió su espacio monopólico "para que las actividades empresariales sean desarrolladas por otros agentes económicos"[230]. Sin embargo, el Estado también puede actuar como operador o prestador, pero sin las tradicionales "prerrogativas de poder público", propias del esquema anterior, ya que repugnan con la cotitularidad de los agentes económicos particulares.

La Constitución y la legislación no solo tomaron distancia de la Escuela de Burdeos que lideró Duguit. También se alejaron de la Escuela de Toulouse, opuesta a la primera bajo la conducción de Hauriou. El centro del derecho administrativo, en nuestro país, tampoco puede ser concebido exclusivamente a partir de las prerrogativas de poder público, como lo pregonó esta otra importante escuela francesa.

El cambio de concepción de servicio público, y el reconocimiento de la empresa como base del desarrollo económico, imponen no seguir dando la espalda

[227] Miguel S. Marienhoff, *Tratado de derecho administrativo*, tomo II, Buenos Aires, Abeledo-Perrot, 1995, pág. 18. En sentido contrario, Héctor Jorge Escola, *Compendio...*, *op. cit.*, págs. 53 y 54.

[228] Jorge Vélez García, *Los dos...*, *op. cit.*, pág. 26

[229] En un siglo las cosas cambiaron drásticamente. Hace cien años, el Consejo de Estado francés concluía: "Si es interesante para vosotros (jueces administrativos) conocer las aplicaciones que hacen del Código Civil, en materia de pago de lo no debido, los tribunales judiciales, no podéis olvidar que teniendo que dirimir no un litigio entre particulares, sino un litigio en que el Estado es parte, vuestra decisión puede inspirarse en principios diferentes [...] sois dueños de vuestra jurisprudencia, os corresponde crearla , no reteniendo las reglas del Código Civil sino en la medida que la aplicación de ellas es compatible con las necesidades de la vida colectiva" (Conseil d'État, Ârrêt Olive, 25 noviembre de 1921).

[230] Cfr. Congreso de la República, *Gaceta del Congreso*, núm. 50, 1992, págs. 13 y 14.

al derecho común, revisar la concepción del Estado y, por supuesto, el régimen jurídico de la Administración. Así lo entendieron tanto la ley 80 de 1993, como las leyes 142 y 143 de 1994.

Una y otra legislaciones partieron de la reformulación constitucional de los monopolios públicos para dar paso a la libertad económica. Ello suponía un cambio de mentalidad. Superar la tradicional unilateralidad que ha signado el derecho público nacional. El derecho administrativo no tiene que ser siempre una excepción al derecho común, ni la gestión pública ser lo opuesto a la gestión privada. El derecho administrativo también es receptor del derecho privado, del acuerdo, de las reglas supletivas, de la autonomía de la voluntad. La bilateralidad, el encuentro de voluntades y la libertad son también imprescindibles en el derecho administrativo.

La originalidad del derecho administrativo hoy en día no reside, como decían profesores como De Laubadère o Vedel, en el no sometimiento al derecho común, en que las reglas sean sustancialmente diferentes a las que se aplican a los particulares[231]. La regla del derecho administrativo no es siempre necesariamente otra distinta a la del derecho privado, como indicó el profesor Vélez García. Y eso no significa que "aquel pierda su autonomía". Es más, "el derecho administrativo se inspira en el derecho privado"[232]. La sumisión de la Administración al derecho no comporta necesariamente la existencia de un derecho administrativo, puesto que ella puede estar regida por el mismo derecho de los particulares, esto es, el derecho privado[233].

La Administración, al decir de Santamaría Pastor, no se rige solo por el derecho administrativo, es decir, este no es un ordenamiento paralelo completo sino fragmentario[234]. Un ramo donde pueden converger armónicamente el derecho público y el derecho privado. En palabras del profesor Brewer-Carías: ni el derecho privado se aplica solo a los particulares, ni el derecho administrativo es el cuerpo normativo de las entidades estatales[235].

El derecho administrativo está a medio camino entre el derecho constitucional y el derecho común. Por ello, ante ámbitos semejantes, como el de los contratos, el derecho administrativo renunció a su pretendida "autonomía" del derecho privado. En la contratación estatal convergen el derecho público

[231] Andre de Laubadère, *Traité de droit administratif*, t. I, Paris, LDGJ, 1970, pág. 33; Georges Vedel, Pierre Delvolvé, *Droit administratif*, Paris, PUF, 1992, pág. 77.

[232] Jorge Vélez García, *Los dos..., op. cit.*, pág. 25.

[233] Jean Rivero, *Précis ..., op. cit.*, pág. 16.

[234] Juan Alfonso Santamaría Pastor, *Principios de derecho administrativo general*, I, Madrid, Iustel, 2009, págs. 48 y 49.

[235] Allan Brewer-Carías, *Estudios de derecho administrativo*, Bogotá, Colegio Mayor de Nuestra Señora del Rosario, 1986, pág. 15.

y el derecho privado. Es más, el derecho público al perder el monopolio de los servicios públicos, no puede pretender ahora que ostenta el monopolio del interés general. El derecho privado también favorece objetivos comunes. Como subraya la perenne enseñanza del Doctor Angélico: *toda ley se ordena al bien común*[236].

Esa mixtura de disposiciones generales de derecho privado y especiales de derecho público es la nota dominante del derecho de la contratación estatal ¿o, tal vez, es un llamado a preguntarnos si podemos persistir en la diferencia entre "derecho público" y "derecho privado" o debemos admitir más bien un criterio de unidad del derecho?

82. El contrato administrativo (estatal en términos de la ley 80) es —según el maestro MEILÁN GIL— sencillamente un contrato, que no es una modulación del civil: "uno y otro son manifestación de una única categoría jurídica, considerando al contrato como un supraconcepto, un *oberbegriff*, común a contratos entre particulares y a aquellos en que interviene la Administración, el *government"*[237].

Por ello, la actividad contractual del Estado tampoco configura una expresión de la "función administrativa". Solo cuando la ley 80 le dé esa connotación, la tendría. La autonomía de la voluntad retomó, así, su condición de principio rector de la contratación estatal[238]. No toda determinación de la Administración puede tomarse como un acto administrativo. El derecho administrativo de la libertad debe propiciar la inversión, fomentar la economía, regularla y controlarla.

La "escuela del servicio público" ya no justifica la pretendida autonomía radical del derecho administrativo. Pero, el régimen especial tampoco puede construirse a partir de las "prerrogativas de poder público". El derecho administrativo de hoy no debería edificarse solo a partir de la unilateralidad. La unilateralidad es necesaria en la Administración —y nadie puede desconocer su importancia en el derecho administrativo—, pero no toda decisión de la Administración configura un acto administrativo.

83. Hay que reenfocar las relaciones de la Administración. Estamos ante la paradoja de un derecho administrativo centrado en las prerrogativas de poder público, de un derecho que aunque pregona doctrinas liberales, sigue

[236] TOMÁS DE AQUINO, *Suma de teología*, II-II, q. 90, a. 2, Madrid, Biblioteca de Autores Cristianos-BAC, 2001.

[237] JOSÉ LUIS MEILÁN GIL, *La defensa del derecho y de su unidad*, A Coruña, Real Academia Gallega de Jurisprudencia y Legislación, 2015, pág. 23.

[238] Cfr. Consejo de Estado, Sala de Consulta y Servicio Civil, concepto de 17 de octubre de 1995, rad. 739 [fundamento jurídico 2] y Corte Constitucional, sent. C-154 de 1997 [fundamento jurídico 2].

dominado por un lenguaje propio del *Ancien Régime*, con denominaciones como —por ejemplo— "administrado", "hecho del príncipe" o "privilegio de lo previo".

84. En la Administración pública, como en la privada, las cosas deben estar en su sitio. El orden es un presupuesto básico para la convivencia. El derecho debe garantizar la libertad, pero también la seguridad jurídica. Es preciso contar con instituciones estables y confiables. Es imperativo regular seriamente la potestad conformadora de la Administración tanto por parte del Congreso, como del gobierno. Urge la expedición de un estatuto orgánico de la Administración, que reimplante el orden en la organización administrativa.

85. Un derecho administrativo de la libertad reclama unidad, coherencia, armonía, simetría, claridad y equilibrio en sus reglas. Disposiciones que se cumplan. La sobrerregulación es contraria a una buena administración, al tiempo que amenaza a la autonomía personal. El populismo normativo es incompatible con la gestión eficiente de lo público.

La vía regulatoria (de cualquier índole) no es la idónea para "combatir" la corrupción. La seguridad jurídica, en cambio, propicia el ingreso de capital a sectores estratégicos, antes dominados por los monopolios públicos. El país demanda certeza, simplicidad, precisión, sencillez y estabilidad en sus reglas. En una palabra, confianza.

Hoy los contratos estatales se someten a toda suerte de regulaciones: infinidad de leyes de "excepción" a la ley 80, potestad reglamentaria desbocada, directivas de autoridades sectoriales, instrucciones de organismos de control, etc. La contratación estatal se ha convertido en una materia altamente regulada. Y la complejidad propicia la disputa, la controversia, el conflicto ¿y también la corrupción? La explosión de normas es una cortina de humo que esconde el verdadero problema: la no aplicación, la inadecuada aplicación y la distorsión interpretativa que impiden el cabal cumplimiento de las normas.

86. El juez natural —institucional o arbitral— es quien debe conocer de las controversias entre la Administración y las personas. No conviene la coexistencia de múltiples jueces, cada uno con enfoques diversos. La incertidumbre no genera confianza. Y la confianza es la base de todo. Si los ciudadanos resuelven sus conflictos pacíficamente serán "cada día mejores vecinos [...] que sabrán sembrar semillas de esperanza y transitarán caminos de entendimiento", decía el ministro Rómulo González Trujillo[239].

Hay que abogar por una discreta autonomía interpretativa de los jueces. Los cambios legislativos no pueden hacerse por vía de la jurisprudencia.

[239] Exposición de motivos al proyecto de ley núm. 148 de 1999-Senado, en Congreso de la República, *Gaceta del Congreso*, núm. 400, 1999.

En materia contractual, por ejemplo, el juez debe dar eficacia al acuerdo y no contrariar la voluntad de las partes: evitar caprichos interpretativos y "jurisprudencias creadoras". No hay que reinventar la ley (ni el contrato). Por el contrario, hay que volver a la ley (y al contrato). El juez debe resolver de acuerdo con las normas y las estipulaciones.

Un Estado de derecho sólido cumple la premisa central de la democracia: el predominio de la ley sobre las personas. Ninguna faceta del ejercicio del poder puede ser arbitraria. El juez trabaja con las leyes, en su espíritu y en su letra, y con la obligatoria prudencia que justifica su oficio, como señaló un fallo importante del Consejo de Estado del siglo pasado[240]. El oficio judicial es —debe ser— poco vistoso. La certeza jurídica —en un sistema como el nuestro— solo puede brindarla la ley.

Un país competitivo es aquel en el que prevalece la seguridad jurídica, que da tranquilidad a quien genera empleo. No solo la excesiva y asfixiante reglamentación dificultan la gestión contractual de la Administración. También hay que evitar la "judicialización" de las diferencias, que muchas veces conduce a la "arbitrariedad" judicial.

87. Si el árbitro es un verdadero juez, hay que superar mitos como el de la "arbitrabilidad" de los actos administrativos. También es preciso respetar el margen de decisión autónoma de los árbitros: el juez institucional no puede, en principio, pronunciarse sobre el fondo de la controversia. Un arbitraje fuerte y vigoroso no solo contribuye a permitir un acceso ágil y expedito a la administración de justicia, sino que estimula la inversión extranjera.

88. El profesor Bidart Campos dividía en dos los temas del derecho constitucional: el derecho constitucional del poder (teoría del Estado) y el derecho constitucional de la libertad (los derechos y libertades)[241]. Nuestro planteamiento no pretende transpolar ese brillante postulado al ámbito del derecho administrativo. Estas reflexiones buscan proponer un punto de vista distinto de este ramo del derecho: desde la libertad. Una lectura, para decirlo en expresión hoy extendida, en clave de la libertad.

Si la razón de ser de la democracia liberal es la garantía de los derechos, y la rama ejecutiva es la encargada de su materialización, es apenas natural pensar que la base misma del derecho administrativo, como derecho de esa rama del poder público, sea la libertad. Esa es su esencia. La confianza en las instituciones está basada en ese postulado.

[240] Consejo de Estado, Sección Tercera, sent. de 17 de noviembre de 1967, Rad. 414 [fundamento jurídico apartado 7°]

[241] Germán J. Bidart Campos, *Tratado elemental de derecho constitucional*, Buenos Aires, Ediar, 1989.

Hay que construir un derecho administrativo más desde la libertad y menos desde la unilateralidad; más desde las prerrogativas de poder jurídico (autonomía de la voluntad) y menos sobre las prerrogativas de poder público (el *imperium*[242]). La Administración no puede ser sinónimo de ineficacia e ineficiencia. Y, menos aún, obstruir la iniciativa privada que es el motor de la economía.

La Administración no puede ser un obstáculo para la vida de las personas. Así lo entendieron las grandes transformaciones normativas de fines del siglo pasado: la Constitución de 1991, las reformas administrativas de 1992 expedidas con base en el artículo 20 transitorio de la Constitución, la ley 80 de 1993 y el nuevo régimen de los servicios públicos (leyes 142 y 143 de 1994). Cuatro años que marcaron un nuevo horizonte al derecho administrativo nacional.

Hay que construir relaciones sólidas de confianza entre el Estado y los particulares. Es preciso superar la falsa dualidad individuo-Estado. En el séptimo centenario de la muerte de DANTE, vale la pena recordar un pasaje de la *Monarquía*: "el género humano vivirá tanto mejor cuanto más sea libre [...] nuestra libertad es el mayor don hecho por Dios a la humana naturaleza"[243].

BIBLIOGRAFÍA

AFTALIÓN, ENRIQUE; VILANOVA, JOSÉ y RAFO, JULIO: *Introducción al derecho*, Buenos Aires, Abeledo-Perrot, 1999.

Agencia Nacional de Contratación Pública Colombia Compra Eficiente, "Observatorio Colombiano de Contratación Pública", datos: http://www.occp.co/

ALESSANDRI RODRÍGUEZ, ARTURO y SOMARRIVA UNDURRAGA, MANUEL: *Curso de derecho civil*, Santiago de Chile, Nascimento, 1961.

ARCHILA PEÑALOSA, EMILIO JOSÉ: "Vuelve y juega: facultades jurisdiccionales para la superintendencia de industria y comercio en asuntos de antimonopolios", Revista Con-texto núm. 43, Bogotá, Universidad Externado de Colombia, 2015.

AUSTIN, JOHN L.: *Le langage de la perception*, Paris, Vrin, 2007.

BARBERO, DOMÉNICO: *Sistema del derecho privado*, t. I, Buenos Aires, EJEA, 1967.

BETANCUR JARAMILLO, CARLOS: *Derecho procesal administrativo*, Medellín, Señal Editora, 2013.

[242] Como decía JELLINEK, el dominio que el Estado ejerce sobre su territorio no es *dominium*, sino *imperium* (GEORG JELLINEK, *Teoría general del Estado*, Buenos Aires, Albatros, 1943, pág. 325), pero ese *imperium* —se insiste— no puede aplicarse a todos los ámbitos de las relaciones del Estado con los particulares.

[243] DANTE ALIGHIERI, *Monarquía*, lib. I, cap. XII, Madrid, Tecnos, 1992.

Betancur, Luis Ignacio: "Aplicación del derecho privado a la administración pública", en Aljure, Antonio, Araujo, Rocío y Zambrano, William, *Sociedad, Estado y Derecho, Homenaje a Álvaro Tafur Galvis III*, Bogotá, Colegio Mayor de Nuestra Señora del Rosario, 2014.

Berthélemy, H.: *Traité élémentaire de droit administratif*, Paris, Librairie Nouvelle de Droit et Jurisprudence,1913.

Bidart Campos, Germán J.: *Tratado elemental de derecho constitucional*, Buenos Aires, Ediar, 1989.

Bigliazzi, Lina; Breccia, Umberto; Busnelli, Francesco y Natoli, Ugo: *Derecho Civil, I, 2* (trad. Fernando Hinestrosa), Bogotá, Universidad Externado de Colombia, 1992.

Bobbio, Norberto: *Teoría general de la política*, Madrid, Trotta, 2009.

Bonnard, Roger: *Précis de droit administratif*, Paris, Recueil Sirey, 1935.

Brewer-Carías, Allan: *Estudios de derecho administrativo*, Bogotá, Colegio Mayor de Nuestra Señora del Rosario, 1986.

Cárdenas Mejía, Juan Pablo: "La huida por la administración del derecho privado contractual", en Aljure, Antonio, Araujo, Rocío y Zambrano, William, en *Sociedad, Estado y Derecho, Homenaje a Álvaro Tafur Galvis III*, Bogotá, Colegio Mayor de Nuestra Señora del Rosario, 2014.

Cariota Ferrera, Luigi: *El negocio jurídico*, Madrid, Aguilar, 1956

Carreño, Pedro: *Apuntes sobre derecho administrativo*, Bogotá, Cromos, 1934.

Cassagne, Juan Carlos: *Derecho administrativo*, Buenos Aires, Abeledo-Perrot, 2002.

Colombia, Asamblea Nacional Constituyente, *Gaceta Constitucional* https://babel.banrepcultural.org/digital/collection/p17054coll26/id/3702/rec/1

—, Congreso de la República, *Gaceta del Congreso* y Leyes de la República http://www.secretariasenado.gov.co/

—, Consejo de Estado, sentencias http://www.consejodeestado.gov.co/

—, Consejo de Estado, *Antología Jurisprudencias y Conceptos*, Consejo de Estado 1817-2017, Bogotá, Imprenta Nacional, 2019 https://cutt.ly/OQ9KFJH (Tomo III A Responsabilidad contractual); https://bit.ly/3gjjduK (Tomo III B Responsabilidad extracontractual) y https://sidn.ramajudicial.gov.co/ (Tomos I, II y IV-VI).

—, Corte Constitucional, sentencias https://www.corteconstitucional.gov.co

—, Corte Suprema de Justicia, sentencias http://www.cortesuprema.gov.co/

Correa Palacio, Ruth Stella: "Jueces y políticas públicas", en Araujo Oñate, Rocío (editora académica), *Estudios de derecho público. Liber Amicorum en homenaje a Carlos Betancur Jaramillo*, Bogotá, Colegio Mayor de Nuestra Señora del Rosario, 2020.

Conseil d'état, jurisprudence https://www.conseil-etat.fr/ressources/decisions-contentieuses

Dante, Alighieri: *Monarquía*, Madrid, Tecnos, 2005.

De Aquino, Tomás: *Suma de Teología*, Madrid, Biblioteca de Autores Cristianos-BAC, 2001.

De Laubadère, Andre: *Traité de droit administratif*, t. I, Paris, LDGJ, 1970.

De Ruggiero, Roberto: *Instituciones de derecho civil*, México, Librería de Ángel Pola, 1939.

Díez-Picazo, Luis y Gullón, Antonio: *Sistema de derecho civil*, I, Madrid, Tecnos, 1982.

Duguit, Léon: *Traité de droit constitutionnel II*, Paris, Fontemoing, 1909.

—, *Manuel de droit constitutionnel*, Paris, Fontemoing, 1911.

—, *Las transformaciones del derecho público*, Madrid, Librería española y extranjera, 1926.

Duverger, Maurice: *Élements de droit public*, Paris, PUF, 1974.

Escola, Héctor Jorge: *Compendio de derecho administrativo*, Vol. I, Buenos Aires, Depalma, 1984.

Esplugas, Pierre: *Le service public*, Paris, Dalloz, 2002.

García Máynez, Eduardo: *Introducción al estudio del derecho*, México, Porrúa, 2002.

Garrido Falla, Fernando: *Tratado de derecho administrativo*, v. I, Madrid, Instituto de Estudios Políticos, 1973.

Gómez Rodado, Dionisio: "La responsabilidad en la actividad contractual del Estado [Decreto 222 de 1983]", en Palacio Jaramillo, María Teresa (editora académica), *Contratos estatales*, Bogotá, Ibáñez y Colegio Mayor de Nuestra Señora del Rosario, 2021.

Guglielmi, Gilles, Koubi, Genevieve: "Le 'service public à la française': une notion en extinction", dans *Cahiers français 339*, Paris, La documentation française, 2007.

Hauriou, André: *Derecho constitucional e instituciones políticas*, Barcelona, Ariel, 1971

Hauriou, Maurice: *Précis de droit administratif et de Droit Public*, Paris, Recueil Sirey, 1927.

Hayek, friedrich a. Law: *Legislation and liberty*, vol. I, Chicago, The University of Chicago Press, 1973.

Hernández Becerra, Augusto: *Ordenamiento y desarreglo territorial de Colombia*, Bogotá, Universidad Externado de Colombia, 2001.

Hernández Mora, Alberto: "La noción del servicio público en derecho administrativo (vigencia y utilidad)" en *El derecho administrativo en Latinoamérica*, t. II, Bogotá, Ediciones Rosaristas, 1986.

Hernández Villarreal, Gabriel: *Medida cautelar innominada*, Bogotá, Ibáñez, 2019.

Ibáñez Najar, Jorge Enrique: "Tipología de las entidades administrativas objeto de reforma", en *Implicaciones jurídicas de la reforma administrativa*, (editor: William Zambrano Cetina), Bogotá, Ediciones Rosaristas, 1994.

—, *Estudios de derecho constitucional y administrativo*, Bogotá, Legis-Justicia y Desarrollo Sostenible-Universidad Sergio Arboleda, 2007.

Jellinek, Georg: *Teoría general del Estado*, Buenos Aires, Albatros.

Jèze, Gaston: *Principios generales del derecho administrativo I*, Buenos Aires, Depalma, 1949.

Leguina Villa, Jesús y Sánchez Morón, Miguel: *La nueva ley de régimen jurídico de las administraciones públicas y del procedimiento administrativo común*, Madrid, Tecnos, 1993.

Locke, John: *Two treatises on civil government, II*, Cambrige University, 1997.

—, *Ensayo sobre el entendimiento humano*, México, Fondo de Cultura Económica, 2000.

Lozano y Lozano, Carlos: *Prólogo* a José Gnecco Mozo, *La reforma constitucional de 1936: Comentario jurídico al acto reformatorio de la Constitución*, Bogotá, ABC, 1938, págs. XVI y ss.

Ludwig, Erhard: *Bienestar para todos*, Madrid, Unión Editorial, 2010.

Luzzati, Claudio: *El principio de autoridad y la autoridad de los principios*, Madrid, Marcial Pons, 2013.

Marienhoff, Miguel S.: *Tratado de derecho administrativo*, tomo II, Buenos Aires, Abeledo-Perrot, 1995.

Mazeaud, Henry y Léon, Mazeaud, Jean: *Lecciones de derecho civil, Parte tercera*, vol. III, Buenos Aires, EJEA; 1962.

Meilán Gil, José Luis: *La defensa del derecho y de su unidad*, A Coruña, Real Academia Gallega de Jurisprudencia y Legislación, 2015.

Mesa Zuleta, María Luisa: "Perspectiva sobre el alcance de las facultades de las superintendencias" en AA. VV., *Estudios en derecho público: liber amicorum en homenaje a Carlos Betancur Jaramillo Tomo II*, Bogotá, Colegio Mayor de Nuestra Señora del Rosario, 2020, págs. 407-435.

Messner, Johannes: *Ética social, política y económica a la luz del derecho natural*, Madrid, Rialp,1967.

—, *Ética general y aplicada*, Madrid, Rialp, 1969.

Messineo, Francesco: *Doctrina general del contrato*, Buenos Aires, EJEA, 1952.

Mier Barros, Patricia y Montes de Echeverri, Susana: "Concesiones viales. La inadecuada distribución de los riesgos, eventual causa de crisis en los contratos", en *Revista de derecho público* n°. 11, Bogotá, Universidad de los Andes, 2000.

Mier Barros, Patricia: "El régimen jurídico del contrato estatal", en *Revista de derecho público* n°. 17, Bogotá, Universidad de los Andes, 2004.

Miranda Londoño, Alfonso: "El derecho de la competencia en la ley de servicios públicos domiciliarios" en AA.VV., *CEDEC III Centro de Estudios de derecho de la competencia*, Bogotá, Pontificia Universidad Javeriana, 1999.

Monroy Cabra, Marco Gerardo: *Introducción al derecho*, Bogotá, Temis, 1973.

Montes de Echeverri, Susana: "Algunas observaciones al nuevo estatuto contractual" en *Revista Cámara de Comercio de Bogotá* n°. 50, Bogotá, 1983.

Montes de Echeverri, Susana: *Las facultades sancionatorias de la Superintendencia de Servicios Públicos Domiciliarios*, Bogotá, 2001 (inédito).

—, "La solución de controversias contractuales por la vía arbitral", en *Revista de derecho público* nº. 14, Bogotá, Universidad de los Andes, 2002.

—, "Responsabilidad contractual del Estado", en Palacio Jaramillo, María Teresa (editora académica), *Contratos estatales*, Bogotá, Ibáñez y Colegio Mayor de Nuestra Señora del Rosario, 2021.

Mouchet, Carlos y Zorraquin Becú, Ricardo: *Introducción al derecho*, Buenos Aires, Perrot, 1959.

Napoléon, Ier: *Memoires de Napoléon Bonaparte : Manuscrit venu de Sainte-Hélène*, Paris, Hachette Livre-BNF, 2018.

Palacio Jaramillo, María Teresa: "El transitorio 20 y las políticas de privatización", en *Implicaciones jurídicas de la reforma administrativa*, (editor: William Zambrano Cetina), Bogotá, Ediciones Rosaristas, 1994.

—, "Parámetros constitucionales para la determinación de un régimen jurídico de contratación pública en Colombia", en *Revista de Derecho Público* n.º 14, Bogotá, Universidad de los Andes, 2002.

—, "Potestades excepcionales y su nueva regulación legal y reglamentaria-poderes de la Administración" en Felipe de Vivero (editor), *Reforma al régimen de contratación estatal*, Bogotá, Universidad de los Andes, 2010.

—, "Potestades excepcionales, nuevas prerrogativas de la administración pública y sus efectos en los procesos arbitrales" en Rocío Araújo (editora), *La Ley 1150 de 2007 ¿una respuesta a la eficiencia y transparencia en la contratación estatal?* Bogotá, Colegio Mayor de Nuestra Señora del Rosario, 2011.

—, "Las distorsiones del contrato de interventoría" en Juan Carlos Quiñones y Ornella Choles (compiladores) *Infraestructura y derecho, consultoría e interventoría: perspectivas, roles y responsabilidades*, Bogotá, Cámara Colombiana de la Infraestructura y Legis, 2019.

Palacios Mejía, Hugo: *El derecho de los servicios públicos*, Bogotá, Derecho Vigente, 1999.

—, *Economía en el derecho constitucional colombiano*, Bogotá, Derecho Vigente, 1999.

—, "El inútil concepto de 'servicio público'. Notas para una crítica desde la perspectiva de 'law and economics'", en VVAA, *Colección de derecho económico III*, Bogotá, Universidad Externado de Colombia, 2001.

—, (prólogo) a ECONÓMICA CONSULTORES, *Impacto sectorial de los diez años de la legislación marco de servicios públicos domiciliarios en Colombia*, Bogotá, Superintendencia de Servicios Públicos Domiciliarios, 2004.

Pareja, Carlos H.: *Curso de derecho administrativo teórico y práctico*, Bogotá, ABC, 1937.

Plazas Vega, Mauricio A.: *Del realismo al trialismo jurídico: Reflexiones sobre el contenido del derecho, la formación de los juristas y el activismo judicial*, Bogotá, Temis, 2009

POMBO, MANUEL y GUERRA, JOSÉ: *Constituciones de Colombia*, Bogotá, Biblioteca Banco Popular, 1986.

RISOLIA, MARCO AURELIO: *Soberanía y crisis del contrato en nuestra legislación civil*, Buenos Aires, Abeledo Perrot, 1958.

RIVERO, JEAN: *Précis de droit administratif*, Paris, Dalloz, 1973.

—, *Páginas de derecho administrativo* (Dirección y coordinación, Libardo Rodríguez R.), Bogotá, Temis, Colegio Mayor de Nuestra Señora del Rosario, 2002.

RODRÍGUEZ ARANA, JAIME: *El derecho administrativo del Estado social y democrático de derecho*, Buenos Aires, IJ Editores, 2020.

—, Artículos: https://rodriguezarana.com

RODRÍGUEZ RODRÍGUEZ, LIBARDO: "Panorama de las transformaciones del derecho público colombiano, con ocasión de la Constitución de 1991" en *El derecho público en Iberoamérica: libro homenaje al profesor Jaime Vidal Perdomo*, (dirección y coordinación Libardo Rodríguez R.), Bogotá, Temis y Universidad de Medellín, 2010.

—, *El equilibrio económico en los contratos administrativos*, Bogotá, Temis, 2015.

—, *Derecho administrativo*, Tomo I, Bogotá, Temis, 2017.

—, *Estructura del poder público en Colombia*, Bogotá, Temis, 2021.

RODRÍGUEZ RODRÍGUEZ, LIBARDO y SANTOS RODRÍGUEZ, JORGE ENRIQUE: *Un siglo de jurisdicción administrativa y de derecho administrativo en Colombia*, Bogotá, Temis, 2013.

ROUSSEAU, JEAN JACQUES: *Du contrat social*, Libre I, Chapitre I, Paris, Gallimard, 1964.

SÁNCHEZ AGESTA, LUIS: *Principios de teoría política*, Madrid, Nacional, 1971.

SANTAMARÍA PASTOR, JUAN ALFONSO: *Principios de derecho administrativo general*, I, Madrid, Iustel, 2009.

SANTOFIMIO GAMBOA, JAIME ORLANDO: *Tratado de derecho administrativo*, tomo I, Bogotá, Universidad Externado de Colombia, 2003.

SARRIA, EUSTORGIO: *Derecho administrativo*, Bogotá, Temis, 1968.

SAYAGUÉS LASO, ENRIQUE: *Tratado de derecho administrativo*, I, Montevideo, FCU, 1974.

SCOGNAMIGLIO, RENATO: *Teoría general del contrato* (traducción Fernando Hinestrosa), Bogotá, Universidad Externado de Colombia, 1983.

Superintendencia de Servicios Públicos, *Servicios públicos domiciliarios, serie Actualidad Jurídica Tomo IV*, Bogotá, Imprenta Nacional, 2001.

TAFUR GALVIS, ÁLVARO: *Teoría del acto administrativo*, Bogotá, Ediciones rosaristas, 1975.

—, *Constitución Política y potestad organizadora*, Bogotá, Ibáñez, 2011.

Union Européenne, official website https://eur-lex.europa.eu

URIBE HOLGUÍN, RICARDO: *De las obligaciones y del contrato en general*, Bogotá, Ediciones Rosaristas, 1980.

VALENCIA ZEA, ARTURO: *Derecho civil*, tomo I, Bogotá, Temis, 1987.

VEDEL, GEORGES: DELVOLVÉ, PIERRE: *Droit administratif*, Paris, PUF, 1992.

VÉLEZ GARCÍA, JORGE: *Los dos sistemas del derecho administrativo*, Bogotá, Universidad Sergio Arboleda, 1996.

VIDAL PERDOMO, JAIME: *Derecho administrativo*, Cali, Biblioteca Banco Popular, 1978.

—, "Principios constitucionales y legales de la nueva contratación administrativa", en AA. VV., *Comentarios al nuevo régimen de contratación administrativa*, Bogotá, Colegio Mayor de Nuestra Señora del Rosario, 1995.

—, "Las comisiones de regulación en los servicios públicos", en *Revista de Derecho Público* n.° 11, Bogotá, Universidad de los Andes, 2000.

VILLAR PALASÍ, JOSÉ LUIS: *Curso de derecho adminis*trativo, t. I, Madrid, 1972.

WALINE, MARCEL: *Traité élémentaire de Droit Administratif*, Paris, Recueil Sirey, 1951.

WEIL, PROSPER et POUYAUD, DOMINIQUE: *Le droit administratif*, Paris, PUF, 1994.

XIFRA HERAS, JORGE: *Curso de derecho constitucional*, Barcelona, Bosch Casa Editorial, 1957.

LA CONSTITUCIÓN Y LA NOCIÓN DE SERVICIO PÚBLICO: PROPUESTA DE REVISIÓN

José Araujo-Juárez*
Venezuela

Introducción

§ **1.** *Presentación del tema.* La admisión de la noción de servicio público, como su negación, es deudora como otras del derecho administrativo, de la historia de cada país, de la concepción del Estado constitucional y particularmente de sus relaciones con la sociedad, de la que no pueden dejarse de lado las construcciones doctrinales que son muy relevantes en esta materia.

En efecto, el servicio público ha sido una categoría clásica del derecho administrativo desde que el *Tribunal des conflits* la adoptó en 1885 (*arrêt Rothschild*) y sistematizó en el *arrêt Blanco* de 1873 y que luego sirvió como punto cardinal para explicar el significado mismo de nuestra disciplina. Para L. Duguit[1] y la Escuela de Burdeos —precisamente Escuela del servicio público— constituyó el fundamento y límite de la soberanía, el centro neurálgico del derecho público.

Desde entonces la historia del derecho administrativo ha estado caracterizada por la inclusión permanente de la noción en cuestión, por lo que ha sido y sigue siendo la noción central o *noyau dur* de la caracterización de un tipo de actividad como genuinamente administrativa. Pero también es la noción donde tienen cabida las manifestaciones más claras de las crisis y numerosas transformaciones que en las últimas décadas ha afrontado el derecho administrativo de nuestro tiempo.

* Profesor de Postgrado de la Universidad Católica Andrés Bello, Venezuela. Miembro del Instituto Internacional de Derecho Administrativo, del Foro Iberoamericano de Derecho Administrativo, de la Asociación Iberoamericana de Profesionales en Derecho Público y Administrativo y de la Asociación Española e Iberoamericana de Profesores e Investigadores de Derecho Administrativo. jaraujojuarez@gmail.com

[1] L. Duguit, *Traité de droit constitutionnel*, t. 2, 3e éd., Paris, De Boccard, 1928, pág. 159; D. Païva de Almeida, 2010). *L'École du service public. Contribution à l'étude de la pensée juridique en France*, Éd. Univ. Européennes.

Así las cosas, la importancia de la teoría del servicio público en la Constitución también es un hecho inobjetable. Por ejemplo, para un administrativista francés, sostiene N. Foulquier[2], considerar las relaciones entre la norma constitucional y la noción de servicio público constituye una cuestión impuesta, un lugar común. De un lado, es la evidencia, el servicio público constituye una de las nociones fundamentales del derecho administrativo y del otro, la Constitución y sobre todo la jurisprudencia que la ha interpretado y completado, han enriquecido las bases constitucionales del derecho administrativo. Ya se trate de las potestades públicas, del dominio público, y aun de la misma jurisdicción administrativa, ninguna noción, institución o técnica del derecho administrativo escapa al movimiento de constitucionalización.

También desde esta perspectiva ha de partirse de la presencia de la Administración pública como poder público, de su funcionalidad vicarial o servidora de las personas y de los intereses públicos y de los modos e instrumentos jurídicos utilizados para que ese servicio sea real y efectivo (J. L. Meilán Gil)[3]. De ahí que la actividad de servicio público debe responder también a la configuración de la Administración pública dentro del contexto o marco constitucional de cada ordenamiento jurídico.

Así, el servicio público es un elemento constitutivo importante de la *Constitution administrative*[4], retomando una expresión recientemente *mise a l'honneur* por la doctrina francesa, al acceder a la norma constitucional, no solo en el derecho administrativo, sino en la doctrina[5] a través de los principios constitucionales tradicionales que le fueron traspasados y aplicados.

Así, las manifestaciones más concretas se refieren en el tema que nos ocupa de modo general a la redefinición de la estructura administrativa típica de los modos de prestación de los servicios públicos; la descentralización como un nuevo presupuesto para el mejoramiento en la prestación de los

[2] N. Foulquier et F. Rolin, "Constitution et service public". *Les Nouveaux Cahiers du Conseil Constitutionnel* (*Dossier: Le Conseil Constitutionnel et le droit administratif*), N° 37, Octobre-2013.

[3] J. L. Meilán Gil, *Categorías jurídicas en el derecho administrativo*, Madrid, IUSTEL, págs. 159 y 160.

[4] J.-J. Bienvenu, J. Petit, B. Plessix et B. Seiller, *La Constitution administrative de la France*, Paris, Dalloz, coll. Thèmes et commentaires; y N. Kada et M. Mathieu, (dir.) (2014), "*Constitution administrative*", *Dictionnaire d'administration publique.* Grenoble, Presses Universitaires de Grenoble, Col. Droit & acción publique, 109-111, en *El derecho positivo* véase *in extenso* a J. Araujo-Juárez (2021), *Constitución administrativa*, Santiago, Ediciones Olejnik, 2012, págs. 363-368.

[5] L. Favoreu, "*Service public et constitution*", AJDA, numéro spécial *Service public: unité et diversité*, 20 juin 1997; y P. Espuglas, *Conseil constitutionnel et service public*, Paris, BCSP, 1994, t. 80.

servicios públicos; la reivindicación del papel del usuario; la inserción de nuevas formas de gestión de la actividad caracterizadas por una alta participación del sector privado y del derecho privado —asociaciones público-privadas—, y por último, la inserción de los principios como la eficiencia, eficacia, simplicidad, economía y control de gestión. De este modo, la consagración de valores y principios de la Constitución se constituyen en las orientaciones de los fines estatales que de ningún modo, de conformidad con las nuevas concepciones científicas del papel que desempeñan las Constituciones, tienen un carácter estático y ajeno a la evolución social sino que, por el contrario, son muy atentas a la dinámica propia de las realidades de sociedades altamente pluralistas.

En efecto, la noción tradicional de servicio público se encuentra altamente relacionada con los fines esenciales del Estado constitucional, que al no poderse definir de modo inmutable e invariable, como lo pretendían los *ius* naturalistas y los escolásticos, "sacralizando" de este modo su esencia, no pueden tener origen diverso al expresado en el propio derecho positivo y, de manera fundamental, en el texto de cada Constitución.

Son precisamente los fines esenciales del Estado constitucional, los que justifican y orientan en un ordenamiento jurídico dado, el grado de libertad de los sujetos privados en la materialización de las iniciativas económicas en sectores tradicionalmente considerados como servicios públicos o, por el contrario, la intervención estatal, inclusive en condiciones de posición dominante o monopolio o, en fin, la extensión del control que puede ejercer la Administración pública sobre los prestadores de los servicios públicos o no, entre otras de las posibles manifestaciones que la materia que nos ocupa puede presentar.

Ahora, el desfase producido entre el dinamismo de la actividad estatal y la inercia y resistencia de las instituciones al cambio y a la admisión de nuevas categorías forzosamente han provocado una nueva crisis de las categorizaciones dogmáticas tradicionales[6], que se ha traducido, bien en la ineficacia ante las nuevas exigencias, bien en la desnaturalización de los conceptos y categorías jurídicas. Esto es precisamente lo que ha sucedido con la noción tradicional de servicio público, al pretender incluir en su seno nuevas formas de actividad administrativa, sin acompasar su evolución conceptual a la de la realidad social sobre la que incidían. Luego, la expansión del servicio

[6] La crisis del servicio público fue anunciada en 1903 por Romieu en sus célebres conclusiones sobre el *arrêt* Terrier (6 févr. 1903), por la irrupción del derecho privado en el régimen de los servicios públicos y por la intervención de personas privadas en la gestión de los servicios públicos. Posteriormente De Corail en la década de los cincuenta realiza sobre el tema un excelente trabajo que hoy ha adquirido enorme vigencia. De J.-L. Corail, *La crise de la notion de service public, en droit administratif français*, Paris, LGDJ, 1954.

público hacia la pura gestión económica, produjo la crisis de los conceptos y, con ello, la de los propios medios de que se valía la Administración pública, tales como los bienes públicos demaniales, los establecimientos públicos, la concesión administrativa y como no podía ser menos, la propia noción de servicio público.

En mérito a lo anterior es por lo que, señala Meilán Gil[7], el servicio público como categoría jurídica ha pasado por muy diferentes momentos en cuanto a su calificación. De ser una noción clave para la definición del derecho administrativo al pronunciamiento de su defunción y de un respetuoso entierro acorde con su importancia histórica. Adelanto ya que, por mi parte, no me sumo a la corriente doctrinal que hace del servicio público la identificación conceptual del derecho administrativo, pero tampoco estoy con quienes piensan que se trata de un concepto caduco que, debe ser echado, sin más y cuanto antes, al baúl de la historia.

Ahora bien, los anteriores aspectos pretenden ilustrar algunos de los lineamientos principales que orientan este ensayo, que de modo concreto obedece al propósito principal de revisar la fundamentación, análisis y operatividad de la noción de servicio público en el marco de la Constitución de 1999 (en adelante Const.)[8], que quizás como ningún otro sector se ha transformado de modo trascendental en los últimos años.

Sección I. Del Estado del bienestar al Estado social de derecho

1. Intervención del Estado constitucional

§ 2. *Planteamiento de la cuestión.* El Estado constitucional de nuestros días ha ido realizando desde los albores liberales de la Revolución francesa, un proceso creciente de absorción de la vida social que le ha merecido el nombre de intervencionista. En un principio, el intervencionismo fue de carácter moderado o conservador. Y es que la organización del Estado constitucional, al igual que otras instituciones u organizaciones sociales, se presenta como respuesta a intereses y aspiraciones comunes de un grupo

[7] J. L. Meilán Gil, "El servicio público en el contexto constitucional y comunitario". AA.VV *Actualidad de los servicios públicos en Iberoamérica*, (Dir.) David Cienfuegos Salgado, Luis Gerardo Rodrigo Lozano, México, UNAM, Instituto de Investigaciones Jurídicas, 2008, pág. 451.

[8] La Constitución de la República Bolivariana de Venezuela de 1999, fue el fruto de un arduo proceso constituyente y aprobada mediante referendo de fecha 15 de diciembre de 1999, publicada en la GO N° 36.600, de fecha 30 de diciembre de1999 y después publicada de nuevo con correcciones en la GO N° 5.453 Extr., de fecha 24 de marzo de 2000.

que pretende desarrollarlas, valiéndose para ello de una estructura y unas reglas, a partir de las cuales se materializan los fines sociales concretos.

El servicio público aparece y se desarrolla a finales del siglo XIX y bien entrado el siglo XX (J.-CL. VENEZIA)[9]. La evolución va ligada al modelo que se conocerá como Estado social, que postula una amplia actividad de prestaciones a la sociedad y que encuentra en la Administración pública el sujeto idóneo para promover y desarrollar esta nueva actividad administrativa que acrecienta extraordinariamente el protagonismo y volumen de la misma. Ahora, la novedad más importante en el plano dogmático y doctrinal es la de un nuevo tipo de actividad administrativa y donde la importancia va a suscitar la atención de los más destacados pensadores iuspublicistas, que construyen a su alrededor todo un sistema de derecho público —constitucional y administrativo—.

Así, el servicio público dentro de las actividades de la Administración pública constituye, en sus inicios, una actividad de prestación de la cual es titular, dando ello origen a lo que se ha conocido como "Estado del bienestar", —*Welfare State*, *État-providence*—, y más tarde "Estado social de derecho".

El nacimiento del Estado del bienestar puede situarse en las leyes y medidas adoptadas por O. VON BISMARCK a lo largo de la década de 1880, bajo la Constitución de Weimar y el reconocimiento de derechos sociales; así como en las medidas introducidas en Inglaterra de la primera década del siglo XX, y por último, en los Estados Unidos de América, en la década de 1930, con la política del *New Deal*, lo cual supuso situar al Estado constitucional en el centro de la vida económica y social.

El anterior planteamiento se llevó más tarde a las constituciones modernas, a través del reconocimiento de un amplio conjunto de derechos fundamentales económicos y sociales o prestacionales, dando lugar a la construcción del "Estado social de derecho" al que se refieren, entre otras, las constituciones alemana, española y venezolana. La sociedad reclama al Estado y a la Administración pública toda una serie de prestaciones y servicios públicos, desde los nuevos derechos fundamentales prestacionales o sociales proclamados en la Constitución. Es, pues, la respuesta del Estado constitucional a la cuestión social, el pacto social en virtud del cual el Estado constitucional asume en su Constitución, la responsabilidad de garantizar unos mínimos derechos fundamentales prestacionales a las personas que les permita llevar una vida digna (L. GONZÁLEZ SEARA)[10].

[9] J.-CL. VENEZIA (2004), "La naissance de la notion de service public". AA.VV., *Histoire et service public*, G.-J. Guglielmi, (dir.). Paris, PUF, págs.163-172.

[10] L. GONZÁLEZ SEARA, "El bienestar social en una época insegura", en AA.VV., *Las estructuras del bienestar. Propuestas de reformas y nuevos horizontes* (S. MUÑOZ MACHADO, J. L. GARCÍA DELGADO y L. GONZÁLEZ SEARA, (Coords.), Madrid, Civitas, 2002, pág. 957.

A esta función la llamó E. FORSTHOFF[11] ya en 1938, la "asistencia vital" —*Daseinvorsorge*— pública para la satisfacción de necesidades esenciales para la colectividad, concepto que desarrolló y que ha sido incluido en el nuevo derecho constitucional, que ha encontrado eco en muchos autores contemporáneos. Para el ilustre autor alemán, la Administración pública de nuestros días puede caracterizarse esencialmente como una previsión de la existencia.

Ahora, ¿qué significado encierra esta expresión, popularizada ya en la literatura jurídica? L. MARTÍN-RETORTILLO[12], en un interesante estudio nos indica cómo este término es un conglomerado de tres palabras distintas que dice relación con la idea de preocupación por la existencia humana, procuración de los presupuestos vitales o, más resumidamente, asistencia de prestaciones vitales. Esta concepción asistencial o previsora de la Administración pública en el ámbito de las necesidades existenciales le lleva a su configuración como una *leistende verwaltung*, es decir, como una Administración pública abastecedora de bienes y servicios a los administrados o, como en frase más divulgada se la ha caracterizado (en su *Tratado*), como "soporte de prestaciones".

En consecuencia, estos valores vienen a sintetizar dos siglos de evolución y se reflejan en los derechos que reconoce la Constitución, de cuño liberal, de carácter democrático y de tipo social. Al servicio de esos valores se han ido estructurando el Estado constitucional y la Administración pública, de una forma determinada, que se traduce, por lo que ahora interesa, en cuanto se configuran inicialmente como una esfera exenta de intervención del Estado constitucional, salvo por razones de orden público.

§ 3. *Estado social de derecho*. De acuerdo con J. M. BILBAO UBILLOS[13], la solución no estaría, pues, en renunciar al Estado de derecho sino, al contrario, asumir sus conquistas, pero generalizándolas, poniéndolas al servicio de todos. La respuesta es que, en líneas generales, el Estado social no niega los valores de la ideología liberal —libertad e igualdad ante la ley— sino que pretende hacerlos efectivos, ampliar su significado y alcance y, correlativamente, hacer extensivo su disfrute a todas las personas con capacidad real de disfrutar de las posibilidades jurídicas de libertad que, a su vez, el Estado de derecho garantiza a todos.

[11] E. FORSTHOFF, *Tratado de derecho administrativo*, trad. española de la 5ª ed. alemana, Madrid, IEP, 1958, págs. 475 y ss.

[12] L. MARTIN-RETORTILLO BAQUER, "La configuración jurídica de la Administración pública y el concepto de "Daseinvorsorge", RAP, núm. 38, 1962, págs. 36 y ss.

[13] J. M. BILBAO UBILLOS, F. REY MARTÍNEZ y J. M. VIDAL ZAPATERO, *Lecciones de derecho constitucional* I, 4ª ed., Pamplona, Thomson Reuters-Aranzadi, 2018, pág.196.

Consecuentemente, a la igualdad formal o jurídica del Estado de derecho, el Estado social le añade una dimensión material que obliga a los poderes públicos —y, por tanto les habilita legitimando su intervención— a corregir desigualdades fácticas, a remover los obstáculos que de hecho impiden el ejercicio de la libertad y a aplicar políticas inspiradas en la idea de solidaridad con las personas en situación de vulnerabilidad. Y viceversa, también el Estado de derecho afecta al Estado social colocando límites infranqueables a sus intervenciones, en el marco concreto del principio de proporcionalidad.

En tal sentido la intervención del Estado constitucional en la sociedad muestra, fundamentalmente, dos vertientes (BILBAO UBILLOS)[14]:

(i) Por un lado, hay una vertiente *asistencial*, una política global de prestaciones públicas que trata de cubrir las principales contingencias de la vida social, las necesidades básicas de las personas, así como los aspectos que afectan la igualdad de oportunidades —por ejemplo, educación, sanidad, transporte, subvenciones, etc.—.

(ii) Por otro, junto a la vertiente asistencial, la estrictamente *reguladora* del (sub)sistema económico y social, a través de la cual los poderes públicos se hacen responsables de la dirección global del proceso económico, de las magnitudes macroeconómicas, cuyo mayor o menor alcance siempre será discutible desde el punto de vista económico, que se apoya en dos razones bastante elementales: la primera, si se quiere redistribuir la riqueza, parece lógico que el Estado constitucional trate de asegurar y controlar su producción; y la segunda, la experiencia histórica habría acreditado suficientemente que el (sub)sistema de economía de mercado necesita, para funcionar correctamente —conforme a sus postulados— de la *mano visible* del Estado constitucional, al menos para mecer la cuna.

En consecuencia, la noción de servicio público es inherente a la concepción del Estado social de derecho. El advenimiento del Estado social colocó de nuevo al servicio público, ahora desde una perspectiva más amplia o funcional, en el lugar central. Por tanto, desde el punto de vista constitucional, una vez que se determine que una actividad es de esta naturaleza, no se pueden dejar sin desarrollo los fines de interés público que le acompañan, siendo un deber del Estado social de derecho asegurar o garantizar su prestación eficiente a todas las personas. Por su parte, L. RODRÍGUEZ R.[15] sostiene que con la incorporación del modelo Estado social de derecho, parece evidente que el mejor mecanismo que puede utilizar

[14] J. M. BILBAO UBILLOS, F. REY MARTÍNEZ y J. M. VIDAL ZAPATERO, ob. cit., nota 12, pág.197.

[15] L. RODRÍGUEZ R., *Derecho administrativo.* General y colombiano, t. II, 20ª ed., Bogotá, Editorial Temis, 2017, pág. 381.

el Estado constitucional para garantizar los derechos sociales es ampliar permanentemente la prestación de los servicios públicos, mejorándolos y extendiendo su radio de acción.

Así las cosas, la actividad de servicio público, tradicionalmente considerada como actividad administrativa de prestación, será la primera de las responsabilidades que se derivan de la cláusula Estado social de derecho. La generalización del reconocimiento de los derechos fundamentales prestacionales o sociales va a condicionar las competencias de la Administración pública y la concepción del derecho administrativo a ella aplicable. De ahí que no solo aparece la actividad de servicio público en cabeza de la Administración pública, como una respuesta a las demandas sociales propias de las revoluciones liberales, sino que además se convierte en uno de los criterios que justifica la aplicación de un régimen jurídico diferenciado.

En conclusión, el derecho administrativo, derecho público por excelencia, ha de atender a los fines de interés general o público. El derecho administrativo ha de ser, ante todo, un derecho social. Pero derecho social justificado por la eficacia en la prestación del servicio público.

2. Deberes del Estado social de derecho

§ 4. *Plan.* Bajo la anterior consideración se mencionan los deberes fundamentales del Estado social de derecho con relación al servicio público: 1.º, el deber estatal de su prestación; 2.º, el deber estatal de buen funcionamiento de los mismos, y 3.º, la prohibición de su no regresividad.

§ 4 a) *Deber y garantía de prestación.* Desde el preámbulo de la Constitución, que de por sí tiene fuerza normativa vinculante, se proyecta el compromiso de un Estado social de derecho que consolide, entre otros valores, el "bien común". Por su parte, el artículo 299 de la Constitución, al establecer el régimen socio-económico y la función del Estado constitucional en la economía, señala como fines del Estado constitucional, los de "asegurar el desarrollo humano integral y una existencia digna y provechosa para la colectividad".

Ahora bien, la realización efectiva de tales fines estatales implica, muchas veces, la intervención directa del Estado constitucional. El protagonismo público viene reclamado por la garantía de la promoción, defensa y respeto del derecho fundamental. Sin embargo, también es cierto, para garantizar los derechos fundamentales, el Estado constitucional no tiene que acudir en todos los casos a declarar la actividad de prestación correspondiente como servicio público. No precisa la técnica de servicio público para situar en la órbita de su intervención o regulación una determinada actividad.

Así las cosas, no cabe duda que desde el comienzo la Constitución impone un deber de prestación de numerosos servicios públicos. El aseguramiento del derecho fundamental puede requerir —y es normal dado el compromiso constitucional— que el Estado constitucional realice directamente una actividad administrativa de prestación. Especialmente los que tienen que ver con el desarrollo de la colectividad.

Pero también se observa cómo la Administración pública bajo el modelo Estado social de derecho puede, a través de los medios que le otorga el ordenamiento jurídico y no necesariamente de su prestación directa, sino sobre todo de la garantía de prestación, dar también debido cumplimiento a los fines sociales y cumplir así con el mandato constitucional. Discutible es que la legitimidad del uso de la categoría de servicio público se justifique en que es siempre necesaria para garantizar derechos fundamentales. Y así se constata como el derecho positivo mantiene la utilización del servicio público en determinados supuestos por inercia doctrinal, de la que no es descartable un posicionamiento ideológico o, sencillamente, la influencia del poder político. Es lo que sucede, por ejemplo, con las telecomunicaciones. Para justificarla no es necesario, ni siquiera procedente, acudir a la teoría acuñada del servicio público.

Nada impediría, por tanto, que el protagonismo público se manifestase en una adecuada función de regulación, en el sentido de no requerir la exclusiva de la titularidad pública como lo sería la noción de actividad reglamentada de conformidad con estándares mínimos determinados por el Estado constitucional —con sometimiento a un régimen de autorización, obviamente distinto al régimen de concesión administrativa—, en la que se salvaguardasen los principios y demás derechos fundamentales.

Por último, es digno de mencionar el tratamiento integral de la posición y la naturaleza social y plural de los derechos de los usuarios ante el servicio público, mediante el dictado de las denominadas Cartas de servicio, que según M. Sánchez Morón[16], serían los instrumentos por los que una Administración pública asume objetivos y compromisos específicos en relación con los servicios que presta e informa de ello a los ciudadanos.

§ 4 b) *Deber de buen funcionamiento.* En la medida en que el Estado social de derecho se legitima en la acción y no en la inhibición pública, el buen funcionamiento de los servicios públicos lo califica o descalifica, pues la actividad de prestación eficaz, aun siendo solo una parte, si bien muy importante, de la actividad o función administrativa, es de importancia capital dado

[16] M. Sánchez Morón, *Derecho administrativo.* Parte general, 17ª ed., Madrid, Edit. Tecnos, 2021, pág. 803.

que estas necesidades sociales, satisfechas de este modo, responsabilizan exclusivamente al Estado constitucional, entendido este en su sentido amplio.

Finalmente, pero no en importancia, el principio de eficacia se encuentra establecido en los artículos 141 de la Constitución y 10 de la LOAP[17].

§ 4 c) *Principio de prohibición de no regresividad.* Por último, relacionado con el principio de progresividad[18], tenemos el principio sectorial de no regresividad de los derechos fundamentales prestacionales o sociales, reconocido, por ejemplo, en la jurisprudencia de la Corte Constitucional colombiana[19] que busca, ante todo, evitar el retroceso en los estándares de protección alcanzados en facetas progresivas de los derechos fundamentales prestacionales o sociales.

El mencionado (sub)principio consiste, pues, aplicado a la actividad de prestación de los servicios públicos, en la prohibición para retroceder en los medios establecidos, como forma de evitar que no se afecten los objetivos propuestos y alcanzados del derecho a la calidad de vida de la población. Es una prohibición para disminuir el nivel de cumplimiento que se había alcanzado, salvo que esté absoluta y debidamente justificado.

3. Servicio público y revisión crítica

§ 5. *Planteamiento de la cuestión.* El servicio público es una institución emblemática pero también, sin duda, una de las más complejas, evolutivas y controversiales a través de la historia del derecho administrativo, en un intento de determinar la actividad comprendida, algunas veces, haciendo hincapié en el sujeto prestador; en otras, en la naturaleza, alcance y contenido de esa actividad; y en algunos casos, la formulación intentó enlazar todas esas preocupaciones o sustituirlas por otras. Sin embargo, no es este el lugar para llamar la atención que requiere un tema tan relevante y sugestivo[20]. Bástenos decir lo imprescindible, destacando los puntos que hayan de tenerse ahora presentes.

[17] Ley Orgánica de la Administración Pública, publicada en la GO Nº 37.305, de fecha 17 de octubre de 2001, reformada mediante decr. 6.217 con rango, valor y fuerza de ley orgánica de la Administración pública y publicada en la GO Nº 5.890 Extr., de fecha 31 de julio de 2008; y por último mediante decr. 1424 con rango, valor y fuerza de ley, de fecha 17-11-2014, publicado en la GO Nº 6.147 Extr., de fecha 17 de noviembre de 2014.

[18] J. L. Meilán Gil, *Progreso tecnológico y servicios públicos.* Madrid, Thomson-Civitas, 2006.

[19] Véase Corte Constitucional colombiana, sent. C-630 de 2011, pág. 173.

[20] La búsqueda de la dimensión jurídica constituye la materia de otra obra nuestra que perseguía, en lo esencial, delinear la institución del servicio público desprovista de

Es sabido, la noción tradicional de servicio público fue creada y teorizada por la doctrina francesa a finales del siglo XIX y bien entrado el siglo XX. Es utilizada tanto por el legislador como también es puesta en obra por el juez, especialmente administrativo. Su invocación justifica la aplicación de reglas de derecho específicas y derogatorias del derecho común aplicable entre las personas. Desde este punto de vista, desde sus orígenes, la noción del servicio público ha servido como criterio —ya sea único o ya alternativo— de aplicación del derecho administrativo y, además, uno de los criterios que ha permitido delimitar la esfera de competencia de la justicia administrativa.

A su vez, se construyeron las teorías subjetiva y objetiva del servicio público, esta última de origen italiano. La tesis subjetiva, exigió la presencia de la Administración pública como titular y gestor de la actividad para calificarla como servicio público. La tesis objetiva, por su parte y en otra etapa histórica, pretendió establecer en la naturaleza de la actividad el dato del régimen jurídico al que estaba sometido, prescindiendo del sujeto titular. Finalmente, por su importancia cabe mencionar la tesis denominada formalista, por la cual G. JÈZE[21] intentó construir el concepto otorgándole un papel relevante al procedimiento organizativo del servicio público y al régimen jurídico especial que lo rige.

Sin embargo, en la mayoría de los países de modelo de *régime administratif*, el servicio público, como categoría jurídica de que se sirve el Estado social de derecho —para cumplir su responsabilidad constitucional indeclinable para realizar y satisfacer las necesidades o demandas de la sociedad de interés general o público— no ha desaparecido, ni ha cambiado como categoría jurídica, tal como puede configurarse desde la perspectiva constitucional; ni siquiera se ha reducido su ámbito de aplicación; ni tampoco cabe hablar de un nuevo servicio público, a pesar de lo sugerente de la noción (MEILÁN GIL)[22]. No es que haya muerto el servicio público o que haya nacido una nueva noción que la sustituya, pues sigue siendo lo que fue; lo que ha pasado y está pasando es que la realidad de las cosas hace emerger nuevas caracterizaciones de conceptos centrales (RODRÍGUEZ-ARANA)[23].

---

utilizaciones ideológicas y políticas, polémicas que ella pueda suscitar. Véase *in extenso* a J. ARAUJO-JUÁREZ, *Derecho administrativo general*, vol. IV, *Servicio público*, Caracas, Ediciones Paredes, págs. 36-39.

[21] G. JÈZE, *Principios generales del derecho administrativo*, t. II (1), cap. I., Buenos Aires, Editorial Depalma, 1949.

[22] J. L. MEILÁN GIL, ob. cit., nota 7, pág. 472; y J. L. MEILÁN GIL, ob. cit., nota 18, 53 y ss.

[23] J. RODRÍGUEZ-ARANA, "Servicio universal en materia de telecomunicaciones", en AA.VV. *Actualidad de los servicios públicos en Iberoamérica* (Dirs. Cienfuegos Salgado, David, Rodrigo Lozano, Luis Gerardo), México, UNAM, Instituto de Investigaciones Jurídicas, 2008, pág. 603.

§ 6. *Revisión crítica.* El tema tradicional del servicio público y los cambios que en ese concepto se derivan, sobre todo, por influencia del derecho comunitario europeo, pero a los que no son ajenas tampoco las nuevas corrientes que, frente a algunos planteamientos radicales en uno u otro sentido, tratan de hallar un punto de equilibrio entre el Estado constitucional y la sociedad, entre el Estado constitucional y el mercado. Se trata de una cuestión apasionante, en plena evolución y cuyas consecuencias últimas no se vislumbran todavía.

Y es que si bien —se insiste— nunca hemos defendido que el servicio público fuera la base —única de la identificación conceptual del derecho administrativo—, tampoco estoy con quienes piensan que hay que darle un digno entierro. Desde mi punto de vista, la idea finalista que presupone el propio nombre del servicio público es algo que debe mantenerse, por más que, cierto es, el concepto tradicional haya entrado en crisis en virtud de las consecuencias derivadas de un triple orden de factores derivados de una profunda recomposición de las relaciones entre la Administración pública y la persona, entre el Estado constitucional y la sociedad: algunos datos de orden constitucional, las derivaciones del derecho administrativo comunitario, global o trasnacional y, finalmente, algunas opciones que conectan con la cuestión más filosófica y política acerca de las dimensiones mismas del Estado constitucional.

La Administración pública tiene como objetivo la realización de las necesidades de la población, de manera que la vertiente prestacional cobra una singularidad especial en el modelo de Estado constitucional —democrático y social de derecho y de justicia—. Pero, como se ha dicho y aquí lo reiteramos, eso no es del todo incompatible con la idea que importa retener: la de compaginar el mercado y el interés público, aunque eso suponga romper la identificación entre servicio público y titularidad pública, que es donde está la clave y la diferencia con el planteamiento tradicional, punto sobre el cual volveremos más adelante. Surge así la nueva idea de las llamadas "obligaciones de servicio", el "servicio universal", las cotas de calidad garantizadas aunque se trate de servicios de interés general prestados por empresas privadas. El nuevo concepto de "servicio de interés general" —económico o no y, dentro de él, el concepto de servicio universal— constituye, como ha dicho la Comisión Europea, la expresión de las "especificidades del modelo europeo de sociedad".

Todos estos nuevos fenómenos reaparecen en una vieja idea originaria de Italia a la que, en cierto modo, se parecen los nuevos planteamientos. Son los llamados servicios públicos "virtuales o impropios", una idea que está también en la base de las denominadas actividades privadas de interés público, esto es, actividades privadas que no quedan excluidas del mercado pero que están sometidas a cierta intervención administrativa y, por ende, al derecho administrativo.

Es un fenómeno que coloca, en primer término, las nuevas actividades o funciones de regulación y vigilancia del propio mercado y que está en el origen de la aparición de las llamadas autoridades administrativas independientes de regulación. Y, sobre todo, la cuestión de la función de control de tales actividades, en cuanto a la insuficiencia de la jurisdicción contencioso administrativa tal y como ahora está organizada para llevar a cabo ese control de cuestiones que, además de implicar contenidos sumamente discrecionales, están rodeadas de componentes propios de la política económica plasmados y concretados en aspectos cada vez más específicamente técnicos. Esta situación plantea nuevos retos causados por las crisis económica o pandémica que han hecho que se replanteen algunas cosas y que ha puesto crudamente sobre la mesa la insuficiencia e incluso, la ausencia de las imprescindibles medidas de inspección y control preventivos.

§ 7. *Conclusión.* En mérito a todo lo anterior compartimos el aserto de P. Weil[24] en el sentido que sería, pues, inexacto sostener que la noción de servicio público no presenta ya interés para el derecho administrativo. No hay duda de que el servicio público en sociedades como la nuestra ha sido un instrumento útil y necesario para superar la mera igualdad formal o ante la ley y para profundizar la cohesión económica, social y territorial en su significado de igualdad real o material en las condiciones de calidad de vida de las personas, fin irrenunciable que inspiró la acción de prestación directa del servicio público. Pero también hay que decirlo, fue cada vez más manifiesta la ineficiencia y la plaga de corrupción alrededor de los servicios públicos en mano pública, la crisis del servicio público tradicional, así como la convicción de que la novedosa actividad administrativa de regulación de los fines de interés público, en vez de sustituir al mercado, debía y podía reconstruirlo en muchos de sus aspectos.

De ahí que en algunos sectores, la alternativa a la actividad de servicio público tradicional es la función administrativa de regulación por causa del interés público. El objetivo es en ambos casos, el mismo: conseguir unas prestaciones universales, obligatorias, a los que cualquier persona tenga derecho y cualquier usuario pueda hacer efectivas. Pero el punto de vista jurídico e ideológico es totalmente distinto. Frente a la *publicatio*, la actividad administrativa de regulación; frente a la titularidad pública, la titularidad privada o compartida; frente al monopolio, la libre competencia. Asimismo, del diferente punto de partida surgen técnicas jurídicas también diferentes.

[24] P. Weil, *El derecho administrativo*, Santiago, Ediciones Olejnik, 2020, pág. 58.

Así las cosas, podemos concluir que si bien la historia del servicio público comienza con la secularización de las actividades privadas de interés público que hasta entonces eran realizadas por la Iglesia y otras instituciones laicas o de beneficencia (H. ESCOLA)[25], hoy podemos bien añadir que se produce una profunda revisión del concepto tradicional servicio público como categoría jurídica, cuando el Estado constitucional comienza a entregar o devolver muchos de los servicios de interés público a la sociedad, mediante distintos procedimientos o técnicas jurídicas, en las cuales no importa la titularidad o la prestación directa por parte del Estado constitucional, sino la función de regulación de la gestión y la garantía de prestación de los mismos por parte de aquel.

En efecto, en los sectores donde la liberalización ha progresado se detecta una tendencia, en desigual grado de ejecución —cuando no de involución o franco retroceso como en el ámbito nacional—, a la sustitución total o parcial de la técnica del servicio público que comportaba en sus orígenes, una concordancia perfecta entre el sentido material —actividad de interés general— y el sentido orgánico —realización por los poderes públicos— (WEIL)[26]; por la forma de intervención sobre esas actividades propias del derecho anglosajón, que no implica la asunción "en bloque" por el poder público de la titularidad de sectores enteros de la actividad económica o social —*publicatio* genérica—, sino la sola actividad o función de regulación sobre los mismos. Creemos que esto coincide con la formulación de la teoría de M. S. GIANNINI sobre los llamados "ordenamientos sectoriales", que implican la sujeción de sectores de la actividad económica o social a una fuerte intervención pública sin que se produzca, sin embargo, ni la transferencia de la titularidad de los mismos al Estado constitucional, ni el fenómeno del "intervencionismo".

En conclusión, la introducción en nuestros ordenamientos jurídicos del nuevo modelo de Estado constitucional garante de la intervención de regulación y de la garantía de prestación, reclama unos servicios públicos en sentido restringido o estricto —*strictu sensu*— reducidos en su número y también limitados en su alcance. De ahí que, por un lado, los servicios públicos en sentido estricto —*strictu sensu*— deberían reducirse a los servicios de prestaciones esenciales —por ejemplo, salud pública, seguridad social, pleno empleo, etc.—; y, por el otro, no podrían abarcar la totalidad de las prestaciones posibles en un sector o actividad determinados, remi-

[25] H. ESCOLA, *Compendio de derecho administrativo*, vol. I. Buenos Aires, Depalma, capítulo VIII, 1984, págs. 415 y ss.

[26] P. WEIL, ob. cit., nota 24, pág. 55.

tiéndose a la libre iniciativa en el seno de la sociedad, el acceso a las demás prestaciones y servicios de interés general adicionales, tema sobre el cual volveremos más adelante.

SECCIÓN II. SERVICIO PÚBLICO Y FINES DEL ESTADO CONSTITUCIONAL

4. FUNDAMENTO CONSTITUCIONAL

§ 8. *Enunciado.* Tras aprobarse la Constitución de 1999, hemos de pasar a examinar la cuestión en el marco constitucional o más propiamente en el "orden constitucional económico".

En efecto, el artículo 2º *eiusdem* proclamó el Estado democrático y social de derecho y de justicia, como concepción política, económica y social orientadora de toda la actividad del Estado constitucional, en general, y de la Administración pública, en particular. Es por ello por lo que la noción de servicio público es inherente a los fines sociales del Estado constitucional y al igual que las demás categorías del derecho administrativo, no puede concebirse por fuera del contexto o marco constitucional. Por consiguiente, cualquier revisión científica que de la noción de servicio público quiera hacerse, debe caracterizarse por su referencia constitucional, considerando no solo los estrictos elementos y caracteres formales —jerárquicos— sino el todo material que se obtiene de este modo.

El hecho de que el poder constituyente se refiera al servicio público en innumerables disposiciones, prueba por sí mismo —y aparte de otra consideración extraída de la doctrina y jurisprudencia, así como de la frustrante realidad de hoy en día— el papel central que le atribuye al servicio público. En tal sentido, como señala A. R. BREWER-CARIAS[27], puede decirse que la Constitución de 1999, a diferencia de la anterior, es "una Constitución de servicios públicos", en el sentido de que no solo utiliza la noción misma de servicio público, constitucionalizándola[28], sino que regula múltiples ac-

[27] A. R. BREWER-CARÍAS, "El régimen constitucional de los servicios públicos", en AA.VV. *El nuevo servicio público. Actividades reservadas y regulación de actividades de interés general. VI Jornadas internacionales de Derecho Administrativo "Allan Randolph Brewer-Carías*". Caracas, Funeda, 2002, pág. 27.

[28] Sobre el fenómeno de la constitucionalización del derecho en general, remarcamos como la obra publicada con motivo del cincuentenario de la Constitución francesa de 1958, bajo la dirección de B. MATHIEU, consagra un amplio desarrollo en sus páginas al fenómeno de la constitucionalización (y donde se encuentra un gran inventario sobre la constitucionalización de los derechos administrativo, civil, de la economía, del trabajo, procesal, financiero público, del ambiente, así como de la bioética). B. MATHIEU (dir), *1958-2008. Cinquantième anniversaire de la Constitution française*. Paris, Dalloz, 2008, págs. 397-505.

tividades como obligaciones estatales que constitucionalmente se pueden calificar como tales servicios públicos. Ahora bien, en la Constitución no aparece un concepto de servicio público, como categoría o como técnica jurídica para satisfacer necesidades o demandas de la sociedad —el fin de interés público—.

Finalmente, la trascendencia constitucional se manifiesta a partir de dos grandes postulados, muchas veces en apariencia contradictorios: por un lado, la intervención del Estado constitucional en la economía, motivada entre otras razones por la cláusula constitucional de un Estado social de derecho que caracteriza al Estado constitucional (art. 2º de la Const.); y por otro, los derechos y libertades económicas, que se materializan en preceptos como el de la libre competencia (art. 299 de la Const.), o en la prohibición de monopolios y de abusos de posición dominante en la economía de mercado (art. 113 de la Const.).

5. Intervención administrativa

§ 9. *Idea general.* De la responsabilidad que le compete al Estado constitucional en la economía se deriva, necesariamente, la posibilidad de este de participar en ella a través de la intervención pública o estatal. El Estado constitucional aspira al cumplimiento de sus fines esenciales y para ello se vale de distintos medios y como lo es la intervención del Estado constitucional en la economía y su grado de intensidad no depende de cosa distinta que de la voluntad política en el marco y respeto irrestricto de la Constitución.

Ahora, no podemos afirmar cosa distinta que concebir la intervención del Estado constitucional en la economía más como un medio y no un fin. El Estado constitucional no puede aspirar a intervenir de un modo u otro la economía, no puede aspirar a privatizar, nacionalizar o estatizar, o expropiar, sin más. Muy por el contrario, de la intervención del Estado constitucional en la economía no se deriva una discrecionalidad absoluta de este: el artículo 299 de la Constitución refiere los fines esenciales que debe perseguir para intervenir en la economía:

"[...] el fin de generar fuentes de trabajo, alto valor agregado nacional, elevar el nivel de vida de la población y fortalecer la soberanía económica del país, garantizando la seguridad jurídica, solidez, dinamismo, sustentabilidad, permanencia y equidad del crecimiento de la economía [...]".

Por tanto, la transcripción nos deja clara la idea de que tanto la libertad de empresa o libertad económica privada como la intervención del Estado constitucional en la economía, tienen trazados unos límites a partir de la Constitución de 1999, que a su vez constituyen una herramienta fundamental no despreciable del intérprete constitucional en cada caso concreto.

En conclusión, respecto de los servicios públicos existe por parte del Estado constitucional el deber constitucional de su prestación, o más propiamente de la garantía de prestación, directamente o a través de la transferencia a los sujetos privados; de establecer su régimen jurídico, y puede solo por excepcionalísimas "razones de conveniencia nacional", reservarse el monopolio de derecho de alguno o algunos de tales servicios públicos, de acuerdo con el artículo 302 de la Constitución.

§ 10. *Prestación de servicios públicos.* Es sabido que la organización del Estado constitucional, al igual que otras instituciones u organizaciones sociales, se presenta como respuesta a intereses generales y demandas comunes de una sociedad que pretende desarrollarlas, valiéndose para ello de una estructura y unas reglas, a partir de las cuales se materializan los fines estatales concretos. Así, los servicios públicos dentro de las actividades de la Administración pública, consisten en una actividad de prestación, de la cual es titular.

Bajo esta consideración, se mencionan dos aspectos fundamentales con relación a la Constitución: 1°, el deber estatal de prestación de servicios públicos; y 2°, el servicio público industrial y comercial.

§ 10 a) *Deber estatal de prestación de servicios públicos.* Desde el Preámbulo de la Constitución, que de por sí tiene fuerza vinculante, se proyecta el compromiso de un Estado constitucional que consolide, entre otros valores, el "bien común". No cabe duda que desde el comienzo, el texto constitucional impone un deber de prestación de los servicios públicos. Especialmente los que tienen que ver con "la promoción de la prosperidad y bienestar del pueblo" (art. 3° de la Const.). En tal sentido, se insiste, el artículo 299 de la Constitución al establecer el régimen socioeconómico y la función del Estado constitucional en la economía, señala como fines del Estado constitucional, "asegurar el desarrollo humano integral y una existencia digna y provechosa para la colectividad".

Por otro lado, como elemento característico del Estado social de derecho se destaca el reconocimiento de los denominados derechos fundamentales sociales o prestacionales, que tienen una configuración marcadamente positiva, pues requieren para su efectividad y garantía la intervención y actividad de prestación por parte de la Administración pública, a la que le dará precisamente la denominación de "Administración prestacional".

Así las cosas, la realización efectiva de tales fines estatales implica, muchas veces, la intervención directa del Estado constitucional. Sin embargo, la Administración pública tiene que realizar los fines de interés público dentro de los límites establecidos por las leyes (STHAL). De manera consecuente con lo hasta ahora señalado, se encuentra plenamente justificada la participación del Estado constitucional, de uno u otro modo, en actividades de servicio público, como desarrollo de reconocimiento de la responsabilidad que le es propia en esta materia. Esta participación o más propiamente intervención, tratándose de los servicios públicos, está estrechamente vinculada con la teleología del Estado constitucional derivada de la Constitución y esta se concreta en unos deberes estatales u obligaciones prestacionales estatales, que difícilmente pueden cumplirse sin el despliegue de una serie de actividades claramente distinguibles como servicios públicos por parte de los distintos poderes públicos —nacional, estadal y municipal—.

§ 10 b) *Servicio público industrial y comercial.* No hay duda que la actividad de servicio público "industrial y comercial" es una actividad de carácter económico y por ello debe analizarse este perfil en el marco de algunas disposiciones de la Constitución económica, que se sitúa entre la división dicotómica de la intervención del Estado constitucional en la economía y de las libertades económicas de las personas.

Desde esta perspectiva de los servicios públicos, hay que tomar en cuenta dos importantes aspectos que se desprenden de la Constitución económica: 1°, la garantía de la libertad de empresa o libertad económica privada; y 2°, la denominada intervención del Estado constitucional en la economía.

§ 10 b) 1. *Garantía de la libertad de empresa o económica privada.* Las libertades y derechos contenidos en los artículos 112, 115 y 299 de la Constitución guardan una estrecha relación con los servicios públicos en la actualidad, principalmente con el artículo 113 *eiusdem*, que establece la posibilidad de que los sujetos privados puedan prestar servicios de naturaleza pública. De este modo se configura una libertad con distintas manifestaciones —libertad de empresa, libre competencia, reserva, etc.—, que de modo alguno pueden considerarse opuestas a los fines públicos o estatales.

Actualmente, los principios reconocidos en la Constitución económica establecen el marco conformador de la actividad económica. Tales principios pueden ser agrupados en cuatro categorías:

(i) Los principios de libertad de empresa y de participación privada en la economía (Const., arts. 112 y 299).

(ii) Los principios de regulación y limitación del ejercicio de la actividad económica (Const., art. 112).

(iii) Los principios de planificación, fomento y libre competencia (Const., arts. 112, 113, 118, 299, 305, 306, 307 y 309).

(iv) Y, por último, los principios de reserva, intervención y participación pública (Const., arts. 299, 301, 302 y 303).

Los anteriores postulados que informan la Constitución económica o el régimen socioeconómico en el marco constitucional de una economía mixta de mercado, se fundamentan en los principios de justicia social, democratización de la economía, eficiencia económica, libre competencia, protección del ambiente, productividad y solidaridad, con la finalidad de asegurar el desarrollo humano integral y una existencia digna y provechosa para la colectividad (Const., arts. 3 y 299).

§ 10 b) 2. *Actividad administrativa de intervención.* Conviene señalar que no todas las actividades económicas privadas están sujetas a regulación y control administrativo en la misma medida. En la mayoría de los casos, la intervención administrativa debe limitarse a lo estrictamente necesario para salvaguardar alguno de los fines de interés público, pues prevalece el principio de libertad económica. Mientras que otras están sometidas a una intervención administrativa muy intensa, tanto que para definirlas se ha acuñado el concepto de actividades reguladas o reglamentadas.

De ahí que la facultad de intervención administrativa tradicionalmente se ha centrado en la configuración de dos facultades (J. ESTEVE PARDO)[29]. Por un lado, la seguridad de la actividad o servicio ofrecido, así como los medios utilizados; por otro, el aspecto estrictamente económico del servicio o actividad de que se trate. Estas dos perspectivas diferenciadas se engloban conjuntamente en el título de policía administrativa.

Finalmente, el control administrativo ha ido evolucionando y estas dos facultades han ido tomando caminos distintos en su programación de la actividad de intervención administrativa. Mientras que en el derecho comparado la facultad de intervención por razones de seguridad se ha ido reforzando cada vez más en el ordenamiento jurídico, la facultad de intervención en la actividad económica y de servicios de los particulares cada vez es menor, llegando en unos puntos a desaparecer.

§ 10 b) 3. *Actividad de control administrativo.* Por último, las actividades de control administrativo se incluyen dentro de la tradicional clasificación tripartita elaborada por la doctrina administrativa sobre las formas de intervención de la Administración pública: actividades de policía administrativa, servicio público y de fomento o promoción, atendiendo a la idea de L. JORDANA DE POZAS a mediados del siglo XX, a las que más tarde se le añade la actividad de gestión económica (VILLAR PALASÍ).

La actividad de policía administrativa, también llamada de control administrativo, es aquella actividad administrativa que se encarga de controlar si las normas se cumplen, establece un control más o menos agudo, de manera que la actividad llevada a cabo respete las normas. Esta se desempeña en

[29] ESTEVE PARDO, *Lecciones de derecho administrativo*, 10ª ed., Madrid, Marcial Pons, 2021, pág. 387.

todas las administraciones públicas; sin embargo, el paso del tiempo obliga a hacer modificaciones en esa clasificación tripartita y en todo ello no podemos negar que el derecho comparado ha contribuido de forma decisiva a esta tarea.

Es sabido que en el sistema constitucional hay un principio básico de libertad individual y libertad económica que consagran los artículos 1° y 299 de la Constitución. En términos generales, cualquier medida de intervención de cualquier naturaleza deberá conciliar, siempre y en todo caso, el respeto a la libertad y a la iniciativa privada con las exigencias del interés público. Desde un punto de vista más concreto, podemos decir que su finalidad primordial es hoy la garantía de la seguridad jurídica (J. RODRÍGUEZ-ARANA)[30].

Se habla de seguridad ciudadana en sentido estricto, que hoy se entiende no ya como la mera defensa del orden público, sino como actividad dirigida a la protección del libre ejercicio de los derechos y libertades, a crear y a mantener las condiciones adecuadas a tal efecto. Cualquier persona, física o jurídica, en el ejercicio de la libertad puede relacionarse con los demás, puede realizar cualquier actividad lícita de acuerdo con sus intereses. Sin embargo, muchas actividades económicas o en el ámbito privado pueden crear unas consecuencias nocivas al interés general, lo cual justifica que estén sujetas a regulación y control en la misma medida.

6. EVOLUCIÓN

§ 11. *Plan.* También desde una perspectiva comparada, la facultad de control de las administraciones públicas, ha pasado de un control totalmente estricto de todas las actividades económicas, a casi una liberalización económica total y un control *a posteriori*. Esta evolución histórica se puede diferenciar en tres etapas:

§ 11 a) *La actividad de control en el Estado de derecho.* Desde finales del siglo XVIII, el concepto de policía en el derecho administrativo equivalía a cualquier intervención pública destinada a mantener el orden, la seguridad ciudadana o intereses de la comunidad (SÁNCHEZ MORÓN)[31]. Su fundamento residía en la potestad del rey y sus súbditos estaban sometidos al ejercicio de dicha potestad.

En el Estado liberal de derecho, el control se reducía al mantenimiento del orden público, puesto que se confiaba en el mercado y a los particulares la ordenación de las relaciones económicas y sociales.

[30] J. RODRÍGUEZ-ARANA, ob. cit., nota 23.

[31] M. SÁNCHEZ MORÓN, ob. cit., nota 16, págs. 660-661.

§ 11 b) *Intervencionismo administrativo en el Estado social de derecho.* Luego en el siglo XIX, la intervención administrativa se incrementa considerablemente como consecuencia de la creación de servicios públicos y al mismo tiempo el control administrativo sobre la economía, ello con el fin de garantizar los nuevos derechos fundamentales sociales o prestacionales que se van reconociendo. Casi todas las actividades económicas privadas están sometidas a un control previo a través de habilitaciones de todas clases. Esta actividad de control tan estricta va aparejada a una actividad de ordenación muy extensa que se ha mantenido en algunos sectores hasta nuestros días, que va a dar paso a la etapa del servicio público.

SECCIÓN III. SERVICIO PÚBLICO

7. GÉNESIS

§ 12. *Idea general.* El esfuerzo doctrinal y jurisprudencial por delimitar con exactitud aquellas actividades que puedan ser calificadas como servicio público no es un puro afán académico, pues, es bueno decirlo desde ya, la noción de servicio público ha sido, es y continuará siendo piedra angular de nuestros sistemas jurídicos administrativos y de que se aprecie o no que estamos en su presencia, dependen decisiones jurídicas, técnicas o incluso económicas muy importantes, pues ninguna sociedad contemporánea puede prescindir de los servicios públicos si bien, se insiste, deberían ser muy limitados en número y alcance. Los servicios públicos actúan constantemente a nuestro alrededor, es decir, existen, si bien necesitados de una profunda reconfiguración —revisión y actualización—.

El estudio de su evolución jurídica revela como la noción ha variado enormemente y también su cometido dentro de la teoría jurídica ha conocido una suerte muy diversa.

§ 13. *Características.* Al profundizar sobre el concepto de servicio público tradicional que un día aspiró a ser el eje central del derecho administrativo, lo primero que observamos y advertimos es que —según opinión expresada por DE LA CUÉTARA[32]— estamos en presencia de la institución de la polémica, no siendo sobre el particular pacífica la doctrina, lo cual se evidencia de las diferentes posturas aparecidas durante la evolución y formación del concepto. El influjo de la aproximación cuestionadora del concepto ha planeado de modo constante en la historia del desenvolvimiento doctrinal, jurídico y práctico del servicio público.

[32] J. M. DE LA CUÉTARA, *La actividad de la administración*, Madrid, Tecnos, 1983, pág. 120.

En efecto, la idea mayoritariamente compartida es la de la indefinición o imprecisión del servicio público, razón por la cual hay autores que aconsejan sustituirla por la de actividades de prestación (R. PARADA)[33], la cual se refleja no solamente en asuntos materiales o de fondo, sino también en aspectos formales como la denominación y utilización indistinta del término —servicio público y servicios públicos—.

Sobre la base de lo anteriormente expuesto la doctrina —hemos señalado más arriba—, realiza una crítica no ya solo de la noción sino de la institución misma del servicio público tradicional.

§ 14. *Funciones.* Ahora bien, no es posible negar la variedad de significados de la noción servicio público, incluso cuando se le emplea en el lenguaje jurídico, la doctrina le ha conferido diversas funciones y utilidades.

En primer lugar, es sabido que en torno a dicha noción se pretendió construir o fundamentar el edificio del derecho administrativo, partiendo para ello de la delimitación de las competencias de la jurisdicción administrativa y la jurisdicción ordinaria —Escuela del servicio público—.

Además de esa funcionalidad práctica y jurídica, la noción tradicional de servicio público también sirvió como filosofía y concepción ideológica del Estado constitucional, pues su concepción permitió legitimar la actuación del poder público. Así, la actividad de los gobernantes investidos de potestades o prerrogativas públicas sustituyó la concepción de "soberanía", en la cual se fundamentaba la actuación de aquellos y que a finales del siglo XIX y comienzos del siglo XX y por efecto de las transformaciones del Estado constitucional, fue sustituida por la nueva concepción en la que se fundamentó primero el Estado-liberal, después el Estado-social y, por último, el Estado-intervencionista.

Finalmente, el servicio público tradicional tiene otra función o utilidad que es de naturaleza técnica, la cual se refleja en la manera mediante la cual el Estado constitucional asume la gestión pública de diversos sectores de la vida social. Gestión que es asumida, sea mediante la prestación directa o indirecta del servicio, en razón de la titularidad pública que aquel ostenta en dichos sectores.

8. PROPUESTA DE REVISIÓN

§ 15. *Enunciado y plan.* Sin pretender agotar con toda la extensión que merecería la cuestión de numerosas reflexiones y el debate doctrinal sobre

[33] R. PARADA, *Derecho administrativo*. II, *Régimen jurídico de la actividad administrativa*, 24ª ed., Madrid, UNED-Dykinson S.L., 2019, pág. 127.

la teoría del servicio público, sí interesa, a efectos de este ensayo, precisar la trascendencia jurídica que reviste la misma, porque esta cuestión, lejos de ser un debate cerrado, no deja de plantear numerosos problemas en la actualidad, en la medida que preguntarse por su significado, en términos jurídicos, no deja de ser, a la vez, un intento de aclarar el propio derecho administrativo.

Sobre la noción de servicio público —en singular— que ha pretendido dar unidad y coherencia a la totalidad del derecho administrativo, como es sabido, se han atribuido múltiples significados y se dice que hay tantas definiciones como autores —e incluso como legisladores— que se han ocupado de la misma también ocasionalmente, lo que, unido a que ha servido para legitimar cualquier actuación estatal, ha llevado al consiguiente intento de sustitución por nociones que se presumen más precisas y actuales —por ejemplo, actividad de prestación, servicio universal, servicio de interés general, etc.—.

No obstante, suele haber en cada uno de ellos unas notas características comunes que hace reconocible a un sector de la vida social y que se incorpora a la órbita del poder público y que comprende "aquella parte de la actividad administrativa en la que, por medios de derecho público, se garantiza la existencia de determinadas prestaciones en la sociedad" (De La Cuétara)[34].

Sin embargo, de entrada debemos rechazar la noción amplia o tradicional de servicio público, que ha sido calificada de panteísta, pues ve servicio público en toda la actividad del Estado constitucional —federación de servicios públicos—; por supuesto hubo de ser rechazada, por un concepto más restringido o estricto, con perfiles jurídicos más definidos. Ahora bien, ante la ausencia de una definición clara, tanto para la doctrina de comienzos del siglo xx como para la mayoría de los autores contemporáneos, el concepto, o mejor aún, la identificación del servicio público, se construye alrededor de tres elementos. En efecto, elaborada por la jurisprudencia y la doctrina, la noción de servicio público tradicional en sus inicios comportaba, a la vez: un sentido material —actividad de interés general—, y un sentido orgánico —realización a cargo de los poderes públicos—, según analizaremos a continuación:

§ 15 a) *Elemento orgánico: la titularidad pública.* La titularidad jurídica del servicio público tradicional siendo expresión del poder público, solo puede pertenecer al Estado constitucional mediante la ley —titularidad pública o exclusividad regaliana—.

Por tanto, la primera condición que debe cumplir un servicio público es que sea declarado y regulado como tal, que por su trascendencia lo ha

[34] J. M. de la Cuétara, ob. cit., nota 32, pág. 127.

de ser de manera inequívoca y explícita, en principio, mediante ley formal —servicio público legal—, pero también puede darse por declaración constitucional —servicio público constitucional—[35]. Así, el acto de declaración de una actividad, un servicio o un sector como servicio público, es lo que el autor J. L. VILLAR PALASÍ[36] hubo denominado *publicatio* o *acto de publicatio* —o publificación—.

En tal sentido, la *publicatio* del servicio público implica: 1º) una declaración formal en la que la totalidad o parte de una actividad se predica del Estado constitucional, por lo que dicho sector, una vez declarado servicio público es, en principio, excluyente de la iniciativa privada y la organización pública es total y, en consecuencia, el servicio público muestra sus más agudos caracteres y justifica potestades públicas de enorme intensidad en protección del interés general y 2º) un título jurídico de intensa reglamentación o regulación de la actividad de servicio público, que configure y obligue a desarrollar la actividad en unos modelos predeterminados.

Ahora bien, conviene retener algo que es importante para la reconfiguración contemporánea de la noción de servicio público: 1º) la declaratoria ha de hacerse por ley o, de otro modo, la declaración formal del servicio público debe hacerse por ley formal o norma constitucional, y 2º) la reserva al sector público de un servicio implica la titularidad en exclusiva de la actividad por parte del Estado constitucional, que es una nota característica del servicio público desde su nacimiento, se comprende porque aquella expresión significa que una determinada actividad pase del sector privado al sector público, deja de pertenecer al sector privado, independientemente de las modalidades de gestión, que es la consecuencia más importante desde el punto de vista jurídico (BREWER-CARÍAS)[37].

§ 15 b) *Elemento material: el interés público.* El requisito formal —necesario mas no suficiente— señalado en el parágrafo anterior, tiene su explicación en otros requisitos de carácter material. En efecto, por un lado ha de tratarse de actividades que por su carácter de indispensables para la población y con el límite de la garantía constitucional de los derechos

[35] J. ARAUJO-JUÁREZ, "Los derechos fundamentales económicos y el derecho de los servicios públicos", AA.VV., *Servicio público. Balance y perspectiva.* J. ARAUJO-JUÁREZ (Coord.), Caracas, Vadell Hnos. Editores, 1999, págs. 9-41; A. R. BREWER-CARÍAS, ob. cit., nota 27, 27 y ss.; y R. BELLESCIZE, "*Grandeur et servitude de la notion de service public constitutionnel (à propos de l'arrêt du Conseil d'État, Section, 27 septembre 2006, Bayrou et autres et de la décision du Conseil constitutionnel, nº 2006-543 DC du 30 novembre 2006, Loi relative au secteur de l'énergie*)". RFDA, 1163.

[36] J. L. VILLAR PALASÍ, *Apuntes de derecho administrativo*, vol. II, Madrid, 1986, pág. 20.

[37] A. R. BREWER-CARÍAS, ob. cit., nota 27, págs. 24-25.

fundamentales[38] —de contenido económico o no—, son sustraídas de la titularidad originaria de las personas y, por otro, debe respetarse el marco de la economía mixta de mercado.

Se dice que el Estado constitucional se legitima por su acción; el servicio público es un principio de legitimidad. Por razones históricas, el vocabulario jurídico manifiesta esta idea en términos de interés colectivo, común, general o más propiamente de "interés público".

De ahí que la noción de servicio público hace referencia a la naturaleza del interés público a cuya satisfacción o realización se endereza la prestación, lo cual se presenta como el denominador común de todos los servicios públicos; es, pues, una constante. En efecto, más allá de la diversidad de objetos —cada servicio público tiene un objeto específico en concordancia con la especificidad de la prestación que se entrega para la satisfacción efectiva de una necesidad de la población —por ejemplo, distribución de agua potable, transporte, seguridad social, etc.—, se encuentra la identidad del fin perseguido: la "realización del fin de interés público". El interés público actúa como título —es el fundamento— de la intervención del Estado constitucional.

Ahora, definir el interés público es difícil. Es que el interés público ¿es la suma de intereses privados?, ¿es un interés que se extiende a las dimensiones de la población nacional? Un interés general lo es ¿en razón del número de los destinatarios —reales o potenciales— o generalmente considerado como algo que debe ser satisfecho? Evidentemente, la calificación de una actividad como de interés público evoluciona con el progreso técnico y económico. Por ello no es fácil ciertamente señalar de antemano los límites de la noción, pero sí cabe realizar algunas afirmaciones. Los servicios de interés público que no se estiman estrictamente tales, no pueden constituir el contenido de un servicio público. Es por ello por lo que si se quiere seguir dando a la noción un interés jurídico, es decir, que tenga consecuencias jurídicas, sostiene WEIL[39], al común denominador que constituye la noción de interés general, es preciso "añadir algo", así:

(i) El carácter referido a la condición más o menos importante, o preeminente, del fin de interés público perseguido y, por ende, reservar el carácter de servicio público solo para las actividades de interés general lo "suficientemente nobles" para merecer tal calificación.

[38] P. DELVOLVÉ, "Service publique et libertés publiques". *Revue française de Droit administratif*, 1985, 1 y ss.; y G. ARIÑO ORTIZ, "Servicio público y libertades públicas", en AA. VV., *Actualidad y perspectivas del derecho público a fines del siglo XX*, Homenaje al profesor Garrido Falla, Madrid, 1984, págs. 1315 y ss.

[39] P. WEIL, ob. cit., nota 24, págs. 55-57.

(ii) Una actividad "tomada directamente" a cargo de una persona pública establecerá la presunción de que es un servicio público, mientras que la presunción es a la inversa si es tomada a cargo por los sujetos privados.

En ese contexto, la categorización tradicional de la noción de servicio público pierde eficacia descriptiva. De ese modo, concluye WEIL, se establece una "graduación de la importancia de los fines perseguidos" por la función administrativa. En tal sentido, el interés en la distinción será muy importante por cuanto difieren los regímenes jurídicos que se predican; solo algunos servicios reducidos en número merecerán el título de servicio público en sentido restringido o estricto —*strictu sensu*— con las consecuencias que a él se anudan —que serán los célebres principios básicos sistematizados por L. ROLLAND—[40]; mientras que otros servicios solo constituyen servicios con fines de interés general —*lato sensu*—, que a su vez también serán distintos en muchos aspectos de las actividades de interés privado propiamente dicho. Por tanto, la noción contemporánea de servicio público en sentido restringido o estricto —*strictu sensu*— que aquí se viene sosteniendo será, pues, más estrecha que la noción tradicional de servicio público como de la actividad de servicio con fines de interés general, y esta en términos que la hacen equivalente a la noción comunitaria-europea de "servicio de interés general".

Por lo demás, si no hay un interés público esencial que se deba satisfacer, ¿podría haber, en el sentido contrario, un interés general que no represente un servicio público? O bien, ¿se debería declarar que todo interés suficientemente general debería ser un servicio público? En esta línea recordemos que la doctrina advierte —con toda razón—, que no es correcto identificar servicio público con cualquier actividad de interés general, pues una cosa es el interés general y otra es el servicio público. En efecto, si bien todo servicio público comporta un interés general, lo contrario no es cierto; no todo interés general o utilidad pública puede considerarse como servicio público. En consecuencia, no es correcto identificar servicio público con cualquier fin de interés general pues, de lo contrario, la noción carecería de utilidad. Por tanto, existirán intereses generales o públicos sin la forma de servicio

[40] L. ROLLAND, *Précis de droit administratif*, 2ème éd. Paris, Dalloz, 1928. Así, la noción de servicio público es reconocida también por la jurisprudencia constitucional francesa, principalmente, en que se deben respetar las "*lois de Rolland*" determinadas por la doctrina sobre la base de la jurisprudencia administrativa. Por ejemplo: "[*l*]*a circonstance que des entreprises assurant des missions de service public n'aient pas conclu de contrat avec l'État est sans effet sur l'obligation de respecter les principes d'égalité et de continuité inhérents au service public*", Conseil constitutionnel, 5 août 2004, nº 2004-501 DC, *Arrêt Loi relative au service public de l'électricité et du gaz et aux entreprises électriques et gazières*, Rec. 134; o también reconociendo "*les príncipes constitutionnels propres aux services públics*". CC, 31 juill. 2003, nº 2003-480 DC, *Archéologie préventive II*, D. 2004. 1281, obs. A. Duffy.

público *strictu sensu* como lo sería, por ejemplo, la gestión del dominio privado o un fin puramente patrimonial. De modo que en presencia de un interés público, puede o no existir un servicio público en sentido estricto.

De ahí que debamos agregar que en el caso de la noción contemporánea de servicio público en sentido estricto —*strictu sensu*—, la exigencia del interés público debe alcanzar —por razón de los bienes jurídicos implicados— la suficiente entidad — "esencial" o "vital"— para que la actividad de prestación que asuma la Administración pública esté amparada por el mencionado principio de legitimidad. Y es que el servicio público nació para satisfacer exigencias o necesidades esenciales o vitales de la población. Justamente por esta esencialidad, la Administración pública no podría abdicar de la responsabilidad de garantizar el servicio público en sentido estricto —*strictu sensu*— aunque pueda, por supuesto, encomendar su gestión a los sujetos privados, mediante concesión o cualquier otra fórmula equivalente; pero lo contrario también es cierto, la Administración pública no tiene la responsabilidad de asumir intereses públicos que no sean esenciales o vitales para la población.

En ese sentido, la nota definitiva de la noción contemporánea de servicio público *strictu sensu*, es que no se trata de actividades necesarias del Estado constitucional, como son las actividades de soberanía —por ejemplo, la defensa, la justicia, relaciones internacionales, etc.—, sino la actividad administrativa destinada a realizar o satisfacer las necesidades de interés público esenciales de la población, esto es, de actividades primordiales e indispensables para la vida de la población, como serían los denominados "servicios de solidaridad y de ciudadanía" (SÁNCHEZ MORÓN)[41] que en la mayor parte de los países europeos se organizan básicamente como servicios públicos —*strictu sensu*—.

De ahí que si bien los servicios públicos *strictu sensu* son servicios de interés público, lo contrario no es cierto; pues no todos los servicios de interés público son un servicio público en sentido estricto —*strictu sensu*—. Siéndolo únicamente en tales casos en que la realización de los intereses públicos concernidos exija el mantenimiento del servicio público *strictu sensu* como el que aquí se viene sosteniendo y en la medida y con la intensidad en que efectivamente lo exija.

En consecuencia, al constituir la noción contemporánea de servicio público *strictu sensu*, un interés público de carácter esencial o vital por exigencia constitucional o legal, ha de tratarse de una actividad de prestación, regular y continua. En contrapartida, las personas ostentan no solo el derecho a exigir la creación y mantenimiento del servicio público *strictu sensu* y organi-

[41] S. SÁNCHEZ MORÓN, ob. cit., nota 16, pág. 709.

zaciones prestacionales, sino también el derecho al uso y disfrute de los existentes en condiciones de acceso, niveles de calidad y tarifa en cada caso previstas en atención a la naturaleza de los mismos.

En conclusión, desde un punto de vista conceptual, cabría hablar de una idea o concepto tradicional de servicio público en sentido amplio —*lato sensu*—, pero también de un concepto contemporáneo de servicio público en sentido estricto —*strictu sensu*— y que trae causa de los datos constitucionales mencionados más arriba. Ahora, es obvio que no se pueden predeterminar las prestaciones que una colectividad considera esenciales o vitales. Ya lo decía DUGUIT[42]: "Hay ahí algo esencialmente variable, evolutivo, desde luego; es hasta difícil fijar el sentido general de esta evolución".

Por tanto, solo podrá reservarse la noción de servicio público en sentido estricto —*strictu sensu*— o en la terminología clásica del servicio público de "titularidad pública", de acuerdo con la presencia de unos índices más o menos precisos y, por sobre todo, de la importancia fijada por el legislador o el propio constituyente, a una actividad administrativa de prestación donde esté presente un interés público esencial y esa esencialidad, como expresión de lo que son las necesidades o demandas vitales primarias de la población en un momento determinado, debe ser lógica y legítimamente apreciada por sus representantes que constituyen el Parlamento —o quien haga sus veces— y cuya manifestación jurídica es la ley formal. Será cuestión de opción política y, qué duda cabe, de justificación jurídica de la opción conforme a la Constitución y al resto del ordenamiento jurídico y sujeta, por tanto, al principio de la universalidad del control jurisdiccional constitucional.

§ 15 c) *Elemento formal: el régimen jurídico exorbitante.* Por último, se sostiene que las propias características del servicio público *strictu sensu* apela a un régimen jurídico estructural, indicándose con ello, la sumisión o dependencia, bajo grados diferentes según los casos, del servicio público a un régimen jurídico exorbitante del derecho común que, en principio, será válido para la generalidad de los servicios públicos conocidos. La especificidad del servicio público es, por tanto, no solo material sino también de régimen jurídico. Se puede incluso señalar que el servicio público es en sí un régimen jurídico —derecho de los servicios públicos—.

En relación con este último elemento, hay autores que se resisten a tomar en consideración el régimen jurídico como elemento de la definición del servicio público al estimar, no sin cierta razón, frente a la lógica jurídica, que el régimen jurídico específico es más una consecuencia de la presencia del servicio público *strictu sensu*, que una condición de su existencia.

[42] L. DUGUIT, *Las transformaciones del derecho* (*público y privado*), Buenos Aires, Editorial Heliasta S.R.L, 1975, pág. 34.

Sección IV. Perspectiva contemporánea

9. Privatización

§ 16. *Planteamiento de la cuestión.* Una vez hechas algunas precisiones sobre la identificación del servicio público *strictu sensu*, haremos referencia al concepto del servicio público desde una perspectiva contemporánea, para situarnos en fechas más próximas para nosotros, en razón de un cambio de fondo, jurídico y político, del modelo de regulación que ha presidido hasta hoy el servicio público.

Es cierto que el servicio público tradicional tuvo evidentes virtudes. Hizo llegar a todos prestaciones que de otro modo solo conseguirían unos pocos; generó infraestructuras sociales que facilitaron la entrada en la modernidad; permitió dar por resueltas necesidades vitales primarias; todo ello es cierto y todo ello no está olvidado. Pero la sociedad se ha desarrollado y ha cambiado; en este tránsito se ha pretendido enterrar al "viejo" y saludar al "nuevo" servicio público. Y lo que se entierra —se sostiene— no servía porque tenía un vicio de raíz, al que se debería prestar especial atención (Ariño Ortiz).

En tal sentido, en las últimas décadas el servicio público tradicional ha sido objeto de una profunda transformación debido al proceso de liberalización emprendido por la Unión Europea y luego en Latinoamérica. En efecto, las últimas transformaciones experimentadas por el Estado constitucional y el nuevo modelo de relaciones Estado constitucional-sociedad, no podrían dejar intacto al servicio público tradicional como técnica de intervención administrativa. Pero de la constatación de esta realidad, a la conclusión de que el servicio público como acción justificada de la acción pública en ciertos sectores primarios vitales, no tendría ya más una función que desempeñar en una economía global y en las sociedades modernas, existe un trecho.

De lo dicho hasta ahora, la característica fundamental de lo que ha sido la construcción dogmática tradicional de la noción de servicio público, es que históricamente este concepto ha sido recipiendario de aportes sucesivos, cuya saturación ha originado muchos significados, por lo que resulta difícil de aprehender en un concepto. Como consecuencia de esta oposición de definiciones, valoraciones y significados, nos preguntamos si se puede presentar la noción de servicio público analizada hoy día, sin dejar de reconocer que el derecho administrativo contemporáneo heredó en buena parte técnicas jurídicas procedentes del pasado.

Surge así también una nueva revisión crítica sobre el papel del Estado constitucional, cuya presencia sigue resultando útil e incluso imprescindible. Un Estado constitucional que sigue prestando directamente servicios públicos, pero que ahora, sobre todo, garantiza, regula, vigila, inspecciona y sanciona la gestión de los denominados servicios de interés general. Es cierto que la Administración pública puede que gestione directamente menos. Pero necesariamente va a tener que regular mucho más. Va a fijar condiciones, criterios, pautas en beneficio de la competencia, esto es, al final, de los derechos de las personas. Y vigilará también su cumplimiento. Se trata de impedir retrocesos en el acceso, la calidad de ciertos servicios y en su prestación igualitaria. Se trata de una cuestión de urgente reflexión, porque las recientes crisis económicas y sociales y en otros casos la implantación de regímenes ideológicos fallidos, han puesto de manifiesto algunas malas experiencias y la insuficiencia de algunas de las actuales medidas de regulación y control preventivo.

De este modo, en la actualidad la doctrina propone una reconfiguración del concepto tradicional de servicio público que permitiría explicar los nuevos fenómenos que tienen lugar en la sociedad relacionados con la prestación o garantía de prestación de servicios de interés general que han de recibir todas las personas y cuya efectiva ejecución material ha dejado de ser normalmente una tarea de responsabilidad de las administraciones públicas, para pasar a ser realizadas por empresas privadas reguladas y controladas por el Estado constitucional.

§ 17. *Concepto.* Desde el punto de vista político, la retirada del Estado constitucional del ámbito de los servicios públicos tradicionales se resume bajo el concepto de "privatización". Sin embargo, el término de privatización es empleado en una amplia variedad de sentidos y con referencia a objetos distintos. Resulta con frecuencia por ello confuso o ambiguo hablar sin más de la privatización, sin precisar adecuadamente su objeto y alcance.

En primer lugar, la privatización puede referirse al patrimonio del Estado constitucional; en ese sentido, privatización significa el diseño de mecanismos conforme a derecho para el traspaso del patrimonio del Estado constitucional a propietarios privados. Pero la privatización también puede referirse a los servicios públicos prestados hasta ahora por el Estado constitucional. En tal sentido, la privatización es una "devolución de las tareas o servicios realizados hasta entonces por entidades públicas a empresarios o titulares privados". Tal devolución puede referirse tanto a la prestación o a los servicios completos como solo a su gestión global o parcial (E. HAMER)[43].

Así, dentro de estas últimas se encuentra la forma de privatización más amplia y más eficaz: la privatización "funcional", que consiste en el traspaso no solo de la gestión sino también de la titularidad del servicio público al

[43] E. HAMER, "Praxis de la privatización de servicio", en *Revista IEE*, vol. Col, núm. 1, 1985.

sector privado. Por tanto, la responsabilidad y gestión del servicio se convierte, pues, en cuestión que concierne al sector privado. De este modo se cumple la más completa división del trabajo entre el Estado constitucional y la sociedad. En tal caso, estaríamos pura y simplemente en un supuesto inverso de la *publicatio*; la *despublicatio* —o despublificación—, esto es, devolver la actividad de que se trate a la posibilidad de su gestión por los sujetos privados, como un derecho inherente a las libertades económicas.

En los países europeos y latinoamericanos, el proceso liberalizador a partir de la década de los años ochenta del siglo pasado supuso, en efecto, la eliminación de la titularidad pública de buena parte de servicios públicos tradicionales, que pasan a ser denominados "servicios de interés general". Esto se tradujo en una apertura de dichos sectores a la iniciativa privada, allí donde el monopolio estatal venía acompañado de la prestación directa por organismos públicos y, de consiguiente, en la retirada de la Administración pública en algunos de los sectores en los que hasta entonces venía estando presente en monopolio o en concurrencia con los sujetos privados y cuyo análisis abordaremos a continuación.

§ 18. *Desregulación y neoregulación.* El panorama del Estado constitucional prestador, se empieza a cuestionar y es así como a principio de la década de los ochenta se asiste a una reconfiguración de los servicios públicos tradicionales, que consiste en que buena parte de los mismos, por decisión del legislador, se entregan o devuelven al sector privado, en razón de varias causas, principalmente en razón de un entorno agravado por las crisis económicas de una sociedad globalizada y competitiva; la titularidad pública sobre buena parte de los servicios públicos se hace difícilmente sostenible en términos financieros, además de advertirse muchas disfunciones en ese modelo de gestión como son las motivaciones políticas, la ineficiente gestión pública y la corrupción; y por último, la irrupción de las innovaciones tecnológicas, que dejan sin fundamento muchas de las justificaciones de los servicios públicos en mano pública.

Consecuencia de lo anterior, por un lado, se produce el fenómeno de la "desregularización" de normas jurídicas que imponían límites y controles administrativos, previo al inicio de la actividad económica. En este sentido, todas las normas se someten a un "test de necesidad" y se empieza a modificar las formas de intervención administrativas transformando muchos controles previos —habilitaciones— por un control *a posteriori* más flexible —por ejemplo, la declaración responsable y la comunicación previa—, que elimina dificultades y trabas burocráticas a la iniciativa de las empresas.

Este cambio recibe el nombre de "neoregulación", en el sentido que el Estado constitucional no es que haya dejado de intervenir en la actividad económica y social, sino que interviene de manera distinta: 1°) cambiando las formas de control administrativo; 2°) la implicación de los sujetos privados en las propias funciones de control, y 3°) la aparición de un nuevo sujeto administrativo, las denominadas administraciones —agencias, autoridades, entes, etc. — independientes y especializadas, de regulación y de control.

10. Servicio de interés general

§ 19. *Presentación del tema.* Se ha dicho que lo que se podría denominar la segunda crisis de la noción de servicio público, en la que todavía estamos instalados de algún modo, tendría como telón de fondo un proceso de liberalización económica universalmente extendido, que se configuró como la resultante de varios factores de muy diversa naturaleza, aunque todos ellos interrelacionados y confluyentes sobre la propia idea del Estado constitucional y de la relación de este con la sociedad.

En efecto, el programa de modernización de los Estados constitucionales que se implantó —con mayor o menor éxito—, iba mucho más allá de una simple privatización, esto es, un conjunto de operaciones de venta de activos o de transferencia de actividades, pues en el caso concreto del país se perseguía un proceso sostenido que permitiría alcanzar la transformación económica y social con un programa de ajustes macroeconómicos —VIII Plan de la Nación "El Gran Viraje"—, potenciando el protagonismo del sector privado en la actividad económica.

Así, una manifestación característica de la liberalización económica fue la extinción de los derechos exclusivos y monopolios estatales sobre muchos servicios públicos tradicionales, lo que dio lugar a la *despublicatio*, en virtud de lo cual se permitió que la actividad en que consistía un servicio público de exclusiva titularidad pública, pasara a ser realizada por sujetos privados como derecho inherente a su libertad económica y ya no solo como delegación otorgada por la Administración pública en tanto que *dominus* único. En efecto, las necesidades públicas no serían satisfechas solo mediante la actividad de prestación a cargo del Estado constitucional; también se alcanzaría aquella finalidad con prestaciones imputables a la actividad privada. El interés público de estas actividades se hacía patente y el Estado constitucional terminaba por convertirlas en especial objeto de su atención (F. Garrido Falla)[44].

En definitiva, los conceptos de "servicio económico de interés general", servicios de "interés público" (M. S. Giannini, L. Parejo Alfonso), actividad

[44] F. Garrido Falla, A. Palomar Olmeda y H. Lozada González, *Curso de derecho administrativo*, vol. II, 20ª ed., Madrid, 2006, pág. 527.

"privada de interés público" (M. M. Diez, E. Sayagués Laso, F. Garrido Falla, etc.), "mercados de interés general" (S. González-Varas Ibañez) o, en fin, actividad "de interés público" la cual, cuando menos, está refrendada *lege data* por el derecho positivo, como indistintamente se la denomina, explican concretamente el cambio que en su momento experimentaron los sectores liberalizados, desde una concepción pública y social propia de un régimen de servicio público tradicional, a una nueva concepción —privada de base— propia de un sistema de mercado. Este cambio de funcionalidad en dichos sectores se explica desde esta visión contemporánea.

Ahora, la expresión genérica comunitaria servicios de interés general no figura en el Tratado constitutivo de la Unión Europea (TCUE), como se reconoce en los documentos oficiales, pero se le acuñó en la práctica del derecho comunitario europeo. Es más amplia que la de "servicios económicos de interés general" (art. 86,2 del TCUE), porque incluye actividades de contenido no económico, pero que se "consideran de interés general y sometidas a obligaciones específicas de servicio público".

En fin, se sostiene, no es que en el contexto de la integración supranacional europeo haya desaparecido el servicio público y donde tiene asegurado su respeto, pues desde luego sigue existiendo y operando en los sistemas nacionales a los que le es propia tal categoría. Ocurre únicamente que, a escala europea, tal categoría opera en el marco del supraconcepto o del género que comprende todas las actividades de servicio, comerciales o no, consideradas de interés general por las autoridades públicas y sujetas por ello a obligaciones de servicio público (L. Parejo Alfonso)[45].

Por tanto, la nueva categoría sirve para explicar *grosso modo*, el fenómeno de nuestros tiempos de reconfiguración de la estructura, concepción o funcionalidad del que hemos denominado servicio público *strictu sensu*: el servicio público pasa a ser un mercado, el usuario un cliente, las tarifas a su vez en precios. En suma: es servicio cuyo interés público esencial deriva de su naturaleza o fin económico o social.

§ 20. *Concepto.* En este orden de ideas, sin duda que la piedra de toque que marca de modo más preciso y efectivo la evolución no solo terminológica sino sustantiva en el ámbito europeo y latinoamericano del servicio público, se construyó en un ambiente de liberalizaciones y privatizaciones por la apertura de los ordenamientos jurídicos nacionales al derecho comunitario, global o trasnacional.

[45] L. Parejo Alfonso, "Servicios públicos y servicios de interés general: la renovada actualidad de los primeros", en AA.VV., *Actualidad de los servicios públicos en Iberoamérica* (Dir.) D. Cienfuegos Salgado, L. G. Rodrigo Lozano, México, UNAM, Instituto de Investigaciones Jurídicas, 2008, pág. 487.

Así tenemos que desde el punto de vista terminológico, las disparidades entre los sistemas jurídicos de los Estados europeos, convergieron en una solución de compromiso y a tales efectos, para evitar optar por una de las tradiciones jurídicas concretas —"*service public–public utilities*"—, se acordó emplear la expresión ecléctica servicio de interés general, que recoge a su vez dos categorías: la 1ª) los "servicios económicos de interés general" por oposición a los llamados "servicios económicos ordinarios", y 2ª) los "servicios de interés general no económicos". En los primeros predomina el componente económico y en los segundos el componente social.

En efecto, la expresión servicio de interés general se presenta como una generalización, a partir de la fórmula que figura en el TCUE, que busca ofrecer un cuadro general de todas las actividades clasificadas como servicio de interés público. Es así como la Comisión las define como actividades de servicio del sector económico o no, "considerados de interés general por las autoridades públicas, y sometidas por tal razón a obligaciones específicas de servicio público". Se reconoce así: 1º) la existencia de tal tipo de actividades, y 2º) la sumisión a reglas particulares y la importancia entre los "valores comunes" de la Comunidad Europea.

Así, en el derecho comunitario europeo para que la actividad confiada a una empresa pueda ser calificada de servicio económico de interés general, es necesario que exista un interés económico que presente un carácter específico, en relación con el que revisten otras actividades de la vida económica. En efecto, la CJCE ha precisado en célebres fallos[46], el criterio de la especificidad de la actividad de interés general. En esas decisiones, el Tribunal Europeo juzgó que las empresas involucradas estaban encargadas de una misión de interés general, basado en la obligación para las mismas de proveer en todo momento al usuario, los servicios en condiciones de continuidad, de igualdad de trato y de servicio integral en todo el territorio.

Por último, un sector de la doctrina (C. FERNÁNDEZ LERGA, T. DE LA QUADRA SALCEDO, J. M. SOUVIRON MORENILLA) ha sostenido que la noción de servicio de interés general es más amplia que la de servicio público, pues además de ser comprensiva de los supuestos convencionalmente calificados como servicio público *strictu sensu*, abarca también las actividades privadas de interés público —servicios privados de interés público, servicios públicos virtuales u objetivos, etc.—.

§ 21. *Caracteres jurídicos.* En todo caso, frente a la devolución de buena parte de servicios públicos tradicionales que estaban bajo la titularidad y la gestión de la Administración pública, donde pierde la determinante y deci-

[46] Véase STJCE, 19 de mayo de 1993, fallo *Corbeau*; STJCE, 27 de abril de 1994, fallo *Commune d'Almelo*.

siva posición, que planteó la liberalización de los mismos, no se abandona en absoluto la convicción de que tales servicios que dejan de estar en mano pública, siguen siendo básicos para la comunidad, de marcado interés general, lo cual planteó como alternativa el régimen de regulación, que tiene como objetivo garantizar que se seguirán atendiendo los intereses generales o públicos y al conjunto de la comunidad destinataria de tales servicios, que se convierte así en el eje y materia de un nuevo y muy importante capítulo del derecho administrativo, que incluso algunos segmentan como un derecho particular: el derecho "de regulación" o derecho "de regulación de la economía", desplazando así el eje del sistema y régimen de la actividad prestacional, a la función de regulación y garantía de la existencia y calidad de los mismos (*Gewährleistungsstaat*).

Así, la función de regulación responde a un nuevo garantismo: el de los intereses generales frente a la actividad de un régimen de mercado y competencia en sectores relevantes para la sociedad y las personas. Este garantismo característico de la función de regulación viene a insertarse en un nuevo concepto del Estado constitucional de reciente elaboración: el Estado constitucional "garante", cuyo objetivo no es prestar directa o indirectamente unos servicios públicos —objetivo del Estado constitucional "prestacional"—, sino garantizar que tales prestaciones básicas se produzcan bajo unos principios de servicio público.

Por consiguiente, el derecho administrativo se extiende ahora bajo nuevas formas a los gestores privados que actúan en sectores que continúan siendo reconocidos de interés general, pero que actúan en régimen de libre competencia y de mercado y donde la Administración pública pasa a situarse en otra posición, la de la Administración pública "reguladora" (ARAUJO-JUÁREZ)[47], con el objeto de garantizar la atención a los inequívocos intereses generales que siguen estando presentes en muchos de los sectores devueltos a la sociedad y al sector privado, así como la garantía singular frente a los poderes materiales de que disponen los nuevos gestores privados de tales servicios de interés general.

En resumen, la modalidad de prestación de los denominados servicios de interés general presenta como principales caracteres de su régimen jurídico, los siguientes:

(i) La actividad pasa a ser, como ya se ha dicho, de titularidad privada, por efecto de la devolución de dichas actividades a la iniciativa social, con reconocimiento del derecho de propiedad y de la libertad de empresa —por contraposición a la titularidad pública de la actividad inherente al servicio público *strictu sensu*—.

[47] J. ARAUJO-JUÁREZ, *La Administración pública. Organización administrativa. Empleo público. Responsabilidad patrimonial*, Santiago de Chile, Ediciones Jurídicas Olejnik, 2022.

(ii) La *despublicatio* del servicio provoca la regulación del sector, de modo que el Estado constitucional ostenta poderes de regulación sobre la actividad de las empresas, más intensos que los que resultan admisibles en relación con las actividades económicas no declaradas de titularidad pública.

(iii) La Administración pública, por razones de interés general, ostenta respecto del servicio de interés general poderes de regulación: control, sancionatorio y arbitral. En tal sentido, es necesario que la actividad mantenga una repercusión pública o trascendencia social.

Asimismo, se requiere que la actividad sea útil al conjunto de la comunidad: esa utilidad general deriva del carácter básico o mínimo que representa el servicio para la colectividad.

(iv) Por último, como consecuencia del carácter de fin de interés general que para la vida social representan los servicios de interés general, cuyo núcleo es garantizar el ejercicio de los derechos fundamentales individuales o sociales, el ordenamiento jurídico impone a los operadores las denominadas cargas u obligaciones jurídicas, por razones de servicio público, tema este que analizaremos a continuación.

§ 22. *Obligaciones o cargas jurídicas, por razones de servicio público.* Además del servicio público de titularidad estatal, el nuevo régimen de intervención pública consiste en que el Estado constitucional impone a los sujetos privados que operan en los servicios de interés general, determinadas obligaciones o cargas jurídicas por razones de servicio público, siendo la principal de ellas —más no la única— denominada "servicio universal". Todas ellas persiguen asegurar la propia prestación en todo caso y la calidad del servicio allí donde el mercado no funciona bien. Se trata, pues, de obligaciones o cargas que hay que garantizar, como misión o tarea del fin de interés general envuelto, para lo cual en cada servicio hay que determinar en concreto, cuáles son esas obligaciones o cargas de servicio público.

§ 22 a) *Servicio universal.* En el caso de la regulación de los servicios económicos de interés general, se distingue al interior, aquellas prestaciones susceptibles de ser realizadas satisfactoriamente en régimen de mercado —"prestaciones de mercado"—, y aquellas no susceptibles de prestación competitiva —"prestaciones de servicio universal"—.

En el ámbito de estos últimos, el mercado no está en capacidad de producir la oferta necesaria para satisfacerlas —por ejemplo, en orden de los costos— por lo que el Estado constitucional impondrá la prestación o cobertura obligatoria a algunos de los operadores —para la que normalmente arbitra algún sistema de compensación económica— que asegure las necesidades básicas o mínimas de comunidades menos favorecidas o lugares aislados, lo cual viene a constituir el "servicio universal", cuyas actuales prestaciones serían las herederas del antiguo servicio público (Ariño Ortiz).

Ahora bien, la existencia de un servicio universal a todas las personas en sus niveles básicos o mínimos, tiene también su origen en el derecho comunitario europeo, principalmente por el famoso Libro Verde sobre el desarrollo del mercado común de los servicios y equipos de telecomunicaciones publicado en 1987, cuyo alcance es asegurar el acceso de todas las personas a los servicios básicos o mínimos en condiciones de igualdad y a precios asequibles. En definitiva, se trata de un concepto que permite reintroducir la intervención pública sobre ciertos sectores económicos, dentro de un régimen dominado por la libre competencia.

En este orden de ideas, el servicio universal a escala comunitaria es definido de manera formal, a través de características abstractas, que cubre un conjunto básico o mínimo de servicios identificados por las autoridades y que deben ser provistos respetando cuatro exigencias: 1ª) la obligación de acceso para todos los usuarios con independencia de su localización —generalidad—; 2ª) la obligación de hacerlo de modo correcto —calidad—; 3ª) la obligación de no discriminar entre los usuarios —igualdad—, y 4ª) la obligación de cobrar una tarifa o precios razonables —asequibilidad económica—.

Además, el servicio universal no tiene un contenido inmutable: debe cambiar con el progreso tecnológico, los derechos de los mercados y la modificación que sufre la demanda de los servicios. Cuál sea este, teniendo en cuenta la aceleración del progreso tecnológico, es también cuestión sustancialmente evolutiva y flexible.

En conclusión, el carácter de servicio universal de que hablamos, alude a una técnica jurídica concreta y está basada en la declaración de un derecho para todos, con la correlativa organización de los medios para que pueda satisfacerse.

Por su parte, en el derecho positivo, en la legislación de las telecomunicaciones de 1942, los servicios de telecomunicaciones eran considerados un servicio público tradicional, siguiendo las redes de telecomunicaciones el mismo régimen de publificación general de aquellos. A partir de la entrada en vigencia de la LOTEL[48], las telecomunicaciones —redes y servicios— se consideran "actividades de interés general" (art. 5, *eiusdem*).

En el ámbito del derecho positivo, de acuerdo con la LOT, el Estado constitucional regula los aspectos siguientes: la garantía prestación del Ser-

[48] Ley Orgánica de Telecomunicaciones, publicada en la GO Nº 36.970, de fecha 12 de junio de 2000; posteriormente derogada por la Ley de Reforma Parcial de la Ley Orgánica de Telecomunicaciones, publicada en la GO Nº 6. 015 Extr., de fecha de diciembre de 2010 y reimpresa en la GO Nº 39.610, de fecha 7 de febrero de 2011.

vicio Universal de Telecomunicaciones (art. 49); define el contenido (art. 50); el funcionamiento del sistema (arts. 51 y 52); los procesos de selección del operador (art. 53) y, por último, desarrolla el tema del financiamiento (arts. 54 al 62). Además, la normativa sectorial vinculó de modo explícito el servicio universal a los principios de penetración, calidad, igualdad y asequibilidad económica (art. 49).

§ 22 b) *Otras obligaciones o cargas jurídicas*. Además del servicio universal, pueden surgir otras cargas u obligaciones jurídicas, por razones de servicio público, como son necesidades de la defensa nacional, la seguridad pública, la educación y la cohesión económica, social o territorial, de acuerdo con la específica normativa sectorial.

Ahora bien, las obligaciones o cargas jurídicas, las cuales pueden venir impuestas: 1º) por una norma; o 2º) por un acto administrativo, que persiguen en definitiva, suplir o corregir las ineficiencias del mercado y como señala la doctrina "están configurados a imagen y semejanza de las obligaciones de los adjudicatarios de contratos de gestión de servicios públicos". Así, la técnica de las cargas u obligaciones de servicio público explica muchas de las situaciones intermedias entre el servicio público *strictu sensu* y la actividad privada.

En definitiva, el nuevo concepto de servicio de interés general y el nuevo modelo de regulación es un sistema abierto, que se caracteriza por la apertura del sector liberalizado a la iniciativa privada —libertad de entrada— con previa autorización reglada —convertibilidad de títulos habilitantes—; pluralidad de ofertas en los servicios, presidido por el derecho de propiedad y libertad de empresa —derechos fundamentales—, con ejercicio de las funciones administrativas de regulación —reglamentación, control y sanción—, con determinadas cargas u obligaciones de servicio público —servicio universal y demás obligaciones—, pero con libertad de precios y modalidades de prestación, con libertad de inversión y amortización y, en definitiva, en régimen de competencia abierto.

11. Reflexión final

§ 23. "*Le service public est mort ¡Vive le service public*!". El debate más usual en nuestros días se sitúa en dilucidar si muchos o pocos de los servicios públicos tradicionales deberían seguir siendo públicos o privados, o en qué grado deben intervenir los poderes públicos en su regulación. Pero como sostiene la doctrina, en este debate existen dos perspectivas.

La primera, sería aquella que admitiendo vigentes los principios de la solidaridad —interdependencia social de Duguit— y la cohesión social, se centra en discutir acerca de cuál es el medio más adecuado para realizarlos efectivamente y, aun denunciando por ineficientes determinadas formas históricas de gestión de los servicios públicos, reconocen la vigencia de los principios del Estado social de derecho en cuanto que incorporan fines que pretenden satisfacer necesidades esenciales o vitales que la persona, desde su esfera privada, no podría resolver ni por sí mismo ni con su patrimonio. La red de servicios públicos en sentido estricto o restringido —*strictu sensu*— se concibe, así, esencialmente como un medio de cohesión económica, social y territorial.

Y la segunda, es la que niega la vigencia de los mencionados principios y plantea una mera protección de mínimos vitales, típicamente asistenciales, de inferior condición y calidad —mendicidad— a los proporcionados por la media del mercado, con un efecto indudable de segmentación social, justificándose en lograr incentivar el dinamismo social, aun sin clarificar su conexión con una política paralela de promoción de igualdad de oportunidades.

Para afrontar este debate, se ha dicho, las grandes dicotomías como derecho público/derecho privado eran posibles en los inicios del derecho administrativo. Hoy día aparecen mucho más matizadas donde las relaciones que explican todas estas categorías jurídicas han experimentado momentos difíciles, polémicos, complejos y, por consiguiente, han sido sometidas a exámenes, revisiones, pero su espíritu, su esencia, su núcleo central, su fibra más profunda sigue viva, latente, emitiendo pulsaciones que llevan a constatar que no han experimentado el "*rigor mortis*".

Ahora bien, ante una población que demanda mayores exigencias sociales, las consecuencias determinantes de las actividades de servicio público en sentido estricto —*strictu sensu*— en la transformación actual del derecho administrativo de nuestro tiempo, son el reflejo de la cláusula constitucional Estado democrático y social de derecho, de las obligaciones y los fines esenciales derivados de las decisiones políticas fundamentales o básicas que el propio poder constituyente originario le impuso al Estado constitucional para hacer real su cumplimiento de una manera eficiente.

Con independencia de los debates que se han suscitado en el derecho administrativo, lo cierto es que en Europa y Latinoamérica está muy extendida la cultura del servicio público y la Administración pública prestacional —con diferente arraigo en los distintos sistemas jurídicos—, pero también lo es que el Estado y la Administración pública se han ido transformando de un Estado constitucional y Administración pública prestacionales que se mantiene, si bien reducidos en número los servicios públicos estricto —*strictu sensu*, pero que también conviven con el denominado Estado constitucional garante y la Administración pública reguladora de la dación de bienes y la prestación de servicios de interés general por el mercado y la competencia.

Por tanto, si bien en el derecho administrativo comparado la noción amplia de servicio público es desestimada en doctrina y legislación en favor de una noción de servicio público más estricta —*strictu sensu*—, como categoría de que se sirve el Estado constitucional —para cumplir su responsabilidad constitucional indeclinable para satisfacer necesidades o demandas esenciales o vitales de la población—, no ha desaparecido ni ha cambiado como categoría jurídica, tal como puede configurarse desde la perspectiva constitucional (MEILÁN GIL)[49]. Y es que si bien se ha reducido —o debería reducirse— su ámbito de aplicación, tampoco cabe hablar de un "nuevo" servicio público, a pesar de lo sugerente de la noción (MEILÁN GIL)[50]. Tampoco han tenido razón quienes se apresuraron a proclamar o a vaticinar la supuesta "muerte del servicio público". En efecto, no es que haya muerto el servicio público o que haya nacido una nueva noción que la sustituya, pues sigue siendo lo que fue; lo que ha pasado y está pasando es que la realidad de las cosas hace emerger nuevas caracterizaciones de conceptos centrales (RODRIGUEZ-ARANA)[51].

En definitiva, la existencia y buen funcionamiento del servicio público en sentido estricto —*strictu sensu*— seguirá constituyendo una constante demanda de la población, de las personas en general y de las más vulnerables o desfavorecidas en concreto, no solo en circunstancia de normalidad institucional, sino con más razón en situaciones de anormalidad como las causadas por crisis económicas o sanitarias como las pandemias, que de una u otra manera el Estado constitucional debe prestar directamente en algunos casos, tal y como ha sucedido en la totalidad de los países con la gestión de la crisis sanitaria de la COVID-19, o ya garantizarlos en los otros casos.

Es así como las circunstancias de anormalidad institucional, social y económica, lo que ha hecho es poner en relieve hasta qué punto pervive en el mundo occidental la noción de servicio público en sentido estricto —*strictu sensu*— como categoría jurídica y cuál es su funcionalidad actual, mostrando que va más allá de las contingencias de un nuevo entorno global, o de una política jurisprudencial que apunta a la revisión de una institución tan especial.

En definitiva, podemos señalar que también ha ido acompañada de un verdadero cambio cultural que encuentra su fundamento en una concepción filosófica de la persona como centro de la acción pública, tendente al

[49] J. L. MEILÁN GIL, ob. cit., nota 18, pág. 49.

[50] J. L. MEILÁN GIL, ob. cit., nota 7, pág. 472.

[51] J. RODRÍGUEZ-ARANA, ob. cit., nota 23, pág. 603.

respeto de su dignidad, al desarrollo integral de sus potencialidades tanto individuales como sociales, como también al goce pleno de sus derechos y libertades fundamentales. De ahí que el servicio público en sentido estricto —*strictu sensu*— tampoco es reductible a la sola actividad de prestación pues es, además, un instrumento privilegiado de cohesión económica, social y territorial, de solidaridad, generador de empleos y, en fin, de la realización de otros derechos fundamentales (P. Esplugas)[52].

Finalmente, el progreso tecnológico fuerza a una apertura creciente de los servicios públicos en tanto que hoy día están en la posibilidad de ofrecer prestaciones complejas y diferenciadas que solo varios operadores podrían ofrecer[53].

Así las cosas, el servicio público en sentido estricto —*strictu sensu*—, lejos de sufrir un declive como se ha venido vaticinando, casi como estribillo, muy por el contrario, en el ámbito jurídico y práctico está más vigente que nunca y experimenta —al compás de la transformación del Estado constitucional que es propia de nuestro tiempo— una verdadera clarificación y, por tanto, una renovada trascendencia para la efectividad del orden constitucional en punto al *status* de la persona (Parejo Alfonso)[54].

El contexto es, continúa señalando Parejo Alfonso[55], el de un Estado constitucional que desde la responsabilidad universal por las condiciones de vida en sociedad tiene a su disposición una pluralidad de opciones para la organización de la realización de las necesidades sociales, entre las que la elección ha de guiarse por los intereses generales decantados desde el concreto ordenamiento constitucional relevante. En este contexto —concluye Parejo Alfonso— en el que la clave es la definición del interés general concreto que debe predominar en cada caso, en cuanto determinante de la delimitación de los espacios de lo público y de lo privado, la categoría de servicio público en sentido estricto —*strictu sensu*— opera simultáneamente: tanto en el plano funcional —como equivalente a la garantía de una prestación de determinadas características: regularidad, continuidad, calidad, etc.— requeridas por el interés general concreto, como en el plano subjetivo-orgánico, referido a la articulación de una organización específica de la satisfacción de las correspondientes necesidades sociales.

En tal sentido, debemos reiterar que, sin duda alguna, una buena parte de lo que hoy consideramos servicios públicos tradicionales, podrían y

[52] P. Esplugas (1998). *Le service public*. Paris, Dalloz, Col. Connaissance du droit, págs. 4 y 6.

[53] P. Esplugas, ob. cit., nota 52, pág. 9.

[54] L. Parejo Alfonso, ob. cit., nota 45, pág. 496.

[55] L. Parejo Alfonso, ob. cit., nota 45, págs. 496 y 497.

deberían reconducirse a la categoría de servicios de interés general con obligaciones o cargas jurídicas, bajo un régimen de libre competencia. Y el interés de la distinción será importante, pues existirán algunos servicios públicos en sentido estricto —*strictu sensu*—, allí donde sea imposible o no convenga introducir las reglas del mercado. Pero también habrá otros tantos servicios de interés general prestados en libertad de concurrencia. Pero en estos se habrá de garantizar el mantenimiento de los principios de igualdad y de calidad por la generalización de los servicios universales.

En definitiva, la idea última de la noción de servicio público permanece. La finalidad subsiste, aunque cambien la titularidad, la naturaleza o el régimen jurídico. Se trata, por tanto, de percibir el criterio finalista de la noción que quiere lograr objetivos reales. Un modelo que reequilibre lo público y lo privado, desde la óptica de los objetivos últimos de lograr una sociedad avanzada con mínimos de bienestar garantizados. Un plausible propósito que, sin embargo, está siendo sometido a prueba tras la crisis institucional, económica y sanitaria general que padecen hoy día los países globalmente.

Por último, si bien continúa regido por el derecho administrativo, la evolución general del derecho y de sus sistemas jurídicos torna imposible el estudio de una categoría tan importante como lo es la noción de servicio público en sentido estricto —*strictu sensu*— a través de esta sola disciplina, por lo que se impone desde el punto de vista científico definirla con relación a otras disciplinas y, en particular, con la Teoría de la Constitución y del derecho constitucional, teniendo como punto de referencia el mencionado proceso de constitucionalización del derecho administrativo y de sus categorías, de conformidad con los cánones del Estado social y democrático de derecho y de justicia.

Madrid, noviembre de 2021

EL SECTOR Y EL SISTEMA ELÉCTRICO ESPAÑOLES

LUCIANO PAREJO ALFONSO*
España

1. INTRODUCCIÓN: LOS CONDICIONANTES DE LA CONSTRUCCIÓN DEL SECTOR SOBRE LA TÉCNICA DEL MERCADO COMPETITIVO IMPUESTOS POR LAS CARACTERÍSTICAS DE LA ELECTRICIDAD

La cabal comprensión de la evolución tanto de la regulación del sector eléctrico en España y en la Unión Europea (en cuyo marco se produce la nacional desde la incorporación de España en 1986), como también de las perspectivas de su desarrollo futuro, exige tener en cuenta los condicionamientos iniciales y, en su caso, aún actuales impuestos por las características de la electricidad como bien o servicio singular. Como ha señalado J. FABRA UTRAY[1], son esas características técnicas las que facilitaron la tradicional configuración corporativa del sector sobre la base de organizaciones monopolistas verticalmente integradas y con implantaciones territoriales delimitadas ligadas a la extensión de una red soporte de los servicios prestados en el suministro de electricidad. Son ellas, pues, la causa del no surgimiento espontáneo en el sector de mercados y de su regulación, hasta hace bien poco, en términos acogedores de la realidad.

Las peculiaridades de la electricidad, que hacen que la introducción de mecanismos de mercado, vía liberalización, se ofrezca como una operación de intensa intervención pública reguladora y configuradora, pueden reconducirse a las siguientes:

1ª. Aplicación necesaria de una pluralidad de tecnologías, diversas entre sí, para la generación de la electricidad precisa para cubrir la demanda efectiva.

2ª. Limitación de hecho del acceso de nuevos inversores a las tecnologías de generación de electricidad y su contraste con la unicidad y homogeneidad del bien o servicio que representa la electricidad (notas derivadas de su misma naturaleza física), que debe ser producido por empresas con

* Catedrático emérito de Derecho administrativo, Universidad Carlos III de Madrid.

[1] J. FABRA UTRAY, *¿Liberalización o regulación? Un mercado para la electricidad*, Madrid, Marcial Pons, 2004.

procedimientos técnicos, estructuras y costes diversos, dificultando, si no haciendo imposible para el consumidor, la identificación del generador de la electricidad que está consumiendo.

3ª. La no almacenabilidad, determinante, sin perjuicio de las técnicas que se vienen desarrollando para superar esta circunstancia, de funcionamiento del entero sector eléctrico como un verdadero sistema como consecuencia de la interrelación necesaria y directa, entre todos los mecanismos y las actividades que contribuyen al suministro.

Las peculiaridades expuestas, unidas a la trascendencia decisiva del suministro de energía eléctrica para el entero sistema social y económico (y, en concreto, su competitividad), han venido otorgando soporte a la transmisión (con éxito) por el sector de una imagen de si mismo como bloque en el que, cara al exterior, se diluían las diferencias entre las actividades integrantes, conducente, con naturalidad, a la integración vertical de estas y la organización corporativa y cerrada del conjunto, así como, en consecuencia, a una política pública de regulación y control globales, de escasa, si no nula penetración en el interior real, heterogéneo, del sistema.

Se explica, así y simultáneamente, la enorme inercia de la configuración del sector eléctrico desde sus orígenes, no tan remotos, de suerte que su afectación por el proceso de liberalización surge solo a partir de su desfase con respecto a los cambios de signo desregulador experimentados por buena parte de las actividades y sectores económicos, y la perspectiva desde la que se aborda, para él, aquella liberalización, calificable de verdadera imposición, vía política pública (inducida fundamentalmente, en Europa, por la Unión Europea), de las condiciones capaces de generar artificialmente (por relación a las tendencias innatas del sector) el funcionamiento del sistema en términos de mercado. En este campo es especialmente visible, por tanto, cómo la liberalización va acompañada de una transformación del papel del poder público, que ha de asumir una función de específica e intensa regulación, incluso para forzar, como aquí sucede, el surgimiento y la consolidación de mecanismos propios del mercado. De ahí las técnicas empleadas y, en particular, la descomposición de aquel en las actividades diferenciadas que lo componen idealmente para su sujeción a estatutos distintos (evitando así la integración vertical de aquellas y determinando la existencia de una pluralidad de agentes con condiciones de acceso y permanencia en el mercado, así como intereses, diferentes), además de la ruptura —desde la perspectiva del mercado interior europeo— de la estanqueidad de los mercados-sistemas nacionales.

Pueden considerarse justificados, consecuentemente, los juicios vertidos sobre la liberalización en curso del sector eléctrico. J. FABRA[2] sostiene

[2] *Op. cit.*, en nota anterior.

que, al igual que no hay razón alguna para admitir *a priori* que el mercado necesariamente deba tener capacidad para resolver satisfactoriamente a los problemas específicos que plantea la organización institucional y económica del suministro de electricidad (como ha venido a demostrar la actual crisis —que se espera coyuntural— derivada, fundamentalmente, de las tensiones en el mercado internacional del gas y determinante de un muy importante crecimiento de los precios en toda la Unión Europea y especialmente en España), tampoco la hay para asumir la posición contraria, de suerte que es preciso estimar que la liberalización proporciona la oportunidad (positiva) de establecer mecanismos de regulación que emulen el mercado. Igualmente significativa es la opinión de S. Muñoz Machado[3]: tras concluir que la política comunitario-europea persigue establecer en este ámbito un mercado, rompiendo la organización rígida y fuertemente regulada existente y asfixiadora de cualquier libertad en los consumidores, advierte que la apertura inicialmente conseguida es pequeña y que la competencia es, precisamente, una alternativa a la referida organización, para efectuar seguidamente una afirmación de confianza en la eficacia misma de la dinámica del mercado, una vez impuesta la lógica de este.

2. La evolución de la regulación administrativa, nacional y europea en la materia

A) *En España*

La intervención pública en el sector de la energía eléctrica se desarrolla en España, al hilo de su creciente importancia y desde finales del siglo xix, sobre la base de la titularidad demanial de los bienes que ha de utilizar el suministro y, por tanto, la concesión administrativa; base, a partir de la cual se consolidan progresivamente las competencias tanto de la Administración General del Estado (primero con la concesión de aprovechamientos hidráulicos y luego, desde comienzos del siglo xx, concesiones e interposición del *imperium* para asegurar las líneas de transporte), como de la Administración local (concesiones sobre la base de la competencia en materia de alumbrado público). Si inicialmente la segunda es más importante que la primera, esta pasa a primer plano en el siglo xx con el establecimiento de nuevos títulos de intervención administrativa y, concretamente, el de la autorización: primero de las instalaciones y después de las actividades mismas, luego también de la seguridad en el funcionamiento de las instalaciones y el suministro, así como de las relaciones con los consumidores (especialmente en punto a

[3] S. Muñoz Machado, *Servicio público y mercado*, Madrid, 1998.

precios). Se alcanza finalmente el estadio de justificación de una verdadera regulación administrativa de la prestación de suministro de energía eléctrica. La evolución desemboca en la declaración como servicio público, a escala nacional, por el Real decreto-ley de 12 de abril de 1924 del suministro de energía eléctrica, agua y gas.

Esta primera declaración del servicio público comprende exclusivamente el suministro (dejando fuera el transporte), tiene solo alcance objetivo (pues no supone la reserva a la Administración de la titularidad de las actividades eléctricas) y persigue asegurar la seguridad, la regularidad y el precio, requiriendo el acceso de los particulares a las correspondientes actividades tan solo una autorización. Las consecuencias de la guerra civil (1936-1939) van a imponer un determinado curso a la posterior evolución en la línea, entre otras, de la articulación del conjunto de instalaciones y actividades en un sistema que, obviando la nacionalización, funciona sobre la base de la coordinación posibilitada por la interconexión de las diferentes redes existentes a través de un repartidor de cargas autogestionado por el sector. Y en 1951 se crea una red general integrada por los sistemas eléctricos de las entidades productoras y distribuidoras de energía, con fijación de unas tarifas máximas unificadas (con sostenimiento de una Oficina Liquidadora de Energía).

El sector va a funcionar —con algunas modificaciones menores— sobre las anteriores bases hasta 1980, si bien se desarrolla la técnica de la planificación que, a partir de 1992, pasa a ser específicamente energética. Se llega, así, a la ley 49/1984, de 26 de diciembre, sobre explotación unificada del sistema eléctrico nacional, que es resultado de la suscripción del protocolo de acuerdo entre el gobierno y las empresas eléctricas de 6 de mayo de 1983 y de los acuerdos sobre nacionalización de la red de alta tensión de 30 de noviembre de 1983; ley, cuyas líneas esenciales son las siguientes: i) nacionalización de la red de transporte en alta tensión (cuya titularidad se atribuye a una sociedad estatal de nueva creación: Red Eléctrica de España [REDESA]); y ii) declaración de toda la explotación unificada del sistema a través de las redes de alta tensión como servicio público de titularidad estatal, cuya gestión se encomienda a la aludida sociedad estatal.

B) *En la Unión Europea*

a) *Evolución de la intervención en materia energética.* En este estadio del sistema eléctrico español, se produce la incorporación de España a la entonces Comunidad Económica Europea (hoy Unión Europea; en adelante UE).

No obstante haber constituido el sector de la energía nuclear el objeto mismo del Tratado constitutivo de la Comunidad Europea de la Energía Atómica, el fundacional Tratado de Roma de 1957 no incluyó la energía entre las políticas comunitarias[4]. En la evolución hacia el establecimiento y la consolidación de una verdadera política supranacional en la materia pueden distinguirse las siguientes fases:

1) La inclusión, en el Tratado de la ya UE (Maastricht, 1992), de una declaración aneja sobre competencia en la materia, con introducción en el texto del tratado de un título sobre redes transeuropeas destinadas a contribuir a la realización de los objetivos de la efectividad de los derechos de libre circulación y residencia propios de la ciudadanía europea y de desarrollo armónico del conjunto de la actual UE; redes entre las que figuran, junto a las de transporte y telecomunicaciones, la de la energía[5].

2) La habilitación a la UE, por el Tratado de Lisboa (2007), para la formulación y el desarrollo de una "política energética" propia, en términos de atribución de una competencia: i) compartida con los Estados miembros, limitada por expresas reservas en favor de estos[6] y ordinaria en cuanto diferenciada de las extraordinarias (que, por tanto, la complementan) para a) la corrección de circunstancias coyunturales[7]; y b) la consecución, también

[4] No obstante, ya a principios de los años sesenta del siglo XX se registran iniciativas de intervención en la materia tanto del Parlamento, como de la Comisión Europeos. Para que fructifiquen ha de esperarse, sin embargo, al Acta Única Europea de 1986, con el que se inicia, en efecto, el proceso de comunitarización de las políticas nacionales y, en particular, de la energética, fijándose la Comisión Europea como objetivos una mayor integración del mercado interior, la eliminación de obstáculos a los intercambios y la mejora de la seguridad del abastecimiento, la reducción de costes y el refuerzo de la competitividad económica.

[5] La finalidad de una mayor integración del mercado interior, superadora de los impedimentos a los intercambios y favorecedora de la seguridad en el abastecimiento, inspira los primeros objetivos de la política energética europea. Inmediatamente se decide, por ello, la inclusión del sector de la energía en el mercado interior, comenzando la Comisión Europea a ocuparse de las condiciones precisas para la realización del mercado interior de la energía en el horizonte temporal, como objetivo, del 1° de enero de 1993. La necesidad de superar los obstáculos que las características mismas del sector suponían a tal efecto, condujo a la elaboración de una Carta Europea de la Energía y la suscripción en 1991 de un Tratado sobre ella. Es este un momento decisivo, pues comienza a abrirse paso la idea de la inexistencia de razones ineluctables para que el sector energético en general, pero particularmente el eléctrico, quedara fuera del radio de acción de la libre competencia.

[6] De acuerdo con el art. 149.2 del Tratado de Funcionamiento de la Unión Europea (en adelante TFUE), las medidas que se adopten para alcanzar los objetivos de la política europea: "No afectarán al derecho de un Estado miembro a determinar las condiciones de explotación de sus recursos energéticos, sus posibilidades de elegir entre distintas fuentes de energía y la estructura general de su abastecimiento energético, sin perjuicio de la letra c) del apartado 2 del artículo 192".

[7] Establece el art. 122.1 TFUE: "Sin perjuicio de los demás procedimientos establecidos en los Tratados, el Consejo, a propuesta de la Comisión, podrá decidir, con un espíritu

específicamente en la materia de energía, de uno de los objetivos supranacionales a pesar de la inexistencia de atribución competencial específica al efecto[8]; ii) inscrita en uno de los objetivos fundamentales de la UE: el establecimiento y, por tanto, el funcionamiento del mercado interior en el contexto de una economía con un nivel elevado de protección y mejora de la calidad del medio ambiente[9], y iii) vinculada, no obstante, a objetivos específicos[10]. Según apunta A. Parente[11], esta competencia no impide, sin embargo, la adopción de otras medidas no contempladas en el último precepto citado en virtud del juego combinado con otras habilitaciones de actuación contenidas en el Tratado, especialmente, por ejemplo, con la atribuida para la aproximación de disposiciones legales dirigidas al establecimiento y el funcionamiento del mercado interior.

---

de solidaridad entre Estados miembros, medidas adecuadas a la situación económica, en particular si surgieren dificultades graves en el suministro de determinados productos, especialmente en el ámbito de la energía".

Ya antes del Tratado de Lisboa se habían adoptado medidas para afrontar situaciones coyunturales, como, por ejemplo, los Reglamentos de 1983 y 1984 que establecieron la obligación de sometimiento a evaluación anual de los programas energéticos estatales y la adopción de medidas especiales para la estrategia energética.

[8] Es la contemplada en el art. 352.1 TFUE, que establece: "Cuando se considere necesaria una acción de la Unión en el ámbito de las políticas definidas en los Tratados para alcanzar uno de los objetivos fijados por estos, sin que se hayan previsto en ellos los poderes de actuación necesarios a tal efecto, el Consejo adoptará las disposiciones adecuadas por unanimidad, a propuesta de la Comisión y previa aprobación del Parlamento Europeo. Cuando el Consejo adopte dichas disposiciones con arreglo a un procedimiento legislativo especial, se pronunciará también por unanimidad, a propuesta de la Comisión y previa aprobación del Parlamento Europeo".

[9] El art. 194.1 TFUE dispone que la política energética ha de moverse "en el marco del establecimiento o del funcionamiento del mercado interior" y el art. 3.3. del TUE determina: "La Unión establecerá un mercado interior. Obrará en pro del desarrollo sostenible de Europa basado en un crecimiento económico equilibrado y en la estabilidad de los precios, en una economía social de mercado altamente competitiva, tendente al pleno empleo y al progreso social, y en un nivel elevado de protección y mejora de la calidad del medio ambiente. Asimismo, promoverá el progreso científico y técnico".

[10] De conformidad con el art. 194.1 del Tratado de Funcionamiento de la Unión Europea, la política energética tiene por objetivo, con un espíritu de solidaridad entre los Estados miembros:

"a) garantizar el funcionamiento del mercado de la energía;

"b) garantizar la seguridad del abastecimiento energético en la Unión;

"c) fomentar la eficiencia energética y el ahorro energético, así como el desarrollo de energías nuevas y renovables; y

"d) fomentar la interconexión de las redes energéticas".

[11] A. Parente, *Principios de derecho europeo de la energía*, Madrid, Aranzadi/Thomson Reuters, 2010.

La causa del carácter compartido de la competencia europea en la materia estriba en la reticencia de los Estados miembros a limitar la soberanía que, para la posesión, el uso y la disposición de los propios recursos naturales, les reconoce el derecho internacional tradicional[12]; reticencia que ha determinado, sin duda, la modulación de las restricciones a dicha soberanía derivadas del Derecho originario europeo. Tal modulación puede ejemplificarse en la consagración del principio de neutralidad respecto del régimen de la propiedad en los Estados miembros y sus posibles consecuencias perturbadoras (vía la operación de empresas públicas) en el funcionamiento del mercado, en particular el de la energía[13].

Al amparo básicamente de la comentada habilitación se ha desarrollado, en todo caso, un Derecho europeo de la energía, que determina las líneas básicas de las políticas estatales en la materia y se centra sustancialmente en la realización efectiva de un mercado integrado de la energía, la seguridad del suministro energético y la sostenibilidad del sector. La acentuación de los riesgos derivados de la producción de daños al medio ambiente e, incluso ya, de peligros vinculados a la inducción de un cambio sustancial en el clima, que por su entidad, consecuencias e inminencia alcanzan ya el grado de verdadera emergencia de alcance mundial, ha dado lugar recientemente a un giro significativo en la orientación de la política energética cifrado en la puesta de esta al servicio de los objetivos de lucha contra el cambio climático mediante la integración en ella del clima, es decir, de lo que hasta ahora había venido siendo esencialmente un condicionante: el medioambiental[14].

[12] Res. 1803 (XVII) de la Asamblea General de las Naciones Unidas de 14 de diciembre de 1962 y art. 2 de la Carta de derechos y deberes económicos de los Estados aprobada por la res. 3281 (XXIX) de la Asamblea General de las Naciones Unidas.

[13] Esta posibilidad de perturbación del funcionamiento del mercado conforme a su lógica general ha suscitado tempranamente críticas en la doctrina. Véase G. Ariño Ortiz, "Intervención del Estado en las operaciones corporativas: la función 14ª de la CNE", en S. Muñoz Machado, S. Serrano González, M. Bacigalupo Saggese, *Derecho de la regulación*, Madrid, Iustel, 2009, vol. III, tomo I; y "El desafío energético europeo: ¿campeones o mercado?", *Gaceta Jurídica de la Unión Europea y de la Competencia*, núm. 247, 2007; también J. de la Cruz, *Principios de regulación económica en la Unión Europea*, Madrid, Instituto de Estudios Económicos, 2002.

[14] El giro hacia una integración del clima y la energía se produce en la reunión del Consejo Europeo de 24 de octubre de 2014, que pone las medidas energéticas al servicio de los objetivos sobre emisiones de gases de efecto invernadero, energías renovables, eficiencia energética e interconexión de los sistemas eléctricos. De modo consecuente, la Comisión Europea planteó el 30 de noviembre de 2016 el llamado paquete de energía limpia para todos los europeos [COM (2016) 0860] con propuestas normativas, ya aprobadas, en punto a gobernanza de la Unión de la Energía y de la Acción por el Clima, el mercado de la electricidad, la eficiencia energética (incluyendo la de los edificios), las energías renovables y la Agencia de Cooperación de los Reguladores de la Energía.

La formalización normativa de la política energética, sobre la expuesta base de los Tratados comienza con la decisión de la incorporación del sector al mercado interior y la emergencia de la idea de la aplicación al mismo de la libre competencia y se desarrolla decididamente tras su expresa habilitación con el máximo rango normativo. Tras la aprobación, en 1990, de dos primeras Directivas[15]; en 1996, de otra que establece ya normas comunes para el mercado interior de la electricidad [16], y, en 2006, de otra más sobre la eficiencia del uso final de la energía y los servicios energéticos[17], se produce ya el llamado "tercer paquete", adoptado sobre la base de la Comunicación de la Comisión *Política Energética para Europa*, el Informe sobre los sectores de gas y electricidad en la Unión y el plan de acción global en el ámbito de la energía para el período 2007-2009[18]. Esta evolución se ha cerrado, por ahora, con el dictado de las siguientes disposiciones:

• El Reglamento (UE) 2018/1999, de 11 de diciembre de 2018, sobre la gobernanza de la Unión de la Energía y de la Acción por el Clima.

• El paquete sobre energía limpia integrado por: i) el Reglamento (UE) 2019/943, de 5 de junio de 2019, relativo al mercado interior de la electricidad, que actualiza el funcionamiento del mercado interior de la energía eléctrica ante los profundos cambios experimentados en los sistemas energéticos debido a la irrupción masiva de la generación eléctrica a partir de fuentes renovables no gestionables y los importantes desarrollos tecnológicos permisivos de una participación activa desde el lado de la demanda; ii) la Directiva (UE) 2019/944, de 5 de junio de 2019, sobre normas comunes para el mercado interior de la electricidad, dirigida a adaptar el funcionamiento del sector eléctrico de la Unión a la creación de mercados eléctricos integrados y competitivos; iii) el Reglamento (UE) 2019/942, de

[15] Una primera sobre la transparencia de precios en los campos del suministro de gas y energía eléctrica mediante la fijación de ciertos principios sobre tarifación (Directiva 90/377/CEE, modificada ulteriormente por la 93/87/CE); y una segunda sobre el tránsito de la electricidad por las grandes redes (Directiva 90/547/CEE).

[16] La Directiva 96/92/CE, de 19 de diciembre de 1996, antecedente de la Directiva 2003/54/CE, con la misma de denominación, de 26 de junio de 2003.

[17] Se trata de la Directiva 2006/32/CE.

[18] Este paquete normativo se centró en: i) la renovación de las normas comunes para el mercado interior de electricidad (Directiva 2009/72/CE, de 13 de julio de 2009); ii) la regulación del acceso a la red para el comercio transfronterizo de electricidad [Reglamento (CE) 714/2009, de 13 de julio de 2009], y iii) la creación de la Agencia de Cooperación de los Reguladores de la Energía [Reglamento (CE) 713/2009, de 13 de julio de 2009. A estas disposiciones se sumaron la Directiva 2005/89/CE, de 18 de enero de 2006, sobre las medidas de salvaguarda de la seguridad de abastecimiento de electricidad y la inversión en infraestructura; y el Reglamento (UE) 1227/2011, de 25 de octubre de 2011, sobre la integridad y la transparencia del mercado mayorista de la energía.

5 de junio de 2019, que actualiza y refunde la regulación de la Agencia de la Unión Europea para la Cooperación de los Reguladores de la Energía, y iv) el Reglamento (UE) 2019/941, de 5 de junio de 2019, sobre la preparación frente a los riesgos en el sector de la electricidad, cuyo objetivo es la creación de un marco común de normas y de procedimientos que ayuden a prevenir las crisis de electricidad (considerando la interconexión de los mercados y sistemas eléctricos nacionales).

Esta nueva y actual normativa representa un avance en la realización de un mercado europeo de la energía eficiente y competitivo, que garantice la seguridad de suministro, proteja los intereses de los consumidores y otorgue mayor independencia a los reguladores nacionales de energía.

b) *Mercado interior europeo de electricidad y obligaciones de servicio público y servicio universal, así como especial posición del consumidor.* La Directiva 2019/944 solo pretende la actualización de las normas comunes para el mercado interior de la electricidad para responder al profundo cambio del sistema energético de la Unión Europea por razón de la asunción del objetivo de descarbonización de dicho sistema y los progresos tecnológicos alcanzados. Sin perjuicio de significativos retoques en el régimen de las obligaciones de servicio público y del servicio universal, sus novedades más importantes se centran en la potenciación de la posición jurídica del consumidor (con la que tiene que ver indudablemente el régimen de obligaciones de servicio público y servicio universal).

1) *Obligación de servicio público.* Esta obligación no constituye, en cuanto tal, una novedad. Existe desde 1996. La finalidad de la Directiva —la generación de un mercado interior sin barreras injustificadas para la entrada, la participación y la salida del mismo y en el que rijan unas condiciones de competencia equitativas— no impide el juego del interés general de carácter económico en términos habilitantes de la intervención estatal. En la combinación de la entrega al mercado de la responsabilidad del suministro de la electricidad y el reconocimiento al Estado (miembro) de la responsabilidad de garantía de la satisfacción, cuando proceda, del aludido interés general, luce, en efecto, la pertenencia de la opción comunitaria por la reducción de los Estados miembros ejecutores a la condición del que ha acabado catalogándose como Estado regulador y garante de la dación de bienes y la prestación de servicios. Pues con la referida admisión de la entrada en juego del interés general se corresponde la habilitación expresa a los Estados miembros para imponer obligaciones de servicio público.

La imposición de una obligación de servicio público (en aras de la satisfacción del interés general de carácter económico apreciado en el caso) no altera el régimen general (sujeción a las normas del TFUE y, en especial, a las de libre competencia), pero lo precisa en el sentido de que sus reglas no deben impedir, de hecho o de Derecho, el cumplimiento de la misión específica confiada (a las empresas) justamente para satisfacer el interés general concurrente. Esta última limitación no supone, pues, una excepción, sino una modulación del referido régimen general. Y ello, porque —como indica el art. 14 TFUE— los servicios de interés económico general apelan, fundamentalmente por su papel en la promoción de la cohesión social y territorial[19], a los valores comunes a la UE y los Estados miembros[20], por lo que una y otros deben velar —dentro de sus respectivas competencias— por que las empresas que deban cumplir obligaciones de servicio público actúen con arreglo a principios y condiciones, en particular económicas y financieras, que les permitan llevar a cabo su cometido[21].

La expresión servicio público carece aquí, como es evidente, de cualquier significado equivalente al que posee, en su versión estricta o subjetiva (en la que la Administración pública asume la titularidad de la actividad), en derecho interno español. La focalización del derecho de la UE en los requerimientos de la prestación del servicio (calidad, seguridad, asequibilidad, igualdad de trato y acceso universal) acerca a este más a la versión interna objetiva. Pero, en todo caso, el documento de la Comisión Europea "Un marco de calidad de los servicios de interés general en Europa"[22] evita su empleo por estimar que se trata de un concepto ambiguo, capaz de aludir tanto a la actividad de una entidad pública, como a la oferta al público, sin más, de un servicio, u opta por hablar de servicios de interés general[23].

[19] La cohesión económica, social y territorial son fines de la Unión Europea conforme al art. 3.3 TUE.

[20] De estos valores forma parte la solidaridad social, que obviamente guarda relación con los fines aludidos en la nota anterior.

[21] El apdo. 1 de la Comunicación de la Comisión relativa a la aplicación de las normas de la Unión Europea en materia de ayudas estatales a las compensaciones concedidas por la prestación de servicios de interés económico general (2012/C 8/02) señala "Los servicios de interés económico general (SIEG) no solo están enraizados en los valores compartidos de la Unión sino que además desempeñan un papel vital en el fomento de la cohesión social y territorial. La Unión y los Estados miembros, cada uno dentro de sus respectivas competencias, deben cuidar de que dichos servicios funcionen sobre la base de principios y condiciones que les permitan cumplir su cometido".

[22] Comunicación de la Comisión al Parlamento Europeo y al Consejo, al Comité Económico y Social Europeo y al Comité de las Regiones de 20 de noviembre de 2011; COM (2011) 900 final.

[23] Sobre el servicio público en sentido interno y comunitario (a la luz del entonces art. 90.2 del Tratado de la CEE y la jurisprudencia primera del Tribunal de Justicia, José Mª Nebot Lozano, "Competencia y servicios público en la actividad eléctrica", en el libro colectivo *Competencia y sector eléctrico: un nuevo régimen jurídico*, Madrid, Civitas/Unión Fenosa/UNESA, 1997, págs. 13 a 35. Véase también, A. Jiménez-Blanco, "Ser-

Los servicios de interés general constituyen una categoría que engloba tanto actividades económicas como no económicas, pues lo decisivo en ellos es su declaración por los Estados miembros como de interés general (en terminología interna: servicio público establecido conforme al art. 128.2 CE) a los efectos de su sujeción al cumplimiento de lo que —en el lenguaje comunitario— son obligaciones de servicio público, lo que los excluye del mercado interior y, por tanto, de la normativa comunitaria específica del mismo (en particular la relativa a la competencia). Esto explica que, desde la perspectiva de la UE, existan además y junto a los anteriores, de un lado, los servicios sociales de interés general (cuya característica es su finalidad de prevención de riesgos para las personas —seguridad social— y de cohesión e inclusión sociales, que no excluye, sin embargo, su carácter económico) y, de otro lado, los que aquí interesan: los servicios de interés económico general, que son actividades económicas cualificadas por la producción de "resultados en aras del bien público general" y que el mercado no realizaría —o lo haría en condiciones distintas en punto a calidad, seguridad, asequibilidad, igualdad de trato y acceso universal— sin intervención pública.

La clave de los servicios económicos de interés general reside en la misión o cometido que se les encomienda para la realización del interés general en cada caso apreciado[24]. En todo caso, no puede decirse que exista un concepto preciso y estable de tales servicios, pues depende de diversos factores y, entre ellos y de forma especial, de las necesidades de los ciudadanos (deben estar destinados a ellos o ser de interés para el conjunto de la sociedad), la evolución tecnológica y del mercado y las preferencias políticas y sociales del Estado miembro[25], habiendo declarado el TJCE, por ello, que presenta

---

vicio público, interés general, monopolio: recientes aportes del Tribunal de Justicias de la Comunidad Europea (1993-1994), REDA, núm. 84 (1994); y G. Ariño Ortiz, J. M. de la Cuétara y J. L. Martínez-Muñiz, *El nuevo servicio público*, Madrid, Marcial Pons, 1997. Con carácter más general, S. Muñoz Machado, *Servicio público y mercado*, I *Los fundamentos*, Madrid, Civitas, 1998 (especialmente por lo que se refiere a las técnicas de regulación y al régimen de los servicios públicos en el mercado libre: págs. 225-324); y también "Organización e instituciones generales", en S. Muñoz Machado, M. Serrano González y M. Bacigalupo Saggese (Dirs.), *Derecho de la regulación económica;* vol. III, Sector energético, Madrid, Iustel/CNE, 2009.

[24] Según la STJCE de 21 de marzo de 1974, BRT/SABAM, asunto C-127/73, el concepto de servicio de interés económico general implica que el Estado correspondiente ha encomendado a una o varias empresas una misión particular.

[25] Véanse los apdos. 45 y 50 de la Comunicación de la Comisión relativa a la aplicación de las normas de la Unión Europea en materia de ayudas estatales a las compensaciones concedidas por la prestación de servicios de interés económico general (2012/C 8/02).

características específicas en relación con otras actividades económicas[26]. De ahí el reconocimiento —en el capítulo de la Carta Europea de Derechos Fundamentales relativo a la solidaridad— del derecho de acceso a estos servicios en los términos de las legislaciones y prácticas nacionales (de conformidad con el TFUE) con el fin de promover la cohesión social y territorial de la UE (art. 36).

El interés general no puede ser definido con absoluta libertad por los Estados miembros, pues ha de enmarcarse necesariamente en la seguridad (incluida la del suministro)[27], la regularidad, la calidad y el precio del suministro[28] y la protección del medio ambiente (incluidas la eficiencia energética, la energía procedente de fuentes renovables[29] y la protección del clima[30]).

[26] SsTJCE de 10 de diciembre de 1991, *Merci convenzionali porto di Genova*, asunto C-179/90; 17 de julio de 1997, *GT-Link A/S/De Danske Statsbaner*, asunto C-242/95; y 18 de junio de 1998, *Corsica Ferries/France SA/ Gruppo Antichi Ormeggiatori del porto di Genova* y otros, asunto C-266/96.

[27] La seguridad del abastecimiento energético constituye, conforme al art. 194.1 TFUE, uno de los objetivos de la política energética de la UE. Y la seguridad energética es una de las dimensiones de la Unión de la Energía y de la Acción por el Clima, cuya gobernanza regula el Reglamento (UE) 2018/1999, del Parlamento Europeo y del Consejo.

[28] El Protocolo 27 (art. 1) del TFUE determina, en calidad de disposición interpretativa, que entre los valores comunes de la UE en este terreno se encuentran los de un alto nivel de calidad, seguridad y accesibilidad económica, la igualdad de trato y la promoción del acceso universal y de los derechos de los usuarios de los servicios de interés general.

[29] La eficiencia y el ahorro energéticos constituyen, conforme al art. 194.1 TFUE, objetivos de la política energética de la Unión Europea. Y la eficiencia energética es una de las dimensiones de la Unión de la Energía y de la Acción por el Clima, cuya gobernanza regula el Reglamento (UE) 2018/1999, del Parlamento Europeo y del Consejo.

[30] La política energética europea tiene carácter transversal pues su formulación y desarrollo deben tener lugar en necesaria tensión con las asimismo transversales del mercado interior y de medio ambiente; tensión, cuyo punto de equilibrio (indeterminado) por lo que hace a la segunda de ellas se alcanza en el desarrollo medioambientalmente sostenible. La interacción entre ambas políticas aparece diseñada en términos de condicionamiento de la energética por la medioambiental, concretamente de integración de las "exigencias de protección" derivadas de esta última en aquélla (art. 11 TFUE); condicionamiento que, por ello, puede llegar a alcanzar, más allá de los límites ordinarios de la competencia energética europea, a las facultades reservadas a los Estados en punto a las condiciones de explotación de los recursos energéticos, elección entre fuentes de energía y estructura de su abastecimiento energético (art. 194.2, párr. 2° TFUE).

La acentuación de los riesgos derivados de la producción de daños al medio ambiente e, incluso, de peligros vinculados a la inducción de un cambio sustancial en el clima, que por su entidad, consecuencias e inminencia alcanzan ya el grado de verdadera emergencia de alcance mundial, ha dado lugar recientemente a un giro en la orientación de la política energética cifrado en la puesta de esta al servicio de los objetivos de lucha contra el cambio climático mediante la integración en ella del clima, es decir, de lo que hasta ahora había

El efecto modulador del régimen normal del mercado derivado de la obligación de servicio público no es único y depende de las circunstancias del caso. La jurisprudencia del TJCE y el TPICE legitima desde la sujeción de las empresas correspondientes a una autorización administrativa[31], pasando por la imposición a estas de precios o tarifas de la prestación que realicen[32], hasta el otorgamiento a las mismas de derechos especiales o exclusivos[33]. La obligación que se imponga ha de reunir los siguientes requisitos generales: i) definición clara; ii) transparencia; iii) no discriminación (en punto

---

venido siendo esencialmente un condicionante: el medioambiental. En este contexto se ha diseñado una estrategia en la materia que ha conducido a la aprobación de un nuevo paquete de normas (Reglamento (UE) 2018/1999, del Parlamento Europeo y del Consejo, de 11 de diciembre de 2018, sobre gobernanza de la Unión de la Energía y de la Acción por el Clima, y Directivas (UE) 2018/844, del Parlamento Europeo y del Consejo, de 30 de mayo de 2018, por la que se modifica la Directiva 2010/31/UE relativa a la eficiencia energética; 2018/2001, del Parlamento Europeo y del Consejo, de 11 de diciembre de 2018, relativa al fomento del uso de energía procedente de fuentes renovables (versión refundida); y la objeto aquí de comentario, al servicio de una "energía limpia para todos los europeos", integrado por normas relativas a la gobernanza, el mercado de la electricidad, la eficiencia energética (en especial la de los edificios), las energías renovables y la Agencia de cooperación de los reguladores. En este paquete la gobernanza ocupa un lugar central al determinar los mecanismos organizativos, procedimentales y funcionales a emplear en el contexto de todas las demás para alcanzar el objetivo principal perseguido. Se trata, en efecto, de una estrategia "marco" que persigue el objetivo de una Unión de la Energía resiliente, centrada, por ello, en una política climática ambiciosa y superadora de: i) la economía dependiente de los combustibles fósiles y articulada desde un enfoque centralizado basado en la oferta, que opera con tecnologías y modelos empresariales ya obsoletos, y ii) del sistema energético fragmentado por razón de la falta de coordinación de las políticas nacionales, las barreras comerciales y las islas energéticas.

La perspectiva nuclear de esta nueva Unión (expresada en su combinación con la acción climática), es, pues, la medioambiental y pretende impulsar una verdadera "transición energética" que conduzca al abandono de la "trayectoria actual" de la política energética. Este nuevo planteamiento trae causa de las conclusiones alcanzadas en la reunión del Consejo Europeo celebrado los días 23 y 24 de octubre de 2014 (sobre la base de los principios sentados en la anterior de marzo del mismo año) bajo la expresiva rúbrica "marco de actuación en materia de clima y energía hasta el año 2030"; actuación dirigida al cumplimiento de los compromisos asumidos por la Unión Europea para el cumplimiento de los objetivos fijados en el Acuerdo de París de 2015 en el contexto de la Convención Marco de las Naciones Unidas sobre el Cambio Climático.

[31] STJCE de 20 de febrero de 2001, cuestión prejudicial planteada por el Tribunal Supremo español en proceso entre la Asociación Profesional de Empresas Navieras de Líneas Regulares y la Administración General del Estado, asunto C-205/1999.

[32] STJCE de 20 de abril de 2010, cuestión prejudicial planteada por el Tribunal Administrativo Regionale per La Lombardía en procedimiento entre Federutility y otros y Autorità per l'Energia Elettrica e il Gas, asunto C-265/08.

[33] STPICE de 12 de febrero de 2008, BUPA y otros c/ Comisión, asunto T-289/2003.

a derechos y obligaciones de las empresas); iv) susceptibilidad de control, y v) garantía del acceso, en condiciones de igualdad, a los consumidores.

Son los Estados miembros los habilitados para imponer a las empresas eléctricas obligaciones de servicio público con pleno respeto al TFUE; habilitación, que supone una "[...] amplia capacidad de discreción de las autoridades nacionales, regionales y locales para prestar, encargar y organizar los servicios de interés económico general lo más cercanos posible a las necesidades de los usuarios"[34].

Pero esta competencia incluye la de inaplicación de las disposiciones de la propia Directiva relativas al acceso de terceros a las redes de transporte y distribución, el establecimiento de líneas directas y el procedimiento de autorización de nuevas instalaciones de generación eléctrica cuando i) la aplicación de las mismas pudiera obstaculizar, de hecho o de derecho, el cumplimiento de las obligaciones impuestas a las empresas eléctricas y ii) la actividad comercial no se vea afectada en términos contrarios a los intereses de la UE. El ejercicio por los Estados miembros de esta competencia discrecional está sujeto a un control limitado por la Comisión Europea: el consistente en comprobar si dicho Estado ha incurrido o no en error manifiesto al definir el servicio de que se trate[35], así como, por supuesto, al evaluar la ayuda estatal incluida en la compensación concedida.

2) *Obligación de servicio universal.* El servicio universal no traduce una obligación de naturaleza diferente a la de servicio público, supone más bien un tipo específico de la de este último carácter. Con carácter general, su especificidad consiste, además de su definición en cada caso por la UE (por tratarse de un elemento esencial de la liberalización de los mercados), en[36]: i) la garantía del acceso a determinados servicios de todos los consumidores y usuarios de un Estado miembro, independientemente de su situación geográfica; y ii) la exigencia de la prestación de tales servicios con una calidad determinada y a un precio asequible (en función de las condiciones nacionales particulares).

La Directiva define el servicio universal, para el sector, como un verdadero derecho al suministro de electricidad de una calidad determinada y a

[34] Apartado 11 de la Comunicación de la Comisión, ya citada, "Marco comunitario sobre ayudas estatales en forma de compensación por servicio público", DOUE C/297/4, de 29 de noviembre de 2005.

[35] SsTPICE de 12 de febrero de 2008, *BUPA y otros/Comisión*, asunto T-289/03; y 15 de junio de 2005, *Fred Olsen S.A./Comisión*, asunto T-17/02.

[36] Comunicación de la Comisión al Parlamento Europeo, al Consejo, al Comité Económico y Social Europeo y al Comité de las Regiones, Un marco de calidad para los servicios de ainterés general en Europa COM (2011) 900 final, 20.12.2011.

unos precios competitivos, fácil y claramente comparables, transparentes y no discriminatorios. Los beneficiarios del servicio universal y, por tanto, los titulares del derecho al mismo son, desde la Directiva, de dos clases: a) necesarios (de los que la legislación de los Estados miembros no puede prescindir): todos los clientes domésticos, y b) potenciales (en función de la opción de los Estados miembros a la hora de la transposición de la Directiva): las pequeñas empresas. Esta determinación del círculo de titulares-beneficiarios tiene carácter de mínima, pues los Estados miembros quedan expresamente habilitados para reforzar, es decir, mejorar la posición en el mercado de los clientes domésticos y los clientes no domésticos pequeños y medianos.

Para la efectividad del servicio universal: a) se faculta a los Estados miembros para exigir a los gestores de redes de distribución la obligación de conectar clientes a su red con arreglo a las condiciones y tarifas establecidas y para designar (con la finalidad de garantizar la prestación del servicio) un suministrador de último recurso.

3) *El empoderamiento y la protección del consumidor*. La preocupación por los consumidores ha ido creciendo al compás del progreso experimentado por el marco comunitario del mercado interior de electricidad[37]. La Directiva actual continúa la progresión en el tratamiento de los consumidores, afirmando la consideración de estos como operadores activos en el mercado que participan directamente en él (en todas las formas de respuesta de la demanda), en particular ajustando su consumo en función de las señales proporcionadas por el mercado y, a cambio, beneficiarse de precios reducidos de la electricidad o de otros pagos de incentivos. Esta participación requiere el despliegue de los sistemas de medición inteligentes y, en caso de su evaluación negativa[38], la disposición de un sistema de medición inteligente y un contrato con precios dinámicos de electricidad. La opción por la participación activa es, en todo caso, voluntaria, por lo que su no ejercicio no es susceptible de penalización.

[37] Con carácter general sobre la política comunitaria en materia de consumo, véase J. Guillén Caramés, *Estatuto jurídico del consumidor: política comunitaria, bases constitucionales y actividad de la Administración*, Madrid, Civitas, 2002. En relación con el sector eléctrico: N. Encinar Arroyo, *Suministro eléctrico y protección del consumidor en España e Inglaterra y Gales, Estudio comparado en el mercado de la Unión Europea*, Tesis doctoral, Madrid, Universidad San Pablo (CEU), 2015.

[38] Este requerimiento no representa en España problema alguno, ya que el 99 por ciento de los usuarios disponen ya de *smartmeeter*. Véase el informe de la Comisión Nacional de los Mercados y la Competencia sobre el plan de sustitución de contadores INF/DE/018/20 (https://www.cnmc.es/expedientes/infde01820).

3. El sector energético y la organización y el funcionamiento del sistema eléctrico

A) *La distribución territorial de competencias en el sector*

Dado que el Estado español definido por la Constitución de 1978 tiene una organización territorial política y administrativa fuertemente descentralizada, las competencias en materia de energía están distribuidas entre la instancia general (el poder central o Estado *stricto sensu*) y las 17 Comunidades Autónomas (en adelante CCAA), de ámbito territorial diverso, existentes. En el artículo 149.1.22 y 25 del texto constitucional se reserva al Estado, así, la competencia relativa a: i) la legislación, ordenación y concesión de recursos y aprovechamientos hidráulicos (cuando las aguas discurran por más de una Comunidad Autónoma; en adelante CA) y la autorización de las instalaciones eléctricas cuando su aprovechamiento afecte a otra o el transporte de energía salga de su ámbito territorial; y ii) las bases del régimen minero y energético. Las CCAA han asumido en sus respectivos Estatutos de Autonomía las competencias no reservadas en tales términos al Estado.

La doctrina del Tribunal Constitucional tiene establecido a este respecto:

a) En caso de concurrencia de títulos competenciales, ha de estarse al más específico (SSTC14/2004, de 12 febrero, y 168/2004, de 6 octubre, entre otras). Así, es prevalente, por más específico, el título atinente al régimen energético (en relación, en su caso, con los de medio ambiente e investigación) cuando del fomento en la materia de se trata (SSTC, entre otras, 98/2001, de 5 abril, y 136/2009 de 15 junio).

Sin embargo, el expresado criterio no es absoluto. En caso de implicación, por ejemplo, de un sector importante para la economía (electricidad, hidrocarburos), procede: i) el juego armónico y conjunto, aunque cada uno en su campo (a delimitar en cada caso), de los títulos (el transversal económico y el específico), pero teniendo en cuenta que los títulos estatales relativos a la economía en general y a la energía en particular no son equivalentes, ni intercambiables (de modo que las facultades derivadas de uno y otro no tienen por qué coincidir), y ii) la competencia de dirección de la economía incluye en todo caso la ordenación de sectores económicos concretos, tanto más cuando la relativa al sector de que se trate (como el energético) es básica (STC 18/2011, 3 de marzo).

b) En materia de autorización de instalaciones los criterios de salida del transporte de la CA o afectación a otra CA son determinantes, bastando la concurrencia de uno de ellos para que la competencia sea estatal (SsTC 74/1992, de 14 mayo, y 108/1996, de 13 junio, así como las en ellas citadas). Pero juega asimismo el de la necesidad de perspectiva unitaria conforme al régimen básico que rija, como sucede, por ejemplo, en materia de almacenes de residuos nucleares y radioactivos (STC 14/2004, de 12 febrero).

En todo caso, el mero hecho de tener consecuencias fuera del propio territorio no hace que las actuaciones ejecutivas en principio autonómicas deban considerarse de la competencia estatal, pues tal traslado de la titularidad se produce solo excepcionalmente cuando, además de tener aquellas actuaciones alcance territorial supraautonómico, la actividad pública de que se trate no sea susceptible de fraccionamiento y requiera un grado de homogeneidad tal que demande un solo titular o un ente con capacidad de integrar los intereses contrapuestos (STC 223/2000, de 21 septiembre).

B) *El régimen legal del sector y el mercado eléctricos*

a) *Introducción.* A partir de la evolución antes descrita y tras la promulgación de la ley 54/1997, de 27 de noviembre, del sector eléctrico, esta ha sido sustituida por la ley 24/2013, de 26 de diciembre, del sector eléctrico (en adelante LSE), que es la actualmente en vigor[39].

La LSE es, así, la norma de cabecera del vigente régimen jurídico de las actividades destinadas al suministro de energía eléctrica, es decir, la generación, el transporte, la distribución, la comercialización y los intercambios intracomunitarios e internacionales, así como de la gestión económica y técnica del sistema eléctrico. Aunque algunas de sus disposiciones o de las de sus normas de desarrollo han sido impugnadas ante el Tribunal Constitucional, las sentencias adoptadas por este (considerando las ya recaídas respecto de la Ley de 1997 anterior: SsTC 18/2011, de 3 de marzo, y 4/2013, de 17 de enero) han venido confirmando, con carácter general, su constitucionalidad (SsTC 32/2016, de 18 de febrero; 60/2016, de 17 de marzo; 72/2016, de 14 de abril, y 68/2017, de 25 de mayo).

b) *Principios generales del sistema y régimen del suministro.* Debe mencionarse:

1) *Consideraciones generales.* La regulación del sector eléctrico:

a') Tiene por finalidad: i) la garantía del suministro de energía eléctrica; y ii) la adecuación de dicho suministro a las necesidades de los consumidores

[39] El texto de la ley ha sufrido diversas modificaciones concretas o puntuales, entre otras disposiciones, por la ley 3/2014, de 27 de marzo; la ley 32/2014, de 22 de diciembre; el Real decreto-ley 8/2015, de 21 de mayo; el Real decreto-ley 9/2015, de 10 de julio; el Real decreto-ley 7/2016, de 23 de diciembre; el Real decreto-ley 1/2018, de 6 de marzo; la ley 6/2018, de 3 de julio; el Real decreto-ley 15/2018, de 6 de marzo; el Real decreto-ley 1/2019, de 11 de enero; el Real decreto-ley 17/2019, de 22 de noviembre; y el Real decreto-ley 23/2020, de 23 de junio.

en términos de seguridad, calidad, eficiencia, objetividad, transparencia y al mínimo coste. Y,

b') Reconoce, como actividades diferenciadas, destinadas al referido suministro, las de generación, transporte, distribución, comercialización e intercambios intracomunitarios e internacionales, así como la gestión económica y técnica del sistema eléctrico.

El suministro de energía eléctrica (el conjunto de las actividades que lo garantizan) tiene la consideración global de servicio de interés económico general, por lo que:

1º. Comprende todas las actividades que contribuyan a él, aunque para su ejercicio se reconozca la libre iniciativa empresarial[40], las cuales quedan sujetas a la regulación y el control de los poderes públicos y la autoridad administrativa independiente, debiendo realizarse teniendo en cuenta las funciones del operador del mercado y el operador del sistema y garantizando el acceso de terceros a las redes de transporte y distribución de energía eléctrica en las condiciones técnicas y económicas establecidas al efecto y el régimen económico fijado entre las partes.

2º. Calidad (que incluye la continuidad y seguridad) del suministro eléctrico (principio fundamental).

3º. Sostenibilidad económica y financiera del sistema, que implica: i) la financiación de los costes del sistema —tasados por la ley— por los ingresos del mismo (peajes de acceso a las redes; cargos para pago de costes no cubiertos por otros ingresos; mecanismos financieros admitidos; fondos procedentes de los presupuestos generales del Estado en relación con el fomento de generación a partir de fuentes renovables y extracostes de la producción en los territorios no peninsulares; cualquier otro ingreso normativamente previsto), y ii) la suficiencia de los ingresos para cubrir la totalidad de los costes, con retribución de las actividades dirigidas al suministro conforme a criterios objetivos, transparentes y no discriminatorios, incentivadores de la mejora de la eficacia de la gestión, la eficiencia económica y técnica de las actividades y la calidad del suministro[41].

Los déficit de ingresos resultantes de desajustes temporales entre dichos ingresos y los costes no pueden superar del 5 por ciento de los ingresos estimados del correspondiente ejercicio (la parte del desajuste que, dentro

[40] Sin perjuicio de las limitaciones que se puedan establecer para las actividades que tengan carácter de monopolio natural.

[41] Las actividades de transporte, distribución, producción a partir de fuentes de energía renovables, cogeneración de alta eficiencia y residuos pueden contar con régimen retributivo específico y las de producción en los sistemas eléctricos no peninsulares pueden disponer de régimen retributivo adicional.

de dicho límite, no se compense mediante incremento de los cargos debe ser financiado por los sujetos del sistema de forma proporcional a la retribución que les corresponda[42]) y los superávit se consideran ingresos liquidables del sistema del ejercicio en curso, destinándose —cuando existan desajustes de años anteriores— a la reducción de las cantidades pendientes de devolución.

2) *Condiciones generales del suministro.* El suministro se define como la entrega de energía a través de las redes de transporte y distribución mediante contraprestación económica en las condiciones de regularidad y calidad exigibles, teniendo derecho determinados consumidores a contratar el suministro a los precios voluntarios para el pequeño consumidor o tarifa de último recurso y gozando todos los consumidores de un elenco de derechos y obligaciones (fijado por la ley). En la relación de los prestadores con los consumidores rigen reglas de protección de los segundos (que han de ser recogidas en los contratos de suministro y cuya efectividad queda bajo la supervisión de la Comisión Nacional de la Competencia y los Mercados, en cuanto autoridad administrativa independiente del sector)[43] y mecanismos regulados de contratación, facturación, procedimiento de cambio de suministrador y resolución de reclamaciones[44]. Los consumidores vulnerables (personas físicas que cumplen determinadas condiciones sociales, de poder adquisitivo y de consumo en su vivienda habitual) disfrutan de un tratamiento específico, estando previsto un bono social para el círculo que se determine al efecto por referencia a un umbral referenciado a un indicador de renta per cápita familiar. El bono social debe cubrir la diferencia entre el valor del precio voluntario para el pequeño consumidor y un valor base (distinto según categorías) denominado tarifa de último recurso[45].

[42] Sin perjuicio del derecho a recuperar las aportaciones (por desajuste en la liquidación de cierre) en las liquidaciones correspondientes a los cinco años siguientes al ejercicio en que se hubiera producido el desajuste temporal. Las cantidades aportadas por este concepto se devuelven incrementadas en un tipo de interés equivalente al del mercado.

[43] Para los contratos de suministro de los comercializadores con los consumidores que, por sus características de consumo o condiciones de suministro, requieran un tratamiento contractual específico.

[44] Los prestadores pueden establecer sistemas propios de tramitación de reclamaciones ajustados a la regulación europea de resolución consensual de litigios en materia de consumo, pero junto a ellos existe la posibilidad de acudir al sistema arbitral de consumo y, en el supuesto de no sometimiento voluntario a los mecanismos de resolución alternativa de conflictos o de incompetencia de las entidades competentes para aplicarlos, los usuarios finales que sean personas físicas pueden someter la controversia, en todo caso, al Ministerio competente en materia de energía, cuando tales controversias se refieran a sus derechos específicos como usuarios finales.

[45] Tiene la consideración de obligación de servicio público (asumido por las matrices de los grupos de sociedades que desarrollen la actividad de comercialización o por las

Resulta lógico, por tanto, que los comercializadores de energía eléctrica queden sujetos un conjunto preciso de derechos y obligaciones (fijado por la ley) y que el cumplimiento de las segundas sea objeto de la supervisión de la Administración competente en materia de energía y de la Comisión Nacional de los Mercados y la Competencia, pudiendo una y otra requerir a las empresas comercializadoras la acreditación del cumplimiento de sus obligaciones.

Dentro del suministro se individualizan los hoy importantes servicios de recarga energética, que tienen como función principal la entrega de energía a título gratuito u oneroso a través de servicios de carga de vehículos y de baterías de almacenamiento en condiciones que permitan la carga de forma eficiente y a mínimo coste para el propio usuario y para el sistema eléctrico. Se trata de servicios que pueden ser prestados por cualquier consumidor y su prestación, en una o varias ubicaciones, tener lugar directamente o por medio de un tercero, de manera agregada por un titular o por varios titulares con arreglo a acuerdos de interoperabilidad.

3) *Gestión de la demanda.* A efectos de la gestión de la demanda de electricidad se prevén los siguientes mecanismos:

1°. Habilitación a las empresas eléctricas, los consumidores y el operador del sistema para adoptar medidas de fomento de mejoras que contribuyan a la optimización de la curva de carga o a la eficiencia y ahorro energéticos.

2°. Habilitación a los consumidores y los titulares de instalaciones de almacenamiento para participar, en su caso, en los servicios incluidos en el mercado de producción o gestión de la demanda.

3°. Adopción por la Administración de medidas incentivadoras de la mejora del servicio a los usuarios y la eficiencia y el ahorro energéticos, incluyendo el servicio de interrumpibilidad gestionado por el operador del sistema. El cumplimiento de los objetivos de tales medidas puede dar lugar al reconocimiento de los costes correspondientes, incluso en calidad de costes del sistema.

4°. Aprobación por la Administración de planes de ahorro y eficiencia energética[46].

---

propias sociedades si no forman parte de ningún grupo societario) y debe ser aplicado por el correspondiente comercializador de referencia en las facturas de los consumidores acogidos al mismo.

[46] Planes para potenciar las acciones encaminadas a: i) optimizar los rendimientos de los procesos de transformación de la energía; ii) desarrollar proyectos de creación de plantas industriales de gran consumo de energía; iii) mejorar el rendimiento o sustituir el tipo de combustible en empresas o sectores de alto consumo energético, así como la eficiencia energética de las medianas y grandes empresas de todos los sectores, y iv) renovar los sistemas energéticos del parque de edificios residenciales y comerciales.

5º. Posibilidad del acceso de los comercializadores a determinada información relativa al consumo y la potencia demandada de los consumidores para que puedan ofrecerles actuaciones que beneficien la gestión de demanda, optimicen la contratación o incrementen la eficiencia energética.

4) *Calidad del suministro.* La calidad del suministro se cifra en el conjunto de características exigibles a las empresas correspondientes; características, que son:

a') Técnicas, referidas a la continuidad, número y duración de las interrupciones y calidad del producto.

b') Indicadores de la atención y relación con los consumidores y, en su caso, productores,

c') Incorporación de tecnologías avanzadas de medición y control de la calidad del suministro.

La calidad del servicio no impide la suspensión del suministro si está prevista en el contrato de suministro o de acceso; resulta imprescindible (y temporalmente, con autorización previa y comunicación a los usuarios[47]) para el mantenimiento, reparación de instalaciones o mejora del servicio o por razones de seguridad del suministro; así como, en el caso de consumidores acogidos a precios voluntarios para el pequeño consumidor o tarifas de último recurso, cuando hayan transcurrido, sin efecto, al menos dos meses (o cuatro, de tratarse de consumidores vulnerables o de Administraciones públicas acogidas a precios voluntarios para el pequeño consumidor o tarifas de último recurso) desde el requerimiento de pago[48].

En ningún caso procede la suspensión del suministro a las instalaciones cuyos servicios hayan sido declarados como esenciales de conformidad con la Ley (que los determina).

c) *El funcionamiento del sistema.* En este punto, es preciso referirse a:

1) Sujetos, actividades y mercado. Las actividades destinadas al suministro de energía eléctrica y los sujetos que las pueden desarrollar son los siguientes:

1º. La producción y los productores de energía eléctrica. La producción de energía eléctrica se desarrolla en régimen de libre competencia en

[47] Salvo las interrupciones acordadas por el operador del sistema para garantizar la seguridad del sistema, que, sin embargo, han de ser justificadas *ex post.*

[48] Una vez realizado el pago de lo adeudado, el suministro debe ser repuesto en el plazo de 24 horas.

En todo caso, las empresas distribuidoras pueden proceder a la desconexión de determinadas instalaciones de forma inmediata en el caso de enganches directos, en situaciones que conlleven riesgo para las personas o cosas y en los demás casos determinados reglamentariamente.

el mercado (el conjunto de transacciones comerciales de compra y venta de energía y de otros servicios relacionados con el suministro), que se estructura en: i) mercados a plazo; ii) mercados diario e intradiario (mercado *spot*, en el que el precio resulta de la casación entre la oferta y la demanda de energía eléctrica ofertada); iii) los servicios de ajuste y de balance, y iv) los mercados no organizados[49]. Pero la puesta en funcionamiento, modificación, cierre temporal, transmisión y cierre definitivo de cada instalación de producción está sometida a autorización previa y han de ser inscritas en el correspondiente registro administrativo (como condición para poder participar en el mercado de producción).

Las ofertas de adquisición de energía eléctrica deben: i) ser presentadas al operador del mercado[50]; ii) expresar el período temporal para el que se realiza y la aceptación de la liquidación que se realice, y iii) pasar a ser, una vez aceptadas, un compromiso en firme de suministro por el sistema. El contrato se entiende perfeccionado y formalizado en el momento de la casación y ejecutado cuando se haya producido el suministro de energía eléctrica.

Los sujetos que participen en el mercado de producción de energía eléctrica pueden, sin embargo, formalizar contratos bilaterales con entrega física.

El mercado de referencia es hoy el ibérico (resultante de la integración del portugués y el español: MIBEL) establecido mediante convenio internacional de 1 de octubre de 2004 (corregido en 2008), que cuenta con un solo operador (Operador del Mercado Ibérico). La ley reconoce capacidad a los sujetos del sector eléctrico portugués para actuar en los mercados de energía eléctrica previstos en el convenio de acuerdo con la normativa vigente en España.

2º. El operador del mercado y, por tanto, la operación del mercado. El operador del mercado es un preciso y único sujeto: la sociedad mercantil[51] que cumple la función de gestión económica del sistema (es decir, de las ofertas de compra y venta de energía eléctrica en el mercado diario), que debe coordinarse con el operador del sistema y actúa respetando los principios de transparencia, objetividad e independencia. Se trata del Operador del Mercado Ibérico de Energía-Polo Español, S. A., constituida por Red Eléctrica de España, S. A., pero en cuyo capital esta no tiene participación.

[49] Estos tienen por objeto la contratación a plazo, cuya gestión corresponde a los sujetos del sistema y a sociedades gestoras.

[50] Existen excepciones al sistema de ofertas.

[51] De su accionariado puede formar parte cualquier persona física o jurídica, siempre que la suma de su participación directa o indirecta en el capital no supere el 5 por ciento, ni la suma de participaciones, directas o indirectas, de los sujetos que realicen actividades en el sector eléctrico no supere el 40 por ciento, no pudiendo sindicarse estas acciones a ningún efecto.

3°. La operación del sistema y el operador de este. El operador del sistema, que es al propio tiempo, gestor de la red de transporte, tiene como función principal garantizar la continuidad y seguridad del suministro y la correcta coordinación del sistema de producción y transporte. Ejerce sus funciones con arreglo a los principios de transparencia, objetividad, independencia y eficiencia económica. El operador es, por determinación legal, Red Eléctrica de España, S.A. (REE), que está integrada en un *holding*, en el que la sociedad matriz es Red Eléctrica Corporación, S. A.

El régimen societario del operador del sistema incluye reglas para garantizar su independencia funcional.

4°. El transporte (la gestión de la red) y el transportista. El transporte consiste en la gestión de la red[52], que comprende: i) la responsabilidad del desarrollo y ampliación de la red en términos que garanticen el mantenimiento y la mejora de esta, configurada bajo criterios homogéneos y coherentes, y ii) la gestión del tránsito de electricidad entre sistemas exteriores utilizando la red. El transportista, que es único y desarrolla su actividad en régimen de exclusividad, es también REE (esto es así porque la sociedad operadora del sistema debe ser autorizada y designada por la Administración precisamente como gestor de la red de transporte). Y su gestión se desarrolla con sujeción a la garantía legal del acceso de terceros a la red en las condiciones técnicas y económicas al efecto establecidas y con arreglo a los derechos y obligaciones que fija la ley.

5°. La distribución al consumidor final y los distribuidores. La distribución consiste en la transmisión de electricidad desde las redes de transporte o, en su caso, otras redes de distribución o la generación conectada a la propia red de distribución, hasta los puntos de consumo u otras redes de distribución en las adecuadas condiciones de calidad y con el fin último de suministrarla a los consumidores[53].

[52] La red de transporte constituida por la red de transporte primario y la red de transporte secundario. La primera está integrada por las líneas, parques, transformadores y otros elementos eléctricos con tensiones nominales iguales o superiores a 380 kV y las instalaciones de interconexión internacional y, en su caso, las interconexiones con los sistemas eléctricos de los territorios no peninsulares. La segunda lo está por las líneas, parques, transformadores y otros elementos eléctricos con tensiones nominales iguales o superiores a 220 kV no incluidas en la anterior y las instalaciones de tensiones nominales inferiores a 220 kV que cumplan funciones de transporte. Se consideran también elementos constitutivos de la red de transporte todos los activos de comunicaciones, protecciones, control, servicios auxiliares, terrenos, edificaciones y demás elementos auxiliares, eléctricos o no, necesarios para el adecuado funcionamiento de las instalaciones específicas de la red. Pero no forman nunca parte de la red los transformadores de grupos de generación, los elementos de conexión de dichos grupos a las redes de transporte, las instalaciones de consumidores para su uso exclusivo, ni las líneas directas.

[53] Tienen la consideración de instalaciones de distribución todas las líneas, parques y elementos de transformación y otros elementos eléctricos de tensión inferior a 220 kV,

Los distribuidores son las sociedades mercantiles o cooperativas de consumidores y usuarios, que tienen, entre otras funciones, las de distribuir electricidad y construir, mantener y operar las instalaciones de distribución. Son, además, los gestores de las redes de distribución que operen y, en tal condición, responsables de su explotación y, en su caso, desarrollo e interconexiones con otras redes, así como de garantizar que su red tenga capacidad para asumir, a largo plazo, una demanda razonable de distribución de electricidad. Su gestión se desarrolla, al igual que el de la red de transporte, con sujeción a la garantía legal del acceso de terceros en las condiciones técnicas y económicas al efecto establecidas, estando sus derechos y obligaciones determinados por la ley.

6º. La comercialización y los comercializadores. La comercialización consiste en el suministro final, es decir, la entrega de la energía al consumidor a través de las redes de transporte y distribución, mediante contraprestación económica y en las condiciones de regularidad y calidad exigibles. Los comercializadores son sociedades mercantiles o cooperativas de consumidores que desarrollan tal actividad. De entre ellos se singulariza la figura del comercializador de referencia a los que se impone la obligación de suministro de último recurso.

7º. El consumo y los consumidores. El consumo es precisamente el final. Los consumidores son, pues, las personas físicas o jurídicas que compran la energía para su propio consumo y para la prestación de servicios de recarga energética de vehículos. Reciben la denominación de "consumidores directos en mercado" los consumidores que adquieran energía directamente en el mercado de producción.

Salvo pacto en contrario, la transmisión de la propiedad de la energía eléctrica se entiende producida en el momento en que tenga entrada en las instalaciones del comprador.

8º. El almacenamiento y los titulares de instalaciones al efecto. Consiste en la construcción, operación y mantenimiento de instalaciones en las que: i) se difiere el uso final de electricidad a un momento posterior a su generación, o que ii) realizan la conversión de energía eléctrica en una forma de energía almacenable para su subsiguiente reconversión en energía eléctrica.

---

salvo las que se consideren integradas en la red de transporte. También son elementos constitutivos de la red de distribución todos los activos de la red de comunicaciones, protecciones, control, servicios auxiliares, terrenos, edificaciones y demás elementos auxiliares, eléctricos o no, necesarios para el adecuado funcionamiento de las redes, incluidos los centros de control en todas las partes y elementos que afecten a las instalaciones de distribución. No forman parte de ellas, sin embargo, los transformadores de grupos de generación, los elementos de conexión de dichos grupos a las redes de distribución, las instalaciones de consumidores para su uso exclusivo, ni las líneas directas.

Los titulares de esta actividad son las personas físicas o jurídicas que poseen tales instalaciones. Los sujetos productores, consumidores o titulares de redes de transporte y distribución pueden, sin perder su condición, poseer este tipo de instalaciones.

9°. La agregación y los agregadores independientes. La agregación es la actividad que combina múltiples consumos o electricidad generada de consumidores, productores o instalaciones de almacenamiento para su venta o compra en el mercado de producción de energía eléctrica. Y los agregadores son personas físicas o jurídicas que, participando en el mercado de producción, prestan servicios de agregación y no están relacionados con el suministrador del cliente.

10°. Las comunidades de energías renovables[54]. Es este un supuesto singular referido a entidades jurídicas (integradas —en calidad de socios o miembros— por personas físicas, pequeñas y medianas empresas o autoridades locales, incluidos los municipios) basadas en la participación abierta y voluntaria, autónomas y efectivamente controladas por socios o miembros situados en las proximidades de proyectos de energías renovables (propiedad de dichas entidades por haberlas desarrollado), cuya finalidad primordial sea proporcionar beneficios medioambientales, económicos o sociales a sus socios o miembros o a las zonas locales donde operan, en lugar de ganancias financieras.

Las sociedades mercantiles que desarrollen alguna o algunas de las actividades de transporte, distribución y operación del sistema deben tener como objeto social exclusivo su desarrollo, sin poder, por tanto, realizar actividades de producción, de comercialización o de servicios de recarga energética, ni tomar participaciones en empresas que realicen estas actividades. Sin embargo, es legalmente posible el ejercicio de actividades incompatibles por un grupo de sociedades, siempre que sean desarrolladas por sociedades diferentes y se cumplan determinados criterios de independencia. Y todos los operadores deben llevar su contabilidad ajustándose a las reglas legalmente establecidas (especialmente la de la separación contable).

[54] Esta figura está relacionada con la regulación del autoconsumo, entendido como el consumo por parte de uno o varios consumidores de energía eléctrica proveniente de instalaciones de producción próximas a las de consumo y asociadas a estas. Se distinguen dos modalidades: a) autoconsumo sin excedentes: impedimento por los dispositivos físicos instalados de la inyección de energía excedentaria a la red de transporte o distribución (esta modalidad solo es posible para los sujetos consumidores), y b) autoconsumo con excedentes: posibilidad para las instalaciones, además de suministrar energía para autoconsumo, de inyectar energía excedentaria en las redes de transporte y distribución (se permite a los productores y los consumidores).

2) *Autoridad reguladora.* Sin perjuicio de las competencias reservadas a las Administraciones públicas competentes en materia de energía (y que se distribuyen entre la General del Estado y las de las CCAA), la autoridad administrativa independiente competente es la Comisión Nacional de la Competencia y de los Mercados (en términos de organismo regulador del entero sector energético y, por tanto, también del eléctrico, dotado de independencia y sometido al régimen general establecido para las autoridades administrativas independientes por la Ley estatal de régimen jurídico del sector público de 1 de octubre de 2015).

Debe destacarse que, si bien en su elaboración debe darse participación a las CCAA, la planificación eléctrica corresponde enteramente a la Administración General del Estado, teniendo carácter indicativo salvo en lo que se refiere a instalaciones de transporte. Se contempla i) su coordinación con la planificación física, al preverse que esta debe tener en cuenta, bajo determinadas condiciones, la planificación sectorial, y ii) su prevalencia sobre la física en los supuestos en los que esta no la haya tenido en cuenta o en que existan razones justificadas de urgencia o excepcional interés para el suministro de energía eléctrica. Debe destacarse que la planificación eléctrica debe incorporar los criterios de protección medioambiental condicionantes de las actividades de suministro de energía eléctrica con el fin de minimizar su impacto ambiental.

La Comisión Nacional de los Mercados y la Competencia, creada y regulada por la Ley estatal 3/2013, de 4 de junio, ejerce sus funciones en todo el territorio español y en relación con todos los mercados o sectores económicos para garantizar, preservar y promover el correcto funcionamiento, la transparencia y la existencia de una competencia efectiva en todos ellos en beneficio de los consumidores y usuarios. En el sector eléctrico, tiene atribuida la supervisión y el control del correcto funcionamiento del sector, mediante el ejercicio de una pluralidad de funciones, enumeradas en el texto legal.

4. La última evolución: la lucha contra el cambio climático

A los efectos de inducir los cambios socio-económicos que parecen necesarios para afrontar los riesgos, que en parte se están ya actualizando (de forma generalizada, en particular en forma de perturbación de los fenómenos atmosféricos) y en parte amenazan con hacerlo en los próximos años, se ha dictado —en el contexto de los compromisos internacionales asumidos— la ley 17/2021, de 20 de mayo, de cambio climático y transición energética. En su preámbulo, la iniciativa legislativa se justifica en la necesidad de:

a) Impulsar una transición energética que produzca importantes transformaciones en el sistema energético y facilite la descarbonización de la economía y su transición a un modelo circular para garantizar un uso racional y solidario de los recursos, efectuar la adaptación a los impactos del cambio climático y conseguir un modelo sostenible.

b) Efectuar una planificación nacional orientadora de las grandes decisiones en materia de política energética y climática y de las inversiones públicas y privadas asociadas a esta, para —en el marco de la Estrategia de Descarbonización a 2050— establecer una senda coherente con los objetivos de descarbonización de la economía para el año 2050.

c) Impulsar decididamente el cumplimiento de los objetivos de energía y clima y, por tanto, la instalación de nueva capacidad de generación de origen renovable en un marco predecible que posibilite las cuantiosas inversiones precisas para el desarrollo de instalaciones de producción de energía eléctrica a partir de fuentes de energía renovable.

De acuerdo con estas finalidades y los correspondientes objetivos, la ley contempla las medidas, en diferentes ámbitos, siguientes:

1º. Energías renovables y eficiencia energética: la priorización —en el otorgamiento de nuevas concesiones de dominio público hidráulico para la generación de energía eléctrica— del apoyo a la integración de las tecnologías renovables en el sistema eléctrico, con promoción, en particular, de las centrales hidroeléctricas reversibles, siempre que cumplan con los objetivos ambientales de las masas de agua y los regímenes de caudales ecológicos y con la gestión eficiente del recurso y su protección ambiental.

2º. Eficiencia energética y rehabilitación de edificios: la promoción y facilitación del uso eficiente de la energía y de la utilización de energía procedente de fuentes renovables en el ámbito de la edificación.

3º. Movilidad y puntos de recarga eléctrica: a) Información sobre puntos de recarga de acceso público: mandato al Gobierno para la puesta a disposición del público —a través del Punto de Acceso Nacional de información de tráfico en tiempo real— de la información de los puntos de recarga eléctrica para vehículos sobre la base de la aportación obligada a la Administración —por los prestadores del servicio y medios electrónicos— de los datos actualizados sobre localización, características, disponibilidad de las instalaciones y precio de venta de la electricidad o del servicio de recarga.

b) Instalaciones de suministro de combustibles a vehículos.

• Imposición a los titulares de las instalaciones de suministro de combustibles y carburantes a vehículos de las siguientes obligaciones: a) aquellos cuyo volumen anual agregado de ventas de gasolina y gasóleo A en 2019 sea superior o igual a 10 millones de litros): implantación, en cada instalación de al menos una infraestructura de recarga eléctrica de potencia igual o superior a 150 kW en corriente continua y su puesta en servicio en un plazo de 21 meses a partir de la entrada en vigor de la ley; b) aquellos cuyo volumen anual agregado de ventas de gasolina y gasóleo A en 2019 sea superior o igual a 5 millones de litros y menor a 10 millones de litros: implantación, en cada instalación, de al menos una infraestructura de recarga eléctrica de potencia igual o superior a 50 kW en corriente continua y su puesta en servicio en un plazo de 27 meses a partir de la entrada en vigor de la ley[55].

• Imposición, a partir de 2021 y a los titulares de las instalaciones nuevas de suministro de combustible y carburantes a vehículos o que acometan una reforma en su instalación que requiera una revisión del título administrativo, independientemente del volumen anual agregado de ventas de gasolina y gasóleo de la instalación, de la obligación de instalar al menos una infraestructura de recarga eléctrica de potencia igual o superior a 50 kW en corriente continua y su puesta en servicio desde la puesta en funcionamiento de la instalación.

• Imposición de las mismas obligaciones anteriores a los concesionarios en las redes estatales de carreteras

c) Edificios: establecimiento pro futuro (en el Código Técnico de la Edificación) de obligaciones de instalación de puntos de recarga de vehículo eléctrico en edificios de nueva construcción y en intervenciones en edificios existentes, pero imposición en todo caso de la obligación (a cumplir antes del 1° de enero de 2025), de cumplimiento, en todos los edificios de uso distinto al residencial privado con zona de uso aparcamiento de más de veinte plazas (sea en el interior, sea en un espacio exterior adscrito), de las dotaciones mínimas en infraestructura de recarga de vehículos eléctricos que prevea el Código Técnico de la Edificación. Y paralela previsión de regulación de las obligaciones de instalación de puntos de recarga de vehículo eléctrico en aparcamientos no integrados en edificaciones.

4°. Descarbonización del sector eléctrico.

• Fijación, como objetivo a alcanzar en el año 2030, de un sistema eléctrico con, al menos, un 74 por ciento de generación a partir de energías de origen renovables.

[55] En el caso de inexistencia en una provincia, ciudad autónoma o isla de instalación alguna de suministro de combustibles y carburantes a vehículos cuyo volumen anual agregado de ventas de gasolina y gasóleo A en 2019 sea superior o igual a 5 millones de litros, esta obligación se impone a los titulares de las instalaciones que, ordenadas de mayor a menor volumen de ventas anuales agregadas de gasolina y gasóleo, alcancen, conjunta o individualmente, al menos el 10 por ciento de las ventas anuales totales en las citadas áreas geográficas en el año 2019, si bien su puesta en servicio ha de tener lugar en el plazo de 27 meses a partir de la entrada en vigor de la ley.

• Dedicación de los ingresos procedentes de las subastas de derechos de emisión de gases de efecto invernadero al cumplimiento de los objetivos en materia de cambio climático y transición energética, con aplicación al sistema eléctrico de al menos 450 millones de euros para financiar los costes del mismo referidos al fomento de energías renovables, así como de hasta el 30 por ciento de los ingresos totales a medidas con incidencia social para paliar situaciones provocadas por la transición hacia una economía descarbonizada o relacionadas con la vulnerabilidad a los impactos del cambio climático. En este contexto y en lo que aquí interesa, el operador del sistema eléctrico debe remitir a la Administración, cada dos años, un informe con evaluación de los riesgos y las oportunidades asociados a un sistema energético descarbonizado sobre las actividades de la entidad, su estrategia y su planificación financiera.

• Habilitación al gobierno para requerir al operador del mercado, al operador del sistema, al transportista y a los distribuidores para que elaboren, en sus respectivos ámbitos de actuación, una estrategia de descarbonización.

BIBLIOGRAFÍA

Ariño Ortiz, G.: "Intervención del Estado en las operaciones corporativas: la función 14.ª de la CNE", en S. Muñoz Machado, S. Serrano González, M. Bacigalupo Saggese, *Derecho de la regulación*, vol. III, tomo I, Madrid, Iustel, 2009.

—, "El desafío energético europeo: ¿campeones o mercado?", *Gaceta Jurídica de la Unión Europea y de la Competencia*, núm. 247, 2007.

Becker, F.; Cazorla, L. M.; Martínez-Simancas, J.; Sala, J. M. (dirs): *Tratado de regulación del sector eléctrico*, Cizur Menor, 2009.

De la Cruz, J.: *Principios de regulación económica en la Unión Europea*, Madrid, Instituto de Estudios Económicos, 2002.

García de la Coca, J. A.: *Sector petrolero español*, Madrid, 1996.

García Delgado, J. L.; Jiménez Jiménez, J. C.: *Energía y regulación*, Cizur Menor, 2007.

Del Guayo Castiella, I.: *El servicio público del gas*, Madrid, 1992.

Fabra Utray, J.: *¿Liberalización o regulación? Un mercado para la electricidad*, Madrid, Marcial Pons, 2004.

Guillén Caramés, J. (dir.): *Derecho de la competencia y energía eléctrica*, Madrid, 2009.

Muñoz Machado, S.: *Servicio público y mercado*, Madrid, 1998.

Muñoz Machado, S.; Serrano González, M.; Bacigalupo Saggese, M. (dirs): *Derecho de la regulación económica. III. Sector energético*, Madrid, 2009.

SALA ARQUER, J. M.: *La liberalización del monopolio de petróleos en España*, Madrid, 1995.

SÁNCHEZ GUTIÉRREZ, M.: *La regulación del sector del gas natural*, Valencia, 2006.

VV.AA., *Manual del sector de hidrocarburos*, Cizur Menor, 2008.

RESPONSABILIDAD DEL ESTADO

LA RESPONSABILIDAD DEL ESTADO POR ERROR JUDICIAL Y ANORMAL FUNCIONAMIENTO DE LA JUSTICIA EN LA LEY 26.944 DE RESPONSABILIDAD DEL ESTADO Y DE LOS FUNCIONARIOS PÚBLICOS

Pablo Esteban Perrino*
Argentina

1. La ley 26.944 de responsabilidad del Estado

La situación de la responsabilidad estatal en Argentina sufrió un cambio muy relevante a mediados de 2014, con motivo de la expedición de la ley 26.944 (LRE)[1], por la cual se reguló la responsabilidad patrimonial objetiva y directa del Estado nacional y la de sus empleados y funcionarios, y la aprobación por la ley 26.994[2] de un nuevo Código Civil y Comercial (C. C. y Co.). La ley 26.994 es la primera regulación legislativa en la que se aborda de manera general y orgánica la responsabilidad del Estado nacional.

Hasta ese entonces, el régimen de dicho instituto era esencialmente de origen jurisprudencial[3], construido por la doctrina y los tribunales sobre la base de las cláusulas de la Constitución Nacional que garantizan los derechos de propiedad[4] (arts. 14 y 17) y de igualdad ante las cargas públicas (art. 16 de la Constitución Nacional[5]) y también en las normas del Código Civil, a las que

* Profesor en la Universidad Nacional de La Plata (Argentina).

[1] BO 8 de agosto de 2014.

[2] BO 8 de octubre de 2014.

[3] Ver: María Graciela Reiriz, *Responsabilidad del Estado*, Buenos Aires, Eudeba, 1969, pág. 83 y ss.; Juan Carlos Cassagne, "Las grandes líneas de la evolución de la responsabilidad patrimonial del Estado en la jurisprudencia de la Corte Suprema", LL, 2000-D, 1219, y *Curso de derecho administrativo*, 13ª ed., Buenos Aires, La Ley, 2021, tomo I, pág. 437 y ss.; Alejandro J. Uslenghi, "Lineamientos de la responsabilidad del Estado por actividad ilícita", en obra colectiva, *Responsabilidad del Estado y del funcionario público*, Buenos Aires, Ciencias de la Administración, 2001, pág. 49 y ss., y Pablo E. Perrino, "La responsabilidad extracontractual en el derecho argentino", en *R.A.P.*, n.º 237, págs. 9-14.

[4] Conf. Fallos: 253:316; 274:432; 277:225; 300:143; 301:403, 302:159; 305:1045, entre otros. En antiguos pronunciamientos, la Corte Suprema de Justicia de la Nación (CSJN) fundó también la responsabilidad estatal en postulados de justicia y equidad (fallos: 111:339, 129:5 y 180:339).

[5] Corte Suprema de Justicia de la Nación (CSJN), fallos: 315:1892; 321:3363; conf. Fallos: 293:617, voto concurrente del juez Levene.

se acudió para cimentar la responsabilidad por actuación ilegítima, y de la legislación expropiatoria, para la responsabilidad derivada de la actividad estatal legítima.

En este trabajo, a través del cual rendimos un justo homenaje al querido y eximio profesor LIBARDO RODRÍGUEZ RODRÍGUEZ, nos centraremos en el tratamiento conferido por la ley 26.944 a la responsabilidad del Estado por la actuación de los órganos del Poder Judicial.

Como recuerda nuestro homenajeado, se trata de un tema que estuvo tradicionalmente dominado por "la idea de la irresponsabilidad, con fundamento, aunque criticable y no muy claro, en la noción de soberanía y en la autoridad de cosa juzgada que caracteriza a las decisiones jurisdiccionales"[6]. Sin embargo, en la actualidad, con la evolución del Estado de derecho y la superación de los dogmas que obstaculizaban su reconocimiento, esta faceta de la responsabilidad estatal está firmemente asentada en el derecho argentino. Pese a ello, su amplitud es menor que la de otras clases de responsabilidad estatal y subsisten importantes discusiones acerca de su alcance, particularmente cuando la actuación judicial dañosa no puede ser considerada ilegítima[7].

2. LA RESPONSABILIDAD DEL ESTADO POR ANORMAL FUNCIONAMIENTO DE LA JUSTICIA Y POR ERROR JUDICIAL EN LA JURISPRUDENCIA DE LA CORTE SUPREMA

Al momento de la expedición de la ley 26.944 (LRE), y fruto de la evolución de la jurisprudencia de la Corte Suprema de Justicia de la Nación y de otros tribunales, básicamente se distinguían dos categorías de supuestos en los cuales el Estado responde por la actuación ilegítima de magistrados y funcionarios del Poder Judicial en el seno de un proceso: los derivados

[6] LIBARDO RODRÍGUEZ RODRÍGUEZ, *Derecho administrativo. General y colombiano*, 19ª ed., Bogotá, Temis, 2015, pág. 675.

[7] En tal sentido se ha dicho que "*S*e trata de una responsabilidad de carácter excepcional dado que en toda comunidad jurídicamente organizada todos sus componentes tienen el deber o carga genérica de someterse a las decisiones que se adopten en los procesos jurisdiccionales, lo cual lleva consigo la carga de soportar los daños ocasionados por una sentencia desfavorable. Este deber se concreta, muchas veces, en el sacrificio que tiene que aceptar todo particular —sin indemnización— de soportar los daños que le provoca el sometimiento al proceso, hasta tanto obtenga una sentencia que haga lugar a su pretensión. Ello constituye un principio general del derecho cuyo fundamento reposa en la justicia legal o general, que es la especie de la justicia que establece deberes de las partes con el todo social". JUAN CARLOS CASSAGNE, "El carácter excepcional de la responsabilidad del Estado por daños causados por error judicial: sus límites", LL, 2002-A, 484.

de una decisión judicial errónea y aquellos ocasionados por el anormal funcionamiento de la Administración de Justicia[8].

Los casos comprendidos dentro del vago concepto de anormal funcionamiento de la Administración de Justicia eran considerados por la Corte Suprema de Justicia de la Nación como una especie de falta de servicio[9]. No así los supuestos que daban lugar a la responsabilidad por error judicial[10], a la

[8] La denominación "funcionamiento anormal de la Administración de Justicia" ha sido empleada por la Corte Suprema de Justicia de la Nación en varios pronunciamientos en los que consideró que lo que se imputaba al Estado, como causa generadora del daño, era el funcionamiento anormal del servicio de justicia a su cargo y que no se había puesto en tela de juicio una decisión jurisdiccional —a la cual se repute ilegítima—, razón por la cual la situación no debía encuadrarse en la doctrina elaborada por ese tribunal en materia de error judicial, sino que debía resolverse a la luz de los principios generales establecidos para determinar la responsabilidad extracontractual del Estado por actividad ilícita (fallos: 334:1302 y causas "Poggio, Oscar Roberto c. EN —Ministerio de Justicia y Derechos Humanos s/daños y perjuicios", LL 2012-A, 150, y "Rizikow, Mauricio c. EN —Ministerio de Justicia y Derechos Humanos s/daños y perjuicios", LL, 2012-A, pág. 452). Ver: Guido Santiago Tawil, *La responsabilidad del Estado y de los magistrados y funcionarios judiciales por el mal funcionamiento de la administración de la justicia*, 2ª ed., Buenos Aires, Depalma, 1993, pág. 52 y ss.; Mario Rejtman Farah, "Responsabilidad del Estado por omisión judicial. Una tendencia que se expande", LL, 996-D, pág. 79, y Martín Galli Basualdo, *Responsabilidad del Estado por su actividad judicial*, Buenos Aires, Hammurabi, 2006, pág. 58. La terminología empleada por la Corte Suprema de Justicia de la Nación proviene del art. 121 de la Constitución española, el cual dispone: "Los daños causados por error judicial, así como los que sean consecuencia del funcionamiento anormal de la Administración de Justicia, darán derecho a una indemnización a cargo del Estado, conforme a la Ley". En el Título V del Libro III de la Ley Orgánica del Poder Judicial española, de 1 de julio de 1985 (SP/LEG/2015), se regula en los arts. 292 y siguientes los dos títulos de imputación previstos en la norma constitucional transcrita, estableciendo un régimen diferenciado para el error judicial y para el funcionamiento anormal de la Administración de justicia y donde, además, de aquel se desgaja (también con régimen jurídico específico) el caso de la prisión preventiva indebida, seguida de absolución o sobreseimiento libre por inexistencia del hecho. Edorta Cobreros Mendazona, "Funcionamiento anormal de la administración de justicia e indemnización", en *Revista de Administración Pública*, n.º 177, Madrid, septiembre-diciembre 2008, pág. 31 y ss.

[9] María Susana Villarruel, "Responsabilidad del Estado por falta de servicio del órgano judicial. Breve comentario al caso «K., A. O. y otro c. Estado Nacional»"; EDA, 2014-79; y Claudia Caputi, "Tendencias actuales en materia de responsabilidad del Estado por funcionamiento irregular de los órganos judiciales (el caso 'Amiano')", LL, 2000-C, 750. También en Colombia, según lo explica nuestro homenajeado, "la jurisprudencia ha considerado que puede configurarse la responsabilidad por falla del servicio, cuando el juez acude a vías de hecho o irregularidades". Libardo Rodríguez Rodríguez, *Derecho administrativo. General y colombiano*, ob. cit., pág. 676.

[10] Para Galli Basualdo, el funcionamiento anormal o irregular del servicio de justicia y el error judicial constituyen distintos títulos de imputación, los cuales tienen un régimen jurídico propio y diferenciado. A su entender, solo el primero se identifica con el factor

cual se la ha rodeado de un conjunto de exigencias que limitan su procedencia y le otorgan un perfil propio[11].

De tal modo, la razón de la distinción radica en las distintas exigencias (más rigurosas en la primera categoría) que deben verificarse para tornar viable la responsabilidad estatal en tales supuestos.

A) *Notas que caracterizan la responsabilidad por el anormal funcionamiento de la Administración de Justicia y el error judicial*

Veamos rápidamente las notas que caracterizan las dos categorías mencionadas, cuyos datos comunes son básicamente que en ambos casos la actuación estatal es contraria a derecho, la responsabilidad es objetiva[12], por lo que no es necesario acreditar la culpa o dolo en la actuación del magistrado o funcionario[13], y la indemnización debe ser integral[14].

La llamada responsabilidad por anormal funcionamiento de la Administración de Justicia comprende un conjunto de supuestos de contornos difusos que atañen a defectos o irregularidades —no incluidos en el con-

falta de servicio. Martín Galli Basualdo, *Responsabilidad del Estado por su actividad judicial*, ob. cit. pág. 86. En igual sentido, Correa afirma: "existe una clara diferencia entre la falta de servicio y el error judicial como factores de atribución de responsabilidad estatal por su actividad jurisdiccional. Es que no puede soslayarse que estamos en presencia de dos figuras distintas que proceden ante supuestos disímiles". Seguidamente explica: "la responsabilidad *in iudicando* reconoce su génesis a partir de la actuación judicial irregular en sentido estricto, es decir, frente a sentencias o autos interlocutorios en los cuales el magistrado interpreta equivocadamente el derecho (error de derecho) o efectúa una errada apreciación de las circunstancias fácticas (error de hecho). Mientras que la responsabilidad *in procedendo*, en cambio, incluye supuestos diversos y cuyas características son distintas, pero que permiten reconocerse a partir de un ejercicio irregular del sistema judicial no solo referido a magistrados sino de todos los integrantes del Poder Judicial como los auxiliares y empleados". José Luis Correa, "Dilación indebida de los procedimientos penales", LL, 2012-B, pág. 122.

[11] Claudia Caputi, "La responsabilidad del Estado en la Argentina. Una reseña panorámica de sus principales cuestiones en la actualidad", en *Revista de Derecho Público.*, n.º 117, Caracas, Venezuela, enero-marzo 2009, pág. 7.

[12] No es necesario indagar en la subjetividad del empleado o funcionario estatal para que aquella se configure. La responsabilidad se pondera objetivamente con base en estándares de diligencia en función de circunstancias de tiempo, modo y lugar.

[13] Conf. Guido Santiago Tawil, *La responsabilidad del Estado y de los magistrados y funcionarios judiciales por el mal funcionamiento de la Administración de justicia*, ob. cit., pág. 61; y Juan Manuel Hitters, "Responsabilidad del Estado por error judicial", LL, 2003-F, 1070.

[14] Conf. Juan Carlos Cassagne, *Curso de derecho administrativo*, ob. cit. págs. 459-460.

cepto de error judicial— cometidos durante la tramitación del proceso[15], los cuales pueden producirse por acción u omisión, no de los magistrados, sino también de los funcionarios o auxiliares de la justicia[16].

Por contraste con el panorama existente en lo que concierne a la responsabilidad por error judicial, abundan en los repertorios jurisprudenciales pronunciamientos condenatorios del Estado por diversos tipos de defectos o irregularidades procesales, tales como[17], a) irregularidades cometidas en el libramiento de oficios[18] y cédulas[19]; b) errores en el libramiento de giros o libranzas judiciales[20]; c) errores en liquidaciones[21]; d) extravío de documentación[22]; e) irregularidades en subastas[23]; f) dilaciones procesales indebidas o injustificadas que trasuntan una clara violación del derecho constitucional a la tutela judicial efectiva[24] (v. gr. prisiones preventivas efectivizadas que se prolongaron por un lapso excesivo y posteriormente el imputado fue absuelto[25]), entre otros.

A su vez, la responsabilidad por error judicial se configura cuando un magistrado dicta un pronunciamiento en el proceso "que resulta objeti-

[15] Claudia Caputi, "Tendencias actuales en materia de responsabilidad del Estado por funcionamiento irregular de los órganos judiciales (el caso 'Amiano')", ob. cit.

[16] Martín Galli Basualdo, *Responsabilidad del Estado por su actividad judicial*, ob. cit., págs. 87-88.

[17] Seguimos la sistematización efectuada por Claudia Caputi en su trabajo "Tendencias actuales en materia de responsabilidad del Estado...", ob. cit.

[18] CSJN, fallos: 307:821 y 318: 845, y en LL, 996-D, 80, con nota de Mario Rejtman Farah.

[19] CSJN, fallos: 307:821 y 318:845.

[20] Cámara Nacional de Apelaciones en lo Contencioso Administrativo Federal, sala II, causa "Lusquiños Horacio R. v. Estado Nacional s/ daños y perjuicios", sent. del 11/2/9, cita online Abeledo Perrot n.º: 60001680.

[21] CSJN causa B. 63. XXXII Originario, "Bareco Argentina S.A.C. e 1. c. Provincia de Buenos Aires y otros s/ sumario", fallo del 19 de agosto de 1999, citado por Claudia Caputi, "Tendencias actuales en materia de responsabilidad del Estado...", ob. cit.

[22] Cámara Nacional de Apelaciones en lo Contencioso Administrativo Federal, sala IV, "Bodegas y Viñedos Giol E.E.I.C. v. Poder Judicial de la Nación", sent. del 9/6/94, cita online Abeledo Perrot n.º: 954064; y CSJN, causa "Kaerger, Arturo Otto y otra", LL, 2013-D, 591 y JA 2013- III, 302.

[23] Cámara Nacional de Apelaciones en lo Contencioso Administrativo Federal, sala IV, causa "Nahoum, Alberto V. c. Gobierno nacional -Ministerio de Justicia", sent. del 8/4/86, LL, 1987-A, 225

[24] Jorge Alberto Diegues, "La tutela judicial efectiva en la jurisprudencia de la Corte Interamericana de Derechos Humanos", LL, 31/12/2012, 8; y Pablo Luis Manili, "Las medidas cautelares contra el Estado frente al bloque de constitucionalidad", Sup. Const. 2014 (octubre), 112, LL 2014-E.

[25] CSJN, fallos: 322:2683 y 333:2353

vamente contradictorio con los hechos de la causa o con el derecho y la equidad, desviando la solución del resultado justo al que naturalmente debió llegar"[26] o cuando en la decisión judicial se "incurre en un resultado equivocado, no ajustado a la ley, sea por no aplicar correctamente el derecho, o por establecerse hechos que no se corresponden con la realidad; también se considera configurado aquel error cuando por dolo, negligencia o equivocado conocimiento o apreciación de los hechos, aquella resolución judicial no se ajusta a la verdad, y resulta jurídicamente inadecuada"[27].

En una interpretación análoga, se ha dicho que "la ilegitimidad que da lugar, en su sentido propio, al llamado 'error judicial', aparece cuando el acto judicial dictado por el magistrado en ejercicio de su potestad juzgadora, resulta objetivamente contrario a los hechos comprobados en la causa, al derecho y a la equidad; o, si se quiere, cuando entre la confrontación de la solución dada y la que correspondía de acuerdo a la apreciación de la prueba y la ponderación de las normas especialmente aplicables, resulta evidente, manifiesto e inopinable, la existencia de la equivocación productora de un daño cierto"[28].

No obstante que el error judicial susceptible de comprometer la responsabilidad estatal puede suscitarse en cualquier tipo de litigio[29], los casos más graves y que por ello han merecido mayor atención, son aquellos en los que se ha visto afectada, injustificadamente, la libertad de las personas, por detenciones preventivas y condenas erróneas en sede penal[30], los cuales tienen un especial reconocimiento normativo en tratados internacionales de protección derechos humanos —que en Argentina tienen jerarquía constitucional[31]— como el Pacto Internacional de Derechos Civiles y Políticos[32]

[26] Jorge Bustamante Alsina, "Responsabilidad del Estado por 'error judicial' (El auto de prisión preventiva y la absolución)", LL, 1996-B, 311.

[27] Claudia Caputi, "Tendencias actuales en materia de responsabilidad del Estado...", ob. cit.

[28] CSJN, voto del juez Vázquez en fallos: 321:1712.

[29] Conf. CSJN, fallos: 319: 2527 y 323:750.

[30] Félix A. Trigo Represas, "Responsabilidad de los jueces y del Estado-juzgador por daños derivados de errónea actividad judicial", LL, 2009-C, pág.1002.

[31] Art. 75, inc. 22 de la Constitución Nacional.

[32] El art. 14, inc. 6 del Pacto Internacional de Derechos civiles y Políticos determina: "Cuando una sentencia condenatoria firme haya sido ulteriormente revocada, o el condenado haya sido indultado por haberse producido o descubierto un hecho plenamente probatorio de la comisión de un error judicial, la persona que haya sufrido una pena como resultado de tal sentencia deberá ser indemnizada, conforme a la ley, a menos que se demuestre que le es imputable en todo o en parte el no haberse revelado oportunamente el hecho desconocido". A su vez, en el artículo 9°, inc. 5 se contempla el derecho "a obtener reparación" de "toda persona que haya sido ilegalmente detenida o presa".

la Convención Americana de Derechos Humanos[33] y el Código Procesal Penal de la Nación[34]. Además, numerosas constituciones provinciales y la de la Ciudad Autónoma de Buenos Aires[35] reconocen expresamente la responsabilidad del Estado por error judicial[36].

B) *Recaudos para la procedencia de la responsabilidad del Estado por error judicial*

Para que proceda la responsabilidad por error judicial, además de los requisitos comunes a otros tipos de responsabilidad estatal (atinentes al daño, nexo causal, imputabilidad de la conducta dañosa a un órgano estatal) y en lo que concierne a la configuración del factor de atribución, la Corte Suprema de Justicia de la Nación requiere los siguientes recaudos, inaplicables en los supuestos de anormal funcionamiento de la justicia.

a) En primer lugar, la Corte requiere como presupuesto ineludible de la responsabilidad por error judicial, que "el acto jurisdiccional que origina el daño sea declarado ilegítimo y dejado sin efecto[37], pues antes de ese

[33] El art. 10 de la Convención Americana de Derechos Humanos dispone: "Toda persona tiene derecho a ser indemnizada conforme a la ley en caso de haber sido condenada en sentencia firme por error judicial".

[34] El art. 347 del Código Procesal Penal de la Nación, aprobado por la ley 27.063, prescribe: "Toda persona tiene derecho a ser indemnizada conforme a la ley en caso de haber sido condenada en sentencia firme por error judicial.

"En caso de ser obligado a reparar, el Estado repetirá contra algún otro obligado.

"Serán solidariamente responsables quienes hayan contribuido dolosamente o por culpa grave al error judicial. La solidaridad alcanzará total o parcialmente al denunciante o al querellante que haya falseado los hechos o litigado con temeridad".

También el art. 488 del Código Procesal Penal de la Nación, ley 23.984, aún vigente, establece: "La sentencia de la que resulte la inocencia de un condenado podrá pronunciarse, a instancia de parte, sobre los daños y perjuicios causados por la condena, los que serán reparados por el Estado siempre que aquél no haya contribuido con su dolo o culpa al error judicial.

"La reparación solo podrá acordarse al condenado o, por su muerte, a sus herederos forzosos".

[35] Art. 13, inc. 10.

[36] Así lo hacen: Chaco (art. 24), Córdoba (art. 42, párrafo 2°), Chubut (art. 60), Formosa (art. 22), Jujuy (art. 29, inc. 11), La Pampa (art. 12), Misiones (art. 27), Neuquén (art. 71), Río Negro (art. 19), Salta (art. 5), Santa Cruz (art. 29), Santa Fe (art. 9, párrafo 6°), Tierra del Fuego (art. 40).

[37] En igual sentido: Suprema Corte de Justicia de la Provincia de Buenos Aires causas: "A. M., M. contra Fisco de la Provincia de Buenos Aires s/ Daños y perjuicios. Responsabilidad del Estado" C 119438, sent. del 28/6/17 y "D'Agostino, Claudio Marcelo contra Poder Ejecutivo. Pretensión indemnizatoria. Recurso extraordinario de inaplicabilidad de ley", A 72416 sent. del 18/10/17; conf. JUAN CARLOS CASSAGNE, *Curso de derecho administrativo*, ob. cit. pág. 459.

momento el carácter de verdad legal que ostenta la sentencia pasada en autoridad de cosa juzgada impide, en tanto se mantenga, juzgar que hay error. Lo contrario importaría un atentado contra el orden social y la seguridad jurídica, pues la acción de daños y perjuicios constituiría un recurso contra el pronunciamiento firme, no previsto ni admitido por la ley"[38].

En consecuencia, advierte la Corte que, la mera anulación o revocación de una sentencia, si bien es condición necesaria para responsabilizar al Estado por un acto dictado en ejercicio de su función jurisdiccional, no es suficiente[39]. Por tal motivo, ha resuelto que no se compromete la responsabilidad del Estado por error judicial cuando la sentencia absolutoria no se fundó en la inexistencia del delito y de prueba, sino, por ejemplo: a) en la insuficiencia de los elementos probatorios colectados para demostrar la autoría[40], o b) la aplicación retroactiva de una ley penal más benigna[41] o c) por haberse decretado la nulidad de actos procesales del proceso penal[42]. En todos estos casos está ausente el presupuesto esencial para que nazca el deber estatal de indemnizar, como es la existencia del error judicial, puesto que la reparación solo procede cuando resulta manifiesta la materialidad de la equivocación[43], lo que presupone un resultado erróneo, no ajustado a la ley[44].

Por análogas razones, se sostiene que la absolución de una persona que ha sufrido la privación de la libertad durante el proceso con motivo de la prisión preventiva no genera *per se* el derecho a ser indemnizado, sino solo cuando el auto de prisión preventiva se revele como incuestionablemente infundado o arbitrario, mas no cuando elementos objetivos hayan llevado a los juzgadores al convencimiento —relativo, obviamente, dada la etapa del proceso en que aquel se dicta— de que medió un delito y de que existe probabilidad cierta de que el imputado sea su autor[45].

[38] CSJN, fallos: 311:1007; 318:1990; 319:2527; 321:1712, entre otros.

[39] CSJN, fallos: 317:1233; 332:552; 323:750, entre otros.

[40] CSJN, fallos: 321:1712.

[41] CSJN, fallos: 332:552.

[42] CSJN, fallos: 325: 1855 y 328: 4175.

[43] CSJN, fallos: 322:2525 y 332:552.

[44] CSJN, fallos: 332:552.

[45] CSJN, fallos: 318: 1990; 325:1855; 328:4175.; 329:3894; 333:273 y 2353. En igual sentido ha expedido la Suprema Corte de Justicia de la Provincia de Buenos Aires ("Cura, Carlos Antonio c/Estado nacional y otro s/ daños y perjuicios", C.1124.XXXV, sent. del 27/5/04; "Muñoz Fernández, Mauricio Alejandro c/Buenos Aires, Provincia de y otro s/ daños y Perjuicios", M.1057.XXV, sent. del 28/7/05; "Andrada, Roberto Horacio y otro c/ Buenos Aires, Provincia de y otros s/daños y perjuicios", A.901.XXXVI, sent. del 5/9/06; "Solis, Hugo Alberto c/ Buenos Aires, Provincia de s/daños y perjuicios", 878.XXXV, sent. del 10/6/08, "E., R. M. c. Fisco de la Provincia de Buenos Aires" A.70.215, sent. del

b) En segundo lugar, la existencia del error judicial debe ser verificada en el mismo proceso en que se cometió, a través de "los medios procesales ordinariamente previstos a ese fin en el ordenamiento"[46]. Pero si las normas procesales y de fondo aplicables al caso no prevén expresamente la posibilidad de revisión, en el mismo proceso deberá promoverse una "acción autónoma declarativa invalidatoria de la cosa juzgada que se considera írrita[47]. A juicio de la Corte, la circunstancia de que se haya legislado un procedimiento de revisión dentro del mismo proceso no puede resultar un obstáculo para

---

11/03/13, cita online: AR/JUR/10614/2013, entre otros); Suprema Corte de Justicia de la Provincia de Mendoza, Sala I, "Fader Mora, Carlos Enrique c. Provincia de Mendoza s/ d. y pág. s/ inc. cas.", sent. del 11/04/2012, LL cita online: AR/JUR/10378/2012; Tribunal Superior de Justicia de la Provincia de Córdoba, Sala Civil y Comercial, "Barcia, José L. y otros v. Pavone Russo, Christian A. y otros, 22/11/2011, LL, cita online: AP/JUR/204/2011; ver: Pablo Gallegos Fedriani, "La responsabilidad del poder judicial en materia penal (prisión preventiva)", en *Rev de Der. Adm.*, n.º 83, pág.1249.

[46] CSJN, fallos: 323:750; conf. Fallos: 323: 3973. La Corte Suprema de Justicia de la Nación en diversas ocasiones ha expresado: "Que si para obtener el resarcimiento de eventuales daños derivados de un pronunciamiento judicial firme —por hallarse consentido, confirmado, ser irrecurrible o no haber sido atacado por los limitados medios que autorizan su revisión—, pudiesen otros jueces valorar nuevamente las circunstancias de la causa para determinar si hubo error en la anteriormente tramitada, no se verían estos últimos exentos de la posibilidad de cometer un nuevo error. Ha dicho este Tribunal en recordado fallo que «'[...] si para escapar al peligro del error posible hubiera de concederse recurso de las decisiones de la Corte, para escapar a idéntico peligro, habría que conceder recurso de las decisiones del tribunal que pudiera revocar las decisiones de la Corte, y de este a otro por igual razón, estableciendo una serie que jamás terminaría porque jamás podría hallarse un Tribunal en que no fuera posible el error. Habría que establecer, por consiguiente, la eterna incertidumbre del derecho con la impotencia de los poderes sociales para poner fin a los pleitos; y por temor de un peligro posible se caería en un peligro cierto, y sin duda alguna más grave, de una permanente anarquía' (fallos: 12:134). Parece que el único remedio para tal situación es la reafirmación del principio que atribuye el carácter de verdad legal al pronunciamiento pasado en autoridad de cosa juzgada, que veda —por ende— revisarlo cuando adquirió ese carácter» (fallos: 317:1233, voto del juez Moliné O'Connor)" (fallos: 321:1712).

[47] Explica Hitters que en los supuestos de daños ocasionados por sentencias firmes viciadas por fraude procesal o de procesos totalmente fraudulentos destinados a estafar a terceros, "el perjudicado puede entablar la acción de nulidad o revisión de la cosa juzgada, sin que la ausencia de previsión legal expresa de este andamiaje le sea prohibitivo de hacerlo. También es preciso recalcar que la acción de referencia solo procede si el vicio se conoció con posterioridad a la formación de la *res judicata*, ya que este remedio revisorio es subsidiario. Por ello, si los defectos efectivamente se conocían con anterioridad a ese acontecimiento, y por aplicación del principio de preclusión no es posible dejar pasar esa posibilidad impugnatoria para luego atacar la decisión firme mediante la utilización de los medios que se brindan a través de la acción de revisión". Juan Manuel Hitters, "Responsabilidad del estado por error judicial", ob. cit.

que los tribunales tengan la facultad de comprobar, en un proceso de conocimiento de amplio debate y prueba, los defectos de las sentencias pasadas en autoridad de cosa juzgada que se impugnan[48].

De tal modo, se ha considerado que, a pesar de que la acción de daños y perjuicios no es el andarivel procesal pertinente para que se revise la decisión judicial productora del daño, nada obsta para que —cuando ello sea procesalmente posible— se acumule la pretensión indemnizatoria con la que procura la declaración de invalidez del acto jurisdiccional[49].

3. La responsabilidad del Estado por anormal funcionamiento de la justicia y por error judicial en la ley 26.944. La aplicación del factor de atribución falta de servicio

En este apartado examinaremos el tratamiento que en la ley 26.944 se confiere a la responsabilidad estatal derivada de la labor del Poder Judicial en ejercicio de la función jurisdiccional.

A tal fin, lo primero que cabe advertir es que, como se desprende de la redacción de numerosos artículos de la ley 26.944 (arts. 1, 3, 4 y 5 y conc.), están sujetos a su regulación los daños causados por todos los órganos del Estado nacional[50] y sus entes descentralizados. Por consiguiente, la ley cubre la actividad dañosa de los tres poderes del Estado nacional.

[48] CSJN, fallos: 319:2527.

[49] Así lo manifiesta Ramón Daniel Pizarro, *Responsabilidad del Estado y del funcionario público*, t. 2, Buenos Aires, Astrea, 2ª ed., 2016, pág. 26; y Juan Manuel Hitters, "Responsabilidad del Estado por error judicial", ob. cit.

[50] Están excluidos de este régimen los perjuicios ocasionados por las provincias, la Ciudad Autónoma de Buenos Aires y las municipalidades. La ley 26.944 (LRE) no se dictó por el Congreso con arreglo a la facultad que le confiere el art. 75, inc. 12 de la Constitución Nacional para dictar los denominados Códigos Civil, Comercial, Penal, de Minería, y del Trabajo y Seguridad Social, de aplicación uniforme en todo el país, sino en su condición de legislador federal. En sintonía con ello y como consecuencia de la forma federal de Estado adoptada por la Constitución Nacional (arts. 1, 121, 122 y 129 de la Constitución Nacional), y con lo dispuesto en los arts. 1765 y 1766 del Código Civil y Comercial, en el art. 11 de la LRE se formula una invitación a las provincias y a la Ciudad Autónoma de Buenos Aires a adherir a sus disposiciones. A la fecha, de las 23 provincias que componen nuestro Estado federal, solo ocho han legislado en la materia (Provincias de Santa Cruz, ley 3396; Chubut, ley I-560; Río Negro, ley 5339; Mendoza, ley 8968; La Rioja, ley 10.004; Catamarca, ley 5536; Santiago del Estero, ley 7179 y Entre Ríos, ley 10.636), como así también la Ciudad Autónoma de Buenos Aires (ley 6325). La mayoría de las leyes locales dictadas, a excepción de la ley de la Provincia de Mendoza, han seguido muy de cerca el modelo de la LRE. Sin embargo, algunas de ellas exhiben ciertas diferencias y mejoras con relación al texto de la LRE (v. gr., ley 10.636 de la Provincia de Entre Ríos).

Sin embargo, la ley 26.944 no contiene una regulación específica de los distintos y clásicos supuestos que dan lugar a la responsabilidad de los órganos del Poder Judicial en ejercicio de la función jurisdiccional[51]. La única mención puntual que se efectúa en la ley 26.944 a la responsabilidad ocasionada por el Poder Judicial concierne a los casos en los que el daño deriva de una actuación legítima, supuestos en los cuales, según lo dispone el artículo 5°, *in fine*, "no generan derecho a indemnización"[52].

Insistimos en que esa ausencia de legislación no significa que la ley 26.944 no sea aplicable a los perjuicios causados por el poder judicial. Prueba de ello es la limitación establecida en el artículo antes transcrito.

Entonces, cabe preguntarse, ¿cuál es el régimen aplicable en tales supuestos? Para dar respuesta a este interrogante es menester señalar que en la ley 26.944 solo se prevén dos factores de atribución de la responsabilidad estatal: a) falta de servicio para los supuestos de actividad e inactividad ilegítima (art. 3, lit. d), y el sacrificio especial que el afectado no está obligado a soportar para los casos de actividad legítima (art. 4, lits. d y e). La ley 26.944 no contempla otros títulos de atribución tales como el riesgo, la garantía o la violación de la confianza legítima[53].

[51] Tampoco a la que pueda ocasionarse por la intervención del poder legislador.

[52] Con base en dicha norma se ha expresado que al excluirse de la indemnización los daños causados a raíz de una actividad judicial legítima, ello determina —*a contrario sensu*— la posibilidad de reclamar la reparación de los daños derivados de la actividad judicial ilegítima, ya sea por error judicial o por una prestación anormal o deficiente del servicio de justicia. Cám. Nac. Apel. Civ. y Com. Fed., Sala III, causa "M., A. y otros c. Estado Nacional Ministerio de Justicia y otros s/ responsabilidad extracontractual del Estado", sent. del 18/12/19, cita online: TR LALEY AR/JUR/53394/2019. No estimamos razonable enarbolar como regla la imposibilidad de reclamar una indemnización cuando el perjuicio encuentra su causa en la actuación legítima del Poder Judicial, como lo hace el art. 5, último párrafo de la LRE. Contrariamente a lo postulado por la Corte Suprema de Justicia de la Nación (fallos: 317:1233; 318:1990; 321:1712; fallos: 317:1233: 318:1990; 312:1712 y 325:1855), no consideramos que medien diferencias sustanciales en tales supuestos respecto de los casos de actuaciones válidas de los otros poderes del Estado. Por tanto, y partiendo de la base de que son supuestos más bien excepcionales, cumplidas las exigencias establecidas en el art. 4 de la LRE, para la procedencia de la responsabilidad por actividad legítima del Estado, y con base en los principios constitucionales de igualdad ante las cargas públicas, inviolabilidad de la propiedad y *alterum non laedere* (arts. 16,14, 17 y 19 de la Const. Nac., respectivamente), no parece lógico dejar sin reparar el daño ocasionado. Conf. María Angélica Gelli, "Lectura constitucional de la Ley de Responsabilidad del Estado", LL, 2014-E, 659; y Ramón Daniel Pizarro, *Responsabilidad del Estado y del funcionario público*, ob. cit., págs. 43-45; ver: Pablo Esteban Perrino, *La responsabilidad del Estado y los funcionarios públicos. Código Civil y Comercial. Ley 26.944 comentada*, Buenos Aires, La Ley, Thomson Reuters, 2015, pág.168 y ss.

[53] Hemos criticado el criterio reduccionista de los factores de atribución que contiene la LRE. Ver: Pablo Esteban Perrino, *La responsabilidad del Estado y los funcionarios*

Pues bien, teniendo presente lo dicho y ante la falta de previsiones normativas, estimamos que cabe aplicar el régimen de la responsabilidad por falta de servicio reglado en el artículo 3° de la ley 26.944[54] a los supuestos en los cuales se produzcan perjuicios como consecuencia de la actuación contraria a derecho de magistrados o funcionarios del Poder Judicial en el seno de un proceso[55]. Ello es así, porque el concepto de falta de servicio adoptado por el legislador, consistente "en una actuación u omisión irregular de parte del Estado"[56] (art. 3°, lit. d, LRE), es sumamente amplio, pues alcanza no solo los comportamientos de la Administración pública, sino los de todo órgano del Estado nacional[57]. Así se desprende de los artículos 1° y 3° literales b) y c) de la ley 26.944, en los cuales se define, respectivamente, el ámbito de aplicación de la ley y los requisitos para la procedencia de la responsabilidad estatal ilegítima. En ninguna de estas normas se hace referencia a conductas dañosas de órganos que ejerzan función administrativa, sino del Estado *lato sensu*. En tal sentido, en el primero de los preceptos indicados se determina que las disposiciones de dicha ley rigen "la responsabilidad

---

públicos. Código Civil y Comercial. Ley 26.944 comentada, Buenos Aires, La Ley, Thomson Reuters, 2015, págs. 86-90.

[54] El art. 3 de la LRE dispone: "Son requisitos de la responsabilidad del Estado por actividad e inactividad ilegítima:

a) Daño cierto debidamente acreditado por quien lo invoca y mensurable en dinero;

b) Imputabilidad material de la actividad o inactividad a un órgano estatal;

c) Relación de causalidad adecuada entre la actividad o inactividad del órgano y el daño cuya reparación se persigue;

d) Falta de servicio consistente en una actuación u omisión irregular de parte del Estado; la omisión solo genera responsabilidad cuando se verifica la inobservancia de un deber normativo de actuación expreso".

[55] Conf. Juan Carlos Cassagne, *Curso de derecho administrativo*, ob. cit., pág. 458.

[56] La falta de servicio constituye una noción, que hemos adoptado del derecho francés, de contornos imprecisos y susceptibles de múltiples apreciaciones. Se entiende que se configura por el cumplimiento de manera irregular de los deberes y las obligaciones impuestos por el ordenamiento jurídico o por el funcionamiento anormal, defectuoso o incorrecto del servicio por una autoridad estatal, por acción u omisión. Juan Carlos Cassagne, *Curso de derecho administrativo*, ob. cit., pág. 443 o, como afirma la Corte Suprema de Justicia de la Nación, por una "violación o anormalidad frente a las obligaciones del servicio regular" (fallos: 321:1124; 330:653, entre otros). Concorde con ello, en más de una ocasión el alto tribunal ha expresado que "quien contrae la obligación de prestar un servicio lo debe realizar en condiciones adecuadas para llenar el fin para el que ha sido establecido, y es responsable de los daños causados por incumplimiento o su ejecución irregular" (fallos: 306:2030; 307:1942; 313:1465; 315:2865; 316:2136; 318:1800; 320:266 y 1999, entre otros).

[57] Conf. Lucas Aníbal Piaggio y María Eugenia Mattera, *El nuevo régimen de responsabilidad del Estado*, Buenos Aires, El Derecho, 2018, pág.156.

del Estado por los daños que su actividad o inactividad les produzca a los bienes o derechos de las personas". A su vez, en el literal b) del artículo 3º se establece: "Imputabilidad material de la actividad o inactividad a un órgano estatal", y en el literal d) del mismo precepto se califica como falta de servicio a toda "actuación u omisión irregular por parte del Estado".

Por lo tanto, la aplicación del factor de atribución falta de servicio, previsto en el artículo 3º, literal d) de la ley 26.944, a todos los supuestos de responsabilidad por daños ocasionados por la actuación ilegítima de los órganos del Poder Judicial en el marco de un proceso es la solución jurídica que se impone[58] ante su falta de regulación específica en la citada ley[59]. Sin embargo, de este modo se confiere un tratamiento homogéneo a situaciones que presentan diferencias, tal como surge de la jurisprudencia de la Corte Suprema de Justicia de la Nación antes mencionada.

Es evidente que, con base en el marco normativo de cita, podría decirse que el error judicial es una especie de falta de servicio[60], agravada o calificada por las singularidades que lo rodean.

Como ya lo hemos destacado, la irregularidad que trasunta el yerro judicial para ser indemnizable debe ser patente y grave[61] o, como ha expresado la Corte Suprema de Justicia de la Nación, la decisión judicial debe ser "manifiestamente irregular"[62]. Además, a diferencia de lo que ocurre en los casos de anormal funcionamiento de la Administración de Justicia, los supuestos de responsabilidad por error judicial se articulan a través de dos fases sucesivas en el tiempo: la primera, destinada a establecer indubitadamente la existencia del yerro judicial, lo cual debe ocurrir, en principio, en el mismo proceso en el que se cometió y a través de los medios procesales ordinariamente previstos a ese fin en la legislación, y la segunda, posible solo en el

[58] Conf. Ramón Daniel Pizarro, *Responsabilidad del Estado y del funcionario público*, ob. cit., págs. 6 y 30-32.

[59] La situación descrita es similar en la Ciudad Autónoma de Buenos Aires y en las provincias que han dictado leyes de responsabilidad estatal.

[60] Se ha advertido que, en rigor, el error judicial también supone una anormalidad, por lo que es una especie del género funcionamiento anormal. Jesús González Pérez, *Responsabilidad patrimonial de las administraciones públicas*, 4ª ed., Madrid, Thomson Civitas, 2006, pág. 149.

[61] Para Hitters, "El error judicial supone la grave equivocación sobre los hechos del caso y la consiguiente aplicación del derecho a hechos que no existen; puede producirse por deficiencias procesales, circunstancias fortuitas, coincidencias fatales, pruebas falsas o fraguadas, viciadas por el error, el odio o los prejuicios, por parcialidad o error de los peritos, etcétera". Juan Manuel Hitters, "Responsabilidad del estado por error judicial", LL, 2003-F, 1070; en igual sentido se pronuncia Félix A. Trigo Represas, "Responsabilidad del Estado por la actividad judicial", ob. cit.

[62] CSJN, fallos: 322:2525.

caso de haber prosperado la anterior, dirigida a ejercer la acción indemnizatoria propiamente dicha.

Si bien ninguna de estas exigencias y peculiaridades de la responsabilidad por error judicial está consagrada en la ley 26.944, no creemos que ellas sean incompatibles con dicho ordenamiento jurídico. Por eso, estimamos que se mantienen vigentes los recaudos ya mencionados[63].

Sin perjuicio de ello, consideramos conveniente que en una futura reforma legislativa se regule este tipo de responsabilidad estatal con base en las pautas sentadas en la jurisprudencia de la Corte Suprema de Justicia de la Nación antes examinada.

[63] Conf. Cámara Nacional de Apelaciones en lo Contencioso Administrativo Federal, Sala IV, "G., J.A. c. EN-Ministerio de Justicia y Derechos Humanos, Poder Judicial y otros s/daños y perjuicios", sent. del 9/6/15, El Derecho Digital (82871) y Sala IV, "S., PÁG. M. c. EN – Ministerio de Justicia y otros s/daños y perjuicios", sent. del 24/5/16, El Derecho Administrativo 2016-223.

CONFIANZA LEGÍTIMA Y RESPONSABILIDAD DEL LEGISLADOR EN COLOMBIA

RAMIRO SAAVEDRA BECERRA*
Colombia

Sintiéndome particularmente honrado, participo en la obra *El derecho público y sus retos actuales. Libro homenaje al Profesor Libardo Rodríguez R.*, gran jurista y amigo, cuya carrera en la academia y en la jurisdicción ha sido de admirable lucidez y preparación. No solo en Colombia sino fuera de ella, la obra del profesor LIBARDO RODRÍGUEZ RODRÍGUEZ es conocida y ha sido la fuente de inspiración de varias generaciones de estudiantes y juristas en el conocimiento de las grandes cuestiones del derecho administrativo. Participar en este reconocimiento es motivo timbre de distinción y orgullo.

He querido referirme al siempre apasionante tema de la responsabilidad del Estado y planteo en este ensayo algunas ideas, seguramente controversiales a la consideración de los interesados con el único propósito de suscitar la discusión en torno a ellas. En ese marco, intento ubicar el principio de confianza legítima en el campo de la responsabilidad, específicamente por la actividad del legislador y la pretensión de la jurisprudencia de considerarlo como una causal de imputación.

No obstante, este ensayo se limita al caso de la responsabilidad derivada de las leyes conformes con la Constitución, bien sea porque sobre ellas no ha habido pronunciamiento alguno en este sentido o bien porque la Corte Constitucional ha declarado expresamente esa conformidad. La situación en que una ley se declara inconstitucional constituye un terreno particularmente debatido en Colombia, porque la decisión solo tiene efectos futuros, salvo que la propia Corte disponga lo contrario[1].

* Abogado de la Pontificia Universidad Javeriana, DEA Derecho Administrativo, Sociología Política, Université de Paris II. Escuela de Gobierno. Universidad de los Andes, Bogotá. Expresidente del Consejo de Estado de Colombia. Profesor Universidad Javeriana, árbitro CCB, CCC. Gerente de Saavedra Becerra Abogados S.A.S.

[1] La Corte Constitucional declara la inexequibilidad de la ley, es decir, la imposibilidad de seguirla ejecutando. Solo excepcionalmente ella puede decidir en la sentencia que la decisión tiene efectos retroactivos y, en contados casos, ha dispuesto la reparación de los daños causados.

1. La jurisprudencia sobre responsabilidad del legislador

La responsabilidad del Estado colombiano por daños derivados de leyes conformes con la Constitución fue reconocida desde 1998 en la jurisprudencia del Consejo de Estado[2] en aplicación del principio de igualdad frente a las cargas públicas en el sentido del célebre fallo *La Fleurette* del Consejo de Estado francés[3]. En varios pronunciamientos el máximo tribunal de lo contencioso administrativo colombiano ha sostenido su posición en el sentido mencionado, de manera que, desde esa perspectiva, esta es una cuestión ya pacíficamente incorporada al derecho nacional.

Como principio general, la posibilidad de la responsabilidad por la actividad del legislador está hoy sustentada en la sentencia C-38 de 2006 de la Corte Constitucional[4].

No obstante, en sentencia de 31 de agosto de 2015, el Consejo de Estado[5] decidió incluir dentro de las situaciones que pueden generar responsabilidad extracontractual del Estado por la actividad del legislador, las que considera protegidas por la *confianza legítima.* Afirma el Consejo que la confianza legítima busca la protección de expectativas legítimas[6] y estados de

[2] Consejo de Estado, 25 de agosto de 1998, exp. IJ-001, actor: Vitelina Rojas Robles y otros. C. P. Jesús María Carrillo Ballesteros. En el mismo sentido, IJ-002, 8 de septiembre de 1998, actor: Leonor Judith Fandiño de Tarazona.

[3] En la jurisprudencia del Consejo de Estado colombiano el principio de responsabilidad por violación a la igualdad frente a las cargas públicas se ha conocido desde hace muchos años como "teoría del daño especial".

[4] Corte Constitucional, sent. C-38 de 2006. En referencia al art. 90 de la Constitución, la Corte estima que la norma comprende la responsabilidad por las actuaciones de los órganos del Estado que cumplen funciones legislativas; la Corte observa que la disposición alude en general a las "autoridades públicas", de manera que incluye al poder legislativo.

[5] Consejo de Estado, sent. de 31 de agosto de 2015, exp. n.º 25000232600019990000701 (22637).

[6] Consejo de Estado, sent. de 31 de agosto de 2015, exp. 25000232600019990000701 (22637). M. P. Ramiro de Jesús Pazos Guerrero. "[...] Las expectativas legítimas —*jus existens in spe*—. Se trata de situaciones encaminadas a la formación de un derecho subjetivo, conformada por aquellas esperanzas legítimas que surgen del ejercicio de la autonomía de la voluntad privada expresado en la constitución de los hechos previstos en la ley para la adquisición del derecho y que, a pesar de no haber ingresado aún el derecho en el patrimonio del sujeto, ofrecen la certeza de que recorrió el camino de los hechos jurídicos se continuará el derecho. Son, entonces, situaciones que si bien no están consolidadas ni han generado una situación de adquisición de un derecho, si han creado expectativas válidas, en cuanto fundadas en la realización progresiva de los supuestos de hecho tasados legalmente para la obtención del derecho y por ende, gozan de protección. Su fuente puede ser el orden jurídico interno o el derecho internacional vinculante".

confianza[7], que no constituyen derechos consolidados o adquiridos, ya que no han ingresado en la esfera patrimonial de los sujetos de derecho. De esta manera, el reconocimiento de la defraudación de las situaciones protegidas por la confianza legítima implicaría la ampliación del espectro de la responsabilidad extracontractual del Estado, ya que no solo se van a proteger los derechos adquiridos como viene ocurriendo en la actualidad, sino otras situaciones con una probabilidad de consolidación futura, objetiva y razonable. Dice la corporación en la sentencia mencionada:

"[...] Así, la víctima de una disposición legislativa declarada exequible por afectación de un derecho adquirido puede obtener una reparación bajo el fundamento de la responsabilidad sin falta, esto es, en aplicación del título de imputación del daño especial, como sucedió en el fallo del 25 de agosto de 1998 de la Sala Plena del Consejo de Estado que, siguiendo los registros judiciales franceses de los fallos Caucheteux y Desmonts, admitió que el Estado en cumplimiento legítimo de su función legislativa podía ser agente generador de daños para los administrados, mientras que las expectativas legítimas y los estados de confianza, por tener una entidad propia, lo serían, ambos, por afectación del principio de confianza legítima, distinción que no se podría unificar en el daño especial, pues este título de imputación protege intereses distingos [*sic*]; empero, sí dentro de la cláusula general de artículo 90 constitucional [...]"[8].

Significa la decisión anterior que, en el derecho colombiano de la responsabilidad estatal, a los tres fundamentos actualmente existentes, es decir, la falta o falla de servicio, la teoría del riesgo excepcional y la teoría del "daño especial", configurada esta última con las características que ya se anotaron, se sumaría uno más bajo la denominación de causal de imputación y referido a la defraudación de la confianza legítima cuando el Estado hubiese creado expectativas legítimas y estados de confianza.

[7] "[...] Los estados de confianza o confianza legítima. Como se señala en la doctrina, son los que se crean en el ámbito del sujeto a partir de comportamientos uniformes del Estado que se caracterizan por ser actos objetivos, externos, claros, tangibles, inequívocos, reales, lo "suficientemente concluyentes [...] que orientan al ciudadano hacia una determinada conducta, que, si bien puede nacer al margen del principio de legalidad, se acompasan con la confianza constitucionalmente protegida (art. 83) que generan esas actuaciones de las autoridades [...]".

[8] "El Estado responderá patrimonialmente por los daños antijurídicos que le sean imputables, causados por la acción o la omisión de las autoridades públicas. En el evento de ser condenado el Estado a la reparación patrimonial de uno de tales daños, que haya sido consecuencia de la conducta dolosa o gravemente culposa de un agente suyo, aquél deberá repetir contra este".

2. Las dificultades del sistema propuesto

El sistema propuesto en la jurisprudencia del Consejo de Estado tiene, a nuestro juicio, varias dificultades. Para explicarlas es necesario repasar las características del principio de confianza legítima y enfrentarlas con el principio de responsabilidad del Estado, especialmente en el marco de la actividad legislativa, con el fin de establecer su compatibilidad en el sentido señalado por la jurisprudencia nacional.

A) *El principio de confianza legítima*

La expresión *confianza legítima* viene de la palabra alemana *Vertrauensschutz*, que textualmente significa "protección de la confianza". El agregado "legítima" se le incorporó posteriormente y así se la utiliza en el derecho francés y español, aunque en el vocablo alemán está implícita[9]. En italiano se emplea en algunos casos la locución *affidamento legitimo*. En inglés, el equivalente es *legitimate expectations*.

Esta institución apareció de manera expresa a partir de 1956 en una serie de decisiones de los tribunales alemanes y al poco tiempo logró una notable expansión en el ámbito europeo hasta alcanzar su reconocimiento por el Tribunal de Justicia de las Comunidades Europeas[10]. Es un mecanismo inserto en el proceso de sustantivación del derecho administrativo iniciado en la segunda mitad del siglo XX[11].

Ello no significó que en sus inicios se aplicara siempre de manera favorable, pero los distintos pronunciamientos permitieron que se fijaran los requisitos necesarios para configurarla. Su influencia es creciente, aunque ciertos sistemas jurídicos se nieguen a darle un reconocimiento explícito, por más que, por otro camino, lleguen a soluciones muy similares. Es el caso del derecho francés.

En otros países, como es el caso de Italia, la confianza legítima se ha confundido con la buena fe, al extremo de que en algunas ocasiones se las ha empleado como locuciones sinónimas.

Si se quiere dar una definición general del principio de confianza legítima, se puede decir que es un mecanismo defensivo de derecho material frente a las mutaciones de la reglamentación y a los compromisos incumplidos.

[9] Hablar de la protección del principio de confianza legítima no tiene sentido: se trata de la protección o del respeto —"Schutz"— de esa confianza, que es el objeto del principio.

[10] Pedro José Jorge Coviello, *La protección de la confianza del administrado, derecho argentino y derecho comparado*, Buenos Aires, Abeledo Perrot, 2004, pág. 33.

[11] Søren J. Schønberg, *Legitimate Expectations in Administrative Law*, Oxford, Oxford University Press, 2000, pág. 14.

Ese mecanismo entra en juego cuando una persona privada confía, de buena fe, en el comportamiento de un órgano público y en el mantenimiento de la línea de conducta establecida; en otras palabras, se exige de parte de las autoridades públicas tener en cuenta las consecuencias soportadas por una persona —que debe sufrir el menor inconveniente posible en caso de cambio—, es decir, no traicionar su confianza modificando de manera inesperada y brutal la línea de conducta, siempre que ningún interés público imperativo así lo imponga[12].

B) *Excepcionalidad y subsidiariedad del principio*

Sin embargo, el principio de protección de la confianza legítima está dotado de una aplicabilidad excepcional y subsidiaria. De ello se sigue que la tutela de la confianza no puede ser abusiva. En el derecho administrativo, la norma general es la revisión de los actos ilegales y la alterabilidad de las políticas públicas por medio del ejercicio del poder normativo de la Administración y no lo contrario. El exceso en la aplicación del principio de protección de la confianza legítima puede llevar a que quede comprometida la capacidad del poder público para adecuar constantemente el ordenamiento jurídico a las necesidades de la evolución de la sociedad.

Además, y debido a su carácter subsidiario, el principio de protección de la confianza legítima solamente puede incidir donde no concurran de forma clara e inequívoca otras garantías existentes en el ordenamiento jurídico para tutelar la confianza de los administrados. Por ejemplo, cuando la confianza del administrado puede ser protegida por las garantías del *derecho adquirido* o del *debido proceso legal*, no tiene sentido recurrir al principio de protección de la confianza. En tales casos, la confianza legítima en nada aumentaría la protección de los administrados, sino más bien, contribuiría a crear una superposición de instrumentos y una confusión de los conceptos[13].

En el mecanismo de aplicación del principio de protección de la confianza legítima no basta establecer si existe una base apta para generar confianza y si ella es legítima. Es necesario, además, evaluar si en el caso concreto la confianza despertada en el particular prevalece cuando es confrontada con un interés público invocado por la Administración o por el Estado todo en sentido

[12] Sylvia Calmes, *Du principe de protection de la confiance légitime en droits allemand, communautaire et Français*, Paris, 2001, págs. 282-283.

[13] Tal es el caso de algunas decisiones judiciales que se motivan con fundamento en consideraciones de confianza legítima cuando en realidad están sustentadas en el debido proceso o en las garantías expresamente consagradas en las normas de procedimiento administrativo. Ver, por ejemplo, Corte Constitucional, sents. T-292 de 1995, T-295 de 1999 y T-295 de 1999, entre otras.

contrario (por ejemplo, el interés público de protección ambiental alegado por la Administración en materia de licencias urbanísticas o en materia de imposiciones tributarias). La tercera fase del procedimiento de aplicación del principio de protección de la confianza legítima se resume, en esencia, en un proceso de ponderación entre el interés del particular en la confirmación de su confianza y el interés general cuya implementación significará la frustración de aquella expectativa[14].

Sobre las relaciones del principio de confianza legítima con el principio de responsabilidad del Estado es interesante confrontar, a modo de ejemplo, precisamente la concepción alemana prevalente.

3. El derecho alemán

Las condiciones para la aplicación del principio en el derecho alemán son tres: primera, una base sobre la cual se apoye la confianza, es decir, un comportamiento previo de un órgano estatal que suscite expectativas en el interesado. Segunda, una situación creada por el ciudadano que se apoya sobre el comportamiento previo del órgano en cuestión y en la que el ciudadano debe traducir en actos su confianza. Tercera, un comportamiento del órgano diferente de aquel que el ciudadano esperaba, que se produce de manera imprevisible y súbita, y defrauda su confianza en la continuidad de la línea de conducta pública.

Es muy importante insistir en que, para que el principio de confianza legítima pueda cumplir su objetivo, es necesario que no exista interés público que se oponga a ello. Se impone, por tanto, una ponderación de los intereses, interés privado de confianza e intereses generales contrarios, con el fin de determinar si el primero prevalece. Si esta condición es satisfecha, las consecuencias del principio de confianza legítima no son siempre las mismas, pero, una vez más, ellas quedan determinadas por esa ponderación de las situaciones. El efecto más intenso se produce cuando el interesado puede conservar lo que ha adquirido sobre la base del comportamiento anterior del órgano estatal[15]. Pero ello no siempre es así, y no ocurre sino excepcionalmente; en caso contrario, el principio de confianza legítima exige que los inconvenientes resultantes del cambio de actitud del órgano estatal en causa sean compensados. Esta compensación varía: ella puede consistir

[14] Jürgen Schwarze, *European Administrative Law*, Office for Official Publications of the European Communities, 2006, pág. 953.

[15] Efecto que se designa como vinculación con la base de la confianza. En este caso, el principio de confianza legítima le asegura al particular la "protección de la estabilidad" (*Dispositionsschutz*).

en el establecimiento de disposiciones transitorias, en el reconocimiento de posibilidades perdidas o, finalmente, en una indemnización[16].

En esta última hipótesis, los tribunales administrativos alemanes prefieren utilizar el sistema general de responsabilidad para indemnizar los daños derivados de la defraudación del principio, ya que no lo consideran propiamente un fundamento autónomo de responsabilidad.

A) *El sistema de responsabilidad del Estado en el derecho alemán*

El derecho alemán de la responsabilidad proviene de la fusión de dos instituciones: la responsabilidad por culpa y los atentados contra la propiedad. Esas dos ramas se han desarrollado de manera autónoma a partir de fundamentos diversos y se trata de una separación que no es tan clara como en nuestro derecho ya que no tiene los mismos contornos, dado que en aquel las afectaciones a la propiedad, como es el caso de su limitación o la expropiación no forman parte, *a priori*, del régimen de responsabilidad.

Ocurre que en ese país el sistema de responsabilidad del Estado ha sido tradicionalmente muy limitado e insuficiente, pues deja por fuera muchas situaciones en que los particulares quedan afectados patrimonialmente por las actuaciones de los servicios estatales sin posibilidad de ser indemnizados o compensados.

En efecto, la responsabilidad del Estado en Alemania se construye esencialmente sobre la *culpa* de los funcionarios que actúan dentro del servicio (*Amtshaftung*), y se regula en el artículo 34 de la Ley Fundamental de Bonn[17] (Grundgesetz [GG]) y en el artículo 839 del Código Civil[18] (Bürgerliches Gesetzbuch [BGB]). Los artículos 74 y 75 de la introducción del Código general de los Estados prusianos permiten una reparación por las afectacio-

[16] El principio le asegura entonces al interesado la protección del patrimonio (*Vermögensschutz*). Esta solución es la adecuada para proteger su confianza cuando son intereses patrimoniales los que están en juego, pero no es satisfactoria en el caso de que los inconvenientes no son apreciables en dinero.

[17] Art. 34 GG: "Si alguien, en el ejercicio de un cargo público que le ha sido confiado, infringe los deberes que su cargo le impone frente a terceros, la responsabilidad recaerá, en principio, sobre el Estado o la entidad a cuyo servicio aquel se encuentre. Procede la acción de repetición en caso de dolo o culpa grave. No se puede excluir el recurso ante los tribunales ordinarios para la acción de daños y perjuicios, ni para la de repetición".

[18] Art. 839 BGB: "(1) Si un funcionario, dolosa o imprudentemente, infringe los deberes que su cargo le impone frente a terceros, deberá indemnizar el daño que de ello se derive. En caso de imprudencia, el funcionario solo podrá ser objeto de reclamación cuando el lesionado no pueda obtener resarcimiento de otro modo".

Aunque la norma solo se refiere a la responsabilidad del funcionario y no a la del Estado, ella debe ser interpretada conjuntamente con el art. 34 de la Ley Fundamental (GG).

nes lícitas realizadas por la potestad pública al derecho de propiedad de un individuo. Para completar ese marco será necesaria la intervención de la jurisprudencia[19].

La responsabilidad sin culpa, a su vez, solo se reconoce por *riesgo* y únicamente en leyes especiales[20], porque el Código Civil (BGB) apenas admite en el artículo 833.1 la responsabilidad por daños causados por animales[21].

En consecuencia, la responsabilidad pública carece de especificidad que la distinga plenamente de la civil y, por tanto, las intervenciones públicas que perjudiquen a los particulares no podrán ser resarcidas cuando no sea posible identificar al autor o cuando la actividad no sea ilícita, salvo los casos mencionados de expresa responsabilidad por riesgo.

Ante esa excesiva limitación, la estrategia de los tribunales ha sido valerse de la cercanía conceptual de la expropiación y ampliar su ámbito incorporando en ella situaciones que en otros sistemas están de manera clara incluidas especialmente en el concepto de responsabilidad. En consecuencia, hasta 1981, las tres instituciones se entendieron comprendidas sin discusión en ese país[22] bajo el concepto general de *prestaciones indemnizatorias públicas*.

El Tribunal Supremo Federal (Bundesgerichtshof [BGH]), con fundamento en la garantía de la propiedad privada consagrada en el artículo 14[23] de la Constitución, norma que también contempla la expropiación "por razones de bien común" en el inciso 3, procuró ampliar el ámbito de

[19] Anne Jacquemet-Gauché, *La responsabilité de la puissance publique en France et en Allemagne, Étude de droit comparé*, Paris, L.G.D.J., 2013, pág. 75.

[20] Leyes que se refieren a los riesgos representados por el empleo, presencia o almacenamiento de gases, combustibles, vapores, fluidos, daños derivados de productos defectuosos, el uso de vehículos o el empleo de la energía nuclear.

[21] Fuente de una responsabilidad por ley que aparece en muchas legislaciones desde el siglo XIX. Así, el art. 1385 del C. C. francés, que ha inspirado, por ejemplo, el C. C. colombiano y el C. C. argentino: "*Le propiétaire d'un animal, ou celui qui s'en sert, pendant qu'il est à son usage, est responsable du dommage que l'animal a causé, soit que l'animal fût sous sa garde, soit qu'il fût égaré ou échappé*". También en el derecho jurisprudencial de Estados Unidos, en el siglo XIX.

[22] Se entiende, desde luego, que la referencia es a la entonces existente República Federal, anterior a la reunificación.

[23] Propiedad, derecho a la herencia y expropiación. (1°) La propiedad y el derecho a la herencia están garantizados. Su contenido y sus límites serán determinados por las leyes. (2°) La propiedad obliga. Su uso debe servir al mismo tiempo al bien común. (3°) La expropiación está permitida sólo por razones de bien común. Podrá ser efectuada solo por ley o en virtud de una ley que establezca el modo y el monto de la indemnización. La indemnización se fijará considerando en forma equitativa los intereses de la comunidad y de los afectados. En caso de discrepancia sobre el monto de la indemnización quedará abierta la vía judicial ante los tribunales ordinarios.

la expropiación, construyendo dos instituciones especiales: a) el ataque o *intervención equivalente a la expropiación*, y b) el ataque o *intervención expropiatoria*.

De acuerdo con la primera, habría derecho a la indemnización cuando se produjera un *daño antijurídico*[24] en la propiedad. Consideró el Tribunal Supremo Federal (BGH) que, si los daños originados en la expropiación son indemnizables, con mayor razón deberían serlo cuando esos daños son antijurídicos. El daño ilegal equivale por tanto a una expropiación, pero no es tal porque las condiciones de forma y de fondo no se cumplen. De allí que se hable de cuasiexpropiación[25].

La segunda, o sea el ataque o *intervención expropiatoria*, tuvo por objeto indemnizar las consecuencias negativas y habitualmente imprevisibles sobre la propiedad de las actuaciones *legítimas* de la Administración, y que le imponen, igualmente, un sacrificio especial al particular.

Ese sistema, en ciertos aspectos bastante confuso, es el que rige en la actualidad en Alemania, y el Tribunal Federal de Justicia lo sustentó en los principios que emanan del Estado social de derecho.

Es importante mencionar que hubo una reforma transitoria de la *Staatshaftungsgesetz* (Ley de Responsabilidad del Estado) aprobada el 26 de junio de 1981, pero fue inmediatamente declarada inconstitucional por violación de la competencia de los *Länder* por la sentencia *BVerfG* del 19 de octubre de 1982, que preveía precisamente la introducción de una forma de responsabilidad directa y originaria del poder público.

Ahora bien, en los casos en que se alega la violación del principio de *confianza legítima*, la tendencia de los tribunales alemanes, como ya se dijo, es enmarcar la situación en el sistema legal de responsabilidad y no considerar la defraudación de la confianza, una causal autónoma de imputación[26].

En este orden de ideas, el Tribunal Federal de Justicia se niega a aplicarle al legislador los regímenes de la responsabilidad por falta y la indemnización por cuasiexpropiación. La jurisprudencia constante del Tribunal Federal de Justicia considera que la condición que exige que un agente

[24] *Rechtswidrige Beeinträchtigung*, expresión que, como se aprecia, procede directamente del derecho alemán, de donde la trajo la doctrina española al definir el término "lesión", empleado por la Ley de Expropiación Forzosa española, y luego la Constitución de 1978, en su art. 106.2, de donde lo tomó el art. 90 de la Const. Pol. nacional.

[25] Anne Jacquemet-Gauché, *La responsabilité de la puissance publique en France...*, ob. cit., pág. 76

[26] Ver Paraskevi Mouzouraki, *Le principe de confiance légitime en droit allemande, Français et Anglais: Un Exemple de Convergence des Droits Administratifs des Pays Européens*?, Bruxelles, Bruylant, 2011.

haya violado uno de sus *deberes de función* hacia terceros no se cumple en el caso de las leyes, teniendo en cuenta que, al expedir las leyes —normas de carácter general e impersonal— los parlamentarios buscan favorecer el interés general y no el de ciertas personas o de ciertas categorías de personas determinadas. El Tribunal Federal de Justicia no reconoce sino dos excepciones a esa posición de principio: las leyes referentes a situaciones peligrosas y las leyes que regulan un caso concreto. En estos casos, estima que tales disposiciones pueden afectar a los intereses de ciertos individuos, a los que puede considerarse *terceros* frente a quienes los parlamentarios tienen deberes de función.

4. El sistema colombiano de responsabilidad

Nuestro constituyente de 1991, al aprobar el artículo 90, quiso consagrar en la nueva Carta Fundamental de Colombia un sistema inspirado en el que se consagró en la Constitución española de 1978, aunque con importantes modificaciones en el texto de la norma respectiva, y cuya parte pertinente reza:

"El Estado responderá patrimonialmente por los daños antijurídicos que le sean imputables, causados por la acción o la omisión de las autoridades públicas".

La disposición constitucional colombiana es particularmente abierta y no prevé la modulación legal del sistema como sí lo hace el texto del artículo 106.2 español[27] y, más importante, extendió el ámbito de aplicación a todo el Estado, al referirse no a los servicios públicos, sino en general a las autoridades públicas.

El inciso 1° del artículo incluye en su supuesto de hecho, como elementos estructurales de la responsabilidad, la conducta estatal —cuando se refiere a la acción o la omisión de las autoridades públicas—, el daño antijurídico y la relación de causalidad existente entre aquella y este. El artículo 90 no califica la conducta del Estado, pero precisa que este responde por los daños antijurídicos "que le sean imputables". La norma no menciona ningún sistema particular de responsabilidad ni define lo que constituye el daño antijurídico, que bien podría interpretarse desde una perspectiva subjetiva. Y tampoco menciona causales, fundamentos o títulos de imputación.

Aun así, el nuevo sistema fue recibido con entusiasmo en Colombia; se lo consideró adecuado al modelo de Estado social que la nueva Constitu-

[27] El art. 106 de la Constitución española dice: "2. Los particulares, en los términos establecidos por la ley, tendrán derecho a ser indemnizados por toda lesión que sufran en cualquiera de sus bienes y derechos, salvo en los casos de fuerza mayor, siempre que la lesión sea consecuencia del funcionamiento de los servicios públicos".

ción había implantado, y un avance fundamental en la obligación indemnizatoria del Estado frente a los daños por él causados a los particulares. La jurisprudencia del Consejo de Estado lo acogió inicialmente desde la interpretación de la doctrina española como un sistema de responsabilidad *totalmente objetivo*, y lo volcó en su jurisprudencia con inusitado vigor. Pronto, sin embargo, surgieron dudas sobre la viabilidad de aplicarlo plenamente, sobre todo en campos como el de la responsabilidad médica de los entes públicos[28].

A) *La interpretación de la Corte Constitucional*

Con ocasión de una demanda contra el artículo 50 de la ley 80 de 1993, que regula la responsabilidad en los contratos estatales, la Corte Constitucional tuvo ocasión de pronunciarse sobre el artículo 90 de la carta constitucional[29]. En ella sostiene que el artículo 90 le da sustento a la consagración de un principio constitucional constitutivo de la cláusula general de responsabilidad patrimonial del Estado, tanto la de naturaleza contractual como la extracontractual[30]. Pero aclara que ello no significa que los regímenes de responsabilidad del Estado sean idénticos en todos los casos y en todas las situaciones, puesto que en la actual práctica jurisprudencial siguen existiendo regímenes diferenciados. Así, en determinados casos, dice, se exige la prueba de la culpa de la autoridad, en otros esta se presume, mientras que en algunos eventos de ruptura de la igualdad ante las cargas públicas la responsabilidad es objetiva. Con todo, estos regímenes quisieron ser englobados por el constituyente bajo la noción de daño antijurídico, por lo cual, "en el fondo el daño antijurídico es aquel que se subsume en cualquiera de los regímenes tradicionales de responsabilidad del Estado".

Sin embargo, la Corte aclara que en este nuevo régimen colombiano el daño antijurídico no tiene una definición constitucional expresa, por lo cual es un concepto constitucional *parcialmente indeterminado*, cuyos alcances pueden ser desarrollados —dentro de ciertos límites— por el legislador, pero adopta al mismo tiempo la definición española según la cual el *daño antijurídico* no es aquel que es producto de una actividad ilícita del Estado, sino como el perjuicio que es provocado a una persona que no tiene el deber jurídico de soportarlo; en otras palabras, la responsabilidad se deriva

[28] Siendo la obligación médica una obligación de medio y no de resultado, no puede generar, por lo general, una responsabilidad objetiva.

[29] Corte Constitucional, sent. C-333 de 1996.

[30] Esta consideración es ya de por sí controversial y pasa de largo por un tema que está muy lejos de ser pacífico en el derecho, tanto civil como administrativo: la unidad del concepto de la responsabilidad.

del efecto de la acción administrativa y no de la actuación del agente de la Administración causante material del daño, es decir, se basa en la posición jurídica de la víctima y no en la conducta del autor del daño, que es el presupuesto de la responsabilidad subjetiva entre particulares.

B) *Los fundamentos de la responsabilidad del Estado*

De manera sucinta los fundamentos de la responsabilidad son, en primer lugar, la *falta de servicio*, que correspondía inicialmente a la noción de *culpa* aplicada directamente al mal funcionamiento de un servicio del Estado, entendido como actividad de interés general, y no al comportamiento de los funcionarios que están detrás de él[31].

En este sentido, el concepto se asimilaba a la culpa personal en el derecho privado, dado que generaba una responsabilidad enteramente subjetiva y de corte marcadamente sancionador. Hoy en día la falta de servicio es, en gran medida, un concepto objetivo porque tiene en cuenta más bien unos estándares predeterminados de funcionamiento del servicio y los principios que lo rigen. Su valor, desde esta perspectiva, está en permitir que se haga un diagnóstico de las actividades estatales, al mismo tiempo que se garantiza la protección patrimonial de los afectados por el daño[32].

En segundo lugar, la *teoría del riesgo excepcional.* En el marco particular de la responsabilidad administrativa, este riesgo tiene una cierta connotación que lo concibe no en un sentido amplio y convencional como posibilidad de realización de un resultado dañoso, sino como un riesgo excepcional, de cierta entidad. Pero también puede designarse como riesgo una actividad que, por fuera de toda verdadera peligrosidad, obliga a quien se beneficia de ella a soportar las consecuencias desfavorables para otras personas (riesgo-beneficio), como es el caso de los servidores del Estado en la fuerza pública o en el de los llamados "colaboradores ocasionales"[33] .

La *responsabilidad por violación al principio de igualdad frente a las cargas públicas*, como dice René Chapus, le confiere fundamento a la responsabilidad sin culpa de las personas públicas cuando estas últimas hacen soportar, a nombre del interés general, cargas particulares a ciertos miembros

[31] La jurisprudencia del Consejo de Estado colombiano habla indistintamente de falta o falla de servicio.

[32] El derecho francés de la responsabilidad estatal otorga gran importancia a la distinción entre lo que constituye propiamente la falta de servicio y la falta personal, y muy particularmente a la manera como esos dos conceptos interactúan entre sí. Ver, en este punto, Michel Paillet, *La responsabilité administrative*, Paris, Dalloz, 1996, pág. 57 y ss.

[33] Consejo de Estado, Sección Tercera, 25 septiembre 1987, exp. 5042.

de la colectividad. Ello explica y justifica que deba pagarse una compensación: el pago de esa indemnización restablecerá la igualdad perdida"[34] .

Para que se pueda fundamentar técnicamente la responsabilidad del Estado por la ruptura del principio de igualdad ante las cargas públicas, es necesario que este realice una actividad de servicio como misión principal. En desarrollo de esa actividad, que es el fin principal estatal, es posible que se produzcan daños marginales o residuales. En la medida que esos daños no superen el marco de las contingencias sociales, no dan derecho a ninguna indemnización o compensación. Es necesario que ellos tengan un carácter *especial* y *anormal*, condiciones que son siempre conjuntas. Son, en síntesis, "sacrificios" que impone indirectamente la actividad administrativa y que constituyen para quien los padece una violación al principio general de igualdad frente a la ley[35] .

No se trata, por tanto, de obligaciones indemnizatorias que se imponen por razones de equidad, sino de un verdadero derecho de la víctima fundado en estrictas consideraciones jurídicas. De manera que, para que se configure la responsabilidad por violación al principio de igualdad ante la ley —en su expresión de igualdad ante las cargas públicas—, es necesario que el daño especial y anormal le sea efectivamente imputable, es decir atribuible a la acción del Estado.

C) *Un sistema híbrido*

En el sistema colombiano coexisten los sistemas francés y español en un curioso maridaje que posiblemente explique muchas de las dificultades que ha tenido la jurisprudencia del Consejo de Estado para resolver ciertas hipótesis como la responsabilidad del Estado por la administración de justicia[36]. Los fundamentos en la teoría francesa no corresponden a la concepción española. Ello por varias razones.

La primera es que, si bien el concepto del daño antijurídico es un elemento axial de la teoría de la responsabilidad totalmente objetiva, no puede tener la misma función en un sistema que admite al mismo tiempo una

[34] René Chapus, *Droit administratif general*, Paris, Editions Montchrestien, 2001, n.º 1507.

[35] Es el caso, por ejemplo, de la pérdida de valor comercial de ciertos edificios como resultado de la construcción de obras públicas que limitan el acceso o les hacen perder calidades estéticas o ambientales.

[36] La Constitución española consagró una norma especial, el art. 121, a cuyo tenor, "Los daños causados por error judicial, así como los que sean consecuencia del funcionamiento anormal de la Administración de Justicia, darán derecho a una indemnización a cargo del Estado, conforme a la ley".

responsabilidad subjetiva. En últimas, el concepto pierde su especificidad tal como la responsabilidad aparece en el sistema español según la doctrina.

La segunda, porque una cosa es el concepto de imputación en la teoría española, a través de las llamadas causales de imputación, y otro muy distinto el de fundamentos de responsabilidad, propio de la teoría francesa a la cual corresponden las nociones de *faute de service*, riesgo excepcional y violación al principio de igualdad frente a las cargas públicas (daño especial)[37].

Los tres fundamentos de responsabilidad en la visión francesa son conceptos genéricos y no específicos: ellos encierran —o pretenden hacerlo— las distintas posibilidades dentro de las que la actividad del Estado puede generar daños.

Hay una diferencia clara entre la concepción tradicional francesa y la española en la circunstancia de que la teoría de la lesión-daño antijurídico percibe la imputación, entre otras, desde la perspectiva del funcionamiento normal o anormal del servicio público. En otras palabras, es necesario para que pueda imputarse a la entidad en que esté integrado el agente, que se dé uno de los criterios de imputación, que son, según la doctrina prevalente, el funcionamiento normal o anormal del servicio público, la creación del riesgo por la Administración y el enriquecimiento injusto.

Sin embargo, esta noción de imputación no es suficientemente clara y bien puede afirmarse que la mayoría de la doctrina pasa por ella sin precisión ni profundización alguna. No se explica, en efecto, cómo se concreta este proceso de imputación y en qué medida se refleja en el carácter objetivo de la responsabilidad. Tener en cuenta el funcionamiento normal o anormal del ente administrativo es al fin y al cabo una concesión al papel que tiene el elemento subjetivo en la responsabilidad. No obstante, la única explicación precisa que se le da a esta referencia es que ella puede tenerse en cuenta en la evaluación de los perjuicios. Esta sería más amplia y extensa cuando se trate de mal funcionamiento[38].

Por otra parte, siempre ha habido diferencias muy claras entre la concepción de la doctrina española y la colombiana en relación con los fundamentos de responsabilidad: la noción de riesgo, por ejemplo, entendida en la jurisprudencia del Consejo de Estado como una de las bases de la responsabilidad objetiva, se refiere a la creación, por razones de servicio, de una situación propicia a la ocurrencia eventual de "accidentes adminis-

[37] Llamados también hechos generadores de la responsabilidad. Ver MICHEL PAILLET, *La responsabilité administrative*, ob. cit., pág. 88.

[38] Esta diferencia a efectos reparatorios se hace descansar en el Código Civil español, cuyo art. 1107 dispone que el causante por dolo o culpa grave de daños a otros está obligado a reparar todos los perjuicios que conocidamente se deriven del hecho lesivo.

trativos". Así sucede, por ejemplo, con el uso de la energía eléctrica o con la dotación de armas de servicio a los agentes públicos o con el empleo de vehículos por los entes administrativos.

Por el contrario, la noción de riesgo en la doctrina española, que para algunos autores sustenta toda la teoría de la responsabilidad globalmente objetiva, se refiere a los aleas derivados de la naturaleza misma del funcionamiento de la entidad administrativa, un concepto más cercano a la noción de hecho o caso fortuito[39].

En el caso de la responsabilidad por violación al principio de igualdad frente a las cargas públicas (daño especial), el profesor GARCÍA DE ENTERRÍA expresa su escepticismo al considerarlo un principio poco preciso.

La falta de articulación entre los fundamentos de responsabilidad en la jurisprudencia anterior a 1991 y los títulos de imputación en la nueva ha generado un desorden en la jurisprudencia y alguna doctrina en la medida en que son los jueces quienes han pretendido definir las características y el alcance de uno de esos títulos de imputación. Pero, como lo ha sostenido la doctrina con razón respecto a la presunta creación de otros títulos autónomos, esos supuestos se deben enmarcar en los fundamentos clásicos de responsabilidad del Estado:

"[...], supuestos de responsabilidad pueden existir tantos como nuestra capacidad mental —con sus limitantes— nos permita inferir, mientras que la existencia de títulos de responsabilidad, su carácter subjetivo u objetivo, dependen de una construcción teórica o conceptual con repercusiones prácticas, estructuradas sobre consideraciones eminentemente jurídicas y normativas, bajo el cumplimiento de unos requisitos formales y sustanciales [...]. En esa perspectiva, constituye un yerro, [...], sostener que la *'privación injusta de la libertad'*, el *'error jurisdiccional'* y *'el defectuoso funcionamiento de la administración de justicia'*, constituyen títulos de imputación autónomos, independientes y paralelos a la falla del servicio, al riesgo excepcional y el daño especial. A contrario sensu, aquellos con independencia de que hayan sido legislados de manera expresa por el Congreso de la Republica en una ley estatutaria u ordinaria, no muta su naturaleza de escenario o supuestos de responsabilidad, en los cuales será posible predicar —de acuerdo con cada caso en concreto— la posibilidad de atribuir el daño antijurídico por intermedio de una falla del servicio [...] o de un daño especial [...][40]" (énfasis nuestro).

[39] EDUARDO GARCÍA DE ENTERRÍA y TOMÁS-RAMÓN FERNÁNDEZ, *Curso de derecho administrativo*, t. II, 15ª ed., Madrid, Aranzadi, Thomas Reuters, 2017, pág. 424 ss.

[40] ENRIQUE GIL BOTERO, *Tesauro de responsabilidad extracontractual del Estado, jurisprudencia 2012–2014*, vol. 2, Bogotá, Editorial Temis, 2015, pág. 317.

D) *La confianza legítima como fundamento de responsabilidad por la actividad legislativa*

Dentro de la tendencia anteriormente descrita y recogida en la jurisprudencia de los estados de confianza, está la pretensión de que el principio de confianza legítima constituya un título de imputación autónomo y distinto de responsabilidad.

Independientemente de las razones ya expresadas para sostener que no es adecuado alterar la unidad lógica de un sistema que ha adoptado los fundamentos básicos de la responsabilidad, so pretexto de la libertad del juez para crear supuestos títulos de imputación, cabría examinar si en el caso del principio de confianza legítima y dadas sus características especiales podría existir una excepción.

En la sentencia del Consejo de Estado[41] se afirma que "la postura de la Sala apunta a sostener que tanto las *expectativas legítimas* como los *estados de confianza* son intereses jurídicamente protegidos cuyo menoscabo está amparado en virtud del principio de confianza legítima y, por ende, pueden ser amparadas por la cláusula de responsabilidad estatal extracontractual, si se acepta que los daños pueden recaer sobre otros bienes que no sean los tradicionales derechos subjetivos. [...]"[42].

Así, cuando el Estado-legislador crea expectativas legítimas y estados de confianza —explica la sentencia en comento— y las defrauda, las víctimas pueden reclamar en reparación directa.

La doctrina, por su parte, viene planteando nuevas perspectivas en relación con el principio de confianza legítima[43], las cuales han sido, sin duda,

[41] Consejo de Estado, sent. de 31 de agosto de 2015, exp. n. 25000232600019990000701 (22637).

[42] Hay que recordar que la Corte Constitucional ha dicho a este respecto: "no cualquier expectativa se encuentra jurídicamente protegida, pues la confianza debe ser legítima o justificada para que pueda ser amparada por vías judiciales, pues sólo se protegen aquellas "circunstancias objetivas, plausibles, razonables y verdaderas que la motivan y explican revistiéndola de un halo de credibilidad y autenticidad indiscutibles. Por tanto, el principio de confianza legítima no salvaguarda aquellos comportamientos dolosos o culposos, y solo opera frente a comportamientos justificados, razonables y genuinos. Así mismo, este principio no cobija aquellas circunstancias en las cuales la Administración ha dejado establecido con anterioridad que puede modificar la situación individual en cualquier tiempo, ni frente a situaciones donde el administrado es titular de derechos adquiridos. De manera que sólo opera en los casos en que se tenga la expectativa justificada de que una situación de hecho o una regulación jurídica no será modificada intempestivamente". Corte Constitucional, sent. T-437 de 12 de junio de 2012, M. P. Adriana María Guillén Arango.

[43] Gabriel Valbuena Hernández, *La defraudación de la confianza legítima, aproximación crítica desde la teoría de la responsabilidad del Estado*, Bogotá, Universidad Externado de Colombia, 2008.

con la jurisprudencia española, el fundamento de la nueva jurisprudencia[44]. De acuerdo con esta visión, se quiere que la violación del principio constituya por sí solo un nuevo título de imputación de responsabilidad estatal. Para justificarlo se afirma que, en la medida en que los actos de defraudación de la confianza legítima afectan fundamentalmente expectativas legítimas al frustrar de manera brusca e intempestiva el proceso de perfeccionamiento de ciertos derechos o la consolidación de determinadas situaciones jurídicas, deben aplicarse en términos generales los mismos criterios que se utilizan para indemnizar los daños derivados de la *pérdida de oportunidad* y, excepcionalmente, en casos muy aislados, criterios que se aplican para indemnizar el *lucro cesante*, según el grado de proximidad que tengan tales expectativas con el momento de consolidarse o perfeccionarse. La aplicación de una u otra dependería de las características particulares de cada caso y del criterio del juez[45].

Ante todo, hay que aclarar que los argumentos de la sentencia no se le aplicaron al caso concreto que el Consejo de Estado resolvía, ya que no se consideraron pertinentes. En otras palabras, la corporación aprovechó la ocasión para formular, en abstracto, teorías sobre el principio de confianza legítima que son, por lo menos, bastante controversiales.

En primer lugar, le otorga una importancia preponderante al aspecto puramente subjetivo de la confianza del particular, al extremo de apoyarlo en "meras expectativas", que, como lo ha recordado la Corte Constitucional, apenas constituyen una simple posibilidad de alcanzar un derecho, y que, por tanto, no constituyen derecho de acuerdo con el artículo 17 de la ley 153 de 1887[46].

Y ello es importante porque, ante todo, el sistema de responsabilidad estatal es un mecanismo de garantía patrimonial[47], que actúa como resultado de una afectación, de un daño antijurídico que significa precisamente una minoración del patrimonio y no simplemente la frustración puramente subjetiva de expectativas más o menos razonables.

[44] Como en TS, 17 febrero 1998, rec. 327/ 1.993 (Ley de las Baleares que declara una zona hasta entonces urbanizable, como de interés especial. Asunto *Es Trenc-Salobrar de Campos*).

[45] Gabriel Valbuena Hernández, "Responsabilidad del Estado por defraudación de la confianza legítima: esbozos de una temática en construcción", en Juan Carlos Henao y Andrés Fernando Ospina Garzón, *La responsabilidad extracontractual del Estado, XVI Jornadas Internacionales de Derecho Administrativo*, Bogotá, Universidad Externado de Colombia, 2015, pág. 707 y ss.

[46] Ley 153 de 1887, "art. 17. "Las meras expectativas no constituyen derecho contra la ley nueva que las anule o cercene".

[47] Eduardo García de Enterría y Tomás-Ramón Fernández, *Curso de derecho administrativo*, t. II, ob. cit., pág. 424 y ss.

No explica la sentencia su afirmación de que "teniendo en cuenta que la afectación de las expectativas legítimas interrumpe intempestivamente el proceso de formación — 'o en vía de serlo'— de derechos o la consolidación de determinadas situaciones jurídicas, la reparación de dichas expectativas quebrantadas deberá ser proporcional al grado de probabilidad de concreción y realización del derecho, de esta manera, *el modo de reparación de daños antijurídicos derivados de vulneraciones a expectativas legítimas se debe enmarcar dentro de los parámetros de la oportunidad perdida*" (énfasis nuestro).

La *perte de chance* o pérdida de una oportunidad es una institución propia de la responsabilidad, objeto, por otra parte, de discusión notable en la doctrina, ya que no se trata de un tema pacífico, pero cuyas características no tienen que ver con la protección de la confianza legítima.

En realidad, la pérdida de oportunidad reviste dos aspectos funcionales, el uno limitador, el otro explicativo. En el primer sentido es un instrumento de medida y de indicio de la certeza del perjuicio. En su función explicativa sirve para revelar si el nexo de causalidad es lo suficientemente fuerte como para permitir la indemnización de la víctima[48]. Infortunadamente, aplicado de manera abusiva, lleva a eludir la prueba rigurosa tanto del daño cierto como de la relación causal. Ello, aunado a la tendencia a considerarlo como un daño inmaterial en sí mismo, hace que en algunas sentencias se fije directamente una cuantía arbitraria sin motivación alguna y con base en criterios divergentes, con afectación de los principios de igualdad y seguridad jurídicas. No es pues un instrumento confiable, al menos en su estado actual, para aproximarlo al principio de confianza legítima.

Pero el aspecto que a nuestro juicio dificulta el sistema propuesto es que olvida que el principio de confianza legítima está siempre sujeto a una ponderación entre el interés general y el interés del particular. Y cuando el primero es preponderante, no puede aplicarse ese principio. Por el contrario, de la lectura de la sentencia parecería que solo deben tenerse en cuenta las esperanzas del ciudadano, sus "ilusiones de posiciones jurídicas que surgen de la *percepción subjetiva de un individuo* [...], *esperanzas aleatorias que se basan en meras probabilidades* [...], *expectativas [que] emanan de la mente de un sujeto como consecuencia de la percepción intima que éste tiene de su entorno jurídico y de las modificaciones que experimenta*" (énfasis nuestro).

Como lo señala MARÍA JOSÉ VIANA CLEVES, el principio de confianza legítima, como todos los demás principios del ordenamiento jurídico, no es absoluto. Su aplicación y protección están condicionadas por los demás

48 FRÉDÉRIQUE SALLET, *La perte de chance dans la jurisprudence administrative relative à la responsabilité de la puissance publique*, Paris, L.G.D.J., 1994.

principios constitucionales que también entran en juego en el mundo jurídico. La prevalencia de un principio sobre otro, cuando existen intereses en pugna, no puede resolverse de forma absoluta para todos los casos. "Lo más cercano a una definición abstracta para la solución de estos conflictos es la creación de ciertas reglas con fundamento en un estudio de casos y, sin embargo, con ello tampoco se garantiza que la aplicación de estas reglas pueda establecer cuál es la solución correcta para cada caso. Es por esto por lo que se ha ideado la *teoría de la ponderación*, en virtud de la cual se propone la aplicación de un test que evalúa la afectación que una medida representa para dos principios en conflicto, según las consideraciones del caso concreto, y con base en ello se establece la solución más adecuada conforme al ordenamiento jurídico"[49].

En sentido figurado o gráficamente —dice la autora—, la aplicación de este principio consiste en poner sobre una balanza a los dos principios en conflicto junto con las consideraciones específicas del caso concreto. Son estas consideraciones particulares las que inclinarán la balanza hacia un lado o hacia el otro. El lado de la balanza que obtenga mayor inclinación hacia abajo obtendrá la protección preferente. No sobra aclarar que la confianza legítima podrá estar en uno u otro lado de la balanza.

El principio de confianza legítima está constantemente en colisión con otros principios. Entre ellos, la protección del interés general, del espacio público, el principio de legalidad, la potestad de configuración legislativa del Congreso de la República[50], el principio de legalidad de los tributos[51], medio ambiente y la presunción de legalidad de los actos administrativos, entre otros. Por esta razón, la Administración debe aplicar la teoría de la ponderación para poder determinar cuál de los principios en conflicto, en consideración de las circunstancias del caso concreto, debe protegerse[52].

En cuanto a la admisión de la confianza legítima como un "título de imputación" de responsabilidad, desde nuestra perspectiva ello es totalmente superfluo. No se puede olvidar que, en último término, si el Estado crea una situación de confianza legítima que lleva al particular a actuar sobre la base de una eventual ventaja futura, en ese supuesto habría más bien una

[49] María José Viana Cleves, *El principio de confianza legítima en el derecho colombiano*, ob. cit., pág. 196.

[50] La Corte Constitucional en la sent. C-007 de 2002 señaló que aun cuando debe respetarse el principio de confianza legítima, "en materia tributaria el legislador no solo aprecia la oportunidad y conveniencia de las reformas sino que dispone de una amplia potestad de configuración jurídica". M. P. Manuel José Cepeda Espinosa. En materia tributaria ver Corte Constitucional, sent. C-1003 de 2004, M. P. Jaime Córdoba Triviño.

[51] Corte Constitucional, sent. C-1114 de 2003, M. P. Jaime Córdoba Triviño.

[52] María José Viana Cleves, ob. cit.

forma de falta o mal funcionamiento de la potestad pública al defraudar esa confianza por ella creada. De manera que, en buena medida, una responsabilidad por violación al principio de confianza legítima sería también una falla de servicio, o como lo establece el derecho alemán, la violación de un deber de función[53]. Caso distinto es la responsabilidad objetiva por violación al principio de igualdad ante las cargas públicas, donde hay un sacrificio patrimonial, una ponderación por parte del Estado de las consecuencias de su actuación y la exigencia de que el daño producido no afecte sino a determinadas personas (daño especial) por fuera de las contingencias habituales de la vida social (daño anormal).

No está por demás agregar que, en el caso de la ley, el problema es más complejo porque ella tiene carácter general, y porque por su propia condición las determinaciones del legislador son por naturaleza abstractas. Al legislador, cuando formula políticas públicas, le interesa primariamente que haya un balance razonable entre los propósitos que busca alcanzar y la afectación de los intereses directamente vinculados a ello. Hablando en términos generales, el legislador no tiene siempre la capacidad de tener en cuenta todas las consecuencias adversas que pueden surgir de la *aplicación* de la ley en un caso concreto. Por ejemplo, cuando impone una regulación que limita una actividad, puede no ser consciente de que, en casos concretos, ella puede generar pérdidas excesivas. En particular, las consecuencias que se derivan de medidas que afectan a grandes grupos de personas y que deben implementarse en breves espacios de tiempo, no se pueden predecir con toda precisión. Y cuando la *desproporción* de las pérdidas es un efecto no previsto e involuntario de la aplicación de la autoridad en términos *concretos*, es precisamente cuando el principio de igualdad sustenta la responsabilidad del legislador, como la solución preferible de responsabilidad objetiva.

En último término, es preciso reiterar que las implicaciones económicas de un sistema tan desbordado de reconocimientos indemnizatorios puede ser una amenaza para las finanzas públicas, que terminan por generar reacciones como las que se sustentan en la exigencia de mantener el equilibrio fiscal.

[53] Que en el derecho español ello no se reconozca se debe simplemente a la intención de proteger el sistema universal de responsabilidad objetiva negando el hecho evidente de que expedir una ley en contra del Convenio comunitario europeo es un incumplimiento de este y, por tanto, una actuación culposa. Es la misma estrategia del Consejo de Estado francés en el caso *Gardedieu*.

JUSTICIA ADMINISTRATIVA TRADICIONAL Y ALTERNATIVA

EL ARBITRAJE EN EL DERECHO PÚBLICO ECUATORIANO

EFRAÍN PÉREZ*
Ecuador

El derecho público ecuatoriano contempla una extensión de la figura del arbitraje que excede el ámbito señalado en la Ley de Arbitraje y Mediación para el arbitraje en las entidades públicas.

Esta ley se limita a regular el arbitraje en el campo de las controversias susceptibles de transacción o más propiamente desde la perspectiva del derecho privado en el que la voluntad de las partes prima sobre cualquier otro acuerdo —salvo en materias determinadas, como en el derecho laboral—. En cambio, el arbitraje en derecho público contempla reglas que difieren en algunos aspectos del arbitraje en derecho privado.

1. NORMATIVA ECUATORIANA SOBRE ARBITRAJE EN DERECHO PÚBLICO

Las principales provisiones relativas al arbitraje de derecho público en la Constitución formalizan los principios que ya existían en la legislación ecuatoriana, así como en la doctrina extranjera.

El arbitraje solo puede versar sobre un "conflicto transigible", que es un concepto del derecho civil, pero también del derecho público.

El requerimiento del arbitraje en derecho para los contratos públicos consta en la vigente Ley de Arbitraje y Mediación. Los principios que se desprenden de los textos constitucionales citados son:

1. Se puede pactar el arbitraje para toda clase de conflictos transigibles;
2. En la contratación pública solo cabe el arbitraje en derecho;
3. En contratación pública para la inclusión de la cláusula arbitral se requiere el "previo pronunciamiento favorable del procurador general del Estado";
4. Cabe la celebración de nuevos tratados o instrumentos internacionales que contemplen el arbitraje internacional entre "el Estado y ciudadanos", "en Latinoamérica por instancias arbitrales regionales o por órganos jurisdiccionales de designación de los países signatarios";

* Profesor en la Universidad Católica de Guayaquil (Ecuador). Agradezco la colaboración de Antonio José Pérez.

5. El Estado ecuatoriano puede participar en arbitrajes con "ciudadanos" sobre controversias contractuales y de índole comercial;

6. Para controversias sobre deuda externa, procede el arbitraje "en función del origen de la deuda", con sujeción "a principios de transparencia, equidad y justicia internacional".

En todo caso, la alusión a "contrato público" en el texto constitucional, no limita estas disposiciones a los contratos celebrados conforme la Ley Orgánica del Sistema Nacional de Contratación Pública, sino a todos los contratos que celebren las instituciones de derecho público contemplados en otras leyes.

La Ley de Arbitraje y Mediación se limita a regular el arbitraje en el ámbito contractual, en el campo de las controversias susceptibles de transacción.

Las fuentes normativas del arbitraje, según la Ley de Arbitraje y Mediación, son: "la ley, los principios universales del derecho, la jurisprudencia y la doctrina"[1]. Al referirse a la ley y a la jurisprudencia, se comprende que son la ley y la jurisprudencia ecuatoriana en primer lugar. La doctrina será preferentemente ecuatoriana, pero también se incluye la doctrina extranjera y la doctrina internacional. Los principios universales del derecho son lo que su nombre lo indica, equivalentes a "los principios del derecho universal" del Código Civil[2].

La Ley de Arbitraje y Mediación determina que el compromiso arbitral debe versar sobre una "relación jurídica [...] de carácter contractual", que incluya la forma de selección de los árbitros, suscrito por la máxima autoridad institucional o su delegado[3].

[1] Ley de Arbitraje y Mediación, art. 3°, inc. 3°, Registro Oficial 417, 14 diciembre, 2006.

[2] C. C., art. 18: "Los jueces no pueden suspender ni denegar la administración de justicia por oscuridad o falta de ley. En tales casos juzgarán atendiendo a las reglas siguientes: [...] 7a. A falta de ley, se aplicarán las que existan sobre casos análogos; y no habiéndolas, se ocurrirá a los principios del derecho universal".

[3] "Art. 4°. *Capacidad para acudir al arbitraje*. Podrán someterse al arbitraje regulado en esta ley las personas naturales o jurídicas que tengan capacidad para transigir, cumpliendo con los requisitos que establece la misma. Para que las diferentes entidades que conforman el sector público puedan someterse al arbitraje, además de cumplir con los requisitos que establece esta ley, tendrán que cumplir los siguientes requisitos adicionales:

"a) Pactar un convenio arbitral, con anterioridad al surgimiento de la controversia; en caso de que se quisiera firmar el convenio una vez surgida la controversia, deberá consultarse al procurador general del Estado, dictamen que será de obligatorio cumplimiento;

"b) La relación jurídica a la cual se refiere el convenio deberá ser de carácter contractual;

"c) En el convenio arbitral deberá incluirse la forma de selección de los árbitros; y,

"d) El convenio arbitral, por medio del cual la institución del sector público renuncia a la jurisdicción ordinaria, deberá ser firmado por la persona autorizada para contratar a nombre de dicha institución.

En base a estas competencias otorgadas por la Constitución ecuatoriana, la Procuraduría General del Estado emitió la resolución 122[4], dirigida a las entidades que requieren autorización previa del procurador general para arbitraje. En las disposiciones de este instructivo extiende su aplicación a los contratos derivados de la aplicación de la Ley Orgánica del Sistema Nacional de Contratación Pública, contratos financiados con préstamos y cooperación internacional. Sin embargo, agrega de manera general a todos los contratos sin importar su naturaleza ya sea suscrito en el exterior o localmente. En nuestra normativa nunca estuvo claro el verdadero propósito de esta autorización y se entendía siempre que su fin era evitar cláusulas patológicas o contrarias a la ley o Constitución, pero el artículo 4 de este instructivo sugiere que la Procuraduría "no emitirá autorización previa a formatos genéricos o preestablecidos".

2. Contratos de inversión

Los contratos de inversión son atípicos desde la perspectiva tradicional, pues su fin es incentivar la inversión nueva, productiva, nacional y extranjera en el sector económico del país. La obligación del inversionista es aportar la inversión en la economía nacional y la contraprestación del Estado es garantizarle el derecho de propiedad, estabilidad tributaria y otros beneficios acordados en el contrato y en el propio Código Orgánico de la Producción. Por lo tanto, en lugar de un "objeto del contrato" clásico, se trata de un acuerdo que impone al Estado el respeto de carácter impositivo favorable a cambio de la inversión sobre la economía y mercado nacional.

Los contratos de inversión, a diferencia del resto de contratos con el Estado, tienen como único camino de solución de controversias: el arbitraje[5]. De esta forma está determinado que en los contratos de inversión que superen los USD $ 10 Millones "[...] el Estado deberá pactar arbitraje nacional o internacional en derecho". La propia ley, enuncia las opciones de normas procesales para el proceso arbitral, que pueden ser estipuladas en los contratos:

(i) Reglamento de Arbitraje de la CNUDMI - Naciones Unidas administrado por la Corte Permanente de Arbitraje de La Haya (CPA); (ii) Reglamento de Arbitraje de la Corte Internacional de Arbitraje de la Cá-

"El incumplimiento de los requisitos señalados acarreará la nulidad del convenio arbitral".

[4] Registro Oficial No. 254, 27 de mayo 2014.

[5] Ley para Fomento Productivo, atracción de inversiones y generación de empleo, SRO 309, 21 de agosto, 2018, art. 14.

mara de Comercio Internacional con sede en París (CCI), o (iii) Comisión Interamericana de Arbitraje Comercial (CIAC).

La disposición también expresamente señala que las reglas de arbitraje de emergencia no se aplican en ningún caso.

Esta modalidad implica una evolución del sistema jurídico positivo, en cuanto a la arbitrabilidad de aspectos que tradicionalmente eran impensables, tales como los tributarios. Pero ahora, estos contratos y sus normas de aplicación lo permiten a fin de promocionar y garantizar la inversión.

Las controversias derivadas del contrato de concesión, así como la resolución se podrán ventilar ante los jueces de la función judicial del Ecuador o ante una instancia de arbitraje regional. En todo caso se estará a lo establecido en el artículo 422 de la Constitución de la República del Ecuador.

El Código Orgánico de la Función Judicial califica la administración de justicia, incluyendo "el arbitraje, la mediación y otros medios alternativos de solución de conflictos establecidos por la ley" como una forma de servicio público (Código Orgánico de la Función Judicial, art. 17[6]).

3. Aspectos de la competencia para someterse al arbitraje

La legislación ecuatoriana distingue en el contrato las cosas que son de su esencia, las que son de su naturaleza y las puramente accidentales[7]. En este punto también es perfectamente aplicable el derecho civil a la contratación pública.

El Código Civil enumera los siguientes elementos como necesarios para que una persona se obligue frente a otra por un acto o declaración de voluntad: a) la capacidad, b) el consentimiento, c) el objeto y d) la causa[8].

Algunos tratadistas de derecho administrativo añaden a los enumerados, para el contrato público, como elementos: sujetos, consentimiento, finalidad y forma. Dromi y Berçaitz refunden como un solo elemento los sujetos con la capacidad[9]. Los elementos que se añaden responden al criterio de que cabe aplicar al contrato administrativo las normas propias de los actos administrativos, según Dromi y Marienhoff.

Asimismo, al tratar la capacidad todos los autores coinciden en afirmar que ella equivale en ciertos aspectos a la "competencia" en el campo del

[6] Código Orgánico de la Función Judicial, art. 17.

[7] C. C., art. 1460.

[8] C. C., art. 1488.

[9] M. Berçaitz, *Teoría general de los contratos administrativos*, pág. 260; J. H. Escola, *Tratado integral de los contratos administrativos*, t. I, pág. 186.

derecho público, sin perjuicio de que los órganos públicos deben ostentar sin duda "capacidad" en sus actuaciones.

Es decir, en este ámbito el *principio de legalidad* marca la pauta de los contratos administrativos en general, desde su ejecución (derecho sustantivo) hasta los procesos judiciales o arbitrales (derecho adjetivo) que se llegasen a ventilar.

La formación de la cláusula arbitral implica una estipulación contractual, se requiere que la transacción no verse sobre objeto o causa ilícita[10], no debiendo, además, adolecer de algún vicio en el consentimiento, todo lo cual se regula en el Título XI del Libro V del Código Civil.

Para someterse al arbitraje se requiere la capacidad de transigir[11]. Debe recordarse que la derogada Ley Orgánica del Ministerio Público, exigía la autorización del presidente de la República para el desistimiento y la transacción, así como para "aceptar la conciliación", siendo necesaria esta autorización para el desistimiento, la transacción y la conciliación para las dependencias del Estado, mas no para sus entidades, esto es las instituciones con personalidad jurídica de derecho público. En la actualidad esta potestad le corresponde al procurador general del Estado[12].

La capacidad para transigir sin duda la ostenta el funcionario competente para representar a la institución pública respectiva, pero según las reglas comunes de la procuración no se entiende transferida automáticamente en una delegación o poder general que se realice conforme lo autorizado en la ley. En consecuencia, en todo poder o delegación de la autoridad competente a un funcionario o a un procurador, debe constar expresamente la facultad de comprometer para que el compromiso sea válido, en cumplimiento de las reglas del Código Orgánico General de Procesos[13]. En este artículo

[10] C. C., arts. 2348 y 146.

[11] Ley de Arbitraje y Mediación, art. 4°.

[12] Ley Orgánica de la Procuraduría General del Estado, art. 12. "*De la transacción y el desistimiento*. Los organismos y entidades del sector público, con personería jurídica, podrán transigir o desistir del pleito, en las causas en las que intervienen como actor o demandado, para lo cual deberán previamente obtener la autorización del procurador general del Estado, cuando la cuantía de la controversia sea indeterminada o superior a veinte mil dólares de los Estados Unidos de América. Los organismos del régimen seccional autónomo no requerirán dicha autorización, pero se someterán a las formalidades establecidas en las respectivas leyes.

"En los organismos y entidades del sector público que carezcan de personería jurídica, el procurador general del Estado está facultado para transigir o desistir del pleito, en las causas en las que interviniere como actor o demandado, en representación de dichos organismos y entidades, siempre y cuando dichas actuaciones se produzcan en defensa del patrimonio nacional y del interés público".

[13] Código Orgánico General de Procesos (COGEP), art. 43.

—conforme con la doctrina— se consideran como cosas diferentes: transigir, comprometer el pleito en árbitros y desistir, lo que concuerda con lo determinado en el Código Civil: "La facultad de transigir no comprende la de comprometer, ni viceversa". Además, enumera las facultades naturales del mandatario lo que no incluye ni transigir ni desistir o comprometer el pleito en árbitro, por lo que estas facultades deben constar expresamente en poder especial, cuando fuere del caso[14].

En el ámbito administrativo, Dromi expresa que "[l]a delegación debe ser expresa y contener, en el mismo acto, una clara y concreta enunciación de las tareas, facultades y deberes que comprende la transferencia de competencia"[15].

No obstante, se podrá ratificar esta omisión por parte del funcionario competente, de acuerdo con las normas jurídicas enunciadas en el COA.

4. Objeto del arbitraje en las instituciones públicas

Como se ha visto, según la Ley de Arbitraje y Mediación, el Estado y sus entidades están limitadas a someterse al arbitraje solamente para relaciones jurídicas de carácter contractual[16] y dentro de esta el arbitraje puede versar solamente sobre "las controversias susceptibles de transacción". También corresponde el arbitraje sobre contratos de inversión, conforme el COPCI[17].

Las controversias que el Estado y sus entidades pueden someter al arbitraje son aquellas que surjan de una relación contractual. Esta delimitación excluiría del arbitraje las diferencias que puedan surgir de una decisión unilateral del Estado, como la adjudicación de concesión minera, contemplada en la Ley de Minería, figura que debe distinguirse del contrato de concesión. Tampoco sería aplicable el arbitraje a los conflictos entre las instituciones públicas y sus funcionarios, porque el "nombramiento" de la función pública en el Ecuador no se sustenta en un contrato sino que consiste en un acto unilateral de la administración, que otorga el "nombramiento" al funcionario público, es decir, que carece de naturaleza contractual para lo cual se exceptuaría claramente.

No obstante, siguen existiendo cuestionamientos relativos a la arbitrabilidad del acto administrativo de terminación unilateral y anticipada del contrato.

[14] C. C., arts. 2063 y 2072.

[15] Dromi, ob. cit., 1997, pág. 230.

[16] LAM, art. 4°, inc. 4°.

[17] Código Orgánico de la Producción, Comercio e Inversiones, SRO 351, 29 diciembre, 2010.

Cabría discutir si puede someterse al arbitraje el conflicto sobre la responsabilidad extracontractual del Estado establecida en la Norma Suprema[18] y también prevista en el COGEP[19], tomando en cuenta que el arbitraje procede en temas contractuales y este se trata precisamente de una situación extracontractual y además podría concernir a derechos humanos.

Tampoco serían arbitrables las controversias sobre figuras del delito y cuasidelito, puesto que ellos no pueden imputarse al Estado, aunque sí a sus órganos personas naturales, en circunstancias determinadas.

Es extensa la normativa de derecho público aplicable a contratos del Estado, no limitándose estos a los contenidos en la Ley Orgánica del Sistema Nacional de Contratación Pública, aunque estos contratos son indudablemente los más importantes.

Debe tomarse en cuenta que la Constitución enumera como "servicios públicos" los de "agua potable y de riego, saneamiento, energía eléctrica, telecomunicaciones, vialidad, infraestructuras portuarias y aeroportuarias", sin considerarse esta una lista exhaustiva "y los demás que determine la ley"[20].

Estos servicios públicos, con excepción del agua, así como el aprovechamiento de "sectores estratégicos", según la Constitución pueden ser prestados por empresas particulares o mixtas, aunque sea en forma excepcional, bajo diferentes figuras contractuales de delegación[21] y, por lo tanto, susceptibles de someterse al arbitraje.

Otros contratos públicos regulados por diferentes normas ecuatorianas son: seguros, empréstitos bancarios, cuentas corrientes, colocación provisional de fondos en el sistema financiero nacional, aprovechamiento forestal, comodato, donación, etc. Finalmente, se considera que los conflictos en el campo de los llamados cuasi-contratos administrativos, más apropiadamente "enriquecimiento sin causa" del Estado y sus entidades, son susceptibles de sometimiento al arbitraje, acorde con lo dispuesto por el artículo 117 del COPFP[22]. En efecto, este artículo 117 del COPFP señala como antecedentes de esta figura las órdenes de autoridad competente y la recepción de obras, bienes o servicios, situaciones todas ellas de manifestación consensual, suficientes en la doctrina para establecer una relación contractual —acuerdo de voluntades, expreso o tácito— aunque de forma irregular en el derecho público.

[18] Const., art. 11, últimos incisos.

[19] Código Orgánico General de Procesos, art. 336, num. 4, letra b, COGEP, SRO 506, 22 de mayo, 2015.

[20] Const., art. 314.

[21] Const., art. 316.

[22] Código Orgánico de Planificación y Finanzas Públicas.

5. Cuestiones que el Estado y las entidades públicas pueden someter al arbitraje

La Ley de Arbitraje y Mediación dice que se pueden someter al arbitraje "las controversias susceptibles de transacción"[23], por lo que se encuentran automáticamente excluidas para las instituciones públicas las mismas exclusiones que se hacen para las transacciones en el derecho privado. Así, no cabe transacción sobre los derechos que no se disputan y sobre derechos ajenos o derechos que no existen. En cambio, existen determinadas exclusiones a la transacción que no son aplicables a las personas de derecho público como son "la acción civil que nace de delito", sobre el "estado civil" y sobre "alimentos futuros"[24], por ser inaplicables al Estado y sus entidades.

Según Marienhoff, "[e]l único límite positivo que tiene el Poder Ejecutivo («Estado») para transar —sea que actúe en el campo del derecho privado (contratos de derecho «común») o en el ámbito del derecho público (contratos «administrativos», propiamente dichos)— es el respeto a las normas y principios de la Constitución Nacional"[25].

Sin embargo de lo acertado de este criterio, hay que matizarlo para su aplicación al derecho público ecuatoriano recordando que ni la legislación ni la doctrina en Ecuador autorizan a establecer esta distinción entre contratos públicos y contratos privados de la Administración Pública, aunque la distinción entre contratos públicos y contratos privados se ha insinuado jurisprudencialmente.

Ya entrando en el campo específico del arbitraje en el derecho público interno, Dromi afirma como principio general que "[e]n los contratos administrativos cabe el arbitraje como excepción y con carácter restrictivo, en los casos en que las cuestiones a dilucidar no afecten ni al orden público, ni al orden constitucional, ni agravien a la autoridad del Estado o a su soberanía [...] los árbitros *iuris* no pueden tomar decisiones que impliquen ejercicio de prerrogativas de la Administración Pública o de funciones esenciales del Estado"[26].

Más adelante afirma:

"El PEN (Poder Ejecutivo Nacional) puede efectuar transacciones en cuestiones referidas a los contratos administrativos, en tanto tiene competencia conferida constitucionalmente [...] sin necesidad de que alguna ley lo autorice y siempre teniendo en cuenta el interés público. Esta *transacción* queda comprendida en los alcances de los principios y normas del derecho

[23] Ley de Arbitraje y Mediación, art. 1°.

[24] C. C., arts. 2348, 2354, 2351, 2352 y 2353.

[25] Marienhoff, ob. cit., t. III-A., pág. 610.

[26] Const., art. 11, últimos incisos.

público, no pudiendo el Estado actuar más allá de lo que ellas determinan. Por ello la ley de consolidación 23.982 dispone que el PEN, o cualquiera de los ministros que le asisten, podrá acordar transacciones o someter a arbitraje las controversias que mantengan con los particulares en sede administrativa o judicial, determinando el procedimiento a seguir en cada caso"[27].

Se puede concordar con este autor argentino en la validez general de su afirmación; lo cual no obsta para que una ley pueda atribuir expresamente a tales pronunciamientos o a sus actos interlocutorios previos y posteriores, la sujeción al procedimiento arbitral, como lo hizo la derogada Ley Reformatoria a la Ley Especial de Telecomunicaciones del Ecuador.

Ninguna disposición legal ecuatoriana cuestiona expresamente el arbitraje para las disputas sobre la terminación del contrato. Sin embargo, sobre la arbitrabilidad de los actos administrativos de terminación sí han existido precedentes jurisprudenciales que reflejan la opinión de ciertos sectores, quienes han cuestionado este asunto.

Así lo sostuvo la Corte Provincial de Pichincha en una acción de nulidad[28], al señalar:

"Por principio de orden público el acto administrativo emitido el 05 de octubre de 2015 no pudo ser impugnado u «objetado» en sede arbitral, aun cuando las partes hubieran previsto convencionalmente esta posibilidad".

En este caso la Corte, sin mayor ampliación sobre esta posición, diferencia implícitamente las competencias en "sede arbitral" de las de "sede judicial", cuando en materia de contrato público son equiparables, salvo las excepciones expresamente previstas por la norma. Adicionalmente y más grave, aún, los contrato que contienen cláusula arbitral, impiden a las partes accionar la justicia ordinaria, por lo que señalar que en "sede arbitral" no puede ser impugnado un acto administrativo, crea una paradoja al imposibilitar la impugnación en todas las vías, configurando un estado de indefensión.

En materia de conflictos fronterizos Ecuador y Perú sometieron sus diferendos a una comisión que en efecto resultaba un auténtico arbitraje. ¿Qué mayor soberanía y potestad estatal puede haber que aquella que versa sobre el territorio del Estado?

En la actualidad se considera procedente que se conozca en arbitraje actos administrativos dentro de un contrato[29]. Resulta obvio que los reclamos del contratante (público) solo pueden referirse a "actos administrativos",

[27] *Ibidem*, pág. 581.

[28] Corte Provincial de Pichincha, sent. 17100-2018-00006 de 2 de agosto de 2018.

[29] Juan Pablo Aguilar Andrade, "Derecho administrativo y transigibilidad", en *Revista Ecuatoriana de Arbitraje*, núm. 6, Quito, 2014, págs. 249 y ss.

que es la forma normal en que puede manifestarse el Estado dentro de un contrato: modificaciones, que comprende ampliaciones del plazo, multas, reajustes, ejecuciones de garantías y, por supuesto, terminación unilateral del contrato y caducidad.

El arbitraje de la Cámara de Comercio de Quito entre el Consorcio E-VOTE y el Tribunal Supremo Electoral en el año 2007 descartó la excepción de la Procuraduría General del Estado que afirmaba que el acto administrativo de la terminación unilateral del Estado no era materia arbitral y que el arbitro único era incompetente. El árbitro rechazó la excepción, se declaró competente y falló a favor del Estado, razonando que el trámite de terminación unilateral y anticipada del contrato estuvo apegado a la ley y al contrato.

Cierta doctrina afirma que no cabe arbitraje sobre materias "indisponibles", pero en ninguna parte se especifica qué es indisponible. Típicamente indisponibles son los derechos humanos, los que atañen a relaciones de familia, las acciones penales, las potestades que la Constitución atribuye directamente, indelegablemente, al jefe de Estado, etc.

El acto administrativo es disponible, puesto que en las circunstancias determinadas por la doctrina y por el Código Orgánico Administrativo[30] cabe la impugnación ante la máxima autoridad de la entidad pública, sea en apelación o revisión, que puede dejar sin efecto o modificar el acto administrativo impugnado total o parcialmente, no solamente por causas de legalidad sino también de oportunidad.

Esto se aplica también a actos administrativos sancionatorios, cuando se encuentran vicios en su expedición. Asimismo, también pueden convalidarse.

En la actualidad la doctrina se refiere en forma pacífica a los actos administrativos transaccionales y, por tanto, bilaterales, inclusive en una materia que indudablemente releva de la potestad estatal como es la materia tributaria.

Se ha tratado también de distinguir entre actos administrativos "normales" y otros derivados de naturaleza "exorbitante", entre los cuales se encontrarían precisamente las declaratorias de terminación unilateral y anticipada del contrato y la caducidad. Estos últimos no serían disponibles. Pero tal distinción no encuentra sustento en la doctrina, puesto que en cualquier acto administrativo se manifiesta la *potestas* estatal, sin excepción. Cualquier acto administrativo ostenta las propiedades de ejecutoriedad y presunción de legalidad y de legitimidad, que solo el Estado puede imprimir a sus propios actos, que se manifiesta también en el ejercicio de la autotutela.

[30] Código Orgánico Administrativo (COA), art. 217.

Por otra parte, es cierto que las facultades exorbitantes, en su aplicación contractual imponen cláusulas que no podrían incorporarse en un contrato de derecho privado entre particulares, puesto que serían causal de nulidad absoluta aunque se trata de aspectos sobre los cuales no hay consenso.

Una antigua sentencia de la Corte Suprema de Justicia tachó de nulidad absoluta la estipulación que faculta al contratante para sustituirse al juez en la ejecución de una cláusula contractual en un contrato privado. Expresó sobre ello:

"[...] hay objeto ilícito en todo lo que contraviene al derecho público ecuatoriano; y este derecho prescribe que todos cuantos tengan necesidad de exigir el cumplimiento de una obligación acudan al poder judicial; la estipulación de administrar justicia por sí mismo en su propia causa, sería incompatible con la existencia misma de la asociación civil, porque eso de desempeñar el doble papel de juez y parte es contrario a la ley y a la consciencia, pues es muy difícil que impere la justicia donde media el interés"[31].

Pero la autotutela que ejerce la administración pública sobre sus propios actos es precisamente la adjudicación del órgano público "en su propia causa", como en efecto lo es el ejercicio de la cláusula exorbitante de terminación unilateral y anticipada del contrato. Un arbitraje que juzgue una terminación de estas, no podría juzgarla desde el punto de vista del derecho privado y expedir un laudo que declare nulo el ejercicio de esta potestad por parte del órgano público.

Pero tanto el juez de la jurisdicción ordinaria como el árbitro pueden indudablemente examinar la racionalidad y proporcionalidad y la correcta aplicación de las reglas legales, reglamentarias y contractuales del ejercicio de sus facultades por parte de la administración pública, así como el juez contencioso administrativo examina la racionalidad y proporcionalidad de la aplicación de la potestad discrecional, sin dejar de reconocer el legítimo ejercicio de la *potestas* pública por parte de la administración, que no puede ser cuestionado.

En la doctrina, Mantilla-Serrano expresa que "ciertas legislaciones, aunque minoritarias, han preferido hacer referencia, como criterio de arbitrabilidad, ya no meramente a la materia disponible sino a toda aquella que tenga algún contenido patrimonial, ampliando así el ámbito de materias susceptibles de ser decididas mediante arbitraje"[32].

[31] Citado por René Bustamante Muñoz en Código Civil, Libro cuarto, De las obligaciones y los contratos, Primera parte, con la jurisprudencia de la excelentísima Corte Suprema y concordancias, Quito, La Prensa Católica, 1959.

[32] Fernando Mantilla-Serrano, "La autonomía del derecho del arbitraje internacional ¿hacia un arbitraje realmente autónomo?", en Mantilla-Serrano (Coord.), *Arbitraje internacional*. Tensiones actuales, Bogotá, Comité Colombiano de Arbitraje-LEGIS, 2007, págs. 214-215.

La ley contempla el arbitraje expresamente para la impugnación de las multas a los contratistas[33] y para la resolución de terminación unilateral y anticipada del contrato[34]. Estas disposiciones indudablemente autorizan el arbitraje también a dos clases de actos administrativos de gran relevancia en la ejecución de los contratos públicos como son las sanciones, en la forma de multas y la resolución que declara la terminación unilateral y anticipada del contrato, todas ellas expedidas a través de actos administrativos. Estas afirmaciones que constan en la norma deberían bastar para evitar interpretaciones que se generan en el ámbito doctrinal e inclusive en la propia jurisprudencia como se vio líneas atrás.

En todo caso los contratos en disputa contienen la cláusula arbitral que, a su vez, se remite a tratados generales y bilaterales de inversión, que obligan a los respectivos países a someter esas disputas al arbitraje internacional. No han tenido demasiado éxito las argumentaciones de los Estados sobre la incompetencia de los tribunales arbitrales internacionales para la solución de tales disputas en esta materia. El reputado especialista español en derecho de arbitraje, CREMADES, manifiesta sobre esta circunstancia: "[...] gran parte de los procedimientos arbitrales en materia de protección de inversiones (comienzan) con un largo y tedioso cuestionamiento de la jurisdicción y admisibilidad de las pretensiones formuladas por los inversores".

Se pueden encontrar unos pocos motivos de la situación, entre muchas otras, que resultan principalmente de la naturaleza del arbitraje internacional. La principal sería la contradicción intrínseca de la noción de "contrato administrativo internacional", señalada por CREMADES:

"La contratación administrativa en el derecho doméstico, se basa en las facultades exorbitantes de la administración pública, que por exigencias del servicio público puede y debe tomar medidas en función del interés público. Si esto es así, la internacionalización del contrato administrativo lleva consigo un aspecto de responsabilidad que deben tener en cuenta los tribunales de arbitraje, bajo la norma fundamental del *pacta sunt servanda*"[35].

Un verdadero problema es el de la dualidad del llamado *derecho continental*, es decir la rama "romano napoleónica" de la tradición del derecho francés, del cual son tributarios la mayor parte de los países latinos, incluyendo Latinoamérica, España e Italia, principalmente. Este sistema romano napoleónico desarrolla una normativa dualista y paralela entre el derecho público y el derecho privado, con entrecruzamientos entre los dos.

[33] LOSNCP, art. 71.

[34] LOSNCP, art. 95, inc. 2°.

[35] BERNARDO CREMADES, "Arbitraje internacional: del arbitraje comercial internacional al arbitraje de protección de inversiones", en *Revista de la Corte Española de Arbitraje*, Madrid, 2007, págs. 13-22.

La división derecho público-derecho privado no es, por supuesto, un invento reciente ya que fluye de la antigua tradición del derecho romano.

Incluso para los juristas de países donde prevalece este sistema "continental", la distinción entre la normativa pública y la privada resulta a veces ardua, especialmente por la aguda especialidad del derecho público, del derecho administrativo y la contratación administrativa y porque, en estas especialidades, se aplica también el derecho civil, pero de manera subsidiaria, donde se ven contrapuestos nociones de la voluntad de las partes frente al principio de legalidad, dificultades extendidas desde las partes en conflicto y los mismos árbitros.

Esta confusión se ha presentado también en los arbitrajes internacionales, donde no se ha superado la superposición de los derechos sustantivos continental y anglosajón.

En el aspecto procesal la situación es diferente. La mayor parte de los estudios doctrinales sobre arbitraje internacional el día de hoy, se refieren a la conjunción de los sistemas procesales continental y anglosajón, especialmente en el tema de la prueba.

A diferencia de las discusiones sobre el derecho procesal del arbitraje, en cuanto al derecho *sustantivo* aplicable al arbitraje internacional, la discusión ha sido menos aguda. El debate actualmente se desarrolla alrededor de la aplicabilidad de la *Lex Mercatoria*, lo cual implica inconveniencias por las propias particularidades de esta normativa a la hora de tratar los contratos administrativos.

A lo largo del tiempo, el choque entre los sistemas procesales anglosajón y continental ha resultado en acuerdos que satisfacen relativamente a los juristas de los dos grandes sistemas, lo que se ha cristalizado, por ejemplo, en las reglas de procedimiento judicial en el arbitraje de CNUDMI (UNCITRAL), a pesar de que todavía existen discrepancias sobre el tema de la prueba, por ejemplo, subrayándose las grandes diferencias entre la prueba y la "*discovery*". En los sistemas civilistas, incluyendo el COGEP, las partes se encuentran limitadas en su petición de documentos de la contraparte, puesto que deben identificar estrictamente los documentos que les solicita. En el sistema del *Common Law*, "las partes reúnen la casi totalidad de los documentos relativos al caso antes de construir precisamente sus respectivas posiciones".

El derecho anglosajón también define una tenue distinción entre el testigo y el perito, que son parte del equipo de cada parte, lo que no es el caso del sistema continental, en el cual el perito, por ejemplo, es nombrado por una de las partes o inclusive el mismo juez/árbitro y el testigo debe ser un imparcial[36].

[36] Yves Derains, "La estandarización del procedimiento arbitral: ¿es ineluctable? ¿es positiva?", en: Mantilla-Serrano (Coord.), ob. cit., págs. 160-162.

Si una cláusula arbitral ecuatoriana somete el Estado a un procedimiento arbitral internacional, como por ejemplo a las reglas de CNUMDI (UNCITRAL) —que con las recientes reformas al COPCI deben incluirse en los contratos de inversión— estas reglas fijan los procedimientos que necesariamente se deben utilizar. En otros casos y más flexiblemente en los procesos arbitrales entre privados pueden decidir someterse a las Reglas sobre la Práctica de la Prueba de la IBA[37].

Pero incluso en estas circunstancias, en Ecuador se debería poder determinar que en lo no previsto en tales reglas se deben aplicar las normas procesales ecuatorianas aplicables cuando se trata de un contrato del Estado, es decir el derecho administrativo y el procedimiento contencioso-administrativo.

Es importante establecer que las normas sustantivas sobre las cuales deben resolverse controversias, incluso pese haberse establecido en las cláusulas contractuales, no podrán tener validez en derecho público otras normas que las jurídicas ecuatorianas, ya que estos criterios nacen de la ley y de los principios rígidos de la administración pública.

Por otro lado, siempre que en una cláusula arbitral conste la aplicación subsidiaria procesal ecuatoriana, se tendrán que aplicar estas normas, que son diferentes de las aplicables en el derecho privado, como se puede apreciar por ejemplo en el tema del "expediente administrativo", constante en la Ley de la Jurisdicción Contencioso Administrativo y el principio de los "actos separables" de la contratación pública.

En Ecuador, el COA define el contrato administrativo[38]. Por lo tanto, estos contratos se rigen por el ordenamiento jurídico específico, sujetos a la jurisdicción contencioso administrativa, sobre lo cual la ley es suficientemente clara y resulta reiterada y unánime la jurisprudencia:

"Los reclamos en vía judicial de los contratos administrativos, en cuanto al control de la legalidad y al cumplimiento de sus estipulaciones, es propia del recurso o acción de lo contencioso administrativo, materia especializada, propia de la competencia privativa de la jurisdicción contenciosa administrativa; la misma que nace de la relación de derecho material, que reconoce expresamente el legislador. Consecuentemente la acción de nulidad del contrato administrativo no corresponde a la competencia ordinaria civil, aunque se invoquen normas legales sustantivas que rigen el contrato de naturaleza civil, ya que hacer lo contrario es inobservar por falta de aplicación los artículos 1, 3 y 10 de la Ley de la Jurisdicción Contencioso Administrativa,

[37] International Bar Association.

[38] Código Orgánico Administrativo (COA), art. 38, Contrato administrativo "Es el acuerdo de voluntades productor de efectos jurídicos, entre dos o más sujetos de derecho, de los cuales uno ejerce una función administrativa.", 2° SRO 31, 7 julio, 2017.

que regulan ese tipo de litigios, en concordancia con el artículo 1° inciso 2° del Código de Procedimiento Civil. En resumen, el artículo 38 (r) de la Ley de Modernización del Estado, dispone imperativamente, que los tribunales distritales de lo contencioso administrativo "conocerán y resolverán de todas las demandas", sin distinción alguna, salvo los reclamos sometidos a mediación y arbitraje, que se refieran a contratos administrativos, entre ellos, por tanto, los de concesión de servicios, o concesión de uso de bienes públicos; sin que esto, suceda en la especie"[39].

En concordancia con los principios expuestos, el procedimiento será, *en lo aplicable*, el que establece la ley concerniente, o sea las normas de derecho público. Así, COLOMBO afirma:

"El procedimiento [...] contiene las normas de orden público que regulan la actividad del juez en la iniciación, prosecución y término del proceso [...]. En Chile el árbitro de derecho debe sustanciar de acuerdo al procedimiento que señala la ley [...] según la naturaleza de la acción deducida [...]. Las normas de procedimiento son en general de orden público y como tales irrenunciables por las partes [...] en materia procesal el principio de la autonomía no tiene aplicación, ya que los sujetos para hacer uso de los derechos procesales deben ajustarse estrictamente a la ley que fija en cada caso el procedimiento que deben seguir".

El profesor que se cita concluye sobre este punto:

"Como conclusión, en torno a la aplicación de este principio puede señalarse que no obstante la mayor autonomía que las partes tienen para pactar procesalmente en el arbitraje, en todo aquello en que la ley expresamente no lo autorice, prevalece el principio del orden público, que priva de sus efectos normales a la autonomía de la voluntad de materias reguladas por el derecho procesal"[40].

ROMERO, a su vez, cita el Código Orgánico de los Tribunales (COT) de Chile:

"Conforme al artículo 223 del COT, 'el árbitro de derecho fallará con arreglo a la ley y se someterá tanto en la tramitación como en el pronunciamiento de la sentencia definitiva, a las reglas establecidas para los jueces ordinarios según la naturaleza de la acción deducida"[41].

[39] R. 59-2003, RO 9, 6 de junio, 2003, Contraloría General del Estado-Municipalidad de Cuenca y Autoparque S.A., Corte Suprema de Justicia, Segunda Sala de lo Civil y Mercantil.

[40] JOSÉ COLOMBO CAMPBELL, "Principios informativos del proceso arbitral", en PICAND (Coord), ob. cit., págs. 119, 120, 122 y 125.

[41] ALEJANDRO ROMERO SEGUEL, "Arbitraje de derecho y arbitraje de equidad", en *Estudios de arbitraje*, ob. cit., pág. 147. Énfasis añadido.

En esto coincide con su maestro AYLWIN AZÓCAR, quien fuera Presidente de la República de Chile (1990-1994), que comenta en su clásica obra sobre el tema, actualizada a 2005, refiriéndose a disposición en igual sentido del artículo 628 del Código de Procedimiento Civil chileno:

"Esta es la norma fundamental que rige el procedimiento ante los árbitros de derecho. No significa ella que el arbitraje de derecho deba siempre someterse a las reglas del juicio ordinario, como primitivamente se había propuesto, sino que debe ajustarse, según el claro tenor de la ley, a las prescripciones establecidas para los tribunales ordinarios, según la naturaleza de la acción que en cada caso se ventila.

"Lo dicho no obsta a la facultad de las partes para acordar la supresión de ciertos trámites, la agregación de otros y cualesquiera otras modificaciones en el procedimiento legal [...].

"Pero en el ejercicio de esta facultad las partes no pueden llegar hasta alterar esencialmente el procedimiento prescrito por la ley y disponer en su lugar otro, pues en tal caso cambiarían la naturaleza del arbitraje, que dejaría de ser de derecho para convertirse en mixto"[42].

El procesalista español, GONZÁLEZ PÉREZ reafirma este principio elemental del contencioso administrativo:

"Una pretensión fundada en derecho administrativo no podrá ser conocida por un órgano de un orden jurisdiccional distinto al contencioso-administrativo, y un órgano del orden contencioso-administrativo no podrá conocer una pretensión que se funde en normas de derecho civil, mercantil o laboral".

Lo cual se debe comprender con su apreciación de que "para que pueda hablarse de proceso administrativo es necesario, pues, que exista la posibilidad de deducir pretensiones fundadas en derecho administrativo ante órganos imparciales e independientes, cualquiera que sea el encuadramiento de estos órganos"[43].

Este mismo autor reitera de manera específica la indisponibilidad del trámite, cuando alude a la transacción (recuérdese la equivalencia que se establece entre derechos susceptibles de transacción y arbitraje):

"[...] la formalización de la transacción no puede determinar una mutación de la naturaleza jurídica de las relaciones que determine el sometimiento al conocimiento de la jurisdicción civil de las pretensiones que se deduzcan en relación a la invalidez del contrato"[44].

[42] PATRICIO AYLWIN AZÓCAR, *El juicio arbitral*, 5ª ed. actualizada y complementada, Santiago, Editorial Jurídica de Chile, 2005, págs. 445-446.

[43] JESÚS GONZÁLEZ PÉREZ, *Manual de derecho procesal administrativo*, Madrid, Civitas, 2001, pág. 101.

[44] GONZÁLEZ, ob. cit., págs. 403-404.

6. El valor de los documentos exhibidos y producidos por las instituciones públicas

El hecho del pacto arbitral no somete una cuestión de derecho público al derecho privado y peor aún, no convierte a una institución pública en una persona jurídica de derecho privado para los efectos procesales. Por ejemplo, es improcedente equiparar los instrumentos públicos que exhibe una institución pública con instrumentos internos privados, como lo serían los documentos de una compañía anónima.

Los documentos internos de una institución pública, cuando se encuentran certificados por el competente empleado, son instrumentos públicos o auténticos, definidos por las codificaciones del Código Civil y el Código Orgánico General de Procesos como:

"Instrumento público o auténtico es el autorizado con las solemnidades legales por el competente empleado"[45].

Adicionalmente:

"Documento público. Es el autorizado con las solemnidades legales. Si es otorgado ante notario e incorporado en un protocolo o registro público, se llamará escritura pública. Se considerarán también instrumentos públicos los mensajes de datos otorgados, conferidos, autorizados o expedidos por y ante autoridad competente y firmados electrónicamente"[46].

"El instrumento público hace fe, aun contra terceros, de su otorgamiento, fecha y declaraciones que en ellos haga la o el servidor público que los autoriza, pero no en cuanto a la verdad de las declaraciones que en él hayan hecho las o los interesados. En esta parte no hace fe sino contra las o los declarantes.

"Las obligaciones y descargos contenidos en el instrumento hacen prueba con respecto a las o los otorgantes y de las personas a quienes se transfieren dichas obligaciones y descargos, a título universal o singular"[47].

Por supuesto que siempre será posible demandar la falsedad de un instrumento público, siguiendo el procedimiento determinado en la ley[48], si se estima, por ejemplo, que una tal falsedad afecta alguno o algunos de los instrumentos públicos exhibidos dentro del "expediente administrativo" de una institución pública. Pero mientras no haya declaratoria de falsedad o nulidad dictada por juez competente, los instrumentos públicos gozan de presunción de legitimidad, sea en la vía jurisdiccional contencioso administrativo sea en la vía arbitral.

[45] C. C., art. 1716.

[46] COGEP, art. 208.

[47] COGEP, art. 208.

[48] COGEP, art. 214.

7. Legislación aplicable en el arbitraje y la "Lex Mercatoria"

La generalidad de los estudios y obras sobre el arbitraje contemplan principalmente el tema del procedimiento arbitral. En cambio, menos atención se ha prestado en las obras sobre arbitraje a la legislación *sustantiva* aplicable. El principio general es que a falta de referencia, se entiende que aplica la legislación del Estado donde se produce el conflicto, en el caso de las inversiones, el Estado "receptor" (de la inversión). Lo mismo ocurre en el arbitraje comercial.

Las normas del CIADI, denunciado por el Ecuador en su momento[49], y vuelto a ratificar en 2021[50], por ejemplo disponen:

"Artículo 42 (1) El Tribunal decidirá la diferencia de acuerdo con las normas de derecho acordadas por las partes. A falta de acuerdo, el Tribunal aplicará la legislación del Estado que sea parte en la diferencia, incluyendo sus normas de derecho internacional privado, y aquellas normas de derecho internacional que pudieren ser aplicables.

"(2) El Tribunal no podrá eximirse de fallar so pretexto de silencio u oscuridad de la ley.

"(3) Las disposiciones de los precedentes apartados de este artículo no impedirán al Tribunal, si las partes así lo acuerdan, decidir la diferencia *ex aequo et bono*".

Así, en el arbitraje internacional que se ventiló en el CIADI, de la compañía Occidental contra Ecuador[51] la cláusula arbitral del contrato estipulaba:

"Veinte punto tres punto uno. Las partes acuerdan que la constitución de la Comisión de Arbitraje y el procedimiento de arbitraje se regirán por las Reglas de Iniciación, las Reglas de Arbitraje y cualquier disposición pertinente del convenio y del Reglamento Administrativo y Financiero, que se encuentran en las partes C, D, A y B respectivamente del documento CIADI/15 [...]"[52].

[49] http://icsid.worldbank.org/ICSID/StaticFiles/facility-spa/AFR_Spanish-final.pdf/

[50] https://icsid.worldbank.org/news-and-events/news-releases/ecuador-signs-icsid-convention

[51] Occidental Petroleum Corporation and Occidental Exploration and Production Company v. Republic of Ecuador (ICSID Case No. ARB/06/11) Fecha de registro: 13 julio 2006; Fecha de constitución del Tribunal: Febrero, 06, 2007; Presidente: L. Yves Fortier (canadiense). Árbitros: Brigitte Stern (francesa); David A.R. Williams (Nueva Zelandia) http://icsid.worldbank.org/ICSID/FrontServlet

[52] Contrato Modificatorio de Prestación de Servicios en Contrato de Participación para la Exploración y Explotación de Hidrocarburos (petróleo crudo) en el Bloque 15 de la región amazónica ecuatoriana, celebrado entre la empresa Estatal Petróleos del Ecuador

Las reglas a las que se refiere el contrato Occidental - Ecuador, en lo pertinente son: Reglamento Administrativo y Financiero; Reglas Procesales Aplicables a la Iniciación de los Procedimientos de Conciliación y Arbitraje (Reglas de Iniciación); Reglas Procesales Aplicables a los Procedimientos de Conciliación (Reglas de Conciliación); Reglas Procesales Aplicables a los Procedimientos de Arbitraje (Reglas de Arbitraje).

Todas las reglas citadas son de procedimiento, sin que se precise en la cláusula arbitral la legislación sustantiva aplicable, por lo cual, según las mismas reglas del CIADI, en el artículo 42, reglas (1)-(3) citadas, serían necesariamente las normas de derecho público y derecho administrativo ecuatorianas y solo subsidiariamente las normas del derecho civil y menos aún la *Lex Mercatoria*.

Mas, al aplicar la legislación ecuatoriana en un arbitraje internacional, no será suficiente aplicar la norma local, sino que también debe considerarse fundamentalmente el derecho que aplica, que en contratos del Estado será necesariamente el derecho público ecuatoriano y solo de manera subsidiaria el derecho civil. Este esquema normativo acarrea gran cantidad de complejidades e interpretaciones.

Las prácticas del arbitraje en Latinoamérica en los últimos años, especialmente en el campo del derecho público "ponen de relieve la sujeción del arbitraje internacional en Latinoamérica al orden jurídico local"[53]. A la rigidez de nuestro derecho en la región y en Europa, se debe agregar ciertas trabas en la edad contemporánea; y como mejor lo explica el argentino Tawil los procesos de liberación del comercio, la globalización e integración económica han dado lugar a nuevos fenómenos, los mismos que reflejan un problema en la visión localista del derecho administrativo, específicamente, en el propio sistema francés que ha evitado alinearse al derecho comparado[54]. Existen unos pocas vinculaciones normativas con el derecho escandinavo, derecho alemán y norteamericano. El jurista argentino mencionado, apunta a la necesidad de replantear un derecho administrativo supranacional, por el contexto global.

En todo caso, rige la noción doctrinal de "orden público interno" de derecho internacional privado u orden público internacional, que se ha definido como:

(PETROECUADOR) y la compañía Occidental Exploration and Production Company, sucursal Ecuador", 1999.

[53] Paolo Di Rosa y Rafael Cox-Alomar, "El control judicial del arbitraje: ¿siempre tributario de un foro local?", en Mantilla-Serrano, ob. cit., pág. 243.

[54] Guido Santiago Tawil, *Estudios de derecho administrativo*, Buenos Aires, Abeledo Perrot, 2015, pág. 657.

"[...] una cláusula de reserva destinada en cuanto tal a evitar que una ley extranjera, calificada normalmente como la competente para regir determinado asunto, tenga que ser acogida no obstante que la aplicación que de ella se hizo contradice en forma manifiesta los principios fundamentales en que se inspira el ordenamiento jurídico nacional"[55].

En vista de todo lo expuesto en el presente acápite, es evidente que en la actualidad, la legislación y doctrina ecuatoriana, así como en general de otros países del mundo, sobre arbitraje no se encuentran todavía predispuestos a aceptar la utilización generalizada o peor exclusiva de la "autonomía" arbitral a que se refiere MANTILLA-SERRANO:

"Pero el salto vanguardista y por ende más controversial, lo constituye el segundo aspecto de la autonomía, es decir, la verdadera autonomía. Aquel aspecto que permite prescindir de todo derecho nacional aplicable para decidir de la existencia o validez del convenio arbitral"[56].

8. ARBITRAJE INTERNACIONAL

La Ley de Arbitraje y Mediación reconoce expresamente el arbitraje internacional, que puede pactarse siempre que las partes tengan domicilio en países diferentes; cuando el cumplimiento de las obligaciones se tenga que llevar a cabo fuera del Estado de una de las partes; o cuando el contrato verse sobre comercio internacional[57].

El arbitraje internacional está regulado por los instrumentos de derecho internacional legalmente ratificados por Ecuador[58].

Conforme a la Ley de Arbitraje y Mediación, el sometimiento del Estado y sus instituciones a cualquier tribunal arbitral y normativa procesal arbitral, que se determine en forma expresa, valida el compromiso arbitral internacional, puesto que bastan esas dos menciones para que tal compromiso se enmarque en las provisiones de la "Convención Interamericana sobre Arbitraje Comercial Internacional"[59], cuyas disposiciones pertinentes rezan:

"Artículo 1

"Es válido el acuerdo de las partes en virtud del cual se obligan a someter a decisión arbitral las diferencias que pudiesen surgir o que hayan surgido,

[55] ALBERTO ZULETA LONDOÑO, "La protección constitucional del arbitraje" en MANTILLA-SERRANO, ob. cit., pág. 86.

[56] MANTILLA-SERRANO, "La autonomía del derecho arbitral internacional: ¿hacia un arbitraje realmente autónomo?" en MANTILLA-SERRANO, ob. cit., pág. 226.

[57] Ley de Arbitraje y Mediación, art. 41.

[58] Ley de Arbitraje y Mediación, art. 42.

[59] Convención Interamericana sobre Arbitraje Comercial Internacional, RO 875, 14 de febrero de 1992.

entre ellas con relación a un negocio de carácter mercantil. El acuerdo respectivo constará en el escrito firmado por las partes o en el canje de cartas, telegramas o comunicaciones por télex.

"Artículo 2

"El nombramiento de los árbitros se hará en la forma convenida por las partes. Su designación podrá delegarse a un tercero sea este persona natural o jurídica.

"Los árbitros podrán ser nacionales o extranjeros.

"Artículo 3

"A falta de acuerdo expreso entre las partes del arbitraje se llevará a cabo conforme a las reglas de procedimiento de la Comisión Interamericana de Arbitraje Comercial".

En consecuencia, basta aceptar el sometimiento a un arbitraje para cumplir con el artículo 1 de la Convención; la referencia a cualquier árbitro o tribunal arbitral cumple con lo dispuesto en el artículo 2 del mismo instrumento internacional, y la mención de un procedimiento o conjunto de reglas para el arbitraje —por ejemplo, la Ley Modelo de CNUDMI— o también la ausencia de una alusión a reglas o procedimientos, llena la determinación del artículo 3. Parece que tales rubros abarcan todas las posibilidades que cualquier convenio arbitral, de cualquier índole que sea, pueda establecer. Además, el artículo 35 de la Ley de Arbitraje y Mediación dispone:

"[...] de no constar en el convenio, las partes podrán determinar libremente el lugar del arbitraje, y de no llegarse a un acuerdo podrá optarse por el lugar de los efectos del acto o contrato materia del arbitraje o el del domicilio del demandante a elección de este, en caso de no existir tribunal de arbitraje en uno de los referidos lugares, deberá acudirse al de la localidad más próxima".

Existen dudas sobre la posible estipulación arbitral de otros aspectos relativos al cumplimiento de los laudos, que discrepen con las normas internacionales que Ecuador haya reconocido para el efecto.

Sobre las partes en disputa, el arbitraje versa directamente contra el Estado y no contra una entidad pública autónoma de ese Estado, como lo ha hecho notar GAILLARD citando jurisprudencia arbitral[60].

9. ACCIONES CONTRA EL LAUDO ARBITRAL

Para concluir, vale la pena aludir a la "inapelabilidad de los laudos", que dispone que "[l]os laudos arbitrales dictados por los tribunales de arbitraje serán inapelables"[61].

[60] EMMANUEL GAILLARD, "The effect of broad dispute resolution clauses in investment treaty arbitration", en *Mantilla-Serrano*, ob. cit., págs. 24-25.

[61] Ley de Arbitraje y Mediación, art. 30.

Por otro lado, la Ley de Arbitraje y Mediación dispone que el incumplimiento de los requisitos ahí señalados para el sometimiento del sector público al arbitraje, "acarreará la nulidad del convenio arbitral"[62].

La ley suprime la diferencia que establecían las normas sobre arbitraje del derogado Código de Procedimiento Civil y que mantenía la dualidad, entre "compromiso arbitral" y "cláusula compromisoria" o "cláusula arbitral", refiriéndose en la actualidad solamente al "convenio arbitral".

No obstante, por la forma que está redactada la disposición[63], la cláusula arbitral o compromisoria al interior de un contrato surte efectos de compromiso arbitral. En efecto, dice el artículo 6° de la LAM que hay convenio arbitral "no solo cuando el acuerdo figure en un único documento firmado por las partes, sino también cuando resulte de [...] cualquier otro medio de comunicación escrito que deje constancia documental de la voluntad de las partes de someterse al arbitraje". Esto puede, entonces, constar en una cláusula contractual.

Así, en el caso de que el convenio arbitral conste al interior de un contrato, a pesar de que sea nula la cláusula arbitral, no forzosamente será nulo el contrato mismo. Asimismo, a pesar de lo dispuesto que dice que "[l] a nulidad de un contrato no afectará la vigencia del convenio arbitral"[64], si este convenio no ha sido realizado separadamente sino que consta en el interior de un contrato, es lógico que la nulidad de este contrato determina forzosamente la nulidad de la cláusula compromisoria cuando resulte común la causal de nulidad, como, por ejemplo, la incapacidad o la incompetencia, como lo hace notar SATTA[65].

Hay que notar que un informe del procurador general del Estado, dirigido al contralor general del Estado del Ecuador se pronunció en un sentido contrapuesto al aquí expresado, dictaminando: "Empero, si el convenio cumple todos los requisitos, aun en el caso de que el contrato fuere declarado nulo, el convenio de arbitraje se mantiene en vigencia, conforme lo establece el inciso tercero de la Ley *ibidem*, que dispone: «La nulidad de un contrato no afectará la vigencia del convenio arbitral»"[66].

Guayaquil, noviembre de 2021.

[62] Ley de Arbitraje y Mediación, art. 4°.

[63] Ley de Arbitraje y Mediación, art. 6°.

[64] Ley de Arbitraje y Mediación, art. 5°, inc. 3°.

[65] SALVATORE SATTA, *Manual de derecho procesal civil*, Buenos Aires, EJEA, 1971, págs. 291-292.

[66] Of. PGE N° 11490 del 2 de junio de 1998, al Contralor General del Estado.

LA ILUSIÓN DE LOS ADMINISTRADOS EN LA EFECTIVA PROTECCIÓN DE SUS DERECHOS: ¿EL JUEZ ADMINISTRATIVO, GUARDIÁN DE LAS LIBERTADES ANTE LA TENTACIÓN DE ARBITRARIEDAD DE LA ADMINISTRACIÓN?

GUSTAVO QUINTERO NAVAS*
Colombia

INTRODUCCIÓN

El Estado, como supremo ordenador de la sociedad, se sirve del derecho para garantizar su propia subsistencia, el cumplimiento de sus fines y la protección de sus habitantes. En este sentido, el profesor LIBARDO RODRÍGUEZ escribe en su obra *Estructura del poder público en Colombia* lo siguiente: "En relación con el poder del Estado, esas formas de organización y mecanismos o instrumentos de actuación son especialmente importantes en la medida en que el Estado concentra, como hemos dicho, el poder por excelencia en la sociedad, en cuanto a él están sometidos los demás poderes y todos los miembros de aquella"[1]. Así, las sociedades entienden naturalmente que las solas disposiciones morales son insuficientes para todos estos propósitos, de ahí que las disposiciones jurídicas formen parte inescindible de la manera como se organizan las comunidades humanas. Si tales normas jurídicas son complejas o simples, escritas o consuetudinarias, es un asunto categóricamente distinto.

El derecho administrativo evoluciona y suele expresarse en normas cada vez más elaboradas y precisas, que aspiran a alcanzar mayores garantías y anticipar las posibles circunstancias de conflicto. Estas garantías se ven reflejadas casi por unanimidad en la sumisión de la Administración al derecho. Pero, como lo afirma JEAN RIVERO: "Esta casi unanimidad no debe ilusionarnos: la sumisión de la Administración es reciente y frágil. Por grande que sea, en el mundo contemporáneo, el acuerdo establecido sobre

* Doctor en Derecho Público, Universidad de Nantes, Francia. Profesor asociado, Facultad de Derecho Universidad de los Andes, Bogotá, Colombia.

[1] LIBARDO RODRÍGUEZ, *Estructura del poder público en Colombia*, 16ª ed., Bogotá, Editorial Temis, 2021, pág. 2.

el principio de esta sumisión, el tiempo que ha tardado en imponerse basta para mostrar que no cae de su peso y merece reflexión. El principio, por otra parte, puede ser entendido de manera más o menos rigurosa: la sumisión al derecho puede respetar la especificidad del papel de la Administración en la vida nacional y entonces deberá plegarse a un derecho hecho a su medida. Pero puede negársele esta especificidad, y someterla al mismo derecho de los simples particulares"[2].

En este mismo sentido, LIBARDO RODRÍGUEZ considera que "El avance que representa para el Estado de derecho el que la Administración pública se someta a legalidad no es suficiente, sino que —ese sometimiento de la Administración a la Ley para ser efectivo precisa necesariamente de una garantía eficaz—, específicamente el control por los tribunales o autoridades independientes"[3].

Aun así, lo común a todas estas normas es la expresión y preservación de dos valores que coexisten en eterna tensión: la justicia y la seguridad jurídica, tan irónicamente ligadas como la libertad y el orden mencionados en el escudo de Colombia. Lo que ocurre es que el ciudadano tiene cierta incomprensión por las nociones de orden y seguridad, mientras que la libertad y la justicia resultan fácilmente asimilables y aceptadas. No en vano la teoría utilitarista[4] sitúa la noción de lo justo atada a la libertad, mientras que el fascismo nos presenta una visión orwelliana[5] de lo justo asociado al orden.

[2] JEAN RIVERO, "La administración y el derecho", en *Páginas de derecho administrativo*, Bogotá, Editorial Temis, 2002, pág. 185.

[3] LIBARDO RODRÍGUEZ, *Derecho administrativo general y colombiano*, 21ª ed., Bogotá, Editorial Temis, 2021, pág. 486.

[4] Expresa JOHN STUART MILL en la su obra *Sobre la libertad*: "Ningún hombre puede, en buena lid, ser obligado a actuar o a abstenerse de hacerlo, porque de esa actuación o abstención haya de derivarse un bien para él, porque ello le ha de hacer más dichoso, o porque, en opinión de los demás, hacerlo sea prudente o justo. Éstas son buenas razones para discutir con él, para convencerle, o para suplicarle, pero no para obligarle o causarle daño alguno, si obra de modo diferente a nuestros deseos. Para que esta coacción fuese justificable, sería necesario que la conducta de este hombre tuviese por objeto el perjuicio de otro. Para aquello que no le atañe más que a él, su independencia es, de hecho, absoluta. Sobre sí mismo, sobre su cuerpo y su espíritu es soberano". JOHN STUART MILL, *Sobre la libertad*, Buenos Aires, Aguilar, 1962, págs. 26-27.

[5] ORWELL sostiene: "Ahora te diré la respuesta a mi pregunta. Se trata de esto: el Partido quiere tener el poder por amor al poder mismo. No nos interesa el bienestar de los demás: solo nos interesa el poder. No la riqueza ni el lujo, ni la longevidad ni la felicidad; solo el poder, el poder puro. Ahora comprenderás lo que significa poder puro. Somos diferentes de todas las oligarquías del pasado porque sabemos lo que estamos haciendo. Todos los demás, incluso los que se parecían a nosotros, eran cobardes o hipócritas. Los nazis alemanes y los comunistas rusos se acercaron mucho a nosotros por sus métodos, pero nunca tuvieron el valor de reconocer sus propios motivos. Pretendían, y quizá lo creían sinceramente, que

El Estado, por el contrario, ve en la seguridad jurídica un concepto con un contenido concreto, necesario y fácilmente aplicable, mientras que cualquier definición de justicia pecará por equivocada o incompleta. No en vano, durante más de dos mil años, desde ARISTÓTELES[6] hasta RAWLS[7], nos hemos esforzado por asignarle a la justicia un contenido determinado, sin que hayamos podido llegar a un consenso[8]. De hecho, la imposibilidad de asignar un contenido trascendente a la justicia constituye uno de los elementos que soportan la noción de derecho entendida como simple formalidad, propuesta por el jurista HANS KELSEN en su célebre obra *Teoría pura del derecho*[9].

---

se habían apoderado de los mandos contra su voluntad y para un tiempo limitado y que a la vuelta de la esquina, como quien dice, había un paraíso donde todos los seres humanos serían libres e iguales. Nosotros no somos así. Sabemos que nadie se apodera del mando con la intención de dejarlo. El poder no es un medio, sino un fin en sí mismo. No se establece una dictadura para salvaguardar una revolución; se hace la revolución para establecer una dictadura. El objeto de la persecución no es más que la persecución misma. La tortura solo tiene como finalidad la misma tortura. Y el objeto del poder no es más que el poder. ¿Empiezas por entenderme?". GEORGE ORWELL, *1984*, pág. 186.

[6] En *La Política*, ARISTÓTELES afirmaba: "Una cosa al menos es evidente: que las leyes deben establecerse de acuerdo con el régimen. Y si es así, es claro que las leyes que están concordes con los regímenes rectos son justas, y las concordes con los desviados no son justas. En todas las ciencias y artes el bien es un bien; el mayor y en el más alto grado será el que de la suprema entre todas ellas y ésta es la disciplina política. El bien político es la justicia, es decir, lo conveniente para la comunidad. Es del parecer de todos que la justicia es una cierta igualdad, y, hasta cierto punto al menos, se coincide con los tratados filosóficos en los que están precisadas cuestiones sobre Ética, pues dicen que la justicia es algo con referencia a personas y que debe haber igualdad para los iguales. Pero no hay que dejar en olvido en qué cosas hay igualdad y en cuáles desigualdad, pues esta cuestión presenta dificultad y reclama una filosofía política". ARISTÓTELES, *La Política*, Madrid, Gredos, 1988, pág. 185.

[7] En su obra *Una teoría de la justicia*, JOHN RAWLS expresa: "La intención de la posición original es establecer un procedimiento equitativo según el cual cualesquiera que sean los principios convenidos, éstos sean justos. El objetivo es utilizar la noción de la justicia puramente procesal como base de la teoría. De alguna manera tenemos que anular los efectos de las contingencias específicas que ponen a los hombres en situaciones desiguales y en tentación de explotar las circunstancias naturales y sociales en su propio provecho. Ahora bien, para lograr esto supongo que las partes están situadas bajo un velo de ignorancia. No saben cómo las diversas alternativas afectarán sus propios casos particulares, viéndose así obligadas a evaluar los principios únicamente sobre la base de consideraciones generales". JOHN RAWLS, *Una teoría de la justicia*, The Belknap Press of Harvard University Press, 1971, pág. 135.

[8] El profesor de Harvard, MICHAEL SANDEL, expone sintéticamente las más importantes nociones de justicia que hemos podido alcanzar, así como su impacto práctico en la visión de justicia que cada comunidad profesa y sus correlativas soluciones judiciales. MICHAEL SANDEL, *Justicia ¿hacemos lo que debemos?* Bogotá, Debate, 2013.

[9] En la obra, KELSEN expresa: "[...] la idea de la justicia no se presenta casi nunca como un valor relativo, fundado sobre una moral positiva, establecida por la costumbre,

Estas apreciaciones preliminares son importantes porque permiten intuir la visión disímil que tienen el Estado y el ciudadano acerca del derecho, en la medida en que este último lo observa limitadamente como la simple realización de la justicia. El ciudadano se forma frecuentemente una imagen divina del derecho, que se puede ver estrepitosamente aterrizada en la realidad cuando por fin tiene que afrontar la agonía de su propio proceso judicial.

Es en este punto donde conviene recordar el contenido de esas *Páginas de derecho administrativo*[10], obra dirigida y coordinada por el profesor LIBARDO RODRÍGUEZ, en homenaje a quien fuera su director de tesis doctoral en la Universidad de París II, el gran jurista y maestro JEAN RIVERO, quien propone temas del derecho administrativo, siempre enfocados en la esencia de este: el ciudadano. Así, en este escrito de homenaje al profesor LIBARDO RODRÍGUEZ encontraremos permanentemente esas reflexiones que han permeado por siempre mi actividad académica y profesional. De esta manera, nos referiremos: al hurón en el palacio real o reflexiones ingenuas sobre el recurso por exceso de poder[11]; al sistema francés de protección de los ciudadanos contra la arbitrariedad administrativa ante la prueba de los hechos[12]; a propósito de la metamorfosis de la Administración actual: democracia y Administración[13]; el juez administrativo ¿guardián de la legalidad administrativa o guardián administrativo de la legalidad?[14]; la Administración y el derecho[15];

y por esta razón diferente de un lugar a otro, de una época a otra. En su sentido propio, la idea de justicia es un valor absoluto, un principio que pretende ser válido siempre y en todas partes, independientemente del espacio y del tiempo: es eterna e inmutable. Ni la ciencia del derecho positivo ni ninguna otra ciencia pueden determinar su contenido, que varía al infinito. Más aún, la historia del espíritu humano que se esfuerza en vano desde hace siglos en resolver este de problema, muestra que la justicia absoluta no puede ser definida racionalmente. Dotada de una validez absoluta, la justicia está más allá de toda experiencia, como la idea platónica está más allá de la realidad sensible y la cosa en sí misma es trascendente a los fenómenos". HANS KELSEN, *Teoría pura del derecho*, México D. F., Ediciones Coyoacán, 2008, pág. 61.

[10] JEAN RIVERO, *Páginas de derecho administrativo*, ob. cit.

[11] JEAN RIVERO, "El hurón en el palacio real o reflexiones ingenuas sobre el recurso por exceso de poder", en *Páginas de derecho administrativo*, ob. cit., págs. 63 a 69.

[12] JEAN RIVERO, "El sistema francés de protección de los ciudadanos contra la arbitrariedad administrativa ante la prueba de los hechos", en *Páginas de derecho administrativo*, ob. cit., págs. 71 a 90.

[13] JEAN RIVERO, "A propósito de las metamorfosis de la administración actual: democracia y administración", en *Páginas de derecho administrativo*, ob. cit., págs. 91 a 104.

[14] JEAN RIVERO, "El juez administrativo: ¿guardián de la legalidad administrativa o guardián administrativo de la legalidad", en *Páginas de derecho administrativo*, ob. cit., págs. 153 a 170.

[15] JEAN RIVERO, "La administración y el derecho", ob. cit., págs. 185 a 195.

el administrado frente al derecho administrativo[16] y, finalmente, el demandante frente al juez administrativo[17], entre otros.

En este orden de ideas, volviendo a las ilusiones que tiene el ciudadano en el derecho, que a pesar de lo frágil que suele ser frente a la arbitrariedad sigue aferrado a esa posibilidad de que alguien impida esa implacable arbitrariedad, o como lo describe RIVERO refiriéndose al hurón: *¿no podría dar algún vigor a esta anulación platónica, que deja a la Administración como dueña, en el fondo, de hacer caer, sobre los ciudadanos, la más implacable arbitrariedad sin que nadie pueda impedirlo?*[18].

Ante los hechos, y padecimiento al que se ve sometido en la búsqueda del amparo de sus derechos, el ciudadano comprende que el Estado no solo ha creado las normas sustantivas que merecieron el mayor de los reconocimientos, sino que, al tiempo, como quien juega doble, ha establecido una serie de obstáculos que limitan o pueden llegar a limitar su realización efectiva e incluso hacerlo inane. Es entonces cuando descubre que el Estado y el derecho mismo están dispuestos a tolerar cuotas no necesariamente marginales de arbitrariedad e injusticia. Así, hemos entendido que el procedimiento debe estar integrado por un conjunto de reglas "justas", que no necesariamente conlleven una "justa" decisión, lo que desde luego no ha escapado a las duras críticas de importantes doctrinantes como LUIGI FERRAJOLI[19] y MICHELLE TARUFFO[20].

Los ciudadanos de un Estado gozan de recursos jurídicos para acceder a la justicia y satisfacer sus necesidades. Sin embargo, la eficacia de estos instrumentos depende de su éxito en la garantía de las libertades y derechos de los administrados. JEAN RIVERO sabiamente aseveró que lo relevante no es el "desarrollo del derecho sino la protección eficaz que recibe el particular"[21];

[16] JEAN RIVERO, "El administrado frente al derecho administrativo", en *Páginas de derecho administrativo*, ob. cit., págs. 235 a 242.

[17] JEAN RIVERO, "El demandante frente al juez administrativo", en *Páginas de derecho administrativo*, ob. cit., págs. 243 a 248.

[18] JEAN RIVERO, "El hurón en el palacio real o reflexiones ingenuas sobre el recurso por exceso de poder", en *Páginas de derecho administrativo*, ob. cit., pág. 68.

[19] LUIGI FERRAJOLI, *Principia iuris. Teoría del diritto e della democracia, 2. Teoria della democracia*, Bari, Laterza, 2007, pág. 214.

[20] MICHELLE TARUFFO, *Páginas sobre justicia civil*, Madrid, Marcial Pons, 2009, pág. 26. El autor sostiene: "[...] es imposible considerar como justo un proceso que —incluso mediando las garantías de defensa de las partes— pueda concluirse con una sentencia injusta. Si luego se considera, como se acaba de decir, que la justicia de la decisión depende también pero de modo necesario de la determinación de la verdad de los hechos, de allí se deriva que un proceso no es justo si no está estructuralmente orientado a la investigación y al descubrimiento de la verdad".

[21] JEAN RIVERO, "El hurón en el palacio real o reflexiones ingenuas sobre el recurso por exceso de poder", en *Páginas de derecho administrativo*, ob. cit., pág. 68.

propósito que la experiencia lleva a deducir que no siempre se cumple. Tan cierto es que la ilusión del administrado se desvanece cuando recibe la decisión, ya sea porque es desfavorable y no obtuvo el amparo ante la arbitrariedad de la Administración, o este no es suficiente, o porque, finalmente, se torna en inútil al haber pasado tiempo exorbitante desde la trasgresión de los derechos hasta el momento en el que se logra su protección, esto es, cuando se ha consumado la vulneración sin que la indemnización logre la reparación pretendida. De ahí que la decisión del juez no llegue a ser eficaz.

En efecto, en el derecho constitucional y administrativo colombiano existe un sinnúmero de medios de control y acciones tendientes a reclamar a la Administración el cumplimiento de normas, la anulación y suspensión de actos, el restablecimiento y reparación de derechos, entre otras pretensiones que, en la práctica, no siempre resultan eficaces en la medida en que no logran la satisfacción de los derechos de los administrados. La vulneración se ha consumado y ninguna medida —ni, a veces, económica— logra resarcir el perjuicio ocasionado. Es ahí cuando la ilusión que supone la existencia de los mecanismos se destruye ante la imperfecta protección que se obtiene, quedando el ciudadano entre el atropello de la Administración y la inacción del juez, que, para algunos, es un atropello peor.

En ese contexto es necesario evidenciar las situaciones —que desde mi experiencia he podido comprobar— que hacen que los mecanismos de protección de derechos en algunos casos no materialicen este propósito. Así, este homenaje es propicio para exponerlas, a partir del centro de la controversia que es el ciudadano y no los agentes externos que impiden, en ciertos casos, la protección eficaz y efectiva. Recordemos que Jean Rivero, quien fuera el maestro del profesor Libardo Rodríguez, enfocaba sus discusiones en torno al administrado, al ciudadano.

De esta manera, las líneas que siguen tratarán, sucesivamente, los siguientes aspectos: 1. El control de la legalidad de las decisiones administrativas: ¿sigue siendo el juez administrativo una extensión de la Administración contra la ilusión del administrado? 2. Las medidas cautelares: ¿una muralla contra la arbitrariedad de la Administración? Y 3. La acción de tutela frente a decisiones judiciales: de la gran ilusión a la desilusión.

1. El control de la legalidad de las decisiones administrativas: ¿es el juez administrativo una extensión de la Administración contra la ilusión del administrado?

Según el profesor Rivero, "En derecho administrativo raras veces la investigación toma por objeto principal la situación del administrado"[22], ex-

[22] Jean Rivero, "El administrado frente al derecho administrativo", en *Páginas de derecho administrativo*, ob. cit., pág. 235.

presión que no ha hecho sino confirmarse a lo largo del tiempo y en todos los lugares. El campo de observación más claro lo ofrece, sin duda, el derecho sancionador, porque golpea con fiereza la tranquilidad del ciudadano funcionario o ciudadano común y corriente. La notificación de una decisión de apertura de una investigación disciplinaria o de un proceso de responsabilidad fiscal deja completamente confundido al investigado. Muchas preguntas surgen inmediatamente en medio del laberinto procedimental que debe enfrentar. Es tan grande la impresión, que se siente responsable de todo. Su tranquilidad se acabó.

El derecho colombiano tratando, quizá de buena fe, de ofrecer todas las garantías modernas de un debido proceso, ahoga a ese ciudadano en un mar profundo de opciones que lo alejan cada vez más de ver el fin del proceso. Más que el respeto a ese debido proceso ofrecido quiere que se le resuelva pronto, pero eso no es, en la gran mayoría de casos, lo que sucede. Lo embargan todos los miedos, unos reales, otros imaginarios. Y muchas preguntas surgen: ¿será desconocimiento? ¿Será la necesidad de dar una noticia ante los medios? ¿Será persecución? ¿Será que el Estado no le ofreció todos los medios para cumplir con su labor? ¿Qué será?

En la práctica, la Administración colombiana en estas materias ha representado un poder que, en algunos casos, desborda los límites de la discrecionalidad y afecta las garantías de quienes resultan investigados y posteriormente son hallados responsables. Esta situación es descrita por el profesor Rivero en un escrito titulado *El sistema francés de protección de los ciudadanos contra la arbitrariedad administrativa ante la prueba de los hechos*[23], cuando afirma que "Ciertamente, la dosis de poder discrecional que subsiste en provecho de la Administración allá donde cesan los imperativos de la legalidad, no permiten siempre al interesado conocer antes con certeza la decisión que será tomada para él; por lo menos podrá prever algo; deja de ser para él ese rayo que de pronto se desprende de la nube que es la manifestación de lo que venga en gana"[24].

En ocasiones, los grandes esfuerzos de la defensa se ven truncados por la arbitrariedad de la Administración que no puede ser evitada ni limitada sino soportada con humillante resignación y con la ilusión de encontrar un juez con suficiente arrojo que acepte derrumbar esa arbitrariedad disfrazada de principio de legalidad.

En el marco del procedimiento administrativo los mecanismos como recursos, recusaciones, solicitudes de nulidad, entre otros, resultan, algunas

[23] Jean Rivero, "El sistema francés de protección de los ciudadanos contra la arbitrariedad administrativa ante la prueba de los hechos", en *Páginas de derecho administrativo*, ob. cit., pág. 72.

[24] *Ibid.*

veces, ser meros formalismos que en nada garantizan los derechos de los implicados. Lo anterior, en la medida en que el poder de la Administración es tal, que la motivación de sus decisiones no es sustentada. Tal situación ya la evidenciaba el profesor RIVERO cuando sostenía que "El rasgo que caracteriza mejor este estado de cosas, desde el punto de vista jurídico, es la ausencia de toda obligación, para la autoridad Administrativa, de dar a conocer los motivos de sus decisiones individuales [...]"[25].

Los términos para controvertir la decisión tampoco son condescendientes con el administrado. Si la decisión adversa supuso un cruce sin salida, el insuficiente término para interponer un recurso termina por desvanecer cualquier ápice de esperanza para que la misma Administración reconsidere su decisión. La ilusión de cambio estuvo puesta en el Código de Procedimiento Administrativo y de lo Contencioso Administrativo, no obstante, no se produjo. Realmente, los términos para interponer los recursos en sede administrativa son contrarios a un justo debido proceso. Esta situación no ha cambiado y sigue vigente, muy a pesar de la ampliación del plazo de cinco a diez días para recurrir las decisiones. Es un término extremadamente corto y con consecuencias nefastas; además, de por medio está la obligación de intentar el recurso de apelación para dejar abierta la posibilidad de acudir a la justicia administrativa. Recordemos que no se está en una sede litigiosa, los destinatarios no son forzosamente juristas y, en ocasiones, la decisión es bien extensa y compleja que ese tiempo resulta insuficiente para ejercer los derechos de contradicción y de defensa. No olvidemos que es en esta etapa que se construye la decisión, y los buenos argumentos del titular del acto son importantes para reconsiderarla antes de que quede en firme[26].

Ahora, una vez el fallo con responsabilidad ha quedado en firme, el afectado con la decisión dispone del mecanismo de nulidad y restablecimiento del derecho para que la jurisdicción de lo contencioso administrativo examine el acto de la Administración y, dado el caso, le restablezca sus derechos. Sin embargo, la realidad del litigio es muy distinta a lo esperado y la protección efectiva de los derechos del ciudadano suele ser casi utópica.

Las amplias facultades de los jueces se ven limitadas por una realidad que, en ocasiones, aunque sea clara la arbitrariedad de la Administración, no es materialmente posible resarcir el daño más allá de una indemnización económica. Así, el buen nombre y la honra no son desagraviados ni existe

[25] JEAN RIVERO, "El sistema francés de protección de los ciudadanos contra la arbitrariedad administrativa ante la prueba de los hechos", en *Páginas de derecho administrativo*, ob. cit., pág. 77.

[26] GUSTAVO QUINTERO, "Prólogo", en LUIS BERROCAL, *Manual del acto administrativo*, 6ª ed., Bogotá, Librería Ediciones del Profesional, 2014.

ninguna orden o medida de la autoridad judicial que impida la reiteración de conductas arbitrarias de la Administración. En esos casos, el restablecimiento del derecho, en estricto sentido, solo representa una "satisfacción moral", tal y como fue expuesto por RIVERO: "Son ejemplos simplificados, pero no raros; en estos casos y en muchos otros, la anulación no aportará, al administrado, sino una satisfacción moral: en su querella con la Administración, él sabrá que tiene razón. Subestimar tal satisfacción será desconocer las condiciones psicológicas elementales, y la fuerza del amor propio; pero tenerla por suficiente, a la inversa, es caer en el idealismo sin duda excesivo: proclamar el derecho cuando él no puede más estar restablecido en los hechos, es exponerlo a las mismas ironías de los carabineros de Offenbach: no se gana nada"[27].

La presunción de legalidad de las decisiones administrativas, expresión de la prerrogativa de poder público de la Administración, vista de manera casi sagrada por todo lo que representa, tiene un revés de la moneda grave, cuando en realidad esconde una decisión arbitraria porque el juez administrativo exige un examen tan estricto de la prueba para desvirtuar esta presunción que, finalmente, permite que la arbitrariedad triunfe. Y esto es muy peligroso en una democracia como la colombiana, en la que la intervención de la política en la Administración es frecuente, porque envía un mensaje poderoso para que cada vez se abra más la puerta de la arbitrariedad al saber que el juez rara vez estará del lado del ciudadano en aras de salvaguardar la presunción de legalidad, soportada en una motivación más cómoda, la protección del interés público[28].

En la práctica, dicha presunción parecería ser de derecho, pues resulta, como ya lo decíamos, sumamente complicado convencer al juez y probar la ilegalidad del acto. La misión moderna del juez administrativo de garantizar los derechos se ha visto frustrada, en estos casos, por un aparente apoyo

[27] JEAN RIVERO, "El sistema francés de protección de los ciudadanos contra la arbitrariedad administrativa ante la prueba de los hechos", en *Páginas de derecho administrativo*, ob. cit., pág. 82.

[28] Código de Procedimiento Administrativo y de lo Contencioso Administrativo, num. 3 del art. 231: "Cuando se pretenda la nulidad de un acto administrativo, la suspensión provisional de sus efectos procederá por violación de las disposiciones invocadas en la demanda o en la solicitud que se realice en escrito separado, cuando tal violación surja del análisis del acto demandado y su confrontación con las normas superiores invocadas como violadas o del estudio de las pruebas allegadas con la solicitud. Cuando adicionalmente se pretenda el restablecimiento del derecho y la indemnización de perjuicios deberá probarse al menos sumariamente la existencia de los mismos. [...] 3. Que el demandante haya presentado los documentos, informaciones, argumentos y justificaciones que permitan concluir, mediante un juicio de ponderación de intereses, que resultaría más gravoso para el interés público negar la medida cautelar que concederla".

irrestricto a la labor de la Administración, cobijada por una presunción de legalidad, de la que, en ciertos casos, abusa.

Esta dificultad probatoria se aprecia, por ejemplo, de manera particular en los asuntos relacionados con la responsabilidad fiscal en la apreciación de la graduación de la culpa. Recordemos que el artículo 90 de la Constitución colombiana consagra la responsabilidad patrimonial del Estado así: "El Estado responderá patrimonialmente por los daños antijurídicos que le sean imputables, causados por la acción o la omisión de las autoridades públicas. En el evento de ser condenado el Estado a la reparación patrimonial de uno de tales daños, que haya sido consecuencia de la conducta dolosa o gravemente culposa de un agente suyo, aquél deberá repetir contra este". De lo anterior se desprende que es necesario analizar el comportamiento del investigado para poder determinar el grado de culpa en el origen del hecho causal de la responsabilidad, porque solamente, según la Constitución, habría lugar a condenar por culpa cuando ella sea grave. Ahora bien, los procesos de responsabilidad fiscal se ventilan en sede administrativa, donde la Administración es juez y parte; es decir, le corresponde calificar el grado de culpa desde el comienzo y hasta el momento de la decisión y, como resulta fácil imaginar, rara vez cambia de opinión, porque en muchas ocasiones el mismo funcionario que acusa es quien decide. Queda la posibilidad de acudir al juez para que, como autoridad independiente y judicial —en Colombia el juez administrativo hace parte de la rama judicial— examine si la apreciación de la Administración fue conforme a derecho. Sin embargo, la experiencia nos muestra que el juez administrativo difícilmente se separa de las apreciaciones de la Administración.

Así, una vez el acto es demandado, las partes deberían permitirle al juez concluir con la verdad porque, en caso contrario, estaríamos en presencia de una clara desigualdad de armas en la medida que a la Administración solo le bastaría refugiarse en el silencio de su decisión para tener gran chance de salir avante en el litigio. Se trata de un asunto de democracia y acto administrativo, de debido proceso y acto administrativo[29].

El poder de la Administración y las amplias facultades con las que ha sido dotada no tienen manifestación exclusiva en los asuntos de responsabilidad fiscal señalados líneas atrás. También han encontrado espacio en la ejecución de los contratos estatales, en los que el señorío de la Administración no es poco. En temas de cláusulas exorbitantes la posición del contratista pasó a ser de adhesión, y la necesidad de contratar con el Estado hace que este pueda sucumbir así exista una potencial posibilidad de ser sujeto de

[29] GUSTAVO QUINTERO, "Prólogo", en LUIS BERROCAL, *Manual del acto administrativo*, 6ª ed., Bogotá, Librería Ediciones del Profesional, 2014.

la arbitrariedad de la Administración por el uso excesivo de estas licencias que le ha concedido el legislador.

Los poderes de la Administración, sostiene el Consejo de Estado, son "inusuales a los que las partes tienen en el contrato privado, poderes que le permiten terminar o caducar el contrato, modificarlo o interpretarlo, en forma unilateral, y cuando para el efecto no se haya podido poner de acuerdo con su contratista. Poderes igualmente que le permiten liquidarlo de igual manera y en ciertas circunstancias declarar su incumplimiento"[30]. Es en la materialización de estas facultades donde la arbitrariedad de la Administración, en algunos casos, sale a relucir frente al contratista y en detrimento de este. Son de tal magnitud los poderes de la Administración que así no se haya configurado un incumplimiento por parte del contratista, o ante una discordia frente a la interpretación de un clausulado y su posición no tenga asidero, prevalecerá su postura. Es en este momento en el que el padecimiento del contratista inicia. Y al igual que el ciudadano al que nos referíamos, se cuestionará sobre las alternativas con las que cuenta para que ninguna de estas facultades tenga incidencias perjudiciales en el futuro de su actividad. ¿Por qué? Porque algunas de esas facultades, como la caducidad, suponen sanciones que impiden que continúe contratando con el Estado y puede significar la muerte comercial.

Similar situación ocurre con las cuestiones que afectan el equilibrio económico del contrato. Si bien "durante la ejecución del contrato debe mantenerse una equivalencia o correspondencia entre las prestaciones que deben cumplir los cocontratantes"[31], en ciertas situaciones no se cumple. Esos eventos, en algunas ocasiones se generan porque la Administración, en ejercicio de su discrecionalidad y potestades, coadyuva al rompimiento de la ecuación. Ahora, ¿qué ocurre cuando se rompe esa correspondencia? LIBARDO RODRÍGUEZ refiere que "puede nacer el derecho para la parte afectada de que su cocontratante tome las medidas necesarias para restablecer el equilibrio"[32]. El Código de Procedimiento Administrativo y de lo Contencioso Administrativo contempla el medio de control de controversias contractuales y así, ante la materialización de las teorías de la imprevisión o del hecho del príncipe, entre otras, pueda acceder al juez.

En las dos situaciones referidas, esto es, en las que los poderes de la Administración son de tal magnitud que puede disponer e imponer sus decisiones por las facultades con las que ha sido investida, el contratista accede al

[30] Consejo de Estado, Sección Tercera, sent. de 18 de septiembre de 1997, rad. 9967, M. P. Ricardo Hoyos Duque.

[31] LIBARDO RODRÍGUEZ, *El equilibrio económico en los contratos públicos*, 4ª ed., Bogotá, Editorial Temis, 2021, pág. 8

[32] *Ibid.*

juez en una situación de desventaja. La Administración, al estar dotada de enormes facultades, como la de crear ella misma el derecho que aplica, estaría en mejor situación para que sus actuaciones sean convalidadas judicialmente. Recordemos que el juez administrativo, por regla general, es protector de los dineros públicos.

Esta posición "no desconoce de ninguna manera la obligación que se impone al juez, en virtud de la naturaleza de su misión, de respetar el poder discrecional de la Administración; por definición, el poder discrecional resulta de la ausencia de toda regla de derecho aplicable a los elementos sobre los cuales él se ejerce; cada vez que el acto censurado supone una parte de apreciación discrecional, el juez invadiría un campo que no es el suyo decidiendo él, o dictando a la Administración el conjunto de la conducta que debe asumir [...]"[33].

En conclusión, la indebida utilización de los poderes discrecionales de la Administración impide la protección de los derechos de los investigados, quienes ya no cuentan con mecanismos efectivos de protección de sus derechos. Por otra parte, la intervención del juez administrativo, en ocasiones, no permite un resarcimiento del perjuicio causado, en cuanto se limita a una indemnización de perjuicios que en la mayoría de los casos no es satisfactoria. Excepcionalmente, se observa que la probabilidad de ver prosperar la anulación de la decisión administrativa se produce en casos particularmente emblemáticos[34].

Así, en general, los jueces son más propensos a proteger la presunción de legalidad de la que gozan los actos administrativos en detrimento de los derechos de los ciudadanos. En este sentido, podemos afirmar junto con el profesor Rivero que "La afirmación por el juez de lo bien fundada de la demanda, la norma jurídica que él aplica, o que *a fortiori* él dicta en los considerandos, parecen mucho más importantes para él que las consecuencias prácticas de su decisión para el particular que acudió a él y que, en Francia, por lo menos, da su nombre a la sentencia"[35].

En esa línea, el control de legalidad que, según Libardo Rodríguez, surgió ante la necesidad de establecer controles para evitar que se produzcan ilegalidades o, para el caso en que ellas lleguen a producirse, que no tengan

[33] Jean Rivero, "El sistema francés de protección de los ciudadanos contra la arbitrariedad administrativa ante la prueba de los hechos", en *Páginas de derecho administrativo*, ob. cit., pág. 84.

[34] Ver, Consejo de Estado, Sala Plena de lo Contencioso Administrativo, sent. del 15 de noviembre de 2017, rad. 201400360, M. P. César Palomino Cortés.

[35] Jean Rivero, "El demandante frente al juez administrativo", en *Páginas de derecho administrativo*, ob. cit., pág. 243.

efectos o que, por lo menos, los efectos no continúen produciéndose y se indemnicen los daños que pudieron producirse[36], no cumple siempre tal propósito. Quizá obedeciendo a que el Estado y el derecho mismo están dispuestos a tolerar cuotas no necesariamente marginales de arbitrariedad e injusticia.

No obstante, este estado de cosas no debe impedir que busquemos reivindicar la utilidad de los medios de control ante el juez administrativo ni los demás mecanismos que permitan lograr la eficacia del derecho, como es el caso de las medidas cautelares.

2. Las medidas cautelares: ¿una muralla contra la arbitrariedad de la administración?

Las medidas cautelares aparecen como la gran esperanza del ciudadano para evitar que la Administración logre finalmente afectarlo irremediablemente. Es una gran conquista del derecho y el arma preferida de los abogados porque permite decirle a ese ciudadano afligido con una decisión desfavorable que existe una posibilidad de suspender los efectos de ese acto de manera pronta.

La ley colombiana las contempla en el Código de Procedimiento Administrativo y de lo Contencioso Administrativo desde el artículo 229 al 241. Pueden ser preventivas, conservativas, anticipativas o de suspensión[37]. Mediante las medidas cautelares se le puede pedir al juez "suspender un procedimiento o actuación administrativa, inclusive de carácter contractual. A esta medida solo acudirá el juez o magistrado ponente cuando no exista otra posibilidad de conjurar o superar la situación que de lugar a su adopción y, en todo caso, en cuanto ello fuere posible el juez o magistrado ponente indicará las condiciones o señalará las pautas que deba observar la parte demandada para que pueda reanudar el procedimiento o actuación sobre la cual recaiga la medida"[38].

Es innegable la importancia de esta norma en materia contractual. El lector desprevenido se ilusiona por esa posibilidad de poder acudir al juez antes de ver consumada una adjudicación arbitraria de un contrato. Aunque, con una lectura más detenida, ya se aprecia el temor del legislador de atribuir tanto poder al juez y por eso estableció varias condiciones. Pero aún así, sigue

[36] Libardo Rodríguez, *Derecho administrativo general y colombiano*, 14ª ed., Bogotá, Editorial Temis, 2005, pág. 160.

[37] Código de Procedimiento Administrativo y de lo Contencioso Administrativo, art. 230.

[38] Código de Procedimiento Administrativo y de lo Contencioso Administrativo, num. 2 del art. 230.

siendo un arma poderosa. Infortunadamente, en la práctica no hemos visto, hasta donde conocemos, que se utilice, a pesar de oírse todos los días en los medios de comunicación escándalos de corrupción en la adjudicación de contratos. Quizá se deba a que esta acción nació sin juez. Algún sector de la doctrina afirma que, en estos casos, no se puede acudir a un juez porque todavía no hay proceso.

Pero el legislador colombiano, previendo la necesidad de evitar perjuicios irremediables con decisiones arbitrarias, y conocedor de la lentitud de los procesos ante la justicia administrativa, lo que haría, en caso de verificarse la arbitrariedad, contempló la medida cautelar de urgencia: "Desde la presentación de la solicitud y sin previa notificación a la otra parte, el juez o magistrado ponente podrá adoptar una medida cautelar, cuando cumplidos los requisitos para su adopción, sea evidente que por su urgencia, no es posible agotar el trámite previsto en el artículo anterior"[39].

A pesar de ser una medida clara para paliar los efectos nocivos de una decisión ilegal, que supone ser tomada con rapidez, de ahí que sea de magistrado ponente, el juez se muestra cada vez más exigente e incluso incurre en interpretaciones por fuera de la redacción de la norma, como la de tomar la decisión en Sala, lo que conlleva tiempos más extensos y mayor incertidumbre para el ciudadano accionante.

El legislador se ha mostrado cauteloso en la consagración de este tipo de medidas, muy alentadoras para los ciudadanos afectados con decisiones administrativas. Sin embargo, es de rigor concederle todos los méritos a los avances que ha venido haciendo desde hace varios años en este sentido. En efecto, el anterior Código Contencioso Administrativo (C. C. A.) tenía una comprensión limitada de las medidas cautelares, pues solo se permitía la suspensión provisional de los efectos de los actos administrativos contra los que procedieran los medios de control judicial de nulidad simple y de nulidad y restablecimiento del derecho. Para el Consejo de Estado, su procedencia solo podía darse cuando de "una sencilla comparación" surgía una marcada contradicción entre el texto legal y el acto demandado, a tal grado que se pudiera "establecer de inmediato, que el acto es violatorio de normas superiores"[40]. Lo contrario, esto es, realizar un análisis de la violación alegada, implicaba un prejuzgamiento por parte del juez administrativo[41]. Además, solo podía solicitarse hasta antes de la admisión de la demanda,

[39] Código de Procedimiento Administrativo y de lo Contencioso Administrativo, art. 236.

[40] Consejo de Estado, Sección Quinta, sent. de 11 de marzo de 1993, C. P. Luis Eduardo Jaramillo Mejía. rad. 0983.

[41] Consejo de Estado, Sala de lo Contencioso Administrativo, Sección Cuarta, sent. de 21 de mayo de 2014, C. P. Carmen Teresa Ortiz de Rodríguez, rad. 110010324000020113005340 00.

lo que implicaba su total improcedencia por motivos sobrevinientes. Así, la suspensión provisional del acto administrativo en el Código Contencioso Administrativo se tornaba insuficiente en el curso del proceso, pues no lograba atender las necesidades reales de protección de los sujetos que se veían afectados por las actuaciones de la Administración. Por consiguiente, a fin de resarcir las falencias en la casi nula protección efectiva de los derechos de los administrados y ejecutar las acciones para incitar a superarse, se expidió el Código de Procedimiento Administrativo y de lo Contencioso Administrativo que contempló ampliar el contenido y alcance de las medidas cautelares. Todo, en busca de consolidar de una tutela judicial efectiva.

Esta modificación permitió que el administrado se ilusionara nuevamente con que tendría a la mano una herramienta que evitaría que las arbitrariedades de la Administración surtieran efectos. Sin embargo, esa ilusión fue efímera y el administrado aterrizó en la realidad. Si bien la norma se mostraba realmente generosa con el usuario de la Administración de justicia, pues admitía medidas cautelares en todos los trámites declarativos, en cualquier momento del proceso y con cualquier contenido que resulte necesario para garantizar el objeto del proceso, inmediatamente el administrado se encontró con las limitaciones del juez ante las condiciones que traía la misma norma.

Entonces, mientras se esperaba un juez determinado a ser una muralla contra la arbitrariedad de la Administración y tomar las decisiones necesarias para someter sus actuaciones al derecho, se tropezó con jueces tímidos y atemorizados con la posibilidad de que el decreto de una cautela fuera tomado como un fallo prematuro y se tuviera como si hubiera prejuzgado. De modo que, en la práctica, estas limitaciones han derivado en la negativa generalizada en materia de decreto de medidas cautelares, de forma similar a como ocurría en vigencia del decreto 01 de 1984.

Así en la nueva legislación hubiese la posibilidad —en el papel— de no someter la decisión del juez a la existencia de una serie de requisitos inalcanzables, como por ejemplo, que la violación alegada no sea de bulto o manifiesta, sino que el operador realice un examen o análisis de los argumentos, los jueces continúan resolviendo desfavorablemente la inmensa mayoría de las peticiones de medidas cautelares. El análisis en general se limita a los argumentos que resulten idóneos para negar el decreto de la medida cautelar, lo que a todas luces desconoce la finalidad que perseguían los cambios legislativos.

De este modo, si bien el cambio en las medidas cautelares surgió como una respuesta a la necesidad de consolidar una tutela judicial efectiva, la práctica judicial demuestra que los jueces administrativos no están dispuestos a promover una flexibilización de su jurisprudencia. En ese sentido, la modificación introducida en el régimen de medidas cautelares que buscaba ser una respuesta a la desprotección del ciudadano frente a la Administración, en la realidad no ha generado gran cambio positivo en relación con el régimen derogado del decreto 01 de 1984.

En relación con lo anterior, es claro que, a pesar de existir un mecanismo amplio y suficiente para salvaguardar los derechos de los particulares, no resulta eficaz para satisfacer sus necesidades, en la medida en que los jueces, en su mayoría, niegan su procedencia, como ya lo habíamos advertido. Con ello, se pasa de una tutela judicial efectiva a un recurso meramente formal que no protege los derechos de los ciudadanos[42]. Es el juez el llamado a ser el dique ante el abuso de la Administración y el que puede hacer posible la materialización de las garantías de los administrados validando su papel jerárquico frente a la Administración.

Ahora, para que el juez asuma ese papel, es importante loar un cambio introducido por el Legislador frente a la clase de recursos que proceden contra las providencias que niegan las medidas cautelares, porque la finalidad de este fue garantizarle al administrado el acceso real a la administración de justicia. Así, el texto original del Código de Procedimiento Administrativo y de lo Contencioso Administrativo solamente contemplaba la procedencia del recurso de reposición contra el auto que negaba las medidas provisionales solicitadas por el administrado. Sin embargo, no ocurría así para la demandada —generalmente la Administración—, toda vez que, si era decretada la medida, la Administración sí podía apelar la decisión[43].

Enhorabuena y en beneficio de los administrados, la reforma al Código de Procedimiento Administrativo y de lo Contencioso Administrativo mediante la ley 2080 de 2021 dispuso que no solamente serían apelables las providencias que decreten las medidas cautelares, sino también las que las denieguen o modifiquen. De ahí que no será la Administración la única que pueda apelar una decisión que le sea desfavorable en cuestión de medidas cautelares, también lo podrá hacer el Administrado. Esta es una herramienta

[42] Conviene, en este sentido, recordar aquí al hurón dirigiéndose al gran consejo: "¿No es él, y solo él, quien puso fin al viejo dogma de la irresponsabilidad soberana? ¿No es él quien prohibió a los gobiernos erigir, entre sus actos y el juez, el muro del móvil político? ¿No es él quien despojó a los ministros, en su provecho, de su calidad de juez? ¿No es él quien más allá de la regla escrita, formuló sus principios generales del derecho, los que detentan solo de él su autoridad?" JEAN RIVERO, "El hurón en el palacio real o reflexiones ingenuas sobre el recurso por exceso de poder", en *Páginas de derecho administrativo*, ob. cit., pág. 68.

[43] Adicionalmente, en el Código Contencioso Administrativo —anterior legislación, inciso final del art. 181— contemplaba que el recurso de apelación se concedería en el efecto suspensivo. En consecuencia, el acto administrativo suspendido continuaría produciendo efectos. En el actual estatuto —ley 1437 de 2011— el efecto en el que se concede el recurso de apelación en contra del auto que resuelve las medidas cautelares es devolutivo.

muy útil que también supone un mensaje para que el juez adopte un papel activo y tenga en cuenta que sus decisiones serán revisadas por un superior. De modo que se esperaría que en vigencia de esta modificación la respuesta de los jueces a las solicitudes de medidas cautelares de los administrados no siga siendo casi sistemáticamente negativa y, por el contrario, se efectúe un estudio más profundo y detallado de la solicitud, alejado del temor de prejuzgar.

3. La acción de tutela frente a decisiones judiciales: de la gran ilusión a la desilusión

La acción de tutela fue una de las novedades que trajo consigo la Constitución Política de 1991. Concebida como un mecanismo para el amparo de los derechos fundamentales, al tenor del artículo 86 que dispone que toda persona puede reclamar ante los jueces "la protección inmediata de sus derechos constitucionales fundamentales, cuando quiera que éstos resulten vulnerados o amenazados por la acción o la omisión de cualquier autoridad pública".

La acción de tutela, sin ninguna duda, acercó la justicia al ciudadano al permitirle garantizar sus derechos esenciales a través de un trámite informal y expedito. Surgió entonces una ilusión, una esperanza: la protección eficaz de los derechos se realizaría[44]. En realidad, con el advenimiento de la acción de tutela, el juez se convirtió en un gran actor de la materialización de los derechos de los ciudadanos. En ocasiones era un juez que gobernaba, en otras, un juez que legislaba. Al ciudadano poco le importaba el ámbito de su competencia, le importaba que resolviera esos conflictos donde la arbitrariedad se anunciaba estruendosamente sin su intervención. Así, la tutela llega también a las decisiones judiciales. De esta manera, el derecho fundamental al debido proceso, como garantía esencial en el marco de la actividad judicial, no debía ciertamente escapar al ámbito de procedencia de la acción de tutela.

[44] En este sentido, ver Jean Rivero, "El hurón en el palacio real o reflexiones ingenuas sobre el recurso por exceso de poder", en *Páginas de derecho administrativo*, ob. cit., pág. 68, sostiene: "Una decisión administrativa aparentemente arbitraria afecta a un individuo: es ejecutada, si la Administración lo requiere, sin que el juez ponga ningún obstáculo. Si esta ejecución produce todo su efecto en ese mismo instante, todo está dicho, y la anulación, después, no podrá hacer que lo que ha sido no haya sido. Si se prolonga en el tiempo, la anulación deja, a la Administración, el cuidado de decidir ella misma los medios necesarios para restablecer el derecho, sin que el juez ose, en este punto, hacer otra cosa más que sugerirle unas escasas y tímidas directivas; sin que él acepte, ni ordenar, ni decidir el mismo".

La promulgación de la Constitución de 1991 puso en el centro del debate jurídico la posibilidad de atacar las providencias judiciales por vía de tutela, circunstancia que derivó en el enfrentamiento de las altas cortes. En efecto, desde sus albores, la Corte Constitucional sostuvo que las decisiones judiciales, incluidas las proferidas por la Corte Suprema y el Consejo de Estado, podían ser atacadas por vía de tutela, como quedó plasmado en la sentencia T-006 de 1992. Esta postura fue inicialmente reversada mediante la sentencia C-543 de 1992, ratificada por la sentencia la C-018 de 1993, en la que se sostuvo que la acción de tutela no procedía contra sentencias, salvo en los eventos en los que se empleara como mecanismo provisional o se tratara de una situación de hecho. Este último escenario hizo carrera en el interior de la Corte Constitucional, al considerarse que las decisiones judiciales violatorias de los derechos fundamentales no podían asumir realmente ese carácter y constituían lo que se denominó vías de hecho. A su vez, la teoría de vías de hecho dio paso a las causales genéricas de procedibilidad de la acción de tutela contra providencias judiciales, que se desarrollaron a partir del año 2003. Sobre esta evolución se sostuvo por algunos que "se introducían modificaciones en la denominación de la figura, adelantándose un proceso de refinamiento doctrinal que llevó a la Corporación a hablar de un verdadero «avance jurisprudencial» [...]"[45].

Esta conquista de la acción de tutela, como lo acabamos de señalar, no es completa. El juez la reconoce, pero introduce condiciones de la mayor exigencia, contradiciendo, de alguna manera, el postulado del artículo 86 de la Constitución: "Es un procedimiento preferente y sumario". Al respecto, a través de la sentencia C-590 de 2005, la Corte Constitucional estableció las siguientes causales de tutela contra providencias judiciales:

"a) Defecto orgánico, caso en el cual, el funcionario que profirió la providencia impugnada, carece, de modo absoluto, de competencia para ello.

"b) Defecto procedimental absoluto, que se presenta cuando el juez actuó completamente al margen del procedimiento establecido.

"c) Defecto fáctico, que acontece cuando el juez carece del apoyo probatorio que permita la aplicación del supuesto legal en el que se sustenta la decisión.

"d) Defecto material o sustantivo, como acontece en los casos en que se decide con base en normas inexistentes o inconstitucionales o que presentan una evidente y grosera contradicción entre los fundamentos y la decisión.

"e) Error inducido, que sucede cuando la decisión judicial vulnera los derechos fundamentales, se presenta como consecuencia de la información

[45] Manuel F. Quinche, *Vías de hecho. Acción de tutela contra providencias*, Bogotá, Editorial Ibáñez, 2009, pág. 26.

errada o por la falta de información de otra autoridad pública, o de un particular que ejerce funciones públicas.

"f) Decisión sin motivación, que implica el incumplimiento de los servidores judiciales de dar cuenta de los fundamentos fácticos jurídicos de sus decisiones, en el entendido que precisamente en esa motivación reposa la legitimidad de su órbita funcional.

"g) Desconocimiento el precedente, que se presenta por ejemplo, cuando la Corte Constitucional establece el alcance de un derecho fundamental y el juez ordinario aplica una ley limitando sustancialmente dicho alcance.

"h) Violación directa de la Constitución"[46].

Una lectura rápida de las causales podría dejarnos pensar que el ciudadano tiene grandes posibilidades de ver su caso examinado por el juez, pues debe cumplir solamente una causal especial. No obstante, la realidad y las estadísticas muestran otra cosa. Al respecto, los estudios contrastan entre el gran número de acciones de tutela presentadas contra providencias judiciales con el número de las que finalmente se resuelven favorablemente.

Lo anterior, quizá porque los jueces no están muy inclinados a aceptar la institución de la acción de tutela contra providencias judiciales[47]. Por un lado, tanto en primera como en segunda instancia son mayoritariamente negadas las pretensiones que se dirigen en contra de las sentencias o autos[48]. Este hecho demuestra que rara vez la intangibilidad de las sentencias controvertidas ante el juez de tutela son, por una parte, admitidas y, por otra, que se logre su revocatoria[49]. Asimismo, hay que poner de presente que la selección de una tutela por la Corte Constitucional está lejos de suponer el revés del fallo respectivo. Aunque el porcentaje de tutelas que prosperan ante la Corte Constitucional incrementa sustancialmente en comparación con las de las otras altas cortes, de todas maneras se confirma la mayoría de las decisiones atacadas[50]. En el contexto descrito se concluye que la acción de tutela

[46] Corte Constitucional, sent. C-590 de 2005, M. P. Jaime Córdoba Triviño.

[47] Luis Moreno, *Tutela contra providencias judiciales*, Medellín, Diké, 2009.

[48] *Ibid.*

[49] La Corte Constitucional, en materia de selección de tutela, señala: "La Sala Quinta de Selección integrada por los Magistrados Martha Sáchica Méndez y Gabriel Mendoza Martelo escogió para revisión 43 tutelas, de un total de 27 mil expedientes revisados. Las sentencias seleccionadas equivalen al 0,15 por ciento del número total de expedientes examinados. *Corte Constitucional escoge 43 tutelas para revisión.* Disponible en http://www.corteconstitucional.gov.co/noticia.php?CORTE-CONSTITUCIONAL-ESCOGE-43-TUTELAS-PARA-REVISION-2302#

[50] *Corte Constitucional escoge 43 tutelas para revisión*, pág. 101. Se niega el 63.73 por ciento de las tutelas contra providencias judiciales.

contra providencias judiciales constituye las más de las veces una ilusión en el imaginario del ciudadano que sortea el espinoso camino de la justicia.

Aunque la acción de tutela —mecanismo que trajo consigo una suerte de reconciliación del ciudadano con la justicia y el derecho, por cuanto permitía una protección expedita de los derechos que le fueran vulnerados— con el paso del tiempo demostró que no siempre cumple tal misión. Concretamente, la situación señalada se configura en los asuntos en donde se interpone la acción de tutela contra actos administrativos —de trámite o de definitivos—. En estos casos, frecuentemente, el juez declara improcedente la acción aduciendo su carácter de subsidiaria y dirige al tutelante a explorar otras vías judiciales para reclamar una protección que quizá nunca llegue o llegue muy tarde.

Ante el escenario ilustrado, queda entonces la suspensión provisional de los efectos del acto administrativo como medida cautelar de urgencia. Este medio supondría una vía expedita de protección ante la arbitrariedad de la Administración, pero, como se decía líneas atrás, a pesar de que las cautelas introducidas en el Código de Procedimiento Administrativo y de lo Contencioso Administrativo supusieron un avance en los mecanismos que tenía a la mano el ciudadano para lograr frenar los efectos de las decisiones de la Administración, en el juez subsiste un gran temor de que la resolución favorable de las medidas sea tomada como una sentencia anticipada.

Lo anterior no contribuye a la tranquilidad del administrado. Por un lado, el juez declara improcedente la acción de tutela porque existe un mecanismo propio en la jurisdicción contenciosa administrativa para evitar la consolidación de perjuicios irremediables: la medida cautelar de urgencia. Por otro lado, el juez administrativo, juez del fondo del asunto, niega esa medida cautelar que pretende la suspensión de los efectos de la decisión por temor a prejuzgar, dejando al accionante sin más posibilidad que la de verificar como lentamente se configura el daño irremediable.

Esta situación se puede presentar, incluso en los casos en que la suspensión provisional se solicita ante el mismo juez que, en otro proceso, por los mismos hechos, favoreció al demandante. Es decir, el juez decidió considerando la ilegalidad del acto administrativo y, a pesar de ello, para otro accionante, que solicita la suspensión de los efectos mientras se resuelve su proceso, el juez afirma: " Los argumentos de la suspensión provisional, son propios de los cargos propuestos en escrito de demanda, siendo elementos que atañen directamente al análisis de legalidad de los actos administrativos acusados, luego el pronunciamiento que se haga en ese sentido solo puede efectuarse hasta tanto se agoten todas las etapas procesales y se haga la incorporación de todas las pruebas pertinentes al plenario, siendo cuestionamientos que serán resueltos al momento de analizar el contenido de las pretensiones de la demanda"[51].

En relación con la insistencia del accionante para que la medida se tome por razones de urgencia, ese mismo tribunal considera: "Finalmente, dado a que el demandante justifica la urgencia de las medidas cautelares, en el entendido de que se pretende evitar que se siga causando un perjuicio irremediable en contra de la sociedad demandante, puesto que no existe justificación para el cobro de la cuantía a favor del Estado por cuanto los actos administrativos fueron proferidos por la Contraloría sin competencia para ejercer la acción de responsabilidad fiscal. Al respecto, el Despacho debe advertir que como se ha dicho anteriormente durante el curso de este proceso, la imposición de una sanción, específicamente de una decisión proveniente de un proceso de responsabilidad fiscal, *per se*, no causa un perjuicio irremediable, puesto que es una consecuencia propia de un proceso administrativo de tal índole, siendo una carga para el servidor público o particular en ejercicio de funciones públicas que asume por haber sido declarado responsable fiscal. Precisar lo contrario, significaría que en todos los procesos que se adelanten ante la jurisdicción de lo contencioso administrativo que provengan de un proceso de responsabilidad fiscal, serían siempre susceptibles de ser suspendidos provisionalmente los actos administrativos sancionatorios, dado el detrimento patrimonial que este tipo de decisiones representan"[52].

Esta afirmación se hace muy a pesar de que se haya advertido en la solicitud que ese mismo Tribunal ya había declarado la ilegalidad de la decisión demanda, en otro proceso. Es decir, no se trata de la generalidad planteada en el rechazo de la solicitud de la medida cautelar que "Precisar lo contrario, significaría que en todos los procesos que se adelanten ante la jurisdicción de lo contencioso administrativo que provengan de un proceso de responsabilidad fiscal, serían siempre susceptibles de ser suspendidos provisionalmente los actos administrativos sancionatorios, dado el detrimento patrimonial que este tipo de decisiones representan"[53]. Y todo esto sucede con pleno conocimiento del juez de tutela cuando rechaza la acción por considerar que hay otras vías más expeditas.

4. Conclusión

El abogado defensor, luego de acompañar al administrado por ese duro recorrido de la incertidumbre del proceso, tanto en sede administrativa

[51] Tribunal Administrativo de Cundinamarca, Sección Primera, auto del 21 de mayo de 2021, rad. 2017-00979, M. P. Claudia Elizabeth Lozzi Moreno.

[52] *Ibid.*

[53] *Ibid.*

como en sede judicial, se convierte en un testigo de primera mano del desasosiego que le asiste cuando es confrontado con la arbitrariedad de la Administración. El derecho propone, cada vez más, como una maravillosa fórmula, una diversidad de acciones para acudir al juez. Ese amplio abanico de posibilidades de enfrentar a la Administración se convierte en una nueva ilusión que lo llena de fuerzas para enfrentar el camino que conduce a un juez, del que espera haga realidad la justicia, derrumbando la presunción de legalidad de un acto arbitrario.

Conviene preguntarse si las más recientes reformas (ley 2080 de 2021 y la ley 2195 de 2022) que han intervenido en las relaciones entre la Administración y los ciudadanos, se dirigen hacia un nuevo equilibrio entre la protección del interés general y la tutela de los derechos de los ciudadanos.

Recordemos, junto con el maestro JEAN RIVERO, que "en el Estado de derecho, el administrado ya no es un sujeto, es un ciudadano, y la protección de sus derechos se ha convertido en uno de los principales componentes de la razón de ser del poder. Lejos de oponerse, las dos finalidades se armonizan. El proteger al ciudadano contra los abusos de la Administración es, en definitiva, proteger los principios fundamentales cuya salvaguarda es una de las misiones del estado democrático liberal"[54].

[54] JEAN RIVERO, "El demandante frente al juez administrativo", en *Páginas de derecho administrativo*, ob. cit., pág. 248.

LA REVISIÓN JUDICIAL EN EL SISTEMA JURÍDICO NORTEAMERICANO

Javier A. Echevarría Vargas*
Puerto Rico

Conocí al jurista Libardo Rodríguez a través de sus excelentes escritos que me acercaron a explorar el derecho administrativo continental, el cual es muy diferente del sistema anglosajón que impera en mi ordenamiento jurídico. Principalmente, sus reflexiones en su trabajo "La explicación histórica del derecho administrativo"[1] fueron ilustrativas del origen, la naturaleza y las características de esa disciplina. Sus profunda y fundamentadas exposiciones las presento en mi aula y permean mis escritos. Posteriormente tuve el honor de conocerlo cuando visitó Puerto Rico y lo he reencontrado en diversos escenarios donde periódicamente nos reúne la disciplina del derecho administrativo y así se ha acrecentado mi admiración personal y profesional.

Al verme honrado con la invitación a participar en esta obra homenaje encontré que mi humilde aportación podría ir dirigida a esbozar unas pinceladas sobre un tema que podría ser relevante al visualizar las características de la revisión judicial en Estados Unidos. Esa mirada puede reflejar interesantes afinidades entre la naturaleza y la finalidad del derecho administrativo en diversas latitudes que, a pesar de ser tan disímiles, invariablemente encuentran un lugar de convergencia en el inquebrantable propósito del servicio al interés público.

Introducción

Resulta ineludible delegar poderes y autoridad a las agencias administrativas, pues estas poseen los recursos, el conocimiento especializado y la flexibilidad necesaria para delinear y afinar los contornos de la política pública, así como para eventualmente ejecutarla[2].

* Catedrático de la Pontificia Universidad Católica de Puerto Rico.

[1] Libardo Rodríguez, "La explicación histórica del derecho administrativo", en *Estudios en homenaje a Don Jorge Fernández Ruiz*, México, Universidad Nacional Autónoma de México, Instituto de Investigaciones Jurídicas, 2005.

[2] Supreme Court of The United States, *Kisor v. Wilkie*, 588 U.S., 2019.

Como forzoso corolario de esa premisa, nuestro ordenamiento jurídico debe poseer una adecuada garantía de vigilancia y de control sobre el imprescindible ejercicio de poder que ejercen las agencias administrativas. La legitimidad administrativa depende de su adecuada y asertiva supervisión, y ello es resultado del hecho de que deba ser adecuadamente fiscalizada la vasta autoridad investida en las entidades administrativas con el objetivo de garantizar que ese poderío delegado no se ejecute de manera irrestricta, arbitraria o caprichosa. Ese deber cautelar se le reconoce a las tres ramas constitucionales de gobierno y se manifiesta de diversas formas, configurando un sustancial entramado jurídico orientado a validar la propia existencia del derecho administrativo. Desde esa perspectiva se debe entender que la acción de control de la rama judicial es la más significativa intervención y se ejecuta mediante la revisión judicial, que cristaliza los objetivos de cotejar el ejercicio de las facultades delegadas[3].

Con independencia de la valía del interés público que puedan representar las agencias administrativas, la estructura constitucional estadounidense no puede tolerar la existencia de un poder autónomo de burócratas no electos. Por otro lado, la inquietud de la legitimidad no debe constituir un impertinente lastre al adecuado ejercicio de plenas facultades administrativas. Como resultado de dichos componentes se plantea una coyuntura donde se intersecan las actividades del adecuado control con la de resguardo de la apropiada gestión administrativa; significativos valores que deben ser debidamente armonizados.

1. El derecho administrativo dentro del ordenamiento constitucional

El ordenamiento constitucional norteamericano instaura tres custodios del poder político. Conforme dispone el artículo I de la Constitución de Estados Unidos, el Congreso se encuentra investido con la autoridad para adoptar las leyes sobre unos temas específicos[4]. Afín con el artículo II, el presidente ejerce el poder ejecutivo, el cual incluye la función de garantizar que las disposiciones de ley sean fielmente ejecutadas[5]. Por su parte, bajo el artículo III se establece un Tribunal Supremo con la facultad judicial para atender y adjudicar ciertos tipos de casos y controversias[6].

[3] Supreme Court of The United States, *Michigan v. Environmental Protection Agency*, 576 U.S. 743, 2015.

[4] Art. I, secciones 1, 8.

[5] "Take care that the laws be faithfully executed".

[6] Art. III, secciones 1, 2.

La referida estructura constitucional constituye la médula del sistema republicano de gobierno, que es complementada por el sistema de pesos y contrapesos, el cual va dirigido a instaurar la trascendental tarea de compartir y compensar los poderes políticos. El afán común de ambos preceptos es el de imposibilitar la tiranía gubernamental y prevenir la concentración de poder[7]. La intensa interacción de estos delineados factores significativos ha creado el escenario ideal para el nacimiento y el amplio desarrollo del derecho administrativo.

La plataforma primaria de donde emana el diseño del Estado administrativo la constituye la delegación de autoridad. Ese acto de asignación de autoridad se fundamenta en la aspiración de lograr apartarse de los escollos estructurares inherentes al proceso legislativo. Así, se inserta el sustancial valor de que las normas dispositivas sean adoptadas con la flexibilidad y el conocimiento especializado necesario para que la pauta eventualmente acogida constituya una eficiente medida preceptiva. Ese ejercicio de la acción de delegación se manifiesta como un complemento de la función legislativa. Según esto, las instituciones administrativas adquieren capacidad para ejercer funciones originalmente visualizadas como de naturaleza legislativa, incluyendo la facultad para trazar la formulación de política pública.

El grado y la naturaleza de la delegación presentan legítimas interrogantes y cuestionamientos sobre la validez constitucional de las referidas delegaciones de poder. Aun cuando no existe una expresa disposición constitucional que prohíba la delegación de autoridad, esa es una válida conclusión que podría derivar al arreglo republicano de gobierno. En ese resquemor se destaca el argumento de que no es procedente delegar facultades legislativas al poder ejecutivo, pues es al Congreso a quien el artículo I de la Constitución le confiere todos los poderes legislativos[8]. Ese ejercicio de delegación no solo significaría una impropia e ilegítima concentración de poderes, sino que contraría postulados fundamentales de naturaleza democrática, puesto que le confiere poder legislativo a funcionarios no electos. La filosofía jurídica derivada de la normativa jurisprudencial arroja el resultado teórico de que no es procedente la delegación de poderes[9].

[7] Supreme Court of The United States, *Buckley v. Valeo*, 424 U.S. 1, 122, 1976.

[8] *Mistreta v. United States*, 488 U.S. 361, 371-372, 1989.

[9] El Tribunal Supremo ha afirmado que, "[I]t is a breach of the National fundamental law if Congress gives up its legislative power and transfers it to the President, or to the Judicial branch". *J. W Hampton v. United States*, 276 U.S. 394, 406, 1928. "That Congress cannot delegate legislative power [...] is a principle universally recognized as vital to the integrity and maintenance of the system of government ordained by the Constitution". *Field v. Clark*, 143 U.S. 649, 692, 1892.

No obstante, ese principio de "no delegación" ha quedado soslayado, pues reiteradamente el Tribunal Supremo ha validado la acción legislativa dirigida a delegar la autoridad legislativa en las agencias administrativas. Ello es el resultado de la interpretación judicial que establece que, cuando el poder ejecutivo instaura una política pública mediante el ejercicio de "llenar un vacío", el Ejecutivo se encuentra ejecutando una función cobijada por el artículo II de la Constitución, y no por el artículo I[10]. Conforme con la extensa normativa jurisprudencial, solo resulta necesario que el Congreso adopte un "principio inteligible" para gobernar el adecuado ejercicio de la autoridad legislativa[11]. En la práctica, el Tribunal Supremo solo ha encontrado impropia la delegación de autoridad en dos casos que se remontan al año 1935: *Schechter Poultry Corp. v. United States*, y *Panama Refining v. Ryan*[12]. Además, el Tribunal Supremo ha validado la adopción de normas administrativas vinculantes con el ánimo de concretar un "interés público"[13].

2. Legitimación del poder administrativo

Como directa consecuencia de la prevaleciente normativa jurisprudencial se consigna la visión de respetar la determinación congresional relativa a la asignación de potestades a las agencias administrativas y se indica que, "[Nosotros] casi nunca nos hemos sentido cualificados para cuestionar al Congreso con relación al grado de juicio político que se puede delegar a quienes ejecutan o aplican la ley"[14].

No obstante, esa laxa interpretación jurisprudencial conlleva la consecuencia de que el ejercicio de la referida autoridad delegada debe estar sujeto a una estrecha supervisión con el ánimo de que esta sea efectuada de una manera adecuada, fidedigna y legítima. Así, resulta que el poder administrativo debe ser validado mediante apropiados mecanismos de vigilancia y de cautela, que conviertan a los poderes constitucionales en perennes centinelas del ejercicio de la actividad administrativa. De esa manera, el ortodoxo debate con relación a la capacidad para delegar poderes ha evolucionado y

[10] *Whitman* v. American Trucking Ass, 531 U.S. 457, 474-476, 2001.

[11] *Mistreta v. United States*, 488 U.S. 361, 371-372, 1989.

[12] Supreme Court of The United States, *Schechter Poultry Corp. v. United States*, 295 U.S. 495, 1935; *Panama Refining v. Ryan*, 293 U.S. 361, 1935.

[13] *National Broad Co. v. United States*, 319 U.S. 190, 225-226, 1943; *Yakus v. United States*, 321 U.S. 414, 420, 1944.

[14] "[W]e have almost never felt qualified to second-guess Congress regarding the permissible degree of policy judgment that can be left to those executing or applying the law". Supreme Court of The United States, *Whitman v. American Trucking Ass.*, 531 U.S. 457, 474, 2001.

trascendido para tornarse en una ponderación sobre la aplicación de la teoría alusiva a la existencia del postulado jurídico de "pesos y contrapesos"[15]. Este principio parte del reconocimiento de que nunca ha existido la absoluta separación de poderes y nunca se pretendió que existiera.

El original postulado concerniente a la capacidad para la delegación de autoridad, según LOCKE, exponía que los legisladores carecían de la autoridad para delegar sus poderes legislativos[16]. No obstante, los redactores de la Constitución de Estados Unidos rechazaron esa estricta noción de separación y la sustituyeron por la visión de imposibilitar que una rama constitucional ejerciera el pleno poder de otra rama constitucional[17].

A partir esa perspectiva observamos que, desde los albores de la Constitución norteamericana, no se ambicionó que las ramas de gobierno constitucional trabajaran en el vacío, totalmente apartadas e independientes entre sí. Por el contrario, esas ramas constitucionales se encuentran en intensa interacción recíproca[18]. Así, se concreta la manera de vigilancia recíproca partiendo de la premisa esbozada por JAMES MADISON, según la cual: "Si los hombres fueran ángeles, no sería necesario el gobierno. Si los ángeles gobernaran a los hombres, no serían necesarios controles externos ni internos sobre el gobierno. Al enmarcar un gobierno que debe ser administrado por hombres sobre hombres, la gran dificultad radica en esto: primero debe permitir que el gobierno controle a los gobernados; y en siguiente lugar, obligarlo a controlarse"[19].

[15] "Checks and balances".

[16] JOHN LOCKE, "The Second Treatise of Government 141", in *Two Treatises of Government*, págs. 408-409. "The power of the Legislative being derived from the People by positive voluntary Grant and Institution, can be no other, than what that positive Grant conveyed, which being only to make Laws, and nor to make Legislators, the Legislative can have no power to transfer their Authority of makings Laws, and place it in other hands".

[17] JAMES MADISON, *The Federalist*, n.° 47, "The powers properly belonging to one of the departments ought not be directly and completely administered by either of the other departments". Esa visión fue expuesta por el Tribunal Supremo de Estados Unidos, el cual manifestó que, "[T]he Constitution by no means contemplates total separation of each of these three essential branches of Government. [A] hermetic sealing off of the three branches of Government from one another would preclude the establishment of a Nation capable of governing itself effectively". *Buckley v. Valeo*, 424 U.S. 1, 121, 1976.

[18] SUPREME COURT OF THE UNITED STATES, *Youngtown Sheet & Tube Co. v. Sawyer*, 343 U.S. 579, 1952.

[19] "If Men were angels, no government would be necessary. If angels were to govern men, neither external nor internal controls on government would be necessary. In framing a government which is to be administered by men over men, the great difficulty lies in this: you must first enable the government to control the governed; and the next place, oblige it to control itself". The Structure of the Government Must Furnish the Proper Checks and Balances Between the Different Departments, *The Federalist Papers*, n.° 51.

3. Misión de legitimación del derecho administrativo

La legitimación del derecho administrativo resulta fundamental, pues ha adquirido características de un cuarto poder constitucional[20]. No obstante, esa validación no debe entenderse como un fin en sí misma. Una inflamada e irrestricta imposición de esa visión podría tener como consecuencia el menoscabo de las significativas virtudes del derecho administrativo. Por eso, se debe identificar y promover una interacción que lleve a conciliar el interés de legitimación con el objetivo de la flexibilidad y de la imprescindible discreción para concretar el interés público. El resultado de esa dinámica nos presenta valores que no son mutuamente excluyentes, pero que tampoco son interdependientes. Por el contrario, parecen constituir contrapartes de un mismo proyecto.

Surge como elemento distintivo de la necesidad de legitimar tanto la estructura como las acciones administrativas, el reconocimiento de un espacio vital para actuar en consecución del objetivo de materializar las facultades delegadas. Así, es axiomático que la intensa intervención no debe llevar al absoluto control. Una implacable necesidad de legitimar podría representar el inclemente menosprecio de los mismos valores que inspiran la existencia del Estado administrativo. Empero, la inercia o la debilidad de una efectiva supervisión podría tener la perturbadora consecuencia de constituir un incentivo para que las instituciones administrativas pudiesen sentirse proclives a trocar su discreción en arbitrariedad, lo que tendría como resultado contrariar sus objetivos públicos. Así, resulta que la faena de "llenar el vacío" vulneraría su naturaleza y se podría transformar en usurpación de poder.

Acorde con ello surge la conclusión de que una intensa fiscalización promueve la legitimación, pero ello en patente menosprecio de la promoción de la consecución del interés público que pudiese ser promovido por la autonomía y la discreción administrativa. En otro extremo, la ausencia de fiscalización puede interpretarse como la abdicación de los poderes constitucionales conferidos a las ramas constitucionales de gobierno. De esa inquietud surge el planteamiento de que resulta imprescindible la fiscalización, y la interrogante se reduce a definir el grado y las características de dicha intervención. La búsqueda del fino equilibrio es la interrogante, y la respuesta a esa pregunta es compleja, controversial y esquiva.

De esa manera resulta que es inversamente proporcional el valor de la fiscalización confrontado con el valor del control. En un esfuerzo por trazar los contornos de ese delicado balance se debe establecer que la dilatada delegación de poderes parece desdeñar el postulado constitucional de un

[20] *FTC v. Ruberoid Co.* 343 U.S. 470, 487, 1952.

sistema republicano de gobierno. En contraposición a ello, se puede concluir que se haría complejo materializar los objetivos del Estado sin adoptar el mecanismo de viabilizar el amplio ejercicio de autoridad mediante la creación de un aparato administrativo. Así, resulta que ineludiblemente se requiere un componente de delegación de potestades para satisfacer las funciones y la concreción de los valores públicos. Una vez delegada esa autoridad y constituido ese entramado administrativo, el ejercicio de ese poder se materializará según las características y las funciones de la entidad administrativa concernida. Ejemplifican el descrito escenario aquellas ocasiones en las que identificamos agencias administrativas ejerciendo funciones altamente especializadas sobre asuntos que conllevan determinaciones científicas, de lo que podemos concluir que el despliegue de un juicio de revisión decrece mientras más especializado el asunto bajo su jurisdicción[21].

4. Intervención judicial con las acciones administrativas

La versión más visible y férrea de intrusión en las actividades de las agencias administrativas la encontramos en la intervención judicial mediante el mecanismo de la revisión judicial de una decisión administrativa. De esa forma se observa que, en la disciplina jurídica del derecho administrativo, la revisión judicial constituye la facultad de los tribunales de justicia para justipreciar la validez de una acción administrativa[22]. Aun cuando en la Constitución de

[21] Delegación de autoridad al Occupational Safety and Health Administration to "assure, to the extent feasible [...] that no employee will suffer material impairment of health or functional capacity." 29 USC 655(b)(5). *Industrial Union Dept. v. American Petroleum Institute*, 448 U.S. 607, 1980, (*Benzene Case*). Conforme con dicha delegación de poder, la agencia promulgó una regla para que la industria limitara el uso de bencina en el lugar de trabajo a una cantidad no mayor de una parte de bencina en un millón de partes de aire. Se argumentó por la industria que resultaría excesivamente costoso cumplir con esa exigencia administrativa sin que ello resultara en ningún beneficio significativo para los empleados. La decisión pluralista del Tribunal revocó el reglamento, pero validó la ley. El Tribunal Supremo Federal concluyó que, a pesar de que la delegación era válida, el reglamento no lo era, pues previo a la promulgación de la regla la agencia no había llegado a la determinación fáctica de que cantidades mayores de bencina representaban un riesgo significativo. De esta forma, el defecto de la reglamentación adoptada fue que la agencia no pudo establecer la existencia de un hallazgo de riesgo significativo de daño según era el objetivo que pretendía lograrse mediante la delegación de autoridad legislativa.

[22] "Agency action made reviewable by statute and final agency action for which there is no other adequate remedy in a court are subject to judicial review. A preliminary, procedural, or intermediate agency action or ruling not directly reviewable is subject to review on the review of the final agency action. Except as otherwise expressly required by statute, agency action otherwise final is final for the purposes of this section whether or not

Estados Unidos no se dispone sobre la presencia de esa autoridad judicial, esta se reconoce como un derivado natural de la estructura, las provisiones y la historia de la Constitución norteamericana[23].

Como máxima de la teoría de gobierno se manifiesta que el poder legislativo ha entendido necesario y conveniente delegar autoridad a las agencias administrativas con el propósito de atender una amplia variedad de retos sociales. La premisa de esa delegación se encuentra en la perspectiva de que dichas instituciones gubernamentales poseen un conocimiento especializado para lidiar con complejos temas de impacto público. Una parte significativa de ese modelo inserta la figura del poder judicial con el objetivo de garantizar que los poderes delegados puedan válidamente ser desplazados a las agencias administrativas y la potestad delegada se ejecute dentro de los legítimos límites de la autoridad concedida. Ese procedimiento de revisión judicial de una decisión administrativa forma parte de un trámite de apelación, cuyo diseño responde al principio constitucional de mayor acceso a los tribunales.

Esto implica que, a pesar de que la revisión judicial no constituya un derecho constitucional, sí se puede enmarcar en la gama de los principios constitucionales. Es precisamente a través de este mecanismo que el tribunal cumple con el mandato constitucional de velar por la legalidad de las acciones de las diversas entidades gubernamentales. Mediante ese procedimiento se controla la acción, o la inacción, de las agencias administrativas. Ciertamente es el control más directo que se puede imponer a las actuaciones administrativas.

El propósito primordial de dicha revisión judicial consiste en demarcar el ámbito de discreción de las agencias administrativas y cerciorarse de que estas ejecuten sus funciones de acuerdo con las disposiciones y el alcance de la ley. Esa evaluación judicial debe ser realizada con la visión del pleno resguardo de los valores fundamentales contenidos en nuestro entramado jurídico.

De esa manera, la revisión judicial aspira a que las agencias administrativas demuestren el razonamiento para sus decisiones y los hechos en los que fundamentan sus decisiones. Además, pretende que las decisiones agenciales se conformen al ámbito del poder y autoridad de las agencias y que sus decisiones sean legítimas. Los tribunales tienen el deber de fis-

---

there has been presented or determined an application for a declaratory order for any form of reconsideration, or, unless the agency otherwise requires by rule and provides that the action meanwhile is inoperative, for an appeal to superior agency authority". 5 U.S. 704.

[23] *Marbury v. Madison*, 5 U.S. (1 Cranch) 137, 1803.

calizar rigurosamente las decisiones de las agencias administrativas para asegurar que estas desempeñen cabalmente sus transcendentales funciones y para que no se pierda la indispensable fe y confianza en las instituciones de gobierno. Así observamos que, acorde con su significado y su alcance, se puede entender que la revisión judicial constituye la última frontera para la fiscalización del adecuado y legítimo ejercicio del poder administrativo.

Como cuestión de hecho, resulta ineludible concluir que el cardinal principio de la separación de poderes requiere la existencia de la revisión judicial como mecanismo custodio y tutelar del adecuado y razonable ejercicio de la delegación de poderes.

5. Orígenes de la revisión judicial

El ánimo de auscultar el concepto de la revisión judicial nos requiere recordar los orígenes del derecho administrativo. Así, observamos que al comienzo de la conceptualización de esa disciplina jurídica se reflejaron profundas y significativas aprensiones a causa de los amplios poderes y facultades conferidos a los funcionarios administrativos. Significativa desconfianza se forjó por la inquietud de lo que podía representar el crecimiento desmedido de estas instituciones ejecutivas, en patente detrimento de las otras ramas constitucionales de gobierno. Como consecuencia, desde una perspectiva analítica ortodoxa y tradicional no era posible concebir la validez de la idea de efectuar una delegación de poderes legislativos y adjudicativos en entes administrativos adscritos al poder ejecutivo. Sin embargo, ese esquema de delegación de autoridad fue convalidado por los tribunales de justicia y desde ese momento el derecho administrativo se ha transformado y desarrollado hasta vastos linderos significativos e imprevistos.

La génesis de este poder de revisión se puede identificar en la decisión del Tribunal Supremo federal de *Hylton v. United States*, de 1796[24], donde se examinó la validez constitucional de una ley del Congreso conocida como el *carriage tax*. Posteriormente, el Tribunal de Estados Unidos resolvió *Marbury v. Madison*, en 1803[25] y, mediante esa opinión, por primera vez se afirmó que el poder judicial posee la autoridad para declarar inconstitucionales las leyes federales.

En el área del derecho administrativo encontramos las primeras expresiones judiciales en el caso de *Scott v. Negro Ben*, de 1810, donde el Tribunal

[24] Supreme Court of The United States, *Hylton v. United States*, 3 U.S. (3 Dall.) 171, 1796.

[25] Supreme Court of The United States, *Marbury v. Madison*, 5 U.S. (1 Cranch) 137, 1803.

Supremo[26] caracterizó los deberes delegados al recaudador de arbitrios del *Custom Service* como deberes correspondientes a un "quasi-judge". Posteriormente, el Tribunal Supremo de Estados Unidos concluyó como válido que el Congreso delegara poder legislativo para permitir que las agencias administrativas reglamentaran diversas áreas del quehacer comunitario[27]. Como parte de estas iniciales decisiones jurisprudenciales también podemos identificar el caso de *Wayman v. Southard*, de 1825[28], donde el Tribunal Supremo federal resolvió que el Congreso federal puede delegar poderes que poseen los tribunales de justicia.

De esa ascendencia, y su posterior desarrollo jurisprudencial, se manifiesta que el precepto de la revisión judicial constituye parte integral de un trámite de apelación, cuyo diseño responde al postulado constitucional del adecuado y cabal acceso a los tribunales de justicia. De ello se deriva que, aun cuando la revisión judicial no constituye un derecho constitucional, sí se puede enmarcar en el entorno de los postulados constitucionales[29]. Es mediante la revisión judicial como fundamentalmente se fiscaliza la acción, o la inacción, de las instituciones administrativas.

El objetivo fundamental de dicho escrutinio judicial consiste en delimitar la discreción de las agencias administrativas y cerciorarse de que estas instituciones se desempeñen de acuerdo con las disposiciones de ley. Como consecuencia de ese objetivo, se debe interpretar que la revisión judicial constituye el control más directo y contundente que se le puede imponer a las actuaciones administrativas.

6. Autoridad de las agencias administrativas frente al señorío de los tribunales

La capacidad para ejercer el procedimiento de la revisión judicial es acorde con el amplio reconocimiento del señorío que poseen las agencias administrativas para refinar los detalles de la determinación regulatoria adoptada por el poder legislativo con el ánimo de normar áreas del quehacer social. Desde esa óptica evaluativa se puede concluir que las decisiones agenciales deben ser entendidas como correctas, y con fuerza de ley, a menos que con evidencia significativa se establezca que hubo mala fe o que existió una conducta

[26] Supreme Court of The United States, *Scott v. Negro Ben*, 10 U.S. (6 Cranch) 3, 1810.

[27] Supreme Court of The United States, *The Big Aurora*, 11 U.S. (7 Cranch) 1382, 1813.

[28] Supreme Court of The United States, *Wayman v. Southard*, 23 U.S. (10 Wheat) 1, 1825.

[29] Supreme Court of The United States, *Citizens to Preserve Overton Park v. Volpe*, 401 U.S. 402, 1971.

indebida o impropia[30]. Esto tiene la consecuencia de que mediante una disposición legislativa se puede conferir una amplia facultad a un funcionario administrativo para identificar las acciones adecuadas y razonables en contraposición a aquellas que pueden constituir conductas ilegítimas e improcedentes que conlleven la imposición de sanciones, gravámenes y penalidades.

Esa facultad de los funcionarios administrativos para tomar decisiones se encuentra supeditada al escrutinio legal mediante una eventual revisión judicial. Esto tiene el concreto y directo efecto de que serán los tribunales de justicia los que poseerán la autoridad final para determinar la legitimidad del poder delegado, así como también de su adecuado ejercicio[31]. Como consecuencia directa de la referida premisa, se agrega que la ineludible discreción administrativa no debe ser livianamente sustituida por los tribunales de justicia[32].

De manera armónica con esta perspectiva, mediante disposiciones legales se puede conferir autoridad a las agencias administrativas para atribuir penalidades, sanciones o multas por la infracción de leyes o de reglamentos. Una vez otorgada esa potestad, su implantación y ejercicio debe regirse por escrupulosos parámetros de razonabilidad[33]. Esa decisión administrativa solo deberá ser modificada cuando se determine que la acción administrativa se haya adoptado "sin justificación de hecho"[34], lo que pueda validar arribar a una determinación de un abuso de discreción[35]. Según esto, se entiende que no les corresponde a los tribunales de justicia, sino a las agencias administrativas, prescribir lo que constituye un "recurso apropiado y razonable"[36]. Como corolario de ello, en ocasiones de imposición de sanciones, la función judicial se circunscribe a analizar si la agencia administrativa efectuó "un permisible juicio en [su] elección del remedio"[37].

[30] Supreme Court of The United States, *Camp v. Pitts*, 411 U.S. 138, 1990.

[31] Supreme Court of The United States, *Gegiow v. Uhl*, 239 U.S. 3, 1915.

[32] Supreme Court of The United States, *Oceanic Steam Navigation Co. v. Stranahan*, 214 U.S. 320, 1909; *Passavant v. United States*, 148 U.S. 214, 1893; *Hampton & Co. v. United States*, 276 U.S. 394, 1928; *Zakonaite v. Wolf*, 226 U.S. 272, 1912.

[33] Supreme Court of The United States, *Butz v. Glover Livestock Comm'n.*, 411 U.S. 182, 1973.

[34] "without justification in fact".

[35] Supreme Court of The United States, *American Power Co. v. SEC*, 329 U.S. 90, 1946; *Moog Industries, Inc. v. FTC*, 355 U.S. 414, 1958; *Barsky v. Board of Regents*, 347 U.S. 442, 1954.

[36] "appropriate and reasonable remedy". *Butz v. Glover Livestock Comm'n.*, 411 U.S. 182, 188, 1973.

[37] "an allowable judgment in [his] choice of the remedy". *Jacob Siegel Co. v. FTC*, 327 U.S. 608, 1946.

7. Presunción de revisión judicial

El tejido jurídico carece de una etapa de control y de supervisión en aquellas ocasiones en las cuales el poder legislativo expresamente prohíbe el ejercicio de la revisión judicial. Dicha premisa legal surge, pues se ha reconocido que el Congreso tiene la plena autoridad para prohibir la revisión judicial, lo que trae como consecuencia que los tribunales carezcan de la opción de supervisar la corrección de las decisiones adoptadas por las agencias administrativas. Instancias de esa naturaleza se pueden identificar cuando el Congreso concluye que los costos de una revisión judicial exceden los potenciales beneficios o cuando la intervención judicial pudiese atentar contra el poder discrecional que le fue conferido a la agencia administrativa[38].

Sobre esa premisa legislativa observamos que la *Administrative Procedure Act* dispone que, "excepto en la medida en que [...] las leyes impiden la revisión judicial [...] una persona que sufre una infracción legal debido a una acción de la agencia, o adversamente afectada o agraviada por la acción de la agencia conforme con el sentido de la ley relevante, tiene derecho a la revisión judicial de la misma"[39]. Ante esa expresión legislativa se ha interpretado que la presunción de revisión judicial solo puede desestimarse mediante prueba clara y contundente[40].

Sin embargo, el desarrollo jurisprudencial de esa norma legal ha mitigado ese desenlace de exclusión para entender que en nuestro sistema jurídico la revisión judicial constituye la regla y la irrevisabilidad es la excepción[41]. Ello es así, pues el Tribunal Supremo ha expuesto que se debe repudiar la conclusión de que la efectividad de la norma lo puede conquistar todo[42].

Considerando lo anterior, no resulta totalmente fidedigno que el poder legislativo pueda ejercer la plenipotenciaria autoridad para restringir el acce-

[38] Ejemplos de esto se nos presentan en la disciplina jurídica concerniente a la inmigración, donde se podría proscribir la revisión judicial en casos de determinaciones discrecionales efectuadas por el secretario de Justicia y ante reclamos de criminales. 8 USC 1252 (a)(2).

[39] "Except to the extent that [...] statutes preclude judicial review [...] a person suffering legal wrong because of agency action, or adversely affected or aggrieved by agency action within the meaning of a relevant statute, is entitled to judicial review thereof". *Administrative Procedure Act*, 5 USC 701-702.

[40] Supreme Court of The United States, *Abbott Laboratories v. Gardner*, 387 U.S. 136, 1967; *Dunlop v. Bachowski*, 421 U.S. 560, 1975.

[41] Supreme Court of The United States, *Block v. Commun. Nutrition Inst.*, 467 U.S. 340, 1984.

[42] "The APA's presumption of judicial review is a repudiation of the principle that efficiency of regulation conquers all". *Sackett v. EPA*, 566 U.S. 120, 130, 2012.

so de todas las controversias ante los tribunales de justicia. Es antigua la visión de que "las acciones de todos [...] los funcionarios tienen que estar justificadas por la ley; y generalmente los tribunales poseen jurisdicción en aquellos casos de esos funcionarios que violen la ley al grado de infligir una lesión a un individuo"[43]. "La inexorable conclusión es que la supremacía de la ley reclama que haya oportunidad para que se aplique una incorrecta norma de ley [...]"[44]. Opinión concurrente del juez asociado Brandeis en *St. Joseph Stock Yards Co. v. United States*, en 1936[45]. Con ello se arriba al resultado de que no pueden encontrarse ajenos a una potencial revisión judicial los planteamientos de naturaleza constitucional[46].

8. Estándar para la revisión judicial

La revisión judicial es un elemento de control de las decisiones administrativas y es consustancial a nuestro ordenamiento jurídico. En ese contexto la interrogante planteada se centra en el grado y las características de revisión judicial que resultan procedentes. En atención a ello, observamos que las normas jurídicas intentan regular el grado de control que podrá ejercer el tribunal al revisar determinaciones de las agencias administrativas. Como su derivado, el estándar de revisión judicial define el grado de deferencia que le deberá el tribunal a la decisión emitida por la agencia administrativa.

Se reconocen diversos escrutinios para formalizar el ejercicio de supervisión por parte de los tribunales de justicia, que son las categorías de "abuso de discreción", "claramente erróneo"[47], "evidencia sustancial"[48] y "revisión *de novo*"[49]. Como variantes de estas categorías logramos identificar que el ordenamiento jurídico estadounidense ha reconocido varios criterios dirigidos a justipreciar los méritos de la disposición administrativa como lo son los estándares de "mirada dura"[50], "regla de alguna

[43] "The acts of all its officers must be justified by some law, and in case an official violates the law to the injury of an individual the courts generally have jurisdiction to grant relief". *American School of Magnetic Healing v. McAnnulty*, 187 U.S. 94, 108, 1902.

[44] "The supremacy of law demands that there shall be opportunity to have some court decide whether an erroneous rule of law was applied and whether the proceeding in which facts were adjudicated was conducted regularly".

[45] *St. Joseph Stock Yards Co. v. United States*, 298 U.S. 38, 84, 1936.

[46] *Webster v. Doe*, 486 U.S. 592, 1988.

[47] "Clearly Erroneous". *Anderson v. City of Bessemer City*, 470 U.S. 564, 1985.

[48] "Substantial evidence". *Universal Camera Corp. v. NLRB*, 340 U.S. 474, 1951.

[49] *Dickinson v. Zurko*, 527 U.S. 150, 1999.

[50] "Hard look". *Robertson v. Methow Valley*, 490 U.S. 331, 1989. El análisis de "mirada dura" puede ser utilizado bajo el alcance de la prohibición de adoptar decisiones de manera arbitraria y caprichosa. Para esa evaluación, entre otros extremos, puede ser considerado

prueba"[51], "preponderancia de prueba"[52], "prueba clara, inequívoca y convincente"[53], y "certeza moral"[54]. Todas esas valoraciones tienen el denominador común de aspirar a conferirle armonía a la interacción entre las agencias administrativas y los tribunales de justicia. Como resultado se obtiene el objetivo de que el proceso judicial se visualice como una natural y fluida continuación del previo proceso administrativo.

Podemos observar que la evaluación de la revisión judicial de las acciones administrativas depende en gran medida de la circunstancia de si la determinación agencial es formal o informal, así como si se revisa una decisión adjudicativa o reglamentaria[55]. De acuerdo con ello resulta que las controversias de hechos que derivan de decisiones formales reglamentarias o adjudicativas serán revisables según los escrutinios de "evidencia sustancial" y de "arbitraria y caprichosa"[56]. No obstante, cuando se actúa de manera informal, el tribunal de apelación revisará si esa determinación de hecho es "arbitraria o caprichosa"[57]. Además, todas las decisiones administrativas serán revisables atendiendo el escrutinio de "abuso de discreción".

si la determinación de la agencia resulta arbitraria y caprichosa por no encontrarse apoyada en factores que el Congreso no intentó considerar, si falló en considerar importantes aspectos del problema, si para su decisión ofrece una explicación que es contraria a la prueba presentada ante la agencia, o que es tan inverosímil por no entender que sea el producto del conocimiento especializado de la agencia. *Motor Veh. Mfrs. Ass'n v. State Farm Ins.*, 463 U.S. 29, 1983.

[51] "Some evidence rule". *Superintendent v. Hill*, 472 U.S. 445, 1985.

[52] "Preponderance of the evidence". *United States v. Watts*, 519 U.S. 148, 1997.

[53] "Clear and convincing evidence". *Cooper v. Oklahoma*, 517 U.S. 348, 1996; *Woodby v. INS*, 385 U.S. 276, 1966.

[54] "Moral certainty". *Victor v. Nebraska*, 511 U.S. 1, 1994.

[55] *Kidmore v. Swift & Co.*, 323 U.S. 134, 1994.

[56] "The reviewing court shall [...] hold unlawful and set aside agency action, findings, and conclusions found to be

(A) arbitrary, capricious, an abuse of discretion, or otherwise not in accordance with law;

(B) contrary to constitutional right, power, privilege, or immunity;

(C) in excess of statutory jurisdiction, authority, or limitations, or short of statutory right;

(D) without observance of procedure required by law;

(E) unsupported by substantial evidence in a case subject to sections 556 and 557 of this title or otherwise reviewed on the record of an agency hearing provided by statute; or

(F) unwarranted by the facts to the extent that the facts are subject to trial de novo by the reviewing court.

In making the foregoing determinations, the court shall review the whole record or those parts of it cited by a party, and due account shall be taken of the rule of prejudicial error". 5 USC 706.

[57] Supreme Court of The United States, *Citizens to Preserve Overton Park v. Volpe*, 401 U.S. 402, 413-15, 1971.

Generalmente, en los procesos adjudicativos administrativos el estándar de la prueba que es necesario es el de "evidencia sustancial"[58]. Este lineamiento probatorio viene a significar, "prueba relevante que una mente razonable podría aceptar como adecuada para respaldar una conclusión"[59]. El fundamento de este principio de revisión determina la extensión en la cual el poder judicial aplaca el improcedente ejercicio de autoridad por parte del poder ejecutivo. Esa acción de revisión judicial se deberá efectuar bajo la premisa de que "el tribunal no debe sustituir su propia noción de conveniencia y equidad para aquellos que han guiado a las agencias a quienes ha sido confiada la formulación y ejecución"[60]. De esa manera, la decisión se encuentra apoyada en el expediente si posee base razonable en derecho[61]. Así observamos que ese criterio de evaluación requiere algo más que una "mera cintilla"[62] de prueba. Ese análisis variará dependiendo del *quantum* de prueba que resulta necesario y preciso para establecer una conclusión.

El escrutinio de "arbitrario o caprichoso" es primariamente utilizado para la evaluación de decisiones informales. Podría ser identificado como acciones que se adopten sin considerar apropiadamente los hechos y en menosprecio de las circunstancias del caso. Ello implica que una decisión no es arbitraria o caprichosa cuando la conclusión es incorrecta y se llegó a ella de una manera honesta y legítima[63]. En *Citizens to Preserve Overton Park v. Volpe*[64], generalmente, una decisión es arbitraria o caprichosa cuando la agencia se fundamentó en factores que el Congreso no intentó considerar, erró al no considerar aspectos importantes de la controversia u ofreció una explicación para su decisión que es contraria a la prueba en el expediente o que resulta tan inverosímil que no puede atribuirse a un diferente punto de vista o al resultado del conocimiento especializado de la agencia administrativa.

[58] SUPREME COURT OF THE UNITED STATES, *Universal Camera Corp. v. NLRB*, 340 U.S. 474, 1951.

[59] "[S]uch relevant evidence as a reasonable mind might accept as adequate to support a conclusion". *Consolidated Edison Co. v. NLRB*, 305 U.S. 197, 229, 1938; *Richardson v. Perales*, 402 U.S. 389, 401, 1971.

[60] "[...] [C]ourts must not substitute their notions of expediency and fairness for those which have guided the agencies to whom the formulation and execution of policy have been entrusted". *Railroad Commission of Texas v. Rowan & Nichols Oil Co*, 310 U.S. 573, 1940.

[61] *NLRB v. Hearst Publications, Inc.*, 322 111, 1931,1944.

[62] "Mere scintilla". *Consolidated Edison Co. v. NLRB*, 305 U.S. 197, 229, 1938.

[63] "To make this finding [arbitrary or capricious] the court must consider whether the decision was based on a consideration of the relevant factors and whether there has been a clear error of judgment".

[64] "clear error of judgment". *Citizens to Preserve Overton Park v. Volpe*, 401 U.S. 402, 416, 1971.

Por su parte, la revisión *de novo* habitualmente aplica a la evaluación de las conclusiones de derecho. Mediante esta se revisa la decisión de la agencia administrativa sin reconocerle deferencia a la determinación que tomó la entidad administrativa. Ante lo anterior, observamos que una revisión *de novo* no es lo mismo que un *juicio de novo*. Este último significa un juicio totalmente nuevo donde se escuchan de nuevo los testigos y se recibe la prueba, mientras que la revisión *de novo* se utiliza para identificar las ocasiones en las cuales el tribunal apelativo se encuentra en una buena posición para evaluar la prueba exhibida en el foro de instancia. Mediante este ejercicio de revisión judicial se remueve el ámbito deferencial y el tribunal evalúa por sí mismo la interpretación de la prueba para obtener sus propias conclusiones[65].

"Claramente erróneo" es criterio generalmente aplicable a las determinaciones de hechos. Parte de la premisa de que la función primaria de instancia es el hallazgo de los hechos, lo que previene o limita la evaluación de ellos por el tribunal de apelación. De acuerdo con el Tribunal Supremo federal, una determinación es claramente errónea cuando el tribunal revisor, al considerar toda la evidencia, llega a la firme convicción de que se cometió un error, aun cuando exista evidencia para arribar a ella[66].

Como conclusión de lo anterior encontramos que estos parámetros analizan diferentes componentes de la decisión administrativa. Para "evidencia sustancial" se observa la prueba en el expediente, a fin de evaluar si esta es suficiente como para sostener un hallazgo. El "abuso de discreción" observa las acciones y decisiones del adjudicador. La "revisión *de novo*" mira al tribunal apelativo y al ámbito de su capacidad para revisar la decisión agencial. El "claramente erróneo" y el "arbitrario y caprichoso" se fijan en los contornos jurídicos en los que se fundamentó la decisión administrativa.

9. Deferencia judicial

Acorde con las premisas derivadas de estas visiones jurídicas, queda establecido como postulado inequívoco del significado y el alcance de la revisión judicial, que los tribunales no deben arrogarse la irrestricta facultad para reemplazar el criterio adoptado por las agencias administrativas. Según lo esbozado, al considerar el alcance de una ley congresional el Tribunal Supremo federal expresó: "NEPA establece metas sustantivas significativas

[65] Este es el tipo de revisión judicial que sería aplicable en ocasiones en las que el tribunal se confronte con controversias constitucionales. *Bose Corp. v. Consumers Union of United States*, 466 U.S. 485, 508, 1984.

[66] Supreme Court of The United States, *United States v. United States Gypsum Co.*, 333 U.S. 364, 395, 1948.

para el País, pero su mandato a las agencias es esencialmente de procedimiento. Se trata de asegurar una decisión plenamente informada y bien meditada, no necesariamente una decisión a la que los jueces del Tribunal de Apelaciones o de este Tribunal [Supremo] habrían llegado si hubieran sido miembros de la unidad de toma de decisiones del organismo. Las decisiones administrativas deben anularse en este contexto, como en cualquier otro, solo por razones sustanciales de procedimiento o de fondo según lo dispuesto por la ley, no simplemente porque el tribunal no esté satisfecho con el resultado alcanzado"[67].

Esa norma jurídica de deferencia a las decisiones y actuaciones administrativas deriva del amplio reconocimiento de la necesidad de que las entidades gubernamentales desplieguen una significativa facultad para dictar pautas de conducta, así como para resolver controversias y eventualmente prescribir todos aquellos resarcimientos y desagravios que resulten cónsonos y proporcionales con las argüidas desviaciones legales y reglamentarias. En la conquista de dichos objetivos, los tribunales de justicia les reconocen una extensa discreción a las agencias administrativas en la selección de la imposición de las medidas que las auxilien a consumar los propósitos asentados en la ley que administran. Esa deferencia aplicará siempre y cuando actúen dentro del ámbito de su conocimiento especializado y dentro de los márgenes de la ley. Armónico con lo anteriormente expuesto, no es objeto de cuestionamiento que se valida la deferencia judicial con relación a la selección del remedio adoptado por la agencia administrativa[68].

Sin embargo, la pauta de deferencia que es aplicable en el ámbito de la revisión judicial no implica forzosamente que los tribunales de justicia se encuentren impedidos para valorar la selección de las medidas adoptadas por la agencia administrativa en el descargo de las funciones que le han sido válidamente delegadas[69]. Así, incluso se ha reconocido la existencia de otros parámetros para atender la visión relativa a la revisión judicial en aquellas ocasiones en las que concurran controversias derivadas de aspectos constitucionales[70].

[67] "NEPA does set forth significant substantive goals for the Nation, but its mandate to the agencies is essentially procedural. It is to insure a fully informed and well-considered decision, not necessarily a decision the judges of the Court of Appeals or of this Court would have reached had they been members of the decision-making unit of the agency. Administrative decisions should be set aside in this context, as in every other, only for substantial procedural or substantive reasons as mandated by statute, not simply because the court is unhappy with the result reached". *Vermont Yankee Nuclear Power Corp. v. NRDC*, 435 U.S. 519, 558, 1978.

[68] *Chevron USA Inc. v. NRDC*, 467 U.S. 837, 1984.

[69] *St. Joseph Stock Yards Co. v. United Status*, 298 U.S. 38, 1936.

[70] *Ohio Valley Water Co. v. Ben Avon Borough*, 253 U.S. 287, 1920.

La perspectiva jurídica imperante es que, en el adecuado ejercicio de la revisión judicial, se les otorga más amplia deferencia a las determinaciones de hecho que a las conclusiones de derecho. Esa pauta interpretativa parece estar fundamentada en que la interpretación de la ley es un atributo inherente a los tribunales[71]. Aun cuando los tribunales son los últimos evaluadores de la ley, se le suele dispensar deferencia a la interpretación legal que hace la agencia administrativa. Ese enfoque surge en función de que, al ejercer su responsabilidad revisora, los tribunales no pueden licenciosamente descartar las conclusiones e interpretaciones de la agencia sustituyendo su propio y particular criterio por el que fuera adoptado por la agencia administrativa. De esa forma, se ha reconocido la presencia de la deferencia hacia la interpretación legal efectuada por la agencia. Ese modelo interpretativo se evidencia en *Chevron USA Inc. v. NRDC*[72], caso en el que se dilucidaba la validez de un nuevo procedimiento para calcular el descargo de contaminación ambiental. En dicho caso, el Tribunal Supremo federal concluyó que, si la norma específica se desprende de la ley, esa será la aplicable. Pero, si la pauta no se encuentra en la ley ("silent or ambiguos with respect to the specific issue") se debe tratar de contestar la pregunta sobre si la interpretación administrativa es válida y permisible.

La consecuencia de *Chevron* es haber creado una presunción aplicable a diseños de ordenación regulatorio que debe ser interpretada en el sentido de que cuando la ley es ambigua se debe presumir que el poder legislativo delegó a la agencia la tarea de llenar el vacío (*gap*) de una manera razonable. Acorde con esa visión, solo se requiere que la interpretación agencial sea racional para que sea sostenida por los tribunales. Así, la interpretación de un organismo administrativo, al cual le atañe administrar una disposición de ley, merece deferencia sustancial y dicha conclusión no requiere ser la única interpretación razonable para que merezca esa deferencia. Basta con que la conclusión sea razonable y consistente con el propósito y con los objetivos legislativos. Incluso se interpreta que en casos dudosos la interpretación de la agencia merece la referida deferencia judicial. Sin embargo, la presencia de la norma de deferencia no se ensancha como para validar cualquier tipo de interpretación que pretenda una agencia administrativa[73]. Además, también se debe descartar una interpretación agencial si esta se aparta de las facultades legales concedidas a la agencia (*ultra vires*) o es contraria a un previo precedente judicial[74]. De esa manera se concluye

[71] *SEC v. Sloan*, 436 U.S. 103, 1978.

[72] Supreme Court of The United States, *Chevron USA Inc. v. NRDC*, 467 U.S. 837, 1984.

[73] *Cuomo v. Clearing House Association*, 557 U.S. 519, 2009.

[74] *Lechmere Inc. v. NLRB*, 502 U.S. 527, 1992.

que no es legítimo, bajo el pretexto de que existe un vacío (*gap*), procurar excederse en el ejercicio de las facultades delegadas con la consecuencia de abarcar áreas extrínsecas al poder que ha sido concretamente delegado por el poder legislativo[75].

En contraposición, el vacío interpretativo no existe en aquellas ocasiones en las cuales el cuerpo legislativo imparte instrucciones específicas a la agencia administrativa para tomar en consideración factores particulares, y la agencia administrativa ignora o minimiza esos criterios y los sustituye por elementos disímiles. Un contexto de esa naturaleza se presentó en 1944, en el caso de *Addison v. Holly Hill Fruit Products*[76], cuando el Tribunal Supremo de Estados Unidos revocó un reglamento adoptado por el *Wage-Hour Administrator* que tenía la consecuencia de catalogar compañías conforme con su tamaño y descartando utilizar criterios geográficos como específicamente se ordenaba en la ley. En aquellas situaciones en las cuales se identifican cuestiones que el poder legislativo concretamente atendió, se tiene que identificar cuánta deferencia merece la posición acogida por la agencia administrativa.

Simultáneamente con ese desarrollo se ha estructurado una laxa interpretación de lo que debe constituir la revisión judicial de las decisiones administrativas. Lo cual tiene como consecuencia que las interrogantes sobre las acciones administrativas solo prosperen en la medida en que esa interpretación administrativa sea contraria a los términos de la ley o que sea manifiestamente irrazonable[77]. Con respecto a esa pauta normativa se expresó en el citado caso: "Los jueces no son expertos en la materia y no forman parte de ninguna de las ramas políticas del Gobierno. Los tribunales deben, en algunos casos, conciliar intereses políticos en conflicto, pero no sobre la base de las preferencias políticas personales de los jueces. En contraste, una agencia en la que el Congreso ha delegado responsabilidades de formulación de políticas puede, dentro de los límites de esa delegación, confiar adecuadamente en las opiniones de la administración predominante sobre la sabia política para informar sus juicios. Si bien las agencias no son directamente responsables ante la gente, el director ejecutivo lo es, y es totalmente apropiado que esta rama política del Gobierno tome tales decisiones políti-

[75] Ello pues, "[e]l Congreso, hemos sostenido, no altera los detalles fundamentales de un esquema regulatorio en términos vagos o disposiciones auxiliares; no esconde, se podría decir, elefantes en agujeros de ratón". ("Congress, we have held, does not alter the fundamental details of a regulatory scheme in vague terms or ancillary provisions-it does not, one might say, hide elephants in mouseholes"). *Whitman v. American Trucking Assns. Inc.*, 531 U.S. 457, 468, 2001.

[76] *Addison v. Holly Hill Fruit Products*, 322 U.S. 607, 1944.

[77] *Chevron USA Inc. v. NRDC*, 467 U.S. 837 (1984), 467 U.S. 837, 842-843, 1984.

cas: resuelva los intereses en conflicto que el propio Congreso no resolvió inadvertidamente o abandonó intencionalmente para ser resuelto por la agencia encargada de la administración del estatuto a la luz de las realidades cotidianas. Cuando un desafío a la interpretación de una agencia de una disposición legal, bastante conceptualizada, realmente se centra en la sensatez de la política de la agencia, en lugar de si es una opción razonable dentro de una brecha abierta por el Congreso, el desafío debe fracasar. En tal caso, los jueces federales, que no tienen circunscripción, tienen el deber de respetar las decisiones políticas legítimas de quienes las toman. Las responsabilidades para evaluar la sensatez de tales opciones políticas y resolver la lucha entre opiniones en conflicto del interés público no son judiciales: «Nuestra Constitución confiere tales responsabilidades a los poderes políticos». *TVA v. Hill, 437 U.S. 153 (1978)*"[78].

No obstante, el canon de deferencia judicial no constituye un "cheque en blanco para acciones arbitrarias"[79]. La realidad es que los tribunales poseen la autoridad y la obligación de cautelar los derechos constitucionales o legales que hayan podido ser lacerados por una acción administrativa caprichosa o arbitraria[80]. De esta manera, se entiende que la decisión administrativa podrá ser descartada si es extremadamente severa y desproporcionada con relación a la desviación efectuada. La eventual sanción debe ser razonable y corresponder al acto ilícito cometido. Una medida agencial o una penalidad podrá ser descartada o modificada si es arbitraria, caprichosa, irrazonable o

[78] "Judges are not experts in the field, and are not part of either political branch of the Government. Courts must, in some cases, reconcile competing political interests, but not on the basis of the judges' personal policy preferences. In contrast, an agency to which Congress has delegated policymaking responsibilities may, within the limits of that delegation, properly rely upon the incumbent administration's views of wise policy to inform its judgments. While agencies are not directly accountable to the people, the Chief Executive is, and it is entirely appropriate for this political branch of the Government to make such policy choices-resolving the competing interests which Congress itself either inadvertently did not resolve, or intentionally left to be resolved by the agency charged with the administration of the statute in light of everyday realities.

"When a challenge to an agency construction of a statutory provision, fairly conceptualized, really centers on the wisdom of the agency's policy, rather than whether it is a reasonable choice within a gap left open by Congress, the challenge must fail. In such a case, federal judges —who have no constituency— have a duty to respect legitimate policy choices made by those who do. The responsibilities for assessing the wisdom of such policy choices and resolving the struggle between competing views of the public interest are not judicial ones: 'Our Constitution vests such responsibilities in the political branches'". *Chevron USA Inc. v. NRDC*, 467 U.S. 837, 842-843, 1984.

[79] "blank check for arbitrary action". *Detroit Edison Co. v. NLRB*, 440 U.S. 301, 1979.

[80] *American Power & Light Co. v. Securities and Exchange Commission*, 329 U.S. 90, 1946.

constituye un claro abuso de autoridad[81]. En aquellas ocasiones en las que los tribunales concluyan que la agencia administrativa aplicó correctamente la ley y adoptó una visión racional y adecuada de los hechos, se tiene que considerar si la decisión fue arbitraria, caprichosa, en abuso de su discreción o, por el contrario, fue acorde con las disposiciones de la ley.

Así, se puede concluir que, normalmente un dictamen de una agencia administrativa es arbitrario y caprichoso si la agencia se apoyó en factores que la rama legislativa no intentó considerar, erró completamente al no considerar un aspecto importante de la controversia, ofrece una explicación para su decisión que contradice la evidencia presentada ante la agencia, o una interpretación que es tan poco plausible que no puede ser interpretada como producto de la especialización de la agencia[82].

Pese a los valores esbozados, el Tribunal Supremo ha subrayado que los tribunales no están "facultados para reescribir la legislación de acuerdo con sus propias concepciones de política pública prudente"[83]. Los tribunales de justicia se deben restringir a la función de garantizar que se materialice la voluntad legislativa. La inquietud que se genera ante esa exigencia de restricción emana de la incertidumbre o la opacidad de la disposición legislativa. Como consecuencia de ello se atenúa la función judicial de garante de la voluntad legislativa. O sea, ante la ausencia o la fragilidad en el texto de una ley, la función judicial legitimadora se disipa. Así, el tribunal se podría ver compelido a respetar una particular interpretación administrativa, pues carece de un referente legal para confrontarla.

De este modo, los tribunales tienen la responsabilidad de justipreciar la labor administrativa como un complemento de la función legislativa, y su papel de supervisión y control se atenúa pudiendo transformarse en elementales vigilantes de sutiles fronteras de autoridad.

10. DOS FASES DE EVALUACIÓN

La norma jurisprudencial con relación a la revisión de decisiones administrativas delinea un proceso de dos etapas donde el tribunal debe evaluar la interpretación de la ley que administra[84].

[81] *Cities Service Gas Co. v. Perles Oil & Gas Co.*, 340 U.S. 179, 1950.

[82] *Motor Vehicle Mfrs. Ass'm v. State Farm Mut. Auto. Ins. Co.*, 463 U.S. 29, 1983.

[83] "[...] empowered to rewrite legislation in accord with their own conceptions of prudent public policy". *United States v. Rutherford*, 442 U.S. 554, 555, 1979.

[84] "[R]eview[ing] an agency's construction of the statute which it administers". *Chevron USA v. NRDC*, 467 U.S. 837, 1984.

Siempre está la pregunta de si el Congreso ha hablado de manera directa y precisa sobre la cuestión. Si la intención del Congreso es clara, ese es el fin del asunto; tanto el tribunal como la agencia deben dar cumplimiento a la intención expresada sin ambigüedades por el Congreso. Sin embargo, si el tribunal determina que el Congreso no ha abordado directa y precisamente la cuestión, el tribunal no simplemente impone su propia interpretación de la ley, como sería necesario en ausencia de una interpretación administrativa. Pero, si la ley ha guardado silencio o es ambigua con respecto al tema específico, la pregunta para el tribunal es si la respuesta de la agencia se basa en una permisible interpretación de la ley[85].

La consecuencia de esta pauta interpretativa es que mediante la revisión judicial se escudriña la letra de la ley para identificar su claro significado y, de no encontrarlo, se deberá tener la deferencia a la interpretación adoptada por la agencia administrativa. De esa manera, ante el silencio del Congreso, la agencia administrativa tendrá la facultad para seleccionar entre la amplia gama de las legítimas alternativas interpretaciones disponibles. El referido ejercicio debe efectuarse una vez ha sido identificado que el Congreso ha delegado la autoridad a la agencia administrativa[86]. Así se interpreta que el Congreso puede delegar en las agencias administrativas la selección de la política pública[87]. Como complemento de esta posición se puede articular que la decisión será considerada como arbitraria cuando: "[...] [L]a agencia se ha apoyado en factores que el Congreso no ha tenido la intención de considerar, no consideró por completo un aspecto importante del problema, ofreció una explicación de su decisión que va en contra de la evidencia ante la agencia, o es tan inverosímil que no podría atribuirse a una diferencia visual o producto de la experiencia de la agencia"[88].

[85] "First, always, is the question whether Congress has directly spoken to the precise question at issue. If the intent of Congress is clear, that is the end of the matter; for the court, as well as the agency, must give effect to the unambiguously expressed intent of Congress. If, however, the court determines Congress has not directly addressed the precise question at issue, the court does not simply impose its own construction on the statute, as would be necessary in the absence of an administrative interpretation. Rather, if the statute is silent or ambiguous with respect to the specific issue, the question for the court is whether the agency's answer is based on a permissible construction of the statute". *Chevron U.S.A. Inc. v. NRDC*, 467 U.S. 837, 842, 1984.

[86] *United States v. Mead Corp.* 553 U.S. 218, 229, 2001.

[87] *Sierra Club v. Morton*, 405 U.S. 727, 1972.

[88] "[...] [T]he agency has relied on factors which Congress has not intended it to consider, entirely failed to consider an important aspect of the problem, offered an explanation for its decision that runs counter to the evidence before the agency, or is so implausible that it could not be ascribed to a difference in view or the product of agency expertise". *Motor Veh. Mfrs. Ass'n v. State Farm Ins. Co.*, 463 U.S. 29, 43, 1983.

11. Agotamiento de remedios administrativos y jurisdicción primaria

El ejercicio de control por parte del poder judicial debe aplazarse hasta que el asunto se encuentre maduro para su revisión. Las doctrinas jurídicas de agotamiento de remedios administrativos y de jurisdicción primaria son de creación judicial y se refieren al análisis de la facultad inicial para entrar a juzgar sobre una controversia. En otras palabras, es una deferencia al proceso administrativo que tiene como resultado el que los tribunales opten por declinar el ejercicio de su jurisdicción. Con la aplicación de estos principios se establece un mecanismo para que la agencia administrativa atienda primeramente el asunto para lograr obtener los beneficios de su conocimiento especializado tanto en asuntos fácticos como en aspectos de derecho[89]. Por esa razón se debe permitir que las agencias administrativas decidan sobre aspectos legales y esas conclusiones podrían ser posteriormente revisadas por los tribunales bajo criterios deferenciales.

La génesis de la doctrina de jurisdicción primaria la podemos encontrar en el año 1907 cuando el Tribunal Supremo federal decidió el caso de *Texas & Pacific Railway Co. v. Abilene Cotton Oil Company*[90], donde se resolvió que la Interstate Commerce Commission posee jurisdicción primaria para resolver las disputas relacionadas con las tarifas de transportación de carga. Estas doctrinas pretenden investir de regularidad y uniformidad los procesos adjudicativos con relación a la adjudicación de derechos y obligaciones legales entre las partes en disputa. Entre sus visiones encontramos la expresión del juez asociado Brandeis, quien expuso que esa doctrina debe ser aplicada en aquellas ocasiones en las cuales la evaluación corresponde a hechos y a discreción concerniente a aspectos técnicos[91].

Por su parte, la doctrina de agotamiento de remedios administrativos se enmarca en la apreciación de que el tribunal no debe intervenir en una controversia, sino hasta cuando se hayan agotado los remedios administrativos disponibles. La decisión judicial que le sirvió de precedente es *Myers v. Bethlehem Shipbuilding Corp.*[92], donde se determinó la improcedencia de un recurso de "injunction" (interdicto) ante la circunstancia de que el peticionario no había agotado los remedios administrativos disponibles. No obstante, ante la aplicación de dicha doctrina se pueden interponer excepciones como "la inadecuación de los remedios administrativos"[93].

[89] *Chevron USA Inc. v. NRDC*, 467 U.S. 837, 1984.

[90] *Texas & Pacific Railway Co. v. Abilene Cotton Oil Company*, 204 U.S. 426, 1907.

[91] *Great Northern R. Co. v. Merchants Elevator Co.*, 259 U.S. 285, 1922.

[92] *Myers v. Bethlehem Shipbuilding Corp.*, 303 U.S. 41, 1938.

[93] *Smith v. Illinois Bell Tel. Co.*, 270 U.S. 587, 1926.

Como consecuencia de la aplicación de estas doctrinas, la intervención judicial se pospone y se difiere en deferencia a la intervención administrativa[94].

12. Conclusión

Cualquiera que sea el valor y la relevancia del Estado administrativo, ello no podría justificar la presencia de las agencias administrativas fuera del andamiaje constitucional. Esa realidad es consecuencia de que las agencias administrativas no pueden operar en el vacío y la abstracción. Esto hace que el control judicial del poder administrativo se torne en una condición indispensable para validar y legitimar el Estado administrativo.

Por su parte, los modelos de poder administrativo aspiran a conciliar el interés de legitimar el poder administrativo sin comprometer la consecución del interés público que ambiciona validar la existencia misma de las agencias administrativas y que se obtiene mediante el ejercicio de la discreción. Dicha función de supervisión se debe ejecutar en atención a la acción efectuada por la entidad administrativa. Estas potenciales acciones son las de interpretar la ley, formular la política pública, determinar los hechos y los juicios discrecionales.

Ciertamente, la filosofía sobre la que se sostiene y se valida el régimen administrativo fundamentalmente radica en la subordinación al sistema judicial. Conforme con ello se puede argumentar que la delegación de funciones y facultades adjudicativas, si bien posee razones importantes para justificarla y defenderla, necesariamente tiene que estar enmarcada en nuestro arreglo y esquema constitucional para poder entenderse como válida en el ordenamiento jurídico. Solo desde esa perspectiva de sumisión a la rama judicial es que puede validarse un cuerpo administrativo con potestad y capacidad para determinar derechos, prerrogativas y responsabilidades de la ciudadanía. Se menoscabaría y degradaría el principio cardinal de determinación y de adjudicación de derechos y deberes en la medida en que el sistema administrativo no se encuentre cabalmente sometido al poder judicial. De acuerdo con esto, no se puede pretender sostener y validar como un sistema normativo o adjudicativo de naturaleza paralela. Según lo expuesto, sería insostenible argumentar la validez de un foro administrativo instaurado con el propósito de imponer disposiciones normativas en sustitución del cuerpo legislativo o de interpretar la ley en sustitución de los tribunales de justicia, sin que exista la posibilidad de que las cortes de justicia juzguen las interpretaciones legales hechas por las agencias administrativas.

[94] *McCarthy v. Madigan*, 503 U.S. 140, 144-145, 1992; *Dardy v. Cisneros*, 509 U.S. 137, 153-154, 1993.

EL IMPACTO DE LA ENTRADA EN VIGENCIA DE LAS LEYES DE PROCEDIMIENTO ADMINISTRATIVO GENERAL Y DEL PROCESO CONTENCIOSO ADMINISTRATIVO EN PERÚ, VEINTE AÑOS DESPUÉS

JORGE DANÓS ORDÓÑEZ*
Perú

El objeto de este aporte al homenaje que mis colegas brindan al muy destacado jurista, maestro para quienes hemos asistido a sus conferencias así como estudiado sus obras, y gran amigo LIBARDO RODRÍGUEZ, es reseñar el impacto que ha significado la entrada en vigencia hace dos décadas de dos leyes capitales en la configuración legal de los ejes centrales del ordenamiento jurídico administrativo peruano, en el funcionamiento de la Administración pública y en el impulso para el estudio dogmático de la disciplina del derecho administrativo. Nos referimos a la Ley de Procedimiento Administrativo General y a la Ley del Proceso Contencioso Administrativo.

El derecho administrativo peruano ha sido tradicionalmente un derecho legislado, a diferencia del derecho administrativo francés, que fue creado por la jurisprudencia del Consejo de Estado[1], o el de otros países en los que

* Profesor categoría principal en los cursos de Derecho Administrativo en la Facultad de Derecho de la Pontificia Universidad Católica del Perú. Profesor en la Facultad de Derecho en la Universidad del Pacífico. Presidente de la Asociación Peruana de Derecho Administrativo. Presidente de las comisiones técnicas designadas por el Ministerio de Justicia que elaboraron los proyectos de ley que fueron aprobados por el Congreso de la República como Ley de Procedimiento Administrativo General y la Ley reguladora del Proceso Contencioso-Administrativo. Fundador del Foro Iberoamericano de Derecho Administrativo (FIDA). Expresidente de la Asociación Iberoamericana de Estudios de Regulación (ASIER). Integrante de la Red Internacional de Bienes Públicos y del Instituto Internacional de Derecho Administrativo (IIDA). Socio del Estudio Echecopar abogados. datitster@gmail.com

[1] Sobre el tema: LIBARDO RODRÍGUEZ RODRÍGUEZ y JORGE ENRIQUE SANTOS R., *Un siglo de jurisdicción administrativa y de derecho administrativo en Colombia*, Bogotá, Editorial Temis, 2013, pág. 12 y ss. Sin embargo, desde el año 2000 Francia cuenta con el denominado "Code des Relations entre le public et l'administration", al cual se ha integrado desde el año 2015 un segundo código; al respecto se puede revisar YOLANDA FERNÁNDEZ GARCÍA, "La ley francesa sobre los derechos de los ciudadanos en sus relaciones con la administración pública", en *RAP*, n.º 159, 2002, pág. 435 y ss.; y GILLES PELLISSIER, "Los

la jurisprudencia encargada de resolver las distintas controversias con la Administración pública ha cumplido un rol importante al consagrar principios y reglas que encauzan la actuación de la Administración, principalmente en ausencia o en defecto de normas legales sobre la materia, o adelantándose a la legislación administrativa de desarrollo[2]. En el Perú, por el contrario, la jurisprudencia casi no ha proporcionado aportes ni en calidad y menos en cantidad, que puedan considerarse relevantes para solucionar los diferentes problemas jurídicos relacionados con la Administración o que trasciendan más allá de las controversias puntuales sometidas a su conocimiento; por tanto, ha sido la legislación positiva la que ha marcado significativamente los derroteros para el funcionamiento de la Administración pública, en especial en sus relaciones con los particulares destinatarios de su actuación.

1. La Ley de Procedimiento Administrativo General

La primera regulación de un procedimiento administrativo en el Perú que no estuvo exclusivamente destinada para una materia administrativa específica o sectorial, sino que se dictó para que fuera aplicada por todas las entidades de la Administración pública peruana, cualquiera fuese su ámbito de competencia[3], fue aprobada en el año 1967 mediante una norma reglamentaria, el Decreto Supremo número 006-SC de "Reglamento de Normas Generales de Procedimientos Administrativos". Norma que tomó como referencia la Ley de Procedimiento Administrativo española de 1958, pero que en nuestro medio cumplió el importante rol de establecer un mínimo común denominador para el ejercicio de sus competencias por parte de la Administración pública peruana, al consagrar un conjunto de instituciones administrativas que sirvieron para ir formando progresivamente las bases o fundamentos, aunque todavía de manera muy incipiente, de la parte general del ordenamiento jurídico administrativo en el Perú.

---

procedimientos administrativos en el derecho francés", en Luciano Parejo Alfonso y Marcos Vaquer Caballería (dirs.), *Estudios sobre el procedimiento administrativo,* vol. I, *Derecho comparado*, Valencia, Tirant lo Blanch, 2018, págs. 71 y ss.

[2] Dice Rainer Whal que, en Alemania, a partir de los años cincuenta del siglo pasado con la consagración constitucional del derecho a la tutela judicial frente a la Administración, "la ciencia del derecho administrativo devino, en suma, ciencia de la jurisprudencia administrativa" y que podría considerársele a la jurisprudencia administrativa como "coautor del contenido material del derecho administrativo". Rainer Whal, *Los últimos 50 años del derecho administrativo alemán*, Madrid, Marcial Pons, 2013, págs. 65 y 66.

[3] "Título preliminar. Art. 1°. El poder ejecutivo, las entidades del sub-sector público independiente y los gobiernos locales ajustarán su actuación de orden administrativo a las prescripciones de este reglamento, siempre que no se opongan a las leyes o sus reglamentos especiales".

La citada normativa procedimental administrativa, aunque fue elaborada con el objetivo de ser aprobada por una ley, fue dictada como norma reglamentaria porque el gobierno que la elaboró no tenía confianza en que el Parlamento de entonces fuera receptivo a la propuesta, debido a que no contaba con una mayoría parlamentaria que lo respaldara, y por eso prefirió aprobarla con el carácter de un reglamento autónomo para regir la actuación de la Administración pública en el Perú, pero en el año 1992 este fue elevado al rango de ley en virtud de un dispositivo legal dictado por el gobierno que regía los destinos del país ese año.

Sin embargo, durante la vigencia del citado reglamento las principales modificaciones al régimen general del procedimiento administrativo en el Perú compartieron las siguientes características: i) se realizaron a través de leyes y sus respectivos reglamentos, que no alteraron ni se incorporaron formalmente al texto del referido reglamento, porque más bien coexistieron complementando la regulación general del procedimiento administrativo, y ii) fueron dispositivos legales aprobados con una fuerte impronta de simplificación administrativa y de reducción de cargas y trabas burocráticas, para facilitar la inversión privada.

Tal fue el caso de la Ley número 25.035 de 1989, significativamente denominada Ley de Simplificación Administrativa, que consagró los principios de presunción de veracidad, eliminación de exigencias formales y costosas, y de desconcentración de procesos decisorios; además, su reglamento dispuso prácticamente generalizar la aplicación del silencio administrativo positivo, hasta entonces casi desconocido en el Perú. También vale mencionar el caso del Decreto Legislativo 757 de 1991, Ley Marco para el Crecimiento de la Inversión Privada, que contenía un capítulo con el título también revelador dedicado a "[...] la eliminación de las restricciones administrativas a la inversión", en el que establecía que la información básica sobre todos los procedimientos administrativos iniciados a pedido de parte (excluyendo los procedimientos de oficio) deberían ser compilados por cada una de las entidades administrativas competentes para tramitarlos en un documento de gestión institucional denominado Texto Único de Procedimiento Administrativo (TUPA), en el cual cada uno de los procedimientos administrativos de su competencia tenía que ser clasificado alternativamente como i) procedimiento de aprobación automática, mediante el cual el solicitante obtiene lo pedido con la sola presentación de su solicitud ante la Administración o, en su defecto, ii) como procedimiento administrativo de evaluación previa, modalidad en la cual la Administración tenía por regla general un plazo de treinta días hábiles para resolver, a cuyo vencimiento el referido Texto Único de Procedimiento Administrativo (TUPA) debería subclasificar los referidos procedimientos de evaluación previa como

a) procedimientos sujetos al silencio administrativo positivo o b) como procedimientos en los que el interesado puede invocar el silencio administrativo negativo.

Sin lugar a dudas, la experiencia práctica demostraba que un marco legal compuesto por una tetralogía de leyes no constituía la técnica legislativa más idónea para regular el procedimiento administrativo de carácter general en el Perú, porque dificultaba su conocimiento, comprensión y cumplimiento por parte de la Administración pública y de los particulares destinatarios de la actividad administrativa.

Esa fue la razón por la cual en el año 1997 el Ministerio de Justicia designó una comisión para elaborar el anteproyecto de una nueva ley de procedimiento administrativo, cuyo texto sería posteriormente aprobado por el Congreso de la República —en octubre de 2001 mediante la Ley 27.444 o Ley de Procedimiento Administrativo General (LPAG)—.

Desde su entrada en vigencia hace algo más de veinte años, el impacto de la Ley de Procedimiento Administrativo General en el ordenamiento administrativo peruano ha sido significativo, a tal punto que hay autores que dicen que se puede afirmar que existe un antes y un después en el desarrollo de la disciplina en el Perú[4].

A) *La constitucionalización del procedimiento administrativo*

Uno de los principales logros de la Ley de Procedimiento Administrativo General (LPAG) fue potenciar la constitucionalización de la legislación del procedimiento administrativo, que se evidencia en los siguientes aspectos:

• La consagración de principios del procedimiento administrativo de evidente origen y fundamento constitucional (principios de legalidad, debido procedimiento, razonabilidad, confianza legítima, ejercicio legítimo del poder, acceso permanente, entre otros).

• La regulación de un procedimiento administrativo que no fue diseñado desde la exclusiva perspectiva de la Administración, es decir, para su entera comodidad, como sucede marcadamente en el Perú con otros cuerpos legales administrativos, sino un procedimiento que, a la par que le otorgase

[4] Brewer Carías señala: "En todos los países, además, en una forma u otra, las leyes de procedimiento administrativo han dividido la historia del Derecho Administrativo en dos grandes etapas en su evolución, referidas, por supuesto, una a la etapa antes de la sanción de dichas leyes, y otra en la etapa posterior —lo que sin duda también puede decirse que ocurrió en el Perú—". Allan Brewer Carías, "La regulación del procedimiento administrativo en América Latina con ocasión de la primera década (2001-2011) de la Ley de Procedimiento Administrativo General del Perú (Ley 27.444)", en *Revista Derecho PUCP*, n.º 67, 2011, pág. 51.

a la Administración prerrogativas exorbitantes (presunción de veracidad de los actos administrativos, potestad de declarar la nulidad de sus propios actos, autotutela ejecutiva, etc.) para facilitar la eficacia de la actuación administrativa que necesariamente debe estar orientada a la realización de los intereses generales de la colectividad, también consagrase garantías para el respecto de los derechos de las personas destinatarias de la actividad administrativa, con el objeto de conseguir un equilibrio armónico entre el ejercicio de potestades administrativas y las garantías de las personas.

• El establecimiento de reglas generales para el ejercicio de una potestad administrativa tan potente como es la sancionadora, mediante la consagración de principios específicos racionalizadores de la citada potestad también esencialmente de inspiración constitucional (además de los principios de legalidad, debido procedimiento y razonabilidad, los principios de irretroactividad, causalidad, presunción de licitud, culpabilidad y *non bis in idem*, entre otros) y reglas básicas de procedimiento para la aplicación de dicha potestad sancionadora con el deliberado objetivo de garantizar los derechos de las personas que eventualmente son procesadas.

A diferencia de las leyes de otros países que regulan un procedimiento administrativo como una suerte de mera antesala, casi una etapa previa al proceso judicial contencioso-administrativo, bajo la premisa de que este último es la vía por excelencia a la cual los afectados por alguna actuación administrativa deberían acudir para conseguir justicia y el restablecimiento de sus derechos, la Ley de Procedimiento Administrativo General (LPAG) fue diseñada para que la Administración pública contase con los medios jurídicos necesarios para ejercer sus competencias, pero actuando siempre con respeto por los derechos de los particulares. Igualmente, en la misma sede administrativa se potenció la garantía de los derechos de las personas, sin perjuicio de su derecho constitucional para acceder a la tutela judicial efectiva mediante el proceso contencioso-administrativo[5].

La Ley de Procedimiento Administrativo General, al hacer aplicable en sede administrativa principios de carácter constitucional que vinculan a todos los poderes del Estado y que constituyen reconocidos derechos de las personas, ha tenido un impacto que no se circunscribe únicamente a los casos en que la Administración aplica estrictamente el régimen de la misma Ley de Procedimiento Administrativo General, porque los citados principios del procedimiento administrativo han experimentado una proyección mucho

[5] Sobre el tema: Jorge Danós Ordóñez, "La evolución de las garantías jurídicas de los administrados en el Perú", en Santiago Muñoz Machado y Ricardo Rivera Ortega (dirs.), *Anuario Iberoamericano de Derecho Administrativo,* Madrid, Boletín Oficial del Estado, 2022.

mayor como referentes necesarios y vinculantes para la tramitación de todo tipo de procedimientos administrativos en el Perú, lo cual significa que rige incluso los procedimientos regulados por marcos legales sectoriales o especiales.

Tres factores han contribuido para que la proyección de la Ley de Procedimiento Administrativo General en materia de principios del procedimiento administrativo haya tenido un alcance real más allá de su propio ámbito de aplicación y se haya convertido en parte fundamental del acervo común administrativo:

• Como ya se dijo, se trata de principios que, en su gran mayoría, tienen fundamento constitucional, según lo ha confirmado la jurisprudencia posterior del Tribunal Constitucional. La Ley de Procedimiento Administrativo General contribuyó a facilitar y extender su aplicación por parte de la Administración pública al explicitar en el ámbito legal su contenido y alcances, además de empoderar a los particulares para exigir su aplicación en los procedimientos administrativos en los que tienen la calidad de parte.

• A pesar de las situaciones en que por mandato legal se apliquen regímenes de procedimiento administrativo sectoriales o especiales, es práctica común para los particulares y también para los propios funcionarios públicos familiarizados con el régimen de la Ley de Procedimiento Administrativo General, demandar la aplicación de los principios del procedimiento administrativo de la citada norma que, por su carácter de ley general, es de aplicación supletoria incluso tratándose de procedimientos administrativos sectoriales, siempre que no entren en contradicción con normas especiales[6].

• Por otro lado, al pasar la Ley de Procedimiento Administrativo General (LPAG) de constituir una norma general que reducía su rol a solo ser aplicada supletoriamente siempre que no existiera una norma especial, para ser en la actualidad una ley que, aunque continúa teniendo carácter general, contiene "normas comunes para las actuaciones de la función administrativa del Estado", que deberían prevalecer incluso respecto de normas especiales, las que "no podrán imponer condiciones menos favorables a los administrados" que las previstas en la Ley de Procedimiento Administrativo General (LPAG), potencia el rol de los principios del procedimiento administrativo como indudables normas comunes aplicables a todos los procedimientos administrativos, incluidos los especiales.

La Ley de Procedimiento Administrativo General (LPAG) no fue diseñada para ser aplicada con base en criterios rígidos y formalistas por parte

[6] Guzmán Napuri dice que los principios consagrados en la LPAG son de aplicación "no sólo al procedimiento administrativo como tal, sino también a todo el derecho administrativo en general". Christian Guzmán Napuri, *Procedimiento administrativo general*, tomo I, Lima, Instituto Pacífico, 2020, pág. 7.

de la Administración pública[7], como si el procedimiento administrativo se redujese a ser una mera secuencia de actuaciones que la Administración debe cumplir mecánicamente para producir finalmente una resolución administrativa. Por esa razón tampoco participa del carácter reglamentarista que sí padecen otros cuerpos legales de nuestro ordenamiento jurídico administrativo.

Puede afirmarse que los dos ejes centrales de la Ley de Procedimiento Administrativo General (LPAG) han sido: i) coadyuvar a la eficacia en el funcionamiento de la Administración pública, ii) de la mano con un fuerte sesgo garantista de los derechos de las personas, procurando el equilibrio entre ambos. La Ley de Procedimiento Administrativo General regula un modelo general de procedimiento administrativo que tiene un diseño flexible, funcional, susceptible de adaptarse a las múltiples materias o campos en los que la Administración ejerce sus competencias. Propugna una Administración pública que debe orientar su actuación hacia la realización de los intereses generales, públicos o de la colectividad y no para estar meramente asentada en el cumplimiento formalista de trámites, huérfana de todo sentido teleológico, que haría de ella una organización desorientada a la hora de adoptar sus decisiones e incapaz de cumplir los cometidos que el ordenamiento jurídico y la sociedad le demandan.

B) *El establecimiento de un régimen general de simplificación administrativa*

Al integrar en su estructura las normas de simplificación administrativa preexistentes para codificarlas y modernizarlas con el objeto de facilitar su cumplimiento, la Ley de Procedimiento Administrativo General (LPAG) ha contribuido para que se dé un paso adelante y se configure la referida simplificación administrativa no solo como un principio rector implícito que constituye una obligación permanente e indispensable de la Administración pública en el Perú, orientada a lograr que el procedimiento administrativo sea lo más simple posible en su configuración normativa y en su aplicación práctica, sino adicionalmente como un verdadero derecho subjetivo que los particulares están legalmente habilitados para exigir en sus relaciones con la Administración.

[7] JUAN CARLOS MORÓN cuestiona la tendencia administrativa hacia un "paradigma formalista" que se manifiesta en múltiples disfunciones en la actividad o de la Administración pública, al margen de alguna finalidad pública que la justifique. JUAN CARLOS MORÓN, *Comentarios a la Ley del Procedimiento Administrativo General. Edición conmemorativa por los 20 años de la vigencia de la LPAG*, tomo I, 16ª ed., Lima, Gaceta Jurídica, 2021, pág. 14.

Al respecto es importante valorar que el conjunto de técnicas, instrumentos y criterios de simplificación procedimental contenidos en la Ley de Procedimiento Administrativo General (LPAG) son normas que tampoco se restringen al ámbito específico de dicho cuerpo legal, porque, por el contrario, se proyectan a todos los procedimientos administrativos, incluidos los sectoriales o especiales, y en tal sentido establecen reglas para reducir las cargas administrativas, es decir que, con el fin de economizar tiempo y ahorrar costos, buscan impedir que la Administración exija documentos o trámites innecesarios, además establecen lineamientos para procurar la agilización y racionalización de todo procedimiento administrativo.

En el Perú la simplificación de los procedimientos administrativos —regulada por la Ley de Procedimiento Administrativo General (LPAG) para corregir la innata tentación de la Administración pública de recurrir al "papeleo" o a la "tramitología" burocrática— tiene varios objetivos:

• Propender la mejora del funcionamiento de la Administración pública, para que pueda funcionar de manera más ágil y eficiente, sin dilaciones, ni distrayéndose innecesariamente en la verificación del cumplimiento de requisitos superfluos que no contribuyen a su función de protección y realización de los intereses generales o de la colectividad a su cargo.

• Suprimir trabas que restringen el acceso de las personas a la Administración pública y afectan gravemente la tutela y el reconocimiento de sus derechos.

• Que no se obstaculicen las actividades económicas mediante el establecimiento de exigencias, trámites y costos que no tienen correspondencia alguna con los fines que debe cumplir la Administración pública a la hora de regular e intervenir sobre las actividades económicas.

La consagración por la Ley de Procedimiento Administrativo General (LPAG) de un régimen legal para la simplificación de la actuación o actividad de la Administración pública en general, esto es, de todo tipo de procedimientos administrativos, ha sido uno de los aspectos más emblemáticos y con mayor proyección en el conjunto del ordenamiento jurídico administrativo peruano.

A pesar de los buenos propósitos de la Ley de Procedimiento Administrativo General (LPAG), no se puede negar que la realidad demuestra que la simplificación de los procedimientos administrativos no es meta que se cumpla fácil o automáticamente con la sola aprobación de un marco legal con ese objetivo, porque la cultura burocrática asentada en un número significativo de organizaciones administrativas, las hace poco o casi nada favorables a las iniciativas de simplificación administrativa. Lamentablemente, así sucede en el Perú en un porcentaje apreciable de municipalidades, que habitualmente se muestran refractarias a la simplificación de los procedimientos administrativos pretextando que la aplicación de dichas medidas conduciría a un deterioro de los intereses públicos que deben proteger, cuando en realidad su objetivo es reforzar su poder burocrático y agenciarse irregularmente de mayores recursos, imponiendo exigencias a los particulares. Ante esta situación, y pese a que la Ley de Procedimiento Administrativo General (LPAG) y otras normas legales los empodera para defenderse de tales irregularidades, se ven sometidos a la complicada tesitura de accionar en su defensa, con la inversión de tiempo y de recursos que conlleva, o de ceder a las exigencias claramente arbitrarias o abusivas.

C) *La disciplina de la potestad sancionadora de la Administración*

Un tercer hito en el que se puede apreciar el impacto de la Ley de Procedimiento Administrativo General (LPAG) en los veinte años transcurridos desde su entrada en vigencia, en el que nuevamente se evidencia cómo ha desplegado sus efectos sobre otros marcos legales, es en la regulación de la potestad sancionadora de la Administración y el establecimiento de reglas de procedimiento para su ejercicio. En esas materias, la Ley de Procedimiento Administrativo General llenó dos vacíos:

• La ausencia de reglas generales que establecieran los criterios o disciplinasen la potestad sancionadora, una de las más intensas que puede ejercer la Administración pública sobre los particulares, debido a que las numerosas normas administrativas sobre la materia preexistente solo se preocupaban por tipificar las infracciones y estatuir las sanciones aplicables a los infractores, pero nunca por regular las garantías de los particulares para asegurar el correcto ejercicio de la referida potestad, como corresponde a un régimen constitucional de derecho.

• La ausencia de jurisprudencia contenciosa administrativa que, a diferencia de otros países en los que esta marcó la pauta para los posteriores desarrollos legislativos garantistas, en el Perú la regulación de lo que vendría a ser la parte general del derecho administrativo sancionador ha sido desarrollada por la Ley de Procedimiento Administrativo General (LPAG) y sus sucesivas modificaciones, siendo reforzada posteriormente por la jurisprudencia del Tribunal Constitucional peruano que, como ya se mencionó, también sentó el fundamento constitucional de la mayor parte de los principios específicos consagrados para el ejercicio de la potestad sancionadora y las reglas garantistas para la tramitación de los correspondientes procedimientos administrativos sancionadores.

La consagración de principios específicos de la potestad sancionadora de la Administración, adicionales a los principios del procedimiento establecidos en la misma Ley de Procedimiento Administrativo General, constituyó un acierto.

En efecto, al inspirarse en las construcciones jurisprudenciales y doctrinales desarrolladas en el derecho administrativo comparado, partió de la premisa dogmática de que la potestad sancionadora y la potestad penal son dos manifestaciones de una misma potestad punitiva, que la sociedad encarga al Estado y que corresponde al legislador bajo ciertas consideraciones utilizar una u otra para castigar los ilícitos.

Sin embargo, al tener una base común en una genérica potestad punitiva, es legítimo que en la regulación legislativa de la potestad sancionadora de la Administración —como lo desarrolla la Ley de Procedimiento Administrativo General (LPAG)— se importaran los principios de la potestad penal, producto de una muy dilata evolución, para adaptar su aplicación a las singularidades propias de la materia administrativa. Principios que, a pesar de que la Constitución peruana solo hace referencia a su vertiente penal, como se dijo, la jurisprudencia del Tribunal Constitucional peruano (como la jurisprudencia de la Corte Interamericana de Derecho Humanos) ha determinado que también rigen en el ámbito de lo administrativo.

Por otra parte, la regulación por la Ley de Procedimiento Administrativo General (LPAG) de lo que podría denominarse la parte general de la potestad sancionadora de la Administración pública en el Perú, determina que sus principios y reglas básicas de procedimiento sean de aplicación generalizada todas las veces que las entidades administrativas ejercen sus potestades sancionadoras pretendiendo aplicar los tipos infractores y las sanciones previstas en sus respectivos marcos legales sectoriales.

La Ley de Procedimiento Administrativo General (LPAG) aporta al régimen legal sancionador de cada entidad administrativa los principios rectores que rigen la potestad sancionadora y las reglas básicas, pero esenciales por su carácter indisponible, del procedimiento administrativo sancionador, como es el caso —entre otros— de: a) la total proscripción de las sanciones de plano que no sean producto de un previo procedimiento administrativo sancionador, b) la necesidad de separar los roles del instructor que se encarga de la investigación y acopio de pruebas y del decisor en el procedimiento sancionador, y c) de otorgarle necesariamente al procesado la posibilidad de ejercer su derecho de defensa en dos momentos: i) al iniciar el respectivo procedimiento sancionador, y ii) respecto del informe que el instructor debe elaborar al concluir su tarea, que servirá de base para la decisión del funcionario a cargo de resolver el procedimiento, quien determinará la existencia o no de una infracción y, de ser el caso, aplicará la correspondiente sanción.

Desde que entró en vigencia la Ley de Procedimiento Administrativo General (LPAG) hace veinte años, la regulación de la potestad sancionadora contenida en dicho cuerpo legal implicó una transformación profunda en la manera como la Administración pública peruana ejercía en la práctica dicha potestad, cuyo recuento estricto sería extenso, pero que podemos sintetizar en tres de sus aspectos más significativos: a) la consagración de los principios de legalidad y tipicidad dejó sin cobertura numerosas infracciones administrativas que no habían sido establecidas en normas con rango de ley; b) la regulación de la prescripción de la responsabilidad administrativa suplió un sensible vacío de nuestra legislación y precisó el plazo legal para que la Administración pueda ejercer diligentemente su potestad sancionadora, a cuyo vencimiento se extingue automáticamente la responsabilidad del posible infractor, y finalmente, c) la expresa prohibición de que la Administración imponga sanciones de plano, que tiene por objetivo corregir la perniciosa práctica administrativa de sancionar sin permitirle al imputado ejercer su más elemental derecho a la defensa.

Hoy día, cuando se constata en el Perú la existencia de una política y corriente legislativas que parecen favorecer la permanente expansión de la potestad sancionadora de la Administración pública y una decidida tendencia punitiva por parte de numerosos sectores de la Administración, para quienes sancionar constituye la forma más fácil de tratar de acreditar el supuesto cumplimiento de sus funciones, olvidando que para la Administración pública sancionar no constituye su razón de ser, sino solo uno de los medios con que cuenta para el cumplimiento de sus fines, se revaloriza que la Ley de Procedimiento Administrativo General (LPAG) establezca las garantías que debe respetar la Administración pública para el correcto ejercicio de dicha potestad.

D) *La digitalización del procedimiento administrativo*

En lo referido a la digitalización del funcionamiento de la Administración pública, las sucesivas reformas de la Ley de Procedimiento Administrativo General (LPAG) han incorporado las bases generales para la tramitación de los procedimientos administrativos electrónicos, pero sin regular por completo todas las materias que debería comprender para considerarlo regulado y que pueda convertirse en una realidad.

La reciente pandemia —que generó situaciones de aislamiento social, durante las cuales la única forma como pudo continuar operando la Administración pública fue mediante el teletrabajo y que, como consecuencia, los particulares solo pudieron acceder a la Administración utilizando los medios virtuales— ha acelerado y puesto en la agenda pública la necesidad de avanzar en la digitalización de los procedimientos administrativos como uno de los mecanismos para la necesaria modernización de la Administración pública con el objeto de que cumpla eficazmente sus funciones, en beneficio de las personas.

Existen sin embargo problemas que necesitan ser atendidos para que la digitalización de los procedimientos administrativos no se restrinja al mero discurso interesado sin un avance real, los cuales reseñamos a continuación[8]:

• A pesar de que, como ya se dijo, la Ley de Procedimiento Administrativo General (LPAG) contiene algunos de los elementos clave para la regulación de los procedimientos digitales, la mayor parte de la normativa de detalle dictada en los últimos años sobre la materia, se encuentra dispersa en numerosas normas legales y reglamentarias, muchas veces de carácter técnico, lo que hace necesario que en el futuro la regulación del procedimiento administrativo que se desarrolle en vía digital sea codificada en la Ley de Procedimiento Administrativo General (LPAG) para facilitar su aplicación por la Administración.

• Se ha difundido equivocadamente por algunas entidades administrativas y algunos voceros políticos que el procedimiento administrativo electrónico se reduce a la recepción de los pedidos presentados digitalmente por los interesados a través de una mesa de partes virtual y la remisión de la consiguiente respuesta a los correos electrónicos de los destinatarios, ignorando que un verdadero procedimiento administrativo digital comprende un conjunto de procesos más complejos que, en esencia, permiten prescindir del expediente físico y tramitar todo el procedimiento, especialmente en la parte que corresponde al proceso de formación de la voluntad administrativa, en forma digital.

• La puesta en marcha de la digitalización del procedimiento administrativo en el Perú no solo necesita dotarse de un marco legal idóneo para regularlo, que, como ya se dijo, debería estar compilado en la Ley de Procedimiento Administrativo General (LPAG), porque la experiencia de otros países demuestra que se trata de un proceso que requiere el desarrollo de capacidades en los funcionarios públicos y la inversión de recursos para dotar de equipos y sistemas informáticos que permitan a la Administración operar eficazmente y que se generen mecanismos para que los particulares no familiarizados con el uso de equipos informáticos no vean disminuidas sus posibilidades de acceso y atención por la Administración pública. Además, hay que tener en cuenta que el universo de entidades administrativas en el Perú es muy heterogéneo en recursos técnicos y financieros, y en el nivel de las capacidades profesionales de su personal.

[8] Sobre el tema: Juan Carlos Morón, "Derechos de los administrados y nuevas tecnologías. Reflexiones sobre la buena administración electrónica en el Perú", en *Gestión Pública & Control*, Lima, Gaceta Jurídica, 2020. También Ramón Huapaya Tapia, "Reflexiones para el tránsito de una administración electrónica hacia una administración digital en el ordenamiento jurídico peruano", en Diego Zegarra Valdivia (coord.), *La proyección del derecho administrativo peruano. Estudios por el centenario de la Facultad de Derecho de la PUCP*, Lima, Palestra, 2019, pág. 43 y ss.

• Es indispensable modificar el criterio (la cultura) que predomina hoy en los funcionarios públicos, pues en su mayoría parecen equivocadamente creer que la digitalización del procedimiento administrativo, o de algunos tramos de su desarrollo, se realiza con el único propósito de facilitar el trabajo de la Administración, para su exclusiva comodidad, lo que tiene múltiples manifestaciones nocivas actualmente, porque no son conscientes de que se apuesta por la digitalización del procedimiento administrativo para agilizar el trabajo de la Administración, pero fundamentalmente para facilitar el acceso de los particulares a los servicios administrativos sin necesidad de desplazarse físicamente, suprimiendo el paradigma del papel en la tramitación, sin dejar de garantizar plenamente todos sus derechos en sus relaciones con la Administración.

Finalmente, en la reseña que realizamos en este trabajo de los principales impactos que ha tenido la Ley de Procedimiento Administrativo General (LPAG) en los veinte años de su vigencia, nos parece importante poner de relieve el rol que viene cumpliendo en lo que podríamos denominar la construcción de la parte general del derecho administrativo peruano, no solo porque regula un par de las instituciones centrales y vertebradoras de la disciplina, como son el acto y el procedimiento administrativo, sino porque conforme se ha comentado y la experiencia cotidiana lo demuestra, buen número de las categorías, técnicas e instituciones contenidas en la Ley de Procedimiento Administrativo General (LPAG) se proyectan sobre el conjunto del ordenamiento jurídico administrativo peruano, comprendiendo la normativa reguladora de los diferentes sectores de la realidad social en la que está presente la acción o la regulación administrativa: urbanismo, telecomunicaciones, medio ambiente, servicios públicos, infraestructura, transporte, entre otros.

2. La Ley Reguladora del Proceso Contencioso Administrativo

La Ley 27.584, que entró en vigencia en junio de 2002[9], fue la primera norma legal en el Perú que reguló de forma concreta el proceso contencioso-administrativo.

Dicha ley tiene como base constitucional un precepto específico (art. 148) contenido en el capítulo dedicado al poder judicial con la siguiente redacción: "Las resoluciones administrativas que causan estado son susceptibles de impugnación mediante la acción contenciosa administrativa". El cual configura al contencioso-administrativo como un medio creado para

[9] Las modificaciones legales posteriores han sido recopiladas en el Texto Único Ordenado de la Ley n.º 27.584, aprobado mediante Decreto Supremo n.º 013-2008_JUS de 28 de agosto de 2008.

que los afectados por la actividad de la Administración pública puedan acudir a otro poder del Estado, como el poder judicial, para que evalúe la juridicidad de su actuación, lo cual constituye una garantía esencial del Estado de derecho y una expresión del derecho constitucional de la tutela jurisdiccional de cualquier persona.

El proyecto de ley que dio lugar a la Ley Reguladora del Proceso Contencioso Administrativo (LPCA) fue elaborado después de concluida la preparación del proyecto de ley que dio origen a la Ley de Procedimiento Administrativo General (LPAG). La comisión que redactó el proyecto tenía claro que el contencioso-administrativo debería ser el proceso jurisdiccional especializado, puesto a disposición de las personas como mecanismo de reacción para demandar ante el poder judicial la tutela de sus derechos y situaciones legales protegidas, contra las actuaciones de la Administración, por acción y omisión, lesivas del ordenamiento jurídico.

A) *Proceso de plena jurisdicción*

Por esa razón, la impronta garantista de la naturaleza del proceso contencioso-administrativo no permite que pueda ser concebido como si fuera virtualmente una segunda instancia o equipararlo a un "recurso de apelación", meramente revisor o cuasicasatorio de las cuestiones planteadas con carácter previo en la vía administrativa. El contencioso-administrativo para la ley peruana es un auténtico proceso jurisdiccional, autónomo e independiente de la vía administrativa.

La Ley Reguladora del Proceso Contencioso Administrativo (LPCA) modela al contencioso-administrativo como un proceso de plena jurisdicción, es decir, un proceso en el que los jueces no están restringidos a la simple anulación de actos administrativos o, como máximo, a disponer que la Administración emita un nuevo pronunciamiento que sustituya al acto administrativo descalificado, porque, por el contrario, diseña un proceso en el que los demandantes pueden pedirle a los jueces la declaración y el reconocimiento directo de los derechos que el ordenamiento jurídico administrativo les atribuye a aquellos.

El proceso contencioso-administrativo, que constitucionalmente ha sido concebido como una garantía de los administrados, no puede ser caracterizado como un juicio que solo revisa la legalidad de los actos administrativos, pues el verdadero objeto del proceso en la Ley Reguladora del Proceso Contencioso Administrativo, que constituye un auténtico proceso entre partes, son las pretensiones de los demandantes, que pueden solicitar la nulidad de la actuación administrativa que consideran perjudicial, pero también que se les reconozca u otorgue un derecho jurídicamente reconocido.

B) *Particularidades y contexto*

A diferencia de las leyes reguladoras de los procesos contencioso-administrativos en otros países regidos por un derecho administrativo similar al nuestro, la Ley Reguladora del Proceso Contencioso Administrativo (LPCA) peruana tiene las siguientes particularidades:

• No desarrolla la organización judicial que tiene a su cargo el conocimiento y resolución de los procesos, más allá de hacer puntual referencia a la competencia de los jueces y salas superiores especializadas en dicho tipo de procesos. Porque se consideró que el desarrollo de la referida materia correspondía constitucionalmente realizarse mediante una ley orgánica, que no era la naturaleza del proyecto de ley ordinaria que se estaba preparando. Sin embargo, en paralelo, el marco regulador del poder judicial desde hace muchos años ha deslegalizado la materia otorgando competencia al Consejo Ejecutivo del Poder Judicial para determinar la creación y organización de los referidos juzgados y salas especializadas en lo contencioso-administrativo, adoptando medidas que no siempre han contribuido a fortalecer su necesaria especialización.

• La Ley Reguladora del Proceso Contencioso Administrativo, a diferencia de las leyes que reglan el proceso contencioso-administrativo de otros países, que constituyen verdaderos códigos procesales en la materia, solo regula los aspectos procesales que son específicos del proceso contencioso administrativo, es decir, los que justifican una normativización especializada, porque para los demás aspectos procesales, comunes a todo tipo de procesos, remite su regulación al Código Procesal Civil. El propósito de esa técnica legislativa fue facilitar la aplicación del nuevo régimen legal, porque solo lo diferenciador del citado proceso contencioso-administrativo es materia de un desarrollo legislativo especial.

• Por mandato constitucional, la impugnación jurisdiccional de los reglamentos con efectos generales se realiza mediante el proceso constitucional de acción popular también a cargo del poder judicial, a diferencia de la mayoría de los países en los que el proceso contencioso-administrativo sirve para cuestionar toda la actuación de la Administración pública, incluido el ejercicio de la potestad reglamentaria. En el Perú, las normas que regulan el trámite del proceso de acción popular para el control de la juridicidad de los reglamentos están contenidas en el respectivo Código Procesal Constitucional.

• Las controversias generadas durante la ejecución de los contratos celebrados con el Estado, a diferencia también de la generalidad de los países que los resuelven mediante el proceso contencioso-administrativo, en el Perú la competencia es legalmente asignada a la vía arbitral, a la que la Constitución le reconoce carácter jurisdiccional y, por ende, sus pronunciamientos adquieren la calidad de cosa juzgada. Por esa razón, en el Perú las numerosas controversias contractuales con la Administración pública no son resueltas en el poder judicial mediante el proceso contencioso-administrativo sino en la vía arbitral.

Para un mayor entendimiento del contexto en el que se desarrolla la regulación legal del proceso contencioso-administrativo en el Perú es necesario tomar en cuenta los siguientes aspectos adicionales:

• La insuficiencia preexistente en la regulación del proceso contencioso-administrativo, que disminuía gravemente su efectividad, había traído consigo que las personas necesitadas de tutela judicial para defenderse de actuaciones administrativas irregulares prefiriesen la utilización del proceso constitucional de amparo, porque su marco legal hacía por comparación de este último un proceso: i) más ágil; ii) que permitía eximirse de la obligación de agotar la vía administrativa previa; iii) en el que se podía acceder con mucha mayor facilidad a medidas cautelares para suspender las decisiones administrativas cuestionadas y iv) en última instancia, podía llegar a ser resuelto por el Tribunal Constitucional[10]. Por esa razón, la Ley Reguladora del Proceso Contencioso Administrativo (LPCA) procuró diseñar un proceso contencioso-administrativo que permitiera a los justiciables acceder a la tutela judicial eficaz de sus derechos e intereses frente a la Administración pública, mediante un proceso que otorgase una protección no menor que el proceso constitucional de amparo, teniendo en cuenta que el contencioso-administrativo debería ser el cauce procesal especializado para la evaluación de la juridicidad de la actividad administrativa y la protección de los derechos de las personas en relación con la Administración pública.

• El ordenamiento administrativo peruano debe ser el que cuenta con el mayor número de tribunales administrativos, es decir, órganos administrativos colegiados, integrados por funcionarios administrativos, a los que se les encarga resolver en sede administrativa controversias (procedimientos administrativos recursivos) con la propia Administración, generalmente sobre materias sectoriales especializadas (tributario, minero, libre competencia, ambiental, entre otras) y que resuelven agotando la vía administrativa, como requisito para que las personas que continúan disconformes y desean acceder a la tutela judicial de sus derechos, puedan acudir al proceso contencioso-

[10] Sobre el tema decía ESPINOSA SALDAÑA: "Lo expuesto hasta aquí en líneas generales nos pone ante un proceso contencioso administrativo que en principio nos permite la resolución de una serie de controversias que antes solo admiten su eventual trámite mediante un proceso de amparo, y con una serie de ventajas adicionales". ELOY ESPINOSA-SALDAÑA, *Jurisdicción constitucional. Impartición de justicia y debido proceso*, Lima, Ara Editores, 2003, pág. 261.

administrativo. Dichos tribunales administrativos que no ejercen potestad jurisdiccional porque, como se ha señalado, son órganos de la administración pública, se crean con la intención de permitir a las personas que los recursos que interpongan para ser resueltos en sede administrativa con el objeto de cuestionar las decisiones de la Administración puedan ser revisados por órganos que, aunque forman parte de la misma Administración pública, tienen las siguientes características diferenciales: i) no forman parte de la Administración activa, es decir, de la que ha emitido la actuación administrativa impugnada y ii) están integrados por un colectivo de profesionales que han sido designados en función de su especialización en la materia. Estos tribunales administrativos posibilitan a los recurrentes que sus argumentos puedan ser revisados por una instancia administrativa especializada en los temas objeto de controversia, dotada de un mayor grado de objetividad e imparcialidad no obstante formar parte de la misma Administración, lo que no niega a las personas que no consideran reconocidos sus derechos e intereses el derecho de acceder posteriormente a la tutela judicial mediante el proceso contencioso administrativo ante el poder judicial[11].

a) *Caracteres esenciales del proceso.* Entre los aspectos que corresponde destacar de la Ley Reguladora del Proceso Contencioso Administrativo (LPAC), que constituyen sus características básicas, podemos mencionar los siguientes:

• La consagración de principios específicos que rigen los procesos contencioso-administrativos, en atención a la singularidad de la materia, como es el caso de: i) el principio de integración, conforme al cual en los casos en que los jueces no puedan dejar de resolver por defecto o deficiencia de la ley, deberán integrar las lagunas o vacíos normativos con los principios sustantivos o procedimentales del derecho administrativo; ii) el principio de igualdad procesal que consagra la igualdad de armas, de modo que en el proceso contencioso-administrativo la Administración no goza de las prerrogativas que sí le reconoce en la ley de procedimiento administrativo; iii) el principio de favorecimiento del proceso, conforme al cual en caso de duda razonable sobre el cumplimiento del requisito de agotamiento de la vía administrativa, debe preferir la continuidad del proceso y iv) el principio

[11] Sobre el régimen de los tribunales administrativos en el Perú: Jorge Danós Ordóñez, "El control de la administración pública en el Perú", en Carlos Delpiazzo (coord.), *El control de la actividad administrativa.* Colección de derecho administrativo comparado Libardo Rodríguez Rodríguez (dir.), vol. I, Bogotá, Editorial Temis, 2018, pág. 403 y ss. También: Richard Martín Tirado, *Prácticum derecho administrativo. Un enfoque teórico-práctico para la aplicación de las normas del procedimiento*, Lima, Gaceta Jurídica, 2021, pág. 447 y ss.

de suplencia de oficio, que le permite al juez superar las deficiencias formales para no perjudicar el trámite del proceso.

• Postula la universalidad del control jurisdiccional de toda actividad administrativa, salvo, como ya se señaló, de las normas reglamentarias y de la actividad de ejecución contractual, por esa razón establece una relación de carácter ilustrativo, es decir, no taxativo, de las distintas actuaciones que comprende, entre las que se encuentran: i) los actos administrativos; ii) el silencio administrativo, la inercia y cualquier omisión de la Administración pública; iii) la vía de hecho; iv) los excesos en las actividades de ejecución material de los actos administrativos y v) las actuaciones que afecten al personal de la carrera pública o servicio civil.

• De conformidad con su proclamado carácter de proceso de plena jurisdicción, la Ley Reguladora del Proceso Contencioso Administrativo (LPAC) establece una relación de pretensiones que no se restringe a declarar la nulidad de las actuaciones impugnadas, porque también permite que se pueda solicitar: i) el reconocimiento o restablecimiento directo por los jueces a cargo de la controversia del derecho o interés jurídicamente tutelado; ii) el cese de la vía de hecho; iii) se ordene a la Administración la realización de una determinada actuación formal o material a la que se encuentre obligada por mandato de la ley o en virtud de un acto administrativo firme, y iv) que se condene a la Administración al pago de una indemnización por responsabilidad administrativa extracontractual.

• El plazo para accionar por regla general es de tres meses desde que se agota la vía administrativa, con cuatro excepciones en atención a la naturaleza de las pretensiones: i) cuando se pretenda demandar invocando silencio administrativo negativo, no se computa plazo; ii) cuando se pretendan demandar actuaciones administrativas impugnables que no se sustenten en actos administrativos (vía de hecho) el plazo se computará a partir de que se tiene conocimiento de dichas actuaciones; iii) cuando se trate de un tercero que no ha participado del procedimiento administrativo previo, el plazo se computará desde que tuvo conocimiento de la actuación impugnada.

• Aunque el agotamiento de la vía administrativa es un requisito de procedibilidad establecido por la norma constitucional que consagra el proceso contencioso administrativo, la Ley de Procedimiento Administrativo General (LPAG) establece puntuales excepciones al cumplimiento de dicho requisito en razón a las singularidades de algunas actuaciones administrativas impugnables o de las pretensiones que se formulan.

• Finalmente, la Ley Reguladora del Proceso Contencioso Administrativo (LPAC) regla con relativa amplitud el régimen de las medidas cautelares, las que pueden solicitarse incluso antes de haberse iniciado o dentro del proceso, aunque en la práctica judicial operan con restricciones y los últimos años se han aprobado diversas disposiciones en tres regímenes sectoriales que han restringido su otorgamiento.

No cabe duda de que el impacto en el ordenamiento jurídico-administrativo peruano de Ley Reguladora del Proceso Contencioso Administrativo (LPCA) en los últimos veinte años ha sido bastante positivo, aunque no está exento de algunos clarooscuros que la legislación de la materia viene padeciendo y que deberían superarse con posteriores modificaciones legislativas, pero que seguirá siendo insuficiente si los jueces a cargo no terminan de asimilar el rol que debe cumplir el proceso contencioso-administrativo como garantía de los derechos de las personas que buscan protección jurisdiccional frente a las actuaciones antijurídicas de la Administración pública.

b) *Futuras reformas legales*. Entre los principales temas que, en mi opinión, deberían ser objeto de futuras reformas legislativas al régimen de la Ley Reguladora del Proceso Contencioso Administrativo (LPAC), se encuentran los siguientes:

• Suprimir las restricciones probatorias contenidas en el artículo 29, que solo permiten que se conozcan en el contencioso-administrativo las actuaciones recogidas en el procedimiento administrativo que lo precede, salvo un par de situaciones puntuales, pero que ponen en evidencia que en esa materia el legislador no ha podido desligarse de un concepto del proceso contencioso-administrativo meramente revisor, como si fuera una "segunda instancia" del procedimiento administrativo, que estaría condicionando al contencioso-administrativo posterior, lo cual claramente riñe con el carácter de proceso autónomo e independiente de la vía administrativa, en el que no debería negarse al justiciable la posibilidad de que se acepten o valoren pruebas que no se actuaron en sede administrativa, cualquiera que sea la razón[12].

• Suprimir las restricciones que el numeral 5 del artículo 5 establece para que se pueda demandar una pretensión indemnizatoria por responsabilidad patrimonial extracontractual de la Administración pública, que solo permite que pueda ser planteada en forma acumulativa a alguna de las otras pretensiones previstas por la ley. Lo cual ha sido uno de los factores que ha determinado que en el Perú, también a diferencia de otros países en los que

[12] En 2014 y posteriormente en 2017, comisiones técnicas designadas por el Ministerio de Justicia para elaborar propuestas de reformas a la LPCA, que a la fecha han quedado pendientes, plantearon modificar la citada ley para permitir a las partes ofrecer medios probatorios "aunque no hubiesen sido propuestos en el procedimiento administrativo". Una síntesis de la propuesta puede leerse en la "Guía práctica del anteproyecto de modificación de la Ley 27584" en https://www.minjus.gob.pe/wp-content/uploads/2014/06/MINJUS-DGDOJ-Gu%C3%ADa-pr%C3%A1ctica-del-anteproyecto-de-modificaci%C3%B3n-de-la-Ley-N%C2%B0-27584.pdf

rige un derecho administrativo similar al nuestro, la citada responsabilidad en la práctica sea casi inexistente, lo que limita gravemente la garantía del restablecimiento de los derechos patrimoniales de las personas.

• Suprimir las restricciones que dilatan a los justiciables la posibilidad de hacer efectivas las sentencias favorables que condenan a la Administración al pago de obligaciones pecuniarias, porque desalienta que, después de seguir un proceso contencioso-administrativo que puede demorar en la práctica entre cuatro o cinco años, el particular que ha litigado con la Administración durante varios años para obtener la tutela judicial de sus derechos e intereses, tenga que continuar litigando para conseguir que la resolución judicial que lo beneficia se pueda ejecutar. Desde la entrada en vigencia de la Ley Reguladora del Proceso Contencioso Administrativo se han dictado normas legales adicionales al citado cuerpo legal con el objeto de regular la ejecución de las sentencias pecuniarias condenatorias a la Administración, pero que aportan muy poca claridad sobre la materia; además, con un evidente sesgo contrario a favorecer el cumplimiento de dichas sentencias.

C) *Rol de los jueces*

Además de las anotadas reformas que deberían hacerse a la Ley Reguladora del Proceso Contencioso Administrativo (LPAC) para potenciar el rol que le corresponde cumplir en un Estado constitucional de derecho al proceso contencioso-administrativo como mecanismo para la tutela de los derechos e intereses jurídicos de las personas respecto de la actuaciones antijurídicas de la Administración pública, en nuestra opinión existen otros retos que corresponde más bien asumir a los jueces del orden contencioso-administrativo, que sintetizamos a continuación:

• Internalizar que el contencioso-administrativo es realmente un proceso de plena jurisdicción y que no puede seguir siendo concebido, como viene sucediendo en la práctica, como un proceso únicamente centrado en revisar la legalidad del acto administrativo impugnado, en el que muchas veces no se permite desarrollar argumentos o presentar pruebas que no hayan sido previamente planteadas en el procedimiento administrativo que lo precede y cuyo objeto se restringe a anular la actuación administrativa cuestionada y como máximo que el juez ordene a la Administración emitir una nueva decisión. Antes bien, se necesita interiorizar que se trata de un proceso autónomo e independiente de la vía administrativa, que, conforme al diseño constitucional, cumple la función de ser el mecanismo procesal específico para la tutela jurisdiccional de los derechos e intereses de los administrados, los que pueden demandar que el juez proceda directamente a su reconocimiento o a ordenar su restablecimiento, en una situación jurídica individualizada.

• Superar el apego al positivismo o a la legalidad meramente formal que parece regir el criterio de algunas resoluciones judiciales, que con escasa fundamentación respecto de las cuestiones de hecho y de derecho planteadas en el respectivo proceso, dejan la sensación de que *de facto* existe la propensión a una suerte de deferencia claramente sesgada a favor de la posición de la Administración.

• Acoger —para aplicar en sus decisiones— los criterios interpretativos o la *ratio decidendi* de la jurisprudencia del Tribunal Constitucional que, aunque pueda estar referida a la resolución de casos concretos, no es infrecuente que se establezcan por el citado Tribunal criterios jurídicos de clara inspiración constitucional que deberían regir la actividad de la Administración pública y que debería corresponder a los jueces contencioso-administrativos emplear como lineamiento en sus decisiones, lo que favorecería su efectividad en beneficio de la mejora del funcionamiento de la Administración y los derechos de las personas.

• Producir jurisprudencia que emita en forma expresa principios, criterios de interpretación y de aplicación del derecho, la cual, operando como fuente complementaria del ordenamiento jurídico, tenga vocación de ser observada por los jueces y tribunales inferiores, para que sea predecible en garantía de los principios de seguridad jurídica, igualdad, interdicción de la arbitrariedad, tutela judicial efectiva e imparcialidad consagrados constitucionalmente[13], reduzca el alto margen de incertidumbre que se experimenta actualmente en los fallos judiciales y facilite su conocimiento por parte de los operadores los jurídicos,

Continuando con esta evaluación preparada con motivo de los veinte años de la vigencia de la Ley Reguladora del Proceso Contencioso Administrativo (LPAC) considero que la praxis acumulada evidencia que es indispensable atender otros dos aspectos del funcionamiento del proceso contencioso-administrativo para que supere algunas de las disfunciones que lo aquejan y permitan que pueda cumplir plenamente el cometido que le asigna la Constitución:

• Se requiere una organización que permita afrontar la intensa carga judicial que hace lento el desarrollo de los procesos y dificulta a los justi-

[13] Sobre el tema: Diana Santiago Iglesias, "La eficacia de la jurisprudencia en el ordenamiento jurídico administrativo: una reflexión a la luz del nuevo sistema casacional", en *REDA*, n.º 202, 2019, pág. 176. También Diana Santiago Iglesias, *La jurisprudencia y su función en el ordenamiento jurídico administrativo. Un estudio desde la óptica de los principios de igualdad y de seguridad jurídica,* Madrid, Marcial Pons, 2021, pág. 65. Juan Carlos Morón, "El aporte de la jurisprudencia en el desarrollo y consolidación de la Ley de Procedimiento Administrativo General", en Eloy Espinosa-Saldaña (dir.), *Estudios sobre derecho administrativo. A 20 años de la Ley de Procedimiento Administrativo general*, vol. I, Lima, Derecho y sociedad, 2021, pág. 289 y ss.

ciables obtener oportunamente medidas cautelares en salvaguarda de sus derechos, porque en la medida que los procesos se dilatan, se hace costoso acceder a la tutela judicial frente a una Administración pública dotada de prerrogativas como las de ejecutividad y ejecutoriedad de sus determinaciones, que le permite proceder a su ejecución forzosa en tanto el marco legal o una orden judicial no dispongan lo contrario.

• Es indispensable que la organización del poder judicial, el marco legal y los procesos de selección de magistrados, tengan como objetivo común que se pueda contar con jueces que se especialicen en la complejidad de la amplia temática del derecho administrativo que se resuelve en los procesos contencioso-administrativos, con el objeto de asegurar el acierto de las decisiones judiciales y de garantizar la tutela efectiva de los derechos de los justiciables[14].

Finalmente, resta destacar que, desde el punto de vista dogmático, las citadas Ley de Procedimiento Administrativo General (LPAG) y Ley Reguladora del Proceso Contencioso Administrativo (LPAC), desde su entrada en vigencia hace veinte años, han desempeñado un importante papel en el impulso del desarrollo de los estudios académicos del derecho administrativo en el Perú[15]. Lo cual se manifiesta en la profusión de publicaciones sobre la materia, en la realización de actividades de difusión, el desarrollo de investigaciones por parte de grupos de estudiantes, la organización de los congresos nacionales de la disciplina y otros eventos académicos, la participación de los profesores de la especialidad en colectivos internacionales y en la relación con los académicos de otros países, así como en la participación en publicaciones colectivas que brindan una panorámica comparada de la disciplina y que permiten el intercambio de experiencias.

Las citadas leyes determinaron que los estudios sobre la disciplina en el Perú dejaran de girar exclusivamente en torno a la organización interna de la Administración pública (el régimen de los funcionarios públicos, los sistemas administrativos, etc.), para trasladar su atención a la actividad de la Administración pública en sus relaciones con los administrados (el pro-

[14] Sobre la materia: DIEGO ZEGARRA VALDIVIA, "La profesionalización del juez peruano en materia contenciosa administrativa", en *Revista del Círculo de Derecho Administrativo*, n.º 11, Lima, 2012, pág. 51 y ss.

[15] Dice JUAN CARLOS MORÓN que la LPAG ha repercutido en el desarrollo del derecho administrativo en el país de modo que incluso actualmente puede observarse en el Perú el surgimiento de distintas "generaciones de académicos". JUAN CARLOS MORÓN, *Comentarios...*, ob. cit., pág. 10. Y según HUAPAYA TAPIA: "La renovación de los estudios de derecho administrativo en nuestro país llevada a cabo a partir de la publicación y entrada en vigencia de la Ley de Procedimiento Administrativo General en el año 2001, fue acompañada de la publicación de la Ley del Proceso Contencioso Administrativo". RAMON HUAPAYA TAPIA, *El proceso contencioso administrativo*, Lima, Fondo Editorial PUCP, 2019, pág. 23.

cedimiento administrativo), el control jurisdiccional de la actuación administrativa y la tutela de los derechos de los afectados (el contencioso-administrativo) y, por extensión, a la regulación sustantiva de los diferentes regímenes sectoriales que integran el derecho administrativo económico o especial.

El amplio impacto de las citadas leyes también ha contribuido a que desde su entrada en vigencia se hayan expandido notablemente los espacios de desarrollo profesional en derecho administrativo en el medio jurídico peruano, lo que ha generado una mayor demanda de formación especializada que ha servido de estímulo para potenciar los estudios académicos de la disciplina.

DE LA DECLARATORIA DE LESIVIDAD EN EL ORDENAMIENTO JURÍDICO DOMINICANO

Manuel Fermín Cabral*
República Dominicana

Constituye para mí un grandísimo honor participar en esta obra colectiva dedicada al profesor Libardo Rodríguez Rodríguez, uno de los más insignes exponentes del derecho público contemporáneo en Iberoamérica. Un homenaje más que merecido para quien sin duda ha dedicado prácticamente toda una vida al estudio pormenorizado de una disciplina tan compleja como lo es el derecho administrativo. De modo que, al momento de recibir la gentil invitación de los profesores Allan Brewer-Carías, Luciano Parejo Alfonso y Víctor Hernández Mendible para escribir un ensayo en esta formidable obra, no dudé ni un instante en aceptarla, más aún con la sugerencia de abordar un tema de extraordinaria actualidad en Latinoamérica: el proceso de lesividad.

Una invitación, debo agregar, que es una nueva oportunidad para testimoniar la profunda admiración y el inmenso respeto que le profeso al homenajeado y que tuve a bien expresarle cuando le dedicamos en el año 2018 la primera edición de las Jornadas Anuales de Derecho Administrativo (JADA), celebradas en Santo Domingo, bajo los auspicios de la Asociación Dominicana de Derecho Administrativo (ADDA) y la Fundación Institucionalidad y Justicia, Inc. (FINJUS). Se trató de un magnífico evento académico, generador de gran entusiasmo en la comunidad jurídica dominicana y cuyos ejes centrales giraron en torno a la justicia administrativa y la contratación pública.

1. El proceso de lesividad: delimitación conceptual

Históricamente, la cuestión de la revocación de los actos administrativos generadores de derechos ha sido siempre un tema apasionante en la doctrina y en la jurisprudencia. La discusión se centra en aquellos actos de la Administración que, contrariando el ordenamiento jurídico del Estado,

* Profesor de Derecho Administrativo en República Dominicana.

producen, empero, un incremento en el patrimonio de las personas o que, como bien dice la doctrina, suponen la posibilidad de desarrollar una actividad antes prohibida. Dicho de otro modo, *amplían de cualquier forma o favorecen los intereses de sus destinatarios, al otorgar una ventaja jurídica o crear o reconocer derechos de cualquier clase*[1]. Son los también llamados *actos administrativos favorables* (licencias, autorizaciones, permisos, adjudicaciones, admisiones, etc.). Se diferencian de los de gravamen, cuyos efectos son totalmente contrarios: su fin es, como dice la doctrina, restringir o limitar los derechos o las ventajas jurídicas de que disfruta un particular.

Los actos favorables se encuentran revestidos de un principio con bastante arraigo en el derecho administrativo contemporáneo: el de la irrevocabilidad, en cuya virtud los actos con dichas características —de contenido favorable—, una vez adquieren firmeza, se convierten en irrevocables. Esto no quiere decir que dichos actos administrativos, no obstante haber infringido el ordenamiento jurídico del Estado, no puedan con posterioridad invalidarse y consecuentemente extinguirse el despliegue de sus efectos. Los actos administrativos generadores de derechos o de efectos favorables —no importando que sean contrarios a derecho— no podrán nunca revocarse luego de suscitarse su firmeza, entendiendo por revocación la potestad reconocida a la Administración de invalidarlos *motu proprio* con base en sus poderes de autotutela: a lo sumo, la Administración deberá declararlos lesivos para el interés público y apoderar a la jurisdicción contencioso-administrativa para su nulidad o anulabilidad y, por ende, decretar su invalidez.

Consiste la razón de lo anterior en que la revocación de un acto administrativo favorable solo es admisible con ocasión del conocimiento de un recurso en sede administrativa, esto es, en el contexto de los llamados "poderes del órgano revisor". Estos últimos, es decir, los poderes atribuidos al órgano que conoce de un recurso en sede administrativa (reconsideración o jerárquico), se encuentran delimitados en el artículo 52 de la legislación que regula, en términos generales, el procedimiento administrativo en la República Dominicana: la ley 107-13, sobre los derechos de las personas en sus relaciones con la Administración pública y de procedimiento administrativo[2]. La citada disposición expresa que el órgano competente para decidir un recurso administrativo podrá confirmar, modificar o revocar el acto impugnado, así como ordenar la reposición en caso de vicios de procedimiento, sin perjuicio de la facultad de la Administración para convalidar los actos anulables.

[1] Santiago Muñoz Machado, *Tratado de derecho administrativo y de derecho público general*, 4ª ed., Madrid, BOE, tomo XII, 2015, pág. 29.

[2] Gaceta Oficial 10722, 8 de agosto de 2013.

Al verificarse la firmeza de un acto administrativo —que haya transcurrido el plazo para su impugnación en sede administrativa o contencioso-administrativa—, no es admisible para la Administración pública revocar el acto que dictó y que generó derechos: se aplica sin matices el principio de irrevocabilidad como expresión de la seguridad jurídica. Un principio que, como bien sostiene la doctrina, solo es posible romper si estos —los actos administrativos favorables— son nulos o anulables. Y que se quebranta no por el mero capricho de la Administración, sino por la intervención de la jurisdicción contencioso-administrativa. Una intervención que se produce en el curso de lo que se conoce como *proceso de lesividad.*

En otras palabras, la irrevocabilidad no es absoluta, pues ha de ceder —aunque no por medio de la revocación— cuando el acto administrativo es el producto de una contrariedad a derecho (no cualquier infracción al ordenamiento; es de una que pudiera conllevar su invalidez). Pero el legislador no deja al arbitrio de la Administración tan trascendental decisión (deshacer un acto administrativo favorable): la nulidad o anulabilidad del acto administrativo que genera derechos —que es, en efecto, lo que se produce— está en manos de los jueces de lo contencioso-administrativo y corresponde a la Administración su impulso mediante el ya referido *proceso de lesividad.* Un proceso *sui generis* que, ya en su fase judicial, invierte la posición de demandado que tradicionalmente lleva la Administración, ya que esta se convierte en la parte recurrente, esto es, a quien le corresponde impugnar en sede de lo contencioso-administrativo el acto administrativo del cual se pretende su invalidez.

El *Diccionario panhispánico del español jurídico de la Real Academia* define el proceso de lesividad como el "cauce procesal especial a través del cual la Administración autora de un acto favorable o declarativo de derechos impugna dicho acto ante la jurisdicción contencioso-administrativa, previa declaración de lesividad del mismo"[3]. Es, pues, un proceso bifásico, como afirma Alenza García[4], que se verifica en dos fases: (i) una fase en sede administrativa que culmina con la declaratoria de lesividad del acto; y (ii) una fase judicial, excepcionalísima, dado que, como se ha dicho, implica la inversión de la posición tradicional de la Administración como demandada (por la de recurrente o demandante), en sede de la jurisdicción contencioso-administrativa, que termina con el pronunciamiento o no de la nulidad o anulabilidad del acto, según sea el caso.

[3] RAE, *Diccionario panhispánico del español jurídico de la Real Academia.*

[4] José Francisco Alenza García, *Revisión, revocación y rectificación de actos administrativos*, Madrid, Arazandi, 2018.

2. El procedimiento en sede administrativa: la declaratoria de lesividad

A) *La declaración de lesividad como acto administrativo*

La declaración de lesividad se ha de producir mediante un acto administrativo. La doctrina concuerda con esto: es un acto administrativo por el que una entidad administrativa declara lesivo a los intereses públicos un acto dictado por ella[5]. No puede ser de otra forma: se trata de una manifestación unilateral de voluntad que emana de la Administración, con base en una potestad administrativa dispuesta en el ordenamiento y que produce efectos jurídicos individuales, directos e inmediatos frente a terceros. Una potestad a la que incluso se le tilda de "menor"[6], por cuanto no supone la expedición de un acto administrativo con los efectos propios que se les reconoce a otros actos administrativos que gozan de esos caracteres (que se derivan de la autotutela declarativa y de la presunción de validez): la ejecutividad y la ejecutoriedad.

La lesividad, una vez declarada, no produce otro efecto que el de activar la posibilidad para la Administración de demandar en justicia la nulidad o anulabilidad del acto administrativo presuntamente lesivo para el interés público. Es, como se ha dicho, un presupuesto procesal que legitima a la Administración a perseguir la invalidez del acto administrativo declarado lesivo. Nada más. La doctrina así lo refrenda: esta lesividad constituye "una exigencia previa para acceder al recurso contencioso administrativo"[7]. Se erige, pues, en "un presupuesto para procedibilidad del procedimiento que se inicie con la intención de lograr que los órganos del orden contencioso-administrativo procedan a anular el acto lesivo para el interés público"[8]. Tal declaración de lesividad —dice Chaves— es un presupuesto procesal para que la Administración pueda luego demandar la invalidez de sus propios actos anulables[9]. La jurisprudencia destaca eso mismo: que la declaración de lesividad no tiene más efecto que el de permitir a la Administración instar la impugnación jurisdiccional de un acto dictado por ella misma[10].

[5] Jesús González Pérez, *Manual de procedimiento administrativo*, Madrid, Civitas, 2003, pág. 133.

[6] José Francisco Alenza García, ob. cit.

[7] Alberto Palomar Olmeda *et al.*, *Practicum: proceso contencioso-administrativo*, Cizur Menor, Thomson Reuters Aranzadi, 2015, pág. 201

[8] *Ibid.*

[9] José Ramón Chaves, *Derecho administrativo mínimo*, Salamanca, Editorial Amarante, 2020, pág. 591.

[10] STS, Sala 3ª, 31 de marzo de 2008, RJ 2008 3743.

Es un acto administrativo definitivo o decisorio, es decir, que culmina o habrá de culminar un procedimiento administrativo. No es posible que la declaratoria misma se defina como un acto de trámite o preparatorio: la finalidad de la declaratoria de lesividad es dar por terminado un procedimiento administrativo iniciado de manera previa a su dictado. He dicho antes que no existe duda en la doctrina de que la declaratoria de lesividad requiere del agotamiento previo de un procedimiento administrativo con audiencia de los interesados. Por ejemplo, a decir de SANTAMARÍA PASTOR, la "declaratoria de lesividad debe producirse como consecuencia de un expediente en el que, cuando menos, debe darse vista y audiencia a los interesados [...]"[11].

En igual sentido se refiere el profesor MUÑOZ MACHADO: "La acción [la de lesividad] se divide, pues, en dos fases, la primera puramente administrativa en que el órgano competente lleva a cabo un pronunciamiento formal, mediante un acto adoptado con todas las garantías y, necesariamente, con audiencia de los interesados, de que otro acto anterior, al que la declaración se refiere, es lesivo para el interés público. Ulteriormente procederá a su impugnación ante la jurisdicción contencioso-administrativa"[12].

Por último, en esa misma línea se inscribe ALENZA GARCÍA: "[E]sa impugnación ha de ir precedida de una previa declaración de lesividad, que se aprobará tras la tramitación de un procedimiento con todas las garantías, incluida la audiencia de los interesados, y que deberá motivar la causa de la invalidez y el daño que la subsistencia de dicho acto genera al interés público"[13].

El régimen jurídico que se aplica, a falta de una regulación expresa en la ley 107-13, es el supletorio o de derecho común que se prevé —referente a los actos administrativos singulares— en los artículos 15 y siguientes de dicha legislación. Esto resulta de aplicar adecuadamente la primera parte del referido artículo 15, el cual dice: "El procedimiento administrativo previsto en este capítulo tiene por objeto establecer aquellas normas comunes a los procedimientos administrativos que procuran el dictado de resoluciones unilaterales o actos administrativos que afectan a los derechos e intereses de las personas, ya impliquen, entre otros, permisos, licencias, autorizaciones, prohibiciones, concesiones, o resolución de recursos administrativos o la imposición de sanciones administrativas y en general, cualquier decisión que pueda dictar la Administración para llevar a cabo su actividad de prestación o limitación".

[11] JUAN ALFONSO SANTAMARÍA PASTOR, *Principios de derecho administrativo,* t. II, 5ª ed., Madrid, Tecnos, 2018, pág. 539.

[12] SANTIAGO MUÑOZ MACHADO, *Tratado de derecho administrativo...,* ob. cit., págs. 225-226.

[13] JOSÉ F. ALENZA GARCÍA, *Revisión, revocación y rectificación de actos administrativos,* ob. cit., pág. 154.

B) *Iniciación del procedimiento*

El procedimiento administrativo para la declaración de lesividad se iniciará de oficio o a instancia de parte interesada, tal y como lo prescribe el artículo 45 de la ley 107-13. El artículo 45, en ese sentido, dispone: "Declaración de lesividad de actos favorables. Los órganos administrativos podrán declarar, por iniciativa propia o a solicitud de interesado, lesivos para el interés público los actos favorables para los interesados nulos o anulables, a fin de proceder a su ulterior impugnación ante la jurisdicción contencioso-administrativa". Y siempre habrá de observarse lo dispuesto en el artículo 22 de la ley 107-13, supletorio en la materia. En el supuesto de la iniciación de oficio o "por iniciativa propia", el párrafo I del citado artículo 22 complementa lo establecido en el artículo 45, al decir que "[...] el procedimiento se iniciará de oficio en los siguientes casos: por resolución del órgano competente, o de su superior; por petición de órgano administrativo o de otros órganos del poder público o por denuncia interpuesta por cualquier persona. La decisión de iniciación del procedimiento habrá de ser motivada adecuadamente".

En cualquier caso, sea que se trate de una iniciación de oficio o "a solicitud de interesado", la Administración competente deberá dictar un acto administrativo que declare formalmente el inicio del procedimiento tendente a la lesividad. Este acto, que será de trámite simple (no cualificado), deberá motivarse adecuadamente y no podrá, bajo ninguna circunstancia, prejuzgar el fondo del procedimiento administrativo: dicho acto se limitará a dar apertura formal al procedimiento y deberá ser notificado a los interesados, muy especialmente a los beneficiarios del acto administrativo favorable o generador de derechos que pretende ser declarado lesivo. El prejuzgamiento —o el dictado de actos de alcance definitivo en la iniciación— no sería posible aun en el caso de que la Administración abra un "periodo de información con el fin de determinar si procede o no iniciarlo" (refiriéndose al procedimiento). La parte final del párrafo II del artículo 22 de la ley 107-13 así lo prevé: "Con anterioridad al acuerdo de inicio del procedimiento, el órgano competente podrá razonadamente abrir un período de información con el fin de determinar si procede o no iniciarlo. Dicho acuerdo habrá de ser igualmente motivado. La Administración no podrá prejuzgar en esta fase preliminar ni dictar ninguna decisión que de manera definitiva, afecte a los interesados".

C) *Desarrollo del procedimiento*

El procedimiento administrativo que se inicie formalmente deberá cumplir su doble finalidad (cuyo fundamento radica en el art. 138.2 de la Constitución): que asegure, por un lado, el acierto en la decisión administrativa, valorando todos los intereses en juego; y, por el otro, que garantice el respeto de los derechos de los interesados (art. 15.1, ley 107-13). Incluso el "considerando séptimo" de la ley 107-13 es sumamente claro en cuanto al significado del procedimiento administrativo como "instrumento esencial" para garantizar los derechos de las personas.

El segundo aspecto, esto es, el respeto de los derechos de las personas, de los interesados existentes a partir de los efectos favorables del acto pretendidamente lesivo, ya ha sido examinado en parte: de lo que se trata es de darles audiencia, de oír a aquellos interesados que pudieran resultar afectados en sus derechos. Y esto no es otra cosa que el debido proceso administrativo. Este se concibe, a decir del Tribunal Constitucional en su sentencia 426/18, como un verdadero límite *contra la eventual arbitrariedad de la administración pública en sus actuaciones.* Mejor aún, en su sentencia 205/20, el Tribunal Constitucional refiere que "el derecho a ser oído antes de que se adopten medidas administrativas que les puedan afectar desfavorablemente implica una forma de participación activa de las personas en los procedimientos y/o [sic] en la actuación administrativa para que sean escuchadas y puedan expresarse antes de la adopción de decisiones que les afecten. Dicho derecho conlleva que la Administración valore y decida sobre lo planteado por los administrados que pueden resultar afectados, lo que garantiza que pueda adoptar oportunamente las correcciones en el procedimiento o que no se vulneren derechos e intereses legítimos del destinatario de la norma o acto administrativo que se tome".

De ahí que el procedimiento administrativo sea el cauce formal, como manifiesta González Pérez, que asegura que las personas ejerzan su derecho de defensa frente a la Administración, conforme a los principios y derechos subjetivos establecidos en los artículos 3°, numerales 1 y 22, y 4°, numerales 1, 4, 8, 9, 19, 26 y 29 de la ley 107-13. Pero muy especialmente en atención al precepto establecido en el artículo 4.8 de dicha legislación, consistente en el "[d]erecho a ser oído siempre antes de que se adopten medidas que les puedan afectar desfavorablemente". Por ende, prescindir completamente de un procedimiento administrativo, atropellando la garantía de audiencia y el debido proceso, no conduce a otro camino que no sea a la *nulidad absoluta* o *de pleno derecho* de ese acto, conforme al artículo 14 de la ley 107-13, pues, en razón de este último, son "nulos de pleno derecho los actos administrativos que [...]vulneren cualquiera de los derechos fundamentales reconocidos en la Constitución [...] o prescindiendo completamente del procedimiento establecido para ello [...]".

La audiencia a la que se refiere la Constitución en su artículo 138.2 —el derecho de audiencia— no se traduce necesariamente en una comparecencia del o los interesados a una audiencia "oral, pública y contradictoria". De lo que se trata es de que se otorgue la oportunidad a estos interesados de conocer, primero, de la existencia de un procedimiento administrativo cuyo objeto sea el de declarar lesivo un acto que les beneficia; por tanto, debe serles comunicado oportunamente el acto de iniciación de dicho procedimiento; segundo, debe garantizarse que estos interesados puedan plantear cuanto consideren de interés para defender la legalidad y validez del acto de que se trate. En especial, podrán aportar alegatos y elementos probatorios que sirvan para la convicción de la Administración llamada a conocer de la declaratoria de lesividad.

Es esta la fase de instrucción a la que se refiere precisamente la ley 107-13 en sus artículos 26 y siguientes. Se sabe que es un deber de la Administración competente "adoptar decisiones bien informadas": es uno de los fines básicos del procedimiento administrativo, cualquiera que sea su objeto. Y es sobre esto que se afirma que este proceso, acorde con lo previsto en ese artículo 26, "constituye el instrumento para la obtención y el tratamiento de la información necesaria para adoptar la mejor decisión de que se trate en cada caso". Se agrega que la "Administración de oficio, deberá recabar todas las pruebas necesarias para adoptar la mejor decisión, en resguardo del derecho de los interesados".

El derecho de defensa del interesado comprende no solamente conocer del alcance del procedimiento iniciado: implica que el interesado, por un lado, "podrá colaborar activamente en la instrucción del procedimiento siempre que las normas aplicables del sector de que se trate no lo prohíban, asumiendo entonces la responsabilidad de presentar con su solicitud de permiso o autorización, o su mera comunicación, según proceda, los estudios pertinentes, sean de carácter técnico, científico, económico, legal o medioambiental, costeados por el propio interesado" (pár. III, art. 26 de la ley 107-13). En cualquier supuesto, acorde con el párrafo IV de esa misma disposición, "los interesados podrán aportar los documentos y datos que consideren relevantes, así como hacer las alegaciones y observaciones oportunas sobre éstos, a lo largo de todo el procedimiento, hasta el momento anterior a la resolución definitiva". Y, además, se establece que la Administración "estará obligada a valorar los alegatos y pruebas aportados por las partes durante la sustanciación del procedimiento".

¿Cuáles serán esos actos de instrucción o investigación? Según el artículo 27 de la ley 107-13, los actos de instrucción o investigación podrán consistir, entre otros, en los siguientes medios: a) cualquier medio de prueba admitido en derecho y practicado de conformidad con los principios característicos de la legislación procesal; b) informes, análisis, evaluaciones y, en general, estudios, que resulten pertinentes u obligatorios, sean o no vinculantes.

La fase de instrucción en un procedimiento administrativo de declaratoria de lesividad es fundamental y no puede soslayarse, porque la declaratoria precisa de una instrucción que acredite fehacientemente, primero, la contrariedad a derecho que pueda conducir a la invalidez del acto administrativo (lesión jurídica), puesto que la sola infracción del ordenamiento no implica de por sí que el acto sea inválido; y, segundo, y lo que es más importante, que quede demostrada la lesión al interés público que se produce de la eficacia del acto administrativo cuestionado. De ahí que no se trate únicamente de reducir la discusión a una cuestión de contrariedad a derecho: se impone demostrar de qué forma repercute lesivamente para el interés público el acto del cual se persigue su invalidez, ya sea por medio de la nulidad o la anulabilidad. Y esto requiere, por supuesto, de una instrucción previa. Es la llamada *doble lesión.*

D) *La doble exigencia: infracción jurídica y lesión al interés público*

Mayoritariamente se entiende que la declaratoria de lesividad —que exige, como ya se ha visto, un procedimiento administrativo— está sujeta a la verificación también de ciertos requisitos procedimentales para que sea admisible. Un requisito indiscutible es el de la infracción al ordenamiento jurídico (por parte del acto administrativo del que se intenta su lesividad). Mas, no de cualquier infracción. Se precisa de una contrariedad a derecho que rebase el principio de conservación de los actos administrativos y que repercuta en una eventual invalidez del acto, puesto que es sabido que no toda infracción al ordenamiento provoca automáticamente una declaratoria de invalidez.

La invalidez es "la sanción jurídica general que corresponde a los actos contrarios a derecho"[14]. Invalidez que, a diferencia del derecho privado, se organiza en categorías o grados. Estas categorías o grados "derivan, en cualquier sector del ordenamiento, de la necesidad de conjugar las garantías de la legalidad con las de seguridad jurídica, reservando para los supuestos de ilegalidad más graves la naturaleza insubsanable del vicio y permitiendo su subsanación, incluso por el transcurso del tiempo, para las ilegalidades de menor entidad"[15]. En el derecho administrativo se habla, además de las categorías de nulidad ("nulos de pleno derecho") y de anulabilidad ("nulidad relativa"), inclusive de las *irregularidades o vicios no invalidantes*, esos meros defectos de forma que no han de provocar su invalidez, en cuanto no prohíben

[14] MIGUEL SÁNCHEZ MORÓN, *Derecho administrativo. Parte general*, Madrid, Tecnos, pág. 545.

[15] MIGUEL SÁNCHEZ MORÓN, ob. cit., pág. 550.

que el acto dictado alcance su objeto, dado que, luego de subsanado —por aplicación del *principio de conservación de los actos administrativos*—, volverían a producirse con el mismo contenido.

Los grados o categorías de invalidez encuentran su regulación, para el derecho administrativo vernáculo, en el artículo 14 de la ley 107-13, sobre derechos de las personas en sus relaciones con la Administración y de procedimiento administrativo. Aquí se establecen las causales para la declaratoria de un acto nulo de pleno derecho (art. 14, ley 107-13), de un acto anulable (pár. I, art. 14, ley 107-13) y de aquellos meros defectos de forma que no producen invalidez (pár. II, art. 14, ley 107-13).

Serán *nulos de pleno derecho,* acorde con lo prescrito en el referido artículo 14, aquellos actos que (i) "subviertan el orden constitucional" (causal esta que se deriva del art. 73 de la Constitución); (ii) vulneren derechos fundamentales; (iii) los dictados por un órgano "manifiestamente incompetente" o prescindiendo completamente de un procedimiento; (iv) los carentes de motivación "cuando sea el resultado del ejercicio de potestades discrecionales"; (v) los de contenido imposible; (vi) los constitutivos de "infracción penal", y (vii) aquellos actos cuya infracción al ordenamiento sea expresamente sancionada "por las leyes" con la nulidad. Por eso se dice que la "nulidad absoluta o de pleno derecho de los actos administrativos es la consecuencia jurídica que se aplica a las infracciones más graves del ordenamiento jurídico en que puedan incurrir aquellos"[16].

La invalidez se produce sin cuestionamientos en caso de verificarse una causal de nulidad absoluta (ejemplos: cuando se prescinde absolutamente de un procedimiento administrativo al dictarse un acto que repercute en la esfera de derechos de un particular). Es su consecuencia natural, se dice. Y en tal caso no puede subsanarse la irregularidad: su único camino es la invalidez del acto administrativo. Se habla así, en principio, de la naturaleza insubsanable del acto nulo de pleno derecho[17].

En cambio, según el párrafo I del artículo 14 de la ley 107-13, se considerarán *anulables* los actos administrativos que (i) *incurran en cualquier infracción del ordenamiento jurídico,* (ii) los que *vulneren las normas de procedimiento;* (iii) los que *carezcan de motivación suficiente en el ejercicio de potestades administrativas regladas,* (iv) y los que *se dicten en desviación de poder por cuanto aun respetando las formas externas de su producción se aparten del fin para el que se otorgó la potestad.* En este supuesto sí se admite la subsanación o convalidación del acto administrativo

[16] Santiago Muñoz Machado, *Tratado de derecho administrativo y de derecho público general*, Madrid, BOE, 2018, pág. 171.

[17] Miguel Sánchez Morón, ob. cit.

expedido irregularmente, pues, según se establece en el párrafo II de esa misma disposición, "los meros defectos de forma, de competencia o de procedimiento, o el incumplimiento de plazos que no determinen caducidad o prescripción no presuponen necesariamente la anulabilidad de los actos, sin perjuicio de la exigencia de responsabilidades a los servidores públicos incumplidores de formas o tiempos". Es más, se agrega que "cuando la decisión de la Administración resulte materialmente correcta, los defectos de forma o de procedimiento no acarrean su anulabilidad, salvo que el acto carezca de los requisitos formales indispensables para alcanzar su fin o dé lugar a la indefensión de los interesados".

Igual de importante es el párrafo III del citado artículo 14: "Se conservarán los elementos de los actos no afectados por vicios de invalidez. La invalidez de un acto no se trasmitirá necesariamente a los sucesivos del procedimiento que sean independientes del nulo o anulable. Los actos inválidos que contengan elementos constitutivos de otro válido producirán los efectos de éste. Los actos anulables podrán ser convalidados subsanando sus defectos de competencia o procedimiento, con efectos desde su fecha o retroactividad para el caso de ser favorables y cumplir los requisitos del artículo 9 de esta ley".

¿Por qué resulta relevante para la declaratoria de lesividad comprender adecuadamente la teoría de la invalidez de los actos administrativos? Sencillo, para que sea efectiva la lesividad, la infracción ha de conllevar la desaparición del acto, su extinción, que no se produce de otra manera que no sea a través de su declaratoria de invalidez mediante una decisión judicial. No cualquier infracción del ordenamiento puede dar pie a una declaratoria de lesividad: únicamente serán proclives a la lesividad aquellos vicios que sean nulos de pleno derecho o anulables y que no sean convalidables. Los meros defectos de forma, por ejemplo, no podrán ser lesivos.

Ahora bien, además de establecerse que la contrariedad a derecho que se alegue sea de una gravedad tal que conlleve su invalidez, para que la Administración pueda declarar lesivo un acto administrativo favorable deberá acreditar también la lesión al interés público. Esto es, no es suficiente mencionar en el contenido del acto que este es lesivo: se trata de que la Administración habrá de demostrar que el acto no solamente es nulo o anulable en términos jurídicos, sino que también es realmente lesivo para el interés público. Así lo dice la doctrina: "Por tanto, no basta con la existencia de un vicio de anulabilidad, sino que además ese vicio debe ser lesivo para el interés público"[18].

[18] David Blanquer Criado, *Introducción al derecho administrativo*, Valencia, Tirant lo Blanch, pág. 1240.

Más ampliamente lo refiere el profesor Morón Urbina, quien defiende la idea del "doble agravio": "Pero la mera ilegalidad, lo que la doctrina denomina 'ilegalidad objetiva', o el 'interés público a la legalidad', o 'derecho subjetivo a la legalidad', no basta para permitir la procedencia del contencioso, pues existe otra exigencia adicional que debe concurrir para calificar la situación como lesiva: el agravio a otros valores como el patrimonio público, el medioambiente, lo urbanístico, la sociedad, a los que genéricamente se le denomina con el concepto jurídico indeterminado de 'interés público'"[19]. Y agrega que no puede tratarse de un ejercicio vago, impreciso o referencial, sino que los porqués de la lesividad deben ser señalados de manera clara, precisa y ser debidamente sustentados "por la propia Administración"[20].

En igual sentido se pronuncia Alenza García al sostener lo siguiente: "La lesión jurídica no es un requisito sino uno de los presupuestos de la declaración de lesividad, ya que si el acto no está viciado no procede la declaración de lesividad. Por ello, deberá especificarse el vicio de nulidad y, además, justificar la lesión al interés público, porque un acto que es nulo o anulable, pero que no es dañoso para los intereses generales no sería susceptible de ser invalidado por esta vía. Con la doble lesión —jurídica y económico o de otro tipo (social, cultural, ambiental, etc.)— podría afirmarse que se mantiene la exigencia de que, además de la ilegalidad, exista una afección especialmente importante sobre los intereses generales. Para la declaración de lesividad, el vicio de nulidad sería un *prius* y la nocividad para el interés público sería un plus"[21].

En ese sentido lo ha abordado la jurisprudencia del Tribunal Supremo español, cuya influencia en el derecho administrativo dominicano resulta ser innegable, al decir que no basta con acreditar defectos formales para justificar la declaración de lesividad; veamos:

"Estos criterios son coherentes con la jurisprudencia reiterada de esta Sala en sentencias de 27 de junio de 1977, 28 de diciembre de 1978 (RJ 1979, 201), 16 de febrero (RJ 1979, 931) y 28 de abril de 1979 (RJ 1979, 2158) y 31 de enero de 1984 (RJ 1984, 495), algunas de las cuales son invocadas por la parte recurrida y cuyo análisis permite constatar que los meros defectos formales no son suficientemente relevantes para propiciar la anulación, descartándose la lesividad [...]

[19] J. C. Morón Urbina, "El proceso contencioso de lesividad: catorce años después de su incorporación en el derecho peruano", *Ius et Veritas*, *24*(51), 2015, págs. 224-246. Disponible en https://revistas.pucpág.edu.pe/index.php/iusetveritas/article/view/15660

[20] *Ibid.*

[21] José Francisco Alenza García, ob. cit., pág. 158.

"Además, la carga de probar esa ilegalidad y la lesión para los intereses públicos corresponde a la Administración. En efecto, la acción de lesividad exige de la Administración que la actúa el acreditamiento de sus aserciones, pues al partir del principio de legalidad del actuar administrativo, es necesario demostrar que él quedó infringido y que, por consecuencia, es la acción de lesividad la que tiende a restablecer su vigencia (STS de 27 de junio de 1977, reproducida por la STS de 28 de diciembre de 1978 [RJ 1979,201])"[22].

E) *Objeto: actos administrativos en sentido estricto*

El objeto del procedimiento administrativo de lesividad será siempre el acto administrativo, entendido este en sentido estricto (como al efecto lo describe la ley 107-13 en su art. 8): una manifestación unilateral de la Administración, en ejercicio de una prerrogativa pública reconocida en el ordenamiento (función administrativa) y que produce efectos jurídicos directos, individuales e inmediatos frente a terceros. No resulta entonces aplicable ni al *reglamento* ni a los *contratos públicos*. Los porqués son varios. En un primer aspecto, la intención de la legislación fue incuestionable al limitar el ámbito de aplicación de dicho procedimiento al acto administrativo, una categoría ahora restringida completamente —como concepto— en términos normativos. Bastaría leer y comprender el significado de la definición que sobre este se establece en el artículo 8 de la ley 107-13. Ya en lo que concierne al reglamento (a las actuaciones de naturaleza normativa, así como a los denominados *planes* o *programas*), es evidente que extender la aplicación de la lesividad a una categoría así implicaría desconocer el carácter abstracto de su contenido —en referencia al reglamento— en cuanto acto de naturaleza normativa y que se integra, por ende, al sistema de fuentes de un ordenamiento. Y es que la lesividad conlleva siempre un análisis *in concreto*, ámbito este del dominio exclusivo del acto administrativo. Esta es la diferencia esencial del reglamento respecto del acto administrativo: el efecto concreto (no *in abstracto*) que se deriva del despliegue de sus efectos (eficacia).

Más difícil es aún intentar encajar la lesividad en actos jurídicos de naturaleza bilateral, como son los contratos, no importando que exista una Administración como parte y que esta manifieste su voluntad, pues la teoría de la invalidez que se desarrolla en los artículos 14 y siguientes de la ley 107-13 —principal resguardo de la lesividad— ha sido pensada, en principio, para el acto administrativo, no para el contrato administrativo (o público), cuya eficacia pende casi siempre del cumplimiento recíproco de las obliga-

[22] TRIBUNAL SUPREMO ESPAÑOL, Tercera Sala de lo Contencioso-Administrativo, sent. de 23 de abril de 2002 (RJ 2002, 4610).

ciones que en él se originan. En la casi generalidad de los casos no se trata de atacar, pues, la validez o no de un contrato de la Administración: se verifica el estado de su cumplimiento y se agotan los procedimientos legales y contractuales para su terminación (sanción), en caso de proceder. De ahí que en tales supuestos no se precisa del procedimiento de lesividad (por ende, dicho procedimiento resulta absolutamente inaplicable).

Podría pensarse en la declaratoria de lesividad de un acto administrativo muy propio del procedimiento para el contrato público: el acto de adjudicación; el que, indudablemente, reúne los caracteres particulares de un acto administrativo de contenido favorable. No obstante, la adjudicación ha de tener por efecto la suscripción del contrato —dado que su contenido genera en sí un derecho subjetivo a favor del adjudicatario: el de suscribir el contrato que finalmente regirá la relación con la Administración—, a tenor de lo dispuesto en el párrafo III del artículo 26 de la ley 340-06, modificada por la ley 449-06, con lo que su eficacia desaparecería al momento de la suscripción del contrato, quedando entonces el contrato como el instituto o categoría[23] regulatoria de la relación jurídica existente entre el contratista y la Administración contratante.

El procedimiento de lesividad se aplica a actos administrativos de carácter favorable o que generan derechos a favor de los particulares. Dicha tipología se encuentra enmarcada en la denominada *clasificación material de los actos administrativos* —en contraposición a la clasificación procesal o debido al tratamiento procesal—, que se divide en dos clasificaciones: (i) los actos administrativos encasillados en función del sujeto del cual emanan; y (ii) los actos administrativos en razón de su contenido. Y justamente en este último grupo se verifican los de contenido favorable de forma conjunta con los decisorios o no decisorios (o no definitivos).

A diferencia de los actos de gravamen, son actos favorables los que amplían de cualquier forma o favorecen los intereses de sus destinatarios, al otorgar una ventaja jurídica o crear o reconocer derechos de cualquier clase. Esta noción es la más socorrida en la doctrina, sin menospreciar la complejidad que encierra en ocasiones delimitar su existencia o no ante una situación jurídica determinada. Santamaría Pastor, por ejemplo, así lo sostiene: "La doctrina suele aludir a los primeros con la expresión tradicional de actos declarativos de derechos, aparentemente más restrictiva; pero su interpretación pacífica los equipara con todos aquellos que entrañen un efecto favorable o positivo para su destinatario"[24]. Los actos de gravamen tienen el efecto contrario de

[23] José Luis Meilán Gil, *Categorías jurídicas en el derecho administrativo*, Madrid, Iustel, 2011, págs. 158-167.

[24] Juan Alfonso Santamaría Pastor, *Principios de derecho administrativo general*, tomo II, Madrid, Iustel, 2006, pág. 111.

restringir o limitar los derechos o las ventajas jurídicas de las cuales disfruta un particular. En la categoría de actos favorables pueden incluirse el otorgamiento de una concesión o un título habilitante para el desarrollo de una actividad sujeta al mismo (una concesión definitiva para el ejercicio de una actividad de generación de electricidad; para prestar servicios de telecomunicaciones; para el expendio de combustibles, etc.); el acto que acredita a una persona la condición de servidor público de carrera administrativa, entre otros. De gravamen son las resoluciones administrativas que imponen obligaciones, prohíben, sancionan o revocan decisiones favorables o, en fin, privan a los particulares total o parcialmente de sus derechos.

Obviamente, la distinción no es ociosa, pues el régimen jurídico para su revocación o revisión, por citar un caso, es notoriamente distinto según se trate de un acto de tipo favorable o gravamen. En los primeros, los de naturaleza favorable, la lesividad ha de ser el camino para la extinción de sus efectos una vez verificada su invalidez; en los segundos, los de gravamen, la revocación es la vía prevista legislativamente para ello. Esto último se comprueba con una simple lectura del artículo 46 de la ley 107-13. Otro elemento que los distancia es el de la eficacia. En aquellos supuestos donde se trate de un acto administrativo favorable, sus efectos se liberan con su sola expedición, esto es, al momento de su dictado. En cambio, los de contenido desfavorable requieren —para su eficacia— de su previa notificación íntegra al destinatario, indicando siempre el plazo y el recurso disponible para su impugnación, conforme a lo prescrito en el artículo 12 de la ley 107-13.

No en todos los supuestos en donde se persiga el cese de los efectos jurídicos de un acto administrativo favorable habrá de agotarse el procedimiento de lesividad, puesto que la eficacia de un acto administrativo no desaparece únicamente en aquellos casos donde dicha actuación sea inválida producto de una infracción al ordenamiento jurídico. Y es que existen actos administrativos cuya vigencia se encuentra condicionada, por ejemplo, al cumplimiento de ciertos deberes derivados de estos. Son las denominadas cláusulas accesorias de los actos administrativos. La doctrina las reconoce y se refiere a estas en la forma que sigue: "[...] existen en la práctica muchos supuestos en los que la extinción inmediata de los efectos del acto no requiere la incoación de ningún procedimiento revocatorio sino que resulta automáticamente de la concurrencia del supuesto previsto en la cláusula correspondiente"[25]. La legislación vernácula también las reconoce en el párrafo III del artículo 12 de la ley 107-13.

Una licencia ambiental, por ejemplo, está supeditada —su vigencia— al cumplimiento de las obligaciones que se plasman en su contenido, impuestas

[25] Santiago Muñoz Machado, ob. cit., pág. 232.

por la Administración al administrado. El cese de sus efectos, en caso de verificarse un incumplimiento —con el agotamiento previo de un procedimiento administrativo—, no ha de producirse por medio de un proceso de lesividad ni mucho menos, pues la cuestión no radica en la nulidad o anulabilidad de un acto como consecuencia de una ilegalidad (invalidez). De lo que se trata es de declarar —mediante acto administrativo— el cese de sus efectos luego de comprobado el incumplimiento. Desde luego que no puede hablarse en estos casos de una condición suspensiva, en cuyo caso los efectos favorables del acto administrativo nunca llegan a concretarse mientras no se verifique dicha condición.

De igual forma, hay actos administrativos favorables cuya extinción puede producirse al margen de un procedimiento de lesividad. Se trata de aquellos supuestos en los cuales el acto administrativo no alcanza la *firmeza* verificable por el transcurso de los plazos procesales, aunque puede todavía ser impugnado por los interesados, bien sea en el marco de un procedimiento en sede administrativa o ya ante la jurisdicción contencioso-administrativa. La razón de lo anterior es que el proceso de lesividad solamente es admisible en aquellos casos donde el acto administrativo sea firme, esto es, que el acto no haya sido recurrido en tiempo hábil. Y es que, tal y como sostiene la doctrina, "un acto firme es, por principio, inatacable, por razones de seguridad jurídica [...] Pero cuando ha incurrido en infracciones de la legalidad, ha de ponderarse entre la seguridad jurídica y la legalidad [...]"[26].

Lo expuesto pone sobre el tapete lo concerniente a la notificación válida del acto administrativo y el punto de partida de los plazos recursivos para su impugnación. La razón es simple: una vez vencidos estos (los plazos para los recursos de los interesados) es cuando puede hablarse de firmeza del acto. De ahí la relevancia de identificar correctamente a los interesados en el procedimiento administrativo, quienes serían entonces los destinatarios de la notificación y quienes podrían o no interponer los recursos contra el acto administrativo de que se trate.

F) *Impugnabilidad*

Ya se ha dicho que el acto administrativo que declara la lesividad en sede administrativa tiene un carácter *sui generis*: aunque agota o culmina un procedimiento administrativo —siendo así, en principio, de tipo decisorio, por cuanto agota la fase en la sede administrativa—, sus efectos jurídicos no son sino procesales: su efecto es el de permitir a la Administración impugnar ante lo contencioso administrativo el acto que se ha declarado lesivo y del cual se pretende su invalidez. Es, pues, un presupuesto o requisito de

[26] Santiago Muñoz Machado, ob. cit., pág. 222.

admisibilidad de un recurso contencioso administrativo que va a interponer excepcionalmente la Administración autora del acto lesivo. De ahí que a la prerrogativa misma se le tilde de menor, como bien apunta la doctrina[27]. Menor, dada la ausencia de los efectos que le son propios a los actos administrativos: el despliegue de sus efectos no afecta *per se* la esfera de derechos de un particular.

En otras palabras, la declaratoria de lesividad —producida por la Administración luego de un procedimiento administrativo— no supone que el acto administrativo cuya extinción se persiga desaparezca o pierda sus efectos inmediatamente: dicho acto sigue siendo eficaz hasta tanto la autoridad judicial —la jurisdicción contencioso-administrativa— no decrete su invalidez. Lo que implica que el particular o administrado beneficiario de la favorabilidad de dicho acto no resulte afectado todavía. A partir de esto se cuestiona la posibilidad de recurrir en sede administrativa o judicial dicho acto, puesto que es común el criterio de que se ha de impugnar lo que resulta desfavorable al administrado; esto es, la legitimación recursiva se activa en aquellos supuestos donde la actuación administrativa cause un perjuicio al interesado.

La doctrina mayoritariamente así lo entiende. No obstante, SÁNCHEZ MORÓN tiene un punto de vista contrario. A juicio de este autor, "[c]omo acto administrativo que es, la declaración de lesividad podría a su vez ser impugnada por cualquier interesado. Sin embargo, tal impugnación no suspendería de por sí los efectos de aquélla ni impediría a la Administración recurrir contra el acto lesivo. Por ello es más adecuado que los interesados se personen como parte demandada en este llamado recurso de lesividad y formulen en él, en su caso, oposición a la propia declaración"[28].

G) *Medidas provisionales: el caso de la suspensión como medida cautelar*

Otro aspecto es el de la posibilidad de que, en el curso del proceso de lesividad, la Administración, por sí misma, pueda disponer medidas provisionales, como lo sería la suspensión de los efectos del acto del cual se pretende su invalidez hasta tanto concluya el proceso de lesividad. Tal posibilidad no existe. No, al menos en la sede administrativa, por cuanto la Administración —cuya vinculación al ordenamiento, como norma habilitante, sería de carácter positivo, por la naturaleza ablatoria de la medida— precisaría de una disposición expresa en la que se le atribuya específicamente

[27] JOSÉ FRANCISCO ALENZA GARCÍA, ob. cit.

[28] MIGUEL SÁNCHEZ MORÓN, ob. cit., pág. 558.

dicha prerrogativa, por aplicación de lo previsto en el artículo 25 de la ley 107-13. Este último texto expresa: "La iniciación del procedimiento, sea de oficio o a instancia de parte, obliga a la Administración a tramitar por su orden temporal el procedimiento y resolverlo en el plazo establecido y la faculta, *en los casos establecidos por las leyes a adoptar*, razonada y motivadamente, de oficio o a instancia de parte, las medidas provisionales que estime pertinentes para asegurar la eficacia de la resolución que, en el caso, ponga fin al procedimiento"[29].

La potestad se encuentra limitada a "los casos establecidos por las leyes". Esto es, a que leyes sectoriales dispongan de tal posibilidad. Es el caso, por ejemplo, de la legislación de compras y contrataciones públicas, la ley 340-06, la cual, en su artículo 67, numeral 7, contempla la facultad del *Órgano Rector* —la Dirección General de Contrataciones Públicas— de "tomar medidas precautorias oportunas, mientras se encuentre pendiente la resolución de una impugnación para preservar la oportunidad de corregir un incumplimiento potencial de esta ley y sus reglamentos, incluyendo la suspensión de la adjudicación de un contrato o la ejecución de un contrato que ya ha sido adjudicado". Y es la interpretación que la doctrina ha hecho de la cuestión: que una ley, no la ley 107-13, "lo prevea". Rivero Ortega y Ortega Polanco, en su obra *Procedimiento administrativo comentado*, así lo plantean: "Toda vez que la tramitación consume tiempo durante el cual podrían alterase circunstancias fácticas relevantes, habilita a la Administración para que acuerde, en los casos previstos en las leyes, las medidas provisionales que considere necesarias para asegurar la eficacia de la resolución. Se nos dice así en qué casos y para qué pueden acordarse estas cautelas. A la primera cuestión, *parece responderse que cuando otra ley, que no sea solo la 107, lo prevea.* Y a la segunda, se le atribuye el objeto de asegurar la eficacia de la resolución finalizadora del procedimiento"[30].

La doctrina de España, país de origen de nuestra legislación, sigue dicha postura. Por ejemplo, Blanquer Tirado, en igual sentido, sostiene lo siguiente: "Con independencia de que la medida cautelar se adopte en un procedimiento sancionador o en otro tipo de expediente administrativo, cuando su contenido sea desfavorable o perjudicial para el interesado, la Administración solo puede imponer la medida cuando exista expresa habilitación en una ley aprobada por los representantes parlamentarios de los ciudadanos (o en una norma con ese valor y rango de ley)[31]. Agrega que "no basta con

[29] Subrayado nuestro.

[30] Ricardo Rivero Ortega y Francisco Ortega Polanco, *Procedimiento administrativo comentado*, Santo Domingo, Editora Corripio, 2016, pág. 138.

[31] David Blanquer Tirado, *El inicio del procedimiento administrativo,* Valencia, Tirant Lo Blanch, 2020, pág. 1150.

que exista fundamento racional y razonable que justifique su imposición, pues para que la medida sea válida en Derecho, además siempre tiene que haber previa cobertura en una norma con rango de ley que tipifique la medida y permita a la burocracia adoptarla o imponerla"[32]. Cualquier medida provisional que implique afectación de derechos, como lo sería la suspensión de los efectos del acto administrativo favorable cuya lesividad se pretende, requiere, pues, de una cobertura legal suficiente que habilite a la Administración su dictado. Exige su tipificación expresa y no una cláusula abierta e imprecisa que permita a la Administración discrecionalmente tomar cualquier medida.

La confusión en parte de la comunidad jurídica se genera por la redacción de la legislación española vigente de procedimiento administrativo, la ley 39/2015, de 1º de octubre de 2015. Dicha normativa, en su artículo 108, prevé de manera expresa la posibilidad de que la Administración, en el curso de un proceso de lesividad, suspenda los efectos jurídicos del acto administrativo cuya invalidez se persigue. Algo que no ocurre en el ordenamiento jurídico dominicano, pues ni en la parte relativa a las medidas provisionales ni en lo que respecta a la declaratoria de lesividad, se habilita a la Administración a suspender —como medida provisional— los efectos favorables del acto administrativo. Cosa distinta sería decir que en sede de lo contencioso-administrativo —que es el órgano que producirá finalmente, si se acogiera la pretensión, la extinción del acto impugnado— podría la Administración solicitar al juez competente la disposición de una medida cautelar.

[32] *Ibid.*

HACIA UN MODELO ABIERTO DE PRETENSIONES PROCESALES CON DIVERSIDAD DE OBJETOS EN LA JUSTICIA ADMINISTRATIVA IBEROAMERICANA: AFIANZANDO EL CONTROL Y LA TUTELA JURISDICCIONAL

MIGUEL ÁNGEL TORREALBA SÁNCHEZ*
Venezuela

INTRODUCCIÓN

Ante todo, agradezco la amable invitación realizada por los distinguidos profesores ALLAN R. BREWER-CARÍAS, LUCIANO J. PAREJO ALFONSO y VÍCTOR R. HERNÁNDEZ-MENDIBLE, para desarrollar un tema vinculado con los retos actuales del derecho público en merecido homenaje al profesor LIBARDO RODRÍGUEZ RODRÍGUEZ[1], con ocasión de sus cincuenta años de vida académica. Oportunidad propicia para dar continuidad a un tema y una línea de investigación previamente trabajados, a saber: las tendencias de la justicia administrativa iberoamericana, asunto no ajeno por cierto a la obra del aquí homenajeado[2]. Y dentro de ella, abordar el estudio de la pretensión procesal administrativa como objeto del proceso. Pero no tanto desde el punto de

* Universidad Central de Venezuela: profesor titular de Derecho Administrativo, abogado y especialista en Derecho Administrativo. Universidad de la Coruña, doctor en Derecho Administrativo Iberoamericano. Universidad Carlos III de Madrid, máster en Política Territorial y Urbanística. Universidad Monteávila, Caracas: profesor de Derecho Administrativo y director adjunto del Centro de Estudios de Regulación Económica (CERECO). Universidad Católica "Andrés Bello", Caracas: profesor de la Especialización en Derecho Administrativo. Miembro del Foro Iberoamericano de Derecho Administrativo (FIDA) y del Instituto Internacional de Derecho Administrativo (IIDA).

[1] Basta solo con señalar las 21 ediciones de su *Derecho administrativo. General y colombiano*, para constatar los méritos que hacen pertinente cualquier reconocimiento académico al homenajeado. Véase su semblanza en esta misma obra colectiva.

[2] Ver: LIBARDO RODRÍGUEZ RODRÍGUEZ, "Parte tercera. La jurisdicción administrativa y el derecho contencioso administrativo", en *Derecho administrativo. General y colombiano*, tomo I, 21ª ed., Bogotá, Editorial Temis, 2021. Véase también recientemente, sobre la base de ese texto: LIBARDO RODRÍGUEZ RODRÍGUEZ, "Los sistemas de control jurisdiccional de la Administración en el derecho comparado", en *Revista Venezolana de Legislación y Jurisprudencia*, n.° 16, homenaje a Jesús Caballero Ortiz, Caracas, 2021, págs. 381-408.

vista dogmático, tarea ya realizada por un muy destacado publicista[3], por demás reconocido en Iberoamérica, seguido por muchos otros, sino en lo atinente a su recepción actual en las legislaciones de la región.

Para ese enfoque será útil comentar lo expuesto previamente, pero ahora con una visión más pormenorizada, desde un panorama general del derecho positivo iberoamericano, en especial de sus leyes procesales administrativas e intentando mantener la visión de conjunto[4]. Por supuesto, ello impedirá profundizar en los pormenores de cada regulación concreta —en cuyo caso se remitirá a la bibliografía respectiva especializada disponible—, pero sí se informará sobre las tendencias prevalecientes en la actualidad.

Confiamos en que esa exploración confirmará lo ya avizorado hace algo más un lustro en cuanto a la superación de los paradigmas previos[5]. En ese sentido, el esquema es el siguiente: se partirá de una muy breve descripción del modelo tradicional imperante en líneas generales hasta hace poco en la legislación procesal iberoamericana que reguló al contencioso-administrativo. Modelo centrado en el paradigma nulidad (exceso de poder)-condena pecuniaria (plena jurisdicción), tomado parcialmente del esquema francés decimonónico, y cuyas carencias serán puestas sucintamente de relieve.

Luego de ello, se expondrán las nuevas tendencias, a saber, el modelo abierto de pretensiones procesales con múltiples objetos, haciendo referencia

[3] Sobre la pretensión en el derecho procesal administrativo son referencias obligadas los trabajos de JESÚS GONZÁLEZ PÉREZ, "La pretensión procesal administrativa", en *Revista de Administración Pública*, n.° 12, Madrid, 1953, págs. 77-128; "Acciones declarativas, constitutivas y de condena de la Administración pública", en *Revista de Derecho Público*, n.° 26, Caracas, Editorial Jurídica Venezolana, 1986, págs. 5-31; *Derecho procesal administrativo hispanoamericano*, Bogotá, Temis, 1985, págs. 151-156; *Manual de derecho procesal administrativo*, Madrid, Civitas, 2001, págs. 211-232; *Comentarios a la Ley de la Jurisdicción Contencioso-Administrativa (Ley 29/1998, del 13 de julio)*, Madrid, Editorial Aranzadi, 2013, págs. 349-350; entre otros.

[4] Prescindimos de examinar el régimen de la justicia administrativa en aquellos ordenamientos en los que esta no se encuentra especializada respecto a los otros órdenes competenciales jurisdiccionales y carece de una normativa específica que la distinga, o bien esta sea tan remota en el tiempo que no pueda señalar tendencias. Tampoco aludiremos al caso argentino por su complejidad, dado su carácter federal y su desarrollo mediante leyes provinciales (regionales).

[5] Cfr. MIGUEL ÁNGEL TORREALBA SÁNCHEZ, "Hacia la ampliación del ámbito del proceso administrativo y su relación con el contenido y ejecución de la sentencia. Algunas tendencias legislativas en Iberoamérica", en J. RODRÍGUEZ-ARANA MUÑOZ y M. GARCÍA PÉREZ (dirs.) y C. AYMERICH CANO y J. PERNAS GARCÍA (coords.), *Reforma del Estado y transformación del derecho administrativo*, La Coruña, Universidade Da Coruña, 2014, págs. 669-684. Disponible en http://www. bubok.es/libros/232196/Reforma-del-Estado-y-Transformacion-del-Derecho-Administrativo

al marco conceptual y doctrinario que las sustenta y justifica, para luego dividirlas entre las que parecen ser necesarias actualizaciones y las verdaderas novedades (tomando en cuenta que en derecho, como en casi todas las disciplinas del saber, cabe hablar más de avances que de revoluciones). Y esos apartados se referirán a las diversas categorías que serán objeto de cada tipo de pretensión o pretensiones, categorías que constituyen básicamente las diversas formas en que se manifiesta la actividad administrativa (actos formales unilaterales, reglamentos, contratación pública, inactividad formal y material, y actividad material). Así como también se aludirá muy brevemente a la evolución del régimen y la extensión de las pretensiones de condena pecuniaria derivadas de la responsabilidad del Estado.

Por último, se referirán las consecuencias más importantes a que ha dado lugar ese replanteamiento del enfoque del contencioso-administrativo iberoamericano, en lo que concierne a su eficacia operativa, tanto en lo atinente al control objetivo de la actividad administrativa como en lo que se refiere a la tutela de los derechos e intereses de la persona frente a la Administración pública. Enfoques complementarios, y que determinan, a nuestro parecer, el inicio de otro capítulo para la justicia administrativa en el afianzamiento del principio de juridicidad administrativa y, por tanto, en la conocida "lucha contra las inmunidades del poder".

Comencemos entonces con esta tarea:

1. La adopción parcial del esquema original francés: la dicotomía nulidad (exceso de poder)-condena pecuniaria (plena jurisdicción) como paradigma del contencioso-administrativo iberoamericano

Es bien conocida la tradicional dualidad de "recursos" o "medios de impugnación" dominante en nuestros procesos administrativos o "contencioso-administrativos". Ella parece tener su origen —simplificando mucho— en la adopción de las principales vías recursivas del contencioso francés, y determina que, al principio, el proceso administrativo (procedimiento administrativo en su concepción original, que luego se desagregó en procedimiento contencioso frente al no contencioso) se bifurcaba en dos modalidades: el recurso de nulidad (exceso de poder) y el de condenas pecuniarias (plena jurisdicción), por responsabilidad del Estado contractual o extracontractual[6].

[6] Además de los trabajos sobre el contencioso-administrativo francés contenidos en las obras colectivas que se refieren más adelante, puede verse la bibliografía citada en, entre otros: Miguel Ángel Torrealba Sánchez, "Aproximación comparativa entre el contencioso administrativo de anulación en Francia y la demanda de nulidad de actos

Como resultado de esa adopción y adaptación parcial se trasplantaron una serie de nociones que respondían a las peculiaridades históricas, políticas y jurídicas en que se originó el contencioso-administrativo en Francia, y que poco tenían que ver con el contexto iberoamericano. Efecto que fue rápidamente abandonado en otras latitudes, como en el caso alemán[7]. Y más recientemente en varios países de Europa, incluyendo España, de forma paulatina, pues el prestigio y la autoridad del contencioso francés también incidió notablemente en el derecho administrativo del Viejo Mundo, con diferentes matices[8].

Retomando el caso de nuestra región, se ha ido construyendo un "contencioso-administrativo" que, al menos en su origen, no es propiamente derecho procesal administrativo, sino una suerte de prolongación del derecho sustantivo. Siendo así, no es de extrañar entonces que se presentaran notables obstáculos para que la novedosa disciplina dispusiera de herramientas idóneas con el propósito de alcanzar los cometidos que constitucionalmente le corresponden, a saber: el control objetivo de la juridicidad de la actividad administrativa en cualquiera de sus modalidades, a la vez que la defensa de la persona frente a la Administración pública.

La razón de ello es que, al no concebirse el contencioso-administrativo como derecho procesal, no tomó las herramientas de este, a pesar del avance que esa rama jurídica tuvo a partir de la segunda mitad del siglo XIX y en todo el siglo XX. Ejemplos de ello hay múltiples, pero en esta ocasión nos centraremos en el tema de la pretensión procesal y de sus objetos.

Cabe adelantar aquí, pero de forma bastante esquemática, que, al partir el contencioso de un esquema recursivo y revisor, centrado en el acto administrativo objeto de control mediante el recurso de nulidad, y eventualmente con una condena accesoria, o bien en el resarcimiento del daño derivado de la responsabilidad contractual y extracontractual del Estado, se producían una serie de carencias[9]. Quizá la principal, la existencia de una serie de mani-

administrativos en Venezuela", *Revista Internacional de Derecho Público*, n.º 1, vol. 1, año 1, México, Universidad de Monterrey, 2021, págs. 345-353, disponible en http://ridp.udem.edu/revista/index.php/dp

[7] Cfr. SANTIAGO GONZÁLEZ-VARAS IBÁÑEZ, *La jurisdicción contencioso-administrativa en Alemania*, Madrid, Civitas, 1993; KARL-PETER SOMMERMANN, "La justicia administrativa alemana", en J. BARNÉS VÁSQUEZ (coord): *La justicia administrativa en el derecho comparado*, Madrid, Civitas, 1993, págs. 33-43.

[8] Véanse diversos trabajos en: J. BARNÉS VÁSQUEZ (coord.), *La justicia administrativa en el derecho comparado*, Madrid, Civitas, 1993; S. ROSADO PACHECO (coord.), *Modelos europeos de justicia contencioso-administrativa*, Madrid, Dykinson, 2007.

[9] A título de ejemplo, la situación descrita por JORGE DANÓS ORDÓÑEZ, "El proceso contencioso-administrativo en el Perú", en *Revista de Direito Administrativo & Constitucional*, n.º 13, Belo Horizonte, Editora Juruá, 2003, pág. 181, para la justicia administrativa peruana

festaciones de la actividad administrativa que, al no encuadrar como "materia impugnable" en el sentido de no ser propiamente actos administrativos, incluso con las nociones más amplias que de este se propusieran, sencillamente quedaban fuera de control o, en el mejor de los casos, resultaban insuficientemente controlados[10].

Ante ello, la doctrina y la jurisprudencia, con esfuerzos encomiables —a veces verdaderos malabares— intentaron encuadrar dentro de los catálogos de las "materias impugnables" esas manifestaciones. El silencio administrativo como expresión de la inactividad administrativa formal es un buen ejemplo, como pusieron de relieve los estudios de NIETO para el caso español[11]. Desarrollos, en sus aspectos teóricos generales, en buena parte extrapolables a Iberoamérica.

De allí que, frente a las propias limitaciones de ese esquema, centrado en la búsqueda de cauces para enmarcar las variadas expresiones de la actividad administrativa en las "vías recursivas" prefijadas, en anterior ocasión calificamos esos esfuerzos como el intento de poner las carretas delante de los caballos[12]. Y más recientemente, la legislación procesal iberoamericana

---

antes de la ley vigente. Sigue siendo así en algunos ordenamientos iberoamericanos. Para el caso portugués puede verse un panorama histórico con similitudes siguiendo la influencia francesa, según describe: JOSÉ CARLOS VIEIRA DE ANDRADE, *A Justiça Administrativa*, 18ª ed., Coimbra, Almedina, 2020, pág. 31-32.

[10] La aún llamada: actividad administrativa impugnable como objeto del recurso contencioso-administrativo; *v. g.* ALBERTO PALOMAR OLMEDA, "La actividad administrativa impugnable objeto del recurso contencioso-administrativo en el derecho español", en S. ROSADO PACHECO (coord.), *Modelos europeos de justicia contencioso-administrativa*, ob. cit., págs. 69-79.

[11] ALEJANDRO NIETO, "La inactividad de la administración y el recurso contencioso-administrativo", en *Revista de Administración Pública*, n.º 37, Madrid, Centro de Estudios Políticos, 1962, págs. 75-126; "La inactividad material de la administración: veinticinco años después", en *Documentación Administrativa*, n.º 208, Madrid, Instituto Nacional de Administración Pública, 1986, págs. 11-64; "La inactividad de la Administración en la LJCA de 1998", en *Revista Justicia Administrativa*, número extraordinario 1 dedicado a la Ley de la Jurisdicción Contencioso-Administrativa, Valladolid, Lex Nova, 1999, págs. 54-64; "La vía de hecho omisiva", en M. J. MONTORO CHINER (coord.), *La justicia administrativa. Libro Homenaje al Prof. Dr. D. Rafael Entrena Cuesta*, Barcelona, Atelier, 2003, págs. 421-426. El tema ha sido objeto de estudio monográfico comparativo con el caso venezolano en DANIELA UROSA MAGGI, *Tutela judicial frente a la inactividad administrativa en el derecho español y venezolano*, Caracas, Fundación Estudios de Derecho Administrativo (FUNEDA), 2003.

[12] MIGUEL ÁNGEL TORREALBA SÁNCHEZ, "La ejecución de sentencias en el proceso administrativo iberoamericano. España, Perú, Costa Rica, Colombia y Venezuela", en *Colección Monografías*, n.º 6, Caracas, Centro para la Integración y el Derecho Público (CIDEP) y Editorial Jurídica Venezolana (EJV), 2017, pág. 51. Publicado también como

ha ido superando tales carencias, al ir modificando sus premisas, ampliando expresamente, tanto el elenco de pretensiones procesales admisibles en el contencioso-administrativo —en ocasiones llegando a establecer *numerus apertus*— como los diversos objetos de estas.

Un ejemplo de ello se evidencia en el inicio del Código Procesal Contencioso-Administrativo costarricense[13]:

"Artículo 1.- 1) La jurisdicción contencioso-administrativa, establecida en el artículo 49 de la Constitución Política, tiene por objeto tutelar las situaciones jurídicas de toda persona, garantizar o restablecer la legalidad de cualquier conducta de la Administración Pública sujeta al Derecho administrativo, así como conocer y resolver los diversos aspectos de la relación jurídico-administrativa".

Esa disposición viene complementada con la que regula las pretensiones procesales administrativas susceptibles de plantearse frente a la conducta administrativa (trascendiendo el acto administrativo), a nuestro modo de ver, la piedra basal de todo ese texto legal:

"Artículo 42.-1) El demandante podrá formular cuantas pretensiones sean necesarias, conforme al objeto del proceso.

"2) Entre otras pretensiones, podrá solicitar:

"a) La declaración de disconformidad de la conducta administrativa con el ordenamiento jurídico y de todos los actos o las actuaciones conexas.

"b) La anulación total o parcial de la conducta administrativa.

"c) La modificación o, en su caso, la adaptación de la conducta administrativa.

"d) El reconocimiento, el restablecimiento o la declaración de alguna situación jurídica, así como la adopción de cuantas medidas resulten necesarias y apropiadas para ello.

Ejecución de sentencias en el proceso administrativo iberoamericano (España, Perú, Costa Rica, Colombia y Venezuela), Colección Estudios y Documentos, Madrid, Instituto Nacional de Administración Pública, 2017.

[13] Véanse respecto a tal normativa, entre otros, los trabajos de Ernesto Jinesta Lobo, "El proceso contencioso-administrativo en Costa Rica", en J. Rodríguez-Arana Muñoz y M. García Pérez (coords.), *La jurisdicción contencioso-administrativa en Iberoamérica*, Caracas, Editorial Jurídica Venezolana, 2014, pág. 125; "Conducta administrativa objeto del proceso", en Manrique Jiménez Meza, Ernesto Jinesta Lobo, Milano Sánchez y Óscar González Camacho, *El nuevo proceso contencioso-administrativo*, San José, Costa Rica, Poder Judicial, 2006, pág. 197-222; San José de Costa Rica, *Manual del proceso contencioso-administrativo*, Ius Consultec S.A., Editorial Jurídica Continental, 2009, págs. 127-149.

"e) La declaración de la existencia, la inexistencia o el contenido de una relación sujeta al ordenamiento jurídico-administrativo.

"f) La fijación de los límites y las reglas impuestos por el ordenamiento jurídico y los hechos, para el ejercicio de la potestad administrativa.

"g) Que se condene a la Administración a realizar cualquier conducta administrativa específica impuesta por el ordenamiento jurídico.

"h) La declaración de disconformidad con el ordenamiento jurídico de una actuación material, constitutiva de una vía de hecho, su cesación, así como la adopción, en su caso, de las demás medidas previstas en el inciso d) de este artículo.

"i) Que se ordene, a la Administración pública, abstenerse de adoptar y ejecutar cualquier conducta que pueda lesionar el interés público o las situaciones jurídicas actuales o potenciales de la persona.

"j) La condena al pago de daños y perjuicios".

"Artículo 43. En la demanda pueden deducirse de manera conjunta, cualesquiera de las pretensiones contenidas en el presente capítulo, siempre que se dirijan contra el mismo demandado y sean compatibles entre sí, aunque sean de conocimiento de otra jurisdicción, salvo la penal".

Comentar en detalle tales dispositivos excedería el propósito de estas páginas, por lo que remitimos a la doctrina respectiva[14]. Valga solo enfatizar la importancia de la adopción expresa e irrestricta del esquema de pretensiones abiertas frente a cualquier objeto (manifestación de la actividad administrativa), como necesario correlato del principio de universalidad o globalidad de la justicia administrativa. En similar sentido y partiendo de premisas y fines análogos, el artículo 1 de la Ley de la Jurisdicción Contencioso Administrativa salvadoreña[15], que en su encabezamiento dispone:

[14] Entre otros: Ernesto Jinesta Lobo, *El proceso...*, ob. cit., págs. 130-131; Ernesto Jinesta Lobo, *Manual...*, ob. cit., págs. 151-170.

[15] La doctrina señala que ese texto legal tiene como base el texto de Código Modelo de Derecho Procesal Administrativo para Iberoamérica elaborado por González Pérez. Henry Alexander Mejía, "Presentación", en R. Oliva De La Cotera y H. Alexander Mejía (dirs.), *Comentarios a la Ley de la Jurisdicción Contencioso Administrativa*, San Salvador, Editorial Cuscatleca, 2018, págs.10-11. En ese mismo sentido, respecto a esa ley, se destaca que con ella se supera la visión del contencioso-administrativo como un proceso revisor del acto administrativo para convertirse en un proceso de protección del derecho. Jaime Rodríguez-Arana y Almudena Fernández Carballal, "Hacia la plenitud material de la tutela judicial en el nuevo modelo procesal de la jurisdicción contencioso-administrativa de El Salvador", en R. Oliva De La Cotera y H. Alexander Mejía (dirs.), *Comentarios a la Ley de la Jurisdicción Contencioso Administrativa*, ob. cit., pág. 20. Respecto al propósito de esta regulación en la ley salvadoreña, se señala que con ella se busca: "[...] impedir la existencia de zonas exentas de control de legalidad de las actuaciones de la Administración pública". Miguel Ángel Cardoza Ayala, "La ampliación del

"Ámbito material de competencia

"Art. 1. La jurisdicción contencioso administrativa será competente para conocer de las pretensiones que se deriven de las actuaciones u omisiones de la Administración pública sujetas al derecho administrativo. También tendrá competencia para conocer de las pretensiones derivadas de actuaciones u omisiones de los concesionarios de la Administración pública".

Complementado, de forma análoga a la regulación costarricense, con este dispositivo, entre otros:

"Tipos de pretensiones

"Art. 10. En la jurisdicción contencioso administrativa podrán deducirse las siguientes pretensiones:

"a) La declaración de ilegalidad del acto que se impugne, y en consecuencia su anulación.

"b) El reconocimiento de una situación jurídica individualizada y la adopción de las medidas necesarias para su pleno restablecimiento.

"c) La declaración de ilegalidad de la actuación material constitutiva de vía de hecho, la orden de cese de dicha actuación y, en su caso, lo previsto en la letra anterior.

"d) Las relativas a las controversias suscitadas en relación con los contratos administrativos.

"e) La condena a la Administración pública al cumplimiento de sus obligaciones en los términos precisos establecidos en el acto administrativo o disposición de carácter general, cuando se determine que ha incurrido en inactividad.

"f) La condena al pago de reclamaciones por responsabilidad patrimonial, para lo cual deberá señalarse el monto correspondiente en la demanda y acreditarse durante el proceso los elementos suficientes que permitan, al tribunal, fijar el importe de los mismos"[16].

No menos importante y cronológicamente previa, la Ley 29/1998, de 13 de julio, reguladora de la jurisdicción contencioso-administrativa española, que vino a sustituir al emblemático texto de 1956, pauta su ámbito objetivo de aplicación, enumerando los diversos objetos de las pretensiones proce-

---

objeto de conocimiento del control judicial en la nueva Ley de la Jurisdicción Contencioso Administrativa en El Salvador", en *Texto de la ponencia presentada en el XVI Congreso Internacional de Derecho Administrativo. Control jurisdiccional de la función administrativa del Estado*, Santo Domingo, República Dominicana, 4 al 6 de octubre de 2017, pág. 4.

[16] Véase sobre la regulación costarricense: Ernesto Jinesta Lobo, "Pretensiones", en Manrique Jiménez Meza, Ernesto Jinesta Lobo, Milano Sánchez y Óscar González Camacho, *El nuevo proceso contencioso-administrativo*, ob. cit., págs. 223-237.

sales administrativas (aunque usando la terminología clásica de "recursos contencioso-administrativos" y "actividad administrativa impugnable"):

"Artículo 25.

"1. El recurso contencioso-administrativo es admisible en relación con las disposiciones de carácter general y con los actos expresos y presuntos de la Administración pública que pongan fin a la vía administrativa, ya sean definitivos o de trámite, si estos últimos deciden directa o indirectamente el fondo del asunto, determinan la imposibilidad de continuar el procedimiento, producen indefensión o perjuicio irreparable a derechos o intereses legítimos.

"2. También es admisible el recurso contra la inactividad de la Administración y contra sus actuaciones materiales que constituyan vía de hecho, en los términos establecidos en esta Ley[17]".

Por último, el Código portugués del Proceso de los Tribunales Administrativos (Lei n.° 15/2002), descrito como "[...] todo un régimen contencioso plenario y nuevo [...] uno de los más avanzados y perfilados del continente europeo"[18], establece en su artículo 2°.2, elocuentemente intitulado "Tutela judicial efectiva", frente a todo derecho o interés legalmente protegido, el correlativo derecho a su tutela por parte de los tribunales administrativos, para obtener, entre otros: la anulación, declaración de nulidad o inexistencia de actos administrativos; la condena a la Administración pública a la realización de actos a que se tenga derecho; la declaración de la ilegalidad de normas o la condena a que la Administración pública las dicte; el reconocimiento de situaciones jurídicas subjetivas que se desprendan de normas jurídico-administrativas o de actos jurídicos dictados con fundamento en disposiciones de derecho administrativo; la condena a dar, a hacer (actividad formal o material) o a no hacer a la Administración pública; la condena a la Administración pública al restablecimiento de derechos e intereses violados incluso en situaciones de vía de hecho; así como la condena a la reparación de daños y perjuicios ocasionados por el ejercicio de funciones públicas, entre otras[19].

[17] Dada la extensión de la bibliografía sobre esa disposición y sus preceptos relacionados, remitimos a título enunciativo a los diversos trabajos contenidos en la obra colectiva: "Comentarios a la Ley de la Jurisdicción Contencioso-Administrativa de 1998", en *Revista Española de Derecho Administrativo*, n.° 100, Madrid, Civitas, 1998.

[18] Eduardo García de Enterría, "El nuevo Código portugués del Proceso de los Tribunales Administrativos", en *Revista de Administración Pública*, n.° 162, Madrid, Centro de Estudios Constitucionales, 2003, pág. 422.

[19] Una versión en castellano del texto original de 2002 del Código portugués, de la autoría de Pablo Menéndez y Patricia Valcárcel, está contenida en el trabajo citado en la anterior nota al pie.

Precepto que, también en este caso, viene complementado con una lista abierta de pretensiones procesales administrativas referidas en el artículo 4.2 *eiusdem*, todas acumulables según proceda en el caso concreto, a saber:

"Artículo 4.2. Cabe acumular, en concreto:

"a) La pretensión de anulación o declaración de nulidad o inexistencia de un acto administrativo con la pretensión de condena a la Administración al restablecimiento de la situación que existiría si el acto no hubiese sido dictado.

"b) La pretensión de declaración de ilegalidad de una norma con cualquiera de las pretensiones fijadas en la letra anterior.

"c) La pretensión de condena a la Administración para que dicte un acto administrativo legalmente debido con cualquiera de las pretensiones mencionadas en la letra a).

"d) La pretensión de anulación o declaración de nulidad o inexistencia de un acto administrativo con la pretensión de anulación o declaración de nulidad de un contrato cuya validez dependa de ese acto.

"e) La pretensión de anulación o declaración de nulidad o inexistencia de un acto administrativo con la pretensión de reconocimiento de una situación jurídica subjetiva.

"f) La pretensión de condena a la Administración para que repare los daños causados con cualquiera de las pretensiones mencionadas en las letras anteriores.

"g) Cualquier pretensión relacionada con cuestiones de interpretación, validez o ejecución de contratos con la impugnación de actos administrativos dictados en el ámbito de la relación contractual"[20].

Con todo lo anterior se va superando la visión recursiva o impugnatoria, típica del contencioso francés originario, pero de difícil acomodo teórico y práctico en el derecho procesal administrativo iberoamericano de principios del siglo XXI[21]. Evolución que trae consigo la lógica incorporación de las

[20] Traducción tomada del texto referido en la anterior nota al pie. Sobre las diversas pretensiones procesales administrativas y sus objetos en el Código portugués pueden verse, entre otros: MÁRIO AROSO DE ALMEIDA, "O novo regime do contencioso administrativo em Portugal", en J. RODRÍGUEZ-ARANA MUÑOZ y M. GARCÍA PÉREZ (coords.), *La jurisdicción contencioso-administrativa en Iberoamérica*, ob. cit., págs. 424-427; y JOSÉ CARLOS VIEIRA DE ANDRADE, *A justiça administrativa*, ob. cit., págs. 44-45 y 175-240.

[21] No obstante, la terminología y la concepción clásicas aún persisten de forma parcial en legislaciones muy recientes, como es el caso de los arts. 326.1 y 326.2 del Código Orgánico General de Procesos ecuatoriano, o del art. 2 de la Ley Federal de Procedimiento Contencioso Administrativo mexicana. En sentido similar, pueden verse los arts. 28 y 31 al 33 de la de la Ley de la Jurisdicción de lo Contencioso Administrativo hondureña,

múltiples modalidades en que puede expresarse la actividad administrativa dentro del elenco del objeto potencial de las también diversas pretensiones procesales contempladas, conceptualmente como objeto del proceso administrativo y, legalmente, como cauces procesales de defensa de la persona frente a la Administración pública[22].

En ese orden de ideas, pueden verse también, entre otros, la tendencia a trascender la visión del contencioso-administrativo centrado y limitado al control del acto administrativo, en, por ejemplo, el artículo 8 de la Ley Orgánica de la Jurisdicción Contencioso Administrativa venezolana[23], o el encabezamiento del artículo 14 de la Ley de Regulación de la Jurisdicción de lo Contencioso-Administrativo nicaragüense, que dispone:

"Ámbito de la jurisdicción de lo contencioso-administrativo. La jurisdicción de lo contencioso-administrativo, a través de los tribunales competentes, conocerá de las pretensiones que los interesados presenten en la correspondiente demanda en relación con los actos, resoluciones, dispo-

---

centrados en el control del acto administrativo, aunque se trata de una ley mucho más remota en el tiempo.

22 Por ejemplo, para el caso español se afirma muy recientemente, en relación con la reforma legal de 1998, que: "El proceso contencioso-administrativo es siempre, así, un proceso de plena jurisdicción en el que pueden ejercitarse, en la misma medida de la legitimación activa que se posea, hasta la totalidad de las pretensiones posibles. Y el objeto del proceso no es tanto la actuación administrativa (los actos administrativos, expresos o presuntos; la inactividad; y la actividad material constitutiva de vía de hecho, cuanto las pretensiones que, sobre la base de derechos e intereses legítimos, es decir, de situaciones reconocidas y amparadas por el Derecho, se deduzcan por los titulares de estas [...]. LUCIANO PAREJO ALFONSO, "Reflexiones en torno al papel, en el derecho español, del juez contencioso-administrativo en el control del poder público administrativo", en J. ARAUJO-JUÁREZ y V. R. HERNÁNDEZ-MENDIBLE (coords.), *Retos del derecho público en la tercera década del siglo XXI. Libro homenaje al profesor José Luis Villegas Moreno*, Caracas, Editorial Jurídica Venezolana-Centro de Estudios de Regulación Económica CERECO de la Universidad Monteávila, 2021, págs. 775-776. Un juicio no tan benigno respecto a tal instrumento normativo en ese aspecto lo aporta, por ejemplo, MARTA GARCÍA PÉREZ, *El objeto del proceso contencioso administrativo*, Navarra, Editorial Aranzadi, 1999.

23 Comentando esa disposición, entre otros, ALLAN R. BREWER-CARÍAS, "El contencioso administrativo en Venezuela", en J. RODRÍGUEZ-ARANA MUÑOZ y M. GARCÍA PÉREZ (coords.), *La jurisdicción contencioso-administrativa en Iberoamérica*, ob. cit., pág. 470; MIGUEL ÁNGEL TORREALBA SÁNCHEZ, "El ámbito objetivo de aplicación del control de la jurisdicción contencioso administrativa a la luz de la obra de José Araujo-Juárez. Luces y sombras del artículo 8 de la LOJCA", en V. R. HERNÁNDEZ-MENDIBLE y J. L. VILLEGAS MORENO (dirs.), *Hacia un derecho administrativo para retornar a la democracia. Liber Amicorum al Profesor José R. Araujo-Juárez*, Caracas, CERECO Universidad Monteávila- CIDEP, 2018, págs. 661-691, con segunda versión publicada en la *Revista Venezolana de Legislación y Jurisprudencia*, n.° 12, Caracas, 2019, págs. 201-254.

siciones generales, omisiones, situaciones y simples vías de hecho de la Administración pública"[24].

Esbozado ese breve marco conceptual y normativo, veamos cómo este fenómeno se ha venido desarrollando en las últimas décadas en los marcos legales del proceso administrativo en nuestra Iberoamérica.

2. Las nuevas tendencias. El establecimiento de un modelo abierto de pretensiones procesales administrativas con múltiples objetos

A) *El remozamiento de las formas clásicas*

a) *La permanencia del clásico acto administrativo, pero sin las limitaciones del "recurso por exceso de poder" original. La multiplicidad de pretensiones frente al acto administrativo*[25]. Naturalmente, el acto administrativo se mantiene como la manifestación emblemática de la actividad administrativa en el marco normativo iberoamericano (v. g. arts. 4 de la Ley de la Jurisdicción Contencioso Administrativa salvadoreña[26], 1 de la Ley de la Jurisdicción de lo Contencioso Administrativo hondureña, 4.1 y 5.1 del texto único ordenado de la Ley peruana n.º 27.584, que regula el proceso contencioso administrativo, y 9.1 de la Ley Orgánica de la Jurisdicción Contencioso Administrativa venezolana[27]). Ello se constata con el hecho de que esa categoría sigue siendo la primera referencia contenida en los preceptos correspondientes a la enumeración de los potenciales objetos de las diversas pretensiones procesales administrativas (declarativas, constitutivas, de condena, ejecutivas).

En el caso del acto administrativo, las pretensiones que lo tendrán como objeto serán fundamentalmente constitutivas[28], destinadas a obtener la de-

[24] Respecto a este precepto, véase: Miguel Ángel Sendín y Karlos Navarro Medal, "La jurisdicción contencioso-administrativa en Nicaragua", en J. Rodríguez-Arana Muñoz y M. García Pérez (coords.), *La jurisdicción contencioso-administrativa en Iberoamérica*, ob. cit., págs. 355-356.

[25] Véase también: Allan R. Brewer-Carías, *Leyes de lo contencioso administrativo en América Latina. Con un estudio preliminar sobre la justicia administrativa en el derecho administrativo comparado latinoamericano*, Panamá, Editorial Jurídica Venezolana International, 2019, págs. 54-83.

[26] Véase respecto a la ley salvadoreña: Cardoza Ayala, ob. cit., págs. 7-9.

[27] Véase para el ordenamiento venezolano: Víctor Rafael Hernández-Mendible, "Los actos administrativos: generales e individuales", en Víctor Rafael Hernández-Mendible, *La actividad e inactividad administrativa y la jurisdicción contencioso-administrativa*, Caracas, Editorial Jurídica Venezolana, 2012, págs. 109-115.

[28] Nos apartamos aquí parcialmente de un respetable sector de la doctrina procesal administrativa, que entiende que las pretensiones que se intentarán contra los actos

claración judicial de nulidad de esa expresión formalizada de la actividad administrativa. Pero, he aquí una novedad relativa, en el sentido de que no es inédita aunque hoy en día se encuentra generalizada: junto con la pretensión de propósito anulatorio, el derecho positivo prevé como natural la posibilidad de acumular otras pretensiones frente al mismo acto que vayan más allá de la mera declaración formal de nulidad y que permitan el restablecimiento integral de la situación preexistente ilegítimamente afectada por la actuación administrativa[29]. El caso costarricense ya referido es un ejemplo de ello, como se desprende de la lectura de sus mencionados artículos del Código Procesal Contencioso-Administrativo de ese país, a saber: 42.2.b, 42.2.c, 42.2.d y 43, así como previamente, del artículo 36.c.

Con ello se trasciende el modelo del contencioso-administrativo francés clásico (no tanto el actual), en cuanto a mantener las injustificadas limitaciones del recurso por exceso de poder[30] —injustificadas en nuestro contexto—, en el sentido de impedir u obstaculizar la interposición de múltiples pretensiones frente al mismo objeto. Posibilidad lógica si se parte de que el derecho a la tutela jurisdiccional implica el de obtener un restablecimiento cabal de las situaciones jurídicas subjetivas lesionadas por la actividad administrativa[31]. Así pues, fundándose en esa premisa y adoptando las reglas de la teoría general del proceso, no debe haber mayor obstáculo para la aceptación de que frente al acto administrativo proceden todas las pretensiones que se requieran para la restitución de los derechos e intereses vulnerados.

Lo antes expuesto se refleja en la legislación más reciente. Además de la amplitud que al respecto evidencian los artículos 4.1 y 4.2 del Código

---

administrativos viciados de nulidad absoluta o de pleno derecho serán pretensiones de mera declaración. González Pérez, *Acciones...*, ob. cit., pág. 12. Nuestra posición —que no pretende terciar en un debate teórico sino constatar algo práctico— se basa en que, incluso los actos administrativos nulos de pleno derecho suelen producir efectos fácticos hasta tanto esa nulidad sea formalmente reconocida o declarada. En todo caso, sobre el punto puede verse, entre otros: Alejandro Huego Lora, *Las pretensiones de condena en el contencioso-administrativo*, Navarra, Editorial Aranzadi, 2000, págs. 47-48.

[29] Brewer-Carías, *Leyes...*, ob. cit., págs. 74-75.

[30] Recuérdese el clásico trabajo de Jean Rivero, *El hurón en el palacio real o reflexiones ingenuas sobre el recurso por exceso de poder*. Consultado en la recopilación de Libardo Rodríguez Rodríguez, *Páginas de derecho administrativo. Libro homenaje*, Bogotá, Editorial Temis-Universidad del Rosario, 2002, págs. 63-70.

[31] Y es que: "Lo prioritario no es la declaración de nulidad o la anulación del acto sino el reconocimiento de un derecho o de un interés legítimo". José Luis Meilán Gil y Marta García Pérez, "Una visión actual de la Justicia Administrativa en España", en J. Rodríguez-Arana Muñoz y M. García Pérez (coords.), *La jurisdicción contencioso-administrativa en Iberoamérica*, ob. cit., pág. 212.

portugués del Proceso de los Tribunales Administrativos, al cual ya se hizo referencia, puede verse, por ejemplo, el artículo 9, encabezamiento, de la Ley de la Jurisdicción Contencioso Administrativa salvadoreña, que dispone:

"Responsabilidad patrimonial

"Artículo 9. La jurisdicción contencioso administrativa conocerá de las reclamaciones por responsabilidad patrimonial en los términos establecidos en el artículo 3 de la presente ley. Tales reclamaciones también podrán plantearse en la misma demanda mediante la cual se deduzcan otras pretensiones derivadas de la impugnación de actuaciones u omisiones administrativas".

No hay, en cambio, un tratamiento detallado en la mayoría de las leyes americanas del control jurisdiccional del llamado "acto político" o "acto de gobierno". Pero no necesariamente porque se mantenga una brecha de inmunidad al respecto, sino debido a que este suele ser objeto de control por la jurisdicción constitucional y no por la justicia administrativa[32], a diferencia del caso español[33].

b) *La ampliación de las pretensiones de condena pecuniaria (indemnización por nulidades u otro tipo de condenas, responsabilidad sin falta, etc.).* A su vez, la otra gran vertiente clásica de las vías procesales del contencioso-administrativo iberoamericano, inspirado en parte en el "contencioso de plena jurisdicción" francés, es decir, básicamente el de la responsabilidad del Estado, también ha sufrido una evolución en los tiempos recientes[34].

Por ejemplo, se está produciendo la generalización de la responsabilidad derivada de la ejecución de actos ilegítimos por parte de la Administración pública. Materialización de decisiones que, en virtud de la potestad de autotutela ejecutiva, en ocasiones, a pesar de su cuestionamiento en sede administrativa o judicial, produce daños en la realidad en la esfera jurídico-subjetiva de sus destinatarios, o incluso de terceros, hasta de colectividades. Y correlati-

[32] Con excepciones, como la prevista en el art. 104.5 del Código de Procedimiento Administrativo y de lo Contencioso Administrativo colombiano.

[33] Cfr. Brewer-Carías, *Leyes...*, ob. cit., págs. 60-64. Por ello nos luce demasiado contundente el planteamiento de Rodríguez Arana y Fernández Carvajal, ob. cit., pág. 23, respecto a la omisión en que habría incurrido la ley salvadoreña al no regular el acto político, asunto este último controvertido en el derecho español. Y, además, porque en el caso salvadoreño existe un proceso de inconstitucionalidad contra leyes, decretos y reglamentos, previsto incluso en la Carta Magna en los arts. 174 y 183 de la Constitución salvadoreña, y que, como es común en Latinoamérica, se inicia con una "acción popular". Véase sobre el tema, por ejemplo: Antonio Canova González, *El modelo iberoamericano de justicia constitucional. Características y originalidad*, Caracas, Ediciones Paredes, 2012, págs. 209-213 y 228-233. En todo caso, ese cuestionamiento también lo formula para el caso costarricense: Jinesta Lobo, *El proceso...*, ob. cit., pág. 126.

[34] Véase: Brewer-Carías, *Leyes...*, ob. cit., págs. 83-88.

vamente, las legislaciones procesales administrativas prevén expresamente esa posibilidad, en el sentido de admitir la acumulación de pretensiones destinadas a obtener la declaración de nulidad del acto administrativo ilegal y de condena dineraria por concepto de daños y perjuicios, condena destinada a indemnizarlos[35].

Así, además de la última norma citada en el epígrafe inmediatamente anterior, dispone el Código de Procedimiento Administrativo y de lo Contencioso Administrativo colombiano en su artículo 138[36]:

"*Nulidad y restablecimiento del derecho.* Toda persona que se crea lesionada en un derecho subjetivo amparado en una norma jurídica, podrá pedir que se declare la nulidad del acto administrativo particular, expreso o presunto, y se le restablezca el derecho; también podrá solicitar que se le repare el daño. La nulidad procederá por las mismas causales establecidas en el inciso segundo del artículo anterior.

"Igualmente podrá pretenderse la nulidad del acto administrativo general y pedirse el restablecimiento del derecho directamente violado por este al particular demandante o la reparación del daño causado a dicho particular por el mismo, siempre y cuando la demanda se presente en tiempo, esto es, dentro de los cuatro (4) meses siguientes a su publicación. Si existe un acto intermedio, de ejecución o cumplimiento del acto general, el término anterior se contará a partir de la notificación de aquel".

Más brevemente, pero en similar sentido, puede verse el artículo 42.2.j del Código Procesal Contencioso-Administrativo costarricense y los artículos 5.5 y 6 de la Ley peruana 27.584, que regula el proceso contencioso administrativo[37].

[35] Véanse los arts. 31 y 32 de la ley reguladora de la jurisdicción contencioso-administrativa española, que admiten la acumulación de diversas pretensiones frente al acto administrativo, la inactividad administrativa y las actuaciones materiales. Sobre este asunto pueden verse, entre otros: García Pérez, ob. cit., págs. 91-106.

[36] Véanse, sobre los "medios de control" en la ley colombiana, entre otros: Consuelo Sarria Olcos, "Las acciones contencioso-administrativas en la legislación positiva colombiana", en J. Rodríguez-Arana Muñoz y M. García Pérez (coords.), *La jurisdicción contencioso administrativa en Iberoamérica*, Caracas, Editorial Jurídica Venezolana, 2014, págs. 110-115; Libardo Rodríguez R., ob. cit., págs. 579-601; Juan Ángel Palacio Hincapié, *Derecho procesal administrativo*, 9ª ed., Medellín, Librería Jurídica Sánchez R., 2017, págs. 291-744; Carlos Betancur Jaramillo, *Derecho procesal administrativo*, 8ª ed., 2ª reimp., 2015, Medellín, Señal Editora, págs. 53-172; Libardo Orlando Riascos Gómez, *Derecho procesal administrativo*, Bogotá, Grupo Editorial Ibáñez, 2015, págs. 248-324.

[37] Caso curioso es el venezolano, en el cual hubo un retroceso legislativo, pues en la Ley Orgánica de la Jurisdicción Contencioso Administrativa venezolana no está prevista expresamente la acumulación de pretensiones de nulidad de actos administrativos con las de condena pecuniaria, mientras que en la legislación derogada sí lo estaba. Véase al

Por otra parte, no ya desde el ángulo procesal, sino del derecho administrativo formal, las leyes iberoamericanas que regulan el procedimiento administrativo se han venido ocupando del tema de la responsabilidad del Estado, en lo que se refiere a la determinación de su procedencia, alcance y pautas para su reclamación en sede administrativa. Y, en ese sentido, el tema de la responsabilidad objetiva (sin falta o por sacrificio particular) ocupa un lugar preponderante, conjuntamente, según cada régimen concreto, con la tradicional responsabilidad subjetiva o por falta.

Resultado de ello es que en el ámbito adjetivo se ha producido una correlativa ampliación cuantitativa de las pretensiones de condena pecuniaria contra el Estado derivadas de su responsabilidad. Tal fenómeno se constata en los términos en que se consagra sustantiva y procedimentalmente el instituto, como puede verse, en lo que se refiere a la organización y al procedimiento administrativos, en los artículos 32 al 36 de la Ley de Régimen Jurídico del Sector Público española, 190 al 195 de la Ley General de la Administración Pública costarricense, 330 al 340 del Código Orgánico Administrativo ecuatoriano, 55 al 63 de la Ley de Procedimientos Administrativos salvadoreña, 260 de la Ley de Procedimiento Administrativo General peruana y 57 al 60 de la Ley sobre los Derechos de las Personas en sus Relaciones con la Administración y Procedimiento Administrativo en la justicia administrativa dominicana.

Pero, además de lo anterior, en las leyes procesales administrativas iberoamericanas se ha mantenido la tendencia preexistente, en cuanto a incluir como objeto de control directo al reglamento, es decir, a la normativa administrativa de rango sublegal.

c) *La persistencia del reglamento como objeto de control en el contencioso-administrativo iberoamericano.* En efecto, persiste en el derecho procesal administrativo de la región la práctica de incluir dentro del objeto de las pretensiones procesales administrativas de nulidad (constitutivas) el reglamento, de forma similar, y en muchas ocasiones idéntica, el acto administrativo singular o particular. Ello, al margen de que la doctrina iberoamericana en líneas generales distinga al primero del último en su naturaleza, así como también se separe en cuanto a su estudio como fuente del derecho administrativo.

Así pues, las leyes en referencia no siguen del todo el patrón español y tienden a uniformar el régimen procesal del control judicial sobre los regla-

---

respecto, entre otros: JORGE LUIS SUÁREZ M., "La acumulación de pretensiones de nulidad y condena en la nueva Ley Orgánica de la Jurisdicción Contencioso-Administrativa", en V. R. HERNÁNDEZ-MENDIBLE, *La actividad e inactividad administrativa y la jurisdicción contencioso-administrativa*, Caracas, Editorial Jurídica Venezolana, 2012, págs. 577-587.

mentos, calificándolos como disposiciones o actos administrativos generales, de carácter general o expresiones similares (v. g. arts. 1, 31 y 33 de la Ley de la Jurisdicción de lo Contencioso Administrativo hondureña; 14 y 36 de la Ley de Regulación de la Jurisdicción de lo Contencioso-Administrativo nicaragüense y 9.1, 23.5, 24.5 y 25.3 de la Ley Orgánica de la Jurisdicción Contencioso Administrativa venezolana), como manifestación de la actividad administrativa y a la vez fuente normativa[38]. Ello, sin hacer especiales distingos con la regulación del trámite y sustanciación de las pretensiones contra los actos administrativos singulares o particulares. En ese sentido, pueden verse también los artículos 137 del Código de Procedimiento Administrativo y de lo Contencioso Administrativo colombiano y el 303 del Código Orgánico General de Procesos ecuatoriano[39].

d) *El replanteamiento del control jurisdiccional de la contratación pública.* Por último, dentro del bloque en el que hemos agrupado a lo clásico —si se acepta lo relativo de tal calificación— cabe referirse al tema del examen judicial sobre la contratación pública. No hay en este asunto una tendencia que revierta lo previo, sino más bien que, como consecuencia de la tendencia de unificar el régimen sustantivo de los contratos estatales, el control tanto administrativo como jurisdiccional de estos se normaliza. Es decir, se entiende que se trata de una categoría de la actividad administrativa sometida a la regulación general del control judicial. O bien, por razones de la importancia de las relaciones jurídicas en juego, se atribuye la resolución de las controversias a órganos especializados y mediante un proceso igualmente especializado, con el propósito de la más pronta, ágil y adecuada resolución técnico-jurídica.

El cambio, entonces, se produce por evolución, al abandonarse paulatinamente la dicotomía contrato administrativo (regido por el derecho administrativo al amparo de unas implícitas "cláusulas exorbitantes"[40] y

[38] Cr. Brewer-Carías, *Leyes...*, ob. cit., págs. 65-66. En el caso venezolano el Reglamento está incluido como objeto de control de la justicia administrativa ya desde el propio texto constitucional, en su artículo 266.6.

[39] Sobre este asunto en el Código ecuatoriano, puede verse, entre otros: Benjamín Marcheco Acuña, "El objeto del proceso contencioso-administrativo en el nuevo Código Orgánico General de Procesos de Ecuador", en *Revista Internacional de Estudios de Derecho Procesal y Arbitraje*, n.º 2, España, 2016, págs. 20-23.

[40] La tendencia a establecer legal o contractualmente estas cláusulas, superando la tesis tradicional que las derivaba de la naturaleza administrativa del contrato, se evidencia por ejemplo al afirmarse: "En el derecho latinoamericano es justamente esta realidad la que se constata de manera uniforme [...] El principio de legalidad estricto, remodelado por la configuración de los Estados constitucionales y democráticos de derecho, exige que toda prerrogativa de poder público tenga una habilitación legal expresa. Los poderes implícitos de la Administración contratante son substituidos por la necesidad de una contratación

sometido a la justicia administrativa) frente al contrato privado (regido por el derecho privado y sometido a los tribunales con competencia en razón de la materia). Abandono que genera el reemplazo de tal distinción por la unificación de categorías, llamados contratos estatales o públicos, o cualquier otra denominación única[41]. Será entonces la presencia como contratante de una persona pública o estatal, o incluso de un particular actuando en función administrativa, la que determinará la competencia y el procedimiento aplicable, y no un régimen sustantivo *ius* publicista o *ius* privatista[42]. Y ello porque a la contratación pública o estatal se le aplicará preponderantemente, pero no de forma exclusiva, el primero.

De modo pues que va quedando atrás la distinción tomada del clásico contencioso-administrativo francés, entre contrato administrativo y contrato de derecho privado, surgida esta también de las peculiaridades sucedidas en los orígenes del derecho administrativo y de la justicia administrativa de ese país. A saber, la determinación del orden jurisdiccional competente y el derecho aplicable. Y con ello, igualmente se avanza en la consecución de un mayor y mejor control de juridicidad de la actividad contractual del sector público, centrado en la garantía de los cometidos constitucionales y legales que se asignan a la Administración pública en las múltiples ocasiones en que actúa a través de la contratación con el sector privado o incluso el público en alguna personificación jurídica.

Correlativamente, en muchas legislaciones iberoamericanas se impone la tendencia de incluir a la contratación pública o estatal como objeto de las diversas pretensiones procesales administrativas[43], bien sea dentro del régimen general, o bien estableciendo un régimen especial con ciertas peculiaridades[44]. Pero, en todo caso, superando el esquema tradicional que im-

---

normativa específica. La Administración no deriva así sus poderes de su condición de poder público sino de una regla contractual. Los poderes derivados y enmarcados por disposiciones legales, por las previsiones de los pliegos y las previsiones contractuales integran las reglas contractuales". Pablo Moreno Cruz y José Luis Benavides, "La contratación pública en América Latina y la comparación jurídica", en José Luis Benavides y Pablo Moreno Cruz (eds.), *La contratación pública en América Latina*, Bogotá, Universidad Externado de Colombia, 2016, pág. 67.

[41] Cfr. Pablo Moreno Cruz y José Luis Benavides, "La contratación pública en América Latina y la comparación jurídica", ob. cit., pág. 52.

[42] Véase: Brewer-Carías, *Leyes...*, ob. cit., págs. 88-90.

[43] Así, por ejemplo, la referencia a los "contratos del sector público" en el art. 300 del Código Orgánico General de Procesos ecuatoriano, aunque luego condiciona la competencia de la justicia administrativa a su sujeción al derecho administrativo o tributario.

[44] Cfr. Ezequiel Cassagne, Argentina, págs. 135-137; José María Serrate Paz, Bolivia, pág. 173; Arcila Reis y Eduardo Jordão, Brasil, pág. 19; José Luis Benavides, Juan Carlos Expósito Vélez, Mónica Liliana Ibagón Ibagón y Mónica Sofía Safar Díaz,

ponía límites en cuanto a la interposición de pretensiones según se tratara de reclamaciones judiciales de las partes o de terceros ajenos a la relación contractual, esquema inspirado parcialmente en el paradigma francés del "recurso por exceso de poder" frente a la amplitud del de "plena jurisdicción". Quedan, no obstante, algunas excepciones a esta tendencia[45].

Así, v. gr., el Código de Procedimiento Administrativo y de lo Contencioso Administrativo colombiano regula profusamente este asunto[46], pero para estas páginas será suficiente con referir los siguientes dispositivos:

"Artículo 104. *De la jurisdicción de lo contencioso administrativo.* La jurisdicción de lo contencioso administrativo está instituida para conocer, además de lo dispuesto en la Constitución Política y en leyes especiales, de las controversias y litigios originados en actos, *contratos*, hechos, omisiones y operaciones, sujetos al derecho administrativo, en los que estén involucradas las entidades públicas, o los particulares cuando ejerzan función administrativa.

"Igualmente conocerá de los siguientes procesos:

"1. Los relativos a la responsabilidad extracontractual de cualquier entidad pública, cualquiera que sea el régimen aplicable.

"2. Los relativos a los contratos, cualquiera que sea su régimen, en los que sea parte una entidad pública o un particular en ejercicio de funciones propias del Estado.

"3. Los relativos a contratos celebrados por cualquier entidad prestadora de servicios públicos domiciliarios en los cuales se incluyan o hayan debido incluirse cláusulas exorbitantes".

"Artículo 141. *Controversias contractuales.* Cualquiera de las partes de un contrato del Estado podrá pedir que se declare su existencia o su nulidad, que se ordene su revisión, que se declare su incumplimiento, que se declare la nulidad de los actos administrativos contractuales, que se condene al responsable a indemnizar los perjuicios, y que se hagan otras declaraciones y condenas. Así mismo, el interesado podrá solicitar la liquidación judicial

---

Colombia, pág. 314; Ernesto Jinesta Lobo y Jorge Enrique Romero Pérez, Costa Rica, págs. 369-370; Karlos Navarro, Nicaragua, págs. 478-479; Olivo A. Rodríguez Huertas, República Dominicana, pág. 595; Carlos Delpiazzo, Uruguay, págs. 638-640; Víctor Rafael Hernández-Mendible, José R. Araujo-Juárez, Alejandro Canónico Sarabia, Mauricio R. Pernía Reyes y Miguel Ángel Torrealba Sánchez, *Venezuela*, págs. 703-704. Todos en José Luis Benavides y Pablo Moreno Cruz (eds.), *La contratación pública en América Latina*, Bogotá, Universidad Externado de Colombia, 2016.

[45] Cfr. Anabelle Padilla Lozano, Panamá, en José Luis Benavides y Pablo Moreno Cruz (eds.), *La contratación pública en América Latina*, ob. cit., págs. 524-525.

[46] La doctrina le dedica especial atención: Palacio Hincapié, ob. cit., págs. 421-477; Betancur Jaramillo, ob. cit., págs. 87-94; Riascos Gómez, ob. cit., págs. 272-279.

del contrato cuando esta no se haya logrado de mutuo acuerdo y la entidad estatal no lo haya liquidado unilateralmente dentro de los dos (2) meses siguientes al vencimiento del plazo convenido para liquidar de mutuo acuerdo o, en su defecto, del término establecido por la ley.

"Los actos proferidos antes de la celebración del contrato, con ocasión de la actividad contractual, podrán demandarse en los términos de los artículos 137 y 138 de este Código, según el caso.

"El ministerio público o un tercero que acredite un interés directo podrán pedir que se declare la nulidad absoluta del contrato. El juez administrativo podrá declararla de oficio cuando esté plenamente demostrada en el proceso, siempre y cuando en él hayan intervenido las partes contratantes o sus causahabientes".

O en el caso del Código Procesal Contencioso-Administrativo costarricense, su artículo 2.a:

"Artículo 2. La jurisdicción contencioso-administrativa y civil de Hacienda también conocerá lo siguiente:

"a) La materia de contratación administrativa, incluso los actos preparatorios con efecto propio, así como la adjudicación, interpretación, efectos y extinción, cualquiera que sea su naturaleza jurídica".

Puede verse también, en similar sentido, el artículo 3ª de la Ley de la Jurisdicción de lo Contencioso Administrativo hondureña y el artículo 4.5 de la Ley peruana 27.584, que regula el proceso contencioso administrativo[47].

B) *Las novedades, algunas no tan novedosas*[48]

a) *Pretensiones de condena a hacer frente a la inactividad administrativa.* El tema del control y la tutela judicial frente a la inactividad administrativa llamó la atención de la doctrina española desde hace medio siglo, como ya se comentó, llegándose a conclusiones poco alentadoras, para entonces, en cuanto a la eficacia y efectividad de las pautas adjetivas aplicables. Más recientemente, el asunto fue replanteado a partir de la ley

[47] En el caso de la Ley Orgánica de la Jurisdicción Contencioso Administrativa venezolana, su art. 8 no refiere como objeto de control a los contratos, sino a las actuaciones bilaterales. Sobre el asunto puede verse: Miguel Ángel Torrealba Sánchez, "Las actuaciones bilaterales: los contratos públicos y los convenios en la Ley Orgánica de la Jurisdicción Contencioso Administrativa", en V. R. Hernández-Mendible (dir.), *La actividad e inactividad administrativa y la Jurisdicción Contencioso-Administrativa*, Caracas, Editorial Jurídica Venezolana, 2012, págs. 221-257.

[48] Sobre este asunto puede verse también, recientemente: Brewer-Carías, *Leyes...*, ob. cit., págs. 83-105.

procesal administrativa dictada a fines del siglo pasado en ese país, y de allí ha sido también abordado en diversas leyes procesales administrativas iberoamericanas, algunas ya con precedentes previos. Por eso, se trata de una novedad relativa.

Se trata, eso sí, de un gran avance, dado que con ello se amplía cuantitativamente el ámbito de control de la justicia administrativa, al incorporarse en el derecho positivo la noción de que la Administración pública: 1) vulnera también la juridicidad al no actuar estando en el deber de hacerlo, en virtud del principio de legalidad en su vinculación positiva, por lo que la inactividad administrativa formal o material debe ser igualmente controlada por el juez; y 2) esa inactividad asimismo puede verse en su faceta subjetiva en lo que respecta a la lesión o amenaza de lesión a los derechos e intereses de las personas.

En cuanto al tipo de pretensiones que podrán plantearse frente a la inactividad, tratándose del incumplimiento de deberes de hacer, serán fundamentalmente de condena a actuar, sin que ello obste para que consecuentemente, o incluso autónomamente según el caso, se interpongan pretensiones de condena pecuniaria a título indemnizatorio. Ello como consecuencia de que la inactividad haya producido un daño ilegítimo al particular.

Por ejemplo, el artículo 140 del Código de Procedimiento Administrativo y de lo Contencioso Administrativo colombiano, en desarrollo de lo establecido en los artículos 87 y 90 de la Constitución Política del mismo país, establece:

"Artículo 140. *Reparación directa.* En los términos del artículo 90 de la Constitución Política, la persona interesada podrá demandar directamente la reparación del daño antijurídico producido por la acción u omisión de los agentes del Estado.

"De conformidad con el inciso anterior, el Estado responderá, entre otras, cuando la causa del daño sea un hecho, una omisión, una operación administrativa o la ocupación temporal o permanente de inmueble por causa de trabajos públicos o por cualquiera otra causa imputable a una entidad pública o a un particular que haya obrado siguiendo una expresa instrucción de la misma"[49].

De forma similar en cuanto a la regulación de la inactividad como objeto de pretensiones procesales de condena, pero con mayor precisión normativa, pueden mencionarse los artículos 36.e y 42.2.g. del Código Procesal Contencioso-Administrativo costarricense; 3.b y 6 de la Ley de la Jurisdic-

[49] Sobre este asunto pueden verse, entre otros: Palacio Hincapié, ob. cit., págs. 375-394; Betancur Jaramillo, ob. cit., págs. 67-83; Riascos Gómez, ob. cit., págs. 364-271.

ción Contencioso Administrativa salvadoreña[50]; 4.2, 5.4 y 25.2 de la Ley peruana 27.584, que regula el proceso contencioso administrativo[51] y, limitadamente, los artículos 9.4, 23.3, 24.3 y 25.4 de la Ley Orgánica de la Jurisdicción Contencioso Administrativa venezolana[52].

Esas regulaciones[53], cada una con sus peculiaridades, son un paso lógico y de avanzada en el esquema normativo, en cuanto a promover la aplicación del control de la actividad administrativa a todas las manifestaciones de esta, incluyendo las omisiones. Avance que viene a ser complementado con el referido en el siguiente epígrafe.

b) *Pretensiones de condena a no hacer frente a las actuaciones materiales.* Sin pretender haber agotado el tema, el último avance en el asunto abordado en estas páginas que requiere mención es la incorporación expresa de las actuaciones materiales administrativas como potencial objeto de pretensiones procesales en la justicia administrativa[54]. En concreto, de condena a no hacer, justamente porque se interponen frente a un hacer ilegítimo. Por supuesto, al igual que en los supuestos previos, esta será la pretensión usual ante esta hipótesis, pero no necesariamente la única, dados los potenciales daños indemnizables que pueda generar esa manifestación de la actividad administrativa.

La actividad material o las actuaciones materiales de la Administración pública han sido identificadas tradicionalmente como "vías de hecho", siguiendo la noción francesa de esta. Lo cual, en nuestro criterio, no deja de traer ciertos inconvenientes, porque aquí también se trata de una institución nacida de las peculiaridades del contencioso francés del siglo XIX, con sus logros, pero también sus limitaciones.

Se puede citar como ejemplo, la identificación de cierto tipo de actos administrativos aquejados de vicios graves de nulidad absoluta como "vías de hecho", fórmula establecida por la jurisprudencia francesa frente a las carencias del tradicional recurso por "exceso de poder", que no parece de necesaria importación. Entre otras razones, porque el ámbito del proceso

[50] Véase para el caso salvadoreño: CARDOZA AYALA, ob. cit., págs. 12-15.

[51] Véase para el caso peruano: RAMÓN A. HUAPAYA TAPIA, *Tratado del proceso contencioso administrativo*, Lima, Jurista Editores, 2006, págs. 867-883.

[52] Para el caso venezolano, puede verse: DANIELA UROSA MAGGI, "Tutela judicial frente a la inactividad administrativa en Venezuela. Veinte años después", en DANIELA UROSA MAGGI, M. ROJAS PÉREZ y J. R. BELANDRA GARCÍA (coords.), *Temas fundamentales de derecho público en homenaje a Jesús González Pérez*, Caracas, Centro para la Integración y el Derecho Público (CIDEP)-Asociación Venezolana de Derecho Administrativo (AVEDA)-Fundación Estudios de Derecho Administrativo (FUNEDA), 2020, págs. 1240-1298.

[53] Sobre este asunto véase también: BREWER-CARÍAS, *Leyes...*, ob. cit., págs. 89-93.

[54] Cfr. BREWER-CARÍAS, *Leyes...*, ob. cit., págs. 93-95.

administrativo iberoamericano permite distinguir con claridad entre las pretensiones constitutivas de nulidad de los actos administrativos —o declarativas, si se adopta la posición de que son estas las aplicables frente a las nulidades absolutas o de pleno derecho— y las de condena frente a las actuaciones materiales. Sobre el particular, puede verse la distinción contenida en el artículo 6 de la Ley de la Jurisdicción Contencioso Administrativa salvadoreña entre las pretensiones de nulidad de un acto administrativo y las de condena frente a la actividad material. O bien la calificación de esa manifestación de la actividad administrativa como "actuación material que no se sustenta en acto administrativo" contenida en los artículos 4.3, 5.3 y 25.1 de la Ley peruana 27.584, que regula el proceso contencioso administrativo, aunque el artículo 4.4 *eiusdem* emplea un término similar para referirse a la ejecución de actos administrativos, sin que resulte especialmente diáfano si las considera como dos categorías diversas o dos modalidades de un mismo instituto[55].

Quizá por ello, la Ley reguladora de la jurisdicción contencioso-administrativa española adopta una terminología sincrética, al denominarlas: "actuaciones materiales constitutivas de vías de hecho", que por imprecisa tampoco luce del todo satisfactoria (o actividad material constitutiva de vía de hecho, como la denomina el artículo 3.c de la Ley de la Jurisdicción Contencioso Administrativa salvadoreña[56]). En todo caso, lo más importante es que con la incorporación en el elenco de objetos de las pretensiones procesales administrativas de la actividad material de la Administración pública, se afianza la tendencia en cuanto a establecer un elenco abierto de las primeras que, a su vez, se destinan a permitir tanto el control jurisdiccional como la tutela de la persona frente a cualquier actuar administrativo, con independencia de la forma en que este se presente.

Ejemplos adicionales del tratamiento del control jurisdiccional sobre la actividad material, los artículos 36.d y 42.2.h. del Código Procesal Contencioso-Administrativo costarricense[57], 2.20 y 38 de la Ley de Regulación de la Jurisdicción de lo Contencioso-Administrativo nicaragüense y 9.3, 23.4, 24.4 y 25.5 de la Ley Orgánica de la Jurisdicción Contencioso Administrativa venezolana[58].

[55] Véase sobre esa regulación: HUAPAYA TAPIA, ob. cit., págs. 860-867.

[56] Respecto al control judicial de la vía de hecho en la ley salvadoreña, puede verse: CARDOZA AYALA, ob. cit., págs. 16-19.

[57] Que conciben a la vía de hecho como actuaciones materiales sin fundamento en acto administrativo: JINESTA LOBO, *Conducta...*, ob. cit., pág. 212. En similar sentido en la doctrina ecuatoriana: MARCHECO ACUÑA, ob. cit., pág. 33.

[58] Véanse para el caso venezolano, entre otros: MIGUEL ÁNGEL TORREALBA SÁNCHEZ, *La vía de hecho en Venezuela*, Caracas, Funeda, 2011; MAURICIO RAFAEL PERNÍA REYES, "El

3. Algunas consecuencias del establecimiento de un modelo abierto de pretensiones procesales administrativas con diversos objetos. Otro capítulo en "la lucha contra las inmunidades del poder" mediante la aplicación del principio de universalidad o globalidad de la justicia administrativa

Ya se adelantaron en estas páginas varios de los efectos que se están produciendo por el progresivo cambio de concepción, y también de regulación, en la justicia administrativa iberoamericana. El principal, el abandono del paradigma dual "exceso de poder-plena jurisdicción", limitado el primero a la revisión de actos administrativos y la segunda a la condena pecuniaria frente a la responsabilidad contractual o extracontractual del Estado. Esquema que, aunque aún persiste en algunas legislaciones, está siendo reemplazado por la llamada "normalización" del proceso administrativo[59], esto es, la adopción de las categorías de la teoría general del proceso, comenzando por la pretensión procesal administrativa; partir de lo que piden las partes, es decir, de las necesidades de tutela judicial efectiva, a la vez que de control de juridicidad; y de allí, diseñar las vías procesales efectivas e idóneas, procurando evitar dilaciones indebidas para el trámite de tales pretensiones, así como con el propósito de dictar las sentencias acordes con cada tipo de pretensión o pretensiones.

Por otra parte, desde el punto de vista de la característica de universalidad, plenitud o globalidad del control jurisdiccional, derivación necesaria del principio de juridicidad que debe presidir toda la actividad del poder público y, por tanto, todo el ejercicio de la función administrativa, también se evidencian los efectos del cambio de visión. La dirección apunta pues a trascender la noción revisora, centrada en la revisión objetiva del acto administrativo, a la usanza del exceso de poder decimonónico, así como la "plena jurisdicción", limitados ambos paradójicamente a ciertas manifestaciones de la actividad administrativa. Ello además se hace imperativo en virtud de la

---

control jurisdiccional de las vías de hecho. Breve aproximación conceptual, evolución y perspectivas ante la LOJCA", en V. R. Hernández-Mendible (dir.), *La actividad e inactividad administrativa y la Jurisdicción Contencioso-Administrativa*, Caracas, Editorial Jurídica Venezolana, 2012, págs. 299-316; Ramsis Ghazzaoui, "El control contencioso administrativo sobre las vías de hecho", en A. Canónico Sarabia (coord.), *Actualidad del contencioso administrativo y otros mecanismos de control del poder público*, Caracas, Centro de Adiestramiento Jurídico (CAJO)-Editorial Jurídica Venezolana, 2013, págs. 467-487.

[59] Eduardo García de Enterría, "Los postulados constitucionales de la ejecución de las sentencias contencioso-administrativas", en *Documentación Administrativa. La ejecución de las sentencias condenatorias de la Administración*, n.° 209, Madrid, Instituto Nacional de Administración Pública, 1987, págs. 7-29.

evolución de los derechos constitucionales procesales[60]. Adquiere así pleno sentido el fenómeno descrito en el párrafo anterior, al ponerse a disposición del particular las herramientas procesales necesarias para impetrar tutela jurisdiccional frente al actuar administrativo, en cualquier modalidad en que se manifieste. Lo contrario resultaba seguir manteniendo un estado de cosas en el que había resquicios, o a veces grandes agujeros, en el tamiz del control y tutela jurisdiccional de la Administración pública.

De suerte que, frente al acto formal, el acto bilateral o contractual, la inactividad formal o material, la actividad material ilegítima, entre otros, habrá una petición que permita hacer que este cese en su existencia, así como en sus efectos, a la vez que se podrá solicitar en el mismo proceso la restitución del *statu quo* previo a la lesión o amenaza de lesión sufrida. O si ya esto no resulta posible, vendrá entonces la correspondiente condena pecuniaria a título indemnizatorio. Para ello, el juez administrativo estará dotado de las potestades que le permitan encauzar esas peticiones en el ámbito adjetivo y, de ser el caso, con el fin de establecer mandatos concretos destinados a la Administración pública respectiva. Se trata, cabe reiterarlo, de un mandato constitucional que deriva del derecho a la tutela judicial efectiva.

Resta que este cambio de concepción se difunda aún más en todo el contexto iberoamericano, a fin de renovar las leyes que en su momento habrán podido dar testimonio del avance del control jurisdiccional de la Administración pública en cada país pero que hoy pueden lucir vetustas. Y superando las deficiencias de los instrumentos más recientes, pero aún con lastres producto de una evolución jurídica inacabada. Varios Estados enfrentan uno u otro de esos retos, que no los únicos, ya que, sin una institucionalidad consciente de su cometido constitucional y adecuadamente capacitada, de poco valdrá un marco normativo, por idóneo que sea. Desafíos y metas que terminan siendo un capítulo más en la eterna lucha frente a las "inmunidades del poder".

[60] En ese sentido, se apunta que la tendencia en general se dirige claramente hacia una justicia administrativa predominantemente subjetiva, dada la comprobada insuficiencia de los modelos objetivos clásicos para garantizar una tutela judicial efectiva de los derechos e intereses del particular frente a la Administración pública. ANDRADE, ob. cit., pág. 22. Véase: EDUARDO GARCÍA DE ENTERRÍA, *Las transformaciones de la justicia administrativa: de excepción singular a la plenitud jurisdiccional. ¿Un cambio de paradigma?* Navarra, Thomson Civitas 2007.

Notas

Notas

Notas

www.libreriatemis.com

Este libro se terminó de imprimir en los talleres de Editorial Nomos S. A., el doce de mayo de dos mil veintitrés, aniversario del nacimiento de JULIUS BINDER (n. 12, V, 1870 y m. 28, VIII, 1939).

LABORE ET CONSTANTIA

www.ingramcontent.com/pod-product-compliance
Lightning Source LLC
LaVergne TN
LVHW050049061026
849532LV00001BA/1
* 9 7 8 9 5 8 3 5 2 0 3 1 0 *